山东统计年鉴

SHANDONG STATISTICAL YEARBOOK

2007

（总第19期 No. 19）

山东省统计局
国家统计局山东调查总队 编

Compiled by

Shandong Provincial Bureau of Statistics
Survey Office of the National Bureau of Statistics in Shandong

(京)新登字 041 号

图书在版编目(CIP)数据

山东省统计年鉴.2007/山东省统计局 国家统计局山东调查总队 编.—北京:中国统计出版社,2007.6
ISBN 978-7-5037-5146-2

Ⅰ.山…
Ⅱ.山…
Ⅲ.统计资料—山东省—2007—年鉴
Ⅳ.C832.52-54

中国版本图书馆 CIP 数据核字(2007)第 051665 号

山东统计年鉴—2007

作　　者/山东省统计局　国家统计局山东调查总队
责任编辑/郑森森　张定新
E-mail/yearbook@stats.gov.cn
责任校对/张定新　李红波
封面设计/丁　娟　孙嘉怡
出版发行/中国统计出版社
通信地址/北京市西城区三里河月坛南街 57 号　中国统计出版社
邮　　编/100826
电　　话/(010)63376907
印　　刷/山东省统计局印务中心　山东新华印刷厂
经　　销/新华书店
开　　本/890×1240 毫米　1/16
字　　数/1900 千字
印　　张/52
印　　数/1-3000 册
版　　别/2007 年 8 月第 1 版
版　　次/2007 年 8 月第 1 次印刷
书　　号/ISBN　978-7-5037-5146-2/F·2446
定　　价/360.00 元

《山东统计年鉴－2007》编辑委员会

Shandong Statistical Yearbook – 2007

EDITORIAL BOARD AND STAFF

编辑说明

一、《山东统计年鉴》是一部全面反映山东省国民经济和社会发展情况的资料性年刊，是认识和研究山东省情、制定政策、指导国民经济发展的重要资料和历史性的工具书。

二、《2007 山东统计年鉴》共包括统计特载、统计表和附录三大部分。特载部分包括政府工作报告、统计公报和统计工作综述，综合反映全省经济社会发展概况和山东省统计工作情况。

统计表部分收录了2006 年度山东省国民经济和社会发展方面的统计数据，分为二十一篇：第一篇，行政区划和自然资源；第二篇，综合；第三篇，国民经济核算；第四篇，人口；第五篇，从业人员和劳动报酬；第六篇，固定资产投资；第七篇，能源；第八篇，财政、金融、保险；第九篇，价格指数；第十篇，居民生活；第十一篇，城市建设；第十二篇，农林牧渔业；第十三篇，工业；第十四篇，建筑业；第十五篇，交通、运输和邮电通讯业；第十六篇，批发和零售、住宿和餐饮业；第十七篇，对外经济贸易、旅游和开发区；第十八篇，教育、科技、文化；第十九篇，卫生、体育、民政、司法、测绘、标准计量；第二十篇，环境保护；第二十一篇，县（市、区）主要经济指标。

各篇章插页后附有简要说明，概括介绍各篇主要内容和资料来源；各篇章最后附有主要统计指标解释，简要介绍指标的概念、统计方法、统计口径和统计范围。

附录部分包括各省市区主要经济指标、部分国际统计资料和山东省统计局工作大事记等。

三、本《年鉴》所列各项指标，《政府工作报告》和《统计公报》使用的数字为快报数或初步统计数，其他各部分为正式年报数据，凡与本《年鉴》数字不符的一律以本《年鉴》为准。

四、本《年鉴》的编辑，已根据现行国家统计制度，对统计指标概念、口径、范围、计算方法、计算价格等，作了统一调整，并分别在各部分的主要指标解释或表末加以注释；各表中价值量指标，凡未加说明的，均按当年价格计算。

五、由于第一次编辑出版中英文《年鉴》，难免存在不足之处，恳请广大读者提出宝贵意见，以便改进、提高。

PREFACE

I. *Shandong Statistical Yearbook* 2007 is an annual publication, which covers very comprehensive data and reflects various aspects of Shandong's social and economic development. It can also work as an important and historical reference book which will play a great role in comprehending and studying the basic conditions of Shandong, making policies, and guiding the development of society and economy.

II. The yearbook contains the following three parts: part one feature, part two statistics and part three appendix. Feature mainly includes Government Work Report, Shandong Statistics Communique and Summary of Shandong Statistical Undertaking, comprehensively reflecting the development of society and economy and showing the achievements in statistics of Shandong Province. Part 2 contains the following twenty-one chapters, 1. Division of Administrative Areas and Natural Resources; 2. General Survey; 3. National Accounts; 4. Population; 5. Employment and Wages; 6. Investment in Fixed Assets; 7. Energy; 8. Government Finance, Banking and Insurance; 9. Price Indices; 10. People's Livelihood; 11. City Construction; 12. Agriculture; 13. Industry; 14. Construction; 15. Transport, Post and Telecommunication Services; 16. Wholesale, Retail, Hotels and Catering Services; 17. Foreign Trade, Tourism and Development Zone; 18. Education, Technology and Culture; 19. Health, Sports, Legal and Judicial Affairs, Surveying and Mapping, Standard Measuring and Civil Affairs; 20. Environment Protection; 21. Main Indicators of Counties (Cities and Districts at County Level).

In brief introduction at the beginning of each chapter, main coverage of this chapter, data sources and statistical coverage are concerned. In addition, explanatory notes on main statistical indicators are provided at the end of each chapter, giving a brief explanation of statistical indicators, such as definition, statistical methods, statistical coverage and statistical scope.

Appendix contains the main economic indicators of some other provinces (municipality), international statistics and Events of Shandong Provincial Bureau of Statistics.

III. Data used in Government Work Report and Shandong Statistics Communique are preliminary statistics, data in other chapters standard. Data in *Shandong Statistical Yearbook* 2007 are all verified and shall be subject to.

IV. In *Shandong Statistical Yearbook* 2007, statistical definitions, statistical coverage, statistical methods and prices are adjusted according to the current state statistical standards, and all changes have been noted at the end of the table or in the explanatory notes. Data in value terms are calculated at current prices if there are no notes.

V. This is the first time that an English version of *Shandong Statistical Yearbook* is published, so it is inevitable that there are shortcomings in this book. We sincerely hope readers can point them out and help us improve.

目　录
CONTENTS

特　　载
ESPECIALLY PRINTED HERE ARE

第五篇 从业人员和劳动报酬

CHARPTER 5 Employment and Wages

第七篇　能　　源
CHARPTER 7　Energy

第八篇　财政金融保险
CHARPTER 8　Government Finance, Banking and Insurance

第九篇 价格指数
CHARPTER 9 Price Indices

第十篇　居民生活
CHARPTER 10 People' s Livelihood

第十一篇　城市建设
CHARPTER 11 City Construction

第十二篇　农林牧渔业
CHARPTER 12 Agriculture

第十三篇 工　业
CHARPTER 13 Industry

第十四篇　建 筑 业
CHARPTER 14 Construction

第十五篇 交通运输邮电通讯业
CHARPTER 15 Transport, Post and Telecommunication Services

第十六篇 批发和零售、住宿和餐饮业
CHARPTER 16 Wholesale, Retail, Hotels and Catering Services

第十七篇 对外经济贸易旅游和开发区
CHARPTER 17 Foreign Trade，Tourism and Development Zone

第十八篇　教育、科技、文化

CHARPTER 18 Education, Technology and Culture

第二十篇 环境保护
CHARPTER 20 Environment Protection

第二十一篇 县、市、区主要经济指标
CHARPTER 21 Main Indicators of Counties（Cities and Districts At County Level）

附 录
APPENDICES

政府工作报告

——2007年2月9日在山东省第十届
人民代表大会第五次会议上

山东省省长　韩寓群

各位代表：

现在，我代表省人民政府向大会作政府工作报告，请予审议，并请省政协委员和其他列席会议的同志提出意见。

一、2006年工作回顾

过去的一年，全省人民紧密团结在以胡锦涛同志为总书记的党中央周围，高举邓小平理论和“三个代表”重要思想伟大旗帜，以科学发展观统领全局，在中共山东省委坚强领导下，认真贯彻党的十六大和十六届三中、四中、五中、六中全会精神，坚持省委“一二三四五六”的发展目标和工作思路，同心同德，艰苦奋斗，全省经济建设、政治建设、文化建设、社会建设取得新的成就，“十一五”发展实现良好开局。

——全省生产总值达到21846.7亿元，比上年增长14.7%；人均生产总值达到23546元。

——财政总收入4110.2亿元，其中地方财政收入1355.3亿元，分别增长22.7%和26.3%。

——社会消费品零售总额7122.5亿元，增长16.3%。进出口总额952.9亿美元，其中出口586.5亿美元，分别增长23.9%和26.8%。居民消费价格总水平上涨1%。

——城镇新增就业107.3万人，转移农村劳动力159.2万人。城镇居民人均可支配收入12192元，农民人均纯收入4368元，分别增长13.5%和11.1%。年末城乡居民本外币储蓄余额10529.8亿元，比年初增加1314.2亿元。

——教育、科技、文化、卫生、体育等社会事业发展加快，文明山东、平安山东、诚信山东建设进一步推进，社会主义民主法制建设不断加强，社会更加和谐稳定。

一年来主要做了以下几方面的工作：

（一）坚决控制固定资产投资规模，投资结构呈现积极变化。认真贯彻中央宏观调控政策，严把土地、信贷闸门和市场准入门槛，坚持有保有压，全面清理新开工项目，着力优化投资结构，努力消除经济发展中的不稳定不健康因素。全年城镇规模以上固定资产投资完成8714.9亿元，增长19.8%，增幅回落14.9个百分点，固定资产投资增长过快的势头得到有效控制。投资结构进一步优化，一批重大项目建成投产，农业、高新技术和服务业领域的投资分别增长22.8%、31.5%和18.7%。

（二）扎实推进社会主义新农村建设，农业农村经济发展势头良好。认真落实各项支农惠农政策，加大“三农”投入，调整优化农业结构，发展产业化经营，强化基础设施建设，实施“百镇千村”示范工程，农业综合生产能力进一步提高，农村生产生活条件不断改善，新农村建设取得良好开端。全年省财政共统筹安排“三农”投入187.7亿元，比上年增长25.8%。全省粮食总产量达到4048.8万吨，增加131.4万吨，连续4年实现丰收；主要经济作物和畜产品、水产品稳定增产。

（三）不断优化经济结构，增长方式进一步转变。加快培育100个重点产品、100家重点企业技术中心，加快企业技术改造，加快骨干行业和企业联合重组，制造业强省建设迈出新的步伐。全省规模以上工业增加值达到11122.8亿元，增长23.6%；实现利税4283.6亿元、利润2634亿元，分别增长28.2%和26.3%。新增中国名牌产品68个、中国驰名商标14个。以金融证券、商贸流通、现代物流、文化旅游等行业为重点，加快发展服务业。全省服务业增加值达到6978.8亿元，增长14.2%。

全面推进创新型省份和资源节约型、环境友好型社会建设。制定实施了中长期科学和技术发展规划纲要，创新体系逐步建立。全年发明专利申请量和授权量分别增长50.7%和20.9%；高新技术产业产值占规模以上工业总产值的比重达到26.2%，提高2.1个百分点；新增国家和省级企业技术中心58家。制定了重点行业资源节约标准和建筑节能标准，实施了节能“三百工程”，推广了百家企业集约用地经验，突出抓了高耗能行业和企业技术改造；大力推进“两湖一河”碧水行动计划和农业“两减三保”计划，加快南水北调沿线治污和燃煤电厂脱硫项目建设，淮河流域、南水北调沿线水环境质量有较大改善。全省万元生产总值能耗、二氧化硫排放量、化学需氧量排放量明显降低，17市城市空气质量良好率达94.2%，去年又有两个市被评为全国环保模范城市、5个市被评为国家级节水城市。

（四）深入推进改革开放，发展活力不断增强。农村综合改革稳步推进，农业税全部取消。企业改革继续深化，60%的省管企业完成了主辅分离，74家上市公司全部完成或进入股权分置改革程序。民营经济不断发展壮大，非公有制经济占全省生产总值的比重达到52%。积极推进地方金融机构改革重组，农村信用社、城市商业银行等运行质量提高。税收征管制度改革不断加快，综合治税水平明显提高，财政转移支付力度加大，“五奖一补”政策效果明显。国有粮食购销企业改革顺利完成。事业单位改革稳步推进，文化体制改革在5市进行综合试点。

着力提高利用外资质量，转变对外贸易增长方式。电子芯片、造船、汽车发动机等一批先进制造业项目落户我省，服务业利用外资步伐加快。全年实际利用外商直接投资100亿美元，增长11.5%。机电产品和高新技术产品出口比重分别提高2.3个和1.5个百分点。实施“走出去”战略和对外承包工程、劳务输出成效明显，纺织、家电等企业境外加工贸易规模扩大，境外能源资源开发项目取得实质性进展。对台湾地区经贸往来日趋密切。外事、侨务工作取得新成绩。

（五）加快发展县域经济，推动区域经济协调发展。加强对县域经济发展的政策扶持，培植特色产业和发展优势，县域经济发展势头强劲。全年县级地方财政收入增幅达到27.6%，比全省平均水平高1.3个百分点。2005年度有22个县（市）进入全国百强县，比上年度增加2个。“三个突破”取得明显成效，山东半岛城市群和胶东半岛制造业基地建设稳步推进，省会城市群经济圈、黄河三角洲高效生态经济区、全省海岸带规划编制完成。继续加大对菏泽的扶持和对口帮扶，累计开工建设项目184个，完成投资84.3亿元，菏泽市主要经济指标增幅超过全省平均水平。

（六）大力发展社会事业，精神文明建设进一步加强。深入实施科教兴鲁和人才强省战略，基础教育不断巩固，职业教育发展加快，高等教育质量逐步提高。普通高校在校生达到133.8万人。泰山学者工程和创新型人才培养取得新进展。公共卫生两个体系建设任务基本完成，建成社区卫生服务机构1028个。广播电视村村通和文化信息资源共享工程建设取得重要进展。成功举办了首届文博会和第21届省运会，体育健儿在15届亚运会上创历史最好成绩，第11届全运会和青岛奥帆赛筹备进展顺利。人口和计划生育任务圆满完成，全年人口自然增长率为5.5‰。深入开展“八荣八耻”社会主义荣辱观教育，扎实推进精神文明创建活动。双拥共建富有成效，军政军民团结更加巩固。妇女儿童、残疾人工作和民族宗教、档案、史志、人防、气象、防震减灾事业取得新的进展。

（七）关心群众切身利益，和谐社会建设迈出新步伐。落实积极的就业政策，统筹城乡就业工作，城乡就业全面增长。进一步扩大社会保险覆盖范围，做实个人账户工作开始启动，社保基金和住房基金管理得到加强。提高了城市最低生活保障标准，初步建立了农村低保制度。生活困难群众得到积极救助。开工建设经济适用房870万平方米，竣工412万平方米，廉租住房制度在设区城市普遍建立。城乡环境整治成效明显。严厉打击制售假冒伪劣商品行为，食品药品监管力度加大。社会治安综合治理进一步加强，重大刑事案件发案率继续下降，信访量明显降低。安全生产形势总体稳定。

（八）加快政府管理创新，政府职能转变取得新进展。提请省人大常委会审议通过地方性法规8件，制定政府规章8件，颁布了依法行政“四五”规划。各地普遍建立行政审批服务中心，28个省直部门设立了行政许可窗口。电子政务建设进展加快。新闻发布制度和听证制度不断完善。应急管理体制初步建立。认真组织实施公务员法，公务员队伍建设得到加强。严格执行“五个不许”规定，严肃查处违纪违法特别是商业贿赂案件，全年共查处大案要案2280件，涉及县处级以上干部案件210件，廉政建设和反腐败工作取得新成效。

各位代表，过去一年所取得的成绩，是党中央、国务院正确领导和亲切关怀的结果，是中共山东省委坚强领导的结果，是省人大依法监督、省政协民主监督、社会各界大力支持的结果，是全省人民共同奋斗、辛勤劳动的结果。在此，我代表省政府，向全省工人、农民、知识分子和各级干部，向驻鲁人民解放军指战员、武警官兵、公安干警和中央驻鲁单位，向关心和支持政府工作的各民主党派、工商联、各人民团体和各族各界人士，表示衷心的感谢！向关心支持山东发展的香港、澳门特别行政区同胞和台湾同胞、海外侨胞，向在我省创业的境内外投资者、合作者，表示衷心的感谢！

各位代表，今年是本届政府履行职责的最后一年。几年来，我们认真落实党的十六大精神和胡锦涛总书记两次视察山东时作出的重要指示，围绕省八次党代会确定的建设“大而强、富而美”社会主义新山东的宏伟目标，按照省委工作会议以来的一系列决策部署，在历届省领导班子打下的良好基础上，全省改革开放和现代化建设取得了显著成就。在工作中体会比较深的是：

第一，必须牢固树立和落实科学发展观，切实抓好发展这个党执政兴国第一要务。我们坚持用科学发展观统领经济社会发展全局，认真贯彻省委的工作部署，更新发展理念，创新发展思路，解放思想，干事创业，加快发展。始终把解决“三农”问题作为重中之重，坚持粮食生产“三条底线”，努力调整农村经济结构。突出抓了“三个亮点”、“三个一批”、

"三个突破"、发展县域经济和服务业，更加注重速度、质量、效益相协调，更加注重消费、投资、出口相协调，更加注重人口、资源、环境相协调。经济连续多年保持较快增长，人均生产总值达到3000美元。经济发展的质量、效益不断提高，农业连年丰收，工业效益增幅保持在30%以上，地方财政收入增幅保持在25%左右。在遭遇非典和禽流感疫情、旱涝灾害、煤电油运紧张、能源价格多次上涨等不利因素情况下，变压力为动力，变挑战为机遇，迎难而上，用心把握，用心工作，经济增长没有出现大的起伏。经济增长的协调性有所改善。投资、消费、出口三大需求比例关系得到改善，全省社会消费品零售总额增幅连续两年超过生产总值增幅，外贸出口增幅保持25%以上，过分依赖投资拉动的增长格局正在改变。经济增长的可持续性不断提高。全省用于"三农"的投入连年大幅增长。重点企业自主创新能力增强，高新技术园区、经济开发区在经济发展中的作用逐步显现，高新技术产业产值占规模以上工业总产值的比重每年提高2个百分点以上。城镇规模以上固定资产投资累计达到2.56万亿元，形成了一批适应市场需求的生产能力，新增规模以上工业企业1.79万个。一批涉及经济社会发展全局和长远利益的电力、水利、交通等重大基础设施项目建成运行，一批用于节能降耗、环境保护的设施项目正在建设，一批具有自主知识产权的高新技术项目加快产业化步伐，一批利用外资大项目落地建设，经济发展后劲进一步增强。

第二，必须坚持发展为了人民、发展依靠人民、发展成果由人民共享。紧紧抓住事关群众利益的实际问题，努力为群众办实事。全面贯彻执行党在农村的各项方针政策，大力发展农村生产力，努力促进农民增收。积极调整财政支出结构，加快发展社会事业，注重改善民生，努力提高人民生活质量。城镇居民人均可支配收入连续4年、农民人均纯收入连续3年保持两位数增长。农村"路水电医学"工程建设取得明显成效。改造农村公路9.7万公里，全省94%的行政村通了柏油路，98.1%的行政村通了客车；农村新增自来水受益人口2007万人，普及率达到71.5%；农村电网改造工程全面完成，基本实现了城乡同网同价；省级财政累计投资1.9亿元，对360所乡镇中心卫生院进行改造，新型农村合作医疗省级试点县(市、区)达到88个，惠及农民4063.2万人；累计投资30.9亿元，新建和改造农村中小学校舍845万平方米，筹措"两免一补"资金10亿元，资助困难家庭学生745万人次。连续三年城镇新增就业100万人、转移农村劳动力120万人以上，实现就业再就业人口大于失业人口。城乡社保体系、社会救助体系逐步建立健全，累计投入15亿元建设农村敬老院，五保老人集中供养率达到61%。解决了11万户城市特困家庭的住房问题。集中查处了一批在土地征用、房屋拆迁、企业重组改制和破产中侵害群众合法权益的问题，拖欠职工工资、农民工工资和征地补偿安置费等问题基本得到解决。

第三，必须始终牢记"两个务必"，进一步转变工作作风，求真务实、真抓实干，在抓落实上下功夫。全面落实省委加强作风建设的要求，努力推进政府职能转变，全面履行政府职责，突出抓了行政审批制度改革、政府工作提速和应急管理体系建设。共减少审批事项373项，制定各类应急预案99个。努力提高科学民主决策水平，突出抓了政务公开、决策咨询和社会监督等制度建设。省政府重要会议先后邀请195名人大代表、政协委员列席，重大决策邀请专家学者和有实践经验的老同志咨询论证30多次。努力提高依法行政水平，认真学习贯彻行政许可法和国务院全面推进依法行政实施纲要，加快建设法治政府。省政府举办法律讲座9次，各级举办公务员依法行政培训100多万人次，修改或废止政府规章、规范性文件70件。不断推进"三个体系"建设，注重完善制度，健全工作机制，搞好队伍建设，促进了行政效能的提高和工作的落实。

按照科学发展观的要求，我们也认识到，我省经济社会发展中还存在不少问题和困难，政府工作中也存在一些缺点和不足，主要表现在：一是经济结构性矛盾仍比较突出。投资与消费的关系不够协调，特别是农民和城镇低收入者收入低，消费能力不强。服务业发展滞后，新兴服务业发展不快。轻重工业比例需进一步调整优化。农业基础比较薄弱，抗灾能力不强，现代化程度不高，农民增收途径不宽广。二是粗放型经济增长方式尚未根本改变。高新技术产业和装备制造业规模偏小，制造业总体水平还不高。企业自主创新能力还不够强，竞争力有待新的提高。节约能源资源、治理环境污染的任务十分艰巨，节能降耗治污监管还不够有力，有些地方和部分企业对节能降耗保护环境重视不够。三是社会发展与经济发展还不够协调。社会保障体系不够健全，政策还不够完善，保障水平较低。部分低收入群众生活比较困难，社会救助体系须尽快加强。公共服务体系建设滞后，影响社会稳定的因素仍然不少。四是政府自身建设有待加强。政府职能转变不到位，政企不分、政事不分、政资不分、政社不分的问题还没有根本解决。社会管理、公共服务水平不够高，执法体系不够完善。五是一些地方、部门和少数工作人员存在严重的形式主义、官僚主义，有的人甚至以权谋私，权钱交易，贪污腐败，影响恶劣。

我们一定要高度重视存在的问题，进一步增强责任感、紧迫感，以对党和人民高度负责的精神，努力把各项工作做得更好。

二、2007年的主要任务

2007年，是落实科学发展观、构建和谐社会的重要一年，也是巩固宏观调控成果、保持良好发展势头的关键一年。在新的一年里，我们要坚持以邓小平理论和“三个代表”重要思想为指导，深入学习贯彻党的十六大和十六届三中、四中、五中、六中全会精神，以科学发展观统领全局，按照胡锦涛总书记对山东工作提出的“三个走在前面”的要求，坚决贯彻落实国家宏观调控政策，坚持行之有效的工作思路，突出转变经济增长方式、调整经济结构、深化改革、扩大开放，更加注重速度和结构、质量、效益、后劲相统一，更加注重节能降耗、自主创新、环境保护和土地集约利用，更加注重经济社会民生、人与自然、改革发展稳定相协调，促进经济又好又快发展，加快构建社会主义和谐社会，为党的十七大和省第九次党代会胜利召开创造良好环境。

今年经济社会发展的主要预期目标是，生产总值增长10%，地方财政收入增长16%，社会消费品零售总额增长14%，全社会固定资产投资增长18%，外贸进出口增长16%，实际利用外商直接投资增长10%，城镇居民人均可支配收入和农民人均纯收入分别增长7%，新增城镇就业106万人，登记失业率控制在3.8%以内，居民消费价格总水平涨幅控制在3%以内。主要约束目标为，万元生产总值能耗降低4.5%，二氧化硫排放减少7%，化学需氧量排放降低5%，人口自然增长率控制在6.5‰以内。

做好今年的工作，关键要不断深化对科学发展观的认识，切实把经济社会发展进一步转入科学发展的轨道。一是着力促进又好又快发展。全面贯彻落实国家宏观调控政策，促使财政政策、产业政策、土地政策和社会发展政策协调配合，合理控制投资规模，优化投资结构，努力扩大消费需求，保持经济平稳较快增长，切实在“好”上下功夫，做到好中求快。二是着力调整经济结构和转变增长方式。进一步转变发展观念，创新发展模式，提高发展质量，推进节约发展、清洁发展、安全发展。坚持以节约能源资源和保护生态环境为突破口，积极促进产业结构优化升级。坚持把增强自主创新能力作为科技发展的战略基点和调整经济结构、转变增长方式的中心环节，加快推进创新型省份建设。三是着力解决民生问题和促进社会发展。始终把人民的根本利益放在首位，坚持富民优先，努力使人民群众的家庭财产丰厚起来，过上更加宽裕的小康生活。加强公共服务体系建设，加快社会事业发展，维护社会公平正义，促进人的全面发展。四是着力统筹城乡和区域发展。把握社会主义共同富裕的本质要求，加快改变城乡二元结构，推动区域协调发展，努力使改革发展的成果惠及全省人民。深入实施“龙头带动、重点突破、促强扶弱”区域发展战略，形成特色明显、分工合作、优势互补的区域发展格局，促进东中西良性互动、协调发展。五是着力创新体制机制和扩大开放。针对制约经济社会发展的深层次矛盾，加大改革攻坚力度，稳步务实地推进重点领域和关键环节的改革。坚持互利共赢的开放战略，全面提高对外开放水平。

三、扎实推进社会主义新农村建设

坚持把解决“三农”问题作为全部工作的重中之重，把提高农业综合生产能力和增加农民收入作为“三农”工作的重中之重，全面落实工业反哺农业、城市支持农村和多予少取放活的方针，促进农业不断增效、农村加快发展、农民持续增收。

（一）把发展现代农业作为新农村建设的首要任务。坚持用现代产业体系提升农业。认真落实粮食生产各项扶持政策，确保粮食生产稳定增长。实施优势农产品竞争力提升计划，促进园艺、畜牧、水产等优势产业加快发展。加快农产品质量标准和检验监测体系建设，大力发展生态农业。坚持用现代科技和现代物质条件改造装备农业。推进基层农技推广机构改革，积极创建国家区域性农业科研中心，继续实施科技入户工程。加大农业综合开发、农业机械化和动植物良种繁育、疫病防治建设力度，扩大粮食、良种、农机购置、农资综合补贴的规模和范围。坚持用现代生产经营形式推进农业。积极培育各类农民专业经济合作组织，支持龙头企业发展，推进村企互动，实施金农工程。大力培养新型农民，重点抓好新型农民科技培训和农村劳动力转移培训，培训示范农户5万个、农村劳动力25万人，全年转移农村劳动力120万人。

（二）切实加强耕地保护。严格执行土地利用总体规划和年度计划，从严控制新增建设用地和农用地转用总量。完善耕地保护目标责任制，认真落实土地监察制度，严格执行土地管理政策，严厉查处土地违法案件。加强基本农田规范化建设，加大土地开发整理复垦力度，推广保护性耕作技术，加快实施沃土工程，改造中低产田180万亩。强化采煤塌陷地治理，加快已毁山体治理。

（三）加快推进水利基础设施建设。突出抓好南水北调东线山东段、胶东地区引黄调水、治淮东调南下续建、大中型病险水库除险加固与骨干河道治理、大型灌区续建配套与节水改造、黄河二期标准化堤防建设6大重点工程，基本形成山东水网骨干框架。今年实现胶东调水工程通水。加强农田水利建设和水土保持，建设一批水源工程和节水工程。积极发展海水淡化，加快推进污水资源化和中水回用。

（四）全面推进农村综合改革。坚持农村基本经营制度，稳定土地承包关系，规范土地承包经营权流转，依法保护农民的土地承包权和宅基地权益。实行涉农价格与收费公示制度，控制农资价格，规范农村"一事一议"，防止农民负担反弹。积极推进农村林权和水利设施、渔港码头等产权制度改革。扩大农户小额贷款规模和政策性农业保险试点，建立农业巨灾风险金，稳步推进化解乡村债务试点。加快推进乡镇机构、农村义务教育和县乡财政管理体制改革。

（五）加快发展县域经济。围绕推进工业化、城镇化，大力发展特色产业、农产品深加工和劳动密集型产业，加快形成支柱产业，大力培植县乡财源。整合提升各类园区，引导二三产业向小城镇和园区集中，提升产业集聚度。鼓励发展农村个体经济，拓宽农民增收渠道。继续实施"双30工程"，完善县域经济社会发展综合评价考核办法，不断增强县域经济发展活力。

（六）继续推进"路水电气医学"工程建设。今年重点做好12件实事：一是改造农村公路9000公里，并尽快建立农村公路养护管理机制。二是基本完成村村通自来水工程的目标任务，在确保水质安全的基础上，普及率达到80%以上。三是加快户用沼气建设和秸秆综合利用，新增农村沼气用户30万户。四是在全省农村全面建立新型农村合作医疗制度，补助标准由每人每年30元提高到40元。五是从今年起全部免除农村义务教育阶段学生杂费，继续对农村贫困家庭学生免费提供课本并补助寄宿生生活费。六是全面建立和完善农村最低生活保障制度，保障标准每人每年不低于800元。七是搞好敬老院建设，五保老人集中供养率达到70%以上。八是进一步加大扶贫力度，再帮助50万农村贫困人口脱贫。九是搞好库区移民安置和后期扶持。十是完成2万个行政村的"农家店"标准化改造。十一是结合实施文化信息资源共享工程，搞好乡镇文化中心和农村"文化大院"建设。十二是加快推进村村通广播电视工程，范围扩大到20户以上的自然村。

推进新农村建设，加大投入是关键、是保证。各级财政支农资金的增量要高于上年，固定资产投资用于农村的增量要高于上年，土地出让收入用于农村建设的增量要高于上年。今年省财政拟统筹安排"三农"投入210亿元，其中省级财政拟增加21.6亿元。各级都要站在统筹城乡发展、建设全面小康社会的大局，尽最大努力，确保"三农"投入的落实，确保各项承诺的兑现，确保新农村建设年年都有新进展、新突破。

四、努力加快经济增长方式转变

各位代表，我省有9309万人口，人均土地居全国第21位，人均淡水资源仅为全国平均水平的六分之一。我们要从这一基本省情出发，增强危机感和紧迫感，坚持把转变经济增长方式作为全局性、战略性任务抓紧抓好。要认真贯彻落实国家宏观调控政策，坚持走新型工业化道路，抓住结构调整这条主线，加快资源节约型、环境友好型社会建设，加快创新型省份、制造业强省和生态省建设，不断提高经济发展的质量和效益。

（一）积极推动投资与消费相协调。必须保持合理的投资规模，进一步优化投资结构。按照区别对待、正确引导、优化结构、提高效益的原则，把投资的重点切实引导到节能降耗、环境保护、发展现代服务业、提高自主创新能力等方面来，加大高新技术产业、先进制造业、"三农"和社会事业投入。从经济社会发展全局和长远利益出发，今年要突出抓好南水北调、海阳核电站、济青客运专线等一批大型重要基础设施建设，加快青岛大炼油、造船、碳纤维、离子膜等科技含量高的项目建设。要强化投资项目源头管理，严把土地、信贷闸门和市场准入门槛，完善联席会议制度和项目核准备案管理办法，严格规范项目建设程序，坚决制止高耗能、高耗水、高污染项目建设，严格控制产能过剩行业投资。

积极扩大消费。努力提高农民和城市中低收入者的收入水平，扩大即期消费。建立健全与经济发展相适应的收入增长机制，督促企业在提高效益的基础上较多地增加职工工资，落实公务员工资制度改革和事业单位人员收入分配制度改革政策。今年各级政府都要加大投入，在建立和完善统筹城乡社会保障体系上迈出较大步伐，制定科学的消费引导政策，改善居民支出预期。大力培育消费热点，开发满足不同层次消费需求的商品和服务，增加文化、旅游、健身、休闲消费。继续加强房地产市场调控，调整住房供应结构，重点建设经济适用房，稳定住房价格，搞活住房二级市场，促进住房消费。努力扩大农村消费，改造一批大型农产品批发市场，推进"万村千乡"市场工程，发挥供销社在农村流通网络建设中的积极作用，引导城镇商业网点向农村延伸。严厉打击假冒伪劣产品和市场欺诈行为，进一步改善消费环境。支持金融机构创新金融品种，扩大消费信贷规模。

（二）突出抓好节能降耗、环境保护和节约集约用地。坚持节约发展，力争在节能、节地、节水上实现新的突破。重点抓好10大高耗能行业和1000户重点企业的节能工作，全面推进建筑节能，大力开发太阳能、生物质能、风能、地热等新型能源。加强节能共性技术和关键技术的开发利用，加快推广节能"三百工程"。加快实施循环经济"123工程"。大力推行清洁生产。要控制总量、盘活存量、整合资源，搞好节约集约用地。督促各类开发区、各类企业搞好存量土地的挖潜利用,加快城中村、城边村和空心村改造,不断提高单位土地利用效率和土地利用集约化程度。大力推行节约用水,改革水资源管理体制,严格执行工业生产用水定额标准,推广农业节水灌溉技术,全面推行合理定量、分类计价、超用加价、累进计价的城市用水管理制度。

环境建设是社会文明程度的重要体现。环境就是生产力,破坏环境就是破坏生产力,改善环境就是发展生产力。要继续实施“两湖一河”碧水行动计划,突出抓好淮河、海河流域水污染治理和南水北调山东沿线治污工程。要强制性推动燃煤电厂脱硫计划实施和防治机动车尾气污染。从今年起到2010年,压缩淘汰400万千瓦小火电机组。实施农村小康环保行动计划,制止污染企业向农村转移扩散,积极防治农业面源污染。搞好环境监控体系建设。推进沿海防护林建设、荒山造林和村镇绿化,加强自然保护区、重要生态功能保护区和湿地建设。

要严格执行节能降耗、环境保护责任制,完善能耗、污染物排放、节约集约用地省定标准,完善有利于节能节地环保的财政、税收、价格和信贷政策,完善能耗和环境信息公报制度。积极研究探索节能、环保执法新手段。严格实行土地管理问责制,严格限制划拨用地,全面落实工业用地最低出让价标准和经营性用地招标拍卖挂牌出让制度,非经营性用地实行公示制度。

(三)努力提高自主创新水平。全面实施中长期科学和技术发展规划,突出抓好重点领域和关键环节的技术创新,提高原始创新、集成创新和引进消化吸收再创新能力。加快济南国家信息通讯国际创新园和青岛国家海洋科技研究中心建设,加快组建生物能源与过程、海岸带可持续发展、信息技术等国家级研究院所,搞好省级科技创新平台建设。完善以企业为主体、市场为导向、政产学研金相结合的创新体系,实施一批重大科技专项,支持企业参加重大科技计划,用足用好技术开发优惠政策,加大研发投入。加快发展创业投资和风险投资。继续实施人才强省战略,抓好泰山学者、突出贡献中青年专家、博士后等高层次人才队伍建设,搞好首席技师等高技能人才队伍建设。深入实施知识产权战略,加强知识产权保护。

(四)加快推进制造业强省建设。重点抓好四项工作。一是加强以节能降耗减排为主要内容的技术改造。鼓励企业大力引进和利用先进的技术、工艺、设备,加快淘汰落后的技术和产品,提高技术装备和信息化水平。今年全省技改投入占固定资产投资比重要达到30%以上。二是大力发展高新技术产业和装备制造业。围绕电子信息、生物工程和新材料新能源等领域,集中抓好15个具有发展潜力的高新技术产业群,建设20个特色产业基地,培育一批具有自主知识产权的高新技术企业。力争高新技术产业产值占规模以上工业总产值的比重提高3个百分点。强化装备制造业专项扶持资金引导作用,着力培育汽车、造船、工程机械、大型成套设备等总成产品和终端产品。三是推动产业集群化发展。加快推进胶东半岛制造业基地、高新技术产业带和各类园区建设。四是积极推进行业调整和企业重组。重点抓好9个热点行业的联合重组,培育一批具有国际竞争力的大型企业集团。

(五)大力繁荣发展服务业。服务业消耗资源能源低、环境污染小、就业容量大、投入产出快、产业关联度高。要从经济社会发展全局和长远战略来正确认识服务业发展的重大意义,坚持把加快服务业发展放在产业结构调整的突出位置,重点抓好机制创新、政策落实、加大投入和载体培育,加快上规模、上水平,力争全年服务业增加值占生产总值比重提高1个百分点以上。深入推进金融生态环境建设,有效整合地方金融资源,做大做强恒丰银行和农村信用联社、城市商业银行等地方金融机构,大力推进银行、证券、期货、保险、租赁、信托等金融服务创新。依托大型交通枢纽,加快建设鲁东、鲁中、鲁南三个物流区域,积极争取建设青岛保税港区。完善落实文化经济政策,加快文化产业发展。着眼于推动文化产业与旅游产业融合发展,发挥资源优势,打造精品项目,扩大市场营销,吸引更多海内外游客。大力发展中介服务和咨询业。积极改造提升传统服务业。济南、青岛等大城市要逐步形成以服务经济为主的产业结构。大力培植服务业龙头企业、企业集团和服务业集聚区,打造服务业知名品牌。进一步优化发展环境,认真落实促进服务业发展的财政、税收、价格、土地等政策。

(六)进一步促进区域协调发展。继续抓好“三个突破”。一是大力推动欠发达地区加快发展。省财政继续加大对欠发达地区转移支付力度,今年拟安排转移支付160.9亿元,比去年增加26.5亿元。在基础设施建设、社会事业发展等方面向欠发达地区倾斜。强化对口帮扶,进一步启动内在活力,继续支持和促进菏泽加快发展。二是支持济南提升产业水平,壮大经济实力,增强综合服务功能,加快建设省会城市群经济圈。今年重点推进区内交通、旅游、信息、环保一体化建设。三是加快提升山东半岛城市群建设水平。进一步发挥青岛龙头作用,带动半岛地区增强自主创新能力,加快产业升级,增强国际竞争力。推进一体化重大项目建设,强化区域资源整合,促进产业集聚和优化布局。四是大力推进黄河三角洲开发规划的实施,健全协调推进机制,加快建设高效生态经济区。五是完善鲁南经济带发展规划。六是全面落实海岸带建设规划，开展多学科、多产业、多领域的综合开发，大力发展海洋经济。要更多地关注少数民族和少数民族集居区的经济社会发展。

五、进一步深化改革扩大开放

坚持社会主义市场经济改革方向，坚持对外开放基本国策，建立健全充满活力、富有效率、更加开放的体制机制。

紧紧围绕建立健全落实科学发展的体制机制，着力推动改革在重点领域和关键环节取得突破。一是深化国有企业和国有资产管理体制改革。进一步健全国有资产监管体系，建立国有资本经营预算制度，完善国有资本收益上缴和使用办法，规范国有资产转让行为。加快省属国有大企业股份制改革，推动国有资本更多地向关系国民经济命脉的重要行业和关键领域集中。完善产权结构、法人治理结构和激励约束机制，推进企业制度创新和管理创新。二是建立完善公共财政体制。完善财政转移支付制度，推进转移支付规范化、法制化。完善财政奖励补助政策和省以下财政管理体制，缓解县乡财政困难。全面实行政府收支分类改革。强化税收执法，推进社会综合治税。三是推进事业单位改革。支持经营开发服务类事业单位转企改制，全面推进社会公益类事业单位用人制度和分配制度改革，理顺行政支持类事业单位管理体制。四是完善现代市场体系。大力发展和充分利用资本市场、债券市场，扩大企业直接融资。加快建设城乡统一的劳动力市场。稳妥推进资源性产品价格改革，强化对垄断行业价格成本的监审。加快社会信用体系建设，规范市场主体行为，积极发展市场中介组织。五是加快发展民营经济和中小企业。要认真落实国家和省里支持民营经济发展的政策措施，鼓励非公有制企业参与国有企业改革，进入公用事业、基础设施、金融服务等领域。继续实施中小企业成长计划，完善中小企业服务体系。

要适应我国加入世贸组织过渡期结束后的新形势，不断提高对外开放的层次和水平。一是优化利用外资结构。以引进先进技术、先进管理和海外智力为重点，引导外资投向高新技术产业、高端制造业、现代服务业、现代农业、基础设施和生态建设，推进地方金融、中介服务等领域对外开放。积极承接国际服务外包业务。积极利用国际金融组织和政府贷款。二是着力推进外贸增长方式转变。继续实施出口品牌战略，扩大机电、高技术产品和具有自主知识产权、自主品牌的产品出口，支持纺织、农产品出口企业加大市场开拓力度，增强产品竞争力。引导加工贸易由加工装配为主向设计制造、自主研发延伸，提高加工深度。有重点地支持国际性展会。抓住有利时机，引导和鼓励企业扩大先进技术设备、重要资源和原材料进口。加快电子口岸和“大通关”建设。三是鼓励企业积极“走出去”。支持各类有条件、有信用的企业扩大境外投资，开发紧缺资源，建立生产和销售基地。加强对外工程和外派劳务管理，保障在外劳务人员和机构安全。四是完善反倾销反补贴保障措施应对工作机制。积极运用国际通行规则发展对外贸易，进一步完善出口产品预警、贸易摩擦应对和产业损害调查工作机制。

六、大力推进和谐山东建设

按照民主法制、公平正义、诚信友爱、充满活力、安定有序、人与自然和谐相处的要求，发展社会事业，完善社会管理，着力解决关系群众切身利益的现实问题。

（一）努力扩大就业。要始终坚持把扩大就业放在经济社会发展的突出位置。认真落实促进就业再就业的财税金融政策，支持自谋职业、自主创业，有效增加就业岗位。要积极开发公益性就业岗位，重点帮助零就业家庭和就业困难群体就业。加强再就业培训、创业培训和就业指导，开展统筹城乡就业试点。统筹做好城镇新成长劳动力、被征地农民、高校毕业生和复员转业军人的就业工作。大力推进和谐劳动关系建设。完善劳动合同制度和集体协商制度，规范企业用工和裁员行为，严格执行和适当提高最低工资标准，在大中城市实行最低小时工资制。严格实施农民工工资支付保证金制度，严厉查处恶意拖欠工资行为，坚决杜绝政府项目拖欠。健全劳动保障监察体制和劳动争议调处仲裁机制。

（二）加快完善社会保障制度。重点抓好四项工作。一是加快社会保险制度体系建设。进一步完善企业养老保险制度，搞好做实个人账户试点，积极推进省级统筹，大力发展企业年金，提高企业退休人员养老金待遇。在完善城镇职工基本医疗保险制度的同时，启动城镇居民医疗保险试点，逐步建立适合农民工特点的工伤保险等社会保障制度。完善失业保险制度，统筹使用失业保险基金和就业资金，扩大失业保险基金支出范围，加快推进市级统筹。探索建立多种形式的农村养老保险制度，完善被征地农民基本养老保险制度。二是加大社会保险费征缴和基金监管力度。扩大社会保险覆盖面，确保基金安全和保值增值。三是加强对困难群众的救助。完善城市低保财政负担机制，适时提高补助水平。建立完善城乡特困家庭、农村大病统筹医疗、受灾群众生活、城市流浪乞讨人员和残疾人等专项社会救助制度。制定扶持政策，发展社会福利、慈善事业和红十字事业。继续做好优抚工作，妥善解决优抚对象的实际困难。四是大力实施安康居住工程。完善经济适用房制度，在所有市县建立廉租住房制度。加快城市棚户区改造，争取两三年内解决城市特困户的住房问题。完善社会保障制度,对改善民生、维护社会公平、构建和谐社会有着极为重要的意义。我们要下最大的决心做好这项工作,让广大群众特别是困难群众享受到经济社会发展的成果,感受到党和政府的温暖。

(三)优先发展教育事业。进一步巩固提高基础教育,积极推进素质教育,完善农村义务教育经费保障机制,提高公用经费保障水平;建立农村中小学校舍维修改造长效机制,上半年消除中小学现存D级危房;对城市低保家庭的义务教育阶段学生实行"两免一补";切实解决好农民工子女上学问题。加强职业教育基础能力建设,扩大培养规模,创新教育教学模式,推进工学结合和校企合作。鼓励社会力量办学,规范发展民办教育。实施高等教育质量立校行动计划,调整专业结构,提高办学水平。鉴于近年来高校和一些职业学校规模扩展较快,负债较多,省政府将在调查研究基础上,责成有关部门与金融机构研究具体政策办法,帮助高校解决实际困难。在不断完善助学贷款政策和奖学金制度的基础上,省政府今年拟拨出专款建立政府助学金,切实保证每一个困难家庭的大学生不失学。我们一定要坚持不懈的努力,为所有儿童、青少年创造接受教育的条件,切实把教育公平落到实处。

(四)大力加强医疗卫生事业。加快建设覆盖城乡居民的基本卫生保健制度。一是推进农村卫生服务网络建设。今年对尚未改造的1127所乡镇卫生院全面进行改造。做到每个乡镇由政府办好一所卫生院,支持每个行政村设立一个卫生室。健全和规范新型农村合作医疗管理制度。二是发展城市社区卫生服务。省财政对开展城区卫生服务的人口实行补助,各市也要加大工作力度,使城市居民服务人口覆盖率达到50%以上。三是坚持预防为主、防治结合的方针,继续加强艾滋病、肺结核、乙肝等传染性疾病和地方病、职业病防治,提高疾病预防控制和突发公共卫生事件救治能力。四是推进医疗卫生体制改革和机制创新,加强医疗质量管理和医德医风建设。大力扶持中医药发展,发挥传统医药在防病治病中的重要作用。

(五)加快发展文化体育事业。加强公共文化服务体系建设,加快文化体育、广播影视、新闻出版业的改革与发展,繁荣文学艺术创作,丰富群众精神文化生活。今年省财政拟安排文化体育投入比上年有显著增长。抓好农村和城市社区文化体育设施建设,重点搞好文化信息资源共享工程建设。开工建设省博物馆和档案馆新馆,切实加强文化遗产保护。普及全民健身活动,加快人才培养,提高竞技体育水平。继续抓好青岛奥帆赛、第十一届全运会赛事筹备工作,办好首届中国水上运动会。

(六)深入推进平安山东建设。正确处理新时期社会矛盾,健全信访工作责任制和矛盾纠纷排查调处机制,落实领导机关、领导干部接待和联系群众制度,加强人民调解和行政调解,及时化解各种社会矛盾。完善应急管理体制,有效应对公共突发事件,提高危机管理和抗风险能力。强化社会治安综合治理,加强基层基础工作,深入开展严打整治斗争,加强社会治安防控体系建设,抓好社区和农村警务工作,减少可防性案件。高度重视安全生产,落实安全生产责任制,强化企业主体责任,开展专项整治,加强安全生产监管,坚决防止重特大事故的发生。切实搞好食品药品监管,确保人民群众用上放心的食品药品。

(七)加强精神文明建设和民主法制建设。深入开展社会主义荣辱观教育,广泛开展群众性和谐创建活动。切实加强青少年思想道德建设。发展哲学社会科学,加强对经济社会发展重大问题研究。加强科普推广。统筹解决人口问题,稳定低生育水平,提高出生人口素质,综合治理出生人口性别比例偏高问题。着力提高新编志书质量。关心支持老龄、妇女儿童、残疾人工作,做好民族宗教、外事、侨务、对台、档案、气象和防震减灾工作。搞好国防教育、人民防空、民兵预备役工作,广泛开展双拥共建活动,积极为驻鲁部队创造良好工作生活条件,巩固发展军政军民团结。要健全民主制度,丰富民主形式,完善政务公开、厂务公开和村务公开制度。进一步提高政府法制工作质量,认真实施"五五"法制宣传教育规划,深化依法治理工作。加强和改进法律援助工作。

七、加强政府管理创新与自身建设

适应新形势新任务的要求,加快推进政府自身改革与建设,提高行政效能,转变工作作风,努力建设为民务实清廉的政府。

切实转变政府职能。创新经济管理方式,加快政企分开、政事分开、政资分开、政社分开、政府与中介机构分开,更多地运用经济手段、法律手段调节经济活动,更好地为市场主体服务和创造良好环境。加强社会管理和公共服务,搞好公共设施建设,完善公共服务体系。重视基层组织建设,支持社区依法履行职责。深化行政审批制度改革,健全审批权力与责任挂钩机制。大力推进电子政务建设。

全面增强政府执行力和公信力。一要着力提高科学民主决策水平。切实维护中央政策的权威性和统一性,确保令行禁止、政令畅通。健全重大事项集体决策、专家咨询、社会公示与听证制度,健全决策反馈纠偏机制,健全决策责任追究制度。二要坚持依法行政。全面落实依法行政"四五"规划，严格按照法定权限和程序行使权力，履行职责，接受监督。加大行政综合执法改革力度，加快推进相对集中行政处罚权改革工作。全面实行行政执法责任制，加强行政复议和执法监督。加快建立行政问责制。三要大力推行政务公开。完善政府公报、政府网站、新闻发言人等公开渠道，提高政府工作的透明度。开展政府绩效评估，把指标考核和群众评价结合起来，评估结果向社会公开。四要强化监督检查。各级政府要自觉接受同级人大及其常委会的法律监督和政协的民主监督，高度重视新闻舆论监督和社会公众监督，加强审计、监察等专项监督。

深入开展反腐倡廉工作。认真贯彻中纪委七次全会精神，推进教育、制度、监督并重的惩治和预防腐败体系建设，拓展从源头上防治腐败工作领域。完善和健全廉政制度，用制度管权，按制度办事，靠制度管人。政府组成人员特别是主要负责人要带头廉洁自律，严格要求配偶、子女和身边工作人员，防微杜渐，警钟长鸣。加强惩治商业贿赂长效机制建设。继续加大案件查处力度，对违法违纪的人和事，无论涉及到谁，都要一查到底，依法惩处，决不手软。

进一步加强政风建设。面对改革与发展的繁重任务，我们不仅要牢固树立执政为民的理念，为群众多谋利益，更要将从严治政贯穿到行政的全过程。各级政府及其工作人员都要按照胡锦涛总书记所倡导的八个方面良好风气的要求，全面加强思想作风、学风、工作作风、领导作风、生活作风建设。要牢固树立正确的政绩观，大兴求真务实之风，坚决防止和克服官僚主义、形式主义、弄虚作假等不良作风。要认真解决损害群众利益的突出问题，切实纠正部门和行业不正之风。要加快建设节约型政府，严格控制新建扩建办公大楼和豪华楼堂馆所，狠刹讲排场、比阔气的奢侈之风，规范公务接待，降低行政成本。要加快建设学习型政府，全面提高公务员素质，努力建设一支政治坚定、业务精湛、作风过硬、人民满意的公务员队伍。

各位代表！我省经济社会发展已站在一个新的起点上。展望未来，我们既满怀信心，又深感责任重大。让我们更加紧密地团结在以胡锦涛同志为总书记的党中央周围，高举邓小平理论和“三个代表”重要思想伟大旗帜，在中共山东省委坚强领导下，团结一心，奋发努力，扎实工作，开拓进取，以优异成绩迎接党的十七大和省九次党代会的胜利召开，在建设全面小康社会和“大而强、富而美”社会主义新山东的征程上不断争取新的胜利！

2006年山东省国民经济和社会发展统计公报

山东省统计局

国家统计局山东调查总队

2007年3月3日

2006年，是“十一五”发展实现良好开局的一年。全省人民在省委、省政府的正确领导下，按照构建社会主义和谐社会的总体要求，以科学发展观统领全局，坚决贯彻执行中央宏观调控政策，全面落实省委“一二三四五六”的发展目标和工作思路，坚持统筹发展，着力推进经济结构调整和经济增长方式转变，国民经济平稳较快增长，社会事业取得全面进步，城乡面貌进一步改善，居民生活水平持续提高，实现了经济社会又好又快发展。

一、综　　合

经济平稳较快增长。初步核算，全省实现生产总值(GDP)21846.7亿元，按可比价格计算，比上年增长14.7%。其中，第一产业增加值2138.9亿元，增长5.2%；第二产业增加值12729.0亿元，增长16.8%，其中，工业增加值11556.0亿元，增长17.8%；第三产业增加值6978.8亿元，增长14.2%。三次产业比例为9.8:58.2:32.0。人均生产总值23546元，增长13.9%。

就业再就业形势良好。认真落实积极就业政策，城乡就业规模不断扩大，已连续3年实现城乡就业双过百万。全年城镇新增就业107.3万人，转移农村劳动力159.2万人；失业人员再就业51.4万人，其中，“4050”等特困人员再就业10.4万人。城镇登记失业率为3.3%。首批在25个县(市、区)启动城乡统筹就业试点。就业投入进一步加大，支出资金10.1亿元，比上年增长25.0%。发放再就业优惠证13.4万个，减免各项税费4.9亿元，使31.6万人次受益。

价格总水平保持稳定。居民消费价格比上年上涨1.0%，涨幅较上年回落0.7个百分点。其中，城市、农村均上涨1.0%；服务项目价格上涨1.8%，消费品价格上涨0.8%。食品和居住价格涨幅较大，分别上涨2.1%和4.4%，是推动居民消费价格上涨的两大主动力。工业品出厂价格上涨2.3%，回落1.4个百分点。原材料燃料动力购进价格上涨4.3%，回落1.7个百分点。农业生产资料价格上涨3.0%，回落3.2个百分点；农产品生产价格上涨3.4%。固定资产投资价格上涨1.8%，回落1.1个百分点。房屋销售价格上涨5.0%，其中商品住宅销售价格上涨5.1%，分别回落3.5个和3.9个百分点。

区域经济发展协调性增强。继续实施“一个龙头”、“三个突破”和“双30”政策。山东半岛城市群生产总值占全省的64.1%，对全省经济增长的贡献率为63.6%，以青岛、烟台、威海三市为主体的胶东半岛制造业实现增加值占全省制造业的36.9%。继续加大对菏泽的扶持和对口帮扶力度，累计开工建设项目184个，完成投资84.3亿元。县域经济加快发展，县级地方财政收入平均增幅达到27.6%，全省有22个县(市)进入全国百强县，比上年增加2个。省会城市群经济圈和黄河三角洲高效生态经济区规划编制完成。

海洋经济发展加快。主要海洋产业实现总产值3002.6亿元，比上年增长20.6%。海洋渔业、海洋油气等产业保持稳定增长，实现产值1260.3亿元和67.9亿元，分别增长10.8%和17.4%。海洋资源开发利用成效显著。海洋石油、原盐和烧碱产量达到215.8万吨、1726.1万吨和304.2万吨，分别增长1.8%、22.4%和12.2%。海洋制药、海水综合利用等新兴产业快速发展。海洋生态环境保护进一步加强，新建2个海洋特别保护区、7个渔业资源保护区，面积101.2千公顷。

各项改革继续深入推进。农村综合改革稳步推进，全部取消了农业税。企业改革继续深化，省管企业中60%的辅业单位完成了分离改制，74家上市公司全部完成或进入股权分置改革程序。非公有经济发展壮大，实现增加值占全省生产总值的比重升至52.0%。财税体制改革继续深化，积极推进国库集中支付改革，政府采购完成额比上年增长23.3%；加强基层财政管理，对下转移支付144.1亿元。地方金融机构改革重组积极推进，全省城市信用社组建城市商业银行改革基本完成，农村信用社组织形式改革完成，邮政储蓄银行改革顺利启动。国有粮食购销企业改革顺利完成。

经济社会发展中存在的主要困难和问题:经济发展的结构性矛盾依然比较突出,新兴服务业发展缓慢;节能降耗、环境保护的任务十分艰巨;就业再就业压力比较大;社会保障制度不够完善,保障能力不强,等等。

二、农林牧渔业

农林牧渔业全面发展。农林牧渔业实现增加值2138.9亿元,比上年增长5.2%。其中,农业增加值1260.6亿元,增长5.1%,对农林牧渔业增加值增长的贡献率达到60.0%;林业增加值45.9亿元,增长8.3%;牧业增加值466.4亿元,增长4.8%;渔业增加值322.0亿元,增长3.6%;农林牧渔服务业增加值44.0亿元,增长22.2%。

主要农牧产品产量稳步增长。粮食总产量达到4048.8万吨,创2000年以来最高水平,比上年增长3.4%;棉花产量突破100万吨,增长20.9%。

主要农牧业产品产量

指　标	单位	绝对值	比上年增长(%)
粮　食	万吨	4048.8	3.4
夏　粮	万吨	1890.1	4.9
秋　粮	万吨	2158.7	2.0
棉　花	万吨	102.3	20.9
油　料	万吨	358.2	-1.5
蔬　菜	万吨	8309.3	-3.5
园林水果	万吨	1258.8	4.8
生猪年末存栏	万头	2778.5	-9.5
牛年末存栏	万头	818.2	-15.7
羊年末存栏	万只	2918.1	-10.5
肉　类	万吨	759.0	3.0
猪牛羊肉	万吨	494.5	2.9
禽　肉	万吨	254.8	4.0
禽　蛋	万吨	430.5	-2.6
奶　类	万吨	238.6	8.0

林业生态建设稳步展开。进一步加大荒山植树造林力度,生态公益林建设成效显著,森林资源得到有效保护。全省完成造林面积134.5千公顷,其中,荒山造林47.8千公顷,是近年来荒山造林最多的一年。新增国家级生态公益林240.0千公顷,省级生态公益林66.7千公顷,全省已有1106.7千公顷林地纳入国家级、省级公益林管理。森林火灾受害率控制在0.02‰以内,森林火灾次数和受害森林面积分别比上年下降60.0%和71.1%。

渔业生产建设得到加强。水产品总产量757.0万吨,比上年增长2.8%。其中,海水产品产量642.0万吨,增长2.5%;淡水产品产量115.0万吨,增长4.5%。优质水产品发展加快,海参、对虾等水产品产量分别达到5.3万吨和9.6万吨,分别增长15.7%和10.2%。水产品质量安全水平提高,无公害养殖面积达到130千公顷,162个水产品获农业部无公害水产品称号。加大渔业资源修复工作,建设完成12个海珍品底播增殖区、7处渔业资源保护区和6处人工鱼礁示范区。出口水产品106.4万吨,增长6.6%。

新农村建设取得新进展。对新农村建设的投入进一步加大,省统筹安排用于"三农"方面的财政性投入187.7亿元,比上年增长25.8%。农业机械化装备及服务能力提高。农机总值达到521.0亿元,增长6.3%;联合收获机保有量达到9.7万台,增长19.2%。农机服务产值达到350.1亿元,增长2.9%;完成机耕作业面积7495.6千公顷,机播面积5706.6千公顷,机收面积3821千公顷。农田水利建设得到加强,有效灌溉面积4818.2千公顷,增长0.6%,其中,节水灌溉面积1959.3千公顷,增长4.2%。农村"路水电医学"工程进展较快,农村生产生活条件不断改善。农村用电量376.2亿千瓦时,增长8.5%;在村村通电、通电话的基础上,通汽车行政村数比重上升到99.6%,农村自来水普及率达到71.5%,改造农村中小学危房120万平方米,88个新型农村合作医疗试点县农民参合率达到88.6%。

三、工业和建筑业

工业生产保持较快增长。规模以上工业企业(全部国有和年主营业务收入500万元及以上的非国有工业企业)达到31331家,比上年增加4464家,增长16.6%。实现增加值11122.8亿元,增长23.6%;其中,非公有工业增加值7254.3亿元,增长30.0%。

规模以上工业增加值

	绝对值(亿元)	比上年增长(%)
全　省	11122.8	23.6
#轻工业	3791.1	21.9
重工业	7331.7	24.5
#国有企业	901.4	15.4
集体企业	636.6	14.5
股份合作企业	160.6	17.6
股份制企业	6290.3	23.2
外商及港澳台商投资企业	2023.5	27.2
其他经济类型企业	1110.3	33.8

工业经济效益不断提升。规模以上工业实现主营业务收入38430.5亿元,比上年增长29.4%;实现利润2634.0亿元,增长26.3%;实现利税4283.6亿元,增长28.2%。工业

经济效益综合指数为231.5，比上年提高17.2点，继续呈稳步提高态势。产销衔接状况进一步向好，产品销售率为98.5%，提高0.3个百分点。企业亏损面为7.3%，减少1.1个百分点。

制造业盈利能力增强。规模以上制造业实现增加值9278.6亿元，比上年增长26.3%，占规模以上工业增加值的83.4%，对规模以上工业增长的贡献率达93.0%。实现利润1909.8亿元，增长30.9%。制造业结构进一步优化，装备制造业增加值占规模以上工业的比重由上年的22.1%提升到23.9%，实现利润500.1亿元，增长34.2%，比全省制造业和规模以上工业增幅分别高3.3个和7.9个百分点。

主要工业产品结构优化。120种重点调度的工业产品中，产量比上年增长的有100种，占83.3%，有31种产品产量增幅超过30%。环保专用设备产量增长41.9%，电子产品增长较快，微型电子计算机增长1.7倍，手机、半导体分立器件、集成电路产量分别增长70.8%、40.6%和93.5%。

主要工业产品产量

产　　品	单位	绝对值	比上年增长(%)
原煤	万吨	14058.9	3.6
天然原油	万吨	2755.1	2.9
发电量	亿千瓦时	2314.4	14.7
水泥	万吨	16575.9	20.6
平板玻璃	万重量箱	5214.6	10.8
粗钢	万吨	3714.9	14.1
钢材	万吨	4088.4	33.9
纱	万吨	476.7	25.7
布	亿米	104.3	18.6
机制纸及纸板	万吨	1382.3	12.6
塑料制品	万吨	228.8	36.7
合成氨	万吨	727.7	11.2
啤酒	万千升	365.2	9.2
汽车	万辆	49.6	26.0
摩托车	万辆	113.6	7.3
家用电冰箱	万台	1074.2	54.7
房间空调器	万台	553.6	-6.3
微型电子计算机	万台	104.3	168.8
彩色电视机	万台	1059.2	-7.1

建筑业生产稳步增长。在全部三级及以上（新资质）建筑企业中，有施工任务的5719家，比上年增加47家，完成建筑业总产值2788.6亿元，增长11.1%；实现利税200.2亿元，增长20.6%。其中，国有及国有控股企业完成建筑业总产值839.5亿元，增长7.3%；实现利税46.2亿元，增长4.7%；非国有企业完成建筑业总产值1949.1亿元，增长12.9%；实现利税154.0亿元，增长26.4%。

四、固定资产投资

固定资产投资增速减缓。全面落实中央宏观调控政策，严把土地信贷两个闸门和市场准入门槛，全面清理新开工项目，投资快速增长势头得到有效抑制。全社会固定资产投资完成11134.6亿元，比上年增长19.6%，增幅回落13.9个百分点。其中，城镇固定资产投资完成8714.9亿元，增长19.8%，回落14.5个百分点；农村固定资产投资完成2419.8亿元，增长19.1%，回落11.8个百分点。

投资结构渐趋优化。第一、二、三产业投资分别比上年增长20.8%、20.1%和18.7%。重点领域和薄弱环节投资加强，计算机服务和软件业投资增长82.9%，环境管理业投资增长37.0%，文化、体育和娱乐业投资增长41.1%，高新技术和信息产业投资分别增长31.5%和38.7%。国家重点调控行业的投资下降或增速回落，煤炭行业投资下降31.5%，冶金行业投资下降10.3%；纺织和电力行业投资分别增长0.4%和12.6%，增幅分别回落31.7个和32.0个百分点。

房地产开发建设趋缓。房地产开发投资完成1178.7亿元，比上年增长20.6%，增幅回落7.2个百分点。从房屋建设用途看，住宅投资增长27.8%，占全部房地产开发投资的75.7%；商业营业用房投资增长13.3%，占12.3%；办公楼投资增长22.1%，占3.0%。土地利用情况好转，购置土地面积减少16.6%，完成开发土地面积增长45.7%。

建设资金供应充足。全部建设项目到位资金11517.9亿元，比投资完成额多383.3亿元，增长20.5%。支撑固定资产投资增长的主要是自筹资金，占全部资金来源的72.1%。省外资金进入加快，利用国内省外建设资金增长52.5%。

商品房建设和销售平稳增长。全年商品房施工面积12182.5万平方米，比上年增长17.6%；房屋竣工面积3383.2万平方米，增长7.0%；房屋销售面积3797.2万平方米，增长5.2%，其中，住宅销售面积占商品房销售的91.2%，在住宅销售总量中，普通商品住宅占75.1%。住宅空置面积比上年下降7.5%。

五、国内贸易

消费品市场继续保持活跃。实现社会消费品零售总额7122.5亿元，比上年增长16.3%，为“十五”以来最高增幅。其中，个体、私营经济实现零售额5219.3亿元，增长16.5%，占社会消费品零售总额的73.3%。城乡市场协调发展，城市市场带动作用更为突出。城市实现零售额5322.4亿元,增长17.0%,农村实现零售额1800.2亿元,增长14.1%,城市零售额增幅较农村高2.9个百分点。

批发零售业、住宿餐饮业发展良好。批发零售业规模日益扩大,优势日渐显现,实现零售额6000.1亿元,比上年增长16.4%,占社会消费品零售总额的84.2%。住宿餐饮业成为消费市场中发展速度最快的行业,实现零售额887.2亿元,增长17.7%。

市场规模经营更具竞争力。限额以上企业实力进一步增强,实现零售额1948.4亿元,比上年增长27.2%,增幅比限额以下企业高14.4个百分点。其中,限额以上批发零售业实现零售额1814.1亿元,增长27.2%;限额以上住宿餐饮业实现零售额134.3亿元,增长26.7%。

消费升级带动相关商品全面热销。以汽车、住房、娱乐为主的发展型、休闲型消费已逐渐形成新一轮消费热点。据限额以上批发和零售业商品销售统计,与消费升级密切相关的商品均保持强势增长,汽车类实现零售额367.5亿元,增长29.0%;建筑及装潢材料类实现零售额12.4亿元,增长40.9%;家具类实现零售额31.6亿元,增长27.4%;体育及娱乐用品类实现零售额8.8亿元,增长30.5%。

六、对外经济

对外贸易增长较快。实现进出口总额952.9亿美元,比上年增长23.9%。其中,出口586.5亿美元,增长26.8%;进口366.4亿美元,增长19.6%。美国仍是我省第一大出口市场,对美国出口113.4亿美元,占全省出口的19.3%。出口商品结构进一步优化,机电产品和高新技术产品出口比重分别提高2.3和1.9个百分点。

实际外商直接投资过百亿美元。全年实际利用外商直接投资100亿美元,比上年增长11.5%;总投资过亿美元的项目7个。服务业成为外商投资热点,实际外商直接投资额所占比重比上年提高4.4个百分点,外商在房地产业投资比重最大,占服务业实际外商直接投资额的51.5%。韩国、中国香港投资仍居前两位,占全省的57.9%。新批世界500强投资项目26个,其中美国国际纸业、法国标致等首次投资山东。

“走出去”步伐不断加快。新批境外企业(机构)188家,协议投资总额5.6亿美元,其中中方协议投资4亿美元。对外承包工程完成营业额15.0亿美元,比上年增长35.2%;对外劳务合作完成营业额7.0亿美元,增长18.8%。外派人员4.1万人次,增长9.5%;期末在外人数8.4万人,增长17.3%。

七、交通、邮电和旅游

交通运输生产稳步增长。年末高速公路通车里程3280公里,比上年增加117公里。沿海港口货物吞吐量4.7亿吨,增长22.4%。航空客运量1255.7万人次,增长18.9%;货邮量16.9万吨,增长15.7%。铁路、公路、水运共完成旅客运量14.7亿人次,增长11.4%;完成货运量16.5亿吨,增长13.0%。

交通运输情况

	旅客			
	运输量(亿人次)	增长(%)	周转量(亿人公里)	增长(%)
合计	14.7	11.4	1063.6	12.4
公路	14.0	11.1	645.7	11.6
铁路	0.6	16.8	411.3	14.0
水路	0.1	4.6	6.6	10.5

续表

	货物			
	运输量(亿吨)	增长(%)	周转量(亿吨公里)	增长(%)
合计	16.5	13.0	6611.8	14.2
公路	13.7	13.5	845.1	18.7
铁路	1.7	2.8	1468.2	3.1
水路	1.2	26.4	4298.5	17.7

邮电通信业持续快速增长。完成邮电业务总量978.3亿元,比上年增长34.3%。其中,电信业务总量为928.3亿元,增长36.5%;邮政业务总量50.0亿元,增长11.9%。年末长途电话电路1.9万个2兆,长途自动交换机容量74.6万路端。年末固定电话用户达到2689.0万户,减少2.9%;移动电话用户2950.8万户,增长27.4%。电话普及率达到61.7部/百人。

旅游业发展形势喜人。接待入境游客193.1万人次,增长24.5%,入境旅游收入10.1亿美元,增长29.9%;接待国内游客1.7亿人次,增长18.9%,国内旅游收入1214.8亿元,增长24.7%;旅游总收入1295.6亿元,增长24.7%。

八、财政、金融、证券和保险

财政实力进一步增强。境内财政总收入突破4000亿元,达到4110.2亿元,比上年增长22.7%。地方财政一般预算收入1355.3亿元，增长26.3%。财政支出结构进一步优化，财力分配向技术创新和社会事业领域倾斜。地方财政支出达到1832.6亿元，增长25.0%。企业挖潜改造、科技支出分别增长28.3%、35.4%。支农支出、城市维护费、卫生事业费支出分别增长20.3%、23.9%、34.0%。

金融运行健康平稳。人民币各项存款余额19634.0亿元，比年初增加2764.8亿元，其中，储蓄存款余额为10358.0亿元，增加1323.7亿元。人民币各项贷款余额15709.6亿元，增加2505.7亿元，同比多增500.3亿元，连续两年多增贷款超过500亿元。信贷投放重点突出。服务业贷款增势良好，交通运输仓储邮政业、批零贸易业、水利环境和公共设施管理、房地产业、租赁和商务服务业五项合计占全部新增贷款的比重达36.6%；农业贷款增加296.4亿元，多增74.1亿元；中小企业贷款稳定增长，贷款增加1130.6亿元，多增499.2亿元。金融机构效益显著改善，实现盈利217.9亿元，增盈52.3亿元。

证券期货市场呈现生机。共有境内外上市公司120家，股票128只，其中境内上市公司84家，股票88只，境外上市公司40家（境内境外同时上市公司4家）。拥有证券公司2家，证券营业部142家，证券服务部34家；期货经纪公司8家，期货营业部13家。证券交易金额大幅增长，证券营业部经营状况良好，142家证券营业部股票基金交易金额为5857.9亿元，增长1.6倍。129家营业部实现盈利，盈利面达90.9%。期货市场持续较快发展，期货交易额9982.7亿元，增长31.6%。

保险业稳步发展。实现保费收入396.2亿元，增长16.3%。其中，财产险保费收入106.2亿元，增长20.7%；人身险保费收入290.0亿元，增长14.7%。资本实力明显增强，保险业总资产达995.9亿元，增长17.7%。支付各项赔款与给付120.9亿元，增长57.8%。有6家外资公司在我省设立营业机构。

九、科学技术

科技事业进一步发展。星火计划实施顺利，省级以上项目221项，比上年增加2项；其中国家级123项，增加5项。专利工作成绩突出。专利申请量38284件，增长32.8%；其中发明专利申请量7237件，增长50.7%。授权专利15937件，增长48.3%；其中发明专利授权量1092件，增长20.9%。高层次人才队伍建设继续加强，共有住鲁两院院士33人，国家有突出贡献的中青年专家122人，山东省有突出贡献的中青年专家300人，享受国务院政府特殊津贴专家2570人。

信息化建设成效显著。规模以上电子信息（含电子信息产品制造业、软件业）企业1665家，比上年增加407家；实现主营业务收入3960.8亿元，增长37.2%；实现利润、利税122.4亿元和203.6亿元，分别增长30.2%和32.7%。互联网应用更加普及。网站3.7万个，增长32.1%；上网人数1126万人，增长14.0%；建成门户网站的省直部门、市级政府、县级政府分别达到93%、100%和95.4%，上网企业超过10万家。14个重点电子政务系统全部启动建设，5个基础政务信息资源库中有4个已经进入应用阶段。国家信息通讯国际创新园落户济南，有3市被国家批准为农村信息化试点市。银行卡的发放量达到3506万张。

技术创新能力不断增强。制定实施了中长期科学和技术发展规划纲要，以企业为主体，市场为导向，产学研相结合的技术创新体系逐步建立。新增省级以上企业技术中心58家。高新技术产业产值占规模以上工业总产值比重达到26.2%，比年初提高2.1个百分点。高新技术产品出口64.8亿美元，增长52.5%。

名牌战略和标准化建设取得新进展。全省已经有世界名牌产品2个；中国名牌产品187个，其中新增68个；山东名牌产品1182个；山东省服务名牌94个。全国驰名商标68个，其中新增14个。共批准发布山东省地方标准657项，其中农业395项，资源节约与综合41项。主要工业产品采用国际标准的达到85%以上。

气象地震等领域技术水平逐步提高。新建区域气象观测站1176个，上传资料站点达到80%以上，基本达到了城市5—10公里、农村10—20公里的密度。人工增雨防雹作业影响面积32.7万平方公里，增加降水8.5亿立方米。数字强震观测水平提高，内陆地震监测能力达到ML2.0级，近海地震监测能力达到ML3.0级。进一步健全地质灾害防治预案预警等制度，建成42个监测点，有效防治了地质灾害的发生。启动了“数字城市”地理空间框架和“数字国土”地理信息平台建设试点，提供各类地理信息产品2万多件。

十、教育、文化、卫生、体育

教育事业健康发展。基础教育进一步巩固提高，小学、初中适龄人口入学率保持在99%以上，辍学率在2%以内，共发放“两免一补”资金3.7亿元，资助学生234万人次。职业教育发展步伐加快，已有高等职业院校62所，在校生38.9万人。普通高等教育规模继续扩大，全年招生44.5万人，在校学生达到133.8万人，分别增长11.1%和14.2%。技工学校、普通中小学、特殊教育学校、幼儿园等发展趋于合理。

各类教育基本情况

	学校数(所)	
	数　量	增减(所)
研究生教育	31	0
普通高等教育	109	5
中等职业学校	769	-37
技工学校	197	-32
普通中学	4175	-229
小学	14611	-1260
特殊教育学校	140	1
幼儿园	15829	111

续表1

	招生数(万人)	
	人　数	增减(%)
研究生教育	1.5	5.8
普通高等教育	44.5	11.1
中等职业学校	42.5	8.5
技工学校	14.9	7.2
普通中学	164.6	-8.4
小学	107.2	2.8
特殊教育学校	0.2	14.6
幼儿园	63.4	-6.9

续表2

	在校学生数(万人)	
	人　数	增减(%)
研究生教育	4.2	13.3
普通高等教育	133.8	14.2
中等职业学校	114.3	4.5
技工学校	35.8	9.8
普通中学	554.0	-6.5
小学	623.0	1.2
特殊教育学校	1.7	6.7
幼儿园	135.1	-4.2

文化出版广电事业取得新成就。大力加强文化信息资源共享工程建设,基层服务点覆盖8万多个村庄。文化产业发展加快,成功举办了首届文化产业博览会。拥有各种艺术表演团体117个,艺术表演场馆94个,群众艺术馆、文化馆158个,博物馆75个。拥有各级各类档案馆200个,其中国家综合档案馆162个;馆藏档案1018.3万卷,馆藏资料310.2万册,开放档案291.5万卷。拥有公共图书馆145个,出版各类图书6521种、报纸133种、杂志262种。广播、电视人口覆盖率分别达95.9%和96.3%。

卫生保健服务网络不断完善。拥有卫生机构1.7万所,其中,医院1178所,卫生院1756所,卫生防疫机构177所,妇幼保健机构149所。各类卫生机构拥有床位25万张,卫生技术人员32.6万人,其中执业医师及执业助理医师14.2万人、注册护士10.0万人。公共卫生"两个体系"已有219个项目竣工,乡镇卫生院建设"360工程"已有255个主体竣工。

体育事业成绩突出。在全国高水平比赛中夺得24枚金牌。在第15届亚运会上夺得21枚金牌、10枚银牌和7枚铜牌,创历史最好成绩。山东鲁能泰山足球队荣获2006赛季中超联赛冠军和足协杯冠军,在职业联赛中取得了两获"双冠王"、四夺足协杯的优异成绩。成功举办了第二十一届省运会,第十一届全运会和青岛奥帆赛筹备进展顺利。

十一、城乡建设

城市化进程加快,区域规划编制工作进展顺利。人口城镇化率达到46.1%,比上年提高1.1个百分点。省政府研究通过了《山东半岛城市群总体规划》和《山东省海岸带规划》。全省108个市县的城市总体规划修编基本完成。村镇规划编制进一步加强,60%的乡镇和40%的村庄完成了新一轮规划修编。

安康居住工程积极推进。经济适用房建设方式和廉租住房制度逐步完善,货币补贴试点稳步推进。开工建设经济适用房873万平方米,竣工412万平方米;17个设区城市、37个县(市)已建立廉租住房制度,累计为1.5万户最低收入家庭提供了廉租住房保障。住宅产业化工作快速推进,42个项目开展了住宅性能认定,18个项目被列入国家康居示范工程。

城市承载服务能力提升。城市基础设施建设完成投资565亿元,增长18.7%。新建成污水处理厂20座,新增污水处理能力90万吨/日,全省城市污水集中处理率达到55%;新建和改造自来水供水能力40万吨/日;新增供热面积1500万平方米,用气人口200万人;新增公交营运车辆4000标台,新建、扩建城市道路面积2000万平方米;新增无害化垃圾处理能力2000吨/日;新增城市公园绿地4000公顷。

城乡综合整治深入展开。全省整治旧住宅小区337个、改造城中村396个、硬化背街小巷3465条,6个城市被评为全国水环境治理优秀范例城市,6个项目获中国人居环境范例奖。加强城市管理,拆除违法建筑354万平方米,规范广告牌匾28.4万块。村镇建设得到加强,完成投资560亿元,增长12.4%,村镇道路硬化率37.0%。重点扶持的6000个村庄整治取得明显成效。

十二、能源、资源、环境保护

工业节能降耗工作取得积极成效。全省重点考核的千户重点用能工业企业主要产品生产实现节能334.1万吨标准煤。在千户企业填报的49项单位产品能耗指标中，下降的占91.8%。在千户企业填报的1306个能耗指标数据中，下降的占89.3%。

建设领域资源节约效果明显。全面实施新建居住建筑节能65%、公共建筑节能50%的设计标准，35个城市和17个县城规划区全面禁止使用实心粘土砖，新型墙材生产和应用比例分别达到69%和75%，建成节能建筑2100万平方米。大力推进供水管网和"一户一表"改造，推行阶梯式水价，全年城市节水4亿立方米，新增5个国家节水型城市。

土地节约集约利用全面推进。积极开展城镇建设用地增加与农村建设用地减少挂钩试点工作，全省盘活存量建设用地7.3千公顷。加大土地开发整理力度，整理、复垦和开发新增土地面积12.1千公顷，新增农用地面积3.9千公顷，新增耕地面积3.4千公顷，连续6年实现了耕地"占补平衡"。加强基本农田规范化建设，设立了5个国家级基本农田保护示范区。进一步规范了土地市场，完善交易规则。

矿产资源利用与保护工作进一步加强。共投入勘查资金6.2亿元，新发现和探明了金、铁、铜、煤等一批重要矿产地，缓解了资源压力。实施招标拍卖挂牌等方式出让矿业权，转让出让矿业总价款比上年增长45.3%，实现矿业产值1338.8亿元。全省治理矿山地质环境的投入增大，恢复治理土地2760公顷。新建世界地质公园1处、省级地质公园3处。

生态省建设进展顺利。环保创建成效突出，国家环保模范城市增至17个，其中新增2个；获得国家级生态示范区建设试点命名的市县8个；晋升为国家级自然保护区1个；创建全国环境优美乡镇46个。

环境质量进一步改善。加快脱硫工程建设进度，共建成重点燃煤发电机组脱硫设施形成减排能力20.7万吨/年。17城市空气质量良好率达到94.2%，其中15个城市空气质量符合国家二级标准，2个城市符合国家三级标准。全省河流断面COD均值下降13.1%，氨氮均值下降4.2%。全省17城市道路交通声环境质量在"较好"以上。

十三、人口、居民生活、社会保障

人口继续保持低速增长。据人口变动情况抽样调查推算，年末全省总人口9309万人，人口出生率为11.6‰，死亡率6.1‰，自然增长率5.5‰。

城镇居民生活质量提高。城镇居民人均可支配收入为12192元，比上年增长13.5%。城镇居民人均消费性支出为8468元，增长13.6%，其中食品支出2712元，增长7.9%。城镇居民恩格尔系数为32.0%，下降1.7个百分点。全省城镇居民人均现住房建筑面积29.3平方米。城镇在岗职工年平均工资18856元，增长13.5%。

城镇每百户居民家庭主要耐用消费品拥有量

消费品名称	单位	数量
饮水机	台	68.4
微波炉	台	46.3
电冰箱	台	92.1
排油烟机	台	88.9
淋浴热水器	台	74.0
洗衣机	台	95.1
彩色电视机	台	120.4
影碟机	台	67.0
家用电脑	台	52.7
组合音响	套	24.2
照相机	架	58.3
空调器	台	82.0
固定电话	部	90.8
移动电话	部	164.3
健身器材	套	6.6
助力车	辆	25.1
摩托车	辆	46.6
家用汽车	辆	6.2

农村居民生活继续改善。农村居民人均纯收入4368元，比上年增长11.1%。人均生活消费支出3144元，增长14.9%。其中，食品支出1191元，增长9.5%；用于文教娱乐方面的支出409元，增长8.4%。农村居民恩格尔系数为37.9%，降低1.9个百分点。农村居民人均住房面积30.7平方米。

农村每百户居民家庭主要耐用消费品拥有量

消费品名称	单位	数量
微波炉	台	2.6
电冰箱	台	33.6
排油烟机	台	6.7
热水器	台	19.2
洗衣机	台	49.6
黑白电视机	台	15.1
彩色电视机	台	98.4
影碟机	台	55.8
家用电脑	台	2.4
组合音响	台	18.4
照相机	架	6.9
空调器	台	5.1
固定电话	部	85.9
移动电话	部	60.7
摩托车	辆	69.0
汽车(生活用)	辆	1.2

社会保障体系进一步健全。全省城镇基本养老、医疗和失业、工伤、生育保险参保人数分别达到1106.3万人、996.1万人、789.7万人、647.3万人、488.8万人，比上年底增加52.5万人、134.5万人、18.6万人、68.6万人、27.5万人。全省养老、医疗、失业、工伤、生育五项社会保险基金总收入573亿元，增长19.6%；支出468亿元，增长21.2%。新型农村养

老保险与合作医疗制度建设初见成效，全省参保农民达到1067万人，领取养老金的农民68万人；当年收缴保费12.9亿元，基金累计结余69亿元；参加新型农村合作医疗农民4067.7万人。被征地农民社会保障政策进一步完善，被征地农民参保59万人，增长59%。再就业培训、创业培训和农村劳动力转移培训扎实推进，共培训失业人员26.9万人，组织创业培训4.4万人，培训农村劳动力47.5万人。

城乡社会救助体系进一步完善。普遍建立了城乡低保制度，最低生活保障救助119万人。其中，城镇低保62.2万人，农村低保48.0万人，农村特困救济8.8万人。农村五保供养工作有了新进展，新建、改建和扩建1152处敬老院，供养五保对象27.7万人。城乡医疗救助工作稳步推进。有113个县（市、区）建立了城市医疗救助制度，132个县（市、区）建立农村医疗救助制度，救助和资助居民50.3万人。接收捐款6亿元，其中"慈心一日捐"5.6亿元。福利彩票销售46.8亿元。收养性社会福利单位1962个，增加47个；收养19.5万人，增长1倍。社会福利企业1842个，安置残疾人员4.3万人。

安全生产形势总体稳定。各类生产安全事故、死亡人数分别比上年下降17.1%和10.4%，道路交通事故、死亡人数分别下降14.7%和10.5%。亿元GDP生产安全事故死亡人数下降25.6%。

注：1. 本公报所列各项数字均为初步统计或核算数字。

2. 全省生产总值、各产业增加值绝对数按当年价格计算，增长速度按可比价格计算。

2006年山东省统计工作综述

2006年,全省各级统计部门坚持以科学发展观统领全局,以优化统计环境、维护统计秩序、提高数据质量为总体目标,改革创新,锐意进取,扎实工作,圆满完成了各项统计工作任务。

一、各项普查、调查工作进展顺利。农业普查全面展开。各级党委、政府高度重视,不断强化农业普查的政府行为,及时成立各级农业普查领导小组,层层签订目标责任书,为农业普查奠定了坚实的组织基础。有关部门大力支持,密切配合。各级统计部门精心组织,高效运作,"四落实"工作及时到位。全面完成了全省普查人员的选调、培训工作。周密组织各级普查试点,积累了工作经验,锻炼了队伍。普查宣传工作形式多样,效果明显,营造了良好的普查氛围。由农普领导小组成员单位领导带队,加强督促检查,狠抓工作落实。我省农业普查各项准备工作得到了国务院农业普查督查组的充分肯定和高度评价。目前,农业普查登记工作已基本结束。

认真做好经济普查资料的开发利用,编印了《山东省经济普查年鉴(2004)》、《山东省第一次经济普查分析研究资料汇编》,并根据经济普查资料,对全省基本单位名录库进行了更新维护。圆满完成了全省1%人口抽样调查工作,省统计局及各市相继发布了2005年1%人口抽样调查主要数据公报。参与完成了全省残疾人抽样调查的试点、培训、调查摸底、正式登记、质量验收、数据处理、数据发布等工作,我省上报的残疾人抽样调查数据一次性通过国家验收,无一差错。较好地完成了各项常规性统计调查任务。

二、统计制度方法改革步伐不断加快。认真落实《2006年全省统计制度方法改革要点》,统计制度方法的科学性、适应性不断提高。全面推动服务业统计改革,研究制定了符合我省实际的服务业统计报表制度和服务业重点行业统计调查制度;健全了服务业统计与服务业发展考核制度,通报了2005年我省服务业重点行业发展情况。健全完善了社会综合统计年报制度,增加了反映社会事业发展的价值量指标。改革完善了地区生产总值核算制度。制定了能源统计公报制度和能源平衡表统计制度,实施了山东省千户重点用能工业企业单位产品能耗统计制度。完善了固定资产投资统计制度,将农村非农户投资纳入统计范围。制定了电子信息产业统计实施方案,规范了信息产业统计口径。建立了全省劳动力调查制度和1%人口抽样调查制度,全面推行扩大范围的劳动工资统计制度。制定了全省文化产业统计监测制度及其实施方案,全面启动文化产业统计监测工作。在全省实行了限额以下贸易县县抽样调查工作。按照新的城乡划分标准,精心组织了城乡划分工作。

三、统计数据质量进一步提高。以国民经济核算为龙头,强化各专业间的沟通与协调,加大了对各专业和部门数据的审核、评估和监控力度,理顺了核算基础资料来源渠道。进一步改进和完善了市级GDP数据质量管理和审核制度,强化数据质量控制措施。大力推行企业联网直报,从技术上减少了对统计数据的中间干扰。为解决服务业的混统漏统问题,以省政府名义下发了《关于完善和改进服务业统计工作的通知》,召开了全省服务业发展暨统计工作会议。由于基础工作扎实,核算方法规范,各种比例系数使用适当,我省的主要宏观数据较真实地反映了经济社会发展的实际,上报数据在国家历次GDP联审中均一次性通过。

四、统计服务职能进一步强化。全省各级统计部门认真落实科学发展观,广泛搜集信息,深入解读数据,开展调查研究,不断增强统计服务的针对性、主动性和有效性,统计"反映发展、评价发展、宣传发展、促进发展"的职能作用进一步增强。围绕经济社会发展中的重点问题,认真开展统计分析和研究,得到了省领导的高度评价。不断加大统计信息报送力度,省统计局被"两办"采用的信息数量连续多年居省直部门前列。按照省委、省政府的工作部署,配合有关部门,圆满完成了全省新开工项目清理工作。进一步完善了《统计信息提供和发布管理办法》,规范了统计信息提供与发布行为。积极派人参与了省委、省政府及省直有关部门组织的市级评价指标体系、社会主义新农村建设、第三产业情况、企业技术创新等重大调研活动。出色完成全省17市经济社会发展实绩评价、社会公众安全感调查、“百姓心目中的和谐社会”电话调查等专项调查。

五、统计基层基础建设向纵深发展。在大力推广“嘉祥经验”的基础上，省统计局又在龙口市召开了全省统计基层基础工作现场会，确定了进一步加强统计基层基础建设的目标任务。开展了县级统计机构现状调查，为进一步加强基层统计工作奠定了基础。采取以会代训等形式，加强了对基层统计人员的业务知识、统计法规、计算机知识的培训，进一步提高了基层统计人员素质。统计基层基础建设向全方位、深层次发展。各市统计局充分发挥主观能动性，抢抓机遇，积极推进基层基础建设，使这项工作出现了重点突破、全面开花的喜人局面。济南、青岛、淄博、济宁、聊城等市不断加强乡镇统计机构的规范化建设；临沂市不断加强农村统计台帐建设；东营、滨州、菏泽等市也在乡镇统计机构建设上取得突破性进展。

六、统计法制工作再上新台阶。制定了《山东省开发区统计工作规范化管理办法》，使开发区统计工作逐步走上规范化、法制化轨道。加大统计执法检查力度，严肃查处统计违法行为，全省共查出统计违法案件2748件，对706家单位进行了经济处罚，给予8人党纪政纪处分，强制执行16件，达到了“查处一案，震慑一片”的效果。加强统计执法监督，完善了统计执法报表制度和重大案件报告制度。保持统计普法工作连续性，开展了统计“四五”普法考核验收，制定了《山东省统计“五五”普法规划》，成立了普法领导小组，培训了各市、县普法骨干，组织开展了“12.4”、“12.8”普法宣传活动。统计巡查成效显著，完成了对莱芜、德州、枣庄、聊城、济南五市的巡查工作，三年巡查一遍的目标顺利实现。

七、部门统计工作进一步规范。加强部门统计管理，修订了《省级部门统计数据报告制度》，严格部门统计调查项目审批，从源头上规范部门统计行为。依据《山东省部门统计工作规范化管理办法》，首次开展了部门统计工作规范化单位的考核验收工作，省工商局成为首家“部门统计工作规范化单位”。各部门也在规范统计行为、加强基础建设等方面做了大量卓有成效的工作。如：省委组织部、省委老干部局、省人事厅联合召开会议，对党内统计、干部人事统计和离退休干部统计工作作出专门部署；省工商局提出用3年时间实现系统统计工作规范化建设目标；省计生委、省公安厅组织开展了系统内的统计干部培训班；省国税局建立了系统会统人才库。各部门在农业普查、服务业统计等方面有力地支持了省统计局的工作，在此一并表示感谢。

八、统计机构队伍建设取得新突破。省统计局按照“大规模培训干部、大幅度提高干部素质”的要求，制定了《“十一五”期间干部培训规划》和《2006年度教育培训工作计划》。精心组织了“双30”统计局长培训、统计理论及计算机知识培训、高级统计师英语及计算机培训、统计分析与信息培训等各类培训，培训力度逐年加大。机构建设取得重大突破，经省编办批准，省统计局增设了农村统计处、能源统计处、社情民意调查中心和服务业调查中心等4个处级机构，增加了相应的处级领导职数和事业人员编制。扩大干部交流范围，进一步优化了干部队伍结构。积极支持调查队体制改革，稳步推进事业单位改革。完成了高级统计师考评结合试点工作，受到国家统计局、省人事厅的高度评价。周密组织了统计从业资格认定、统计人员继续教育、调查分析师证书考试等工作。各市在机构设置上也取得了重大突破。济南市设立统计执法监察支队，为全额预算管理副局级事业单位；青岛、威海等市成立了社情民意调查中心；淄博、济宁等市成立了能源资源统计科；泰安、德州、滨州等11个市设立了国民经济核算科。

九、统计信息化建设取得新成绩。各级统计部门把加强信息化建设作为提升统计生产力的重要手段，不断加大资金投入，配备和更新了台式机、笔记本、存储器、服务器等设备，增加了计算机房的安全措施，升级了网络带宽，全省统计信息化建设在全国统计系统中继续保持领先优势。仅省统计局就更新计算机近150台，建成全国视频会议山东系统。省、市统一建立了网络安全防御体系。技术研发能力进一步增强，省统计局和青岛市成功研发出企业直报系统，并在全省范围内推广。济南市各乡镇都建立了独立的统计网站；潍坊市开发出统计信息网维护系统；威海市新建了高标准的计算机房；日照市健全了统计信息化网络。

十、文明创建工作成效显著。建立完善了文明创建工作的领导体制和运行机制,省统计局再次被评为“省级文明机关”。“文明系统”创建工作取得突破性进展。在去年已有7个市获得省级文明机关的基础上,今年又有淄博、济宁、威海、德州、菏泽等5个市被评为省级文明机关。枣庄市所有县级统计局全部进入文明机关行列。积极推进节约型机关建设,取得初步成效。认真开展“和谐机关”创建活动,评选出了省统计局“十佳和谐处室”和“十佳和谐家庭”。潍坊、威海等市统计文化品牌成为全市的知名品牌。临沂市被评为“全市行风建设十佳单位”和“全省政风行风建设先进单位”。

总之,2006年全省统计工作取得了较好的成绩,进一步发挥了统计工作反映发展、评价发展、宣传发展、促进发展的职能作用,有力促进了全省经济社会又好又快发展,为建设“大而强、富而美”的社会主义新山东作出了积极贡献。

第1篇

行政区划和自然资源

DIVISIONS OF ADMINISTRATIVE AREAS AND NATURAL RESOURCES

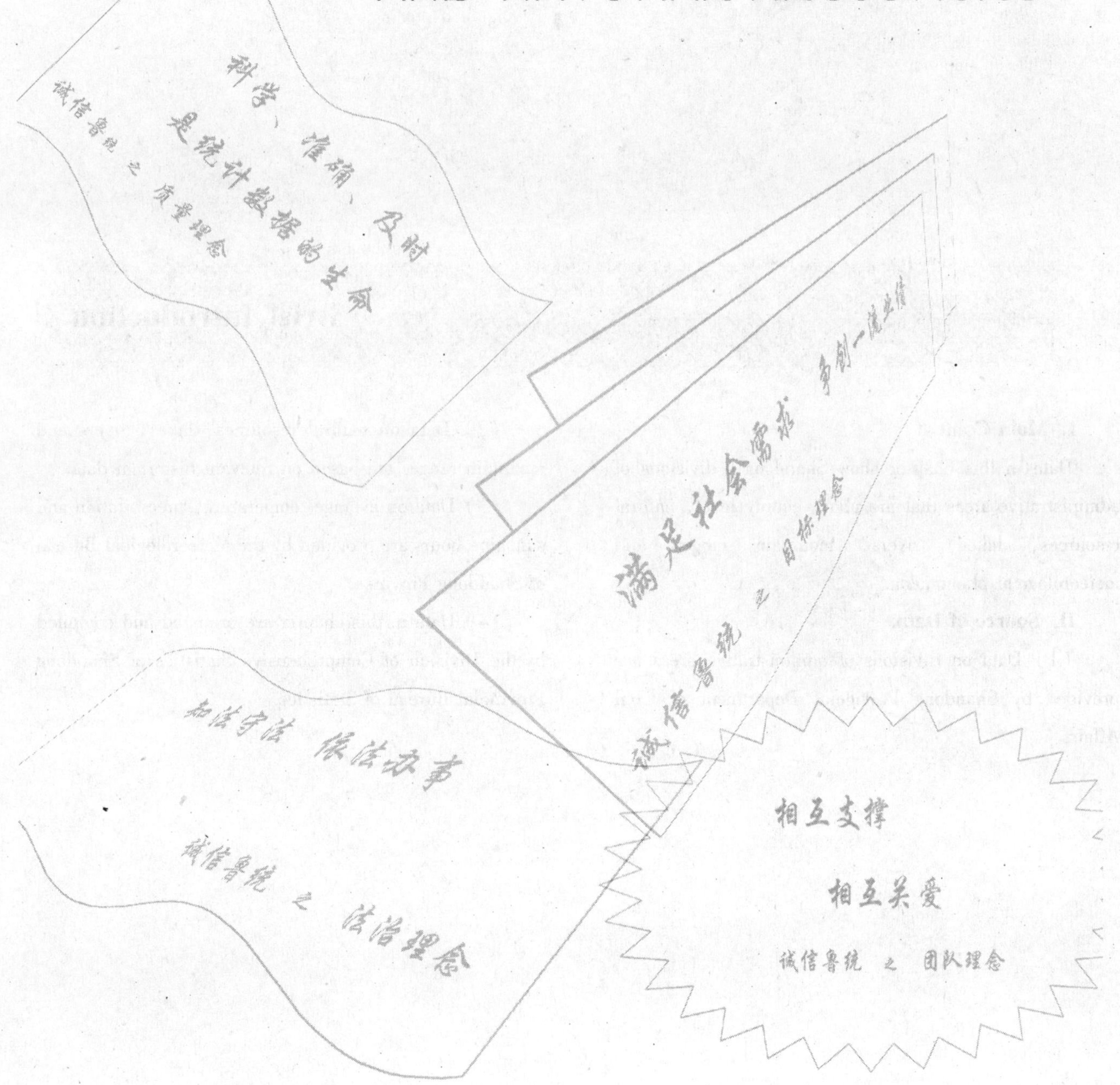

简要说明

一、本篇资料的主要内容

本篇资料反映了我省乡镇以上行政区划和自然资源等基本情况，主要包括行政区划、自然资源、湖泊、河流、山脉和气候等资料。

二、本篇资料的来源

1.“行政区划一览表”主要包括2006年底各（地级）市、各县（市、区）和乡镇级的行政区划资料，数据来源于省民政厅。

2.自然资源和湖泊、河流、山脉等表根据年鉴积累资料整理。

3.气象资料主要包括各市平均气温、降水量、日照等方面的资料，数据来源于省气象局。

4.本篇资料由山东省统计局综合处加工整理。

Brief Introduction

I. Main Content

Data in this chapter show Shandong's divisions of administrative areas that are above county level, natural resources, lakes, rivers, mountain ranges and meteorological phenomena.

II. Source of Data

(1) Data on divisions of administrative areas are provided by Shandong Provincial Department of Civil Affairs.

(2) Data on natural resources, lakes, rivers and mountain ranges are based on relevant historical data.

(3) Data on average temperature, precipitation and sunshine hours are provided by the Meteorological Bureau of Shandong Province.

(4) Data in this chapter are prepared and compiled by the Division of Comprehensive Statistics of Shandong Provincial Bureau of Statistics.

1－1 行政区划(2006 年底)

Divisions of Administrative Areas (End of 2006)

单位:个 (unit)

地区	Region	县级单位数 Numbers of Counties	市辖区 Districts under the Jurisdiction of Cities	县级市 Cities at County Level	县 County	乡镇级单位数 Numbers of Towns	街道办事处 Street Communities	乡 Townships	镇 Towns
全省	**Total**	140	49	31	60	1932	466	276	1190
济南市	Jinan	10	6	1	3	128	64	11	53
青岛市	Qingdao	12	7	5		178	99		79
淄博市	Zibo	8	5		3	106	24	8	74
枣庄市	Zaozhuang	6	5	1		64	17	3	44
东营市	Dongying	5	2		3	43	7	13	23
烟台市	Yantai	12	4	7	1	149	50	6	93
潍坊市	Weifang	12	4	6	2	190	49	7	134
济宁市	Jining	12	2	3	7	155	22	39	94
泰安市	Tai'an	6	2	2	2	86	10	15	61
威海市	Weihai	4	1	3		68	18		50
日照市	Rizhao	4	2		2	54	7	8	39
莱芜市	Laiwu	2	2			20	5	1	14
临沂市	Linyi	12	3		9	180	19	32	129
德州市	Dezhou	11	1	2	8	132	20	34	78
聊城市	Liaocheng	8	1	1	6	134	28	40	66
滨州市	Binzhou	7	1		6	85	14	18	53
菏泽市	Heze	9	1		8	160	13	41	106

1－2 人口和自然资源(2006 年)

Population and Natural Resources (2006)

项　目	单 位	Item	Unit	2006
一、人　口		Population		
年底人口总数	万人	Total Population(year-end)	10000 persons	9309
人口密度	人/平方公里	Density of Population	person/sq. km	592
二、土　地		Land		
全省土地面积	万公顷	Land Area	10000 hectares	1571.26
全省土地面积中各类土地所占比重		Composition of Different Landforms		
1. 中　山	%	Medium-size Mountains		0.84
2. 低　山	%	Hills	%	14.67
3. 丘　陵	%	Hill Land	%	13.19
4. 山间谷地	%	Valleys	%	5.64
5. 山前倾斜地	%	Slopes	%	12.94
6. 山前平原	%	Plains near Moutains	%	9.16
7. 湖沼平原	%	Plains near Lakes and Rivers	%	4.35
8. 滨海低地	%	Coastal lowlands	%	2.82
9. 滩　涂	%	Shoal	%	2.52
10. 河滩高地	%	Overflow Heights	%	4.56
11. 决口扇形地	%	Fan-shaped Plains Formed by Breaches	%	2.99
12. 冲积平原	%	Alluvial Plains	%	19.01
13. 洼　地	%	Depression	%	4.07
14. 现代黄河三角洲	%	Modern Yellow River Delta	%	3.24
三、矿　产		Mineral Resources		
已发现矿产种类	种	Mineral Resources Discovered	kind	150
已探明储量的矿产种类	种	Number of Mineral Resources with Insured Reserves	kind	81
能源矿产	种	Energy Resources	kind	7
金属矿产	种	Metal Mineral	kind	24
非金属矿产	种	Nonmetal Mineral	kind	47
水气矿产	种	Water and Gas	kind	3
四、水文、水利		Water Resources		
1. 多年平均水资源总量	亿立方米	Average Volume of Water Resources	100 million cu. m	308
# 地表水资源量	亿立方米	Surface Water Volume	100 million cu. m	228
2. 多年平均地下水资源量	亿立方米	Average Volume of Ground Water	100 million cu. m	157
3. 水面养殖面积	万公顷	Cultivated Water Area	10 000 hectares	70.07
淡水养殖面积	万公顷	Cultivated Landlocked Area	10 000 hectares	28.05
海水养殖面积	万公顷	Cultivate Marine Area	10 000 hectares	42.03
4. 大陆海岸线长度	公里	Length of Coastlines	km	3024

注:本表中人口指标系抽样调查数。

a) Data on population are based on sampling survey.

1-3 主要湖泊、河流基本情况(2006 年底)

Basic Statistics on Major Lakes and Rivers (End of 2006)

湖泊名 Names of Lakes		面积(平方公里) Area of Lakes (sq. km)	蓄水量(亿立方米) Reserve of lakes (100 million cu. m)	河流名 Names of Rivers		面积(平方公里) Drainage Area (sq. km)	河长(公里) (Length) (km)
小 计	Total	1494.6	23.53	徒骇河	Tuhaihe River	13136.6	446.5
微山湖	Weishan Lake	531.7	7.78	沂 河	Yihe River	10909.9	287.5
昭阳湖	Zhaoyang Lake	337.1	4.29	马颊河	Majiahe River	10638.4	448.0
独山湖	Dushan Lake	144.6	1.84	小清河	Xiaoqinghe River	10498.8	233.0
南阳湖	Nanyang Lake	211.0	3.39	大汶河	Dawenhe River	9069.0	211.0
东平湖	Dongping Lake	167.0	3.14	潍 河	Weihe River	6493.2	233.0
麻大湖	Mada Lake	110.0	0.97	沭 河	Shuhe River	6161.4	263.0
白云湖	Baiyun Lake	16.2	0.28	大沽河	Daguhe River	4161.9	179.9
青沙湖	Qingsha Lake	11.1	0.16	弥 河	Mihe River	3847.5	206.0

1-4 主要山脉高度(2006 年底)

Height of Major Mountains (End of 2006)

山名 Mountain Range		标高(米) Height of Mountain Peak(m)	山名 Mountain Range		标高(米) Height of Mountain Peak(m)
泰 山	Taishan Mountains	1532	马耳山	Maer Mountains	707
蒙 山	Mengshan Mountains	1156	龙须崮	Longxvgu Mountains	707
崂 山	Laoshan Mountains	1133	凤凰山	Fenghuang Mountains	648
鲁 山	Lushan Mountains	1108	四海山	Sihai Mountains	625
沂 山	Yishan Mountains	1032	鏊子崮	Aozigu Mountains	616
徂徕山	Culai Mountains	1028	黑 山	Heishan Mountains	612
昆嵛山	Kunyu Mountains	923	珂楼埠山	Keloubu Mountains	577
九顶山	Jiuding Mountains	834	大 山	Dashan Mountains	560
艾 山	Aishan Mountains	814	伟德山	Weide Mountains	554
牙 山	Yashan Mountains	806	招虎山	Zhaohu Mountains	550
大泽山	Daze Mountains	737	孟良崮	Menglianggu Mountains	536
摩天岭	Motianling Mountains	735	布 山	Bushan Mountains	447

1－5 主要城市平均气温(2006 年)

Monthly Average Temperature of Major Cities (2006)

单位:摄氏度 (℃)

城市名	City	一 月 Jan.	二 月 Feb.	三 月 Mar.	四 月 Apr.	五 月 May	六 月 June
济 南	Jinan	-0.1	2.2	10.2	16.5	21.6	27.0
青 岛	Qingdao	1.1	0.8	6.3	11.4	16.8	20.4
淄 博	Zibo	0.2	2.1	10.0	16.0	22.1	28.1
枣 庄	Zaozhuang	1.5	2.2	9.6	15.9	20.4	26.2
东 营	Dongying	-0.9	0.3	7.6	13.4	20.4	26.3
烟 台	Yantai	-0.2	-0.6	5.2	11.0	17.1	22.6
潍 坊	Weifang	-1.2	-0.2	7.0	13.1	19.3	25.1
济 宁	Jining	0.5	2.1	9.8	15.9	20.8	26.5
泰 安	Tai'an	-0.1	1.2	8.9	15.3	20.3	25.7
威 海	Weihai	0.5	0.2	5.6	11.0	17.4	22.6
日 照	Rizhao	1.5	1.1	7.2	13.0	18.4	22.2
莱 芜	Laiwu	-0.4	0.5	8.6	15.0	20.4	25.8
临 沂	Linyi	0.5	1.0	8.2	14.7	19.9	25.3
德 州	Dezhou	-1.5	0.7	8.8	14.1	20.4	26.8
聊 城	Liaocheng	-1.0	1.5	9.0	15.0	19.3	25.1
滨 州	Binzhou	-1.5	-0.3	7.7	13.9	20.6	25.8
菏 泽	Heze	-0.1	2.7	10.6	16.1	21.2	27.0

1－5 续表 continued

单位:摄氏度 (℃)

城市名	City	七 月 July	八 月 Aug.	九 月 Sept.	十 月 Oct.	十一月 Nov.	十二月 Dec.	全年平均 Annual Average
济 南	Jinan	27.4	26.0	21.4	19.5	10.0	1.7	15.3
青 岛	Qingdao	24.4	26.3	21.8	19.5	11.2	2.8	13.6
淄 博	Zibo	28.2	27.2	22.4	19.9	10.1	2.0	15.8
枣 庄	Zaozhuang	26.8	26.9	21.6	19.7	11.1	2.2	15.3
东 营	Dongying	26.8	26.8	22.2	18.6	9.2	0.7	14.3
烟 台	Yantai	23.5	25.7	21.2	18.0	9.6	1.7	12.9
潍 坊	Weifang	26.1	26.0	20.4	17.7	8.6	-0.3	13.5
济 宁	Jining	27.1	26.1	20.6	18.1	9.7	1.3	14.9
泰 安	Tai'an	26.7	25.9	20.4	17.3	8.8	0.5	14.2
威 海	Weihai	23.5	26.3	21.8	18.8	10.4	2.8	13.4
日 照	Rizhao	25.1	26.6	21.8	19.4	11.4	2.7	14.2
莱 芜	Laiwu	26.4	25.6	20.5	18.0	9.0	0.5	14.2
临 沂	Linyi	26.4	26.3	20.8	18.5	10.3	1.3	14.4
德 州	Dezhou	26.9	26.2	21.3	17.8	8.2	-0.2	14.1
聊 城	Liaocheng	27.0	25.8	20.3	17.4	8.3	-0.3	14.0
滨 州	Binzhou	26.6	26.3	21.0	17.5	8.2	-0.5	13.7
菏 泽	Heze	27.6	26.4	21.2	18.7	9.8	1.9	15.3

1-6 主要城市降水量(2006 年)

Monthly Precipitation of Major Cities(2006)

单位:毫米 (millimeters)

城市名	City	一 月 Jan.	二 月 Feb.	三 月 Mar.	四 月 Apr.	五 月 May	六 月 June
济 南	Jinan	2.2	5.3	0.7	13.9	192.7	104.3
青 岛	Qingdao	9.0	7.7	2.8	31.4	65.2	52.5
淄 博	Zibo	1.5	4.5	0.4	9.8	77.3	62.2
枣 庄	Zaozhuang	7.8	13.9		90.7	62.9	140.1
东 营	Dongying	1.9	9.5	0.3	14.7	59.2	48.6
烟 台	Yantai	7.9	18.7	5.0	11.9	64.8	58.3
潍 坊	Weifang	2.9	7.8	0.7	18.9	43.5	43.4
济 宁	Jining	6.6	13.2		26.7	92.6	106.9
泰 安	Tai 'an	4.7	7.8		23.5	77.0	130.5
威 海	Weihai	13.8	14.2	5.7	22.6	102.2	151.9
日 照	Rizhao	9.0	15.9	1.8	42.0	50.8	47.9
莱 芜	Laiwu	6.0	7.8	0.7	37.7	63.3	82.2
临 沂	Linyi	10.8	13.0	0.2	40.1	24.9	93.5
德 州	Dezhou	0.1	1.3		4.8	76.7	55.7
聊 城	Liaocheng	0.5	6.3	0.1	5.7	53.2	112.1
滨 州	Binzhou	2.4	10.5	0.2	10.9	75.5	150.9
菏 泽	Heze	4.1	13.0		22.6	31.9	81.6

1-6 续表 continued

单位:毫米 (millimeters)

城市名	City	七 月 July	八 月 Aug.	九 月 Sept.	十 月 Oct.	十一月 Nov.	十二月 Dec.	全 年 Annual Total
济 南	Jinan	99.9	198.9	16.0	0.1	16.9	1.6	652.5
青 岛	Qingdao	142.5	119.2	2.3	1.1	25.8	30.6	490.1
淄 博	Zibo	29.5	101.0	19.0		11.0	2.6	318.8
枣 庄	Zaozhuang	272.8	227.3	28.2		29.1	28.6	901.4
东 营	Dongying	73.2	237.9	4.6	2.6	6.1	0.1	458.7
烟 台	Yantai	151.2	86.3	5.2	13.8	10.7	23.4	457.2
潍 坊	Weifang	25.9	146.8	5.1	1.8	6.4	8.8	312.0
济 宁	Jining	234.3	228.9	25.9		37.7	15.2	788.0
泰 安	Tai 'an	142.1	152.0	15.3	5.3	14.2	9.5	581.9
威 海	Weihai	251.6	65.8	4.8	10.5	9.3	4.3	656.7
日 照	Rizhao	134.4	160.6	8.4	2.4	25.6	24.7	523.5
莱 芜	Laiwu	121.9	217.2	10.5	0.8	10.5	7.8	566.4
临 沂	Linyi	219.4	262.1	10.7	0.3	28.1	19.6	722.7
德 州	Dezhou	41.3	90.9	10.0	3.7	20.6	2.4	307.5
聊 城	Liaocheng	54.6	62.4	13.5	0.2	16.6	1.1	326.3
滨 州	Binzhou	81.3	175.1	10.5	5.2	12.1		534.6
菏 泽	Heze	228.3	157.7	25.2		51.9	8.7	625.0

1－7 主要城市日照时数(2006年)

Monthly Sunshine Hours of Major Cities(2006)

单位:小时 (hours)

城市名	City	一月 Jan.	二月 Feb.	三月 Mar.	四月 Apr.	五月 May	六月 June
济南	Jinan	101.8	158.0	220.2	230.4	242.8	237.4
青岛	Qingdao	96.5	147.4	226.3	222.7	218.7	167.5
淄博	Zibo	95.9	151.0	224.4	218.1	252.6	226.1
枣庄	Zaozhuang	86.2	134.8	215.5	197.7	221.3	180.2
东营	Dongying	123.9	161.8	226.3	221.6	236.4	229.0
烟台	Yantai	144.5	171.9	245.1	255.6	277.9	218.4
潍坊	Weifang	133.3	172.1	261.9	255.7	259.9	262.6
济宁	Jining	103.2	154.2	241.9	248.2	262.1	271.4
泰安	Tai'an	118.0	152.2	241.2	226.4	252.3	241.0
威海	Weihai	149.1	182.0	246.2	251.2	270.9	229.6
日照	Rizhao	123.8	162.4	229.6	222.1	235.4	177.3
莱芜	Laiwu	113.0	154.9	238.2	227.9	257.2	255.8
临沂	Linyi	122.7	166.0	224.7	214.5	225.8	194.4
德州	Dezhou	88.3	159.1	249.8	217.8	227.9	264.8
聊城	Liaocheng	77.4	133.3	216.7	199.5	207.3	232.3
滨州	Binzhou	100.9	150.9	211.0	203.0	228.5	232.4
菏泽	Heze	84.8	134.4	232.1	223.1	227.4	234.9

1－7 续表 continued

单位:小时 (hours)

城市名	City	七月 July	八月 Aug.	九月 Sept.	十月 Oct.	十一月 Nov.	十二月 Dec.	全年 Annual Total
济南	Jinan	152.6	152.7	147.5	173.8	129.0	142.2	2088.4
青岛	Qingdao	106.4	221.3	183.8	182.3	128.4	132.0	2033.3
淄博	Zibo	167.0	156.3	173.9	170.7	132.6	153.8	2122.4
枣庄	Zaozhuang	98.4	142.1	166.1	161.0	116.3	109.2	1828.8
东营	Dongying	209.3	197.1	240.9	184.7	168.2	154.9	2354.1
烟台	Yantai	150.1	217.4	258.7	195.0	153.7	136.4	2424.7
潍坊	Weifang	205.8	232.3	231.5	215.5	163.5	141.4	2535.5
济宁	Jining	180.3	178.9	179.7	173.1	150.2	142.1	2285.3
泰安	Tai'an	167.6	200.6	185.1	200.4	161.2	141.8	2287.8
威海	Weihai	145.7	229.1	264.3	209.9	170.7	143.5	2492.2
日照	Rizhao	85.9	185.0	212.0	179.4	139.1	175.8	2127.8
莱芜	Laiwu	152.0	183.3	184.9	200.6	158.7	162.2	2288.7
临沂	Linyi	141.7	176.1	188.8	195.5	135.4	148.8	2134.4
德州	Dezhou	143.0	161.2	191.2	155.2	147.9	121.7	2127.9
聊城	Liaocheng	111.4	144.7	155.4	163.9	145.4	116.9	1904.2
滨州	Binzhou	155.7	145.7	197.3	152.5	138.3	120.4	2036.6
菏泽	Heze	112.3	145.6	146.0	168.4	153.3	132.8	1995.1

主要统计指标解释

行政区划　指国家对行政区域的划分。根据宪法规定，我国的行政区域划分如下：(1)全国分为省、自治区、直辖市；(2)省、自治区分为自治州、县、自治县、市；(3)自治州分为县、自治县、市；(4)县、自治县分为乡、民族乡、镇；(5)直辖市和较大的市分为区、县；(6)国家在必要时设立的特别行政区。

气　候　指地球与大气之间长期能量交换与质量交换所形成的一种自然环境状态，它是多种因素综合作用的结果。气候既是人类生活和生产的环境要素之一，又是供给人类生活和生产的重要资源。气温、降水、湿度等气象要素的多年平均值是用来描述一个地区气候状况的主要参数，而各种气象要素某年、某月的平均值(或总量)则可以反映出该时期天气气候状况的重要特征。

自然资源　指人类可以直接从自然界获得，并用于生产和生活的物质资源。自然资源一般可以分成可再生资源和非再生资源两大类。可再生资源指在较短时间内可以再生、可以循环利用的资源，包括土地资源、水资源、气候资源、生物资源和海洋资源等。非再生资源指在使用后不能再生的资源，包括矿产资源和地热能源。

土地资源　土地指陆地的表层部分，它主要由岩石、岩石的风化物和土壤构成。土地资源按利用类型可以分为农用地、建筑用地和未利用地。农用地包括耕地、园地、林地、牧草地和水面。建筑用地包括居民点及工矿用地、交通用地和水利设施用地。未利用地指农用地和建筑用地以外的土地，包括滩涂、荒漠、戈壁、冰川和石山等。

耕地面积　指经过开垦用以种植农作物并经常进行耕耘的土地面积。包括种有作物的土地面积、休闲地、新开荒地和抛荒未满三年的土地面积。

林业用地面积　指生长乔木、竹类、灌木、沿海红树林等林木的土地面积，包括有林地、灌木林、疏林地、未成林造林地、迹地、苗圃等。

草地面积　指牧区和农区用于放牧牲畜或割草，植被盖度在5%以上的草原、草坡、草山等面积。包括天然的和人工种植或改良的草地面积。

森林资源　指森林、林木、林地以及依托森林、林木、林地生存的野生动物、植物和微生物。林木指树木和竹子。森林指以乔木为主体的植物群落，是集生的乔木及与共同作用的植物、动物、微生物和土壤、气候等的总体。

活立木总蓄积量　指一定范围内土地上全部树木蓄积的总量，包括森林蓄积、疏林蓄积、散生木蓄积和四旁树蓄积。

森林面积　指由乔木树种构成，郁闭度0.2以上(含0.2)的林地或冠幅宽度10米以上的林带的面积，即有林地面积。森林面积包括天然起源和人工起源的针叶林面积、阔叶林面积、针阔混交林面积和竹林面积，不包括灌木林地面积和疏林地面积。

森林覆盖率　指一个国家或地区森林面积占土地总面积的百分比。森林覆盖率是反映森林资源的丰富程度和生态平衡状况的重要指标。在计算森林覆盖率时，森林面积包括郁闭度0.2以上的乔木林地面积和竹林地面积，国家特别规定的灌木林地面积、农田林网以及四旁(村旁、路旁、水旁、宅旁)林木的覆盖面积。计算公式为：

$$森林覆盖率(\%)=\frac{森林面积}{土地总面积}\times 100\%$$

水资源　水在自然界中以固体、液体和气态三种聚集状态存在，分布于海洋、陆地(包括土壤)以及大气之中，通过水循环形成水资源。水资源包括经人类控制并直接可供灌溉、发电、给水、航运、养殖等用途的地表水和地下水，以及江河、湖泊、井、泉、潮汐、港湾和养殖水域等。水资源是发展国民经济不可缺少的重要自然资源。

地表水和地下水　陆地上的水因空间分布不同，分为地表水和地下水。地表水指分别存在于河流、湖泊、沼泽、冰川和冰盖等水体中水分的总称，又称陆地水。地下水指储存在地面以下饱和岩土孔隙、裂隙及溶洞中的水。

水资源总量　指评价区内降水形成的地表和地下产水总量，即地表产流量与降水入渗补给地下水量之和，不包括过境水量。

地表水资源量　指评价区内河流、湖泊、冰川等地表水体中可以逐年更新的动态水量，即当地天然河川径流量。

地下水资源量　指评价区内降水和地表水对饱水岩土层的补给量，包括降水入渗补给量和河道、湖库、渠系、渠灌田间等地表水体的入渗补给量。

地表水与地下水资源重复量　指地表水和地下水相互转化的部分，即天然河川径流量中的地下水排泄量，和地下水补给量中来源于地表水的入渗补给量。

内陆水域总面积　指江、河、湖泊、池塘、塘堰、水库等各种流水或蓄水的水面占地面积。

海　洋　是海和洋的统称。洋为地球表面上相连接的广大咸水水体的主体部分。海为地球表面相连接的广大咸水水体被陆地、岛礁、半岛包围或分隔的边缘部分。

海水可养殖面积　指利用滩涂、浅海、港湾进行鱼、虾、蟹、贝、藻等海水经济动植物的人工养殖的水面面积。

径　流　指陆地上接受降水后扣除损耗外，从地表和地下向流域出口断面汇集的水流。径流可分为地表径流、地下径流和壤中流。地表径流指沿地表向河流、湖泊、沼泽、海洋等汇集的水流；地下径流指沿潜水层或隔水层间的含水层，向河流、湖泊、沼泽、海洋等汇集的地下水水流。

径流量　指在一定时段内通过河流某一过水断面的水量，用以反映一个国家或地区水资源的丰歉程度。计算公式为：

$$径流量=降水量-蒸发量$$

矿产资源　矿产指由地质作用形成，富集于地壳中或出露于地表达到工农业利用要求的有用矿物。矿产是一种重要的自然资源，是社会发展的重要物质基础。

矿产基础储量　基础储量是查明矿产资源的一部分。它能满足现行采矿和生产所需的指标要求，是控制的、探明的并通过可行性或预可行性研究认为属于经济的、边界经济的部分，用未扣除设计、采矿损失的数量表示。

流　域　每条河流都有自己的干流和支流，干支流共同组成这条河流的水系。每条河流都有自己的集水区域，这个集水区域就称为该河流的流域。

外流河　指直接或间接流入海洋的河流。供给外流河河水的区域称为外流区域。

内陆河　指在陆地内部干燥地区，河水沿途消失于沙漠或注入内陆湖泊的河流。供给内陆河河水的区域称为内陆区域。

大陆架　指沿海国家的领海以外，依其陆地领土的全部自然延伸，扩展到大陆边缘的，其宽度依据《联合国海洋法公约》规定的海底区域的海床和底土。大陆架海区水产资源丰富，海底多蕴藏石油、天然气以及其他矿产资源，这些自然资源属沿海国家所有。我国的大陆架为我国领海以外依本国陆地领土的全部自然延伸，扩展到大陆边外缘的海底区域的海床和底土；如果从测算领海宽度的基线量起至大陆边外缘的距离不足200海里，则扩展到200海里。

气　温　指空气的温度，我国一般以摄氏度(℃)为单位表示。气象观测的温度表是放在离地面约1.5米处通风良好的百叶箱里测量的，因此，通常说的气温指的是离地面1.5米处百叶箱中的温度。其统计计算方法为：

月平均气温是将全月各日的平均气温相加，除以该月的天数而得。

年平均气温是将12个月的月平均气温累加后除以12而得。

相对湿度　指空气中实际所含水蒸气密度和同温度下饱和水蒸气密度的百分比值。其统计方法与气温相同。

降水量　指从天空降落到地面的液态或固态(经融化后)水，未经蒸发、渗透、流失而在地面上积聚的深度。其统计计算方法为：

月降水量是将全月各日的降水量累加而得。

年降水量是将12个月的月降水量累加而得。

日照时数　指太阳实际照射地面的时间。其统计方法与降水量相同。

Explanatory Notes on Main Statistical Indicators

Divisions of Administrative Areas refers to the division of administrative areas by the state. The Constitution of the People Republic of China stipulates that the administrative areas in China are divided as: 1) The whole country is divided into provinces, autonomous regions and municipalities directly under the central government; 2) Provinces and autonomous regions are divided into autonomous prefectures, counties, autonomous counties and cities; 3) Autonomous prefectures are divided into counties, autonomous counties and cities; 4) Counties and autonomous counties are divided into townships, nationality townships and towns; 5) Municipalities and large cities are divided into districts and counties, 6) The state shall, when necessary, establish special administrative regions.

Climate refers to the natural environmental status formed by the long-term exchange of energy and mass between the earth and the air, and is the results of interaction of many factors. Climate is both one of the environment factors and the important resources for the living and production activities of the human being. The average values across several years of meteorological factors such as temperature, rainfall and humidity are used as important parameters to describe the climate of a region, while the average values (or total values) of a given year or month of meteorological factors reflect the key characteristics of climate for that period of time.

Natural Resources refer to material resources that could be obtained from the nature by human being and used for production and living. Natural resources in general can be classified as renewable resources and non-renewable resources. Renewable resources refer to resources that could be renewed and recycled during a relatively short period of time, including land resource, water resource, climate resource, biology resource and marine resource. Non-renewable resources include resources that could not be renewed, such as minerals and geothermal resource.

Land Resource Land refers to the surface of the earth, consisting of mainly rocks and its whethering and earth. Land resource can be classified, by its utilization, as land for agriculture, land for construction and unused land. Land for agriculture includes cultivated land, plantation land, forestland, grassland and waters. Land for construction includes land for residential purpose, for manufacturing and mining, for transportation and for water-conservancy projects. Unused land refers to land other than land for agriculture and construction, including beaches, deserts, Gobi, glaciers and rock mountains.

Area of Cultivated Land refers to area of land reclaimed for the regular cultivation of various farm crops, including crop-cover land, fallow, newly reclaimed land and land laid idle for less than 3 years.

Area of Afforested Land refer to land for trees bamboo, bushes and mangrove, including forest-cover land, bush-covered land, sparse forest land, land planned for afforestation and nurseries of young trees.

Area of Grassland refers to areas of grassland, grass-slopes and grass-covered hills with a vegetation-covering rate of over 5% that are used for animal husbandry or harvesting of grass. It includes natural, cultivated and improved grassland areas.

Forest Resource refers to forests, trees, forestland and wild animals, plants and microorganism that live on forest and trees. Trees include trees and bamboo. Forest refers to the population of clusters of trees and other plants, animals and microorganism as well as the earth and climate that have interactions with the trees.

Total Standing Stock Volume refers to the total stock volume of trees growing in land, including trees in forest, tress in sparse forest, scattered trees and trees planted by the side of villages, farm houses and along roads and rivers.

Forest Area refers to the area of forest where trees and bamboo grow with canopy density above 0.2, including land of natural woods and planted woods, but excluding bush land and thin forest land. It reflects the total areas of afforestation.

Forest Coverage Rate refers to the ratio of area of afforested land to total land area. It is a very important indicator that reflects the status of abundance of forest resource and ecosystem balance. Forest area includes the area of trees and bamboo grow with canopy density above 0.2, the area of shrubby tree according to regulations of the government, the area of forest land inside farm land and the area of trees planted by the side of villages, farm houses and along roads and rivers. The formula for calculating forest coverage rate is as follows:

Forestry coverage rate (%) = (Area of Afforested Land/Area of Total Land) 100%

Water Resource Water exists in the nature in solid, liquid and gaseous states, is distributed in the ocean, land (including earth) and air, and constitutes the water resource through the circulation of water. Water resource includes the surface water and underground water that is controlled by the human being for irrigation, power-generation, water supply, navigation and cultivation. It also includes rivers, lakes, wells, springs, tides, gulf and water area for cultivation. Water resource as an important natural resource is indispensable for the development of the national economy.

Surface Water and Underground Water Water on earth can be divided into surface water and underground water according to its distribution. Surface water refers to moisture exists in rivers, lakes, swamps, glaciers, icecaps and so on. It is also called land water. The underground water refers to water deposited underground in the cranny and the hole of saturated rock soil and in the water-eroded cave.

Total Water Resources refers to total volume of water resources measured as run-off for surface water from rainfall and recharge for groundwater in a given area, excluding transit water.

Surface Water Resources refers to total renewable resources which exist in rivers, lakes, glaciers and other collectors from rainfall and are measured as run-off of rivers.

Groundwater Resources refers to replenishment of aquifers with rainfall and surface water.

Inland Water Area refers to water area of rivers, lakes, ponds, reservoir, etc.

Ocean is the general name for sea and ocean. Ocean refers to the main body of large salt water connected with the earth. Sea refers to the edge areas of the salt water on the earth that are comparted or surrounded by land, island, reef or peninsula.

Marine Cultivatable Areas refer to water areas in beach, shallow sea and lough that are used to breed marine cash propagation, such as fish, shrimp, crab, shellfish, alga and so on.

Runoff refers to the water gathered at the way out of the cross section of drainage area either from the surface or underground after deducting the wastage of the precipitation on the land. Runoff can be divided into surface runoff, underground runoff and within soil runoff. Surface runoff refers to water flow to the rivers, lakes, swamps, and seas on the surface of the earth. Underground runoff refers to water flow to rivers, lakes, swamps, and seas through the water-bearing stratum of confined layer or unconfined layer.

Volume of Runoff refers to the total volume of water running through a certain cross section of a river during a certain period of time, reflecting the water resource condition in a country or a region. The formula for calculating volume or runoff is as follows:

Runoff = Precipitation - Evaporation

Mineral Resources refer to useful minerals that can be used for industrial or agricultural purposes enriched in lithosphere or on earth due to the geological process. Minerals are important natural resources, and important material base for social development.

Ensured Mineral Reserves refer to the actual mineral reserves, which equal to the proven mineral reserves (including industrial reserves and prospective reserves) minus extracted parts and underground losses.

Drainage Area Each river has its own main stream and branches to form the water system of the river. Each river has its own catchment area, which is also called as the drainage area of the river.

Out-flowing Rivers refer to rivers directly or indirectly flowing into the sea. The area providing water to the out-flowing rivers is called as out-flowing area.

Inland Rivers refer to rivers in inland dry areas that die away in desert on the way or infuse into inland lakes. The area providing water to the inland rivers is called as inland area.

Continental Shelf refers to seabed and subsoil of sea floor area that beyond the marginal sea of the coastal countries which stretches naturally of its land territory to continent edge, and its width is defined by the United Nations Marine Convention. The continental shelf area is rich in aquatic products, and its seabed contains petroleum, natural gas and other mineral resources, which belong to the coastal countries. The continental shelf of our country is the natural stretch of its land territory to the continent edge besides the marginal sea of our country. It expands to the seabed and subsoil of the sea floor area to the edge of the continent. If the distance from the baseline of the marginal sea to the continent edge is less than 200 nautical miles, it can be expanded to 200 nautical miles.

Temperature refers to the air temperature. China uses centigrade as the unit. The thermometry used for weather observation is put in a breezy shutter, which is 1.5 meters high from the ground. Therefore, the commonly used temperature refers to the temperature in the breezy shutter 1.5 meters away from the ground. The calculation method is as follows:

Monthly average temperature is the summation of average daily temperature of one month divided by the actual days of that particular month.

Annual average temperature is the summation of monthly average of a year divided by 12 months.

Relative Humidity refers to the ratio of actual water vapor pressure to the saturation water vapor density under the current temperature. The statistical method is the same as that of temperature.

Volume of Precipitation refers to the deepness of liquid state or solid state (thawed) water falling from the sky to the ground that has not been evaporated, infiltrated or run off. The calculation method is as follows:

Monthly precipitation is the summation of daily precipitation of a month.

Annual precipitation is the summation of 12 months precipitation of a year.

Sunshine Hours refer to the actual hours of sun irradiating the earth. The calculation method is the same as that of the precipitation.

第2篇

综　合

GENERAL SURVEY

简 要 说 明

一、本篇资料的主要内容

本篇资料是对国民经济和社会发展的综合反映，主要包括平均每天社会经济活动、国民经济主要比例关系、国民经济和社会发展主要指标占全国的比重、国民经济和社会发展主要指标及其增长速度等资料。

二、本篇资料的来源

本篇资料来源于本年鉴各篇章中的资料，由山东省统计局综合处加工整理。

Brief Introduction

I. Main Content

Data in this chapter cover the main indicators on the national economy and social development, including average daily social and economic activities, ratio, and percentage of main indicators of Shandong to the whole nation and growth rate.

II. Source of Data

Data in this chapter are based on those of different chapters and compiled by the Division of Comprehensive Statistics of Shandong Provincial Bureau of Statistics.

2-1 平均每天社会经济活动

Selected Indicators on Average Daily Social and Economic Activities

指标名称	单 位	Item	Unit	2000	2005	2006
一、全省每天创造的财富		Daily Production				
地区生产总值	万元	Gross Domestic Product	10 000 yuan	228424	507312	604859
工业总产值	万元	Gross Output Value of Industry	10 000 yuan	342727	969519	1202745
农林牧渔业总产值	万元	Gross Output Value of Farming, Forestry, AnimalHusbandry and Fishery	10 000 yuan	62859	102515	111139
地方财政收入	万元	Government Revenue	10 000 yuan	12704	29401	37158
布	万米	Cloth	10 000 m	756	2430	2858
原 煤	万吨	Coal	10 000 tons	22.0	38.4	38.5
发电量	万千瓦时	Electricity	10 000 kwh	27542	54838	63407
原 油	万吨	Crude Oil	10 000 tons	7.3	7.4	7.5
钢	吨	Steel	ton	17408	87227	101777
二、全省每天消费量		Daily Consumption				
城乡居民消费总量	万元	Resident Consumption	10 000 yuan	84440	148915	178574
社会消费品零售额	万元	Total Retail Sails of Consumer Goods	10 000 yuan	89426	167846	195138
三、其他经济活动		Other Daily Economic Activities				
各种运输工具客运人数	万人	Passenger Traffic	10 000 persons	181.2	269.8	299.9
住宅竣工面积	平方米	Floor Space of Residential Buildings Completed	sp. m	60659	83932	86324
四、全省人口变动和婚姻		Daily Population Changes and Marriages				
出生人口	人	Birth	person	2658	3068	2958
死亡人口	人	Death	person	1534	1589	1556
结婚对数	对	Marriages	couples	1853	1733	2028
离婚对数	对	Divorces	couples	167	272	333

2-2 国民经济主要比例关系

Structural Indicators on National Economic Development

单位:% (%)

项　目	Item	2000	2005	2006
一、地区生产总值比例	**Structure of Gross Domestic Product**			
第一产业	Primary Industry	15.2	10.6	9.7
第二产业	Secondary Industry	50.0	57.4	57.7
第三产业	Tertiary Industry	34.8	32.0	32.6
二、国内支出总额比例	**Structure of Government Consumption**			
#最终消费	Final Consumption	48.2	43.0	43.1
资本形成	Capital Formation	49.4	50.1	49.1
三、人口比例	**Structure of Population**			
按性别分	Sexual Structure			
男	Male	50.8	50.8	50.7
女	Female	49.2	49.2	49.3
按农业非农业分	Agricultural and Non-agricultural Structure			
农业人口	Agricultural Structure	73.2	65.8	65.2
非农业人口	Non-agricultural Structure	26.8	34.2	34.8
四、社会从业人员比例	**Structure of Employment**			
第一产业	Primary Industry	53.1	40.2	39.1
第二产业	Secondary Industry	23.6	30.5	31.4
第三产业	Tertiary Industry	23.3	29.3	29.5
五、农林牧渔业总产值比例	**Structure of Gross Output Value of Agriculture**			
农　业	Farming	56.7	54.4	54.8
林　业	Forestry	2.1	1.5	1.6
牧　业	Animal Husbandry	26.1	30.1	28.6
渔　业	Fishery	15.1	12.4	13.2
农林牧渔服务业	Services of Farming, Forestry, Animal Husbandry and Fishery		1.6	1.8
六、工业总产值中轻重工业比例	**Structure of Output Value of Light and Heavy Industries**			
轻工业	Light Industry	47.7	37.1	35.6
重工业	Heavy Industry	52.3	62.9	64.4
七、固定资产投资比例	**Structure of Investment in Fixed Assets**			
#国有经济	State-owned Units	45.4	17.6	16.7
集体经济	Collective-owned Units	26.7	9.9	9.6
个体经济	Self-employed Units	13.9	26.0	27.8
八、地方财政收入占地区生产总值的比重	**Proportion of Local Government Revenue to GDP**	**5.6**	**5.8**	**6.1**
九、财政支出比例	**Structure of Local Government Expenses**			
#基建支出	Expenses for Capital Formation	4.8	4.8	4.5
文教卫生科学事业费	Expenses for Culture, Education and Science	27.4	25.6	24.8
十、金融机构存款余额比例	**Structure of Deposits in Financial Institutions**			
#企业存款	Deposits by Enterprises	27.8	24.1	24.3
储蓄存款	Household Savings Deposits	59.8	52.8	52.8
财政存款	Financial Deposits	1.0	1.5	1.7

2-3 国民经济和社会发展主要指标占全国的比重(2006年)

Proportion of Main Economic and Social Indicators to the Whole Country(2006)

指标名称	单位	Item	Unit	山东 Shandong	全国 China	山东占全国比重(%) Proportion of Shandong to China (%)
一、人口与就业		**Population and Employment**				
年底总人口	万人	Population at the Year-end	10 000 persons	9309	131448	7.1
从业人员	万人	Employment	10 000 persons	5960.0	76400	7.8
二、土地面积	**万平方公里**	**Area of Land**	**10 000 sq. km**	**15.7**	**960**	**1.6**
三、农林牧渔业总产值	**亿元**	**Gross Output Value of Farming, Forestry, AnimalHusbandry and Fishery**	**100 million yuan**	**4056.6**	**42424.4**	**9.6**
四、规模以上工业增加值	**亿元**	**Added Value of Industry Enterprises above Designated Size**	**100 million yuan**	**11493.9**	**79752.0**	**14.4**
五、地区生产总值	**亿元**	**Gross Domestic Product**	**100 million yuan**	**22077.4**	**209406.8**	**10.5**
第一产业	亿元	Primary Industry	100 million yuan	2138.9	24700.0	8.7
第二产业	亿元	Secondary Industry	100 million yuan	12751.2	102004.0	12.5
第三产业	亿元	Tertiary Industry	100 million yuan	7187.3	82702.8	8.7
六、人均地区生产总值	**元**	**Per Capita Gross Domestic Product**	**yuan**	**23794**	**15973**	
七、主要工农业产品产量		**Output of Major Farm and Industrial Products**				
粮　食	万吨	Grain	10 000 tons	4048.8	49748.0	8.1
棉　花	万吨	Cotton	10 000 tons	102.3	674.6	15.2
油　料	万吨	Oil-bearing Crops	10 000 tons	358.2	3059.4	11.7
肉　类	万吨	Meat	10 000 tons	762.9	8051.4	9.5
水产品	万吨	Aquatic products	10 000 tons	757.0	5250.0	14.4
原　油	万吨	Crude Oil	10 000 tons	2755.1	18368.0	15.0
原　煤	万吨	Coal	10 000 tons	14058.9	238200.0	5.9
发电量	亿千瓦时	Electricity	100 million kwh	2314.4	28344.0	8.2
家用电冰箱	万台	Household Refrigerators	10 000 units	1074.2	3530.9	30.4
彩色电视机	万台	Color Television Sets	10 000 units	1059.2	8375.4	12.6
原　盐	万吨	Salt	10 000 tons	1726.1	5403.0	31.9
化　肥	万吨	Chemical Fertilizer	10 000 tons	804.9	5592.8	14.4
钢	万吨	Steel	10 000 tons	3714.9	42266.0	8.8
平板玻璃	万重量箱	Plate Glass	10 000 weight cases	5214.6	40499.0	12.9
八、固定资产投资		**Investment in Fixed Assets**				
全社会固定资产投资额	亿元	Total Investment in Fixed Assets	100 million yuan	11136.1	109869.8	10.1
九、运输、邮电		**Transport, Post and Telecommunication Services**				
货物周转量	亿吨公里	Total Freight Ton-kilometers	100 million ton-km	6655.2	88835.0	7.5
旅客周转量	亿人公里	Total Passenger-kilometers	100 million person-km	930.1	19198.0	4.8
沿海主要港口货物吞吐量	万吨	Volume of Freight Handled in Major Coastal Ports	10 000 tons	47006.0	342191.0	13.7
邮电业务总量	亿元	Total Volume of Post and Telecommunication Services	100 million yuan	980.1	15322.6	6.4
十、财政金融		**Finance and Financial Intermediation**				
地方财政一般预算收入	亿元	Local Government Revenue	100 million yuan	1356.3	18303.6	7.4
地方财政一般预算支出	亿元	Local Government Expenditure	100 million yuan	1833.4	30431.3	6.0
城乡居民储蓄存款余额	亿元	Savings and Deposit of Urban and Rural Households at the Year-end	100 million yuan	10358.0	166617.0	6.2
十一、国内贸易		**Domestic Trade**				
社会消费品零售额	亿元	Total Retail Sales of Consumer Goods	100 million yuan	7122.6	76410.0	9.3
十二、外贸外经旅游		**Foreign Trade and Tourism**				
进出口总额	亿美元	Total Value of Imports and Exports	100 million USD	952.9	17606.9	5.4
进口总额	亿美元	Imports	100 million USD	366.4	7916.1	4.6
出口总额	亿美元	Exports	100 million USD	586.5	9690.7	6.1
实际利用外资	亿美元	Total Amount of Foreign Fund Utilized	100 million USD	102.1	735.2	13.9
旅游外汇收入	亿美元	Foreign Exchange Earnings	100 million USD	10.1	339.5	3.0
十三、价格指数		**Price Indices**				
商品零售物价指数	%	Retail Price Indices	%	100.6	101.0	
居民消费价格指数	%	Consumer Price Indices	%	101.0	101.5	
十四、人民生活		**People's Livelihood**				
在岗职工工资总额	亿元	Total Wages of Staff and Workers	100 million yuan	1664.5	23265.9	7.2
在岗职工平均工资	元	Average Wage of Staff and Workers	yuan	19228	21001	
城镇居民人均可支配收入	元	Per Capita Disposabal Income of Urban Households	yuan	12192	11760	
农民人均纯收入	元	Per Capita Annual Net Income of Rural Households	yuan	4368	3587	
十五、教育、卫生		**Education and Health Care**				
高等学校在校生数	万人	Total Enrollment of Institutions of Higher Education	10 000 persons	133.8	1738.8	7.7
医院、卫生院床位数	万张	Number of Hospital Beds	10 000 beds	24.3	327.1	7.4
专业卫生技术人员数	万人	Number of Medical Technical Personnel	10 000 persons	33.7	462.4	7.3
医生数	万人	Number of Doctors	10 000 persons	14.6	199.5	7.3

2－4 国民经济和社会发展主要指标

类　别	单　位	Category	Unit	1990	1991	1992	1993
一、人　口		**Population**					
年底总人口	万人	Population at the Year-end	10 000 persons	8493	8570	8610	8642
按性别分		**By Sex**					
男	万人	Male	10 000 persons	4299	4352	4373	4392
女	万人	Female	10 000 persons	4125	4182	4207	4228
按农业非农业分		**Agricultural and Non-agricultural Population**					
农业人口	万人	Agricultural Population	10 000 persons	6846	6884	6819	6724
非农业人口	万人	Non-agricultural Population	10 000 persons	1578	1650	1761	1896
人口密度	人/平方公里	Population Density	persons/sq. km	542	547	549	551
二、从业人员和劳动工资		**Employment and Wages**					
年末从业人员	万人	Year-end Employed Persons	10 000 persons	4043.2	4219.3	4302.6	4379.3
第一产业	万人	Primary Industry	10 000 persons	2585.7	2708.0	2705.1	2689.9
第二产业	万人	Secondary Industry	10 000 persons	922.5	958.7	1000.8	1070.4
第三产业	万人	Tertiary Industry	10 000 persons	535.0	552.6	596.7	619.0
农村从业人员	万人	Rural Employed Persons	10 000 persons	3254.3	3388.3	3431.2	3439.4
城镇从业人员	万人	Urban Employed Persons	10 000 persons	788.9	831.0	871.4	939.9
职工年末人数	万人	Number of Staff and Workers at the Year-end	10 000 persons	767.6	803.4	837.9	857.2
#国有单位	万人	State-owned Units	10 000 persons	553.9	580.0	604.0	619.5
城镇集体单位	万人	Urban Collective-owned Units	10 000 persons	209.0	216.2	224.2	213.4
工资总额	亿元	Total Wages Bill	100 million yuan	161.9	179.8	214.3	266.2
#国有单位	亿元	State-owned Units	101 million yuan	126.2	139.8	167.7	208.7
城镇集体单位	亿元	Urban Collective-owned Units	102 million yuan	34.8	38.4	44.2	49.4
平均工资	元	Average Wage	yuan	2150	2292	2601	3149
#国有单位	元	State-owned Units	yuan	2315	2463	2823	3410
城镇集体单位	元	Urban Collective-owned Units	yuan	1707	1826	2002	2352
三、国民经济核算		**National Accounting**					
地区生产总值	亿元	Gross Domestic Product	100 million yuan	1511.19	1810.54	2196.53	2770.37
第一产业	亿元	Primary Industry	100 million yuan	425.29	521.85	534.62	596.63
第二产业	亿元	Secondary Industry	100 million yuan	635.98	745.90	999.11	1355.71
工　业	亿元	Industry	100 million yuan	568.25	663.90	889.59	1201.67
建筑业	亿元	Construction	100 million yuan	67.73	82.00	109.52	154.04
第三产业	亿元	Tertiary Industry	100 million yuan	449.92	542.79	662.80	818.03
交通运输仓储邮电通信业	亿元	Transportation Post and Telecommunication Services	100 million yuan	81.87	98.97	120.18	141.09
批发零售贸易餐饮业	亿元	Wholesale Retail and Catering	100 million yuan	132.83	161.00	200.93	239.98
人均地区生产总值	元	Per Capita GDP	yuan	1815	2122	2556	3212
支出法计算的国内生产总值		**Gross Domestic Product by Expenditure Approach**					
#最终消费	亿元	Government Final Consumption Expenditure	100 million yuan	807.32	914.36	1078.95	1259.92
居民消费	亿元	Household Consumption Expenditures	100 million yuan	588.46	667.63	780.50	906.93
政府消费	亿元	Government Consumption Expenditure	100 million yuan	218.86	246.73	298.45	352.99
资本形成总额	亿元	Gross Capital Formation	100 million yuan	638.78	815.00	1045.40	1371.58
#固定资产形成总额	亿元	Gross Fixed Capital Formation	100 million yuan	412.59	555.76	758.28	1023.16
居民消费水平		**Household Consumption Expenditure**					
全省居民	元	Average Expenditure of All Residents	yuan	698	780	909	1051
农村居民	元	Rural Residents	yuan	563	617	667	757
城镇居民	元	Urban Residents	yuan	1310	1501	1893	1935
四、固定资产投资		**Investment in Fixed Assets**					
全社会固定资产投资额	亿元	Total Investment in Fixed Assets	100 million yuan	335.66	439.82	601.50	892.48
国有经济	亿元	State-Owned Units	100 million yuan	185.44	234.04	343.17	476.26
集体经济	亿元	Collective-Owned Units	100 million yuan	71.51	104.73	186.43	245.90
其他经济	亿元	Others	100 million yuan				64.88

Main Indicators on National Economic and Social Development

1994	1995	1996	1997	1998	1999	2000	2001	2002	2003	2004	2005	2006
8671	8705	8738	8785	8838	8883	8997	9041	9082	9125	9180	9248	9309
4407	4429	4452	4483	4513	4537	4562	4584	4607	4625	4652	4676	4707
4246	4272	4295	4327	4359	4385	4413	4440	4463	4484	4511	4537	4575
6574	6531	6484	6500	6575	6600	6566	6507	6435	6275	6212	6066	6055
2079	2170	2263	2310	2296	2322	2409	2517	2634	2833	2951	3147	3228
553	556	558	561	564	567	574	577	580	582	586	589	592
4382.1	5207.4	5227.4	5256.0	5287.6	5314.7	5441.8	5475.3	5527.0	5620.6	5728.1	5840.7	5960.0
2541.6	2832.3	2788.0	2812.5	2837.3	2811.7	2887.7	2863.6	2769.6	2638.3	2542.1	2350.3	2328.0
1098.0	1305.5	1286.1	1311.9	1245.8	1245.7	1286.0	1308.6	1375.1	1474.3	1581.0	1781.4	1870.3
742.5	1069.6	1153.3	1131.6	1204.5	1257.3	1268.1	1303.1	1382.3	1508.0	1605.0	1709.0	1761.7
3559.3	3587.3	3600.9	3620.0	3626.2	3644.5	3617.1	3589.9	3578.3	3590.8	3587.7	3563.9	3535.0
822.8	1620.9	1627.0	1636.1	1661.4	1669.7	1825.2	1885.4	1948.6	2029.7	2140.4	2276.8	2425.0
872.4	917.4	930.7	937.7	836.8	809.1	790.1	770.5	764.8	762.3	776.1	871.1	874.3
619.1	650.1	661.2	665.6	595.1	566.7	542.1	519.5	493.5	487.5	483.6	415.8	409.3
201.3	200.1	198.6	190.9	132.7	119.1	103.9	92.0	82.0	74.1	67.2	63.3	59.6
372.7	464.1	532.7	580.4	575.4	620.1	695.1	773.9	868.4	954.8	1107.5	1440.3	1664.5
290.4	357.8	414.2	450.0	444.4	475.9	524.4	577.7	630.5	679.1	772.6	823.7	929.9
59.4	72.3	78.2	79.7	61.6	60.1	58.8	58.0	59.5	63.2	67.4	73.2	78.8
4338	5145	5809	6241	6854	7656	8772	10007	11374	12567	14332	16614	19228
4753	5585	6356	6817	7469	8389	9656	11067	12777	13975	16030	19823	22804
2999	3668	3980	4186	4558	4988	5585	6234	7129	8442	9864	11474	13132
3844.50	4953.35	5883.80	6537.07	7021.35	7493.84	8337.47	9195.04	10275.50	12078.15	15021.84	18516.87	22077.36
775.03	1010.13	1200.17	1195.00	1215.81	1221.00	1268.57	1359.49	1390.00	1480.67	1778.45	1963.51	2138.90
1891.43	2355.78	2784.09	3147.37	3408.06	3644.32	4164.45	4556.01	5184.98	6485.05	8478.69	10628.62	12751.20
1692.10	2098.06	2475.99	2796.02	3008.45	3197.16	3665.74	4004.09	4518.87	5706.71	7576.12	9568.58	11555.99
199.33	257.73	308.10	351.35	399.61	447.16	498.71	551.92	666.11	778.34	902.57	1060.04	1195.21
1178.04	1587.44	1899.54	2194.70	2397.49	2628.52	2904.45	3279.53	3700.52	4112.43	4764.70	5924.74	7187.26
213.58	296.08	362.05	420.49	437.37	484.65	545.13	657.57	655.64	710.18	969.13	1196.89	
346.88	471.95	574.97	664.92	735.63	787.90	856.94	972.33	1142.54	1283.70	1431.58	1653.87	
4441	5701	6746	7461	7968	8483	9326	10195	11340	13268	16413	20096	23794
1878.65	2457.11	2961.31	3250.524	3477.58	3742.49	4021.46	4479.42	4887.40	5608.60	6568.66	7954.47	9515.68
1319.71	1684.63	1988.53	2375.94	2543.69	2807.76	3082.058	3360.92	3555.72	3960.91	4506.51	5435.38	6517.96
558.94	772.48	972.78	874.5837	933.89	934.72	939.3994	1118.50	1331.68	1647.69	2062.15	2519.09	2997.72
1775.44	2229.66	2731.98	3158.91	3409.36	3590.75	4122.26	4422.24	4840.39	5668.51	7455.96	9283.69	10838.69
1225.52	1473.83	1765.42	2027.746	2324.03	2632.54	3159.029	3518.25	4192.58	5180.81	6896.07	8798.79	10408.84
1524	1939	2280	2712	2887	3178	3447	3726	3924	4351	4924	5899	7025
1126	1413	1655	1901	1952	2034	2118	2260	2366	2467	2662	3078	3537
2265	2895	3391	4123	4479	5085	5603	6020	6232	6974	7965	9453	11193
1108.00	1320.97	1558.01	1792.22	2056.97	2222.17	2542.65	2807.79	3509.29	5328.44	7629.04	10541.87	11136.06
537.59	611.92	691.76	773.30	938.73	1043.13	1153.65	1157.44	1237.16	1615.57	1762.29	1853.29	1855.41
318.42	383.97	484.79	569.70	610.20	635.55	679.48	688.61	812.65	1177.00	2455.86	1042.41	1063.61
133.54	184.55	178.81	207.46	233.84	232.85	355.59	577.68	972.17	1802.23	2638.61	4909.56	5120.48

2－4 续表 1

类　别	单　位	Category	Unit	1990	1991	1992	1993
个体经济	亿元	Individuals Economy	100 million yuan	78.71	101.05	71.90	105.44
五、能　源		**Energy**					
能源生产总量	万吨标煤	Total Energy Production	10 000 tons of SCE	9262.21	9269.98	9508.88	9875.38
原　煤	万吨标煤	Coal	10 000 tons of SCE	4282.54	4282.53	4535.86	4519.97
原　油	万吨标煤	Crude Oil	10 000 tons of SCE	4786.70	4793.22	4780.24	5171.83
天燃气	万吨标煤	Natural Gas	10 000 tons of SCE	191.39	191.25	191.92	182.08
水　电	万吨标煤	Hydro-power	10 000 tons of SCE	1.58	2.98	0.86	1.50
六、财　政		**Government Finance**					
地方财政一般预算收入	万元	Local Government Budgetary Revenue	10 0000 yuan	1091082	1285184	1393225	1943978
#增值税	万元	Value Added Tax	10 0000 yuan	241241	264599	312552	545599
营业税	万元	Business Tax	10 0000 yuan	291283	315116	367710	458562
个人所得税	万元	Personal Income Tax	10 0000 yuan	687	744	980	1566
资源税	万元	Resource Tax	10 0000 yuan	3478	3994	5143	5488
城市维护建设税	万元	Urban Maintenance and Development Tax	10 0000 yuan	63936	71381	77163	90282
房产税	万元	Tax on Real Estates	10 0000 yuan	19110	26116	27263	32420
城镇土地使用税	万元	Urban Land Using Tax	10 0000 yuan	12037	13648	11935	10989
土地增值税	万元	Land Value-added Tax	10 0000 yuan				
车船使用和牌照税	万元	Tax on Vehicle and License	10 0000 yuan	4587	5157	5434	6401
企业所得税	万元	Company Income Tax	10 0000 yuan	84831	89766	76817	85753
行政性收费收入	万元	Incom from Adiministrative Fees	10 0000 yuan				
地方财政支出	万元	Local Government Budgetary Expenditure	10 0000 yuan	1238530	1320610	1456988	1883646
#基本建设支出	万元	Expenditure for Capital Construction	10 0000 yuan	78060	73926	85542	115922
城市维护税	万元	City Maintenance	10 0000 yuan	76532	80209	89276	104912
支援农业支出	万元	Expenditure for Supporting Rural Production	10 0000 yuan	111848	116383	141474	163489
文教科学卫生事业费	万元	Operating Expenses for Culture, Education, Science and Health Care	10 0000 yuan	354574	390775	457972	536522
行政管理费	万元	Expenditure for Government Administration	10 0000 yuan	107220	121071	158948	208572
七、金　融		**Fiancial Intermediation**					
金融机构存款余额	万元	Deposits	10 0000 yuan	9340575	11636250	14482703	18166260
#企业存款	万元	Deposits by Enterprises	10 0000 yuan	1976484	2845002	3893897	4648492
财政存款	万元	Fiscal Deposits	10 0000 yuan	153542	159394	114525	159034
农业存款	万元	Agricultural Deposits	10 0000 yuan	335938	404736	443904	492086
储蓄存款	万元	Urban and Rural Household Savings Deposits	10 0000 yuan	5754706	7216749	8841510	11182415
金融机构贷款余额	万元	Loans	10 0000 yuan	11667880	14280093	17205544	20791075
#工业贷款	万元	Loans to Industrial Sector	10 0000 yuan	3023434	3570738	4033468	4795134
农业贷款	万元	Loans to Agricultural Sector	10 0000 yuan	936869	1130450	1389718	1568072
商业贷款	万元	Loans to Commercial Sector	10 0000 yuan	4179923	4737915	5360085	6225867
基建贷款	万元	Loans to Capital Construction	10 0000 yuan	499006	736741	916789	1243646
技改贷款	万元	Loans to Technical Innovation	10 0000 yuan	595666	868499	1124986	1342356
八、价格指数		**Price Indices**					
居民消费价格总指数	上年＝100	Consumer Price Index	preceding year＝100	103.4	104.9	106.8	112.7
商品零售物价总指数	上年＝100	Retail Price Index	preceding year＝100	101.6	104.9	106.2	110.3
九、居民生活		**People's Livelihood**					
农民生活		**Rural's Livelihood**					
人均年末生活用房面积	平方米	Per Capita Living Floor Space (the End of Year)	sq. m	18.48	19.87	19.31	20.64

continued

1994	1995	1996	1997	1998	1999	2000	2001	2002	2003	2004	2005	2006
118.45	140.54	202.65	241.76	274.20	310.64	353.93	384.06	487.31	733.64	772.28	2736.61	3096.56
10624.66	10757.67	10697.72	10620.51	10436.05	10322.39	9648.75	11550.26	13241.75	14384.08	14394.61	13995.62	14083.40
5560.85	6305.32	6392.56	6496.14	6412.17	6425.10	5741.96	7634.32	9333.02	10476.85	10461.78	10021.63	10042.24
4887.14	4294.76	4159.57	4002.01	3901.51	3807.55	3822.49	3811.52	3816.52	3808.65	3820.50	3849.36	3935.89
173.78	156.04	144.62	121.67	122.09	89.01	83.54	103.34	91.07	98.36	111.84	123.03	103.46
2.89	1.55	0.97	0.69	0.28	0.73	0.76	1.08	1.14	0.22	0.49	1.60	1.82
1346611	1790025	2416742	3044232	3523912	4044829	4636788	5731793	6102242	7137877	8283306	10731250	13562526
363371	416401	518976	617844	701402	782176	896895	1002918	1112319	1260824	1160390	1930040	2428345
311355	405456	515829	622148	752239	789669	876638	926921	1176414	1447077	1764502	2177928	2717252
22983	55930	89493	126801	46780	187585	247492	369925	310934	260262	319637	388938	458361
46941	51835	50359	56732	166968	59698	62164	64405	97605	104760	135148	182437	261376
117238	140782	172075	202164	131149	238123	276205	290458	307978	444019	549266	659514	784298
38577	49773	61064	80812	226211	134879	155591	165321	209770	244706	267768	327950	387000
27930	27216	32073	33342	47480	71806	88204	89095	117198	198074	211717	294438	359719
				2976	3503	7423	10656	17264	54899	90831	143916	220164
6739	8382	11353	13706	17501	19400	31852	36376	43618	48420	49347	56022	64233
163942	256396	365781	484919	468054	631666	818659	1491110	783934	664382	860624	1108282	1482753
6955	43717	76812	127062	169040	212480	305651	403697	540173	757389	909921	1080665	1332044
2187683	2758656	3589836	4233342	4878175	5500034	6130774	7537781	8606484	10106395	11893716	14662271	18334400
100904	179597	248334	239629	318452	325120	295068	409608	440415	636760	600330	704835	821963
121656	163339	226014	281070	367382	351390	388802	485770	547982	685165	885953	1179667	1470287
176277	224793	276556	367611	377198	402651	411914	478933	557939	618116	731073	895847	1083756
721820	832336	1032168	1182892	1325393	1453237	1677928	1936046	2290732	2553316	3091148	3751654	4542846
269520	315337	402325	456970	501269	544497	622058	743144	900217	1123337	1312928	1629489	1929519
25225337	34243843	42938411	49698489	57554782	65629934	74711987	85017294	102477704	124382360	145142781	171035148	196339878
6194052	8776853	11317043	13914367	15010890	17250542	20771967	23079030	27371337	33965555	38730410	41238617	47745652
257887	263884	239414	246182	441380	584925	764478	1140353	1318673	1486500	2258323	2596570	3431146
521413	656439	829448	852300	883521	1084540	1351492	1613431	2050450	2438209	2715491	3221967	3954365
16003992	21971982	28177108	32657331	37353766	41098425	44667153	50637936	58057165	67683453	77214610	90351351	103580272
25204369	31289040	36802427	44567197	51067900	56798630	62090468	70176588	85365991	104671108	117828279	133817463	157096014
5434972	6487091	7658151	9219803	9795567	10391030	9938023	11472037	13466479	16329927	19255716	20218176	28372457
1118700	1516858	2474472	3177039	4189496	4435895	5281785	7071209	9073641	11565081	13401333	15611128	18446480
7388355	8850079	10289962	11798956	12097868	12657508	11249154	12227300	12561986	12566663	11660566	10867721	9981885
1477151	1808678	2081536	2780310	3879386	5563931	7315876	8373434	11343636	13992866	16834244	20403236	26278047
1718007	2013439	2531164	2536443	2522862	2522178	2678175	2854302	1111118	1537491	1946567	2069666	1433182
123.4	117.6	109.6	102.8	99.4	99.3	100.2	101.8	99.3	101.1	103.6	101.7	101.0
120.3	114.2	107.0	100.8	97.1	97.1	98.6	100.0	98.8	100.2	102.8	100.6	100.6
21.15	21.56	22.32	23.16	23.91	25.07	23.61	24.60	25.59	26.53	26.92	29.64	30.69

2－4 续表 2

类　别	单 位	Category	Unit	1990	1991	1992	1993
人均总收入	元	Annual Per Capita Gross Income of Rural Households	yuan	994.36	1152.02	1241.82	1413.69
人均纯收入	元	Annual Per Capita Disposable Income of Rural Households	yuan	680.18	764.04	802.90	952.74
人均总支出	元	Annual Per Capita Gross Expenditure of Rural Households	yuan	878.27	1037.81	1121.22	1210.98
# 购置生产性固定资产	元	Expenditure for Purchasing Productive Fixed Assets	yuan	18.14	29.79	27.81	29.48
生活消费支出	元	Living Expenditure of Rural Households	yuan	547.05	612.99	655.69	724.49
城镇居民生活		**Urban's Livelihood**					
人均全年可支配收入	元	Annual Per Capita Disposable Income of Urban Households	yuan	1466.22	1687.56	1974.48	2515.08
人均全年消费性支出	元	Annual Per Capita Consumption Expenditure of Urban Households	yuan	1229.28	1407.12	1598.88	1946.88
人均全年非消费支出	元		yuan			151.44	270.12
人均净存入银行款	元	Annual Per Capita Savings Deplsits	yuan	128.64	99.00	131.40	103.56
人均年末手存现金	元	Annual Per Capita Cash Now Available	yuan	123.19	123.49	159.86	188.36
年末人均住宅使用面积	平方米	Per Captia Floor Space of Residential Buildings	sq. m	10.05	10.49	10.80	11.20
十、农林牧渔业		**Farming, Forestry, Animal Husbandry and Fishery**					
农林牧渔业总产值	亿元	Gross Output Value of Farming Forestry, Animal Husbandry and Fishery	100 million yuan	645.75	779.18	815.62	944.99
农　业	亿元	Farming	100 million yuan	419.50	491.76	462.58	526.66
林　业	亿元	Forestry	100 million yuan	20.45	22.19	23.73	28.24
牧　业	亿元	Animal Husbandry	100 million yuan	150.19	186.52	215.73	239.90
渔　业	亿元	Fishery	100 million yuan	55.61	78.71	113.58	150.19
农林牧渔服务业		Services for Agriculture					
农业生产情况		**Farming**					
粮食总产量	万吨	Total Output of Grain	10 000 tons	3570.0	3916.9	3589.3	4100.0
粮食单产	千克/公顷	Grain	kilogram/hectare	4380	4845	4533	4992
棉花总产量	万吨	Total Output of Cotton	10 000 tons	102.8	135.1	67.7	41.0
棉花单产	千克/公顷	Cotton	kilogram/hectare	690	870	455	539
油料总产量	万吨	Total Output of Oil-bearing Crops	10 000 tons	212.1	233.1	166.3	268.4
油料单产	千克/公顷	Oil-bearing Crops	kilogram/hectare	2910	3285	2380	3434
肉类总产量	万吨	Total Output of Grain	10 000 tons	221.6	241.5	250.7	286.6
猪存栏	万头	Number of Pigs	10 000 heads	1576.7	1599.4	1602.6	1603.7
牛存栏	万头	Number of Cattles	10 000 heads	511.8	501.4	531.9	603.0
羊存栏	万只	Number of Sheep and Goats	10 000 heads	1528.1	1591.2	1655.2	1703.5
家禽存栏	万只	Number of Poultry	10 000 heads	23974.6	24136.8	25810.8	27188.7
猪出栏	万头	Slaughtered Pigs	10 000 heads	1936.2	1983.5	2046.0	2092.9
牛出栏	万头	Slaughtered Cattle	10 000 heads	110.1	119.5	140.9	177.1
羊出栏	万只	Slaughtered Sheep	10 000 heads	1416.4	1348.7	1366.1	1411.0
家禽出栏	万只	Slaughtered Poultry	10 000 heads	22769.0	30792.7	33467.9	42837.3
禽蛋产量	万吨	Poultry Eggs	10 000 tons	124.3	149.1	154.3	184.1
奶类产量	万吨	Milk	10 000 tons	22.5	23.7	25.2	28.1
水产品总产量	吨	Total Aquatic Products	tons	2161755	2591164	3288171	4374345
海水产品	吨	Seawater Aquatic Products	tons	2002686	2385032	3053853	4072679
海洋捕捞	吨	Catching in Ocean	tons	1146278	1263653	1536937	1726779
海水养殖	吨	Seawater Aquiculture	tons	856408	1121379	1516916	2345900
淡水产品产量	吨	Freshwater Aquatic Products	tons	159069	206132	234318	301666
捕捞量	吨	Catching	tons	34700	45949	45181	55097
养殖量	吨	Freshwater Aquiculture	tons	124369	160183	189137	246569
水产品养殖面积	万亩	Aquiculture Area	10 000 mu	273.52	304.04	312.30	400.16
海　水	万亩	Seawater Aquiculture Area	10 000 mu	105.01	112.54	115.89	223.76
淡　水	万亩	Freshwater Aquiculture Area	10 000 mu	168.51	191.50	196.41	176.40
十一、工　业		**Industry**					
工业总产值	亿元	Gross Industrial Output Value	100 million yuan	2200.85	2599.17	3115.45	4713.48
# 国有经济	亿元	State-owned Enterprises	100 million yuan	911.88	1038.69	1301.39	1678.89
集体经济	亿元	Collective-owned Enterprises	100 million yuan	650.38	764.67	993.81	1285.42

continued

1994	1995	1996	1997	1998	1999	2000	2001	2002	2003	2004	2005	2006
1975.12	2626.96	3246.92	3468.72	3561.87	3645.89	3880.98	4161.97	4330.42	4482.15	5037.52	5676.98	6488.54
1319.73	1715.09	2086.31	2292.12	2452.83	2549.56	2659.20	2804.51	2953.97	3150.49	3507.43	3930.55	4368.33
1671.34	2301.34	2955.16	2855.26	2782.48	2845.88	3036.20	3326.79	3438.78	3521.42	3999.23	4561.27	5090.48
30.01	56.70	68.33	84.34	93.23	97.36	107.85	101.70	92.40	83.78	107.74	117.14	149.36
995.72	1338.46	1652.51	1626.27	1595.09	1679.75	1770.75	1904.95	1997.83	2133.20	2389.27	2735.77	3143.80
3444.36	4264.08	4890.24	5190.79	5380.08	5808.96	6489.97	7101.08	7614.50	8399.91	9437.80	10744.79	12192.24
2635.20	3285.48	3770.99	4040.64	4143.96	4515.05	5022.00	5252.42	5596.39	6063.35	6673.75	7457.31	8468.40
438.72	566.40	725.52	730.68	1079.40	1082.04	1037.04	1132.91	1904.83	2220.60	2351.86	2431.63	3249.06
226.80	263.16	216.48	254.16	69.21	30.96	147.78	436.00	592.51	584.24	1094.25	1446.42	1311.81
229.26	283.27	330.88	362.78	398.98	471.77	535.45	574.06	585.71	526.40	482.67	540.72	649.12
11.88	12.35	12.13	12.70	12.82	13.10	13.75	14.17	18.78	19.62	20.16	21.90	22.56
1282.25	1678.16	1962.12	2058.32	2174.54	2202.95	2294.35	2453.96	2526.05	2902.45	3453.91	3741.81	4056.58
660.13	931.89	1090.64	1137.19	1219.85	1254.87	1300.44	1401.34	1420.88	1599.32	1891.73	2033.95	2221.38
36.78	41.81	49.97	49.86	45.91	44.93	47.62	47.22	48.25	53.70	59.49	57.57	65.48
348.78	433.62	512.60	550.58	583.40	572.95	599.17	654.71	698.44	831.34	1022.84	1125.04	1160.37
236.56	270.84	308.91	320.69	325.38	330.20	347.12	350.69	358.48	370.04	426.09	465.52	537.67
									48.05	53.76	59.73	71.68
4091.1	4245.0	4332.7	3852.2	4264.8	4269.0	3837.7	3720.6	3292.7	3435.5	3516.7	3917.4	4048.8
5015	5220	5260	4766	5244	5271	4938	5201	4763	5355	5570	5837	5956
55.9	47.1	37.2	35.4	41.3	39.2	59.0	78.1	72.2	87.7	109.8	84.6	102.3
705	707	773	894	996	1072	1085	1062	1086	994	1036	1000	1100
338.3	315.0	309.3	240.9	335.6	320.5	356.9	377.3	340.4	361.8	369.7	363.9	358.2
3781	3580	3767	2977	3908	3614	3730	3743	3458	3572	3913	4044	4116
338.8	394.4	405.5	460.6	497.9	524.5	560.2	595.4	627.0	662.1	696.5	736.9	762.9
1701.5	1718.1	1723.6	2209.7	2485.9	2560.5	2660.3	2769.4	2883.0	2975.2	3058.2	3070.3	2778.5
681.3	714.1	740.1	811.9	911.8	977.3	1008.6	1006.9	1018.9	1040.2	997.8	970.5	818.2
1799.8	1866.1	1877.2	2038.6	2322.0	2536.2	2784.7	2904.5	3039.5	3133.7	3286.8	3260.2	2918.1
35118.6	34613.8	37485.0	41833.0	48484.0	53332.0	58558.0	61589.2	65231.5	67431.0	69690.9	66953.1	63839.6
2185.7	2453.0	2500.9	2801.1	3123.2	3248.1	3426.8	3594.7	3803.2	4016.2	4330.2	4546.9	4681.6
213.1	248.4	272.4	334.5	354.9	391.1	413.8	461.8	488.1	509.1	530.6	546.7	560.6
1668.2	2034.1	2051.8	2269.3	2518.9	2838.8	3014.9	3210.9	3358.6	3466.1	3641.4	3810.9	3840.4
64716.7	71286.5	73508.0	82549.0	91299.0	100246.0	109168.0	119102.3	126352.6	135819.0	146835.0	173684.1	180868.4
240.8	247.2	267.3	294.3	322.0	349.1	366.2	379.0	399.4	424.7	432.9	441.8	430.5
32.5	37.0	41.1	45.8	54.0	61.3	70.5	90.4	116.8	148.4	188.7	221.0	238.7
4772976	5234832	5866931	6102938	6505106	6950476	6982259	6860957	6950136	7062244	7181520	7361381	7570062
4313706	4692437	5185635	5359138	5665247	6023034	5951085	5830883	5982623	6041543	6120970	6261128	6420048
1785071	1796112	2588250	2974701	3325599	3325182	3078395	2780226	2720554	2680831	2702130	2680834	2685040
2528635	2896325	2597385	2384437	2339648	2697852	2872690	3050657	3262069	3360712	3418840	3580294	3735008
459270	542395	681296	743800	839859	927442	1031174	1030074	967513	1020701	1060550	1100253	1150014
64210	67504	74424	81066	88943	88574	89916	88562	78764	100771	103500	122768	128063
395060	474891	606872	662734	750916	838868	941258	941512	888749	919930	957050	977485	1021951
466.56	497.39	564.55	618.91	649.80	722.79	788.36	829.39	802.50	931.01	1000.67	1033.11	1051.09
197.36	197.81	242.45	274.04	283.22	336.14	420.72	434.99	439.16	537.62	584.35	611.09	630.39
269.21	299.58	322.10	344.87	366.58	386.65	367.64	394.40	363.34	393.39	416.32	422.02	420.70
7023.23	8906.60	9126.63	9984.12	10579.17	11195.46	12509.53	13277.37	15588.53	19891.54	26295.24	35387.43	43900.21
2012.72	2600.54	2423.77	2513.03	2177.73	2058.49	2474.49	1223.49	1377.03	1484.04	2087.28	1982.94	2307.84
1812.72	1840.75	2380.09	2512.01	2206.64	2218.99	2393.99	2078.33	2348.82	2526.39	2819.30	2264.87	2469.67

2-4 续表3

类　别	单　位	Category	Unit	1990	1991	1992	1993
按轻重工业分		**Grouped by Light & Heavy Industries**					
轻工业	亿元	Light Industry	100 million yuan	1118.76	1326.78	1536.64	2125.93
重工业	亿元	Heavy Industry	100 million yuan	1082.09	1272.39	1578.81	2587.55
十二、交通运输邮电		**Transport, Posts and Telecommunications**					
铁路通车里程	公里	Length of Railways	km	2041	2042	2048	2048
公路通车里程	公里	Length of Highways	km	40772	41937	43134	46033
#晴雨通车	公里	Length of Highways Operating under All Weathers	km	37015	39081	40612	43992
内河通航里程	公里	Length of Navigable Inland Waterways	km	1840	1891	1891	1891
客运量	万人	Passenger Traffic	10 000 persons	29798	31940	33920	33634
铁　路	万人	Railways	10 000 persons	3303	3286	3244	3346
公　路	万人	Highways	10 000 persons	26136	28240	30145	29693
水　路	万人	Waterways	10 000 persons	359	405	486	595
客运周转量	百万人公里	Passenger-Kilometers	passenger-km	30138	32620	35164	34068
铁　路	百万人公里	Railways	passenger-km	14830	15873	17043	17785
公　路	百万人公里	Highways	passenger-km	15255	16598	18002	16114
水　路	百万人公里	Waterways	passenger-km	53	96	119	169
货运量	万吨	Freight Traffic	10 000 tons	41443	44145	47676	51250
铁　路	万吨	Railways	10 000 tons	8012	8372	8609	9023
公　路	万吨	Highways	10 000 tons	32654	34587	37684	40820
水　路	万吨	Waterways	10 000 tons	777	1186	1381	1407
货运周转量	百万吨公里	Freight Ton-kilometers	ton-km	77845	81402	87617	92257
铁　路	百万吨公里	Railways	ton-km	58546	59694	62750	63127
公　路	百万吨公里	Highways	ton-km	15705	16660	18931	20444
水　路	百万吨公里	Waterways	ton-km	3594	5047	5936	8687
邮政所总计	处	Number of Post & Telecommunications Offices	unit	2647	2672	2699	3259
邮路总长度	万公里	Length of Postal Routes	10 000 km	5.80	5.70	6.67	8.48
函　件	万件	Number of Letters	10 000 pcs	29486	28001	28266	32966
报刊期发数	万份	Issue of Newspapers and Magazines	10 000 copies	1047	1174	1326	1247
电信业务总量	万元	Business Volume of Telecommunication Services	10 000 yuan	39401	103322	156134	274917
长话电路	路	Business Volume of Telecommunication Services		7436	12675	18422	32615
长途电话	万次	Number of Long Distance Telephone Calls	10 000 times	5800	8724	16978	32273
市内电话	万户	Number of Urban Telephone Calls	10 000 subscribers	26.5	32.9	45.8	69.6
农村电话	万户	Number of rURAL Telephone Calls	10 000 subscribers	7.3	8.1	9.5	12.8
十三、国内贸易		**Domestic Trade**					
社会消费品零售总额	亿元	Total Retail Sales of Consumer Goods	100 million yuan	460.13	536.03	653.23	884.71
市	亿元	City	100 million yuan	218.97	263.90	336.37	481.28
县	亿元	County	100 million yuan	79.19	86.76	99.77	124.74
县以下	亿元	Under County Level	100 million yuan	161.96	185.36	217.08	278.69
按行业分		**By Sector**					
批零贸易业	亿元	Wholesale and Retail Trades	100 million yuan	338.02	392.19	471.87	617.53
住宿和餐饮业	亿元	Hotels and Catering Services	100 million yuan	25.07	60.67	37.56	53.08
其他行业	亿元	Others	100 million yuan	16.38	18.28	21.76	20.35
十四、对外贸易和旅游		**Foreign Economy and Trade, Tourism**					
对外贸易		**Foreign Economy and Trade**					
海关进出口总值	万美元	Total Value of Imports and Exports	10 000 USD	428522	483200	778140	728586
海关出口总值	万美元	Total Exports	10 000 USD	341719	375230	433752	420360
#一般贸易	万美元	General Trade	10 000 USD	274898	293951	330729	292058
来料加工装配贸易	万美元	Processing and Assembling with Customer's Materials	10 000 USD	8660	13681	18598	23834
进料加工贸易	万美元	Processing and Assembling with Import Materials	10 000 USD	53152	63430	79452	96748

continued

1994	1995	1996	1997	1998	1999	2000	2001	2002	2003	2004	2005	2006
3367.58	4403.84	4540.14	4926.50	5110.02	5373.71	5964.70	6437.42	7630.45	9049.49	11382.95	13124.13	15638.85
3655.65	4502.76	4586.49	5057.61	5469.15	5821.75	6544.83	6839.96	7958.08	10842.05	14912.29	22263.30	28261.36
2048	2048	2620	2721	2658	2672	2672	2709	2709	3236.4	3348	3402	3405
50225	54243	57271	59260	64145	67847	70686	71128	74029	76266	77768	80132	204911
48385	52702	55882	58028	63142	67055	70038	70701	73665	75948	77483	79854	203363
1891	1891	1891	1414	1414	1476	1476	1476	1476	1012	1012	1012	1012
34592	36425	39199	43218	50904	59350	66128	70497	74626	75492	89388	98485	109472
3587	3414	2854	3071	3223	3670	3840	3723	3566	3324	3857	3952	4757
30253	32317	35611	39234	46467	54817	61466	65787	69948	71053	84290	93178	103298
627	694	734	913	868	863	822	987	1112	1115	1241	1355	1417
35627	35097	35344	40060	45229	51828	54873	59432	64294	61769	74799	82778	93014
18273	17418	15317	17277	18327	20568	22180	23373	24644	22024	26696	28268	32223
17126	17449	19696	22347	24599	28846	32358	35573	39173	39223	47545	53910	60128
222	230	331	436	483	414	335	486	477	522	558	600	663
57187	66546	70664	72780	76813	80212	92483	99464	107454	117712	132036	147999	167511
9259	9256	10226	10368	10224	10553	11253	12426	13624	17167	17862	18338	19126
46485	55669	58270	60340	64716	67696	76778	81574	89714	95900	106887	120455	136750
1443	1621	2168	2072	1867	1956	4452	5464	4116	4645	7287	9206	11635
101437	112655	122849	126093	118753	127304	403315	467545	304075	342906	478309	558286	665521
66744	69857	71385	73323	65877	73588	79964	84815	92525	107157	111109	121908	151159
23069	26397	30559	31915	34322	35350	40575	41143	46009	50987	59606	71182	84510
11625	16401	20895	20855	18513	18330	282776	341587	165541	184762	307594	365196	429852
4180	4080	3727	5397	5382	4414	3011	3040	3012	3007	3009	3025	3043
9.71	10.47	13.40	15.06	15.10	18.53	16.95	15.93	16.47	15.70	16.20	17.30	16.96
35920	38789	35112	32859	33114	35138	32878	31400	51496	58220	50087	24075	44356
982	1180	1020	996	1147	1568	1701	1324	972	1152	716	823	703
404027	537135	697719	957400	1338886	1411800	1865000	2300200	2759820	3325632	4846250	6754670	9286877
47589	40634	54179	67834	98760	163381	222500	108000	146470	268530	510000	290996	462662
52719	55755	61409	79719	97077	96553	96010	101682	99470	149245	121275	274985	391917
84.8	165.8	227.0	283.5	346.7	413.8	547.0	661.0	790.0	1008.0	1314.0	1410.9	1380.5
19.2	46.1	80.0	128.6	179.6	283.8	559.0	827.0	950.0	1085.0	1198.0	1275.7	1256.7
1210.08	1583.96	1916.51	2237.83	2564.54	2872.82	3264.05	3634.60	4078.02	4644.86	5290.50	6126.39	7122.55
670.38	921.86	1134.57	1378.50	1572.06	1763.91	2017.18	2253.45	2577.31	2977.36	3320.64	3865.35	4534.00
171.83	177.40	195.48	219.31	246.20	275.79	313.35	352.56	379.26	469.13	588.76	682.98	788.37
367.87	484.70	586.46	640.02	746.28	833.12	933.52	1028.59	1121.45	1198.37	1381.10	1578.06	1800.18
813.17	1024.82	1226.57	1425.50	1600.27	1807.00	2075.94	2340.68	2691.49	3836.66	4444.04	5139.87	6000.10
87.13	129.88	168.65	194.69	238.50	281.54	339.46	399.81	477.13	585.25	661.06	771.40	887.17
53.24	76.03	101.57	105.18	125.67	135.02	156.67	174.46	187.59	222.95	185.40	215.12	235.28
962927	1395007	1616394	1753631	1661740	1827094	2498998	2896313	3394175	4465752	6078136	7688876	9528817
587011	816101	918298	1085888	1034705	1157909	1552905	1812899	2111511	2657285	3587286	4625113	5864717
371013	460278	449683	483895	458607	541405	746563	913253	1089063	1400709	1799792	2310122	3013461
40640	77503	130565	185156	172262	218625	293008	310013	341530	392861	483369	594991	655916
168470	270177	331035	410664	396013	394880	507050	579125	669958	845249	1252126	1668351	2083042

2-4 续表4

类 别	单 位	Category	Unit	1990	1991	1992	1993
海关进口总值	万美元	Total Imports	10 000 USD	86803	107970	344388	308226
利用外资		**Utilization of Foreign Capital**					
合同项目个数	个	Number of Contracts	unit	674	1187	4651	8012
#外商直接投资	个	Direct Foreign Investments	unit	366	801	4109	7229
合同外资金额	万美元	Total Amount of Contracted Foreign Capital	10 000 USD	55164	102358	471994	754863
#外商直接投资	万美元	Direct Foreign Investments	10 000 USD	23283	65481	391961	705116
实际利用外资金额	万美元	Total Amount of Foreign Capital Actually Utilized	10 000 USD	31123	46789	137684	226068
#外商直接投资	万美元	Direct Foreign Investments	10 000 USD	15084	17950	97335	184319
对外承包工程和劳务合作		**Foreign Contracted Projects Labor Cooperation**					
合同个数	个	Number of Contracts	unit	91	123	192	299
合同金额	万美元	Contracted Value	10 000 USD	3377	5952	8747	20250
营业额	万美元	Value of Business	10 000 USD	1712	3017	3882	6959
年末在外人数	人	Population in Foreign Countries and Regions	unit	1462	2326	3571	7254
旅 游		**Tourism**					
接待海外旅游人数	人次	International Tourists	person-times	124670	171953	241329	284313
外国人	人次	Foreigners	person-times	68855	99498	127141	144665
港澳台胞	人次	Compatriots from Hong Kong Macao and Taiwan	person-times	52387	67633	106505	134466
旅游外汇收入	万元	Foreign Exchange Earnings	10 000 yuan	17312	27110	33933	39544
旅游外汇收入	万美元	Foreign Exchange Earnings	10 000 USD	3619	5093	6153	6863
人民币对主要外币年平均汇价(中间价)		**Average Exchange Rate If RMB Yuan Against Main Convertible Currencies (Middle Rate)**					
100美元	人民币元	100 US Dollars	RMB yuan	478.38	532.27	551.49	576.19
100日元	人民币元	100 Japanese Yen	RMB yuan	3.32	3.96	4.36	5.20
100港元	人民币元	100 Hong Kong Dollars	RMB yuan	61.39	68.45	71.24	74.41
十五、教 育		**Education**					
普通高等学校		**Regular Institutions of Higher Education**					
学校数	所	Number of Schools	unit	49	49	51	51
招生数	人	New Enrollment	person	35023	36067	57878	57918
毕业生数	人	Graduates	person	33104	34500	34994	33935
在校学生数	人	Total Enrollment	person	105822	107093	130188	151758
教职工数	人	Teachers and Staff	person	46704	46839	47483	48156
#专任教师	人	Full-time Teachers	person	18377	17825	18059	18405
中等专业学校基本情况		**Secondary Professional Schools**					
学校数	所	Number of Schools	unit	236	240	234	241
招生数	人	New Enrollment	person	48634	52092	55353	77875
毕业生数	人	Graduates	person	35423	45259	52088	51360
在校学生数	人	Total Enrollment	person	148504	155092	158309	185062
教职工数	人	Teachers and Staff	person	31634	31842	32857	34354
#专任教师	人	Full-time Teachers	person	16000	15617	15972	16769
普通中学基本情况	人	**Regular Senior Secondary Schools**					
学校数	所	Number of Schools	unit	6699	6310	5897	5640
招生数	万人	New Enrollment	10 000 person	125.60	129.17	132.87	139.14
毕业生数	万人	Graduates	10 000 person	115.14	115.30	115.58	115.88
在校学生数	万人	Total Enrollment	10 000 person	367.30	372.98	382.49	395.28
教职工数	人	Teachers and Staff	person	324027	329927	335020	337259
#专任教师	人	Full-time Teachers	person	249459	253428	258308	260896
技工学校基本情况		**Technical Schools**					
学校数	所	Number of Schools	unit	266	279	290	302
招生数	人	New Enrollment	person	42429	44081	46436	55920
毕业生数	人	Graduates	person	28654	39679	39628	42320
在校学生数	人	Total Enrollment	person	118605	122591	128557	142660

continued

1994	1995	1996	1997	1998	1999	2000	2001	2002	2003	2004	2005	2006
375916	578906	698096	667743	627035	669185	946093	1083414	1282664	1808467	2490850	3063763	3664100
4747	5035	2223	1681	1434	1745	2733	3058	4072	5305	5890	6415	4030
3650	2709	2175	1597	1366	1717	2728	3047	4065	5305	5890	6415	4030
624570	532980	633894	454145	367072	421333	561066	715880	1186072	1989296	2144647	2884398	1645089
526217	462521	539797	328037	221866	311087	507435	672040	1130680	1341413	2028958	2749510	1624175
340137	326698	339426	358447	361036	374464	381243	424886	652124	1125985	982105	1101441	1020966
253566	260719	259041	250044	222262	246878	297119	362093	558603	709371	870064	897072	1000069
411	672	880	966	1296	1116	1250	1580	1380	1322	1879	2171	2513
31882	38604	52005	57654	73703	67729	61601	104622	134098	124243	146590	164091	392134
12222	18274	28933	36315	46508	63615	45229	55913	83133	99213	151568	174518	232293
10288	16217	23355	26626	29121	30979	35028	36489	43554	52077	62705	71610	83974
322140	450944	531616	585017	608054	622033	723145	828664	976841	776725	1193101	1551056	1931342
197939	304280	363661	344374	371671	417911	480090	592413	741366	615457	961697	1247842	1560436
118090	140144	157758	227836	222547	196880	243055	236251	235475	161268	231404	303214	370906
92220	128601	163677	168921	181726	219592	260839	316518	391076	306360	468922	639142	808382
10700	15400	19649	20377	21950	26522	31513	38241	47249	37013	56655	78023	101405
861.87	835.07	831.42	828.98	827.91	827.96	827.72	827.70	827.70	827.70	827.68	819.17	797.18
8.44	8.92	7.64	6.86	6.35	8.07	7.39	6.81	6.62	7.15	7.66	7.45	6.86
111.53	107.96	107.51	107.09	106.88	106.53	106.08	106.08	106.07	106.24	106.23	105.30	102.62
49	49	49	48	49	52	58	65	75	85	97	104	109
55036	55611	56544	56950	62994	82410	124817	183553	218719	273894	327452	400573	445034
50457	52083	47835	50141	51477	49612	49687	69583	94697	117253	166959	224611	268384
156639	160398	169184	175920	187473	213679	303826	449360	583601	761417	946124	1171284	1338122
49537	50829	51490	50374	50261	49624	54910	64362	72408	84391	93653	109920	121167
19460	19932	20079	20414	20581	21252	24764	30902	37412	45457	53847	64636	74676
243	244	255	252	254	251	243	200	165	154	145	134	130
89643	95442	105468	112348	114956	122331	93493	92215	115941	94625	87889	86044	90432
50801	58680	78496	90545	99483	106740	103629	110827	111333	64046	65953	75076	79902
222551	258801	289827	311161	327031	344062	333184	310508	314135	256655	260276	257161	264456
35066	36084	38030	38458	39160	39274	37241	28002	27005	23630	21621	20406	20563
17526	18211	19898	20291	20949	21311	20409	15607	15369	13761	12771	12193	12634
5429	5073	4820	4693	4635	4586	4575	4684	4648	4606	4569	4404	4175
154.67	167.06	169.69	178.19	201.28	222.20	234.18	220.94	201.65	192.94	192.32	179.71	164.60
116.82	118.14	122.97	141.95	159.91	164.88	167.96	188.59	205.62	222.82	213.80	207.29	196.70
427.15	470.46	512.22	541.38	571.54	620.43	678.60	702.18	689.17	654.34	628.34	592.49	554.04
345640	358301	375463	392365	404824	414538	430754	451014	461898	468627	473687	470584	462298
268514	279301	294849	310926	322785	333884	350353	359665	369664	374811	379100	377133	372370
306	312	312	305	305	302	279	278	249	244	249	229	197
67812	70251	77595	74054	55668	50896	48008	53283	83186	105896	121444	138505	148625
45358	65457	62981	65310	59292	71460	66546	55769	49634	46247	58834	78091	98239
165989	169023	185253	192675	188493	161531	137718	132122	165386	212811	274432	325924	357648

2-4 续表5

类　别	单 位	Category	Unit	1990	1991	1992	1993
教职工数	人	Teachers and Staff	person	19084	33739	37579	37222
#专任教师	人	Full-time Teachers	person	10084	11210	12233	12853
小学基本情况		**Regular Primary Schools**					
学校数	所	Number of Schools	unit	61845	59976	56885	54009
招生数	万人	New Enrollment	10 000 person	158.09	156.99	163.94	185.75
毕业生数	万人	Graduates	10 000 person	144.84	143.85	141.97	145.75
在校学生数	万人	Total Enrollment	10 000 person	818.21	815.15	826.21	853.57
教职工数	人	Teachers and Staff	person	446395	447368	450396	448575
#专任教师	人	Full-time Teachers	person	414653	414924	416662	415928
成人高等学校基本情况		**Adult Institutions of Higher Education**					
学校数	所	Number of Schools	unit	53	54	51	53
招生数	人	New Enrollment	person	32580	26409	49078	71210
毕业生数	人	Graduates	person	29317	40382	41748	31104
在校学生数	人	Total Enrollment	person	114764	104560	105427	149282
教职工数	人	Teachers and Staff	person	12745	12669	12883	12648
#专任教师	人	Full-time Teachers	person	5164	4926	5017	5257
十六、科　技		**Science**					
重要科技成果		**Major Scientific Achievements**					
成果数量	项	Number of Achievements	unit	2112	2488	2668	2858
农　业	项	Agricultural	unit	375	541	57	605
工　业	项	Industry	unit	1246	1405	1265	1418
国际领先先进水平	项	Internationally Advanced	unit	150	175	327	372
国内领先先进水平	项	Nationally Advanced	unit	1148	1503	1538	1745
省内领先先进水平	项	Provincial Advanced	unit	814	810	803	741
专利情况		**Patent Applications**					
申请量	件	Number of Patent Applications Examined	unit	2553	3348	4445	4691
授权量	件	Number of Patent Applications Granted	unit	1273	1569	2108	4019
十七、卫生、文化事业基本情况		**Public Health and Culture**					
卫生机构床位数	张	Number of Beds in Health Institutions	unit	176952	181832	186998	194599
卫生技术人员数	人	Medical Technical Personnel	person	241064	241202	247183	258300
#医生数	人	Doctors	person	107138	104959	105837	110488
文化(艺术)馆		**Cultural(Arts) Centers**					
机构数	个	Number of Institutions	unit	159	156	156	157
人　数	人	Number of Employed Persons	person	3127	3100	3129	3145
文化站		**Cultural Stations**					
机构数	个	Number of Institutions	unit	2482	2504	2481	2454
人　数	人	Number of Employed Persons	person	2666	2783	2798	2862
艺术表演团体		**Arts Performance Troupes**					
机构数	个	Number of Institutions	unit	119	120	120	119
人　数	人	Number of Employed Persons	person	6703	6640	6657	6430
剧场(院)		**Theaters and Music Halls**					
机构数	个	Number of Institutions	unit	117	121	120	119
人　数	人	Number of Employed Persons	person	2516	2736	2772	2837
图书馆		**Libraries**					
机构数	个	Number of Institutions	unit	115	118	122	126
人　数	人	Number of Employed Persons	person	1876	1956	2055	2178
博物馆		**Museums**					
机构数	个	Number of Institutions	unit	41	45	45	52
人　数	人	Number of Employed Persons	person	1021	1141	1215	1329

continued

1994	1995	1996	1997	1998	1999	2000	2001	2002	2003	2004	2005	2006
39351	38891	37747	35160	33806	28871	24484	23152	22190	20684	21370	22049	22309
13424	13948	13778	14059	14035	14531	14066	16060	13072	13371	14607	15058	16211
50824	47068	40458	37377	34480	29453	26017	21342	19590	18303	16943	15871	14611
206.15	205.33	194.37	183.70	146.34	116.04	104.48	101.36	107.26	107.86	110.17	104.27	107.18
153.03	154.07	152.29	155.59	173.92	191.40	195.12	176.17	144.10	128.24	124.69	113.31	101.69
895.54	940.36	971.86	990.19	951.34	870.72	774.88	699.19	662.59	642.78	627.80	615.37	623.02
448601	456568	463651	468548	467987	451063	440161	422905	414600	410968	410264	410394	415117
414912	422989	429345	434671	435156	418828	408200	390374	383816	380066	378793	377729	381673
53	53	53	53	46	40	40	34	29	27	24	24	24
81379	61032	59850	65775	73618	87117	82423	103165	111023	128242	132313	108707	95858
30786	55764	65204	74017	61603	61611	70810	57373	69723	79518	107645	118379	34999
196381	198934	194454	185029	198780	221161	219977	255775	316605	373086	268112	258521	295189
13048	13159	13308	14096	13023	14335	14090	13911	11797	9877	11056	11481	12775
5872	6037	6495	6925	6557	7131	7084	6841	6182	5300	6247	6683	7516
3113	3251	3388	3507	3558	3688	3728	3112	3018	2896	3028	2408	2313
696	702	709	737	614	557	575	494	452	433	454	320	338
1487	1524	1599	1517	1515	1270	1289	1138	1117	1071	1120	539	630
416	466	471	456	724	744	599	506	486	466	485	534	448
2131	2272	2353	2678	2516	2737	2861	2439	2371	2276	2392	1741	1742
566	513	564	373	318	207	182	167	161	154	151	133	123
5092	4624	6125	6523	7597	8589	10019	11168	12855	15794	18388	28835	38284
—2647	2861	2630	2907	4127	6536	6962	6724	7293	9067	9733	10743	15937
198744	200241	199816	206475	207733	213264	214809	218108	218857	217172	231574	250915	259467
263713	270558	286450	293922	300738	307716	314685	318080	312326	294982	323101	325118	336669
114610	119353	128142	130156	132917	138910	144907	148713	134815	123836	139177	141197	146391
157	158	159	158	158	158	159	159	156	157	159	158	158
3197	3265	3237	3264	3252	3194	3055	2975	2935	2968	3136	2982	3058
2387	2363	2466	2482	2494	2493	2422	1912	1866	1792	1783	1768	1857
2882	3117	3286	3177	3339	3293	3304	2943	3019	3022	3190	3166	3330
118	118	118	118	118	117	118	121	121	120	118	117	118
6448	6170	6090	6148	6170	6077	5943	5990	6030	5988	5995	6066	6250
118	115	111	107	107	107	105	105	104	104	95	94	95
2878	2783	2727	2652	2577	2544	2473	2444	2434	2353	2088	1881	2098
126	130	131	131	131	133	133	136	140	140	142	145	143
2256	2318	2359	2471	2536	2555	2506	2503	2559	2573	2633	2690	2624
54	56	54	54	56	57	59	66	70	73	72	75	76
1418	1462	1522	1562	1422	1663	1633	1611	1566	1634	1684	1723	1770

2-5 国民经济和社会发展主要指标增长速度

单位:%

类别	Category	1990	1991	1992	1993
一、人　口	**Population**				
年底总人口	Population at the Year-end	4.08	0.91	0.47	0.37
按性别分	**By Sex**				
男	Male	2.82	1.23	0.48	0.43
女	Female	3.13	1.38	0.60	0.50
按农业非农业分	**Agricultural and Non-agricultural Population**				
农业人口	Agricultural Population	2.21	0.56	-0.94	-1.39
非农业人口	Non-agricultural Population	6.41	4.56	6.73	7.67
人口密度	Population Density	4.03	0.92	0.37	0.36
二、从业人员和劳动工资	**Employment and Wages**				
年末从业人员	Year-end Employed Persons	2.61	4.36	1.97	1.78
第一产业	Primary Industry	2.30	4.73	-0.11	-0.56
第二产业	Secondary Industry	2.20	3.92	4.39	6.95
第三产业	Tertiary Industry	4.88	3.29	7.98	3.74
农村从业人员	Rural Employed Persons	2.26	4.12	1.27	0.24
城镇从业人员	Urban Employed Persons	4.10	5.34	4.86	7.86
职工年末人数	Number of Staff and Workers at the Year-end	3.81	4.66	4.29	2.30
#国有单位	State-owned Units	3.84	4.71	4.14	2.57
城镇集体单位	Urban Collective-owned Units	2.90	3.44	3.70	-4.82
工资总额	Total Wages Bill	15.97	11.06	19.19	24.22
#国有单位	State-owned Units	15.99	10.78	19.96	24.45
城镇集体单位	Urban Collective-owned Units	14.85	10.34	15.10	11.76
平均工资	Average Wage	11.98	6.60	13.48	21.07
#国有单位	State-owned Units	12.00	6.39	14.62	20.79
城镇集体单位	Urban Collective-owned Units	11.64	6.97	9.64	17.48
三、国民经济核算	**National Accounting**				
地区生产总值	Gross Domestic Product	5.25	14.62	16.91	20.36
第一产业	Primary Industry	5.35	14.15	0.15	6.10
第二产业	Secondary Industry	7.15	13.95	28.57	28.06
工　业	Industry	8.00	14.95	29.44	28.65
建筑业	Construction	-0.88	5.55	20.62	22.31
第三产业	Tertiary Industry	0.65	16.00	16.30	19.95
交通运输仓储邮电通信业	Transportation Post and Telecommunication Services	-2.30	16.20	15.70	14.68
批发零售贸易餐饮业	Wholesale Retail and Catering	-2.70	16.60	18.90	13.97
人均地区生产总值	Per Capita GDP	2.96	12.19	15.88	19.88
居民消费水平	**Household Consumption Expenditure**				
全省居民	Average Expenditure of All Residents	37.27	10.50	8.50	12.00
农村居民	Rural Residents	4.02	7.10	2.50	10.20
城镇居民	Urban Residents	-7.80	12.50	15.30	7.60
四、固定资产投资	**Investment in Fixed Assets**				
全社会固定资产投资额	Total Investment in Fixed Assets	9.86	31.03	36.76	48.38
国有经济	State-Owned Units	14.26	26.21	46.63	38.78
集体经济	Collective-Owned Units	2.63	46.46	78.01	31.90
其他经济	Others				
个体经济	Individuals Economy	7.00	28.38	-28.85	46.65

Growth Rates of Main Indicators on National Economic and Social Development

(%)

1994	1995	1996	1997	1998	1999	2000	2001	2002	2003	2004	2005	2006
0.34	0.39	0.38	0.54	0.60	0.51	1.28	0.49	0.45	0.47	0.60	0.74	0.66
0.34	0.50	0.52	0.70	0.67	0.53	0.55	0.48	0.50	0.38	0.59	0.52	0.66
0.43	0.61	0.54	0.75	0.74	0.60	0.64	0.61	0.52	0.47	0.61	0.58	0.84
-2.23	-0.65	-0.72	0.25	1.15	0.38	-0.52	-0.90	-1.11	-2.48	-1.01	-2.35	-0.18
9.65	4.38	4.29	2.08	-0.61	1.13	3.75	4.48	4.65	7.57	4.15	6.64	2.57
0.36	0.54	0.36	0.54	0.53	0.53	1.23	0.52	0.52	0.34	0.69	0.51	0.51
0.06	18.83	0.38	0.55	0.60	0.51	2.39	0.62	0.94	1.69	1.91	1.97	2.04
-5.51	11.44	-1.56	0.88	0.88	-0.90	2.70	-0.83	-3.28	-4.74	-3.64	-7.54	-0.95
2.58	18.90	-1.49	2.01	-5.04	-0.01	3.24	1.76	5.08	7.21	7.24	12.68	4.99
19.95	44.05	7.83	-1.88	6.44	4.38	0.86	2.76	6.08	9.09	6.43	6.48	3.08
3.49	0.79	0.38	0.53	0.17	0.50	-0.75	-0.75	-0.32	0.35	-0.09	-0.66	-0.81
-12.46	97.00	0.38	0.56	1.55	0.50	9.31	3.30	3.35	4.16	5.45	6.37	6.51
1.77	5.16	1.45	0.75	-10.76	-3.31	-2.35	-2.48	-0.74	-0.33	1.81	12.24	0.37
-0.06	5.01	1.71	0.67	-10.59	-4.77	-4.34	-4.17	-5.00	-1.22	-0.80	-14.02	-1.56
-5.67	-0.60	-0.75	-3.88	-30.49	-10.25	-12.76	-11.45	-10.87	-9.63	-9.31	-5.80	-5.85
40.01	24.52	14.78	8.95	-0.86	7.77	12.09	11.34	12.21	9.95	15.99	30.05	15.57
39.15	23.21	15.76	8.64	-1.24	7.09	10.19	10.16	9.14	7.71	13.77	6.61	12.89
20.24	21.72	8.16	1.92	-22.71	-2.44	-2.16	-1.36	2.59	6.22	6.65	8.61	7.65
37.76	18.60	12.91	7.44	9.82	11.70	14.58	14.08	13.66	10.49	14.04	15.92	15.73
39.38	17.50	13.80	7.25	9.56	12.32	15.10	14.61	15.45	9.38	14.70	23.66	15.04
27.51	22.31	8.51	5.18	8.89	9.43	11.97	11.62	14.36	18.42	16.84	16.32	14.45
16.24	13.97	12.05	11.09	10.75	10.02	10.28	10.04	11.73	13.41	15.30	15.24	14.80
7.30	8.94	6.60	0.47	5.65	4.70	3.80	4.20	2.45	5.55	6.95	4.80	5.20
17.41	14.08	13.84	12.71	12.07	12.06	11.97	10.99	14.96	16.80	19.25	17.88	16.70
17.59	13.75	13.73	12.70	12.08	12.22	12.19	11.23	14.56	17.52	21.11	18.55	17.40
15.53	17.55	14.94	12.86	11.92	10.46	9.72	9.25	17.98	11.60	5.04	12.00	10.40
20.65	16.97	12.48	14.45	11.20	9.30	10.44	11.23	10.90	11.36	12.31	14.40	14.50
22.08	18.91	12.39	13.06	8.32	11.22	11.28	20.01	0.92	11.63	33.19	14.40	
16.57	17.70	14.06	15.33	13.21	12.55	11.60	13.91	13.58	10.76	7.53	11.60	
15.82	13.57	11.62	10.59	10.12	9.74	8.97	9.08	11.21	12.89	14.74	14.48	14.00
16.30	12.50	8.50	11.40	8.90	10.10	8.20	7.60	8.10	7.50	9.90	15.20	15.40
11.20	7.20	6.40	10.70	6.20	6.70	5.60	4.90	3.80	3.90	4.00	13.00	13.70
19.80	14.00	6.80	11.10	11.80	13.40	9.10	7.80	8.30	6.80	11.10	13.20	13.90
24.15	19.22	17.94	15.03	14.77	8.03	14.42	10.43	24.98	51.84	43.18	38.18	19.60
12.88	13.83	13.05	11.79	21.39	11.12	10.60	0.33	6.89	30.59	9.08	5.16	2.90
29.49	20.59	26.26	17.51	7.11	4.15	6.91	1.34	18.01	44.83	108.65	-57.55	19.30
	38.20	-3.11	16.02	12.72	-0.42	52.71	62.46	68.29	85.38	46.41	86.07	18.80
12.34	18.65	44.19	19.30	13.42	13.29	13.94	8.51	26.88	50.55	5.27	254.35	34.80

2-5 续表1

单位:%

类　别	Category	1990	1991	1992	1993
五、能　源	**Energy**				
能源生产总量	Total Energy Production	2.47	0.08	2.58	3.85
原　煤	Coal	5.28	持平	5.92	-0.35
原　油	Crude Oil	0.45	0.14	-0.27	8.19
天燃气	Natural Gas	-6.80	-0.07	0.35	-5.13
水　电	Hydro-power	259.09	88.61	-71.14	74.42
六、财　政	**Government Finance**				
地方财政一般预算收入	Local Government Budgetary Revenue	8.09	17.79	8.41	39.53
#增值税	Value Added Tax	7.83	9.68	18.12	74.56
营业税	Business Tax	6.26	8.18	16.69	24.71
个人所得税	Personal Income Tax	51.99	8.30	31.72	59.80
资源税	Resource Tax	7.68	14.84	28.77	6.71
城市维护建设税	Urban Maintenance and Development Tax	7.77	11.64	8.10	17.00
房产税	Tax on Real Estates	29.29	36.66	4.39	18.92
城镇土地使用税	Urban Land Using Tax	27.65	13.38	-12.55	-7.93
土地增值税	Land Value-added Tax				
车船使用和牌照税	Tax on Vehicle and License	-6.16	12.43	5.37	17.80
企业所得税	Company Income Tax	-14.71	5.82	-14.43	11.63
行政性收费收入	Incom from Adiministrative Fees				
地方财政支出	Local Government Budgetary Expenditure	8.96	6.63	10.33	29.28
#基本建设支出	Expenditure for Capital Construction	40.72	-5.30	15.71	35.51
城市维护税	City Maintenance	1.96	4.80	11.30	17.51
支援农业支出	Expenditure for Supporting Rural Production	9.34	4.05	21.56	15.56
文教科学卫生事业费	Operating Expenses for Culture, Education, Science and Health Care	9.29	10.21	17.20	17.15
行政管理费	Expenditure for Government Administration	8.86	12.92	31.28	31.22
七、金　融	**Fiancial Intermediation**				
金融机构存款余额	Deposits	28.90	24.58	24.46	25.43
#企业存款	Deposits by Enterprises	27.95	43.94	36.87	19.38
财政存款	Fiscal Deposits	29.92	3.81	-28.15	38.86
农业存款	Agricultural Deposits	21.31	20.48	9.68	10.85
储蓄存款	Urban and Rural Household Savings Deposits	34.09	25.41	22.51	26.48
金融机构贷款余额	Loans	24.05	22.29	20.49	20.84
#工业贷款	Loans to Industrial Sector	32.63	18.10	12.96	18.88
农业贷款	Loans to Agricultural Sector	19.68	20.66	22.93	12.83
商业贷款	Loans to Commercial Sector	14.91	13.35	13.13	16.15
基建贷款	Loans to Capital Construction	41.62	47.64	24.44	35.65
技改贷款	Loans to Technical Innovation	16.09	45.80	29.53	19.32
八、价格指数	**Price Indices**				
居民消费价格总指数	Consumer Price Index	3.40	4.90	6.80	12.70
商品零售物价总指数	Retail Price Index	1.60	4.90	6.20	10.30
九、居民生活	**People's Livelihood**				
农民生活	**Rural's Livelihood**				
人均年末生活用房面积	Per Capita Living Floor Space (the End of Year)	2.90	7.52	-2.82	6.89
人均总收入	Annual Per Capita Gross Income of Rural Households	5.83	15.86	7.80	13.84
人均纯收入	Annual Per Capita Disposable Income of Rural Households	7.87	12.33	5.09	18.66
人均总支出	Annual Per Capita Gross Expenditure of Rural Households	4.31	18.17	8.04	8.01
#购置生产性固定资产	Expenditure for Purchasing Productive Fixed Assets	-13.82	64.22	-6.65	6.01
生活消费支出	Living Expenditure of Rural Households	6.62	12.05	6.97	10.49

continued

(%)

1994	1995	1996	1997	1998	1999	2000	2001	2002	2003	2004	2005	2006
7.59	1.25	-0.56	-0.72	-1.74	-1.09	-6.53	19.71	14.64	8.63	0.07	-2.77	0.63
23.03	13.39	1.38	1.62	-1.29	0.20	-10.63	32.96	22.25	12.26	-0.14	-4.21	0.21
-5.50	-12.12	-3.15	-3.79	-2.51	-2.41	0.39	-0.29	0.13	-0.21	0.31	0.76	2.25
-4.56	-10.21	-7.32	-15.87	0.35	-27.09	-6.15	23.70	-11.87	8.00	13.70	10.01	-15.91
92.67	-46.37	-37.42	-28.87	-59.42	160.71	4.11	42.11	5.56	-80.59	122.22	225.00	13.85
32.10	32.93	35.01	25.96	15.76	14.78	14.63	23.62	25.30	21.30	28.87	29.55	26.38
-33.40	14.59	24.63	19.05	13.52	11.52	14.67	11.82	10.91	13.35	-7.97	66.33	25.82
-32.10	30.22	27.22	20.61	20.91	4.98	11.01	5.74	26.92	23.01	21.94	23.43	24.76
1367.62	143.35	60.01	41.69	-63.11	300.99	31.94	49.47	-15.95	-16.30	22.81	21.68	17.85
755.34	10.43	-2.85	12.66	194.31	-64.25	4.13	3.60	51.55	7.33	29.01	34.99	43.27
29.86	20.08	22.23	17.49	-35.13	81.57	15.99	5.16	6.03	44.17	23.70	20.07	18.92
18.99	29.02	22.68	32.34	179.92	-40.37	15.36	6.25	26.89	16.65	9.42	22.48	18.01
154.16	-2.56	17.85	3.96	42.40	51.23	22.84	1.01	31.54	69.01	6.89	39.07	22.17
					17.71	111.90	43.55	62.01	218.00	65.45	58.44	52.98
5.28	24.38	35.45	20.73	27.69	10.85	64.19	14.20	19.91	11.01	1.91	13.53	14.66
91.18	56.39	42.66	32.57	-3.48	34.96	29.60	82.14	-47.43	-15.25	29.54	28.78	33.79
		75.70	65.42	33.04	25.70	43.85	32.08	33.81	40.21	20.14	18.76	23.26
16.14	26.10	30.13	17.93	15.23	12.75	11.47	22.95	14.18	17.43	17.69	23.28	25.04
-12.96	77.99	38.27	-3.51	32.89	2.09	-9.24	38.82	7.52	44.58	-5.72	17.41	16.62
15.96	34.26	38.37	24.36	30.71	-4.35	10.65	24.94	12.81	25.03	29.31	33.15	24.64
7.82	27.52	23.03	32.92	2.61	6.75	2.30	16.27	16.50	10.79	18.27	22.54	20.98
34.54	15.31	24.01	14.60	12.05	9.65	15.46	15.38	18.32	11.46	21.06	21.37	21.09
29.22	17.00	27.59	13.58	9.69	8.62	14.24	19.47	21.14	24.79	16.88	24.11	18.41
38.86	35.75	25.39	15.74	15.81	14.03	13.84	13.79	20.54	21.38	16.69	17.84	14.80
33.25	41.70	28.94	22.95	7.88	14.92	20.41	11.11	18.60	24.09	14.03	6.48	15.78
62.16	2.33	-9.27	2.83	79.29	32.52	30.70	49.17	15.64	12.73	51.92	14.98	32.14
5.96	25.90	26.36	2.76	3.66	22.75	24.61	19.38	27.09	18.91	11.37	18.65	22.73
43.12	37.29	28.24	15.90	14.38	10.02	8.68	13.37	14.65	16.58	14.08	17.01	14.64
21.23	24.14	17.62	21.10	14.59	11.22	9.32	13.02	21.64	22.61	12.57	13.57	17.40
13.34	19.36	18.05	20.39	6.24	6.08	-4.36	15.44	17.39	21.26	17.92	5.00	40.33
-28.66	35.59	63.13	28.39	31.87	5.88	19.07	33.88	28.32	27.46	15.88	16.49	18.16
18.67	19.78	16.27	14.66	2.53	4.63	-11.13	8.70	2.74	0.04	-7.21	-6.80	-8.15
18.78	22.44	15.09	33.57	39.53	43.42	31.49	14.46	35.47	23.35	20.31	21.20	28.79
27.98	17.20	25.71	0.21	-0.54	-0.03	6.19	6.58	-61.07	38.37	26.61	6.32	-30.75
23.40	17.60	9.60	2.80	-0.60	-0.70	0.20	1.80	-0.70	1.10	3.60	1.70	1.00
20.30	14.20	7.00	0.80	-2.90	-2.90	-1.40	持平	-1.20	0.20	2.80	0.60	0.60
2.47	1.94	3.53	3.76	3.24	4.85	-5.82	4.19	4.02	3.67	1.47	10.10	3.54
39.71	33.00	23.60	6.83	2.69	2.36	6.45	7.24	4.05	3.50	12.39	12.69	14.30
38.52	29.96	21.64	9.86	7.01	3.94	4.30	5.46	5.33	6.65	11.33	12.06	11.14
38.02	37.69	28.41	-3.38	-2.55	2.28	6.69	9.57	3.37	2.40	13.57	14.05	11.60
1.80	88.94	20.51	23.43	10.54	4.43	10.77	-5.70	-9.14	-9.33	28.60	8.72	27.51
37.44	34.42	23.46	-1.59	-1.92	5.31	5.42	7.58	4.88	6.78	12.00	14.50	14.91

2-5 续表2

单位:%

类　别	Category	1990	1991	1992	1993
城镇居民生活	**Urban's Livelihood**				
人均全年可支配收入	Annual Per Capita Disposable Income of Urban Households	8.68	15.10	17.00	27.38
人均全年消费性支出	Annual Per Capita Consumption Expenditure of Urban Households	5.92	14.47	13.63	21.77
人均全年非消费支出	Annual Per Capita Non-consumption Expenditure of Urban Households				78.37
人均净存入银行款	Annual Per Capita Savings Deplsits	405.66	-23.04	32.73	-21.19
人均年末手存现金	Annual Per Capita Cash Now Available	31.78	0.24	29.45	17.83
年末人均住宅使用面积	Per Captia Floor Space of Residential Buildings	-1.95	4.38	2.96	3.70
十、农林牧渔业	**Farming, Forestry, Animal Husbandry and Fishery**				
农林牧渔业总产值	Gross Output Value of Farming Forestry, Animal Husbandry and Fishery	5.40	11.90	0.80	12.00
农　业	Farming	4.29	10.31	-6.70	10.31
林　业	Forestry	-1.90	6.50	4.90	10.60
牧　业	Animal Husbandry	7.10	12.10	6.80	9.60
渔　业	Fishery	19.90	21.10	23.50	22.20
农林牧渔服务业	Services for Agriculture				
农业生产情况	**Farming**				
粮食总产量	Total Output of Grain	9.85	9.72	-8.36	14.23
粮食单产	Grain	8.55	10.62	-6.44	10.13
棉花总产量	Total Output of Cotton	0.29	31.42	-49.89	-39.44
棉花单产	Cotton	-11.54	26.09	-47.70	18.46
油料总产量	Total Output of Oil-bearing Crops	41.40	9.90	-28.66	61.40
油料单产	Oil-bearing Crops	45.86	12.89	-27.55	44.29
肉类总产量	Total Output of Grain	13.28	8.97	3.80	14.34
猪存栏	Number of Pigs	-1.71	1.44	0.20	0.07
牛存栏	Number of Cattles	8.34	-2.03	6.08	13.37
羊存栏	Number of Sheep and Goats	2.47	4.13	4.02	2.92
家禽存栏	Number of Poultry	17.11	0.68	6.94	5.34
猪出栏	Slaughtered Pigs	4.92	2.44	3.15	2.29
牛出栏	Slaughtered Cattle	32.97	8.54	17.91	25.69
羊出栏	Slaughtered Sheep	5.04	-4.78	1.29	3.29
家禽出栏	Slaughtered Poultry	36.33	35.24	8.69	28.00
禽蛋产量	Poultry Eggs	13.54	20.03	3.46	19.29
奶类产量	Milk	6.07	4.97	6.43	11.44
水产品总产量	Total Aquatic Products	7.04	19.86	26.90	33.03
海水产品	Seawater Aquatic Products	6.51	19.09	28.04	33.36
海洋捕捞	Catching in Ocean	14.84	10.24	21.63	12.35
海水养殖	Seawater Aquiculture	-2.91	30.94	35.27	54.65
淡水产品产量	Freshwater Aquatic Products	14.22	29.59	13.67	28.74
捕捞量	Catching	17.50	32.42	-1.67	21.95
养殖量	Freshwater Aquiculture	13.34	28.80	18.08	30.37
水产品养殖面积	Aquiculture Area	10.86	11.16	2.72	28.13
海　水	Seawater Aquiculture Area	1.24	7.17	2.98	93.08
淡　水	Freshwater Aquiculture Area	17.83	13.64	2.56	-10.19
十一、工　业	**Industry**				
工业总产值	Gross Industrial Output Value	13.10	17.05	24.21	31.86
#国有经济	State-owned Enterprises	5.48	9.13	16.36	11.81
集体经济	Collective-owned Enterprises	12.63	18.91	30.66	46.07
按轻重工业分	**Grouped by Light & Heavy Industries**				
轻工业	Light Industry	12.40	18.42	20.10	20.60
重工业	Heavy Industry	13.80	15.71	28.50	42.80

continued

(%)

1994	1995	1996	1997	1998	1999	2000	2001	2002	2003	2004	2005	2006
36.95	23.80	14.68	6.15	3.65	7.97	11.72	9.42	14.50	10.31	12.36	13.85	13.47
35.36	24.68	14.78	7.15	2.56	8.95	11.23	4.59	6.55	8.34	10.07	11.74	13.56
62.42	29.10	28.09	0.71	47.73	0.24	-4.16	9.24	68.14	16.58	5.91	3.39	33.62
119.00	16.03	-17.74	17.41	-72.77	-55.27	377.33	195.03	35.90	-1.40	87.29	32.18	-9.31
21.71	23.56	16.81	9.64	9.98	18.24	13.50	7.21	2.03	-10.13	-8.31	12.03	20.05
6.07	3.96	-1.78	4.70	0.94	2.18	4.96	3.05	32.53	4.47	2.75	8.63	3.01
13.20	8.89	7.29	4.69	9.90	5.50	3.90	4.00	1.10	5.51	5.70	5.20	5.20
7.90	7.49	8.19	2.51	20.24	4.40	4.00	4.10	-2.49	6.50	5.90	3.90	5.40
16.00	3.90	16.41	0.60	-4.00	0.20	6.20	-6.20	-4.50	7.60	0.80	-3.70	10.70
19.90	13.00	6.00	10.60	11.60	6.80	5.40	7.40	6.80	5.70	6.10	7.30	4.40
20.00	7.80	6.70	2.50	4.90	7.20	0.50	-1.40	2.30	1.70	4.40	6.70	3.90
									11.50	8.00	9.20	8.79
-0.22	3.76	2.07	-11.09	10.71	0.10	-10.10	-3.05	-11.50	4.34	2.36	11.39	3.35
0.46	4.09	0.77	-9.39	10.03	0.51	-6.32	5.33	-8.42	12.43	4.01	4.79	2.04
36.34	-15.74	-21.02	-4.84	16.67	-5.08	50.51	32.37	-7.55	21.47	25.20	-22.95	20.92
30.80	0.28	9.34	15.65	11.41	7.63	1.21	-2.12	2.26	-8.47	4.23	-3.47	10.00
26.04	-6.89	-1.81	-22.11	39.31	-4.50	11.36	5.72	-9.78	6.29	2.18	-1.57	-1.57
10.10	-5.32	5.22	-20.97	31.27	-7.52	3.21	0.35	-7.61	3.30	9.55	3.35	1.78
18.20	16.43	2.81	13.59	8.09	5.34	6.80	6.30	5.30	5.60	5.20	5.80	3.53
6.10	0.98	0.32	28.20	12.50	3.00	3.90	4.10	4.10	3.20	2.79	0.40	-9.50
12.99	4.81	3.64	9.70	12.30	7.18	3.21	-0.17	1.20	2.08	-4.08	-2.73	-15.69
5.65	3.68	0.59	8.60	13.90	9.23	9.80	4.30	4.65	3.10	4.89	-0.81	-10.49
29.17	-1.44	8.29	11.60	15.90	10.00	9.80	5.18	5.91	3.37	3.35	-3.93	-4.65
4.43	12.23	1.95	12.00	11.50	4.00	5.50	4.90	5.80	5.60	7.82	5.00	2.96
20.33	16.56	9.66	22.80	6.10	10.20	5.80	11.60	5.70	4.30	4.22	3.03	2.55
18.23	21.93	0.87	10.60	11.00	12.70	6.20	6.50	4.60	3.20	5.06	4.65	0.77
51.08	10.15	3.12	12.30	10.60	9.80	8.90	9.10	6.09	7.49	8.11	18.29	4.14
30.79	2.66	8.15	10.10	9.41	8.40	4.92	3.50	5.37	6.33	1.93	2.07	-2.56
15.69	13.96	11.25	11.38	17.81	13.54	14.98	28.32	29.11	27.09	27.16	17.11	8.00
9.11	9.68	12.07	4.02	6.59	6.85	0.46	-1.74	1.30	1.61	1.69	2.50	2.83
5.92	8.78	10.51	3.35	5.71	6.32	-1.19	-2.02	2.60	0.98	1.31	2.29	2.54
3.38	0.62	44.10	14.93	11.80	-0.01	-7.42	-9.69	-2.15	-1.46	0.79	-0.79	0.16
7.79	14.54	-10.32	-8.20	-1.88	15.31	6.48	6.20	6.93	3.02	1.73	4.72	4.32
52.24	18.10	25.61	9.17	12.91	10.43	11.18	-0.11	-6.07	5.50	3.90	3.74	4.52
16.54	5.13	10.25	8.92	9.72	-0.41	1.52	-1.51	-11.06	27.94	2.71	18.62	4.31
60.22	20.21	27.79	9.20	13.31	11.71	12.21	0.03	-5.60	3.51	4.04	2.14	4.55
16.59	6.61	13.50	9.63	4.99	11.23	9.07	5.20	-3.24	16.01	7.48	3.24	1.74
-11.80	0.23	22.57	13.03	3.35	18.69	25.16	3.39	0.96	22.42	8.69	4.58	3.16
52.61	11.28	7.52	7.07	6.30	5.47	-4.92	7.28	-7.88	8.27	5.83	1.37	-0.31
28.23	23.10	16.27	12.10	11.54	11.88	17.92	10.58	13.93	21.56	30.25	36.58	21.22
3.50	15.26	5.86	6.10	-10.39	-0.28	6.16	-45.63	14.39	1.28	14.61	16.58	13.72
31.90	9.00	24.21	8.38	-9.33	-0.11	17.65	-14.21	7.21	5.80	19.70	-25.11	6.55
36.20	26.96	22.36	11.93	8.65	8.87	19.96	11.94	15.89	14.35	30.30	11.31	17.92
19.10	22.10	10.42	12.29	14.60	10.78	15.91	8.88	22.20	29.78	30.23	57.68	22.44

2－5 续表3

单位:%

类别	Category	1990	1991	1992	1993
十二、交通运输邮电	**Transport, Posts and Telecommunications**				
铁路通车里程	Length of Railways	-0.05	0.05	0.29	持平
公路通车里程	Length of Highways	2.49	2.86	2.85	6.72
#晴雨通车	Length of Highways Operating under All Weathers	4.10	5.58	3.92	8.32
内河通航里程	Length of Navigable Inland Waterways	持平	2.77	持平	持平
客运量	Passenger Traffic	-2.99	7.19	6.20	-0.84
铁　路	Railways	-15.42	-0.51	-1.28	3.14
公　路	Highways	-1.07	8.05	6.75	-1.50
水　路	Waterways	4.36	12.81	20.00	22.43
客运周转量	Passenger-Kilometers	-6.65	8.24	7.80	-3.12
铁　路	Railways	-10.40	7.03	7.37	4.35
公　路	Highways	-2.79	8.80	8.46	-10.49
水　路	Waterways	29.27	81.13	23.96	42.02
货运量	Freight Traffic	-3.84	6.52	8.00	7.50
铁　路	Railways	0.98	4.49	2.83	4.81
公　路	Highways	-4.88	5.92	8.95	8.32
水　路	Waterways	-6.72	52.64	16.44	1.88
货运周转量	Freight Ton-kilometers	-1.46	4.57	7.63	5.30
铁　路	Railways	-0.19	1.96	5.12	0.60
公　路	Highways	-5.46	6.08	13.63	7.99
水　路	Waterways	-3.57	40.43	17.61	46.34
邮政所总计	Number of Post & Telecommunications Offices	1.50	0.94	1.01	20.75
邮路总长度	Length of Postal Routes	9.43	-1.72	17.02	27.14
函　件	Number of Letters	-1.85	-5.04	0.95	16.63
报刊期发数	Issue of Newspapers and Magazines	-10.97	12.13	12.95	-5.96
电信业务总量	Business Volume of Telecommunication Services	22.54	162.23	51.11	76.08
长话电路	Business Volume of Telecommunication Services	30.59	70.45	45.34	77.04
长途电话	Number of Long Distance Telephone Calls	23.59	50.41	94.61	90.09
市内电话	Number of Urban Telephone Calls	18.83	24.15	39.21	51.97
农村电话	Number of Rural Telephone Calls	5.80	10.96	17.28	34.74
十三、国内贸易	**Domestic Trade**				
社会消费品零售总额	Total Retail Sales of Consumer Goods	6.82	16.50	21.86	35.44
市	City	9.53	20.52	27.46	43.08
县	County	8.85	9.56	15.00	25.03
县以下	Under County Level	2.45	14.45	17.11	28.38
按行业分	**By Sector**				
批零贸易业	Wholesale and Retail Trades	7.04	16.03	20.32	30.87
餐饮业	Catering Services	4.76	142.00	-38.09	41.32
其他行业	Others	10.60	11.60	19.04	-6.48
十四、对外贸易和旅游	**Foreign Economy and Trade, Tourism**				
对外贸易	**Foreign Economy and Trade**				
海关进出口总值	Total Value of Imports and Exports	-30.49	12.76	61.04	-6.37
海关出口总值	Total Exports	4.50	9.81	15.60	-3.09
#一般贸易	General Trade	3.21	6.93	12.51	-11.69
来料加工装配贸易	Processing and Assembling with Customer's Materials	38.03	57.98	35.94	28.15
进料加工贸易	Processing and Assembling with Import Materials	8.37	19.34	25.26	21.77
海关进口总值	Total Imports	-70.02	24.39	218.97	-10.50

continued

(%)

1994	1995	1996	1997	1998	1999	2000	2001	2002	2003	2004	2005	2006
持平	持平	27.93	3.85	-2.32	0.53	持平	1.38	持平	19.47	3.45	1.61	0.07
9.11	8.00	5.58	3.47	8.24	5.77	4.18	0.63	4.08	3.02	1.97	3.04	155.72
9.99	8.92	6.03	3.84	8.81	6.20	4.45	0.95	4.19	3.10	2.02	3.06	154.67
持平	持平	持平	-25.22	持平	4.38	持平	持平	持平	-31.44	持平	持平	持平
2.85	5.30	7.62	10.25	17.78	16.59	11.42	6.61	5.86	1.16	18.41	10.18	11.16
7.20	-4.82	-16.40	7.60	4.95	13.87	4.63	-3.05	-4.22	-6.79	16.03	2.46	20.36
1.89	6.82	10.19	10.17	18.44	17.97	12.13	7.03	6.32	1.58	18.63	10.54	10.86
5.38	10.69	5.76	24.39	-4.93	-0.58	-4.75	20.07	12.66	0.27	11.30	9.19	4.58
4.58	-1.49	0.70	13.34	12.90	14.59	5.88	8.31	8.18	-3.93	21.09	10.67	12.37
2.74	-4.68	-12.06	12.80	6.08	12.23	7.84	5.38	5.44	-10.63	21.21	5.89	13.99
6.28	1.89	12.88	13.46	10.08	17.26	12.17	9.94	10.12	0.13	21.22	13.39	11.53
31.36	3.60	43.91	31.72	10.78	-14.29	-19.08	45.07	-1.85	9.43	6.90	7.53	10.50
11.58	16.37	6.19	2.99	5.54	4.43	15.30	7.55	8.03	9.55	12.17	12.09	13.18
2.62	-0.03	10.48	1.39	-1.39	3.22	6.63	10.42	9.64	26.01	4.05	2.66	4.30
13.88	19.76	4.67	3.55	7.25	4.60	13.42	6.25	9.98	6.90	11.46	12.69	13.53
2.56	12.34	33.74	-4.43	-9.89	4.77	127.61	22.73	-24.67	12.85	56.88	26.33	26.38
9.95	11.06	9.05	2.64	-5.82	7.20	216.81	15.93	-34.96	12.77	39.49	16.72	19.21
5.73	4.66	2.19	2.71	-10.16	11.71	8.66	6.07	9.09	15.81	3.69	9.72	23.99
12.84	14.43	15.77	4.44	7.54	3.00	14.78	1.40	11.83	10.82	16.90	19.42	18.72
33.82	41.08	27.40	-0.19	-11.23	-0.99	1442.70	20.80	-51.54	11.61	66.48	18.73	17.70
28.26	-2.39	-8.65	44.81	-0.28	-17.99	-31.79	0.96	-0.92	-0.17	0.07	0.53	0.60
14.50	7.83	27.98	12.39	0.27	22.72	-8.53	-6.02	3.39	-4.68	3.18	6.79	-1.97
8.96	7.99	-9.48	-6.42	0.78	6.11	-6.43	-4.50	64.00	13.06	-13.97	-51.93	84.24
-21.25	20.16	-13.56	-2.35	15.16	36.70	8.48	-22.16	-26.59	18.52	-37.85	14.94	-14.58
46.96	32.95	29.90	37.22	39.85	5.45	32.10	23.34	19.98	20.50	45.72	39.38	37.49
45.91	-14.61	33.33	25.20	45.59	65.43	36.18	-51.46	35.62	83.33	89.92	-42.94	58.99
63.35	5.76	10.14	29.82	21.77	-0.54	-0.56	5.91	-2.18	50.04	-18.74	126.75	42.52
21.84	95.52	36.91	24.89	22.29	19.35	32.19	20.84	19.52	27.59	30.36	7.37	-2.15
50.00	140.10	73.54	60.75	39.66	58.02	96.97	47.94	14.87	14.21	10.41	6.49	-1.49
36.78	30.90	20.99	16.77	14.60	12.02	13.62	11.35	12.20	13.90	13.90	15.80	16.26
39.29	37.51	23.07	21.50	14.04	12.20	14.36	11.71	14.37	15.52	11.53	16.40	17.30
37.75	3.24	10.19	12.19	12.26	12.02	13.62	12.51	7.57	23.70	25.50	16.00	15.43
32.00	31.76	20.99	9.13	16.60	11.64	12.05	10.18	9.03	6.86	15.25	14.26	14.08
31.68	26.03	19.69	16.22	12.26	12.92	14.88	12.75	14.99	42.55	15.83	15.66	16.74
64.15	49.06	29.85	15.44	22.50	18.05	20.57	17.78	19.34	22.66	12.95	16.69	15.01
161.62	42.81	33.59	3.55	19.48	7.44	16.04	11.35	7.52	18.85	-16.84	16.03	9.37
32.16	44.87	15.87	8.49	-5.24	9.95	36.77	15.90	17.19	31.57	36.11	26.50	23.93
39.64	39.03	12.52	18.25	-4.71	11.91	34.11	16.74	16.47	25.85	35.00	28.93	26.80
27.03	24.06	-2.30	7.61	-5.23	18.05	37.89	22.33	19.25	28.62	28.49	28.35	30.45
70.51	90.71	68.46	41.81	-6.96	26.91	34.02	5.80	10.17	15.03	23.04	23.09	10.24
74.13	60.37	22.53	24.05	-3.57	-0.29	28.41	14.21	15.68	26.16	48.14	33.24	24.86
21.96	54.00	20.59	-4.35	-6.10	6.72	41.38	14.51	18.39	40.99	37.73	23.00	19.59

2-5 续表4

单位:%

类　别	Category	1990	1991	1992	1993
利用外资	**Utilization of Foreign Capital**				
合同利用外商直接投资	Direct Foreign Investments	30.40	181.24	498.59	79.89
实际利用外商直接投资	Direct Foreign Investments	14.86	19.00	442.26	89.37
对外承包工程和劳务合作	**Foreign Contracted Projects Labor Cooperation**				
合同个数	Number of Contracts	31.88	35.16	56.10	55.73
合同金额	Contracted Value	143.12	76.25	46.96	131.51
营业额	Value of Business	71.20	76.23	28.67	79.26
年末在外人数	Population in Foreign Countries and Regions	24.00	59.10	53.53	103.14
旅　游	**Tourism**				
接待海外旅游人数	International Tourists	41.21	37.93	40.35	17.81
外国人	Foreigners	39.66	44.50	27.78	13.78
港澳台胞	Compatriots from Hong Kong Macao and Taiwan	42.96	29.10	57.47	26.25
旅游外汇收入	Foreign Exchange Earnings	43.62	56.60	25.17	16.54
旅游外汇收入	Foreign Exchange Earnings	13.06	40.73	20.81	11.54
人民币对主要外币年平均汇价（中间价）	**Average Exchange Rate If RMB Yuan Against Main Convertible Currencies (Middle Rate)**				
100 美元	100 US Dollars	27.03	11.27	3.61	4.48
100 日元	100 Japanese Yen	21.47	19.16	10.12	19.29
100 港元	100 Hong Kong Dollars	27.15	11.50	4.08	4.45
十五、教　育	**Education**				
普通高等学校	**Regular Institutions of Higher Education**				
学校数	Number of Schools	-3.92	持平	4.08	持平
招生数	New Enrollment	2.08	2.98	60.47	0.07
毕业生数	Graduates	4.21	4.22	1.43	-3.03
在校学生数	Total Enrollment	1.82	1.20	21.57	16.57
教职工数	Teachers and Staff	1.45	0.29	1.37	1.42
#专任教师	Full-time Teachers	1.18	-3.00	1.31	1.92
中等专业学校基本情况	**Secondary Professional Schools**				
学校数	Number of Schools	2.61	1.69	-2.50	2.99
招生数	New Enrollment	0.47	7.11	6.26	40.69
毕业生数	Graduates	24.86	27.77	15.09	-1.40
在校学生数	Total Enrollment	10.40	4.44	2.07	16.90
教职工数	Teachers and Staff	7.91	0.66	3.19	4.56
#专任教师	Full-time Teachers	8.70	-2.39	2.27	4.99
普通中学基本情况	**Regular Senior Secondary Schools**				
学校数	Number of Schools	-4.26	-5.81	-6.55	-4.36
招生数	New Enrollment	1.87	2.84	2.86	4.72
毕业生数	Graduates	-2.93	0.14	0.24	0.26
在校学生数	Total Enrollment	0.98	1.55	2.55	3.34
教职工数	Teachers and Staff	2.70	1.82	1.54	0.67
#专任教师	Full-time Teachers	1.71	1.59	1.93	1.00
技工学校基本情况	**Technical Schools**				
学校数	Number of Schools	3.91	4.89	3.94	4.14
招生数	New Enrollment	3.94	3.89	5.34	20.42
毕业生数	Graduates	27.91	38.48	-0.13	6.79
在校学生数	Total Enrollment	12.60	3.36	4.87	10.97

continued

(%)

1994	1995	1996	1997	1998	1999	2000	2001	2002	2003	2004	2005	2006
-25.37	-12.10	16.71	-39.23	-32.37	40.21	63.12	32.44	68.25	86.70	51.26	35.51	-40.90
37.57	2.82	-0.64	-3.47	-11.11	11.08	20.35	21.87	54.27	48.90	22.65	3.10	11.50
37.46	63.50	30.95	9.77	34.16	-13.89	12.01	26.40	-12.66	-4.20	42.13	15.54	15.75
57.44	21.08	34.71	10.86	27.84	-8.11	-9.05	69.84	28.17	-7.35	17.99	11.94	138.97
75.63	49.52	58.33	25.51	28.07	36.78	-28.90	23.62	48.68	19.34	52.77	15.14	33.11
41.83	57.63	44.02	14.01	9.37	6.38	13.07	4.17	19.36	19.57	20.41	14.20	17.27
13.30	39.98	17.89	10.05	3.94	2.30	16.26	14.59	17.88	-20.49	53.61	30.00	24.52
36.83	53.72	19.52	-5.30	7.93	12.44	14.88	23.40	25.14	-16.98	56.26	29.75	25.05
-12.18	18.68	12.57	44.42	-2.32	-11.53	23.45	-2.80	-0.33	-31.51	43.49	31.03	22.32
133.21	39.45	27.28	3.20	7.58	20.84	18.78	21.35	23.56	-21.66	53.06	36.30	26.48
55.91	43.93	27.59	3.71	7.72	20.83	18.82	21.35	23.56	-21.66	53.07	37.72	29.97
49.58	-3.11	-0.44	-0.29	-0.13	0.01	-0.03	持平	持平	持平	持平	-1.03	-2.68
62.19	5.75	-14.43	-10.15	-7.45	27.14	-8.48	-7.85	-2.70	7.89	7.12	-2.70	-7.94
49.89	-3.20	-0.42	-0.39	-0.20	-0.33	-0.42	持平	-0.01	0.16	-0.01	-0.88	-2.55
-3.92	持平	持平	-2.04	2.08	6.12	11.54	12.07	15.38	13.33	14.12	7.22	4.81
-4.98	1.04	1.68	0.72	10.61	30.82	51.46	47.06	19.16	25.23	19.55	22.33	11.10
48.69	3.22	-8.16	4.82	2.66	-3.62	0.15	40.04	36.09	23.82	42.39	34.53	19.49
3.22	2.40	5.48	3.98	6.57	13.98	42.19	47.90	29.87	30.47	24.26	23.80	14.24
2.87	2.61	1.30	-2.17	-0.22	-1.27	10.65	17.21	12.50	16.55	10.98	17.37	10.23
5.73	2.43	0.74	1.67	0.82	3.26	16.53	24.79	21.07	21.50	18.46	20.04	15.53
0.83	0.41	4.51	-1.18	0.79	-1.18	-3.19	-17.70	-17.50	-6.67	-5.84	-7.59	-2.99
15.11	6.47	10.50	6.52	2.32	6.42	-23.57	-1.37	25.73	-18.39	-7.12	-2.10	5.10
-1.09	15.51	33.77	15.35	9.87	7.29	-2.91	6.95	0.46	-42.47	2.98	13.83	6.43
20.26	16.29	11.99	7.36	5.10	5.21	-3.16	-6.81	1.17	-18.30	1.41	-1.20	2.84
2.07	2.90	5.39	1.13	1.83	0.29	-5.18	-24.81	-3.56	-12.50	-8.50	-5.62	0.77
4.51	3.91	9.26	1.98	3.24	1.73	-4.23	-23.53	-1.52	-10.46	-7.19	-4.53	3.62
-3.74	-6.56	-4.99	-2.63	-1.24	-1.06	-0.24	2.38	-0.77	-0.90	-0.80	-3.61	-5.20
11.16	8.01	1.57	5.01	12.96	10.39	5.39	-5.65	-8.73	-4.32	-0.32	-6.56	-8.41
0.81	1.13	4.09	15.43	12.65	3.11	1.87	12.28	9.03	8.36	-4.05	-3.04	-5.11
8.06	10.14	8.88	5.69	5.57	8.55	9.38	3.47	-1.85	-5.05	-3.97	-5.71	-6.49
2.49	3.66	4.79	4.50	3.18	2.40	3.91	4.70	2.41	1.46	1.08	-0.66	-1.76
2.92	4.02	5.57	5.45	3.81	3.44	4.93	2.66	2.78	1.39	1.14	-0.52	-1.26
1.32	1.96	持平	-2.24	持平	-0.98	-7.62	-0.36	-10.43	-2.01	2.05	-8.03	-13.97
21.27	3.60	10.45	-4.56	-24.83	-8.57	-5.67	10.99	56.12	27.30	14.68	14.05	7.31
7.18	44.31	-3.78	3.70	-9.21	20.52	-6.88	-16.19	-11.00	-6.82	27.22	32.73	25.80
16.35	1.83	9.60	4.01	-2.17	-14.30	-14.74	-4.06	25.18	28.68	28.96	18.76	9.73

2-5 续表5

单位:%

类　别	Category	1990	1991	1992	1993
教职工数	Teachers and Staff	-31.46	76.79	11.38	-0.95
#专任教师	Full-time Teachers	42.27	11.17	9.13	5.07
小学基本情况	**Regular Primary Schools**				
学校数	Number of Schools	-0.76	-3.02	-5.15	-5.06
招生数	New Enrollment	-2.68	-0.70	4.43	13.30
毕业生数	Graduates	-3.29	-0.68	-1.31	2.66
在校学生数	Total Enrollment	-0.60	-0.37	1.36	3.31
教职工数	Teachers and Staff	1.59	0.22	0.68	-0.40
#专任教师	Full-time Teachers	1.51	0.07	0.42	-0.18
成人高等学校基本情况	**Adult Institutions of Higher Education**				
学校数	Number of Schools		1.89	-5.56	3.92
招生数	New Enrollment	-24.91	-18.94	85.84	45.10
毕业生数	Graduates	-4.46	37.74	3.38	-25.50
在校学生数	Total Enrollment	-0.85	-8.89	0.83	41.60
教职工数	Teachers and Staff	10.33	-0.60	1.69	-1.82
#专任教师	Full-time Teachers	8.62	-4.61	1.85	4.78
十六、科　技	**Science**				
重要科技成果	**Major Scientific Achievements**				
成果数量	Number of Achievements	7.92	17.80	7.23	7.12
#农　业	Agricultural	15.38	44.27	-89.46	961.40
工　业	Industry	2.13	12.76	-9.96	12.09
国际领先先进水平	Internationally Advanced	11.11	16.67	86.86	13.76
国内领先先进水平	Nationally Advanced	6.20	30.92	2.33	13.46
省内领先先进水平	Provincial Advanced	9.85	-0.49	-0.86	-7.72
专利情况	**Patent Applications**				
申请量	Number of Patent Applications Examined	46.30	31.14	32.77	5.53
授权量	Number of Patent Applications Granted	22.40	23.25	34.35	90.65
十七、卫生、文化事业基本情况	**Public Health and Culture**				
卫生机构床位数	Number of Beds in Health Institutions	2.91	2.76	2.84	4.06
卫生技术人员数	Medical Technical Personnel	2.97	0.06	2.48	4.50
#医生数	Doctors	3.56	-2.03	0.84	4.39
文化(艺术)馆	**Cultural (Arts) Centers**				
机构数	Number of Institutions	持平	-1.89	持平	0.64
人　数	Number of Employed Persons	-0.41	-0.86	0.94	0.51
文化站	**Cultural Stations**				
机构数	Number of Institutions	1.22	0.89	-0.92	-1.09
人　数	Number of Employed Persons	0.87	4.39	0.54	2.29
艺术表演团体	**Arts Performance Troupes**				
机构数	Number of Institutions	-3.25	0.84	持平	-0.83
人　数	Number of Employed Persons	-4.13	-0.94	0.26	-3.41
剧场(院)	**Theaters and Music Halls**				
机构数	Number of Institutions	-0.85	3.42	-0.83	-0.83
人　数	Number of Employed Persons	4.27	8.74	1.32	2.34
图书馆	**Libraries**				
机构数	Number of Institutions	1.77	2.61	3.39	3.28
人　数	Number of Employed Persons	4.45	4.26	5.06	5.99
博物馆	**Museums**				
机构数	Number of Institutions	2.50	9.76	持平	15.56
人　数	Number of Employed Persons	4.29	11.75	6.49	9.38

continued

(%)

1994	1995	1996	1997	1998	1999	2000	2001	2002	2003	2004	2005	2006
5.72	-1.17	-2.94	-6.85	-3.85	-14.60	-15.20	-5.44	-4.16	-6.79	3.32	3.18	1.18
4.44	3.90	-1.22	2.04	-0.17	3.53	-3.20	14.18	-18.61	2.29	9.24	3.09	7.66
-5.90	-7.39	-14.04	-7.62	-7.75	-14.58	-11.67	-17.97	-8.21	-6.57	-7.43	-6.33	-7.94
10.98	-0.40	-5.34	-5.49	-20.34	-20.71	-9.96	-2.99	5.82	0.56	2.14	-5.36	2.79
4.99	0.68	-1.16	2.17	11.78	10.05	1.94	-9.71	-18.20	-11.01	-2.77	-9.13	-10.26
4.92	5.00	3.35	1.89	-3.92	-8.47	-11.01	-9.77	-5.23	-2.99	-2.33	-1.98	1.24
0.01	1.78	1.55	1.06	-0.12	-3.62	-2.42	-3.92	-1.96	-0.88	-0.17	0.03	1.15
-0.24	1.95	1.50	1.24	0.11	-3.75	-2.54	-4.37	-1.68	-0.98	-0.33	-0.28	1.04
持平	持平	持平	持平	-13.21	-13.04	持平	-15.00	-14.71	-6.90	-11.11	持平	持平
14.28	-25.00	-1.94	9.90	11.92	18.34	-5.39	25.17	7.62	15.51	3.17	-17.84	-11.82
-1.02	81.13	16.93	13.52	-16.77	0.01	14.93	-18.98	21.53	14.05	35.37	9.97	-70.43
31.55	1.30	-2.25	-4.85	7.43	11.26	-0.54	16.27	23.78	17.84	-28.14	-3.58	14.18
3.16	0.85	1.13	5.92	-7.61	10.07	-1.71	-1.27	-15.20	-16.28	11.94	3.84	11.27
11.70	2.81	7.59	6.62	-5.31	8.75	-0.66	-3.43	-9.63	-14.27	17.87	6.98	12.46
8.92	4.43	4.21	3.51	1.45	3.65	1.08	-16.52	-3.02	-4.04	4.56	-20.48	-3.95
15.04	0.86	1.00	3.95	-16.69	-9.28	3.23	-14.09	-8.50	-4.20	4.85	-29.52	5.62
4.87	2.49	4.92	-5.13	-0.13	-16.17	1.50	-11.71	-1.85	-4.12	4.58	-51.88	16.88
11.83	12.02	1.07	-3.18	58.77	2.76	-19.49	-15.53	-3.95	-4.12	4.08	10.10	-16.10
22.12	6.62	3.57	13.81	-6.05	8.78	4.53	-14.75	-2.79	-4.01	5.10	-27.22	0.06
-23.62	-9.36	9.94	-33.87	-14.75	-34.91	-12.08	-8.24	-3.59	-4.35	-1.95	-11.92	-7.52
8.55	-9.19	32.46	6.50	16.46	13.06	16.65	11.47	15.11	22.86	16.42	56.81	32.77
-34.14	8.08	-8.07	10.53	41.97	58.37	6.52	-3.42	8.46	24.32	7.35	10.38	48.35
2.13	0.75	-0.21	3.33	0.61	2.66	0.72	1.54	0.34	-0.77	6.63	8.35	3.41
2.10	2.60	5.87	2.61	2.32	2.32	2.26	1.08	-1.81	-5.55	9.53	0.62	3.55
3.73	4.14	7.36	1.57	2.12	4.51	4.32	2.63	-9.35	-8.14	12.39	1.45	3.68
持平	0.64	0.63	-0.63	持平	持平	0.63	持平	-1.89	0.64	1.27	-0.63	持平
1.65	2.13	-0.86	0.83	-0.37	-1.78	-4.35	-2.62	-1.34	1.12	5.66	-4.91	2.55
-2.73	-1.01	4.36	0.65	0.48	-0.04	-2.85	-21.06	-2.41	-3.97	-0.50	-0.84	5.03
0.70	8.15	5.42	-3.32	5.10	-1.38	0.33	-10.93	2.58	0.10	5.56	-0.75	5.18
-0.84	持平	持平	持平	持平	-0.85	0.85	2.54	持平	-0.83	-1.67	-0.85	0.85
0.28	-4.31	-1.30	0.95	0.36	-1.51	-2.21	0.79	0.67	-0.70	0.12	1.18	3.03
-0.84	-2.54	-3.48	-3.60	持平	持平	-1.87	持平	-0.95	持平	-8.65	-1.05	1.06
1.45	-3.30	-2.01	-2.75	-2.83	-1.28	-2.79	-1.17	-0.41	-3.33	-11.26	-9.91	11.54
持平	3.17	0.77	持平	持平	1.53	持平	2.26	2.94	持平	1.43	2.11	-1.38
3.58	2.75	1.77	4.75	2.63	0.75	-1.92	-0.12	2.24	0.55	2.33	2.16	-2.45
3.85	3.70	-3.57	持平	3.70	1.79	3.51	11.86	6.06	4.29	-1.37	4.17	1.33
6.70	3.10	4.10	2.63	-8.96	16.95	-1.80	-1.35	-2.79	4.34	3.06	2.32	2.73

主要统计指标解释

国民经济行业分类 自2003年定期报表开始使用新的《国民经济行业分类》(GB/T4754－2002)该分类是由国家统计局组织修订，经国家质量监督检验检疫总局批准，于2002年5月10日发布实施。这次修订是在1994年分类标准的基础上，参照联合国《全部经济活动的国际标准产业分类》(ISIC/Rev.3)进行的。修订后的《国民经济行业分类》(GB/T4754－2002)共有门类20个，大类95个，中类396个，小类913个。新增门类4个，大类增加3个，中类增加28个，小类增加67个。

企业(单位)登记注册类型 是以在工商行政管理机关登记注册的各类企业为划分对象，以工商行政管理部门对企业登记注册的类型为依据，将企业登记注册类型分为内资企业、港澳台商投资企业和外商投资企业三大类。内资企业包括国有企业、集体企业、股份合作企业、联营企业、有限责任公司、股份有限公司、私营公司和其他企业；港澳台商投资企业和外商投资企业分别包括合资经营企业、合作经营企业、独资经营企业和股份有限公司。对不在工商行政管理部门进行登记注册的行政机关、事业单位和社会团体，主要按其经费来源和管理方式进行划分。

国有企业 指企业全部资产归国家所有，并按《中华人民共和国企业法人登记管理条例》规定登记注册的非公司制的经济组织。不包括有限责任公司中的国有独资公司。

集体企业 指企业资产归集体所有，并按《中华人民共和国企业法人登记管理条例》规定登记注册的经济组织。

股份合作企业 指以合作制为基础，由企业职工共同出资入股，吸收一定比例的社会资产投资组建，实行自主经营，自负盈亏，共同劳动，民主管理，按劳分配与按股分红相结合的一种集体经济组织。

联营企业 指两个及两个以上相同或不同所有制性质的企业法人或事业单位法人，按自愿、平等、互利的原则，共同投资组成的经济组织。联营企业包括国有联营企业、集体联营企业、国有与集体联营企业和其他联营企业。

有限责任公司 指根据《中华人民共和国公司登记管理条例》规定登记注册，由两个以上、五十个以下的股东共同出资，每个股东以其所认缴的出资额对公司承担有限责任，公司以其全部资产对其债务承担责任的经济组织。有限责任公司包括国有独资公司以及其他有限责任公司。

股份有限公司 指根据《中华人民共和国公司登记管理条例》规定登记注册，其全部注册资本由等额股份构成并通过发行股票筹集资本，股东以其认购的股份对公司承担有限责任，公司以其全部资产对其债务承担责任的经济组织。

私营企业 指由自然人投资设立或由自然人控股，以雇佣劳动为基础的营利性经济组织。包括按照《公司法》、《合伙企业法》、《私营企业暂行条例》规定登记注册的私营有限责任公司、私营股份有限公司、私营合伙企业和私营独资企业。

其他企业 指上述企业之外的其他内资经济组织。

与港澳台商合资经营企业 指港澳台地区投资者与内地企业依照《中华人民共和国中外合资经营企业法》及有关法律的规定，按合同规定的比例投资设立、分享利润和分担风险的企业。

与港澳台商合作经营企业 指港澳台地区投资者与内地企业依照《中华人民共和国中外合作经营企业法》及有关法律的规定，依照合作合同的约定进行投资或提供条件设立、分配利润和分担风险的企业。

港澳台商独资经营企业 指依照《中华人民共和国外资企业法》及有关法律的规定，在内地由港澳台地区投资者全额投资设立的企业。

港澳台商投资股份有限公司 指根据国家有关规定，经原外经贸部依法批准设立，其中港、澳、台商的股本占公司注册资本的比例达25%以上的股份有限公司。凡其中港、澳、台商的股本占公司注册资本的比例小于25%的，属于内资企业中的股份有限公司。

中外合资经营企业 指外国企业或外国人与中国内地企业依照《中华人民共和国中外合资经营企业法》及有关法律的规定，按合同规定的比例投资设立、分享利润和分担风险的企业。

中外合作经营企业 指外国企业或外国人与中国内地企业依照《中华人民共和国中外合作经营企业法》及有关法律的规定，依照合作合同的约定进行投资或提供条件设立、分配利润和分担风险的企业。

外资企业 指依照《中华人民共和国外资企业法》及有关法律的规定，在中国内地由外国投资者全额投资设立的企业。

外商投资股份有限公司 指根据国家有关规定，经原外经贸部依法批准设立，其中外资的股本占公司注册资本的比例达25%以上的股份有限公司。凡其中外资股本占公司注册资本的比例小于25%的，属于内资企业中的股份有限公司。

行政机关、事业单位和社会团体 参照企业登记注册类型，主要按其经费来源和管理方式划分。具体规定如下：

⑴行政机关：包括国家机关和政党机关，原则上均列为“国有”。但有特殊规定的，如供销社等，则列为“集体”。

⑵事业单位：包括经国家机构编制部门和有关业务主管部门批准成立的各类事业单位，不包括实行企业化管理的事业单位。事业单位的划分办法如下：

①由国家财政预算拨款或列入财政预算外资金管理以及经费主要来源于国有主管部门或国有上级单位的事业单位，列为“国有”。

②经费主要来源于集体单位的事业单位，列为“集体”。

③公民个人(或个人合伙)开办的事业单位，列为“私营”。

④上述以外的其他事业单位，如果其经费来源不明确，按管理方式进行归类。

⑶社会团体：包括经民政部门批准成立以及未纳入社会团体管理条例范围的工会、妇联等各类社会团体。社会团体的划分办法如下：

①未纳入民政部社会团体管理条例范围的工会、妇联、共青团、青联、工商联、科协、侨联等社会团体，国家拨款设立的基金会或基金管理组织以及经费主要来源于国有业务主管部门或国有上级单位的社会团体，列为“国有”。

②经费主要来源于集体单位的社会团体，列为“集体”。

③公民个人(或个人合伙)开办的社会团体，划为“私营”。

④上述以外的其他社会团体，如果其经费来源不明确，改按管理方式进行归类。

Explanatory Notes on Main Statistical Indicators

Industrial Classification of the National Economy The new *Industrial Classification of the National Economy* (GB/T 4754-2002) is introduced starting from the compilation of 2003 annual statistics. The new revision was basedon the 1994 classification and organized by the National Bureau of Statistics taking into consideration of the *International Standards of the Industrial Classification of All Economic Activities* (ISIC/Rev. 3) of the United Nations, and the new *Classification* was promulgated by the National Administration of Quality Supervision, Inspection and Quarantine on May 10, 2002. The revised version of the *Industrial Classification of the National Economy* (GB/T 4754-2002) is composed of 20 major divisions, 95 divisions, 396 major groups and 913 groups, including 4 new major divisions, 3 new divisions, 28 major groups and 67 groups.

Registration Status of Enterprises Enterprises are classified into 3 categories, namely domestic-funded enterprises, enterprises with investment from Hong Kong, Macau and Taiwan, and enterprises with foreign investment, in the light of the registration status of an enterprise in industrial and commercial administration agencies. Domestic-funded enterprises include state-owned enterprises, collective-owned enterprises, cooperative enterprises, joint ownership enterprises, limited liability corporations, share-holding corporations Ltd., private enterprises and other enterprises. Included in the enterprises with investment from Hong Kong, Macau and Taiwan and enterprises with foreign investment are joint-venture enterprises, cooperative enterprises, sole investment enterprises and share-holding corporations Ltd. For government agencies, institutions and social organizations which are not requested to be registered in industrial and commercial administration agencies, they are classified mainly by their sources of funds and way of management.

State-owned Enterprises refer to non-corporation economic units where the entire assets are owned by the state and which have registered in accordance with the *Regulation of the People's Republic of China on the Management of Registration of Corporate Enterprises.* Excluded from this category are sole state-funded corporations in the limited liability corporations.

Collective-owned Enterprises refer to economic units where the assets are owned collectively and which have registered in accordance with the *Regulation of the People's Republic of China on the Management of Registration of Corporate Enterprises.*

Cooperative Enterprises refer to a form of collective economic units (enterprises) where capitals come mainly from employees as their shares, with certain proportion of capital from the outside, where production is organized on the basis of independent operation, independent accounting for profits and losses, joint work, democratic management, and a distribution system that integrates remuneration according to work with dividend according to capital share.

Joint Ownership Enterprises refer to economic units established by two or more corporate enterprises or corporate institutions of the same or different ownership, through joint investment on the basis of equality, voluntary participation and mutual benefits. They include state joint ownership enterprises, collective joint ownership enterprises, joint state-collective enterprises, other joint ownership enterprises.

Limited Liability Corporations refer to economic units established with investment from 2-50 investors and registered in accordance with the *Regulation of the People's Republic of China on the Management of Registration of Corporations*, each investor bearing limited liability to the corporation depending on its share of investment, and the corporation bearing liability to its debt to the maximum of its total assets. Limited liability corporations include exclusive state-funded limited liability corporations and other limited liability corporations.

Share-holding Corporations Ltd. refer to economic units registered in accordance with the *Regulation of the People's Republic of China on the Management of Registration of Corporations*, with total registered capitals divided into equal shares and raised through issuing stocks. Each investor bears limited liability to the corporation depending on the holding of shares, and the corporation bears liability to its debt to the maximum of its total assets.

Private Enterprises refer to profit-making economic units invested and established by natural persons, or controlled by natural persons using employed labour. Included in this category are private limited liability corporations, private share-holding corporations Ltd., private partnership enterprises and private-funded enterprises registered in accordance with the *Corporation Law*, *Partnership Enterprises Law* and *Interim Regulations on Private Enterprises.*

Other Domestic-funded Enterprises refer to domestic-funded economic units other than those mentioned above.

Cooperative Enterprises with Funds from Hong Kong Macau and Taiwan established by investors from Hong Kong, Macau and Taiwan with enterprises in the mainland of China in accordance with the *Law of the People's Republic of China on Sino-foreign Cooperative Enterprises* and other relevant laws, where the investment or provision of facilities, and the share of profits and risks is stipulated in the cooperative contract.

Enterprises with Sole (exclusive) Investment from Hong Kong, Macau and Taiwan refer to enterprises established in the mainland of China with exclusive investment from investors from Hong Kong, Macau and Taiwan in accordance with the *Law of the People's Republic of China on Foreign-Funded Enterprises* and other relevant laws.

Share-holding Corporations Ltd. with Investment from Hong Kong, Macau and Taiwan refer to share-holding corporations Ltd. established with the approval from the former Ministry of Foreign Trade and Economic Relations in line with relevant state regulations, where the share of investment from Hong Kong, Macau or Taiwan businessmen exceeds 25% of the total registered capital of the corporation. In case the share of investment from Hong Kong, Macau or Taiwan is less than 25% of the total registered capital, the enterprise is to be classified as domestic-funded share-holding corporation Ltd.

Joint-venture Enterprises with Foreign Investment refer to enterprises jointly established by foreign enterprises or foreigners with enterprises in the mainland of China in accordance with the *Law of the People's Republic of China on Sino-foreign Joint Venture Enterprises* and other relevant laws, where the share of investment, profits and risks is stipulated in the contract.

Cooperation Enterprises with Foreign Investment refer to enterprises jointly established by foreign enterprises or foreigners with enterprises in the mainland of China in accordance with the *Law of the People's Republic of China on Sino-foreign Cooperative Enterprises* and other relevant laws, where the investment or provision of facilities, and the share of profits and risks is stipulated in the cooperative contract.

Enterprises with Sole (exclusive) Foreign Investment refer to enterprises established in the mainland of China with exclusive investment from foreign investors in accordance with the *Law of the People's Republic of China on Foreign-Funded Enterprises* and other relevant laws.

Share-holding Corporations Ltd. with Foreign Investment refer to share-holding corporations Ltd. established with the approval from the Ministry of Foreign Trade and Economic Relations in line with relevant state regulations, where the share of investment from foreign investors exceeds 25% of the total registered capital of the corporation. In case the share of foreign investment is less than 25% of the total registered capital, the enterprise is to be classified as domestic-funded share-holding corporation Ltd.

Government Agencies, Institutions and Social Organizations are classified into following categories by source of funds and way of management taking reference of the registration status of enterprises:

(1) Government agencies: include state and party agencies, classified in principle as state-owned. There are exceptions, such as supply and marketing cooperatives which are classified as collective-owned.

(2) Institutions: include institutions of various types established with the approval by organization and staffing departments of the government, but exclude institutions where enterprise management system is introduced. Institutions are further classified as follows:

(a) Institutions whose main budget is listed in the government budget appropriations or extra-budget funds, or allocated from the budget of their competent government agencies. Such institutions are classified as state-owned.

(b) Institutions whose budget mainly comes from collective units. Such institutions are classified as collective-owned.

(c) Institutions other than those mentioned above whose source of budget is not clear. Such institutions are classified by way of management.

(3) Social organizations: include social organizations established with the approval from the Ministry of Civil Affairs, and organizations that are not covered by social organization management regulations such as trade unions, womens federations etc.. Social organizations are further classified as follows:

(a) Social organizations that are not covered by social organization management regulations of the Ministry of Civil Affairs such as trade unions, womens federations, communist youth leagues, youth associations, industrial and commerce associations, scientists associations, overseas Chinese associations, etc., foundations and fund management organizations established with funds from the state, and social organizations whose funds mainly come from the budget of their competent government agencies. Such institutions are classified as state-owned.

(b) Social organizations whose budget mainly comes from collective units. Such institutions are classified as collective-owned.

(c) Social organizations established by individual or a group of citizens, which are classified as private.

(d) Social organizations other than those mentioned above whose source of budget is not clear. Such organizations are classified by way of management.

第3篇

国民经济核算

National Accounts

简 要 说 明

一、本篇资料的主要内容

本篇资料从宏观上反映了经济发展的总体状况和发展水平，主要包括地区生产总值及其增长、结构、三次产业对经济增长的贡献、消费水平等方面的资料。

二、本篇资料的来源

本篇资料来源于国民经济核算统计报表，由省统计局核算处整理提供。

Brief Introduction

I. Main Content

Data in the chapter reflect the overall situation and development of economy on the macro level, including growth rate and components of GDP, share of the three industries to the increase of GDP and household consumption expenditure.

II. Source of Data

Data in this chapter are prepared according to the data of national accounts and compiled by the Division of National Accounts of Shandong Provincial Bureau of Statistics.

3－1 1952－2006年地区生产总值

Gross Domestic Product from 1952 to 2006

单位:亿元 (100 million yuan)

年份 Year	地区生产总值 Gross National Product	第一产业 Primary Industry	第二产业 Secondary Industry	工业 Industry	建筑业 Construction	第三产业 Teritary Industry	#交通运输仓储邮电通信业 Transport, Post and Telecommunication Services	#批发零售贸易餐饮业 Wholesale Retail Trade & Catering Services	人均地区生产总值(元) Per Capita GDP (yuan)
1952	43.81	29.55	7.27	6.82	0.45	6.99	1.01	2.72	91
1953	45.79	28.23	9.30	8.74	0.56	8.26	1.20	3.22	94
1954	52.98	32.48	10.98	10.38	0.60	9.52	1.31	3.92	106
1955	57.78	35.52	11.42	10.81	0.61	10.84	1.40	4.62	113
1956	63.13	35.67	16.34	14.98	1.36	11.12	1.44	4.53	121
1957	61.39	31.95	17.59	16.62	0.97	11.85	1.61	4.38	116
1958	72.97	33.94	23.73	21.29	2.44	15.30	3.28	4.88	135
1959	75.96	28.73	27.86	25.16	2.70	19.37	4.55	5.56	141
1960	71.37	20.61	31.07	28.11	2.96	19.69	5.38	4.68	135
1961	63.40	26.44	20.19	19.04	1.15	16.77	4.02	3.64	121
1962	64.38	30.42	16.91	15.90	1.01	17.05	3.89	3.93	120
1963	67.61	33.47	19.09	17.65	1.44	15.05	2.84	3.16	123
1964	71.66	33.05	23.43	21.74	1.69	15.18	3.25	2.64	128
1965	86.25	42.24	28.96	25.99	2.97	15.05	3.67	2.00	152
1966	97.58	46.99	34.44	31.34	3.10	16.15	3.98	2.67	169
1967	99.44	46.71	35.43	32.78	2.65	17.30	3.92	3.66	168
1968	99.34	44.46	37.43	34.72	2.71	17.45	3.77	3.77	165
1969	108.17	50.16	39.56	36.22	3.34	18.45	3.99	4.15	175
1970	126.31	52.23	53.71	50.16	3.55	20.37	4.84	4.69	199
1971	139.69	56.33	61.50	57.65	3.85	21.86	5.45	4.49	215
1972	146.52	59.11	63.22	58.57	4.65	24.19	6.07	4.51	221
1973	154.33	61.92	65.99	60.67	5.32	26.42	6.15	6.31	229
1974	130.81	59.19	47.44	42.70	4.74	24.18	5.15	4.60	191
1975	166.19	65.54	75.31	69.76	5.55	25.34	5.63	4.77	240
1976	179.58	68.88	84.70	78.23	6.47	26.00	6.27	4.40	242
1977	207.07	79.01	95.34	88.05	7.29	32.72	7.81	3.92	293
1978	225.45	75.06	119.35	108.53	10.82	31.04	8.27	3.29	316
1979	251.60	91.12	127.68	114.67	13.01	32.80	9.50	4.18	350
1980	292.13	106.43	146.11	130.55	15.56	39.59	10.07	6.39	402
1981	346.57	132.21	155.41	138.09	17.32	58.95	13.18	16.56	472
1982	395.38	154.07	166.05	147.10	18.95	75.26	14.10	22.39	531
1983	459.83	185.57	178.75	159.15	19.60	95.51	17.12	32.07	611
1984	581.56	222.13	239.27	214.20	25.07	120.16	22.25	37.97	765
1985	680.46	235.96	293.07	259.42	33.65	151.43	28.22	46.14	887
1986	742.05	252.73	313.21	274.80	38.41	176.11	34.03	49.85	956
1987	892.29	287.31	384.57	341.31	43.26	220.41	47.45	60.58	1131
1988	1117.66	331.94	497.10	435.51	61.59	288.62	55.50	86.71	1395
1989	1293.94	359.14	579.65	513.97	65.68	355.15	66.55	108.51	1595
1990	1511.19	425.29	635.98	568.25	67.73	449.92	81.87	132.83	1815
1991	1810.54	521.85	745.90	663.90	82.00	542.79	98.97	161.00	2122
1992	2196.53	534.62	999.11	889.59	109.52	662.80	120.18	200.93	2556
1993	2770.37	596.63	1355.71	1201.67	154.04	818.03	141.09	239.98	3212
1994	3844.50	775.03	1891.43	1692.10	199.33	1178.04	213.58	346.88	4441
1995	4953.35	1010.13	2355.78	2098.06	257.73	1587.44	296.08	471.95	5701
1996	5883.80	1200.17	2784.09	2475.99	308.10	1899.54	362.05	574.97	6746
1997	6537.07	1195.00	3147.37	2796.02	351.35	2194.70	420.49	664.92	7461
1998	7021.35	1215.81	3408.06	3008.45	399.61	2397.49	437.37	735.63	7968
1999	7493.84	1221.00	3644.32	3197.16	447.16	2628.52	484.65	787.90	8483
2000	8337.47	1268.57	4164.45	3665.74	498.71	2904.45	545.13	856.94	9326
2001	9195.04	1359.49	4556.01	4004.09	551.92	3279.53	657.57	972.33	10195
2002	10275.50	1390.00	5184.98	4518.87	666.11	3700.52	655.64	1142.54	11340
2003	12078.15	1480.67	6485.05	5706.71	778.34	4112.43	710.18	1283.70	13268
2004	15021.84	1778.45	8478.69	7576.12	902.57	4764.70	969.13	1431.58	16413
2005	18516.87	1927.85(1963.51)	10628.62	9568.58	1060.04	5960.40(5924.74)	1196.89	1653.87	20096
2006	22077.36	2138.90	12751.20	11555.99	1195.21	7187.26			23794

注:1. 本表按当年价格计算。

2. 2005年以后执行2002年国民经济行业分类(新行业分类),新行业分类中,农林牧渔服务业由第三产业调整到第一产业。括号外数据为旧行业分类数据,括号内数据为新行业分类数据。

3. 根据国家统一方法,利用经济普查年度(2004年)GDP核算数据,对我省1993－2003年度GDP历史数据进行了修订(下同)。

a) Data in this table are calculated at current prices.

b) Since 2005, this table uses the new Industrial Classification of National Economy (GB/T 4754－2002), services of farming, forestry, animal husbandry and fishery are included in the primary industry.

Data out of brackets are based on former Industrial Classification of National Economy, data in brackets on new one.

c) According to national regulation, Data from 1993 to 2003 are modified on China Economic Census results in 2004.

3－2 1952－2006年地区生产总值指数

Indices of Gross Domestic Product from 1952 to 2006

(以1952年为100) (1952＝100)

年份 Year	地区生产总值 Gross National Income	第一产业 Primary Industry	第二产业 Secondary Industry	工业 Industry	建筑业 Construction	第三产业 Teritary Industry	#交通运输仓储邮电通信业 Transport, Post and Telecommunication Services	#批发零售贸易餐饮业 Wholesale Retail Trade & Catering Services
1953	102.1	92.7	127.8	128.5	117.7	113.7	114.2	113.8
1954	116.4	104.7	148.5	150.0	124.3	131.0	120.4	139.5
1955	127.5	115.6	155.3	157.1	126.5	147.0	122.1	162.8
1956	142.5	116.1	236.5	234.4	279.7	151.7	131.7	159.5
1957	137.5	101.6	262.0	264.6	226.6	154.6	147.4	146.4
1958	163.2	107.7	349.5	334.7	572.4	199.4	300.3	162.9
1959	169.6	90.4	410.3	396.3	626.2	249.4	412.6	183.3
1960	149.2	63.6	394.7	375.3	682.6	251.4	483.6	153.1
1961	116.5	65.3	269.2	264.2	325.6	170.4	355.0	79.8
1962	113.5	69.7	214.8	213.2	236.4	184.4	349.0	97.3
1963	126.0	82.0	245.3	240.1	322.9	180.9	264.5	92.5
1964	140.4	84.7	311.5	307.1	379.1	193.0	306.6	83.0
1965	171.3	107.2	405.0	386.0	693.0	197.8	370.1	61.7
1966	199.2	122.4	499.8	485.2	725.6	213.4	403.4	83.8
1967	203.8	121.7	538.8	537.1	587.0	207.9	334.8	112.3
1968	201.8	112.3	565.2	563.4	608.1	209.6	321.7	115.7
1969	217.5	124.9	597.4	588.8	746.1	222.2	341.0	128.0
1970	251.6	129.3	753.3	748.4	833.4	260.9	454.9	150.8
1971	290.8	135.6	1004.9	1014.8	913.4	266.6	514.5	144.6
1972	315.2	139.7	1125.5	1132.5	1106.1	295.9	575.2	145.8
1973	332.5	146.1	1180.6	1180.1	1268.7	323.4	583.8	204.0
1974	280.0	139.8	854.8	840.2	1132.9	296.6	490.4	148.9
1975	361.8	154.6	1366.0	1374.6	1325.5	310.5	535.5	154.4
1976	380.6	162.0	1452.1	1450.2	1544.2	318.3	596.0	142.2
1977	423.6	185.7	1553.7	1544.5	1738.8	376.5	742.6	126.8
1978	466.4	174.6	1948.3	1907.5	2580.4	379.5	784.9	106.3
1979	497.2	188.9	2071.0	2004.8	3060.4	395.1	888.5	133.0
1980	557.9	207.4	2319.5	2233.3	3586.8	469.8	928.5	200.4
1981	590.3	220.9	2393.7	2329.3	3382.4	524.8	910.9	389.2
1982	657.0	244.8	2527.7	2443.4	3774.8	667.5	971.0	524.6
1983	748.3	284.0	2719.8	2648.6	3823.9	825.7	1149.7	732.3
1984	878.5	336.0	3201.2	3090.9	4810.5	952.0	1368.1	794.5
1985	978.6	343.4	3793.4	3619.4	6200.7	1093.8	1582.9	880.3
1986	1040.3	341.3	4199.3	4035.6	6504.5	1189.0	1783.9	889.1
1987	1183.9	366.6	4917.4	4794.3	6764.7	1391.1	2326.2	1010.0
1988	1331.9	365.9	6033.6	5858.6	8537.1	1524.6	2277.3	1210.0
1989	1385.2	363.7	6462.0	6356.6	8101.7	1567.3	2279.6	1264.5
1990	1458.6	383.3	6927.3	6865.1	8028.8	1578.3	2227.2	1230.4
1991	1671.6	437.7	7897.1	7894.9	8478.4	1830.8	2588.0	1434.6
1992	1954.1	438.6	10155.7	10216.0	10225.0	2129.2	2994.3	1705.7
1993	2352.0	465.4	13005.4	13142.9	12506.2	2554.0	3433.9	1944.0
1994	2733.9	499.3	15269.6	15454.7	14448.4	3081.4	4192.1	2266.1
1995	3115.8	544.0	17419.6	17579.7	16984.1	3604.3	4984.8	2667.2
1996	3491.3	579.9	19830.5	19993.4	19521.5	4054.1	5602.4	3042.2
1997	3878.5	582.6	22350.9	22532.6	22032.0	4639.9	6334.1	3508.6
1998	4295.4	615.5	25048.7	25254.5	24658.2	5159.6	6861.1	3972.1
1999	4725.8	644.4	28069.5	28340.7	27237.5	5639.4	7630.9	4470.6
2000	5211.6	668.9	31429.5	31795.4	29884.9	6228.2	8491.6	4989.2
2001	5734.9	697.0	34883.6	35366.0	32649.3	6927.6	10190.8	5683.1
2002	6407.6	714.1	40102.1	40515.3	38519.6	7682.7	10284.6	6454.9
2003	7266.8	753.7	46839.3	47613.6	42987.9	8555.5	11480.7	7149.5
2004	8385.9	806.1	55855.9	57664.8	45154.5	9608.6	15291.1	7687.8
2005	9664.4	844.8	65844.4	68364.0	50573.1	10992.3	17493.0	8579.6
2006	11092.8	888.3	76847.0	80259.3	55832.7	12589.5		

注：本表按可比价格计算。

a) Data in this table are calculated at current prices.

3－2 续表 continued

（以上年为100）　　　　（preceding year = 100）

年份 Year	地区生产总值 Gross National Income	第一产业 Primary Industry	第二产业 Secondary Industry	工业 Industry	建筑业 Construction	第三产业 Teritary Industry	#交通运输仓储邮电通信业 Transport, Post and Telecommunication Services	#批发零售贸易餐饮业 Wholesale Retail Trade & Catering Services
1953	102.1	92.7	127.8	128.5	117.7	113.7	114.2	113.8
1954	114.0	112.9	116.2	116.7	105.6	115.2	105.4	122.6
1955	109.5	110.4	104.6	104.7	101.8	112.2	101.4	116.7
1956	111.8	100.4	152.3	149.2	221.1	103.2	107.9	98.0
1957	96.5	87.5	110.8	112.9	81.0	101.9	111.9	91.8
1958	118.7	106.0	133.4	126.5	252.6	129.0	203.7	111.3
1959	103.9	83.9	117.4	118.4	109.4	125.1	137.4	112.5
1960	88.0	70.4	96.2	94.7	109.0	100.8	117.2	83.5
1961	78.1	102.6	68.2	70.4	47.7	67.8	73.4	52.1
1962	97.4	106.8	79.8	80.7	72.6	108.2	98.3	121.9
1963	111.0	117.6	114.2	112.6	136.6	98.1	75.8	95.1
1964	111.4	103.3	127.0	127.9	117.4	106.7	115.9	89.7
1965	122.0	126.6	130.0	125.7	182.8	102.5	120.7	74.3
1966	116.3	114.2	123.4	125.7	104.7	107.9	109.0	135.8
1967	102.3	99.4	107.8	110.7	80.9	97.4	83.0	134.0
1968	99.0	92.3	104.9	104.9	103.6	100.8	96.1	103.0
1969	107.8	111.2	105.7	104.5	122.7	106.0	106.0	110.6
1970	115.7	103.5	126.1	127.1	111.7	117.4	133.4	117.8
1971	115.6	104.9	133.4	135.6	109.6	102.2	113.1	95.9
1972	108.4	103.0	112.0	111.6	121.1	111.0	111.8	100.8
1973	105.5	104.6	104.9	104.2	114.7	109.3	101.5	139.9
1974	84.2	95.7	72.4	71.2	89.3	91.7	84.0	73.0
1975	129.2	110.6	159.8	163.6	117.0	104.7	109.2	103.7
1976	105.2	104.8	106.3	105.5	116.5	102.5	111.3	92.1
1977	111.3	114.6	107.0	106.5	112.6	118.3	124.6	89.2
1978	110.1	94.0	125.4	123.5	148.4	100.8	105.7	83.8
1979	106.6	108.2	106.3	105.1	118.6	104.1	113.2	125.1
1980	112.2	109.8	112.0	111.4	117.2	118.9	104.5	150.1
1981	105.8	106.5	103.2	104.3	94.3	111.7	98.1	194.2
1982	111.3	110.8	105.6	104.9	111.6	127.2	106.6	134.8
1983	113.9	116.0	107.6	108.4	101.3	123.7	118.4	139.6
1984	117.4	118.3	117.7	116.7	125.8	115.3	119.0	108.5
1985	111.4	102.2	118.5	117.1	128.9	114.9	115.7	110.8
1986	106.3	99.4	110.7	111.5	104.9	108.7	112.1	101.0
1987	113.8	107.4	117.1	118.8	104.0	117.0	130.4	113.6
1988	112.5	99.8	122.7	122.2	126.2	109.6	97.9	119.8
1989	104.0	99.4	107.1	108.5	94.9	102.8	100.1	104.5
1990	105.3	105.4	107.2	108.0	99.1	100.7	97.7	97.3
1991	114.6	114.2	114.0	115.0	105.6	116.0	116.2	116.6
1992	116.9	100.2	128.6	129.4	120.6	116.3	115.7	118.9
1993	120.4	106.1	128.1	128.7	122.3	120.0	114.7	114.0
1994	116.2	107.3	117.4	117.6	115.5	120.7	122.1	116.6
1995	114.0	108.9	114.1	113.8	117.6	117.0	118.9	117.7
1996	112.1	106.6	113.8	113.7	114.9	112.5	112.4	114.1
1997	111.1	100.5	112.7	112.7	112.9	114.5	113.1	115.3
1998	110.8	105.7	112.1	112.1	111.9	111.2	108.3	113.2
1999	110.0	104.7	112.1	112.2	110.5	109.3	111.2	112.6
2000	110.3	103.8	112.0	112.2	109.7	110.4	111.3	111.6
2001	110.0	104.2	111.0	111.2	109.3	111.2	120.0	113.9
2002	111.7	102.5	115.0	114.6	118.0	110.9	100.9	113.6
2003	113.4	105.6	116.8	117.5	111.6	111.4	111.6	110.8
2004	115.3	106.9	119.3	121.1	105.0	112.3	133.2	107.5
2005	115.2	104.8	117.9	118.6	112.0	114.4	114.4	111.6
2006	114.8	105.2	116.7	117.4	110.4	114.5		

注：本表按可比价格计算。

a) Data in this table are calculated at current prices.

3-3 1952-2006年地区生产总值构成

Composition of Gross Domestic Product from 1952 to 2006

单位:% (%)

年份 Year	地区生产总值 Gross National Income	第一产业 Primary Industry	第二产业 Secondary Industry	工业 Industry	建筑业 Construction	第三产业 Teritary Industry	#交通运输仓储邮电通信业 Transport, Post and Telecommunication Services	#批发零售贸易餐饮业 Wholesale Retail Trade & Catering Services
1952	100	65.8	18.1	17.0	1.1	16.1	2.3	6.3
1953	100	61.7	20.3	19.1	1.2	18.0	2.6	7.0
1954	100	61.3	20.7	19.6	1.1	18.0	2.5	7.4
1955	100	61.5	19.7	18.7	1.0	18.8	2.4	8.0
1956	100	56.5	25.9	23.7	2.2	17.6	2.3	7.2
1957	100	52.0	28.7	27.1	1.6	19.3	2.6	7.1
1958	100	46.5	32.5	29.2	3.3	21.0	4.5	6.7
1959	100	37.8	36.7	33.1	3.6	25.5	6.0	7.3
1960	100	28.9	43.5	39.4	4.1	27.6	7.5	6.6
1961	100	41.7	31.8	30.0	1.8	26.5	6.3	5.7
1962	100	47.2	26.3	24.7	1.6	26.5	6.0	6.1
1963	100	49.5	28.2	26.1	2.1	22.3	4.2	4.7
1964	100	46.1	32.7	30.3	2.4	21.2	4.5	3.7
1965	100	49.0	33.5	30.1	3.4	17.5	4.3	2.3
1966	100	48.1	35.3	32.1	3.2	16.6	4.1	2.7
1967	100	47.0	35.6	32.9	2.7	17.4	3.9	3.7
1968	100	44.7	37.7	35.0	2.7	17.6	3.8	3.8
1969	100	46.4	36.6	33.5	3.1	17.0	3.7	3.8
1970	100	41.4	42.5	39.7	2.8	16.1	3.8	3.7
1971	100	40.3	44.0	41.3	2.7	15.7	3.9	3.2
1972	100	40.3	43.2	40.0	3.2	16.5	4.1	3.1
1973	100	40.1	42.8	39.3	3.5	17.1	4.0	4.1
1974	100	45.2	36.3	32.7	3.6	18.5	3.9	3.5
1975	100	39.4	45.3	42.0	3.3	15.3	3.4	2.9
1976	100	38.3	47.2	43.6	3.6	14.5	3.5	2.5
1977	100	38.2	46.0	42.5	3.5	15.8	3.8	1.9
1978	100	33.3	52.9	48.1	4.8	13.8	3.7	1.5
1979	100	36.2	50.8	45.6	5.2	13.0	3.8	1.7
1980	100	36.4	50.0	44.7	5.3	13.6	3.5	2.2
1981	100	38.2	44.8	39.8	5.0	17.0	3.8	4.8
1982	100	39.0	42.0	37.2	4.8	19.0	3.6	5.7
1983	100	40.3	38.9	34.6	4.3	20.8	3.7	7.0
1984	100	38.2	41.1	36.8	4.3	20.7	3.8	6.5
1985	100	34.7	43.0	38.1	4.9	22.3	4.2	6.8
1986	100	34.1	42.2	37.0	5.2	23.7	4.6	6.7
1987	100	32.2	43.1	38.3	4.8	24.7	5.3	6.8
1988	100	29.7	44.5	39.0	5.5	25.8	5.0	7.8
1989	100	27.8	44.8	39.7	5.1	27.4	5.1	8.4
1990	100	28.1	42.1	37.6	4.5	29.8	5.4	8.8
1991	100	28.8	41.2	36.7	4.5	30.0	5.5	8.9
1992	100	24.3	45.5	40.5	5.0	30.2	5.5	9.2
1993	100	21.5	49.0	43.4	5.6	29.5	5.1	8.7
1994	100	20.2	49.2	44.0	5.2	30.6	5.6	9.0
1995	100	20.4	47.6	42.4	5.2	32.0	6.0	9.5
1996	100	20.4	47.3	42.1	5.2	32.3	6.2	9.8
1997	100	18.3	48.1	42.7	5.4	33.6	6.4	10.2
1998	100	17.3	48.5	42.8	5.7	34.2	6.2	10.5
1999	100	16.3	48.6	42.6	6.0	35.1	6.5	10.5
2000	100	15.2	50.0	44.0	6.0	34.8	6.5	10.3
2001	100	14.8	49.5	43.5	6.0	35.7	7.2	10.6
2002	100	13.5	50.5	44.0	6.5	36.0	6.4	11.1
2003	100	12.3	53.7	47.3	6.4	34.0	5.9	10.6
2004	100	11.8	56.5	50.5	6.0	31.7	6.5	9.5
2005	100	10.4(10.6)	57.4	51.7	5.7	32.2(32.0)	6.5	8.9
2006	100	9.7	57.7	52.3	5.4	32.6		

注:1. 本表按当年价格计算。

2. 2005年以后执行2002年国民经济行业分类(新行业分类),新行业分类中,农林牧渔服务业由第三产业调整到第一产业。括号外数据为旧行业分类数据,括号内数据为新行业分类数据。

a) Data in this table are calculated at current prices.

b) Since 2005, this table uses the new Industrial Classification of National Economy (GB/T 4754-2002), services of farming, forestry, animal husbandry and fishery are included in the primary industry.

Data out of brackets are based on former Industrial Classification of National Economy, data in brackets on new one.

3-4 地区生产总值

Gross Domestic Product

单位:亿元 (100 million yuan)

分 组	Sector	2004	2005	2006	2005年为2004年% year of 2005=100	2006年为2005年% year of 2005=100
地区生产总值	**Gross Domestic Product**	**15021.84**	**18516.87**	**22077.36**	**115.2**	**114.8**
第一产业	Primary Industry	1810.55	1963.51	2138.90	104.8	105.2
第二产业	Secondary Industry	8478.69	10628.62	12751.20	117.9	116.7
工 业	Industry	7576.12	9568.58	11555.99	118.6	117.4
建筑业	Construction	902.57	1060.04	1195.21	112.0	110.4
第三产业	Tertiary Industry	4732.6	5924.74	7187.26	114.4	114.5
交通运输、仓储和邮政业	Transport, Storage and Postal Services	782.64	968.64	1212.33	115.6	115.9
信息传输、计算机服务和软件业	Information Transmission, Computer Services and Software	208.54	256.39	329.38	110.9	113.4
批发和零售业	Wholesale and Retail Trade	1171.86	1387.22	1611.66	113.8	113.7
住宿和餐饮业	Accommodations and Catering Services	304.14	441.26	530.36	116.2	113.9
金融业	Finance	343.37	467.59	576.69	115.5	112.8
房地产业	Real Estate	473.27	653.66	779.70	117.9	111.5
租赁和商务服务业	Leasing and Business Services	112.61	146.25	222.55	115.7	119.2
科学研究、技术服务和地质勘查业	Scientific Research, Technical Services and Geological Prospecting	63.53	82.63	99.92	107.0	105.5
水利、环境和公共设施管理业	Management of Water Conservancy, Environment and Public Facilities	42.97	65.98	95.45	117.6	123.1
居民服务和其他服务业	Services to Households and Other Services	221.3	263.15	310.46	112.7	115.9
教 育	Education	285.87	339.91	424.89	110.8	121.7
卫生、社会保障和社会福利业	Health Care, Social Security and Social Welfare	211.2	231.84	269.14	109.3	111.7
文化、体育和娱乐业	Culture, Sports and Recreation	48.99	60.28	72.50	117.3	116.7
公共管理和社会组织	Public Administration and Social Organizations	462.31	559.93	652.22	115.8	115.3
人均地区生产总值(元)	**Per Capita GDP (yuan)**	**16413**	**20096**	**23794**	**114.5**	**114.0**
支出法计算的地区生产总值中	**Gross Domestic Product by Expenditure Approach**					
一、最终消费支出	Final Consumption Expenditure	6568.66	7954.47	9515.68	115.4	116.7
居民消费支出	Household Consumption Expenditure	4506.51	5435.38	6517.96	116.0	116.2
农村居民	Rural Household	1397.33	1580.90	1787.04	110.6	111.8
城镇居民	Urban Household	3109.18	3854.48	4730.92	118.3	118.0
二、资本形成总额	Gross Capital Formation	7455.96	9283.69	10838.69	115.6	113.7
三、货物和服务净流出	Net Exports of Goods and Services	997.22	1278.71	1722.99	109.4	110.6

注:1. 本表中绝对数按当年价格计算,指数按可比价格计算。

2. 本表按照2002年国民经济行业分类,农林牧渔服务业由第三产业调整到第一产业。

a) Data in this table are calculated at current prices. Indices are calculated at constant prices.

b) this table uses the new Industrial Classification of National Economy 2002, services of farming, forestry, animal husbandry and fishery are included in the primary industry.

3-5 1978-2006年支出法计算的地区生产总值

Gross Domestic Product by Expenditure Approach from 1978 to 2006

单位:亿元 (100 million yuan)

年份 Year	地区生产总值(支出法) Gross Domestic Product by Expenditure Approach	最终消费 Final Consumption Expenditure	居民消费 Household Consumption	政府消费 Government Consumption	资本形成总额 Gross Capital Formation	固定资本形成总额 Gross Capital Formation	存货增加 Change in Inventories	货物和服务净流出 Net Exports of Goods and Services
1978	225.45	143.67	120.59	23.08	77.08	62.32	14.76	4.70
1979	251.60	155.83	133.42	22.41	81.05	65.45	15.60	14.72
1980	292.13	188.26	161.67	26.59	95.27	71.31	23.96	8.60
1981	346.57	212.91	181.79	31.12	100.41	81.95	18.46	33.25
1982	395.38	257.12	221.77	35.35	126.52	102.30	24.22	11.74
1983	459.83	285.15	242.31	42.84	142.59	121.09	21.50	32.09
1984	581.56	318.40	264.67	53.73	192.49	153.86	38.63	70.67
1985	680.46	365.69	297.92	67.77	253.68	195.39	58.29	61.09
1986	742.05	410.40	330.87	79.53	279.80	230.54	49.26	51.85
1987	892.29	481.01	377.18	103.83	371.44	293.40	78.04	39.84
1988	1117.66	592.91	471.31	121.60	458.97	335.12	123.85	65.78
1989	1293.94	700.93	522.40	178.53	537.52	333.27	204.25	55.49
1990	1511.19	807.32	588.46	218.86	638.78	412.59	226.19	65.09
1991	1810.54	914.36	667.63	246.73	815.00	555.76	259.24	81.18
1992	2196.53	1078.95	780.50	298.45	1045.40	758.28	287.12	72.18
1993	2770.37	1259.92	906.93	352.99	1371.58	1023.16	348.42	138.87
1994	3844.50	1878.65	1319.71	558.94	1775.44	1225.52	549.92	190.41
1995	4953.35	2457.11	1684.63	772.48	2229.66	1473.83	755.83	266.58
1996	5883.80	2961.31	1988.53	972.78	2731.98	1765.42	966.55	190.51
1997	6537.07	3250.52	2375.94	874.58	3158.91	2027.75	1131.17	127.64
1998	7021.35	3477.58	2543.69	933.89	3409.36	2324.03	1085.34	134.41
1999	7493.84	3742.49	2807.76	934.72	3590.75	2632.54	958.21	160.61
2000	8337.47	4021.46	3082.06	939.40	4122.26	3159.03	963.23	193.75
2001	9195.04	4479.42	3360.92	1118.50	4422.24	3518.25	903.99	293.38
2002	10275.50	4887.40	3555.72	1331.68	4840.39	4192.58	647.81	547.70
2003	12078.15	5608.60	3960.91	1647.69	5668.51	5180.81	487.69	801.04
2004	15021.84	6568.66	4506.51	2062.15	7455.96	6896.07	559.89	997.22
2005	18516.87	7954.47	5435.38	2519.09	9283.69	8798.79	484.90	1278.71
2006	22077.36	9515.68	6517.96	2997.72	10838.69	10408.84	429.85	1722.99

注:本表按当年价格计算。

a) Data in this table are calculated at current prices.

3-6 各市生产总值

Gross Domestic Product by City

单位:亿元　　　　(100 million yuan)

地区	Region	地区生产总值 Gross Domestic Product			第一产业增加值 Value-added of Primary Industry			第二产业增加值 Value-added of Secondary Industry		
		2005	2006	2006年为2005年% Year of 2005=100	2005	2006	2006年为2005年% Year of 2005=100	2005	2006	2006年为2005年% Year of 2005=100
济南市	Jinan	1876.61	2185.09	115.7	134.34	145.12	106.0	864.00	1001.78	117.2
青岛市	Qingdao	2695.82	3206.58	115.7	178.33	183.95	100.9	1396.25	1677.17	117.2
淄博市	Zibo	1430.95	1645.16	115.8	60.01	62.72	104.5	955.78	1079.06	115.8
枣庄市	Zaozhuang	633.35	759.95	116.4	62.49	68.48	106.0	401.07	482.82	117.4
东营市	Dongying	1166.14	1450.31	117.0	48.20	53.27	107.0	959.45	1170.13	116.9
烟台市	Yantai	2012.46	2405.75	117.0	197.41	216.01	105.9	1198.01	1462.24	120.3
潍坊市	Weifang	1471.17	1720.88	116.5	201.40	211.81	100.2	836.49	1000.63	120.6
济宁市	Jining	1266.25	1456.09	116.5	176.88	187.06	104.0	696.45	803.44	118.9
泰安市	Tai'an	855.66	1018.18	116.5	108.21	116.28	104.1	477.91	572.22	119.7
威海市	Weihai	1169.77	1368.53	115.9	109.14	116.58	104.2	725.42	849.59	117.2
日照市	Rizhao	426.50	505.87	116.9	69.45	73.89	102.5	204.21	251.56	121.8
莱芜市	Laiwu	256.34	291.98	116.2	18.42	19.55	105.2	172.72	192.40	118.1
临沂市	Linyi	1211.78	1404.86	116.3	167.01	178.65	103.0	632.96	730.83	118.5
德州市	Dezhou	831.82	1003.38	116.4	127.10	140.73	105.9	459.04	559.51	120.3
聊城市	Liaocheng	693.14	841.33	117.3	129.78	138.84	103.6	397.07	491.96	120.6
滨州市	Binzhou	667.27	833.67	117.5	91.16	97.21	104.9	401.66	514.82	119.0
菏泽市	Heze	450.85	539.60	117.1	154.63	166.44	106.5	193.87	247.72	123.9

注:1. 本表绝对额按当年价格计算,速度按可比价格计算。

2. 本表按照2002年国民经济行业分类,农林牧渔服务业由第三产业调整到第一产业。

a) Absolute figure in this table are calculated at current prices while growth rate at constant prices.

b) This table uses the 2002 Industrial Classification of National Economy, services of farming, forestry, animal husbandry and fishery are included in the primary industry.

3－6 续表 continued

单位:亿元 (100 million yuan)

地 区	Region	# 工业增加值 Value-added of Industry			第三产业增加值 Value-added of Tertiary Industry			人均地区生产总值(元) Per Capita GDP (yuan)	
		2005	2006	2006 年为 2005 年% Year of 2005＝100	2005	2006	2006 年为 2005 年% Year of 2005＝100	2005	2006
济南市	Jinan	734.00	861.51	119.3	878.27	1038.19	115.6	31606	36394
青岛市	Qingdao	1263.29	1527.49	117.9	1121.24	1345.46	116.2	33188	38892
淄博市	Zibo	859.58	1003.00	118.9	415.16	503.38	117.5	32533	37039
枣庄市	Zaozhuang	369.54	445.72	117.5	169.79	208.65	117.9	17602	21045
东营市	Dongying	894.68	1115.03	119.3	158.49	226.91	120.8	64906	74048
烟台市	Yantai	1090.56	1336.26	120.9	617.04	727.49	114.3	30923	37075
潍坊市	Weifang	761.69	916.51	121.7	433.29	508.44	116.1	17279	19677
济宁市	Jining	640.16	740.97	119.8	392.92	465.59	117.8	15749	18563
泰安市	Tai'an	419.69	503.54	120.3	269.54	329.68	115.7	15547	18872
威海市	Weihai	674.25	793.12	117.9	335.21	402.36	117.0	47028	54860
日照市	Rizhao	176.37	220.07	123.5	152.84	180.42	117.0	15858	18718
莱芜市	Laiwu	162.67	180.59	118.3	65.20	80.03	114.2	20616	23430
临沂市	Linyi	542.59	633.20	120.3	411.81	495.38	118.3	12498	14400
德州市	Dezhou	410.76	504.00	121.2	245.69	303.14	114.6	15097	18071
聊城市	Liaocheng	353.60	453.46	124.7	166.29	210.54	120.4	12727	15347
滨州市	Binzhou	364.39	471.75	119.6	174.45	221.63	120.9	18030	22398
菏泽市	Heze	161.82	209.63	125.4	102.35	125.44	120.4	5104	6652

3－7 各市生产总值构成

Composition of Gross Domestic Product by City

单位:% (%)

地 区	Region	地区生产总值 Gross Domestic Product		第一产业 Primary Industry		第二产业 Secondary Industry		第三产业 Teritary Industry	
		2005	2006	2005	2006	2005	2006	2005	2006
济南市	Jinan	100.0	100.0	7.2	6.6	46.0	45.9	46.8	47.5
青岛市	Qingdao	100.0	100.0	6.6	5.7	51.8	52.3	41.6	42.0
淄博市	Zibo	100.0	100.0	4.2	3.8	66.8	65.6	29.0	30.6
枣庄市	Zaozhuang	100.0	100.0	9.9	9.0	63.3	63.5	26.8	27.5
东营市	Dongying	100.0	100.0	4.1	3.7	82.3	80.7	13.6	15.6
烟台市	Yantai	100.0	100.0	9.8	9.0	59.5	60.8	30.7	30.2
潍坊市	Weifang	100.0	100.0	13.7	12.3	56.9	58.1	29.4	29.6
济宁市	Jining	100.0	100.0	14.0	12.8	55.0	55.2	31.0	32.0
泰安市	Tai'an	100.0	100.0	12.6	11.4	55.9	56.2	31.5	32.4
威海市	Weihai	100.0	100.0	9.3	8.5	62.0	62.1	28.7	29.4
日照市	Rizhao	100.0	100.0	16.3	14.6	47.9	49.7	35.8	35.7
莱芜市	Laiwu	100.0	100.0	7.1	6.7	67.3	65.9	25.6	27.4
临沂市	Linyi	100.0	100.0	13.8	12.7	52.2	52.0	34.0	35.3
德州市	Dezhou	100.0	100.0	15.3	14.0	55.2	55.8	29.5	30.2
聊城市	Liaocheng	100.0	100.0	18.7	16.5	57.3	58.5	24.0	25.0
滨州市	Binzhou	100.0	100.0	13.7	11.7	60.2	61.7	26.1	26.6
菏泽市	Heze	100.0	100.0	34.3	30.9	43.0	45.9	22.7	23.2

注:本表按当年价格计算。

a) Data in this table are calculated at current prices.

3-8 1978-2006年居民消费水平及指数

Household Consumption Expenditure and Indices from 1978 to 2006

年份 Year	绝对额(元) Value(yuan)			指数(上年=100) Index(Preceding Year=100)			指数(1978年=100) Index(year of 1978=100)		
	全省居民 All Households	农村居民 Rural Household	城镇居民 Urban Household	全省居民 All Households	农村居民 Rural Household	城镇居民 Urban Household	全省居民 All Households	农村居民 Rural Household	城镇居民 Urban Household
1978	169	136	529	110.0	113.9	97.5	100.0	100.0	100.0
1979	185	150	544	106.1	106.7	101.7	106.1	106.7	101.7
1980	223	181	632	107.6	106.3	110.8	114.2	113.4	112.7
1981	247	203	662	109.7	109.7	105.7	125.3	124.4	119.1
1982	298	259	642	111.3	116.2	96.2	139.5	144.6	114.6
1983	322	285	633	108.7	111.8	96.3	151.6	161.7	110.4
1984	348	310	642	106.7	107.2	99.8	161.8	173.3	110.2
1985	388	338	737	104.7	102.8	105.5	169.4	178.2	116.3
1986	426	373	795	106.3	107.2	102.7	180.1	191.0	119.4
1987	478	415	933	102.3	101.3	107.7	184.2	193.5	128.6
1988	588	494	1160	105.0	101.9	105.6	193.4	197.2	135.8
1989	644	514	1277	72.3	92.0	101.9	139.8	181.4	138.4
1990	698	563	1310	137.3	104.0	92.2	191.9	188.7	127.6
1991	780	617	1501	110.5	107.1	112.5	212.0	202.1	143.6
1992	909	667	1893	108.5	102.5	115.3	230.1	207.2	165.5
1993	1051	757	1935	112.0	110.2	107.6	257.7	228.3	178.1
1994	1524	1126	2265	116.3	111.2	119.8	299.7	253.8	213.4
1995	1939	1413	2895	112.5	107.2	114.0	337.1	272.1	243.2
1996	2280	1655	3391	108.5	106.4	106.8	365.8	289.5	259.8
1997	2712	1901	4123	111.4	110.7	111.1	407.5	320.5	288.6
1998	2887	1952	4479	108.9	106.2	111.8	443.8	340.4	322.7
1999	3178	2034	5085	110.1	106.7	113.4	488.6	363.2	365.9
2000	3447	2118	5603	108.2	105.6	109.1	528.7	383.5	399.2
2001	3726	2260	6020	107.6	104.9	107.8	568.8	402.3	430.3
2002	3924	2366	6232	108.1	103.8	108.3	614.9	417.6	466.0
2003	4351	2467	6974	107.5	103.9	106.8	661.0	433.9	497.7
2004	4924	2662	7965	109.9	104.0	111.1	726.5	451.3	553.0
2005	5899	3078	9453	115.2	113.0	113.2	836.9	509.9	626.0
2006	7025	3537	11193	115.4	113.7	113.9	965.9	579.7	712.8

注:本表绝对额按当年价格计算,指数按可比价格计算。

a) Data in this table are calculated at current prices. Indices are calculated at constant prices.

3-9 各市居民消费水平及指数

Household Consumption Expenditure and Indices by City

地区	Region	绝对额(元) Value(yuan)						2006年为2005年% Preceding Year =100		
		全体居民 All Households		农村居民 Rural Households		城镇居民 Urban Households		全省居民 All Households	农村居民 Rural Household	城镇居民 Urban Household
		2005	2006	2005	2006	2005	2006			
济南市	Jinan	8793	10354	3170	3657	13625	15680	116.9	114.3	114.3
青岛市	Qingdao	8728	10491	4262	5194	11395	13556	117.3	118.9	116.1
淄博市	Zibo	7398	9105	3915	4917	9813	11860	116.4	114.2	115.4
枣庄市	Zaozhuang	5377	6370	4118	4890	6878	8136	111.1	111.4	110.8
东营市	Dongying	7483	8545	4007	4464	11569	12645	113.6	110.9	108.8
烟台市	Yantai	6928	8166	3884	3847	11222	12473	116.0	97.5	109.4
潍坊市	Weifang	5449	6902	3837	3923	8643	10183	126.1	101.8	117.2
济宁市	Jining	4350	4899	2804	4021	8529	6168	108.1	113.3	102.5
泰安市	Tai'an	4955	6701	2963	3442	9944	10575	116.3	112.2	117.0
威海市	Weihai	8850	10572	5758	7024	12405	14546	118.3	120.8	116.1
日照市	Rizhao	4952	5566	2721	2938	9309	10905	111.3	106.9	116.0
莱芜市	Laiwu	5215	5916	3255	3817	8523	9065	112.4	116.2	105.4
临沂市	Linyi	4026	4794	2273	2540	6769	8106	122.2	122.1	119.2
德州市	Dezhou	3364	4555	1444	2185	6432	8324	113.1	108.1	115.2
聊城市	Liaocheng	4000	4620	2356	2714	7523	8664	112.1	111.5	112.0
滨州市	Binzhou	5132	6103	4069	4614	9654	10705	117.7	112.3	109.8
菏泽市	Heze	2795	3767	1805	2334	2741	7317	117.0	136.5	100.2

注:本表绝对数按当年价格计算,指数按可比价格计算。

a) Data in this table are calculated at current prices. Indices are calculated at constant prices.

3-10 三次产业对经济增长的贡献率及拉动百分点

Share and Contribution of the Three Industries to the Increase of GDP

单位:% (%)

年份 Year	贡献率 Share			地区生产总值增长率(%) Increase Rate of Gross Domestic Product	拉动百分点 Contribution		
	第一产业 Primary Industry	第二产业 Secondary Industry	第三产业 Tertiary Industry		第一产业 Primary Industry	第二产业 Secondary Industry	第三产业 Tertiary Industry
1980	25.6	53.4	21.0	12.2	3.1	6.5	2.6
1981	42.0	25.2	32.8	5.8	2.4	1.5	1.9
1982	36.2	22.4	41.4	11.3	4.1	2.5	4.7
1983	43.3	23.3	33.4	13.9	6.0	3.2	4.7
1984	40.3	41.0	18.7	17.4	7.0	7.1	3.3
1985	7.3	65.4	27.3	11.4	0.8	7.5	3.1
1986	-3.7	73.7	30.0	6.3	-0.2	4.6	1.9
1987	17.6	55.3	27.1	13.8	2.4	7.6	3.8
1988	-0.6	83.2	17.4	12.5	-0.1	10.4	2.2
1989	-4.6	89.3	15.3	4.0	-0.2	3.6	0.6
1990	27.0	70.3	2.7	5.3	1.4	3.7	0.2
1991	27.2	40.2	32.6	14.6	4.0	5.9	4.7
1992	0.3	70.7	29.0	16.9	0.0	12.0	4.9
1993	7.2	63.4	29.4	20.4	1.5	12.9	6.0
1994	9.5	52.5	38.0	16.2	1.5	8.5	6.2
1995	12.5	49.8	37.7	14.0	1.7	7.0	5.3
1996	10.2	56.8	33.0	12.1	1.2	6.9	4.0
1997	0.8	57.6	41.6	11.1	0.1	6.4	4.6
1998	8.4	57.3	34.3	10.8	0.9	6.2	3.7
1999	7.2	62.1	30.7	10.0	0.7	6.2	3.1
2000	5.4	61.2	33.4	10.3	0.6	6.3	3.4
2001	6.4	54.7	38.9	10.0	0.6	5.5	3.9
2002	3.0	64.3	32.7	11.7	0.4	7.5	3.8
2003	5.5	64.9	29.6	13.4	0.7	8.7	4.0
2004	3.9	66.9	29.2	15.3	0.5	10.3	4.5
2005	3.5(3.6)	64.7	31.8(31.7)	15.2	0.5	9.9	4.8
2006	3.7	64.9	31.4	14.8	0.5	9.6	4.7

注:1.2005 年以后执行 2002 年国民经济行业分类(新行业分类),括号外为旧行业分类数据,括号内数据为新行业分类数据。

2.2002 年国民经济行业分类中,农林牧渔服务业由第三产业调整到第一产业。

a) Since 2005, this table uses the new Industrial Classification of National Economy. Data out of brackets are based on former Industrial Classification of National Economy, data in brackets on new one.

b) Services of farming, forestry, animal husbandry and fishery are included in the primary industry in the 2002 Industrial Classification of National Economy.

3-11 三大需求对经济增长的贡献率和拉动百分点

Share and Contribution of the Three Components of GDP by Expenditure Approach to the Growth of GDP

单位:%　　(%)

年 份 Year	贡献率 Share			地区生产总值增长率(%) Increase Rate of Gross Domestic Product	拉动百分点 Contribution		
	最终消费 Final Consumption Expenditure	资本形成总额 Gross Capital Formation	货物和服务净流出 Net Exports of Goods and Services		最终消费 Final Consumption Expenditure	资本形成总额 Gross Capital Formation	货物和服务净流出 Net Exports of Goods and Services
1993	34.3	67.7	-2.0	20.4	7.0	13.8	-0.4
1994	54.4	40.5	5.1	16.2	8.8	6.6	0.8
1995	50.7	45.5	3.8	14.0	7.1	6.4	0.5
1996	46.3	52.5	1.2	12.1	5.6	6.4	0.1
1997	42.1	58.8	-0.9	11.1	4.7	6.5	-0.1
1998	43.8	51.0	5.2	10.8	4.8	5.4	0.6
1999	51.1	39.8	9.1	10.0	5.1	4.0	0.9
2000	45.7	49.7	4.6	10.3	4.7	5.1	0.5
2001	53.8	36.0	10.2	10.0	5.4	3.6	1.0
2002	46.9	40.2	12.9	11.7	5.5	4.7	1.5
2003	41.1	48.0	10.9	13.4	5.4	6.5	1.5
2004	41.1	54.7	4.2	15.3	6.3	8.4	0.6
2005	47.4	49.7	2.9	15.2	7.1	7.7	0.4
2006	48.5	46.5	5.0	14.8	7.3	6.8	0.7

主要统计指标解释

国内生产总值(GDP) 指一个国家(或地区)所有常住单位在一定时期内生产活动的最终成果。

国内生产总值有三种表现形态,即价值形态、收入形态和产品形态。

从价值形态看,它是所有常住单位在一定时期内生产的全部货物和服务价值超过同期中间投入的全部非固定资产货物和服务价值的差额,即所有常住单位的增加值之和;

从收入形态看,它是所有常住单位在一定时期内创造并分配给常住单位和非常住单位的初次收入分配之和;

从产品形态看,它是所有常住单位在一定时期内最终使用的货物和服务价值与货物和服务净出口价值之和。

在实际核算中,国内生产总值有三种计算方法,即生产法、收入法和支出法。三种方法分别从不同的方面反映国内生产总值及其构成。

①生产法 是从生产过程中生产的货物和服务总产品价值入手,剔除生产过程中投入的中间产品的价值,得到增加价值的一种方法,公式为:

增加值=总产出-中间投入

总产出:是一定时期内一个国家(或地区)常住单位生产的所有货物和服务的价值。既包括新增价值,也包括转移价值。

中间投入:是常住单位在生产或提供货物与服务过程中,消耗和使用的所有非固定资产货物和服务的价值。中间投入也称为中间消耗。

增加值:是指常住单位生产过程创造的新增价值和固定资产的转移价值。按生产法计算它等于总产出减去中间投入。

②收入法 收入法也称分配法,按收入法计算国内生产总值是从生产过程创造收入的角度,对常住单位的生产活动成果进行核算。按照这种计算方法,增加值由劳动者报酬、生产税净额、固定资产折旧和营业盈余四个部分组成。

用公式表示为:

增加值=劳动者报酬+生产税净额+固定资产折旧+营业盈余

国民经济各部门的增加值之和等于国内生产总值。

劳动者报酬:指劳动者因从事生产活动所获得的全部报酬。它包括劳动者获得的各种形式工资、奖金和津贴,既包括货币形式的,也包括实物形式的,它还包括劳动者所享受的公费医疗和医疗卫生费、上下班交通补贴和单位直接支付的社会保险费等。

生产税净额:生产税减生产补贴后的差额。

生产税:指政府对生产单位生产、销售和从事经营活动以及因从事生产活动使用某些生产要素,如固定资产、土地、劳动力所征收的各种税、附加费和规费。具体包括销售税金及附加、增值税、管理费中开支的各种税、应交纳的养路费、排污费和水电费附加、烟酒专卖上缴政府的专项收入等。

产补贴:与生产税相反,是政府对生产单位的单方面收入转移,因此视为负生产税处理,包括政策亏损补贴、粮食系统价格补贴、外贸企业出口退税收入等。

固定资产折旧:指一定时期内为弥补固定资产损耗按照核定的固定资产折旧率提取的固定资产折旧,或按国民经济核算统一规定的折旧率虚拟计算的固定资产折旧。它反映了固定资产在当期生产中的转移价值。各种类型企业和企业化管理的事业单位的固定资产折旧指实际计提并计入成本费用中的折旧费;不计提折旧的单位,如政府机关、非企业化管理的事业单位和居民住房的固定资产折旧则是按照统一规定的折旧率和固定资产原值计算的虚拟折旧。

营业盈余:是指常住单位创造的增加值扣除劳动者报酬、生产税净额和固定资产折旧后的余额。它相当于企业的营业利润加上生产补贴,但要扣除从利润中开支的工资和福利等。

③支出法 支出法是从最终使用角度来反映国内生产总值最终去向的一种方法。最终使用包括货物和服务的最终消费支出、资本形成总额、货物和服务净出口三部分。

最终消费 指常住单位在一定时期内对于货物和服务的全部最终消费支出,也就是常住单位为满足物质、文化和精神生活的需要,从本国经济领土和国外购买的货物和服务的支出;不包括非常住单位在本国经济领土内的消费支出。最终消费分为居民消费和政府消费。

居民消费 指常住住户对货物和服务的全部最终消费支出。居民消费按市场价格计算,即按居民支付的购买者价格计算。购买者价格是购买者取得货物所支付的价值,包括购买者支付的运输和商业费用。

居民消费除了直接以货币形式购买货物和服务的消费之外,还包括以其他方式获得的货物和服务的消费支出,即所谓的虚拟消费支出。居民虚拟消费支出包括以下几种类型:单位以实物报酬及实物转移的形式提供给劳动者的货物和服务;住户生产并由本住户消费的货物和服务,其中的服务仅指住户的自有住房服务;金融机构提供的金融媒介服务;保险公司提供的保险服务。

政府消费 指政府部门为全社会提供公共服务的消费支出和免费或以较低价格向住户提供的货物和服务的净支出。前者等于政府服务的产出价值减去政府单位所获得的经营收入的价值,政府服务的产出价值等于它的经常性业务支出加上固定资产折旧;后者等于政府部门免费或以较低价格向住户提供的货物和服务的市场价值减去向住户收取的价值。

资本形成总额 指常住单位在一定时期内获得减去处置的固定资产和存货的净额,包括固定资本形成总额和存货增加两部分。

固定资本形成总额 指常住单位购置、转入和自产自用的固定资产价值,扣除销售和转出的价值,包括有形固定资产形成总额和无形固定资产形成总额。有形固定资产形成总额包括一定时期内完成的建筑工程、安装工程和设备工器具购置(减处置)价值,商品房销售增值,土地改良形成的固定资产,新增役、种、奶、毛、娱乐用牲畜和新增经济林木价值。无形固定资产形成总额包括矿藏勘探、计算机软件、娱乐和文学艺术品原件等获得减处置的价值。

存货增加 指常住单位存货实物量变动的市场价值,即期末价值减期初价值的差额。存货增加可以是正值,也可以是负值;正值表示存货上升,负值表示存货下降。它包括生产单位购进的原材料、燃料和储备物资等存货,以及生产单位生产的产成品、在制品等存货等。

货物和服务净出口 指货物和服务出口减货物和服务进口的差

额。出口包括常住单位向非常住单位出售或无偿转让的各种货物和服务的价值;进口包括常住单位从非常住单位购买或无偿得到的各种货物和服务的价值。由于服务活动的提供与使用同时发生,因此服务的进出口业务并不发生出入境现象,一般把常住单位从国外得到的服务作为进口,非常住单位从本国得到的服务作为出口。货物的出口和进口都按离岸价格计算。

三次产业 是根据社会生产活动历史发展的顺序对产业结构的划分,产品直接取自自然界的部门称为第一产业,对初级产品进行再加工的部门称为第二产业,为生产和消费提供各种服务的部门称为第三产业。它是世界上较为通用的产业结构分类,但各国的划分不尽一致。

按照国民经济行业分类标准(GB/T 4754－2002)和我国的实际情况,我国的三次产业划分是:

第一产业:农林牧渔业(包括农业、林业、畜牧业、渔业、农林牧服务业)。

第二产业:工业(包括采掘业,制造业,电力、煤气及水的生产和供应业)和建筑业。

第三产业:除第一、第二产业以外的其他各业。由于第三产业包括的行业多、范围广,根据我国的实际情况,第三产业分为十五个门类。具体为:

交通运输、仓储和邮政业,信息传输、计算机服务和软件业,批发和零售业,住宿和餐饮业,金融业,房地产业,租赁和商务服务业,科学研究、技术服务和地质勘查业,水利、环境和公共设施管理业,居民服务和其他服务业,教育,卫生、社会保障和社会福利业,文化、体育和娱乐业,公共管理和社会组织,国际组织。

当年价格 指报告期的实际价格,如工业品的出厂价格,农产品的收购价格,商业的零售价格等。按当年价格计算,是指一些以货币表现的物量指标,如工农业总产值、国内生产总值等,按照当年的实际价格来计算总量。使用当年价格计算的数字,是为了使国民经济各项指标互相衔接,便于考察当年社会经济效益,便于对生产流通、生产和分配、生产和消费进行经济核算和综合平衡。

按当年价格计算的价值指标,在不同年份之间进行对比时,因为包含有各年间价格变动的因素,不能确切地反映实物量的增减变动。必须消除价格变动因素后,才能真实反映经济发展动态。因此,在计算增长速度时都使用按可比价格计算的数字。

可比价格 指计算各种总量指标所采用的扣除了价格变动因素的价格,可进行不同时期总量指标的对比。按可比价格计算总量指标有两种方法:一种是直接用产品产量乘某一年的不变价格计算;另一种是用价格指数进行换算。

不变价格 指以同类产品某一时期的平均价格作为固定价格,用于计算各时期的产品价值。按不变价格计算的产品价值消除了价格变动因素,不同时期对比可以反映生产的发展速度。新中国成立后,随着工农业产品价格水平的变化,国家统计局先后七次制定了全国统一的工业产品不变价格和农业产品不变价格。从 1949 年到 1957 年使用 1952 年工(农)业产品不变价格,从 1957 年到 1971 年使用 1957 年不变价格,从 1971 年到 1981 年使用 1970 年不变价格,从 1981 年到 1990 年使用 1980 年不变价格,从 1991 年到 2000 年使用 1990 年不变价格,从 2001 年到 2005 年使用 2000 年不变价格,从 2006 年开始使用 2005 年不变价格。

Explanatory Notes on Main Statistical Indicators

Gross Domestic Product refers to the final products at market prices produced by all residents in a country (or a region) during a certain period of time.

Gross domestic product is expressed in three different forms, i. e. value, income, and products respectively.

GDP in its value form refers to the total value of all goods and services produced by all resident units during a certain period of time, minus the total value of input of goods of non-fixed assets and services; in other term, it is the sum of the value-added of all resident units.

GDP in the form of income includes the income created by all resident units and distributed to resident and non-resident units.

GDP in the form of products refers to the value of all goods and services for final consumption by all resident units minus the net exports of goods and services during a given period of time.

In the practice of national accounting, gross domestic product is calculated with three approaches, i. e. production approach, income approach and expenditure approach, which reflect gross domestic product and its composition from different aspects.

Production Approach focuses on the total value of goods and services produced in production activities. GDP by Production Approach equals the value of total outputminus that of input consumed in production process.

GDP by Production Approach = gross output - intermediate input

Gross Output refers to the total value of goods and service produced by all residents in a given period, including newly-produced goods and service, and intermediate input.

Intermediate Input refers to non-fixed assets and paid service consumed during production process when goods and service are produced. Intermediate input isalso called intermediate consumption.

Value-added refers to the value of newly-produced goods and service and that of consumed fixed assets. By production approach, it equals gross output minus intermediate input.

Income Approach (also known as distribution approach); refers to the method measuring the final results of production activities o from the perspective of income made by all residents. GDP of income approachincludes laborers' remuneration, net taxed on production, depreciationof fixed assets and operating surplus.

GDP by income approach = laborers'remuneration + net taxed on production + depreciationof fixed assets + operating surplus.

The sum of value added made by different industries is GDP.

Laborers'Remuneration refers to the whole payment of various forms earned by the laborers'from the productive activities they are engaged in. It includes wages, bonuses and allowances the laborers'earned in monetary form and in kind. It also includes the free medical services provided to the laborers'and the medicine expenses, traffic subsidies and social insurance, housing fund paid by the employers.

Net Taxes on Production refers to the difference of the taxes on production minus the subsidies on production.

Taxes on production refers to the various taxes, extra charges and fees levied on the production units on their production, sale and business activities as well as on the use of some factors of production, such as fixed assets, land and labor force in the production activities they are engaged in.

In contrast to the taxes on production, the subsidies on production refer to the unilateral government transfer to the production units and are therefore regarded as negative taxes on production. They include subsidies on the loss due to implementation of government policies, price subsidies, etc.

Depreciation of Fixed Assets refers to the depreciation of fixed assets of a given period, drawn in accordance with the stipulated depreciation rate for the purpose of compensating the wear loss of the fixed assets or the depreciation of fixed assets calculated in a fictitious way in accordance with the stipulated unified depreciation rate in the national economic accounting system. It reflects the value of transfer of the fixed assets in the production of the current period. The depreciation of fixed assets in various enterprises and institutions managed as enterprises refers to the depreciation expenses actually drawn. In government agencies and institutions not managed as enterprises which do not draw the depreciation expenses, as well as for the houses of residents, the depreciation of fixed assets is the imputed depreciation, which is calculated in accordance with the stipulated unified depreciation rate. In principle, the depreciation of fixed assets should be calculated on the basis of the re-purchased value of the fixed assets.

Operating Surplus refers to the balance of the value added created by the resident units deducting the laborers'remuneration, net taxes on production and the depreciation of fixed assets. It is equivalent to the business profit of the enterprises plus subsidies on production, but the wages and welfare expenses paid from the profits should be deducted.

GDP by Expenditure Approach refers to the method of measuring the final results of production activities of a country (region) during a given period from the perspective of final use. It includes final consumption expenditure, total capital formation and net export of goods and services.

Final Consumption Expenditure refers to the total expenditure on goods and services in a given period, which means the total expenditure of resident units for purchases of goods and services from domestic economic territory and abroad to meet the requirements of material, cultural and spiritual life. It excludes the expenditure of non-resident units on consumption in the economic territory of the country. The final consumption expenditure is broken down into household consumption expenditure and government consumption expenditure.

Household consumption refers to the consumption expenditure made by household on goods and services. It is calculated at market price whichis the purchasers'price. Purchasers'price means the money the purchasers paid for goods, including transportation fees and operating fees.

In addition to the consumption of goods and services bought by the households directly with money, the households consumption expenditure also includes expenditure on goods and services obtained by the households in other ways, i. e. the so-called imputed consumption expenditure, which includes the following: (a) the goods and services provided to the households by the employer in the form of payment in kind and transfer in kind; (b) goods and services produced and consumed by the households themselves, in which the services refer only to the owner-occupied housing and domestic and individual services provided by the paid household workers; (c) financial intermediate services provided by financial institutions; (d) insurance services provided by insurance companies.

Government Consumption Expenditure refers to the expenditure on the consumption of the public services provided by the government to the whole society and the net expenditure on the goods and services provided by the government to the households free of charge or at low prices. The former equals to the output value of the government services minus the value of operating income obtained by the government departments. The latter equals to the market value of the goods and services provided by the government free of charge or at low prices to the households minus the value received by the government from the households.

Total Capital Formation refers to the fixed assets acquired minus those disposed of and the net value of inventory, including the total fixed capital formation and the increase in inventory.

Total Fixed Capital Formation refers to the value of fixed assets acquired minus those disposed of during a given period. Fixed assets are the assets produced through production activities with specified unit value which could be used for over one year, excluding natural assets. Total fixed capital formation can be categorized into total tangible capital formation and total intangible capital formation. The total tangible capital formation include the value of the construction projects, installation projects completed and the equipment, apparatus and instruments purchased as well as the value of land improved, the value of draught animals, breeding stock, animals for milk, wool and for recreational purpose, and the newly increased forest with economic value during a given period. The total intangible capital formation includes the prospecting of minerals, the acquisition of computer software, artisticworks artistic minus the disposal of them.

Increase in Inventory refers to the market value of the change in inventory of resident units during a given period, i. e. the difference of value between the beginning and the end of the period minus the current gains due to the change in prices. The increase in inventory can be positive or negative. A positive value indicates the increase in inventory while a negative value indicates the decrease in stock. The inventory includes the raw materials, fuels and reserve materials purchased by the production units as well as the inventory of finished products, semi-finished products, work-in-progress, etc.

Net Export of Goods and Services refers to the difference of the exports of goods and services minus the imports of goods and services. The imports include the value of various goods and services sold or gratuitously transferred by the resident units to the non-resident units. The imports include the value of various goods and services purchased or gratuitously acquired by the resident units from the non-resident units. Because the provision of services and the use of them happen simultaneously, the acquisition of services by the resident units from abroad is usually treated as import while the acquisition of services by non-resident units in this country is usually treated as export. The export and import of goods are calculated at FOB.

Three Industries: Classificationof Classification of economic activities into three branches of industriesis based on the development of production. Primary industry refers to the production activities that obtainproducts from nature. Secondaryindustry refers to the production activities that process primary goods. Tertiaryindustry refers to the production activitiesthat provide primary and secondary industries with services. Classification of economic activities into three branches of industries is a common practice in the world, although the grouping varies to some extent form country to country. According to the new IndustrialClassification of National Economy (GB/T 4754-2002), economic activities are categorized into following industries:

Primary industry refers to agriculture, forestry, animal husbandry and fishery.

Secondary Industry refers to mining and quarrying, manufacturing, production and supply of electricity, water and gas, and construction.

Tertiary industry refers to all other economic activities not included in primary or secondary industry. According to the economic condition in China, tertiary industry includes Transport, Storage and Post, Information Transmission, Computer Services and Software, Wholesale and Retail Trades, Hotels and Catering Services, Financial Intermediation, Real Estate, Leasing and Business Services, Scientific Research, Technical Services and Geologic Prospecting, Management of Water Conservancy, Environment and Public Facilities, Services to Households and Other Services, Education, Health, Social Security and Social Welfare, Culture, Sports and Entertainment, Public Management and Social Organizations, and International Organizations.

Current Price refers to the actual price during the reporting period, such as Ex-factory Price of Industrial Products, purchasing price of agricultural produces and retail price. Some indicators calculatedat current price are volume indicators in the value form, such as total value of output of industrial and agricultural industries and GDP, etc. Data calculated at current price are useful when it comes to evaluating the economic development and analyzing different aspects of economy, such as production, circulation, distributionand consumption.

When the different indicators calculatedat current price are compared, it is in evitable that price changes will affect the comparison. Therefore, the change in volume cannot be showed. In order to eliminate the effect of price and reflecteconomic development, growth rate is calculated at current price.

Constant Price refers to the price withoutthe effect of price change. By using constant price, total amount indices of different periods can be compared. There are two methodsin which total amount indices are obtained, one using current price of some year to multiply the physical volume of certain products and the other using price index.

Fixed Price refers to the average price of similar products in a given period, with which the product value of different period can be calculated. The product value calculated at fixed price can show the growth rate of production in different period. Since 1949, NBS has framed the united industrial and agricultural fixed price 7 times, includingthe fixed price of 1952 used from 1949 to 1957, the fixed price of 1957 used from 1957 to 1971, the fixed price of 1970 used from 1971 to 1981, the fixed price of 1980 used from 1981 to 1990, the fixed price of 1990 used from 1991 to 2000, the fixed price of 2000 used from 2001 to 2005 and the fixed price of 2005 used from 2006.

第4篇

人　口

POPULATION

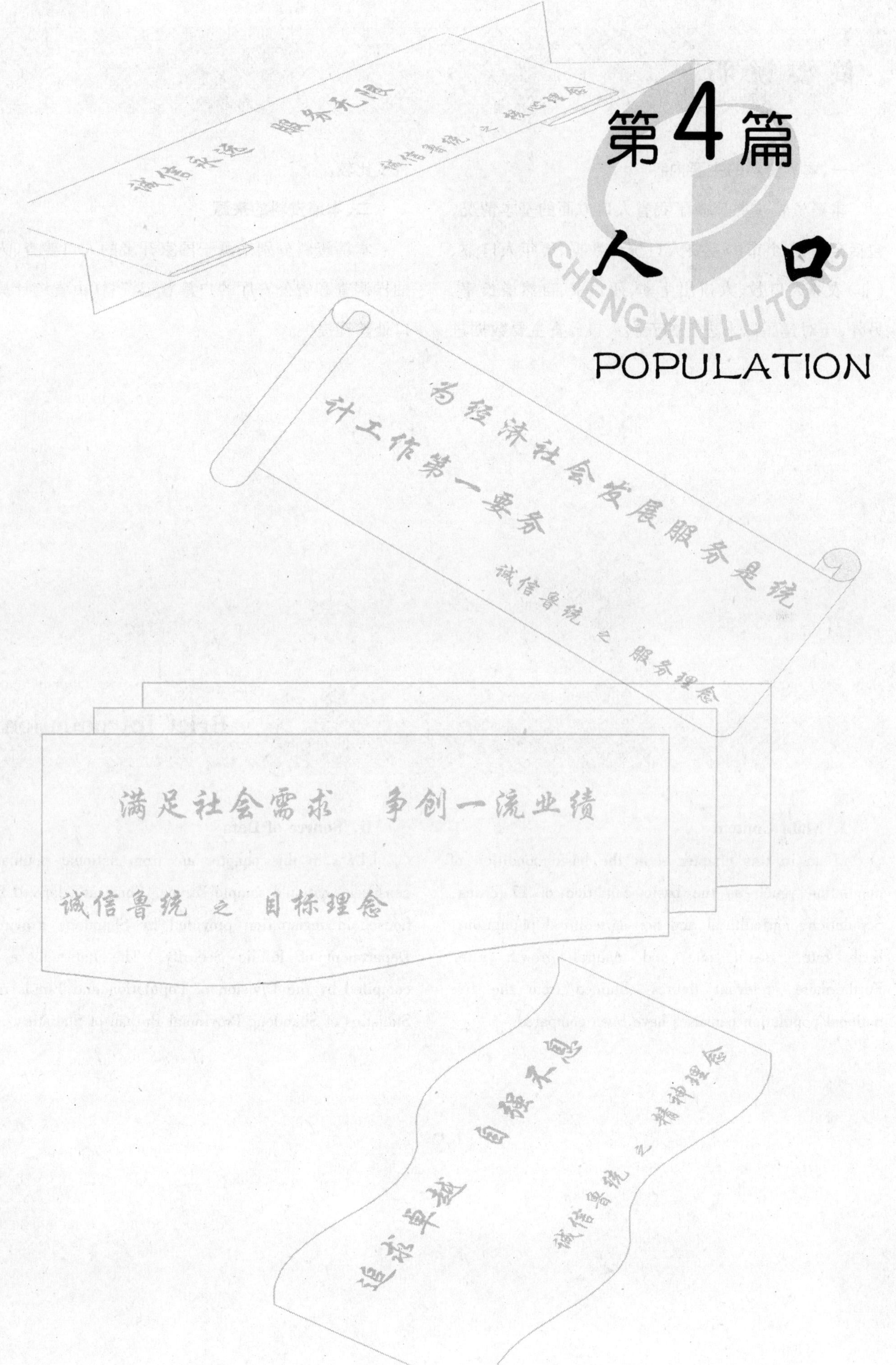

简要说明

一、本篇资料的主要内容

本篇资料主要反映了我省人口方面的基本情况，包括全省17个市的主要人口统计数据、历年人口数、(非)农业人口数、人口出生率、死亡率、自然增长率。另外，还对建国以来进行的五次人口普查主要数据进行了比较。

二、本篇资料的来源

本篇资料分别来源于国家开展的人口普查、人口抽样调查和省公安厅的户籍登记资料，由省统计局人口处整理提供。

Brief Introduction

I. Main Content

Data in this chapter show the basic condition of population, such as the basic condition of 17 cities, population, agricultural and non-agricultural population, birth rate, death rate and natural growth rate. Furthermore, relevant figures obtained from the five national population censuses have been compared.

II. Source of Data

Data in this chapter are from national population censuses, national sample survey. Some are derived from household registration provided by Shandong Provincial Department of Public Security. The data above are compiled by the Division of Population and Employment Statistics of Shandong Provincial Bureau of Statistics.

4－1 历年总人口

Population over the Years

单位:万人 (10000 persons)

年 份 Year	总人口 Total	按性别分 Grouped by Sex		按农业非农业分 Grouped By Agricultural and Non-agricultural		人口密度 Density of Population (人/平方公里) (Person/sq. km)
		男 Male	女 Female	农业人口 Agricultural	非农业人口 Non-agricultural	
1949	(4549)	(2199)	(2350)	(4289)	(260)	290
1952	(4827)	(2392)	(2435)	(4538)	(289)	308
1953	(4924)	(2450)	(2474)	(4620)	(304)	314
1954	(5052)	(2520)	(2532)	(4732)	(320)	322
1955	(5174)	(2587)	(2587)	(4796)	(378)	330
1956	(5256)	(2627)	(2629)	(4871)	(385)	335
1957	(5373)	(2694)	(2679)	(4936)	(437)	343
1958	(5422)	(2719)	(2703)	(4810)	(612)	346
1959	(5373)	(2713)	(2660)	(4794)	(579)	343
1960	(5188)	(2597)	(2591)	(4642)	(546)	331
1961	(5265)	(2631)	(2634)	(4804)	(461)	336
1962	(5426)	(2718)	(2708)	(5015)	(411)	346
1963	(5585)	(2804)	(2781)	(5151)	(434)	356
1964	(5606)	(2816)	(2790)	(5161)	(445)	358
1965	(5711)	(2866)	(2845)	(5258)	(453)	364
1966	(5851)	(2940)	(2911)	(5398)	(453)	373
1967	(5968)	(2999)	(2969)	(5514)	(454)	381
1968	(6086)	(3060)	(3026)	(5631)	(455)	388
1969	(6265)	(3147)	(3118)	(5808)	(457)	400
1970	(6441)	(3241)	(3200)	(5966)	(475)	411
1971	(6568)	(3311)	(3257)	(6038)	(530)	419
1972	(6683)	(3368)	(3315)	(6157)	(526)	426
1973	(6793)	(3428)	(3365)	(6251)	(542)	434
1974	(6876)	(3471)	(3405)	(6327)	(549)	439
1975	(6971)	(3524)	(3447)	(6408)	(563)	445
1976	(7038)	(3561)	(3477)	(6455)	(583)	449
1977	(7099)	(3592)	(3507)	(6507)	(592)	453
1978	(7160)	(3624)	(3536)	(6533)	(627)	457
1979	(7232)	(3660)	(3572)	(6570)	(661)	462
1980	(7296)	(3694)	(3602)	(6605)	(691)	466
1981	(7395)	(3750)	(3645)	(6659)	(736)	472
1982	(7494)	(3806)	(3688)	(6720)	(774)	478
1983	(7564)	(3847)	(3717)	(6753)	(811)	483
1984	(7637)	(3887)	(3750)	(6701)	(936)	487
1985	7711(7695)	(3922)	(3773)	(6676)	(1017)	492
1986	7818(7776)	(3967)	(3810)	(6797)	(979)	499
1987	7958(7889)	(4029)	(3860)	(6844)	(1045)	508
1988	8061(8009)	(4092)	(3917)	(6702)	(1307)	514
1989	8160(8181)	(4181)	(4000)	(6698)	(1483)	521
1990	8493(8424)	(4299)	(4125)	(6846)	(1578)	542
1991	8570(8534)	(4352)	(4182)	(6884)	(1650)	547
1992	8610(8580)	(4373)	(4207)	(6819)	(1761)	549
1993	8642(8620)	(4392)	(4228)	(6724)	(1896)	551
1994	8671(8653)	(4407)	(4246)	(6574)	(2079)	553
1995	8705(8701)	(4429)	(4272)	(6531)	(2170)	556
1996	8738(8747)	(4452)	(4295)	(6484)	(2263)	558
1997	8785(8810)	(4483)	(4327)	(6500)	(2310)	561
1998	8838(8872)	(4513)	(4359)	(6575)	(2296)	564
1999	8883(8922)	(4537)	(4385)	(6600)	(2322)	567
2000	8997(8975)	(4562)	(4413)	(6566)	(2409)	574
2001	9041(9024)	(4584)	(4440)	(6507)	(2517)	577
2002	9082(9069)	(4607)	(4463)	(6435)	(2634)	580
2003	9125(9108)	(4624)	(4484)	(6275)	(2833)	582
2004	9180(9163)	(4652)	(4512)	(6212)	(2951)	586
2005	9248(9212)	(4676)	(4537)	(6066)	(3147)	589
2006	9309(9282)	4677(4707)	4632(4575)	(6055)	(3228)	592

注:2000 年为人口普查数,其余年份均为人口抽样调查数,括号内为公安户籍人口数。

a) Data of 2000 are based on the 2000 national population census, and others are based on the sample surveys.
Data in the brackets are taken from the annual reports of public security departments.

4-2 历年人口出生率、死亡率、自然增长率

Birth Rate, Dead Rate and Natural Growth Rate of Population

年 份 Year	出生率 Birth Rate (‰)	死亡率 Dead Rate (‰)	自然增长率 Natural Growth Rate (‰)	出生人口数 Population of Birth (万人) (10000 persons)	死亡人口数 Population of Birth (万人) (10000 persons)	自然增长人数 Population of Natural Growth (万人) (10000 persons)
1949	(28.10)	(12.20)	(15.90)			
1952	(31.50)	(12.20)	(19.30)			
1953	(32.60)	(12.10)	(20.50)	(160)	(59)	(101)
1954	(37.70)	(11.70)	(26.00)	(188)	(58)	(130)
1955	(37.30)	(13.70)	(23.60)	(191)	(70)	(121)
1956	(32.70)	(12.10)	(20.60)	(171)	(63)	(108)
1957	(35.80)	(12.10)	(23.70)	(190)	(64)	(126)
1958	(25.00)	(12.80)	(12.20)	(135)	(69)	(66)
1959	(20.90)	(18.20)	(2.70)	(113)	(98)	(15)
1960	(19.50)	(23.60)	(-4.10)	(103)	(125)	(-22)
1961	(21.40)	(18.40)	(3.00)	(113)	(97)	(16)
1962	(38.10)	(12.40)	(25.70)	(204)	(66)	(138)
1963	(44.20)	(11.80)	(32.40)	(244)	(65)	(179)
1964	(36.90)	(12.00)	(34.90)	(206)	(67)	(139)
1965	(35.50)	(10.20)	(25.30)	(201)	(58)	(143)
1966	(34.50)	(9.90)	(24.60)	(200)	(57)	(143)
1967	(30.00)	(9.00)	(21.00)	(177)	(53)	(124)
1968	(38.00)	(8.00)	(30.00)	(229)	(48)	(181)
1969	(30.40)	(6.60)	(23.80)	(191)	(41)	(150)
1970	(33.89)	(7.34)	(26.55)	(215)	(47)	(168)
1971	(29.01)	(7.81)	(21.20)	(189)	(51)	(138)
1972	(27.60)	(7.66)	(19.94)	(183)	(51)	(132)
1973	(23.89)	(6.94)	(16.95)	(161)	(47)	(114)
1974	(20.95)	(7.23)	(13.72)	(143)	(49)	(94)
1975	(21.56)	(7.53)	(14.03)	(149)	(52)	(97)
1976	(18.46)	(7.63)	(10.83)	(129)	(53)	(76)
1977	(16.96)	(7.24)	(9.72)	(120)	(51)	(69)
1978	(16.80)	(6.50)	(10.30)	(119)	(46)	(73)
1979	(16.94)	(6.15)	(10.79)	(122)	(44)	(78)
1980	(13.91)	(6.40)	(7.51)	(101)	(47)	(54)
1981	(16.48)	(6.41)	(10.07)	(121)	(47)	(74)
1982	(17.05)	(6.10)	(10.95)	(127)	(45)	(82)
1983	15.10(12.76)	6.73(5.87)	8.37(6.89)	114(96)	51(44)	63(52)
1984	13.80(12.99)	5.80(6.03)	8.00(6.96)	104(99)	44(46)	60(53)
1985	15.12(11.75)	6.64(5.90)	8.48(5.85)	116(90)	51(45)	65(45)
1986	19.90(14.71)	7.28(5.86)	12.62(8.85)	156(114)	57(46)	99(68)
1987	23.35(17.43)	7.07(5.64)	16.28(11.79)	184(137)	56(44)	128(93)
1988	17.54(17.95)	6.04(5.95)	11.50(12.00)	140(143)	48(47)	92(96)
1989	16.88(18.87)	5.70(5.51)	11.18(13.36)	137(153)	46(45)	91(108)
1990	18.21(26.10)	6.96(6.02)	11.25(20.08)	152(217)	58(50)	94(167)
1991	15.40(16.39)	6.54(5.73)	8.86(10.66)	131(139)	56(49)	75(90)
1992	11.43(10.95)	6.88(6.02)	4.55(4.93)	98(94)	59(52)	39(42)
1993	10.49(9.47)	6.76(5.84)	3.73(3.63)	90(81)	58(50)	32(31)
1994	9.69(9.31)	6.67(5.99)	3.02(3.32)	84(80)	58(52)	26(28)
1995	9.82(9.66)	6.47(5.83)	3.35(3.83)	85(84)	56(51)	29(33)
1996	10.60(10.33)	6.76(6.04)	3.84(4.29)	92(90)	59(53)	33(37)
1997	11.28(10.84)	6.65(5.90)	4.63(4.94)	99(95)	58(52)	41(43)
1998	11.58(11.52)	6.12(5.95)	5.46(5.57)	102(102)	54(53)	48(49)
1999	11.08(10.23)	6.27(5.72)	4.81(4.51)	98(91)	55(51)	43(40)
2000	10.75(11.38)	6.29(6.70)	4.46(4.68)	97(102)	56(60)	40(42)
2001	11.12(9.93)	6.24(5.46)	4.88(4.47)	100(89)	56(49)	44(40)
2002	11.17(10.20)	6.62(5.86)	4.55(4.34)	101(92)	60(53)	41(39)
2003	11.42(9.31)	6.64(6.07)	4.78(3.24)	104(85)	61(55)	43(30)
2004	12.50(10.59)	6.49(5.60)	6.01(4.99)	114(97)	59(51)	55(46)
2005	12.14(10.17)	6.31(5.85)	5.83(4.32)	112(94)	58(54)	54(40)
2006	11.60(9.59)	6.10(5.62)	5.50(3.97)	108(89)	57(52)	51(37)

注:2000 年为人口普查数,其余年份均为人口抽样调查数,括号内为公安户籍人口数。

a) Data of 2000 are based on the 2000 national population census, and others are based on the sample surveys. Data in the brackets are taken from the annual reports of public security departments.

4-3 第一、二、三、四、五次人口普查主要数据

Basic statistics of National Population Census in 1953,1964,1982,1990 and 2000

项　　目	单位	Item	unit	第一次人口普查 The First (1953.7.1)	第二次人口普查 The Secend (1964.7.1)	第三次人口普查 The Third (1982.7.1)	第四次人口普查 The Fourth (1990.7.1)	第五次人口普查 The Fifth (2000.11.1)
一、总人口	**人**	**Total**	**person**	**48876548**	**55496219**	**74419054**	**84392104**	**89971789**
按性别分		By Sex						
男	人	Male	person	24311397	27904495	37737424	42913185	45542060
女	人	Female	person	24565151	27591724	36681630	41478919	44429729
二、总户数	**户**	**Total Households**	**unit**	**11097668**	**12770814**	**17390448**	**21975648**	**27320402**
家庭户	户	Households	unit			17335456	21874449	26709328
平均家庭户规模	人	Average Household Size	person			4.20	3.75	3.22
三、民　族		**Nationalities**						
民族个数	个	The number of Nationalities	unit	17	32	39	54	56
汉族人口	人	Total Population of Han Nationality	person	48624003	55200442	74011440	83886204	89339046
少数民族人口	人	Total Population of Minority Nationalities	person	252386	295464	407408	505900	632743
四、市镇人口	**人**	**Population of City and Town**	**person**	**3579208**	**7175677**	**14190511**	**23076729**	**34325909**
五、各种文化程度人口		**Population by Education**						
大　学	人	University and Above	person			263176	822863	3000752
高　中	人	Senior Middle Schools	person			4387201	6033615	9946434
初　中	人	Junior Middle Schools	person			13169660	21254691	32973455
小　学	人	Primary Schools	person			25108087	30611980	29469710
文盲半文盲 (15周岁及以上)	人	Illiterate or Semiliterate Persons (Age 15 and Over)	person			20457244	14256068	7654312
六、在业人口	**人**	**Economically Active Population**	**person**			**40097853**	**50772124**	**54774086**
七、不在业人口	**人**	**Economically Unactive Population**	**person**			**11224180**	**11171614**	**16171024**

4-4 各市人口自然变动情况(2006 年)

Natural Change of Population by City(2006)

地 区	Region	出生率 Birth Rate (‰)	死亡率 Dead Rate (‰)	自然增长率 Natural Growth Rate (‰)	出生人口数 Population of Birth (万人) (10000 persons)	死亡人口数 Population of Birth (万人) (10000 persons)	自然增长人数 Population of Natural Growth (万人) (10000 persons)
全省总计	**Total**	**9.59**	**5.62**	**3.97**	**88.65**	**51.94**	**36.71**
济南市	Jinan	9.61	6.50	3.11	5.77	3.90	1.87
青岛市	Qingdao	9.40	6.93	2.47	7.01	5.16	1.85
淄博市	Zibo	8.81	5.92	2.89	3.68	2.47	1.21
枣庄市	Zaozhuang	9.19	4.71	4.48	3.40	1.74	1.66
东营市	Dongying	9.21	5.08	4.13	1.67	0.92	0.75
烟台市	Yantai	7.21	6.15	1.06	4.68	3.99	0.69
潍坊市	Weifang	9.73	5.87	3.86	8.31	5.01	3.30
济宁市	Jining	10.34	5.10	5.24	8.36	4.12	4.24
泰安市	Tai'an	9.08	5.93	3.15	5.01	3.27	1.74
威海市	Weihai	5.94	7.79	-1.85	1.48	1.94	-0.46
日照市	Rizhao	9.33	5.12	4.21	2.63	1.44	1.19
莱芜市	Laiwu	8.35	6.26	2.09	1.04	0.78	0.26
临沂市	Linyi	9.25	5.12	4.13	9.44	5.23	4.21
德州市	Dezhou	12.70	4.84	7.86	7.05	2.68	4.37
聊城市	Liaocheng	9.37	4.94	4.43	5.35	2.82	2.53
滨州市	Binzhou	9.94	6.00	3.94	3.70	2.23	1.47
菏泽市	Heze	11.26	4.72	6.54	10.08	4.23	5.85

注:本表为公安户籍统计数字。

a) Data in the brackets are taken from the annual reports of public security departments.

4-5 各市人口数和总户数(2006 年)

Population and Households by City(2006)

地 区	Region	总人口 Total Population (万人) (10000 persons)	按性别分(万人) Grouped By Sex (10000 persons) 男 Male	女 Femal	按农业非农业分 Grouped By Agricultural and Non-agricultural 农业人口 Agricultural	非农业人口 Non-agricultural	年末总户数 Total Households (万户) (10000 households)
全省总计	**Total**	**9308.91(9282.35)**	**(4707.00)**	**(4575.35)**	**(6054.62)**	**(3227.73)**	**(2834.93)**
济南市	Jinan	648.37(603.35)	(302.72)	(300.63)	(264.74)	(338.61)	(179.48)
青岛市	Qingdao	829.42(749.38)	(377.99)	(371.39)	(291.22)	(458.16)	(243.33)
淄博市	Zibo	445.90(418.13)	(210.28)	(207.84)	(235.32)	(182.81)	(137.70)
枣庄市	Zaozhuang	362.40(371.97)	(192.65)	(179.33)	(249.72)	(122.25)	(108.59)
东营市	Dongying	196.90(181.82)	(92.28)	(89.53)	(103.66)	(78.16)	(60.63)
烟台市	Yantai	696.17(649.98)	(326.79)	(323.19)	(351.08)	(298.90)	(228.32)
潍坊市	Weifang	877.49(855.29)	(432.02)	(423.28)	(526.97)	(328.32)	(258.64)
济宁市	Jining	787.09(811.83)	(415.40)	(396.43)	(596.09)	(215.75)	(229.72)
泰安市	Tai'an	540.90(551.74)	(279.52)	(272.22)	(394.50)	(157.25)	(167.43)
威海市	Weihai	279.00(249.83)	(126.07)	(123.76)	(132.27)	(117.56)	(89.38)
日照市	Rizhao	270.98(282.40)	(143.11)	(139.29)	(189.28)	(93.12)	(95.31)
莱芜市	Laiwu	126.42(124.86)	(63.46)	(61.40)	(74.68)	(50.19)	(42.95)
临沂市	Linyi	977.90(1022.73)	(522.85)	(499.88)	(819.94)	(202.79)	(312.65)
德州市	Dezhou	541.90(557.85)	(281.99)	(275.85)	(402.64)	(155.20)	(158.11)
聊城市	Liaocheng	550.38(572.82)	(289.50)	(283.32)	(411.06)	(161.76)	(166.45)
滨州市	Binzhou	365.53(373.16)	(188.08)	(185.08)	(279.15)	(94.01)	(110.46)
菏泽市	Heze	812.17(905.20)	(462.28)	(442.92)	(732.30)	(172.90)	(245.78)

注:本表总人口为人口抽样调查数,括号内为公安户籍统计数字。

a) Data of total population are based on the sample surveys. Data in the brackets are taken from the annual reports of public security departments.

主要统计指标解释

人口数 指一定时点、一定地区范围内有生命的个人总和。

年度统计的年末人口数指每年12月31日24时的人口数。年度统计的全国人口总数内未包括香港、澳门特别行政区和台湾省以及海外华侨人数。

城镇人口和乡村人口 城镇人口是指居住在城镇范围内的全部常住人口;乡村人口是除上述人口以外的全部人口。

出生率(又称粗出生率) 指在一定时期内(通常为一年)一定地区的出生人数与同期内平均人数(或期中人数)之比,用千分率表示。本资料中的出生率指年出生率,其计算公式为:

$$出生率 = \frac{年出生人数}{年平均人数} \times 1000‰$$

式中:出生人数指活产婴儿,即胎儿脱离母体时(不管怀孕月数),有过呼吸或其他生命现象。年平均人数指年初、年底人口数的平均数,也可用年中人口数代替。

死亡率(又称粗死亡率) 指在一定时期内(通常为一年)一定地区的死亡人数与同期内平均人数(或期中人数)之比,用千分率表示。本资料中的死亡率指年死亡率,其计算公式为:

$$死亡率 = \frac{年死亡人数}{年平均人数} \times 1000‰$$

人口自然增长率 指在一定时期内(通常为一年)人口自然增加数(出生人数减死亡人数)与该时期内平均人数(或期中人数)之比,用千分率表示。计算公式为:

$$人口自然增长率 = \frac{本年出生人数 - 本年死亡人数}{年平均人数} \times 1000‰$$

$$= 人口出生率 - 人口死亡率$$

Explanatory Notes on Main Statistical Indicators

Total Population refers to the total number of people alive at a certain point of time within a given area.

The annual statistics on total population is taken at midnight, the 31st of December, not including residents in Taiwan province, Hong Kong and Macao and overseas Chinese.

Urban Population and Rural Population Urban population refer to all people residing in cities and towns, while rural population refer to population other than urban population.

Birth Rate (or Crude Birth Rate) refers to the ratio of the number of births to the average population (or mid-period population) during a certain period of time (usually a year), expressed in ‰. Birth rate in the chapter refers to annual birth rate. The following formula is used:

Birth Rate = (Number of Births/Average Number of Population) × 1000 ‰

Number of births in the formula refers to live births, i. e. when a baby has breathed or showed any vital phenomena regardless of the length of pregnancy.

Annual average number of population is the average of the number of population at the beginning of the year and that at the end of the year. Sometimes it is substituted by the mid-year population.

Death Rate (or Crude Death Rate) refers to the ratio of the number of deaths to the average population (or mid-period population) during a certain period of time (usually a year), expressed in ‰. Death rate in the chapter refers to annual death rate. The following formula is used:

Death Rate = (Number of Deaths/Annual Average Number of Population) × 1000 ‰

Natural Growth Rate of Population refers to the ratio of natural increase in population (number of births minus number of deaths) in a certain period of time (usually a year) to the average population (or mid-period population) of the same period, expressed in ‰. The following formula is applied:

Natural Growth Rate of Population = [(Number of Births − Number of Deaths)/Average Number of Population] × 1000 ‰

Natural Growth Rate of Population = Birth Rate − Death Rate

第5篇

从业人员和劳动报酬

EMPLOYMENT AND WAGES

为经济社会发展服务是统计工作第一要务

诚信鲁统之服务理念

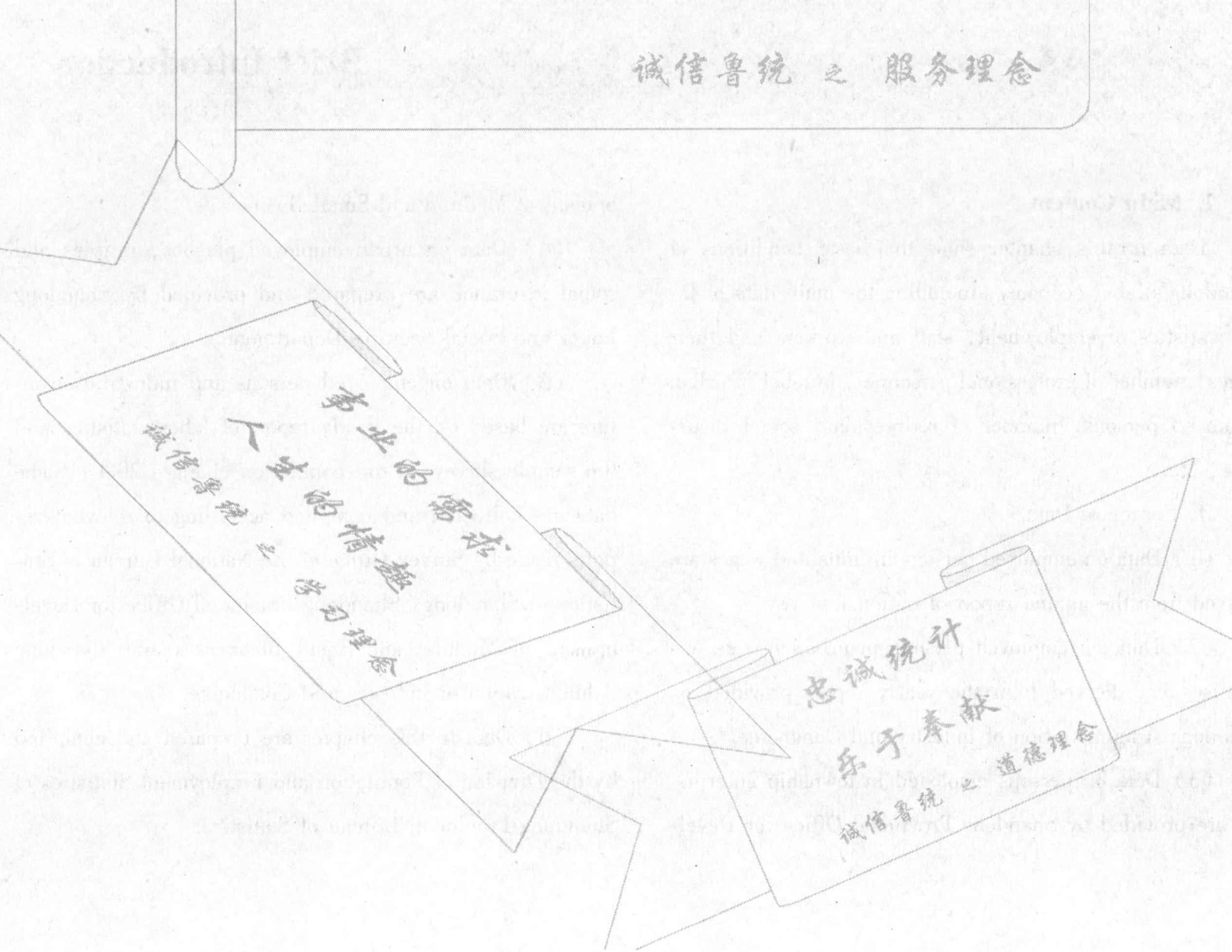

简要说明

一、本篇资料的主要内容

本篇资料反映了我省劳动经济方面的基本情况，主要包括就业情况、在岗职工人员及报酬、专业技术人员、城镇劳动力、离退休职工及社会保险等方面的资料。

二、本篇资料的来源

1. 单位从业人员和劳动报酬资料来源于国家统计调查年报。

2. 城镇私营、个体从业人员资料来源于省工商行政管理局年报。

3. 乡镇企业从业人员资料来源于省中小企业办公室。

4. 城镇劳动力、离退休职工、社会保险等方面的资料根据省劳动和社会保障厅提供的资料加工整理。

5. 就业人员总量及其产业、行业结构是根据2006年劳动统计年报，2006年人口变动情况抽样调查、国家统计局山东调查总队、省中小企业办、省工商行政管理局有关年报资料整理而成的。

6. 本篇资料由省统计局人口处整理提供。

Brief Introduction

I. Main Content

Data in this chapter show the basic conditions of Shandong's labor economy, including the main data of labor statistics of employment, staff and workers and their wages, number of professional personnel, number of urban employed persons, number of retirees and social insurance, etc.

II. Source of Data

(1) Data on employed persons in units and wages are derived from the annual report of national survey.

(2) Data on employed persons in urban private enterprises are derived from the yearly report provided by Shandong Administration of Industry and Commerce.

(3) Data on persons employed in township enterprises are provided by Shandong Provincial Office for Development of Medium and Small Businesses.

(4) Data on urban employed persons, retirees and social insurance are prepared and provided by Shandong Labor and Social Security Department.

(5) Data on employed persons and industrial structure are based on the yearly report of labor statistics and the sample survey on the population changes 2006. Some data are collected and compiled according to relevant reports made by Survey Office of the National Bureau of Statistics in Shandong, Shandong Provincial Office for Development of Medium and Small Businesses and Shandong Administration of Industry and Commerce.

(6) Data in this chapter are prepared and compiled by the Division of Population and Employment Statistics of Shandong Provincial Bureau of Statistics.

5－1 就业基本情况

Employment

类　别	Category	2000	2005	2006
经济活动人口（万人）	**Economically Active Population（10 000 persons）**	**5533.7**	**5941.8**	**6063.4**
就业人员合计（万人）	**Total Number of Employed Persons（10 000 persons）**	**5441.8**	**5840.7**	**5960.0**
第一产业	Primary Industry	2887.7	2350.3	2328.0
第二产业	Secondary Industry	1286.0	1781.4	1870.3
第三产业	Tertiary Industry	1268.1	1709.0	1761.7
就业人员构成（合计＝100）	**Composition of Employed Persons（total＝100）**			
第一产业	Primary Industry	53.1	40.2	39.1
第二产业	Secondary Industry	23.6	30.5	31.4
第三产业	Tertiary Industry	23.3	29.3	29.5
按城乡分就业人员（万人）	**Number of Employed Persons by Urban and Rural Areas（10 000 persons）**			
城镇就业人员	Urban Employed Persons	1825.2	2276.8	2425.0
# 国有单位	State-owned Units	555.1	423.9	419.2
城镇集体单位	Urban Collective-owned Units	105.3	65.3	61.5
股份合作单位	Cooperative Units	12.2	14.9	15.8
联营单位	Joint Ownership Units	2.8	3.3	3.5
有限责任公司	Limited Liability Corporations	43.6	189.2	190.5
股份有限公司	Share-holding Corporations Ltd.	37.6	62.0	64.1
私营企业	Private Enterprises	105.3	262.9	289.5
港澳台投资单位	Units with Funds from Hong Kong, Macao & Taiwan	11.9	25.9	27.5
外商投资单位	Foreign Funded Units	37.7	98.2	106.8
个　体	Self-employed Individuals	110.0	174.7	188.5
乡村就业人员	Rural Employed Persons	3617.1	3563.9	3535.0
# 乡镇企业	Township and Village Enterprises	1311.6	1653.5	1772.1
私营企业	Private Enterprises	108.8	181.3	218.1
个　体	Self-employed Individuals	165.5	190.2	198.4
在岗职工人数（万人）	**Number of Staff and Workers（10 000 persons）**	**790.1**	**871.1**	**874.3**
国有单位	State-owned Units	542.1	415.8	409.3
城镇集体单位	Urban Collective-owned Units	103.9	63.3	59.6
其他单位	Units of Other Types of Ownership	144.2	392.0	405.5
城镇单位女性就业人员（万人）	**Urban Employed Female Persons（10 000 persons）**	**316.1**	**352.7**	**357.7**
城镇登记失业人数（万人）	**Number of Registered Unemployed Persons in Urban Areas（10 000 persons）**	**37.5**	**42.9**	**43.7**
城镇登记失业率（%）	**Registered Unemployment Rate in Urban Areas（%）**	**3.2**	**3.3**	**3.3**

注：1. 1990 年及以后，经济活动人口、就业人员小计、城镇和乡村就业人员小计资料是根据第五次全国人口普查资料（山东部分）和当年人口变动情况抽样调查资料调整和推算的，分地区、分类型、分行业的资料相加不等于总计（下表同）。

2. 2005 年劳动统计年报企业（单位）基本情况库采用了首次经济普查法人单位情况库，各项内部构成有较大变化。

a) Data on economically active populations, employed persons and employed persons in urban and rural areas are based on the 5th National Population. Census and the annual population sample survey. As a result, the sum of the data by region, by ownership and by sector is not equal to the total. The same as in the following tables.

b) The labor statistics report of 2005 is based on the data obtained from the first economic census, so the composition of different items has changed greatly.

5-2 按三次产业分的年底就业人员数

Number of Employed Persons at the Year-end by Three Industries

年份 Year	就业人员（万人）Total Employed Persons (10 000 Persons)	第一产业 Primary Industry	第二产业 Secondary Industry	第三产业 Tertiary Industry	构成（合计=100）Composition in Percentage (Total=100) 第一产业 Primary Industry	第二产业 Secondary Industry	第三产业 Tertiary Industry
1949	1859.3						
1950	1840.8						
1951	1884.2						
1952	1897.2						
1953	1885.7						
1954	1874.7						
1955	1959.7						
1956	1824.0						
1957	2150.4						
1958	2155.3						
1959	2033.2						
1960	1958.2						
1961	1936.1						
1962	1981.2						
1963	2027.8						
1964	2099.8						
1965	2146.0						
1966	2199.0						
1967	2219.0						
1968	2254.0						
1969	2274.0						
1970	2606.0						
1971	2752.0						
1972	2744.0	2362.1	217.9	164.0	86.1	7.9	6.0
1973	2869.1	2485.6	220.2	163.3	86.6	7.7	5.7
1974	2894.0						
1975	2925.0						
1976							
1977							
1978	2969.8	2350.9	366.6	252.3	79.2	12.3	8.5
1979							
1980	3117.5	2458.1	382.5	276.9	78.9	12.3	8.9
1981	3192.4	2508.2	389.0	295.2	78.6	12.2	9.3
1982	3270.0	2520.8	442.2	307.0	77.1	13.5	9.4
1983	3795.1	2950.8	465.8	378.5	77.8	12.3	10.0
1984	3563.7	2509.1	528.8	525.8	70.4	14.8	14.8
1985	3561.1	2438.6	705.3	417.2	68.5	19.8	11.7
1986	3651.2	2431.1	776.0	444.1	66.6	21.3	12.2
1987	3765.7	2422.6	848.2	494.9	64.3	22.5	13.1
1988	3887.1	2474.5	905.1	507.5	63.7	23.3	13.1
1989	3940.3	2527.6	902.6	510.1	64.2	22.9	13.0
1990	4043.2	2585.7	922.5	535.0	64.0	22.8	13.2
1991	4219.3	2708.0	958.7	552.6	64.2	22.7	13.1
1992	4302.6	2705.1	1000.8	596.7	62.9	23.3	13.9
1993	4379.3	2689.9	1070.4	619.0	61.4	24.4	14.1
1994	4382.1	2541.6	1098.0	742.5	58.0	25.1	16.9
1995	5207.4	2832.3	1305.5	1069.6	54.4	25.1	20.5
1996	5227.4	2788.0	1286.1	1153.3	53.3	24.6	22.1
1997	5256.0	2812.5	1311.9	1131.6	53.5	25.0	21.5
1998	5287.6	2837.3	1245.8	1204.5	53.7	23.6	22.8
1999	5314.7	2811.7	1245.7	1257.3	52.9	23.4	23.7
2000	5441.8	2887.7	1286.0	1268.1	53.1	23.6	23.3
2001	5475.3	2863.6	1308.6	1303.1	52.3	23.9	23.8
2002	5527.0	2769.6	1375.1	1382.3	50.1	24.9	25.0
2003	5620.6	2638.3	1474.3	1508.0	46.9	26.2	26.8
2004	5728.1	2542.1	1581.0	1605.0	44.4	27.6	28.0
2005	5840.7	2350.3	1781.4	1709.0	40.2	30.5	29.3
2006	5960.0	2328.0	1870.3	1761.7	39.1	31.4	29.5

5-3 按城乡分的年底就业人员数

Number of Employed Persons at the Year-end in Urban and Rural Areas

单位:万人 (10 000 persons)

年份 地区 Year Region	总计 Total	城镇 Urban Area						
		小计 Sub-total	国有单位 State-owned Units	集体单位 Collective-owned Units	股份合作单位 Cooperative Units	联营单位 Joint Ownership Units	有限责任公司 Limited Liability Corporations	股份有限公司 Share-holding Corporations Ltd.
1990	4043.2	788.9						
1991	4219.3	831.0						
1992	4302.6	871.4						
1993	4379.3	939.9	619.5	213.4		1.4		
1994	4382.1	822.8	648.7	203.6		1.2		
1995	5207.4	1620.9	678.4	201.9		1.0		
1996	5227.9	1627.0	685.4	200.4		1.4		
1997	5256.0	1636.1	690.4	193.6		1.4		
1998	5287.6	1661.4	612.1	134.8	12.5	3.1	20.3	34.5
1999	5314.7	1669.7	579.9	120.7	12.1	2.9	28.8	35.8
2000	5441.8	1825.2	555.1	105.3	12.1	2.7	43.3	37.4
2001	5475.3	1885.4	533.5	93.6	11.9	2.6	54.9	37.4
2002	5527.0	1948.6	504.5	83.9	12.2	2.0	71.0	40.8
2003	5620.6	2029.7	496.7	75.6	12.1	1.6	80.0	40.2
2004	5728.1	2140.4	492.5	68.8	11.5	1.4	89.8	41.6
2005	5840.7	2276.8	423.9	65.3	14.9	3.3	189.2	62.0
2006	5960.0	2425.0	419.2	61.5	15.8	3.5	190.5	64.1
济南市 Jinan	326.1	135.2	45.1	5.7	1.4	2.6	27.8	6.6
青岛市 Qingdao	488.1	223.5	40.0	5.4	3.5	0.2	11.7	9.6
淄博市 Zibo	235.8	82.7	24.6	4.4	1.5	0.1	11.4	8.1
枣庄市 Zaozhuang	216.4	56.9	23.9	3.5	0.1		4.9	1.2
东营市 Dongying	104.0	49.1	22.2	2.2	1.1		7.1	1.4
烟台市 Yantai	384.0	135.6	32.1	4.5	1.6	0.3	17.9	4.2
潍坊市 Weifang	447.4	107.3	29.9	3.8	0.7	0.1	18.0	7.7
济宁市 Jining	440.5	82.4	38.5	6.1	1.1		9.8	2.8
泰安市 Tai'an	291.7	66.5	17.7	8.4	0.4		15.4	4.9
威海市 Weihai	147.7	61.2	13.7	4.0	1.2		7.7	3.4
日照市 Rizhao	156.9	27.4	8.8	0.9	0.2		4.7	1.3
莱芜市 Laiwu	76.5	24.9	4.9	1.8			5.8	1.3
临沂市 Linyi	593.9	97.4	30.8	3.0	1.1	0.1	10.0	3.5
德州市 Dezhou	297.3	73.6	20.2	2.2	0.7	0.1	8.2	2.3
聊城市 Liaocheng	312.0	44.9	19.2	1.3	0.2		8.1	3.5
滨州市 Binzhou	208.2	42.4	11.2	1.9	0.3		17.8	1.4
菏泽市 Heze	437.9	53.0	24.7	2.6	0.5		3.6	1.3

5-3 续表 continued

单位:万人 (10 000 persons)

年 份 Year	城 镇 Urban Area				乡 村 Rural Area			
	私营企业 Private Enterprises	港澳台商投资单位 Units with Funds from Hong Kong, Macao &Taiwan	外商投资单位 Foreign Funded Units	个体 Self-employed Individuals	小计 Subtotal	乡镇企业 Township and Village Enterprises	私营企业 Private Enterprises	个体 Self-employed Individuals
1990					3254.3			
1991					3388.3			
1992					3431.2			
1993	9.4	5.2	6.7	37.0	3439.4	1350.8	18.9	276.8
1994	18.3	6.9	12.5	61.5	3559.3	1481.6	31.9	352.2
1995	28.6	13.6	24.7	75.9	3587.3	1439.8	45.1	401.9
1996	39.0	12.7	25.9	87.8	3600.9	1369.6	52.2	428.7
1997	50.1	13.0	28.9	101.6	3620.0	1112.8	56.6	444.6
1998	78.5	11.0	28.0	125.9	3626.2	1198.5	63.8	514.7
1999	87.6	11.1	33.9	165.8	3644.5	1280.6	86.7	506.0
2000	105.3	11.9	38.7	110.0	3617.1	1311.6	108.8	165.5
2001	117.8	12.8	42.3	110.8	3589.9	1345.4	94.4	167.3
2002	152.2	14.0	50.1	122.5	3578.3	1447.3	101.1	175.4
2003	203.0	14.6	54.4	150.8	3590.8	1599.8	163.5	196.2
2004	228.9	16.3	65.7	164.5	3587.7	1627.8	161.2	180.1
2005	262.9	25.9	98.2	174.7	3563.9	1653.5	181.3	190.2
2006	289.5	27.5	106.8	188.5	3535.0	1772.1	218.1	198.4
济南市	21.1	2.3	4.8	17.0	190.8	109.7	11.1	12.2
青岛市	69.4	6.3	52.5	24.6	264.7	173.5	8.1	20.7
淄博市	17.0	1.2	4.6	8.6	153.2	124.3	15.1	6.6
枣庄市	8.6	0.4	0.9	12.9	159.5	107.2	5.4	8.5
东营市	8.5	0.3	0.3	5.8	54.9	48.0	5.2	5.2
烟台市	36.0	5.0	18.4	14.9	248.4	191.2	19.5	12.8
潍坊市	23.5	3.0	6.0	14.2	340.0	229.1	26.2	17.4
济宁市	7.6	0.4	1.8	13.3	358.1	161.5	20.4	11.6
泰安市	12.1	0.9	1.2	5.0	225.2	104.2	18.2	12.2
威海市	16.1	2.0	6.2	6.5	86.6	52.6	9.1	4.7
日照市	7.4	0.5	1.3	2.0	129.5	60.8	3.9	5.2
莱芜市	6.0	0.1	0.2	4.7	51.5	23.2	2.5	5.2
临沂市	18.3	2.1	4.4	23.4	496.5	247.1	14.8	26.2
德州市	17.8	0.7	1.9	19.1	223.8	165.0	30.4	21.3
聊城市	6.3	1.3	0.7	4.1	267.0	86.7	9.1	7.7
滨州市	4.9	0.9	0.5	2.6	165.9	115.5	6.2	5.8
菏泽市	8.9	0.2	1.1	9.7	384.9	137.1	7.9	15.2

5-4 分行业年底就业人员(2006 年)

Number of Employed Persons at the Year-end by Sector(2006)

行 业	Sector	总 计(万人) Total (10 000 persons)	城 镇 就业人员 Urban Employed Persons	城镇单位 就业人员 Urban Units Employed Persons	国有单位 State-owned Units	城 镇 集体单位 Urban Collective-owned Units	其他单位 Units of Other Types of Ownership
总 计	**Total**	**5960.0**	**2425.0**	**897.6**	**419.2**	**61.5**	**416.9**
农、林、牧、渔业	Agriculture, Forestry, Animal Husbandry and Fishing	2328.0	10.0	5.7	4.2	0.6	0.9
采矿业	Mining	73.4	63.7	62.2	42.3	2.0	18.0
制造业	Manufacturing	1223.3	491.0	345.1	34.4	21.3	289.5
电力、燃气及水的生产和供应业	Production and Supply of Electric Power and Heat Power	23.5	20.4	19.8	14.5	0.2	5.1
建筑业	Construction	550.0	89.5	69.2	14.7	12.8	41.7
交通运输、仓储和邮政业	Traffic, Transport, Storage and Post	218.3	42.0	29.5	20.3	1.1	8.1
信息传输、计算机服务和软件业	Information Transfer, Computer Services and Software	39.8	13.7	5.4	2.1	0.2	3.1
批发和零售业	Wholesale and Retail Trade	478.7	230.2	36.2	10.4	6.1	19.6
住宿和餐饮业	Hotels and Catering Services	148.6	40.6	11.3	5.2	1.0	5.2
金融业	Financial Intermediation	28.6	24.8	24.8	8.9	3.9	12.0
房地产业	Real Estate	18.1	15.8	8.2	2.5	0.8	4.8
租赁和商务服务业	Leasing and Business Services	32.9	28.5	10.6	4.3	3.2	3.2
科学研究、技术服务和地质勘查业	Scientific Research, technical Service and Geologic Prospecting	9.3	8.1	8.1	6.8	0.3	1.0
水利、环境和公共设施管理业	Management of Water Conservancy, Environment and Public Facilities	12.5	10.8	10.8	10.0	0.3	0.6
居民服务和其他服务业	Services to Households and Other Services	33.9	29.4	3.2	2.2	0.3	0.7
教 育	Education	121.4	105.4	105.4	101.6	2.6	1.2
卫生、社会保障和社会福利业	Health, Social Security and Social Welfare	42.3	36.8	35.9	30.7	4.5	0.7
文化、体育和娱乐业	Culture, Sports and Entertainment	8.5	7.4	5.9	5.4	0.1	0.3
公共管理和社会组织	Public management and Social Organization	115.3	100.1	100.1	98.5	0.3	1.3
国际组织	International Organization						
其 他	Others	453.5	7.2				

5－4 续表 continued

行　业	Sector	私营企业 Private Enterprises	个　体 Self-employed Individuals	乡村就业人员 Rural Employed Persons	私营企业 Private Enterprises	个　体 Self-employed Individuals
总　计	**Total**	**289.5**	**188.5**	**3535.0**	**218.1**	**198.4**
农、林、牧、渔业	Agriculture, Forestry, Animal Husbandry and Fishing	3.0	1.3	2011.8	7.0	6.2
采矿业	Mining	0.6	0.9		2.4	1.8
制造业	Manufacturing	119.1	26.8	571.3	123.3	49.1
电力、燃气及水的生产和供应业	Production and Supply of Electric Power and Heat Power	0.5			0.6	0.1
建筑业	Construction	19.6	0.8	388.1	11.7	1.0
交通运输、仓储和邮政业	Traffic, Transport, Storage and Post	4.8	7.6	147.6	2.7	12.7
信息传输、计算机服务和软件业	Information Transfer, Computer Services and Software	7.3	1.0	20.9	2.5	0.6
批发和零售业	Wholesale and Retail Trade	90.4	103.6	185.6	46.6	89.4
住宿和餐饮业	Hotels and Catering Services	5.8	23.6	88.4	4.4	18.3
金融业	Financial Intermediation					
房地产业	Real Estate	7.3	0.3		3.4	0.3
租赁和商务服务业	Leasing and Business Services	16.0	1.9		5.0	0.8
科学研究、技术服务和地质勘查业	Scientific Research, technical Service and Geologic Prospecting					
水利、环境和公共设施管理业	Management of Water Conservancy, Environment and Public Facilities					
居民服务和其他服务业	Services to Households and Other Services	7.4	18.9		5.4	15.4
教　育	Education					
卫生、社会保障和社会福利业	Health, Social Security and Social Welfare	0.4	0.4		0.2	0.2
文化、体育和娱乐业	Culture, Sports and Entertainment	0.8	0.8		0.3	0.5
公共管理和社会组织	Public management and Social Organization					
国际组织	International Organization					
其　他	Others	6.5	0.7	386.6	2.7	2.0

5-5 各市分行业年底在岗职工人数(2006年)

Number of Staff and Workers at the Year-end by Sector and Region(2006)

单位:万人 (10 000 persons)

地区	Region	总计 Total	农、林、牧、渔业 Agriculture, Forestry, Animal Husbandry and Fishing	采矿业 Mining	制造业 Manufacturing	电力、燃气及水的生产和供应业 Production and Supply of Electric Power and Heat Power	建筑业 Construction	交通运输、仓储和邮政业 Traffic, Transport, Storage and Post
全省总计	**Total**	**874.3**	**5.6**	**61.3**	**341.8**	**19.6**	**65.9**	**28.9**
济南市	Jinan	94.5	0.1	1.7	26.5	1.9	18.2	2.4
青岛市	Qingdao	125.7	0.6	0.4	75.5	2.0	4.5	5.7
淄博市	Zibo	56.6	0.4	4.1	25.9	1.4	7.1	0.9
枣庄市	Zaozhuang	34.5	0.3	9.5	7.0	0.8	1.9	0.6
东营市	Dongying	34.3	0.4	12.8	7.3	0.2	1.4	0.6
烟台市	Yantai	82.6	0.6	5.9	38.1	1.8	5.8	2.9
潍坊市	Weifang	69.0	0.5	1.3	32.2	1.6	3.6	0.9
济宁市	Jining	58.6	0.2	12.3	13.2	1.8	3.1	1.2
泰安市	Tai'an	48.8	0.3	9.6	14.3	1.0	5.6	0.8
威海市	Weihai	38.1	0.2	0.2	21.3	1.3	2.1	0.9
日照市	Rizhao	17.5	0.1	0.1	6.2	0.5	1.3	1.2
莱芜市	Laiwu	14.1		1.2	6.8	0.4	1.2	0.2
临沂市	Linyi	53.1	0.7	1.8	16.0	1.3	3.5	0.9
德州市	Dezhou	35.6	0.3	0.2	13.3	1.1	1.8	0.6
聊城市	Liaocheng	32.9	0.1		11.4	1.1	1.6	1.1
滨州市	Binzhou	33.6	0.2	0.3	20.3	0.4	1.4	0.2
菏泽市	Heze	33.5	0.4	0.1	5.9	1.1	1.0	0.9

注:1998年及以后为在岗职工数(以下各表同)。

a) Data on total wages bill since 1998 refer to Numbers of fully employed staff and workers.

5-5 续表1 continued

单位:万人 (10 000 persons)

地区	Region	信息传输、计算机服务和软件业 Information Transfer, Computer Services and Software	批发和零售业 Wholesale and Retail Trade	住宿和餐饮业 Hotels and Catering Services	金融业 Financial Intermediation	房地产业 Real Estate	租赁和商务服务业 Leasing and Business Services	科学研究、技术服务和地质勘查业 Scientific Research, technical Service and Geologic Prospecting
全省总计	**Total**	**5.0**	**34.9**	**10.8**	**18.4**	**7.9**	**10.4**	**7.8**
济南市	Jinan	1.2	6.3	2.7	2.6	1.8	1.4	1.7
青岛市	Qingdao	0.6	4.1	1.8	2.3	1.4	1.8	1.3
淄博市	Zibo	0.2	2.3	0.6	1.0	0.4	0.4	0.2
枣庄市	Zaozhuang	0.1	0.9	0.2	0.6	0.3	1.3	0.2
东营市	Dongying	0.3	0.5	0.3	0.4	0.1	1.3	0.3
烟台市	Yantai	0.3	2.9	0.9	1.7	1.1	0.8	0.8
潍坊市	Weifang	0.2	2.8	0.7	1.5	0.5	0.3	0.6
济宁市	Jining	0.2	2.6	0.5	1.3	0.5	0.7	0.3
泰安市	Tai'an	0.1	2.0	0.4	0.9	0.4	0.1	0.3
威海市	Weihai	0.2	1.6	0.6	0.7	0.4	0.2	0.2
日照市	Rizhao	0.1	1.2	0.2	0.4	0.2	0.1	0.1
莱芜市	Laiwu		0.4	0.1	0.3		0.1	
临沂市	Linyi	0.3	2.1	0.5	1.4	0.2	1.1	0.4
德州市	Dezhou	0.2	1.6	0.4	1.1	0.2	0.2	0.1
聊城市	Liaocheng	0.2	1.2	0.3	0.9	0.4	0.3	0.1
滨州市	Binzhou	0.1	0.9	0.1	0.5		0.1	0.2
菏泽市	Heze	0.1	1.5	0.2	1.0	0.1	0.2	0.2

5-5 续表2 continued

单位:万人 (10 000 persons)

地区	Region	水利、环境和公共设施管理业 Management of Water Conservancy, Environment and Public Facilities	居民服务和其他服务业 Services to Households and Other Services	教育 Education	卫生、社会保障和社会福利业 Health, Social Security and Social Welfare	文化、体育和娱乐业 Culture, Sports and Entertainment	公共管理和社会组织 Public management and Social Organization	国际组织 International Organization
全省总计	**Total**	**10.2**	**3.2**	**104.2**	**35.0**	**5.7**	**97.6**	
济南市	Jinan	1.0	0.7	9.7	4.0	1.3	9.2	
青岛市	Qingdao	1.5	0.3	10.4	3.7	0.9	7.0	
淄博市	Zibo	0.5		4.6	1.9	0.2	4.5	
枣庄市	Zaozhuang	0.6		4.0	1.3	0.2	4.5	
东营市	Dongying	0.3	1.5	2.8	0.8	0.1	2.9	
烟台市	Yantai	0.8	0.1	8.3	2.8	0.6	6.5	
潍坊市	Weifang	0.6	0.1	9.4	3.2	0.3	8.8	
济宁市	Jining	0.9	0.1	8.3	2.6	0.4	8.4	
泰安市	Tai'an	0.6	0.1	6.1	1.9	0.2	4.0	
威海市	Weihai	0.4	0.1	3.4	1.3	0.3	2.8	
日照市	Rizhao	0.2		2.8	0.8	0.1	2.1	
莱芜市	Laiwu			1.5	0.5		1.4	
临沂市	Linyi	0.8		10.2	3.0	0.3	8.6	
德州市	Dezhou	0.5		5.6	1.5	0.2	6.7	
聊城市	Liaocheng	0.5		5.8	1.9	0.2	5.8	
滨州市	Binzhou	0.2		3.1	1.3	0.1	4.2	
菏泽市	Heze	0.8		8.5	2.5	0.3	8.4	

5-6 分登记注册类型和细行业年底在岗职工人数(2006年)

Number of Staff and Workers at the Year-end by Status of Registration and Sector in Detail(2006)

单位:万人 (10 000 persons)

类别	Category	总计 Total	国有单位 State-owned Units	城镇集体单位 Urban Collective-owned Units	其他单位 Units of Other Types of Ownership
总计	**Total**	**874.3**	**409.3**	**59.6**	**405.5**
按企、事业和机关分	**Grouped by Enterprises, institutions and Agencies**				
企业	Enterprises	608.7	153.9	51.4	403.4
事业	Institutions	188.7	179.4	7.8	1.5
机关	Agebcies & Organizations	75.8	75.7	0.1	
其他	Others	1.1			0.5
按国民经济行业分	**Grouped by Sector**				
农、林、牧、渔业	**Agriculture, Forestry, Animal Husbandry and Fishing**	**5.6**	**4.1**	**0.5**	**0.9**
农业	Agriculture	0.6	0.5		0.1
林业	Forestry	0.5	0.5		
畜牧业	Animal Husbandry	0.1			
渔业	Fishing	0.4	0.3		0.1
农、林、牧、渔服务业	Services	3.8	2.8	0.5	0.5
采矿业	**Mining**	**61.3**	**41.5**	**2.0**	**17.9**
煤炭开采和洗选业	Mining and Washing of Coal	40.3	24.7	1.0	14.6
石油和天然气开采业	Extraction of Petroleum and Natural Gas	12.9	12.7		0.2
黑色金属矿采选业	Mining of Ferrous Metal Ores	1.4	1.0	0.1	0.3
有色金属矿采选业	Mining of Non-ferrous Metal Ores	4.8	2.6	0.6	1.6
非金属矿采选业	Mining and Processing of Nonmetal Ores	2.0	0.5	0.3	1.2
其他采矿业	Mining of Other Ores				
制造业	**Manufacturing**	**341.8**	**33.9**	**21.2**	**286.8**
农副食品加工业	Processing of Food from Agricultural Products	23.6	1.8	1.1	20.7
食品制造业	Manufacture of Food	7.3	0.5	0.9	5.9
饮料制造业	Manufacture of Beverage	7.4	1.1	0.1	6.1
烟草制品业	Manufacture of Tobacoo	0.7	0.5		0.2
纺织业	Manufacture of Textile	56.8	2.7	1.8	52.3
纺织服装、鞋、帽制造业	Manufacture of Textile Wearing Apparel, Footware and Caps	20.5	0.2	1.3	19.0
皮革、毛皮、羽毛(绒)及其制品业	Manufacture of Leather, Fur, Feather & Its Products	12.8		0.4	12.4
木材加工及木、竹、藤、棕、草制品业	Processing of Timbers, Manufacture of Wood, Bamboo, Rattan, Palm, and Straw Products	1.8	0.1	0.4	1.3
家具制造业	Manufacture of Furniture	2.4		0.1	2.2
造纸及纸制品业	Manufacture of Paper and Straw Products	9.3	0.7	0.5	8.1
印刷业和记录媒介的复制	Printing, Reproduction of Recording Media	2.4	0.7	0.3	1.4
文教体育用品制造业	Manufacture of Articles for Culture, Education and Sport Activity	5.2	0.1		5.0
石油加工、炼焦及核燃料加工业	Processing of Petroleum, Coking, Processing of Nucleus Fuel	5.9	1.9	0.1	4.0
化学原料及化学制品制造业	Manufacture of Chemical Raw Material and Chemical Products	22.8	3.4	0.9	18.6
医药制造业	Manufacture of Medicines	7.3	0.9	0.1	6.3
化学纤维制造业	Manufacture of Chemical Fiber	1.4			1.3
橡胶制品业	Manufacture of Rubber	6.4	0.3	0.3	5.9
塑料制品业	Manufacture of Plastic	5.3	0.1	0.4	4.8
非金属矿物制品业	Manufacture of Non-metallic Mineral Products	21.6	4.1	2.2	15.3
黑色金属冶炼及压延加工业	Manufacture and Processing of Ferrous Metals	12.6	1.4	1.9	9.3
有色金属冶炼及压延加工业	Manufacture and Processing of Non-Ferrous Metals	2.3	0.3	0.1	1.9
金属制品业	Manufacture of Metal Products	8.1	0.3	0.8	7.1
通用设备制造业	Manufacture of General Purpose Machinery	23.4	4.7	3.6	15.0
专用设备制造业	Manufacture of Special Purpose Machinery	17.4	2.2	0.7	14.5
交通运输设备制造业	Manufacture of Transport Equipment	17.9	4.3	0.4	13.2

5－6 续表 1 continued

单位:万人 (10 000 persons)

类 别	Iterm	总 计 Total	国有单位 State-owned Units	城镇集体单位 Urban Collective-owned Units	其他单位 Units of Other Types of Ownership
电气机械及器材制造业	Manufacture of Electrical Machinery & Equipment	13.0	0.7	1.2	11.1
通信设备、计算机及其他电子设备制造业	Manufacture of Communication Equipment, Computer and Other Electronic Equipment	15.0	0.4	0.2	14.3
仪器仪表及文化、办公用机械制造业	Manufacture of Measuring Instrument and Machinery for Cultural Activity & Office Work	2.4	0.1	0.1	2.2
工艺品及其他制造业	Manufacture of Artwork, Other Manufacture	8.6	0.2	1.3	7.2
废弃资源和废旧材料回收加工业	Recycling and Disposal of Waste	0.1			0.1
电力、燃气及水的生产和供应业	**Production and Supply of Electric Power and Heat Power**	**19.6**	**14.3**	**0.2**	**5.1**
电力、热力的生产和供应业	Production and Supply of Electric Power and Heat Power	15.3	11.3	0.2	3.8
燃气生产和供应业	Production and Supply of Gas	1.0	0.4		0.6
水的生产和供应业	Production and Supply of Water	3.4	2.7		0.7
建筑业	**Construction**	**65.9**	**13.5**	**12.0**	**40.4**
房屋和土木工程建筑业	Construction of Building & Civil Engineering	56.9	10.4	10.7	35.8
建筑安装业	Architectural Installation	6.5	2.2	1.1	3.2
建筑装饰业	Architectural Decoration	1.1	0.1	0.1	0.9
其他建筑业	Other Construction	1.4	0.8	0.1	0.5
交通运输、仓储和邮政业	**Traffic, Transport, Storage and Post**	**28.9**	**19.7**	**1.1**	**8.1**
铁路运输业	Transport Via Railway	7.0	6.9		
道路运输业	Transport Via Road	8.0	4.0	0.5	3.4
城市公共交通业	Urban Public Traffic	4.4	2.6	0.1	1.7
水上运输业	Water Transport	4.3	2.7	0.1	1.5
航空运输业	Air Transport	0.9	0.4		0.5
管道运输业	Transport Via Pipeline	0.1	0.1		
装卸搬运和其他运输服务业	Loading, Unloading, Portage and Other Transport Services	1.0	0.5	0.1	0.4
仓储业	Storage	1.3	0.6	0.2	0.5
邮政业	post	1.9	1.9		
信息传输、计算机服务和软件业	**Information Transfer, Computer Services and Software**	**5.0**	**1.9**	**0.2**	**2.9**
电信和其他信息传输服务业	Telecom & Other Information Transfer Services	4.5	1.8	0.2	2.5
计算机服务业	Computer Services	0.2			0.1
软件业	Software Industry	0.3			0.3
批发和零售业	**Wholesale and Retail Trade**	**34.9**	**9.9**	**6.0**	**19.0**
批发业	Wholesale Trade	15.7	6.3	2.7	6.7
零售业	Retail Trade	19.2	3.6	3.3	12.3
住宿和餐饮业	**Hotels and Catering Services**	**10.8**	**5.0**	**1.0**	**4.9**
住宿业	Hotels	6.1	3.2	0.6	2.3
餐饮业	Catering Services	4.8	1.8	0.4	2.6
金融业	**Financial Intermediation**	**18.4**	**7.2**	**3.6**	**7.5**
银行业	Bank	15.5	6.4	3.6	5.4
证券业	Security Activities	0.2	0.1		0.1
保险业	Insurance	2.5	0.6		2.0
其他金融活动	Other Financial Activities	0.2	0.1		0.1
房地产业	**Real Estate**	**7.9**	**2.5**	**0.8**	**4.7**
#房地产开发经营	development and Management of Real Estate	5.4	1.2	0.5	3.6
物业管理	Property Management	1.9	0.8	0.1	0.9
房地产中介服务	Agency Services for Real Estate	0.2	0.1		0.1
租赁和商务服务业	**Leasing and Business Services**	**10.4**	**4.2**	**3.1**	**3.1**
租赁业	Leasing	0.4	0.1	0.2	0.1

5-6 续表2 continued

单位:万人 (10 000 persons)

类　别	Iterm	总　计 Total	国有单位 State-owned Units	城镇集体单位 Urban Collective-owned Units	其他单位 Units of Other Types of Ownership
商务服务业	Business Services	10.1	4.2	2.9	3.0
科学研究、技术服务和地质勘查业	**Scientific Research, technical Service and Geologic Prospecting**	**7.8**	**6.7**	**0.3**	**0.9**
研究与试验发展	Recearch and Experimental Development	1.7	1.6		0.1
#自然科学研究与试验发展	Natural Science	0.5	0.4		
工程和技术研究与试验发展	Engineering and Technology	0.6	0.5		
农业科学研究与试验发展	Agricultural Science	0.3	0.3		
医学研究与试验发展	Medicine	0.1	0.1		
社会人文科学研究与试验发展	Social Science	0.2	0.2		
专业技术服务业	Professional Technical Services	4.1	3.1	0.2	0.7
#气象服务	Meteorological Services	0.2	0.2		
地震服务	Earthquake Monitoring	0.1	0.1		
海洋服务	Marine Service	0.1	0.1		
测绘服务	Surveying and Mapping	0.2	0.2		
技术检测	Technology Supervision	0.7	0.5	0.2	
环境监测	Environment Monitoring	0.2	0.2		
工程技术与规划管理	Engineering Technology & Planning	2.4	1.7		0.6
科技交流和推广服务业	Services of Science and Technology Exchanges	0.8	0.7		
地质勘查业	Geologic Prospecting	1.3	1.2		
水利、环境和公共设施管理业	**Management of Water Conservancy, Environment and Public Facilities**	**10.2**	**9.4**	**0.3**	**0.5**
水利管理业	Management of Water Conservancy	2.3	2.3		
环境管理业	Management of Environment	4.0	3.6	0.3	0.2
公共设施管理业	Management of Public Facilities	3.9	3.5		0.3
居民服务和其他服务业	**Services to Households and Other Services**	**3.2**	**2.2**	**0.3**	**0.7**
居民服务业	Services to Households	2.3	2.1	0.1	0.2
其他服务业	Other Services	0.9	0.2	0.2	0.5
教　育	**Education**	**104.2**	**100.6**	**2.6**	**1.1**
#初等教育	Junior Education	38.5	37.0	1.4	0.1
中等教育	Secondary Education	51.6	50.3	0.8	0.5
高等教育	Senior Education	9.5	9.3		0.2
卫生、社会保障和社会福利业	**Health, Social Security and Social Welfare**	**35.0**	**30.1**	**4.2**	**0.7**
卫　生	Health	33.8	29.0	4.2	0.7
社会保障业	Social Security	0.7	0.7		
社会福利业	Social Welfare	0.5	0.5		
文化、体育和娱乐业	**Culture, Sports and Entertainment**	**5.7**	**5.3**	**0.1**	**0.3**
新闻出版业	Journalism and Publishing Activities	1.1	1.1		
广播、电视、电影和音像业	Broadcasting, Movies, Televisions and Audiovisual Activities	2.1	1.9		0.1
文化艺术业	Cultural and Art Activities	1.9	1.9	0.1	
体　育	Sports Activities	0.3	0.3		
娱乐业	Entertainment	0.2			0.2
公共管理和社会组织	**Public management and Social Organization**	**97.6**	**97.2**	**0.2**	**0.2**
#中国共产党机关	Organs of Communist Party of China	3.9	3.9		
国家机构	Government Agencies	91.9	91.8	0.1	
人民政协和民主党派	People's Political Consultative Conference and Democratic Parties	0.5	0.5		
群众团体、社会团体和宗教组织	Non-Governmental Institutions, Social Organizations and Religion Organizations	1.2	1.1		0.1
国际组织	**International Organization**				

5-7 各市国有单位分行业年底在岗职工人数(2006年)

Number of Staff and Workers in State-owned Units at the Year-end by Sector and Region(2006)

单位:万人　　(10 000 persons)

地　区	Region	总　计 Total	农、林、牧、渔业 Agriculture, Forestry, Animal Husbandry and Fishing	采矿业 Mining	制造业 Manufacturing	电力、燃气及水的生产和供应业 Production and Supply of Electric Power and Heat Power	建筑业 Construction	交通运输、仓储和邮政业 Traffic, Transport, Storage and Post
全省总计	**Total**	**409.3**	**4.1**	**41.5**	**33.9**	**14.3**	**13.5**	**19.7**
济南市	Jinan	43.9	0.1	0.7	2.9	1.3	6.0	1.6
青岛市	Qingdao	38.6	0.2	0.1	5.0	1.4	1.4	2.8
淄博市	Zibo	24.3	0.1	3.4	5.3	0.8	1.1	0.5
枣庄市	Zaozhuang	23.4	0.3	8.4	1.8	0.8	0.1	0.3
东营市	Dongying	22.1	0.3	12.8	0.1	0.2	0.2	0.1
烟台市	Yantai	31.6	0.5	3.6	2.8	1.1	0.5	1.8
潍坊市	Weifang	29.7	0.3	0.3	2.6	1.2	0.4	0.5
济宁市	Jining	37.2	0.2	9.9	2.8	1.1	0.5	0.9
泰安市	Tai'an	17.5	0.3	0.6	1.4	0.7	0.2	0.5
威海市	Weihai	13.5	0.2	0.1	1.7	1.1	0.1	0.6
日照市	Rizhao	8.5	0.1		0.9	0.3	0.3	0.1
莱芜市	Laiwu	4.9		0.9	0.2	0.1		0.1
临沂市	Linyi	29.6	0.7	0.3	1.6	1.1	0.4	0.8
德州市	Dezhou	19.8	0.1	0.2	1.9	0.9	0.8	0.3
聊城市	Liaocheng	18.2	0.1		1.0	0.9	0.4	0.6
滨州市	Binzhou	11.1	0.1	0.1	0.7	0.4	0.3	0.1
菏泽市	Heze	24.2	0.4	0.1	0.5	1.1	0.1	0.9

5-7 续表 1 continued

单位:万人 (10 000 persons)

地区	Region	信息传输、计算机服务和软件业 Information Transfer, Computer Services and Software	批发和零售业 Wholesale and Retail Trade	住宿和餐饮业 Hotels and Catering Services	金融业 Financial Intermediation	房地产业 Real Estate	租赁和商务服务业 Leasing and Business Services	科学研究、技术服务和地质勘查业 Scientific Research, technical Service and Geologic Prospecting
全省总计	**Total**	**1.9**	**9.9**	**5.0**	**7.2**	**2.5**	**4.2**	**6.7**
济南市	Jinan	0.1	1.8	1.3	0.9	0.6	0.7	1.6
青岛市	Qingdao	0.2	0.8	0.7	0.7	0.5	0.9	1.0
淄博市	Zibo	0.2	0.4	0.3	0.4		0.1	0.1
枣庄市	Zaozhuang	0.1	0.3	0.1	0.3	0.2	0.3	0.2
东营市	Dongying	0.1	0.1	0.1	0.2		0.2	0.1
烟台市	Yantai	0.2	0.9	0.4	0.7	0.2	0.3	0.5
潍坊市	Weifang	0.2	0.5	0.1	0.6	0.1	0.3	0.5
济宁市	Jining	0.1	0.8	0.3	0.6	0.1	0.4	0.3
泰安市	Tai'an		0.5	0.2	0.3	0.1	0.1	0.3
威海市	Weihai	0.1	0.3	0.4	0.4	0.1	0.1	0.1
日照市	Rizhao	0.1	0.5	0.1	0.2	0.1		0.1
莱芜市	Laiwu		0.2		0.1			
临沂市	Linyi	0.1	0.7	0.2	0.5	0.1	0.3	0.3
德州市	Dezhou	0.1	0.6	0.2	0.5		0.1	0.1
聊城市	Liaocheng		0.4	0.2	0.3	0.1	0.1	0.1
滨州市	Binzhou		0.3		0.2		0.1	0.2
菏泽市	Heze		0.7	0.1	0.4	0.1	0.1	0.2

5-7 续表 2 continued

单位:万人 (10 000 persons)

地区	Region	水利、环境和公共设施管理业 Management of Water Conservancy, Environment and Public Facilities	居民服务和其他服务业 Services to Households and Other Services	教育 Education	卫生、社会保障和社会福利业 Health, Social Security and Social Welfare	文化、体育和娱乐业 Culture, Sports and Entertainment	公共管理和社会组织 Public management and Social Organization	国际组织 International Organization
全省总计	**Total**	**9.4**	**2.2**	**100.6**	**30.1**	**5.3**	**97.2**	
济南市	Jinan	0.9	0.2	9.0	3.7	1.3	9.1	
青岛市	Qingdao	1.3	0.1	10.2	3.3	0.8	7.0	
淄博市	Zibo	0.5		4.5	1.7	0.2	4.5	
枣庄市	Zaozhuang	0.6		3.9	1.1	0.2	4.5	
东营市	Dongying	0.3	1.4	2.3	0.5	0.1	2.9	
烟台市	Yantai	0.6	0.1	8.2	2.3	0.5	6.4	
潍坊市	Weifang	0.6	0.1	9.4	3.0	0.3	8.8	
济宁市	Jining	0.9	0.1	7.4	2.1	0.4	8.3	
泰安市	Tai'an	0.6		5.8	1.6	0.1	4.0	
威海市	Weihai	0.4		3.3	1.3	0.2	2.8	
日照市	Rizhao	0.2		2.8	0.7	0.1	2.1	
莱芜市	Laiwu			1.5	0.3		1.4	
临沂市	Linyi	0.8		10.1	2.6	0.3	8.6	
德州市	Dezhou	0.4		5.5	1.3	0.2	6.7	
聊城市	Liaocheng	0.5		5.7	1.7	0.2	5.8	
滨州市	Binzhou	0.2		3.0	1.2	0.1	4.2	
菏泽市	Heze	0.8		8.3	1.8	0.3	8.4	

5-8 各市城镇集体单位分行业年底在岗职工人数(2006 年)

Number of Staff and Workers in Urban Collective-owned Units at the Year-end by Sector and Region(2006)

单位:万人　　(10 000 persons)

地　区	Region	总　计 Total	农、林、牧、渔业 Agriculture, Forestry, Animal Husbandry and Fishing	采矿业 Mining	制造业 Manufacturing	电力、燃气及水的生产和供应业 Production and Supply of Electric Power and Heat Power	建筑业 Construction	交通运输、仓储和邮政业 Traffic, Transport, Storage and Post
全省总计	**Total**	**59.6**	**0.5**	**2.0**	**21.2**	**0.2**	**12.0**	**1.1**
济南市	Jinan	5.5		0.3	1.9		1.0	0.1
青岛市	Qingdao	5.3	0.1		1.7		1.0	0.2
淄博市	Zibo	4.4	0.1	0.1	2.0		1.4	
枣庄市	Zaozhuang	3.3		0.3	0.4	0.1	0.6	
东营市	Dongying	2.1	0.1		0.7		0.2	
烟台市	Yantai	4.1		0.6	1.1		0.5	0.2
潍坊市	Weifang	3.7			2.0		0.7	0.1
济宁市	Jining	5.9			1.5		1.4	0.2
泰安市	Tai'an	8.4		0.4	3.3		2.8	0.1
威海市	Weihai	4.0		0.1	2.6		0.4	0.1
日照市	Rizhao	0.9			0.3		0.2	
莱芜市	Laiwu	1.7			1.3		0.1	
临沂市	Linyi	2.8			0.2		0.5	
德州市	Dezhou	2.1	0.1		1.0		0.3	
聊城市	Liaocheng	1.2			0.1		0.2	
滨州市	Binzhou	1.8	0.1		0.6		0.6	
菏泽市	Heze	2.4			0.4		0.4	

5－8 续表1 continued

单位:万人 (10 000 persons)

地　区	Region	信息传输、计算机服务和软件业 Information Transfer, Computer Services and Software	批发和零售业 Wholesale and Retail Trade	住宿和餐饮业 Hotels and Catering Services	金融业 Financial Intermediation	房地产业 Real Estate	租赁和商务服务业 Leasing and Business Services	科学研究、技术服务和地质勘查业 Scientific Research, technical Service and Geologic Prospecting
全省总计	**Total**	**0.2**	**6.0**	**1.0**	**3.6**	**0.8**	**3.1**	**0.3**
济南市	Jinan		0.7	0.3	0.1	0.1	0.1	
青岛市	Qingdao		0.4	0.2	0.3	0.1	0.4	0.1
淄博市	Zibo		0.4		0.2			
枣庄市	Zaozhuang		0.3	0.1	0.2		1.0	
东营市	Dongying	0.2					0.2	0.1
烟台市	Yantai		0.4	0.1	0.2	0.1	0.3	
潍坊市	Weifang		0.3		0.4			
济宁市	Jining		0.6	0.1	0.3	0.1	0.2	
泰安市	Tai'an		0.6	0.1	0.3			
威海市	Weihai		0.5		0.2			
日照市	Rizhao		0.2		0.1			
莱芜市	Laiwu						0.1	
临沂市	Linyi		0.5	0.1	0.4		0.7	
德州市	Dezhou		0.2		0.1			
聊城市	Liaocheng		0.2		0.3		0.1	
滨州市	Binzhou		0.2		0.1			
菏泽市	Heze		0.4		0.4			

5－8 续表2 continued

单位:万人 (10 000 persons)

地　区	Region	水利、环境和公共设施管理业 Management of Water Conservancy, Environment and Public Facilities	居民服务和其他服务业 Services to Households and Other Services	教　育 Education	卫生、社会保障和社会福利业 Health, Social Security and Social Welfare	文化、体育和娱乐业 Culture, Sports and Entertainment	公共管理和社会组织 Public management and Social Organization	国际组织 International Organization
全省总计	**Total**	**0.3**	**0.3**	**2.6**	**4.2**	**0.1**	**0.2**	
济南市	Jinan			0.5	0.3			
青岛市	Qingdao	0.1	0.1	0.1	0.5			
淄博市	Zibo				0.1			
枣庄市	Zaozhuang				0.3			
东营市	Dongying			0.4	0.1			
烟台市	Yantai			0.1	0.5		0.1	
潍坊市	Weifang				0.2			
济宁市	Jining	0.1		0.9	0.5			
泰安市	Tai'an			0.3	0.3			
威海市	Weihai							
日照市	Rizhao				0.1			
莱芜市	Laiwu				0.2			
临沂市	Linyi				0.3			
德州市	Dezhou			0.1	0.1			
聊城市	Liaocheng				0.2			
滨州市	Binzhou				0.1			
菏泽市	Heze				0.5			

5-9 其他单位分行业年底从业人员数和劳动报酬(2006年)

Employed Persons at the Year-end and Earnings in Units of Other Types of Ownership by Sector(2006)

类　别	Category	从业人员(万人) Number of Employed persons (10 000 persons)	#女　性 Female	#在岗职工 Staff and Workers	#专　业技术人员 Technical Personnel
总　计	**Total**	**416.9**	**184.1**	**405.5**	**55.9**
按登记注册类型分	**Grouped by Registration Status**				
内　资	Domestic Funded Units	282.5	106.5	272.8	41.3
#股份合作单位	Cooperative Units	15.8	6.8	15.0	2.8
联营单位	Joint Ownership Units	3.5	1.2	3.5	0.6
有限责任公司	Limited Liability Corporations	190.5	68.6	187.9	25.8
股份有限公司	Share-holding Corporations Ltd.	64.1	26.6	59.1	10.6
其　他	Others	8.6	3.3	7.3	1.4
港澳台商投资	Units with Funds from Hong Kong, Macao & Taiwan	27.5	13.6	27.1	3.4
外商投资	Foreign Funded Units	106.8	64.1	105.5	11.3
按国民经济行业分	**Grouped by Sector**				
农、林、牧、渔业	Agriculture, Forestry, Animal Husbandry and Fishing	0.9	0.4	0.9	0.1
采矿业	Mining	18.0	3.4	17.9	2.7
制造业	Manufacturing	289.5	145.0	286.8	32.3
电力、燃气及水的生产和供应业	Production and Supply of Electric Power and Heat Power	5.1	1.6	5.1	1.2
建筑业	Construction	41.7	4.6	40.4	6.9
交通运输、仓储和邮政业	Traffic, Transport, Storage and Post	8.1	2.8	8.1	1.5
信息传输、计算机服务和软件业	Information Transfer, Computer Services and Software	3.1	1.1	2.9	0.9
批发和零售业	Wholesale and Retail Trade	19.6	10.8	19.0	2.9
住宿和餐饮业	Hotels and Catering Services	5.2	2.7	4.9	0.6
金融业	Financial Intermediation	12.0	6.6	7.5	3.2
房地产业	Real Estate	4.8	1.5	4.7	1.3
租赁和商务服务业	Leasing and Business Services	3.2	1.3	3.1	0.6
科学研究、技术服务和地质勘查业	Scientific Research, technical Service and Geologic Prospecting	1.0	0.3	0.9	0.5
水利、环境和公共设施管理业	Management of Water Conservancy, Environment and Public Facilities	0.6	0.2	0.5	0.1
居民服务和其他服务业	Services to Households and Other Services	0.7	0.3	0.7	0.1
教　育	Education	1.2	0.6	1.1	0.5
卫生、社会保障和社会福利业	Health, Social Security and Social Welfare	0.7	0.5	0.7	0.5
文化、体育和娱乐业	Culture, Sports and Entertainment	0.3	0.1	0.3	0.1
公共管理和社会组织	Public management and Social Organization	1.3	0.3	0.2	
国际组织	International Organization				

5－9 续表 continued

类 别	Category	从业人员劳动报酬（万元）Earnings of Employed persons (10 000 yuan)	# 在岗职工工资总额 Wages of Staff and Workers	从业人员人均劳动报酬（元）Average Earning of Employed persons (yuan)	# 在岗职工平均工资 Average Wage of Staff and Workers
总 计	**Total**	**6803431**	**6557728**	**16586**	**16482**
按登记注册类型分	**Grouped by Registration Status**				
内 资	Domestic Funded Units	4491010	4375589	16065	16263
#股份合作单位	Cooperative Units	211175	201683	13588	13784
联营单位	Joint Ownership Units	98173	97953	27823	27882
有限责任公司	Limited Liability Corporations	2959055	2925166	15732	15809
股份有限公司	Share-holding Corporations Ltd.	1112859	1045365	17440	17854
其 他	Others	109748	105422	12798	14410
港澳台商投资	Units with Funds from Hong Kong, Macao & Taiwan	423269	411011	15602	15387
外商投资	Foreign Funded Units	1889152	1771128	18248	17346
按国民经济行业分	**Grouped by Sector**				
农、林、牧、渔业	Agriculture, Forestry, Animal Husbandry and Fishing	10632	10465	12609	12513
采矿业	Mining	384369	383216	21321	21376
制造业	Manufacturing	4390242	4261799	15553	15245
电力、燃气及水的生产和供应业	Production and Supply of Electric Power and Heat Power	139666	139437	26794	26812
建筑业	Construction	653055	629675	15495	15745
交通运输、仓储和邮政业	Traffic, Transport, Storage and Post	196718	194722	24570	24444
信息传输、计算机服务和软件业	Information Transfer, Computer Services and Software	118529	113704	36853	38225
批发和零售业	Wholesale and Retail Trade	255745	248108	12856	12965
住宿和餐饮业	Hotels and Catering Services	71185	67639	13926	13897
金融业	Financial Intermediation	334931	273082	28312	36956
房地产业	Real Estate	98363	94948	20490	20495
租赁和商务服务业	Leasing and Business Services	58475	57342	18548	18778
科学研究、技术服务和地质勘查业	Scientific Research, technical Service and Geologic Prospecting	20272	18207	21156	21292
水利、环境和公共设施管理业	Management of Water Conservancy, Environment and Public Facilities	11099	10636	18908	19533
居民服务和其他服务业	Services to Households and Other Services	13990	13842	20522	20641
教 育	Education	20072	17728	17304	16884
卫生、社会保障和社会福利业	Health, Social Security and Social Welfare	17047	16730	23866	23934
文化、体育和娱乐业	Culture, Sports and Entertainment	5324	4647	15738	14421
公共管理和社会组织	Public management and Social Organization	3717	1805	2967	9534
国际组织	International Organization				

5-10 分登记注册类型和细行业女性年底就业人员(2006年)

Number of Female Staff and Workers at the Year-end by Status of Registration and Sector in Detail(2006)

单位:万人 (10 000 persons)

类别	Category	总计 Total	国有单位 State-owned Units	城镇集体单位 Urban Collective-owned Units	其他单位 Units of Other Types of Ownership
总计	**Total**	**357.7**	**150.7**	**22.8**	**184.1**
按企、事业和机关分	**Grouped by Enterprises, institutions and Agencies**				
企业	Enterprises	253.4	51.4	19.0	182.9
事业	Institutions	84.7	80.4	3.6	0.8
机关	Agebcies & Organizations	18.9	18.9		
其他	Others	0.7			0.5
按国民经济行业分	**Grouped by Sector**				
农、林、牧、渔业	**Agriculture, Forestry, Animal Husbandry and Fishing**	**1.8**	**1.2**	**0.2**	**0.4**
农业	Agriculture	0.2	0.2		
林业	Forestry	0.1	0.1		
畜牧业	Animal Husbandry				
渔业	Fishing	0.1	0.1		
农、林、牧、渔服务业	Services	1.3	0.8	0.2	0.3
采矿业	**Mining**	**17.8**	**14.2**	**0.3**	**3.4**
煤炭开采和洗选业	Mining and Washing of Coal	9.0	6.2	0.1	2.7
石油和天然气开采业	Extraction of Petroleum and Natural Gas	7.1	7.0		0.1
黑色金属矿采选业	Mining of Ferrous Metal Ores	0.3	0.2		0.1
有色金属矿采选业	Mining of Non-ferrous Metal Ores	1.1	0.6	0.1	0.3
非金属矿采选业	Mining and Processing of Nonmetal Ores	0.4	0.1	0.1	0.2
其他采矿业	Mining of Other Ores				
制造业	**Manufacturing**	**166.9**	**12.3**	**9.6**	**145.0**
农副食品加工业	Processing of Food from Agricultural Products	12.8	0.8	0.5	11.5
食品制造业	Manufacture of Food	3.8	0.2	0.4	3.2
饮料制造业	Manufacture of Beverage	3.3	0.6	0.1	2.7
烟草制品业	Manufacture of Tobacoo	0.3	0.2		0.1
纺织业	Manufacture of Textile	37.3	1.9	1.2	34.2
纺织服装、鞋、帽制造业	Manufacture of Textile Wearing Apparel, Footware and Caps	16.0	0.2	0.8	15.0
皮革、毛皮、羽毛(绒)及其制品业	Manufacture of Leather, Fur, Feather & Its Products	10.1		0.2	9.9
木材加工及木、竹、藤、棕、草制品业	Processing of Timbers, Manufacture of Wood, Bamboo, Rattan, Palm, and Straw Products	0.7		0.2	0.5
家具制造业	Manufacture of Furniture	0.9			0.9
造纸及纸制品业	Manufacture of Paper and Straw Products	3.4	0.3	0.2	2.9
印刷业和记录媒介的复制	Printing, Reproduction of Recording Media	1.2	0.3	0.2	0.7
文教体育用品制造业	Manufacture of Articles for Culture, Education and Sport Activity	3.7			3.6
石油加工、炼焦及核燃料加工业	Processing of Petroleum, Coking, Processing of Nucleus Fuel	1.9	0.6		1.3
化学原料及化学制品制造业	Manufacture of Chemical Raw Material and Chemical Products	7.5	1.3	0.3	5.9
医药制造业	Manufacture of Medicines	3.5	0.4	0.1	3.1
化学纤维制造业	Manufacture of Chemical Fiber	0.6			0.6
橡胶制品业	Manufacture of Rubber	2.6	0.1	0.1	2.4
塑料制品业	Manufacture of Plastic	2.8		0.2	2.6
非金属矿物制品业	Manufacture of Non-metallic Mineral Products	7.1	1.3	0.8	5.1
黑色金属冶炼及压延加工业	Manufacture and Processing of Ferrous Metals	3.0	0.3	0.6	2.1
有色金属冶炼及压延加工业	Manufacture and Processing of Non-Ferrous Metals	0.6	0.1		0.5
金属制品业	Manufacture of Metal Products	2.5	0.1	0.3	2.2
通用设备制造业	Manufacture of General Purpose Machinery	7.0	1.2	1.6	4.2
专用设备制造业	Manufacture of Special Purpose Machinery	5.0	0.6	0.3	4.2
交通运输设备制造业	Manufacture of Transport Equipment	5.9	1.1	0.2	4.6

5-10 续表1 continued

单位:万人 (10 000 persons)

类别	Category	总计 Total	国有单位 State-owned Units	城镇集体单位 Urban Collective-owned Units	其他单位 Units of Other Types of Ownership
电气机械及器材制造业	Manufacture of Electrical Machinery & Equipment	6.2	0.2	0.5	5.5
通信设备、计算机及其他电子设备制造业	Manufacture of Communication Equipment, Computer and Other Electronic Equipment	9.6	0.1	0.2	9.3
仪器仪表及文化、办公用机械制造业	Manufacture of Measuring Instrument and Machinery for Cultural Activity & Office Work	1.0			0.9
工艺品及其他制造业	Manufacture of Artwork, Other Manufacture	6.5	0.3	0.8	5.4
废弃资源和废旧材料回收加工业	Recycling and Disposal of Waste				
电力、燃气及水的生产和供应业	**Production and Supply of Electric Power and Heat Power**	**6.0**	**4.3**	**0.1**	**1.6**
电力、热力的生产和供应业	Production and Supply of Electric Power and Heat Power	4.3	3.1	0.1	1.1
燃气生产和供应业	Production and Supply of Gas	0.3	0.2		0.2
水的生产和供应业	Production and Supply of Water	1.4	1.1		0.3
建筑业	**Construction**	**8.7**	**2.3**	**1.8**	**4.6**
房屋和土木工程建筑业	Construction of Building & Civil Engineering	7.2	1.7	1.6	3.9
建筑安装业	Architectural Installation	1.1	0.5	0.1	0.4
建筑装饰业	Architectural Decoration	0.2			0.2
其他建筑业	Other Construction	0.2	0.1		0.1
交通运输、仓储和邮政业	**Traffic, Transport, Storage and Post**	**8.2**	**5.2**	**0.3**	**2.8**
铁路运输业	Transport Via Railway	1.1	1.0		
道路运输业	Transport Via Road	2.7	1.3	0.1	1.2
城市公共交通业	Urban Public Traffic	1.6	1.0		0.7
水上运输业	Water Transport	0.8	0.4		0.4
航空运输业	Air Transport	0.3	0.1		0.2
管道运输业	Transport Via Pipeline				
装卸搬运和其他运输服务业	Loading, Unloading, Portage and Other Transport Services	0.3	0.1		0.2
仓储业	Storage	0.5	0.2	0.1	0.2
邮政业	post	1.0	1.0		
信息传输、计算机服务和软件业	**Information Transfer, Computer Services and Software**	**1.9**	**0.7**	**0.1**	**1.1**
电信和其他信息传输服务业	Telecom & Other Information Transfer Services	1.7	0.6	0.1	1.0
计算机服务业	Computer Services	0.1			
软件业	Software Industry	0.1			0.1
批发和零售业	**Wholesale and Retail Trade**	**17.9**	**4.4**	**2.7**	**10.8**
批发业	Wholesale Trade	6.2	2.3	1.1	2.8
零售业	Retail Trade	11.7	2.0	1.6	8.1
住宿和餐饮业	**Hotels and Catering Services**	**6.0**	**2.7**	**0.5**	**2.7**
住宿业	Hotels	3.3	1.7	0.3	1.3
餐饮业	Catering Services	2.7	1.0	0.2	1.5
金融业	**Financial Intermediation**	**12.0**	**3.8**	**1.6**	**6.6**
银行业	Bank	6.8	2.5	1.6	2.7
证券业	Security Activities	0.1	0.1		
保险业	Insurance	5.1	1.2		3.9
其他金融活动	Other Financial Activities	0.1			
房地产业	**Real Estate**	**2.7**	**1.0**	**0.3**	**1.5**
#房地产开发经营	development and Management of Real Estate	1.7	0.4	0.2	1.1
物业管理	Property Management	0.8	0.4	0.1	0.3
房地产中介服务	Agency Services for Real Estate	0.1			
租赁和商务服务业	**Leasing and Business Services**	**3.9**	**1.1**	**1.5**	**1.3**
租赁业	Leasing	0.2		0.1	

5-10 续表2 continued

单位:万人 (10 000 persons)

类 别	Category	总 计 Total	国有单位 State-owned Units	城镇集体单位 Urban Collective-owned Units	其他单位 Units of Other Types of Ownership
商务服务业	Business Services	3.8	1.1	1.4	1.3
科学研究、技术服务和地质勘查业	**Scientific Research, technical Service and Geologic Prospecting**	**2.4**	**2.0**	**0.1**	**0.3**
研究与试验发展	Recearch and Experimental Development	0.6	0.6		
#自然科学研究与试验发展	Natural Science	0.2	0.1		
工程和技术研究与试验发展	Engineering and Technology	0.2	0.2		
农业科学研究与试验发展	Agricultural Science	0.1	0.1		
医学研究与试验发展	Medicine				
社会人文科学研究与试验发展	Social Science	0.1	0.1		
专业技术服务业	Professional Technical Services	1.2	0.9	0.1	0.2
#气象服务	Meteorological Services	0.1	0.1		
地震服务	Earthquake Monitoring				
海洋服务	Marine Service				
测绘服务	Surveying and Mapping	0.1			
技术检测	Technology Supervision	0.3	0.2	0.1	
环境监测	Environment Monitoring				
工程技术与规划管理	Engineering Technology & Planning	0.7	0.5		0.2
科技交流和推广服务业	Services of Science and Technology Exchanges	0.2	0.2		
地质勘查业	Geologic Prospecting	0.3	0.3		
水利、环境和公共设施管理业	**Management of Water Conservancy, Environment and Public Facilities**	**4.6**	**4.2**	**0.1**	**0.2**
水利管理业	Management of Water Conservancy	0.7	0.6		
环境管理业	Management of Environment	2.4	2.2	0.1	
公共设施管理业	Management of Public Facilities	1.6	1.4		0.1
居民服务和其他服务业	**Services to Households and Other Services**	**0.6**	**0.3**	**0.1**	**0.3**
居民服务业	Services to Households	0.3	0.2		0.1
其他服务业	Other Services	0.3	0.1		0.2
教 育	**Education**	**46.8**	**45.2**	**1.0**	**0.6**
#初等教育	Junior Education	17.7	17.2	0.4	0.1
中等教育	Secondary Education	22.3	21.8	0.3	0.2
高等教育	Senior Education	4.2	4.1		0.1
卫生、社会保障和社会福利业	**Health, Social Security and Social Welfare**	**20.8**	**17.9**	**2.4**	**0.5**
卫 生	Health	20.3	17.5	2.4	0.4
社会保障业	Social Security	0.3	0.3		
社会福利业	Social Welfare	0.2	0.2		
文化、体育和娱乐业	**Culture, Sports and Entertainment**	**2.2**	**2.1**		**0.1**
新闻出版业	Journalism and Publishing Activities	0.4	0.4		
广播、电视、电影和音像业	Broadcasting, Movies, Televisions and Audiovisual Activities	0.7	0.7		
文化艺术业	Cultural and Art Activities	0.9	0.8		
体 育	Sports Activities	0.1	0.1		
娱乐业	Entertainment	0.1			0.1
公共管理和社会组织	**Public management and Social Organization**	**26.5**	**26.0**	**0.2**	**0.3**
#中国共产党机关	Organs of Communist Party of China	0.8	0.8		
国家机构	Government Agencies	24.8	24.8		
人民政协和民主党派	People's Political Consultative Conference and Democratic Parties	0.1	0.1		
群众团体、社会团体和宗教组织	Non-Governmental Institutions, Social Organizations and Religion Organizations	0.4	0.4		
国际组织	**International Organization**				

5-11 各市分行业专业技术人员年末人数(2006年)

Number of Scientific and Technical Personnel at the Year-end by Sector and Region(2006)

单位:万人 (10 000 persons)

地区	Region	总计 Total	农、林、牧、渔业 Agriculture, Forestry, Animal Husbandry and Fishing	采矿业 Mining	制造业 Manufacturing	电力、燃气及水的生产和供应业 Production and Supply of Electric Power and Heat Power	建筑业 Construction	交通运输、仓储和邮政业 Traffic, Transport, Storage and Post
全省总计	**Total**	**232.1**	**1.7**	**8.2**	**39.6**	**4.7**	**11.8**	**4.7**
济南市	Jinan	24.2			4.0	0.4	2.2	0.6
青岛市	Qingdao	33.7	0.2	0.1	10.2	0.6	1.6	1.2
淄博市	Zibo	12.6	0.1	0.5	3.4	0.3	1.1	0.2
枣庄市	Zaozhuang	8.7	0.1	1.1	0.8	0.2	0.3	0.1
东营市	Dongying	7.4	0.1	2.3	0.7		0.1	0.1
烟台市	Yantai	20.5	0.3	0.8	4.0	0.4	1.1	0.5
潍坊市	Weifang	20.2	0.2	0.2	3.9	0.4	1.0	0.2
济宁市	Jining	17.1	0.1	1.2	1.9	0.5	0.7	0.2
泰安市	Tai'an	12.8	0.1	1.7	1.8	0.3	0.7	0.2
威海市	Weihai	6.8	0.1		1.8	0.2	0.3	0.2
日照市	Rizhao	5.2			0.5	0.1	0.3	0.2
莱芜市	Laiwu	2.9		0.2	0.2		0.1	
临沂市	Linyi	18.0	0.3	0.2	1.8	0.3	0.8	0.2
德州市	Dezhou	9.1			1.6	0.3	0.4	0.1
聊城市	Liaocheng	10.4			1.1	0.2	0.3	0.2
滨州市	Binzhou	6.8			0.8	0.1	0.2	0.1
菏泽市	Heze	14.2	0.2		0.8	0.3	0.2	0.2

5－11 续表1 continued

单位:万人 (10 000 persons)

地　区	Region	信息传输、计算机服务和软件业 Information Transfer, Computer Services and Software	批发和零售业 Wholesale and Retail Trade	住宿和餐饮业 Hotels and Catering Services	金融业 Financial Intermediation	房地产业 Real Estate	租赁和商务服务业 Leasing and Business Services	科学研究、技术服务和地质勘查业 Scientific Research, technical Service and Geologic Prospecting
全省总计	**Total**	**1.6**	**5.8**	**1.2**	**9.0**	**2.3**	**1.8**	**4.4**
济南市	Jinan	0.3	0.9	0.2	1.2	0.4	0.2	1.1
青岛市	Qingdao	0.3	1.0	0.3	1.6	0.6	0.6	0.9
淄博市	Zibo	0.1	0.2	0.1	0.4	0.1		0.1
枣庄市	Zaozhuang		0.1		0.3	0.1	0.1	0.1
东营市	Dongying		0.1		0.2			
烟台市	Yantai	0.1	0.4	0.1	1.0	0.3	0.2	0.4
潍坊市	Weifang	0.1	0.5	0.1	0.7	0.1	0.1	0.3
济宁市	Jining	0.1	0.4		0.6	0.2	0.1	0.2
泰安市	Tai'an		0.3		0.4			0.1
威海市	Weihai	0.1	0.2	0.1	0.3	0.1		0.1
日照市	Rizhao		0.2		0.2			0.1
莱芜市	Laiwu		0.1		0.1			
临沂市	Linyi	0.1	0.4		0.6	0.1	0.1	0.2
德州市	Dezhou	0.1	0.2		0.3			0.1
聊城市	Liaocheng	0.1	0.2		0.4	0.1		0.1
滨州市	Binzhou		0.1		0.2			0.1
菏泽市	Heze	0.1	0.3		0.5			0.1

5－11 续表2 continued

单位:万人 (10 000 persons)

地　区	Region	水利、环境和公共设施管理业 Management of Water Conservancy, Environment and Public Facilities	居民服务和其他服务业 Services to Households and Other Services	教育 Education	卫生、社会保障和社会福利业 Health, Social Security and Social Welfare	文化、体育和娱乐业 Culture, Sports and Entertainment	公共管理和社会组织 Public management and Social Organization	国际组织 International Organization
全省总计	**Total**	**2.1**	**0.2**	**85.4**	**26.8**	**2.8**	**18.1**	
济南市	Jinan	0.2		7.4	2.8	0.6	1.6	
青岛市	Qingdao	0.3		9.2	3.1	0.5	1.5	
淄博市	Zibo	0.1		3.6	1.5	0.1	0.7	
枣庄市	Zaozhuang	0.1		3.4	1.0	0.1	0.7	
东营市	Dongying	0.1		2.2	0.6		0.6	
烟台市	Yantai	0.1		7.0	2.3	0.3	1.2	
潍坊市	Weifang	0.2		8.2	2.6	0.2	1.4	
济宁市	Jining	0.2		6.8	2.0	0.2	1.8	
泰安市	Tai'an	0.1		4.9	1.3	0.1	0.7	
威海市	Weihai			2.1	1.1	0.1	0.3	
日照市	Rizhao	0.1		2.2	0.6	0.1	0.4	
莱芜市	Laiwu			1.4	0.4		0.2	
临沂市	Linyi	0.2		8.6	2.2	0.1	2.0	
德州市	Dezhou			3.8	1.0	0.1	1.0	
聊城市	Liaocheng	0.1		5.0	1.4	0.1	0.9	
滨州市	Binzhou	0.1		2.6	1.0	0.1	1.3	
菏泽市	Heze	0.2		7.3	2.0	0.2	1.7	

5-12 各市私营企业年底就业人员数(2006年)

Number of Employed Persons in Private Enterprises at the Year-end by Region(2006)

地 区	Region	户 数 (户) Number of Enterprises (enterprise)	就业人数 (万人) Number of Employed Persons (10 000 persons)	#投资者 Employers	城 镇 就业人数 (万人) Number of Employed Persons in Urban Areas (10 000 persons)	#投资者 Employers	乡 村 就业人数 (万人) Number of Employed Persons in Rural Areas (10 000 persons)	#投资者 Employers
全省总计	**Total**	**363057**	**507.6**	**407.0**	**289.5**	**65.6**	**218.1**	**341.4**
济南市	Jinan	34511	32.2	25.5	21.1	4.7	11.1	20.8
青岛市	Qingdao	78136	77.5	58.7	69.4	17.7	8.1	41.0
淄博市	Zibo	23916	32.1	24.6	17.0	4.9	15.1	19.7
枣庄市	Zaozhuang	8764	14.0	10.4	8.6	2.6	5.4	7.8
东营市	Dongying	12211	13.7	10.2	8.5	2.4	5.2	7.8
烟台市	Yantai	34666	55.5	45.0	36.0	8.0	19.5	37.0
潍坊市	Weifang	30678	49.7	39.8	23.5	5.5	26.2	34.3
济宁市	Jining	19158	28.0	23.1	7.6	1.7	20.4	21.4
泰安市	Tai'an	12705	30.3	26.4	12.1	2.2	18.2	24.2
威海市	Weihai	15911	25.2	20.5	16.1	3.4	9.1	17.1
日照市	Rizhao	8273	11.3	9.0	7.4	1.9	3.9	7.1
莱芜市	Laiwu	7216	8.5	6.8	6.0	1.1	2.5	5.7
临沂市	Linyi	20264	33.1	26.4	18.3	2.8	14.8	23.6
德州市	Dezhou	23599	48.2	42.1	17.8	2.1	30.4	40.0
聊城市	Liaocheng	10157	15.4	12.1	6.3	1.9	9.1	10.2
滨州市	Binzhou	7161	11.1	8.8	4.9	1.1	6.2	7.7
菏泽市	Heze	12062	16.8	13.9	8.9	1.7	7.9	12.2

5-13 各市个体年底就业人员数(2006年)

Number of Self-employed Individuals at the Year-end by Region(2006)

地区	Region	个体户数(户) Number of Enterprises (enterprise)	个体就业人数(万人) Number of Employed Persons (10 000 persons)	城镇就业人数(万人) Urban Employed Persons (10 000 persons)	乡村就业人数(万人) Rural Employed Persons (10 000 persons)
全省总计	**Total**	**1766022**	**386.9**	**188.5**	**198.4**
济南市	Jinan	138247	29.2	17.0	12.2
青岛市	Qingdao	221012	45.3	24.6	20.7
淄博市	Zibo	75464	15.2	8.6	6.6
枣庄市	Zaozhuang	93223	21.4	12.9	8.5
东营市	Dongying	45117	11.0	5.8	5.2
烟台市	Yantai	136025	27.7	14.9	12.8
潍坊市	Weifang	150502	31.6	14.2	17.4
济宁市	Jining	128349	24.9	13.3	11.6
泰安市	Tai'an	80790	17.2	5.0	12.2
威海市	Weihai	56772	11.2	6.5	4.7
日照市	Rizhao	41697	7.2	2.0	5.2
莱芜市	Laiwu	35959	9.9	4.7	5.2
临沂市	Linyi	165031	49.6	23.4	26.2
德州市	Dezhou	169003	40.4	19.1	21.3
聊城市	Liaocheng	66348	11.8	4.1	7.7
滨州市	Binzhou	39254	8.4	2.6	5.8
菏泽市	Heze	123229	24.9	9.7	15.2

5-14 职工工资总额和指数

Total Wages Bill of Staff and Workers and Related Indices

年份 Year 地区 Region	工资总额(亿元) Total Wages Bill (100 million yuan)				指数(上年=100) Indices(preceding year=100)			
	总计 Total	国有单位 State-owned Units	城镇集体单位 Urban Collective-owned Units	其他单位 Other Units	总计 Total	国有单位 State-owned Units	城镇集体单位 Urban Collective-owned Units	其他单位 Other Units
1978	26.0	20.5	5.5		162.5	128.1		
1979	30.0	23.8	6.2		115.4	116.1	112.7	
1980	37.1	29.2	7.9		123.7	122.7	127.4	
1981	39.6	31.2	8.4		106.7	106.8	106.3	
1982	42.2	33.2	9.0		106.6	106.4	107.1	
1983	44.2	35.0	9.2		104.7	105.4	102.2	
1984	57.1	42.2	14.9		129.2	120.6	162.0	
1985	66.8	50.0	16.8		117.0	118.5	112.8	
1986	82.7	62.7	19.9	0.1	123.8	125.4	118.5	
1987	94.4	72.2	22.0	0.2	114.1	115.2	110.6	200.0
1988	125.1	96.9	27.9	0.3	132.5	134.2	126.8	150.0
1989	139.6	108.8	30.3	0.5	111.6	112.3	108.6	166.7
1990	161.9	126.2	34.8	0.9	116.0	116.0	114.9	180.0
1991	179.8	139.8	38.4	1.6	111.1	110.8	110.3	177.8
1992	214.3	167.7	44.2	2.4	119.2	120.0	115.1	150.0
1993	266.2	208.7	49.4	8.1	124.2	124.4	111.8	337.5
1994	372.7	290.4	59.4	22.9	140.0	139.1	120.2	282.7
1995	464.1	357.8	72.3	34.0	124.5	123.2	121.7	148.5
1996	532.7	414.2	78.2	40.3	114.8	115.8	108.2	118.5
1997	580.4	450.0	79.7	50.7	109.0	108.6	101.9	125.8
1998	575.4	444.4	61.6	69.4	99.1	98.8	77.3	136.9
1999	620.1	475.9	60.1	84.1	107.8	107.1	97.6	121.2
2000	695.1	524.4	58.8	111.9	112.1	110.2	97.8	133.1
2001	773.9	577.7	58.0	138.2	111.3	110.2	98.6	123.5
2002	868.4	630.5	59.5	178.4	112.2	109.1	102.6	129.1
2003	954.8	679.1	63.2	212.5	109.9	107.7	106.2	119.1
2004	1107.5	772.6	67.4	267.5	116.0	113.8	106.6	125.9
2005	1440.3	823.7	73.2	543.4	130.0	106.6	108.6	203.1
2006	1664.5	929.9	78.8	655.8	115.6	112.9	107.7	120.7
济南市 Jinan	216.2	117.9	7.9	90.4	115.4	114.1	101.3	118.6
青岛市 Qingdao	292.0	132.4	9.9	149.8	120.2	110.1	111.2	131.8
淄博市 Zibo	110.3	64.1	4.8	41.4	112.8	107.4	111.6	122.8
枣庄市 Zaozhuang	57.1	45.3	3.6	8.2	112.0	111.0	100.0	126.2
东营市 Dongying	94.2	69.9	4.7	19.6	108.0	110.4	90.4	104.8
烟台市 Yantai	180.6	88.3	6.7	85.6	118.3	113.6	108.1	124.6
潍坊市 Weifang	107.9	57.6	4.7	45.7	111.7	111.8	104.4	112.8
济宁市 Jining	110.0	83.1	5.3	21.6	122.9	122.4	117.8	125.6
泰安市 Tai'an	74.9	29.8	8.9	36.2	113.3	112.5	117.1	113.1
威海市 Weihai	69.3	31.6	5.6	32.1	115.7	110.1	127.3	119.8
日照市 Rizhao	27.7	14.2	0.8	12.7	117.4	112.7	114.3	123.3
莱芜市 Laiwu	29.4	10.5	3.6	15.3	114.8	118.0	105.9	115.0
临沂市 Linyi	83.0	49.1	3.9	30.0	115.1	114.7	95.1	119.0
德州市 Dezhou	45.0	27.1	2.2	15.7	113.1	112.4	122.2	113.8
聊城市 Liaocheng	45.6	28.4	1.7	15.6	110.7	110.5	100.0	113.0
滨州市 Binzhou	48.0	18.7	2.3	27.0	106.0	105.1	109.5	106.3
菏泽市 Heze	39.3	28.8	2.4	8.0	115.9	113.8	109.1	125.0

注:1998年及以后工资总额为在岗职工工资总额,1998年及以后指数按可比口径计算(以下各表同)。

a) Data on total wages bill since 1998 refer to wages of fully employed staff and workers, and the indices was calculated on the basis of comparable coverage (The same as in the following tables)

5-15 职工平均工资及指数

Average Wage of Staff and Workers and Related Indices

年份 Year 地区 Region		平均货币工资（元）Average Money Wage(yuan)			货币指数(上年=100) Average Money Wage Indices(preceding year=100)	
	总计 Total	国有单位 State-owned Units	城镇集体单位 Urban Collective-owned Units	其他单位 Other Units	总计 Total	国有单位 State-owned Units
1978	566	597	472		98.1	103.5
1979	632	664	537		111.7	111.2
1980	745	774	654		117.9	116.6
1981	755	782	667		101.3	101.0
1982	769	797	679		101.9	101.9
1983	789	818	696		102.6	102.6
1984	985	1037	864		124.8	126.8
1985	1110	1170	938		112.7	112.8
1986	1313	1401	1057	1128	118.3	119.7
1987	1428	1516	1158	1465	108.8	108.2
1988	1782	1909	1449	1951	124.8	125.9
1989	1920	2067	1529	1905	107.7	108.3
1990	2150	2315	1707	2218	112.0	112.0
1991	2292	2463	1826	2394	106.6	106.4
1992	2601	2823	2002	2614	113.5	114.6
1993	3149	3410	2352	3482	121.1	120.8
1994	4338	4753	2999	4580	137.8	139.4
1995	5145	5585	3668	5299	118.6	117.5
1996	5809	6356	3980	5850	112.9	113.8
1997	6241	6817	4186	6373	107.4	107.3
1998	6854	7469	4558	6346	109.8	109.6
1999	7656	8389	4988	6882	111.7	112.3
2000	8772	9655	5585	7771	114.6	115.1
2001	10007	11067	6234	8731	114.1	114.6
2002	11374	12777	7129	9561	113.7	115.5
2003	12567	13975	8442	10680	110.5	109.4
2004	14332	16030	9864	12025	114.0	114.7
2005	16614	19823	11474	14018	115.9	123.7
2006	19228	22804	13132	16482	115.7	115.0
济南市 Jinan	22862	26901	13464	20142	110.1	108.7
青岛市 Qingdao	23458	33716	17582	18812	117.2	116.8
淄博市 Zibo	19931	27046	10969	15180	116.1	121.7
枣庄市 Zaozhuang	16832	19819	10599	10649	113.5	112.7
东营市 Dongying	27607	31502	21885	20026	106.2	104.3
烟台市 Yantai	22165	27926	16627	18681	118.1	115.0
潍坊市 Weifang	15604	19431	12733	12738	110.8	111.8
济宁市 Jining	18990	22520	9084	14228	121.4	125.8
泰安市 Tai'an	15262	17029	10742	15552	114.1	117.3
威海市 Weihai	18168	23317	13769	15628	115.1	109.9
日照市 Rizhao	15936	16521	8808	16133	122.2	113.2
莱芜市 Laiwu	20999	21415	20137	20928	114.9	111.4
临沂市 Linyi	15833	16784	13849	14742	117.7	114.9
德州市 Dezhou	12651	13681	10623	11467	115.0	113.9
聊城市 Liaocheng	14120	15606	13389	12097	117.2	117.3
滨州市 Binzhou	15085	17007	12237	14253	111.3	112.5
菏泽市 Heze	11871	11974	10552	11953	120.3	116.2

5-15 续表 continued

年份 Year / 地区 Region	货币指数 Average Money Wage Indices(preceding year=100) 城镇集体单位 Urban Collective-owned Units	其他单位 Other Units	实际工资指数(上年=100) Average Real Wage Indices(preceding year=100) 总计 Total	国有单位 State-owned Units	城镇集体单位 Urban Collective-owned Units	其他单位 Other Units
1978			97.8	103.2		
1979	113.8		110.2	109.7	112.2	
1980	121.8		114.6	113.3	118.4	
1981	102.0		99.2	98.9	99.9	
1982	101.8		101.6	101.6	101.5	
1983	102.5		103.2	103.2	103.1	
1984	124.1		123.0	124.9	122.3	
1985	108.6		103.6	103.7	99.8	
1986	112.7		112.7	114.0	107.3	
1987	109.6	129.9	99.7	99.2	100.5	119.1
1988	125.1	133.2	103.5	104.4	103.7	110.4
1989	105.5	97.6	93.1	93.6	91.2	84.4
1990	111.6	116.4	109.2	109.2	108.8	113.5
1991	107.0	107.9	100.4	100.2	100.8	101.6
1992	109.6	109.2	104.5	105.5	100.9	100.6
1993	117.5	133.2	105.7	105.4	102.5	116.2
1994	127.5	131.5	109.9	111.2	101.7	104.9
1995	122.3	115.7	101.5	100.6	104.7	99.1
1996	108.5	110.4	102.2	103.0	98.2	99.9
1997	105.2	108.9	104.1	104.0	101.9	105.5
1998	108.9	99.6	110.1	109.9	109.2	99.9
1999	109.4	108.4	111.7	112.3	109.4	108.4
2000	112.0	112.9	113.2	113.7	110.7	111.6
2001	111.6	112.4	112.9	113.4	110.4	111.2
2002	114.4	109.5	115.2	117.0	115.9	110.9
2003	118.4	111.7	109.7	108.6	117.6	110.9
2004	116.8	112.6	110.9	111.6	113.6	109.5
2005	116.3	116.6	114.7	122.3	115.1	115.3
2006	114.5	117.6	114.6	113.9	113.3	116.4
济南市 Jinan	113.2	110.9	109.2	107.7	112.2	109.9
青岛市 Qingdao	120.0	121.7	116.1	115.8	119.0	120.6
淄博市 Zibo	120.1	114.1	114.8	120.3	118.8	112.8
枣庄市 Zaozhuang	113.4	118.7	112.0	111.3	111.9	117.2
东营市 Dongying	104.2	108.2	105.6	103.8	103.6	107.7
烟台市 Yantai	117.4	122.2	116.3	113.2	115.6	120.3
潍坊市 Weifang	112.3	109.8	109.7	110.6	111.2	108.7
济宁市 Jining	103.0	118.3	120.3	124.6	102.1	117.2
泰安市 Tai'an	111.7	113.2	112.7	115.8	110.3	111.7
威海市 Weihai	127.2	118.7	114.0	108.9	125.9	117.5
日照市 Rizhao	119.4	133.0	120.9	112.0	118.1	131.5
莱芜市 Laiwu	109.7	118.3	114.5	111.1	109.4	118.0
临沂市 Linyi	110.4	122.9	117.0	114.2	109.7	122.1
德州市 Dezhou	111.2	117.6	113.8	112.6	110.0	116.3
聊城市 Liaocheng	112.9	117.8	115.5	115.7	111.3	116.2
滨州市 Binzhou	131.0	109.0	110.6	111.7	130.1	108.3
菏泽市 Heze	132.8	131.2	118.9	114.9	131.3	129.7

5-16 各市分行业在岗职工工资总额(2006年)

Total Wages Bill of Staff and Workers by Sector and Region(2006)

单位:万元 (10 000 yuan)

地区	Region	总计 Total	农、林、牧、渔业 Agriculture, Forestry, Animal Husbandry and Fishing	采矿业 Mining	制造业 Manufacturing	电力、燃气及水的生产和供应业 Production and Supply of Electric Power and Heat Power	建筑业 Construction	交通运输、仓储和邮政业 Traffic, Transport, Storage and Post
全省总计	**Total**	**16644966**	**81603**	**1642038**	**5157173**	**500145**	**1045653**	**719782**
济南市	Jinan	2162242	2385	28870	490850	53525	332339	64081
青岛市	Qingdao	2920052	9989	4406	1314786	65718	103855	183798
淄博市	Zibo	1102894	5834	92892	421434	38760	95988	17901
枣庄市	Zaozhuang	570663	4665	214661	75263	20826	18857	5838
东营市	Dongying	941763	7226	442958	144962	6810	21333	10863
烟台市	Yantai	1805684	13728	154485	647918	51484	119698	68477
潍坊市	Weifang	1079156	6119	18506	428066	32007	54374	11732
济宁市	Jining	1099825	3009	395074	138252	48820	29075	11881
泰安市	Tai'an	749315	3675	212948	161893	24894	61778	12802
威海市	Weihai	692848	4866	1945	316674	34713	32660	14563
日照市	Rizhao	277411	1125	1117	76299	11409	13368	48116
莱芜市	Laiwu	293602	49	25968	149227	12387	16549	1476
临沂市	Linyi	830372	8540	40593	197227	23790	50605	11150
德州市	Dezhou	449657	3493	4979	140639	25046	24158	7051
聊城市	Liaocheng	456353	891		122554	20862	18525	19794
滨州市	Binzhou	480166	2633	4109	259749	9489	18126	2808
菏泽市	Heze	392571	3413	1121	54567	20101	8889	12507

5－16 续表1 continued

单位:万元 (10 000 yuan)

地　区	Region	信息传输、计算机服务和软件业 Information Transfer, Computer Services and Software	批发和零售业 Wholesale and Retail Trade	住宿和餐饮业 Hotels and Catering Services	金融业 Financial Intermediation	房地产业 Real Estate	租赁和商务服务业 Leasing and Business Services	科学研究、技术服务和地质勘查业 Scientific Research, technical Service and Geologic Prospecting
全省总计	**Total**	**184894**	**482686**	**150248**	**612383**	**152794**	**178069**	**208147**
济南市	Jinan	44583	105058	42656	112880	38062	27245	56133
青岛市	Qingdao	30368	88450	34381	115338	35867	44447	46371
淄博市	Zibo	11056	23691	6909	36237	8492	6667	4542
枣庄市	Zaozhuang	3255	9026	1239	15017	3517	19362	4286
东营市	Dongying	10295	9467	4633	11735	3246	22712	5191
烟台市	Yantai	13098	48654	13681	49726	25406	14778	18613
潍坊市	Weifang	7529	33637	6896	33995	7045	4091	9567
济宁市	Jining	10036	22370	4630	39415	5020	7120	5177
泰安市	Tai'an	2885	16330	4225	16748	4232	2105	6625
威海市	Weihai	3185	23793	7791	17446	6608	3342	3322
日照市	Rizhao	1480	13483	1894	9221	2419	852	1672
莱芜市	Laiwu	2158	5248	1223	8793	504	595	658
临沂市	Linyi	14061	24275	4694	46628	3737	12236	6316
德州市	Dezhou	3983	13866	3336	32113	3397	1437	1696
聊城市	Liaocheng	5601	12237	2720	27499	3739	1942	2378
滨州市	Binzhou	2504	11313	1391	13613	636	1322	1795
菏泽市	Heze	8779	17642	2102	27350	659	1850	2332

5－16 续表2 continued

单位:万元 (10 000 yuan)

地　区	Region	水利、环境和公共设施管理业 Management of Water Conservancy, Environment and Public Facilities	居民服务和其他服务业 Services to Households and Other Services	教育 Education	卫生、社会保障和社会福利业 Health, Social Security and Social Welfare	文化、体育和娱乐业 Culture, Sports and Entertainment	公共管理和社会组织 Public management and Social Organization	国际组织 International Organization
全省总计	**Total**	**161053**	**80097**	**2264298**	**795827**	**141270**	**2086807**	
济南市	Jinan	25108	13671	275167	122516	48729	278384	
青岛市	Qingdao	28845	5499	360413	118059	28348	301115	
淄博市	Zibo	9224	575	133400	52847	5172	131275	
枣庄市	Zaozhuang	5082	593	62542	24429	3273	78935	
东营市	Dongying	5734	49115	83987	21631	1796	78069	
烟台市	Yantai	17800	2553	251736	80557	15986	197307	
潍坊市	Weifang	7274	1243	176987	63988	5288	170814	
济宁市	Jining	12059	1309	166937	47633	7319	144692	
泰安市	Tai'an	8274	691	103450	34274	3040	68446	
威海市	Weihai	6154	916	96434	38237	4159	76039	
日照市	Rizhao	2558	95	45347	12336	2045	32578	
莱芜市	Laiwu	723	121	30515	8004	494	28913	
临沂市	Linyi	10163	502	165918	57815	5355	146767	
德州市	Dezhou	5052	204	74340	19643	2374	82852	
聊城市	Liaocheng	6850	561	86236	38460	2865	82639	
滨州市	Binzhou	3879	160	54272	24339	1511	66519	
菏泽市	Heze	6562	2035	99554	31170	3007	88932	

5-17 各市分行业在岗职工平均工资(2006年)

Average Wage of Staff and Workers by Sector and Region(2006)

单位:元 (yuan)

地　区	Region	总　计 Total	农、林、牧、渔业 Agriculture, Forestry, Animal Husbandry and Fishing	采矿业 Mining	制造业 Manufacturing	电力、燃气及水的生产和供应业 Production and Supply of Electric Power and Heat Power	建筑业 Construction	交通运输、仓储和邮政业 Traffic, Transport, Storage and Post
全省总计	**Total**	**19228**	**14690**	**27226**	**15381**	**25514**	**15643**	**25124**
济南市	Jinan	22862	20772	15668	18728	27837	17929	26855
青岛市	Qingdao	23458	17124	11456	17848	32358	19945	32498
淄博市	Zibo	19931	16338	26230	16270	27865	14487	20293
枣庄市	Zaozhuang	16832	14059	23705	10710	24787	9720	9906
东营市	Dongying	27607	16224	34032	20577	30266	15210	19426
烟台市	Yantai	22165	22417	26496	17494	28075	20833	24329
潍坊市	Weifang	15604	12801	14193	13466	19934	13224	13414
济宁市	Jining	18990	16063	33174	10552	28124	9299	10499
泰安市	Tai'an	15262	12302	21724	11227	24969	10998	15586
威海市	Weihai	18168	19925	9407	14841	25487	15525	16536
日照市	Rizhao	15936	10714	10132	12121	25046	12261	39423
莱芜市	Laiwu	20999	17034	22183	22077	31712	15036	8923
临沂市	Linyi	15833	11532	24125	12468	19116	14833	12371
德州市	Dezhou	12651	10881	26443	10602	23193	12651	12461
聊城市	Liaocheng	14120	7868		11199	20316	10557	18257
滨州市	Binzhou	15085	15307	13418	14074	23575	11862	14415
菏泽市	Heze	11871	7570	11399	9545	18054	9647	14066

5－17 续表 1 continued

单位:元 (yuan)

地 区	Region	信息传输、计算机服务和软件业 Information Transfer, Computer Services and Software	批发和零售业 Wholesale and Retail Trade	住宿和餐饮业 Hotels and Catering Services	金融业 Financial Intermediation	房地产业 Real Estate	租赁和商务服务业 Leasing and Business Services	科学研究、技术服务和地质勘查业 Scientific Research, technical Service and Geologic Prospecting
全省总计	**Total**	**36522**	**13665**	**13835**	**33304**	**19241**	**17184**	**26986**
济南市	Jinan	37296	15731	15402	43936	21812	19770	33302
青岛市	Qingdao	49459	21285	18189	52041	25951	24463	35087
淄博市	Zibo	56754	10612	11337	37048	19690	18336	25751
枣庄市	Zaozhuang	30790	10019	6873	25954	11974	14949	18733
东营市	Dongying	30397	17122	20611	29076	24137	18276	21145
烟台市	Yantai	43997	16879	15415	28894	21855	18605	23302
潍坊市	Weifang	30259	12289	10168	21222	15082	11851	17071
济宁市	Jining	45721	8600	9119	31055	11076	9940	16765
泰安市	Tai'an	23645	8201	9694	19353	11564	14379	20341
威海市	Weihai	17433	15131	12266	25720	15954	17350	21771
日照市	Rizhao	17284	11263	10397	23560	15614	15979	13516
莱芜市	Laiwu	38536	13712	9991	33169	13290	8169	15627
临沂市	Linyi	39857	11486	10263	33564	17939	11334	18114
德州市	Dezhou	17570	8610	8846	29359	14124	8690	16137
聊城市	Liaocheng	27098	9818	9406	31334	11497	7053	22270
滨州市	Binzhou	34872	12307	11103	27384	13803	10440	10738
菏泽市	Heze	45159	12032	8864	26556	7630	10623	13036

5－17 续表 2 continued

单位:元 (yuan)

地 区	Region	水利、环境和公共设施管理业 Management of Water Conservancy, Environment and Public Facilities	居民服务和其他服务业 Services to Households and Other Services	教育 Education	卫生、社会保障和社会福利业 Health, Social Security and Social Welfare	文化、体育和娱乐业 Culture, Sports and Entertainment	公共管理和社会组织 Public management and Social Organization	国际组织 International Organization
全省总计	**Total**	**15967**	**25167**	**21877**	**22950**	**25100**	**21584**	
济南市	Jinan	24978	20783	28930	30752	37243	30676	
青岛市	Qingdao	19891	20433	34952	31581	32772	43504	
淄博市	Zibo	19365	19436	29516	27905	24282	29065	
枣庄市	Zaozhuang	9116	15061	15598	18332	18266	17863	
东营市	Dongying	19344	33740	30238	27824	24470	26945	
烟台市	Yantai	23027	21784	30344	28650	26353	30626	
潍坊市	Weifang	12533	14519	18751	20218	18078	19425	
济宁市	Jining	12735	13212	20170	18700	16380	17369	
泰安市	Tai'an	14583	9219	16765	17993	18448	17088	
威海市	Weihai	14376	13779	28717	29545	16512	27411	
日照市	Rizhao	14779	20149	16219	15524	15057	15974	
莱芜市	Laiwu	20136	24714	20485	16588	17580	21072	
临沂市	Linyi	12747	21374	16436	19350	16735	17323	
德州市	Dezhou	11025	10313	13268	13228	12952	12465	
聊城市	Liaocheng	14194	11259	15050	20990	14821	14291	
滨州市	Binzhou	13912	17604	18103	19682	13701	15891	
菏泽市	Heze	8099	12564	11793	12526	11643	10646	

5-18 分行业在岗职工平均工资(2006年)

Average Wage of Staff and Workers by Sector(2006)

单位:元 (yuan)

类别	Category	合计 Total	国有单位 State-owned Units	城镇集体单位 Urban Collective-owned Units	其他单位 Units of Other Types of Ownership
总计	**Total**	**19228**	**22804**	**13132**	**16482**
按企、事业和机关分	**Grouped by Enterprises, institutions and Agencies**				
企业	Enterprises	18114	24062	12892	16474
事业	Institutions	21702	22037	14671	19201
机关	Agencies & Organizations	22021	22035	13462	
其他	Others	15925	22235	15153	12953
按国民经济行业分	**Grouped by Sector**				
农、林、牧、渔业	**Agriculture, Forestry, Animal Husbandry and Fishing**	**14690**	**15618**	**10857**	**12513**
农业	Agriculture	13193	12669	10600	15376
林业	Forestry	11916	11888	11050	13864
畜牧业	Animal Husbandry	11577	7869	8143	13413
渔业	Fishing	16125	18847	10951	9151
农、林、牧、渔服务业	Services	15268	16578	10878	12272
采矿业	**Mining**	**27226**	**30515**	**12833**	**21376**
煤炭开采和洗选业	Mining and Washing of Coal	26233	29857	10987	21520
石油和天然气开采业	Extraction of Petroleum and Natural Gas	33996	34115		24728
黑色金属矿采选业	Mining of Ferrous Metal Ores	26950	30446	7202	19730
有色金属矿采选业	Mining of Non-ferrous Metal Ores	22630	22015	18621	25036
非金属矿采选业	Mining and Processing of Nonmetal Ores	13187	12493	9569	14400
其他采矿业	Mining of Other Ores	9667			9667
制造业	**Manufacturing**	**15381**	**18127**	**12732**	**15245**
农副食品加工业	Processing of Food from Agricultural Products	13793	9553	9144	14437
食品制造业	Manufacture of Food	12793	14087	8232	13368
饮料制造业	Manufacture of Beverage	12054	7952	10904	12864
烟草制品业	Manufacture of Tobacoo	50503	44158		64472
纺织业	Manufacture of Textile	12225	10731	10179	12384
纺织服装、鞋、帽制造业	Manufacture of Textile Wearing Apparel, Footware and Caps	14228	15352	12284	14346
皮革、毛皮、羽毛(绒)及其制品业	Manufacture of Leather, Fur, Feather & Its Products	15207	15850	12136	15309
木材加工及木、竹、藤、棕、草制品业	Processing of Timbers, Manufacture of Wood, Bamboo, Rattan, Palm, and Straw Products	13493	10021	15436	13115
家具制造业	Manufacture of Furniture	12760	11042	8433	12949
造纸及纸制品业	Manufacture of Paper and Straw Products	12594	11544	10319	12825
印刷业和记录媒介的复制	Printing, Reproduction of Recording Media	14364	15199	9538	15017
文教体育用品制造业	Manufacture of Articles for Culture, Education and Sport Activity	13460	9923	7518	13560
石油加工、炼焦及核燃料加工业	Processing of Petroleum, Coking, Processing of Nucleus Fuel	20716	18615	16632	21803
化学原料及化学制品制造业	Manufacture of Chemical Raw Material and Chemical Products	16843	16796	13881	16990
医药制造业	Manufacture of Medicines	15356	14944	12121	15469
化学纤维制造业	Manufacture of Chemical Fiber	13509	10320	9538	13622
橡胶制品业	Manufacture of Rubber	15876	17047	17537	15719
塑料制品业	Manufacture of Plastic	14091	9824	12152	14348
非金属矿物制品业	Manufacture of Non-metallic Mineral Products	14001	19630	10893	12920
黑色金属冶炼及压延加工业	Manufacture and Processing of Ferrous Metals	26009	27715	21645	26616
有色金属冶炼及压延加工业	Manufacture and Processing of Non-Ferrous Metals	14071	13650	16263	14048
金属制品业	Manufacture of Metal Products	14874	15416	11968	15209
通用设备制造业	Manufacture of General Purpose Machinery	16451	21664	11622	15974
专用设备制造业	Manufacture of Special Purpose Machinery	14822	16868	11597	14672
交通运输设备制造业	Manufacture of Transport Equipment	19628	22161	13302	19006

5-18 续表1 continued

单位:元 (yuan)

类别	Category	合计 Total	国有单位 State-owned Units	城镇集体单位 Urban Collective-owned Units	其他单位 Units of Other Types of Ownership
电气机械及器材制造业	Manufacture of Electrical Machinery & Equipment	16306	25748	14966	15816
通信设备、计算机及其他电子设备制造业	Manufacture of Communication Equipment, Computer and Other Electronic Equipment	18744	20797	13106	18784
仪器仪表及文化、办公用机械制造业	Manufacture of Measuring Instrument and Machinery for Cultural Activity & Office Work	17654	13325	18108	17906
工艺品及其他制造业	Manufacture of Artwork, Other Manufacture	14182	10883	13991	14315
废弃资源和废旧材料回收加工业	Recycling and Disposal of Waste	16376		15236	16479
电力、燃气及水的生产和供应业	**Production and Supply of Electric Power and Heat Power**	**25514**	**25245**	**9470**	**26812**
电力、热力的生产和供应业	Production and Supply of Electric Power and Heat Power	27639	27788	8571	27959
燃气生产和供应业	Production and Supply of Gas	20594	15059	9688	23903
水的生产和供应业	Production and Supply of Water	17538	16027	14102	23296
建筑业	**Construction**	**15643**	**18695**	**11707**	**15745**
房屋和土木工程建筑业	Construction of Building & Civil Engineering	15124	16753	11271	15779
建筑安装业	Architectural Installation	19049	27895	14762	15273
建筑装饰业	Architectural Decoration	15406	15960	13104	15513
其他建筑业	Other Construction	20104	22066	17073	17157
交通运输、仓储和邮政业	**Traffic, Transport, Storage and Post**	**25124**	**26146**	**12242**	**24444**
铁路运输业	Transport Via Railway	30533	30710	14028	15131
道路运输业	Transport Via Road	14911	16456	9079	14102
城市公共交通业	Urban Public Traffic	16459	16410	8271	16987
水上运输业	Water Transport	40887	39448	16323	44504
航空运输业	Air Transport	55233	43819		64987
管道运输业	Transport Via Pipeline	30094	31639		17892
装卸搬运和其他运输服务业	Loading, Unloading, Portage and Other Transport Services	24891	28367	15711	24119
仓储业	Storage	18480	15139	18439	23152
邮政业	Post	23711	23551	38000	38727
信息传输、计算机服务和软件业	**Information Transfer, Computer Services and Software**	**36522**	**33985**	**35208**	**38225**
电信和其他信息传输服务业	Telecom & Other Information Transfer Services	37505	33838	35480	40296
计算机服务业	Computer Services	24761	42555		20270
软件业	Software Industry	29268	31710	31793	28958
批发和零售业	**Wholesale and Retail Trade**	**13665**	**17729**	**9061**	**12965**
批发业	Wholesale Trade	16398	19731	10058	15770
零售业	Retail Trade	11414	14233	8246	11424
住宿和餐饮业	**Hotels and Catering Services**	**13835**	**14047**	**12466**	**13897**
住宿业	Hotels	14179	14716	12077	14009
餐饮业	Catering Services	13395	12866	13144	13798
金融业	**Financial Intermediation**	**33304**	**34536**	**23333**	**36956**
银行业	Bank	34843	35643	23333	41862
证券业	Security Activities	46972	38667		60792
保险业	Insurance	23068	20936		23640
其他金融活动	Other Financial Activities	28910	26605		30647
房地产业	**Real Estate**	**19241**	**18503**	**14208**	**20495**
#房地产开发经营	development and Management of Real Estate	20590	20292	14669	21590
物业管理	Property Management	16141	15728	13593	16909
房地产中介服务	Agency Services for Real Estate	16249	18201	13302	16301
租赁和商务服务业	**Leasing and Business Services**	**17184**	**18635**	**13632**	**18778**
租赁业	Leasing	21540	22084	27221	13171

5-18 续表2 continued

单位:元 (yuan)

类别	Category	总计 Total	国有单位 State-owned Units	城镇集体单位 Urban Collective-owned Units	其他单位 Units of Other Types of Ownership
商务服务业	Business Services	17020	18562	12850	19007
科学研究、技术服务和地质勘查业	**Scientific Research, technical Service and Geologic Prospecting**	**26986**	**28047**	**18120**	**21292**
研究与试验发展	Recearch and Experimental Development	29648	29918	25720	23647
#自然科学研究与试验发展	Natural Science	32104	31884	28576	39298
工程和技术研究与试验发展	Engineering and Technology	29639	30626	10250	17499
农业科学研究与试验发展	Agricultural Science	23508	23570	9273	22718
医学研究与试验发展	Medicine	32033	32276		9600
社会人文科学研究与试验发展	Social Science	31805	31805		
专业技术服务业	Professional Technical Services	27948	30203	17673	21047
#气象服务	Meteorological Services	22294	22479		13139
地震服务	Earthquake Monitoring	27419	27508		23571
海洋服务	Marine Service	31154	31953		18371
测绘服务	Surveying and Mapping	41649	42853	18568	17481
技术检测	Technology Supervision	24767	27211	18491	19959
环境监测	Environment Monitoring	33018	33018		
工程技术与规划管理	Engineering Technology & Planning	27292	29761	14186	21174
科技交流和推广服务业	Services of Science and Technology Exchanges	16862	16776	11123	20048
地质勘查业	Geologic Prospecting	26736	26774	29041	24170
水利、环境和公共设施管理业	**Management of Water Conservancy, Environment and Public Facilities**	**15967**	**15963**	**9189**	**19533**
水利管理业	Management of Water Conservancy	17532	17594	10245	13957
环境管理业	Management of Environment	12906	13088	9058	14505
公共设施管理业	Management of Public Facilities	18147	17757	10094	23158
居民服务和其他服务业	**Services to Households and Other Services**	**25167**	**27832**	**15104**	**20641**
居民服务业	Services to Households	27067	28772	13692	14947
其他服务业	Other Services	20019	16886	16069	22419
教育	**Education**	**21877**	**22092**	**15528**	**16884**
#初等教育	Junior Education	18022	18157	14745	15266
中等教育	Secondary Education	21877	21974	17739	18735
高等教育	Senior Education	36842	37246	15240	17424
卫生、社会保障和社会福利业	**Health, Social Security and Social Welfare**	**22950**	**24189**	**14021**	**23934**
卫生	Health	22865	24106	14058	24463
社会保障业	Social Security	24891	24935		7188
社会福利业	Social Welfare	25928	28262	10764	10426
文化、体育和娱乐业	**Culture, Sports and Entertainment**	**25100**	**25909**	**18115**	**14421**
新闻出版业	Journalism and Publishing Activities	32400	32400		34000
广播、电视、电影和音像业	Broadcasting, Movies, Televisions and Audiovisual Activities	24479	25202	13923	14802
文化艺术业	Cultural and Art Activities	22586	22737	20112	13598
体育	Sports Activities	26424	26638	33114	13629
娱乐业	Entertainment	15542	21861	8032	14297
公共管理和社会组织	**Public management and Social Organization**	**21584**	**21621**	**14492**	**9534**
#中国共产党机关	Organs of Communist Party of China	23091	23091		
国家机构	Government Agencies	21479	21485	16986	
人民政协和民主党派	People's Political Consultative Conference and Democratic Parties	27198	27198		
群众团体、社会团体和宗教组织	Non-Governmental Institutions, Social Organizations and Religion Organizations	24297	25337	13800	13759
国际组织	**International Organization**				

5－19 各市国有单位分行业在岗职工平均工资(2006年)

Average Wage of Staff and Workers in State-owned Units by Sector and Region(2006)

单位:元 (yuan)

地　区	Region	总　计 Total	农、林、牧、渔业 Agriculture, Forestry, Animal Husbandry and Fishing	采矿业 Mining	制造业 Manufacturing	电力燃气及水的生产和供应业 Production and Supply of Electric Power and Heat Power	建筑业 Construction	交通运输、仓储和邮政业 Traffic, Transport, Storage and Post
全省总计	**Total**	**22804**	**15618**	**30515**	**18127**	**25245**	**18695**	**26146**
济南市	Jinan	26901	20632	16812	20556	31437	19134	21994
青岛市	Qingdao	33716	21559	11948	24017	33345	23366	40975
淄博市	Zibo	27046	25957	29447	22648	32781	18888	24931
枣庄市	Zaozhuang	19819	14948	25320	13863	26849	10126	10935
东营市	Dongying	31502	17955	34038	16238	32395	18481	23598
烟台市	Yantai	27926	23445	28563	17297	29995	20236	26582
潍坊市	Weifang	19431	12582	12044	23451	20234	18176	14953
济宁市	Jining	22520	16729	35521	11267	21136	11539	11635
泰安市	Tai'an	17029	12561	12924	12729	30668	15887	17171
威海市	Weihai	23317	20341	9949	13699	22469	13514	15315
日照市	Rizhao	16521	12666		20434	21557	14123	15788
莱芜市	Laiwu	21415	17034	25295	16367	25699	11609	9606
临沂市	Linyi	16784	11577	15254	11752	19650	17456	12294
德州市	Dezhou	13681	8878	26443	11135	18948	14965	15358
聊城市	Liaocheng	15606	8004		11494	19625	8909	21498
滨州市	Binzhou	17007	13929	12827	12343	25319	11874	16913
菏泽市	Heze	11974	7940	11399	9493	18613	15792	14228

5-19 续表1 continued

单位:元 (yuan)

地区	Region	信息传输、计算机服务和软件业 Information Transfer, Computer Services and Software	批发和零售业 Wholesale and Retail Trade	住宿和餐饮业 Hotels and Catering Services	金融业 Financial Intermediation	房地产业 Real Estate	租赁和商务服务业 Leasing and Business Services	科学研究、技术服务和地质勘查业 Scientific Research, technical Service and Geologic Prospecting
全省总计	**Total**	**33985**	**17729**	**14047**	**34536**	**18503**	**18635**	**28047**
济南市	Jinan	28749	19409	15315	44391	22667	15619	33424
青岛市	Qingdao	41733	29942	18728	43850	24606	30028	38706
淄博市	Zibo	58957	12563	11904	47221	18992	21592	27624
枣庄市	Zaozhuang	30833	13430	7243	28653	12318	14666	18788
东营市	Dongying	30727	28591	14594	33101	29923	18142	28719
烟台市	Yantai	50419	23009	16048	30626	19856	21878	25016
潍坊市	Weifang	38531	19227	11400	26404	16515	11674	17194
济宁市	Jining	31368	12922	9233	36369	10315	11844	16847
泰安市	Tai'an	10000	12516	10187	20914	10419	18066	20999
威海市	Weihai	17753	13138	12044	30314	14292	18888	23059
日照市	Rizhao	17064	12963	10083	21805	13928	16347	13574
莱芜市	Laiwu	19615	18957	8989	44481	13580	23394	15803
临沂市	Linyi	23805	16342	9216	32484	15202	10652	18200
德州市	Dezhou	12729	9585	8854	34036	11068	8212	16705
聊城市	Liaocheng	13109	15215	9438	31069	12015	8718	25074
滨州市	Binzhou	28463	16969	11305	27234	13858	9183	10682
菏泽市	Heze	15422	15836	7161	28241	5563	10010	13084

5-19 续表2 continued

单位:元 (yuan)

地区	Region	水利、环境和公共设施管理业 Management of Water Conservancy, Environment and Public Facilities	居民服务和其他服务业 Services to Households and Other Services	教育 Education	卫生、社会保障和社会福利业 Health, Social Security and Social Welfare	文化、体育和娱乐业 Culture, Sports and Entertainment	公共管理和社会组织 Public management and Social Organization	国际组织 International Organization
全省总计	**Total**	**15963**	**27832**	**22092**	**24189**	**25909**	**21621**	
济南市	Jinan	24098	16599	30074	31747	37415	30747	
青岛市	Qingdao	20855	27174	35207	32740	34485	43504	
淄博市	Zibo	19588	24755	29800	28689	24557	29068	
枣庄市	Zaozhuang	9116	16978	15622	20864	18239	17869	
东营市	Dongying	19091	34011	30505	26331	24747	26945	
烟台市	Yantai	23179	26956	30530	30891	27808	30866	
潍坊市	Weifang	12515	14238	18781	20735	18828	19427	
济宁市	Jining	12939	14687	21345	20375	17410	17357	
泰安市	Tai'an	14640	13599	17003	19328	19771	17174	
威海市	Weihai	14913	19045	28875	29247	20067	27411	
日照市	Rizhao	14779	20149	16243	15986	15161	15974	
莱芜市	Laiwu	20136	24714	20485	20747	17580	21072	
临沂市	Linyi	12809	23635	16465	20438	16595	17324	
德州市	Dezhou	11709	10313	13268	13869	12959	12474	
聊城市	Liaocheng	14534	11769	15065	22286	14821	14286	
滨州市	Binzhou	14512	17604	18154	20111	14443	15999	
菏泽市	Heze	8121	12635	11820	12697	11638	10645	

5-20 各市城镇集体单位分行业在岗职工平均工资(2006年)

Average Wage of Staff and Workers in Urban Collective-owned Units by Sector and Region(2006)

单位:元 (yuan)

地区	Region	总计 Total	农、林、牧、渔业 Agriculture, Forestry, Animal Husbandry and Fishing	采矿业 Mining	制造业 Manufacturing	电力、燃气及水的生产和供应业 Production and Supply of Electric Power and Heat Power	建筑业 Construction	交通运输、仓储和邮政业 Traffic, Transport, Storage and Post
全省总计	**Total**	**13132**	**10857**	**12833**	**12732**	**9470**	**11707**	**12242**
济南市	Jinan	13464	34625	10515	11090	10538	11997	13263
青岛市	Qingdao	17582	13665	11327	15609	14580	17874	15508
淄博市	Zibo	10969	7388	8949	10913	8357	10186	9411
枣庄市	Zaozhuang	10599	7200	9659	6926	4269	8857	8534
东营市	Dongying	21885	7345		20409		15856	16266
烟台市	Yantai	16627	18339	18839	14767	16333	15403	20610
潍坊市	Weifang	12733	5941	15474	12345	18739	11663	7776
济宁市	Jining	9084	6684		7633	13742	8007	5633
泰安市	Tai'an	10742	12753	11008	11371		10670	8585
威海市	Weihai	13769	10786	8790	13133	9000	15324	17454
日照市	Rizhao	8808	3835	8496	9123		8631	10538
莱芜市	Laiwu	20137		14908	24469		6745	
临沂市	Linyi	13849	9311		10061	9879	12792	5540
德州市	Dezhou	10623	10127		9341		16363	6370
聊城市	Liaocheng	13389	3964		11986		11903	12391
滨州市	Binzhou	12237	17248		12440	8955	12181	9774
菏泽市	Heze	10552	4484		6765		9975	8378

5-20 续表1 continued

单位:元 (yuan)

地区	Region	信息传输、计算机服务和软件业 Information Transfer, Computer Services and Software	批发和零售业 Wholesale and Retail Trade	住宿和餐饮业 Hotels and Catering Services	金融业 Financial Intermediation	房地产业 Real Estate	租赁和商务服务业 Leasing and Business Services	科学研究、技术服务和地质勘查业 Scientific Research, technical Service and Geologic Prospecting
全省总计	**Total**	**35208**	**9061**	**12466**	**23333**	**14208**	**13632**	**18120**
济南市	Jinan		13914	14468	31321	14351	21364	13104
青岛市	Qingdao	35416	16030	15910	34824	21803	13354	21785
淄博市	Zibo		11721	11191	12485	16908	11248	9298
枣庄市	Zaozhuang		6579	6284	15156	9841	15112	9000
东营市	Dongying	35683	15251	13956	26123	8894	27394	17300
烟台市	Yantai		11850	18694	24714	17839	13967	22276
潍坊市	Weifang		6374	9984	20611	11560	12726	
济宁市	Jining		5139	7489	21398	9040	7059	10250
泰安市	Tai'an		5337	8973	14244	12405	9472	8750
威海市	Weihai		12496	9305	18642	14014	15047	
日照市	Rizhao	23000	4329	11960	10648	11556	13831	
莱芜市	Laiwu		10037	11579		12000	3578	
临沂市	Linyi	8923	7131	13280	34073	8280	11503	5692
德州市	Dezhou		6420	7565	24922	7944	8805	
聊城市	Liaocheng		4204	5146	30949	9137	5117	11429
滨州市	Binzhou		6655	9240	20751	9047	14580	4611
菏泽市	Heze		6088	6630	23227		10374	8889

5-20 续表2 continued

单位:元 (yuan)

地区	Region	水利、环境和公共设施管理业 Management of Water Conservancy, Environment and Public Facilities	居民服务和其他服务业 Services to Households and Other Services	教育 Education	卫生、社会保障和社会福利业 Health, Social Security and Social Welfare	文化、体育和娱乐业 Culture, Sports and Entertainment	公共管理和社会组织 Public management and Social Organization	国际组织 International Organization
全省总计	**Total**	**9189**	**15104**	**15528**	**14021**	**18115**	**14492**	
济南市	Jinan	18000	25192	15718	18831		37094	
青岛市	Qingdao	9229	15472	16584	23219	25738		
淄博市	Zibo	9615	5294	9228	18500	7529	27545	
枣庄市	Zaozhuang		10043	17237	8710	20571	2500	
东营市	Dongying	13429	21195	25194	19177			
烟台市	Yantai	9098	12518	21207	19596	22154	11176	
潍坊市	Weifang	6465		15266	11142		10125	
济宁市	Jining	10768	5584	10995	11552	10522	17527	
泰安市	Tai'an	9564	7436	12713	10748	8451	8205	
威海市	Weihai	14096	9922	12237	35039			
日照市	Rizhao			10353	12562			
莱芜市	Laiwu				8896			
临沂市	Linyi	11935	23500	21033	11120	18733	14567	
德州市	Dezhou	6964		11568	7212	10400	11159	
聊城市	Liaocheng		27000	13137	10315		15483	
滨州市	Binzhou			9792	11920	10282		
菏泽市	Heze	7619		13295	7521		12545	

5-21 各市其他单位分登记注册类型在岗职工平均工资(2006年)

Average Wage of Staff and Workers in Units of Other Types of Ownership by Region(2006)

单位:元 (yuan)

地 区	Region	总 计 Total	内 资 Domestic Funded Units	股份合作单位 Cooperative Units	联营单位 Joint Ownership Units	有限责任公司 Limited Liability Corporations	股份有限公司 Share-holding Corporations Ltd.	其 他 Others	港澳台商投资 Units with Funds from Hong Kong, Macao & Taiwan	外商投资 Foreign Funded Units
全省总计	**Total**	**16482**	**16263**	**13784**	**27882**	**15809**	**17854**	**14410**	**15387**	**17346**
济南市	Jinan	20142	20158	14024	32446	18126	26002	17069	14609	22849
青岛市	Qingdao	18812	21167	13667	20909	20274	25398	18682	19417	17626
淄博市	Zibo	15180	15374	11617	14338	13262	19322	12781	11527	15260
枣庄市	Zaozhuang	10649	10324	9120	7626	10131	11723	9648	10779	13041
东营市	Dongying	20026	20257	22590	29821	19792	17837	35484	14898	17976
烟台市	Yantai	18681	18954	17341	12274	18585	21545	20192	16807	18829
潍坊市	Weifang	12738	12710	13503	11209	12741	12593	12587	11545	13472
济宁市	Jining	14228	12709	9283	8186	13524	10637	12243	25054	23963
泰安市	Tai'an	15552	16013	10492	10286	17530	11979	9589	11333	10615
威海市	Weihai	15628	15399	12173	21103	15760	15628	14632	16798	15701
日照市	Rizhao	16133	16728	12479	21875	18099	12876	14290	8246	16073
莱芜市	Laiwu	20928	20328	7166		21893	14120	12693	30965	37793
临沂市	Linyi	14742	15153	12699	6322	14566	18596	13009	12099	14660
德州市	Dezhou	11467	10918	10127	10103	10731	11882	11450	10908	14938
聊城市	Liaocheng	12097	11818	16386		11366	12806	11350	12143	17126
滨州市	Binzhou	14253	14386	12529	14403	14277	16348	10027	12821	11801
菏泽市	Heze	11953	11147	16919	13434	9738	13483	8677	24638	12593

5-22 各市国有及国有控股企业年底从业人员数和劳动报酬(2006年)

Employed Persons at the Year-end and Earnings in State-owned and State-holding Enterprises by City(2006)

地区	Region	从业人员(万人) Number of Employed Persons (10 000 persons)	#女性 Female	#在岗职工 Staff and Workers	#专业技术人员 Technical Persons	从业人员劳动报酬(万元) Earnings of Employed Persons (10 000 yuan)	#在岗职工工资总额 Wages of Staff and Workers	从业人员人均劳动报酬(元) Average Earning of Employed Persons (yuan)	#在岗职工平均工资 Average Wage of Staff and Workers
全省总计	**Total**	**244.4**	**79.7**	**234.5**	**44.6**	**5691762**	**5568126**	**23278**	**23679**
济南市	Jinan	36.7	10.9	35.0	6.6	892350	868732	24212	24720
青岛市	Qingdao	29.1	9.7	26.9	7.7	812019	787687	27232	27947
淄博市	Zibo	17.0	5.3	16.7	3.0	418624	411512	25385	25410
枣庄市	Zaozhuang	14.1	3.7	13.8	2.1	287629	286264	21049	21466
东营市	Dongying	17.2	8.3	17.2	2.8	551064	549965	31744	31858
烟台市	Yantai	17.1	5.4	16.6	3.4	423340	417472	24621	25086
潍坊市	Weifang	11.3	3.6	11.2	2.1	205498	203936	18154	18205
济宁市	Jining	24.1	8.6	22.4	3.6	558139	535764	23468	24054
泰安市	Tai'an	15.0	4.1	14.7	2.9	302172	299350	19702	19885
威海市	Weihai	6.0	2.3	6.0	0.9	109483	108986	17914	17954
日照市	Rizhao	3.8	1.2	3.5	0.8	95307	91871	25276	25317
莱芜市	Laiwu	5.0	1.4	5.0	0.4	147464	146703	29756	29958
临沂市	Linyi	10.4	3.6	9.7	1.9	174887	167082	17344	17725
德州市	Dezhou	8.2	3.3	7.8	1.4	123912	120017	14911	15198
聊城市	Liaocheng	9.5	3.1	9.0	1.3	135277	130947	13876	14263
滨州市	Binzhou	4.2	1.7	4.1	0.8	60785	59481	14501	14577
菏泽市	Heze	5.4	1.9	5.0	1.3	79734	75889	15015	15788

5-23 城镇劳动力供给和配置情况

Situations of Urban Labor Supply and Disposition

类别	Category	2005	2006
一、本年城镇劳动力供给总数	**Labor Supply in Urban Areas**	**2244471**	**2081061**
1. 高等校毕业生	Graduates of Universities and Colleges	234611	272826
2. 复员、转业军人	Demobilized Soldiers	30609	30842
3. 中等职业学校毕业生	Graduates of Vocational Secondary Schools	380584	297234
4. 未能升学的初高中毕业生	Graduate of High Schools	241102	295502
5. 直接从农村招收的人员	Laborers from Countryside		
6. 农转非人员中的劳动力	Laborers with Peasant Background	440532	209339
7. 下岗人员	Laid-off Workers	204450	188645
8. 上年末城镇登记失业人员	Registered Laid-off Urban Workers at Last Year-end	421049	429088
#就业转失业人员	Newly Laid-off Workers	291534	346461
9. 其　他	Others		11124
二、年末城镇登记失业人员	**Number of Registered Laid-off Workers at Year-end**	**429088**	**436775**

5-24 各市城镇登记失业人员及失业率

Registered Urban Unemployment Persons and Unemployment Rate by Region

地区	Region	失业人员(万人) Unemployment(10 000 persons)		登记失业率(%) Unemployment Rate(%)	
		2005	2006	2005	2006
全省总计	**Total**	**42.9**	**43.7**	**3.3**	**3.3**
济南市	Jinan	5.7	5.8	3.9	3.9
青岛市	Qingdao	5.9	6.0	3.0	3.0
淄博市	Zibo	2.5	2.5	3.0	2.7
枣庄市	Zaozhuang	1.8	1.8	3.3	3.2
东营市	Dongying	0.9	0.9	1.9	1.9
烟台市	Yantai	4.7	4.1	3.1	3.1
潍坊市	Weifang	3.6	3.8	3.1	3.1
济宁市	Jining	3.2	3.2	3.2	3.3
泰安市	Tai'an	3.0	2.7	3.4	2.9
威海市	Weihai	0.8	0.7	1.6	1.6
日照市	Rizhao	1.1	1.3	3.0	3.2
莱芜市	Laiwu	0.7	0.7	2.8	3.0
临沂市	Linyi	2.5	2.9	2.7	2.8
德州市	Dezhou	1.8	2.0	2.9	3.0
聊城市	Liaocheng	2.2	2.3	3.5	3.2
滨州市	Binzhou	1.0	1.2	2.8	2.9
菏泽市	Heze	1.6	1.8	3.0	3.5

5-25 职业介绍工作情况

Situations of Careers Service

类别	单位	Category	Unit	2005	2006
年末职业介绍机构数	**个**	**Number of Careers Service**	**unit**	**1969**	**2150**
#劳动保障部门办	个	Run by Departments of Labor and Social Security	unit	1198	1321
其他组织办	个	Run by Other Organizations	unit	227	136
公民个人办	个	Run by Private	unit	544	693
年末职业介绍机构人数	**人**	**Staff and Workers in Careers Service**	**person**	**6773**	**7338**
#劳动保障部门办	人	Run by Departments of Labor and Social Security	person	4105	4237
其他组织办	人	Run by Other Organizations	person	795	774
公民个人办	人	Run by Private	person	1873	2327
本年登记招聘人数	**万人**	**Total Registered Job Vacancies This Year**	**10 000 persons**	**292.6**	**329.8**
本年登记求职人数	万人	Total Registered Job-seekers This Year	10 000 persons	280.5	308.0
#女　性	万人	Female	10 000 persons	133.0	141.2
下岗职工	万人	Laid-off Workers	10 000 persons	14.3	3.0
失业人员	万人	Unemployment	10 000 persons	124.6	128.2
获得职业资格人员	万人	Persons with Certificates	10 000 persons	49.4	62.4
本年职业指导人数	**万人**	**Person-times of Vocational Guidance**	**10 000 persons**	**177.1**	**155.6**
本年介绍成功人数	**万人**	**Placed Job-seekers**	**10 000 persons**	**162.6**	**164.5**
#女　性	万人	Female	10 000 persons	76.0	78.7
下岗职工	万人	Laid-off Workers	10 000 persons	90.6	1.4
失业人员	万人	Unemployment	10 000 persons	56.9	73.7
获得职业资格人员	万人	Persons with Certificates	10 000 persons	27.9	36.7

5-26 1988-2006 年离休、退休、退职人员年末人数

Numbers of Retired and Resigned Persons at the Year-end from 1988 to 2006

单位:人 (person)

年　份 Year	总　计 Total	离休人员 Retired Veterans	退休人员 Retired Persons	领取定期生活费的退职人员 Resigned Persons
1988	1104248	155487	842019	106742
1989	1123554	161620	874501	87433
1990	1175300	170717	923046	81537
1991	1264803	190162	994391	80250
1992	1338000	193000	1058000	88000
1993	1417000	189000	1148000	79000
1994	1424000	180000	1167000	76000
1995	1503000	179000	1250000	74000
1996	1564415	171479	1318084	74852
1997	1632000	164000	1385000	83000
1998	1698000	158000	1463000	77000
1999	1756000	150000	1529000	77000
2000	1803820	144063	1592549	67208
2001	1880547	141761	1684005	54781
2002	2005227	130318	1830820	44089
2003	2121128	124002	1948428	48698
2004	2244567	118302	2077937	48328
2005	2487619	114650	2372969	
2006	2617000	104437	2512563	

注:本表不包括民政部门支付离休、退休、退职费的人数。

a) Data in this table exclude the number of retired or resigned people whose pensions are paid by civil affair departments.

5-27 离休、退休人员人数(2006年)

Numbers of Retired and Resigned Persons(2006)

类 别	Category	离休、退休退职人员 Retired and Resigned Persons	离休人员 Retired Veterans	退休人员 Retired Persons
总 计	**Total**	**2617076**	**104437**	**2486656**
一、城镇单位	**Urban Units**	**2529482**	**104398**	**2400102**
(一)企 业	Enterprises	1941474	52349	1866539
1.内资企业	Domestic Funded Enterprises	1919872	52091	1845325
国有企业	State-owned Enterprises	1178510	39141	1126126
集体企业	Collective Owned Enterprises	542743	9580	525994
其他企业	Others	198619	3370	193205
2.港、澳、台及外资企业	Enterprises with Investment from Hong Kong, Macao and Taiwan	21602	258	21214
(二)事 业	Institutions	441470	29383	410134
(三)机 关	Government Agencies	146538	22666	123429
二、其 他	**Others**	**87594**	**39**	**86554**

5-28 各市离休、退休人员人数(2006年)

Numbers of Retired and Resigned Persons by Region(2006)

单位:人 (person)

地 区	Region	离休、退休退职人员 Retired and Resigned Persons	离休人员 Retired Veterans	退休人员 Retired Persons
全省总计	**Total**	**2617076**	**104437**	**2486656**
济南市	Jinan	294299	9903	281134
青岛市	Qingdao	452574	9090	439194
淄博市	Zibo	163468	5683	154985
枣庄市	Zaozhuang	64418	2352	61083
东营市	Dongying	21309	1223	19846
烟台市	Yantai	218946	11448	206132
潍坊市	Weifang	220050	8585	207994
济宁市	Jining	135283	6745	127012
泰安市	Tai'an	89880	4033	84844
威海市	Weihai	75268	3911	71084
日照市	Rizhao	34086	1485	32471
莱芜市	Laiwu	33117	1061	31768
临沂市	Linyi	117229	7470	109531
德州市	Dezhou	91929	5701	85515
聊城市	Liaocheng	78639	3847	74247
滨州市	Binzhou	49336	2846	45708
菏泽市	Heze	93378	5341	87429

5-29 1995—2006 年离休、退休、退职人员保险福利费用情况

Social Insurance and Welfare Funds for Retired and Resigned Persons from 1995 to 2006

单位:万元 (10 000 yuan)

年 份 Year	合 计 Total	离休金 Pensions for Retired Veterans	退休金 Pensions for Retired Persons	退职生活费 Pensions for Resigned Persons	医疗卫生费 Expenses for Medical Care	其 他 Others
1995	811556	103216	490177	8476	111451	62887
1996	975988	122500	615063	10458	121878	65581
1997	1113425	157266	711389	31435	122752	90583
1998	1247796	167415	829434	31490	142547	76910
1999	1453072	187619	1007833	32958	154197	70466
2000	1639110	197923	1118609	55792	164824	101179
2001	1865440	229384	1367579	21541	165535	81401
2002	2123827	250465	1664029	14429	124373	70531
2003	2310600	242670	1843262	23872	114056	86740
2004	2662644	258018	2063972	28716	241333	70605
2005	3133928	284543	2570617		206903	71865
2006	3414229	285247	3112454	16528		

5-30 离休、退休人员保险福利费用(2006 年)

Social Insurance and Welfare Funds for Retired Persons (2006)

单位:万元 (10 000 yuan)

类 别	Category	总 计 Total	离休金 Pensions for Retired Veterans	退休金 Pensions for Retired Persons
总 计	**Total**	**3414229**	**285247**	**3112454**
一、城镇单位	**Urban Units**	**3309598**	**285043**	**3024555**
(一)企 业	Enterprises	2189308	140862	2048446
1. 内资企业	Domestic Funded Enterprises	2164626	139893	2024733
国有企业	State-owned Enterprises	1400277	104116	1296161
集体企业	Collective Owned Enterprises	554363	25880	528483
其他企业	Others	209986	9897	200089
2. 港、澳、台及外资企业	Enterprises with Investment from HongKong, Macao and Taiwan	24682	969	23713
(二)事 业	Institutions	846641	83792	762849
(三)机 关	Government Agencies	273649	60389	213260
二、其 他	**Others**	**88103**	**204**	**87899**

5-31 各市离休、退休保险福利费用(2006年)

Social Insurance and Welfare Funds for Retired Persons by Region(2006)

单位:万元　　(10 000 yuan)

地　区	Region	总　计 Total	离休金 Pensions for Retired Veterans	退休金 Pensions for Retired Persons
全省总计	**Total**	**3414229**	**285247**	**3112454**
济南市	Jinan	387593	34558	353035
青岛市	Qingdao	592938	36735	556203
淄博市	Zibo	208758	13831	194927
枣庄市	Zaozhuang	81388	6617	74771
东营市	Dongying	39560	3973	35587
烟台市	Yantai	302096	32833	269263
潍坊市	Weifang	262802	21528	241274
济宁市	Jining	172880	17333	155547
泰安市	Tai'an	112441	10343	102098
威海市	Weihai	107840	12860	94980
日照市	Rizhao	40775	3569	37206
莱芜市	Laiwu	43470	2572	40898
临沂市	Linyi	146049	20017	126032
德州市	Dezhou	96673	10649	86024
聊城市	Liaocheng	92747	9212	83535
滨州市	Binzhou	61074	7110	53964
菏泽市	Heze	106564	12139	94425

5-32 各市社会保险参保职工人数(2006年)

Number of Persons Participating in Social Insurance by Region(2006)

单位:万人 (10 000 persons)

地区	Region	企业基本养老保险 Number of Persons Participating in Enterprise's Basic Retirement Security Program	机关事业养老保险 Number of Persons Participating in Institution and Government Agency's Basic Retirement Security Program	医疗保险 Number of Persons Participating in Health Care Program	失业保险 Number of Persons Participating in Unemployment Insurance	工伤保险 Number of Persons Participating in Industrial Accident Program	生育保险 Number of Persons Participating in Child-bearing Insurance
全省总计	**Total**	**883.2**	**223.0**	**996.1**	**789.7**	**647.3**	**488.8**
济南市	Jinan	87.3	18.2	82.6	66.7	73.1	56.0
青岛市	Qingdao	152.2	19.4	192.8	108.1	107.5	84.6
淄博市	Zibo	53.7	12.0	77.8	42.1	45.7	35.3
枣庄市	Zaozhuang	26.7	9.0	38.3	30.5	25.5	18.3
东营市	Dongying	11.2	5.9	44.2	8.9	29.8	6.2
烟台市	Yantai	84.5	18.2	100.3	72.0	77.5	60.6
潍坊市	Weifang	66.0	22.3	88.2	63.7	53.8	42.5
济宁市	Jining	49.8	19.7	62.5	61.5	42.2	42.2
泰安市	Tai'an	36.0	11.9	47.9	45.3	33.0	35.9
威海市	Weihai	40.8	7.6	48.3	31.6	39.6	35.7
日照市	Rizhao	15.6	6.3	17.5	12.0	12.7	11.6
莱芜市	Laiwu	15.0	3.1	13.8	13.5	9.7	6.2
临沂市	Linyi	39.2	20.8	55.0	40.2	32.2	28.9
德州市	Dezhou	24.0	13.0	35.9	23.6	17.0	12.7
聊城市	Liaocheng	27.4	10.4	34.0	27.3	18.5	2.0
滨州市	Binzhou	20.5	6.1	21.4	16.4	15.5	8.7
菏泽市	Heze	23.2	18.0	35.6	25.8	13.9	1.3

5-33 1997-2006年社会保险参保职工人数

Number of Persons Participating in Social Insurance from 1997 to 2006

单位:万人 (10 000 persons)

年份 Year	企业基本养老保险 Number of Persons Participating in Enterprise's Basic Retirement Security Program	机关事业养老保险 Number of Persons Participating in Institution and Government Agency's Basic Retirement Security Program	医疗保险 Number of Persons Participating in Health Care Program	失业保险 Number of Persons Participating in Unemployment Insurance	工伤保险 Number of Persons Participating in Industrial Accident Program	生育保险 Number of Persons Participating in Child-bearing Insurance
1997	492.5		112.8		163.3	243.7
1998	578.9		224.1	525.0	226.5	241
1999	598.4	170.7	216.1	624.0	249.7	265.4
2000	612.6	179.7	255.5	715.0	279.4	325.5
2001	640.4	189.4	490.2	702.0	285.5	331.8
2002	641.8	195.9	610.0	701.2	278.2	323.2
2003	710.9	205.7	691.1	719.1	281.8	336.5
2004	775.9	210.6	771.9	747.5	476.7	390.8
2005	833.8	220.1	861.5	771.1	578.7	461.2
2006	883.3	223.0	996.1	789.7	647.3	488.8

5-34 城镇养老保险基本情况

Basic Statistics on Pension Insurance in Urban Areas

类　别	单　位	Item	Unit	2005	2006
一、年末参保人数	**万人**	**Number of People Insured**	**10 000 persons**	**1302.5**	**1368.0**
职　工	万人	Employed People	10 000 persons	1053.9	1106.3
#企　业	万人	at Enterprises	10 000 persons	833.8	883.3
离休、退休、退职人数	万人	Retired and Resigned Persons	10 000 persons	248.6	261.7
二、基金收支情况		**Revenue and Expenses**			
基金收入	万元	Revenue	10 000 yuan	3605000	4411800
基金支出	万元	Expenses	10 000 yuan	2963000	3521700
三、企业养老金社会化发放人情况		**Payment of Pension Insurance**			
养老金实发人数	人	People Receiving Pension Insurance	person	1936000	2029000
#社会化发放人数	人	People Receiving Socialized Pension Insurance	person	1936000	2029000
社会化发放率	%	Rate of Socialized Pension Insurance	%	100	100

主要统计指标解释

经济活动人口　指在16周岁及以上，有劳动能力，参加或要求参加社会经济活动的人口。包括就业人员和失业人员。

就业人员　指在16周岁及以上，从事一定社会劳动并取得劳动报酬或经营收入的人员。这一指标反映了一定时期内全部劳动力资源的实际利用情况，是研究我国基本国情国力的重要指标。

各单位的就业人员　指在各级国家机关、政党机关、社会团体及企业、事业单位中工作，取得工资或其他形式的劳动报酬的全部人员。包括在岗职工、再就业的离退休人员、民办教师以及在各单位中工作的外方人员和港澳台方人员、兼职人员、借用的外单位人员和第二职业者。不包括离开本单位仍保留劳动关系的职工。各单位的就业人员反映了各单位实际参加生产或工作的全部劳动力。

城镇私营和个体就业人员　城镇私营就业人员指在工商管理部门注册登记，其经营地址设在县城关镇(含县城关镇)以上的私营企业就业人员，包括私营企业投资者和雇工。城镇个体就业人员指在工商管理部门注册登记，并持有城镇户口或在城镇长期居住，经批准从事个体工商经营的就业人员，包括个体经营者和在个体工商户劳动的家庭帮工和雇工。

城镇登记失业人员　指有非农业户口，在一定的劳动年龄内(16周岁至退休年龄)，有劳动能力，无业而要求就业，并在当地就业服务机构进行求职登记的人员。

城镇登记失业率　城镇登记失业人员与城镇单位就业人员(扣除使用的农村劳动力、聘用的离退休人员、港澳台及外方人员)、城镇单位中的不在岗职工、城镇私营业主、个体户主、城镇私营企业和个体就业人员、城镇登记失业人员之和的比。计算公式为：

$$城镇登记失业率=\frac{城镇登记失业人数}{\begin{array}{c}(城镇单位就业人员-使用的农村\\劳动力-聘用的离退休人员-\\聘用的港澳台及外方人员)+\\不在岗职工+城镇私营业主+\\城镇个体户主+城镇私营企业\\及个体就业人员+城镇登记失业人数\end{array}}\times100\%$$

职　工　指在国有、城镇集体、联营、股份制、外商和港、澳、台投资、其他单位及其附属机构工作，并由其支付工资的各类人员。不包括下列人员：(1)乡镇企业就业人员；(2)私营企业就业人员；(3)城镇个体劳动者；(4)离休、退休、退职人员；(5)再就业的离、退休人员；(6)民办教师；(7)在城镇单位中工作的外方及港、澳、台人员；(8)其他按有关规定不列入职工统计范围的人员。(1998年及以后的数据均为在岗职工数据，其他相关指标如职工工资总额，职工平均工资等指标也从1998年按此口径进行了相应调整)。

国有单位　指资产归国家所有的经济组织。包括按《中华人民共和国企业法人登记管理条例》规定登记注册的非公司制的经济组织，以及中央、地方各级国家机关、事业单位和社会团体。

集体单位　指生产资料归集体所有，并按《中华人民共和国企业法人登记管理条例》规定登记注册的经济组织。

其他单位　包括股份合作单位、联营单位、有限责任公司、股份有限公司、港澳台商投资单位以及外商投资单位等其他登记注册类型单位。

在岗职工　指在本单位工作并由单位支付工资的人员，以及有工作岗位，但由于学习、病伤产假等原因暂未工作，仍由单位支付工资的人员。

工资总额　指各单位在一定时期内直接支付给本单位全部职工的劳动报酬总额。工资总额的计算原则应以直接支付给职工的全部劳动报酬为根据。各单位支付给职工的劳动报酬以及其他根据有关规定支付的工资，不论是计入成本的还是不计入成本的，不论是按国家规定列入计征奖金税项目的，还是未列入计征奖金税项目的，不论是以货币形式支付的还是以实物形式支付的，均包括在工资总额内。

平均工资　指企业、事业、机关单位的职工在一定时期内平均每人所得的货币工资额。它表明一定时期职工工资收入的高低程度，是反映职工工资水平的主要指标。计算公式为：

$$平均工资=\frac{报告期实际支付的全部职工工资总额}{报告期全部职工平均人数}$$

平均工资指数　指报告期职工平均工资与基期职工平均工资的比率，是反映不同时期职工货币工资水平变动情况的相对数。计算公式为：

$$平均工资指数=\frac{报告期职工平均工资}{基期职工平均工资}\times100\%$$

平均实际工资指数　职工平均实际工资指扣除物价变动因素后的职工平均工资。职工平均实际工资指数是反映实际工资变动情况的相对数，表明职工实际工资水平提高或降低的程度。计算公式为：

$$平均实际工资指数=\frac{报告期职工平均工资指数}{报告期城镇居民消费价格指数}\times100\%$$

基本养老保险

1.(参保)职工人数：指报告期末按照国家法律、法规和有关政策规定参加基本养老保险并在社保经办机构已建立缴费记录档案的职工人数，包括中断缴费但未终止养老保险关系的职工人数，不包括只登记未建立缴费记录档案的人数。

2.(参保)离退休人员人数：指报告期末参加基本养老保险的离休、退休和退职人员的人数。

3.基本养老保险基金收入：指根据国家有关规定，由纳入基本养老保险范围的缴费单位和个人按国家规定的缴费基数和缴费比例缴纳的养老保险基金，以及通过其他方式取得的形成基金来源的收入。包括单位和职工个人缴纳的基本养老保险费、基本养老保险基金利息收入、上级补助收入、下级上解收入、转移收入、财政补贴和其他收入。

4.基本养老保险基金支出：指按照国家政策规定的开支范围和开支标准从养老保险基金中支付给参加基本养老保险的离休、退休、退职人员个人的养老金、丧葬抚恤补助，以及由于保险关系转移、上下级之间调剂资金等原因而发生的支出。包括离休金、退休金、退职金、各种补贴、医疗费、死亡丧葬补助费、抚恤救济费、社会保险经办机构管理费、补助下级支出、上解上级支出、转移支出、其他支出等。

5.基本养老保险基金累计结余：指截止报告期末基本养老保险基金收支相抵后的累计余额。

离休、退休、退职人员　指正式办理了离休、退休、退职手续，并享受相应的离休、退休、退职待遇的人员。

基本医疗保险

1.参保人数：指报告期末按国家有关规定参加基本医疗保险的人数。包括参加保险的职工人数和退休人员人数。

2. 基金收入：指根据国家有关规定，由纳入基本医疗保险范围的缴费单位和个人，按国家规定的缴费基数和缴费比例缴纳的基金，以及通过其他方式取得的形成基金来源的款项，包括：单位缴纳的社会统筹基金收入、个人缴纳的个人账户基金收入、财政补贴收入、利息收入、其他收入。

3. 基金支出：指按照国家政策规定的开支范围和开支标准从社会统筹基金中支付给参加基本医疗保险的职工和退休人员的医疗保险待遇支出，和从个人帐户基金中支付给参加基本医疗保险的职工和退休人员的医疗费用支出，以及其他支出。包括：住院医疗费用支出、门急诊医疗费用支出、个人账户基金支出、其他支出。

4. 基金累计结余：指截止报告期末基本医疗保险的社会统筹和个人帐户基金累计结余金额。包括银行存款、财政专户、债券投资和其他。

失业保险

1. 参保人数：指报告期末按照国家法律、法规和有关政策规定参加了失业保险的城镇企业事业单位的职工及地方政府规定参加失业保险的其他人员的人数。

2. 失业保险基金收入：指按照规定从企业、事业及其他单位筹集的失业保险费及其他并入失业保险基金收入的总额。包括单位和个人缴纳的失业保险费、失业保险基金利息收入、上级补助收入、下级上解收入、转移收入、财政补贴和其他收入。

3. 失业保险基金支出：指报告期内为保障失业人员和下岗职工基本生活、促进其再就业等支出的基金总额。包括失业救济金、医疗费、死亡丧葬补助费、抚恤救济费、转业训练费支出、失业保险经办机构管理费、补助下级支出、上解上级支出、转移支出和其他支出。

4. 基金累计结余：指截止报告期末失业保险基金收支相抵后的累计余额。

工伤保险

1. 参加保险人数：指报告期末依据国家有关规定参加工伤保险的职工人数。

2. 享受保险待遇人数：指劳动者因工负伤致残、死亡或因患职业病致残，根据有关规定享受工伤保险待遇职工或供养直系亲属人数。包括伤残人数、职业病人数、因工死亡人数、供养直系亲属人数。

3. 基金收入：指根据国家有关规定，由参加工伤保险的单位按国家规定的缴费基数和缴费比例缴纳的工伤保险基金，以及通过其他形式取得的形成基金来源的款项。包括：单位缴纳的社会统筹基金收入、财政补贴收入、利息收入、其他收入。

4. 基金支出：指按照国家政策规定的开支范围和开支标准从工伤保险基金中支付给参加工伤保险的人员及供养直系亲属工伤保险待遇支出及其他支出。包括工伤医疗费、伤残补助金、工亡补助金、护理费、丧葬补助费、工伤预防费用、职业康复费用和其他支出。

5. 基金累计结余：指截止报告期末工伤保险基金累计结余金额。包括银行存款、财政专户、债券投资和其他。

生育保险

1. 参保人数：指报告期末依据有关规定参加生育保险的职工人数。

2. 基金收入：指根据国家有关规定，由参加生育保险的单位按照国家规定的缴费基数和缴费比例缴纳的生育保险基金，以及通过其他方式取得的形成基金来源的款项，包括：单位缴纳的基金收入、利息收入和其他收入。

3. 基金支出：指按照国家政策规定的开支范围和开支标准，从生育保险基金中支付给参加生育保险的职工，因妊娠、分娩和计划生育手术而享受的待遇及其他支出。包括：生育津贴、医疗费用支出及其他支出。

4. 基金累计结余：指截止报告期末生育保险基金累计结余金额。包括银行存款、财政专户、债券投资和其他。

离休、退休、退职人员保险福利费用　指离休、退休、退职人员实际得到的生活费用总额，包括从社会保险经办机构和单位得到的费用。

1. 离休金：指按规定支付给离休人员的生活费用。

2. 退休金：指按规定支付给退休人员的生活费用。

3. 退职生活费：指按规定支付给退职人员的生活费用。

4. 医疗卫生费：指单位直接支付给离休、退休、退职人员的医疗费、住院费以及住院伙食补助等费用。

5. 其他：指离休金、退休金、退职生活费和医疗卫生费以外的其他保险福利费用，如丧葬抚恤救济费、生活补贴、物价补贴、冬季取暖补贴等。

Explanatory Notes on Main Statistical Indicators

Economically Active Population refers to the population aged 16 and over who are capable to work, are participating in or willing to participate in economic activities, including employed persons and unemployed persons.

Employed Persons refer to the persons aged 16 and over who are engaged in social working and receive remuneration payment or earn business income. This indicator reflects the actual utilization of total labour force during a certain period of time and is often used for the research on China's economic situation and national power.

Persons Employed in Various Units refer to all the persons working in government agencies of various levels, political and party organizations, social organizations, enterprises and institutions, and receiving wages or other forms of payment. They include fully-employed staff and workers, re-employed retirees, teachers in schools run by the local people, foreigners and Chinese compatriots from Hong Kong, Macao, and Taiwan working in various units, part-time employees, employees of other units working temporarily at current posts, and employees holding the second job, but exclude staff and workers who have left their working units while keeping their labour contract (employment relation) unchanged. This indicator reflects the total number of laborers actually engaged in production or other operations in various units.

Persons Employed in Private Enterprises and Self-Employed Individuals in Urban Areas Persons employed in private enterprises refer to the persons employed in the private enterprises which have been registered at the departments of industrial and commercial administration and are situated at a county town (i. e. a town where the county government is located) for business operation or at urban areas with the level higher than a county town. The self-employed individuals in urban areas refer to persons who hold the certificates of residence in urban areas or have resided in the urban areas for a long time and have been registered at the departments of industrial and commercial administration and approved to be engaged in individual industrial or commercial business, including self-employed persons as well as helpers and hired labourers who work in the individual households engaged in industrial or commercial business.

Registered Urban Unemployed Persons refer to the persons with non-agricultural household registration at certain working ages (16 – 50 years for male and 16 – 45 years for females), who are capable of work, unemployed and willing to work, and have been registered at the local employment service agencies to apply for a job.

Registered Urban Unemployment Rate refers to the ratio of the number of the registered unemployed persons to the sum of the number of persons employed in various units (minus the rural labour force, retirees, and Hong Kong, Macao, Taiwan or foreign employees they employ) laid-off workers in urban units, owners and employees in urban private enterprises, urban self-employed individuals and the registered urban unemployed persons. The formula is as follows:

Registered urban unemployment rate = number of registered urban unemployed persons ÷ (number of persons employed in urban units – rural labour force employed retirees employed – Hong Kong, Macao, Taiwan or foreign employees employ + laid-off workers + owners and employees in urban private enterprises + self-employed individuals in urban areas + registered urban unemployed persons) × 100%.

Staff and Workers refer to persons working in, and receive payment from units of state ownership, collective ownership, joint ownership, share holding ownership, foreign ownership, and ownership by entrepreneurs from Hong Kong, Macao, and Taiwan, and other types of ownership and their affiliated units. They do not include 1) persons employed in township enterprises, 2) persons employed in private enterprises, 3) urban self-employed persons, 4) retirees, 5) re-employed retirees, 6) teachers in the schools run by the local people, 7) foreigners and persons from Hong Kong, Macao and Taiwan who work in urban units, and 8) other persons not to be included by relevant regulations. (Data of 1998 and afterward refer to fully employed staff and workers. Other related statistics such as total wage bill and average wage are adjusted since 1998 accordingly).

State-owned Units refer to economic units whose assets are owned by the state. Included are non-corporation units registered according to *Regulation of the People Republic of China on the Registration of Enterprises and Corporations*, state organs, institutions and social organizations at the central and local levels.

Collective-Owned Units refer to economic units registered according to *Regulation of the People Republic of China on the Registration of Enterprises and Corporations* where the means of production are collectively owned.

Units of Other Types of Ownership refer to units registered with other types of ownership, including cooperative units, joint ownership units, limited companies, share holding corporations, units invested by entrepreneurs from Hong Kong, Macao, and Taiwan, and foreign-invested units.

Fully Employed Staff and Workers refer to persons who work in, and receive wages from their working units, as well as persons who have their work posts, but are temporarily absent from work for reasons of study or on sick, injury or maternal leave and still receive wages from their working units.

Total Wages Bill refer to the total remuneration payment to staff and workers in various units during a certain period of time. The calculation of total wages is based on the total remuneration payment to the staff and workers. Therefore, all the wages and salaries and other payments to staff and workers are included in the total wages regardless of their sources, category, and forms (in kind or cash). (Total wages of staff and workers in this yearbook include only total wages of fully employed staff and workers, excluding the living allowances distributed to those who have left their working units while keeping their labour contract/employment relation unchanged).

Average Wage refers to the average wage in money terms per person during a certain period of time for staff and workers in enterprises, institutions, and government agencies, which reflects the general level of wage income during a certain period of time and is calculated as follows:

Average Wage = Total Wages of Staff and Workers at Reference Time/Average Number of Staff and Workers at Reference Time.

Average Wage Indices refers to the ratio of average wage of staff and workers in the report period to that in the base period, which reflects the change of wage of staff and workers at the different period. It is calculated as follows:

Average Wage Indices = Average Wage of Staff and Workers at Reference Time/Average Wage of Staff and Workers at Base Period × 100%

Average Real Wage Indices average real wage of staff and workers refers to the average wage of staff and workers after removing the effects of the price changes and average real wage indices of staff and workers refers to the change of real wage, which reflects the relative increasing or decreasing level of real wage of staff and workers, which is calculated as follows:

Average Real Wage Indices = Average Wage Indices of Staff and Workers at the Reference Time/Urban Consumer Price Indices at Reference Time × 100%

Basic Pension Insurance

1. Number of staff and workers covered refer to staff and workers participating in basic pension insurance programme in line with national laws, regulations and related policies by the end of reference period, who have already had payment records in social security management agencies, including those who interrupt payment without terminating the insurance programme. Those who have registered in the programme with no payment records are not included.

2. Number of retirees participating in basic pension insurance programme refer to number of retirees participating in basic pension insurance programme by the end of reference period.

3. Revenue of basic pension insurance refer to payments made by employers and individuals participating in pension insurance programs in accordance with the basis and proportion stipulated in state regulations, and income from other sources that become source of pension insurance fund, including the premium paid by employers and staff and works, interest income, subsidies from higher level agencies, income as transfer from subordinate agencies, transferred income, government financial subsidies and other income.

4. Expenses of basic pension insurance refer to payment made to those retired and resigned people covered in pension insurance program in terms of pension or compensation within the scope and standards of expenditure according to related national policies, and expenditure occurred due to shift of the insurance relationship or adjustment of funds among agencies, including pension for resigned people, pension for retired people, pension for people quitting jobs, various subsidies, medical fees, funeral subsidies, compensation pension, management fees for social security agencies, expenses on subsidies to lower subordinates, expenses as transfer to agencies at higher level, transferred expenditure and other expenditure.

5. Balance of basic pension insurance refers to the balance of basic pension insurance at the end of the reference period after deducting expenses from revenue.

Retired or Resigned Personnel refers to people who have formally completed formalities for their retirement or quitting work and enjoy the corresponding retirement treatments.

Basic Medical Care Insurance:

1. Number of people participating in the insurance programme refers to people participating in the basic medical care insurance programme according to related regulations by the end of reference period, including number of staff and workers and retirees participating in this insurance programme.

2. Revenue of insurance programme refer to payments made by employers and individuals participating in medical care insurance programs in accordance with the basis and proportion stipulated in state regulations, and income from other sources that become source of medical insurance fund, including income of social comprehensive funds paid by employers, income from individual accounts, government financial subsidies, interest income and other income.

3. Expenses of insurance programme refer to payment made from social comprehensive funds to those retired and resigned people covered in basic medical care insurance within the scope and standards of expenditure according to related national policies, and medical care payment made from individual accounts to staff and workers and retirees, and other expenses, including medical expenses of hospital inpatients, medical expenses for outpatients and emergency patients, payment from individual accounts and other expenditure.

4. Balance of basic medical care insurance refer to the balance of medical care insurance of social comprehensive funds and individual accounts at the end of the reference period, including bank savings, special fiscal accounts, investment in bonds and others.

Unemployment Insurance

1. Number of people covered refers to staff and workers in urban enterprises or institutions who have participated in unemployment insurance programme in line relevant policies and regulations, and other people who have participated according to local government regulations, by the end of reference period.

2. Revenue of unemployment insurance refer to payments made by employers and individuals participating in unemployment insurance programme in accordance with relevant regulations and other income contributed to this programme, including unemployment insurance premium made by employers and individuals, interest income, subsidies from higher level agencies, income as transfer from subordinate agencies, transferred income, government financial subsidies and other income.

3. Expenses of unemployment insurance refer to total expenses during the reference period to guarantee the basic livelihood of unemployed people and laid-off staff and workers and to encourage their re-employment. Included are unemployment relief, medical fees, funeral subsidies, compensation pension, training expenses, management fees for unemployment insurance agencies, subsidies to lower level agencies, expenses as transfer to higher level agencies, transferred expenditure and other expenditure.

4. Balance of unemployment insurance refer to the balance of unemployment revenue deducting unemployment expenses at the end of the reference period.

Work Injury Insurance

1. Number of people covered refers to staff and workers who have participated in work injury insurance programme in line with relevant national regulations.

2. Number of beneficiaries refers to staff and workers and their direct

dependents who can, in line with relevant regulations, benefit from work injury insurance, as a result of work injury leading to disability or death of the staff/worker, or occupational disease leading to disability. Included in this category are number of injured and disabled people, number of people with occupational diseases, number of deaths at work places, and number of direct dependents.

3. Revenue of work injury insurance refer to payments made by employers participating in work injury insurance programs in accordance with the basis and proportion stipulated in state regulations, and income from other sources that become source of work injury insurance fund, including income of social comprehensive funds paid by employers, government financial subsidies, interest income and other income.

4. Expenses of work injury insurance refer to payments made from work injury insurance funds to those who participated in the work injury insurance programme and their direct dependents within the scope and standards of expenditure according to related national policies, and other expenditure, including medical fees for work injury, injury and disability subsidies, death subsidies, nursing fees, funeral subsidies, injury prevention fees, rehabilitation fees for occupational diseases and other expenditure.

5. Balance of work injury insurance refer to the balance of the work injury funds at the end of the reference period, including bank savings, special fiscal account, investment in bonds and others.

Maternity Insurance

1. Number of people covered refers to staff and workers who have participated in maternity insurance programme according to relevant regulation at the end of the reporting period.

2. Revenue of maternity insurance refers to payments made by employers participating in maternity insurance programs in accordance with the basis and proportion stipulated in state regulations, and income from other sources that become source of maternity insurance fund, including income of funds paid by employers, interest income and other income.

3. Expenses of maternity insurance refer to payments made from maternity insurance funds to staff and workers who participated in maternity insurance programme within the scope and standards of expenditure according to related national policies, expenses paid for pregnancy, child delivery or surgeries related to family planning, and other expenditure, including allowance for child bearing, medical fees and other expenditure.

4. Balance of the maternity insurance refers to the balance of the maternity insurance funds at the end of reference period, including bank savings, special fiscal account, investment in funds and others.

Insurance and Welfare Funds for Retirees refer to the total payment for living expenses actually received by retirees, including payment received from social insurance management agencies and units.

1. Pensions for retired veteran cadres refer to living expenses paid to retired veteran cadres according to related regulations.

2. Pensions for retirement refer to living expenses paid to retired staff and workers according to related regulations.

3. Living allowances for resigned staff and workers refer to living expenses paid to resigned staff and workers according to related regulation.

4. Medical care expenses refer to medical fees, hospitalization cost and per diem subsidies during hospitalizations paid by employers directly to retirees.

5. Others refer to insurance and welfare payments other than the above-mentioned payments, including funeral subsidies, living allowances, price subsidies and heating subsidies during winter.

第6篇

固定资产投资

INVESTMENT IN FIXED ASSETS

信息先锋 科技尖兵 诚信鲁统之科技理念

忠诚统计 乐于奉献

相互支撑 相互关爱 诚信鲁统之团队理念

简要说明

一、本篇资料的主要内容

本篇资料主要反映了全省固定资产投资方面的情况，主要包括固定资产投资的规模、结构、资金来源和投资的效果等方面的资料。

二、本篇资料的来源

本篇资料来源于固定资产投资统计年报，由山省统计局投资处整理提供。

Brief Introduction

I. Main Content

Data in this chapter show the basic conditions of investment in fixed assets of Shandong Province, mainly including the total investment in fixed assets, the structure of investment, the resources of investment and the results of investment, etc.

II. Source of Data

Data in this chapter are based on the yearly report on investment in fixed assets and provided by the Division of Investment and Construction Statistics of Shandong Provincial Bureau of Statistics.

6－1 1978－2006年全社会固定资产投资总额

Total Investments in Fixed Assets from 1978 to 2006

单位:亿元 (100 million yuan)

年份 Year	固定资产投资额 Investment in Fixed Assets	国有经济 State-owned Units	集体经济 Collective-owned Units	#城镇 Urban	其他经济 Others	个体经济 Self-employed Units	#农村 Rural
1978	41.87	29.27	8.42	1.78		4.18	3.98
1979	61.35	31.62	18.97	1.55		10.76	10.41
1980	69.97	35.83	22.24	3.12		11.90	11.47
1981	79.60	29.63	32.08	3.27		17.89	17.28
1982	85.00	43.29	23.38	4.38		18.33	17.46
1983	96.46	49.11	19.19	3.76		28.16	26.48
1984	140.15	67.09	25.29	5.01		47.77	44.43
1985	194.33	100.42	30.21	8.64		63.70	58.51
1986	223.08	121.95	43.09	11.95		58.04	52.32
1987	297.77	155.65	78.75	17.84		63.37	56.05
1988	369.82	192.20	100.97	35.46		76.65	64.83
1989	305.54	162.30	69.68	19.68		73.56	62.00
1990	335.66	185.44	71.51	18.63		78.71	67.47
1991	439.82	234.04	104.73	25.06		101.05	85.73
1992	601.50	343.17	186.43	42.27		71.90	54.19
1993	892.48	476.26	245.90	49.90	64.88	105.44	83.05
1994	1108.00	537.59	318.42	56.42	133.54	118.45	92.30
1995	1320.97	611.92	383.97	51.62	184.55	140.54	113.13
1996	1558.01	691.76	484.79	79.79	178.81	202.65	166.14
1997	1792.22	773.30	569.70	60.15	207.46	241.76	198.68
1998	2056.97	938.73	610.20	66.70	233.84	274.20	227.00
1999	2222.17	1043.13	635.55	82.72	232.85	310.64	228.43
2000	2542.65	1153.65	679.48	108.63	355.59	353.93	254.11
2001	2807.79	1157.44	688.61	134.92	577.68	384.06	263.35
2002	3509.29	1237.16	812.65	196.78	972.17	487.31	285.64
2003	5328.44	1615.57	1177.00	321.79	1802.23	733.64	296.03
2004	7629.04	1762.29	2455.86	383.83	2638.61	772.28	116.36
2005	10541.87	1853.29	1042.41	620.23	4909.56	2736.61	1491.55
2006	11136.06	1855.41	1063.61	713.49	5120.48	3096.56	1186.20

注:2006年国家对全社会固定资产投资口径和计算方法作了调整,比2005年增长19.6%。

a) In 2006, the National Bureau of Statistics adjusted the coverage and calculation method for total investment in fixed assets and the growth rate of total investment in fixed assets is 19.6%.

6-2 1978-2006年全社会固定资产投资构成

Composition of Total Investments in Fixed Assets from 1978 to 2006

单位:% (%)

年份 Year	固定资产投资额 Investment in Fixed Assets	国有经济 State-owned Units	集体经济 Collective-owned Units	#城镇 Urban	其他经济 Others	个体经济 Self-employed Units	#农村 Rural
1978	100.0	69.9	20.1	4.2		10.0	9.5
1979	100.0	51.5	30.9	2.5		17.6	17.0
1980	100.0	51.2	31.8	4.5		17.0	16.4
1981	100.0	37.2	40.3	4.1		22.5	21.7
1982	100.0	50.9	27.5	5.1		21.6	20.5
1983	100.0	50.9	19.9	3.9		29.2	27.5
1984	100.0	47.9	18.0	3.6		34.1	31.7
1985	100.0	51.7	15.5	4.5		32.8	30.1
1986	100.0	54.7	19.3	5.4		26.0	23.5
1987	100.0	52.3	26.4	6.0		21.3	18.8
1988	100.0	52.0	27.3	9.6		20.7	17.5
1989	100.0	53.1	22.8	6.4		24.1	20.3
1990	100.0	55.2	21.3	5.6		23.5	20.1
1991	100.0	53.2	23.8	5.7		23.0	19.5
1992	100.0	57.1	31.0	7.0		11.9	9.0
1993	100.0	53.4	27.6	5.6	7.2	11.8	9.3
1994	100.0	48.5	28.7	5.1	12.1	10.7	8.3
1995	100.0	46.3	29.1	3.9	14.0	10.6	8.6
1996	100.0	44.4	31.1	5.1	11.5	13.0	10.7
1997	100.0	43.1	31.8	3.4	11.6	13.5	11.1
1998	100.0	45.6	29.7	3.3	11.4	13.3	11.0
1999	100.0	46.9	28.6	3.7	10.5	14.0	10.3
2000	100.0	45.4	26.7	4.3	14.0	13.9	10.0
2001	100.0	41.2	24.5	4.8	20.6	13.7	9.4
2002	100.0	35.3	23.1	5.6	27.7	13.9	8.1
2003	100.0	30.3	22.1	6.0	33.8	13.8	5.6
2004	100.0	23.1	32.2	5.0	34.6	10.1	1.5
2005	100.0	17.6	9.9	5.9	46.6	25.9	14.1
2006	100.0	16.7	9.5	6.4	46.0	27.8	10.7

6-3 按城乡分的固定资产投资情况(2006年)

Total Investments in Fixed Assets of Rural and Urban Area(2006)

类　别	单　位	Category	Unit	总　计 Total	#地　方 Local
计划总投资	**万元**	**Total Planned Investment**	**10000 yuan**	**225719668**	**217205927**
自开始建设累计完成投资	万元	Completed Investment from Beginning	10000 yuan	129201252	124107704
本年完成投资	万元	Investment Completed This Year	10000 yuan	99508738	95639918
#住宅投资	万元	Residential Buildings	Sq. m	4772431	4718536
#经济适用房	万元	Economically Affordable Houses	10000 yuan	33900	33900
按构成分		**Investment by Structure**			
建筑工程	万元	Construction	10000 yuan	48513981	46820343
安装工程	万元	Installation	10000 yuan	7053591	6436292
设备工器具购置	万元	Purchase of Equipment and Instruments	10000 yuan	33988976	32883279
#购置旧设备	万元	Purchase of Second-hand Equipment	10000 yuan	45914	45856
#用于更新的设备	万元	Purchase of Equipment to renwe old ones	10000 yuan	1886574	1652854
其他费用	万元	Others	10000 yuan	9952190	9500004
#旧建筑物购置费	万元	Purchase of Used Buildings	10000 yuan	5653	5653
#土地购置费	万元	Purchase of Field	10000 yuan	356901	332313
本年新增固定资产	**万元**	**Newly Increased Real Estate**	**10000 yuan**	**57226504**	**55179718**
本年施工房屋面积	平方米	Project under Construction	sq. m	220696224	217798946
#住　宅	平方米	Residential Building	sq. m	41578200	40976937
#经济适用房	平方米	Economically Affordable Houses	sq. m	91115	91115
本年竣工房屋面积	平方米	Project Completed and Put into Use	sq. m	102850131	101754408
#住　宅	平方米	Residential Building	sq. m	21286323	21016521
#经济适用房	平方米	Economically Affordable Houses	sq. m	41465	41465
本年竣工房屋价值	万元	Project Completed and Put into Use	10000 yuan	10630549	10455787
#住　宅	万元	Residential Building	10000 yuan	2331783	2297897
施工项目个数	个	Number of Projects Under Construction	unit	43068	42723
#本年新开工	个	Started This Year	unit	34980	34711
本年投产项目个数	个	Number of Projects Put into Use	unit	22571	22321
规划用地面积	平方米	Land Space Planned	sq. m	645899344	630698501
本年实际征用和购置土地面积	平方米	Land Space Purchased and Used This Year	sq. m	189261651	180944924
本年实际征用和购置土地成交价款	万元	Value of Land Purchased and Used This Year	10000 yuan	2735252	2669263
本年资金来源合计	**万元**	**Total Fund of Different Sources**	**10000 yuan**	**102853719**	**98938969**
上年末结余资金	万元	Fund Left Last Year	10000 yuan	2040663	1843965
本年资金来源小计	万元	Total Fund of This Year	10000 yuan	100813056	97095004
国家预算内资金	万元	State Budgetary Appropriations	10000 yuan	2097613	2001504
国内贷款	万元	Domestic Loans	10000 yuan	9620752	8581244
债　券	万元	Stock	10000 yuan	59981	41965
利用外资	万元	Overseas Funds	10000 yuan	4788425	4784425
#外商直接投资	万元	Direct Foreign Investment	10000 yuan	3591572	3587572
自筹资金	万元	Self-raising Fund	10000 yuan	77027780	74650252
#企事业单位自有资金	万元	Fund of Enterprises	10000 yuan	46886172	44797208
其他资金来源	万元	Ohers	10000 yuan	7218505	7035614
本年各项应付款合计	万元	Total of Account Payable	10000 yuan	5993620	5767636
#工程款	万元	for Projects	10000 yuan	2809087	2747309

注:本表不含房地产开发投资。

a) Data in this table don't inculde the investment in real eastate development.

6-3 续表 continued

类　别	单　位	Category	Unit	城　镇 Urban	#地　方 Local	农　村 Rural	#地　方 Local
计划总投资	**万元**	**Total Planned Investment**	**10000 yuan**	**187059707**	**178596465**	**38659961**	**38609462**
自开始建设累计完成投资	万元	Completed Investment from Beginning	10000 yuan	101317819	96268010	27883433	27839694
本年完成投资	万元	Investment Completed This Year	10000 yuan	75301224	71460023	24207514	24179895
#住宅投资	万元	Residential Buildings	Sq. m	3888424	3835992	884007	882544
#经济适用房	万元	Economically Affordable Houses	10000 yuan	33900	33900		
按构成分		**Investment by Structure**					
建筑工程	万元	Construction	10000 yuan	37716479	36038051	10797502	10782292
安装工程	万元	Installation	10000 yuan	5576663	4963362	1476928	1472930
设备工器具购置	万元	Purchase of Equipment and Instruments	10000 yuan	24427621	23327382	9561355	9555897
#购置旧设备	万元	Purchase of Second-hand Equipment	10000 yuan	36000	35942	9914	9914
#用于更新的设备	万元	Purchase of Equipment to renwe old ones	10000 yuan	1539999	1306279	346575	346575
其他费用	万元	Others	10000 yuan	7580461	7131228	2371729	2368776
#旧建筑物购置费	万元	Purchase of Used Buildings	10000 yuan	4547	4547	1106	1106
#土地购置费	万元	Purchase of Field	10000 yuan	293309	268721	63592	63592
本年新增固定资产	**万元**	**Newly Increased Real Estate**	**10000 yuan**	**40869418**	**38836661**	**16357086**	**16343057**
本年施工房屋面积	平方米	Project under Construction	sq. m	161788749	158953190	58907475	58845756
#住　宅	平方米	Residential Building	sq. m	33042553	32453931	8535647	8523006
#经济适用房	平方米	Economically Affordable Houses	sq. m	91115	91115		
本年竣工房屋面积	平方米	Project Completed and Put into Use	sq. m	70629014	69589910	32221117	32164498
#住　宅	平方米	Residential Building	sq. m	16669185	16404334	4617138	4612187
#经济适用房	平方米	Economically Affordable Houses	sq. m	41465	41465		
本年竣工房屋价值	万元	Project Completed and Put into Use	10000 yuan	7661613	7490825	2968936	2964962
#住　宅	万元	Residential Building	10000 yuan	1910237	1876945	421546	420952
施工项目个数	个	Number of Projects Under Construction	unit	23651	23326	19417	19397
#本年新开工	个	Started This Year	unit	17991	17737	16989	16974
本年投产项目个数	个	Number of Projects Put into Use	unit	11662	11429	10909	10892
规划用地面积	平方米	Land Space Planned	sq. m	499825098	485076392	146074246	145622109
本年实际征用和购置土地面积	平方米	Land Space Purchased and Used This Year	sq. m	131482250	123165523	57779401	57779401
本年实际征用和购置土地成交价款	万元	Value of Land Purchased and Used This Year	10000 yuan	1313573	1247584	1421679	1421679
本年资金来源合计	**万元**	**Total Fund of Different Sources**	**10000 yuan**	**78010406**	**74123275**	**24843313**	**24815694**
上年末结余资金	万元	Fund Left Last Year	10000 yuan	1959648	1762950	81015	81015
本年资金来源小计	万元	Total Fund of This Year	10000 yuan	76050758	72360325	24762298	24734679
国家预算内资金	万元	State Budgetary Appropriations	10000 yuan	1974010	1890951	123603	110553
国内贷款	万元	Domestic Loans	10000 yuan	8228963	7189455	1391789	1391789
债　券	万元	Stock	10000 yuan	57781	39765	2200	2200
利用外资	万元	Overseas Funds	10000 yuan	4039611	4035611	748814	748814
#外商直接投资	万元	Direct Foreign Investment	10000 yuan	3063050	3059050	528522	528522
自筹资金	万元	Self-raising Fund	10000 yuan	56430340	54063021	20597440	20587231
#企事业单位自有资金	万元	Fund of Enterprises	10000 yuan	34214673	32127839	12671499	12669369
其他资金来源	万元	Ohers	10000 yuan	5320053	5141522	1898452	1894092
本年各项应付款合计	万元	Total of Account Payable	10000 yuan	4993200	4768292	1000420	999344
#工程款	万元	for Projects	10000 yuan	2351159	2289381	457928	457928

6-4 按城乡分的规模以上固定资产投资(2006年)

Investment above Designated Size in Fixed Assets of Rural and Urban Areas(2006)

单位:万元 (10 000 yuan)

类 别	Category	总 计 Total	城镇投资 Urban Investment	农村投资 Rural Investment	房地产开发 Investment in Real Estate Development
总 计	**Total**	**111360566**	**75301224**	**24207514**	**11851828**
按登记注册类型分	**Registration Status**				
内 资	Domestic Fund	101607557	68002588	22911181	10693788
国 有	State-owned and State-owned	18554237	16800179	970200	783858
集 体	Collective-owned	10636259	6551379	3501150	583730
联 营	Joint Ownership Units	127884	111511	10373	6000
股份制	Share Holding Units	36139140	24787623	5185207	6166310
其 他	Others	36150037	19751896	13244251	3153890
港澳台商投资	Fund from Hong Kong, Macao and Taiwan	3240279	2164940	421075	654264
# 合资经营	Joint Venture	1489995	752646	283114	454235
合作经营	Collaborative Operation	163917	106871	21142	35904
独 资	Solely Foreign-owned	1048223	786224	101726	160273
外商投资	Fund from Overseas	6512730	5133696	875258	503776
# 合资经营	Joint Venture	2818374	1936825	481868	399681
合作经营	Collaborative Operation	161049	95201	32170	33678
独 资	Solely Foreign-owned	3048505	2662101	315987	70417
按隶属关系分	**Investment by Jurisdiction of Management**				
中 央	Central Investment	3897426	3841201	27619	28606
地 方	Local Investment	107463140	71460023	24179895	11823222
省(自治区、直辖市)	Provincial	4986828	4249105	26510	711213
地区(州、盟、省辖市)	Prefecture	10801094	7603041	18229	3179824
县(旗、县级市)	County	13790439	11210830	432410	2147199
其 他	Others	77884779	48397047	23702746	5784986
按建设性质分	**Investment by Type of Construction**	**99508738**	**75301224**	**24207514**	
# 新 建	New Construction	45784654	34676191	11108463	
扩 建	Expansion	35325415	26801741	8523674	
改建和技术改造	Reconstruction and Technical Transformation	12689545	9392441	3297104	
单纯建造生活设施	Housing	1666131	1456143	209988	
迁 建	Removal and Reconstruction	963054	829959	133095	
恢 复	Resumption	25435	15525	9910	
单纯购置	Purchase only	3054504	2129224	925280	

注:规模以上固定资产投资为50万元以上的项目投资和房地产开发投资。

a) Investment in real estate above designated scale includes investment in projects and real estate development over 500 thousand yuan .

6-5 按行业分的规模以上固定资产投资(2006年)

Investment in Fixed Assets by Sector(2006)

单位:万元 (10 000 yuan)

类　别	Category	总　计 Total Investment	城镇投资 Urban Investment	农村投资 Rural Investment	房地产开发 Investment in Real Estate Development
总　计	**Provincial Total**	**111360566**	**75301224**	**24207514**	**11851828**
(一)农、林、牧、渔业	Farming, Forestry, Animal Husbandry and Fishery	2626309	1036144	1590165	
农　业	Farming	374532	195787	178745	
林　业	Forestry	192402	111837	80565	
畜牧业	Animal Husbandry	594941	206703	388238	
渔　业	Fishery	698275	157652	540623	
农、林、牧、渔服务业	Services for Farming, Forestry, Animal Husbandry and Fishery	766159	364165	401994	
(二)采矿业	Mining	4169002	2874588	1294414	
煤炭开采和洗选业	Mining and Washing of Coal	1027367	882933	144434	
石油和天然气开采业	Extraction of Petroleum and Natural Gas	1406226	1398776	7450	
黑色金属矿采选业	Mining and Dressing of Ferrous Metal Ores	319693	164202	155491	
有色金属矿采选业	Mining and Dressing of Nonferrous Metals Ores	680696	201343	479353	
非金属矿采选业	Mining and Dressing of Nonmetal Ores	713581	224134	489447	
其他采矿业	Mining and Dressing of Other Ores	21439	3200	18239	
(三)制造业	Manufacture	55486908	39983029	15503879	
农副食品加工业	Processing of Farm and Sideline Food	5066877	2919150	2147727	
食品制造业	Manufacture of Food	2011478	1444024	567454	
饮料制造业	Manufacture of Beverage	1045972	649805	396167	
烟草制品业	Tobacco Products	144899	140442	4457	
纺织业	Textile Industry	4421297	2946197	1475100	
纺织服装、鞋、帽制造业	Manufacture of Textile Garments, Footwear and Headgear	1514411	1064697	449714	
皮革、毛皮、羽毛(绒)及其制品业	Feather, Furs, Down and Related Products	712695	501383	211312	
木材加工及木、竹、藤、棕、草制品业	Timber Processing, Bamboo, Cane, Palm Fiber & Straw Products	1213240	581940	631300	
家具制造业	Manufacture of Furniture	920729	593666	327063	
造纸及纸制品业	Papermaking and Paper Products	1994009	1643144	350865	
印刷业和记录媒介的复制	Printing and Record Medium Reproduction	579740	445191	134549	
文教体育用品制造业	Manufacture of Cultural, Educational and Sports Goods	378705	254500	124205	
石油加工、炼焦及核燃料加工业	Petroleum Refining, Coking and Nuclear Fuel Processing	1131277	938595	192682	
化学原料及化学制品制造业	Manufacture of Raw Chemical Materials and Chemica Products	5300913	4123895	1177018	
医药制造业	Manufacture of Medicines	1105554	915992	189562	
化学纤维制造业	Manufacture of Chemical Fibers	371834	298309	73525	
橡胶制品业	Rubber Products	1404122	1012217	391905	
塑料制品业	Plastic Products	1840095	1259533	580562	
非金属矿物制品业	Nonmetal Mineral Products	4332478	2787536	1544942	
黑色金属冶炼及压延加工业	Smelting and Pressing of Ferrous Metals	1005254	970667	34587	
有色金属冶炼及压延加工业	Smelting and Pressing of Nonferrous Metals	904118	850467	53651	
金属制品业	Metal Products	3094044	2317023	777021	
通用设备制造业	Manufacture of General Purpose Equipment	4180973	2697386	1483587	
专用设备制造业	Manufacture of Special Purpose Equipment	2954766	2142632	812134	
交通运输设备制造业	Manufacture of Transport Equipment	3259286	2751496	507790	
电气机械及器材制造业	Manufacture of Electrical Machinery and Equipment	1711794	1335687	376107	
通信设备、计算机及其他电子设备制造业	Manufacture of Communication Equipment, Computers and Other Electronic Equipment	1550789	1459033	91756	
仪器仪表及文化、办公用机械制造业	Manufacture of Instruments, Meters and Machinery for Cultural and Office Use	243952	212707	31245	
工艺品及其他制造业	Handicraft and Other Manufactures	1004672	657350	347322	
废弃资源和废旧材料回收加工业	Recycling and Disposal of Waste	86935	68365	18570	
(四)电力、燃气及水的生产和供应业	Production and Supply of Electric Power, Gas and Water	5142421	4857702	284719	
电力、热力的生产和供应业	Production and Supply of Electric Power and Heating Power	4264240	4134766	129474	
燃气生产和供应业	Production and Supply of Gas	317294	295795	21499	
水的生产和供应业	Production and Supply of Tap Water	560887	427141	133746	
(五)建筑业	Construction	4046032	3228707	817325	
房屋和土木工程建筑业	Building and Civil Engineering Construction	3680610	2970537	710073	
建筑安装业	Construction Installment	123590	66577	57013	
建筑装饰业	Construction Decoration	81110	55720	25390	
其他建筑业	Other Construction	160722	135873	24849	
(六)交通运输、仓储和邮政业	Transport, Storage and Postal Services	4663771	4050426	613345	
铁路运输业	Railway Transport	117935	110952	6983	
道路运输业	Road Transport	2647193	2355836	291357	
城市公共交通业	Urban Public Traffic	58137	55537	2600	

6－5 续表 continued

单位:万元 (10 000 yuan)

类　别	Category	总　计 Total Investment	城镇投资 Urban Investment	农村投资 Rural Investment	房地产开发 Investment in Real Estate Development
水上运输业	Waterway Transport	863645	798325	65320	
航空运输业	Air Transport	12325	12325		
管道运输业	Pipeline Transport	57233	51233	6000	
装卸搬运和其他运输服务业	Loading and Unloading and Other Transport Services	141706	126629	15077	
仓储业	Storage	757231	536073	221158	
邮政业	Postal Services	8366	3516	4850	
(七)信息传输、计算机服务和软件业	Information Transmission, Computer Services and Software	423808	399040	24768	
电信和其他信息传输服务业	Telecommunications and Other Information Transmission Services	355292	334940	20352	
计算机服务业	Computer Services	15557	12711	2846	
软件业	Software	52959	51389	1570	
(八)批发和零售业	Wholesale and Retail Trade	3247369	2413633	833736	
批发业	Wholesale	1497095	1012467	484628	
零售业	Retail Trade	1750274	1401166	349108	
(九)住宿和餐饮业	Accommodations and Catering Services	894906	724729	170177	
住宿业	Accommodations	479547	363716	115831	
餐饮业	Catering Services	415359	361013	54346	
(十)金融业	Finance	49208	46661	2547	
银行业	Banking	40935	38555	2380	
证券业	Securities	1100	1100		
保险业	Insurance	4148	3981	167	
其他金融活动	Other Financial Activities	3025	3025		
(十一)房地产业	Real Estate	15942207	3091661	998718	11851828
房地产业	Real Estate	15942207	3091661	998718	11851828
(十二)租赁和商务服务业	Leasing and Business Services	560617	515124	45493	
租赁业	Leasing Services	51616	44414	7202	
商务服务业	Business Services	509001	470710	38291	
(十三)科学研究、技术服务和地质勘查业	Scientific Research, Technical Services and Geological Prospecting	442125	407592	34533	
研究与试验发展	Research and Experimental Development	197802	176959	20843	
专业技术服务业	Special Technical Services	134287	127115	7172	
科技交流和推广服务业	Scientific & Technological Exchange and Promotion Services	94671	89403	5268	
地质勘查业	Geological Prospecting	15365	14115	1250	
(十四)水利、环境和公共设施管理业	Management of Water Conservancy, Environment and Public Facilities	4466159	3694627	771532	
水利管理业	Management of Water Conservancy	389137	250214	138923	
环境管理业	Management of Environment	306930	238238	68692	
公共设施管理业	Management of Public Facilities	3770092	3206175	563917	
(十五)居民服务和其他服务业	Services to Households and Other Services	306441	249797	56644	
居民服务业	Services to Households	218760	181244	37516	
其他服务业	Other Services	87681	68553	19128	
(十六)教　育	Education	2388221	2183459	204762	
教　育	Education	2388221	2183459	204762	
(十七)卫生、社会保障和社会福利业	Health Care, Social Security and Social Welfare	542092	452079	90013	
卫　生	Health Care	472907	410997	61910	
社会保障业	Social Security	3848	2525	1323	
社会福利业	Social Welfare	65337	38557	26780	
(十八)文化、体育和娱乐业	Culture, Sports and Recreation	822728	747463	75265	
新闻出版业	Publication	3083	3083		
广播、电视、电影和音像业	Radio, Television, Film and Video	50600	46490	4110	
文化艺术业	Culture and Arts	81599	65692	15907	
体　育	Sports	336208	329398	6810	
娱乐业	Recreation	351238	302800	48438	
(十九)公共管理和社会组织	Public Administration and Social Organizations	5140242	4344763	795479	
中国共产党机关	CPC Agencies	1590	1590		
国家机构	Government Agencies	3189302	2797468	391834	
人民政协和民主党派	CPPCC and Democratic Parties	5804	5204	600	
群众团体、社会团体和宗教组织	Mass Organizations, Social Organizations and Religious Organizations	41584	29644	11940	
基层群众自治组织	Self-governing Mass Organizations at the Grass-roots Level	1901962	1510857	391105	
(二十)国际组织	International Organizations				
国际组织	International Organizations				

注:规模以上固定资产投资为50万元以上的项目投资和房地产开发投资。

a) Investment in real estate above designated scale includes investment in projects and real estate development over 500 thousand yuan .

6-6 按经济类型分的房地产开发投资情况(2006 年)

Investment in Real Estate Development by Registration Status(2006)

类别	单位	Category	Unit	总计 Total	国有 State-owned	集体 Collective-owned	私营个体 Private and Individuals	联营 Joint Ownership Economy
计划总投资	**万元**	**Intended Investment**	**10 000 yuan**	**45331306**	**3847597**	**1358683**	**10348867**	**10000**
自开始建设累计完成投资	**万元**	**Cumulative Investment**	**10 000 yuan**	**24708859**	**2377238**	**822075**	**5759134**	**6000**
本年完成投资	**万元**	**Investment Completed in Current Year**	**10 000 yuan**	**11851828**	**783858**	**583730**	**3045531**	**6000**
#商品房建设投资额	万元	in Commercial Building	10 000 yuan	8311341	618574	399313	2077614	2063
土地开发投资额	万元	in Land Development	10 000 yuan	986068	48886	41364	193936	877
配套工程投资	万元	in Related Projects	10 000 yuan	292506	14317	8008	94357	1330
按构成分		**Grouped by Use of Funds**						
建筑工程	万元	Construction	10 000 yuan	8003019	555568	409407	2092297	1730
安装工程	万元	Installation	10 000 yuan	711267	45415	33508	200702	1701
设备工器具购置	万元	Purchase of Equipment and Instruments	10 000 yuan	106318	11965	1555	19923	
其他费用	万元	Others	10 000 yuan	3031224	170910	139260	732609	2569
#旧建筑物购置费	万元	Purchase of Used Building	10 000 yuan	102921	5215	1630	29935	
土地购置费	万元	Purchase of Land	10 000 yuan	2025686	88956	106994	513783	877
按工程用途分		**Grouped by Use of Buildings**						
住宅	万元	Residential Buildings	10 000 yuan	8952662	665017	452198	2195149	3368
#90平方米以下住房	万元	Residential Buildings below 90 sq. m	10 000 yuan	2338084	183378	124706	631484	
经济适用房	万元	Economically Affordable Housing	10 000 yuan	281981	36550	4628	60146	
别墅、高档公寓	万元	Villas and Upper-scale Apartments	10 000 yuan	552646	39408	1791	96071	
办公楼	万元	Office Buildings	10 000 yuan	366452	8001	5857	114561	
商业营业用房	万元	Buildings for Business	10 000 yuan	1470096	40732	64249	485460	897
其他	万元	Others	10 000 yuan	1062618	70108	61426	250361	1735
本年新增固定资产	**万元**	**Newly Increased Fixed Assets**	**10 000 yuan**	**5914059**	**476808**	**257533**	**1384378**	**7760**
本年资金来源合计	**万元**	**Total Funds of All Sources**	**10 000 yuan**	**16747764**	**1148622**	**692692**	**4383632**	**8062**
上年末结余资金	万元	Fund Left from Last Year	10 000 yuan	2251374	170175	71702	572355	3052
本年资金来源小计	万元	Fund of All Sources in Currrent Year	10 000 yuan	14496390	978447	620990	3811277	5010
国内贷款	万元	Domestic Loans	10 000 yuan	2685456	113227	88709	589843	1500
#银行贷款	万元	from Banks	10 000 yuan	2608551	110452	84391	576441	1500
非银行金融机构贷款	万元	from Other Financial Deparments	10 000 yuan	76905	2775	4318	13402	
利用外资	万元	Foreign Investment	10 000 yuan	155324		1000		
#外商直接投资	万元	Foreign Direct Investment	10 000 yuan	114160				
自筹资金	万元	Self-Raising Funds	10 000 yuan	5813919	352857	356563	1721025	
#自有资金	万元	Self-owned Funds	10 000 yuan	3403340	191758	208401	1087994	
其他资金来源	万元	Others	10 000 yuan	5841691	512363	174718	1500409	3510
#定金及预付款	万元	Earnest Money and Advance Charge	10 000 yuan	4082402	413999	129391	957248	3510
个人按揭贷款	万元	Mortgage Loans	10 000 yuan	884727	36396	21288	359431	
本年各项应付款合计	万元	Account Payable	10 000 yuan	1820682	61781	92783	466868	167
#工程款	万元	Payment for Construction	10 000 yuan	986877	36848	48166	266862	167
本年完成开发土地面积	**平方米**	**Space of Land Developed in Current Year**	**sq. m**	**28460301**	**2243042**	**704057**	**6474996**	**42351**
待开发土地面积	平方米	Space of Land to be Developed	sq. m	33184610	1697307	1080874	7976128	23902
本年购置土地面积	平方米	Space of Land Purchased in Current Year	sq. m	32006003	1333751	1596618	8808652	8584
本年土地成交价款	万元	Value of Commercial Land	10 000 yuan	2164978	93329	102073	566804	877

6－6 续表 continued

类 别	单 位	Category	Unit	股份制 Share-holding Economy	外 商 Foreign Funded Economy	港澳台 Economy with Funds from Hong Kong, Macao and Taiwan	其 他 Others
计划总投资	**万元**	**Intended Investment**	**10 000 yuan**	**22663787**	**3726853**	**3077051**	**298468**
自开始建设累计完成投资	**万元**	**Cumulative Investment**	**10 000 yuan**	**13055552**	**1060821**	**1491698**	**136341**
本年完成投资	**万元**	**Investment Completed in Current Year**	**10 000 yuan**	**6166310**	**503776**	**654264**	**108359**
# 商品房建设投资额	万元	in Commercial Building	10 000 yuan	4354196	350311	444023	65247
土地开发投资额	万元	in Land Development	10 000 yuan	538620	44889	106275	11221
配套工程投资	万元	in Related Projects	10 000 yuan	154274	3261	15399	1560
按构成分		**Grouped by Use of Funds**					
建筑工程	万元	Construction	10 000 yuan	4247514	219965	413938	62600
安装工程	万元	Installation	10 000 yuan	371847	17946	31027	9121
设备工器具购置	万元	Purchase of Equipment and Instruments	10 000 yuan	65725	6	6285	859
其他费用	万元	Others	10 000 yuan	1481224	265859	203014	35779
# 旧建筑物购置费	万元	Purchase of Used Building	10 000 yuan	11133	50760	4248	
土地购置费	万元	Purchase of Land	10 000 yuan	975442	175311	133739	30584
按工程用途分		**Grouped by Use of Buildings**					
住 宅	万元	Residential Buildings	10 000 yuan	4785340	323428	460219	67943
# 90 平方米以下住房	万元	Residential Buildings below 90 sq. m	10 000 yuan	1284434	56633	40003	17446
经济适用房	万元	Economically Affordable Housing	10 000 yuan	173556	7101		
别墅、高档公寓	万元	Villas and Upper-scale Apartments	10 000 yuan	235969	152199	10173	17035
办公楼	万元	Office Buildings	10 000 yuan	146945	66930	18580	5578
商业营业用房	万元	Buildings for Business	10 000 yuan	678518	70842	111094	18304
其 他	万元	Others	10 000 yuan	555507	42576	64371	16534
本年新增固定资产	**万元**	**Newly Increased Fixed Assets**	**10 000 yuan**	**3415888**	**118821**	**227143**	**25728**
本年资金来源合计	**万元**	**Total Funds of All Sources**	**10 000 yuan**	**8554521**	**805660**	**1001377**	**153198**
上年末结余资金	万元	Fund Left from Last Year	10 000 yuan	1178888	71368	177947	5887
本年资金来源小计	万元	Fund of All Sources in Currrent Year	10 000 yuan	7375633	734292	823430	147311
国内贷款	万元	Domestic Loans	10 000 yuan	1464802	246950	148270	32155
# 银行贷款	万元	from Banks	10 000 yuan	1408592	246950	148270	31955
非银行金融机构贷款	万元	from Other Financial Deparments	10 000 yuan	56210			200
利用外资	万元	Foreign Investment	10 000 yuan	7265	94983	52076	
# 外商直接投资	万元	Foreign Direct Investment	10 000 yuan	2780	94983	16397	
自筹资金	万元	Self-Raising Funds	10 000 yuan	2867874	203456	222847	89297
# 自有资金	万元	Self-owned Funds	10 000 yuan	1657148	93086	111353	53600
其他资金来源	万元	Others	10 000 yuan	3035692	188903	400237	25859
# 定金及预付款	万元	Earnest Money and Advance Charge	10 000 yuan	2204915	147044	212407	13888
个人按揭贷款	万元	Mortgage Loans	10 000 yuan	410328	6238	48147	2899
本年各项应付款合计	万元	Account Payable	10 000 yuan	942801	199621	52676	3985
# 工程款	万元	Payment for Construction	10 000 yuan	553356	50910	28598	1970
本年完成开发土地面积	**平方米**	**Space of Land Developed in Current Year**	**sq. m**	**13288603**	**3457196**	**2110313**	**139743**
待开发土地面积	平方米	Space of Land to be Developed	sq. m	18038482	2861998	1402655	103264
本年购置土地面积	平方米	Space of Land Purchased in Current Year	sq. m	16030438	2873279	1140530	214151
本年土地成交价款	万元	Value of Commercial Land	10 000 yuan	1014028	217395	144227	26245

6-7 按经济类型分的房地产开发财务情况(2006年)

Financial Indicators of Real Estate Development(2006)

单位:万元 (10 000 yuan)

类 别	Category	总 计 Total	国 有 State-owned	集 体 Collective-owned	私营个体 Private and Individuals	联 营 Joint Ownership Economy
一、年初存货	**Inventory at Beginning of Current Year**	**9414327**	**686172**	**320638**	**2141999**	**4627**
二、年末资产负债	**Property debt at Year End**					
流动资产合计	Total Liquid Liabilities	32165763	3061823	1078820	8536535	10566
#存 货	Inventory	14305551	1361142	449426	3249070	
固定资产原价	Fixed Asset Value	2457127	393404	106125	712020	287
累计折旧	Accumulated Depreciation	510583	81504	32081	122217	150
#本年折旧	in Current Year	99856	16673	5177	22612	12
资产总计	Assets	43864672	4175941	1325453	10141371	38230
负债总计	Liabilities	27142604	3183036	924711	5910084	18125
所有者权益合计	Owners Equity	16722068	992905	400742	4231287	20105
#实收资本	Paid-up Capital	9441722	784966	272168	3737299	3000
#国家资本	State-owned Capital	828795	582280	1070	3831	
集体资本	Collective-owned Capital	539613	16833	166620	32978	
法人资本	Corporate Capital	3097592	155807	54566	639253	3000
个人资本	Private Capital	4505882	30046	49912	3055634	
港澳台资本	Capital from Hong Kong, Macao &Taiwan	272233			450	
外商资本	Foreign Capital	197607			5153	
三、损益及分配	**Net Income or Loss and Distribution**					
主营业务收入	Operating Income	9996195	706880	446282	2268441	4877
土地转让收入	Revenues from Land Transfer	89654	39521		5914	
商品房屋销售收入	Revenues from Commercial Housing Sales	9426118	623885	416803	2196247	4240
房屋出租收入	Housing Rental Income	23986	2561	4240	2789	
其他收入	Others	456437	40913	25239	63491	637
主营业务成本	Main Business Cost	7624029	562630	335358	1678349	3915
主营业务税金及附加	Main Business Tax & Additional	622304	42448	35376	144442	235
主营业务利润	Main Business Profit	1544024	89551	64008	396844	617
其他业务收入	Other Operating Revenue	75113	17957	1170	14314	
其他业务利润	Other Operating Profits	39510	8718	805	3334	
销售费用	Sales Expenses	205838	12251	11540	48806	110
管理费用	Management Expenses	527673	61386	25979	125997	143
#税 金	Taxes	35147	5799	1474	7591	
差旅费	Fees	23228	1610	683	7173	56
工会经费	Labour union expenditure	3284	505	143	819	57
财务费用	Financial Expenses	228632	25023	7708	59733	135
#利息支出	Interests	156910	18981	3865	42232	100
营业利润	Business Profits	827229	11860	31126	214448	339
投资收益	Investment Profits	59986	8457	580	3755	
营业外收入	Non-operating Income	32687	7946	3268	3699	
营业外支出	Non-operating Expenses	44494	3897	1062	7066	
利润总额	Total Profits	875408	24366	33912	214836	339
应缴所得税	Income Tax Payable	234207	11397	10199	51400	
劳动失业、保险费	labor and Insurance	18287	3421	1688	2746	
住房公积金及住房补贴	Housing Provident Funds	9598	3001	472	1366	
四、工资、福利费	**Wages and Welfare**					
本年应付工资总额	Wages Payable in Current Year	231831	25997	11532	52998	645
本年应付福利费总额	Welfare Payable in Current Year	36001	3965	1661	8772	5
全部从业人员年平均人数(人)	Average Number of Employees Engaged(person)	110397	11658	7805	27881	43

6-7 续表 continued

类别	Category	股份制 Share-holding Economy	外商 Foreign Funded Economy	港澳台 Economy with Funds from Hong Kong, Macao and Taiwan	其他 Others
一、年初存货	**Inventory at Beginning of Current Year**	**5080387**	**425962**	**706360**	**48182**
二、年末资产负债	**Property debt at Year End**				
流动资产合计	Total Liquid Liabilities	15647218	1450839	2174470	205492
#存货	Inventory	7246750	799402	1101140	98621
固定资产原价	Fixed Asset Value	1091267	64036	78324	11664
累计折旧	Accumulated Depreciation	239736	12629	19311	2955
#本年折旧	in Current Year	48208	2586	3881	707
资产总计	Assets	23683391	1773379	2454179	272728
负债总计	Liabilities	13716576	1380847	1819848	189377
所有者权益合计	Owners'Equity	9966815	392532	634331	83351
#实收资本	Paid-up Capital	3679525	329885	563246	71633
#国家资本	State-owned Capital	208831	3072	29711	
集体资本	Collective-owned Capital	315266	4955	2961	
法人资本	Corporate Capital	1878332	90447	235075	41112
个人资本	Private Capital	1273046	27465	39258	30521
港澳台资本	Capital from Hong Kong, Macao &Taiwan	3050	24840	243893	
外商资本	Foreign Capital	1000	179106	12348	
三、损益及分配	**Net Income or Loss and Distribution**				
主营业务收入	Operating Income	5515221	358625	652183	43686
土地转让收入	Revenues from Land Transfer	32984	6091	3823	1321
商品房屋销售收入	Revenues from Commercial Housing Sales	5210240	334305	609083	31315
房屋出租收入	Housing Rental Income	8828	1113	3999	456
其他收入	Others	263169	17116	35278	10594
主营业务成本	Main Business Cost	4252050	268692	490419	32616
主营业务税金及附加	Main Business Tax & Additional	337783	22222	36844	2954
主营业务利润	Main Business Profit	811385	59197	115259	7163
其他业务收入	Other Operating Revenue	35553	1295	4650	174
其他业务利润	Other Operating Profits	23000	1310	2257	86
销售费用	Sales Expenses	114003	8514	9661	953
管理费用	Management Expenses	257002	20471	32870	3825
#税金	Taxes	17667	1576	794	246
差旅费	Fees	11118	997	1430	161
工会经费	Labour union expenditure	1639	25	74	22
财务费用	Financial Expenses	120738	7563	6989	743
#利息支出	Interests	80160	5410	5678	484
营业利润	Business Profits	456645	32473	77657	2681
投资收益	Investment Profits	46898	25	-67	338
营业外收入	Non-operating Income	17236	239	265	34
营业外支出	Non-operating Expenses	29133	1852	945	539
利润总额	Total Profits	491646	30885	76910	2514
应缴所得税	Income Tax Payable	132928	7678	20041	564
劳动失业、保险费	labor and Insurance	9114	338	954	26
住房公积金及住房补贴	Housing Provident Funds	4027	204	528	
四、工资、福利费	**Wages and Welfare**				
本年应付工资总额	Wages Payable in Current Year	120550	7157	10837	2115
本年应付福利费总额	Welfare Payable in Current Year	19404	702	1153	339
全部从业人员年平均人数(人)	Average Number of Employees Engaged(person)	55161	2731	3880	1238

6-8 房地产开发企业(单位)施工、销售和空置情况(2006年)

Construction, Sale and Occupation of Buildings Made by Real Estate Enterprises (2006)

类别	单位	Category	unit	合计 Total	住宅 Residential Buildings	#90平方米以下住房 below 90 sq. m	#经济适用房 Economically Affordable Housing
房屋施工面积	**平方米**	**Floor Space Under Construction**	**sq. m**	**123870368**	**102470361**	**21220275**	**4828010**
#新开工面积	平方米	Recently-started Projects	sq. m	59272741	50882015	11995385	2317613
房屋竣工面积	**平方米**	**Floor Space Completed**	**sq. m**	**36968485**	**31508359**	**7067512**	**2107102**
#不可销售面积	平方米	Space of Floor not Ready for Sale	sq. m	1164848	755228	156243	9324
商品住宅竣工套数	**套**	**Number of Commercial Buildings Completed**	**unit**		**284708**	**73414**	**18244**
竣工房屋价值	**万元**	**Value of Buildings Completed**	**10 000 yuan**	**4730004**	**3850587**	**820395**	**262648**
出租房屋面积	**平方米**	**Floor Space of Buildings to Lease**	**sq. m**	**1225934**	**36440**	**1530**	**600**
商品房销售面积	**平方米**	**Floor Space of Commercial Buildings Sold**	**sq. m**	**41688501**	**38210597**	**8778498**	**2010238**
#现房销售面积	平方米	Floor Space of Complete Dapartments	sq. m	19664529	17672045	3991099	1387534
期房销售面积	平方米	Floor Space of Forward Delivery Housing	sq. m	22023972	20538552	4787399	622704
商品房销售额	**万元**	**Total Sale of Commercial Buildings**	**10 000 yuan**	**10593358**	**9172211**	**1677691**	**355091**
#现房销售额	万元	Sale of Complete Dapartments	10 000 yuan	4608122	3886461	736499	224151
期房销售额	万元	Sale of Forward Delivery Housing	10 000 yuan	5985236	5285750	941192	130940
商品住宅销售套数	**套**	**Number of Commercial Buildings Sold**	**unit**		**435772**	**88752**	**18485**
#现房销售套数	套	Complete Dapartments	unit		245955	40596	12100
期房销售套数	套	Forward Delivery Housing	unit		189817	48156	6385
空置面积	**平方米**	**Floor Space of Commercial Buildings Unoccupied**	**sq. m**	**5599027**	**3524486**	**760915**	**64017**
#空置1-3年(含1年)	平方米	Unoccupied from 1 to 3 Years	sq. m	4217310	2717894	649944	48412
空置3年以上(含3年)	平方米	Unoccupied for more than 3 Years	sq. m	253835	77840	5889	1609

6-8 续表 continued

类 别	单 位	Category	unit	# 别 墅、高档公寓 Villas and Upper-scale Apartments	办公楼 Office Buildings	商业营业用 房 Buildings for Business	其 他 Others
房屋施工面积	**平方米**	**Floor Space Under Construction**	**sq. m**	**4954039**	**3316161**	**13876937**	**4206909**
# 新开工面积	平方米	Recently-started Projects	sq. m	1528589	1357687	5402079	1630960
房屋竣工面积	**平方米**	**Floor Space Completed**	**sq. m**	**777531**	**511226**	**3939176**	**1009724**
# 不可销售面积	平方米	Space of Floor not Ready for Sale	sq. m	3639	54785	93334	261501
商品住宅竣工套数	**套**	**Number of Commercial Buildings Completed**	**unit**	**4389**			
竣工房屋价值	**万元**	**Value of Buildings Completed**	**10 000 yuan**	**133635**	**91626**	**651006**	**136785**
出租房屋面积	**平方米**	**Floor Space of Buildings to Lease**	**sq. m**		**161428**	**702515**	**325551**
商品房销售面积	**平方米**	**Floor Space of Commercial Buildings Sold**	**sq. m**	**1039764**	**415823**	**2772500**	**289581**
# 现房销售面积	平方米	Floor Space of Complete Dapartments	sq. m	333769	160543	1689169	142772
期房销售面积	平方米	Floor Space of Forward Delivery Housing	sq. m	705995	255280	1083331	146809
商品房销售额	**万元**	**Total Sale of Commercial Buildings**	**10 000 yuan**	**622220**	**283462**	**1064941**	**72744**
# 现房销售额	万元	Sale of Complete Dapartments	10 000 yuan	171660	104327	577944	39390
期房销售额	万元	Sale of Forward Delivery Housing	10 000 yuan	450560	179135	486997	33354
商品住宅销售套数	**套**	**Number of Commercial Buildings Sold**	**unit**	**7270**			
# 现房销售套数	套	Complete Dapartments	unit	2323			
期房销售套数	套	Forward Delivery Housing	unit	4947			
空置面积	**平方米**	**Floor Space of Commercial Buildings Unoccupied**	**sq. m**	**164880**	**243880**	**1610219**	**220442**
# 空置 1-3 年(含 1 年)	平方米	Unoccupied from 1 to 3 Years	sq. m	123897	117830	1187463	194123
空置 3 年以上(含 3 年)	平方米	Unoccupied for more than 3 Years	sq. m	8317	37601	132463	5931

6-9 新增生产能力(2006年)

Newly Increased Production Capacity through Capital Construction(2006)

生产能力(或)效益名称	单 位	Item	Unit	建设规模 Total Construction Size	本年施工规模 Under Construction This Year
原煤开采	万吨/年	Coal Mining	10 000 tons/year	4337.00	2931.60
洗 煤	万吨/年	Coal Washing	10 000 tons/year	2813.40	2792.70
焦 炭	万吨/年	Coke	10 000 tons/year	1048.03	956.03
天然原油开采	万吨/年	Petroleum Extraction	10 000 tons/year	373.48	360.98
石油加工:蒸馏设备能力	处理万吨/年	Petroleum Processing	10 000 tons/year	89.50	89.50
裂化设备能力	处理万吨/年	Capacity of FCC Equipment	10 000 tons/year	251	251
焦化设备能力	万吨/年	Capacity of Coke Equipment	10 000 tons/year	914.92	914.92
催化重整设备能力	万吨/年	Capacity of Catalytic Reforming Equipment	10 000 tons/year	40	40
加氢精制设备能力	处理万吨/年	Capacity of Hydrotreating Equipment	10 000 tons/year	231	231
润滑油(综合能力)	万吨/年	Lubricant	10 000 tons/year	8.50	8.50
铁矿开采(原矿)	万吨/年	Iron Ore Mining	10 000 tons/year	2179.90	1990.60
铁矿选矿处理量	万吨/年	Iron Ore Processing capacity	10 000 tons/year	329.80	328.00
铁矿石成品矿	万吨/年	Refined Iron Ore Mine	10 000 tons/year	448	448
生 铁	万吨/年	Pig Iron	10 000 tons/year	225.01	223.01
粗 钢	万吨/年	Crude Steel	10 000 tons/year	247	247
连铸坯	万吨/年	Billet	10 000 tons/year	3.81	3.81
钢 材	万吨/年	Rolled Steel	10 000 tons/year	1168.25	913.05
铜冶炼	吨/年	Copper Smelting	ton/year	420800	375500
#电解铜	吨/年	Electrolyzed Copper	ton/year	80000	80000
铅冶炼	吨/年	Lead Smelting	ton/year	110	110
氧化铝	吨/年	Aluminum Oxide	ton/year	1684200	1255400
电解铝	吨/年	Electrolyzed Aluminum	ton/year	160300	160300
铝加工	吨/年	Aluminum Machining	ton/year	746505	452480
发电机组容量	万千瓦	Installation Capacity of Power Generation	10 000 kw	1896.07	1581.93
水力发电	万千瓦	Hydro Power Generation	10 000 kw	100.20	100.20
火力发电	万千瓦	Thermal Power Generation	10 000 kw	1671.06	1395.04
其他发电	万千瓦	Others	10 000 kw	124.81	86.69
输电线路长度(11万伏及以上)	公里	Length of Transmission Line (over 110kv)	km	1412.28	1158.18
水 泥	万吨/年	Cement	10 000 tons/year	3865.62	3759.62
平板玻璃	万重量箱/年	Plain Glass		695	695
石墨及炭素制品	吨/年	Graphite and Carbon Products	ton/year	185289	176189
木 材	万立方米/年	Wood	10 000 cu. m/year	24.60	23.57
硫 酸	吨/年	Sulfuric Acid	ton/year	366000	366000
浓硝酸	吨/年	Concentrated Nitric Acid	ton/year	100000	100000
烧 碱	吨/年	Caustic Soda	ton/year	425760	395660
纯 碱	吨/年	Soda Ash	ton/year	115470	49470
合成氨	吨/年	Synthetic Ammonia	ton/year	513870	497870
农用氮、磷、钾化学肥料	吨/年	Chemical Fertilizers	ton/year	2336321	2035561
氮 肥	吨/年	Nitrogen Fertilizers	ton/year	2161001	1865031
磷 肥	吨/年	Phosphate Fertilizers	ton/year	154120	153330
钾 肥	吨/年	Potassium Fertilizer	ton/year	21200	17200
化学农药原药	吨/年	Chemical Pesticides	ton/year	95233	78602
乙 烯	吨/年	Ethylene	ton/year	139680	129390
丙 烯	吨/年	Propylene	ton/year	7500	7500
精甲醇	吨/年	Extracted Methanol	ton/year	404500	401200
塑料树脂及共聚物	吨/年	Plastics, Colophony and Copolymer	ton/year	152803	139325
合成橡胶	吨/年	Synthetic Rubber	ton/year	22565	16925
轮胎外胎	万条/年	Tires	10 000 units/year	5026.05	3882.05
轮胎内胎	万条/年	Tire Tubes	10 000 units/year	2952.25	2704.25
化学原料药	吨/年	Chemical Medicines	ton/year	40549	39784
中成药	吨/年	Chinese Medicines	ton/year	27470	25683
内燃机	台/年	Internal Combustion Engines	unit/year	134740	134690
	万千瓦/年		10 000 kw/year	8000	8000

6－9 续表1 continued

生产能力(或)效益名称	单 位	Item	Unit	建设规模 Total Construction Size	本年施工规模 Under Construction This Year
汽车制造	辆/年	Motor Vehicle	unit/year	466897	397382
载货汽车制造	辆/年	Trucks	unit/year	130082	79667
客车制造	辆/年	Buses	unit/year	15000	
轿车制造	辆/年	Cars	unit/year	300000	300000
其它汽车制造	辆/年	Others	unit/year	21815	17715
摩托车制造	辆/年	Motorcycles	unit/year	54000	39000
电视机	万部/年	Television Sets	10 000 units/year	470	435
# 彩色电视机	万部/年	Color Television Sets	10 000 units/year	180	145
化学纤维	吨/年	Chemical Fiber	ton/year	44015	42515
# 合成纤维	吨/年	Synthetic Fibers	ton/year	19299	17799
粘胶纤维	吨/年	Viscose Fiber	ton/year	4006	4006
棉纺锭	锭	Cotton Spindles	unit	13862209	11459884
毛纺锭	锭	Wool Spindles	unit	113660	88690
酒	万吨/年	Liquor	10 000 tons/year	495.54	469.49
啤 酒	万吨/年	Beer	10 000 tons/year	52.41	29.31
白 酒	万吨/年	Wine	10 000 tons/year	28.04	27.04
其他酒	万吨/年	Others	10 000 tons/year	415.09	413.14
卷 烟	箱/年	Cigarettes	pack/year	1000000	1000000
机制纸浆	万吨/年	Machine-made Pulp	10 000 tons/year	72.53	66.23
机制纸	万吨/年	Machine-made Paper	10 000 tons/year	416.75	402.15
机制纸板	万吨/年	Machine-made Paperboard	10 000 tons/year	8159.33	8131.83
房间空气调节器	万台/年	Air Conditioners	10 000 units/year	70.70	65.70
移动通信基站设备(指安装能力)	个/年	Mobile Communication Station Equipment	unit/year	787	787
程控交换机(指安装能力)	万线/年	Program-controlled Switchboards	10 000 units/year	28.90	28.90
新建铁路主线正线交付运营里程	公里	Length of Newly-Built Railway Put into Operation	km	46	46
新建公路	公里	Length of Newly-built Highway	km	2816.38	2750.06
# 高速公路	公里	Expressway	km	184.20	184.20
一级公路	公里	Class-A Highway	km	141.20	128.50
二级公路	公里	Class-B Highway	km	592.26	580.64
改建公路	公里	Length of Reconstructed Highway	km	4805.55	4604.41
# 高速公路	公里	Expressway	km	56.30	56.30
一级公路	公里	Class-A Highway	km	375.74	375.74
二级公路	公里	Class-B Highway	km	1432.81	1319.67
新建独立公路桥梁	延长米	Length of Newly-built Bridges	m	10492.20	10492.20
	座	Number	unit	65	65
新(扩)建港口码头	年吞吐量:万吨	Newly-built or Expanded Ports	10 000 tons/year	6795.60	3817.60
	泊位:个	Number of Berths	unit	46	33
# 新(扩)建沿海港口码头	年吞吐量:万吨	Newly-built or Expanded Coastal Harbors	10 000 tons/year	5150.60	2762.60
	泊位:个	Number of Berths	unit	37	28
新(扩)建客、货运站	个	Cargo or Passenger Terminals	unit	11	11
	平方米		sq. m	43572	43572
民航机场跑道	条	Airport Runways	unit	1	1
	米		m	3500	2000
候机楼	座	Terminals	unit	1	1
	平方米		sq. m	100000	20000
耕地面积	万亩	Area of Cultivated Land	10 000 mu	75.35	75.33
造林面积	万亩	Area of Afforestation Projects	10 000 mu	70.39	70.11
水库容量(总库容)	亿立方米	Storage Capacity of reservoirs	100 million cu. m	14.88	14.48
有效灌溉面积	万亩	Irrigated Area	10 000 mu	83.9	75.66
除涝面积	万亩	Flood Prevention	10 000 mu	1.25	1.25
各类院校:学生席位	个	Seating Capacity of Universities	unit	716981	520588
建筑面积	平方米	Floor Space	sq. m	13445968	7377675
医院病床	张	Beds	set	23308	22316
宾馆、旅馆、招待所客房数	间	Rooms of Hotels	unit	6713	6351
	平方米	Floor Space	sq. m	255459	243449
城市自来水供水能力	万吨/日	Volume of Water Supply	10 000 tons/day	222.98	188.98
城市公共交通车辆购置	辆	Purchase of Public Transportation Vehicles	unit	78	78
城市道路扩建长度	公里	Length of Roads Reconstructed	km	1350.16	1227.09
城市道路扩建面积	万平方米	Space of Roads Reconstructed	10 000 sq. m	2352.62	2127.12
城市排水管道铺设长度	公里	Length of Sewage Pipeline	10 000 km	481.34	463.34
城市污水处理能力	万吨/日	Capacity of Sewage Treatment	10 000 tons/day	35246.24	12228.44
城市永久性桥梁	座	Number of Permanent Bridges	unit	76	68
城市防洪堤长度	公里	Length of Floodwalls	km	38.50	24.00

6-9 续表2 continued

生产能力(或)效益名称	单 位	Item	Unit	#本年新开工能力 Started This Year	累计新增生产能力 Production Capacity Accumulated	#本年新增能力 Newly Increased This Year
原煤开采	万吨/年	Coal Mining	10 000 tons/year	1116.60	937.00	824.80
洗 煤	万吨/年	Coal Washing	10 000 tons/year	1882.70	1281.20	1281.20
焦 炭	万吨/年	Coke	10 000 tons/year	695.30	800.53	762.80
天然原油开采	万吨/年	Petroleum Extraction	10 000 tons/year	347.98	366.98	359.48
石油加工:蒸馏设备能力	处理万吨/年	Petroleum Processing	10 000 tons/year	69.50	77.50	57.50
裂化设备能力	处理万吨/年	Capacity of FCC Equipment	10 000 tons/year	91	160	60
焦化设备能力	万吨/年	Capacity of Coke Equipment	10 000 tons/year	664.92	710.92	710.92
催化重整设备能力	万吨/年	Capacity of Catalytic Reforming Equipment	10 000 tons/year	40		
加氢精制设备能力	处理万吨/年	Capacity of Hydrotreating Equipment	10 000 tons/year	131	220	220
润滑油(综合能力)	万吨/年	Lubricant	10 000 tons/year	2.50	8.00	8.00
铁矿开采(原矿)	万吨/年	Iron Ore Mining	10 000 tons/year	1622.60	1350.40	1245.20
铁矿选矿处理量	万吨/年	Iron Ore Processing capacity	10 000 tons/year	327.60	128.20	128.00
铁矿石成品矿	万吨/年	Refined Iron Ore Mine	10 000 tons/year	438	238	238
生 铁	万吨/年	Pig Iron	10 000 tons/year	198.01	203.01	203.01
粗 钢	万吨/年	Crude Steel	10 000 tons/year	64	47	46
连铸坯	万吨/年	Billet	10 000 tons/year	3.81	3.81	2.81
钢 材	万吨/年	Rolled Steel	10 000 tons/year	569.64	863.86	578.46
铜冶炼	吨/年	Copper Smelting	ton/year	135000	85400	55300
#电解铜	吨/年	Electrolyzed Copper	ton/year	80000		
铅冶炼	吨/年	Lead Smelting	ton/year	110	110	110
氧化铝	吨/年	Aluminum Oxide	ton/year	911200	173000	144200
电解铝	吨/年	Electrolyzed Aluminum	ton/year	300	160300	160300
铝加工	吨/年	Aluminum Machining	ton/year	237525	178825	133825
发电机组容量	万千瓦	Installation Capacity of Power Generation	10 000 kw	685.79	971.17	732.28
水力发电	万千瓦	Hydro Power Generation	10 000 kw	0.20	75.20	75.20
火力发电	万千瓦	Thermal Power Generation	10 000 kw	603.50	858.76	634.20
其他发电	万千瓦	Others	10 000 kw	82.09	37.21	22.88
输电线路长度(11万伏及以上)	公里	Length of Transmission Line (over 110kv)	km	921.18	504.68	408.88
水 泥	万吨/年	Cement	10 000 tons/year	1906.62	1906.31	1410.31
平板玻璃	万重量箱/年	Plain Glass		423	680	668
石墨及炭素制品	吨/年	Graphite and Carbon Products	ton/year	72089	156689	51289
木 材	万立方米/年	Wood	10 000 cu. m/year	21.57	21.98	21.98
硫 酸	吨/年	Sulfuric Acid	ton/year	291000	353000	343000
浓硝酸	吨/年	Concentrated Nitric Acid	ton/year	100000		
烧 碱	吨/年	Caustic Soda	ton/year	376960	186860	163860
纯 碱	吨/年	Soda Ash	ton/year	49360	21860	21860
合成氨	吨/年	Synthetic Ammonia	ton/year	493870	433270	421270
农用氮、磷、钾化学肥料	吨/年	Chemical Fertilizers	ton/year	1220461	688910	645910
氮 肥	吨/年	Nitrogen Fertilizers	ton/year	1106531	554040	513040
磷 肥	吨/年	Phosphate Fertilizers	ton/year	104730	119470	119470
钾 肥	吨/年	Potassium Fertilizer	ton/year	9200	15400	13400
化学农药原药	吨/年	Chemical Pesticides	ton/year	51367	62957	57947
乙 烯	吨/年	Ethylene	ton/year	8390	125390	125390
丙 烯	吨/年	Propylene	ton/year	3500	6500	6500
精甲醇	吨/年	Extracted Methanol	ton/year	200000		
塑料树脂及共聚物	吨/年	Plastics, Colophony and Copolymer	ton/year	125077	101985	92515
合成橡胶	吨/年	Synthetic Rubber	ton/year	14575	17130	14815
轮胎外胎	万条/年	Tires	10 000 units/year	3679.80	2913.25	2529.25
轮胎内胎	万条/年	Tire Tubes	10 000 units/year	2582.00	1195.25	1195.25
化学原料药	吨/年	Chemical Medicines	ton/year	37692.95	21367.95	16584.95
中成药	吨/年	Chinese Medicines	ton/year	17847	13728	13105
内燃机	台/年	Internal Combustion Engines	unit/year	103740	134740	134690
	万千瓦/年		10 000 kw/year	8000	8000	8000

6－9 续表3 continued

生产能力(或)效益名称	单 位	Item	Unit	#本年新开工能力 Started This Year	累计新增生产能力 Production Capacity Accumulated	#本年新增能力 Newly Increased This Year
汽车制造	辆/年	Motor Vehicle	unit/year	74014	265199	161024
载货汽车制造	辆/年	Trucks	unit/year	60299	50534	50059
客车制造	辆/年	Buses	unit/year			
轿车制造	辆/年	Cars	unit/year		200000	100000
其它汽车制造	辆/年	Others	unit/year	13715	14665	10965
摩托车制造	辆/年	Motorcycles	unit/year	9000	18000	10000
电视机	万部/年	Television Sets	10 000 units/year		420	285
#彩色电视机	万部/年	Color Television Sets	10 000 units/year		150	115
化学纤维	吨/年	Chemical Fiber	ton/year	18515	29600	25600
#合成纤维	吨/年	Synthetic Fibers	ton/year	2799	15184	15184
粘胶纤维	吨/年	Viscose Fiber	ton/year	6	4006	4006
棉纺锭	锭	Cotton Spindles	unit	9919834	9211783	8411183
毛纺锭	锭	Wool Spindles	unit	80490	65933	58933
酒	万吨/年	Liquor	10 000 tons/year	457.46	39.81	36.51
啤 酒	万吨/年	Beer	10 000 tons/year	26.21	12.45	12.35
白 酒	万吨/年	Wine	10 000 tons/year	22.41	19.21	16.76
其他酒	万吨/年	Others	10 000 tons/year	408.84	8.15	7.40
卷 烟	箱/年	Cigarettes	pack/year			
机制纸浆	万吨/年	Machine-made Pulp	10 000 tons/year	64.23	61.30	55.60
机制纸	万吨/年	Machine-made Paper	10 000 tons/year	340.05	313.23	307.73
机制纸板	万吨/年	Machine-made Paperboard	10 000 tons/year	8071.60	8116.93	8063.93
房间空气调节器	万台/年	Air Conditioners	10 000 units/year	19.70	21.70	19.70
移动通信基站设备(指安装能力)	个/年	Mobile Communication Station Equipment	unit/year	787	166	166
程控交换机(指安装能力)	万线/年	Program-controlled Switchboards	10 000 units/year	27.90	27.90	27.90
新建铁路主线正线交付运营里程	公里	Length of Newly-Built Railway Put into Operation	km	5	7	
新建公路	公里	Length of Newly-built Highway	km	2425.36	2390.06	2278.36
#高速公路	公里	Expressway	km	81.50	56.70	56.70
一级公路	公里	Class-A Highway	km	64.50	31.00	31.00
二级公路	公里	Class-B Highway	km	561.44	568.64	559.64
改建公路	公里	Length of Reconstructed Highway	km	3786.41	3935.23	3522.33
#高速公路	公里	Expressway	km		56.30	56.30
一级公路	公里	Class-A Highway	km	295.14	129.84	119.84
二级公路	公里	Class-B Highway	km	1018.17	1029.29	683.29
新建独立公路桥梁	延长米	Length of Newly-built Bridges	m	4191.20	4851.20	4851.20
	座	Number	unit	61	61	61
新(扩)建港口码头	年吞吐量:万吨	Newly-built or Expanded Ports	10 000 tons/year	1479.50	894.50	594.50
	泊位:个	Number of Berths	unit	19	11	7
#新(扩)建沿海港口码头	年吞吐量:万吨	Newly-built or Expanded Coastal Harbors	10 000 tons/year	1424.50	339.50	339.50
	泊位:个	Number of Berths	unit	19	7	7
新(扩)建客、货运站	个	Cargo or Passenger Terminals	unit	8	6	6
	平方米		sq. m	30872	10772	10772
民航机场跑道	条	Airport Runways	unit	1	1	1
	米		m	2000	2000	2000
候机楼	座	Terminals	unit		1	
	平方米		sq. m		20000	
耕地面积	万亩	Area of Cultivated Land	10 000 mu	71.49	16.88	16.88
造林面积	万亩	Area of Afforestation Projects	10 000 mu	70.01	61.01	61.01
水库容量(总库容)	亿立方米	Storage Capacity of reservoirs	100 million cu. m	13.26	7.94	6.86
有效灌溉面积	万亩	Irrigated Area	10 000 mu	72.7	33.28	29.98
除涝面积	万亩	Flood Prevention	10 000 mu	1.25	1.25	1.25
各类院校:学生席位	个	Seating Capacity of Universities	unit	288985	447272	271626
建筑面积	平方米	Floor Space	sq. m	3953998	8841042	3959308
医院病床	张	Beds	set	16704	15730	14250
宾馆、旅馆、招待所客房数	间	Rooms of Hotels	unit	3827	3350	3020
	平方米	Floor Space	sq. m	147876	159322	151722
城市自来水供水能力	万吨/日	Volume of Water Supply	10 000 tons/day	170.88	178.78	142.78
城市公共交通车辆购置	辆	Purchase of Public Transportation Vehicles	unit	78	78	78
城市道路扩建长度	公里	Length of Roads Reconstructed	km	884.5	1057.65	898.08
城市道路扩建面积	万平方米	Space of Roads Reconstructed	10 000 sq. m	1317.81	1716.93	1529.73
城市排水管道铺设长度	公里	Length of Sewage Pipeline	10 000 km	302.84	364.04	354.24
城市污水处理能力	万吨/日	Capacity of Sewage Treatment	10 000 tons/day	12143.49	121.59	107.24
城市永久性桥梁	座	Number of Permanent Bridges	unit	67	65	65
城市防洪堤长度	公里	Length of Floodwalls	km	24.00	24.00	24.00

主要统计指标解释

全社会固定资产投资 是以货币形式表现的在一定时期内全社会建造和购置固定资产的工作量以及与此有关的费用的总称。该指标是反映固定资产投资规模、结构和发展速度的综合性指标，又是观察工程进度和考核投资效果的重要依据。全社会固定资产投资按登记注册类型可分为国有、集体、个体、联营、股份制、外商、港澳台商、其他等。

城镇固定资产投资 指城镇各种登记注册类型的企业、事业、行政单位及个体户进行的计划总投资(或实际需要总投资)50万元及50万元以上的建设项目投资、房地产开发投资、城镇和工矿区私人建房投资。县城及以上区域内发生的投资，县及县以上各级政府及主管部门直接领导、管理的建设项目和企业事业单位的投资均为城镇固定资产投资。

房地产开发投资 指各种登记注册类型的房地产开发公司、商品房建设公司及其他房地产开发法人单位和附属于其他法人单位实际从事房地产开发或经营活动的单位统一开发的包括统代建、拆迁还建的住宅、厂房、仓库、饭店、宾馆、度假村、写字楼、办公楼等房屋建筑物和配套的服务设施，土地开发工程(如道路、给水、排水、供电、供热、通讯、平整场地等基础设施工程)的投资；不包括单纯的土地交易活动。

城镇和工矿区私人建房投资 包括市、县城、城关镇、工矿区所辖范围内的全部私人建房，不论其房主是否系本地的常住户口均应包括。

农村投资 包括在农村区域范围内进行固定资产投资活动的企业、事业、行政单位及农村个人投资。

建设总规模 是指在报告期内所有施工项目的计划总投资。这个指标和施工项目相对应。

在建总规模 是指在报告期末所有在建项目的计划总投资。

在建净规模 是指报告期末所有在建项目建成投产尚需的投资总量。

在建净规模＝在建总规模－累计完成投资

固定资产投资的资金来源 根据固定资产投资的资金来源不同，分为国家预算内资金、国内贷款、利用外资、自筹资金和其他资金。

(1)国家预算内资金：分为财政拨款和财政安排的贷款两部分。包括中央财政的基本建设基金(分经营性基金和非经营性基金两部分)、专项支出(如煤代油专项等)、收回再贷、贴息资金，财政安排的挖潜改造和新产品试制支出、城建支出、商业部门简易建筑支出、不发达地区发展基金等资金中用于固定资产投资的资金；地方财政中由国家统筹安排的资金等。

(2)国内贷款：指报告期固定资产投资单位向银行及非银行金融机构借入的用于固定资产投资的各种国内借款，包括银行利用自有资金及吸收的存款发放的贷款、上级主管部门拨入的国内贷款、国家专项贷款(包括煤代油贷款、劳改煤矿专项贷款等)、地方财政专项资金安排的贷款、国内储备贷款、周转贷款等。

(3)利用外资：指报告期收到的用于固定资产建造和购置的国外资金(包括设备、材料、技术在内)。包括对外借款(外国政府、国际金融组织贷款、出口信贷、外国银行商业贷款、对外发行债券和股票)、外商直接投资及外商其他投资。不包括我国自有外汇资金(国家外汇、地方外汇、留成外汇、调剂外汇和中国银行自有资金发行的外汇贷款等)。计算利用外资时，需要折算成人民币，折算中所使用的外汇汇率按现汇计算，即按使用外汇时的汇率计算。

(4)自筹资金：指固定资产投资单位报告期收到的，由各地区、各部门及企、事业单位筹集用于固定资产投资的预算外资金，包括中央各部门、各级地方和企、事业单位的自筹资金。

(5)其他资金：指在报告期收到的除以上各种资金之外其他用于固定资产投资的资金，包括企业或金融机构通过发行各种债券筹集到的资金、群众集资、个人资金、无偿捐赠的资金及其他单位拨入的资金等。

固定资产投资按国民经济行业分 根据建设项目建成投产后的主要产品或主要用途及社会经济活动性质来确定国民经济行业。一般情况下，一个建设项目或一个企业、事业单位只能属于一种国民经济行业。

固定资产投资按隶属关系分 是按建设单位或企业、事业、行政单位的主管上级机关确定的。

(1)中央：是指中共中央、人大常委会和国务院各部、委、局、总公司以及直属机构直接领导的建设项目和企业、事业、行政单位。这些单位的固定资产投资计划由国务院各部门直接编制和下达，建设中所需物资、主要设备以及建设中的问题都由中央有关部门安排和解决。

(2)地方：是由省(自治区、直辖市)、地区(州、盟、省辖市)、县(旗、县级市)三级政府及业务主管部门直接领导和管理的建设项目、企业、事业、行政单位。地方项目还包括不隶属以上各级政府及主管部门的建设项目和企业、事业单位，如外商投资企业和无主管部门的企业等。

固定资产投资按建设性质分 根据整个建设项目情况来确定。建设项目的性质一般分为新建、扩建、改建和技术改造、迁建、恢复。房地产开发单位、农村投资、城镇工矿区私人建房投资不划分建设性质。

(1)新建：一般指从无到有"平地起家"开始建设的企业、事业和行政单位或建设项目。现有企业、事业、行政单位一般不属于新建。但如有的单位原有基础很小，经过建设后新增的固定资产价值超过该企、事业、行政单位原有固定资产价值(原值)三倍以上的也应作为新建。

(2)扩建：指在厂内或其他地点，为扩大原有产品的生产能力(或效益)或增加新的产品生产能力，而增建主要的生产车间(或主要工程)、分厂、独立的生产线。行政、事业单位在原单位增建业务用房(如学校增建教学用房、医院增建门诊部、病房等)也作为扩建。

现有企、事业单位为扩大原有主要产品生产能力或增加新的产品生产能力，增建一个或几个主要生产车间(或主要工程)、分厂，同时进行一些更新改造工程的，也应作为扩建。

(3)改建和技术改造：指现有企业、事业单位，对原有设施进行技术改造或更新(包括相应配套的辅助性生产、生活福利设施)的建设项目。现有企业、事业单位为适应市场变化的需要，而改变企业的主要产品种类(如军工企业转产民用品等)的建设项目，应作为改建。原有产品生产作业线由于各工序(车间)之间能力不平衡，为填平补齐充分发挥原有生产能力而增建不增加本企业主要产品设计能力的车间，也应作为改建。技术改造是指企业、事业单位在现有基础上，用先进的技术代替落后的技术，用先进的工艺和装备代替落后的工艺和装备，以改变企业落后的技术经济面貌，实现以内涵为主的扩大再生产，达到提高产品质量、促进产品更新换代、节约能源、降低消耗、扩大生产规模、全面提高社会经济效益的目的。技术改造具体包括以下内容：机器设备和工具的更新改造；生产工艺改革、节约能源和原材料的改造；厂房建筑和公共设施的改造；劳动条件和生产环境的改造等。

固定资产投资按构成分 固定资产投资活动按其工作内容和实现方式分为建筑安装工程，设备、工具、器具购置，其他费用三个部分。

(1)建筑安装工程(建筑安装工作量)：指各种房屋、建筑物的建造工程和各种设备、装置的安装工程。包括各种房屋建造工程；各种用途设备基础和各种工业窑炉的砌筑工程及金属结构工程；为施工而进行的各种准备工作和临时工程以及完工后的清理工作等；铁路、道路的铺设，矿井的开凿及石油管道的架设等；水利工程；防空地下建筑等特殊工程；列入房屋工程预算内的暖气、卫生、通风、照明、煤气等设备的价值及装设油饰工程；列入建筑工程预算内的各种管道(蒸汽、压缩空气、石油、给排水等管道)、电力、电讯电缆导线等的敷设工程；以及各种机械设备的安装工程；为测定安装工程质量，对设备进行的试运工作；房地产开发单位进行的商品房屋开发建设工程、土地开发工程。

在安装工程中，不包括被安装设备本身的价值。

(2)设备、工具、器具购置：指建设单位或企、事业单位购置或自制的，达到固定资产标准的设备、工具、器具的价值。新建单位及扩建单位的新建车间，按照设计或计划要求购置或自制的全部设备、工具、器具，不论是否达到固定资产标准均计入“设备、工具、器具购置”中。

(3)其他费用：指在固定资产建造和购置过程中发生的，除上述几项内容以外的各种应分摊计入固定资产的费用。

施工项目 指报告期内进行过建筑或安装施工活动的项目。凡是报告期内施过工的建设项目，不论施工时间长短，均作为施工项目统计。施工项目个数可以反映一定时期固定资产投资的实际规模，与同期全部建成投产项目个数相比，可以从建设速度的角度反映固定资产投资的效果。根据建设项目施工活动的不同性质，施工项目又分为：本年正式施工项目、本年收尾项目和以前年度全部停缓建项目。

全部建成投产项目 工业项目指设计文件规定形成生产能力的主体工程及其相应配套的辅助设施全部建成，经负荷试运转，证明具备生产设计规定合格产品的条件，并经过验收鉴定合格或达到竣工验收标准，与生产性工程配套的生活福利设施可以满足近期正常生产的需要，正式移交生产的建设项目。非工业项目指设计文件规定的主体工程和相应的配套工程全部建成，能够发挥设计规定的全部效益，经验收鉴定合格或达到竣工验收标准，正式移交使用的建设项目。

新增生产能力(或工程效益) 指通过固定资产投资活动而增加的设计能力(或工程效益)，该指标是以实物形态表现的反映固定资产投资成果的指标，也是考核投资经济效果的重要依据之一。

新增生产能力(或工程效益)一般有以下几种表现形式：

(1)用产品数量表示，以工程在单位时间内(一般是一年)所能生产的产品数量(即年产量)表示。如原煤开采用万吨/年表示，化学农药用吨/年表示，拖拉机制造用台/年表示等。某些化工产品由于含量差别较大，按其设计含量计算折合量表示，如硫酸、纯碱、烧碱等。

(2)用单位时间内所能处理的原料数量表示，以工程每天(或小时)所能处理原料的数量表示。如机制糖工程日处理原料吨，食用植物油日处理原料吨，城市污水处理能力用万吨/日表示等。

(3)用新增加的主要设备的数量或容量表示，如新增棉布织机、丝织机等台数，毛纺锭等锭数，发电厂新增发电机组容量用千瓦表示等。

(4)用建筑物容积、容量、面积、长度表示，是非工业项目或工程新增效益的一种表现形式。如铁路投产里程、新建公路、水库容量、粮食仓库、学校学生席位、医院病床、有效灌溉面积等。

根据工程的特点，有时需要用两种或两种以上的复合计量单位表示新增生产能力(或工程效益)，如新增内燃机生产能力同时用年产台数、千瓦数表示等。

为了规范新增生产能力(或工程效益)的名称和计算单位，国家统计局制订了《新增生产能力(或工程效益)目录及代码》。各固定资产投资单位在统计新增生产能力(或工程效益)时，必须按目录中规定的名称、计量单位和代码填报。

房屋建筑面积 指房屋建筑物勒脚以上外墙外围的水平截面面积，包括房屋建筑物的有效面积和结构面积。该指标是从实物形态上反映建设规模和建设成果的重要指标之一，也是检查工程形象进度、计算工程造价、分析投资效果、研究施工任务和建筑材料之间平衡情况的重要依据。

住宅建筑面积 指施工和竣工房屋建筑面积中供居住用的房屋建筑面积。

施工面积 指报告期内施工的全部房屋建筑面积。包括本期新开工的面积和上期开工跨入本期继续施工的房屋面积，以及上期已停建在本期恢复施工的房屋面积。本期竣工和本期施工后又停缓建的房屋，其建筑面积仍计入本期房屋施工面积中。

竣工面积 指在报告期内房屋建筑按照设计要求已经全部完工，达到住人和使用条件，经验收鉴定合格(或达到竣工验收标准)，正式移交使用单位的各栋房屋建筑面积的总和。

房屋建筑面积竣工率 指一定时期内房屋竣工面积占同期房屋施工面积的比率。是从房屋建筑施工速度的角度反映投资效果的指标。

新增固定资产 指报告期内已经完成建造和购置过程，并已交付生产或使用单位的固定资产价值。该指标是表示固定资产投资成果的价值指标，也是反映建设进度，计算固定资产投资效果的重要指标。

项目建设投产率 指一定时期内全部建成投产项目个数与同期施工项目个数的比率。该指标是从建设单位建设速度的角度反映投资效果的指标。

固定资产交付使用率 指一定时期新增固定资产与同期完成投资额的比率。该指标是反映固定资产动用速度，衡量建设过程中宏观投资效果的综合指标。由于新增固定资产是较长时期内形成的结果，而投资额则是当年完成的，因此，该指标一般适宜于反映较长时期内固定资产的动用情况。

商品房销售面积 指报告期内出售商品房屋的合同总面积(即

双方签署的正式买卖合同中所确定的建筑面积)。由现房销售建筑面积和期房销售建筑面积两部分组成。

商品房销售额 指报告期内出售商品房屋的合同总价款(即双方签署的正式买卖合同中所确定的合同总价)。该指标与商品房销售面积同口径,由现房销售额和期房销售额两部分组成。

经济适用房 指根据地方经济适用房计划安排建设的政策性住宅。经济是指房屋建筑造价和销售价格低于一般商品住宅;适用是指适合中低收入家庭购买使用。经济适用房主要是由国家统一下达投资计划,房地产公司开发,对外销售;用地一般采用行政划拨或招标投标方式,免收土地出让金;对各种经批准的收费减半征收,开发利润不超过3%;销售价格实行政府指导价。该指标可以分析房地产投资结构,反映中低收入家庭商品住宅的供求平衡情况。

Explanatory Notes on Main Statistical Indicators

Total Investment in Fixed Assets in the Whole Country refers to the volume of activities in construction and purchases of fixed assets and related fees, expressed in monetary terms. It is a comprehensive indicator which shows the size, structure and growth of the investment in fixed assets, providing basis for observing the progress of construction projects and evaluating results of investment. Total investment in fixed assets in the whole country includes, by type of ownership, the investment by the state-owned units, collective units, individuals, joint ownership units, shareholding units, as well as investment by businessmen from foreign countries and from Hong Kong, Macao and Taiwan, and by other units.

Urban Investment in Fixed Assets refers to construction projects involving a total planned (or required) investment of 500,000 yuan and over by urban enterprises and institutions of various types of ownership, by administrative units and by individuals, investment in real estate development, and housing investment by individuals in urban areas and in industrial and mining areas. In other words, all investments that take place in county towns and urban areas, investment in construction projects under the direct leadership and management of government agencies at and above county levels and investments by enterprises and institutions at and above county levels are covered in urban investment in fixed assets.

Investment in Real Estate Development refers to the investment by the real estate development companies, commercial buildings construction companies and other real estate development units of various types of ownership in the construction of house buildings, such as residential buildings, factory buildings, warehouses, hotels, guesthouses, holiday villages, office buildings, and the complementary service facilities and land development projects, such as roads, water supply, water drainage, power supply, heating, telecommunications, land leveling and other projects of infrastructure. It excludes the activities in pure land transactions.

Investment in Housing Construction in Urban Areas and in Industrial and Mining Areas refers to all private housing construction under the jurisdiction of cities, county towns and industrial and mining areas, no matter whether the owner of the house is registered as the permanent resident in the locality or not.

Investment in Rural Areas refers to investment in fixed assets by enterprises, institutions and individuals in rural areas.

Total Size of Construction refers to the planned total investment for all construction projects during the reference period.

Total Size of Investment in Projects under Construction refers to the planned total investment of all projects under construction at the end of the reference period.

Net Size of Investment in Projects under Construction refers to the required investment of all projects under construction at the end of the reference period.

Net Size of Investment = Total Size of Investment - accumulated completed investment

Sources of Funds for Investment in Fixed Assets include fund from state budget, domestic loans, foreign investment, self-raised funds, and others depending on the source of investment.

(1) Fund from state budget consists of budgetary appropriation and loans from state budget. More specifically, it includes, from the budget of the central government, capital construction fund (operation fund and non-operational fund), special expenses (e. g. expenses on substituting petroleum with coal), loans from repayment, discount fund, expenses on innovation and trial production of new products, expenses on urban construction, expenses on temporary construction by trade departments, development fund for less developed areas, as well as local budgetary fund transferred from the central budget.

(2) Domestic loans refer to loans of various forms borrowed by investing units from banks and non-bank financial institutions during the reference period for the purpose of investment in fixed assets, including loans issued by banks from their self-owned funds and deposit, loans appropriated by higher responsible authorities, special loans by government (including loan for substituting petroleum with coal, special loan for reform-through-labour coal mines), loans arranged by local government from special funds, domestic reserve loan, and working loan, etc..

(3) Foreign Investment refers to foreign funds received during the reference period for the construction and purchase of investment in fixed assets (covering equipment, materials and technology), including foreign borrowings (loans from foreign governments and international financial institutions, export credit, commercial loans from foreign banks, issue of bonds and stocks overseas), foreign direct investment and other foreign investment. Excluded in this category are capitals in foreign exchanges owned by China (foreign exchanges owned by the central and local governments, foreign exchanges retained by enterprises, foreign exchanges by enterprises through regulating mechanism, loans in foreign exchanges issued by the Bank of China with its own fund, etc.). In calculating the utilization of foreign capitals, foreign currencies are converted into Chinese Renminbi applying the current exchange rate when the foreign capitals are actually used.

(4) Self-raised funds refer to extra-budgetary funds for investment in fixed assets received by investing units from central government ministries, local governments, enterprises and institutions, including their self-raised funds.

(5) Others refer to funds for investment in fixed assets received from the sources other than those listed above, including capitals raised through issuing bonds by enterprises or financial institutions, funds raised from individuals and through donations, and funds transferred from other units.

Investment in Fixed Assets by Sector The classification of construction projects by sector is determined by the major products or the purpose of the projects when they are put into production or use, and by the nature of their social economic activities. In general, one project or one enterprise or institution can only be classified into one sector.

Investment in Fixed Assets by Jurisdiction of Management refers to the classification of investment by the competent authorities under which investment is made by construction units, enterprises, institutions or administrative units.

(1) Central investment refers to the investment in projects or by enterprises, institutions or administrative units which are under the direct leadership and management of the CPC Central Committee, the NPC Standing Committee, the State Council and of the national commissions, ministries, agencies and state-owned large corporations. Various ministries and departments of the State Council prepare and implement plans for investment in fixed assets by those departments, and arrange and ensure the supply of materials and key equipment required for the projects.

(2) Local investment refers to the investment in projects or by enterprises, institutions or administrative units which are under the direct leadership and management of departments under the provincial, prefecture and county governments. Also included are projects by foreign-invested enterprises and enterprises without competent managing authorities.

Investment in Fixed Assets by Type of Construction The construction projects in general can be classified, by the type of construction, into new construction, expansion, reconstruction and technical transformation, moving and restoration. However, investment by type of construction is not applied to investment by real-estate development units, investment in rural areas and investment in housing by urban individuals.

(1) New construction in general refers to newly constructed enterprises, institutions, administrative agencies or independent projects from scratch. Construction in the existing enterprises, institutions or agencies is not considered as new construction. In case the assets of the existing unit is quite small, and the value of newly added fixed assets exceeds the original value of assets by three times, the expansion will be considered as new construction.

(2) Expansion refers to construction of new major production workshop, branch factory or independent production line within a factory or in other locations, for the purpose of increasing the production capacity (or improving efficiency) of the original products. Newly constructed houses for the operation of institutions and administrative organizations (such as the newly constructed buildings for teaching in schools, buildings for clinics or wards in hospitals, etc.) are also classified as expansion.

Also included in the expansion are investments by existing enterprises or institutions in building major production line(s) or branch factory(ies) along with some work on innovation, for the purpose of expending the production capacity of original products or producing new products.

(3) Reconstruction refers to construction projects by existing enterprises or institutions in innovation or technical transformation of the old facilities (including auxiliary production equipment and welfare facilities). Also considered as reconstruction is the construction of new workshops by the existing enterprises or institutions to change the variety of products to meet the market demand (such as the production of civil products by defence industries), or to bring the designed production capacity into full play through a more balanced production process on production lines. Technical transformation refers to replacement of old technology or equipment by new technology or equipment, in order to expand the reproduction through improvement of technology contents in production, to improve product quality, to promote new products, to save energy and reduce consumption and to improve overall social-economic efficiency. Contents of technical transformation include: updating of machinery, equipment and tools; reforming production process by using energy or materials saving technology; construction of factory workshops and transformation of public facilities; improvement of working conditions and environment, etc.

Investment in Fixed Assets by Structure By their contents, investment activities are classified into 3 categories, i. e. construction and installation, purchase of equipment and instrument, and other expenses.

(1) Construction and installation (work volume of construction and installation) refers to the construction of various houses and buildings and installation of various kinds of equipment and instruments. They include construction of various houses; equipment foundations, industrial kilns and stoves, and metal structure work; preparation works for project construction, and clearing up works post project construction; pavement of railways and roads, drilling of mines and putting up of oil pipes; construction of projects of water conservancy; construction of underground air-raid shelters and construction of other special projects; value of equipment for heating, sanitation, ventilation, lighting, gas, painting, etc. that are covered by the budget of housing projects; laying out of various pipelines (for steam, compressed air, petroleum, tap water and sewage) and lines for electric power and for communications; installation of various machinery equipment, testing operation for pre-testing the quality of installation projects, and land and other development work conducted by real estate developers for commercial housing. The value of equipment installed is not included in the value of installation projects.

(2) Purchase of equipment and instruments refers to the total value of equipment, tools, and instruments purchased or self-produced which come up to standards for fixed assets by the construction units or investing enterprises or institutions. Equipment, tools and instruments purchased or self-produced for new workshops by newly established or expanded units are categorized as "purchase of equipment and instruments" no matter whether they come up to the standards for fixed assets.

(3) Other expenses refer to expenses occurring during the construction or purchase of fixed assets other than those mentioned above.

Projects under Construction refer to projects with construction and installation activities undertaken in the reference period. All projects that have construction activities undertaken during the reference period are reported as projects under construction irrespective of the length of construction work. The number of projects under construction can reflect the actual size of investment in fixed assets during a given period, and when compared with the number of projects completed and put into use during the same period, it demonstrates the results of investment in fixed assets. Depending on the nature of construction activities, projects under construction can also be classified into projects under construction in current year, winding-up projects in current year and stopped or suspended projects in previous years (with preservation work in current year).

Projects Completed and Put into Use Industrial projects refer to the major projects and accessory facilities completed which result in forming production capacity and have been checked and accepted while the living and welfare facilities have been completed and can ensure normal production and formally put into production. Non-industrial projects refer to the major projects and accessory facilities completed which possess the designed capacity and have been checked, accepted and formally put into production.

Newly Increased Production Capacity (or Project Efficiency) refers to the increase of designed capacity (or project efficiency) through investment in fixed assets, which reflects the accomplishment of investment in fixed assets in kind and serves as important basis for evaluating the economic efficiency of investment.

The newly increased production capacity (project efficiency) are usually expressed in one of the following forms:

(1) output of products, i.e. the output that the project can produce during a given period (usually a year). For instance, the capacity in coal mining is expressed in 10,000 tons/year, the capacity in producing chemical pesticides expressed in ton/year, the capacity in producing tractors in tractor/year, etc. For some chemical products where the effective contents differ significantly, the production capacity is expressed as the designed effective content equivalent, such as in the case of sulphuric acid, soda ash, caustic soda, etc;

(2) raw materials processing capacity, i.e. the volume of raw materials that could be processed by the project per day (or per hour), such as tons of materials processed per day by a sugar refining project or edible vegetable oil project, or tons of urban sewage processed per day;

(3) number or capacity of major equipment increased, such as number of cotton or silk looms increased, wool spindles increased, or capacity (in kilowatts) of power generators increased;

(4) physical measures (volume, capacity, area, and length) of construction, which is typical for non-industrial projects, for instance, the length of railways put into operation, the length of highways, the capacity of reservoirs, the capacity of warehouses, the floor space of housing projects, capacity for new students in schools or beds in hospitals, areas under new irrigation project, etc.

Features of projects sometimes call for combined use of two or more measurement to reflect the increased production capacity (or project efficiency), for instance, the new capacity for the production of internal combustion engines are expressed in sets per year and kilowatts per year simultaneously.

To standardize the nomenclature and unit of measurement for new production capacity (or project efficiency), the National Bureau of Statistics has developed *Nomenclature and Codes for New Production Capacity* (*Project Efficiency*). All reporting units with investment activities are required to follow these two nomenclatures in reporting statistics on new production capacity (project efficiency).

Floor Space of Buildings under Construction refers to total floor space of the horizontal section of outer walls above the plinth of the building, including the effective area and the area occupied by the structure. This indicator is one of the important indicators in physical terms to reflect the scale and accomplishment of the construction industry, and important basis for monitoring the progress, calculating the cost, analyzing the efficiency and studying the supply of building materials in relation with the construction projects.

Floor Space of Residential Buildings refers to the floor space of the residential buildings among the total space of buildings under construction or completed.

Floor Space under Construction refers to total floor space of all buildings under construction during the reference period, including floor space of newly started buildings during the reference period, floor space of construction extended from the previous period to the current period, and floor space of construction suspended during the previous period and resumed in the current period. Floor space of construction completed in the current period, and floor space of construction started and then suspended in the current period are also included in the floor space under construction of the current year.

Floor Space of Buildings Completed refers to the floor space of all buildings completed in the reference period, which have been appraised and accepted (or come up to the designed standards) and have been transferred to the owners for use.

Completion Rate of Floor Space of Buildings refers to the ratio of the floor space of buildings completed in certain period of time to the floor space of buildings under construction in the same period. This indicator reflects the investment result from the perspective of the speed of construction.

Newly Increased Fixed Assets refer to the newly increased value of fixed assets, constructed or purchased, that have been transferred to the investors. This is an indicator that demonstrates the results of investment in fixed assets in monetary terms, and an important indicator to reflect the speed of construction and to calculate the efficiency of investment.

Rate of Construction Projects Completed and Put into Use refers to the ratio of the number of construction projects completed and put into use in certain period of time to the number of projects under construction in the same period. This reflects the investment efficiency from the perspective of the speed of projects construction.

Rate of Projects of Fixed Assets Completed and Put into Operation refers to the ratio of the newly increased fixed assets to the total investment made in the same period. This is a comprehensive indicator reflecting the speed of the employment of fixed assets and the investment efficiency at the macro-level. As the newly increase fixed assets is the result of a long period while the investment is completed in the current year, this indicator is expected to be used to reflect the employment of fixed assets over a long period of time.

Area of Commercial Housing Sold refers to total contracted area of commercial housing (i.e. area of floor space as designated in the formal contracts signed by both sides) during the reference time. It constitutes floor space of completed housing and floor space of future housing.

Value of Commercial Housing Sold refer to total value of contracts (i. e. value of sales/purchase for selling/purchase of commercial housing as designated in the contracts signed by both sides) during the reference time. It has the same coverage as the area of commercial housing sold, constituting completed housing and floor space of future housing.

Economically Affordable Housing refers to housing constructed according to the state plan for economically affordable housing. Houses of this category featured in low cost in construction and low prices, and therefore are affordable to mid-income or low income households. Economically affordable housing projects are developed by real estate companies under the state investment plan, with the land provided through government allocation or tendering procedures. Developers are exempted from land utilization fees and enjoy another 50% exemption of all other legitimate fees, while their profits are limited to less than 3%, and the completed houses are sold under the government-guided prices. This indicator helps to analyze the investment structure of the real estate industry and the demand and supply of housing for mid or low income households.

第7篇 能源

ENERGY

求真务实
科学严谨
诚信鲁统 之 作风理念

简要说明

一、本篇资料的主要内容

本篇资料反映了全省能源生产和消费状况，主要包括能源生产、消费及品种构成，能源生产和消费弹性系数，生活用能源消费量及地区能源平衡表等资料。

二、本篇资料的来源

本篇资料来源于全省能源平衡表，由省统计局工交处编制提供。能源平衡表的编制范围为辖区内除解放军总后勤部、工程兵以外的全部生产和消费能源的单位。

三、关于数据口径与计算的说明

1. 一次能源生产量，采用规模以上工业产品产量统计数据。

2. 行业分类采用现行统一的国民经济行业分类国家标准。

3. 能源平衡表中的库存量、进口量、出口量和消费量，根据有关部门和企业提供的数据综合评估得出。进口量中包括我省轮船飞机在国外加油量，出口量中包括外国轮船飞机在我国加油量。电力、热力折算成标准煤时，分别按照当量、等价两种折标系数计算。电力和热力折算标准煤的当量系数分别为1.229（吨标准煤/万千瓦时）、0.0341（吨标准煤/百万千焦）；电力和热力折算标准煤的等价系数，按平均发电、供热标准煤耗计算。

4. 本篇出现的“煤碳”，包括原煤、洗精煤、其它洗煤和煤制品（即型煤），不包括焦炭。

Brief Introduction

I. Main Content

Data in this chapter show the energy production and consumption of Shandong Province, including mainly energy production and consumption and their composition, the elasticity ratio of energy production and consumption, the consumption of energy for residential use and the overall balance of energy, etc.

II. Source of Data

Data in this chapter are based on the energy balance sheet of the whole province and provided by the Division of Industrial and Transport Statistics of Shandong Statistical Bureau. Excluding General Logistics Department of People's Liberation Army and PLA Engineering Corps, the statistical coverage of the energy balance sheet is all the units that produce or consume energy in Shandong.

III. Notes on Coverage and Calculation of Data

(1) Data on the production of primary energy are based on output of industrial products made by enterprises above designate size.

(2) Data by industries in this chapter are based on the new National Industrial Classification of All Economic Activities.

(3) In the energy balance, data on stock, imports, exports and consumption are based on data provide by relevant departments and enterprises. The refueling by Shandong's ships and airplanes is included in the imports and the refueling of foreign ships and airplanes in China is included in the exports. The coefficient for conversion of electric power into the standard coal equivalent is calculated on the basis of heat value equivalent. One kilowatt is equal to 0.1229 kg SCE. The coefficient for conversion of heating into the standard coal equivalent is calculated on the basis of equal caloric value. One million KJ is equal to 0.0341 ton SCE. The coefficient is calculated according to the average consumption of coal for generating electricity or heating.

(4) In this chapter, *Coal* includes crude coal, washing coal, other washing coal and coal products and excludes coke.

7-1 历年一次能源生产总量

Primary Energy Output

单位:万吨标煤 (10 000 tons of SCE)

年 份 Year	能源生产总量 Total Energy Production	原 煤 Coal	原 油 Crude Oil	天燃气 Natural Gas	水 电 Hydro-power
1949	120.79	120.79			
1950	158.65	158.65			
1951	188.86	188.86			
1952	258.58	258.58			
1953	259.01	259.01			
1954	293.72	293.72			
1955	342.73	342.73			
1956	386.58	386.58			
1957	440.37	440.37			
1958	981.18	981.02	0.16		
1959	1646.72	1645.97	0.75		
1960	1929.23	1928.04	1.05		0.14
1961	1280.47	1279.96	0.39		0.12
1962	1041.29	1041.17	0.01		0.11
1963	1103.55	1103.31	0.08		0.16
1964	1140.40	1140.10	0.10		0.20
1965	1362.94	1242.89	119.81		0.24
1966	1610.35	1418.18	192.12		0.05
1967	1505.04	1318.82	186.18		0.04
1968	1757.83	1450.32	307.48		0.03
1969	1512.19	1093.60	418.58		0.01
1970	2383.80	1716.18	667.59		0.03
1971	2776.74	1888.33	888.12		0.29
1972	3147.97	1993.40	1154.20		0.37
1973	3384.38	1836.04	1547.89		0.45
1974	2890.71	1021.88	1796.11	71.96	0.76
1975	4555.04	2036.54	2388.62	128.62	1.26
1976	5013.70	2382.91	2500.65	128.88	1.26
1977	5387.37	2727.99	2502.71	155.88	0.79
1978	5901.83	2928.71	2781.49	190.46	1.17
1979	6075.07	3170.21	2697.14	205.49	2.23
1980	5873.37	3064.71	2616.94	189.00	2.72
1981	5392.54	2950.42	2301.75	138.72	1.65
1982	5505.80	3040.71	2335.21	129.41	0.47
1983	5898.00	3132.28	2625.00	139.79	0.93
1984	6696.54	3258.96	3288.36	148.17	1.05
1985	7531.89	3516.00	3861.74	151.89	2.26
1986	8046.80	3642.79	4215.52	185.94	2.55
1987	8511.34	3798.47	4514.38	197.24	1.25
1988	8918.29	3970.94	4757.61	188.73	1.01
1989	9038.69	4067.83	4765.07	205.35	0.44
1990	9262.21	4282.54	4786.70	191.39	1.58
1991	9269.98	4282.53	4793.22	191.25	2.98
1992	9508.88	4535.86	4780.24	191.92	0.86
1993	9875.38	4519.97	5171.83	182.08	1.50
1994	10624.66	5560.85	4887.14	173.78	2.89
1995	10757.67	6305.32	4294.76	156.04	1.55
1996	10697.72	6392.56	4159.57	144.62	0.97
1997	10620.51	6496.14	4002.01	121.67	0.69
1998	10436.05	6412.17	3901.51	122.09	0.28
1999	10322.39	6425.10	3807.55	89.01	0.73
2000	9648.75	5741.96	3822.49	83.54	0.76
2001	11550.26	7634.32	3811.52	103.34	1.08
2002	13241.75	9333.02	3816.52	91.07	1.14
2003	14384.08	10476.85	3808.65	98.36	0.22
2004	14394.61	10461.78	3820.50	111.84	0.49
2005	13995.62	10021.63	3849.36	123.03	1.60
2006	14083.40	10042.24	3935.89	103.46	1.82

7-2 1979-2006 年能源生产、能源消费弹性系数

Elasticity Ratio of Energy Production and Elasticity Ratio of Energy Consumption from 1979 to 2006

年份 Year	能源生产弹性系数 Elasticity Ratio of Energy Production				能源消费弹性系数 Elasticity Ratio of Energy Consumption			
	能源生产比上年增长(%) Growth Rate of Energy Production over Preceding Year	电力生产比上年增长(%) Growth Rate of Electricity Production over Preceding Year	能源生产弹性系数 Elasticity Ratio of Energy Production	电力生产弹性系数 Elasticity Ratio of Electricity Production	能源消费比上年增长(%) Growth Rate of Energy Consumption over Preceding Year	电力消费比上年增长(%) Growth Rate of Electricity Consumption over Preceding Year	能源消费弹性系数 Elasticity Ratio of Energy Consumption	电力消费弹性系数 Elasticity Ratio of Electricity Consumption
1979	1.69	9.68	0.15	0.84	0.02	11.03		0.95
1980	-3.33	8.78		0.55	0.62	5.96	0.03	0.40
1981	-8.17	4.58		0.25	-12.23	6.13		0.33
1982	2.12	4.62	0.15	0.33	21.98	6.06	1.56	0.43
1983	7.11	7.26	0.44	0.44	-13.50	7.43		0.46
1984	13.53	8.33	0.51	0.31	7.34	12.43	0.27	0.47
1985	12.46	10.83	0.73	0.63	-12.67	8.70		0.51
1986	6.83	14.46	0.75	1.59	7.34	11.02	0.81	1.22
1987	5.79	10.62	0.29	0.52	13.68	9.68	0.68	0.48
1988	4.78	14.41	0.19	0.57	5.73	8.04	0.23	0.32
1989	1.36	10.58	0.09	0.67	4.84	7.17	0.31	0.45
1990	2.46	6.33	0.15	0.38	3.46	9.76	0.21	0.58
1991	0.52	11.20	0.03	0.57	3.05	9.75	0.15	0.49
1992	2.14	14.06	0.16	0.66	1.92	13.92	0.09	0.65
1993	-0.14	7.85		0.30	-1.07	7.77		0.29
1994	8.27	10.95	0.21	0.28	13.09	10.50	0.33	0.29
1995	6.13	9.09	0.21	0.31	10.58	9.48	0.36	0.32
1996	-2.77	7.28		0.38	3.12	7.51	0.16	0.39
1997	1.52	7.68	0.13	0.66	-0.02	7.38		0.64
1998	-1.81	-7.09			12.70	-1.19	1.10	
1999	-1.01	14.84		0.58	0.22	14.57	0.87	0.53
2000	-6.52	9.91		0.55	-9.17	10.12		0.56
2001	1.71	9.86	0.17	0.98	10.41	10.94	1.03	1.09
2002	4.68	13.19	0.40	1.14	18.06	12.42	1.56	1.07
2003	8.49	11.75	0.62	0.86	18.74	13.47	1.36	0.98
2004	0.07	17.50	0.01	1.15	21.30	17.50	1.39	1.14
2005	-2.78	16.58		1.09	20.08	16.58	1.32	1.09
2006	0.64	15.24	0.04	1.03	10.82	15.24	0.73	1.03

7-3 一次能源生产量及构成
Primary Energy Output and Composition

类别	单位	Category	Unit	2005	2006
能源生产总量(折标准煤)	**万吨标准煤**	**Total Energy Production**	**10 000 tons of SCE**	**13994.02**	**14083.40**
构成		Composition			
原煤	%	Coal	%	71.61	71.31
原油	%	Crude Oil	%	27.51	27.95
电力	%	Electricity	%	0.01	0.01

7-4 能源消费量及构成
Total Consumption of Energy and Its Composition

类别	单位	Category	Unit	2000	2005	2006
一、一次能源消费量(折标准煤)	**万吨标准煤**	**Primary Energy Consumption**	**10 000 tons of SCE**	**9977.11**	**25044.29**	**28158.48**
构成		Composition				
原煤	%	Coal	%	74.09	80.23	79.70
原油	%	Crude Oil	%	25.36	18.82	19.68
电力	%	Electricity	%	0.01	…	…
二、终端能源消费量(折标准煤)	**万吨标准煤**	**Final Energy Consumption**	**10 000 tons of SCE**	**6885.48**	**16983.33**	**18632.68**
构成		Composition				
原煤	%	Coal	%	31.23	37.82	37.41
油品	%	Crude Oil	%	24.03	24.98	23.56
电力	%	Electricity	%	17.86	14.51	15.25
其他	%	Others	%	26.88	22.69	23.78

7-5 平均每天各种能源消费量

Average Daily Energy Consumption by Type of Energy

类　别	单　位	Category	Unit	2000	2001	2005	2006
合　计	**吨标准煤**	**Total**	**tons of SCE**	**356303**	**403426**	**646265**	**716437**
煤　炭	吨	Coal	tons	283513	343495	691724	794481
焦　炭	吨	Coke	tons	11639	12629	54591	66298
原　油	吨	Crude Oil	tons	48526	48711	90421	106254
燃料油	吨	Fuel Oil	tons	9432	7435	8067	8332
汽　油	吨	Gasoline	tons	5165	5176	13576	14811
煤　油	吨	Kerosene	tons	1322	1356	602	654
柴　油	吨	Diesel Oil	tons	9421	9113	31022	33451
液化石油汽	吨	Liquefied Petroleum	tons	1680	1512	6072	6473
电　力	万千瓦时	Electricity	10 000 kwh	27411	32745	54918	63344

7－6 平均每人年生活用能源

Annual Per Captita Energy Consumption for Non-Production Purpose

类　别	单　位	Category	Unit	2000	2001	2005	2006
合　计	**千克标准煤**	**Total**	**Kg of SCE**	**47.45**	**48.16**	**139.43**	**145.39**
煤　炭	千克	Coal	kg	30.98	41.97	67.60	69.15
汽　油	千克	Gasoline	kg	3.72	3.80	4.97	5.14
液化石油汽	千克	Liquefied Petroleum	kg	2.85	2.93	16.12	16.57
电　力	千瓦小时	Electricity	kwh	134.98	154.82	227.91	257.03

7－7 分品种生活能源年消费总量

Annual Energy Consumption for Non-production Purpose by Category

类　别	单　位	Category	Unit	2000	2005	2006
合　计	**万吨标准煤**	**Total**	**10 000 tons of SCE**	**430.77**	**1284.67**	**1353.40**
煤　炭	万吨	Coal	10 000 tons	281.25	622.80	643.75
汽　油	万吨	Gasoline	10 000 tons	31.03	45.75	47.85
液化石油汽	万吨	Liquefied Petroleum	10 000 tons	25.83	148.50	154.23
电　力	亿千瓦时	Electricity	100 million kwh	122.55	210.00	239.27

7-8 能源平衡表(标准量,2006年)

Energy Balance Sheet(Standard Volume,2006)

单位:万吨标准煤 (10 000 tons of SCE)

类别	Category	煤合计 Total Volume of Coal	原煤 Crude Coal	洗精煤 Coal Washing	其它洗煤 Other Coal Washing	煤制品 Coal Products	焦炭 Coke
一、可供本地区消费的能源量	**Total Energy Available for Local Consumption**	**20582.4**	**22441.1**	**-1600.2**	**-377.1**	**118.7**	**157.3**
1.年初库存量	Stock at the Year-beginning	1123.4	1009.1	110.6	3.4	0.3	68.7
2.一次能源生产量	Primary Energy Output	10042.2	10042.2				
3.回收能	Recovery of Energy						
4.外省(区、市)调入量	Allocation from Other Province (Region or City)	13401.9	13283.1			118.8	178.7
5.进口量	Imports						
6.我轮、机在外国加油量	Petroleum Consumed by Chinese Airplanes and Ships Abroad						
7.本省(区、市)调出量(-)	Allocation over Other Province(-)	-1980.4	-671.2	-938.9	-370.4		
8.出口量(-)	Exports (-)	-607.6		-607.6			
9.外轮、机在我国加油量(-)	Petroleum Consumed by Foreign Airplanes and Ships Abroad						
10.年末库存量(-)	Stock at the Year-end(-)	-1397.2	-1222.2	-164.3	-10.2	-0.4	-90.1
二、加工转换投入(-)产出(+)量	**Input-Output of Engergy Conversion**	**-13224.4**	**-15465.3**	**1844.1**	**417.4**	**-20.7**	**1494.1**
1.火力发电	Thermal Power	-8105.3	-7807.8	-35.8	-245.1	-16.7	-3.1
2.供热	Heating	-1996.0	-1972.6	-0.2	-10.7	-12.6	-10.1
3.煤炭洗选	Coal Washing	-102.5	-5443.2	4622.1	718.6		
4.炼焦	Coking	-2794.6	-127.4	-2667.2			2193.1
5.炼油	Petroleum Refining						
6.制气	Gas Production	-224.2	-105.3	-73.5	-45.4		-685.7
#焦炭再投入量(-)	Coke Re-input(-)						
7.煤制品加工	Coal Products Processing	-1.9	-9.0	-1.4		8.5	
三、损失量	**Losses**						
#运输和输配损失	Losses in Transmission						
四、终端消费量	**Final Consumption**	**7362.0**	**6970.8**	**253.5**	**40.1**	**97.7**	**1651.8**
(一)第一产业	Primary Industry	191.7	191.7				
1.农、林、牧、渔业	Farming, Forestry, Animal Husbandry,	191.7	191.7				
(二)第二产业	Secondary Industry	6502.0	6118.1	253.5	40.1	90.3	1651.8
1.工业	Industry	6456.7	6072.8	253.5	40.1	90.3	1651.8
#用作原料、材料	As Raw Materials and Fuel						
2.建筑业	Construction	45.3	45.3				
(三)第三产业	Tertiary Industry	209.9	209.9				
1.交通运输、仓储和邮政业	Transport, Storage and Post	82.4	82.4				
2.批发、零售业和住宿、餐饮业	Wholesale, Retail Trade, Hotels and Catering Services	74.3	74.3				
3.其他	Others	53.3	53.3				
(四)生活消费	Non-Production Consumption	458.4	451.1			7.4	
1.城镇	Urban Areas	165.5	159.7			5.8	
2.乡村	Rural Areas	292.9	291.3			1.6	
五、平衡差额(+、-)	**Balance**	**-4.1**	**5.0**	**-9.6**	**0.2**	**0.3**	**-0.3**
六、消费量合计	**Total Energy**						

7－8 续表1 continued

单位:万吨标准煤 (10 000 tons of SCE)

类别	Category	焦炉煤气 Coking Coal	其它煤气 Other Gases	石油合计 Total of Petroleum	原油 Crude Oil	汽油 Gasoline
一、可供本地区消费的能源量	**Total Energy Available for Local Consumption**			**5068.5**	**5540.2**	**-4.7**
1.年初库存量	Stock at the Year-beginning			337.6	197.2	37.2
2.一次能源生产量	Primary Energy Output			3935.9	3935.9	
3.回收能	Recovery of Energy					
4.外省(区、市)调入量	Allocation from Other Province(Region or City)			2196.0	1374.8	122.7
5.进口量	Imports			2510.1	2510.1	
6.我轮、机在外国加油量	Petroleum Consumed by Chinese Airplanes and Ships Abroad					
7.本省(区、市)调出量(－)	Allocation over Other Province(－)			-3288.7	-2281.5	-132.4
8.出口量(－)	Exports (－)					
9.外轮、机在我国加油量(－)	Petroleum Consumed by Foreign Airplanes and Ships Abroad					
10.年末库存量(－)	Stock at the Year-end(－)			-622.4	-196.4	-32.2
二、加工转换投入(－)产出(＋)量	**Input-Output of Engergy Conversion**	**136.5**	**380.4**	**-693.5**	**-5382.4**	**797.2**
1.火力发电	Thermal Power	-33.1	-49.8	-19.1		
2.供　热	Heating	-4.8	-41.4	-88.3		
3.煤炭洗选	Coal Washing					
4.炼　焦	Coking	174.4				
5.炼　油	Petroleum Refining			-586.2	-5382.4	797.2
6.制　气	Gas Production		471.6			
#焦炭再投入量(－)	Coke Re-input(－)					
7.煤制品加工	Coal Products Processing					
三、损失量	**Losses**					
#运输和输配损失	Losses in Transmission					
四、终端消费量	**Final Consumption**	**207.0**	**336.4**	**4389.5**	**158.1**	**795.4**
(一)第一产业	Primary Industry			409.8		31.1
1.农、林、牧、渔业	Farming, Forestry, Animal Husbandry,			409.8		31.1
(二)第二产业	Secondary Industry	146.8	336.4	1580.9	158.1	120.7
1.工　业	Industry	146.8	336.4	1155.5	158.1	91.6
#用作原料、材料	As Raw Materials and Fuel					
2.建筑业	Construction			425.4		29.1
(三)第三产业	Tertiary Industry	36.5		2049.6		573.2
1.交通运输、仓储和邮政业	Transport, Storage and Post	5.0		1692.1		464.8
2.批发、零售业和住宿、餐饮业	Wholesale, Retail Trade, Hotels and Catering Services	18.9		171.7		46.9
3.其　他	Others	12.6		185.9		61.5
(四)生活消费	Non-Production Consumption	23.8		349.1		70.4
1.城　镇	Urban Areas	23.8		293.4		56.1
2.乡　村	Rural Areas			55.7		14.3
五、平衡差额(＋、－)	**Balance**	**-70.5**	**44.0**	**-14.5**	**-0.3**	**-2.9**
六、消费量合计	**Total Energy**					

7-8 续表2 continued

单位:万吨标准煤 (10 000 tons of SCE)

类别	Category	煤油 Kerosene	柴油 Diesel Oil	燃料油 Fuel Oil	液化石油气 Liquefied Petroleum Gas	炼厂干气 Nat Gas of Plant
一、可供本地区消费的能源量	**Total Energy Available for Local Consumption**	**-20.3**	**258.0**	**-53.7**	**115.5**	**-22.0**
1. 年初库存量	Stock at the Year-beginning	21.3	27.3	42.6	0.8	
2. 一次能源生产量	Primary Energy Output					
3. 回收能	Recovery of Energy					
4. 外省(区、市)调入量	Allocation from Other Province(Region or City)		578.5		120.0	
5. 进口量	Imports					
6. 我轮、机在外国加油量	Petroleum Consumed by Chinese Airplanes and Ships Abroad					
7. 本省(区、市)调出量(-)	Allocation over Other Province(-)	-30.6	-292.9	-45.7		-22.0
8. 出口量(-)	Exports (-)					
9. 外轮、机在我国加油量(-)	Petroleum Consumed by Foreign Airplanes and Ships Abroad					
10. 年末库存量(-)	Stock at the Year-end(-)	-11.0	-54.9	-50.6	-5.3	
二、加工转换投入(-)产出(+)量	**Input-Output of Engergy Conversion**	**56.2**	**1505.7**	**429.0**	**290.9**	**93.2**
1. 火力发电	Thermal Power		-9.2	-5.9	-0.0	-3.6
2. 供热	Heating		-0.4	-47.6	-0.8	-24.0
3. 煤炭洗选	Coal Washing					
4. 炼焦	Coking					
5. 炼油	Petroleum Refining	56.2	1515.3	482.4	291.7	120.8
6. 制气	Gas Production					
#焦炭再投入量(-)	Coke Re-input(-)					
7. 煤制品加工	Coal Products Processing					
三、损失量	**Losses**					
#运输和输配损失	Losses in Transmission					
四、终端消费量	**Final Consumption**	**35.1**	**1769.4**	**381.0**	**404.2**	**70.7**
(一)第一产业	Primary Industry		377.3		1.5	
1. 农、林、牧、渔业	Farming, Forestry, Animal Husbandry,		377.3		1.5	
(二)第二产业	Secondary Industry	4.8	236.5	126.2	101.7	70.7
1. 工业	Industry	4.8	170.8	126.2	98.7	70.7
#用作原料、材料	As Raw Materials and Fuel					
2. 建筑业	Construction		65.7		2.9	
(三)第三产业	Tertiary Industry	30.3	1141.4	254.8	36.7	
1. 交通运输、仓储和邮政业	Transport, Storage and Post	30.3	928.6	249.7	9.4	
2. 批发、零售业和住宿、餐饮业	Wholesale, Retail Trade, Hotels and Catering Services		95.8	5.1	19.9	
3. 其他	Others		117.0		7.4	
(四)生活消费	Non-Production Consumption		14.3		264.4	
1. 城镇	Urban Areas		10.9		226.4	
2. 乡村	Rural Areas		3.5		38.0	
五、平衡差额(+、-)	**Balance**	**0.8**	**-5.7**	**-5.7**	**2.2**	**0.6**
六、消费量合计	**Total Energy**					

7－8 续表3 continued

单位:万吨标准煤 (10 000 tons of SCE)

类 别	Category	天然气 Natural Gas	其它石油制品 Other Pertroleum Products	其它焦化产品 Other Coking Products	热力 Thermal 当量值 Equivalent	热力 Thermal 等价值 Equal Value
一、可供本地区消费的能源量	**Total Energy Available for Local Consumption**	**176.1**	**－744.5**	**－101.0**	**－79.4**	**－105.9**
1.年初库存量	Stock at the Year-beginning		11.1	2.6		
2.一次能源生产量	Primary Energy Output	103.5				
3.回收能	Recovery of Energy					
4.外省(区、市)调入量	Allocation from Other Province(Region or City)	72.6				
5.进口量	Imports					
6.我轮、机在外国加油量	Petroleum Consumed by Chinese Airplanes and Ships Abroad					
7.本省(区、市)调出量(－)	Allocation over Other Province(－)		－483.6	－101.9	－79.4	－105.9
8.出口量(－)	Exports (－)					
9.外轮、机在我国加油量(－)	Petroleum Consumed by Foreign Airplanes and Ships Abroad					
10.年末库存量(－)	Stock at the Year-end(－)		－272.1	－1.6		
二、加工转换投入(－)产出(＋)量	**Input-Output of Engergy Conversion**	**－2.9**	**1516.7**	**123.7**	**1597.2**	**2131.6**
1.火力发电	Thermal Power		－0.3		－12.8	－17.1
2.供 热	Heating	－2.9	－15.5		1610.0	2148.7
3.煤炭洗选	Coal Washing					
4.炼 焦	Coking			123.7		
5.炼 油	Petroleum Refining		1532.6			
6.制 气	Gas Production					
＃焦炭再投入量(－)	Coke Re-input(－)					
7.煤制品加工	Coal Products Processing					
三、损失量	**Losses**					
＃运输和输配损失	Losses in Transmission					
四、终端消费量	**Final Consumption**	**270.4**	**775.5**	**21.8**	**1510.3**	**2015.7**
(一)第一产业	Primary Industry				11.0	14.6
1.农、林、牧、渔业	Farming, Forestry, Animal Husbandry,				11.0	14.6
(二)第二产业	Secondary Industry	177.4	762.3	21.8	1220.7	1629.1
1.工 业	Industry	177.4	434.7	21.8	1202.8	1605.2
＃用作原料、材料	As Raw Materials and Fuel					
2.建筑业	Construction		327.6		17.9	23.9
(三)第三产业	Tertiary Industry	34.6	13.2		109.1	145.6
1.交通运输、仓储和邮政业	Transport, Storage and Post	8.7	9.2		7.9	10.5
2.批发、零售业和住宿、餐饮业	Wholesale, Retail Trade, Hotels and Catering Services	13.3	4.0		62.2	83.0
3.其 他	Others	12.6			39.0	52.1
(四)生活消费	Non-Production Consumption	58.4			169.6	226.3
1.城 镇	Urban Areas	58.4			142.0	189.5
2.乡 村	Rural Areas				27.6	36.9
五、平衡差额(＋、－)	**Balance**	**－97.3**	**－3.3**	**1.0**	**7.5**	**10.0**
六、消费量合计	**Total Energy**					

7-8 续表4 continued

单位:万吨标准煤 (10 000 tons of SCE)

类别	Category	电力 Electricity 当量值 Thermal Equivalent	电力 Electricity 等价值 Equal Value	其它能源 Others	合计(当量值) Total Thermal Equivalent	合计(等价值) Total Equal Value
一、可供本地区消费的能源量	**Total Energy Available for Local Consumption**	**1.2**	**3.4**	**189.5**	**25994.6**	**25970.4**
1.年初库存量	Stock at the Year-beginning			13.0	1545.4	1545.4
2.一次能源生产量	Primary Energy Output	1.8	5.4		14083.4	14087.0
3.回收能	Recovery of Energy			189.5	189.5	189.5
4.外省(区、市)调入量	Allocation from Other Province(Region or City)	3.1	9.1		15852.3	15858.3
5.进口量	Imports				2510.1	2510.1
6.我轮、机在外国加油量	Petroleum Consumed by Chinese Airplanes and Ships Abroad					
7.本省(区、市)调出量(-)	Allocation over Other Province(-)	-3.7	-11.0		-5454.1	-5487.9
8.出口量(-)	Exports(-)				-607.6	-607.6
9.外轮、机在我国加油量(-)	Petroleum Consumed by Foreign Airplanes and Ships Abroad					
10.年末库存量(-)	Stock at the Year-end(-)			-13.0	-2124.4	-2124.4
二、加工转换投入(-)产出(+)量	**Input-Output of Engergy Conversion**	**2819.3**	**8326.0**	**-147.6**	**-7517.3**	**-1476.0**
1.火力发电	Thermal Power	2819.3	8326.0	-132.3	-5536.3	-33.7
2.供热	Heating			-15.3	-548.8	-10.1
3.煤炭洗选	Coal Washing				-102.5	-102.5
4.炼焦	Coking				-303.4	-303.4
5.炼油	Petroleum Refining				-586.2	-586.2
6.制气	Gas Production				-438.2	-438.2
#焦炭再投入量(-)	Coke Re-input(-)					
7.煤制品加工	Coal Products Processing				-1.9	-1.9
三、损失量	**Losses**					
#运输和输配损失	Losses in Transmission					
四、终端消费量	**Final Consumption**	**2841.5**	**8391.7**	**41.9**	**18632.7**	**24688.3**
(一)第一产业	Primary Industry	67.9	200.4		680.3	816.5
1.农、林、牧、渔业	Farming, Forestry, Animal Husbandry,	67.9	200.4		680.3	816.5
(二)第二产业	Secondary Industry	2287.4	6755.3	41.9	13967.0	18843.4
1.工业	Industry	2269.3	6702.0	41.9	13460.4	18295.6
#用作原料、材料	As Raw Materials and Fuel					
2.建筑业	Construction	18.0	53.3		506.6	547.8
(三)第三产业	Tertiary Industry	192.2	567.6		2631.9	3043.8
1.交通运输、仓储和邮政业	Transport, Storage and Post	27.1	80.0		1823.1	1878.6
2.批发、零售业和住宿、餐饮业	Wholesale, Retail Trade, Hotels and Catering Services	53.4	157.8		393.8	519.0
3.其他	Others	111.7	329.7		415.0	646.2
(四)生活消费	Non-Production Consumption	294.1	868.5		1353.4	1984.5
1.城镇	Urban Areas	139.4	411.7		822.5	1142.2
2.乡村	Rural Areas	154.7	456.8		530.9	842.3
五、平衡差额(+、-)	**Balance**	**-21.1**	**-62.2**		**-155.3**	**-194.0**
六、消费量合计	**Total Energy**				**26149.9**	**26164.3**

主要统计指标解释

能源生产总量　指一定时期内，一个地区一次能源生产量的总和。该指标是观察一个地区能源生产水平、规模、构成和发展速度的总量指标。一次能源生产量包括原煤、原油、天然气、水电、核能及其他动力能（如风能、地热能等）发电量，不包括低热值燃料生产量、生物质能、太阳能等的利用和由一次能源加工转换而成的二次能源产量。

能源消费总量　指一定时期内，一个地区物质生产部门、非物质生产部门和生活消费的各种能源的总和。该指标是观察能源消费水平、构成和增长速度的总量指标。能源消费总量包括原煤和原油及其制品、天然气、电力，不包括低热值燃料、生物质能和太阳能等的利用。能源消费总量分为终端能源消费量、能源加工转换损失量和能源损失量三部分。

（1）终端能源消费量：指一定时期内，一个地区生产和生活消费的各种能源在扣除了用于加工转换二次能源消费量和损失量以后的数量。

（2）能源加工转换损失量：指一定时期内，一个地区投入加工转换的各种能源数量之和与产出各种能源产品之和的差额。该指标是观察能源在加工转换过程中损失量变化的指标。

（3）能源损失量：指一定时期内，能源在输送、分配、储存过程中发生的损失和由客观原因造成的各种损失量，不包括各种气体能源放空、放散量。

能源生产弹性系数　是研究能源生产增长速度与国民经济增长速度之间关系的指标。计算公式：

$$能源生产弹性系数=\frac{能源生产总量年平均增长速度}{国民经济年平均增长速度}$$

国民经济年平均增长速度，可根据不同的目的或需要，用国民生产总值、国内生产总值等指标来计算，本年鉴是采用国内生产总值指标计算的。

电力生产弹性系数　是研究电力生产增长速度与国民经济增长速度之间关系的指标。一般来说，电力的发展应当快于国民经济的发展，也就是说电力应超前发展。计算公式为：

$$电力生产弹性系数=\frac{电力生产量年平均增长速度}{国民经济年平均增长速度}$$

能源消费弹性系数　反映能源消费增长速度与国民经济增长速度之间比例关系的指标。计算公式为：

$$能源消费弹性系数=\frac{能源消费量年平均增长速度}{国民经济年平均增长速度}$$

电力消费弹性系数　反映电力消费增长速度与国民经济增长速度之间比例关系的指标。计算公式为：

$$电力消费弹性系数=\frac{电力消费量年平均增长速度}{国民经济年平均增长速度}$$

能源加工转换效率　指一定时期内，能源经过加工、转换后，产出的各种能源产品的数量与同期内投入加工转换的各种能源数量的比率。该指标是观察能源加工转换装置和生产工艺先进与落后、管理水平高低等的重要指标。计算公式为：

$$能源加工转换效率=\frac{能源加工转换产出量}{能源加工转换投入量}\times 100\%$$

单位国内生产总值能耗　指一定时期内，一个国家或地区每生产一个单位的国内生产总值所消耗的能源。计算公式为：

$$单位国内生产总值能耗=\frac{能源消费总量}{国内生产总值}$$

单位国内生产总值电耗　指一定时期内，一个国家或地区每生产一个单位的国内生产总值所消耗的电力。计算公式为：

$$单位国内生产总值电耗=\frac{全社会用电量}{国内生产总值}$$

单位工业增加值能耗　指一定时期内，一个国家或地区每生产一个单位的工业增加值所消耗的能源。计算公式为：

$$单位工业增加值能耗=\frac{工业能源消费量}{工业增加值}$$

Explanatory Notes on Main Statistical Indicators

Total Energy Production refers to the total production of primary energy by all energy producing enterprises in the region in a given period of time. It is a comprehensive indicator to show the capacity, scale, composition and development of energy production of the country. The production of primary energy includes that of coal, crude oil, natural gas, hydro-power and electricity generated by nuclear energy and other means such as wind power and geothermal power. However, it excludes the production of fuels of low calorific value, bio-energy, solar energy and the secondary energy converted from the primary energy.

Total Domestic Energy Consumption refers to the total consumption of energy of various kinds by material production sectors, non material production sectors and households in the country in a given period of time. It is a comprehensive indicator to show the scale, composition and development of energy consumption. The total energy consumption includes that of coal, crude oil and their products, natural gas and electricity, However, it excludes the consumption of fuel of low calorific value, bio-energy and solar energy. Total domestic energy consumption can be divided into three parts: final energy consumption, loss during the process of energy conversion, and energy loss.

(1) Final Energy Consumption: It refers to the total energy consumption by material production sectors, non material production sectors and households in the region in a given period of time, but excludes the consumption in conversion of the primary energy into the secondary energy and the loss in the process of energy conversion.

(2) Loss During the Process of Energy Conversion: It refers to the total input of various kinds of energy for conversion, minus the total output of various kinds of energy in the region in a given period of time. It is an indicator to show the loss that occurs during the process of energy conversion.

(3) Energy Loss: It refers to the total of the loss of energy during the course of energy transport, distribution and storage and the loss caused by any objective reason in a given period of time. The loss of various kinds of gas due to gas discharges and stocktaking is excluded.

Elasticity Ratio of Energy Production is an indicator to show the relationship between the growth rate of energy production and the growth rate of the national economy. The formula is:

Elasticity Ratio of Energy Production = Average Annual Growth Rate of Energy Production/Average Annual Growth Rate of National Economy

The average annual growth rate of the national economy can be shown by the gross national product, gross domestic product and other indicators, depending upon the purposes or needs. The gross domestic product is used in calculation of the ratio in this chapter.

Elasticity Ratio of Electricity Production is an indicator to show the relationship between the growth rate of electricity production and the growth rate of the national economy. Generally speaking, the growth rate of electricity production should be higher than that of the national economy.

Its formula is:

Elasticity Ratio of Electricity Production = Average Annual Growth Rate of Electricity Production/Average Annual Growth Rate of National Economy

Elasticity Ratio of Energy Consumption is an indicator to show the relationship between the growth rate of energy consumption and the growth rate of the national economy. The formula is:

Elasticity Ratio of Energy Consumption = Average Annual Growth Rate of Energy Consumption/Average Annual Growth Rate of National Economy

Elasticity Ratio of Electricity Consumption is an indicator to show the relationship between the growth rate of electricity consumption and the growth rate of the national economy. The formula is:

Elasticity Ratio of Electricity Consumption = Average Annual Growth Rate of Electricity/Average Annual Growth Rate of National Economy

Efficiency of Energy Processing and Conversion refers to the ratio of the total output of energy products of various kinds after processing and conversion and the total input of energy of various kinds for processing and conversion in the same reference period. It is an important indicator to show the current conditions of energy processing and conversion equipment, production technique and management. The formula is:

Efficiency of Energy Processing & Conversion = (Output of Energy After Processing & Conversion/Input of Energy for Processing & Conversion) ×100%

Energy Consumption per Unit of GDP refers to the energy consumption per unit of gross domestic production in a country or the gross region production in a region in the same reference period. The formula is:

Energy Consumption per Unit of GDP = Total Energy Consumption/Gross Domestic Production

Electricity Consumption per Unit of GDP refers to the electricity consumption per unit of gross domestic production in a country or the gross region production in a region in the same reference period. The formula is:

Electricity Consumption per Unit of GDP = Total Electricity Consumption/Gross Domestic Production

Energy Consumption per Unit of Industrial Value-added refers to the energy consumption per unit of industrial value-added in a country or region in the same reference peroid. The formula is:

Energy Consumption per Unit of Industrial Value-added = Total Energy Consumption/Industrial Value-added

第8篇

财政、金融、保险

GOVERMENT FINANCE, BANKING AND INSURANCE

简要说明

一、本篇资料的主要内容

本篇资料反映了全省财政收支、金融和保险方面的情况,主要包括财政收入、财政支出、金融机构存贷款、现金收支、保险机构和业务开展等方面的资料。

二、本篇资料的来源

1. 财政部分的资料来源于省财政厅。

2. 金融方面的资料来源于中国人民银行济南分行。

3. 保险方面的资料来源于中国保监会山东监管局。

4. 本篇资料由省统计局综合处整理。

Brief Introduction

I. Main Content

Data in this chapter show the conditions of local government budgetary finance, banking and insurance of Shandong Province, including government revenue and expenditure, credit funds, cash and statistics on insurance companies.

II. Source of Data

(1) Data on local government finance are provided by Shandong Provincial Department of Finance.

(2) Data on banking are provided by Jinan Branch of the People's Bank of China.

(3) Data on insurance are provide by China Insurance Regulatory Commission of Shandong Bureau.

(4) Data in this chapter are prepared and compiled by the Division of Comprehensive Statistics of Shandong Provincial Bureau of Statistics.

8-1 历年地方财政一般预算收入

Total Local Government Budgetary Revenue

单位:万元 (10 000 yuan)

年份 Year	地方财政一般预算收入 Total Revenue	#各项税收 Taxes	#增值税 Value Added Tax	#营业税 Business Tax	#个人所得税 Individual Tax	#资源税 Resource Tax	#城市维护建设税 Tax on City Maintenance and Construction	#房产税 Tax on Real Estates	#印花税 Stamp Tax
1950	44253	35209							
1951	70001	55119							
1952	76284	62545							
1953	79758	69895							
1954	88446	78100							
1955	89333	79914							
1956	103099	88883							
1957	107262	92112							
1958	211004	105306							
1959	247460	122645							
1960	263795	113956							
1961	165664	87347							
1962	125506	96577							
1963	151111	93026							
1964	155357	100322							
1965	164766	100184							
1966	187716	105124							
1967	190489	109172							
1968	200665	117893							
1969	198303	120536							
1970	309438	167361							
1971	411058	174508							
1972	430416	191095							
1973	449172	206727							
1974	269542	163550							
1975	459668	233132							
1976	496749	270119							
1977	559590	313898							
1978	641286	327465							
1979	569948	322814							
1980	481097	335362							
1981	511850	368177	471		3				
1982	492888	416477	3001		5				
1983	504050	428911	12980		8				
1984	536022	484039	21457	13611	15				
1985	675316	638230	45950	101566	216	26075	30811		
1986	621535	567351	86294	131137	498	1751	37058	440	
1987	727901	652813	108184	159799	515	3002	41417	10663	
1988	826814	825681	192216	216442	371	2795	51037	11012	362
1989	1009416	973118	223717	274118	452	3230	59324	14781	7451
1990	1091082	1058745	241241	291283	687	3478	63936	19110	5754
1991	1285184	1145170	264599	315116	744	3994	71381	26116	5994
1992	1393225	1287334	312552	367710	980	5143	77163	27263	6175
1993	1943978	1908554	545599	458562	1566	5488	90282	32420	6515
1994	1346611	1264642	363371	311355	22983	46941	117238	38577	7115
1995	1790025	1635139	416401	405456	55930	51835	140782	49773	9273
1996	2416742	2156333	518976	515829	89493	50359	172075	61064	10053
1997	3044232	2648693	617844	622148	126801	56732	202164	80812	13373
1998	3523912	3019024	701402	752239	46780	166968	131149	226211	107540
1999	4044829	3429430	782176	789669	187585	59698	238123	134879	19983
2000	4636788	3929022	896895	876638	247492	62164	276205	155591	22440
2001	5731793	4883422	1002918	926921	369925	64405	290458	165321	26963
2002	6102242	4950266	1112319	1176414	310934	97605	307978	209770	37256
2003	7137877	5582820	1260824	1447077	260262	104760	444019	244706	46613
2004	8283306	6274331	1160390	1764502	319637	135148	549266	267768	62914
2005	10731250	8264612	1930040	2177928	388938	182437	659514	327950	92515
2006	13562526	10357905	2428345	2717252	458361	261376	784298	387000	123031

注:本表中1994年以来的财政收入及分组均系新口径数,与历史资料不可比。

a) Data from 1994 are based on new grouping method, so they cannot compare with other data.

8-2 历年地方财政支出

Total Local Government Budgetary Expenditure

单位：万元 (10 000 yuan)

年份 Year	地方财政支出 Expenditure of Local Government	#基本建设 Expenditure for Capital Construction	#城市维护费 Expenditure on City Maintenance	#支援农业支出 Expenditure for Agriculture	#文教科学卫生事业费 Expenditure for Culture, Education, Science and Health	#行政管理费 Expenditure for Government Administration
1950	10281	556	79	266		4704
1951	15965	3221	490	364		7357
1952	31886	8860	245	735		8332
1953	32272	5719	263	433		9548
1954	33657	6505	245	1447		9381
1955	31143	4023	209	1954		9868
1956	47155	13244	107	3484		12695
1957	49164	10522	201	4770		11790
1958	120740	75087	67	4468		12461
1959	158857	78459	22	16116		14162
1960	239314	98855	82	23717		14571
1961	135988	19073	69	27392		13612
1962	63594	6560	334	9526		11753
1963	79714	10271	1018	12029		13054
1964	89615	17557	1535	12620		13212
1965	95407	18711	1807	10048		13144
1966	104100	24115	1690	10425		13691
1967	102007	33442	1669	9728		12064
1968	88752	31016	1719	7476		12264
1969	113952	49590	1756	7683		12669
1970	142528	70447	1805	8389		14245
1971	159105	67943	1743	11247		17779
1972	188907	82551	1621	15603		19336
1973	194872	66635	2419	21980		18541
1974	191061	56996	2005	24284		18435
1975	212560	52389	2194	26906		21241
1976	214205	48383	2579	29119		22899
1977	226136	48648	2610	32399		24449
1978	319044	83503	3750	40221		26553
1979	316239	69982	9535	41812	77298	31908
1980	300736	46680	9484	38422	90951	39017
1981	255341	32150	13144	28754	94093	39200
1982	294482	32395	17044	37525	110039	45512
1983	324119	39875	18184	38058	122536	52391
1984	389763	51801	22063	39512	144038	69508
1985	512953	55562	39340	42453	174126	70091
1986	679384	63375	47595	49892	208135	79655
1987	752168	48880	48156	57550	219751	83423
1988	940725	59630	63024	78301	278458	114421
1989	1136714	55472	75062	102293	324427	98493
1990	1238530	78060	76532	111848	354574	107220
1991	1320610	73926	80209	116383	390775	121071
1992	1456988	85542	89276	141474	457972	158948
1993	1883646	115922	104912	163489	536522	208572
1994	2187683	100904	121656	176277	721820	269520
1995	2758656	179597	163339	224793	832336	315337
1996	3589836	248334	226014	276556	1032168	402325
1997	4233342	239629	281070	367611	1182892	456970
1998	4878175	318452	367382	377198	1325393	501269
1999	5500034	325120	351390	402651	1453237	544497
2000	6130774	295068	388802	411914	1677928	622058
2001	7537781	409608	485770	478933	1936046	743144
2002	8606484	440415	547982	557939	2290732	900217
2003	10106395	636760	685165	618116	2553316	1123337
2004	11893716	600330	885953	731073	3091148	1312928
2005	14662271	704835	1179667	895847	3751654	1629489
2006	18334400	821963	1470287	1083756	4542846	1929519

8-3 地方财政一般预算收入(2006年)

Total Local Government Budgetary Revenue (2006)

单位:万元 (10 000 yuan)

类别	Category	2006	2006年为2005年% Preceding Year = 100
地方一般预算收入	**Local Government Budgetary Revenue**	**13562526**	**126.38**
#增值税	Value - added Tax	2428345	125.82
营业税	Business Tax	2717252	124.76
企业所得税	Enterprise Income Tax	1482753	133.79
个人所得税	Personal Income Tax	458361	117.85
资源税	Resource Tax	261376	143.27
固定资产投资方向调节税	Tax Raised from Adjustment of Real - estate Investment	1566	29.13
城市维护建设税	Tax on City Maintenance and Construction	784298	118.92
房产税	Tax on Real Estates	387000	118.01
印花税	Stamp Tax	123031	132.98
城镇土地使用税	Holding tax on urban and county land	359719	122.17
土地增值税	Land Value Added Tax	220164	152.98
车船使用和牌照税	Tax on vehicles and Their Registration	64233	114.66
契税	Contract tax	661374	126.97
国有资产经营收益	Profits of State - owned Enterprises	584076	149.65
国有企业计划亏损补贴	Subsidies to Loss - making State - owned Enterprises	-44610	104.37
行政性收费收入	Income from Administrative Fees	1332044	123.26
罚没收入	Penalty and Confiscatory Income	557499	131.32
海域场地矿区使用费收入	Income from Sea Shore, Land and Mines	20375	133.81
专项收入	Income from Special Projects	608806	122.48
其他收入	Others	146431	144.09

8－4 地方财政一般预算支出(2006年)

Total Local Government Budgetary Expenditure(2006)

单位:万元 (10 000 yuan)

类　别	Category	2006	2006年为2005年% Preceding Year = 100
地方一般预算支出	**Local Government Budgetary Expenditure**	**18334400**	**125.04**
#基本建设支出	Expenditure for Capital Construction	821963	116.62
企业挖潜改造资金	Innovation Funds of the Enterprises	748249	130.58
地质勘探费	Geological Prospecting Expenses	35346	127.41
科技三项费用	Expenditure for Science and Technology Promotion	276583	142.42
流动资金	Liquidity	4031	128.83
农业支出	Expenses for Agriculture	775289	120.81
林业支出	Expenses for Forestry	104300	115.23
水利和气象支出	Expenditure for Water Conservancy and Meteorology	204167	124.81
工业交通等部门的事业费	Operating Expenses for Departments of Industry,Transport	194739	115.37
流通部门事业费	Operating Expenses for Commerce	31599	141.97
文体广播事业费	Expenditure for Culture, Sports and Broadcasting	519674	115.63
教育支出	Expenditure for Education	2922839	117.50
科学支出	Expenditure for Science	90544	118.40
医疗卫生支出	Expenditure for Public Health	733206	134.76
其他部门的事业费	Expenditure for Other Departments	844126	119.56
抚恤和社会福利救济	Pension and Relief Funds for Social Welfare	494988	121.65
行政事业单位离退休支出	Pensions of Administrative Departments	759925	117.49
社会保障补助支出	Expenditure for Social Security	675428	114.90
行政管理费	Expenditure for Public Security,Procuratorial Work, Law Court and Judice	1929519	118.41
公检法司支出	Expenditure for Government Administration	1168852	114.40
城市维护费	City Maintenance	1470287	124.64
政策性补贴支出	Expenditure for Policy Subsidies	657001	325.71
支援不发达地区支出	Expenditure on Subsidies for Backward Areas	20787	96.18
海域开发建设和场地使用费支出	Expenditure on Land and Coastal Area Development	10695	172.22
车辆税费支出	Expenditure on Vehicles	37399	95.61
债务利息支出	Expenditure on Loans	6434	167.99
专项支出	Expenditure on Special Projects	562013	124.34
其他支出	Other Expenditure	2197376	139.03

8-5 各市地方财政一般预算收入(2006年)

Total Local Government Budgetary Revenue by City (2006)

单位:万元 (10 000 yuan)

地区	Region	地方财政一般预算收入 Local Government Budgetary Revenue	#增值税 Value-added Tax	#营业税 Business Tax	#企业所得税 Enterprise Income Tax	#个人所得税 Personal Income Tax	#资源税 Resource Tax	#固定资产投资方向调节税 Tax Raised from Adjustment of Real-estate Investment	#城市维护建设税 Tax on City Maintenance and Construction
全省总计	**Total**	**13562526**	**2428345**	**2717252**	**1482753**	**458361**	**261376**	**1566**	**784298**
济南市	Jinan	1284388	190345	337489	137666	45202	5154	213	93149
青岛市	Qingdao	2259904	331659	627125	277010	94042	5929	833	108467
淄博市	Zibo	806969	139139	127667	112054	24809	9210		65105
枣庄市	Zaozhuang	370044	61707	44078	41105	6722	12471		37515
东营市	Dongying	480975	58004	90319	45137	13502	838		104404
烟台市	Yantai	1124217	191340	194415	104956	25687	24611	6	54807
潍坊市	Weifang	885497	181062	143091	70680	18486	40421		58306
济宁市	Jining	815526	166052	108448	122958	22701	39527	1	52471
泰安市	Tai'an	516879	79709	64311	30657	10388	20285		28000
威海市	Weihai	701079	83939	117256	41857	11288	4118	1	32587
日照市	Rizhao	207609	41661	59729	16316	3572	2429	55	10405
莱芜市	Laiwu	192572	68070	34039	19184	3560	4068		22517
临沂市	Linyi	582719	91633	96497	49029	14054	7393	457	29698
德州市	Dezhou	357291	56254	62776	26509	7572	1551		20014
聊城市	Liaocheng	336419	67899	58337	36242	8247	1814		16488
滨州市	Binzhou	451216	108876	58358	43001	6424	6717		34073
菏泽市	Heze	300355	39541	64400	18648	5485	14501		13213

8-5 续表1 continued

单位:万元 (10 000 yuan)

地区	Region	#房产税 Tax on Real Estates	#印花税 Stamp Tax	#城镇土地使用税 Holding tax on Urban and County Land	#土地增值税 Land Value Added Tax	#车船使用和牌照税 Tax on Vehicles and Their Registration	#耕地占用税 Tax on Use of Cultivated Land	#契税 Contract Tax
全省总计	**Total**	**387000**	**123031**	**359719**	**220164**	**64233**	**396537**	**661374**
济南市	Jinan	41732	14969	16581	16773	3126	7302	68253
青岛市	Qingdao	76480	26164	43252	37147	5523	100920	190021
淄博市	Zibo	21547	8292	32237	8791	3299	14260	44325
枣庄市	Zaozhuang	22017	3107	24244	7753	1617	1869	9457
东营市	Dongying	13993	6986	23202	3812	1685	1392	17023
烟台市	Yantai	47719	14314	37695	55181	4057	24436	66996
潍坊市	Weifang	25849	7836	25556	29900	5464	23029	58847
济宁市	Jining	16163	6606	14837	5327	2304	32494	20807
泰安市	Tai'an	14249	3675	22731	7181	3070	25471	50916
威海市	Weihai	35739	4961	22696	20913	2066	98078	32746
日照市	Rizhao	5306	2154	4362	3193	1555	1171	14066
莱芜市	Laiwu	4056	2157	8181	381	295	3818	3414
临沂市	Linyi	16027	7092	23225	7543	4507	23610	25537
德州市	Dezhou	15378	2993	17780	4017	4537	4555	10610
聊城市	Liaocheng	8844	4295	9930	6746	4390	7047	6095
滨州市	Binzhou	10229	4430	19140	2604	3404	17073	35894
菏泽市	Heze	11672	3000	14070	2902	13334	10012	6367

8－5 续表 2 continued

单位:万元 (10 000 yuan)

地 区	Region	# 烟叶税 Tobacco Leaf Tax	# 国有资产经营收益 Profits of State-owned Enterprises	# 国有企业计划亏损补贴 Subsidies to Loss-making State-owned Enterprises	# 行政性收费收入 Income from Administrative Fees	# 罚没收入 Penalty and Confiscatory Income	# 海域场地矿区使用费收入 Income from Sea Shore, Land and Mines	# 专项收入 Income from Special Projects	# 其他收入 Others
全省总计	**Total**	**10859**	**584076**	**－44610**	**1332044**	**557499**	**20375**	**608806**	**146431**
济南市	Jinan		3110	－6735	200266	49241	29	49867	10656
青岛市	Qingdao	234	75466	－9658	129776	40739	14884	63488	20376
淄博市	Zibo	478	51317		55925	29197	4	47901	11412
枣庄市	Zaozhuang		34373	－810	25056	19404		15318	3041
东营市	Dongying		13668	－500	20494	10974	432	52962	2648
烟台市	Yantai		147036		58595	24877	162	37510	9817
潍坊市	Weifang	3675	53009	－2604	31264	43367		35909	31340
济宁市	Jining		21611		108948	28471	228	42536	3036
泰安市	Tai'an		25681		54252	16103		29803	30397
威海市	Weihai		96444	－2270	58982	19115	695	17457	2411
日照市	Rizhao	1778	2317		14021	9726		7356	6437
莱芜市	Laiwu	271	30	－1150	7600	3486		8150	445
临沂市	Linyi	4423	35405		49185	52526	995	42140	1743
德州市	Dezhou		136		90978	17201		13267	1163
聊城市	Liaocheng		12990	－5901	47159	29920	400	13729	1748
滨州市	Binzhou		7835		26583	46619	12	19012	932
菏泽市	Heze		3648	－580	27871	37666		13549	1056

8－6 各市地方财政支出(2006 年)

Total Local Government Budgetary Expenditure by City(2006)

单位:万元 (10 000 yuan)

地 区	Region	地方财政支出 Local Government Budgetary Expenditure	# 基本建设支出 Expenditure for Capital Construction	# 企业挖潜改造资金 Innovation Funds of the Enterprises	# 科技三项费用 Expenditure for Science and Technology Promotion	# 农业支出 Expenses for Agriculture	# 林业支出 Expenses for Forestry	# 水利和气象支出 Expenditure for Water Conservancy and Meteorology	# 工业交通等部门的事业费 Operating Expenses for Departments of Industry, Transport
全省总计	**Total**	**18334400**	**821963**	**748249**	**276583**	**775289**	**104300**	**204167**	**194739**
济南市	Jinan	1469762	55496	48962	23800	62865	9566	14365	10202
青岛市	Qingdao	2367875	295833	110381	45752	67655	11471	13466	12458
淄博市	Zibo	1010541	1249	50675	15393	40100	6369	8824	8738
枣庄市	Zaozhuang	514969	613	26665	3188	30592	3326	5537	12333
东营市	Dongying	618612	591	15723	8231	31826	4109	12978	8844
烟台市	Yantai	1436891	15102	31627	24669	52759	9190	14162	4520
潍坊市	Weifang	1149328	60478	86990	19680	55283	5277	10143	5286
济宁市	Jining	1140286	30521	30941	20076	67628	6787	19117	9882
泰安市	Tai'an	780580	4669	76523	8319	32180	6440	10263	2302
威海市	Weihai	882819	12137	46213	22162	50359	6747	6081	2802
日照市	Rizhao	326714	6492	8978	1560	15103	1999	3910	1418
莱芜市	Laiwu	282419	220	11892	4503	10229	3162	5840	2185
临沂市	Linyi	991680	3522	25243	8762	58367	7606	10483	17957
德州市	Dezhou	636011	4770	32363	4589	40949	5534	20734	3824
聊城市	Liaocheng	599786	1347	29578	8460	31422	4049	11247	6461
滨州市	Binzhou	646732	44251	34878	10250	29040	3282	9883	4511
菏泽市	Heze	692541	60	15845	7442	41666	5642	12003	6939

8－6 续表1 continued

单位:万元 (10 000 yuan)

地 区	Region	# 流通部门事业费 Expenditure for Transportation	# 文体广播事业费 Expenditure for Culture, Sports and Broadcasting	# 教育支出 Expenditure for Education	# 科学支出 Expenditure for Science and Technology Promotion	# 医疗卫生支出 Expenditure for Public Health	# 其他部门的事业费 Expenditure for Oher Departments	# 抚恤和社会福利救济 Pension and Relief Funds for Social Welfare	# 行政事业单位离退休支出 Retirement Allowance of Administrative Departments
全省总计	**Total**	**31599**	**519674**	**2922839**	**90544**	**733206**	**844126**	**494988**	**759925**
济南市	Jinan	1129	31240	175935	3737	70572	35800	42547	103393
青岛市	Qingdao	3511	63853	401744	3925	68999	134510	73498	14856
淄博市	Zibo	1861	27436	190130	6701	43723	31362	25117	42604
枣庄市	Zaozhuang	2711	20856	83353	1544	24768	25433	14954	21893
东营市	Dongying	1127	16566	114045	2016	23907	27969	18785	10459
烟台市	Yantai	216	30788	220599	3634	49379	60217	45934	89525
潍坊市	Weifang	977	36484	252298	2974	37211	43285	35127	327
济宁市	Jining	2174	46338	204464	2858	43159	46694	33856	12506
泰安市	Tai'an	1382	19672	103466	2358	36980	24055	21549	39648
威海市	Weihai	717	18468	120004	1266	29562	37796	23740	41193
日照市	Rizhao	70	10814	58024	1098	16571	15238	10732	10054
莱芜市	Laiwu	388	7588	49980	676	13010	10942	7801	11014
临沂市	Linyi	4475	39946	194380	2777	51723	34332	38910	56489
德州市	Dezhou	1415	20080	100432	2777	31442	16555	20779	21633
聊城市	Liaocheng	3677	26234	103399	2352	27636	13616	19885	19003
滨州市	Binzhou	759	17096	100284	1062	24930	19961	19090	36081
菏泽市	Heze	413	31410	125664	1152	33193	16170	22887	72249

8－6 续表2 continued

单位:万元 (10 000 yuan)

地 区	Region	# 社会保障补助支出 Subsidies for Social Security	# 行政管理费 Expenditure for Government Administration	# 公检法司支出 Expenditure for Public Security, Procuratorial Work, Law and Justice	# 城市维护费 Expenditure for City Maintenance	# 政策性补贴支出 Expenditure for Policy Subsidies	# 支援不发达地区支出 Subsidies for Backward Areas	# 专项支出 Expenditure for Special Projects	# 其他支出 Others
全省总计	**Total**	**675428**	**1929519**	**1168852**	**1470287**	**657001**	**20787**	**562013**	**2197376**
济南市	Jinan	45685	184917	109399	174853	8361	2424	58496	192053
青岛市	Qingdao	104071	275020	202217	143371	14329	6681	50668	235590
淄博市	Zibo	54368	116703	61358	85489	4712	913	46472	136763
枣庄市	Zaozhuang	7247	73714	41273	33246	3615	215	17092	58816
东营市	Dongying	6879	57728	28284	58682	2517		52502	111985
烟台市	Yantai	32680	118888	85634	315666	12667	610	47327	164378
潍坊市	Weifang	34601	133210	52078	74891	6516	1200	36995	154575
济宁市	Jining	16967	144063	69079	91033	4988	1207	48852	182385
泰安市	Tai'an	66552	60023	32294	37179	3873	799	27218	159688
威海市	Weihai	26488	61071	38341	167247	14514	60	20528	129697
日照市	Rizhao	8052	44616	19271	5804	6131		7659	71516
莱芜市	Laiwu	31269	21801	13779	33714	1767	149	10929	28852
临沂市	Linyi	9102	122699	73527	45853	6056	2694	45154	125576
德州市	Dezhou	16371	80361	32661	70720	3629	639	14408	85495
聊城市	Liaocheng	11135	91321	40872	44803	2841	1137	14265	81902
滨州市	Binzhou	8840	65741	29746	65979	3180	566	20806	91333
菏泽市	Heze	8388	98754	38881	21607	1831	1221	16887	106204

8-7 1979-2006年财政支出中用于文、教、科、卫的支出

Expenditure on Culture, Education, Science and Health from 1979 to 2006

单位:万元 (10 000 yuan)

年份 Year	合计 Total	文体广播事业费 Operating Expenses for Culture, Sports and Broadcast	教育事业费 Operating Expenses for Education	科学事业费 Operating Expenses for Science	卫生经费 Operating Expenses for Health	科技三项经费 Science and Technology Promotion Funds
1979	80348	9219	43077	4141	20098	3813
1980	93350	9974	53296	4060	23290	2730
1981	95577	9791	54453	4094	24965	2274
1982	111630	11702	62804	4335	29737	3052
1983	125430	14353	67656	5040	33667	4714
1984	145710	18779	77533	6738	37382	5278
1985	175562	22631	97565	6513	44117	4736
1986	209611	29869	114757	8056	50910	6019
1987	225197	30555	125465	7053	56678	5446
1988	284003	39108	161889	10205	67256	5545
1989	333489	43029	187894	10535	82969	9062
1990	363035	48165	202060	11646	92703	8461
1991	401036	54145	225118	12757	98755	10261
1992	470129	61127	271681	14629	110310	12382
1993	568801	70133	337052	16678	129131	15807
1994	738553	84780	464330	22340	150028	17075
1995	856648	112065	523754	22551	173966	24312
1996	1066333	124463	670721	27256	209728	34165
1997	1229252	154418	753374	34974	240126	46360
1998	1388027	150517	886208	35703	252965	62634
1999	1532952	159272	999902	35491	258572	79715
2000	1770387	175745	1181042	38543	282598	92459
2001	2051303	206502	1377529	45428	306587	115257
2002	2427593	274203	1627761	53056	335712	136861
2003	2693986	307350	1791484	58375	396107	140670
2004	3091148	366895	2048284	65970	452199	157800
2005	3751654	449415	2487484	76471	544085	194199
2006	4542846	519674	2922839	90544	733206	276583

8-8 历年金融机构存款余额

Deposits of Financial Institutions

单位:万元 (10 000 yuan)

年份 Year	存款余额 Deposits	#企业存款 Deposits of Enterprises	#财政存款 Deposits of Finance	#农业存款 Agricultural Deposits	#储蓄存款 Savings Deposits
1952	27761	13282	10177	101	4201
1953	37503	14033	16399	428	6643
1954	37953	14230	12829	996	9898
1955	66543	12862	38541	2255	12885
1956	59508	17058	17275	6299	18876
1957	66853	13671	21811	10970	20401
1958	119815	30097	42900	12408	34410
1959	174223	22237	94119	22061	35806
1960	152412	26747	60237	29408	36020
1961	154397	35419	65453	28048	25477
1962	147935	41050	53695	15974	20691
1963	155443	45826	56502	14924	25872
1964	157531	46288	62306	18604	30271
1965	173968	52426	65917	18600	37025
1966	203942	51901	83799	25528	42714
1967	249023	78115	92748	33202	44958
1968	266821	85320	93774	40114	47613
1969	271167	82682	105564	38148	44773
1970	539978	97982	355104	41358	45534
1971	564186	81566	374227	54081	54312
1972	523844	81483	324625	54677	63059
1973	617913	90537	397042	52709	77625
1974	528596	111890	271985	60467	84254
1975	722193	142258	417459	67018	95458
1976	765045	160536	419241	76113	109155
1977	782107	123030	460033	66737	132307
1978	900037	130437	556357	68941	144302
1979	655921	219751	27280	106696	195573
1980	879427	312830	22597	151545	297520
1981	1135778	403119	33461	150207	395513
1982	1231364	356001	38951	141051	510980
1983	1554862	397019	52104	164557	730519
1984	2333485	725014	47686	219520	1001699
1985	2788151	799892	66522	190082	1301761
1986	3515824	972556	73213	215275	1755638
1987	4702246	1201345	90726	247034	2427793
1988	5913422	1416925	77620	263310	3282031
1989	7246567	1544788	118179	276931	4291525
1990	9340575	1976484	153542	335938	5754706
1991	11636250	2845002	159394	404736	7216749
1992	14482703	3893897	114525	443904	8841510
1993	18166260	4648492	159034	492086	11182415
1994	25225337	6194052	257887	521413	16003992
1995	34243843	8776853	263884	656439	21971982
1996	42938411	11317043	239414	829448	28177108
1997	49698489	13914367	246182	852300	32657331
1998	57554782	15010890	441380	883521	37353766
1999	65629934	17250542	584925	1084540	41098425
2000	74711987	20771967	764478	1351492	44667153
2001	85017294	23079030	1140353	1613431	50637936
2002	102477706	27371339	1318673	2050450	58057165
2003	124382360	33965555	1486500	2438209	67683453
2004	145142781	38730410	2258323	2715491	77214610
2005	171035148	41238617	2596570	3221967	90351351
2006	196339878	47745652	3431146	3954365	103580272

8－9 历年金融机构贷款余额

Loans of Financial Institutions

单位:万元　　　　　　　　　　　　　　　　　　　　　　　　(10 000 yuan)

年　份 Year	贷款余额 Loans	# 工业贷款 Industrial Loans	# 农业贷款 Agricultural Loans	# 商业贷款 Commercial Loans	# 基建贷款 Infrastructure Loans	# 技改贷款 Technology Loans
1952	15674	2786	3796	9092		
1953	44486	2584	6082	35820		
1954	92049	5722	8051	78276		
1955	140448	6580	11898	121970		
1956	162892	12195	34271	116426		
1957	168720	10248	33183	125289		
1958	349843	59095	56826	233922		
1959	465430	117950	55414	292066		
1960	539109	178222	78879	282008		
1961	505425	119466	77270	308689		
1962	414574	72815	75921	265838		
1963	335573	39091	79662	216820		
1964	336843	33558	82586	220699		
1965	389927	41769	86353	261805		
1966	467671	56561	91222	319888		
1967	524989	82522	92431	350036		
1968	573970	104699	92497	376774		
1969	622424	143203	96513	382708		
1970	669092	136735	97501	434856		
1971	673315	172035	56895	444385		
1972	709712	178014	58874	472824		
1973	801467	181583	58446	555619		5819
1974	833605	225297	63227	538531		6550
1975	917553	235441	69972	607077		5063
1976	1029329	282332	101031	639958		6008
1977	1208633	323841	122037	754734		8021
1978	1337139	352225	135620	839518		9776
1979	1248830	376931	119144	735148		3355
1980	1801830	456971	101552	1161848		29478
1981	2064250	515804	123506	1305492		51834
1982	2354235	533949	125550	1505177	1135	86526
1983	2650117	530720	144154	1742243	3916	110909
1984	3666770	713687	291226	2088860	51276	164851
1985	4464893	849353	290436	2496747	103677	212522
1986	5549438	1189134	386722	2731161	135384	285757
1987	6678425	1464076	533772	2938915	203120	383431
1988	8031351	1821004	635129	3261651	285119	467099
1989	9413406	2279606	782795	3637710	352348	513105
1990	11667880	3023434	939869	4179923	499006	595666
1991	14280093	3570738	1130450	4737915	736741	868499
1992	17205544	4033468	1389718	5360085	916789	1124986
1993	20791075	4795134	1568072	6225867	1243646	1342356
1994	25204369	5434972	1118700	7388355	1477151	1718007
1995	31289040	6487091	1516858	8850079	1985458	2013439
1996	36802427	7658151	2474472	10289962	2250044	2531164
1997	44567197	9219803	3177039	11798956	2780310	2536443
1998	51067900	9795567	4189496	12097868	3879386	2522862
1999	56798630	10391030	4435895	12657508	5563931	2522178
2000	62090468	9938023	5281785	11249154	7315876	2678175
2001	70176588	11472037	7071209	12227300	8373434	2854302
2002	85365991	13466479	9073641	12561986	11343636	1111118
2003	104671108	16329927	11565081	12566663	13992866	1537491
2004	117828279	19255716	13401333	11660566	16834244	1946567
2005	133817463	20218176	15611128	10867721	20403236	2069666
2006	157096014	28372457	18446480	9981885	26278047	1433182

8－10 金融机构信贷收支情况(2006年)

Credit Funds Balance Sheet of Financial Institution (2006)

单位:万元 (10 000 yuan)

类　　别	Category	2006年末余额 2006 Year-end	比2005年末增加额 Increase/Dicrease from Year Beginning
一、各项存款	**Deposits in Various Forms**	**196339878**	**27648291**
1.企业存款	Deposits of Enterprises	47745652	7679993
(1)活期存款	Current Deposits	30980864	5649165
(2)定期存款	Time Deposits	16764788	2030829
2.财政存款	Treasury Deposits	3431146	834577
3.机关团体存款	Deposits of Government Agencies and Organizations	11546790	2181168
4.储蓄存款	Savings Deposits	103580272	13236721
(1)活期储蓄	Demand Deposits	32040028	5545966
(2)定期储蓄	Time Deposits	71540243	7690755
5.农业存款	Agricultural Deposits	3954365	804683
6.信托存款	Trust Deposits		
7.委托存款	Commissioned deposits	4299760	1731230
8.其他存款	Other Deposits	21781893	1179918
二、各项贷款	**Loans in Various Forms**	**157096014**	**25056997**
1.短期贷款	Short-term Loans	83264802	11606000
(1)工业贷款	Industrial Loans	28372457	4086618
(2)商业贷款	Commercial Loans	9981885	404943
(3)建筑业贷款	Loans to Construction Sector	1723269	199391
(4)农业贷款	Loans to Agricultural Sector	18446480	2963596
(5)乡镇企业贷款	Loans to Township Enterprises	4643634	295340
(6)三资企业贷款	Loans to Enterprises with Foreign Funds	1756380	448355
(7)私营企业及个体贷款	Loans to Private Enterprises and Individuals	1642023	433931
(8)其他短期贷款	Other Short-term Loans	16698675	2773826
#个人短期消费贷款	Personal Short-term Consumer Loans	1439658	455758
2.中长期贷款	Medium & Long-term Loans	55210612	9441400
(1)基本建设贷款	Capital Loans	26278047	4278907
(2)技术改造贷款	Technical Innovation	1433182	124836
(3)其他中长期贷款	Other Medium-term and Long-term Loans	27499383	5037657
#个人中长期消费贷款	Personal Medium-term and Long-term Consumer Loans	11926956	679798
3.信托贷款	Trust Loans		
4.融资租赁	Circulating Funds Tenancy	600	600
5.委托贷款	Commissioned Loans	4039783	1796972
6.票据融资	Ciruclating Funds of Bills	14302893	2139893
#贴　现	Rebate	14302893	2139893
7.各项垫款	Paying in Advance	277323	72132

8－11 各市金融机构存贷款余额(2006年)

Loans and Deposits of Financial Institutions by City (2006)

单位:亿元 (100 million yuan)

地区	Region	各项存款 Total Deposits		#居民储蓄存款 Savings Deposits of Residents		各项贷款 Total Loans	
		余额 Year-end	比年初增减 Increase/Dicrease from Year Beginning	余额 Year-end	比年初增减 Increase/Dicrease from Year Beginning	余额 Year-end	比年初增减 Increase/Dicrease from Year Beginning
全省总计	**Total**	**19633.99**	**2764.83**	**10358.03**	**1323.67**	**15709.60**	**2505.70**
济南市	Jinan	4024.62	604.21	1182.57	158.36	3791.29	588.65
青岛市	Qingdao	3245.36	549.01	1567.62	224.84	2577.94	543.26
淄博市	Zibo	1228.77	134.81	725.30	93.44	849.60	112.56
枣庄市	Zaozhuang	419.70	55.89	260.57	34.35	287.11	32.42
东营市	Dongying	761.59	109.75	426.08	41.63	516.39	96.33
烟台市	Yantai	1866.66	230.31	1129.69	114.34	1298.04	182.54
潍坊市	Weifang	1425.55	176.27	913.02	108.41	1031.72	183.44
济宁市	Jining	1065.68	126.25	648.38	83.21	659.09	35.95
泰安市	Tai'an	749.98	113.68	467.61	65.88	484.95	58.51
威海市	Weihai	823.63	118.68	524.59	67.22	543.10	93.19
日照市	Rizhao	414.55	70.41	214.22	32.46	419.51	96.49
莱芜市	Laiwu	318.60	68.43	157.05	26.77	287.51	70.81
临沂市	Linyi	1014.62	104.56	671.07	84.99	813.91	138.19
德州市	Dezhou	650.11	64.78	422.90	54.41	541.76	74.70
聊城市	Liaocheng	582.36	54.04	402.84	43.87	480.86	64.95
滨州市	Binzhou	476.08	76.06	273.15	32.56	453.32	121.41
菏泽市	Heze	496.49	70.45	371.29	56.86	397.51	58.47

8－12 金融机构现金收支情况(2006 年)

Cash Statistics of Financial Institutions(2006)

单位:亿元 (100 million yuan)

类　别	Category	2006	2006 年比 2005 年增　长(%) Growth Rate Preceding Year＝100
收入合计	**Cash Income**	**53687.75**	**11.6**
一、商品销售收入	Income from Commodity Sales	5835.66	10.0
二、服务业收入	Income from Service Trade	1952.93	9.7
三、税款收入	Income from Taxes	278.71	22.5
四、城乡个体经营收入	Income from Urban and Rural Individual Business	2302.65	7.3
五、储蓄存款收入	Income from Savings Deposits	37942.25	12.8
六、其他金融机构收入	Income from Other Financial Institutions	83.68	－28.2
七、居民归还贷款收入	Income from Repayment of Loans by Residents	1682.70	9.1
八、汇兑收入	Income from Remittances	371.04	13.8
九、有价证券收入	Income from Securities	49.60	－23.6
十、其他收入	Other Income	3188.52	6.7
# 兑换外币收入	Income from Exchange of Foreign Currencies	10.23	63.6
支出合计	**Cash Expenditures**	**53791.39**	**11.5**
一、工资性支出	Wages	2919.93	14.7
# 国家工资及奖金支出	National Expenditure on Wages and Bonuses	1306.78	9.9
国家对个人其他支出	Other Government Outlays to Individuals	357.58	－0.7
其他单位工资性支出	Other Expenditure Related to Wages	1205.63	26.1
二、农副产品采购支出	Purchases of Agricultural and Sideline Products	2056.08	13.5
三、工矿及其他产品采购支出	Expenditure for Purchases of Industrial and Mineral Products	1327.25	12.3
四、行政企事业管理费支出	Government and Enterprise Overhead	1960.12	4.1
五、城乡个体经营支出	Expenditure for Individual Business	2483.92	5.5
六、储蓄存款支出	Expenditure for Savings Deposits	38324.23	12.5
七、其他金融机构支出	Expenditure for Other Financial Institutions	69.07	－14.0
八、居民提取贷款支出	Expenditure for Loans from Residents	1227.85	－8.5
九、汇兑支出	Expenditure for Remittances	261.09	9.2
十、有价证券支出	Expenditure for Securities	34.34	－15.6
十一、其他支出	Other Expenditure	3127.51	16.1
# 兑换外币支出	Exchange of Foreign Currencies	43.72	－19.0
现金投放(＋)回笼(－)	**Monetary Issues (＋) Cash Withdrawn**	**103.65**	

8-13 1997-2006年保险费收入和赔款给付

Premium and Payment of Insurance Companies from 1997 to 2006

年份 Year	保险费收入（万元）Premium (10 000 yuan)	赔款及给付支出（万元）Settled Claim and Payment (10 000 yuan)	简单赔付率（%）Simple Payment Rate
1997	785298	317889	40.5
1998	837500	294648	35.2
1999	956496	365490	38.2
2000	1110622	402204	36.2
2001	1533204	409588	26.7
2002	2238236	456801	20.4
2003	2835306	561804	19.8
2004	3171584	656966	20.7
2005	3408050	766254	22.5
2006	3962203	1209078	30.5

8-14 各市保险业务情况(2006年)

Basic Statistics on Insurance by City(2006)

单位:万元 (10 000 yuan)

地区	Region	保费收入 Premium (10 000 yuan)	产险 Property Insurance	人身险 Life Insurance	赔款与给付 Claim and Payment	产险 Property Insurance	人身险 Life Insurance
全省总计	**Total**	**3962203**	**1062087**	**2900116**	**1209078**	**686030**	**523048**
济南市	Jinan	549357	118663	430694	134726	80813	53913
青岛市	Qingdao	605143	199232	405911	194465	115217	79248
淄博市	Zibo	253753	76170	177583	82980	51449	31531
枣庄市	Zaozhuang	92599	20498	72101	28019	14442	13577
东营市	Dongying	207924	63091	144833	61503	36825	24678
烟台市	Yantai	409854	89980	319874	145266	65705	79560
潍坊市	Weifang	315925	95985	219940	103454	59556	43898
济宁市	Jining	228085	60215	167870	63546	39147	24399
泰安市	Tai'an	171520	38030	133490	50821	26302	24518
威海市	Weihai	209741	48893	160848	77976	39501	38475
日照市	Rizhao	92333	35361	56972	32525	21359	11166
莱芜市	Laiwu	60492	17500	42992	13848	8447	5401
临沂市	Linyi	274987	75653	199334	85417	46251	39166
德州市	Dezhou	154073	38161	115912	37292	22224	15068
聊城市	Liaocheng	114776	29186	85590	33820	19840	13981
滨州市	Binzhou	112287	32859	79428	36208	22758	13450
菏泽市	Heze	109354	22612	86742	27020	16180	10840

8－15 人身保险公司主要业务指标(2006年)

Major Indicators of Life Insurance Companies(2006)

单位:万元 (10 000 yuan)

类　　别	Category	保费收入 Premium Income	赔款支出 Indemnity Expenditure	退保金 Withdrawal Amount Insured	年金给付 Total Annuity Payment	满期给付 Total Mature Payment	死伤医疗给付 Payment for Death, Injury and Medical Treatment
总　　计	**Total**	**2861543**	**73473**	**427595**	**184297**	**197440**	**49593**
一、人寿保险	**Life Insurance**	**2529308**		**408837**	**184297**	**197412**	**37937**
(一)非分红产品	Non－dividend Insurance	771120		101265	143115	22138	27317
定期寿险	Time Insurance	7145		187		10	1071
两全寿险	Endowment Insurance	272687		22856	101907	15560	6702
终身寿险	WLL	374757		20133		196	16942
年　金	Total Annuity Payment	116532		58089	41209	6372	2602
(二)分红产品	Dividend Insurance	1473342		284097	41107	175262	9812
定期寿险	Time Insurance						
两全寿险	Endowment Insurance	1132752		143450	36156	149980	7893
终身寿险	WLL	61477		1874			1227
年　金	Total Annuity Payment	279114		138773	4951	25283	692
(三)投资连接产品	Investment Link Insurance	19976		5220	75		308
(四)万能产品	Universal Life Insurance	264870		18255			500
二、意外伤害保险	**Accident Injury Insurance**	**58136**	**17781**				
一年期以内	Within-One-year Period Business	5275	925				
一年期	One-year Period Business	52861	16856				
三、健康保险	**Health Insurance**	**274099**	**55692**	**18757**		**29**	**11657**
一年期(及一年期以内)	Within-One-year Period Business	88780	55692				
一年期以上	One-year Period Business	185320		18757		29	11657

8-16 财产保险公司主要业务指标(2006年)

Major Business Indicators of Insurance Companies(2006)

单位:万元 (10 000 yuan)

类　　别	Category	保费收入 Premium	赔款支出 Payment
总　计	**Total**	**1100653**	**704266**
机动车辆及第三者责任险	Motor Vehicle and Third Party Liability	865013	533728
企财险	Enterprise Property insurance	101132	83527
家财险	Family Property Insurance	9384	2382
工程险	Project Insurance	3451	2557
责任险	Liability Insurance	20256	10014
信用险	Credit Insurance	9308	2293
保证保险	Guarantee Insurance	6238	27924
船舶险	Ship Insurance	19492	11992
货运险	Freight Transport Insurance	22783	9863
特殊风险保险	Peculiar Risk Insurance	3753	182
农业保险	Agriculture Insurance	723	375
健康险	Health Insurance	3282	1516
意外伤害险	Accident Injury Insurance	35290	16728
其　他	Other Property Insurance	548	1185

8-17 保险公司分支机构(2006年)

Number of Institutions and Employed Persons in Insurance(2006)

单位:个 (unit)

地　区 Region	人寿保险 Life Insurance					财产保险 Property Insurance				
	分公司 Branches	中心支公司 Branches and Sub-branches in Center Ciyies	支公司 Sub-branches	营业部 Business Departments	营销服务部 Marketing Departments	分公司 Branches	中心支公司 Branches and Sub-branches in Center Ciyies	支公司 Sub-branches	营业部 Business Departments	营销服务部 Marketing Departments
全省总计 Total	**28**	**97**	**203**	**2**	**1826**	**25**	**140**	**285**	**130**	**878**
济南市 Jinan	15	2	19		149	14	1	20	8	61
青岛市 Qingdao	13	1	37	2	49	11		39	38	143
淄博市 Zibo		8	14		101		11	22	3	93
枣庄市 Zaozhuang		6	6		61		5	12	6	21
东营市 Dongying		7	4		59		10	9	9	27
烟台市 Yantai		7	18		218		13	34	7	59
潍坊市 Weifang		7	24		159		12	31	9	135
济宁市 Jining		7	10		236		10	17	6	64
泰安市 Tai'an		8	6		124		10	10	9	44
威海市 Weihai		9	7		77		12	23	5	35
日照市 Rizhao		5	5		73		8	5	3	16
莱芜市 Laiwu		4	2		24		6	2		10
临沂市 Linyi		6	13		158		10	20	5	43
德州市 Dezhou		5	12		110		7	17	4	32
聊城市 Liaocheng		5	10		93		9	8	7	34
滨州市 Binzhou		5	7		61		9	7	3	34
菏泽市 Heze		5	9		74		7	9	8	27

主要统计指标解释

财政收入 指国家财政参与社会产品分配所取得的收入，是实现国家职能的财力保证。财政收入所包括的内容几经变化，目前主要包括：

(1)各项税收：包括增值税、营业税、消费税、土地增值税、城市维护建设税、资源税、城市土地使用税、企业所得税、个人所得税、关税、证券交易印花税、车辆购置税、农牧业税和耕地占用税等。

(2)专项收入：包括排污费收入、城市水资源费收入、矿产资源补偿费收入、教育费附加收入等。

(3)其他收入：包括利息收入、基本建设贷款归还收入、基本建设收入、捐赠收入等。

(4)国有企业亏损补贴：此项为负收入，冲减财政收入。主要包括对工业企业、商业企业、粮食企业的补贴。

财政支出 国家财政将筹集起来的资金进行分配使用，以满足经济建设和各项事业的需要，主要包括：

(1)基本建设支出：指按国家有关规定，属于基本建设范围内的基本建设有偿使用、拨款、资本金支出以及经国家批准对专项和政策性基建投资贷款，在部门的基建投资额中统筹支付的贴息支出。

(2)企业挖潜改造资金：指国家预算内拨给的用于企业挖潜、革新和改造方面的资金。包括各部门企业挖潜改造资金和企业挖潜改造贷款资金，为农业服务的县办"五小"企业技术改造补助，挖潜改造贷款贴息资金。

(3)地质勘探费用：指国家预算用于地质勘探单位的勘探工作费用，包括地质勘探管理机构及其事业单位经费、地质勘探经费。

(4)科技三项费用：指国家预算用于科技支出的费用，包括新产品试制费、中间试验费、重要科学研究补助费。

(5)支援农村生产支出：指国家财政支援农村集体(户)各项生产的支出。包括对农村举办的小型农田水利和打井、喷灌等的补助费，对农村水土保持措施的补助费，对农村举办的小水电站的补助费，特大抗旱的补助费，农村开荒补助费，扶持乡镇企业资金，支援农村合作生产组织资金、农村农技推广和植保补助费，农村草场和畜禽保护补助费，农村造林和林木保护补助费，农村水产补助费，发展粮食生产专项资金。

(6)农林水利气象等部门的事业费用：指国家财政用于农垦、农场、农业、畜牧、农机、林业、森工、水利、水产、气象、乡镇企业的技术推广、良种推广(示范)、动植物(畜禽、森林)保护、水质监测、勘探设计、资源调查、干部训练等项费用，园艺特产场补助费，中等专业学校经费，飞播牧草试验补助费，营林机构、气象机构经费，渔政费以及农业管理事业费等。

(7)工业交通商业等部门的事业费：指国家预算支付给工交商各部门用于事业发展的人员和公用经费支出，包括勘探设计费、中等专业学校经费、技术学校经费、干部训练费。

(8)文教科学卫生事业费：指国家预算用于文化、出版、文物、教育、卫生、中医、公费医疗、体育、档案、地震、海洋、通讯、电影电视、计划生育、党政群干部训练、自然科学、社会科学、科协等项事业的人员和公用经费支出以及高技术研究专项经费。主要包括工资、补助工资、福利费、离退休费、助学金、公务费、设备购置费、修缮费、业务费、差额补助费。

(9)抚恤和社会福利救济费：指国家预算用于抚恤和社会福利救济事业的经费。包括由民政部门开支的烈士家属和牺牲病残人员家属的一次性、定期抚恤金，革命伤残人员的抚恤金，各种伤残补助费，烈军属、复员退伍军人生活补助费，退伍军人安置费，优抚事业单位经费，烈士纪念建筑物管理、维修费，自然灾害救济事业费和特大自然灾害灾后重建补助费等。

(10)行政事业单位离退休支出：指实行归口管理的行政事业单位离退休经费。

(11)社会保障补助支出：指国家预算用于社会保障的补助支出，包括对社会保险基金的补助、促进就业补助、国有企业下岗职工补助、补充全国社会保障基金等。

(12)国防支出：指国家预算用于国防建设和保卫国家安全的支出，包括国防费、国防科研事业费、民兵建设以及专项工程支出等。

(13)行政管理费：包括行政管理支出，党派团体补助支出，外交支出，公安安全支出，司法支出，法院支出，检察院支出和公检法办案费用补助。

(14)政策性补贴支出：指经国家批准，由国家财政拨给用于粮棉油等产品的价格补贴支出。主要包括粮、棉、油差价补贴，平抑物价和储备糖补贴，农业生产资料价差补贴，粮食风险基金，副食品风险基金，地方煤炭风险基金等。

(15)债务利息支出：指国家预算中用于偿还国内外债务利息的支出。

中央财政收入和地方财政收入 指按现行分税制财政体制划分的中央本级收入和地方本级收入。1994 年实行分税制财政体制以后，属于中央财政的收入包括关税、海关代征消费税和增值税，消费税，中央企业所得税，地方银行和外资银行及非银行金融企业所得税，铁道部门、各银行总行、各保险总公司等集中缴纳的营业税、利润和城市维护建设税，车辆购置税，船舶吨税，增值税的 75% 部分，证券交易税(印花税)94% 部分，个人所得税中的利息所得税，利息所得税之外的个人所得税中央分享的部分，海洋石油资源税。属于地方财政的收入包括营业税，地方企业所得税，利息所得税之外的个人所得税地方分享的部分，城镇土地使用税，固定资产投资方向调节税，城镇维护建设税，房产税，车船使用税，印花税，屠宰税，农牧业税，农业特产税，耕地占用税，契税，土地增值税、国有土地有偿使用收入，增值税 25% 部分，证券交易税(印花税)6% 部分和除海洋石油资源税以外的其他资源税。

中央财政支出和地方财政支出 指根据政府在经济和社会活动中的不同职责，划分中央和地方政府的责权，按照政府的责权划分确定的支出。中央财政支出包括国防支出，武装警察部队支出，中央级行政管理费和各项事业费，重点建设支出以及中央政府调整国民经济结构、协调地区发展、实施宏观调控的支出。地方财政支出主要包括地方行政管理和各项事业费，地方统筹的基本建设、技术改造支出，支援农村生产支出，城市维护和建设经费，价格补贴支出等。

预算外资金收支 预算外资金指国家机关、事业单位和社会团体为履行或代行政府职能，依据国家法律、法规和具有法律效力的规章而收取、提取和安排使用的未纳入国家预算管理的各种财政性资金。其范围主要包括：法律、法规规定的行政事业性收费、政府性基金和附加收入等；国务院或省级人民政府及其财政、计划（物价）部门审批的行政事业性收费；国务院及财政部审批建立的政府性基金、附加收入等；主管部门所属单位集中上缴资金；用于乡镇政府开支的乡自筹和乡统筹资金；其他未纳入预算管理的财政性资金。社会保障基金在国家财政尚未建立社会保障预算制度以前，先按预算外资金管理制度进行管理，专款专用。财政部门在银行开设统一的专户，用于预算外资金收入和支出管理。部门和单位的预算外收入必须上缴同级财政专户，支出由同级财政按预算外资金收支计划和单位财务收支计划统筹安排，从财政专户中拨付，实行收支两条线管理。

债务收入 国家以信用形式筹措的资金，包括财政部对国内商业银行和其他投资者发行的各种政府债券、财政部在国际资金市场发行的外币债券以及国家财政“统借统还”的其他政府外债。

债务还本支出 指国家财政用于偿还国内、国外债务本金支出。

中央财政赤字 指当年中央财政总支出大于中央财政总收入的差额。

信贷资金 指金融机构以信用方式积聚和分配的货币资金。金融机构信贷资金的来源有各项存款、金融债券发行、应付及暂收款、对国际金融机构负债、流通中货币、各项准备、所有者权益和其他项目等；信贷资金的运用有各项贷款、有价证券及投资、应收及预付款、委托投资、金银占款、外汇占款、库存现金、财政借款及在国际金融机构中的资产等。

存　款 指企业、机关、团体或居民根据资金必须收回的原则，把货币资金存入银行或其他信贷机构保管并取得一定利息的一种信用活动形式。根据存款对象或性质的不同可划分为企业存款、财政存款、机关团体存款、基本建设存款、储蓄存款、农村存款、委托存款、其他存款等科目。它是银行信贷资金的主要来源。

贷　款 指银行或其他信贷机构根据资金必须归还的原则，按一定利率，为企业、个人等提供资金的一种信用活动形式。我国银行贷款分为短期贷款、中期流动资金贷款、中长期贷款、信托贷款、融资租赁、委托贷款、票据融资、各项垫款等。

保险公司 在中国境内的、经过保险监督管理部门批准设立，并依法登记注册的各类商业保险公司。

保险金额 指保险人承担赔偿或者给付保险金责任的最高限额。

保　费 指投保人为取得保险人在约定范围内所承担赔偿责任而支付给保险人的费用。

赔　款 指保险人根据保险合同的规定，向被保险人支付的赔偿保险责任损失的金额。

给　付 包括死伤医疗给付和满期给付。死伤医疗给付是指保险人根据人寿保险及长期健康保险合同的规定，因被保险人在保险期内发生保险责任范围内的保险事故支付给被保险人（或受益人）的金额。满期给付是指被保险人生存期满，保险人按人寿保险合同规定支付给被保险人的满期保险金额。

Explanatory Notes on Main Statistical Indicators

Government Revenue refers to the revenue of the government finance by means of participating in the distribution of the social products, which is the financial resources for ensuring the government to function. The contents of government revenue have been changed several times. Now it includes the following main items:

(1) Various tax revenues, including value added tax, business tax, consumption tax, land value added tax, tax on city maintenance and construction, resources tax, tax on use of urban land, enterprise income tax, personal income tax, tariff, stamp tax on security transactions, tax on purchase of motor vehicles, tax on agriculture and animal husbandry and tax on occupancy of cultivated land, etc.

(2) Special revenues, including revenues from the fee on sewage treatment, fee on urban water resources, fee for the compensation of mineral resources and extra-charges for education, etc.

(3) Other revenues, including revenue from interest, revenue from the repayment of capital construction loan, revenue from capital construction projects, and donations and grants.

(4) Subsidies for the losses of the state-owned enterprises. This is an item of negative revenue, consisting of subsidies to industrial, commercial and grain purchasing and supply enterprises.

Government Expenditure refers to the distribution and use of the funds the government finance has raised, so as to meet the needs of economic construction and various causes. It includes the following main items:

(1) Expenditure for capital construction: It refers to the non-gratuitous use and appropriation of funds for capital construction in the range of capital construction, outlay of capital as well as the loans on capital construction approved by the government for special purpose or policy purpose and the expenditure with discount paid in an overall way within the amount of the funds appropriated to the departments for capital construction.

(2) Innovation funds of the enterprises: They refer to the funds appropriated from the government budget for the enterprises to tap the latent power, upgrade the technology and carry out innovation, including the innovation fund of the departments, loan of the enterprises for innovation, subsidies on the innovation of the small fertilizer plant, small cement plant, small coal mines, small machinery plant and small steel plant, the expenditure of interest for the loan for innovation.

(3) Geological prospecting expenses: They refer to the expenses appropriated from the government budget to the geological prospecting units for the expenditure of the prospecting work, including the expenditures of the administrative agencies for geological prospecting and their institutional units as well as the geological prospecting expenditure.

(4) expenditures for science and technology promotion: They refer to the expenses appropriated from the government budget for the scientific and technological expenditure, including new products development expenditure, expenditure for intermediate trial and subsidies on important scientific researches.

(5) Expenditure for supporting rural production: It refers to the expenditures appropriated from the government budget for supporting the various expenditures of the rural collective units or households for production, including the subsidies to the small water conservancy projects and well drilling, sprinkling irrigation projects run by the villages; subsidies on the rural water and soil conserving measures; subsidies to the small power stations run by the villages; subsidies to the expenditure for fighting against particularly severe draughts; subsidies on the rural waste land exclamation; fund for supporting the township enterprises; fund for supporting rural cooperative production organizations, subsidies to the expenditure for popularization of the agricultural technologies and plant protection in the rural areas; subsidies to the expenditure for the protection of grasslands and cattle and fowls; subsidies on afforestation and forest protection in rural areas; subsidies on the rural aquatic products industry; special fund for developing grain production.

(6) Operating expenses of the departments of farming, forestry, water conservancy and meteorology etc.: They refer to the expenses appropriated from the government budget for the expenditures of agricultural exclamation, farms, agriculture, animal husbandry, agricultural machinery, forestry, timber industry, water conservancy, aquatic products industry, meteorology, technology popularization in township enterprises, popularization (demonstration) of improved varieties, plant (cattle and fowls, forest) protection, water quality monitoring, prospecting and designing, resources investigation, cadres training, subsidies to horticulture gardens, expenditure of specialized secondary schools, subsidies on the experiments of sowing herbage seeds by flights, expenditures of afforestation agencies and meteorology agencies, expenses for fishery administration and operating expenses for agricultural administration, etc.

(7) Operating expenses of the departments of industry, transport and commerce: They refer to the expenses appropriated from the government budget to cover the expenditure on salaries and operational expenditure of the departments of industry, transport and commerce for the expenditure of business development, including expenses for prospecting and designing, expenditures of specialized secondary schools, expenditures of the technical training schools and expenditures for cadres training, etc.

(8) Operating expenses of the departments of culture, education, science and public health: They refer to the expenses appropriated from the government budget for the expenditures on salaries and operational expenditure of the causes of culture, publication, cultural relics, education, public health, traditional Chinese medical science, free medical services, sports, archives, earthquake, ocean, communications, broadcasting, film and television, family planning; expenditure for training of cadres of government, party and mass organization; expenditures for natural sciences, social sciences, associations for science and technology and the special expenditure for the high-tech researches. They include mainly wages, extra wages, welfare funds, pension for the retirees, stipend, expenses for official business, expenses for equipment

purchases, expenses for repairs, business expenses and subsidies to the units which are unable to support their expenditures by their own earnings.

(9) Pension for the disabled or for the families of the bereaved and relief funds for social welfare: They refer to the funds appropriated from the government budget for the expenditures of pension for the disabled or for the families of the bereaved and relief funds for social welfare, including the lump-sum or regular pension paid by the departments of civil affairs to the members of martyrs families and families of those who died for the public interest, pension to the revolutionary disabled, subsidies for permanent disability of various kinds, subsidies to the military martyrs dependents and the demobilized servicemen, expenditure for settling down the demobilized servicemen, operating expenses of the consoling institutions, expenses for management and repair of the commemorative buildings for the martyrs, the expenses managed by the departments of civil affairs for the retirees and those who have quitted their work, expenses for social relief in rural and urban areas, operating expenses for providing relief to the areas of natural calamity and subsidies on the reconstruction after the particularly severe natural calamities, etc.

(10) Expenditure on retirees: It refers to the expenditure on retirees of government agencies and institutions that are covered by the state budget.

(11) Expenses on subsidies to social security system: It refers to expenditure from the state budget for subsidies to social security system, including subsidies to the social insurance fund, subsidies to promoting employment, subsidies to laid-off workers of state-owned enterprises, supplement to national social security funds, etc.

(12) Expenditures for national defence: They refer to the security, including expenses of national defence, expenses of scientific researches on national defence, expenses for building up peoples militia and expenditure for special projects, etc.

(13) Administrative expenses: They include expenditure for administration, subsidies to the parties and mass organizations, diplomatic expenditure, expenditure for public security, judicial expenditure, law court expenditure, procuratorial expenditure and subsidies to the expenses for treating the cases by the public security departments, procuratorial organs and law courts.

(14) Expenditure on policy-related subsidies: It refers to the expenditure appropriated, with the approval of the government, from the state budget for price subsidies on such products as grain, cotton and edible oil. More specifically, it includes subsidies to the difference between the selling prices and purchasing prices of grains, cotton and edible oil, subsidies for curtaining prices and for sugar reserve, subsidies to the difference between the selling prices and purchasing prices of means pf agricultural production, risk fund for grains, risk fund for non-staple food, risk fund for local production of coal, etc.

(15) Expenditure on interest of debts: It refers to expenses from the state budget on paying interest of domestic and foreign debts.

Revenue of the central government and revenue of the local governments: refers to the revenue of the central government and that of the local governments as defined by the decentralized taxation system starting from 1994. In accordance with this system, the revenue of the central government includes tariff, consumption tax and value added tax levied by the customs, consumption tax, income tax of the enterprises subordinate to the central government, income taxes of the local banks, foreign-funded banks and non-bank financial institutions, business tax and profits of railways, head offices of banks, head office of insurance company , which are handed over to the government in a centralized way, tax on city maintenance and construction, tax on purchasing motor vehicles, tonnage tax of ships, 75% of the value added tax, 94% of the tax on stock dealing (stamp tax), interest income tax in the personal income tax, proportion of the personal income tax (other that interest income tax) to be shared by the central government, and tax on ocean petroleum resources,. The revenue of the local governments includes business tax, income tax of the enterprises subordinate to the local government, proportion of the personal income tax (other that interest income tax) to be shared by the central government, tax on the use of urban land, tax on the adjustment of the investment in fixed assets, tax on town maintenance and construction, tax on real estates, tax on the use of vehicles and ships, stamp tax, slaughter tax, tax on agriculture and animal husbandry, tax on special agricultural products, tax on the occupancy of cultivated land, contract tax, value-added tax on land, income from charges on use of state-owned land, 25% of the value added tax, 6% of the tax on stock dealing (stamp tax) and tax on resources other than the ocean petroleum resources.

Expenditure of the central government and expenditure of the local governments: according to the different functions of the central government and local governments in the economic and social activities, the rights of affairs administration are classified between the central government and local governments; and the classification of the expenditure between the central government and local governments are made on the basis of the classification of the rights of affairs administration between them. The expenditure of the central government includes the expenditure for national defence, expenditure for armed police forces, the administrative expenses and various operating expenses at the level of central government, expenditure for key projects and the expenditure of the central government for adjusting the national economic structure, coordinating the development among different regions and exercising the macro-economic regulation and control. The expenditure of the local governments includes mainly the administrative expenses and various operating expenses at the level of local governments, the expenditure for capital construction and technological innovation with the funds raised by the local government, expenditure for supporting rural production, expenditure for city maintenance and construction and expenditure for price subsidies, etc.

Extra-budgetary revenue and expenditure Extra-budgetary fund refers to financial fund of various types not covered by the regular government budgetary management, which is collected, allocated or arranged by government agencies, institutions and social organizations while performing duties delegated to them or on behalf of the government in accordance with laws, rules and regulations. It mainly covers following items: administrative and institutional fees, governmental funds and extra charges that are stipulated by laws and regulations; administrative and institutional fees approved by the State Council and provincial governments and their financial and planning (price management) departments; governmental funds and extra charges established by the State Council and the Ministry of Finance; funds turned over to competent departments by their subordinate institutions; self-raised and collected funds by township governments for their own expenditure; and other financial funds that are not covered in budgetary management. Social security funds are treated as extra-budget fund and managed for its exclusive use, given the circumstance that separate government budgetary system for social security is yet to be designed. Special accounts are opened by the financial departments in banks for the management of revenue and expenditure of extra-budgetary fund. Extra-budgetary revenue and expenditure is managed separately, namely, revenue of institutions and departments must enter into the special accounts of the financial departments at the same administrative level, and their extra-budgetary expenditure is arranged in line with the extra-budget plans and appropriated from these accounts.

Revenue from debts refers to fund raised by the state in credit forms, including various domestic government bonds issued by the Ministry of Finance to commercial banks and other investors, bonds in foreign currencies issued by the Ministry of Finance at the international capital market, and other foreign debts borrowed and to be repaid centrally by the government finance.

Expenditure on repayment of principal of debts refers to the expenditure from government finance on the repayment of principal of domestic and foreign debts.

Deficit of central government finance refers to the difference between the total expenditure and the total revenue of the central government.

Credit Funds refer to the funds issued as loans by banking institutions. The sources of credit funds of the banking institutions included deposits, issue of financial bonds, account-payable and temporary gathering, liabilities to international financial institutions, currency in circulation, various reserves, owners'rights and interests and other items. The credit funds can be used in forms of loans, securities and investment, account receivable and advance payment, entrusted investment, gold, foreign exchange, cash on hand, government debt and assets in the international financial institutions.

Deposit is a form of credit by which enterprises, institutions, organizations or households can put money into banks and other credit institutions for safekeeping and interest earning under the principle of free withdrawal. According to different depositors, deposits are divided into enterprise deposits, treasury deposits, deposits of government agencies and organizations, capital construction deposits, savings deposits, rural saving deposits, entrusted deposits and other deposits. Deposits are major sources of the credit funds of banks.

Loan is a form of credit by which banks and other credit institutions provide funds at certain interest rate to enterprises and individuals in the light of the principle of unconditional repayment. Loans from Chinese banks include circulating capital loans, fixed assets loans, loans to urban and rural individuals engaged in industrial and commercial business and agricultural loans.

Insurance Companies refer to commercial insurance companies of various forms registered by law and established in China with the approval of insurance regulatory agencies.

Amount Insured refers to the maximum that the insurant will get for the claim of the case insured.

Premium is the fee paid by the insurant to the insurer to obtain the obligation of compensation from the insurance within the agreed terms.

Settled Claim is the compensation paid by the insurer to the insurant in accordance with the insurance contract.

Payment includes payment for death, injury or medical treatment and mature payment. Payment for death, injury or medical treatment refers to the money paid to the insurant (or the beneficiary) in accordance with the life or health insurance contract when the insurant encounters accidents within the insured period covered in the contract. Mature payment refers to the mature payment to the insurant in accordance with the life insurance contract at the end of the insured period.

第9篇

价格指数

PRICE INDICES

人人都是人才
人人都能闪光
诚信鲁统 之 人才理念

今天突破昨天　明天突破今天
诚信鲁统 之 创新理念

简要说明

一、本篇资料的主要内容

本篇资料反映了全省生产、投资、流通、消费等环节价格变动状况，主要包括居民消费、商品零售、生产资料、工业品出厂、原材料燃料动力购进、固定资产投资、房地产等价格指数。

二、本篇资料的来源

1. 居民消费、商品零售和农业生产资料价格指数来源于消费价格统计调查年报，由国家统计局山东调查总队消费价格调查处整理提供。

2. 工业品出厂、原材料燃料动力购进、固定资产投资、房地产等价格指数来源于生产价格统计调查年报，由国家统计局山东调查总队生产价格调查处整理提供。

Brief Introduction

I. Main Content

Data on the price indices in this chapter show the changing trend in production, investment, circulation and consumption, including mainly consumer price indices of residents, retail price indices, price indices of means of production, production price indices of industrial products, purchasing price indices of raw materials, fuels and power, price indices of investment in fixed assets and real estate price indices.

II. Source of Data

(1) Data on consumer price indices of residents, retail price indices and price indices of agricultural means of production are based on yearly report on consumer price and are provided by the Division of Consumer Price Survey of Survey Office of the National Bureau of Statistics in Shandong.

(2) Data on production price indices of industrial products, purchasing price indices of raw materials, fuels and power, price indices of investment in fixed assets and real estate price indices are based on yearly report on production price and are provided by the Division of Consumer Price Survey of Survey Office of the National Bureau of Statistics in Shandong.

9-1 重点年份居民消费价格指数

Major Year's Consumer Price Indices

(上年=100) (preceding year=100)

类 别	Category	2000	2005	2006
居民消费价格指数	**Consumer Price Index**	**100.2**	**101.7**	**101.0**
城 市	Urban Areas	101.2	101.1	101.0
农 村	Rural Areas	99.3	102.4	101.0
服务项目价格指数	**Services Price Index**	**114.6**	**103.3**	**101.8**
消费品价格指数	**Consumer Goods Price Index**		**101.2**	**100.8**
食 品	Food	97.7	102.7	102.1
粮 食	Grain	88.3	100.2	102.8
油 脂	Oil or Fat	87.9	94.6	99.5
肉禽及其制品	Meal, Poultry and Their Products	100.6	100.9	95.8
水产品	Aquatic Products	106.6	103.4	103.4
蛋	Eggs	82.9	104.5	95.7
鲜 菜	Fresh Vegetables	104.2	109.7	107.9
烟酒及用品	Tobacco, Liquor and Articles		100.3	100.8
衣 着	Clothing	99.7	98.2	96.7
家庭设备用品及维修服务	Household Facilities, Articles and Services	97.1	100.1	101.1
医疗保健和个人用品	Health Care and Personal Articles	99.6	99.7	100.8
交通和通讯	Transportation and Communication	93.2	99.5	98.7
娱乐教育文化用品及服务	Recreation, Education and Culture Articles	96.9	102.7	100.0
居 住	Residence	104.5	105.2	104.4
商品零售价格指数	**Retail Price Index**	**98.6**	**100.6**	**100.6**
城 市	Urban Areas	98.8	100.4	100.5
农 村	Rural Areas	98.3	101.2	100.9
农业生产资料价格指数	**Price Indices of Means of Agricultural production**	**98.7**	**106.2**	**103.0**

9-2 居民消费和商品零售价格总指数(2006年)

General Consumer and Retail Price Indices(2006)

类 别	Category	居民消费价格总指数 General Consumer Price Indices			商品零售价格总指数 General Retail Price Indices			农业生产资料价格总指数 General Price Indices of Means of Agricultural Production
		全 省 Provincial Indices	城 市 Urban Indices	农 村 Rural Indices	全 省 Provincial Indices	城 市 Urban Indices	农 村 Rural Indices	
以1950年价格为100	1950=100	540.6	550.4		424.4	424.1	395.8	309.8
以1952年价格为100	1952=100	476.7	486.3		365.6	371.7	358.8	320.0
以1957年价格为100	1957=100	439.3	452.7		333.1	305.3	328.9	298.7
以1965年价格为100	1965=100	432.8	440.7		317.8	331.0	314.0	332.4
以1970年价格为100	1970=100	443.9	452.4		322.8	340.1	319.1	367.5
以1978年价格为100	1978=100	443.4	452.1	423.6	323.2	338.6	319.8	398.0
以1980年价格为100	1980=100	419.6	433.2	398.4	308.9	329.1	305.8	394.2
以1985年价格为100	1985=100	361.6	367.2	339.5	278.9	293.9	277.7	334.6
以1990年价格为100	1990=100	222.1	234.8	209.9	174.3	177.5	175.9	221.5
以1995年价格为100	1995=100	121.1	121.6	121.6	103.4	101.1	107.8	116.1
以2000年价格为100	2000=100	108.8	105.6	112.3	103.0	100.7	107.4	126.1
以上年价格为100	Preceding Year=100	101.0	101.0	101.0	100.6	100.5	100.9	103.0

9－3 历年居民消费价格总指数

General Consumer Price Indices over the Years

年 份 Year	以1950年为100 1950＝100	以1952年为100 1952＝100	以1978年为100 1978＝100	以1990年为100 1990＝100	以1995年为100 1995＝100	以上年为100 Preceding Year＝100
1951	110.8					110.8
1952	113.2					102.2
1953	116.9	103.3				103.3
1954	120.9	106.8				103.4
1955	120.8	106.7				99.9
1956	121.7	107.5				100.7
1957	122.9	108.6				101.0
1958	122.4	108.2				99.6
1959	123.1	108.9				100.6
1960	123.7	109.4				100.5
1961	131.5	116.3				106.3
1962	132.2	116.9				100.5
1963	130.5	115.4				98.7
1964	127.6	112.9				97.8
1965	124.8	110.4				97.8
1966	123.2	109.0				98.7
1967	123.3	109.1				100.1
1968	123.1	108.9				99.8
1969	123.0	108.8				99.9
1970	121.7	107.6				98.9
1971	121.6	107.5				99.9
1972	121.6	107.5				100.0
1973	121.4	107.3				99.8
1974	121.3	107.2				99.9
1975	121.5	107.4				100.2
1976	121.7	107.6				100.2
1977	121.5	107.4				99.8
1978	121.9	107.7				100.3
1979	122.8	108.5	100.7			100.7
1980	128.9	113.9	105.7			105.0
1981	131.2	116.0	107.6			101.8
1982	132.4	117.0	108.6			100.9
1983	135.6	119.8	111.2			102.4
1984	137.6	121.6	112.9			101.5
1985	149.6	132.2	122.7			108.7
1986	156.3	138.1	128.2			104.5
1987	169.1	149.5	138.7			108.2
1988	200.7	177.4	164.7			118.7
1989	235.5	208.1	199.1			117.3
1990	243.5	215.2	199.7			103.4
1991	255.4	225.7	209.5	104.9		104.9
1992	272.8	241.1	223.7	112.0		106.8
1993	307.4	271.7	252.2	126.3		112.7
1994	379.4	335.3	311.2	155.8		123.4
1995	446.1	394.3	365.9	183.2		117.6
1996	489.0	432.1	401.1	200.8	109.6	109.6
1997	502.6	443.2	412.3	206.4	112.7	102.8
1998	499.6	440.5	409.8	205.2	112.0	99.4
1999	496.1	437.4	406.9	203.8	111.2	99.3
2000	497.1	438.3	407.7	204.2	111.4	100.2
2001	506.0	446.2	415.0	207.9	113.4	101.8
2002	502.5	443.1	412.1	206.4	112.6	99.3
2003	508.0	448.0	416.6	208.7	113.8	101.1
2004	526.3	464.1	431.6	216.2	117.9	103.6
2005	535.2	472.0	439.0	219.9	119.9	101.7
2006	540.6	476.7	443.4	222.1	121.1	101.0

9-4 历年城市居民消费价格总指数

General Urban Consumer Price Indices over the Years

年份 Year	以1930-1936年平均价格为100 Average Price(1930-1936)=100	以1952年为100 1952=100	以1978年为100 1978=100	以1980年为100 1980=100	以1990年为100 1990=100	以1995年为100 1995=100	以上年为100 Preceding Year=100
1949	260.9						
1950	266.9						102.3
1951	295.7						110.8
1952	302.2						102.2
1953	312.2	103.3					103.3
1954	322.8	106.8					103.4
1955	322.5	106.7					99.9
1956	324.8	107.4					100.7
1957	328.0	108.5					101.0
1958	326.7	108.1					99.6
1959	328.7	108.7					100.6
1960	330.3	109.2					100.5
1961	351.2	116.2					106.3
1962	352.9	116.8					100.5
1963	348.3	115.2					98.7
1964	341.0	112.8					97.8
1965	333.5	110.3					97.8
1966	329.2	108.9					98.7
1967	329.5	109.0					100.1
1968	328.8	108.8					99.8
1969	328.5	108.7					99.9
1970	324.9	107.4					98.9
1971	324.6	107.4					99.9
1972	324.6	107.4					100.0
1973	323.9	107.2					99.8
1974	323.6	107.1					99.9
1975	324.2	107.3					100.2
1976	324.9	107.5					100.2
1977	324.3	107.3					99.8
1978	325.2	107.6					100.3
1979	329.7	109.1	101.4				101.4
1980	339.3	112.3	104.3				102.9
1981	346.4	114.6	106.5	102.1			102.1
1982	347.4	115.0	106.9	102.4			100.3
1983	345.3	114.3	106.2	101.8			99.4
1984	350.5	116.0	107.8	103.3			101.5
1985	381.4	126.2	117.3	112.4			108.8
1986	400.5	132.5	123.2	118.0			105.0
1987	436.9	144.6	134.4	128.8			109.1
1988	526.9	174.4	162.1	155.3			120.6
1989	609.6	201.7	187.5	179.7			115.7
1990	625.5	207.0	192.4	184.4			102.6
1991	664.3	219.8	204.3	195.8	106.2		106.2
1992	721.4	238.7	221.9	212.6	115.3		108.6
1993	826.7	273.6	254.3	243.7	132.1		114.6
1994	1036.7	343.1	318.9	305.6	165.7		125.4
1995	1210.9	400.7	372.5	356.9	193.6		116.8
1996	1338.0	442.8	411.6	394.4	213.9	110.5	110.5
1997	1380.8	457.0	424.8	407.0	220.7	114.0	103.2
1998	1376.7	455.6	423.5	405.8	220.0	113.7	99.7
1999	1376.7	455.6	423.5	405.8	220.0	113.7	100.0
2000	1393.2	461.1	428.6	410.7	222.6	115.1	101.2
2001	1408.5	466.2	433.3	415.2	225.0	116.4	101.1
2002	1390.2	460.1	427.7	409.8	222.1	114.9	98.7
2003	1399.9	463.3	430.7	412.7	223.7	115.7	100.7
2004	1439.1	476.3	442.7	424.2	230.0	118.9	102.8
2005	1454.9	481.5	447.6	428.9	232.5	120.2	101.1
2006	1469.5	486.3	452.1	433.2	234.8	121.4	101.0

9－5 历年农村居民消费价格总指数

General Rural Consumer Price Indices over the Years

年 份 Year	以1978年为100 1978＝100	以1980年为100 1980＝100	以1985年为100 1952＝100	以1990年为100 1990＝100	以1995年为100 1995＝100	以上年为100 Preceding Year＝100
1978						100.3
1979	100.4					100.4
1980	106.2					105.8
1981	107.9	101.6				101.6
1982	109.1	102.7				101.1
1983	113.0	106.4				103.6
1984	114.7	108.0				101.5
1985	124.7	117.4				108.7
1986	129.8	122.2	104.1			104.1
1987	139.4	131.2	111.8			107.4
1988	163.1	153.5	130.8			117.0
1989	194.0	182.5	155.5			118.9
1990	201.7	189.8	161.7			104.0
1991	209.8	197.4	168.2	104.0		104.0
1992	219.5	206.5	175.9	108.8		104.6
1993	242.9	228.6	194.7	120.4		110.7
1994	295.7	278.2	236.9	146.5		121.7
1995	348.6	328.0	279.3	172.7		117.9
1996	379.9	357.5	304.4	188.2	109.0	109.0
1997	389.1	366.1	311.7	192.7	111.6	102.4
1998	385.2	362.4	308.6	190.8	110.5	99.0
1999	379.8	357.3	304.3	188.1	109.0	98.6
2000	377.1	354.8	302.2	186.8	108.2	99.3
2001	386.2	363.3	309.5	191.3	110.8	102.4
2002	385.8	362.9	309.2	191.1	110.7	99.9
2003	391.6	368.3	313.8	194.0	112.4	101.5
2004	409.6	385.2	328.2	202.9	117.5	104.6
2005	419.4	394.5	336.1	207.8	120.3	102.4
2006	423.6	398.4	339.5	209.9	121.6	101.0

9－6 历年商品零售价格总指数

General Retail Price Indices over the Years

年 份 Year	以1930－1936年平均价格为100 Average Price (1930－1936)＝100	以1952年为100 1952＝100	以1978年为100 1978＝100	以1980年为100 1980＝100	以1990年为100 1990＝100	以1995年为100 1995＝100	以上年为100 Preceding Year＝100
1949	257.0						
1950	261.7						101.8
1951	302.4						115.6
1952	303.6						100.4
1953	315.2	103.8					103.8
1954	325.0	107.0					103.1
1955	325.6	107.2					100.2
1956	327.9	108.0					100.7
1957	333.5	109.8					101.7
1958	333.8	109.9					100.1
1959	337.1	111.0					101.0
1960	338.8	111.6					100.5
1961	358.4	118.1					105.8
1962	359.9	118.5					100.4
1963	362.7	119.5					100.8
1964	358.0	117.9					98.7
1965	349.4	115.1					97.6
1966	347.7	114.5					99.5
1967	348.0	114.7					100.1
1968	348.0	114.7					100.0
1969	346.6	114.2					99.6
1970	343.8	113.3					99.2
1971	343.5	113.2					99.9
1972	342.5	112.8					99.7
1973	342.2	112.7					99.9
1974	341.8	112.6					99.9
1975	342.2	112.7					100.1
1976	342.5	112.8					100.1
1977	342.2	112.7					99.9
1978	343.5	113.2					100.4
1979	349.0	115.0	101.6				101.6
1980	359.5	118.5	104.6				103.0
1981	365.6	120.5	106.4	101.7			101.7
1982	367.8	121.2	107.1	102.3			100.6
1983	363.0	119.7	105.6	101.0			98.7
1984	367.0	121.0	106.8	102.1			101.1
1985	398.2	131.3	115.9	110.8			108.5
1986	416.1	137.2	121.1	115.8			104.5
1987	450.6	148.6	131.2	125.4			108.3
1988	536.3	176.8	156.1	149.2			119.0
1989	626.9	206.7	182.5	174.4			116.9
1990	636.9	210.0	185.4	177.2			101.6
1991	668.1	220.3	194.5	185.9	104.9		104.9
1992	709.5	233.9	206.6	197.4	111.4		106.2
1993	782.6	258.0	227.8	217.7	122.9		110.3
1994	941.5	310.4	274.1	261.9	147.8		120.3
1995	1075.2	354.5	313.0	299.1	168.8		114.2
1996	1150.6	378.9	334.9	320.1	180.6	107.0	107.0
1997	1159.8	381.9	337.6	322.7	182.0	107.9	100.8
1998	1126.2	370.8	327.8	313.3	176.7	104.8	97.1
1999	1093.5	360.0	318.3	304.2	171.6	101.8	97.1
2000	1078.2	355.0	313.8	299.9	169.2	100.4	98.6
2001	1078.2	355.0	313.8	299.9	169.2	100.4	100.0
2002	1065.3	350.7	310.0	296.3	167.2	99.2	98.8
2003	1067.4	351.4	310.7	296.9	167.5	99.4	100.2
2004	1097.3	361.3	319.4	305.2	172.2	102.2	102.8
2005	1103.9	363.4	321.3	307.0	173.2	102.8	100.6
2006	1110.5	365.6	323.2	308.9	174.3	103.4	100.6

注：本表已根据现行价格调查统计制度予以调整，均不包括农业生产资料部分。

a) The data in this form have been adjusted according to current statistical system of price survey. Means of agricultural production are excluded.

9-7 历年农业生产资料价格总指数

General Price Indices of Means of Agricultural Production over the Years

年 份 Year	以1950年为100 1950=100	以1952年为100 1952=100	以1978年为100 1978=100	以1990年为100 1990=100	以1995年为100 1995=100	以上年为100 Preceding Year=100
1951	94.9					94.9
1952	97.0					102.2
1953	99.5	102.6				102.6
1954	110.3	113.7				110.8
1955	103.8	107.0				94.1
1956	103.7	107.0				100.0
1957	103.4	106.7				99.7
1958	100.2	103.4				96.9
1959	100.0	103.2				99.8
1960	100.9	104.1				100.9
1961	107.5	110.9				106.5
1962	106.8	110.1				99.3
1963	100.4	103.5				94.0
1964	95.8	98.7				95.4
1965	92.7	95.5				96.8
1966	90.8	93.5				97.9
1967	85.6	88.2				94.3
1968	85.1	87.7				99.4
1969	84.3	86.9				99.1
1970	84.2	86.8				99.9
1971	80.9	83.4				96.1
1972	80.3	82.7				99.2
1973	79.9	82.2				99.5
1974	79.2	81.6				99.1
1975	79.2	81.6				100.0
1976	79.2	81.6				100.0
1977	79.2	81.6				100.0
1978	78.5	80.9				99.1
1979	78.6	81.0	100.1			100.1
1980	78.6	81.0	100.1			100.0
1981	79.9	82.4	101.8			101.7
1982	80.8	83.3	102.9			101.1
1983	82.9	85.5	105.6			102.6
1984	88.9	91.7	113.2			107.2
1985	92.5	95.5	117.8			104.1
1986	94.4	97.5	120.3			102.1
1987	99.9	103.2	127.3			105.8
1988	114.6	118.4	146.0			114.7
1989	135.5	139.9	172.6			118.2
1990	139.8	144.4	178.1			103.2
1991	142.6	147.3	181.7	102.0		102.0
1992	144.6	149.4	184.2	103.4		101.4
1993	161.4	166.7	205.6	115.4		111.6
1994	200.3	206.9	255.1	143.2		124.1
1995	267.0	275.8	340.1	190.9		133.3
1996	281.7	291.0	358.8	201.4	105.5	105.5
1997	272.1	281.1	346.6	194.6	101.9	96.6
1998	261.8	270.4	336.5	187.2	98.0	96.2
1999	249.0	257.2	320.0	178.0	93.2	95.1
2000	245.8	253.9	315.8	175.7	92.0	98.7
2001	250.2	258.5	321.5	178.9	93.7	101.8
2002	251.0	259.3	322.5	179.4	94.0	100.3
2003	257.0	265.5	330.2	183.7	96.2	102.4
2004	283.2	292.6	363.9	202.5	106.0	110.2
2005	300.7	310.7	386.4	215.0	112.6	106.2
2006	309.8	320.0	398.0	221.5	116.0	103.0

9-8 居民消费价格分类指数(2006年)

Consumer Price Indices by Category(2006)

(上年=100) (preceding year=100)

商品类别	Category	全省 Provincial Indices	城市 Urban Indices	农村 Rural Indices
居民消费价格指数	**Consumer Price Index**	**101.0**	**101.0**	**101.0**
非食品价格指数	Non-food Price Index	100.5	100.5	100.6
服务项目价格指数	Services Price Index	101.8	101.7	101.9
扣除鲜菜鲜果总指数	General Index Discounting Fresh Vegetables and Fresh Fruit	100.4	100.5	100.3
消费品价格指数	Consumer Goods Price Index	100.8	100.9	100.8
一、食　品	**Food**	**102.1**	**102.3**	**101.9**
1.粮　食	Grain	102.8	102.3	103.3
2.淀粉	Starches	102.3	98.6	108.7
3.干豆类及豆制品	Beans and Bean Products	100.0	101.5	98.3
4.油　脂	Oil or Fat	99.5	100.2	99.0
5.肉禽及其制品	Meal, Poultry and Their Products	95.8	96.6	95.1
(1)食用畜肉及副产品	Animal Meat and Products	94.8	95.7	93.8
(2)禽	Poultry	96.7	97.5	95.8
(3)肉禽加工制品	Processing Products of Meal and Poultry	98.8	100.3	98.0
6.蛋	Eggs	95.7	95.7	95.7
7.水产品	Aquatic Products	103.4	104.3	102.0
(1)鱼	Fishes	100.9	101.3	100.4
(2)其它水产品	Other Aquatic Products	107.4	107.7	106.5
8.菜	Vegetables	107.7	107.8	107.5
9.调味品	Flavoring	102.4	101.7	103.0
10.糖	Carbohydrate	109.5	108.6	110.1
11.茶及饮料	Tea and Beverages	101.3	101.6	100.6
(1)茶　叶	Tea	100.6	100.9	100.0
(2)饮　料	Beverages	101.7	102.1	101.1
12.干鲜瓜果	Dried and Fresh Melons and Fruits	118.2	114.0	126.0
13.糕点饼干	Cake and Biscuit	100.7	100.5	100.9
14.液体乳及乳制品	Milk and Its Products	101.4	101.6	100.6
15.在外用膳食品	Outward Dinner	100.9	100.7	101.2
16.其它食品	Other Foods	101.0	101.0	101.1

9-8 续表1 continued

（上年=100） (preceding year=100)

商品类别	Category	全省 Provincial Indices	城市 Urban Indices	农村 Rural Indices
二、烟酒及用品	**Tobacco, Liquor and Articles**	**100.8**	**101.3**	**100.4**
1.烟 草	Tobacco	100.4	99.9	100.6
2.酒	Liquor	101.1	102.4	100.3
3.吸烟饮酒用品	Articles for Smoking and Drinking	100.2	100.2	100.0
三、衣 着	**Clothing**	**97.6**	**98.0**	**96.9**
1.服 装	Garments	96.7	97.5	95.3
(1)男式服装	Men's Clothing	96.2	96.9	94.9
(2)女式服装	Women's Clothing	96.7	97.7	94.7
(3)儿童服装	Children's Clothing	98.2	98.8	97.5
2.衣着材料	Clothing Material	100.4	99.8	100.5
3.鞋袜帽	Footwear and Hats	98.7	99.2	97.9
(1)鞋	Shoes	98.5	99.1	97.7
(2)袜子	Socks	99.7	99.9	99.3
(3)帽子	Hats	99.8	100.0	99.3
4.衣着加工服务	Clothing Proceeding Services	100.0	100.2	99.9
四、家庭设备用品及维修服务	**Household Facilities, Articles and Services**	**101.1**	**101.7**	**100.1**
1.耐用消费品	Durable Consumer Goods	101.3	102.0	100.0
(1)家 具	Furniture	100.3	100.4	100.2
(2)家庭设备	Household Facilities	101.9	102.8	99.9
2.室内装饰品	Interior Decorations	99.7	99.9	99.4
3.床上用品	Bed Articles	99.7	99.4	100.0
4.家庭日用杂品	Grocery for Daily Use	100.4	100.8	99.8
5.家庭服务及加工维修服务	Household Service and Proceeding Upkeep	104.2	106.1	101.8
五、医疗保健和个人用品	**Health Care and Personal Articles**	**100.8**	**100.4**	**101.2**
1.医疗保健	Health Care	100.1	99.6	100.6
(1)医疗器具及用品	Medical Instrument and Articles	96.1	96.7	95.8
(2)中药材及中成药	Traditional Chinese Medicinal Materials and Medicines	101.7	100.0	103.7
(3)西 药	Western Medicine	99.4	99.1	99.7
(4)保健器具及用品	Health Care Appliances and Articles	99.5	100.0	99.1
(5)医疗保健服务	Health Care Services	100.5	100.4	100.7

9－8 续表2 continued

(上年＝100) (preceding year＝100)

商品类别	Category	全省 Provincial Indices	城市 Urban Indices	农村 Rural Indices
2. 个人用品及服务	Personal Articles and Services	102.0	101.7	102.4
(1)化妆美容用品	Makeup Beauty Products	99.4	98.9	100.5
(2)卫生用品	Sanitation Articles	100.5	100.5	100.4
(3)个人饰品	Personal Decorations	107.6	108.1	107.1
(4)个人服务	Personal Services	101.5	102.3	100.8
六、交通和通讯	**Transportation and Communication**	**98.7**	**97.7**	**100.1**
1. 交通	Transportation	102.9	103.2	102.5
(1)交通工具	Transportation Facility	98.5	98.5	98.5
(2)车用燃料及零配件	Fuels and Parts	112.2	112.0	112.5
(3)车辆使用及维修	Using and Upkeep	100.4	100.1	100.6
(4)市区公共交通	Incity Public Traffic	104.7	104.9	103.5
(5)城市间交通	Intercity Traffic	106.5	105.7	107.6
2. 通信	Communication	93.9	92.5	96.5
(1)通信工具	Communication Facility	81.8	79.8	86.9
(2)通信服务	Communication Service	100.1	100.0	100.3
七、娱乐教育文化用品及服务	**Recreation, Education and Culture Articles and Services**	**100.0**	**99.7**	**100.3**
1. 文娱用耐用消费品及服务	Durable Consumer Goods for Cultural and Recreational Use and Services	95.5	95.3	95.7
2. 教育	Education	101.5	101.2	101.8
(1)教材及参考书	Teaching Materials and Reference Books	101.3	101.7	100.4
(2)学杂托幼费	Tuition and Child Care	101.5	101.1	102.0
3. 文化娱乐用品	Cultural and Recreational Articles	101.7	101.2	102.6
(1)文化娱乐	Culture and Recreation	99.8	99.6	100.1
(2)书报杂志	Books, Newspapers and Magazines	102.2	102.8	101.2
(3)文娱费	Expenditure of Culture and Recreation	104.9	102.0	112.0
4. 旅游及外出	Touring and Outgoing	99.7	99.2	100.4
八、居　住	**Residence**	**104.4**	**104.8**	**104.0**
1. 建房及装修材料	Building and Building Decoration Materials	103.8	103.7	103.9
2. 租　房	Renting	104.6	105.1	102.8
3. 自有住房	Private Housing	103.3	103.6	102.7
4. 水、电、燃料	Water, Electricity and Fuels	105.2	105.4	104.7

9-9 商品零售价格分类指数(2006年)

Retail Indices by Category(2006)

(上年=100)　　　　(preceding year=100)

商品类别	Category	全省 Provincial Indices	城市 Urban Indices	农村 Rural Indices
商品零售价格总指数	**Retail Index**	**100.6**	**100.5**	**100.9**
一、食　品	**Food**	**102.5**	**102.5**	**102.5**
1.粮　食	Grain	102.6	102.5	102.7
2.淀　粉	Starches	101.5	99.1	106.9
3.干豆类及豆制品	Beans and Bean Products	100.5	101.2	99.3
4.油　脂	Oil or Fat	99.7	99.9	99.3
5.肉禽及其制品	Meal, Poultry and Their Products	96.6	97.1	95.9
(1)食用畜肉及副产品	Animal Meat and Products	95.3	95.5	94.9
(2)禽	Poultry	96.7	96.6	96.8
(3)肉禽加工制品	Processing Products of Meal and Poultry	99.7	100.7	97.8
6.蛋	Eggs	95.8	95.5	96.2
7.水产品	Aquatic Products	103.1	103.5	102.0
(1)鱼	Fishes	100.9	101.0	100.7
(2)其它水产品	Other Aquatic Products	106.6	106.8	105.9
8.菜	Vegetables	108.2	108.5	107.7
9.调味品	Flavoring	103.0	102.7	103.4
10.糖	Carbohydrate	108.3	106.8	110.6
11.干鲜瓜果	Dried and Fresh Melons and Fruits	118.5	115.5	125.3
12.糕点饼干	Cake and Biscuit	100.8	100.7	101.1
13.液体乳及乳制品	Milk and Its Products	101.6	101.9	100.6
14.在外用膳食品	Outward Dinner	101.0	100.8	101.3
15.其它食品	Other Foods	100.6	100.4	101.2
二、饮料、烟酒	**Beverages, Tobacco and Liquor**	**101.0**	**101.2**	**100.8**
1.茶及饮料	Tea and Beverages	100.9	100.9	100.9
(1)茶　叶	Tea	100.5	100.8	100.0
(2)饮　料	Beverages	101.1	100.9	101.5
2.烟　草	Tobacco	100.3	99.6	101.1
3.酒	Liquor	101.8	102.7	100.6
三、服装、鞋帽类	**Garments, Footwear and Hats**	**97.8**	**98.4**	**96.4**
1.服装	Garments	97.1	97.9	94.8
(1)男式服装	Men's Clothing	96.4	97.2	94.4
(2)女式服装	Women's Clothing	97.1	98.1	94.3
(3)儿童服装	Children's Clothing	98.7	99.8	97.0
2.鞋袜帽	Footwear and Hats	99.1	99.6	98.1
(1)鞋	Shoes	99.0	99.6	97.8
(2)袜　子	Socks	99.8	99.9	99.6
(3)帽　子	Hats	99.7	99.8	99.5
3.其　它	Others	99.8	98.3	102.5
四、纺织品	**Textiles**	**99.3**	**98.3**	**100.4**
1.衣着材料	Clothing Material	99.2	97.9	100.6
2.床上用品	Bed Articles	99.3	98.7	100.2

9－9 续表 continued

（上年＝100） （preceding year＝100）

商品类别	Category	全省 Provincial Indices	城市 Urban Indices	农村 Rural Indices
五、家用电器及音像器材	**Household Appliances, Music and Video Equipment**	**99.0**	**99.5**	**97.9**
1.家庭设备	Household Facilities	101.8	102.5	100.3
2.文娱用耐用消费品	Durable Consumer Goods for Cultural and Recreational Use	95.3	95.3	95.2
3.音像器材	Music and Video Equipment	99.0	99.4	97.4
六、文化办公用品	**Cultural and Office Appliances**	**97.0**	**96.2**	**98.8**
七、日用品	**Articles for Daily Use**	**100.6**	**100.6**	**100.5**
1.日用百货	General Merchandise for Daily Use	100.3	100.6	99.8
2.日用杂品	Grocery for Daily Use	100.4	100.3	100.5
3.洗涤用品	Washing Products	101.2	101.0	101.6
4.其它日用品	Other Articles for Daily Use	100.3	100.4	100.3
八、体育娱乐用品	**Sports and Recreation Articles**	**99.2**	**99.1**	**99.5**
1.体育用品	Sports Articles	99.5	99.2	100.0
2.娱乐用品	Recreation Articles	99.0	99.0	98.9
九、交通、通信用品	**Transportation and Communication Articles**	**93.5**	**93.5**	**93.7**
1.交通运输机械	Transport machinery	98.6	98.3	99.5
2.通讯器材	Communication Equipment	84.6	82.9	87.3
十、家　具	**Furniture**	**100.4**	**100.5**	**100.4**
十一、化妆品	**Cosmetics**	**99.1**	**98.6**	**99.9**
十二、金银珠宝	**Gold, Silver and Jewelry**	**117.5**	**113.1**	**128.3**
十三、中西药品及医疗保健用品	**Traditional Chinese and Western Medicines and Health Care Articles**	**99.8**	**99.5**	**100.5**
1.医疗器具及用品	Medical Apparatus and Articles	96.8	96.9	96.6
2.中药材及中成药	Traditional Chinese Medicinal Materials and Medicines	101.2	100.2	103.1
3.西　药	Western Medicines	99.4	99.3	99.6
4.保健品及器具	Health Care Appliances and Articles	99.9	100.1	99.4
十四、书报杂志及电子出版物	**Books, Newspapers, Magazines and Electronic Publications**	**101.2**	**101.5**	**100.6**
1.教材及参考书	Teaching Materials and Reference Books	101.6	102.5	100.2
2.书报杂志	Books, Newspapers and Magazines	102.3	102.5	102.0
3.电子音像制品	Electronic Audio-visual Products	99.2	99.2	99.4
十五、燃　料	**Fuels**	**109.9**	**110.0**	**109.8**
1.煤炭及制品	Coal and Products	104.8	105.5	104.0
2.石油及制品	Petroleum and Products	112.3	111.4	114.2
十六、建筑材料及五金电料	**Building Materials and Hardware**	**103.1**	**103.0**	**103.2**
1.建筑装潢材料	Building Decoration Materials	103.2	103.0	103.4
2.五金电料	Hardware	102.9	103.0	102.7

9-10 工业品出厂价格指数(2006 年)

Ex-factory Price Indices of Industrial Products(2006)

(上年=100) (preceding year=100)

类别	Category	全年平均 Annual Average	一季度 1st Quarter	二季度 2nd Quarter	三季度 3rd Quarter	四季度 4th Quarter
全部工业品	**Total Industrial Productds**	**102.3**	**102.1**	**102.2**	**102.8**	**102.3**
轻工业	Light Industry	101.1	100.5	100.3	101.3	102.2
以农产品为原料	Agricultural Products as Raw Materials	101.4	100.8	100.3	101.6	102.8
以非农产品为原料	Non-agricultural Products as Raw Materials	100.7	100.1	100.2	100.9	101.4
重工业	Heavy Industry	103.7	103.8	104.2	104.3	102.4
采 掘	Mining	109.0	118.0	113.6	108.5	95.7
原 料	Raw Materials	104.9	104.1	105.4	105.8	104.5
加 工	Processing	100.9	98.8	100.1	101.6	103.0
生产资料	Means of Production	103.1	103.3	103.3	103.5	102.2
采 掘	Mining	107.8	116.0	111.9	107.4	96.0
原 料	Raw Materials	105.1	104.2	105.6	106.0	104.6
加 工	Processing	101.4	100.5	100.8	101.8	102.5
生活资料	Consumer Goods	100.4	99.1	99.2	100.9	102.5
食 品	Food	101.0	98.8	98.9	101.8	104.5
衣 着	Clothing	101.6	101.7	101.4	101.7	101.5
一般日用品	Articles for Daily Use	100.3	100.6	100.7	100.2	99.8
耐用消费品	Durable Consumer Goods	98.2	96.7	97.3	98.4	100.1
按工业部门分	**by Industrial Department**					
冶金工业	Metallurgical Industry	101.1	96.2	98.6	103.6	106.1
电力工业	Power Industry	102.4	103.2	102.4	101.9	101.9
煤炭及炼焦工业	Coal Industry	97.6	96.9	95.4	97.7	100.4
石油工业	Petroleum Industry	118.6	130.8	128.3	117.4	98.1
化学工业	Chemical Industry	101.7	100.4	101.2	102.3	103.0
机械工业	Machine Building Industry	100.4	99.6	99.9	100.7	101.4
建筑材料工业	Building Materials Industry	102.2	101.9	102.2	102.4	102.1
森林工业	Timber Industry	100.6	102.0	100.8	99.7	99.8
食品工业	Food Industry	100.9	98.6	98.8	101.8	104.6
纺织工业	Textile Industry	102.4	104.2	102.6	101.7	101.1
缝纫工业	Tailoring Industry	101.3	101.3	101.3	101.6	101.1
皮革工业	Leather Industry	102.4	102.9	102.0	102.3	102.6
造纸工业	Paper Industry	101.1	101.7	101.0	101.0	100.9
文教艺术用品工业	Industry of Cultural, Educational & Handicrafts Articles	100.9	100.6	101.1	101.3	100.4
其它工业	Others	101.4	100.7	101.7	102.0	101.3
按工业行业分	**by Industrial Sector**					
煤炭开采和洗选业	Mining and Washing of Coal	97.8	97.9	95.9	97.5	99.8
# 烟煤和无烟煤的开采洗选	Mining and Washing of Bituminous and Anthracite	97.6	98.0	95.8	97.3	99.5
褐煤的开采洗选	Mining and Washing of Lignite	101.9	94.9	95.9	104.5	112.4
石油和天然气开采业	Extraction of Petroleum and Natural Gas	121.7	144.3	137.0	119.1	86.3
# 天然原油和天然气开采	Extraction of Natural Petroleum and Natual Gas	121.7	144.3	137.0	119.1	86.3

9－10 续表1 continued

(上年=100) (preceding year=100)

类 别	Category	全年平均 Annual Average	一季度 1st Quarter	二季度 2nd Quarter	三季度 3rd Quarter	四季度 4th Quarter
黑色金属矿采选业	Mining and Processing of Ferrous Metal Ores	94.0	93.0	91.3	95.0	96.9
#铁矿采选	Mining and Processing of Iron Ores	94.0	93.0	91.3	95.0	96.9
有色金属矿采选业	Mining and Processing of Non-Ferrous Metal Ores	111.1	107.2	103.2	117.5	116.7
#常用有色金属矿采选	Mining and Processing of Frequently Used Non-Ferrous Metal Ores	171.8	130.8	183.9	182.7	189.8
贵金属矿采选	Mining and Processing of Precious Metal Ores	110.8	107.0	102.7	117.2	116.3
非金属矿采选业	Mining and Processing of Nonmetal Ores	106.2	130.0	100.0	92.9	91.9
#土砂石开采	Mining of Soil, Sand and Stone	93.7	95.1	95.0	103.0	105.2
采 盐	Mining and Processing of Salt Ores	73.6	76.3	75.2	73.7	69.0
石棉及其他非金属矿采选	Mining and Processing of Asbestos and Other Nonmetal Ores	106.7	116.0	109.5	102.0	99.2
农副食品加工业	Processing of Food from Agricultural Products	100.6	97.7	97.7	101.6	105.4
谷物磨制	Polishing of Grain	98.8	96.5	96.2	98.9	103.5
饲料加工	Processing of Feed	100.0	100.7	99.7	99.9	99.8
植物油加工	Processing of Vegetable Oil	99.9	91.5	94.9	102.7	110.6
制 糖	Processing of Sugar	117.1	115.7	115.3	123.6	113.9
屠宰及肉类加工	Slaughtering and Processing if Meat	96.1	93.5	89.9	95.8	105.3
水产品加工	Processing of Aquatic Products	102.4	100.5	101.0	104.4	103.7
蔬菜、水果和坚果加工	Processing of Vegetables, Fruits and Nuts	104.5	103.6	104.9	104.8	104.6
其他农副食品加工	Processing of Other Food from Agricultural Products	105.0	104.8	105.2	104.9	105.2
食品制造业	Manufacture of Foodstuff	101.0	100.3	101.2	100.9	101.7
焙烤食品制造	Manufacture of Baking Foodstuff	101.0	100.4	99.5	101.5	102.7
糖果、巧克力及蜜饯制造	Manufacture of Sweet, Chocolate and Candied Fruit	105.1	105.4	103.2	104.7	107.3
方便食品制造	Manufacture of Convenience Food	99.9	97.7	99.2	100.1	102.7
液体乳及乳制品制造	Manufacture of Milk Gel and Dairy Products	102.2	101.3	102.0	102.4	102.9
罐头制造	Manufacture of Cans	109.3	104.1	111.0	114.0	108.0
调味品、发酵制品制造	Manufacture of Condiments and Fermentation Products	99.5	97.7	98.7	98.7	103.1
其他食品制造	Manufacture of Other Foodstuff	99.9	101.4	101.7	99.0	97.5
饮料制造业	Manufacture of Beverages	102.0	101.8	101.8	102.4	101.9
酒精制造	Manufacture of Alcohol	102.1	103.0	101.4	102.0	102.1
酒的制造	Manufacture of Liquor	102.1	102.2	101.8	102.3	101.9
软饮料制造	Manufacture of Soft Drink	101.7	100.6	101.7	102.5	101.8
精制茶加工	Processing of Refined Tea	103.2	99.9	108.9	102.9	101.1
烟草制品业	Manufacture of Tobacco	101.3	100.8	101.1	101.7	101.7
烟叶复烤	Baking of Tobacco	100.0	100.0	100.0	100.0	100.0
卷烟制造	Manufacture of Cigarettes	101.4	100.8	101.2	101.7	101.7
其他烟草制品加工	Manufacture of Other Tobacco Products	100.0	100.0	100.0	100.0	66.7
纺织业	Manufacture of Textile	102.4	104.0	102.6	101.9	101.3

9－10　续表 2　continued

（上年＝100）　(preceding year＝100)

类　别	Category	全年平均 Annual Average	一季度 1st Quarter	二季度 2nd Quarter	三季度 3rd Quarter	四季度 4th Quarter
棉、化纤纺织及印染精加工	Processing and Dyeing of Cotton and Chemical Fiber Textile	103.0	104.5	103.2	102.4	101.8
毛纺织和染整精加工	Processing and Dyeing of Wool Textile	98.3	100.5	97.6	97.6	97.6
麻纺织	Flax Textile	102.2	102.9	101.3	101.7	102.8
丝绢纺织及精加工	Processing of Silk Textile	120.6	132.4	125.3	113.3	111.5
纺织制成品制造	Manufacture of Textile Products	99.8	101.3	99.9	99.2	98.6
针织品、编织品及其制品制造	Manufacture of Knitwear and Woven Products	102.5	102.8	102.4	102.8	102.1
纺织服装、鞋、帽制造业	Manufacture of Textile Wearing Apparel, Footware, and Caps	100.7	100.6	100.8	100.9	100.5
纺织服装制造	Manufacture of Textile Wearing Apparel	100.5	100.5	100.7	100.6	100.2
纺织面料鞋的制造	Manufacture of Textile Footware	102.5	100.3	101.5	103.7	104.3
制　帽	Manufacture of Caps	104.7	104.3	103.5	108.7	102.3
皮革、毛皮、羽毛(绒)及其制品业	Manufacture of Leather, Fur, Feather and Related Products	102.3	102.8	101.9	102.2	102.4
皮革鞣制加工	Processing of Leather	101.3	101.8	101.1	101.0	101.1
皮革制品制造	Manufacture of Leather Products	102.9	103.4	102.4	102.8	103.1
毛皮鞣制及制品加工	Manufacture and Processing of Fur Products	101.9	101.0	102.0	101.4	103.3
羽毛(绒)加工及制品制造	Manufacture and Processing of Feather Products	96.6	94.6	98.0	97.5	96.3
木材加工及木、竹、藤、棕、草制品业	Processing of Timber, Manufacture of Wood, Bamboo, Rattan, Palm, and Straw Products	100.7	102.6	101.1	99.5	99.6
锯材、木片加工	Processing of Lumber and Wood Chips	101.4	107.0	99.4	98.9	100.5
人造板制造	Manufacture of Plywood	99.7	100.8	99.9	98.9	99.3
木制品制造	Manufacture of Wood Products	101.3	101.7	102.2	100.9	100.2
竹、藤、棕、草制品制造	Manufacture of Penny, Vines Coir and Grass Products	105.1	111.6	107.9	101.3	99.5
家具制造业	Manufacture of Furniture	100.3	100.7	100.3	100.1	100.2
#木质家具制造	Manufacture of Wood Furniture	100.3	100.7	100.3	100.1	100.2
金属家具制造	Manufacture of Metal Furniture	100.2	98.4	100.4	100.8	101.0
其他家具制造	Manufacture of Other Furniture	100.0	99.8	98.8	99.9	101.3
造纸及纸制品业	Manufacture of Paper and Paper Products	101.2	101.7	101.0	101.0	100.9
纸浆制造	Manufacture of Paper Pulp	110.7	107.3	105.6	115.4	114.3
造　纸	Manufacture of Paper	101.1	101.5	101.1	101.0	100.8
纸制品制造	Manufacture of Paper Products	101.1	102.2	100.8	100.7	100.8
印刷业和记录媒介的复制	Printing, Reproduction of Recording Media	101.3	101.1	100.8	101.8	101.6
印　刷	Printing	101.5	101.2	101.0	102.1	101.8
装订及其他印刷服务活动	Binding and Other Printing Services	100.5	102.2	99.2	100.0	100.5
记录媒介的复制	Copy of Record Media	89.7	87.7	88.2	89.3	93.6
文教体育用品制造业	Manufacture of Articles For Culture, Education and Sport Activity	100.4	100.3	100.9	100.8	99.5
#文化用品制造	Manufacture of Culture Articles	101.7	100.9	102.2	102.0	101.5

9-10 续表3 continued

（上年=100） (preceding year=100)

类别	Category	全年平均 Annual Average	一季度 1st Quarter	二季度 2nd Quarter	三季度 3rd Quarter	四季度 4th Quarter
体育用品制造	Manufacture of Sport Articles	99.0	99.1	99.4	99.4	98.0
乐器制造	Manufacture of Music Instruments	100.1	100.4	100.3	100.0	99.6
玩具制造	Manufacture of Toys	101.8	101.5	102.5	102.4	100.8
石油加工、炼焦及核燃料加工业	Processing of Petroleum, Coking, Processing of Nuclear Fuel	114.4	116.9	118.6	114.6	107.7
# 精炼石油产品的制造	Manufacture of Refined Petroleum Products	116.1	119.7	121.1	115.9	107.8
炼 焦	Coking	95.6	85.9	90.1	99.9	106.6
化学原料及化学制品制造业	Manufacture of Raw Chemical Materials and Chemical Products	101.7	99.1	101.3	102.8	103.7
基础化学原料制造	Manufacture of Basic Chemical Material	100.8	95.3	97.4	102.7	107.6
肥料制造	Manufacture of Fertilizers	99.6	100.4	101.4	97.6	98.9
农药制造	Manufacture of Pesticides	101.8	104.8	100.3	100.9	101.0
涂料、油墨、颜料及类似产品制造	Manufacture of Coating, Ink and Paint Products	106.0	106.0	105.3	106.2	106.6
合成材料制造	Manufacture of Synthetic Materials	101.9	95.0	104.2	104.1	104.1
专用化学产品制造	Manufacture of Specialized Chemical Products	102.8	100.6	101.0	105.2	104.5
日用化学产品制造	Manufacture of Daily Used Chemical Products	101.2	101.1	101.3	101.3	101.1
医药制造业	Manufacture of Medicines	97.8	100.8	98.1	95.6	96.6
化学药品原药制造	Manufacture of Chemical Original Drug	90.4	99.8	90.2	84.3	87.4
化学药品制剂制造	Manufacture of Chemical Agents	99.2	100.7	100.1	97.8	98.0
中药饮片加工	Processing of Herbal Medicine	101.2	103.0	101.9	100.0	100.0
中成药制造	Manufacture of Proprietary Chinese Medicine	99.7	102.6	99.5	98.2	98.3
兽用药品制造	Manufacture of Veterinary Drugs	99.4	98.7	99.0	99.4	100.4
生物、生化制品的制造	Manufacture of Biotechnology and Biochemical Products	109.1	104.9	110.2	112.6	108.8
卫生材料及医药用品制造	Manufacture of Sanitation Materials and Medical Supplies	100.8	100.5	101.5	100.9	100.4
化学纤维制造业	Manufacture of Chemical Fibers	95.9	95.4	95.5	95.6	97.1
纤维素纤维原料及纤维制造	Manufacture of Cellulose Fibers and Fibers	101.0	93.0	100.1	101.7	109.1
合成纤维制造	Manufacture of Synthetic Fibers	93.8	96.2	93.8	93.3	92.0
橡胶制品业	Manufacture of Rubber	107.4	106.5	106.3	108.6	108.4
轮胎制造	Manufacture of Tire	110.3	108.9	109.1	111.9	111.4
橡胶板、管、带的制造	Manfuacture of Rubber Plates, Pipes and Belts	101.4	100.0	101.0	102.5	102.1
橡胶零件制造	Manufacture of Rubber Parts	101.2	104.4	100.9	100.9	98.6
再生橡胶制造	Manufacture of Renewable Rubber	109.5	104.8	109.4	112.2	111.8
日用及医用橡胶制品制造	Manufacture of Daily Used and Medical Rubber Products	98.7	99.4	99.0	96.9	99.5
橡胶靴鞋制造	Manufacture of Rubber Boots and Shoes	99.8	100.0	98.3	100.2	100.5
其他橡胶制品制造	Manufacture of Other Rubber Products	107.0	102.1	108.8	108.2	108.8
塑料制品业	Manufacture of Plastics	102.4	102.1	101.2	102.9	103.5
# 塑料薄膜制造	Manufacture of Plastic Film	101.6	99.8	99.7	103.0	104.0
塑料板、管、型材的制造	Manufacture of Plastic Plates, Piles and Profiles	101.9	104.8	100.8	101.3	100.5
塑料丝、绳及编织品的制造	Manufacture of Plastic Wire, Ropes and Woven Products	105.0	103.3	103.3	106.0	107.2

9-10 续表4 continued

(上年=100) (preceding year=100)

类　别	Category	全年平均 Annual Average	一季度 1st Quarter	二季度 2nd Quarter	三季度 3rd Quarter	四季度 4th Quarter
泡沫塑料制造	Manufacture of Foam	99.4	97.9	98.0	99.0	102.5
塑料人造革、合成革制造	Manufacture of Plastic Leatherette and Svnthetic Leather	96.4	98.4	93.8	95.7	97.8
塑料包装箱及容器制造	Manufacture of Plastic Packaging Boxes and Containers	105.0	103.4	104.6	105.9	106.0
日用塑料制造	Manufacture of Daily Used Plastic	102.5	100.8	102.0	102.4	104.8
其他塑料制品制造	Manufacture of Other Plastic Products	99.2	99.4	98.5	99.4	99.4
非金属矿物制品业	Manufacture of Non-metallic Mineral Products	101.7	101.3	101.8	102.1	101.5
水泥、石灰和石膏的制造	Manufacture of Cement, Lime and Gypsum	100.0	99.6	100.0	100.3	99.9
水泥及石膏制品制造	Manufacture of Cement and Gypsum	102.9	102.7	101.4	103.5	104.2
砖瓦、石材及其他建筑材料制造	Manufacture of Brick, stone and other construction materials	102.0	102.3	102.0	102.6	101.0
玻璃及玻璃制品制造	Manufacture of Glass and Its Products	99.6	97.2	100.3	100.7	100.2
陶瓷制品制造	Manufacture of Ceramic Products	108.4	108.2	108.9	108.1	108.4
耐火材料制品制造	Manufacture of Refractory Products	97.9	99.3	98.6	97.7	96.2
石墨及其他非金属矿物制品制造	Manufacture of Graphite and Other Non-metallic Mineral Products	101.3	102.2	101.1	101.2	100.6
黑色金属冶炼及压延加工业	Smelting and Pressing of Ferrous Metals	94.7	88.7	92.5	96.6	101.1
炼　铁	Ironmaking	94.0	89.6	90.9	96.3	99.3
炼　钢	Steelmaking	97.4	95.4	97.5	99.2	97.4
钢压延加工	Smelting and Pressing of Steel	94.0	86.5	91.2	95.8	102.3
铁合金冶炼	Smelting of Alloy Iron	102.7	104.2	104.7	101.2	100.8
有色金属冶炼及压延加工业	Smelting and Pressing of Non-ferrous Metals	118.7	110.8	117.6	123.5	122.7
# 常用有色金属冶炼	Smelting of Frequently Used Non-Ferrous Metal	122.7	111.7	118.2	129.2	131.5
贵金属冶炼	Smelting of Precious Metal	127.8	114.4	134.1	136.0	126.5
有色金属合金制造	Non-Ferrous Metaling Alloy Manufacturing	110.0	103.8	111.2	116.3	107.8
有色金属压延加工	Pressing of Non-Ferrous Metal	116.6	110.4	116.3	120.5	119.3
金属制品业	Manufacture of Metal Products	97.2	98.0	94.6	97.0	98.9
结构性金属制品制造	Manufacture of Structural Metal Products	94.3	94.9	93.2	94.2	95.0
金属工具制造	Manufacture of Metal Tools	101.6	103.7	101.6	100.1	101.1
集装箱及金属包装容器制造	Manufacture of Containers and Metal Packaging	93.6	96.8	82.4	94.7	100.4
金属丝绳及其制品的制造	Manufacture of Metal Wire, Ropes and Its Products	101.5	99.1	102.4	103.0	101.6
建筑、安全用金属制品制造	Manufacture of Metal Products for Construction and Safety	100.1	99.9	100.2	98.4	101.8
金属表面处理及热处理加工	Processing of Surface Treatment and Heat Treatment of Metals	104.9	101.5	106.0	107.6	104.4
搪瓷制品制造	Manufacture of Enamel Products	105.3	110.3	106.4	105.7	98.8
不锈钢及类似日用金属制品制造	Manufacture of Stainless Steel and Daily Metal Products	103.5	99.4	105.7	101.1	107.6
其他金属制品制造	Manufature of Other Metal Products	102.5	100.3	104.8	101.9	103.0
通用设备制造业	Manufacture of General Purpose Machinery	100.2	100.9	99.9	99.7	100.2
# 锅炉及原动机制造	Manufacture of Boilers and Original Motivation	100.0	99.0	100.0	100.6	100.5
金属加工机械制造	Manufacture of Metal Processing Machinery	98.7	98.9	98.4	98.7	98.9

9－10 续表 5 continued

(上年=100) (preceding year=100)

类 别	Category	全年平均 Annual Average	一季度 1st Quarter	二季度 2nd Quarter	三季度 3rd Quarter	四季度 4th Quarter
起重运输设备制造	Manufacture of Handling Equipment	100.6	101.7	98.9	100.2	101.5
泵、阀门、压缩机及类似机械的制造	Manufacture of Pumps, Valves, Compressors	99.8	99.9	99.5	99.6	100.3
轴承、齿轮、传动和驱动部件的制造	Manufacture of Bearings, Gears, Transmission and Drive Components	100.4	102.2	100.3	100.4	98.5
风机、衡器、包装设备等通用设备制造	Manufacture of Fans, Weighing, Packaging Equipment and Other General Equipment	101.6	101.9	102.7	100.0	101.7
通用零部件制造及机械修理	Manufacture of General Components and Mechanical Repair	99.7	101.2	99.1	98.9	99.4
金属铸、锻加工	Processing of Metal Casting and Forging	100.3	102.3	99.5	99.2	100.0
专用设备制造业	Manufacture of Special Purpose Machinery	101.7	101.7	101.3	102.1	101.8
矿山、冶金、建筑专用设备制造	Manufacture of Special Equipment for Mining, Metallurgy, Construction	103.8	103.1	103.3	104.1	104.7
化工、木材、非金属加工专用设备制造	Manufacture of Special Equipment for Chemicals, Wood, Non-metallic Processing	98.3	101.6	96.6	97.6	97.4
食品、饮料、烟草及饲料生产专用设备制造	Manufacture of Special Equipment for Food, Beverage, Tobacco and Feed Production	99.7	100.9	98.9	99.6	99.5
印刷、制药、日化生产专用设备制造	Manufacture of Special Equipment for Printing, Pharmaceuticals, Chemicals Production	102.1	103.4	102.1	101.0	101.8
纺织、服装和皮革工业专用设备制造	Manufacture of Special Equipment for Textiles, Clothing and Leather Industry	100.7	100.9	100.4	100.9	100.7
电子和电工机械专用设备制造	Manufacture of Special Equipment for Electronic and Electrical Machinery	95.9	95.7	93.7	98.0	96.3
农、林、牧、渔专用机械制造	Manufacture of Special Equipment for Agriculture, Forestry, Animal Husbandry, Fishery	102.4	101.7	102.7	103.1	102.1
医疗仪器设备及器械制造	Manufacture of Medical Equipment and Instrument	97.7	96.0	97.6	98.3	98.8
环保、社会公共安全及其他专用设备制造	Manufacture of Special Equipment for Environmental, Social Public Safety and Others	104.3	103.2	105.6	105.4	102.9
交通运输设备制造业	Manufacture of Transport Equipment	100.1	99.0	99.7	100.3	101.5
#铁路运输设备制造	Manufacture of Equipment for Railway Transport	106.7	104.6	108.4	107.7	106.2
汽车制造	Manufacture of Automobiles	99.6	98.4	98.8	99.6	101.4
摩托车制造	Manufacture of Motorcycles	100.7	101.1	100.7	100.2	100.6
自行车制造	Manufacture of Bicycles	99.4	100.1	101.9	98.9	96.6
船舶及浮动装置制造	Manufacture of Shipping and Floating Devices	100.3	98.3	100.9	102.1	99.8
电气机械及器材制造业	Manufacture of Electrical Machinery and Equipment	104.9	103.3	104.3	105.8	106.3
电机制造	Manufacture of Electrical Motors	104.3	100.3	102.5	106.6	107.9
输配电及控制设备制造	Manufacture of Power Distribution and Control Equipment	103.4	105.1	102.7	103.8	101.8
电线、电缆、光缆及电工器材制造	Manufacture of Wires, Cables, Fiber-optic Cables and Electrical Equipment	112.9	108.1	113.0	115.7	114.8
电池制造	Manufacture of Electric Cells	106.7	102.0	104.4	106.1	114.3

9－10 续表6 continued

（上年＝100） (preceding year＝100)

类别	Category	全年平均 Annual Average	一季度 1st Quarter	二季度 2nd Quarter	三季度 3rd Quarter	四季度 4th Quarter
家用电力器具制造	Manufacture of Household Electrical Apparatus	101.6	101.3	100.9	101.3	102.7
非电力家用器具制造	Manufacture of Household Non-electrical Apparatus	99.7	99.2	98.9	100.1	100.6
照明器具制造	Manufacture of Lighting Devices	103.4	101.4	107.5	104.8	99.8
其他电气机械及器材制造	Manufacture of Other Electrical Machinery and Equipment	100.3	98.9	92.0	105.3	104.9
通信设备、计算机及其他电子设备制造业	Manufacture of Communication Equipment, Computers and Other Electronic Equipment	92.7	90.1	91.9	93.6	95.0
通信设备制造	Manufacture of Communication Equipment	93.3	94.1	93.6	94.2	91.1
雷达及配套设备制造	Manufacture of Radar and Auxiliary Equipment	100.1	100.4	100.0	100.0	100.0
广播电视设备制造	Manufacture of Communication Broadcasting and TV Equipment	100.0	100.0	100.0	100.0	100.0
电子计算机制造	Manufacture of Computers	93.7	91.0	93.8	94.7	95.5
电子器件制造	Manufacture of Electronic Devices	101.0	100.4	100.6	100.8	101.9
电子元件制造	Manufacture of Electronic Components	92.6	92.1	92.4	92.8	93.2
家用视听设备制造	Manufacture of Household Audio-visual Equipment	88.8	82.5	86.3	90.8	95.8
其他电子设备制造	Manufacture of Other Electronic Equipment	100.0	100.0	100.0	100.0	100.0
仪器仪表及文化、办公用机械制造业	Manufacture of Measuring Instruments and Machinery for Cultural Activity and Office Work	99.3	99.9	98.3	99.3	99.6
#通用仪器仪表制造	Manufacture of General Measuring Instruments and Machinery	98.4	99.6	96.6	98.3	99.1
专用仪器仪表制造	Manufacture of Special Measuring Instruments and Machinery	100.0	100.0	100.0	100.0	100.0
钟表与计时仪器制造	Manufacture of Watches and Chronographs	99.8	101.7	100.4	99.7	97.3
光学仪器及眼镜制造	Manufacture of Optical Equipment and Glasses	98.5	99.6	99.1	97.8	97.6
文化、办公用机械制造	Manufacture of Machinery for Cultural Activity and Office Work	104.3	100.6	106.0	105.1	105.3
工艺品及其他制造业	Manufacture of Artwork and Other Manufacturing	102.4	101.0	102.2	103.0	103.2
#工艺美术品制造	Manufacture of Artwork	102.4	100.9	102.2	103.0	103.2
日用杂品制造	Manufacture of Groceries for Daily Use	102.0	106.4	103.3	100.2	98.1
废弃资源和废旧材料回收加工业	Recycling and Processing of Deserted Resources and Waste	100.0	100.0	100.0	100.0	100.0
#非金属废料和碎屑的加工处理	Non-Metal Waste and fragment Treatment and Processing	100.0	100.0	100.0	100.0	100.0
电力、热力的生产和供应业	Production and Supply of Electric Power and Heat Power	102.4	103.4	102.4	101.9	101.9
电力生产	Production of Electric Power	103.4	104.5	103.1	102.8	103.2
电力供应	Supply of Electric Power	101.6	102.5	101.8	101.2	101.0
热力生产和供应	Production and Supply of Heat Power	104.1	105.8	103.9	103.4	103.2
燃气生产和供应业	Production and Supply of Gas	109.9	110.7	108.1	114.6	106.2
燃气生产和供应业	Production and Supply of Gas	109.9	110.7	108.1	114.6	106.2
水的生产和供应业	Production and Supply of Water	104.6	107.6	105.9	102.8	102.2
#自来水的生产和供应	Production and Supply of Water	104.6	107.6	105.9	102.8	102.2

9－11 1995－2006年工业品出厂价格指数

Ex-factory Price Indices of Industrial Products from 1995 to 2006

（上年＝100） (preceding year＝100)

类别	Category	1995	1996	1997	1998	1999	2000	2001	2002	2003	2004	2005	2006
全部工业品	**Total Industrial Productds**	**117.0**	**104.1**	**101.2**	**96.0**	**97.2**	**105.9**	**99.1**	**98.8**	**103.5**	**106.4**	**103.7**	**102.3**
轻工业	Light Industry	117.7	101.7	99.7	96.1	95.3	99.7	99.3	97.5	101.2	103.3	100.8	101.1
以农产品为原料	Agricultural Products as Raw Materials	119.5	102.1	99.5	96.3	95.2	100.2	100.1	97.7	103.2	105.1	100.3	101.4
以非农产品为原料	Non-agricultural Products as Raw Materials	111.9	100.3	100.2	95.6	95.8	97.8	97.4	97.1	99.2	101.5	101.3	100.7
重工业	Heavy Industry	116.4	106.4	102.6	95.9	98.8	110.9	99.0	99.7	106.5	110.5	107.3	103.7
采　掘	Mining	128.2	109.5	107.7	98.1	98.1	139.3	96.8	111.7	111.2	121.3	120.8	109.0
原　料	Raw Materials	112.6	107.4	105.8	95.2	100.3	111.3	100.7	97.7	109.1	110.0	107.5	104.9
加　工	Processing	115.2	103.3	96.9	95.6	97.3	98.0	98.2	97.8	102.6	107.1	102.3	100.9
生产资料	Means of Production	117.9	106.2	101.6	96.0	98.1	109.5	99.1	98.8	104.6	108.0	105.1	103.1
采　掘	Mining	128.2	109.5	107.7	98.1	98.1	139.2	96.9	111.9	110.6	121.5	120.4	107.8
原　料	Raw Materials	115.1	106.9	103.1	95.3	98.6	109.4	100.5	96.8	108.7	108.8	107.0	105.1
加　工	Processing	116.7	103.3	97.1	96.0	97.2	99.1	98.6	97.1	101.9	105.4	101.8	101.4
生活资料	Consumer Goods	116.0	101.5	100.7	96.0	95.7	98.8	99.3	98.5	100.9	102.7	100.1	100.4
食　品	Food	118.4	102.3	100.8	97.5	96.9	97.5	100.6	99.4	103.4	105.6	100.0	101.0
衣　着	Clothing	117.6	100.1	101.0	94.1	93.8	102.4	101.4	98.4	99.4	102.1	101.2	101.6
一般日用品	Articles for Daily Use	110.2	102.7	101.3	96.6	96.7	98.6	98.4	98.5	99.9	101.0	102.3	100.3
耐用消费品	Durable Consumer Goods	110.1	103.2	98.2	93.6	92.1	94.3	96.1	96.7	96.1	97.0	97.7	98.2
按工业部门分	**by Industrial Department**												
冶金工业	Metallurgical Industry	106.2	100.5	97.6	94.3	95.2	111.1	99.7	97.5	113.0	117.6	102.6	101.1
电力工业	Power Industry	105.9	118.9	115.9	109.7	102.9	100.4	100.7	100.2	100.2	100.6	103.3	102.4
煤炭及炼焦工业	Coal Industry	121.5	117.1	106.2	96.6	96.8	97.3	115.0	115.2	102.1	124.8	111.0	97.6
石油工业	Petroleum Industry	126.4	104.0	112.5	95.8	105.2	161.4	92.5	102.2	120.1	116.3	127.2	118.6
化学工业	Chemical Industry	124.7	102.7	95.9	92.2	97.2	102.1	98.6	97.8	102.8	107.7	106.8	101.7
机械工业	Machine Building Industry	106.2	101.5	98.7	96.1	96.2	97.2	97.0	97.2	98.6	101.2	100.4	100.4
建筑材料工业	Building Materials Industry	112.9	103.9	100.6	99.0	98.7	98.1	99.4	99.1	99.4	103.9	100.6	102.2
森林工业	Timber Industry	109.3	105.8	108.9	105.7	99.6	98.1	99.2	95.2	99.5	100.9	101.2	100.6
食品工业	Food Industry	118.4	102.3	100.8	97.4	96.5	97.4	100.6	99.4	103.8	106.4	99.9	100.9
纺织工业	Textile Industry	116.9	98.9	99.5	93.2	94.0	105.8	97.7	92.8	105.7	105.7	99.7	102.4
缝纫工业	Tailoring Industry	127.7	110.5	99.2	100.6	88.8	97.9	100.6	98.5	99.2	102.8	101.4	101.3
皮革工业	Leather Industry	124.4	104.6	99.8	96.4	93.0	100.0	103.2	101.0	99.8	101.2	101.1	102.4
造纸工业	Paper Industry	132.4	113.4	94.2	93.6	95.1	101.6	100.4	97.8	98.7	101.2	101.3	101.1
文教艺术用品工业	Industry of Cultural, Educational& Handicrafts Articles	101.6	101.3	96.9	88.7	93.7	104.0	100.7	100.8	99.1	100.7	102.4	100.9
其它工业	Others	136.2	106.1	97.0	101.6	99.0	103.3	104.1	99.4	100.2	101.2	102.0	101.4

9-12 重点年份工业品出厂价格指数

Ex-factory Price Indices of Industrial Products of Focal Year

(上年=100) (preceding year=100)

类别	Category	2000	2005	2006
全部工业品	**Total Industrial Productds**	**105.9**	**103.7**	**102.3**
轻工业	Light Industry	99.7	100.8	101.1
以农产品为原料	Agricultural Products as Raw Materials	100.2	100.3	101.4
以非农产品为原料	Non-agricultural Products as Raw Materials	97.8	101.3	100.7
重工业	Heavy Industry	110.9	107.3	103.7
采掘	Mining	139.3	120.8	109.0
原料	Raw Materials	111.3	107.5	104.9
加工	Processing	98.0	102.3	100.9
生产资料	Means of Production	109.5	105.1	103.1
采掘	Mining	139.2	120.4	107.8
原料	Raw Materials	109.4	107.0	105.1
加工	Processing	99.1	101.8	101.4
生活资料	Consumer Goods	98.8	100.1	100.4
食品	Food	97.5	100.0	101.0
衣着	Clothing	102.4	101.2	101.6
一般日用品	Articles for Daily Use	98.6	102.3	100.3
耐用消费品	Durable Consumer Goods	94.3	97.7	98.2
按工业部门分	**by Industrial Department**			
冶金工业	Metallurgical Industry	111.1	102.6	101.1
电力工业	Power Industry	100.4	103.3	102.4
煤炭及炼焦工业	Coal Industry	97.3	111.0	97.6
石油工业	Petroleum Industry	161.4	127.2	118.6
化学工业	Chemical Industry	102.1	106.8	101.7
机械工业	Machine Building Industry	97.2	100.4	100.4
建筑材料工业	Building Materials Industry	98.1	100.6	102.2
森林工业	Timber Industry	98.1	101.2	100.6
食品工业	Food Industry	97.4	99.9	100.9
纺织工业	Textile Industry	105.8	99.7	102.4
缝纫工业	Tailoring Industry	97.9	101.4	101.3
皮革工业	Leather Industry	100.0	101.1	102.4
造纸工业	Paper Industry	101.6	101.3	101.1
文教艺术用品工业	Industry of Cultural, Educational & Handicrafts Articles	104.0	102.4	100.9
其它工业	Others	103.3	102.0	101.4

9-13 各市工业品出厂价格指数(2006年)

Ex-factory Price Indices of Industrial Products by Region(2006)

(上年=100)　　(preceding year=100)

类　别	Category	济南 Jinan	青岛 Qingdao	淄博 Zibo	枣庄 Zaozhuang	东营 Dongying	烟台 Yantai	潍坊 Weifang	济宁 Jining	泰安 Tai'an
全部工业品	**Total Industrial Productds**	**100.2**	**101.1**	**103.0**	**101.9**	**115.6**	**103.0**	**101.1**	**97.7**	**99.4**
轻工业	Light Industry	99.9	99.6	101.1	102.1	104.7	102.3	101.5	100.9	100.6
以农产品为原料	Agricultural Products as Raw Materials	102.5	101.0	101.3	101.4	101.2	102.3	101.3	100.6	101.5
以非农产品为原料	Non-agricultural Products as Raw Materials	98.8	98.6	101.0	102.8	110.2	102.4	102.6	101.7	99.7
重工业	Heavy Industry	100.5	103.9	104.6	101.7	117.6	103.6	100.5	95.6	98.8
采　掘	Mining	99.7	104.7	94.7	99.9	120.7	102.4	71.3	90.0	96.4
原　料	Raw Materials	107.4	104.0	107.4	103.0	112.3	111.8	103.4	99.6	99.1
加　工	Processing	97.5	103.8	98.6	101.5	110.3	101.5	100.5	104.0	99.5
生产资料	Means of Production	100.1	102.5	103.6	102.3	116.5	103.2	101.2	97.0	99.1
采　掘	Mining	99.7	104.7	94.8	100.5	120.7	102.4	71.3	90.1	96.0
原　料	Raw Materials	107.4	104.1	106.9	103.5	112.3	110.8	102.8	99.8	100.1
加　工	Processing	98.2	101.9	101.0	102.7	108.2	101.9	101.7	102.4	99.8
生活资料	Consumer Goods	100.7	99.7	99.5	100.9	100.4	102.4	100.7	100.7	101.2
食　品	Food	103.4	101.5	100.1	100.3	99.7	103.2	99.4	100.9	101.1
衣　着	Clothing	100.9	102.2	99.1	103.5	106.8	100.5	100.9	100.8	104.9
一般日用品	Articles for Daily Use	98.5	101.8	99.4	101.8	100.7	103.9	102.6	100.5	99.6
耐用消费品	Durable Consumer Goods	98.0	97.2	98.1	100.3	102.9	98.3	103.0	100.3	100.6
按工业部门分	**by Industrial Department**									
冶金工业	Metallurgical Industry	96.0	97.1	98.3	103.0	105.1	107.2	97.3	98.9	98.0
电力工业	Power Industry	101.2	103.3	103.0	102.9	102.9	105.3	101.8	100.5	105.7
煤炭及炼焦工业	Coal Industry	101.3	112.9	95.9	100.8		101.4	93.5	90.8	95.7
石油工业	Petroleum Industry	116.9	112.8	117.4		120.0	94.6	116.4	116.7	113.0
化学工业	Chemical Industry	100.3	100.0	102.0	105.0	110.5	101.0	97.0	99.0	98.0
机械工业	Machine Building Industry	98.0	100.3	99.5	102.8	110.0	101.4	101.0	105.3	100.1
建筑材料工业	Building Materials Industry	100.2	102.3	101.1	101.7	103.8	101.7	101.4	102.7	100.1
森林工业	Timber Industry	99.5	99.7	103.7	101.3	103.6	100.9	102.0	100.9	102.8
食品工业	Food Industry	103.3	100.7	101.6	100.1	99.4	102.6	99.2	100.6	101.1
纺织工业	Textile Industry	104.4	100.7	102.2	108.8	104.9	102.8	104.6	104.7	100.8
缝纫工业	Tailoring Industry	99.7	102.0	99.1	103.8	99.9	100.2	100.9	100.8	104.8
皮革工业	Leather Industry	104.0	101.6	101.1	100.1	108.3	104.6	100.1	101.2	107.7
造纸工业	Paper Industry	99.0	98.9	101.5	99.0	99.5	99.5	100.1	99.3	102.3
文教艺术用品工业	Industry of Cultural, Educational & Handicrafts Articles	100.9	100.5	100.5	100.6	104.6	102.2	103.1	100.1	90.7
其它工业	Others	102.9	104.8	101.9	102.2	108.8	112.1	101.1	101.4	104.1

9-13 续表 continued

（上年=100） (preceding year = 100)

类别	Category	威海 Weihai	日照 Rizhao	莱芜 Laiwu	临沂 Linyi	德州 Dezhou	聊城 Liaocheng	滨州 Binzhou	菏泽 Heze
全部工业品	**Total Industrial Productds**	**103.7**	**101.2**	**94.7**	**102.4**	**101.5**	**104.8**	**107.4**	**103.8**
轻工业	Light Industry	103.6	101.6	101.2	101.8	101.1	101.5	103.0	99.8
以农产品为原料	Agricultural Produots as Raw Materials	101.5	101.7	100.9	101.3	101.1	101.5	103.2	99.6
以非农产品为原料	Non-agricultural Products as Raw Materials	104.9	101.3	103.3	102.9	101.3	101.0	99.8	100.4
重工业	Heavy Industry	103.9	100.6	93.6	103.2	102.2	107.6	117.1	110.6
采掘	Mining	102.5	113.4	88.2	101.9	98.1	100.0	71.9	
原料	Raw Materials	101.8	99.9	96.5	102.4	102.3	107.7	124.9	108.5
加工	Processing	104.5	100.7	92.6	104.2	102.1	107.5	100.8	119.4
生产资料	Means of Production	105.5	101.6	94.5	103.3	101.9	105.6	108.5	106.7
采掘	Mining	102.5	113.4	88.2	101.5	98.1	100.0	71.9	
原料	Raw Materials	101.9	102.5	98.0	102.6	102.3	107.9	122.9	108.4
加工	Processing	106.0	101.1	93.8	103.7	101.7	105.0	103.1	105.1
生活资料	Consumer Goods	100.0	100.4	99.2	100.8	100.8	100.7	103.8	99.1
食品	Food	99.0	100.5	98.8	100.9	100.1	100.4	104.9	98.3
衣着	Clothing	102.0	100.1	100.6	99.9	101.2	100.1	100.6	101.6
一般日用品	Articles for Daily Use	100.1	99.9	98.7	100.8	102.6	103.1	100.4	101.0
耐用消费品	Durable Consumer Goods	101.0	101.1		95.1	102.1	103.3	100.5	97.5
按工业部门分	**by Industrial Department**								
冶金工业	Metallurgical Industry	103.0	98.0	91.8	105.4	101.2	112.7	124.3	144.6
电力工业	Power Industry	98.4	101.8	102.7	102.3	101.8	104.5	103.3	103.1
煤炭及炼焦工业	Coal Industry		93.5	104.2	100.4	98.1			99.3
石油工业	Petroleum Industry	157.1	159.8		115.3	107.6	102.4	129.2	118.1
化学工业	Chemical Industry	107.4	102.4	109.5	100.2	101.1	98.2	104.4	100.0
机械工业	Machine Building Industry	101.6	101.1	97.4	104.4	101.6	108.8	107.3	109.1
建筑材料工业	Building Materials Industry	119.8	102.5	93.1	105.2	101.0	97.6	101.3	100.1
森林工业	Timber Industry	100.3	102.7		101.7	103.4	102.7	99.9	99.0
食品工业	Food Industry	99.1	99.9	98.6	101.3	100.2	99.0	105.4	98.5
纺织工业	Textile Industry	114.1	107.5	102.6	102.7	101.4	103.0	102.2	101.4
缝纫工业	Tailoring Industry	101.1	100.1	100.3	99.9	101.3	100.1	101.1	102.5
皮革工业	Leather Industry	102.7		106.2	99.7	102.6	100.9	105.4	98.9
造纸工业	Paper Industry	104.7	106.4	99.2	99.5	102.5	101.8	111.0	98.6
文教艺术用品工业	Industry of Cultural, Educational & Handicrafts Articles	105.6	104.5	98.5	103.7	102.1	104.9	100.0	103.5
其它工业	Others	98.7	100.3	106.5	102.0	102.0	103.8	100.7	105.8

9-14 原材料、燃料、动力购进价格指数(2006年)

Indices of Purchasing Prices of Raw Materials, Fuels and Power(2006)

(上年=100)　　(preceding year=100)

类　　别	Category	全年平均 Annual Average	一季度 1st Quarter	二季度 2nd Quarter	三季度 3rd Quarter	四季度 4th Quarter
全部原材料	**Total Raw Materials**	**104.3**	**104.2**	**104.3**	**104.2**	**104.2**
燃料、动力类	Fuel and Power	109.3	113.2	112.1	111.5	112.3
黑色金属材料类	Ferrous Metals	97.1	97.3	94.2	96.2	95.9
#钢　材	Steel	96.1	97.4	92.8	95.4	95.2
其　它	Others	98.0	97.2	95.7	97.0	96.6
有色金属材料和电线类	Nonferrous Metals	136.1	116.7	127.2	126.6	123.5
化工原料类	Raw Chemical Materials	103.7	102.1	105.1	103.6	103.6
木材及纸浆类	Timber and Paper Pulp	105.1	104.1	104.7	104.6	104.5
建筑材料及非金属矿类	Building Materials and Nonmetal Ores	100.5	100.0	100.6	100.4	100.3
其它工业原材料及半成品类	Other Industrial Raw Materials and Semi-finished Products	102.8	102.2	102.0	102.4	102.2
农副产品类	Agricultural Products	103.2	103.1	103.0	103.1	103.0
纺织原料类	Textile Materials	100.9	101.7	100.5	101.0	101.1

9-15 固定资产投资价格指数(2006年)

Price Indices of Investment in Fixed Assets(2006)

(上年=100)　　(preceding year=100)

类　　别	Category	全年平均 Annual Average	一季度 1st Quarter	二季度 2nd Quarter	三季度 3rd Quarter	四季度 4th Quarter
固定资产投资	**Investment in Fixed Assets**	**101.8**	**100.1**	**101.8**	**102.5**	**102.9**
建筑安装、装修装饰工程	Construction and Installation	102.1	99.5	102.4	103.1	103.6
人工费	Labor Costs	109.0	106.9	108.3	110.2	110.7
材料费	Material Costs	100.1	97.0	100.6	101.0	101.9
钢　材	Steel	97.2	92.3	98.3	98.9	99.4
木　材	Wood	102.7	101.5	102.9	102.9	103.7
水　泥	Cement	101.4	100.5	100.4	101.5	103.1
地方建筑材料	Local Building Materials	103.7	102.6	104.3	103.9	103.8
化工材料	Chemical Materials	107.0	107.7	109.1	105.4	105.8
电　料	Electric Materials	103.7	102.5	102.5	104.3	105.6
其他材料	Other Materials	103.5	103.3	104.8	103.0	102.8
机械费	Machinery Costs	103.9	102.9	104.0	105.1	103.9
设备、工器具购置	Purchase of Equipment, Tools and Instruments	100.6	100.0	99.9	101.0	101.4
其他费用	Other Costs	103.4	103.5	103.9	103.3	103.0

9－16 1991－2006年固定资产投资价格指数

(上年=100)

年份 Year	全省固定资产投资 Provincial Investment in Fixed Assets	建筑安装工程 Construction and Installation	人工费 Labor Costs	材料费 Material Costs	钢材 Steel	木材 Wood	水泥 Cement
1991	112.4	116.6	122.7	120.9	119.6	121.2	118.5
1992	119.4	123.8	118.7	122.4	117.0	109.4	107.8
1993	122.1	124.6	142.9	126.5	127.7	121.6	110.4
1994	115.7	120.1	159.1	119.4	118.9	132.0	107.0
1995	106.6	105.7	111.4	104.2	99.3	100.1	101.9
1996	103.1	103.2	112.8	101.0	99.6	99.9	102.1
1997	100.4	100.7	106.3	100.6	99.3	100.8	101.7
1998	99.2	100.2	104.7	99.0	97.6	100.9	98.3
1999	99.6	101.3	105.8	100.1	98.4	102.1	99.8
2000	102.4	105.1	105.1	106.2	107.4	109.9	98.2
2001	101.4	103.2	106.6	102.7	101.8	111.4	103.8
2002	101.1	102.3	103.3	100.5	100.9	106.1	99.3
2003	102.9	104.7	103.9	106.7	110.9	110.3	101.8
2004	107.4	110.4	108.0	113.2	120.3	106.4	108.6
2005	102.9	103.7	109.5	102.4	101.0	103.3	100.0
2006	101.8	102.1	109.0	100.1	97.2	102.7	101.4

Price Indices of Investment in Fixed Assets from 1991 to 2006

(preceding year = 100)

地方材料 Local Building Materials	化工材料 Chemical Materials	电 料 Electric Materials	其它材料 Other Materials	机械使用费 Machinery Costs	设备工器具购置 Purchase of Equipment, Tools and Instruments	其它费用 Other Costs
115.4	103.9	101.9	115.3	105.7	105.3	107.1
110.8	100.4	99.9	113.6	96.5	115.0	106.2
114.8	101.7	99.7	121.8	92.5	118.8	113.5
119.5	102.0	100.5	122.6	100.4	107.6	106.0
111.1	101.4	100.0	107.1	108.2	106.2	113.8
106.9	101.7	100.1	102.0	104.8	101.6	107.2
102.3	103.9	101.9	101.7	96.5	98.7	103.5
101.2	100.4	99.9	100.0	92.5	96.0	102.0
102.4	101.7	99.7	101.0	100.4	96.2	98.3
115.2	106.0	100.0	101.6	102.2	97.2	100.4
106.7	98.7	98.4	98.7	102.2	97.1	102.1
98.1	100.3	100.6	101.0	107.6	97.3	104.1
103.0	101.7	100.0	101.1	101.7	98.5	104.2
108.9	105.1	108.5	104.7	103.4	101.1	106.7
104.2	110.2	104.8	103.2	102.6	100.8	103.5
103.7	107.0	103.7	103.5	103.9	100.6	103.4

9－17 房地产价格指数(2006 年)

Price Indices of Real Estate(2006)

(上年＝100)　　(preceding year＝100)

类　别	Category	全年平均 Annual Average	一季度 1st Quarter	二季度 2nd Quarter	三季度 3rd Quarter	四季度 4th Quarter
房屋销售价格总指数	**Selling Price Indices of Houses**	**105.0**	**105.7**	**105.1**	**104.6**	**104.5**
商品房	Commercial Houses	105.1	106.1	105.1	104.5	104.6
住　宅	Residential Buildings	105.1	106.2	105.1	104.4	104.6
经济适用房	Economically Affordable Housing	104.0	105.0	104.9	102.9	103.2
普通住宅	General Residential Buildings	105.2	106.1	105.2	104.6	104.7
多层住宅	Multilayer Buildings	105.1	106.3	105.0	104.3	104.9
高层住宅	High-layer Buildings	105.2	105.8	105.4	105.1	104.6
其他住宅	Other Buildings	101.6	103.8	102.5	100.1	100.1
高档住宅	Luxury Residential Buildings	106.0	108.3	105.1	104.4	106.2
别　墅	Villas	103.6	103.3	102.8	103.8	104.3
高档公寓	High-grade Apartment	106.7	108.7	106.0	104.7	107.3
非住宅	Non-Residential Buildings	104.3	104.5	104.5	104.8	103.3
办公楼	Office Buildings	105.0	104.7	106.5	105.7	103.2
写字楼	High-grade Office Buildings	105.1	104.8	106.5	105.8	103.3
普通办公用房	General Office Buildings	105.2	103.0	105.5	106.7	105.7
商业娱乐用房	Business and Entertainment Buildings	103.9	104.3	103.5	104.3	103.6
工业仓储用房	Industrial Storage					
其它用房	Others	103.0	104.3	103.3	103.2	101.1
二手房	Second-hand House	104.9	105.0	105.0	105.0	104.5
住　宅	Residential Buildings	105.2	105.1	105.8	105.4	104.6
高层住宅	High-layer Buildings	105.3	106.5	103.7	105.5	105.5
多层住宅	Multilayer Buildings	105.4	105.1	106.3	105.5	104.6
其他住宅	Other Buildings	103.1	102.5	103.8	102.6	103.4
非住宅	Non-residential Buildings	103.5	104.6	102.0	103.3	104.1
房屋租赁价格总指数	**Renting Price Indices of Houses**	**101.6**	**100.9**	**101.3**	**101.7**	**102.4**
住　宅	Residential Buildings	102.4	101.6	101.9	102.2	104.0
普通住宅	General Residential Buildings	103.1	101.8	102.2	102.6	105.9
高档住宅	Luxury Residential Buildings	101.4	100.6	100.5	102.1	102.2

9－17 续表 continued

（上年＝100） （preceding year＝100）

类　别	Category	全年平均 Annual Average	一季度 1st Quarter	二季度 2nd Quarter	三季度 3rd Quarter	四季度 4th Quarter
别　墅	Villas	100.6	100.0	100.0	101.2	101.0
高档公寓	High-grade Apartment	111.1	106.7	106.7	116.3	114.6
经济适用房	Economically Affordable Housing	102.5	102.7	103.2	102.6	101.4
廉租房	Tenement House	100.0	100.0	100.0	100.0	100.0
办公楼	Office Buildings	100.5	100.5	100.5	100.5	100.4
写字楼	High-grade Office Buildings	101.0	100.7	101.2	101.2	101.0
普通办公用房	General Office Buildings	100.3	100.4	100.2	100.2	100.2
商业娱乐用房	Business and Entertainment Buildings	102.0	101.2	101.8	102.3	102.6
工业仓储用房	Industrial Storage Buildings	98.9	97.7	99.1	99.4	99.4
工业厂房	Industrial Plants	100.0	100.1	100.0	100.0	100.0
仓　库	Storehouses	97.3	94.1	97.9	98.5	98.5
其　它	Other Buildings	100.5	100.0	100.0	100.3	101.5
物业管理价格总指数	**Property Management Price Indices**	**100.9**	**101.0**	**100.7**	**101.2**	**100.8**
住　宅	Residential Buildings	101.4	101.8	101.1	101.7	100.9
普通住宅	General Residential Buildings	101.6	101.7	101.5	102.0	101.2
高档住宅	Luxury Residential Buildings	100.1	100.0	100.1	100.1	100.1
经济适用房	Economically Affordable Housing	101.8	105.3	100.0	101.8	100.0
办公楼	Office Buildings	99.7	98.9	100.0	100.0	100.0
写字楼	High-grade Office Buildings	99.5	97.8	100.0	100.0	100.0
普通办公用房	General Office Buildings	100.0	100.0	100.0	100.0	100.0
商业娱乐用房	Business and Entertainment Buildings	100.2	100.0	100.0	100.2	100.7
工业仓储用房	Industrial Storage Buildings	100.7	100.0	100.0	101.3	101.3
# 工业厂房	Industrial Plants	100.7	100.0	100.0	101.3	101.3
土地交易价格总指数	**Transactions Price Indices of Land**	**104.8**	**105.6**	**105.3**	**104.2**	**104.1**
居住用地	Land for Residential Building Use	105.4	106.0	106.5	103.5	105.4
高档住宅用地	Luxury Residential Buildings	102.9	102.3	103.9	101.9	103.4
普通住宅用地	General Residential Buildings	105.5	106.3	106.6	103.6	105.4
经济适用房用地	Economically Affordable Housing	103.5	103.8	103.2	103.4	103.7
工业仓储用地	Land for Industry Use	103.8	104.9	103.9	102.9	103.4
商业、旅游、娱乐用地	Land for Business' Tour and Entertainment	104.8	105.2	104.9	107.1	102.1
其它用地	Land for Other	105.5	107.7	104.5	102.7	107.0

主要统计指标解释

居民消费价格指数 是反映一定时期内城乡居民所购买的生活消费品价格和服务项目价格变动趋势和程度的相对数，是对城市居民消费价格指数和农村居民消费价格指数进行综合汇总计算的结果。该指数可以观察和分析消费品的零售价格和服务价格变动对城乡居民实际生活费支出的影响程度。

城市居民消费价格指数 是反映一定时期内城市居民家庭所购买的生活消费品价格和服务项目价格变动趋势和程度的相对数。该指数可以观察和分析消费品的零售价格和服务项目价格变动对城镇职工货币工资的影响，作为研究职工生活和确定工资政策的依据。

农村居民消费价格指数 是反映一定时期内农村居民家庭所购买的生活消费品价格和服务项目价格变动趋势和程度的相对数。该指数可以观察农村消费品的零售价格和服务项目价格变动对农村居民生活消费支出的影响，直接反映农民生活水平的实际变化情况，为分析和研究农村居民生活问题提供依据。

商品零售价格指数 是反映一定时期内城乡商品零售价格变动趋势和程度的相对数。商品零售价格的变动直接影响到城乡居民的生活支出和国家的财政收入，影响居民购买力和市场供需的平衡，影响到消费与积累的比例关系。因此，该指数可以从一个侧面对上述经济活动进行观察和分析。

农业生产资料价格指数 指反映一定时期内农业生产资料价格变动趋势和程度的相对数。农业生产资料价格指数分为小农具、饲料、产品畜、役畜、半机械化农具、机械化农具、化学肥料、农药及农药械、农机用油、其他农业生产资料十大类。其编制目的是了解农业生产中物质资料投入价格的变动状况，服务于国民经济核算。1994 年以前，农业生产资料价格指数仅仅是商品零售价格指数的一个类别，此后，从商品零售价格指数中分离出来，单独编制。

农产品生产价格指数 是反映一定时期内，农产品生产者出售农产品价格水平变动趋势及幅度的相对数。该指数可以客观反映全国农产品生产价格水平和结构变动情况，满足农业与国民经济核算需要。其中某代表品生产价格指数是通过对全部有出售该产品行为的调查单位的个体指数进行几何平均求得的，类价格指数是通过对其所属的类（或代表品）的价格指数进行加权平均求得的。季度累计价格指数的计算方法与分季指数的计算方法相同。

工业品出厂价格指数 是反映一定时期内全部工业产品出厂价格总水平的变动趋势和程度的相对数，包括工业企业售给本企业以外所有单位的各种产品和直接售给居民用于生活消费的产品。该指数可以观察出厂价格变动对工业总产值及增加值的影响。

原材料、燃料和动力购进价格指数 是反映工业企业作为生产投入，而从物资交易市场和能源、原材料生产企业购买原材料、燃料和动力产品时，所支付的价格水平变动趋势和程度的统计指标，是扣除工业企业物质消耗成本中的价格变动影响的重要依据。

目前，我国编制的原材料、燃料和动力购进价格指数所调查的产品包括燃料动力、黑色金属、有色金属、化工、建材等九大类的近 1800 种产品。

固定资产投资价格指数 是反映一定时期内固定资产投资品及项目的价格变动趋势和程度的相对数。固定资产投资额是由建筑安装工程投资完成额、设备工器具购置投资完成额和其他费用投资完成额三部分组成的。编制固定资产投资价格指数应首先分别编制上述三部分投资的价格指数，然后采用加权算术平均法求出固定资产投资价格总指数。

该指数可以准确地反映固定资产投资中涉及的各类投资品和取费项目价格变动趋势和变动幅度，消除按现价计算的固定资产投资指标中的价格变动因素，真实地反映固定资产投资的规模、速度、结构和效益，为国家科学地制定、检查固定资产投资计划并提高宏观调控水平，为完善国民经济核算体系提供科学的、可靠的依据。

房地产价格指数 是反映一定时期内房地产价格变动趋势和程度的相对数，包括房屋销售价格指数、房屋租赁价格指数、土地交易价格指数和物业管理价格指数。这四套指数的计算方法相似，均采用由下到上逐级汇总的方法。

Explanatory Notes on Main Statistical Indicators

Urban Consumer Price Indices reflect the trend and degree of changes in prices of consumer goods and services purchased by urban households during a given period. It can be used to observe and analyze the impact of price changes in consumer goods and services on wages (in monetary terms) of urban staff and workers, and provide basis for policy-making concerning the living cost and wages of staff and workers.

Rural Consumer Price Indices reflect the trend and degree of changes in prices of consumer goods and services purchased by rural households during a given period. It can be used to observe the impact of change in retail prices of consumer goods and service prices in rural areas on living expenditure of rural households, and to show the changes in the living standard of peasants. It provides basis for analysis and research on condition of life in rural areas.

Retail Price Indices reflect the trend and degree of change in retail prices of commodities during a given period. The change in retail prices of commodities directly affect the living expenditure of urban and rural residents, government revenue, purchasing power of residents and the equilibrium of market supply and demand, and the ratio of consumption to accumulation. Therefore, the retail price indices are useful to analyze the changes of the above economic activities.

Price Indices of Means of Agricultural Production reflect the trend and degree of changes in prices of means of agricultural production during a given period. Price indices of means of agricultural production are composed of 10 categories including small farm tools, feeds, domestic animals for meat, draught domestic animals, semi-mechanized farm machinery, mechanized farm machinery, chemical fertilizers, pesticides and spraying machinery, fuels for farm machinery and other means of agricultural production. Compilation of these indices helps to understand the changes in prices of input into agricultural production and facilitate the compilation of national account statistics. Before 1994, price indices of means of agricultural production was a sub-category in the in the retail price indices of commodities, and it has been compiled separately since 1994.

Indices of Producers'Prices for Farm Products reflect the trend and degree of changes in producers'prices received by farmers when they sell farm products during a given period. These indices depict the change in the level and structure of producers'prices of farm products of the country and meet the needs of agriculture statistics and national account statistics. The producers'price index of a given product is calculated through geometrical mean of individual indices of all surveyed units who sell such product, and the indices of a product category is obtained through weighted mean of price indices of all products in the category. Method for calculating accumulative quarterly indices is the same as for calculating the distinctive quarterly indices.

Ex-factory Price Indices of Industrial Products reflect the trend and degree of changes in general ex-factory prices of all industrial products during a given period, including sales of industrial products by an industrial enterprise to all units outside the enterprise, as well as sales of consumer goods to residents. It can be used to analyze the impact of ex-factory prices on gross output value and value-added of the industrial sector.

Indices of Purchasing Prices of Raw Materials, Fuels and Power reflect changes in the level and degree of prices paid by industrial enterprises when they purchase production input such as raw materials, fuels and power from the market or from other energy or raw materials producing enterprises. These indices provide important basis for measuring the material consumption of industrial enterprises after removing influence of price changes.

At present, close to 1,800 products in 9 categories, including fuels and power, ferrous metals, non-ferrous metals, chemicals, building materials, are covered in China for the survey to produce indices of purchasing prices of raw materials, fuels and power.

Price Indices of Investment in Fixed Assets reflect the trend and degree of changes in prices of investment goods and projects in fixed assets during a given period. The investment in fixed assets consists of three components, namely the investment in construction and installation, the investment in purchases of equipment and instrument, and the investment in other items. Price indices of investment in fixed assets are calculated as the weighted arithmetic mean of the price indices of the three components of investment in fixed assets.

Removing the factor of price change in the aggregates of investment at current prices, this indicator shows the changes in the prices of commodities and fees involved in the investment of fixed assets, and can be used to observe the actual size, growth, structure, and efficiency of investment in fixed assets and provides reliable and scientific data for government planning, management, decision-making, and further improving the current national accounting system.

Price Indices for Real Estate reflect the trend and degree of changes in prices of real estate during a given period, including price indices for selling houses and buildings, price indices for leasing houses and buildings and price indices for land transaction. The methods for the compilation of the three sets of indices are similar in that they all use bottom-up approach under which data are reported from lower level to higher level.

第10篇

居民生活

PEOPLE'S LIVELIHOOD

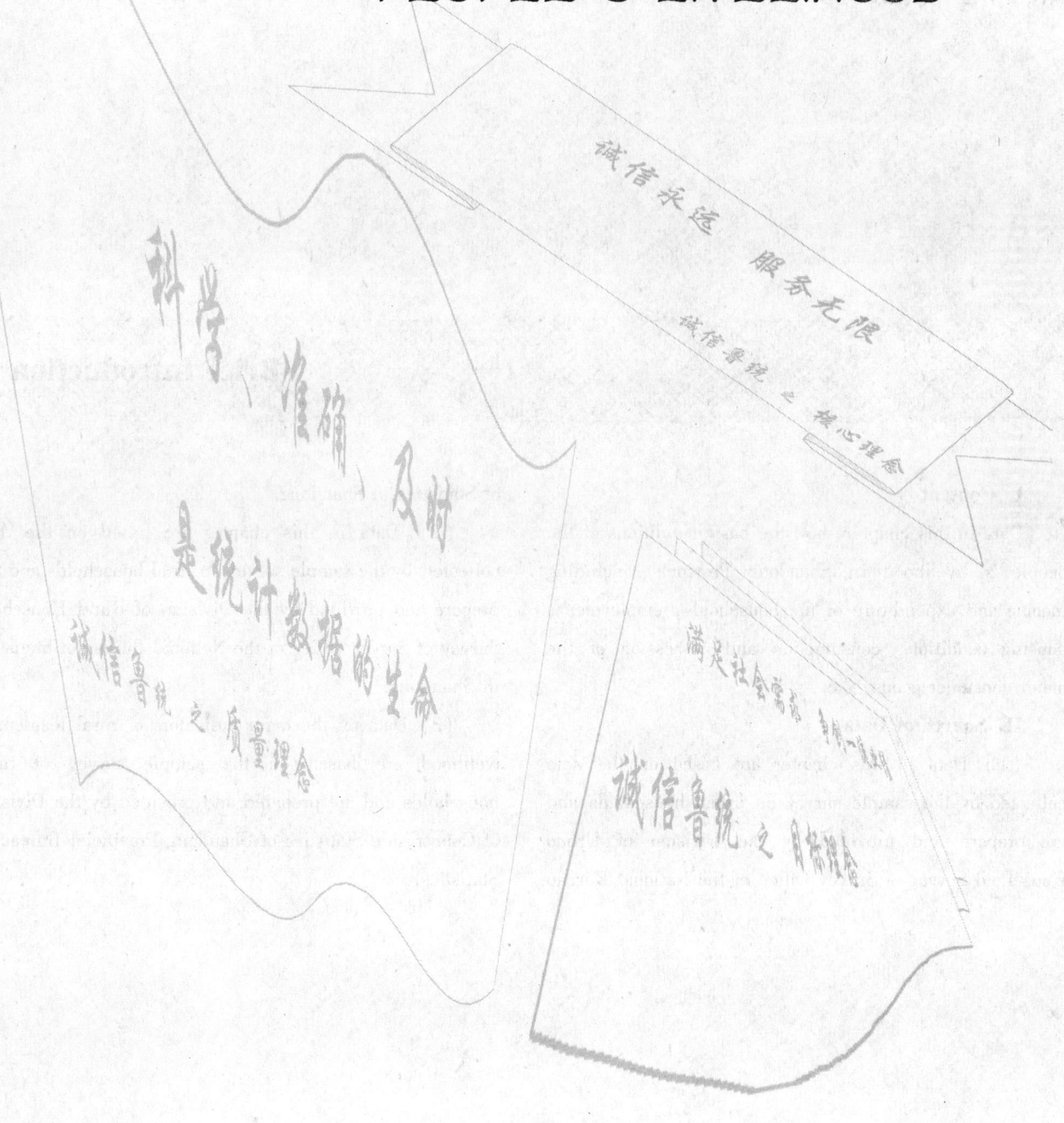

简要说明

一、本篇资料的主要内容

本篇资料反映了全省城镇、农村居民的家庭收支、人口就业、居住、耐用消费品拥有、生产和生活等方面的情况。

二、本篇资料的来源

1. 本篇资料中城镇居民家庭相关资料来源于城镇住户调查年报，由国家统计局山东调查总队城镇住户调查处整理提供。

2. 本篇资料中农民家庭相关资料来源于农村住户调查年报，由国家统计局山东调查总队农村住户调查处整理提供。

3. 各市农村居民主要指标来源于农村住户调查年报，由山东省统计局农村处整理提供。

Brief Introduction

I. Content

Data in this chapter show the basic conditions of the people's livelihood in Shandong Province, including income and expenditure of the households, employment, housing condition, consumption and possession of the major consumer goods, etc.

II. Source of Data

(1) Data in this chapter are based on the data collected by the sample survey on urban households and are prepare and provided by the Division of Urban Household Survey of Survey Office of the National Bureau of Statistics in Shandong.

(2) Data in this chapter are based on the data collected by the sample survey on rural households and are prepare and provided by the Division of Rural Household Survey of Survey Office of the National Bureau of Statistics in Shandong.

(3) Data on the main indicators of rural residents' livelihood are based on the sample survey of rural households and are prepared and provided by the Division of Countryside Statistics of Shandong Provincial Bureau of Statistics.

10－1 主要年份城镇居民家庭基本情况

Basic Conditions of Urban Households of Major Years

年 份 Year	调查户数（户）Number of Households Surveyed (household)	平均每户家庭人口（人）Average Household Size (person)	平均每户就业人口（人）Average Number of Employed Persons per Household (person)	国有单位职工 Staff and Workers of State Owned Units	集体单位职工 Staff and Workers of Collective Owned Units	其他经济单位职工 Staff and Workers of Other Units	平均每一就业者负担人数 Number of Dependents per Employee (person)	平均每户离退休者人数 Average Number of Retirees (person)	平均每户无收入者人数 Average Number of Persons without Income (person)
1964	230	5.26	1.61	1.49	0.12		3.26		
1978	380	4.37	2.20	1.76	0.44		1.99		
1980	380	4.35	2.50	1.99	0.50		1.74		
1981	380	4.19	2.45	1.96	0.48		1.71		
1982	430	4.07	2.42	1.93	0.48		1.68		
1983	430	3.97	2.37	1.95	0.41		1.68		
1984	430	3.93	2.35	1.97	0.37		1.67	0.12	
1985	900	3.57	2.10	1.54	0.50		1.70	0.25	
1986	1630	3.54	2.05	1.45	0.56		1.72	0.15	
1987	1730	3.53	2.05	1.60	0.41		1.72	0.17	
1988	1830	3.51	2.06	1.58	0.43		1.71	0.17	1.27
1989	2080	3.43	2.01	1.58	0.40		1.71	0.20	1.21
1990	2180	3.38	2.00	1.61	0.36		1.69	0.21	1.16
1991	2180	3.31	1.98	1.60	0.34		1.67	0.20	1.12
1992	2180	3.26	1.98	1.61	0.32		1.65	0.22	1.05
1993	2080	3.24	1.96	1.62	0.31		1.65	0.24	1.04
1994	2080	3.21	1.96	1.62	0.31	0.01	1.64	0.24	1.00
1995	2050	3.19	1.96	1.63	0.29	0.01	1.63	0.23	1.00
1996	2050	3.16	1.99	1.65	0.29	0.03	1.59	0.17	1.00
1997	2100	3.17	2.01	1.66	0.30	0.03	1.58	0.16	1.00
1998	2300	3.14	1.98	1.65	0.27	0.04	1.59	0.17	0.99
1999	2400	3.12	1.93	1.60	0.25	0.06	1.62	0.20	0.99
2000	2500	3.10	1.87	1.50	0.25	0.08	1.66	0.23	0.99
2001	2450	3.06	1.82	1.46	0.22	0.08	1.68	0.25	0.98
2002	2650	3.02	1.78	1.36	0.16	0.13	1.70	0.28	0.94
2003	2650	2.98	1.77	1.34	0.15	0.15	1.68	0.26	0.91
2004	2650	2.95	1.77	1.28	0.14	0.20	1.67	0.26	0.89
2005	2800	2.91	1.69	1.06	0.14	0.27	1.72	0.32	0.86
2006	3000	2.91	1.71	1.07	0.13	0.28	1.70	0.30	0.86

10－1 续表 continued

年 份 Year	人均全年可支配收入（元）Per Capita Annual Disposable Income (yuan)	人均全年消费性支出（元）Per Capita Annual Consumption Expenditure (yuan)	人均全年非消费支出（元）Per Capita Annual Non-consumption Expenditure (yuan)	人均净存入银行款（元）Per Capita Balance of Saving Deposit (yuan)	人均年末手存现金（元）Per Capita Cash in Hand at Year-end (yuan)	人均住宅使用面积（平方米）Per Capita Using Space of Residential (sq. m)
1964	211.10	207.20		2.37	5.58	3.80
1978	391.45	340.00		11.00		5.40
1980	448.21	396.00		19.29	14.72	5.70
1981	495.48	450.36		8.53	18.71	6.10
1982	524.90	455.28		24.48	22.32	6.11
1983	537.03	472.92		29.80	24.78	6.65
1984	638.64	520.91		49.29	54.35	6.90
1985	747.56	667.13		10.30	51.08	7.77
1986	853.50	751.34		23.28	63.29	9.15
1987	987.11	812.54		85.96	56.51	9.61
1988	1163.46	1025.78		0.98	72.09	9.96
1989	1349.16	1160.52		25.44	93.48	10.25
1990	1466.22	1229.28		128.64	123.19	10.05
1991	1687.56	1407.12		99.00	123.49	10.49
1992	1974.48	1598.88	151.44	131.40	159.86	10.80
1993	2515.08	1946.88	270.12	103.56	188.36	11.20
1994	3444.36	2635.20	438.72	226.80	229.26	11.88
1995	4264.08	3285.48	566.40	263.16	283.27	12.35
1996	4890.24	3770.99	725.52	216.48	330.88	12.13
1997	5190.79	4040.64	730.68	254.16	362.78	12.70
1998	5380.08	4143.96	1079.40	69.21	398.98	12.82
1999	5808.96	4515.05	1082.04	30.96	471.77	13.10
2000	6489.97	5022.00	1037.04	147.78	535.45	13.75
2001	7101.08	5252.42	1132.91	436.00	574.06	14.17
2002	7614.50	5596.39	1904.83	592.51	585.71	18.78
2003	8399.91	6069.35	2220.60	584.24	526.40	19.62
2004	9437.80	6673.75	2351.86	1094.25	482.67	20.16
2005	10744.79	7457.31	2431.63	1446.42	540.72	21.90
2006	12192.24	8468.40	3249.06	1311.81	649.12	22.56

10－2 城镇居民年人均主要指标

Major Per Capita Indicators of Urban Households

类　别	单位	Category	Unit	2005	2006
一、调查户数	**户**	**Number of Households Surveyed**	**household**	**2800**	**3000**
二、家庭人口数	**人**	**Household Size**	**person**	**2.91**	**2.91**
#就业人口数	人	Number of Employed Persons	person	1.69	1.71
#国有集体职工人数	人	Staff and Worker of State and Collective Owned Units	person	1.20	1.07
三、期初手存现金	**元**	**Cash in Hand at Term-beginning**	**yuan**	**457.51**	**472.63**
四、可支配收入	**元**	**Disposable Income**	**yuan**	**10744.79**	**12192.24**
五、实际收入	**元**	**Real Income**	**yuan**	**11607.82**	**13222.85**
六、储蓄、借贷收入	**元**	**Income from Savings and Lending**	**yuan**	**5316.67**	**6498.90**
七、实际支出	**元**	**Real Expenditure**	**yuan**	**9888.94**	**11717.46**
#消费支出	元	Consumption Expenditure	yuan	7457.31	8468.40
(一)食　品	元	Food	yuan	2512.73	2711.65
1.粮　食	元	Grain	yuan	219.23	223.57
2.油　脂	元	Oil or Fat	yuan	66.11	69.02
3.肉禽及制品	元	Meal, Poultry and Their Products	yuan	433.92	422.44
4.蛋　类	元	Eggs	yuan	95.54	89.87
5.水产品	元	Aquatic Products	yuan	146.95	174.14
6.菜　类	元	Vegetables	yuan	211.92	239.25
7.烟　草	元	Tobacco	yuan	75.49	82.91
8.酒和饮料	元	Liquor and Beverages	yuan	153.40	166.92
9.干鲜瓜果	元	Dried and Fresh Melons and Fruits	yuan	206.89	251.00
10.奶及奶制品	元	Milk and Products	yuan	159.61	176.72
(二)衣　着	元	Clothing	yuan	925.94	1091.22
1.服　装	元	Garments	yuan	665.02	777.25
2.衣着材料	元	Clothing Material	yuan	12.43	11.65
(三)家庭设备用品及服务	元	Household Appliances and Services	yuan	503.36	526.29
#日用耐用消费品	元	Durable Consumer Goods for Daily Use	yuan	275.55	275.97
(四)医疗保健	元	Health care and Medical Services	yuan	579.01	624.06
(五)交通与通讯	元	Transport and Communications	yuan	902.32	1175.57
(六)娱乐、教育、文化服务	元	Recreation, Education and Cultural Services	yuan	1039.99	1201.97
1.文娱耐用消费品	元	Durable Consumer Goods for Cultural and Recreational Use and Services	yuan	328.13	354.57
2.教　育	元	Education	yuan	546.64	632.53
3.文化娱乐	元	Culture and Recreation	yuan	165.22	214.86
(七)居　住	元	Residence	yuan	751.69	838.17
(八)杂项商品与服务	元	Miscellaneous Goods and Services	yuan	242.29	299.48
八、储蓄借贷支出	**元**	**Expenditure for Savings and Lending**	**yuan**	**6909.63**	**7909.89**
九、期末手存现金	**元**	**Cash in Hand at Term-end**	**yuan**	**540.72**	**649.12**

10-3 城镇居民家庭年人均现金收支(2006年)

单位:元

类别	Category	总计 Total	最低10% Lowest Income Household
一、期初手存现金	**Cash in Hand at Term-beginning**	**472.63**	**352.42**
二、家庭总收入	**Total Income**	**13222.85**	**4629.14**
#可支配收入	Disposable Income	12192.24	4242.35
(一)工薪收入	Income of Wages and Salaries	10442.06	3715.27
1.工资及补贴收入	Wages and Subsidies	10272.05	3567.65
2.其他劳动收入	Other Income	170.01	147.62
(二)经营净收入	Net Business Income	558.18	304.99
(三)财产性收入	Income from Properties	220.66	41.49
1.利息收入	Interest Income	37.62	7.54
2.股息与红利收入	Divident and Bonus	100.43	13.04
3.保险收益	Insurance Profit	5.53	
4.其它投资收入	Other Investment Income	10.28	0.38
5.出租房屋收入	Income from Housing Renting	57.98	20.42
6.知识产权收入	Intellectual Property Income	3.96	
7.其他财产性收入	Other Property Income	4.87	0.11
(四)转移性收入	Income from Transfer	2001.96	567.39
1.养老金或离退休金	Retirement Pension	1617.10	389.27
2.社会救济收入	Social Relief	10.19	26.47
3.辞退金	Dismissal Fund	0.05	
4.赔偿收入	Compensation	9.68	5.32
5.保险收入	Insurance Income	9.23	12.49
#失业保险金	Unemployment Insurance Benefits	6.69	12.38
6.赡养收入	Alimony Income	56.74	39.00
7.捐赠收入	Contribution Income	218.73	58.65
8.亲友搭伙费	Fund for relatives or Friends Eating Regularly in	2.70	0.37
9.提取住房公积金	Housing Accumulation Fund	21.85	
10.记帐补贴	Account Subsidies	37.94	32.74
11.其他转移性收入	Other Transfer Income	17.74	3.09
三、出售财物收入	**Income from Properties Sale**	**83.49**	**8.08**
1.出售住房收入	Income from Housing Sale	73.41	1.03
2.出售其他物品收入	Income from Other Items Sale	10.07	7.05
四、借贷收入	**Income from Lending**	**6498.90**	**1964.49**
1.提取储蓄存款	Money Drawn from Bank	5957.40	1728.54
2.借入款	Borrowing Money	280.33	208.65
3.收回借出款	Loans Recalled	53.30	5.73
4.收回储蓄性保险本	Principal of Insurance Like Savings	12.23	4.12
5.兑售有价证券	Exchanging or Selling Marketable Securities	5.72	1.88
6.收回投资本金	Investment Principal	2.62	4.33
7.住房贷款	Housing Loan	171.63	0.51
8.汽车贷款	Car Loan		
9.教育贷款	Education Loan		
10.其他贷款	Other Loans	2.75	
11.其他借贷收入	Other Income from Lending	12.92	10.73

Per Capita Cash Income and Expenditure of Urban Households(2006)

(yuan)

#更 低 5% of which：Lower	低 10% Low Income Household	较 低 20% Lower Middle Income Household	中 间 20% Middle Income Household	较 高 20% Upper Middle Income Household	高 10% High Income Household	最 高 10% Highest Income Household	#更 高 5% of which：Higher
315.50	**367.32**	**419.85**	**449.93**	**527.37**	**628.63**	**684.73**	**787.64**
3827.98	**6886.46**	**9094.30**	**12420.01**	**16657.06**	**21522.57**	**31714.98**	**37131.73**
3494.13	6348.08	8348.99	11351.96	15305.78	19961.48	29645.72	34948.58
2913.75	5740.44	7548.82	10095.03	13479.05	17050.07	21821.47	24031.71
2769.94	5608.37	7426.47	9923.33	13340.32	16814.32	21422.94	23356.66
143.81	132.07	122.36	171.70	138.73	235.75	398.53	675.05
202.83	365.28	320.86	568.26	478.41	548.24	2103.02	3752.52
38.33	49.46	84.90	147.71	303.26	258.54	1081.13	1541.53
7.80	6.92	15.83	19.42	55.10	33.80	199.97	303.01
1.25	22.48	24.57	75.21	120.72	119.98	561.75	847.77
	0.52	7.13	5.89	9.10	1.65	11.31	6.05
0.75	1.81	3.37	2.54	17.57	0.83	70.43	117.08
28.54	8.67	33.30	43.08	83.88	100.82	185.71	170.42
						51.85	97.00
	9.06	0.71	1.57	16.89	1.46	0.11	0.18
673.07	731.27	1139.72	1609.01	2396.35	3665.72	6709.35	7805.97
445.48	519.53	913.06	1357.46	1948.76	3003.58	5423.58	6173.21
43.19	15.41	15.61	2.65	5.82	1.03	2.88	3.95
		0.24					
8.48	0.41	0.17		1.18	86.89	15.93	21.46
11.25	21.22	4.48	4.09	6.42	23.30	4.07	3.02
11.25	19.29	4.14	3.24	4.19	5.36	3.10	2.26
70.72	46.03	41.38	31.94	88.84	49.58	135.93	147.70
54.64	91.73	115.91	137.82	257.01	348.39	913.68	1298.96
0.74			2.45	1.93	20.91		
		0.98	3.88	33.39	54.26	128.76	43.11
33.54	28.83	35.17	34.75	42.86	48.82	51.18	54.42
5.04	8.12	12.71	33.96	10.14	28.97	33.33	60.16
13.34	**3.34**	**6.07**	**129.50**	**9.05**	**337.74**	**320.71**	**14.54**
2.06	0.40	0.26	111.73	1.72	331.70	291.15	2.15
11.28	2.94	5.81	17.78	7.33	6.04	29.56	12.40
1706.53	**2598.15**	**4018.98**	**5847.32**	**8787.54**	**11190.73**	**17027.03**	**18930.99**
1514.38	2563.64	3849.17	5496.06	7794.83	10205.67	15317.05	17275.44
170.08	25.00	137.16	90.03	467.95	632.82	812.38	967.26
1.50	0.42	14.79	14.55	56.64	182.42	260.50	351.28
4.11	3.52	1.17	1.70	36.59	19.42	27.88	27.74
			0.14	1.75		67.53	138.95
8.62		0.62	2.94	4.93	0.85	5.37	3.51
1.03			220.23	416.18	133.11	497.86	116.20
		4.44	3.11	0.07	1.94	12.80	15.72
6.82	5.57	11.63	18.56	8.61	14.50	25.66	34.89

10－3 续表

单位:元

类　　别	Category	总计 Total	最低10% Lowest Income Household
五、家庭总支出	**Total Expenditure**	**11717.46**	**4898.28**
(一)消费支出	Consumption Expenditure	8468.40	3903.05
#服务性消费支出	Consumption Expenditure for Services	2119.63	881.17
1.食　品	Food	2711.65	1645.68
2.衣　着	Clothing	1091.22	445.17
3.家庭设备用品及服务	Household Appliances and Services	526.29	192.42
4.医疗保健	Health care and Medical Services	624.06	256.44
5.交通和通信	Transport and Communications	1175.57	357.65
6.教育文化娱乐服务	Recreation,Education and Cultural Services	1201.97	517.71
7.居　住	Residence	838.17	377.78
8.杂项商品和服务	Miscellaneous Goods and Services	299.48	110.19
(二)购房与建房支出	Expenditure for Housing Purchase and Building	937.20	124.23
1.购　房	Housing Purchase	917.93	124.23
2.建　房	Housing Building	19.27	
(三)转移性支出	Expenditure for Transfer	1352.39	521.50
1.交纳的个人收入税	Individual Income Tax	41.46	5.02
2.捐赠支出	Contribution Expenditure	796.58	300.83
3.购买彩票	Buying Lotteries	6.92	0.92
4.赡养支出	Alimony Expenditure	382.39	182.93
#在外就学子女费用	Expenditure for Chindren's Education	228.74	141.18
5.各种非储蓄性保险支出	Expenditure for Various Non-saving Insurance	58.18	14.68
#车辆保险支出	Expenditure for Vehicle Insurance	13.94	0.25
6.其他转移性支出	Other Transfer Expenditure	66.85	17.12
(四)财产性支出	Expenditure for Properties	8.25	0.45
1.非生产性利息支出	Expenditure for Non-productive Interest	3.41	0.01
2.其　他	Others	4.85	0.44
(五)社会保障支出	Expenditure for Social Security	951.21	349.04
1.个人交纳的养老基金	Pension Fund	405.12	202.07
2.个人交纳的住房公积金	Housing Accumulation Fund	380.91	88.98
3.个人交纳的医疗基金	Medical Fund	106.88	33.51
4.个人交纳的失业基金	Unemployment Fund	39.63	18.14
5.其他社会保障支出	Other Social Security Expenditure	18.67	6.34
六、借贷支出	**Expenditure for Lending**	**7909.89**	**1613.17**
1.存入储蓄款	Money Deposited in Bank	7269.21	1501.71
2.借出款	Lending Money	70.41	4.13
3.归还借款	Money Returned to the Borrower	111.69	28.71
4.储蓄性保险支出	Expenditure for Insurance Like Savings	139.33	39.45
5.购买有价证券	Buying Marketable Securities	35.29	0.55
6.其它投资支出	Other Investment	26.47	0.04
7.归还住房贷款	Housing Loan Returned	234.15	27.08
8.归还汽车贷款	Car Loan Returned	0.65	
9.归还教育贷款	Education Loan Returned	0.33	0.35
10.归还其他贷款	Other Loans Returned	5.82	
11.其他借贷支出	Other Expenditure for Lending	16.54	11.17
七、期末手存现金	**Cash in Hand at Term-end**	**649.12**	**359.56**

continued

(yuan)

# 更 低 5% of which: Lower	低 10% Low Income Household	较 低 20% Lower Middle Income Household	中 间 20% Middle Income Household	较 高 20% Upper Middle Income Household	高 10% High Income Household	最 高 10% Highest Income Household	# 更 高 5% of which: Higher
4285.28	**6224.93**	**8236.59**	**10817.16**	**14629.71**	**18667.84**	**27490.47**	**30456.03**
3501.39	4991.43	6540.93	8198.33	10045.75	12634.78	18178.94	20767.70
767.58	1134.36	1498.05	2055.53	2724.88	3496.04	4359.89	5048.69
1474.63	1977.99	2337.11	2756.90	3089.15	3473.93	4579.40	4982.27
332.47	626.58	865.48	1080.18	1398.94	1613.51	2083.37	2231.51
212.85	268.98	377.69	451.94	633.56	936.08	1303.48	1416.25
244.85	392.93	408.56	677.53	767.76	917.87	1320.02	1368.29
304.41	460.83	890.71	993.63	1267.01	1798.05	3838.81	4525.56
454.67	605.31	852.63	1183.60	1587.54	2055.75	2259.49	2606.97
376.72	530.90	620.73	780.29	911.61	1349.59	2005.87	2642.94
100.78	127.91	188.02	274.27	390.17	490.02	788.50	993.91
	18.37	120.26	450.25	1633.36	2157.06	4049.03	4101.01
	18.37	107.44	450.25	1572.23	2101.60	4049.03	4101.01
		12.82		61.13	55.46		
492.40	707.78	873.60	1157.17	1679.57	2450.59	3397.29	3679.49
8.81	2.85	9.60	26.36	46.94	92.97	213.61	264.67
266.10	468.29	574.01	690.15	954.17	1322.93	1961.68	2067.90
0.33	4.70	7.45	7.13	9.75	5.92	11.27	15.22
182.09	185.15	208.15	341.36	506.55	791.85	816.19	838.15
130.09	146.40	130.28	200.52	263.87	495.49	451.87	379.93
16.88	27.38	37.32	43.57	77.91	97.59	173.85	209.18
	0.71	6.40	3.42	16.45	24.34	85.23	121.48
18.19	19.40	37.05	48.60	84.25	139.32	220.69	284.37
	0.65	1.26	4.46	9.55	6.11	60.76	43.76
	0.65	0.52	3.19	5.20	2.12	18.61	37.29
		0.73	1.27	4.35	3.99	42.15	6.48
291.49	506.70	700.54	1006.94	1261.48	1419.30	1804.46	1864.07
164.25	291.79	352.29	469.89	499.72	518.29	502.76	514.99
78.62	114.70	217.80	362.31	555.08	655.86	996.12	1069.35
24.83	68.67	87.69	110.67	140.28	153.03	184.53	178.78
15.76	22.17	30.89	38.45	46.89	63.67	81.22	74.06
8.02	9.39	11.88	25.63	19.51	28.45	39.83	26.89
1184.60	**3115.45**	**4770.32**	**7363.76**	**10683.68**	**14009.12**	**21254.92**	**25070.78**
1127.17	2968.53	4474.68	6714.50	9988.47	12780.69	18898.35	21861.49
1.66	3.12	20.66	30.44	166.15	83.02	266.04	407.03
17.94	62.29	29.02	117.18	106.36	124.37	535.48	660.98
25.87	46.38	106.86	151.74	154.00	185.57	402.92	539.31
0.12	3.70	2.39	48.23	14.73	105.44	168.92	292.37
0.07	2.20	9.03	74.45	1.80	76.85	34.60	5.12
	20.02	105.76	195.08	243.05	635.74	862.37	1164.71
						8.48	
				0.41		2.78	3.43
	1.65	9.53	2.57	1.05		36.93	73.32
11.77	7.55	12.40	29.56	7.65	17.43	38.04	63.02
326.00	**535.01**	**499.69**	**670.89**	**749.28**	**911.82**	**1099.39**	**1281.60**

10-4 城镇居民家庭年人均食品类消费支出(2006年)

单位:元

类　别	Category	总 计 Total	最 低 10% Lowest Income Household
消费支出	**Consumption Expenditure**	**8468.40**	**3903.05**
#服务性消费支出	Consumption Expenditure for Services	2119.63	881.17
一、食　品	**Food**	**2711.65**	**1645.68**
(一)粮油类	Grain and Oil	349.46	319.85
1.粮　食	Grain	223.57	208.44
(1)大　米	Rice	40.13	31.51
(2)面　粉	Flour	37.33	45.38
(3)其他粮食	Other Grain	12.53	10.45
(4)粮食制品	Grain Products	133.58	121.09
2.淀粉及薯类	Starches and Tubers	23.64	22.21
3.干豆类及豆制品	Dried Beans and Bean Products	33.23	29.50
4.油脂类	Oil or Fat	69.02	59.69
(1)食用植物油	Vegetable Oil	68.90	59.61
(2)食用动物油	Animal Fats	0.12	0.08
(二)肉禽蛋水产品类	Meat, Poultry, Eggs and Aquatic Products	686.45	432.21
1.肉　类	Meat	347.29	224.39
(1)猪　肉	Pork	184.72	135.21
(2)牛　肉	Beef	21.58	12.11
(3)羊　肉	Mutton	22.20	14.17
(4)其他肉	Other Meat	3.52	1.63
(5)肉制品	Meat Products	115.27	61.28
2.禽　类	Poultries	75.15	56.64
(1)鸡	Chicken	29.46	24.22
(2)鸭	Duck	1.77	0.39
(3)其他禽类	Other Poultries	0.55	0.26
(4)禽制品	Poultry Products	43.37	31.77
3.蛋　类	Eggs	89.87	85.42
(1)鲜　蛋	Fresh Eggs	83.82	82.19
(2)蛋制品	Eggs Products	6.04	3.24
4.水产品类	Aquatic Products	174.14	65.76
(1)鱼	Fish	66.56	37.72
(2)虾	Shrimp	40.88	14.04
(3)其他水产品	Other Aquatic Products	44.74	8.79
(4)水产制品	Aquatic Finished Products	21.96	5.20
(三)蔬菜类	Vegetables	239.25	171.86
1.鲜　菜	Fresh Vegetables	218.43	160.14
2.干　菜	Dry Vegetables	10.87	5.26

Per Capita Consumption Expenditure for Food of Urban Households(2006)

(yuan)

#更 低 5% of which:Lower	低 10% Low Income Household	较 低 20% Lower Middle Income Household	中 间 20% Middle Income Household	较 高 20% Upper Middle Income Household	高 10% High Income Household	最 高 10% Highest Income Household	#更 高 5% of which:Higher
3501.39	**4991.43**	**6540.93**	**8198.33**	**10045.75**	**12634.78**	**18178.94**	**20767.70**
767.58	1134.36	1498.05	2055.53	2724.88	3496.04	4359.89	5048.69
1474.63	**1977.99**	**2337.11**	**2756.90**	**3089.15**	**3473.93**	**4579.40**	**4982.27**
319.74	332.60	338.23	357.10	348.77	371.20	409.24	422.29
209.85	218.59	220.19	229.33	217.74	233.74	251.66	254.88
35.77	35.98	36.27	44.92	41.53	46.43	47.56	45.72
52.81	41.29	34.33	37.60	35.47	33.34	36.55	38.93
11.65	10.87	10.46	13.76	13.59	13.82	16.95	19.14
109.62	130.44	139.12	133.06	127.16	140.14	150.60	151.10
22.63	21.46	23.13	23.33	24.60	24.42	28.12	29.54
30.77	30.39	31.26	32.54	34.11	36.17	45.01	44.66
56.49	62.16	63.65	71.90	72.32	76.87	84.45	93.22
56.46	62.08	63.54	71.81	72.12	76.70	84.30	93.16
0.03	0.08	0.11	0.09	0.20	0.17	0.15	0.06
389.91	516.04	632.94	698.71	777.44	839.67	1047.06	1100.31
200.77	278.25	333.65	358.49	383.26	400.20	496.25	508.00
126.81	161.39	183.35	188.97	195.14	204.23	238.73	245.04
10.05	14.52	20.59	24.79	23.67	26.67	30.09	32.65
14.06	17.74	19.49	23.30	25.19	27.51	32.41	33.39
1.42	1.51	3.17	4.80	4.88	3.09	4.28	2.96
48.43	83.09	107.04	116.63	134.39	138.70	190.74	193.95
45.57	61.44	77.65	73.13	81.37	85.39	94.26	92.74
20.77	25.17	32.31	28.92	30.60	31.98	31.13	30.37
0.31	0.64	1.08	1.84	2.33	4.56	2.72	2.51
0.27	0.26	0.54	0.55	0.65	0.74	0.98	1.00
24.22	35.36	43.71	41.82	47.79	48.11	59.43	58.85
83.01	84.14	88.21	88.30	90.18	96.00	106.25	111.22
79.99	81.09	83.51	81.44	82.57	88.64	95.10	101.36
3.02	3.05	4.71	6.86	7.61	7.35	11.16	9.86
60.57	92.20	133.43	178.79	222.63	258.09	350.30	388.36
35.52	45.86	57.23	69.54	79.56	86.07	105.92	115.32
12.86	21.20	33.05	39.90	52.88	60.30	84.00	91.94
8.04	15.98	30.18	49.75	62.91	67.37	100.51	118.75
4.15	9.16	12.97	19.60	27.28	44.35	59.87	62.34
167.01	189.40	220.56	246.41	269.19	291.05	317.85	328.78
156.08	175.64	203.53	223.54	245.68	261.60	283.51	292.95
4.58	7.42	8.74	12.77	12.42	15.22	16.97	18.07

10－4 续表

单位:元

类　别	Category	总　计 Total	最　低 10% Lowest Income Household
3.菜制品	Vegetable Products	9.95	6.46
(四)调味品	Flavoring	33.26	26.47
(五)糖烟酒饮料类	Carbohydrate,Tobacco,Liquor and Beverages	272.78	166.18
1.糖　类	Carbohydrate	22.95	13.56
2.烟草类	Tobacco	82.91	50.26
3.酒　类	Liquor	106.27	73.46
(1)白　酒	White Spirit	66.99	51.07
(2)果　酒	Wine	5.85	1.86
(3)啤　酒	Beer	31.35	19.79
(4)其他酒	Others	2.08	0.74
4.饮　料	Beverages	60.65	28.90
(1)碳酸饮料	Carbonated Beverages	6.91	4.31
(2)果蔬饮料	Fruit Beverages	7.89	4.37
(3)瓶装饮用水	Bottled Beverages	9.35	2.66
(4)茶　叶	Tea	26.29	12.30
(5)咖啡可可粉	Coffee Cocoa Powder	1.73	0.42
(6)其他饮料	Other Beverages	8.49	4.83
(六)干鲜瓜果类	Dried and Fresh Melons and Fruits	251.00	134.19
1.鲜　果	Fresh Fruits	151.99	78.35
2.鲜　瓜	Fresh Melons	43.76	26.00
3.干　果	Dried Fruits	11.21	4.63
4.瓜果制品	Melon and Fruit Products	5.69	2.61
5.坚果及果仁	Nuts	38.35	22.61
(七)糕点、奶及奶制品	Cake,Milk and Products	253.66	156.18
1.糕　点	Cake	76.94	48.97
2.奶及奶制品	Milk and Products	176.72	107.21
(1)鲜乳品	Fresh Milk	125.49	80.04
(2)奶　粉	Milk Power	13.99	6.46
(3)酸　奶	Yogurt	21.22	11.43
(4)其他奶制品	Others	16.02	9.28
(八)其他食品	Other Foods	76.55	34.97
#半成品	Semi-finished Products	7.01	5.45
(九)饮食服务	Catering Services	549.23	203.77
1.食品加工服务费	Proceeding Services	1.46	0.82
2.在外饮食	Outward Dinner	547.77	202.95
(1)购自食堂	Food from Dining Room	71.47	40.28
(2)购自饮食业	Food from Catering Trade	471.11	161.92
(3)在亲友家搭伙支出	Expenditure for relatives or Friends Eating Regularly in	5.19	0.75

continued

(yuan)

# 更 低 5% of which: Lower	低 10% Low Income Household	较 低 20% Lower Middle Income Household	中 间 20% Middle Income Household	较 高 20% Upper Middle Income Household	高 10% High Income Household	最 高 10% Highest Income Household	# 更 高 5% of which: Higher
6.35	6.34	8.28	10.11	11.10	14.23	17.37	17.76
25.97	27.20	30.14	34.95	34.90	38.44	47.41	49.75
145.20	193.62	233.79	288.60	282.03	374.65	485.67	497.18
13.53	16.20	18.36	24.17	24.77	31.05	43.65	45.38
49.37	61.52	73.73	96.39	79.25	106.55	138.38	155.14
59.34	81.02	91.94	105.81	107.82	143.61	189.99	183.06
43.66	53.21	57.28	65.46	64.69	95.88	116.63	105.99
2.07	3.35	5.29	4.82	5.21	9.94	16.71	20.66
13.42	23.70	28.05	33.29	34.45	34.89	53.10	53.97
0.19	0.76	1.32	2.23	3.47	2.90	3.55	2.44
22.96	34.88	49.76	62.23	70.20	93.45	113.66	113.61
2.63	4.95	5.36	7.28	7.68	9.88	12.00	11.40
3.11	5.79	6.60	7.00	9.56	13.25	12.14	10.92
2.17	4.49	6.70	9.80	12.27	13.51	21.20	20.47
11.22	13.10	22.83	27.75	27.99	40.70	52.84	55.63
0.36	1.13	0.87	1.81	2.57	2.84	3.57	2.47
3.48	5.42	7.41	8.59	10.13	13.28	11.91	12.72
113.58	170.94	220.20	253.75	298.68	338.74	410.55	432.94
65.42	101.26	131.86	155.49	183.73	206.96	246.71	257.47
21.34	32.21	39.48	42.87	51.59	55.44	69.70	74.94
4.68	6.81	9.13	11.41	14.89	16.77	17.74	19.57
2.17	4.79	4.56	6.08	6.61	7.34	9.75	10.90
19.98	25.86	35.17	37.89	41.86	52.23	66.65	70.04
125.06	194.59	230.32	258.59	287.47	334.46	367.62	381.78
41.64	59.73	71.57	79.80	83.48	91.48	120.17	116.74
83.41	134.86	158.74	178.78	203.99	242.98	247.45	265.04
62.08	97.54	117.18	128.60	142.68	164.70	164.32	168.40
4.62	13.48	9.96	15.09	15.39	23.78	20.24	23.79
9.86	11.82	16.38	20.73	27.72	29.49	39.81	46.65
6.86	12.02	15.22	14.36	18.20	25.01	23.07	26.20
25.85	44.57	58.70	91.84	85.38	104.65	145.88	159.18
4.01	5.06	6.62	6.45	7.53	8.36	12.11	12.59
162.33	309.03	372.23	526.95	705.29	781.08	1348.12	1610.05
1.34	0.50	1.46	1.45	2.77	0.93	1.19	0.87
160.99	308.53	370.76	525.50	702.52	780.15	1346.93	1609.18
33.79	56.52	64.10	75.02	73.69	103.94	110.41	136.16
125.79	251.12	303.08	445.02	617.10	675.00	1225.95	1458.76
1.40	0.88	3.57	5.46	11.73	1.21	10.58	14.26

10－5 城镇居民家庭年人均非食品类消费支出(2006 年)

单位:元

类　别	Category	总计 Total	最低10% Lowest Income Household
二、衣　着	**Clothing**	**1091.22**	**445.17**
(一)服　装	Garments	777.25	303.59
1.男士服装	Men's Clothing	326.31	129.80
2.女士服装	Women's Clothing	396.52	144.95
3.童　装	Children's Clothing	54.42	28.84
(二)衣着材料	Clothing Material	11.65	6.57
(三)鞋　类	Footwear	243.41	104.12
(四)其他衣着用品	Other Clothing	50.33	26.48
(五)衣着加工服务费	Clothing Proceeding Services	8.57	4.41
三、家庭设备用品及服务	**Household Facilities, Articles and Services**	**526.29**	**192.42**
(一)耐用消费品	Durable Consumer Goods	275.97	71.21
1.家　具	Furniture	97.47	40.28
(1)成套家具	Furniture Sets	33.00	28.67
(2)其他家具	Others	64.46	11.61
2.家庭设备	Household Facilities	178.50	30.93
(1)洗衣机	Washing Machines	20.64	1.26
(2)电风扇	Electric Fans	2.95	1.50
(3)电冰箱	Refrigerators	27.03	8.46
(4)冰　柜	Freezer	3.01	
(5)微波炉	Microwave Ovens	4.31	1.09
(6)空调器	Air Conditioner	48.64	4.65
(7)电炊具	Electric Cookers	7.75	1.89
(8)淋浴热水器	Water Heaters	22.01	2.98
(9)排油烟机	Lampblack Exhausters	8.34	0.14
(10)吸尘器	Vacuam Cleaner	0.83	
(11)消毒碗柜	Sterilized Cabinet	0.17	
(12)洗碗机	Dishwasher	0.02	
(13)饮水机	Drinking Machine	4.44	0.48
(14)取暖器	Heater	3.86	2.07
(15)其　他	Others	24.50	6.41
(二)室内装饰品	Interior Decorations	21.46	3.60
1.纺织装饰品	Textile Decorations	9.39	1.83
2.装饰灯具	Decorative Lamps	5.23	1.11
3.其他装饰品	Others	6.84	0.66
(三)床上用品	Bed Articles	44.15	13.04
(四)家庭日用杂品	Grocery for Daily Use	160.76	94.70
1.厨、餐、茶具	Kitchenware, Tea-things and Tableware	26.57	13.39
2.家用工具	Household Tools	2.59	0.85
3.家居清洁用品	Household Cleaning Products	26.51	18.02

Per Capita Consumption Expenditure for Food of Urban Households(2006)

(yuan)

#更 低 5% of which: Lower	低 10% Low Income Household	较 低 20% Lower Middle Income Household	中 间 20% Middle Income Household	较 高 20% Upper Middle Income Household	高 10% High Income Household	最 高 10% Highest Income Household	#更 高 5% of which: Higher
332.47	**626.58**	**865.48**	**1080.18**	**1398.94**	**1613.51**	**2083.37**	**2231.51**
218.46	410.95	602.08	767.82	1020.16	1171.78	1519.13	1632.75
94.00	176.19	263.02	327.37	414.45	471.21	644.08	696.72
102.53	194.55	290.35	377.33	539.21	636.70	807.45	868.56
21.93	40.21	48.71	63.12	66.49	63.88	67.60	67.47
4.78	9.36	12.30	12.41	11.38	12.15	19.01	17.91
84.46	167.63	202.05	244.29	296.59	343.44	437.59	464.91
20.94	33.15	42.14	46.15	60.88	74.43	92.74	96.62
3.83	5.50	6.93	9.51	9.93	11.70	14.91	19.32
212.85	**268.98**	**377.69**	**451.94**	**633.56**	**936.08**	**1303.48**	**1416.25**
97.06	102.25	198.02	223.88	349.47	520.94	743.21	811.49
70.29	19.30	55.34	53.53	105.64	217.56	379.69	350.50
57.05	2.30	25.90	8.79	25.49	49.44	169.02	196.50
13.24	17.01	29.43	44.74	80.14	168.12	210.67	154.00
26.77	82.95	142.68	170.35	243.83	303.38	363.52	460.99
	14.75	17.46	26.09	27.20	21.61	36.28	50.67
0.86	3.87	2.54	2.51	3.17	2.78	5.73	6.62
13.76	11.98	14.45	22.64	38.10	51.59	69.92	62.31
		1.68	2.65	4.39	7.75	8.10	7.77
	0.33	4.66	4.17	6.62	6.25	6.50	7.82
5.82	18.20	42.44	48.13	80.57	62.43	84.57	136.53
1.47	5.40	7.02	8.16	8.13	13.53	13.55	16.15
	9.75	21.12	18.50	24.92	46.13	45.81	63.99
	3.56	4.43	9.87	10.80	14.96	21.61	22.56
	0.41	0.78	1.63	0.17	1.47	1.67	2.61
			0.42	0.40		0.16	0.34
				0.09			
	0.83	0.81	4.38	5.75	15.99	10.13	14.93
1.85	2.57	6.06	2.52	1.86	4.80	9.40	15.48
3.01	11.30	19.24	18.69	31.68	54.09	50.09	53.21
5.13	7.98	9.11	16.46	21.08	62.11	71.85	69.92
2.80	2.10	4.77	8.16	9.71	30.00	24.03	22.01
1.44	1.74	1.49	3.81	4.14	19.18	18.00	21.87
0.88	4.14	2.86	4.50	7.23	12.93	29.82	26.04
12.67	16.85	34.09	39.03	54.80	82.23	104.47	118.19
85.41	112.77	125.83	159.87	178.24	239.15	303.12	307.52
8.37	12.68	18.92	26.40	28.85	41.38	67.50	65.53
0.91	0.90	1.47	3.97	2.60	5.11	4.57	3.09
16.75	20.87	22.29	25.59	28.60	40.70	41.00	41.96

10－5 续表 1

单位:元

类　别	Category	总　计 Total	最　低 10% Lowest Income Household
4. 其他日用杂品	Other Grocery for Daily Use	105.09	62.45
(五)家具材料	Furniture Materials	4.17	1.60
(六)家庭服务	Household Service	19.79	8.27
1. 家政服务	Household Service	7.87	2.92
2. 加工维修服务费	Proceeding Upkeep	11.93	5.34
四、医疗保健	**Health Care and Personal Articles**	**624.06**	**256.44**
(一)医疗器具	Medical Appliances	6.93	0.60
(二)保健器具	Health Care Appliances	14.14	2.40
(三)药品费	Drugs Charges	312.84	152.57
(四)滋补保健品	Nutritious and Health Articles	82.29	6.68
(五)医疗费	Medical Charges	197.18	92.30
(六)其　他	Others	10.68	1.89
五、交通和通讯	**Transportation and Communication**	**1175.57**	**357.65**
(一)交　通	Transportation	703.84	161.38
1. 家庭交通工具	Transportation Facility	399.14	60.41
(1)摩托车	Motorcycles	3.79	9.07
(2)自行车	Bicycles	14.22	10.77
(3)助力车	Motorbikes	52.15	40.39
(4)家用汽车	Automobiles	327.62	
(5)其他交通工具	Others	1.36	0.18
2. 车辆用燃料及零配件	Fuels and Parts	74.88	31.42
(1)燃　料	Fuels	64.54	25.19
(2)零配件	Parts	8.11	6.20
(3)其　他	Others	2.23	0.02
3. 交通工具服务支出	Expenditure for Transportation Facility Services	69.07	13.49
(1)维修费	Mending Cost	18.22	10.19
(2)车辆使用税费	Tax Payment of Automobile Use	40.47	1.05
(3)其它车辆使用费用	Other Cost of Automobile Use	10.38	2.25
4. 交通费	Transportation Costs	160.75	56.07
(1)飞　机	Airplane	10.91	0.41
(2)火　车	Train	24.90	6.40
(3)长途汽车	Coaches	33.23	18.08
(4)市内公共交通	Incity Public Traffic	45.05	17.34
(5)出租汽车费	Taxis Charges	40.95	11.34
(6)其他交通费	Other Transportation Costs	5.70	2.49
(二)通　信	Communication	471.74	196.26
1. 通信工具	Communication Facility	107.56	25.23
(1)电话机	Fixed Phones	1.93	0.52
(2)移动电话	Mobile Phones	104.38	24.45
(3)寻呼机	Pagers		

continued

(yuan)

#更 低 5% of which: Lower	低 10% Low Income Household	较 低 20% Lower Middle Income Household	中 间 20% Middle Income Household	较 高 20% Upper Middle Income Household	高 10% High Income Household	最 高 10% Highest Income Household	#更 高 5% of which: Higher
59.38	78.31	83.15	103.92	118.18	151.97	190.05	196.94
3.15	0.05	0.35	1.43	8.71	10.24	14.12	18.32
9.43	29.07	10.30	11.25	21.27	21.41	66.70	90.81
4.75	3.22	2.09	2.66	8.68	8.94	49.20	72.18
4.68	25.86	8.21	8.59	12.59	12.47	17.50	18.63
244.85	**392.93**	**408.56**	**677.53**	**767.76**	**917.87**	**1320.02**	**1368.29**
0.01	0.48	5.89	4.71	3.62	8.26	41.57	12.46
0.19	8.26	10.03	13.65	19.66	22.93	29.95	35.62
154.36	240.08	221.10	355.02	381.05	399.43	552.13	546.38
4.79	16.15	31.05	55.70	116.98	160.11	337.75	460.75
84.65	126.13	133.57	233.20	229.53	316.52	337.68	282.04
0.85	1.83	6.92	15.25	16.92	10.61	20.94	31.03
304.41	**460.83**	**890.71**	**993.63**	**1267.01**	**1798.05**	**3838.81**	**4525.56**
139.69	165.56	498.88	513.63	659.40	1117.38	3053.80	3678.07
64.94	56.09	300.26	258.16	257.53	611.60	2184.85	2588.77
11.06		2.26	5.26	4.39	3.04	1.81	
6.32	11.63	13.90	14.72	15.74	15.87	17.24	10.94
47.42	43.51	47.65	66.27	50.80	62.62	51.15	55.99
		234.52	169.45	185.52	529.31	2114.06	2521.83
0.14	0.95	1.94	2.46	1.08	0.76	0.59	
15.15	23.47	49.75	67.53	86.76	139.60	206.49	273.99
11.31	18.91	44.17	59.46	76.69	125.04	165.69	215.65
3.84	4.43	4.73	6.37	7.90	12.03	26.93	50.09
	0.13	0.85	1.69	2.16	2.53	13.88	8.25
8.45	16.38	45.64	43.04	82.04	99.48	299.98	416.25
7.71	12.84	16.22	17.53	15.94	23.41	45.69	71.96
0.11	2.43	24.41	18.31	43.33	63.22	227.53	315.34
0.63	1.11	5.01	7.20	22.77	12.84	26.76	28.95
51.15	69.61	103.23	144.90	233.06	266.71	362.47	399.06
0.82	0.17	3.93	2.43	26.93	19.46	35.28	45.34
7.58	6.15	16.92	20.04	34.10	49.19	66.11	69.52
16.93	20.18	24.02	34.52	47.16	46.61	49.28	51.74
13.75	22.87	32.34	45.93	57.30	70.86	94.85	93.44
8.92	14.84	20.81	38.20	61.23	69.76	107.17	130.21
3.16	5.40	5.21	3.79	6.35	10.82	9.78	8.82
164.72	295.27	391.83	480.00	607.61	680.66	785.01	847.49
14.00	67.01	85.28	118.43	147.98	140.63	190.35	227.38
0.20	1.18	1.15	3.06	2.32	2.59	2.77	3.47
13.49	65.23	83.26	114.09	144.24	136.60	183.40	218.04

10-5 续表2

单位:元

类　别	Category	总 计 Total	最 低 10% Lowest Income Household
(4)传真机	Faxes	0.06	
(5)其他通信工具	Other Communication Facility	1.20	0.26
2.通信服务	Communication Service	364.17	171.03
(1)电信费	Costs of Telecommunications Services	350.95	167.60
(2)邮　费	Costs of Postal Services	2.05	0.49
(3)其　他	Others	11.17	2.94
六、教育文化娱乐服务	**Education, Culture and Recreation Articles**	**1201.97**	**517.71**
(一)文化娱乐用品	Culture and Recreation Articles	354.57	120.71
1.彩色电视机	Color TV Sets	47.96	14.74
2.影碟机	Video Disc Players	2.93	1.22
3.录放像机	Video Recorders	1.51	
4.家用电脑	Computers	104.96	28.93
(1)整机电脑	Entire Computers	93.27	27.88
(2)计算机外部设备	External Equipment of Computer	5.81	0.02
(3)各种零配件及耗材	Various Spare Parts	5.88	1.02
5.组合音响	Hi-Fi Stereo Component System	0.65	
6.录音机	Tape Recorders	2.81	0.24
7.摄像机	Pickup Cameras	9.16	
8.照相机	Cameras	26.05	
9.钢　琴	Pianos	4.07	
10.其他中高档乐器	Other Medium and Top Grade Music Instruments	3.41	2.48
11.健身器材	Body Building Equipment	5.16	12.51
12.电子辞典	Electronic Dictionary	4.19	1.22
13.音像制品及软件	Audio-visual Products and Software	6.31	1.55
14.体育用品	Sports Goods	1.61	0.42
15.书报杂志	Books, Newspapers and Magazines	44.48	18.35
16.纸张文具	Paper and Stationery	18.67	12.27
17.其他文娱用品	Other Culture and Recreation Articles	70.64	26.77
(二)文化娱乐服务	Culture and Recreation Services	214.86	51.97
1.参观游览	Visit	36.40	3.71
2.健身活动	Body Building Activities	9.46	0.07
3.团体旅游	Team Tour	101.15	7.09
4.其它文娱活动	Other Culture and Recreation Activities	58.62	38.34
5.文娱用品修理服务费	Service Charges for Recreation and Culture Articles Mending	9.23	2.77
(三)教　育	Education	632.53	345.04
1.教　材	Teaching Materials	37.26	30.16
(1)课本及参考书	Text Books and Reference Books	30.14	27.28
(2)教育软件	Teaching Software	2.69	1.23
(3)其它教材	Other Teaching Material	4.43	1.65
2.教育费用	Education Costs	595.28	314.88

continued

(yuan)

#更 低 5% of which:Lower	低 10% Low Income Household	较 低 20% Lower Middle Income Household	中 间 20% Middle Income Household	较 高 20% Upper Middle Income Household	高 10% High Income Household	最 高 10% Highest Income Household	#更 高 5% of which:Higher
						0.77	1.58
0.31	0.60	0.88	1.27	1.42	1.44	3.41	4.29
150.72	228.26	306.54	361.57	459.63	540.04	594.66	620.11
147.67	222.17	295.97	341.80	443.70	522.25	577.08	602.49
0.81	0.89	1.27	1.64	2.90	5.13	3.86	4.89
2.24	5.21	9.30	18.13	13.03	12.66	13.72	12.73
454.67	605.31	852.63	1183.60	1587.54	2055.75	2259.49	2606.97
113.06	161.59	231.85	334.74	472.48	565.77	870.06	1081.60
22.11	15.32	38.63	46.22	51.03	60.47	156.80	260.42
2.43	1.07	3.63	1.81	1.49	9.74	4.96	5.48
		2.90			9.97		
16.53	47.77	60.43	106.45	135.91	183.58	264.22	324.50
16.28	45.41	48.82	98.05	120.52	160.67	235.83	293.28
	0.73	4.00	4.31	7.83	17.05	13.44	18.02
0.24	1.63	7.60	4.08	7.56	5.86	14.96	13.21
	1.20	0.74	0.14	0.89	0.90	0.93	
	1.92	2.28	3.21	4.07	4.59	3.37	6.63
		1.76	9.63	14.28	4.87	49.27	69.02
	8.18	6.88	15.72	51.00	62.76	70.28	94.36
				21.46			
4.93	0.83	2.11	0.41	3.77	7.82	14.33	0.52
24.86	0.53	6.67	1.59	4.89	4.09	8.00	7.82
1.31	3.99	3.42	4.22	3.52	8.50	7.80	8.26
0.73	2.51	5.12	5.60	9.03	11.83	11.44	12.43
0.36	0.49	1.19	2.10	1.33	2.24	4.98	7.38
14.18	24.98	29.76	43.32	57.42	68.45	99.28	108.22
9.96	14.44	15.72	22.48	21.55	21.86	22.65	24.94
15.65	38.35	50.61	71.84	90.86	104.11	151.74	151.61
40.29	71.65	123.77	204.23	286.53	444.18	527.92	580.82
3.22	11.51	18.81	36.94	50.33	73.25	96.04	92.02
0.09	0.63	2.19	6.06	16.62	22.73	33.81	40.98
2.15	14.82	46.19	95.83	138.16	257.52	275.79	306.82
33.12	36.69	48.43	56.07	71.28	79.63	102.99	124.54
1.72	8.00	8.14	9.32	10.13	11.05	19.28	16.45
301.33	372.07	497.02	644.64	828.54	1045.80	861.51	944.56
22.98	21.81	32.97	42.66	40.24	57.72	39.29	35.98
21.02	20.00	28.24	34.92	30.52	36.74	34.68	29.68
0.37	0.27	0.79	1.29	4.08	14.43	0.79	1.32
1.59	1.54	3.94	6.45	5.64	6.54	3.82	4.97
278.35	350.26	464.05	601.98	788.30	988.08	822.22	908.58

10－5 续表3

单位:元

类　　别	Category	总　计 Total	最　低 10% Lowest Income Household
(1)非义务教育学杂费	Tuition Fee for Noncompulsory Education	225.76	132.25
(2)义务教育学杂费	Tuition Fee for Compulsory Education	66.50	88.93
(3)托幼费	Child-care Fee	49.88	36.62
(4)成人教育费	Adult Education Expenses	78.86	5.15
(5)家教费	Family Education Expenses	13.44	3.75
(6)培训班	Training Fee	92.55	32.41
(7)学校住宿费	Accommodation Expenses at School	9.34	5.78
(8)其　他	Others	58.95	10.00
七、居　住	**Residence**	**838.17**	**377.78**
(一)住　房	Housing	217.71	30.47
1.租赁房房租	House Rent	17.54	14.78
2.自有房租金折算	Private House Convert to House Rent		
3.住房装潢支出	Decoration Expenses	137.76	2.22
4.维修用建筑材料	Construction Material for Mending	47.48	12.65
5.其　他	Others	14.94	0.82
(二)水电燃料及其他	Water, Electricity, Fuel and Others	573.00	330.67
1.水	Water	45.02	29.95
2.电	Electricity	196.18	118.93
3.燃　料	Fuels	134.71	138.13
(1)煤　炭	Coal	44.41	78.85
(2)液化石油气	Liquefied Petroleum Gas	41.87	41.41
(3)管道煤气	Pipeline Gas	35.62	15.66
(4)其他燃料	Other Fuels	12.81	2.22
4.其　他	Others	197.09	43.65
(三)居住服务费	Charges of Residence Service	47.46	16.64
1.物业管理费	Property Management Fees	17.93	8.09
2.维修服务费	Charges of Mending Services	11.41	2.17
3.其　它	Others	18.12	6.39
八、杂项商品和服务	**Miscellanecus Commodities and Services**	**299.48**	**110.19**
(一)杂项商品	Miscellanecus Commodities	204.98	76.03
1.金银珠宝饰品	Jewellerys	46.79	16.57
2.手　表	Watches	3.82	0.33
3.理发美容用具	Haircut and Cosmetology Articles	2.66	0.30
4.化妆品	Cosmetics	93.90	33.11
5.其他杂品	Other Miscellanecus Commodities	57.81	25.72
(二)服　务	Services	94.50	34.16
1.旅馆住宿费	Accommodation Expenses at Inn	8.29	2.43
2.理发洗澡费	Washing and Haircut Service Charges	25.34	13.27
3.美容费	Cosmetology Service Charges	18.72	1.73
4.其他服务	Other Services	42.15	16.74

continued

(yuan)

# 更 低 5% of which: Lower	低 10% Low Income Household	较 低 20% Lower Middle Income Household	中 间 20% Middle Income Household	较 高 20% Upper Middle Income Household	高 10% High Income Household	最 高 10% Highest Income Household	# 更 高 5% of which: Higher
119.17	128.35	179.53	226.69	266.90	392.13	353.51	451.51
90.94	66.36	59.91	72.34	68.55	55.39	45.21	46.79
29.87	46.57	48.10	41.39	58.15	62.46	66.61	49.62
5.78	32.06	36.64	72.83	124.23	209.17	136.51	134.36
4.14	5.46	8.70	12.80	23.71	27.86	13.50	6.32
16.04	49.13	69.09	109.88	133.67	128.67	128.46	123.35
4.64	3.30	7.43	12.73	11.56	16.95	6.51	5.34
7.76	19.05	54.65	53.31	101.51	95.45	71.91	91.31
376.72	**530.90**	**620.73**	**780.29**	**911.61**	**1349.59**	**2005.87**	**2642.94**
23.13	76.01	98.38	164.64	210.57	509.02	880.87	1442.71
14.29	13.39	11.66	17.93	20.83	10.97	43.38	52.87
0.87	12.91	43.32	80.87	123.37	404.60	681.79	1166.29
7.72	39.23	29.49	56.23	52.50	69.55	103.98	178.61
0.24	10.48	13.92	9.61	13.87	23.90	51.72	44.94
337.85	431.83	491.56	570.58	636.94	775.16	1001.80	1066.24
28.40	34.59	40.10	45.21	48.30	60.23	71.64	71.76
116.74	141.10	173.59	193.13	225.37	257.22	326.30	340.25
151.59	124.15	135.93	129.52	132.21	141.64	153.87	168.35
90.02	58.60	53.14	39.08	29.80	21.17	22.74	30.38
46.45	33.40	40.32	45.96	45.18	44.69	38.09	27.97
12.79	29.50	32.30	33.21	38.63	50.67	65.81	68.43
2.32	2.65	10.18	11.26	18.60	25.11	27.23	41.56
41.13	132.00	141.95	202.73	231.05	316.07	449.99	485.89
15.73	23.06	30.79	45.08	64.11	65.41	123.19	133.99
6.24	11.86	11.25	14.31	20.68	33.36	46.17	48.53
1.40	4.39	11.45	14.28	11.49	7.89	32.14	52.35
8.10	6.80	8.09	16.49	31.94	24.16	44.88	33.11
100.78	**127.91**	**188.02**	**274.27**	**390.17**	**490.02**	**788.50**	**993.91**
72.28	86.79	130.60	187.96	263.88	311.32	569.11	721.04
26.87	3.51	14.83	39.25	59.75	54.75	228.75	361.39
0.17	0.41	1.23	2.42	3.51	9.27	19.92	7.58
0.17	2.84	0.81	3.06	3.20	4.37	6.99	7.50
24.74	48.06	72.49	84.76	126.00	158.85	185.84	208.63
20.32	31.97	41.24	58.47	71.43	84.08	127.61	135.94
28.51	41.12	57.42	86.31	126.28	178.70	219.39	272.87
3.80	2.01	5.85	5.54	12.78	21.67	14.30	17.80
11.03	15.72	20.75	24.89	34.69	31.98	41.55	44.04
0.72	2.65	7.38	19.82	28.71	39.63	50.02	64.82
12.95	20.73	23.44	36.06	50.11	85.42	113.52	146.20

10－6 城镇居民家庭年人均食品类消费数量(2006 年)

单位:千克

类　　别	Category	总　计 Total	最　低 10% Lowest Income Household
粮　食	Grain	72.95	76.53
(1)大　米	Rice	12.66	10.24
(2)面　粉	Flour	16.85	22.22
(3)其他粮食	Other Grain	3.89	3.44
(4)粮食制品	Grain Products	39.54	40.62
淀粉及薯类	Starches and Tubers	9.82	10.10
油脂类	Oil or Fat	6.24	6.16
(1)食用植物油	Vegetable Oil	6.23	6.15
(2)食用动物油	Animal Fats	0.02	0.01
肉　类	Meat	22.98	15.94
(1)猪　肉	Pork	14.42	10.99
(2)牛　肉	Beef	1.25	0.72
(3)羊　肉	Mutton	1.21	0.79
(4)其他肉	Other Meat	0.27	0.12
(5)肉制品	Meat Products	5.83	3.32
禽　类	Poultries	5.10	4.26
(1)鸡	Chicken	2.60	2.44
(2)鸭	Duck	0.14	0.03
(3)其他禽类	Other Poultries	0.04	0.02
(4)禽制品	Poultry Products	2.31	1.77
蛋　类	Eggs	16.50	16.27
(1)鲜　蛋	Fresh Eggs	15.85	15.90
(2)蛋制品	Eggs Products	0.66	0.37
水产品类	Aquatic Products		
(1)鱼	Fish	6.48	4.43
(2)虾	Shrimp	1.54	0.69
(3)其他水产品	Other Aquatic Products	3.11	1.10
鲜　菜	Fresh Vegetables	107.00	92.70
干　菜	Dry Vegetables	0.40	0.22
酒　类	Liquor	10.15	8.34
(1)白　酒	White Spirit	2.80	2.96
(2)果　酒	Wine	0.23	0.10
(3)啤　酒	Beer	6.97	5.24
(4)其他酒	Others	0.14	0.03
碳酸饮料	Carbonated Beverages	1.44	0.93
果蔬饮料	Fruit Beverages	1.40	0.85
瓶装饮用水	Bottled Beverages	16.93	7.27
茶　叶	Tea	0.28	0.20
咖啡可可粉	Coffee Cocoa Powder	0.04	0.01
鲜　果	Fresh Fruits	47.22	29.24
鲜　瓜	Fresh Melons	27.96	21.20
干　果	Dried Fruits	0.86	0.46
瓜果制品	Melon and Fruit Products	0.51	0.26
坚果及果仁	Nuts	3.45	2.53
糕　点	Cake	6.80	5.12
奶及奶制品	Milk and Products		
(1)鲜乳品	Fresh Milk	28.31	18.83
(2)奶　粉	Milk Power	0.34	0.23
(3)酸　奶	Yogurt	3.72	2.30

Per Capita Food Consumption of Urban Households (2006)

(kg)

#更 低 5% of which: Lower	低 10% Low Income Household	较 低 20% Lower Middle Income Household	中 间 20% Middle Income Household	较 高 20% Upper Middle Income Household	高 10% High Income Household	最 高 10% Highest Income Household	#更 高 5% of which: Higher
79.81	76.54	71.96	73.42	68.87	71.75	75.40	75.66
11.75	11.60	11.49	14.09	12.93	14.57	14.77	13.75
26.21	19.81	15.75	16.63	15.41	14.04	14.94	15.83
4.02	3.48	3.22	4.28	4.20	4.25	5.01	5.50
37.83	41.65	41.49	38.41	36.34	38.90	40.69	40.58
10.89	9.57	9.71	9.33	9.81	10.03	11.20	12.06
5.88	6.12	5.76	6.45	6.27	6.44	7.13	7.86
5.87	6.11	5.75	6.44	6.25	6.42	7.11	7.85
	0.01	0.01	0.01	0.02	0.02	0.02	
14.49	18.99	22.44	23.85	24.76	25.58	31.42	31.83
10.35	12.84	14.52	14.80	14.93	15.55	18.05	18.37
0.62	0.83	1.21	1.42	1.36	1.51	1.77	1.91
0.81	0.94	1.06	1.26	1.38	1.50	1.77	1.80
0.10	0.11	0.24	0.39	0.36	0.23	0.31	0.21
2.62	4.27	5.40	5.98	6.73	6.78	9.51	9.54
3.49	4.49	5.42	4.92	5.28	5.56	5.84	5.67
2.07	2.42	2.95	2.46	2.55	2.64	2.52	2.46
0.03	0.05	0.09	0.14	0.20	0.36	0.22	0.21
0.02	0.02	0.04	0.04	0.05	0.05	0.07	0.07
1.37	2.00	2.33	2.27	2.48	2.51	3.03	2.92
15.79	15.82	16.36	16.23	16.17	17.35	18.88	19.72
15.45	15.46	15.86	15.46	15.38	16.57	17.66	18.69
0.33	0.37	0.50	0.77	0.79	0.78	1.22	1.03
4.22	5.07	6.01	6.64	7.03	7.45	10.15	8.85
0.64	0.87	1.29	1.58	1.93	2.13	2.84	2.94
1.06	1.69	2.50	3.69	3.93	4.00	5.45	6.23
91.30	98.46	104.56	106.94	112.14	116.41	125.00	127.41
0.19	0.28	0.32	0.50	0.44	0.51	0.58	0.53
6.60	8.68	9.62	10.47	10.47	10.32	14.78	14.98
2.89	2.61	2.64	2.84	2.46	3.01	3.80	3.56
0.08	0.20	0.23	0.21	0.21	0.30	0.53	0.61
3.61	5.80	6.66	7.27	7.57	6.81	10.19	10.56
0.02	0.07	0.10	0.14	0.23	0.20	0.26	0.26
0.57	1.06	1.07	1.51	1.58	2.21	2.50	2.41
0.62	1.01	1.20	1.23	1.61	2.49	2.02	1.89
6.87	8.34	13.23	18.73	22.82	23.33	28.54	29.69
0.20	0.21	0.29	0.30	0.28	0.34	0.40	0.42
0.01	0.03	0.02	0.04	0.05	0.05	0.09	0.03
25.45	36.24	43.70	49.12	54.48	58.38	65.20	65.85
17.68	24.25	25.86	27.72	30.85	32.75	37.73	41.42
0.50	0.63	0.75	0.90	1.09	1.16	1.16	1.25
0.21	0.47	0.41	0.55	0.58	0.61	0.82	0.90
2.37	2.83	3.47	3.40	3.47	4.21	4.89	5.12
4.52	5.97	6.54	6.99	7.04	7.82	9.06	8.71
14.59	22.71	26.26	29.29	31.83	36.68	36.07	36.74
0.14	0.38	0.25	0.30	0.48	0.44	0.34	0.39
1.95	2.11	3.01	3.57	4.56	5.02	7.08	8.40

10－7 城镇居民非食品类消费数量(2006年)

类别	单位	Category	Unit	总计 Total	最低10% Lowest Income Household
服装	件/人	Garments	piece/person	3.06	1.98
男士服装	件/人	Men's Clothing	piece/person	3.75	2.29
女士服装	件/人	Women's Clothing	piece/person	1.18	0.82
童装	件/人	Children's Clothing	piece/person	3.17	2.49
鞋类	双/人	Footwear	pair/person	4.44	0.48
洗衣机	台/百户	Washing Machines	unit/100 households	6.24	5.28
电风扇	台/百户	Electric Fans	unit/100 households	3.48	1.08
电冰箱	台/百户	Refrigerators	unit/100 households	0.72	
冰柜	台/百户	Freezer	unit/100 households	2.04	0.60
微波炉	台/百户	Microwave Ovens	unit/100 households	5.40	0.72
空调器	台/百户	Air Conditioner	unit/100 households	8.04	3.36
电炊具	台/百户	Electric Cookers	unit/100 households	5.16	1.08
淋浴热水器	台/百户	Water Heaters	unit/100 households	3.36	0.12
排油烟机	台/百户	Lampblack Exhausters	unit/100 households	0.72	
吸尘器	台/百户	Vacuam Cleaner	unit/100 households	0.12	
消毒碗柜	台/百户	Sterilized Cabinet	unit/100 households		
洗碗机	台/百户	Dishwasher	unit/100 households	2.64	0.72
饮水机	台/百户	Drinking Machine	unit/100 households	2.40	1.80
取暖器	台/百户	Heater	unit/100 households	0.24	0.72
摩托车	辆/百户	Motorcycles	unit/100 households	13.92	15.24
自行车	辆/百户	Bicycles	unit/100 households	7.80	7.44
助力车	辆/百户	Motorbikes	unit/100 households	1.20	
家用汽车	辆/百户	Automobiles	unit/100 households	3.60	3.96
电话机	部/百户	Fixed Phones	unit/100 households	26.04	9.48
移动电话	部/百户	Mobile Phones	unit/100 households		
传真机	部/百户	Faxes	unit/100 households		
彩色电视机	台/百户	Color TV Sets	unit/100 households	4.92	1.80
影碟机	台/百户	Video Disc Players	unit/100 households	1.68	0.96
录放像机	台/百户	Video Recorders	unit/100 households	0.12	
整机电脑	台/百户	Computers	unit/100 households	5.40	1.80
组合音响	台/百户	Hi-Fi Stereo Component System	unit/100 households	0.24	
录音机	台/百户	Tape Recorders	unit/100 households	2.40	0.72
摄像机	架/百户	Pickup Cameras	unit/100 households	0.48	
照相机	架/百户	Cameras	unit/100 households	3.24	
钢琴	架/百户	Pianos	unit/100 households	0.12	
其他中高档乐器	件/百户	Other Medium and Top Grade Music Instruments	piece/100 households	0.72	0.48
健身器材	件/人	Body Building Equipment	piece/person		
电子辞典	部/人	Electronic Dictionary	unit/person	0.01	0.01
水	吨/人	Water	ton/person	18.54	12.40
电	度/人	Electricity	kwh/person	360.17	216.18
煤炭	千克/人	Coal	kg/person	98.28	171.52
液化石油气	千克/人	Liquefied Petroleum Gas	kg/person	10.09	9.94
管道煤气	立方米/人	Pipeline Gas	cu. m/person	24.84	10.29
手表	只/人	Watches	unit/person	0.03	0.01

Non-food Consumption of Urban Households(2006)

#更 低 5% of which:Lower	低 10% Low Income Household	较 低 20% Lower Middle Income Household	中 间 20% Middle Income Household	较 高 20% Upper Middle Income Household	高 10% High Income Household	最 高 10% Highest Income Household	#更 高 5% of which:Higher
1.60	2.35	2.85	3.15	3.45	3.71	4.44	4.83
1.80	2.65	3.29	3.81	4.45	4.99	5.63	5.82
0.66	1.00	1.16	1.29	1.36	1.19	1.30	1.40
2.20	2.94	3.05	3.25	3.30	3.58	3.85	4.00
	5.16	4.44	5.04	4.68	4.92	5.76	7.56
3.84	8.04	6.84	5.16	6.00	4.68	8.40	10.92
1.80	2.40	2.16	3.12	4.68	5.04	7.68	5.88
		0.36	0.72	1.08	1.44	1.44	0.96
	0.36	2.40	1.68	3.48	1.56	2.76	3.12
0.96	2.88	5.28	5.52	7.80	6.24	8.16	13.32
1.68	6.60	8.04	8.52	8.28	10.32	10.56	13.44
	2.16	5.88	4.68	6.12	7.80	7.92	10.32
	2.04	2.28	4.44	4.08	3.84	7.20	7.92
	0.12	0.96	1.32	0.12	1.20	0.72	0.96
			0.24	0.12		0.24	0.48
				0.12			
	1.68	1.32	3.84	2.16	4.68	5.28	6.48
1.20	2.16	1.92	2.64	1.44	2.64	5.64	6.60
0.96		0.24	0.36	0.24	0.36	0.12	
10.56	13.80	14.52	12.84	15.00	10.92	13.80	8.28
9.36	7.68	7.80	9.60	7.08	7.56	6.00	6.12
		0.84	0.72	1.08	2.16	5.40	6.36
1.32	2.28	3.12	4.80	2.52	3.84	5.16	5.28
6.00	24.48	24.12	27.48	32.52	26.52	32.64	35.16
						0.24	0.48
2.28	4.08	4.56	5.64	5.28	4.20	8.40	11.88
1.92	0.84	2.52	0.96	0.96	3.48	2.64	3.24
		0.24			0.96		
1.20	3.00	3.12	6.12	7.32	7.20	9.36	10.32
	0.48	0.24	0.24	0.24	0.72	0.24	
	1.92	2.64	2.64	3.24	2.64	2.04	3.48
		0.12	0.60	0.72	0.24	2.28	3.24
	1.32	1.08	2.04	5.76	6.72	7.20	7.92
				0.48			
0.96	0.36	0.60	0.36	0.84	1.68	1.56	0.48
						0.01	0.01
		0.01	0.01	0.01	0.02	0.01	0.01
11.74	15.14	16.66	18.38	19.86	25.24	27.85	26.93
212.19	257.91	317.84	355.60	415.51	472.74	598.80	622.15
185.33	139.08	116.36	87.33	66.20	44.87	43.45	51.78
11.41	7.95	9.49	11.59	10.68	11.18	8.80	7.05
7.81	20.95	21.20	24.80	26.90	36.16	44.94	46.13
	0.02	0.02	0.03	0.03	0.05	0.05	0.06

10－8 城镇居民家庭年人均非现金收入(2006年)

单位:元

类　　别	Category	总　计 Total	最　低 10% Lowest Income Household
非现金(实物与服务)收入总计	**Total Non-cash(material objects and services) income**	**593.41**	**349.95**
一、食　品	**Food**	**144.71**	**82.74**
(一)粮油类	Grain and Oil	38.00	25.48
1.粮　食	Grain	12.83	10.06
2.淀粉及薯类	Starches and Tubers	0.57	0.23
3.干豆类及豆制品	Dried Beans and Bean Products	0.33	0.23
4.油脂类	Oil or Fat	24.27	14.95
(二)肉禽蛋水产品类	Meat, Poultry, Eggs and Aquatic Products	34.67	21.06
1.肉　类	Meat	12.88	10.15
2.禽　类	Poultries	1.89	1.48
3.蛋　类	Eggs	5.40	2.64
4.水产品类	Aquatic Products	14.50	6.80
(三)蔬菜类	Vegetables	2.94	2.35
(四)调味品	Flavoring	0.93	0.10
(五)糖烟酒饮料类	Carbohydrate, Tobacco, Liquor and Beverages	31.23	13.72
1.糖　类	Carbohydrate	0.27	0.06
2.烟草类	Tobacco	4.96	0.22
3.酒　类	Liquor	21.97	12.75
4.饮料类	Beverages	4.04	0.69
(六)干鲜瓜果类	Dried and Fresh Melons and Fruits	8.50	3.26
(七)糕点、奶及奶制品	Cake, Milk and Products	12.93	7.91
1.糕　点	Cake	3.24	1.40
2.奶及奶制品	Milk and Products	9.69	6.51
(八)其他食品	Other Foods	5.58	6.10
(九)饮食服务	Catering Services	9.92	2.76
1.食品加工服务费	Proceeding Services	0.07	
2.在外饮食	Outward Dinner	9.85	2.76
二、衣　着	**Clothing**	**14.71**	**10.93**
(一)服　装	Garments	11.92	9.44
(二)衣着材料	Clothing Material	0.29	
(三)鞋　类	Footwear	1.99	1.13

Per Capita Annual Non-cash Income of Urban Households(2006)

(yuan)

#更 低 5% of which:Lower	低 10% Low Income Household	较 低 20% Lower Middle Income Household	中 间 20% Middle Income Household	较 高 20% Upper Middle Income Household	高 10% High Income Household	最 高 10% Highest Income Household	#更 高 5% of which:Higher
249.36	**438.70**	**524.92**	**571.76**	**693.46**	**784.30**	**979.11**	**927.43**
80.94	**94.44**	**112.82**	**128.91**	**158.09**	**163.53**	**391.95**	**405.91**
22.97	28.42	34.37	37.13	40.50	38.40	77.31	76.46
9.60	10.57	12.52	13.00	13.61	8.91	23.37	22.03
0.23	0.11	0.50	0.43	0.71	1.20	1.26	2.05
0.20	0.18	0.27	0.23	0.32	0.54	0.86	0.39
12.95	17.57	21.08	23.46	25.86	27.75	51.82	51.99
22.28	22.05	26.14	32.84	40.29	33.90	90.58	85.23
8.95	10.58	10.38	10.26	15.56	13.43	27.12	26.71
2.02	1.22	1.96	2.03	1.74	2.33	2.80	3.25
3.56	3.11	5.55	4.56	5.87	4.32	14.85	19.41
7.74	7.15	8.25	15.99	17.13	13.82	45.80	35.86
3.11	1.85	1.75	3.13	3.12	2.39	8.69	11.58
0.04	0.77	0.97	1.14	0.97	0.78	1.86	1.83
11.35	17.25	23.25	23.72	34.58	33.12	110.57	102.54
	0.01	0.06	0.29	0.66	0.29	0.52	0.95
0.32	2.01	3.64	3.05	3.37	7.37	26.39	14.37
10.14	13.72	16.46	18.12	25.26	21.24	66.83	65.30
0.88	1.51	3.09	2.26	5.29	4.23	16.83	21.92
3.57	3.42	5.54	6.15	9.98	14.40	28.25	28.54
7.37	6.97	11.82	11.72	14.88	13.86	29.92	33.70
1.68	0.74	2.58	3.31	3.57	4.23	9.61	13.62
5.70	6.23	9.23	8.41	11.31	9.63	20.31	20.09
6.28	7.36	2.78	4.49	3.84	4.84	18.22	26.39
3.97	6.34	6.21	8.58	9.93	21.84	26.56	39.64
					0.55	0.28	0.58
3.97	6.34	6.21	8.58	9.93	21.29	26.28	39.06
7.08	**7.95**	**11.56**	**12.11**	**15.82**	**21.66**	**35.80**	**51.21**
6.10	6.29	9.59	9.04	13.59	16.07	29.44	42.37
	0.04	0.14	0.49	0.27	0.63	0.62	1.27
0.60	1.15	1.44	2.22	1.51	4.06	4.40	5.23

10－8 续表

单位:元

类　　别	Category	总 计 Total	最 低 10% Lowest Income Household
(四)其他衣着用品	Other Clothing	0.51	0.35
(五)衣着加工服务费	Clothing Proceeding Services		
三、家庭设备用品及服务	**Household Facilities, Articles and Services**	**9.12**	**2.91**
(一)耐用消费品	Durable Consumer Goods	4.81	0.77
(二)室内装饰品	Interior Decorations	0.48	0.19
(三)床上用品	Bed Articles	1.65	0.41
(四)家庭日用杂品	Grocery for Daily Use	2.13	1.54
(五)家具材料	Furniture Materials		
(六)家庭服务	Household Service	0.05	
四、医疗保健	**Health Care and Personal Articles**	**13.73**	**2.04**
(一)医疗器具	Medical Appliances	0.03	
(二)保健用品	Health Care Appliances	0.47	
(三)药品费	Drugs Charges	2.61	0.21
(四)滋补保健品	Nutritious and Health Articles	1.41	0.11
(五)医疗费	Medical Charges	2.35	0.52
(六)其　他	Others	6.84	1.19
#医疗基金	Medical Foundation	4.14	1.19
五、交通和通讯	**Transportation and Communication**	**2.90**	**1.38**
(一)交　通	Transportation	1.25	1.30
(二)通　信	Communication	1.65	0.08
六、教育文化娱乐服务	**Education, Culture and Recreation Articles**	**22.66**	**2.42**
(一)文化娱乐用品	Culture and Recreation Articles	4.06	1.39
(二)文化娱乐服务	Culture and Recreation Services	17.79	0.38
(三)教　育	Education	0.81	0.65
七、居　住	**Residence**	**3.38**	**1.41**
(一)住　房	Housing	0.06	0.05
(二)水电燃料及其他	Water, Electricity, Fuel and Others	2.90	1.36
(三)居住服务费	Charges of Residence Service	0.43	
八、杂项商品和服务	**Miscellanecus Commodities and Services**	**382.20**	**246.13**
(一)杂项商品	Miscellanecus Commodities	9.32	1.00
(二)服　务	Services	372.87	245.12

continued

(yuan)

#更低 5% of which:Lower	低 10% Low Income Household	较低 20% Lower Middle Income Household	中间 20% Middle Income Household	较高 20% Upper Middle Income Household	高 10% High Income Household	最高 10% Highest Income Household	#更高 5% of which:Higher
0.37	0.47	0.38	0.36	0.44	0.90	1.35	2.34
				0.01			
1.63	**9.51**	**5.93**	**6.26**	**14.55**	**11.94**	**17.65**	**22.30**
	7.24	2.70	4.09	7.71	6.52	5.89	9.79
		0.33	0.15	0.93	0.74	1.44	
0.67	0.40	1.08	1.22	2.83	1.99	4.79	4.23
0.96	1.87	1.81	0.66	2.92	2.68	5.53	8.28
			0.02				
		0.01	0.12	0.15			
2.35	**3.31**	**9.64**	**12.08**	**12.74**	**21.77**	**56.39**	**75.23**
				0.13	0.07		
	0.09	0.11		0.04	2.60	2.67	2.35
0.43	0.75	0.93	1.82	1.20	2.81	19.24	35.86
0.22	0.15	1.17	1.14	1.47	2.30	5.57	11.05
1.04		3.13	4.61	0.43	2.97	4.69	2.98
0.66	2.33	4.29	4.51	9.47	11.02	24.22	22.99
0.66	1.42	3.15	4.20	5.98	4.11	10.87	11.96
2.53	**0.41**	**3.34**	**2.10**	**2.14**	**4.65**	**9.65**	**18.17**
2.37	0.31	1.78	1.27	0.24	0.21	4.67	9.57
0.16	0.10	1.56	0.83	1.91	4.43	4.98	8.60
2.67	**13.40**	**6.27**	**11.03**	**47.47**	**54.05**	**46.82**	**64.53**
1.37	8.82	0.93	2.13	7.89	1.40	8.28	15.03
	4.42	5.34	8.83	37.53	52.56	34.45	41.09
1.29	0.15	0.01	0.07	2.05	0.09	4.09	8.41
0.89	**3.84**	**2.34**	**3.32**	**4.98**	**4.23**	**3.86**	**7.46**
0.03	0.05	0.02	0.14	0.01		0.13	0.28
0.86	3.79	0.74	2.78	4.96	4.23	3.73	7.18
		1.58	0.40				
151.27	**305.85**	**373.03**	**395.95**	**437.66**	**502.48**	**416.98**	**282.62**
0.46	0.97	1.63	1.16	6.39	19.26	73.71	26.44
150.81	304.88	371.39	394.79	431.28	483.22	343.27	256.17

10－9 城镇居民家庭年末耐用品百户拥有量(2006年)

类　　别	单位	Category	Unit	总计 Total	最低 10% Lowest Income Household
成套家具	套	Furniture Sets	set	93.47	89.33
摩托车	辆	Motorcycles	unit	46.63	44.07
自行车	辆	Bicycles	unit	168.16	178.50
助力车	辆	Motorbikes	unit	25.07	19.77
家用汽车	辆	Automobiles	unit	6.15	3.06
洗衣机	台	Washing Machines	unit	95.09	82.09
电风扇	台	Electric Fans	unit	168.11	180.76
电冰箱	台	Refrigerators	unit	92.09	70.86
冰　柜	台	Freezer	unit	14.90	8.91
彩色电视机	台	Color TV Sets	unit	120.40	109.93
影碟机	台	Video Disc Players	unit	66.95	57.31
录音机	台	Tape Recorders	unit	53.49	40.19
录放像机	台	Video Recorders	unit	18.57	7.93
家用电脑	台	Computers	unit	52.71	19.30
组合音响	套	Hi-Fi Stereo Component System	set	24.22	14.10
摄像机	架	Pickup Cameras	unit	6.44	3.06
照相机	架	Cameras	unit	58.30	30.29
钢　琴	架	Pianos	unit	3.45	0.34
其他中高档乐器	件	Other Medium and Top Grade Music Instruments	piece	9.86	5.85
微波炉	台	Microwave Ovens	unit	46.32	17.02
空调器	台	Air Conditioner	unit	82.03	35.89
取暖器	台	Heater	unit	30.90	24.85
电炊具	台	Electric Cookers	unit	96.60	65.85
淋浴热水器	台	Water Heaters	unit	73.97	45.83
排油烟机	台	Lampblack Exhausters	unit	88.87	67.88
消毒碗柜	台	Sterilized Cabinet	unit	6.88	2.79
洗碗机	台	Dishwasher	unit	1.38	1.75
饮水机	台	Drinking Machine	unit	68.43	47.99
吸尘器	台	Vacuam Cleaner	unit	17.95	4.91
健身器材	套	Body Building Equipment	set	6.59	2.11
普通电话	部	Common Phones	unit	90.77	86.44
移动电话	部	Mobile Phones	unit	164.30	113.69
传真机	部	Faxes	unit	1.23	0.91

Number of Durable Consumer Goods Owned by Per 100 Urban Households at the Year-end(2006)

#更 低 5% of which:Lower	低 10% Low Income Household	较 低 20% Lower Middle Income Household	中 间 20% Middle Income Household	较 高 20% Upper Middle Income Household	高 10% High Income Household	最 高 10% Highest Income Household	#更 高 5% of which:Higher
79.65	94.55	93.67	93.99	92.72	95.10	95.27	93.92
37.14	56.18	54.85	50.35	41.63	39.79	29.07	38.16
171.86	188.81	177.26	164.72	161.00	150.45	151.98	135.55
18.87	21.84	28.92	27.05	26.93	25.05	17.93	18.06
1.96	3.44	3.69	4.65	9.46	6.20	14.75	19.20
76.81	87.53	91.78	96.16	100.84	100.69	106.38	107.95
179.54	172.56	183.53	161.29	160.79	158.86	152.37	148.32
66.70	85.18	89.53	92.53	99.34	102.83	103.22	105.79
11.02	10.61	13.03	12.30	18.36	17.37	26.99	28.96
111.05	110.67	119.88	119.14	123.16	129.05	133.09	141.95
49.45	66.21	69.18	67.53	67.13	67.92	71.24	71.34
37.30	46.94	53.04	55.75	57.80	60.12	56.71	57.82
8.41	11.16	16.41	20.21	22.68	22.76	27.96	23.50
15.57	33.26	46.92	54.93	67.58	68.49	74.98	81.46
16.10	19.95	23.70	25.45	23.85	31.18	33.08	35.44
0.95	1.74	2.41	7.93	7.30	11.78	14.62	17.56
29.51	41.92	49.28	55.32	72.00	77.55	88.27	85.31
	0.53	1.96	3.18	5.83	5.72	7.08	10.37
7.01	7.31	6.65	11.11	15.72	7.17	12.62	16.28
14.06	26.51	37.37	50.31	58.03	61.41	75.16	82.35
26.68	56.10	76.12	82.34	97.62	105.87	121.16	130.37
25.23	23.34	26.74	32.66	35.24	39.14	34.88	34.30
57.50	92.34	86.70	101.96	112.17	94.52	117.82	117.43
45.41	62.01	68.02	79.04	80.83	86.88	95.46	99.90
64.61	82.59	85.95	90.77	97.01	95.90	98.68	99.94
0.69	2.39	4.04	6.16	9.44	12.45	13.86	14.34
1.67	0.40	0.88	1.39	2.24	0.87	1.99	1.13
45.67	51.33	64.34	71.42	78.46	79.92	82.01	81.85
5.58	8.82	14.57	17.81	22.48	26.13	33.77	37.97
2.69	3.59	3.83	4.79	6.91	14.63	16.56	22.29
85.47	89.05	90.48	89.04	92.75	94.69	93.98	93.96
100.64	144.87	163.65	166.46	181.90	183.26	185.55	195.31
	0.52	0.87	0.97	1.72	1.36	2.67	4.14

10－10 各调查市县城镇居民年人均主要指标(2006 年)

Major Per Capita Annual Indicators of Urban Households by Region(2006)

单位:元 (yuan)

地区	Region	期初手存现金 Cash in Hand at Term-beginning	可支配收入 Disposable Income	家庭总收入 Total Income	工薪收入 Income of Wages and Salaries	工资及补贴收入 Wages and Subsidies	其他劳动收入 Other Income	经营净收入 Net Business Income	财产性收入 Income from Properties	转移性收入 Income from Transfer
全省	**The Whole Province**	**472.63**	**12192.24**	**13222.85**	**10442.06**	**10272.05**	**170.01**	**558.18**	**220.66**	**2001.96**
济南市	Jinan	545.94	15340.16	16830.66	13762.18	13384.85	377.33	176.41	211.19	2680.88
青岛市	Qingdao	790.54	15328.25	16644.69	12003.38	11676.91	326.47	873.97	98.28	3669.06
淄博市	Zibo	512.06	13794.47	14591.03	10778.96	10360.20	418.77	625.48	194.57	2992.02
枣庄市	Zaozhuang	394.92	11020.21	12095.52	10176.88	10157.82	19.05	624.38	326.36	967.90
东营市	Dongying	636.56	16741.90	18737.25	15330.95	15182.14	148.81	302.70	356.74	2746.86
烟台市	Yantai	715.99	14374.37	16044.83	11799.71	11418.63	381.08	1512.45	262.54	2470.14
潍坊市	Weifang	460.63	11845.99	12705.31	9626.53	9472.01	154.52	832.59	223.04	2023.15
济宁市	Jining	507.71	12111.10	13008.74	10263.14	10227.12	36.02	164.28	266.17	2315.15
泰安市	Tai'an	338.65	11966.40	12623.40	10276.81	10269.64	7.17	518.58	465.62	1362.40
威海市	Weihai	600.35	13974.97	15041.97	11570.31	11499.03	71.28	833.10	328.15	2310.40
日照市	Rizhao	316.02	11040.48	12084.69	10226.30	10211.87	14.43	457.61	155.67	1245.11
莱芜市	Laiwu	297.71	11587.76	13319.28	12442.95	12406.32	36.63		47.15	829.19
临沂市	Linyi	472.47	12355.14	13198.80	10476.75	10377.10	99.65	977.97	380.70	1363.38
德州市	Dezhou	310.12	10256.95	11204.56	9508.61	9484.77	23.85	403.83	179.88	1112.24
聊城市	Liaocheng	408.09	10474.35	11011.03	8280.47	8092.34	188.14	37.17	15.15	2678.24
滨州市	Binzhou	630.62	11725.51	13106.99	11135.89	10983.31	152.58	493.08	248.96	1229.06
菏泽市	Heze	380.75	8136.60	8918.74	7767.37	7615.92	151.45	116.52	155.79	879.06
文登市	Wendeng	383.32	11018.66	11644.63	5764.69	5491.12	273.57	1571.79	285.66	4022.48
诸城市	Zhucheng	258.24	11177.26	11718.67	8799.61	8654.27	145.34	966.09	38.82	1914.15
青州市	Qingzhou	546.59	9751.52	10319.70	6887.13	6816.55	70.58	743.20	262.13	2427.24
微山县	Weishan	722.01	10553.70	11341.29	9549.83	9549.83		9.84	94.76	1686.87
临清市	Linqing	210.91	8336.63	8869.18	6177.66	6117.03	60.63	606.44	33.78	2051.30
费县	Feixian	219.50	7891.99	8501.56	7823.84	7721.25	102.60		64.11	613.61
利津县	Lijin	216.79	12054.47	12938.97	11400.61	11400.61		421.92	282.56	833.87
武城县	Wucheng	276.27	7136.55	7329.66	5446.98	5440.03	6.94	828.06	49.75	1004.88
东阿县	Donge	148.12	7049.29	7559.11	6487.39	6486.06	1.33	196.93	34.20	840.60
巨野县	Juye	229.61	7476.66	8070.30	6716.43	6688.24	28.19		196.77	1157.10

10－10 续表1 continued

单位:元 (yuan)

地区 Region		出售财物收入 Income from Properties Sale	借贷收入 Income from Lending	家庭总支出 Total Expenditure	消费支出 Consumption Expenditure	食品 Food	衣着 Clothing	家庭设备用品及服务 Household Appliances and Services	医疗保健 Health care and Medical Services	交通和通信 Transport and Communi-cations
全省	**The Whole Province**	**83.49**	**6498.90**	**11717.46**	**8468.40**	**2711.65**	**1091.22**	**526.29**	**624.06**	**1175.57**
济南市	Jinan	37.91	10186.75	15980.92	10713.13	3335.31	1110.65	594.52	930.51	1781.92
青岛市	Qingdao	18.49	3668.05	15179.56	11944.99	4352.47	1412.64	800.96	782.38	1423.68
淄博市	Zibo	87.95	9300.73	13707.06	9545.05	2783.56	1096.67	469.47	808.59	1251.44
枣庄市	Zaozhuang	209.43	4813.80	9942.17	6304.37	2151.50	1021.30	361.30	509.97	625.91
东营市	Dongying	36.28	7910.26	16643.27	10697.80	2706.09	1767.65	1003.17	697.85	1056.72
烟台市	Yantai	7.13	8778.67	12946.33	10316.09	3577.86	1769.00	327.73	1111.64	1066.98
潍坊市	Weifang	494.04	5360.65	11297.07	8816.32	2733.27	1145.50	348.43	578.96	1554.43
济宁市	Jining	3.13	9909.59	10191.52	7150.93	2543.08	968.16	715.32	428.97	643.13
泰安市	Tai'an	9.62	5750.73	10644.55	8565.61	2485.60	963.68	618.55	595.78	1350.92
威海市	Weihai	3.80	4960.87	13648.21	10504.84	3085.36	1671.73	811.45	748.80	1167.55
日照市	Rizhao	710.29	5523.12	11800.71	8897.28	2618.50	1136.37	551.14	526.53	2169.14
莱芜市	Laiwu	1.92	8349.00	10852.35	7638.36	2566.83	965.25	571.52	435.08	1033.56
临沂市	Linyi	14.53	8071.89	12447.26	8795.32	2538.86	1122.33	536.31	373.30	1826.42
德州市	Dezhou	19.05	4300.32	9954.41	7229.10	2297.88	941.00	412.85	435.50	902.75
聊城市	Liaocheng	17.61	1646.12	8564.10	6765.48	2100.30	751.87	649.23	604.13	744.17
滨州市	Binzhou	4.46	9160.02	12879.83	7989.08	2454.07	906.40	603.43	415.79	1207.23
菏泽市	Heze	6.81	2405.34	7859.88	5946.42	2194.03	910.21	401.41	338.41	605.20
文登市	Wendeng	18.97	10377.52	9681.68	6814.89	2146.51	840.40	335.32	750.66	911.25
诸城市	Zhucheng	0.54	3597.50	7914.38	6836.79	2108.65	1015.61	568.61	369.20	779.00
青州市	Qingzhou	5.16	4257.51	8781.73	6851.86	2165.22	792.60	436.54	674.99	1024.92
微山县	Weishan	0.40	4581.57	13504.82	7186.34	2325.28	965.17	690.40	374.67	698.55
临清市	Linqing	3.39	3949.31	7063.92	5457.66	1998.70	623.43	357.36	513.79	418.17
费县	Feixian	3.16	1037.24	6768.36	4705.45	1682.05	700.44	361.65	207.85	452.71
利津县	Lijin	0.69	10084.35	11774.70	6996.60	2272.56	955.25	493.61	390.85	645.91
武城县	Wucheng	3.83	4193.67	6135.50	4957.63	1626.25	568.79	409.71	326.02	453.36
东阿县	Donge	4.39	4110.90	6717.03	4688.06	1731.50	629.42	225.84	524.71	440.69
巨野县	Juye	10.92	4906.00	6983.82	5132.02	1852.41	693.23	277.69	304.95	648.39

10－10 续表2 continued

单位:元 (yuan)

地区	Region	教育文化娱乐服务 Recreation, Education and Cultural Services	居住 Residence	杂项商品和服务 Miscellaneous Goods and Services	购房与建房支出 Expenditure for Housing Purchase and Building	转移性支出 Expenditure for Transfer	财产性支出 Expenditure for Properties	社会保障支出 Expenditure for Social Security	借贷支出 Expenditure for Lending	期末手存现金 Cash in Hand at Term-end
全省	**The Whole Province**	**1201.97**	**838.17**	**299.48**	**937.20**	**1352.39**	**8.25**	**951.21**	**7909.89**	**649.12**
济南市	Jinan	1450.43	1134.13	375.67	2465.06	1467.51	6.25	1328.97	11003.99	636.10
青岛市	Qingdao	1640.01	1169.78	363.07	664.53	1268.10	32.82	1269.13	4714.48	1223.65
淄博市	Zibo	1725.24	1075.49	334.59	1736.95	1660.44	0.15	764.48	9947.47	843.70
枣庄市	Zaozhuang	867.33	494.69	272.37	1288.35	1291.19	6.73	1051.52	6853.73	719.56
东营市	Dongying	1798.99	1271.69	395.64	2155.56	1975.70	10.17	1804.03	10082.34	594.73
烟台市	Yantai	1202.09	752.81	507.99	218.53	894.14	5.09	1512.49	11607.45	992.84
潍坊市	Weifang	1222.97	974.48	258.29	600.39	1088.74	0.09	791.53	7176.20	547.35
济宁市	Jining	895.26	761.06	195.95	35.15	2151.36		854.08	12799.65	441.21
泰安市	Tai'an	1531.37	639.37	380.34	333.33	1192.68		552.93	7655.82	422.03
威海市	Weihai	1173.62	1327.41	518.91	891.52	1233.67	10.70	1007.48	6312.72	648.28
日照市	Rizhao	939.00	634.21	322.40	492.53	1402.52	0.87	1007.52	6297.53	526.06
莱芜市	Laiwu	1236.91	633.82	195.39	456.75	1143.18	4.10	1609.96	10629.49	486.07
临沂市	Linyi	1112.51	977.91	307.68	1508.20	1388.09	34.79	720.86	8868.56	441.87
德州市	Dezhou	1338.43	667.75	232.93	373.95	1538.68	0.17	812.51	5519.25	358.96
聊城市	Liaocheng	974.60	715.55	225.63		1345.29		453.33	3338.66	1060.03
滨州市	Binzhou	1331.21	841.08	229.88	1915.68	1684.67	60.72	1229.68	9390.40	645.11
菏泽市	Heze	838.80	442.75	215.61	52.20	1112.84	0.09	748.32	3290.63	564.11
文登市	Wendeng	413.73	1225.70	191.32	753.78	1511.37		601.65	12050.86	661.14
诸城市	Zhucheng	1105.69	721.03	169.00	127.39	446.48		503.72	7432.82	227.75
青州市	Qingzhou	732.54	844.72	180.32	484.37	921.40		524.10	5674.04	679.25
微山县	Weishan	1437.11	416.62	278.55	3381.91	2213.71		722.85	1934.38	1220.90
临清市	Linqing	622.56	773.26	150.39		1104.99	0.63	500.64	5635.28	335.29
费县	Feixian	827.62	391.43	81.69	298.34	1165.27	0.60	598.70	2718.09	273.49
利津县	Lijin	1356.64	671.66	210.13	2074.90	1842.55		860.64	11271.58	193.10
武城县	Wucheng	683.85	798.26	91.37		1030.68	1.07	146.13	5448.12	219.81
东阿县	Donge	533.79	445.45	156.66	66.37	1494.39		468.20	4931.88	176.65
巨野县	Juye	545.37	507.94	302.05		1298.02	0.07	553.71	5947.03	291.29

10－11 主要年份农民家庭主要指标

Major Indicators of Rural Households of Major Years

年 份 Year	调查户数 （户） Number of Households Surveyed (household)	调查户常住人口 （人） Number of Permanent Residents in the Households Surveyed (person)	平均每户常住人口 （人） Average Number of Permanent Residents Per Household (person)	平均每户整半劳力 （人） Average Number of Full/Semi Labour Force Per Household (person)	人均年末生活用房面积 （平方米） Per Capita Space of Living House at Year-end (sq. m)
1978	715	4126	5.77	2.54	9.81
1979	732	4138	5.65	2.67	9.91
1980	825	4649	5.64	2.70	10.98
1981	827	4538	5.49	2.63	10.03
1982	1529	7849	5.13	2.54	10.64
1983	1438	7266	5.05	2.85	12.50
1984	1558	7730	4.96	2.86	14.54
1985	4000	18896	4.72	2.84	15.13
1986	4200	19667	4.68	2.85	15.74
1987	4200	19339	4.60	2.86	16.48
1988	4200	19074	4.54	2.86	17.34
1989	4200	18749	4.46	2.85	17.96
1990	4200	18486	4.40	2.82	18.48
1991	4200	18241	4.34	2.77	19.87
1992	4200	17886	4.26	2.75	19.31
1993	4200	17494	4.17	2.77	20.64
1994	4200	17239	4.10	2.76	21.15
1995	4200	17089	4.07	2.78	21.56
1996	4200	16847	4.01	2.68	22.32
1997	4200	16574	3.95	2.65	23.16
1998	4200	16379	3.90	2.64	23.91
1999	4200	16116	3.84	2.60	25.07
2000	4200	15918	3.79	2.60	23.61
2001	4200	15671	3.73	2.54	24.60
2002	4200	15569	3.71	2.58	25.59
2003	4200	15405	3.67	2.62	26.53
2004	4200	15386	3.66	2.67	26.92
2005	4200	15382	3.66	2.69	29.64
2006	4200	15298	3.64	2.69	30.69

注：1978年至1980年的生活用房面积中包括生产用房。

a) The space of production house is concluded in the space of living house since 1978 to 1980.

10-11 续表 continued

年份 Year	平均每人全年总收入（元） Per Capita Annual Total Income (yuan)	平均每人全年纯收入（元） Per Capita Annual Net Income (yuan)	平均每人全年总支出（元） Per Capita Annual Total Expenditure (yuan)	#购置生产性固定资产 Purchase of Productive Fixed Assets	#生活消费支出 Expense on Household Consumption
1978	134.58	114.56	116.57		93.69
1979	184.66	159.81	157.41		128.01
1980	240.98	210.23	204.75		165.34
1981	282.07	251.62	247.90	8.99	202.12
1982	343.99	299.95	296.21	17.87	230.02
1983	500.68	360.64	428.14	22.23	264.38
1984	554.61	394.99	461.31	18.11	287.24
1985	592.50	408.12	521.50	18.71	321.98
1986	644.65	449.27	570.40	14.81	364.56
1987	740.61	517.69	639.75	16.36	406.34
1988	857.76	583.74	780.24	23.72	482.11
1989	939.57	630.56	841.95	21.05	513.10
1990	994.36	680.18	878.27	18.14	547.05
1991	1152.02	764.04	1037.81	29.79	612.99
1992	1241.82	802.90	1121.22	27.81	655.69
1993	1413.69	952.74	1210.98	29.48	724.49
1994	1975.12	1319.73	1671.34	30.01	995.72
1995	2626.96	1715.09	2301.34	56.70	1338.46
1996	3246.92	2086.31	2955.16	68.33	1652.51
1997	3468.72	2292.12	2855.26	84.34	1626.27
1998	3561.87	2452.83	2782.48	93.23	1595.09
1999	3645.89	2549.56	2845.88	97.36	1679.75
2000	3880.98	2659.20	3036.20	107.85	1770.75
2001	4161.97	2804.51	3326.79	101.70	1904.95
2002	4330.42	2953.97	3438.78	92.40	1997.83
2003	4482.15	3150.49	3521.42	83.78	2133.20
2004	5037.52	3507.43	3999.23	107.74	2389.27
2005	5676.98	3930.55	4561.27	117.14	2735.77
2006	6188.54	4368.33	5090.48	149.36	3143.80

10－12 农村住户家庭基本情况

Basic Condition of Rural Households

类　别	单　位	Category	Unit	2005	2006
一、调查户数	**户**	**Number of Households Surveyed**	**household**	**4200**	**4200**
（一）调查户从业类型（按总收入比重计算）		Business Types of Households Serveyed (calculated according to the proportion of total income)			
1. 农业户	户/百户	Households Engaged in Agriculture	household/100 households	19.79	17.43
2. 农业兼业户	户/百户	Households Engeged in Agricture and Other Sectors	household/100 households	39.40	38.43
3. 非农业兼业户	户/百户	Households Engaged in Non-agriculture	household/100 households	33.62	36.83
4. 非农业户	户/百户	Households Engeged in Non-agricutureand Other Sectors	household/100 households	7.19	7.31
（二）调查户从业类型（按从业劳动力比重计算）		Business Types of Households Serveyed (calculated according to the proportion of business labour force)			
1. 农业户	户/百户	Households Engaged in Agriculture	household/100 households	36.33	31.64
2. 农业兼业户	户/百户	Households Engeged in Agricture and Other Sectors	household/100 households	17.62	18.45
3. 非农业兼业户	户/百户	Households Engaged in Non-agriculture	household/100 households	31.17	32.40
4. 非农业户	户/百户	Households Engeged in Non-agricure and Other Sectors	household/100 households	14.88	17.50
（三）户　别		Household Types			
1. 个体工商户	户/百户	Households Engeged in Individual Businesses	household/100 households	6.86	6.90
2. 干部户	户/百户	Cadres Households	household/100 households	10.69	10.60
3. 个体工商和干部户	户/百户	Households Engeged in Individual Businesses and Cadres Households	household/100 households	2.40	2.45
4. 五保户	户/百户	Five Guaranteed Households	household/100 households	0.05	0.02
5. 其他户	户/百户	Other Types Households	household/100 households	80.00	80.02
（四）家庭结构		Household Structure			
1. 单身或夫妇	户/百户	Single and Couples	household/100 households	10.17	10.50
2. 夫妇与一个孩子	户/百户	Couples with One Child	household/100 households	32.76	32.71
3. 夫妇与两个孩子	户/百户	Couples with Two Children	household/100 households	31.26	30.67
4. 夫妇与三个以上孩子	户/百户	Couples with Three Children and More	household/100 households	7.76	7.40
5. 单亲与孩子	户/百户	Single-parent with Children	household/100 households	1.33	1.55
6. 三代同堂	户/百户	Three Generations Living under One Roof	household/100 households	14.48	15.12
7. 其　他	户/百户	Others	household/100 households	2.24	2.05
（五）是否参加专业性合作经济组织		Whether to Participating in Professional Cooperative Economic Organizations			
1. 参加的户数	户/百户	Number of Households Participating in	household/100 households	3.64	3.67

10－12 续表1 continued

类　别	单 位	Category	Unit	2005	2006
2. 未参加的户数	户/百户	Number of Households Not Participating in	household/100 households	96.36	96.33
(六)是否参加新型农村合作医疗		Whether to Participating in the New Type of Rural Cooperative Medical Care			
1. 参加的户数	户/百户	Number of Households Participating in	household/100 households	49.57	80.07
2. 未参加的户数	户/百户	Number of Households Not Participating in	household/100 households	50.43	19.93
(七)是否领取最低生活保障		Whether to Receiving the Minimum Livelihood Guarantee			
1. 领取的户数	户/百户	Number of Households Receiving	household/100 households	0.07	0.31
2. 未领取的户数	户/百户	Number of Households Not Receiving	household/100 households	99.93	99.69
二、期末生产性固定资产拥有情况		**Ownership of Productive Fixed Assets at Term-end**			
(一)生产性固定资产原值	元/户	Productive Original Value of Fixed Assets	yuan/household	9262.74	9383.12
1. 农　业	元/户	Farming	yuan/household	4583.41	4840.77
2. 林　业	元/户	Forestry	yuan/household	5.02	6.83
3. 牧　业	元/户	Animal Husbandry	yuan/household	1108.48	937.71
4. 渔　业	元/户	Fishing	yuan/household	86.17	86.17
5. 采矿业	元/户	Mining	yuan/household	69.05	139.26
6. 制造业	元/户	Manufacturing	yuan/household	906.59	898.83
7. 电力煤气与水的生产及供应	元/户	Production and Supply of Electric Power and Heat Power	yuan/household		
8. 建筑业	元/户	Construction	yuan/household	83.50	97.55
9. 交通运输业、仓储和邮政业	元/户	Traffic, Transport, Storage and Post	yuan/household	1421.34	1414.80
10. 批发和零售贸易业	元/户	Wholesale and Retail Trade	yuan/household	547.08	561.71
11. 住宿和餐饮业	元/户	Hotels and Catering Services	yuan/household	151.26	77.74
12. 居民服务与其他服务业	元/户	Services to Households and Other Services	yuan/household	137.81	181.93
13. 教　育	元/户	Education	yuan/household	16.79	15.48
14. 卫生、社会保障和福利业	元/户	Health, Social Security and Social Welfare	yuan/household	23.26	41.95
15. 文化、体育和娱乐业	元/户	Culture, Sports and Entertainment	yuan/household	24.28	2.83
16. 其　他	元/户	Others	yuan/household	98.70	79.56
(二)主要生产性固定资产数量		Amount of Major Productive Fixed Assets			
1. 房屋及建筑物	平方米/人	Housing and Building	sq. m/person	7.50	6.64
2. 汽　车	辆/百户	Automobile	unit/100 households	2.86	2.95
3. 大中型拖拉机	台/百户	Large and Medium Tractor	unit/101 households	3.29	3.25
4. 小型和手扶拖拉机	台/百户	Small and Walking Tractor	unit/102 households	29.70	30.77
5. 机动脱粒机	台/百户	Motorized Thresher	unit/103 households	1.91	2.65
6. 收割机	台/百户	Harvester	unit/104 households	1.61	1.82

10－12 续表2 continued

类　别	单　位	Category	Unit	2005	2006
7.农用动力机械	台/百户	Farm Power Plant	unit/105 households	28.48	28.40
8.胶轮大车	架/百户	Cart with Rubber Tires	unit/106 households	17.04	15.54
9.水　泵	台/百户	Pump	unit/107 households	41.90	42.64
10.役　畜	头/百户	Draught Animal	head/100 households	12.05	10.26
11.产品畜	头/百户	Commodity Animal	head/100 households	31.90	22.93
三、期内住户固定资产投资完成额	**元/户**	**Investment in Fixed Assets in the Term**	**yuan/household**	**1462.98**	**2064.24**
#住宅投资完成额	元/户	Investment in Housing	yuan/household	786.28	1128.03
四、期末主要耐用消费品拥有情况		**Ownership of Major Durable Consumer Goods at Term-end**			
1.大型家具	件/百户	Large Furniture	piece/100 households	336.43	348.88
2.洗衣机	台/百户	Washing Machine	unit/100 households	40.90	49.57
3.电风扇	台/百户	Electric Fan	unit/100 households	175.50	180.88
4.电冰箱	台/百户	Refrigerator	unit/100 households	28.60	33.62
5.空调机	台/百户	Air Conditioner	unit/100 households	4.02	5.12
6.抽油烟机	台/百户	Lampblack Exhauster	unit/100 households	6.00	6.74
7.吸尘器	台/百户	Vacuam Cleaner	unit/100 households	0.43	0.52
8.微波炉	台/百户	Microwave Oven	unit/100 households	2.21	2.62
9.热水器	台/百户	Water Heater	unit/100 households	15.38	19.21
10.自行车	辆/百户	Bicycle	unit/100 households	169.26	168.67
11.摩托车	台/百户	Motorcycle	unit/100 households	65.21	68.95
12.汽车(生活用)	台/百户	Automobile	unit/100 households	1.07	1.19
13.电话机	部/百户	Phone	unit/100 households	85.86	85.90
14.移动电话	部/百户	Cell Phone	unit/100 households	46.02	60.67
#接入互联网的	部/百户	Access to the Internet	unit/100 households	1.43	1.52
15.寻呼机	台/百户	Pager	unit/100 households	0.43	
16.彩色电视机	台/百户	Color TV Set	unit/100 households	90.98	98.36
#接入有线电视网的	台/百户	Access to Cable TV Network	unit/100 households	43.10	51.55
17.黑白电视机	台/百户	Black/White TV Set	unit/100 households	19.21	15.14
#接入有线电视网的	台/百户	Access to Cable TV Network	unit/100 households	2.26	1.93
18.录放像机	台/百户	Video Recorder	unit/100 households	2.95	3.19
19.摄像机	台/百户	Pickup Camera	unit/100 households	0.24	0.26
20.影碟机	台/百户	Video Disc Player	unit/100 households	45.05	55.84
21.组合音响	台/百户	Hi-Fi Stereo Component System	unit/100 households	14.24	18.40
22.收录机	台/百户	Tape Recorder	unit/100 households	12.00	11.55
23.照相机	架/百户	Camera	unit/100 households	7.00	6.86
24.家用计算机	台/百户	Computer	unit/100 households	2.29	2.43
#接入互联网的	台/百户	Access to the Internet	unit/100 households	0.88	1.07
25.中高档乐器	件/百户	Medium and Top Grade Music Instruments	piece/100 households	0.26	0.29

10－13 农村住户居住情况

Living Condition of Rural Households

类　别	单 位	Category	Unit	2005	2006
一、期末住房情况		**Housing Condition at Term-end**			
(一)住房面积	平米/人	Housing Area	sq. m/person	29.64	30.69
#租用住房面积	平米/人	of which:Rental Housing Area	sq. m/person	0.05	0.14
(二)住房价值	元/平米	Housing Value	yuan/sq. m	283.98	306.30
(三)住房类型		Houging Type			
1.楼房面积	平米/人	Apartment Area	sq. m/person	3.27	3.55
2.砖瓦平房面积	平米/人	Brick Bungalow Area	sq. m/person	24.53	25.40
3.其　他	平米/人	Other Types	sq. m/person	1.83	1.73
(四)住房结构		Housing Structure			
1.钢筋混泥土结构面积	平米/人	Reinforced Concrete Structure	sq. m/person	7.45	8.02
2.砖木结构面积	平米/人	Brick and Wood Structure	sq. m/person	20.72	21.20
3.其　他	平米/人	Other Structures	sq. m/person	1.48	1.47
二、期内新建(购)住房情况		**Condition of Newly Building (Buying) Housing in the Term**			
(一)新建(购)住房面积	平米/人	Area of Newly Building(Buying) Housing	sq. m/person	1.03	1.25
(二)新建(购)住房价值	元/平米	Value of Newly Building(Buying) Housing	yuan/sq. m	369.36	459.83
(三)新建(购)住房类型		Type of Newly Building(Buying) Housing			
1.楼房面积	平米/人	Apartment Area	sq. m/person	0.15	0.41
2.砖瓦平房面积	平米/人	Brick Bungalow Area	sq. m/person	0.87	0.84
3.其　他	平米/人	Other Types	sq. m/person	0.01	
(四)新建(购)住房结构		Structure of Newly Building Housing			
1.钢筋混泥土结构面积	平米/人	Reinforced Concrete Structure	sq. m/person	0.41	0.54
2.砖木结构面积	平米/人	Brick and Wood Structure	sq. m/person	0.62	0.71
3.其　他	平米/人	Other Structures	sq. m/person		
三、期内新建(购)住房资金来源		**Fund Source of Newly Building (Buying) Housing in the Term**			
1.自　筹	元/人	Self-raising Funds	yuan/person	336.29	488.07
2.银行、信用社贷款	元/人	Banks, Credit Union Loans	yuan/person	12.48	19.55
3.其　他	元/人	Others	yuan/person	26.41	65.70
四、期内房屋建设情况		**Housing Construction in the Term**			
1.期内施工房屋面积	平米/户	Floor Space under Constructuin in the Term	sq. m/household	3.38	4.17
#住宅面积	平米/户	Residental Buildings	sq. m/household	3.08	3.88
2.期内竣工房屋面积	平米/户	Floor Space Completed in the Term	sq. m/household	3.62	4.24
#住宅面积	平米/户	Residental Buildings	sq. m/household	3.27	4.01
五、居住条件		**Living Condition**			
(一)住房卫生设备使用情况		Condition of Health Equipment			
1.使用水冲式厕所的户数	户/百户	Having Flushing Toilet	household/100 households	5.74	5.74
2.使用旱厕的户数	户/百户	Having Old Toilet	household/100 households	93.74	93.74
3.无厕所的户数	户/百户	No Toilet	household/100 households	0.52	0.52
(二)取暖设备使用情况		Condition of Heating Equipment			
1.使用空调的户数	户/百户	Having Air Conditioner	household/100 households	1.55	2.45
2.使用暖气的户数	户/百户	Having Heater	household/100 households	18.26	19.21
3.使用火炕的户数	户/百户	Having Kang	household/100 households	37.33	35.50
4.无取暖设备的户数	户/百户	No Heating Equipment	household/100 households	42.86	42.83
(三)炊事使用的主要能源		Major Source of Cooking			
1.使用液化气的户数	户/百户	Liquid Natural Gas	household/100 households	17.64	18.50
2.使用煤炭的户数	户/百户	Coal	household/100 households	29.38	28.00
3.使用柴草的户数	户/百户	Fuelwood	household/100 households	52.10	51.83
4.使用电的户数	户/百户	Electricity	household/100 households	0.48	1.40
5.使用其他燃料的户数	户/百户	Other Fuels	household/100 households	0.40	0.26
(四)饮用水来源情况		Source of Drinking Water			
1.饮用自来水的户数	户/百户	Tap Water	household/100 households	53.67	57.17
2.饮用深井水的户数	户/百户	Deep Well Water	household/100 households	29.69	36.36
3.饮用浅井水的户数	户/百户	Shallow Well Water	household/100 households	16.05	6.40
4.饮用江河湖泊水的户数	户/百户	Rivers and Lakes Water	household/100 households	0.24	
5.饮用塘水的户数	户/百户	Pond Water	household/100 households		
6.饮用其他水源的户数	户/百户	Other Water	household/100 households	0.36	0.07
(五)住宅外道路路面状况		Condition of Road Near Residential			
1.水泥或柏油路面的户数	户/百户	Cement or Asphalt	household/100 households	40.29	46.50
2.沙石或石板等硬质路面的户数	户/百户	Stone, Sand and Gravel or Other Hard Materials	household/100 households	19.02	20.21
3.其他路面的户数	户/百户	Other Materials	household/100 households	40.69	33.29
六、期内新建(购)房屋户数	**户/百户**	**Household Newly Building Housing**	**household/100 households**	**3.93**	**3.90**

10－14 农村住户农业生产结构及生产技术应用情况

Agricultural Production Structure and Technology Application of Rural Households

单位：亩/人 (mu/person)

类　别	Category	2005	2006
一、土地经营情况	**Land Operation**		
(一)期初实际经营土地面积	Actually Land Area Operated at Term-beginning	1.48	1.51
1.耕　地	Farmland	1.37	1.37
#有效灌溉面积	Effective Irrigation Area	1.13	1.19
2.山　地	Mountain Land	0.04	0.05
3.园　地	Garden Land	0.06	0.08
4.牧草地	Grassland		
5.养殖水面	Culture Surface	0.01	0.01
(二)期内增加的经营土地面积	Added Land Area Operated in the Term	0.03	0.06
#耕　地	Farmland	0.02	0.05
(三)期内减少的经营土地面积	Reduced Land Area Operated in the Term	0.01	0.04
#耕　地	Farmland	0.01	0.04
(四)期末实际经营的土地面积	Actually Land Area Operated at Term-end	1.50	1.54
1.耕　地	Farmland	1.38	1.39
#有效灌溉面积	Effective Irrigation Area	1.14	1.20
2.山　地	Mountain Land	0.04	0.05
3.园　地	Garden Land	0.07	0.09
4.牧草地	Grassland		
5.养殖水面	Culture Surface	0.01	0.01
二、土地种植情况	**Land Cultivation**		
(一)粮食播种面积	Acreage of Grain	1.96	1.99
#1.小麦播种面积	Acreage of Wheat	0.97	0.98
2.水稻播种面积	Acreage of Rice	0.02	0.02
3.玉米播种面积	Acreage of Corn	0.91	0.93
4.豆类播种面积	Acreage of Beans	0.03	0.02
5.薯类播种面积	Acreage of Tubers	0.03	0.03
(二)经济作物播种面积	Acreage of Economic Crops	0.67	0.64
1.棉花播种面积	Acreage of Cotton	0.30	0.31
2.油料播种面积	Acreage of Oil	0.14	0.12
3.麻类播种面积	Acreage of Flaxen		
4.糖料播种面积	Acreage of Sugar		
5.烟草播种面积	Acreage of Tobacco		
6.蔬菜播种面积	Acreage of Vegetables	0.20	0.17
7.瓜类播种面积	Acreage of Melons	0.03	0.03
8.酱用西红柿播种面积	Acreage of Tomatoes		
9.打瓜播种面积	Acreage of Sweet Potatoes		
三、农业生产技术应用情况	**Agricultural Technology Application**		
(一)优质粮食品种播种面积	Acreage of Quality Grain Varieties	0.55	0.60
1.优质小麦面积	Acreage of Quality Wheat	0.30	0.31
2.优质水稻面积	Acreage of Quality Rice	0.01	0.02
3.优质玉米面积	Acreage of Quality Corn	0.24	0.27
(二)机耕面积	Mechanical Cultivation Area	1.31	1.34
(三)抛秧面积	Throwing Seedling Area	0.01	0.02
(四)机播面积	Mechanical Seeding Area	1.24	1.24
(五)机收面积	Mechanical Harvesting Area	0.89	0.89
(六)机电灌溉面积	Mechanical Irrigation Area	1.06	1.03
(七)薄膜覆盖面积	Films Coverage Area	0.36	0.40
(八)温室面积	Greenhouse Area	0.02	0.02

10-15 农村住户当年生产经营情况

Production Operations of Rural Households in the Year

类别	单位	Category	Unit	2005	2006
一、农业		Farming			
(一)谷物产量	公斤/人	Cereal Output	kg/person	779.14	804.16
1.普通小麦产量	公斤/人	Ordinary Wheat	kg/person	257.59	265.35
2.优质小麦产量	公斤/人	Quality Wheat	kg/person	115.38	124.53
3.小麦种子产量	公斤/人	Wheat Seeds	kg/person	3.83	5.64
4.普通稻谷产量	公斤/人	Ordinary Rice	kg/person	5.71	
5.优质稻谷产量	公斤/人	Quality Rice	kg/person	5.30	9.76
6.稻谷种子产量	公斤/人	Rice Seeds	kg/person	0.05	0.26
7.普通玉米产量	公斤/人	Ordinary Corn	kg/person	290.26	292.97
8.优质玉米产量	公斤/人	Quality Corn	kg/person	99.15	103.25
9.玉米种子产量	公斤/人	Rice Corn	kg/person	0.79	0.99
10.高粱产量	公斤/人	Chinese Sorghum	kg/person	0.19	0.54
11.谷子产量	公斤/人	Millet	kg/person	0.27	0.31
12.其他谷物产量	公斤/人	Other Cereal	kg/person	0.46	0.16
13.其他种子产量	公斤/人	Other Seeds	kg/person	0.16	0.39
(二)薯类产量	公斤/人	Tubers Output	kg/person	7.75	9.46
(三)豆类产量	公斤/人	Beans Output	kg/person	5.86	3.94
(四)棉花产量	公斤/人	Cotton Output	kg/person	58.56	65.41
(五)油料产量	公斤/人	Oil Output	kg/person	42.04	37.41
#花生产量	公斤/人	of which:Peanut	kg/person	41.82	37.08
(六)麻类产量	公斤/人	Flaxen Output	kg/person	0.06	0.13
(七)烟草产量	公斤/人	Tobacco Output	kg/person	0.97	1.46
(八)蔬菜产量	公斤/人	Vegetable Output	kg/person	394.43	399.51
(九)瓜果类产量	公斤/人	Melon Output	kg/person	65.13	69.62
(十)园林水果产量	公斤/人	Fruit Output	kg/person	86.13	93.06
#苹果产量	公斤/人	Apple	kg/person	44.69	47.75
桃产量	公斤/人	Peach	kg/person	15.20	11.90
(十一)中药材(人工种植)产量	公斤/人	Output of Chinese Herbal Medicines(artificial cultivation)	kg/person	1.82	1.21
(十二)农作物副产品产量	公斤/人	Output of Crop By-products	kg/person	213.58	216.27
二、林业		Forestry			
(一)采集的林产品		Forestry Products			
1.天然林和人工林地采集的果实		Fruit from Natural and Artificial Forest			
#板栗产量	公斤/人	of which:Chestnut Output	kg/person	0.24	0.12
核桃产量	公斤/人	Walnut Output	kg/person	0.05	0.11
花椒产量	公斤/人	Output of Chinese Prickly Ash	kg/person	0.09	0.16
2.野生植物、果实		Wild Plant and Fruits			
#柴	公担/人	Firewood	carrying pole/person		
草	公担/人	Grass	carrying pole/person	0.01	0.13
中药材(野生)产量	公斤/人	Output of Chinese Herbal Medicines(wild)	carrying pole/person	0.04	0.02

10－15 续表 continued

类　别	单　位	Category	Unit	2005	2006
(二)竹木采伐量		Output of Bamboo			
#木　材	立米/人	Wood	cu. m/person	0.08	0.11
(三)育种、育苗		Breeding Nursery			
1.林木种子产量	公斤/人	Plant Seeds	kg/person	0.15	
2.树　苗	株/人	Sapling	stem/person	8.16	3.80
三、牧　业		**Animal Husbandry**			
(一)畜禽肉产量(出售、自宰)	公斤/人	Output of Livestock and Poultry	kg/person	68.16	71.25
1.畜肉产量	公斤/人	Output of Livestock Meat	kg/person	39.92	42.87
(1)肉猪头数	头/人	Pig	head/person	0.39	0.46
肉猪肉产量	公斤/人	Pork	kg/person	32.65	36.71
(2)菜羊只数	只/人	Sheep	head/person	0.11	0.07
菜羊肉产量	公斤/人	Mutton	kg/person	1.77	1.30
(3)肉牛头数	头/人	Cattle	head/person	0.03	0.03
肉牛肉产量	公斤/人	Beef	kg/person	5.42	4.77
(4)其他牲畜头数	头/人	Other Livestock	head/person		
其他牲畜肉产量	公斤/人	Meat of Other Livestock	kg/person	0.08	0.08
2.家禽肉产量	公斤/人	Output of Poultry Meat	kg/person	28.24	28.38
(1)鸡只数	只/人	Chicken	head/person	7.28	5.54
鸡的肉产量	公斤/人	Chicken Meat	kg/person	13.46	11.90
(2)鸭只数	只/人	Ducks	head/person	4.38	4.97
鸭的肉产量	公斤/人	Ducks Meat	kg/person	14.56	16.28
(3)鹅只数	只/人	Geese	head/person	0.02	0.10
鹅的肉产量	公斤/人	Geese Meat	kg/person	0.08	0.13
(4)其他家禽只数	只/人	Other Poultry	head/person	0.06	0.03
其他家禽的肉产量	公斤/人	Meat of Other Poultry	kg/person	0.14	0.07
(二)蛋类产量	公斤/人	Eggs Output	kg/person	21.54	23.11
1.鸡蛋产量	公斤/人	Chicken Eggs	kg/person	21.19	22.51
2.鸭蛋产量	公斤/人	Duck Eggs	kg/person	0.35	0.14
3.种蛋产量	公斤/人	Stud Eggs	kg/person		
4.其他蛋产量	公斤/人	Other Eggs	kg/person		
(三)皮产量	张/人	Leather Output	bed/perosn	0.07	0.09
(四)毛、绒产量	公斤/人	Feather and Cashmere Output	kg/person	0.01	0.04
(五)奶类产量	公斤/人	Milk Outout	kg/person	4.20	3.90
(六)仔、幼、育肥畜、禽产品		Young Animals Product			
#仔猪头数	头/人	Young Pig	head/person	0.27	0.10
羊羔只数	只/人	Young Sheep	head/person	0.05	0.02
牛犊只数	只/人	Young Cattle	head/person	0.01	
仔、幼鸡只数	只/人	Young Chicken	head/person	0.14	
仔、幼鸭只数	只/人	Young Duck	head/person	0.05	0.05
(七)其他牧业产品		Other Animal Husbandry Products			
#兔肉产量	公斤/人	of which: Rabbit Meat	kg/person	0.47	0.37
蚕茧产量	公斤/人	Cocoon	kg/person	1.50	1.60
(八)狩猎和捕捉野生动物	任选/人	Hunting and Trapping Wild Animal	unit/person	0.06	0.02
(九)牧业副产品产量	任选/人	By-product Output of Animal Husbandry	unit/person	1.36	0.09
(十)用牧产品加工手工业产品	任选/人	Handicraft Products from Animal Husbandry Product Processing	unit/person	0.02	
四、渔　业		**Fishery**			
(一)海水产品		Seawater Products			
#鱼类产量	公斤/人	Fish Output	kg/person	0.43	1.26
(二)淡水产品		Fresh Water Products			
#鱼类产量	公斤/人	Fish Output	kg/person	0.05	0.13

10－16 农村住户人均总收入与总支出

Per Capita Total Income and Expenditure of Rural Households

单位:元 (yuan)

类　别	Category	2005	2006
一、总收入	**Total Income**	**5676.98**	**6188.54**
(一)工资性收入	Income from Wages and Salaries	1437.57	1671.54
1.在非企业组织中劳动得到收入	Incomes from Working in the Non-business Organizations	240.73	251.28
(1)乡村干部收入	Income of Village Cadres	125.86	133.25
(2)乡村教师收入	Income of Village Teacher	43.11	48.82
(3)行政事业单位等职工收入	Income from Working in Administrative Units	71.77	69.21
2.在本乡地域内劳动得到收入	Incomes from Working inside the Village	806.57	947.35
(1)在企业中劳动得到收入	Incomes from Working in Enterprises	522.63	611.94
a.乡镇企业收入	Township Enterprises	230.33	254.38
b.其他企业收入	Other Enterprises	292.31	357.56
(2)在国家投资基建项目得到收入	Income from Infrastructure Projects Invested by the State	4.89	6.55
(3)提供其他劳务收入	Other Labor Income	279.05	328.86
3.外出从业得到收入	Income from Working Somewhere away from Home	390.27	472.91
(1)在乡外县内从业得到收入	in the County but outside the Village	169.96	199.24
(2)在县外省内从业得到收入	in the Province but outside the County	163.82	205.02
(3)在省外国内从业得到收入	in China but outside the Province	56.43	68.43
(4)在国外从业得到收入	Abroad	0.06	0.22
(二)家庭经营收入	Income from Household Operations	3956.95	4174.49
1.第一产业收入	Income from Primary Industry	3177.37	3334.83
(1)农业收入	Income from Farming	2215.02	2382.97
A.农产品收入	Farming Products	2159.05	2323.94
①粮食收入	Grain	977.43	1004.51
②棉花收入	Cotton	279.43	328.10
③油料收入	Oil	132.26	124.19
④麻类收入	Flaxen	0.43	0.58
⑤糖料收入	Sugar		
⑥烟草收入	Tobacco	8.16	12.94
⑦蔬菜收入	Vegetable	482.33	547.22
⑧花卉园艺收入	Flower	2.36	3.00
⑨瓜果收入	Melon	69.99	84.73
⑩园林收入	Garden	164.59	195.13
⑪茶叶和其他饮料收入	Tea and Other Beverages		
⑫香料收入	Perfume		
⑬中药材收入	Chinese Herbal Medicines	9.63	9.85
⑭其他种植业产品收入	Other Planting Products	17.30	1.78
⑮野生植物采集收入	Wild Plant Acquisition	0.72	0.04
⑯农作物副产品收入	Crop By-products	11.65	7.35
⑰用农产品加工手工业产品收入	Handicraft Products from Farming Product Processing	2.33	3.70
⑱专用农产品收入	Specialized Farm Products	0.44	0.76
B.农业服务性收入	Income from Agricultural Services	55.97	59.03
(2)林业收入	Income from Forestry	60.31	80.28
A.林业产品收入	Forestry Products	57.99	75.81
①采集林产品收入	Forestry Product Acquisition	3.32	4.58
②竹木采伐收入	Bamboo Logging	40.63	58.00
③育种、育苗收入	Breeding Nursery	12.07	11.32
④林业副产品收入	Forestry By-products	1.81	1.25
⑤用林产品加工手工业产品收入	Handicraft Products from Forestry Product Processing	0.16	0.66
B.林业服务性收入	Income from Forestry Services	2.33	4.47
(3)牧业收入	Income from Animal Husbandry	865.38	829.71

10－16 续表1 continued

单位:元 (yuan)

类　别	Category	2005	2006
A. 牧业产品收入	Animal Husbandry Products	857.79	825.68
①成龄家畜收入	Livestock	424.20	398.93
#猪收入	Pig	340.05	321.95
菜羊收入	Sheep	22.07	16.99
肉牛收入	Cattle	61.27	59.06
②成龄家禽收入	Poultry	182.79	181.94
③蛋类收入	Eggs	111.69	108.76
④皮收入	Leather	18.91	24.15
⑤毛、绒收入	Feather and Cashmere	1.49	1.97
⑥奶类收入	Milk	7.36	6.65
⑦仔、幼畜、禽产品收入	Young Livestock and Poultry Products	64.38	41.50
⑧育肥畜收入	Breeding Livestock	1.43	2.32
⑨其他牧业产品收入	Other Animal Husbandry Products	40.13	54.87
⑩狩猎和捕捉野生动物收入	Hunting and Trapping Wild Animal	0.87	0.59
⑪牧业副产品收入	Animal Husbandry By-products	4.06	3.73
⑫牧业加工手工业收入	Animal Husbandry Processing	0.48	0.26
B. 牧业服务性收入	Animal Husbandry Services	7.60	4.03
(4)渔业收入	Income from Fishery	36.65	41.87
A. 渔业产品收入	Fishery Products	36.14	41.24
①海水产品收入	Seawater Products	22.37	30.76
②淡水产品收入	Fresh Water Products	0.41	0.67
③渔业副产品收入	Fishery By-products	13.00	9.49
④渔业加工手工业产品收入	Fishery Processing	0.36	0.32
B. 渔业服务性收入	Fishery Services	0.51	0.63
2. 第二产业收入	Income from Secondary Industry	265.24	261.92
(1)工业收入	Industry	209.44	198.88
A. 工业产品收入	Industrial Products	67.26	75.24
B. 工业服务性收入	Industrial Services	142.18	123.64
(2)建筑业收入	Construction	55.80	63.04
①建筑业产品收入	Construction Products	1.48	0.88
②建筑业服务性收入	Construction Services	54.31	62.16
3. 第三产业收入	Income from Tertiary Industry	514.35	577.74
(1)其他产品收入	Other Products	2.25	2.25
(2)第三产业服务性收入	Tertiary Industry Services	512.10	575.49
①交通、运输、邮电业收入	Transport, Storage and Post	166.45	175.98
②批零贸易业、饮食业收入	Wholesale, Retail and Catering Trades	186.16	222.32
③社会服务业收入	Social Services	54.87	67.55
④文教卫生业收入	Culture, Education and Health	28.20	34.62
⑤其他行业收入	Other Sectors	76.42	75.02
(三)财产性收入	Income from Properties	102.80	127.60
1. 利　息	Interest	9.75	10.78
2. 集体分配股息和红利	Divident and Bonus Distributed by Mass	0.63	0.84
3. 其他股息和红利	Other Divident and Bonus	2.02	2.47
4. 租金(包括农业机械)	Rent(including Agricultural Machinery)	10.36	11.33
5. 出让无形资产净收入	Selling Intangibles	0.11	
6. 储蓄性保险投资收入	Savings Insurance Investment	0.50	0.83
7. 土地征用补偿收入	Compensation for Land Acquisition	46.21	51.61
8. 转让承包土地经营权收入	Land Management Rights Transfer	2.56	6.54
9. 其他投资收益	Other Investment Profits	0.38	0.46
10. 其　他	Others	30.26	42.73
(四)转移性收入	Income from Transfers	179.66	214.90
#1. 家庭非常住人口寄回和带回收入	Sent back by Non-permanent Resident	34.11	37.10

10－16 续表2 continued

单位:元 (yuan)

类 别	Category	2005	2006
2.城市亲友赠送收入	Presentation from Relatives and Friends in Rural Area	21.18	23.54
3.农村亲友赠送收入	Presentation from Relatives and Friends in Urban Area	52.32	60.60
4.退耕还林还草补贴收入	Subsidies for Returning Farmland to Forest and Grass	0.24	0.17
5.粮食直接补贴收入	Direct Subsidies for Grain Planting	10.50	11.34
二、总支出	**Total Expenditure**	**4561.27**	**5090.48**
(一)家庭经营费用支出	Expenditure for Household Operations	1496.03	1571.69
1.第一产业生产费用支出	Primary Industry	1314.96	1386.60
(1)农业生产费用支出	Expenditure for Farming Production	731.25	812.97
A.农业生产资料支出	Production Materials of Farming	623.63	687.91
①种籽支出	Seed	52.84	60.40
②饲料支出	Feed	12.24	9.91
③其他生产资料支出	Other Production Materials	558.55	617.60
B.农业服务性支出	Farming Services	107.62	125.06
①农业生产雇工工资支出	Wages for Farming Production	15.29	17.02
②其他生产服务支出	Other Production Services	92.34	108.04
(2)林业生产费用支出	Expenditure for Forestry Production	11.33	15.79
A.林业生产资料支出	Production Materials of Forestry	9.83	13.48
①饲料支出	Feed	0.86	0.14
②其他生产资料支出	Other Production Materials	8.97	13.34
B.林业服务性支出	Forestry Services	1.49	2.32
①林业生产雇工工资支出	Wages for Forestry Production	0.10	0.90
②其他生产服务支出	Other Production Services	1.39	1.42
(3)牧业生产费用支出	Expenditure for Animal Husbandry Production	557.82	539.93
A.牧业生产资料支出	Production Materials of Animal Husbandry	544.54	524.39
①饲料支出	Feed	394.39	421.78
②其他生产资料支出	Other Production Materials	150.16	102.61
B.牧业服务性支出	Animal Husbandry Services	13.27	15.54
①牧业生产雇工工资支出	Wages for Animal Husbandry Production	1.10	2.36
②其他生产服务支出	Other Production Services	12.17	13.18
(4)渔业生产费用支出	Expenditure for Fishery Production	14.57	17.91
A.渔业生产资料支出	Production Materials of Fishery	13.55	7.71
①饲料支出	Feed	0.22	5.49
②其他生产资料支出	Other Production Materials	13.34	2.23
B.渔业服务性支出	Fishery Services	1.01	10.20
①渔业生产雇工工资支出	Wages for Fishery Production	0.19	0.01
②其他生产服务支出	Other Production Services	0.82	10.19
2.第二产业生产费用支出	Secondary Industry	92.57	76.59
(1)工业生产费用支出	Expenditure for Industry Production	87.82	69.28
A.工业生产资料支出	Production Materials of Industry	58.84	47.48
#原料支出	Raw Materials	53.77	45.82
燃料支出	Fuel	0.57	0.64
B.工业服务性支出	Industry Services	28.98	21.81
①工业生产雇工工资支出	Wages for Industry Production	7.44	7.54
②其他生产服务支出	Other Production Services	21.54	14.26
(2)建筑业生产费用支出	Expenditure for Construction Production	4.75	7.30
A.建筑业生产资料支出	Production Materials of Construction	1.13	2.70
#原料支出	Raw Materials	0.86	2.03
燃料支出	Fuel	0.06	0.46
B.建筑业服务性支出	Construction Services	3.62	4.60
①建筑业生产雇工工资支出	Wages for Construction Production	2.40	3.50
②其他生产服务支出	Other Production Services	1.21	1.11

10－16 续表3 continued

单位:元 (yuan)

类 别	Category	2005	2006
3.第三产业生产费用支出	Tertiary Industry	88.50	108.50
(1)交通运输邮电业生产费用支出	Expenditure for Production of Transport,Storage and Post	27.35	24.35
A.交通运输邮电业生产资料支出	Production Materials of Transport,Storage and Post	18.41	16.98
#燃料支出	Fuel	14.12	14.30
B.交通运输邮电业服务性支出	Transport,Storage and Post Services	8.94	7.36
①交通运输邮电业生产雇工工资支出	Wages for Production of Transport,Storage and Post	0.41	0.62
②其他生产服务支出	Other Production Services	8.53	6.74
(2)批零贸易餐饮业生产费用支出	Expenditure for Production of Wholesale,Retail and Catering Trades	38.66	57.37
A.批零贸易餐饮业生产资料支出	Production Materials of Wholesale,Retail and Catering Trades	25.48	29.02
#原料支出	Raw Materials	21.90	25.76
燃料支出	Fuel	1.10	2.22
B.批零贸易餐饮业服务性支出	Wholesale , Retail and Catering Trades Services	13.19	28.35
①批零贸易餐饮业生产雇工工资支出	Wages for Production of Wholesale,Retail and Catering Trades	3.68	6.91
②其他生产服务支出	Other Production Services	9.51	21.44
(3)社会服务业生产费用支出	Expenditure for Production of Social Services	8.35	6.67
A.社会服务业生产资料支出	Production Materials of Social Services	6.30	4.57
#原料支出	Raw Materials	4.72	3.65
燃料支出	Fuel	0.97	0.70
B.社会服务业服务性支出	Social Services Services	2.05	2.10
①社会服务业生产雇工工资支出	Wages for Production of Social Services	0.31	0.34
②其他生产服务支出	Other Production Services	1.75	1.76
(4)文教卫生业生产费用支出	Expenditure for Production of Culture,Education and Health	4.37	7.34
A.文教卫生业生产资料支出	Production Materials of Culture,Education and Health	2.77	4.48
#原料支出	Raw Materials	0.92	4.37
燃料支出	Fuel	0.06	0.04
B.文教卫生业服务性支出	Culture , Education and Health Services	1.59	2.86
①文教卫生业生产雇工工资支出	Wages for Production of Culture,Education and Health	0.41	0.71
②其他生产服务支出	Other Production Services	1.18	2.15
(5)其他行业生产费用支出	Expenditure for Production of Other Secotrs	9.76	12.77
A.其他行业生产资料支出	Production Materials of Other Secotrs	4.52	9.29
#原料支出	Raw Materials	2.95	1.77
燃料支出	Fuel	0.76	0.45
B.其他行业服务性支出	Other Secotrs Services	5.24	3.48
①其他行业生产雇工工资支出	Wages for Production of Other Secotrs	3.35	0.24
②其他生产服务支出	Other Production Services	1.90	3.25
(二)购置生产性固定资产支出	Expenditure for Purchase of Productive Fixed Assets	117.14	149.36
(三)建、造生产性固定资产雇工支出	Expenditure for Building of Productive Fixed Assets	1.40	1.80
(四)税费支出	Expenditure for Taxes and Fees	34.27	21.28
1.第一产业税	Primary Industry	10.81	0.80
2.第二产业税	Secondary Industry	0.86	1.06
(1)工业生产纳税	Tax of Industry Production	0.84	1.06
(2)建筑业生产纳税	Tax of Construction Production	0.01	

10-16 续表4 continued

单位:元 (yuan)

类别	Category	2005	2006
3.第三产业税	Tertiary Industry	3.07	3.48
4.其他各种收费	Other Charges	19.53	15.94
(五)生活消费支出	Expense on Household Consumption	2735.77	3143.80
#服务性支出	Expenditure for Services	880.02	1022.95
1.食品消费支出	Food	1087.65	1191.32
A.食品消费品支出	Consumer Foods	920.96	1004.85
(1)谷 物	Cereal	243.57	245.98
(2)薯 类	Tubers	5.58	4.86
(3)豆 类	Beans	12.58	12.81
(4)食用油	Eatable Oil	59.32	60.17
(5)蔬菜及制品	Vegetable and Products	90.69	101.93
(6)肉、禽、蛋、奶及制品	Meat, Poultry, Egg, Milk and Their Products	242.69	238.63
(7)水产品及制品	Aquatic Products	33.32	33.92
(8)烟、酒	Tobacco and Liquor	155.93	156.69
(9)茶叶、饮料	Tea and Beverages	13.40	15.73
(10)其它类食品	Other Foods	63.88	134.14
B.食品消费服务性支出	Services for Foods Consumption	166.69	186.46
(1)在外饮食	Outward Dinner	156.65	173.27
(2)食品加工费	Foods Processing	7.63	6.63
(3)其他服务性支出	Other Services	2.41	6.56
2.衣着消费支出	Clothing	159.73	198.12
A.衣着消费品支出	Consumer Clothing	157.72	196.46
(1)服 装	Garments	95.21	126.15
(2)服装材料	Clothing Material	11.11	10.99
(3)鞋 类	Footwear	42.31	48.65
(4)其 他	Others	9.09	10.68
B.衣着消费服务性支出	Services for Clothing Consumption	2.01	1.66
(1)衣着加工费	Clothing Proceeding Services	1.27	1.21
(2)其他服务性支出	Other Services	0.74	0.44
3.居住消费支出	Residence	445.71	548.05
A.居住消费品支出	Consumer Residence	331.84	412.37
(1)建筑生活用房材料	Construction Materials	197.47	249.10
(2)维修生活用房材料	Repair Materials	14.98	12.84
(3)装修生活用房材料	Decoration Materials	24.86	32.64
(4)生活用房	Household Housing	9.65	26.35
(5)生活用燃料	Household Fuels	84.89	91.45
B.居住消费服务性支出	Services for Residence	113.87	135.68
(1)建筑、维修生活用房雇工工资	Wages for Housing Construction and Repair	43.31	50.35
(2)房 租	Rent	2.17	3.37
(3)生活用水	Household Water	2.91	4.04
(4)生活用电	Household Electricity	48.15	59.95
(5)清洁费、卫生费	Cleaning and Sanitation Costs	0.32	0.28
(6)其他服务性支出	Other Services	17.00	17.68
4.家庭设备、用品消费支出	Household Appliances	136.54	158.73
A.家庭设备用品消费品支出	Consumer Household Appliances	127.99	150.04
(1)日用品	Goods for Daily Use	42.98	47.87
(2)床上用品	Bed Articles	9.51	11.96
(3)室内装饰品	Interior Decorations	4.26	4.97
(4)家俱类	Furniture	31.21	38.76
(5)机电设备	Electrical Equipment	40.04	46.48

10－16　续表5　continued

单位:元 (yuan)

类　别	Category	2005	2006
B. 家庭设备用品服务性消费支出	Services for Household Appliances	8.55	8.69
(1)家庭设备修理费	Charges for Household Appliances Repair	3.26	4.09
(2)日杂用品加工修理费	Charges for Grocery Processing and Repair	1.55	1.54
(3)家政服务费	Charges for Household Services	0.81	0.71
(4)其他服务性支出	Other Services	2.93	2.35
5. 交通和通讯消费支出	Transport and Communications	294.37	352.19
A. 交通和通讯用品支出	Transport and Communications Goods	150.99	181.74
(1)交通工具	Transportation Facility	85.29	97.98
(2)交通工具用燃料	Fuels for Transportation Facility	28.58	36.59
(3)交通工具用零配件	Parts of Transportation Facility	4.62	6.72
(4)通讯工具	Communication Facility	32.24	40.13
(5)通讯工具用零配件	Parts of Communication Facility	0.26	0.32
B. 交通和通讯服务消费支出	Transport and Communications Services	143.38	170.45
(1)交通消费服务支出	Services for Transport	45.00	55.20
①交通客运费	Passenger Traffic Charges	29.37	37.06
②生活物品货运费	Freight Charges for Living Goods	0.63	0.48
③交通工具修理费	Charges for Transportation Facility Repair	11.39	13.53
④其他(过路过桥费等)服务性支出	Other Services	3.62	4.14
(2)通讯消费服务支出	Services for Communications	98.38	115.25
①邮寄费	Mailing Costs	0.88	0.78
②通讯费	Communication Charges	96.16	113.28
③通讯工具修理费	Charges for Communication Facility Repair	0.81	0.65
④其　他	others	0.53	0.54
6. 文化教育、娱乐消费支出	Recreation, Education and Cultural	377.16	408.84
A. 文化教育、娱乐用品消费支出	Culture, Education and Recreation Appliances	60.75	68.92
(1)文教、娱乐用机电消费品	Electrical Consumer Goods for Culture, Education and Recreation	34.21	38.89
(2)书、报、杂志	Books, Newspapers and Magazines	11.92	12.46
(3)纸张、文具	Paper and Stationery	4.21	4.95
(4)音像制品	Audio-visual Products	0.81	0.96
(5)电脑软件	Software	0.03	0.03
(6)体育用品	Sport Goods	0.11	0.27
(7)计算机零配件及耗材	Computer Parts and Materials	0.07	0.09
(8)鲜　花	Flower	0.15	0.17
(9)娱乐用品	Recreation Goods	4.92	6.27
(10)其他用品	Other Goods	4.32	4.83
B. 教育服务消费支出	Education Services	293.27	311.18
(1)托儿费	Child-care Fee	3.52	3.67
(2)幼儿园赞助费	Sponsor Fee for Kindergarten	0.77	2.14
(3)学杂费	Tuition Fee	262.46	270.09
(4)入学赞助费	Sponsor Fee for School Entrance	2.75	2.42
(5)私立学校就读费	Student Fee for Private Schools Entrance	2.08	1.75
(6)成人培训费	Adult Training Expenses	6.70	14.32
(7)教育设备修理费	Repair Charges for Education Equipment	0.05	0.23
(8)其他服务性支出	Other Services	14.94	16.58
C. 文化、体育、娱乐服务消费支出	Services for Culture, Sports and Recreation	23.15	28.73
(1)旅　游	Tourism	1.91	4.60
(2)休闲娱乐费	Recreation Costs	3.23	4.09

10－16 续表6 continued

单位:元 (yuan)

类 别	Category	2005	2006
(3)文化、体育、娱乐用品修理费	Repair Charges for Culture, Sports and Recreation Goods	3.41	3.63
(4)其他服务性支出	Other Services	14.60	16.41
7.医疗保健消费支出	Health care	188.48	221.80
A.医疗保健用品	Health Care Appliances	80.27	78.00
(1)医疗卫生用品	Medical Appliances	76.58	74.18
①药 品	Medicine	74.69	72.23
②医疗卫生器械	Medical Equipment	1.05	0.56
③其他医疗卫生用品	Other Medical Appliances	0.84	1.39
(2)保健用品	Health Appliances	3.69	3.82
①药品类保健品	Drugs Health Products	1.33	1.72
②保健器材	Health Equipment	2.37	2.09
B.医疗保健服务消费支出	Health Care Services	108.21	143.80
(1)医疗费	Medical Charges	103.43	138.77
(2)医疗设备修理费	Repair Charges for Medical Equipment	0.19	0.22
(3)保健费	Health Charges	1.51	1.93
(4)保健设备修理费	Repair Charges for Health Equipment	0.83	0.02
(5)其他服务性支出	Other Services	2.25	2.86
8.其他商品和服务消费支出	Other Goods and Services	46.13	64.75
A.其他商品支出	Other Goods	25.23	28.46
(1)首 饰	Jewelry	3.06	4.46
(2)手 表	Watch	0.43	0.30
(3)化妆品	Cosmetics	2.94	3.91
(4)迷信、宗教用品	Religious Appliances	3.82	4.24
(5)其 他	Others	14.99	15.54
B.其他消费服务支出	Other Services	20.90	36.29
(1)旅馆住宿费	Hotel Accommodations	0.87	0.45
(2)美容美发	Beauty Salons	3.04	3.90
(3)殡殓费	Funeral Expenses	3.22	4.19
(4)生活消费借贷利息	Loan Interest of Household Consumption	0.09	0.53
(5)其他服务性支出	Other Services	13.69	27.21
(六)财产性支出	Expenditure for Properties	17.55	14.74
1.宅基地有偿使用费	Paid Use of Land	1.58	4.28
2.承包其他农户转让费	Contract on Other Farmers Transfer	14.18	8.62
3.其 他	Others	1.80	1.84
(七)转移性支出	Expenditure for Transfers	159.11	187.81
#1.寄给带给家庭非常人口	Sent to Non-permanent Resident	43.42	57.83
2.赠送农村亲友	Presentation to Relatives and Friends in Rural Area	52.86	54.53
3.赠送城市亲友	Presentation to Relatives and Friends in Urban Area	8.69	9.94
三、全年纯收入	**Net Income**	**3930.55**	**4368.33**
(一)工资性收入	Income from Wages and Salaries	1437.57	1671.54
1.在非企业组织中劳动得到收入	Incomes from Working in the Non-business Organizations	240.73	251.28
(1)乡村干部收入	Income of Village Cadres	125.86	133.25
(2)乡村教师收入	Income of Village Teacher	43.11	48.82
(3)行政事业单位等职工收入	Income from Working in Administrative Units	71.77	69.21
2.在本乡地域内劳动得到收入	Incomes from Working inside the Village	806.57	947.35
(1)在企业中劳动得到收入	Incomes from Working in Enterprises	522.63	611.94
a.乡镇企业收入	Township Enterprises	230.33	254.38
b.其他企业收入	Other Enterprises	292.31	357.56
(2)在国家投资基建项目得到收入	Income from Infrastructure Projects Invested by the State	4.89	6.55

10－16 续表7 continued

单位:元 (yuan)

类　别	Category	2005	2006
(3)提供其他劳务收入	Other Labor Income	279.05	328.86
3.外出从业得到收入	Income from Working Somewhere away from Home	390.27	472.91
(1)在乡外县内从业得到收入	in the County but outside the Village	169.96	199.24
(2)在县外省内从业得到收入	in the Province but outside the County	163.82	205.02
(3)在省外国内从业得到收入	in China but outside the Province	56.43	68.43
(4)在国外从业得到收入	Abroad	0.06	0.22
(二)家庭经营纯收入	Net Income from Household Operations	2258.05	2409.78
1.第一产业纯收入	Net Income from Primary Industry	1727.87	1824.97
(1)农业收入	Net Income from Farming	1376.86	1468.23
(2)林业收入	Net Income from Forestry	48.51	64.23
(3)牧业收入	Net Income from Animal Husbandry	281.99	270.14
(4)渔业收入	Net Income from Fishery	20.51	22.37
2.非农产业纯收入	Net Income from Non-agricultural Industries	530.17	584.81
A.第二产业纯收入	Net Income from Secondary Industry	152.11	163.28
(1)工业收入	Industry	102.62	109.35
(2)建筑业收入	Construction	49.49	53.93
B.第三产业纯收入	Net Income from Tertiary Industry	378.06	421.53
(1)交通、运输、邮电业收入	Transport,Storage and Post	112.08	125.07
(2)批零贸易业、饮食业收入	Wholesale , Retail and Catering Trades	134.37	152.02
(3)社会服务业收入	Social Services	43.89	57.45
(4)文教卫生业收入	Culture , Education and Health	22.61	26.02
(5)其他行业收入	Other Sectors	65.11	60.97
(三)财产性纯收入	Net Income from Properties	102.80	127.60
1.利　息	Interest	9.75	10.78
2.集体分配股息和红利	Divident and Bonus Distributed by Mass	0.63	0.84
3.其他股息和红利	Other Divident and Bonus	2.02	2.47
4.租金(包括农业机械)	Rent(including Agricultural Machinery)	10.36	11.33
5.出让无形资产净收入	Selling Intangibles	0.11	
6.储蓄性保险投资收入	Savings Insurance Investment	0.50	0.83
7.土地征用补偿收入	Compensation for Land Acquisition	46.21	51.61
8.转让承包土地经营权收入	Land Management Rights Transfer	2.56	6.54
9.其他投资收益	Other Investment Profits	0.38	0.46
10.其　他	Others	30.26	42.73
(四)转移性纯收入	Net Income from Transfers	132.13	159.40
1.家庭非常住人口寄回和带回	Sent back by Non-permanent Resident	34.11	37.10
2.城市亲友赠送	Presentation from Relatives and Friends in Rural Area	21.18	23.54
3.离退休金、养老金	Old-age Pensions	17.69	20.16
4.城市亲友支付赡养费	Alimony Relatives and Friends in Urban Area	3.72	3.80
5.农村亲友支付赡养费	Alimony Relatives and Friends in Rural Area	5.00	5.60
6.救济金	Relief	0.61	1.57
7.抚恤金	Pensions	1.10	1.73
8.灾　款	Disaster Relief	0.08	0.36
9.报销医疗费	Reimbursement for Medical Expenses	2.52	3.21
10.退　税	Tax Rebates	0.13	0.12
11.退耕还林还草补贴	Subsidies for Returning Farmland to Forest and Grass	0.24	0.17
12.无偿扶贫或扶持款	Free of Help Sustain	0.94	1.24
13.得到赔款	Compensation	13.88	13.46
14.其　他	Others	30.94	47.33
全年现金纯收入	**Cash Income**	**3553.13**	**4008.25**
全年实物纯收入	**Net Income of Material Objects**	**377.41**	**360.08**

10－17 农村住户人均现金收支情况

Per Capita Cash Income and Expenditure of Rural Households

单位：元 （yuan）

类　别	Category	2005	2006
一、期内现金收入	**Cash Income in the Term**	**5114.45**	**5636.35**
（一）工资性收入	Income from Wages and Salaries	1434.64	1670.51
1. 在非企业组织中劳动得到收入	Incomes from Working in the Non-business Organizations	240.23	251.17
（1）乡村干部收入	Income of Village Cadres	125.45	133.16
（2）乡村教师收入	Income of Village Teacher	43.10	48.82
（3）行政事业单位等职工收入	Income from Working in Administrative Units	71.67	69.19
2. 在本乡地域内劳动得到收入	Incomes from Working inside the Village	805.69	946.70
（1）在企业中劳动得到收入	Incomes from Working in Enterprises	521.93	611.54
a. 乡镇企业收入	Township Enterprises	229.63	253.99
b. 其他企业收入	Other Enterprises	292.31	357.56
（2）在国家投资基建项目得到收入	Income from Infrastructure Projects Invested by the State	4.89	6.55
（3）提供其他劳务收入	Other Labor Income	278.87	328.60
3. 外出从业得到收入	Income from Working Somewhere away from Home	388.73	472.64
（1）在乡外县内从业得到收入	in the County but outside the Village	168.82	199.21
（2）在县外省内从业得到收入	in the Province but outside the County	163.52	204.93
（3）在省外国内从业得到收入	in China but outside the Province	56.32	68.28
（4）在国外从业得到收入	Abroad	0.06	0.22
（二）家庭经营现金收入	Cash Income from Household Operations	3415.49	3651.79
1. 第一产业现金收入	Cash Income from Primary Industry	2635.95	2812.22
（1）农业现金收入	Cash Income from Farming	1676.31	1865.47
①出售农产品收入	Farming Products	1620.41	1806.51
②农业服务性收入	Income from Agricultural Services	55.91	58.95
a. 经营水利灌溉系统收入	Operating Irrigation	2.65	3.55
b. 农产品初加工收入	Processing of Agricultural Products	10.01	10.11
c. 提供机械和操作人收入	Providing Machinery and Operators	30.12	28.80
d. 其他服务收入	Other Services	13.12	16.49
（2）林业现金收入	Cash Income from Forestry	60.23	73.91
①出售林业产品收入	Forestry Products	57.94	69.55
②林业服务性收入	Income from Forestry Services	2.29	4.35
（3）牧业现金收入	Cash Income from Animal Husbandry	862.78	831.21
①出售牧业产品收入	Animal Husbandry Products	855.23	827.18
②牧业服务性收入	Animal Husbandry Services	7.55	4.03
（4）渔业现金收入	Cash Income from Fishery	36.63	41.63
①出售渔业产品收入	Fishery Products	36.12	41.00
②渔业服务性收入	Fishery Services	0.51	0.63
2. 第二产业现金收入	Cash Income from Secondary Industry	265.21	261.92
（1）工业收入	Industry	209.41	198.88
①出售工业产品收入	Industrial Products	67.26	75.24
②工业服务性收入	Industrial Services	142.15	123.64
（2）建筑业收入	Construction	55.80	63.04
①出售建筑业产品收入	Construction Products	1.48	0.88
②建筑业服务性收入	Construction Services	54.31	62.16
3. 第三产业现金收入	Cash Income from Tertiary Industry	514.34	577.65
①出售其他产品收入	Other Products	2.25	2.25
②第三产业服务性现金收入	Tertiary Industry Services	512.09	575.40
a. 交通、运输、邮电业收入	Transport, Storage and Post	166.45	175.98
b. 批零贸易业、饮食业收入	Wholesale , Retail and Catering Trades	186.16	222.32

10－17 续表1 continued

单位:元 (yuan)

类　别	Category	2005	2006
c. 社会服务业收入	Social Services	54.87	67.55
d. 文教卫生业收入	Culture , Education and Health	28.20	34.62
e. 其他行业收入	Other Sectors	76.40	74.93
(三)财产性收入	Income from Properties	89.45	105.74
1. 利　息	Interest	9.75	10.78
2. 集体分配股息和红利	Divident and Bonus Distributed by Mass	0.63	0.84
3. 其他股息和红利	Other Divident and Bonus	2.02	2.47
4. 租金(包括农业机械)	Rent(including Agricultural Machinery)	10.36	11.33
5. 出让无形资产净收入	Selling Intangibles	0.11	
6. 储蓄性保险投资收入	Savings Insurance Investment	0.50	0.83
7. 土地征用补偿收入	Compensation for Land Acquisition	46.21	51.61
8. 转让承包土地经营权收入	Land Management Rights Transfer	2.56	6.54
9. 其他投资收益	Other Investment Profits	0.38	0.46
10. 其　他	Others	16.91	20.87
(四)转移性收入	Income from Transfers	174.87	208.31
1. 家庭非常住人口寄回和带回	Sent back by Non-permanent Resident	34.04	37.07
2. 城市亲友赠送	Presentation from Relatives and Friends in Rural Area	20.39	23.17
3. 农村亲友赠送	Presentation from Relatives and Friends in Urban Area	48.55	55.04
4. 离退休金、养老金	Old-age Pensions	17.69	20.16
5. 城市亲友支付赡养费	Alimony Relatives and Friends in Urban Area	3.72	3.80
6. 农村亲友支付赡养费	Alimony Relatives and Friends in Rural Area	5.00	5.60
7. 救济金	Relief	0.61	1.57
8. 抚恤金	Pensions	1.10	1.73
9. 救灾款	Disaster Relief	0.08	0.36
10. 报销医疗费	Reimbursement for Medical Expenses	2.52	3.21
11. 退　税	Tax Rebates	0.13	0.12
12. 退耕还林还草补贴	Subsidies for Returning Farmland to Forest and Grass	0.24	0.14
13. 无偿扶贫或扶持款	Free of Help Sustain	0.94	1.24
14. 得到赔款	Compensation	13.88	13.46
15. 其　他	Others	25.97	41.63
# 粮食直接补贴收入	Direct Subsidies for Grain Planting	10.50	11.34
二、非收入现金所得	**Non-Income Cash Proceeds**	**781.96**	**833.77**
(一)非借贷性现金所得	Non-lending Cash Proceeds	117.64	141.12
1. 保险赔款	Insurance Payments	2.69	3.85
2. 出售财物	Property Sales	41.34	45.74
3. 出售役畜、产品畜	Draught and Commodity Animal Sales	1.49	7.29
4. 彩票中奖所得	Lottery Winners	0.10	0.13
5. 调查补贴	Investigation Subsidies	13.72	15.94
6. 一次性工伤补贴	One-time Injuries Subsidies	2.11	1.25
7. 婚、丧、嫁、娶礼金	Gifts of Marriage and Burial	52.08	61.48
8. 其他(包括赌博所得)	Others(including gambling income)	4.10	5.43
(二)借贷性现金所得	Lending Cash Proceeds	664.32	692.65
1. 银行、信用社贷款	Loans from Banks and Credit Union	56.93	67.77
2. 借入款	Borrowing	210.35	206.79
3. 收回借出款	Repayment	102.59	105.50
4. 取回存款	Recovered Deposits	288.83	307.96
5. 兑换债券(本金)	Converted bonds	0.13	0.22
6. 出售股票	Shares Sales		
7. 兑换其他有价证券(本金)	Converted Other securities		1.00
8. 收回其他投资款	Recovered Other Investments	2.25	0.86

10－17 续表2 continued

单位:元 (yuan)

类　别	Category	2005	2006
9.其　他	Others	3.24	2.71
三、期内现金支出	**Cash Expenditure in the Term**	**4197.12**	**4711.96**
(一)生产费用支出	Expenditure of Production Costs	1518.15	1622.43
1.家庭经营费用支出	Expenditure for Household Operations	1399.61	1471.27
(1)第一产业生产费用支出	Primary Industry	1218.83	1286.21
①农业生产费用支出	Expenditure for Farming Production	696.58	773.25
a.购买农业生产资料	Production Materials of Farming	588.95	648.19
b.农业生产雇工工资	Wages for Farming Production	15.29	17.02
c.其他生产服务支出	Other Production Services	92.34	108.04
#借、贷款利息	Borrowing and lending Interest	1.23	0.95
排灌费	Charges forIrrigation and Drainage	11.14	12.84
机耕费	Charges for Farming with Mechines	30.31	35.20
修理费	Repair Charges	5.93	6.46
电　费	Electricity Charges	7.23	9.11
②林业生产费用支出	Expenditure for Forestry Production	10.92	15.79
a.购买林业生产资料	Production Materials of Forestry	9.43	13.48
b.林业生产雇工工资	Wages for Forestry Production	0.10	0.90
c.其他生产服务支出	Other Production Services	1.39	1.42
#借、贷款利息	Borrowing and lending Interest	0.20	0.12
修理费	Repair Charges	0.03	0.07
电　费	Electricity Charges	0.02	
③牧业生产费用支出	Expenditure for Animal Husbandry Production	496.77	479.25
a.购买牧业生产资料	Production Materials of Animal Husbandry	483.49	463.72
b.牧业生产雇工工资	Wages for Animal Husbandry Production	1.10	2.36
c.其他生产服务支出	Other Production Services	12.17	13.18
#借、贷款利息	Borrowing and lending Interest	0.82	0.61
畜、禽防疫	Livestock and Poultry Vaccination	1.96	1.84
修理费	Repair Charges	0.33	0.24
电　费	Electricity Charges	0.61	0.71
④渔业生产费用支出	Expenditure for Fishery Production	14.57	17.91
a.购买渔业生产资料	Production Materials of Fishery	13.55	7.71
b.渔业生产雇工工资	Wages for Fishery Production	0.19	0.01
c.其他生产服务支出	Other Production Services	0.82	10.19
#借、贷款利息	Borrowing and lending Interest	0.46	
修理费	Repair Charges	0.04	0.04
电　费	Electricity Charges	0.29	9.08
(2)第二产业生产费用支出	Secondary Industry	92.57	76.59
①工业生产费用支出	Expenditure for Industry Production	87.82	69.28
a.购买工业生产资料	Production Materials of Industry	58.84	47.48
b.工业生产雇工工资	Wages for Industry Production	7.44	7.54
c.其他生产服务支出	Other Production Services	21.54	14.26
#借、贷款利息	Borrowing and lending Interest	0.94	2.99
修理费	Repair Charges	0.82	0.41
电　费	Electricity Charges	4.47	3.08
②建筑业生产费用支出	Expenditure for Construction Production	4.75	7.30
a.购买建筑业生产资料	Production Materials of Construction	1.13	2.70
b.建筑业生产雇工工资	Wages for Construction Production	2.40	3.50
c.其他生产服务支出	Other Production Services	1.21	1.11
#借、贷款利息	Borrowing and lending Interest		
修理费	Repair Charges	0.38	0.22

10－17 续表3 continued

单位:元 (yuan)

类　别	Category	2005	2006
电　费	Electricity Charges	0.07	0.06
(3)第三产业生产费用支出	Tertiary Industry	88.20	108.47
①交通运输邮电业生产费用支出	Expenditure for Production of Transport, Storage and Post	27.35	24.35
a.购买交通运输邮电业生产资料	Production Materials of Transport, Storage and Post	18.41	16.98
b.交通运输邮电业生产雇工工资	Wages for Production of Transport, Storage and Post	0.41	0.62
c.其他生产服务支出	Other Production Services	8.53	6.74
#借、贷款利息	Borrowing and lending Interest	0.09	0.06
修理费	Repair Charges	3.69	3.64
电　费	Electricity Charges	0.02	0.01
②批零贸易餐饮业生产费用支出	Expenditure for Production of Wholesale, Retail and Catering Trades	38.66	57.37
a.购买批零贸易餐饮业生产资料	Production Materials of Wholesale, Retail and Catering Trades	25.48	29.02
b.批零贸易餐饮业生产雇工工资	Wages for Production of Wholesale, Retail and Catering Trades	3.68	6.91
c.其他生产服务支出	Other Production Services	9.51	21.44
#借、贷款利息	Borrowing and lending Interest	0.16	0.14
电　费	Electricity Charges	0.25	0.41
③社会服务业生产费用支出	Expenditure for Production of Social Services	8.35	6.67
a.购买社会服务业生产资料	Production Materials of Social Services	6.30	4.57
b.社会服务业生产雇工工资	Wages for Production of Social Services	0.31	0.34
c.其他生产服务支出	Other Production Services	1.75	1.76
#借、贷款利息	Borrowing and lending Interest	0.03	0.14
电　费	Electricity Charges	0.41	0.52
④文教卫生业生产费用支出	Expenditure for Production of Culture, Education and Health	4.37	7.34
a.购买文教卫生业生产资料	Production Materials of Culture, Education and Health	2.77	4.48
b.文教卫生业生产雇工工资	Wages for Production of Culture, Education and Health	0.41	0.71
c.其他生产服务支出	Other Production Services	1.18	2.15
#借、贷款利息	Borrowing and lending Interest	0.02	0.35
电　费	Electricity Charges		
⑤其他行业生产费用支出	Expenditure for Production of Other Secotrs	9.47	12.74
a.购买其他行业生产资料	Production Materials of Other Secotrs	4.23	9.26
b.其他行业生产雇工工资	Wages for Production of Other Secotrs	3.35	0.24
c.其他生产服务支出	Other Production Services	1.90	3.25
#借、贷款利息	Borrowing and lending Interest	0.25	0.30
电　费	Electricity Charges	0.16	0.10
2.购置生产性固定资产支出	Expenditure for Purchase of Productive Fixed Assets	117.14	149.36
(1)购置建筑生产用建筑物材料	Purchase of Building Materials	23.26	13.65
(2)购买生产用房	Purchase of Production House	1.89	7.06
(3)购买役畜、产品畜	Purchase of Draught and Commodity Animal	6.90	3.89
(4)购买农林牧渔业机械	Purchase of Agricultural Machinery	39.43	44.84
(5)购买工业机械	Purchase of Industrial Machinery	2.14	28.78
(6)购买运输机械	Purchase of Transport Machinery	35.19	38.14
(7)购买其他生产性固定资产	Purchase of Other Productive Fixed Assets	8.34	13.00
3.建、造生产性固定资产雇工支出	Expenditure for Building of Productive Fixed Assets	1.40	1.80

10-17 续表4 continued

单位:元 (yuan)

类 别	Category	2005	2006
(二)税费支出	Expenditure for Taxes and Fees	33.65	21.03
1.第一产业税	Primary Industry	10.28	0.73
2.第二产业税	Secondary Industry	0.78	0.90
(1)工业生产纳税	Tax of Industry Production	0.77	0.90
(2)建筑业生产纳税	Tax of Construction Production	0.01	
3.第三产业生产纳税	Tertiary Industry	3.07	3.47
4.其他各种收费	Other Charges	19.52	15.93
(三)生活消费支出	Expense on Household Consumption	2470.39	2867.30
#服务性支出	Expenditure for Services	880.02	1022.95
1.食品消费支出	Food	826.92	916.49
a.购买食品支出	Purchase of Food	660.22	730.03
(1)谷 物	Cereal	45.86	51.37
(2)薯 类	Tubers	3.86	3.63
(3)豆 类	Beans	9.53	10.17
(4)食用油	Eatable Oil	50.07	38.77
(5)蔬菜及制品	Vegetable and Products	64.65	69.22
(6)肉、禽、蛋、奶及制品	Meat,Poultry,Egg,Milk and Their Products	236.90	232.85
(7)水产品及制品	Aquatic Products	33.07	33.86
(8)烟、酒	Tobacco and Liquor	155.93	156.58
(9)茶叶、饮料	Tea and Beverages	13.40	15.73
(10)其它类食品	Other Foods	46.96	117.85
b.食品消费服务性支出	Services for Foods Consumption	166.69	186.46
(1)在外饮食	Outward Dinner	156.65	173.27
(2)食品加工费	Foods Processing	7.63	6.63
(3)其他服务	Other Services	2.41	6.56
2.衣 着	Clothing	158.67	197.11
a.购买衣着支出	Purchase of Clothing	156.66	195.46
(1)服 装	Garments	95.21	126.15
(2)服装材料	Clothing Material	10.05	9.98
(3)鞋 类	Footwear	42.31	48.65
(4)其 他	Others	9.09	10.68
b.衣着消费服务性支出	Services for Clothing Consumption	2.01	1.66
(1)衣着加工费	Clothing Proceeding Services	1.27	1.21
(2)其他服务	Other Services	0.74	0.44
3.居 住	Residence	442.75	548.00
a.购买居住消费品支出	Purchase of Consumer Residence	328.88	412.32
(1)购买建筑生活用房材料	Construction Materials	197.43	249.10
(2)购买维修生活用房材料	Repair Materials	14.98	12.84
(3)装修生活用房材料	Decoration Materials	24.86	32.64
(4)购买生活用房	Household Housing	9.65	26.35
(5)购买生活用燃料	Household Fuels	81.97	91.40
b.居住消费服务性支出	Services for Residence	113.87	135.68
(1)建筑维修生活用房雇工工资	Wages for Housing Construction and Repair	43.31	50.35
(2)房 租	Rent	2.17	3.37
(3)生活用水	Household Water	2.91	4.04
(4)生活用电	Household Electricity	48.15	59.95
(5)清洁费、卫生费	Cleaning and Sanitation Costs	0.32	0.28
(6)其 他	Others	17.00	17.68
4.家庭设备、用品及服务	Household Appliances	136.54	158.71
a.购买家庭设备、用品支出	Purchase of Household Appliances	127.99	150.03

10－17 续表5 continued

单位:元 (yuan)

类　别	Category	2005	2006
(1)日用品	Goods for Daily Use	42.98	47.87
(2)床上用品	Bed Articles	9.51	11.95
(3)室内装饰品	Interior Decorations	4.26	4.97
(4)家俱类	Furniture	31.21	38.76
(5)机电设备	Electrical Equipment	40.04	46.48
b.家庭设备服务消费支出	Services for Household Appliances	8.55	8.69
(1)家庭设备修理费	Charges for Household Appliances Repair	3.26	4.09
(2)日杂用品加工修理费	Charges for Grocery Processing and Repair	1.55	1.54
(3)家政服务费	Charges for Household Services	0.81	0.71
(4)其　他	Others	2.93	2.35
5.交通和通讯	Transport and Communications	294.37	352.19
a.购买交通和通讯用品支出	Purchase of Transport and Communications Goods	150.99	181.74
(1)交通工具	Transportation Facility	85.29	97.98
(2)交通工具用燃料	Fuels for Transportation Facility	28.58	36.59
(3)交通工具用零配件	Parts of Transportation Facility	4.62	6.72
(4)通讯工具	Communication Facility	32.24	40.13
(5)通讯工具用零配件	Parts of Communication Facility	0.26	0.32
b.交通和通讯服务消费支出	Transport and Communications Services	143.38	170.45
(1)交通服务支出	Services for Transport	45.00	55.20
①交通客运费	Passenger Traffic Charges	29.37	37.06
②生活物品货运费	Freight Charges for Living Goods	0.63	0.48
③交通工具修理费	Charges for Transportation Facility Repair	11.39	13.53
④其他(过路过桥费等)	Other Services	3.62	4.14
(2)通讯服务支出	Services for Communications	98.38	115.25
①邮寄费	Mailing Costs	0.88	0.78
②通讯费	Communication Charges	96.16	113.28
③通讯工具修理费	Charges for Communication Facility Repair	0.81	0.65
④其　他	Others	0.53	0.54
6.文化教育、娱乐用品及服务	Recreation, Education, Cultural and Services	377.16	408.84
a.购买文化教育、娱乐用品	Purchase of Culture, Education and Recreation Appliances	60.75	68.92
(1)文教、娱乐用机电消费品	Electrical Consumer Goods for Culture, Education and Recreation	34.21	38.89
(2)书、报、杂志	Books, Newspapers and Magazines	11.92	12.46
(3)纸张、文具	Paper and Stationery	4.21	4.95
(4)音像制品	Audio-visual Products	0.81	0.96
(5)电脑软件	Software	0.03	0.03
(6)体育用品	Sport Goods	0.11	0.27
(7)计算机零配件及耗材	Computer Parts and Materials	0.07	0.09
(8)鲜　花	Flower	0.15	0.17

10－17 续表6 continued

单位:元 (yuan)

类　别	Category	2005	2006
(9)娱乐用品	Recreation Goods	4.92	6.27
(10)其他用品	Other Goods	4.32	4.83
b.教育服务消费	Education Services	293.27	311.18
(1)托儿费	Child-care Fee	3.52	3.67
(2)幼儿园赞助费	Sponsor Fee for Kindergarten	0.77	2.14
(3)学杂费	Tuition Fee	262.46	270.09
(4)入学赞助费	Sponsor Fee for School Entrance	2.75	2.42
(5)私立学校就读费	Student Fee for Private Schools Entrance	2.08	1.75
(6)成人培训费	Adult Training Expenses	6.70	14.32
(7)教育设备修理费	Repair Charges for Education Equipment	0.05	0.23
(8)其　他	Others	14.94	16.58
c.文化、体育、娱乐服务消费	Services for Culture, Sports and Recreation	23.15	28.73
(1)旅　游	Tourism	1.91	4.60
(2)休闲娱乐费	Recreation Costs	3.23	4.09
(3)文化、体育、娱乐用品修理费	Repair Charges for Culture, Sports and Recreation Goods	3.41	3.63
(4)其　他	Others	14.60	16.41
7.医疗保健	Health care	188.48	221.80
a.购买医疗保健用品	Purchase of Health Care Appliances	80.27	78.00
(1)购买医疗卫生用品	Medical Appliances	76.58	74.18
①药　品	Medicine	74.69	72.23
②医疗卫生器械	Medical Equipment	1.05	0.56
③其他医疗卫生用品	Other Medical Appliances	0.84	1.39
(2)保健用品	Health Appliances	3.69	3.82
①药品类保健品	Drugs Health Products	1.33	1.72
②保健器材	Health Equipment	2.37	2.09
b.医疗保健服务消费支出	Health Care Services	108.21	143.80
(1)医疗费	Medical Charges	103.43	138.77
(2)医疗设备修理费	Repair Charges for Medical Equipment	0.19	0.22
(3)保健费	Health Charges	1.51	1.93
(4)保健设备修理费	Repair Charges for Health Equipment	0.83	0.02
(5)其　他	Others	2.25	2.86
8.其他商品和服务	Other Goods and Services	45.51	64.15
a.购买其他商品支出	Purchase of Other Goods	24.61	27.86
(1)首　饰	Jewelry	3.06	4.46
(2)手　表	Watch	0.43	0.30
(3)化妆品	Cosmetics	2.94	3.91
(4)迷信、宗教用品	Religious Appliances	3.82	4.24
(5)其　他	Others	14.36	14.94
b.其他消费服务支出	Other Services	20.90	36.29
(1)旅馆住宿费	Hotel Accommodations	0.87	0.45
(2)美容美发	Beauty Salons	3.04	3.90
(3)殡殓费	Funeral Expenses	3.22	4.19
(4)生活消费借贷利息	Loan Interest of Household Consumption	0.09	0.53
(5)其他服务	Other Services	13.69	27.21

10－17 续表 7 continued

单位:元 (yuan)

类　别	Category	2005	2006
（四）财产性支出	Expenditure for Properties	17.55	14.74
1.宅基地有偿使用费	Paid Use of Land	1.58	4.28
2.承包其他农户转让	Contract on Other Farmers Transfer	14.18	8.62
3.其　他	Others	1.80	1.84
（五）转移性支出	Expenditure for Transfers	157.38	186.47
1.寄给带给家庭非常人口现金	Sent to Non-permanent Resident	43.42	57.76
2.赠送农村亲友	Presentation to Relatives and Friends in Rural Area	51.58	53.58
3.赠送城市亲友	Presentation to Relatives and Friends in Urban Area	8.31	9.62
4.交纳医疗保险	Medical Insurance	7.11	8.02
5.交纳社会保障基金	Social Security Funds	7.18	14.05
6.购买非储蓄性保险	Non-saving Insurance	14.61	16.79
7.赡养费	Alimony	7.48	9.43
8.其他直接税	Other Direct Taxes	1.24	0.62
9.捐　赠	Donation	1.53	1.18
10.罚款、赔款	Fine and Compensation	4.77	5.91
11.其　他	Others	10.15	9.52
四、非消费性支出	**Non-consumption Expenditure**	**848.72**	**931.41**
（一）非借贷性支出	Non-lending Expenditure	160.67	177.45
1.购买彩票	Purchase of Lottery	0.91	0.41
2.婚、丧、嫁、娶支出	Expenditure for Marriage and Burial	154.08	170.16
3.交纳党费、团费	Party Membership and League Dues	0.45	0.70
4.迷信、宗教活动捐赠	Donation to Religious Activities	1.04	0.75
5.其　他	Others	4.18	5.43
（二）储蓄、借贷性支出	Savings and Loan Expenditure	688.06	753.96
1.归还银行、信用社	Repayment to Bank and Credit Union	56.82	34.10
2.借出款	Lending Money	60.15	66.06
3.归还借款	Repayment	154.20	132.32
4.存　款	Deposits	399.50	510.71
5.购债券	Purchase of Notes	0.65	0.10
6.购买储蓄性保险	Purchase of Savings Insurance	5.30	7.89
7.购买股票	Purchase of Stock	9.16	1.11
8.其　他	Others	2.27	1.66
五、期末金融资产余额	**Balance of Financial Assets at Term-end**	**3956.28**	**4911.94**
1.手存现金	Cash in Hand	867.74	999.07
2.存款余额	Deposits	3050.63	3896.63
3.债券价值款	Notes	3.25	5.36
4.股票价值金	Stock	4.83	1.62
5.其他金融资产价值	Other Financial Assets	29.84	9.26
六、期末债务余额	**Debt at Term-end**	**258.25**	**261.64**
1.银行、信用社贷款	Bank and Credit Union Loan	83.84	122.45
2.乡村集体组织、企业借款	Rural Collective Organizations and Enterprises Borrowing	22.47	12.77
3.个人借（欠）款	Individual Borrowing	144.92	124.26
4.其　他	Others	7.02	2.16

10－18 农村居民出售产品情况

Product Sales of Rural Households

类　别	单 位	Category	Unit	2005	2006
一、农　业	元/人	**Farming**	**yuan/person**	**1620.41**	**1806.51**
（一）谷物数量	千克/人	Cereal Amount	kg/person	417.92	469.05
金　额	元/人	Sum	yuan/person	530.35	595.57
#1.出售普通小麦数量	千克/人	Amount of Ordinary Wheat	kg/person	125.44	141.27
出售普通小麦金额	元/人	Sum of Ordinary Wheat	yuan/person	174.37	188.71
2.出售优质小麦数量	千克/人	Amount of Quality Wheat	kg/person	42.39	59.84
出售优质小麦金额	元/人	Sum of Quality Wheat	yuan/person	60.20	81.28
3.出售普通稻谷数量	千克/人	Amount of Ordinary Rice	kg/person	4.87	
出售普通稻谷金额	元/人	Sum of Ordinary Rice	yuan/person	7.96	
4.出售优质稻谷数量	千克/人	Amount of Quality Rice	kg/person	3.90	6.97
出售优质稻谷金额	元/人	Sum of Quality Rice	yuan/person	6.60	12.04
5.出售普通玉米数量	千克/人	Amount of Ordinary Corn	kg/person	179.25	184.74
出售普通玉米金额	元/人	Sum of Ordinary Corn	yuan/person	204.38	217.77
6.出售优质玉米数量	千克/人	Amount of Quality Corn	kg/person	57.10	69.04
出售优质玉米金额	元/人	Sum of Quality Corn	yuan/person	67.05	82.69
7.出售高粱数量	千克/人	Amount of Chinese Sorghum	kg/person	0.09	0.12
出售高粱金额	元/人	Sum of Chinese Sorghum	yuan/person	0.12	0.14
（二）出售薯类数量	千克/人	Amount of Tubers	kg/person	4.03	7.26
出售薯类金额	元/人	Sum of Tubers	yuan/person	11.35	17.55
（三）出售豆类数量	千克/人	Amount of Beans	kg/person	2.92	2.05
出售豆类金额	元/人	Sum of Beans	yuan/person	7.27	5.16
（四）出售棉花数量	千克/人	Amount of Cotton	kg/person	58.05	60.12
出售棉花金额	元/人	Sum of Cotton	yuan/person	284.52	333.00
（五）出售油料数量	千克/人	Amount of Oil	kg/person	25.07	23.86
出售油料金额	元/人	Sum of Oil	yuan/person	84.02	83.92
（六）出售麻类数量	千克/人	Amount of Flaxen	kg/person	0.06	0.12
出售麻类金额	元/人	Sum of Flaxen	yuan/person	0.42	0.57
（七）出售糖料数量	千克/人	Amount of Sugar	kg/person		
出售糖料金额	元/人	Sum of Sugar	yuan/person		
（八）出售烟草数量	千克/人	Amount of Tobacco	kg/person	0.93	1.26
出售烟草金额	元/人	Sum of Tobacco	yuan/person	7.92	11.37
（九）出售蔬菜数量	千克/人	Amount of Vegetables	kg/person	338.87	344.33
出售蔬菜金额	元/人	Sum of Vegetables	yuan/person	430.52	487.21
（十）出售花卉、园艺金额	元/人	Sum of Flower and Gardening	yuan/person	2.36	3.00
（十一）出售瓜类数量	千克/人	Amount of Melons	kg/person	62.26	68.04
出售瓜类金额	元/人	Sum of Melons	yuan/person	67.30	82.92
（十二）出售园林水果数量	千克/人	Amount of Fruits	kg/person	79.69	76.84
出售园林水果金额	元/人	Sum of Fruits	yuan/person	155.68	164.27
#1.出售苹果数量	千克/人	Amount of Apples	kg/person	40.58	38.54
出售苹果金额	元/人	Sum of Apples	yuan/person	63.76	72.71
2.出售桃数量	千克/人	Amount of Peaches	kg/person	14.49	11.39
出售桃金额	元/人	Sum of Peaches	yuan/person	23.24	17.40
3.出售杏数量	千克/人	Amount of Apricots	kg/person	1.58	2.02
出售杏金额	元/人	Sum of Apricots	yuan/person	2.81	3.53
4.出售枣数量	千克/人	Amount of Jujubes	kg/person	5.91	7.81
出售枣金额	元/人	Sum of Jujubes	yuan/person	24.85	25.24
（十三）出售茶叶和其他饮料金额	元/人	Sum of Tea and Other Beverages	yuan/person		
（十四）出售中药材数量	千克/人	Amount of Chinese Herbal Medicines	kg/person	1.82	1.16
出售中药材金额	元/人	Sum of Chinese Herbal Medicines	yuan/person	9.90	9.45

10－18 续表 continued

类　别	单 位	Category	Unit	2005	2006
（十五）出售其他种植业产品金额	元/人	Sum of Other Planting Products	yuan/person	17.31	0.71
（十六）出售采集野生植物金额	元/人	Sum of Wild Plants	yuan/person	0.03	0.03
（十七）出售农作物副产品数量	千克/人	Amount of Agricultural By-products	kg/person	23.70	23.20
出售农作物副产品金额	元/人	Sum of Agricultural By-products	yuan/person	8.67	7.26
（十八）出售手工业产品金额	元/人	Sum of Handicrafts	yuan/person	2.33	3.70
（十九）出售专用农产品金额	元/人	Sum of Specialized Farm Products	yuan/person	0.44	0.76
二、林　业	**元/人**	**Forestry**	**yuan/person**	**57.94**	**69.55**
（一）出售采集林产品金额	元/人	Sum of Forestry Products	yuan/person	3.24	4.40
（二）出售竹木金额	元/人	Sum of Bamboo	yuan/person	40.66	51.92
（三）出售育种、育苗金额	元/人	Sum of Breeding Nursery	yuan/person	12.07	11.32
（四）出售林业副产品金额	元/人	Sum of Forestry By-products	yuan/person	1.81	1.25
（五）出售林业手工业产品金额	元/人	Sum of Handicrafts	yuan/person	0.16	0.66
三、牧　业	**元/人**	**Animal Husbandry**	**yuan/person**	**855.23**	**827.18**
（一）出售肉猪及猪肉总重量	千克/人	Amount of Pigs and Meat	kg/person	32.56	36.59
出售肉猪及猪肉总金额	元/人	Sum of Pigs and Meat	yuan/person	339.54	320.97
（二）出售菜羊及羊肉总重量	千克/人	Amount of Sheep and Mutton	kg/person	1.79	1.28
出售菜羊及羊肉总金额	元/人	Sum of Sheep and Mutton	yuan/person	22.29	16.73
（三）出售肉牛及牛肉总重量	千克/人	Amount of Cattle and Beef	kg/person	5.53	4.68
出售肉牛及牛肉总金额	元/人	Sum of Cattle and Beef	yuan/person	62.93	58.12
（四）出售其他活家畜及自宰畜头数	头/人	Amount of Living and Killed Livestock	head/person	0.01	0.01
出售其他活家畜及自宰畜肉重量	千克/人	Amount of Meat of Living and Killed Livestock	kg/person	0.08	0.05
出售其他活家畜及自宰畜肉金额	元/人	Sum of Living and Killed Livestock	yuan/person	0.79	0.52
（五）出售家禽总重量	千克/人	Amount of Livestock	kg/person	28.20	28.14
出售家禽总金额	元/人	Sum of Livestock	yuan/person	182.69	180.57
（六）出售蛋类的数量	千克/人	Amount of Eggs	kg/person	20.70	22.21
出售蛋类的金额	元/人	Sum of Eggs	yuan/person	107.95	105.16
（七）出售畜皮数量	张/人	Amount of Leather	piece/person	0.07	0.12
出售畜皮金额	元/人	Sum of Leather	yuan/person	19.08	33.06
（八）出售毛、绒数量	千克/人	Amount of Feather and Cashmere	kg/person	0.01	0.02
出售毛、绒金额	元/人	Sum of Feather and Cashmere	yuan/person	1.52	1.74
（九）出售奶类数量	千克/人	Amount of Milk	kg/person	4.16	3.85
出售奶类金额	元/人	Sum of Milk	yuan/person	7.31	6.59
（十）出售仔、幼、育肥畜禽和小动物	元/人	Sum of Young Animals	yuan/person	65.81	43.82
# 仔猪数量	只/人	Amount of Piglets	head/person	0.24	0.15
仔猪金额	元/人	Sum of Piglets	yuan/person	51.30	25.06
（十一）出售其他牧业产品金额	元/人	Sum of Other Animal Husbandry Products	yuan/person	39.88	55.30
（十二）出售狩猎和捕捉野生动物	元/人	Sum of Hunting and Trapping Wild Animal	yuan/person	0.87	0.59
（十三）出售牧业副产品金额	元/人	Sum of Animal Husbandry By-products	yuan/person	4.06	3.73
（十四）出售牧业手工业产品金额	元/人	Sum of Handicrafts	yuan/person	0.48	0.26
四、渔　业	**元/人**	**Fishery**	**yuan/person**	**36.12**	**41.00**
（一）出售水产品金额	元/人	Sum of Aquatic Products	yuan/person	22.76	31.19
1. 出售海水产品金额	元/人	Sum of Seawater Products	yuan/person	22.35	30.53
2. 出售淡水产品金额	元/人	Sum of Fresh Water Products	yuan/person	0.41	0.67
（二）出售渔业副产品金额	元/人	Sum of Fishery By-products	yuan/person	13.00	9.49
（三）出售渔业手工业产品金额	元/人	Sum of Handicrafts	yuan/person	0.36	0.32

10-19 农村居民购买商品情况

Commodity Purchase of Rural Households

类　别	单 位	Category	Unit	2005	2006
一、购买生活消费品情况	**元/人**	**Purchase of Living Consumer Goods**	**yuan/person**	**1590.37**	**1844.35**
(一)食品类	元/人	Food	yuan/person	660.22	730.03
1.购买谷物数量	千克/人	Cereal	kg/person	27.82	30.64
金　额	元/人	Sum	yuan/person	45.86	51.37
2.购买薯类	千克/人	Tubers	kg/person	0.63	0.56
金　额	元/人	Sum	yuan/person	3.86	3.63
3.购买豆类	千克/人	Beans	kg/person	3.11	3.51
金　额	元/人	Sum	yuan/person	9.53	10.17
4.购买食用油	千克/人	Eatable Oil	kg/person	8.76	5.64
金　额	元/人	Sum	yuan/person	50.07	38.77
5.购买蔬菜及制品金额	元/人	Vegetables and Products	yuan/person	64.65	69.22
6.购买肉、禽、蛋、奶及其制品金额	元/人	Meat, Poultry, Egg, Milk and Products	yuan/person	236.90	232.85
7.购买水产品及制品金额	元/人	Aquatic Products	yuan/person	33.07	33.86
8.购买烟、酒金额	元/人	Tobacco and Liquor	yuan/person	155.93	156.58
9.购买茶叶、饮料金额	元/人	Tea and Beverages	yuan/person	13.40	15.73
#购买茶叶	千克/人	Tea	kg/person	0.30	0.33
金　额	元/人	Sum	yuan/person	8.68	10.02
10.购买其他种类食品金额	元/人	Other Kinds of Food	yuan/person	46.96	117.85
(二)衣着类	元/人	Clothing	yuan/person	156.66	195.46
#购买服装	件/人	Garments	piece/person	2.69	2.74
金　额	元/人	Sum	yuan/person	95.21	126.15
(三)居住类	元/人	Residence	yuan/person	328.88	412.32
1.购买建筑生活用房材料支出	元/人	Construction Materials	yuan/person	197.43	249.10
2.购买生活用房支出	元/人	Household Housing	yuan/person	9.65	26.35
3.购买生活用燃料	元/人	Household Fuels	yuan/person	81.97	91.40
4.购买生活用水	元/人	Household Water	yuan/person	2.91	4.04
5.购买生活用电	元/人	Household Electricity	yuan/person	48.15	59.95
(四)家用设备和日用品	元/人	Household Equipment and Appliances	yuan/person	127.99	150.03
#1.购买洗涤及卫生用品	元/人	Cleaning and Sanitation Appliances	yuan/person	20.01	23.17
2.购买厨具、餐具、茶具	元/人	Kitchenware, Tea-things and Tableware	yuan/person	8.29	9.90
3.购买家具及做家具材料	元/人	Furniture	yuan/person	31.21	38.76
4.购买洗衣机	元/人	Washing Machine	yuan/person	10.60	10.84
5.购买缝纫机	元/人	Sewing Machine	yuan/person	0.42	0.62
6.购买电风扇	元/人	Electric Fan	yuan/person	1.32	1.54
7.购买电冰箱	元/人	Refrigerators	yuan/person	8.99	13.02
8.购买空调机	元/人	Air Conditioner	yuan/person	2.23	2.20
9.购买吸尘器	元/人	Vacuam Cleaner	yuan/person	0.03	0.17
10.购买抽油烟机	元/人	Lampblack Exhausters	yuan/person	0.58	0.71
11.购买热水器	元/人	Water Heaters	yuan/person	3.09	4.02
12.购买微波炉	元/人	Microwave Ovens	yuan/person	1.50	0.33
13.购买电饭锅	元/人	Electric Cookers	yuan/person	1.14	1.80
14.购买液化气炉具	元/人	LPG Stoves	yuan/person	1.72	0.73
(五)交通、通讯工具和用品	元/人	Transport and Communications	yuan/person	150.99	181.74
#1.购买自行车	元/人	Bicycle	yuan/person	8.53	7.52
2.购买电动自行车	元/人	Electric Bicycle	yuan/person	22.88	57.82
3.购买摩托车	元/人	Motorcycle	yuan/person	46.35	31.59
4.购买汽车(生活用)	元/人	Car	yuan/person	5.43	

10－19 续表1 continued

类 别	单 位	Category	Unit	2005	2006
5.购买电话	元/人	Telephone	yuan/person	1.68	1.34
6.购买手机	元/人	Cell Phone	yuan/person	30.29	38.42
(六)文化、教育、体育、娱乐用品	元/人	Cultural, Education, Sport and Recreation Appliance	yuan/person	60.75	68.92
#1.购买收录机	元/人	Recorder	yuan/person	0.25	0.28
2.购买组合音响	元/人	Hi-Fi Stereo Component System	yuan/person	1.61	2.06
3.购买电子游戏机	元/人	Electronic Game	yuan/person	0.05	0.06
4.购买黑白电视机	元/人	Black/White TV Set	yuan/person	0.10	0.31
5.购买彩色电视机	元/人	Color TV Set	yuan/person	20.31	22.68
6.购买录放像机	元/人	Video Recorder	yuan/person	0.08	0.22
7.购买影碟机	元/人	Video Disc Player	yuan/person	3.55	4.42
8.购买照相机	元/人	Camera	yuan/person	0.33	0.42
9.购买家用计算机(电脑)	元/人	Computer	yuan/person	4.65	5.31
11.购买家用计算机外部设备	元/人	External Equipment of Coomputer	yuan/person	0.24	0.32
12.购买中高档乐器	元/人	Medium and Top Grade Music Instruments	yuan/person	0.01	0.30
13.购买体育健身器材	元/人	Body Building Equipment	yuan/person	0.11	0.18
14.购买观赏盆栽植物	元/人	Ornamental Plant	yuan/person	0.17	0.21
15.购买宠物	元/人	Pet	yuan/person	0.23	0.23
(七)医疗卫生、保健用品	元/人	Health care and Medical Appliance	yuan/person	80.27	78.00
#购买药品	元/人	Medicine	yuan/person	74.69	72.23
(八)其他杂项商品	元/人	Other Miscellaneous Goods	yuan/person	24.61	27.86
二、购买生产资料	**元/人**	**Purchase of Producton Materials**	**yuan/person**	**1212.59**	**1247.58**
(一)购买农业用种籽	千克/人	Agricultural Seeds	kg/person	8.77	10.48
金 额	元/人	Sum	yuan/person	49.08	58.26
(二)购买农业用饲料	千克/人	Agricultural Feed	kg/person	8.16	6.56
金 额	元/人	Sum	yuan/person	11.68	9.23
(三)购买农业用其他生产资料	元/人	Other Agricultural Materials of Production	yuan/person	528.20	580.70
#1.购买化肥	千克/人	Fertilizer	kg/person	189.14	208.23
金 额	元/人	Sum	yuan/person	324.51	340.93
2.购买农药	元/人	Pesticides	yuan/person	47.89	52.32
3.购买薄膜	千克/人	Film	kg/person	4.02	3.77
金 额	元/人	Sum	yuan/person	45.13	44.15
4.购买燃料	千克/人	Fuel	kg/person	9.68	10.33
金 额	元/人	Sum	yuan/person	34.50	45.18
(四)购买林业用饲料	千克/人	Forestry Feed	kg/person	0.63	0.08
金 额	元/人	Sum	yuan/person	0.86	0.14
(五)购买林业用其他生产资料	元/人	Other Forestry Materials of Production	yuan/person	8.57	13.34
#1.购买树苗	株/人	Sapling	stem/person	3.98	3.14
金 额	元/人	Sum	yuan/person	4.73	5.48
2.购买化肥	千克/人	Fertilizer	kg/person	1.32	2.74
金 额	元/人	Sum	yuan/person	2.11	4.50
3.购买农药	元/人	Pesticides	yuan/person	0.56	1.25
(六)购买牧业用饲料	千克/人	Animal Husbandry Feed	kg/person	211.29	234.55
金 额	元/人	Sum	yuan/person	337.06	366.31
(七)购买牧业用其他生产资料	元/人	Other Animal Husbandry Materials of Production	yuan/person	146.43	97.40
#1.购买仔、幼畜	头/人	Young Livestock	head/person	0.18	0.15
金 额	元/人	Sum	yuan/person	48.83	22.60
2.购买育肥周转畜	头/人	livestock	unit/person	0.04	0.01

10－19 续表2 continued

类　别	单　位	Category	Unit	2005	2006
金　额	元/人	Sum	yuan/person	19.34	6.09
3.仔、幼禽	元/人	Young Poultry	yuan/person	25.58	31.91
4.仔、幼小动物	元/人	Young Animal	yuan/person	19.27	9.32
5.购买种蛋	千克/人	Egg	kg/person		
金　额	元/人	Sum	yuan/person	0.03	
6.兽　药	元/人	Animal Medicine	yuan/person	18.95	15.24
7.燃　料	元/人	Fuel	yuan/person	0.96	0.96
(八)购买渔业用生产饲料	千克/人	Fishery Feed	kg/person	0.18	3.43
金　额	元/人	Sum	yuan/person	0.22	5.49
(九)购买渔业用生产资料	元/人	Fishery Materials of Production	yuan/person	13.34	2.23
#1.购买种苗	元/人	Seedling	yuan/person	0.51	0.66
2.购买渔用药	元/人	Fish Medicine	yuan/person	0.11	0.03
3.购买燃料	元/人	Fuel	yuan/person	0.16	0.26
(十)购买工业生产用原料	元/人	Industrial Production Materials	yuan/person	53.77	45.82
(十一)购买工业用燃料	千克/人	Industrial Fuel	kg/person	0.33	0.51
金　额	元/人	Sum	yuan/person	0.57	0.64
(十二)购买建筑业生产用原料	元/人	Construction Production Raw Materials	yuan/person	0.86	2.03
(十三)购买建筑业生产用燃料	千克/人	Construction Fuel	kg/person	0.02	0.09
金　额	元/人	Sum	yuan/person	0.06	0.46
(十四)购买交通运输业邮电业燃料	千克/人	Transport, Storage and Post Fuel	kg/person	3.58	3.13
金　额	元/人	Sum	yuan/person	14.12	14.30
(十五)购买批零贸易业用原料	元/人	Wholesale , Retail Trade Raw Materials	yuan/person	21.90	25.76
(十六)购买批零贸易业用燃料	千克/人	Wholesale , Retail Trade Fuel	kg/person	1.02	2.56
金　额	元/人	Sum	yuan/person	1.10	2.22
(十七)购买社会服务业用原料	元/人	Social Services Raw Materials	yuan/person	4.72	3.65
(十八)购买社会服务业用燃料	千克/人	Social Services Fuel	kg/person	0.53	0.57
金　额	元/人	Sum	yuan/person	0.97	0.70
(十九)购买文教卫生业用原料	元/人	Culture, Education and Health Raw Materials	yuan/person	0.92	4.37
(二十)购买文教卫生业用燃料	千克/人	Culture, Education and Health Fuel	kg/person	0.01	0.01
金　额	元/人	Sum	yuan/person	0.06	0.04
(二十一)购买其他行业用原料	元/人	Other Sectors Raw Materials	yuan/person	2.66	1.74
(二十二)购买其他行业用燃料	千克/人	Other Sectors Fuel	kg/person	0.34	0.09
金　额	元/人	Sum	yuan/person	0.76	0.45
三、购买生产用电	**度/人**	**Purchase of Producton Electricity**	**kwh/person**	**17.28**	**28.96**
金　额	元/人	Sum	yuan/person	13.54	23.12
四、购买生产性固定资产情况	**元/人**	**Purchase of Productive Fixed Assets**	**yuan/person**	**117.14**	**149.36**
(一)购买建筑生产用建筑物材料	元/人	Purchase of Building Materials	yuan/person	23.26	13.65
(二)购买生产用房间数	间/人	Purchase of Production House	room/person		
面　积	平方米/人	Area	sq. m	0.01	0.03
金　额	元/人	Sum	yuan/person	1.89	7.06
(三)购买役畜	头/人	Draught Animal	head/person		
金　额	元/人	Sum	yuan/person	3.15	1.32
(四)购买产品畜	头/人	Commodity Animal	head/person	0.01	
金　额	元/人	Sum	yuan/person	3.74	2.57
(五)购买农林牧渔业机械支出	元/人	Agricultural Machinery	yuan/person	39.43	44.84
(六)购买工业机械支出	元/人	Industrial Machinery	yuan/person	2.14	28.78
(七)购买运输机械支出	元/人	Transport Machinery	yuan/person	35.19	38.14

10－20 农村住户人均食品消费情况

Per Capita Food Consumption of Rural Households

单位:千克 (kg)

类　别	Category	2005	2006
一、粮食消费量	**Grain Consumption**	**195.82**	**200.57**
(一)谷物消费量	Cereal	190.18	194.75
#小　麦	Wheat	154.03	153.39
稻　谷	Rice	5.67	6.65
玉　米	Corn	23.55	26.45
(二)薯类消费量	Tubers	1.23	1.16
(三)豆类消费量	Beans	4.41	4.66
二、油脂类消费量	**Oil Consumption**	**9.68**	**8.97**
1.植物油	Vegetable Oil	6.94	7.43
2.动物油	Animal Fat	2.73	1.54
三、烟叶消费量	**Tobacco Consumption**	**0.15**	**0.15**
四、豆制品	**Bean Products**	**1.62**	**2.46**
五、蔬菜及菜制品消费量	**Consumption of Vegetable and Products**	**72.86**	**77.48**
六、瓜　类	**Melons**	**3.64**	**10.89**
1.西　瓜	Watermelon	3.09	10.10
2.其他瓜果	Other Melons	0.55	0.79
七、水果类	**Fruits**	**8.66**	**16.79**
八、消费茶叶	**Tea Consumption**	**0.30**	**0.33**
九、坚果消费量	**Nuts Consumption**	**0.34**	**0.99**
十、肉禽及其制品	**Meat, Poultry and Products**	**14.29**	**14.82**
1.猪　肉	Pork	7.86	8.38
2.牛　肉	Beef	0.29	0.27
3.羊　肉	Mutton	0.33	0.34
4.家　禽	Poultry	2.66	2.49
5.其他肉禽及制品	Other Meat, Poultry and Products	3.15	3.33
十一、蛋类及蛋制品	**Eggs and Products**	**10.44**	**10.81**
十二、奶和奶制品	**Milk and Products**	**5.78**	**6.30**
十三、水产品	**Aquatic Products**	**4.55**	**4.42**
1.鱼　类	Fish	3.52	3.48
2.虾、贝、蟹类	Shrimp, Shellfish and Crab	0.67	0.61
3.藻　类	Algae	0.05	0.06
4.其　他	Others	0.31	0.27
十四、食　糖	**Sugar**	**0.57**	**0.89**
十五、酒	**Liquor**	**17.25**	**14.66**
#1.白　酒	White Spirit	7.45	6.94
2.啤　酒	Beer	9.45	7.59
3.果　酒	Wine	0.23	0.09

10-21 农村住户人均粮食收支平衡表

Balance of Per Capita Grain of Rural Households

单位:千克 (kg)

类别	Category	2005	2006
一、期内粮食收入合计	**Grain Income in the Term**	**908.19**	**946.35**
(一)家庭经营生产粮食	Grain of Household Operations	792.75	817.56
1.谷物	Cereal	779.14	804.16
#小麦	Wheat	376.79	395.53
水稻	Rice	11.07	10.02
玉米	Corn	390.20	397.21
2.薯类	Tubers	7.75	9.46
3.豆类	Beans	5.86	3.94
(二)购入粮食	Purchase of Grain	114.96	122.55
1.谷物	Cereal	111.22	118.48
#小麦	Wheat	17.86	17.76
水稻	Rice	4.57	5.42
玉米	Corn	81.93	87.18
2.薯类	Tubers	0.63	0.56
3.豆类	Beans	3.11	3.51
(三)借入粮食	Loan of Grain	0.01	3.21
(四)收回借出粮	Grain Repaid	0.29	1.49
(五)其他粮食收入	Other Grain Income	0.19	1.54
二、期内粮食支出合计	**Grain Expenditure in the Term**	**767.68**	**825.80**
(一)主食用粮	Grain as Staple	195.82	200.57
1.谷物	Cereal	190.18	194.75
#小麦	Wheat	154.03	153.39
水稻	Rice	5.67	6.65
玉米	Corn	23.55	26.45
2.薯类	Tubers	1.23	1.16
3.豆类	Beans	4.41	4.66
(二)其他生活用粮	Other Living Grain		
(三)出售粮食	Sale of Grain	424.87	478.36
1.谷物	Cereal	417.92	469.05
#小麦	Wheat	171.56	206.33
水稻	Rice	8.77	7.21
玉米	Corn	237.13	254.75
2.薯类	Tubers	4.03	7.26
3.豆类	Beans	2.92	2.05
(四)种籽用粮食	Grain as Seeds	9.88	8.98
1.小麦	Wheat	7.08	6.35
2.水稻	Rice	0.06	0.12
3.玉米	Corn	2.46	2.30
4.其他	Others	0.27	0.22
(五)饲料用粮食	Grain as Feed	134.15	133.91
(六)借出粮食	Creditor of Grain	1.96	1.03
(七)归还借粮	Grain Returned	0.01	2.53
(八)其他粮食支出	Other Grain Expenditure	1.00	0.42
三、期末粮食结存实际调查数	**Balance of Grain Surveyed at Term-end**	**708.93**	**643.15**
(一)谷物	Cereal	694.72	632.72
(二)薯类	Tubers	11.09	7.72
(三)豆类	Beans	3.12	2.72
四、期末粮食结存用途	**Use of Balance of Grain at Term-end**		
1.计划用于口粮	Plan for Rations	218.62	205.34
2.计划用于种子	Plan for Seeds	8.88	7.95
3.计划用于饲料	Plan for Feed	116.37	88.59
4.计划用于其他用途	Plan for Other Use	365.05	341.28
五、期内生产加工用粮	**Production and Processing of Grain in the Term**	**45.51**	**38.28**
#食品加工用粮	Grain for Food Processing	20.27	23.16
饲料加工用粮	Grain for Feed Processing	23.47	14.75

10－22 农村住户人口与就业情况

Population and Employment of Rural Households

类　别	单 位	Category	Unit	2005	2006
一、农村住户人口状况		**Population of Rural Households**			
（一）家庭常住人口	人	Number of Permanent Residents	person	15382	15298
（二）常住人口与户主关系		Relationship between the Permanent Residents and the Head of the Household			
1. 户　主	人	the Head of the Household	person	4214	4207
2. 配　偶	人	Spouses	person	4129	4122
3. 子　女	人	Children	person	6075	5994
4. 孙子女	人	Grandchildren	person	358	407
5. 父　母	人	Parents	person	549	521
6. 祖父母	人	Grandparents	person	8	8
7. 兄弟姐妹	人	Brothers and Sisters	person	28	22
8. 其他亲属	人	Other Relatives	person	21	16
9. 非亲属	人	Unrelated	person		1
（三）家庭常住人口年龄状况		Age of Permanent Residents			
1. 6 岁及以下	人	6 Year-old and Under	person	667	667
2. 7－15 岁	人	Between 7 and 15 Year-old	person	1578	1397
3. 16－18 岁	人	Between 16 and 18 Year-old	person	1389	1183
4. 19－22 岁	人	Between 19 and 22 Year-old	person	1281	1503
5. 23－25 岁	人	Between 23 and 25 Year-old	person	794	808
6. 26－30 岁	人	Between 26 and 30 Year-old	person	762	730
7. 31－40 岁	人	Between 31 and 40 Year-old	person	2630	2393
8. 41－50 岁	人	Between 41 and 50 Year-old	person	3098	3141
9. 51－60 岁	人	Between 51 and 60 Year-old	person	2262	2451
10. 61 岁及以上	人	61 Year-old and Above	person	921	1025
（四）在校学生人数	人	Students Enrollment	person	2904	2821
# 7－15 岁以下在校学生人数	人	of which: Between 7 and 15 Year-old	person	1569	1390
（五）7－15 岁非在校学生人数	人	Non-school Students Between 7 and 15 Year-old	person	9	7
（六）劳动年龄内丧失劳动能力的人数	人	People at Working Age and Lost the Ability to Work	person	19	19
（七）参加养老保险的人数	人	People Participated in Endowment Insurance	person	1509	1517
（八）参加医疗保险的人数	人	People Participated in Medical Insuarance	person	6073	9380
二、农村住户劳动力素质状况		**Labor Force Quality of Rural Households**			
（一）整半劳动力数	人	Number of Full/Semi Labour Force	person	11283	11295
# 男劳动力人数	人	Number of Male Labour Force	person	5723	5756
整劳动力	人	Number of Full Labour Force	person	7703	7549
（二）劳动力文化程度		Education of Labor Force			
1. 不识字或识字很少	人	Can Not Read or Read Very Little	person	613	621
2. 小学程度	人	Primary School	person	2053	1984
3. 初中程度	人	Junior High School	person	6334	6358
4. 高中程度	人	Senior High School	person	1701	1707
5. 中　专	人	Secondary School	person	441	460
6. 大专及以上	人	Junior College and over	person	141	165

10－22 续表 continued

类　别	单位	Category	Unit	2005	2006
（三）劳动力接受培训情况		Training of Labor Force			
1.受过专业培训的人数	人	Number of Professionally Trained	person	2492	2599
2.未受过专业培训的人数	人	Number of Non-professionally Trained	person	8791	8696
（四）参加养老保险的人数	人	People Participated in Endowment Insurance	person	1375	1399
（五）参加医疗保险的人数	人	People Participated in Medical Insuarance	person	4517	7057
三、农村住户劳动力就业情况		**Employment of Rural Labor Force**			
就业劳动力人数	人	Number of Employed Labor Force	person	11247	11257
#男劳动力人数	人	Male Labor Force	person	5715	5744
整劳动力人数	人	Full Labor Force	person	7685	7528
受专业培训的人数	人	Professionally Trained	person	2486	2591
（一）就业地点		Place of Employment			
1.乡　内	人	in the Village	person	9599	9603
2.县内乡外	人	in the County but outside the Village	person	587	549
3.省内县外	人	in the Province but outside the County	person	680	721
4.国内省外	人	in China but outside the Province	person	380	381
5.国　外	人	Abroad	person	1	3
（二）行业分布		Sector Employment			
1.一产业就业劳动力	人	Primary Industry	person	6974	6582
（1）农　业	人	Farming	person	6771	6378
（2）林　业	人	Forestry	person	12	43
（3）牧　业	人	Animal Husbandry	person	160	127
（4）渔　业	人	Fishery	person	31	34
2.非农产业就业劳动力	人	Non-agricultural Industries	person	4273	4675
A.二产业就业劳动力	人	Secondary Industry	person	1800	2086
（1）采矿业	人	Mining and Quarrying	person	82	77
（2）制造业	人	Manufacturing	person	1224	1439
（3）电力煤气及水的生产供应业	人	Electricity, Gas & Water Production and Supply	person	46	45
（4）建筑业	人	Construction	person	448	525
B.三产业就业劳动力	人	Tertiary Industry	person	2473	2589
（1）交通运输仓储及邮电通讯业	人	Transport, Storage and Post	person	249	254
（2）批发和零售贸易	人	Wholesale and Retail Trades	person	290	323
（3）住宿和餐饮业	人	Hotels and Catering Services	person	156	157
（4）居民服务和其他服务业	人	Services to Households and Other Services	person	489	475
（5）教　育	人	Education	person	140	131
（6）卫生、社会保障和社会福利业	人	Health, Social Security and Social Welfare	person	104	107
（7）文化、体育和娱乐业	人	Culture, Sports and Entertainment	person	15	20
（8）其　他	人	Others	person	1030	1122
（三）年内从事各种行业时间	月	Time Engaged in Various Sectors in the Year	month	106668.7	107870.50
1.从事农业的时间	月	Engaged in Agriculture	month	59974.7	55796.30
2.从事非农产业的时间	月	Engaged in Non-agriculture	month	46694.0	52074.20
（四）本地企业职工人数	人	Employees in Local Enterprises	person	1161.0	1419.00
在本地企业工作的时间	月	Time Working at Local Enterprises	month	10008.0	12474.90

10－23 各市农村居民主要指标(2006年)

Major Indicators of Rural Households by Region(2006)

地区	Region	调查户数(户) Number of Households Surveyed (household)	常住人口(人) Number of Permanent Residents (person)	整半劳动力数(人) Number of Full/Semi Labour Force (person)	每百劳动力中(人) Among Per 100 Labor Force(person) 文盲或半文盲 Illiterate and Semiliterate	小学程度 Primary School	初中程度 Junior High School	高中程度 Senior High School	中专 Secondary School	大专及以上 Junior College and over
济南市	Jinan	1000	3698	2706	4.55	15.93	52.62	17.00	6.47	3.44
青岛市	Qingdao	900	3073	2324	1.46	12.78	54.43	24.01	4.69	2.62
淄博市	Zibo	800	2654	1919	1.62	14.96	51.17	22.41	6.46	3.39
枣庄市	Zaozhuang	630	2382	1717	4.31	21.14	57.72	10.72	4.43	1.69
东营市	Dongying	500	1719	1248	4.73	21.23	60.50	10.66	2.16	0.72
烟台市	Yantai	1140	3391	2560	0.86	17.27	52.93	20.04	6.13	2.77
潍坊市	Weifang	1260	4387	3217	2.08	16.69	57.63	17.38	4.76	1.46
济宁市	Jining	1350	5149	3790	6.83	16.86	55.36	15.78	3.19	1.98
泰安市	Tai'an	690	2379	1852	4.21	16.14	58.15	16.74	3.40	1.35
威海市	Weihai	540	1462	1199	0.17	14.43	58.22	20.27	5.09	1.83
日照市	Rizhao	400	1272	939	2.77	23.75	54.95	14.27	3.19	1.06
莱芜市	Laiwu	570	1691	1302	5.68	19.89	52.69	18.82	1.69	1.23
临沂市	Linyi	5214	18587	13831	5.36	21.76	55.72	12.99	2.73	1.45
德州市	Dezhou	1050	3869	3038	5.60	25.31	56.95	10.50	1.18	0.46
聊城市	Liaocheng	4040	14056	10985	9.36	30.22	43.97	14.62	1.15	0.68
滨州市	Binzhou	710	2491	1898	5.95	21.97	60.27	10.01	1.26	0.53
菏泽市	Heze	950	3843	2825	11.19	18.97	47.47	15.33	5.38	1.66

10－23 续表1 continued

单位:元/人 (yuan/person)

地区	Region	全年总收入 Total Income	1.工资性收入 Income from Wages and Salaries	#在企业中劳动得到收入 Earning Money by Working at Enterprises	#外出从业得到收入 Earning Money by Working outside	2.家庭经营收入 Income from Household Operations	3.财产性收入 Income from Properties	4.转移性收入 Income from Transfers
济南市	Jinan	7161.72	2160.03	805.60	664.64	4532.70	249.78	219.21
青岛市	Qingdao	9463.53	2783.07	1392.35	730.91	6296.66	191.61	192.19
淄博市	Zibo	6717.57	3138.35	1984.53	336.95	3194.97	195.56	188.70
枣庄市	Zaozhuang	6158.14	1741.20	730.94	455.66	4005.87	154.82	256.26
东营市	Dongying	7918.84	1507.33	600.45	267.47	6134.93	174.62	101.97
烟台市	Yantai	7466.18	2420.34	1172.21	409.26	4476.89	248.58	320.37
潍坊市	Weifang	7885.76	2211.86	1174.09	389.17	5345.15	226.18	102.57
济宁市	Jining	6108.74	1845.56	401.46	850.39	3992.54	143.38	127.26
泰安市	Tai'an	5764.23	2323.57	769.34	791.53	3204.97	58.87	176.82
威海市	Weihai	9230.31	3275.96	1191.71	354.62	5473.06	241.96	239.33
日照市	Rizhao	7455.99	1613.00	371.50	603.02	5538.54	114.01	190.43
莱芜市	Laiwu	6904.05	1632.24	570.39	358.21	4890.35	236.77	144.69
临沂市	Linyi	5667.25	1582.19	604.36	418.10	3883.13	80.47	121.46
德州市	Dezhou	5568.36	1618.84	231.04	859.53	3764.20	95.51	89.81
聊城市	Liaocheng	5480.00	1373.07	309.19	714.12	3933.09	93.74	80.09
滨州市	Binzhou	5960.10	1472.50	379.75	411.82	4143.03	163.48	181.09
菏泽市	Heze	4558.78	1261.68	182.86	747.96	3150.02	52.48	94.60

10－23 续表2 continued

单位:元/人 (yuan/person)

地　区	Region	全　年纯收入 Net Income	1. 工资性纯收入 Net Income from Wages and Salaries	2. 家庭经营纯收入 Net Income from Household Operations	3. 财产性纯收入 Net Income from Properties	4. 转移性纯收入 Net Income from Transfers	现　金纯收入 Cash Net Income
济南市	Jinan	5479.99	2160.03	2912.70	249.78	157.48	4915.87
青岛市	Qingdao	6545.88	2783.07	3406.12	191.61	165.08	6157.34
淄博市	Zibo	5640.54	3138.35	2175.90	195.56	130.73	5437.75
枣庄市	Zaozhuang	4687.30	1741.20	2608.10	154.82	183.19	4200.23
东营市	Dongying	5157.13	1507.33	3391.65	174.62	83.54	4654.81
烟台市	Yantai	6072.48	2420.34	3148.51	248.58	255.05	5639.78
潍坊市	Weifang	5507.80	2211.86	2990.72	226.18	79.04	4806.16
济宁市	Jining	4590.77	1845.56	2506.40	143.38	95.43	4278.28
泰安市	Tai'an	4641.80	2323.57	2127.32	58.87	132.04	4205.24
威海市	Weihai	6841.59	3275.96	3152.28	241.96	171.40	5823.53
日照市	Rizhao	4645.09	1613.00	2797.57	114.01	120.51	3932.26
莱芜市	Laiwu	5200.51	1632.24	3226.22	236.77	105.29	4570.70
临沂市	Linyi	4083.40	1582.19	2337.34	80.47	83.40	3584.24
德州市	Dezhou	4279.42	1618.84	2484.57	95.51	80.48	3703.58
聊城市	Liaocheng	3947.73	1373.07	2408.74	93.74	72.18	3359.26
滨州市	Binzhou	4370.48	1472.50	2613.53	163.48	120.97	3692.02
菏泽市	Heze	3480.25	1261.68	2078.38	52.48	87.71	2935.96

10－23 续表3 continued

单位:元/人 (yuan/person)

地　区	Region	全　年总支出 Total Expenditure	1. 家庭经营费用支出 Expenditure for Household Operations	2. 购置生产性固定资产支出 Expenditure for Purchase of Productive Fixed Assets	3. 建、造生产性固定资产雇工支出 Expenditure for Building of Productive Fixed Assets	4. 税费支出 Expenditure for Taxes and Fees	5. 生活消费支出 Expense on Household Consumption	6. 财产性支出 Expenditure for Properties	7. 转移性支出 Expenditure for Transfers
济南市	Jinan	5280.54	1448.49	215.92	6.06	9.68	3415.27	19.01	166.11
青岛市	Qingdao	7198.43	2560.28	147.67	2.15	14.13	4202.95	10.13	261.12
淄博市	Zibo	5030.43	835.94	57.43	2.64	24.35	3751.68	13.16	345.23
枣庄市	Zaozhuang	4549.28	1236.73	128.88	0.02	8.44	2908.49	8.25	258.47
东营市	Dongying	6314.12	2467.88	118.16	0.12	11.59	3507.00	46.41	162.95
烟台市	Yantai	5031.65	1179.77	84.27	0.25	12.62	3402.45	9.48	342.82
潍坊市	Weifang	6069.72	2096.94	202.04	2.19	16.15	3564.47	13.38	174.55
济宁市	Jining	4564.09	1333.90	143.43	2.84	19.12	2821.25	10.37	233.17
泰安市	Tai'an	3810.93	926.78	39.96	1.05	5.75	2683.07	6.37	147.95
威海市	Weihai	6777.00	2079.13	292.92	0.05	8.00	4004.66	3.34	388.90
日照市	Rizhao	5465.20	2504.57	121.24	1.67	15.44	2629.80	19.80	172.68
莱芜市	Laiwu	4964.87	1517.92	76.70	3.91	7.06	3140.10	8.72	210.46
临沂市	Linyi	4134.11	1382.23	98.37	2.88	13.13	2456.17	24.71	156.61
德州市	Dezhou	3082.76	1034.36	82.91	2.41	26.67	1876.37	6.94	53.09
聊城市	Liaocheng	3926.10	1329.36	88.49	1.12	41.47	2391.81	11.19	62.66
滨州市	Binzhou	4556.08	1273.38	116.48	5.22	34.71	2968.54	26.31	131.44
菏泽市	Heze	3279.61	931.07	97.57	0.19	17.67	2154.87	6.06	72.19

10－23 续表4 continued

单位:元/人 (yuan/person)

地 区	Region	全年生活消费总支出 Total Expense on Household Consumption	1. 食品消费支出 Food	2. 衣着消费支出 Clothing	3. 居住消费支出 Residence	4. 家庭设备、用品消费支出 Household Appliances and Services
济南市	Jinan	3415.27	1199.81	198.35	655.85	206.67
青岛市	Qingdao	4202.95	1540.02	396.71	730.86	236.23
淄博市	Zibo	3751.68	1297.70	301.84	561.59	212.64
枣庄市	Zaozhuang	2908.49	1152.44	229.19	418.70	185.58
东营市	Dongying	3507.00	1112.23	216.73	740.94	217.31
烟台市	Yantai	3402.45	1273.91	273.22	453.68	177.57
潍坊市	Weifang	3564.47	1246.56	258.86	749.76	193.74
济宁市	Jining	2821.25	1071.46	159.65	478.35	156.72
泰安市	Tai'an	2683.07	1113.22	171.82	387.61	225.32
威海市	Weihai	4004.66	1450.54	387.34	588.63	186.32
日照市	Rizhao	2629.80	1038.13	233.16	380.39	140.79
莱芜市	Laiwu	3140.10	1206.65	160.91	455.20	168.31
临沂市	Linyi	2456.17	963.23	155.81	421.83	118.98
德州市	Dezhou	1876.37	753.22	104.74	327.15	152.43
聊城市	Liaocheng	2391.81	911.75	156.20	452.54	116.29
滨州市	Binzhou	2968.54	916.89	150.41	768.93	132.65
菏泽市	Heze	2154.87	954.04	128.20	240.87	79.55

10－23 续表5 continued

单位:元/人 (yuan/person)

地 区	Region	5. 交通和通讯消费支出 Transport and Communications	6. 文化教育、娱乐消费支出 Recreation Education and Cultural Services	7. 医疗保健消费支出 Health care and Medical Services	8. 其他商品和服务消费支出 Other Goods and Services
济南市	Jinan	420.84	431.27	252.92	49.56
青岛市	Qingdao	482.50	512.29	217.50	86.85
淄博市	Zibo	411.37	594.17	310.29	62.06
枣庄市	Zaozhuang	360.13	307.46	187.10	67.89
东营市	Dongying	497.40	450.65	238.90	32.85
烟台市	Yantai	382.36	465.38	317.74	58.59
潍坊市	Weifang	415.54	423.77	197.65	78.59
济宁市	Jining	338.56	402.86	167.10	46.56
泰安市	Tai'an	299.74	349.60	112.61	23.16
威海市	Weihai	397.22	614.50	302.35	77.77
日照市	Rizhao	314.98	387.42	111.91	23.00
莱芜市	Laiwu	385.51	539.04	188.52	35.97
临沂市	Linyi	307.19	336.52	112.85	39.76
德州市	Dezhou	232.62	200.96	82.75	22.51
聊城市	Liaocheng	311.97	274.67	130.61	37.78
滨州市	Binzhou	364.59	343.55	246.07	45.46
菏泽市	Heze	242.71	338.31	131.54	39.65

主要统计指标解释

一、城镇住户

城镇家庭人口 指居住在一起，经济上合在一起共同生活的家庭成员。凡计算为家庭人口的成员其全部收支都包括在本家庭中。

城镇就业面 指就业人口占家庭人口的百分比。

城镇就业者负担人数 指家庭人口与就业人口之比。

城镇家庭总收入 指家庭成员得到的工薪收入、经营净收入、财产性收入、转移性收入之和，不包括出售财物收入和借贷收入。

城镇家庭可支配收入 指家庭成员得到可用于最终消费支出和其它非义务性支出以及储蓄的总和，即居民家庭可以用来自由支配的收入。它是家庭总收入扣除交纳的所得税、个人交纳的社会保障支出以及记账补贴后的收入。计算公式为：

可支配收入＝家庭总收入－交纳所得税

－个人交纳的社会保障支出－记帐补贴

城镇家庭总支出 指除借贷支出以外的全部家庭支出。包括消费性支出、购房建房支出、转移性支出、财产性支出、社会保障支出。

城镇家庭消费性支出 指家庭用于日常生活的支出，包括食品、衣着、家庭设备用品及服务、医疗保健、交通和通信、娱乐教育文化服务、居住、杂项商品和服务等八大类支出。

城镇家庭服务性消费支出 指家庭用于支付社会提供的各种非商品性服务费用。

恩格尔系数 指食物支出金额在消费性总支出金额中所占的比例。计算公式为：

$$恩格尔系数=\frac{食品支出金额}{消费性总支出金额}\times 100\%$$

二、农村住户

农村住户 指农村常住户。农村常住户指长期（一年以上）居住在乡镇（不包括城关镇）行政管理区域内的住户，以及长期居住在城关镇所辖行政村范围内的农村住户。户口不在本地而在本地居住一年及以上的住户也包括在本地农村常住户范围内；有本地户口，但举家外出谋生一年以上的住户，无论是否保留承包耕地都不包括在本地农村住户范围内。

常住人口 指全年经常在家或在家居住6个月以上，而且经济和生活与本户连成一体的人口。外出从业人员在外居住时间虽然在6个月以上，但收入主要带回家中，经济与本户连为一体，仍视为家庭常住人口；在家居住，生活和本户连成一体的国家职工、退休人员也为家庭常住人口。但是现役军人、中专及以上（走读生除外）的在校学生、以及常年在外（不包括探亲、看病等）且已有稳定的职业与居住场所的外出从业人员，不算家庭常住人口。家庭常住人口主要作为计算农村住户平均每人收入、消费和积累水平及分析家庭人口状况的依据。

整、半劳动力 整劳动力指男子18周岁到50周岁，女子18周岁到45周岁；半劳动力指男子16周岁到17周岁，51周岁到60周岁；女子16周岁到17周岁，46周岁到55周岁，同时具有劳动能力的人。虽然在劳动年龄之内，但已丧失劳动能力的人，不应算为劳动力；超过劳动年龄，但能经常参加劳动，计入半劳动力数内。常住人口中的职工，若这些职工为劳动力，就包括在本户的整半劳动力中。

总收入 指调查期内农村住户和住户成员从各种来源渠道得到的收入总和。按收入的性质划分为工资性收入、家庭经营收入、财产性收入和转移性收入。

工资性收入 指农村住户成员受雇于单位或个人，靠出卖劳动而获得的收入。

家庭经营收入 指农村住户以家庭为生产经营单位进行生产筹划和管理而获得的收入。农村住户家庭经营活动按行业划分为农业、林业、牧业、渔业、工业、建筑业、交通运输业邮电业、批发和零售贸易餐饮业、社会服务业、文教卫生业和其他家庭经营。

财产性收入 指金融资产或有形非生产性资产的所有者向其他机构单位提供资金或将有形非生产性资产供其支配，作为回报而从中获得的收入。

转移性收入 指农村住户和住户成员无须付出任何对应物而获得的货物、服务、资金或资产所有权等，不包括无偿提供的用于固定资本形成的资金。一般情况下，是指农村住户在二次分配中的所有收入。

现金收入 指农村住户和住户成员在调查期内得到以现金形态表现的收入。按来源分成工资性收入、家庭经营现金收入、财产性收入、转移性收入。

纯收入 指农村住户当年从各个来源得到的总收入相应地扣除所发生的费用后的收入总和。计算方法：

纯收入＝总收入－家庭经营费用支出－税费支出

－生产性固定资产折旧

纯收入主要用于再生产投入和当年生活消费支出，也可用于储蓄和各种非义务性支出。“农民人均纯收入”按人口平均的纯收入水平，反映的是一个地区或一个农户农村居民的平均收入水平。

总支出 指农村住户用于生产、生活和再分配的全部支出。家庭经营费用支出、购置生产性固定资产支出、生产性固定资产折旧、税费支出、生活消费支出、财产性支出和转移性支出。

Explanatory Notes on Main Statistical Indicators

I. Urban Households

Population of Urban Households refer to members of the household living and sharing economically together. All income and expenditure of the population of the household are included in the income and expenditure of the household.

Proportion of Urban Employment refer to the proportion of employed population to the population of urban households.

Number of Dependents per Urban Employee refers to the ratio between number of persons in urban households and the number of dependents.

Total Income of Urban Households refers to the sum of wage and salary, net business income, income from properties, and income from transfers of members of the households, excluding income from selling of properties and income from borrowings.

Disposable Income of Urban Households refers to the actual income at the disposal of members of the households which can be used for final consumption, other non-compulsory expenditure and savings. This equals to total income minus income tax, personal contribution to social security and sample household subsidy for keeping diaries. Following formula is used:

Disposable income = total household income - income tax - personal contribution to social security - sample household subsidy for keeping diaries

Total Expenditure of Urban Households refer to all expenditure of the households except expenditure on leading. It includes expenditure on consumption, on purchasing or building houses, on transfers, on properties and on social security.

Consumption Expenditure of Urban Households refers to total expenditure of the sample households for consumption in daily life, including expenditure on eight categories such as food, clothing, household appliances and services, health care and medical services, transport and communications, recreation, education and cultural services, housing, miscellaneous goods and services.

Expenditure of Urban Households on Consumption of Services refers to expenditure of households on services of various kinds provided by the society.

Engel Coefficient refers to the percentage of expenditure on food in the total consumption expenditure, using the following formula:

Engel Coefficient = (expenditure on food/total consumption expenditure) × 100%

II. Rural Households

Rural Households refer to resident households in rural areas. Resident households in rural areas are the households residing for more than one year in the areas under the jurisdiction of administration of township governments (excluding county towns), and in the areas under the jurisdiction of administration of villages in county towns. Migrated households residing in the current addresses for over one year with their household registration in other places are included in the resident households of their current addresses. For households with their household registration in one place but all members of the households moving away for living in another place for over one year, they will not be included in the rural households of the area where they are registered, irrespective of whether they still keep their contracted land.

Resident Population refers to population staying at home permanently or for over 6 months during a year and sharing life economically with the household. Members of the household staying away from the household for over 6 months but keeping a close economic relation with the household by sending the majority of income to the household are regarded as resident population of the household. Government staff and workers or retirees living as close members of the household are also considered as resident population. However, servicemen, students of secondary technical schools or schools of higher education and persons with stable jobs and residence outside the household (excluding those visiting relatives or seeking medical service) are not included as resident population of the household. Resident population is used in calculating income, consumption, accumulation on per capita basis of rural households and in analyzing composition of rural households.

Full/Semi Labour Force Full labour force refers to persons capable of work, aged 18 - 50 for males and 18 - 45 for females. Semi labour force refers to persons capable of work, aged 16 - 17 and 51 - 60 for males and 16 - 17 and 46 - 55 for females. Persons at their working ages but not capable of work are not to be included as labour force. Persons not at working ages but participating regularly in work are included in semi labour force. For staff and workers as resident population of the household, they are included as full or semi labour force of the household if they are in the labour force.

Total Income refers to the sum of income earned from various sources by the rural households and their members during the reference period, and is classified as income from wages and salaries, income from household operations, income from properties and income from transfers.

Income from Wages and Salaries refers to income from labour earned by the members of rural households employed by other units or individuals.

Income from Household Operations refers to income by the rural households as units of production and operations. Operations by rural households are classified by economic activities as agriculture, forestry, animal husbandry, fishery, manufacturing, construction, transportation, post and telecommunications, wholesale, retail and catering, social service, culture, education, health, and other household operations.

Income from Properties refers to the income received as returns by owners of financial assets or tangible non-productive assets by providing capitals or tangible non-productive assets to other institutional units.

Income from Transfers refers to the receipt by rural households and their members of goods, services, capitals or rights of assets without giving or repaying accordingly, excluding capitals provided to them for the formation of fixed assets. In general, it refers to all income received by rural households through redistribution.

Cash Income refers to income received by rural households and their members in the form of cash during the reference period. It is classified, by source of income, into income from wages and salaries, cash income from household operations, income from properties and income from transfers.

Net Income refers to the total income of rural households from all sources minus all corresponding expenses. The formula for calculation is as follows:

Net income = total income – household operation expenses – taxes and fees depreciation of fixed assets for production

Net income is mainly used as input for reproduction and as consumption expenditure of the year, and also used for savings and non – compulsory expenses of various forms. "Per capita net income of farmers" is the level of net income averaged by population which reflects the average income level of rural households in a given area.

Total Expenditure refers to total expenses of rural households on production, consumption and redistribution, including expenditure on household operations, on purchase of productive fixed assets, depreciation of productive fixed assets, taxes and fees, expenses on household consumption, expenses on properties and expenses on transfers.

第11篇

城市建设

CITY CONSTRUCTION

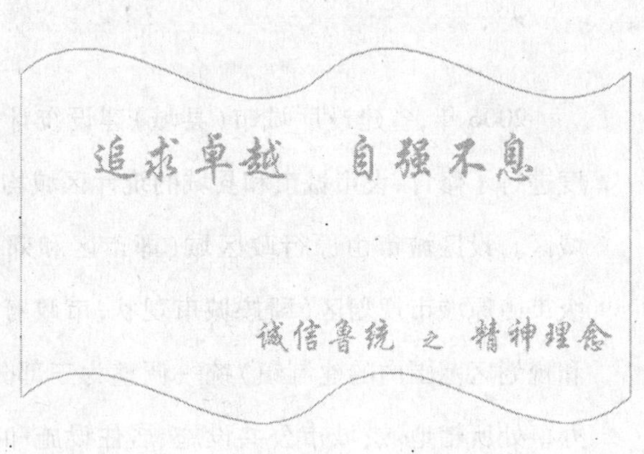

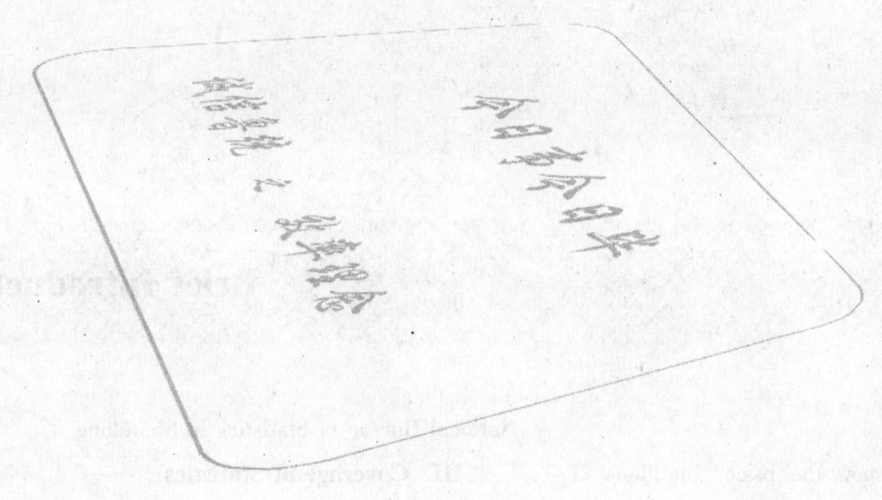

相互支撑

相互关爱

诚信鲁统 之 团队理念

简要说明

一、本篇资料的主要内容

本篇资料反映了全省各城市基础设施基本情况，包括市政设施、设施水平、供水、公共交通、园林绿化、燃气供热和建设用地等方面的资料。

二、本篇资料的来源

本篇资料来源于山东省建设厅城市建设统计年报，由国家统计局山东调查总队统计监测处整理提供。

三、本篇资料的统计范围

2006年，省建设厅城市（县城）建设统计报表制度进行了修订，设市城市和县城的统计区域均调整为城区。设区城市由原行政区域（即市区和郊区）、县级市由原城市规划区（即按城市现状，市政府所在地和规划区范围内的建制镇）统一调整为三部分：街道办事处所辖地域；城市公共设施、居住设施和市政公用设施等连接到的其他镇（乡）地域；常住人口在3000人以上独立的工矿区、开发区、科研单位、大专院校等特殊区域。本年数据与往年数据不可比。

Brief Introduction

I. Content

Data in this chapter show the basic conditions of public facilities of main cities in Shandong, including urban construction and infrastructure, water supply, public communications, urban greenery, gas and heating and land for construction, etc.

II. Source of Data

Data in this chapter are based on the annual report on city construction provided by the Construction Department of Shandong Province and are prepared and compiled by the Division of Statistics Monitoring of Survey Office of the National Bureau of Statistics in Shandong.

III. Coverage of Statistics

In 2006, the statistical reporting system of construction is revised. In the revision, cities and counties are changed into districts. Statistically, cities and counties are divided into three parts, including the area where street offices locate, the area where public facilities are connected with, the area with population over 3000, such as mining areas, development zones, research units and universities, etc. This year's data cannot be compared with those of preceding years.

11-1 城市基础设施

Basic Statistics on Urban Infrastructure

指标名称	单位	Item	unit	2000	2005	2006
一、设施水平		**Urban Facilities**				
城市人口密度	人/平方公里	Population Density	persons/sq. km	625.00	921.00	1860.00
人均日生活用水量	升	Per Capita Daily Water Consumption	litre	148.53	140.22	140.88
用水普及率	%	Coverage Rate of Water Supply	%	97.91	99.19	97.17
用气普及率	%	Coverage Rate of Natural Gas Supply	%	90.01	97.09	94.47
人均拥有道路面积	平方米	Per Capita Area of Roads	sq. m	15.25	21.59	18.14
每万人拥有公共交通车辆	标台	Number of Public Transportation Vehicles Per 10 000 Persons	unit	8.32	11.92	10.50
排水管道密度	公里/平方公里	Density of Sewage Pipelines	km/sq. km	7.87	8.70	2.15
人均公共绿地面积	平方米	Per Capita Public Green Areas	sq. m	8.06	13.93	12.77
建成区绿化覆盖率	%	Coverage Rate of Urban Green Areas	%	33.45	36.97	37.45
二、供水情况		**Water Supply**				
供水总量	万立方米	Volume of Water Supply	10 000 cu. m	231941	275364	279058
# 生产用水	万立方米	Industrial Use	10 000 cu. m	125719	121756	107981
生活用水	万立方米	Residential Use	10 000 cu. m	93394	134573	127317
用水人口	万人	Population Using Water	10 000 persons	1723	2629	2476
三、公共交通		**Public Transportation**				
客运总量	万人次	Volume of Passenger Traffic	10 000 person-times	163546	247906	270915
运营车数	辆	Number of Operating Vehicles	unit	12195	23455	25916
出租汽车数	辆	Number of Taxis	unit	45994	56226	53377
四、市政设施及污水处理		**Infrastructure and Waste Water Treatment**				
道路面积	万平方米	Area of Roads	10 000 sq. m	21755	42605	46232
道路长度	公里	Length of Roads	km	15856	25162	25307
人行道面积	万平方米	Area of Sidewalks	10 000 sq. m	4330	7958	8487
路灯盏数	盏	Number of Streetlights	unit	322004	821555	920000
桥梁数	座	Numer of Bridges	unit	2841	3620	3666
污水年排放量	万立方米	Volume of Waste Water Discharged	10 000 cu. m	163369	198710	208574
污水年处理量	万立方米	Volume of Waste Water Treated	10 000 cu. m	55539	117300	145432
防洪堤长度	公里	Length of Levees	km	1507	1565	1564
五、园林绿化		**Parks, Gardens and Green Areas**				
绿地面积	公顷	Green Areas	ha	56301	105305	109297
公园绿地面积	公顷	Public Park	ha	11494	27480	32542
绿化覆盖面积	公顷	Coverage of Green Area	ha	64868	121477	132582
# 建成区绿化覆盖面积	公顷	Coverage of Urban Green Area	ha	51543	98926	108411
公园个数	个	Number of Parks	unit	346	456	427
公园面积	公顷	Area of Parks	ha	5571	11381	13157

11－2 城市设施水平

Basic Statistics on Urban Infrastructure by City

城市名称	City	城市人口密度 (人/平方公里) Population Density (persons/sq. km)	自来水人均日生活用水量 (升) Per Capita Daily Water Consumption (litre)	自来水普及率 (%) Coverage Rate of Water Supply	用气普及率 (%) Coverage Rate of Natural Gas Supply
全　省	**Total**	**1860**	**140.88**	**97.17**	**94.47**
济南市	Jinan	4270	171.86	99.82	97.64
章丘市	Zhangqiu	2103	128.51	99.67	99.08
青岛市	Qingdao	1931	155.74	100.00	100.00
胶州市	Jiaozhou	1751	161.76	100.00	99.03
即墨市	Jimo	1276	160.78	100.00	98.87
平度市	Pingdu	858	161.78	100.00	99.55
胶南市	Jiaonan	830	150.69	100.00	98.50
莱西市	Laixi	700	158.70	100.00	99.32
淄博市	Zibo	3440	111.41	100.00	100.00
枣庄市	Zaozhuang	3789	124.38	98.28	99.20
滕州市	Tengzhou	5214	134.00	100.00	100.00
东营市	Dongying	2140	222.53	100.00	98.42
烟台市	Yantai	1949	110.34	99.86	99.46
龙口市	Longkou	2278	105.53	99.94	99.25
莱阳市	Laiyang	1131	105.02	92.61	97.98
莱州市	Laizhou	1476	106.46	98.71	99.60
蓬莱市	Penglai	997	69.14	90.39	98.36
招远市	Zhaoyuan	1243	110.54	99.58	99.61
栖霞市	Qixia	4134	120.13	99.17	95.24
海阳市	Haiyang	4525	103.73	95.58	98.45
潍坊市	Weifang	2403	120.72	93.51	68.18
青州市	Qingzhou	1076	125.34	100.00	91.77
诸城市	Zhucheng	1636	113.80	100.00	98.00
寿光市	Shouguang	1033	102.53	100.00	94.00
安丘市	Anqiu	990	148.06	97.17	89.99
高密市	Gaomi	1015	195.35	90.35	20.10
昌邑市	Changyi	1283	138.94	100.00	77.27
济宁市	Jining	1301	161.22	90.75	89.66
曲阜市	Qufu	2722	169.69	94.92	91.86
兖州市	Yanzhou	1900	153.33	89.20	86.16
邹城市	Zoucheng	7803	269.81	86.90	98.92
泰安市	Tai'an	1920	163.02	99.60	98.16
新泰市	Xintai	8035	124.82	99.82	98.22
肥城市	Feicheng	2134	160.72	100.00	99.42
威海市	Weihai	3576	136.76	100.00	99.45
文登市	Wendeng	3791	94.93	100.00	97.98
荣成市	Rongcheng	1013	107.47	100.00	98.63
乳山市	Rushan	3917	103.65	98.79	96.31
日照市	Rizhao	1782	103.55	99.90	99.08
莱芜市	Laiwu	1090	166.52	99.46	99.44
临沂市	Linyi	1454	125.67	89.59	87.80
德州市	Dezhou	1098	125.39	97.15	90.68
乐陵市	Leling	1743	149.33	98.34	97.20
禹城市	Yucheng	2904	127.14	70.94	71.63
聊城市	Liaocheng	1164	146.52	90.28	81.02
临清市	Linqing	986	124.42	85.83	80.71
滨州市	Binzhou	3765	101.04	97.48	96.85
菏泽市	Heze	1635	145.00	83.95	94.11

11－2 续表 continued

城市名称	City	人均拥有道路面积（平方米） Per Capita Area of Roads (sq. m)	排水管道密度（公里/平方公里） Density of Sewage Pipelines (km/sq. km)	每万人拥有公共交通车辆（标台） Number of Public Transportation Vehicles Per 10 000 Persons (unit)	人均公共绿地面积（平方米） Per Capita Public Green Areas (sq. m)	建成区绿化覆盖率（%） Coverage Rate of Urban Green Areas (%)
全　省	**Total**	**18.14**	**2.15**	**10.50**	**12.77**	**37.45**
济南市	Jinan	12.69	3.28	12.54	9.59	36.54
章丘市	Zhangqiu	14.59	4.03	10.00	10.62	39.06
青岛市	Qingdao	19.26	2.85	18.08	11.80	39.20
胶州市	Jiaozhou	22.88	2.30	11.94	10.20	40.67
即墨市	Jimo	22.21	1.72	10.87	14.49	39.46
平度市	Pingdu	21.63	1.54	6.51	11.47	41.03
胶南市	Jiaonan	21.79	1.87	3.67	15.02	42.01
莱西市	Laixi	25.06	1.68	3.86	15.21	43.66
淄博市	Zibo	21.12	3.19	11.65	14.25	39.50
枣庄市	Zaozhuang	14.42	3.40	13.80	8.43	30.58
滕州市	Tengzhou	10.18	4.08	10.03	9.44	29.40
东营市	Dongying	27.44	3.04	11.46	15.97	39.29
烟台市	Yantai	16.67	2.23	14.36	14.64	39.82
龙口市	Longkou	21.16	2.37	7.85	9.42	42.82
莱阳市	Laiyang	12.94	2.26	3.71	7.69	38.03
莱州市	Laizhou	13.10	1.98	1.68	8.23	35.60
蓬莱市	Penglai	24.97	1.34	2.21	9.86	41.62
招远市	Zhaoyuan	16.41	2.34	4.31	15.99	37.10
栖霞市	Qixia	9.60	1.50	4.31	10.28	36.11
海阳市	Haiyang	19.12	5.25	2.71	16.69	42.48
潍坊市	Weifang	17.64	2.02	6.89	16.68	35.35
青州市	Qingzhou	27.72	1.41	6.22	10.59	36.18
诸城市	Zhucheng	28.62	1.53	8.31	15.57	29.81
寿光市	Shouguang	24.16	0.89	1.31	10.40	39.32
安丘市	Anqiu	13.35	0.79	1.48	27.50	30.51
高密市	Gaomi	34.32	1.68	7.34	17.49	35.74
昌邑市	Changyi	16.49	0.78	2.86	7.27	41.02
济宁市	Jining	23.69	1.33	10.76	8.88	38.98
曲阜市	Qufu	20.27	2.33	6.31	22.47	39.00
兖州市	Yanzhou	10.14	1.51	8.11	8.82	20.16
邹城市	Zoucheng	15.82	4.50	2.44	9.05	36.00
泰安市	Tai'an	13.51	3.32	12.17	14.56	38.83
新泰市	Xintai	19.35	11.80	12.18	14.60	41.56
肥城市	Feicheng	12.21	1.86	12.33	15.17	39.63
威海市	Weihai	29.86	9.05	12.24	23.51	46.17
文登市	Wendeng	21.65	5.03	3.56	18.21	41.29
荣成市	Rongcheng	16.06	1.10	2.44	17.61	41.50
乳山市	Rushan	27.30	7.33	3.55	14.11	39.22
日照市	Rizhao	21.67	2.62	13.87	18.15	41.38
莱芜市	Laiwu	28.16	1.24	13.76	15.21	38.98
临沂市	Linyi	15.55	1.38	13.32	13.62	36.29
德州市	Dezhou	16.82	1.41	10.86	14.56	39.18
乐陵市	Leling	12.11	2.00	7.65	4.40	29.38
禹城市	Yucheng	17.63	2.08	10.88	5.51	18.99
聊城市	Liaocheng	20.50	1.20	7.05	13.38	36.95
临清市	Linqing	15.35	1.10	5.12	6.06	38.55
滨州市	Binzhou	11.25	3.10	8.39	7.19	18.41
菏泽市	Heze	11.28	0.57	1.90	9.53	36.91

11-3 城 市 供 水

Urban Water Supply by City

城市名称	City	自来水综合生产能力（万立方米/日） Production Capacity of Water Supply (10 000 cu. m/day)	#地下水 Groundwater	供水管道长度（公里） Length of Water Supply Pioelines (km)	供水总量（万立方米） Volume of Water Supply (10 000 cu. m)	#生产用水量 Industrial Use	#生活用水量 Residential Use	用水人口（万人） Population with Access to Tap Water (10 000 persons)
全 省	**Total**	**1461.4**	**718.9**	**32669**	**279058**	**107981**	**127317**	**2475.98**
济南市	Jinan	165.0	90.0	1636	37623	8482	21228	338.40
章丘市	Zhangqiu	15.5	15.5	217	2688	1131	1426	30.40
青岛市	Qingdao	136.6	13.2	4716	31550	10513	15404	270.99
胶州市	Jiaozhou	12.7	5.2	440	2159	446	1355	22.95
即墨市	Jimo	17.0	1.0	430	3465	910	2122	36.16
平度市	Pingdu	10.9	8.9	368	2211	483	1452	24.59
胶南市	Jiaonan	19.0	6.0	313	4032	1736	1754	31.89
莱西市	Laixi	14.0	2.0	403	2407	766	1440	24.86
淄博市	Zibo	134.7	87.4	1934	24304	15682	5398	132.75
枣庄市	Zaozhuang	68.6	60.5	863	7305	3498	3165	69.72
滕州市	Tengzhou	13.8	13.8	536	4764	2739	1663	34.00
东营市	Dongying	106.5	2.0	1126	12871	4278	4898	60.31
烟台市	Yantai	72.5	25.5	2212	9787	4179	5012	124.45
龙口市	Longkou	19.8	11.5	365	1629	359	1226	31.83
莱阳市	Laiyang	13.8	8.8	1597	2041	899	947	24.70
莱州市	Laizhou	15.0	3.5	940	1809	400	1189	30.60
蓬莱市	Penglai	35.0	20.0	262	835	383	361	14.30
招远市	Zhaoyuan	6.0	3.0	282	1599	845	671	16.63
栖霞市	Qixia	3.5	0.5	78	696	65	575	13.12
海阳市	Haiyang	4.3	4.3	184	1256	475	655	17.30
潍坊市	Weifang	34.4	9.1	764	9286	2509	4416	100.20
青州市	Qingzhou	11.0	11.0	381	2367	1035	1162	25.40
诸城市	Zhucheng	9.5	0.9	195	3301	1600	1350	32.50
寿光市	Shouguang	12.3	12.3	883	4804	2896	1572	42.01
安丘市	Anqiu	14.0	10.0	174	2688	900	1243	23.00
高密市	Gaomi	13.0	6.0	514	3884	2217	1282	17.98
昌邑市	Changyi	11.2	11.2	90	1647	671	781	15.40
济宁市	Jining	61.0	57.5	858	9457	4889	3336	56.69
曲阜市	Qufu	9.0	4.0	260	1815	711	960	15.50
兖州市	Yanzhou	10.0	10.0	486	1826	728	985	17.60
邹城市	Zoucheng	6.0	6.0	113	4328	1264	2137	21.70
泰安市	Tai'an	32.0	22.0	663	5840	1660	3663	61.56
新泰市	Xintai	17.1		702	3310	890	2047	44.93
肥城市	Feicheng	9.5	9.5	138	1860	629	1009	17.20
威海市	Weihai	30.5	6.1	1501	6700	3109	2737	54.83
文登市	Wendeng	11.4	0.9	360	1842	729	877	25.31
荣成市	Rongcheng	42.0	14.6	649	2072	412	1573	40.10
乳山市	Rushan	11.0	4.6	397	1005	343	527	13.93
日照市	Rizhao	32.2	14.5	1136	6450	3660	2178	57.63
莱芜市	Laiwu	25.5	12.8	340	7041	3346	2917	48.00
临沂市	Linyi	54.0	32.0	1236	9923	3415	5991	130.60
德州市	Dezhou	26.3	10.0	347	5019	1981	2632	57.51
乐陵市	Leling	8.0	8.0	9	3205	1250	841	15.43
禹城市	Yucheng	20.0	20.0	123	2356	1808	478	10.30
聊城市	Liaocheng	21.0	21.0	762	5140	1180	3090	57.78
临清市	Linqing	16.0	14.6	185	4153	2618	990	21.80
滨州市	Binzhou	18.7		277	8230	2320	1726	46.80
菏泽市	Heze	10.8	7.8	225	4480	942	2876	54.34

11-4 城市公共交通

Public Transportation by City

城市名称	City	运营车数 (辆) Number of Operating Vehicles (unit)	标准运营车数 (标台) Number of Standard Operating Vehicles (unit)	运营线路网长度 (公里) Length of Operation Lines (km)	客运总量 (万人次) Volume of Passenger Traffic (10 000 person-times)	出租汽车数 (辆) Number of Taxis (unit)
全　省	**Total**	**25916**	**26755**	**12838**	**270915**	**53377**
济南市	Jinan	3891	4250	1120	64181	8100
章丘市	Zhangqiu	396	305	181	1872	303
青岛市	Qingdao	4167	4900	1362	73726	8146
胶州市	Jiaozhou	269	274	245	2708	245
即墨市	Jimo	410	393	256	3287	218
平度市	Pingdu	194	160	290	1110	132
胶南市	Jiaonan	102	117	214	1129	162
莱西市	Laixi	96	96	249	438	129
淄博市	Zibo	1772	1546	975	8234	7476
枣庄市	Zaozhuang	1213	980	298	5214	980
滕州市	Tengzhou	378	341	180	3584	406
东营市	Dongying	628	691	332	4092	3041
烟台市	Yantai	1507	1790	741	19922	2122
龙口市	Longkou	273	250	296	1395	442
莱阳市	Laiyang	99	99	171	1001	402
莱州市	Laizhou	52	52	70	850	399
蓬莱市	Penglai	49	35	90	510	562
招远市	Zhaoyuan	72	72	155	610	345
栖霞市	Qixia	81	57	65	396	353
海阳市	Haiyang	49	49	72	79	371
潍坊市	Weifang	754	738	499	6850	2194
青州市	Qingzhou	158	158	192	1298	329
诸城市	Zhucheng	360	270	140	540	358
寿光市	Shouguang	70	55	98	943	241
安丘市	Anqiu	50	35	105	100	132
高密市	Gaomi	150	146	199	1500	232
昌邑市	Changyi	44	44	86	500	166
济宁市	Jining	670	672	168	7847	1258
曲阜市	Qufu	103	103	50	98	194
兖州市	Yanzhou	184	160	155	1403	16
邹城市	Zoucheng	61	61	120	59	
泰安市	Tai'an	588	752	282	4300	1292
新泰市	Xintai	431	548	198	1650	258
肥城市	Feicheng	286	212	90	1420	358
威海市	Weihai	574	671	172	7783	1401
文登市	Wendeng	129	90	152	328	271
荣成市	Rongcheng	122	98	282	920	286
乳山市	Rushan	70	50	117	340	270
日照市	Rizhao	721	800	396	4040	948
莱芜市	Laiwu	713	665	117	3200	1932
临沂市	Linyi	1941	1941	708	21652	2750
德州市	Dezhou	655	643	284	2168	2405
乐陵市	Leling	120	120	200	370	50
禹城市	Yucheng	194	158	183	183	121
聊城市	Liaocheng	470	451	329	3800	
临清市	Linqing	130	130	180	200	331
滨州市	Binzhou	324	403	180	1825	
菏泽市	Heze	146	123	145	1260	1250

11－5 城市市政设施

Infrastructure by City

城市名称	City	道路长度（公里）Length of Roads (km)	道路面积（万平方米）Area of Roads (10 000 sq. m)	人行道面积（万平方米）Area of Sidewalks (10 000 sq. m)	路灯盏数（盏）Number of Streetlights (unit)	排水管道长度（公里）Length of Sewage Pipelines (km)	桥梁数（座）Number of Bridges (unit)
全　省	**Total**	**25307**	**46232**	**8487**	**920000**	**29484**	**3666**
济南市	Jinan	2517	4301	600	49000	2601	748
章丘市	Zhangqiu	181	445	122	20000	585	33
青岛市	Qingdao	3160	5218	955	80000	3994	220
胶州市	Jiaozhou	333	525	67	6000	301	33
即墨市	Jimo	637	803	264	7000	487	52
平度市	Pingdu	385	532	150	12000	442	72
胶南市	Jiaonan	431	695	175	20000	719	81
莱西市	Laixi	383	623	115	16000	598	26
淄博市	Zibo	1156	2804	352	56000	1232	251
枣庄市	Zaozhuang	552	1023	231	28000	637	125
滕州市	Tengzhou	202	346	64	16000	266	13
东营市	Dongying	601	1655	211	32000	856	77
烟台市	Yantai	1117	2077	404	52000	1425	70
龙口市	Longkou	296	674	190	15000	332	29
莱阳市	Laiyang	174	345	100	4000	532	34
莱州市	Laizhou	260	406	41	8000	415	
蓬莱市	Penglai	210	395	100	9000	213	27
招远市	Zhaoyuan	168	274	53	4000	314	40
栖霞市	Qixia	81	127	30	3000	48	23
海阳市	Haiyang	129	346	116	4000	210	15
潍坊市	Weifang	1054	1890	290	45000	903	64
青州市	Qingzhou	378	704	136	11000	333	18
诸城市	Zhucheng	312	930	230	6000	304	16
寿光市	Shouguang	952	1015	116	14000	361	10
安丘市	Anqiu	225	316	35	2000	189	26
高密市	Gaomi	440	683	196	9000	330	80
昌邑市	Changyi	119	254	68	4000	93	20
济宁市	Jining	716	1480	293	30000	637	102
曲阜市	Qufu	165	331	30	18000	140	31
兖州市	Yanzhou	157	200	38	7000	157	21
邹城市	Zoucheng	330	395	105	6000	144	17
泰安市	Tai'an	449	835	166	28000	1070	131
新泰市	Xintai	278	871	130	8000	661	28
肥城市	Feicheng	96	210	19	9000	150	32
威海市	Weihai	687	1637	215	45000	1388	197
文登市	Wendeng	228	548	143	9000	336	32
荣成市	Rongcheng	291	644	97	15000	436	93
乳山市	Rushan	215	385	51	10000	264	49
日照市	Rizhao	1137	1250	268	28000	847	61
莱芜市	Laiwu	697	1359	232	31000	549	96
临沂市	Linyi	1097	2267	376	63000	1380	133
德州市	Dezhou	541	996	165	16000	758	28
乐陵市	Leling	216	190	61	3000	180	14
禹城市	Yucheng	171	256	19	4000	104	62
聊城市	Liaocheng	329	1312	356	13000	658	108
临清市	Linqing	342	390	80	5000	284	26
滨州市	Binzhou	276	540	107	17000	395	53
菏泽市	Heze	434	730	125	26000	226	149

11－5 续表 continued

城市名称	City	污水年排放量（万吨）Volume of Waste Water Discharged (10 000 tons)	污水年处理量（万吨）Volume of Waste Water Treated (10 000 tons)	防洪堤长度（公里）Length of Levees (km)	生活垃圾清运量（万吨）Garbage Disposal Cleared (10 000 tons)	垃圾无害化处理量（万吨）Volume of Wastes Diposed (10 000 tons)
全　省	**Total**	**208574**	**145432**	**1564**	**963**	**675**
济南市	Jinan	28593	14626	88	90	73
章丘市	Zhangqiu	1989	900		8	
青岛市	Qingdao	23663	18939	54	104	104
胶州市	Jiaozhou	1650	1336	16	11	11
即墨市	Jimo	2611	2032	7	14	14
平度市	Pingdu	1658	1231	29	13	13
胶南市	Jiaonan	3174	2959	33	12	12
莱西市	Laixi	1878	1783	31	12	12
淄博市	Zibo	19761	16694	81	53	52
枣庄市	Zaozhuang	5559	2565	55	37	
滕州市	Tengzhou	3600	2492	27	12	
东营市	Dongying	5742	3636	81	21	18
烟台市	Yantai	8248	7775	25	36	36
龙口市	Longkou	1338	1102	35	29	29
莱阳市	Laiyang	1628	1400	7	8	8
莱州市	Laizhou	1350	750		7	
蓬莱市	Penglai	592	480	2	6	6
招远市	Zhaoyuan	1311	719	27	7	
栖霞市	Qixia	450	410	23	6	
海阳市	Haiyang	936	700	26	4	4
潍坊市	Weifang	7010	4509		40	24
青州市	Qingzhou	1823	1496	15	21	13
诸城市	Zhucheng	2767	2427		10	
寿光市	Shouguang	3839	3639	4	16	11
安丘市	Anqiu	2134	1750	15	6	
高密市	Gaomi	2932	1415		8	
昌邑市	Changyi	1349			5	5
济宁市	Jining	7614	6911	133	24	5
曲阜市	Qufu	1370	1020		12	
兖州市	Yanzhou	1380	1310	14	26	
邹城市	Zoucheng	3268	2234		15	15
泰安市	Tai'an	4380	3847	42	27	26
新泰市	Xintai	2508	1656	16	15	15
肥城市	Feicheng	1402	940		7	7
威海市	Weihai	5159	4288	83	23	23
文登市	Wendeng	1516	1306	59	9	9
荣成市	Rongcheng	1623	1327	25	11	11
乳山市	Rushan	738	523	7	7	7
日照市	Rizhao	4082	3253	43	18	17
莱芜市	Laiwu	3084	2620	42	16	15
临沂市	Linyi	7441	5405	335	36	33
德州市	Dezhou	3736	2638		24	24
乐陵市	Leling	2405	1095		6	
禹城市	Yucheng	1973	593		3	
聊城市	Liaocheng	3700	1720		22	18
临清市	Linqing	3136	627	44	10	8
滨州市	Binzhou	6890	2550	9	38	
菏泽市	Heze	3584	1804	31	20	

11-6 城市园林绿化

Parks, Gardens and Green Areas by City

城市名称	City	绿化覆盖面积（公顷）Coverage of Green Area (ha)	#建成区 Urban Green Area	绿地面积（公顷）Green Areas (ha)	公园绿地面积（公顷）Public Park (ha)	公园个数（个）Number of Parks (unit)	公园面积（公顷）Area of Parks (ha)
全　　省	**Total**	**132582**	**108411**	**109297**	**32542**	**427**	**13157**
济 南 市	Jinan	11146	11146	9904	3250	22	1458
章 丘 市	Zhangqiu	1250	1250	1165	324	6	219
青 岛 市	Qingdao	14194	8918	11756	3198	47	1188
胶 州 市	Jiaozhou	1524	1362	1206	234	6	81
即 墨 市	Jimo	1820	1815	1710	524	3	141
平 度 市	Pingdu	2035	1596	1430	282	7	47
胶 南 市	Jiaonan	2151	2151	1757	479	2	133
莱 西 市	Laixi	1371	1309	1165	378	7	267
淄 博 市	Zibo	13889	7730	13024	1892	23	536
枣 庄 市	Zaozhuang	3483	3218	2160	598	17	253
滕 州 市	Tengzhou	1582	1232	1196	321	2	31
东 营 市	Dongying	5305	3528	5036	963	26	901
烟 台 市	Yantai	7108	7108	6676	1824	21	392
龙 口 市	Longkou	2190	1611	2135	300	7	35
莱 阳 市	Laiyang	1202	1202	978	205	2	81
莱 州 市	Laizhou	1345	1246	1096	255	10	85
蓬 莱 市	Penglai	988	437	401	156	6	52
招 远 市	Zhaoyuan	946	946	825	267	5	71
栖 霞 市	Qixia	325	325	302	136	3	28
海 阳 市	Haiyang	1232	1232	1105	302	3	190
潍 坊 市	Weifang	4705	4341	3867	1787	6	92
青 州 市	Qingzhou	1300	1291	973	269	12	113
诸 城 市	Zhucheng	1150	1101	956	506	4	434
寿 光 市	Shouguang	3051	1502	1447	437	8	437
安 丘 市	Anqiu	952	952	904	651	4	649
高 密 市	Gaomi	1572	1408	820	348	2	36
昌 邑 市	Changyi	975	873	688	112	2	22
济 宁 市	Jining	4565	2256	2176	555	6	96
曲 阜 市	Qufu	722	702	574	367	15	304
兖 州 市	Yanzhou	732	621	670	174	6	49
邹 城 市	Zoucheng	1035	1008	903	226	5	111
泰 安 市	Tai'an	3813	3782	3381	900	15	313
新 泰 市	Xintai	2328	2328	2167	657	10	620
肥 城 市	Feicheng	1143	973	951	261	3	301
威 海 市	Weihai	4669	4248	3960	1289	15	403
文 登 市	Wendeng	1353	1313	1176	461	8	292
荣 成 市	Rongcheng	1861	1743	1698	706	8	546
乳 山 市	Rushan	855	855	808	199	6	48
日 照 市	Rizhao	2584	2536	2306	1047	6	267
莱 芜 市	Laiwu	2830	2144	2344	734	9	251
临 沂 市	Linyi	5199	4222	4012	1985	9	266
德 州 市	Dezhou	1796	1724	1723	862	9	123
乐 陵 市	Leling	560	517	373	69		
禹 城 市	Yucheng	615	395	273	80	4	56
聊 城 市	Liaocheng	2988	2180	1785	856	13	443
临 清 市	Linqing	811	791	605	154	5	118
滨 州 市	Binzhou	1230	1230	875	345	3	158
菏 泽 市	Heze	2102	2013	1855	617	9	420

11－7 城市燃气供热情况

Natural Gas Supply and Heating by City

城市名称	City	煤气供气量（万立方米）Total Gas Supply (10 000 cu. m)	#家庭用量 Residential Use	天然气供气量（万立方米）Total Natural Gas Supply (10 000 cu. m)	#家庭用量 Residential Use	液化石油气供气量（吨）Total Liquefied Petroleum Gas Supply (ton)	#家庭用量 Residential Use	集中供热面积（万平方米）Heating Area (10 000 sq. m)	#住宅 Houses
全　省	**Total**	**34663**	**17658**	**129369**	**30077**	**564472**	**398594**	**30518**	**22936**
济南市	Jinan	4369	2621	9423	4911	41500	41500	3891	2745
章丘市	Zhangqiu	110	110	462	117	5249	5249	253	167
青岛市	Qingdao	9821	4779	13876	4713	97343	56460	3448	2463
胶州市	Jiaozhou			390	239	4200	3360	308	243
即墨市	Jimo			1521	310	7790	7790	283	226
平度市	Pingdu	352	250	120	55	8430	7033	180	120
胶南市	Jiaonan			80	10	9769	9000	602	542
莱西市	Laixi	330	316			4870	4720	105	86
淄博市	Zibo	3906	1404	48512	1045	122238	51997	1990	1583
枣庄市	Zaozhuang	3420	1573			7579	6810	603	531
滕州市	Tengzhou	1103	787			2263	2150	120	100
东营市	Dongying			20332	6484	9553	5302	1341	821
烟台市	Yantai			3565	1169	46088	24805	2894	2197
龙口市	Longkou			3016	106	7200	5820	403	353
莱阳市	Laiyang			272	110	6700	5700	170	130
莱州市	Laizhou			292	65	3350	3000	304	245
蓬莱市	Penglai			2568	24	3900	3350	175	159
招远市	Zhaoyuan			105	24	4639	4377	229	196
栖霞市	Qixia			98	77	2670	2430		
海阳市	Haiyang			1		5400	5400	66	38
潍坊市	Weifang	4537	1651	4926	342	1350	1100	1268	869
青州市	Qingzhou			180	109	7500	6800	215	155
诸城市	Zhucheng			233	136	4500	4300	348	348
寿光市	Shouguang			91	50	7900	7900	361	273
安丘市	Anqiu			340	22	6787	6125	171	162
高密市	Gaomi			912	900			280	170
昌邑市	Changyi			1000	680	2865	2865	48	48
济宁市	Jining	3656	2564			6535	4955	648	633
曲阜市	Qufu			104	82	1762	1458	160	120
兖州市	Yanzhou	1595	1036			3204	2300	140	110
邹城市	Zoucheng	594	417			1428	950		
泰安市	Tai'an			3703	791	2736	2726	1550	875
新泰市	Xintai	135	135			4137	4137	392	308
肥城市	Feicheng	735	15			340	300	157	106
威海市	Weihai			1262	494	11382	8567	1618	1166
文登市	Wendeng					7100	5602	280	224
荣成市	Rongcheng					6836	6371	202	158
乳山市	Rushan					6130	5688	131	106
日照市	Rizhao			383	346	11279	9452	794	636
莱芜市	Laiwu			2481	1260	14565	14150	259	223
临沂市	Linyi			1392	580	37240	29880	1604	1317
德州市	Dezhou			2628	1860	4230	4130	806	678
乐陵市	Leling					1908	960		
禹城市	Yucheng			1700	200	800	800	80	65
聊城市	Liaocheng			1000	600	2300	2200	1041	850
临清市	Linqing			193	150	1000	950	207	50
滨州市	Binzhou			900	722	3327	3175	286	257
菏泽市	Heze			1308	1293	4600	4500	109	85

11-8 城市建设用地

Land for Construction by City

城市名称	City	城市面积（平方公里）City Area (sq. km)	#建成区面积 Area of Urban Districts	城市建设用地面积（平方公里）Space of Land for Construction (sq. km)	#居住用地 Land for Dewelling	#公共设施用地 Land for Public Facilities	#工业用地 Land for Industry	#道路广场用地 Land for Roads and Squares
全　省	**Total**	**82135.29**	**2895.05**	**2848.46**	**824.29**	**416.08**	**643.66**	**329.66**
济南市	Jinan	3258.00	305.00	304.99	78.16	54.38	62.03	40.53
章丘市	Zhangqiu	1855.00	32.00	30.70	5.50	10.76	7.28	2.64
青岛市	Qingdao	1403.15	227.49	194.14	55.39	23.27	44.76	17.76
胶州市	Jiaozhou	1210.00	33.49	33.49	8.60	4.68	11.06	2.47
即墨市	Jimo	1780.00	46.00	45.77	14.17	4.35	12.10	7.48
平度市	Pingdu	3166.50	38.90	38.90	13.50	4.21	11.43	3.96
胶南市	Jiaonan	1846.00	51.20	50.03	14.48	6.67	12.49	6.79
莱西市	Laixi	1570.30	29.98	29.98	10.91	3.31	6.03	2.88
淄博市	Zibo	2970.20	195.70	189.06	55.57	23.34	56.33	16.99
枣庄市	Zaozhuang	3065.90	105.24	105.24	34.15	16.25	22.91	6.87
滕州市	Tengzhou	1485.00	41.90	36.40	11.02	9.57	9.47	0.74
东营市	Dongying	3294.62	89.80	97.51	29.84	16.12	20.38	13.16
烟台市	Yantai	2726.04	178.50	178.28	49.48	35.11	37.13	17.87
龙口市	Longkou	893.00	37.62	37.62	9.52	4.69	5.29	6.27
莱阳市	Laiyang	1734.05	31.61	31.61	14.08	4.92	5.75	2.36
莱州市	Laizhou	1878.00	35.00	34.67	8.00	5.30	8.00	4.50
蓬莱市	Penglai	1128.00	10.50	9.45	2.63	1.32	1.68	1.38
招远市	Zhaoyuan	1433.00	25.50	25.40	6.50	3.45	5.50	2.61
栖霞市	Qixia	2044.50	9.00	15.76	4.90	2.53	4.23	1.88
海阳市	Haiyang	1882.00	29.00	21.30	5.20	2.00	3.50	3.00
潍坊市	Weifang	1992.80	122.80	122.38	36.96	16.67	35.49	15.35
青州市	Qingzhou	1569.00	35.68	30.97	13.62	5.22	5.23	2.98
诸城市	Zhucheng	2183.00	36.93	36.93	8.90	3.70	9.75	3.90
寿光市	Shouguang	2200.00	38.20	36.70	8.20	5.00	7.00	4.50
安丘市	Anqiu	1928.00	31.20	31.20	8.20	3.70	9.90	3.40
高密市	Gaomi	1605.60	39.40	33.40	12.20	5.10	2.40	4.70
昌邑市	Changyi	1578.75	21.28	21.28	7.73	2.52	4.85	3.32
济宁市	Jining	1043.40	57.87	54.87	19.27	5.77	17.00	3.13
曲阜市	Qufu	895.93	18.00	18.00	6.00	3.70	3.50	1.70
兖州市	Yanzhou	648.00	30.80	29.83	9.10	3.80	8.78	4.33
邹城市	Zoucheng	1613.00	28.00	32.00	9.05	2.40	4.80	6.30
泰安市	Tai'an	2087.00	97.40	97.40	34.20	20.00	18.90	12.30
新泰市	Xintai	1933.00	56.02	56.02	11.57	4.02	10.80	7.10
肥城市	Feicheng	1277.00	24.55	24.55	8.96	2.45	3.62	4.17
威海市	Weihai	769.00	92.00	92.00	19.53	10.59	23.50	12.42
文登市	Wendeng	1780.00	31.80	31.80	6.29	2.59	7.62	3.91
荣成市	Rongcheng	1495.00	42.00	42.00	8.37	3.59	7.20	3.92
乳山市	Rushan	1654.00	21.80	21.80	6.44	2.71	4.25	3.00
日照市	Rizhao	1915.00	61.28	60.72	16.86	5.96	12.35	8.74
莱芜市	Laiwu	2246.21	55.00	55.00	14.12	8.55	11.41	6.19
临沂市	Linyi	1760.74	116.35	116.05	35.88	18.37	25.31	12.71
德州市	Dezhou	539.00	44.00	44.05	12.45	4.26	12.59	5.60
乐陵市	Leling	1168.00	17.60	29.00	12.00	2.00	6.00	3.00
禹城市	Yucheng	960.00	20.80	20.80	5.20	3.40	5.17	2.18
聊城市	Liaocheng	1254.00	59.00	57.60	14.83	9.00	12.89	5.00
临清市	Linqing	960.00	20.52	20.47	6.75	2.60	4.56	2.94
滨州市	Binzhou	1041.60	66.80	66.80	20.80	13.10	9.20	13.53
菏泽市	Heze	1415.00	54.54	54.54	19.21	9.08	12.24	7.20

主要统计指标解释

供水综合生产能力　指按供水设施取水、净化、送水、出厂输水干管等环节设计能力计算的综合生产能力。包括在原设计能力的基础上,经挖、革、改增加的生产能力。计算时,以四个环节中最薄弱的环节为主确定能力。

年末供水管道长度　指从送水泵至用户水表之间所有管道的长度。不包括新安装尚未使用的管道。

全年供水总量　指报告期供水企业(单位)供出的全部水量。包括有效供水量和漏损水量。

生活用水量　包括公共服务用水和居民家庭用水。公共服务用水指为城市社会公共生活服务的用水。包括行政事业单位、部队营区和公共设施服务、社会服务业、批发零售贸易业、旅馆饮食业以及其他公共服务业等单位的用水。居民家庭用水指城市范围内所有居民家庭的日常生活用水。包括城市居民、农民家庭、公共供水站用水。

用水普及率　指城市用水人口数与城市人口总数的比率。计算公式:

$$用水普及率=\frac{城市用水人口数}{城市人口总数}\times 100\%$$

人工煤气生产能力　指报告期末人工煤气生产厂制气、净化、输送等环节的综合生产能力,不包括备用设备能力。一般按设计能力计算,如果实际生产能力大于设计能力时,应按实际测定的生产能力计算。测定时应以制气、净化、输送三个环节中最薄弱的环节为主。

供气管道长度　指报告期末从气源厂压缩机的出口或门站出口至各类用户引入管之间的全部已经通气投入使用的管道长度。不包括煤气生产厂、输配站、液化气储存站、灌瓶站、储配站、气化站、混气站、供应站等厂(站)内的管道。

全年供气总量　指全年燃气企业(单位)向用户供应的燃气数量。包括销售量和损失量。

用气普及率　指报告期末使用燃气的城市人口数与城市人口总数的比率。计算公式为:

$$用气普及率=\frac{城市用气人口数}{城市人口总数}\times 100\%$$

城市供热能力　指供热企业(单位)向城市热用户输送热能的设计能力。

城市供热总量　指在报告期供热企业(单位)向城市热用户输送全部蒸汽和热水的总热量。

城市供热管道长度　指从各类热源到热用户建筑物接入口之间的全部蒸汽和热水的管道长度。不包括各类热源厂内部的管道长度。

年末道路长度　指年末道路长度和与道路相通的广场、桥梁、隧道的长度,按车行道中心线计算。在统计时只统计路面宽度在3.5米(含3.5米)以上的各种铺装道路,包括开放型工业区和住宅区道路在内。

城市桥梁　指为跨越天然或人工障碍物而修建的构筑物。包括跨河桥、立交桥、人行天桥以及人行地下通道等。包括永久性桥和半永久性桥。

城市排水管道长度　指所有排水总管、干管、支管、检查井及连接井进出口等长度之和。

城市污水日处理能力　指污水处理厂(或处理装置)每昼夜处理污水量的设计能力。

年末运营车数　指年末公交企业(单位)用于运营业务的全部车辆数。以企业(单位)固定资产台帐中已投入运营的车辆数为准。

城市园林绿地面积　指报告期末用作园林和绿化的各种绿地面积。包括公共绿地、居住区绿地、单位附属绿地、防护绿地、生产绿地、道路绿地和风景林地面积。

不包括:

1. 屋顶绿化、垂直绿化、阳台绿化和室内绿化。
2. 以物质生产为主的林地、耕地、牧草地、果园和竹园等。
3. 城市总体规划中不列入绿地的水域。

公共绿地　指向公众开放的市级、区级、居住区级各类公园、街旁游园,包括其范围内的水域。其中居住区级公园应不小于1万平方米,街旁游园的宽度不小于8米,面积不小于400平方米。

Explanatory Notes on Main Statistical Indicators

Production Capacity of Water Supply refers to the designed comprehensive production capacity of water facilities, covering the 4 links of water collection, purification, conveyance, and outflow through trunk pipelines. Increase capacity through transformation and innovation projects are included as well. The capacity is determined mainly on the weakest of the above-mentioned 4 links.

Length of Water Supply Pipelines at the Year-end refers to the total length of all the pipelines between the water pumps and the user water meters, excluding pipelines newly installed but not used yet.

Annual Volume of Water Supply refers to the total volume of water supplied by water-works (units) during the reference period, including both the effective water supply and loss during the water supply.

Consumption of Water for Residential Use refers to the water consumption of households for daily life and the water consumption of public service facilities. The latter refers to water consumption for urban public services, including the consumption of government agencies and public institutions, military barracks, public facilities, wholesale and retail outlets, restaurants, hotels, and other units providing public services. Household water consumption refers to consumption of water for daily life of all households in the boundary of cities, including households of urban residents and farmers, and public water supply stations.

Percentage of Urban Population with Access to Tap Water refers to the ratio of the urban population with access to tap water to the total urban population. The formula is:

Percentage of population with access to tap water = (Urban population with access to tap water)/(Urban population) 100%

Production Capacity of Gaswork Gas refers to the comprehensive production capacity of the urban gasworks in gas generation, purification and delivery at the end of the reference period, excluding capacity of the reserved facilities. In general, it is determined by the designed capacity, and when actual production capacity is larger than the designed capacity, the capacity is determined by the actual measurement on the weakest link in the production, purification and delivery.

Length of Gas Pipelines refers to the total length of pipelines in use between the outlet of the compressor of gas-work or outlet of gas stations and the leading pipe of users, excluding pipelines within gasworks, delivery stations, LPG storage stations, refilling stations, gas-mixing stations and supply stations.

Volume of Gas Supply refers to the total volume of gas provided to users by gas-producing enterprises (units) in a year, including the volume sold and the volume lost.

Percentage of Urban Population with Access to Gas refers to the ratio of the urban population with access to gas to the total urban population at the end of the reference period. The formula is:

Percentage of population with access to gas = (Urban population with access to gas/Urban population) ×100%

Heating Capacity in Urban Area refers to the designed capacity of heating enterprises (units) in supplying heating energy to urban users during the reference period.

Quantity of Heat Supplied in Urban Area refers to the total quantity of heat from steam and hot water supplied to urban users by heating enterprises (units) during the reference period.

Length of Heating Pipelines refers to the total length of steam or hot water pipelines for sources of heat to the leading pipelines of the buildings of the users, excluding internal pipelines in heat generating enterprises.

Length of Paved Roads at the Year-end refers to the length of roads with paved surface including squares bridges and tunnels connected with roads by the end of the year. Length of the roads is measured by the central lines for vehicles for paved roads with a width of 3.5 meters and over, including roads in open-ended factory compounds and residential quarters.

Urban Bridges refer to bridges built to cross over natural or man-made barriers, including bridges over rivers, overpasses for traffic and for pedestrian, underpasses for pedestrian, etc. Both permanent and semi-permanent bridges are included.

Length of Urban Sewage Pipes refers to the total length of general drainage, trunks. branch and inspection wells, connection wells, inlets and outlets, etc.

Daily Disposal Capacity of Urban Sewage refers to the designed 24 hour capacity of sewage disposal by the sewage treatment works or facilities.

Number of Vehicles under Operation at the Year-end refers to the total number of vehicles under operation by public transport enterprises (units) at the end of the year, based on the records of operational vehicles by the enterprises (units).

Area of Urban Gardens and Green Areas refers to the total area occupied for green projects at the end of the reference period, including public green land, green land in residential quarters, green land attached to institutions, protection green land, production green land, roadside green land and forest in scenic spots. It does not include the following:

(1) Greenery and plants on roofs, balconies, indoors and vertical green areas;

(2) Forest, cultivated land, grassland, orchards and bamboo grooves that are for production purpose; and

(3) Water areas that are not included in urban master plan as green land.

Public Green Area refers to green areas open to the public such as municipal, community and neighborhood parks and roadside parks, including waters within parks. Neighborhood parks should occupy an area larger than 10,000 square meters, and the width of roadside parks should occupy an area larger than 400 square meters, with a width of more that 8 meters.

求真务实

科学严谨

诚信鲁统 之 作风理念

第12篇

农林牧渔业

AGRICULTURE

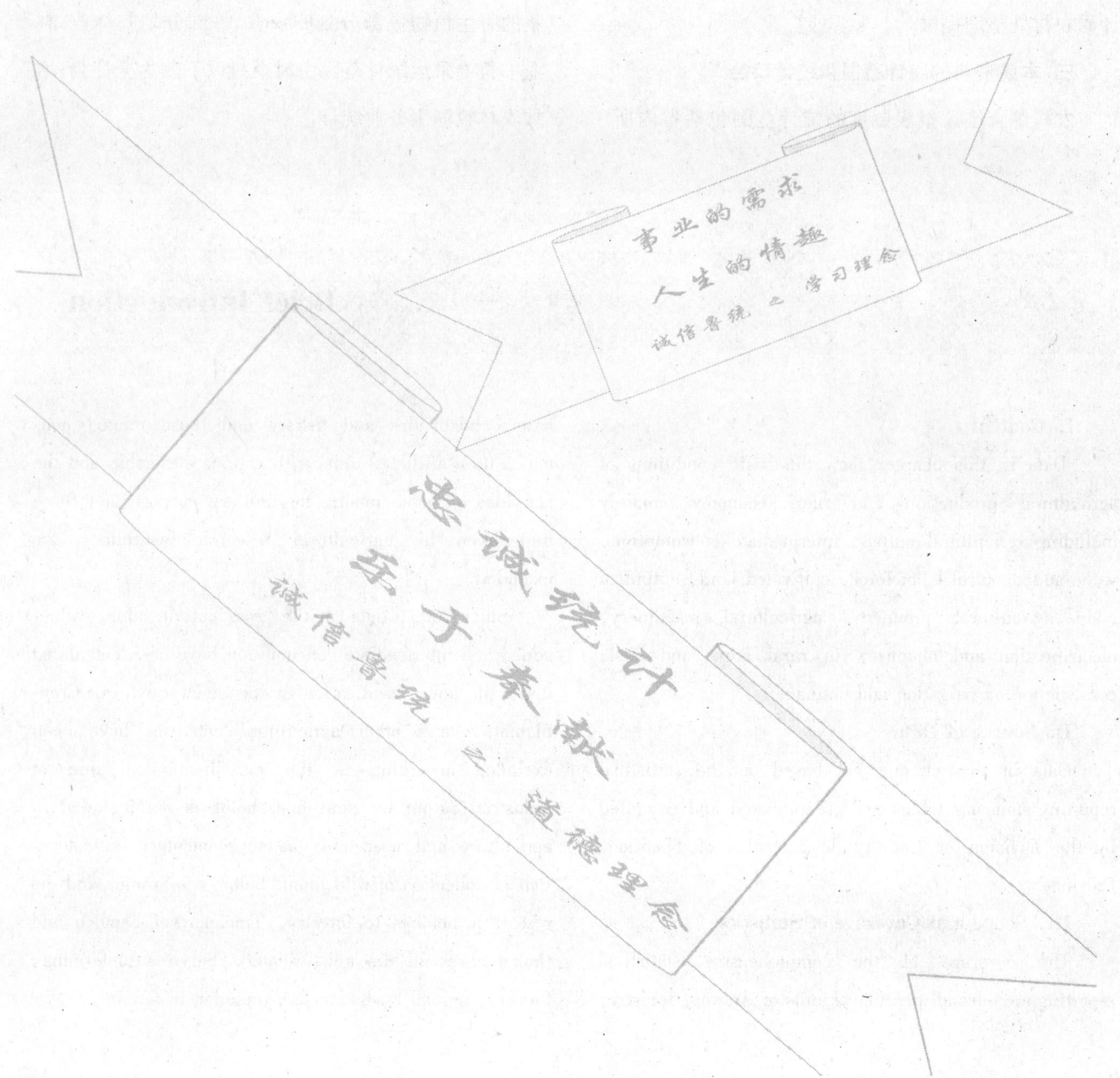

简要说明

一、本篇资料的主要内容

本篇资料反映了全省农业生产和农村经济的基本情况，主要包括农林牧渔业总产值、中间消耗、增加值、农村劳动力、耕地、主要农产品产量、农业机械年末拥有量、农村电气化和农业化学化情况以及农田水利建设等方面的。

二、本篇资料的来源

本篇资料来源于农村综合统计年报，由山东省统计局农村处整理提供。

三、本篇资料的统计范围和统计口径

农村综合统计报表制度的统计范围包括省内所属的各种经济类型、各个系统的全部农林牧渔业生产单位以及各非农行业附属的农林牧渔业生产活动单位。军委系统的农业生产（除军马外）也包括在内，但不包括农业科学试验机构进行的农业生产。

本篇资料中2003年及以后年份的农林牧渔业总产值、增加值、中间消耗按新口径计算。即取消农业中种植业和其他农业的分类，将原属于其他农业的农民家庭兼营商品性工业剔除，作为附记指标统计，采集的野生植物一部分划归农业，一部分划归林业；林业中竹木采运统计范围由村及村以下改为全社会；增加农林牧渔服务业统计。

Brief Introduction

I. Content

Data in this chapter show the basic conditions of agricultural production and rural economy, mainly including agricultural output, intermediate consumption, value-added, rural labor force, cultivated land, output of main agricultural produces, agricultural machinery, electrification and chemistry in rural areas and basic construction on irrigation and drainage.

II. Source of Data

Data in this chapter are based on the statistical reporting summary tables and are prepared and compiled by the Division of Countryside Statistics of Shandong Province.

III. Scope and Coverage of Statistics

The coverage of the comprehensive statistical reporting includes all productive units of farming, forestry, animal husbandry and fishery and those related non-agricultural affiliated units with various ownership and the activities of horse raising for military purpose and those undertaken by agricultural research institutions are excluded.

Since 2003, data on the gross output value, value-added and intermediate consumption have been calculated under the new classification of economic activities. Crop-plantation and other agricultural activities have been excluded according to the classification. Value of industrial output by rural households is not included in agriculture and used only as supplementary indicators. Part of collection of wild plants belongs to farming and the rest of it belongs to forestry. Transport of bamboo and timber cover all the units related. Services to farming, forestry, animal husbandry are included in farming.

12－1 历年农林牧渔业总产值

Gross Output Value of Farming, Forestry, Animal Husbandry and Fishery over the Years

单位:亿元 (100 million yuan)

年 份 Year	农林牧渔业总产值 Gross Output Value of Farming, Forestry, Animal Husbandry and Fishery	农 业 Farming	# 种植业 Planting	林 业 Forestry	牧 业 Animal Husbandry	渔 业 Fishery	农林牧渔服务业 Farming, Forestry, Animal Husbandry and Fishery Service
1949	20.07	18.01	16.01	0.12	1.66	0.28	
1950	26.36	23.85	21.02	0.12	1.98	0.41	
1951	33.06	29.44	26.17	0.14	2.82	0.66	
1952	40.00	35.05	31.16	0.25	3.98	0.72	
1953	37.04	32.24	28.31	0.41	3.63	0.76	
1954	41.92	36.93	33.03	0.49	3.67	0.83	
1955	44.97	40.05	35.40	0.66	3.37	0.89	
1956	44.05	38.49	36.53	0.81	3.88	0.87	
1957	36.44	31.21	30.36	0.87	3.54	0.82	
1958	41.66	36.73	36.64	1.30	2.69	0.94	
1959	39.32	34.39	34.31	1.38	2.52	1.03	
1960	26.32	23.26	23.24	0.28	1.73	1.05	
1961	31.84	28.17	28.11	0.19	2.50	0.98	
1962	38.32	32.77	32.71	0.26	4.09	1.20	
1963	40.21	33.40	33.33	0.29	5.38	1.14	
1964	40.18	33.10	33.02	0.37	5.48	1.23	
1965	50.49	42.88	42.79	0.55	5.76	1.30	
1966	55.93	46.08	46.00	0.54	8.03	1.28	
1967	55.81	46.08	45.98	0.59	7.88	1.26	
1968	51.83	42.43	42.32	0.62	7.42	1.36	
1969	58.70	49.31	49.22	0.61	7.04	1.74	
1970	66.78	55.75	55.62	0.90	8.14	1.99	
1971	75.63	60.97	60.86	1.89	10.86	1.91	
1972	81.42	65.29	65.14	2.33	11.34	2.46	
1973	84.59	68.42	68.26	2.34	11.34	2.49	
1974	78.47	61.65	61.48	2.30	11.83	2.69	
1975	93.43	75.85	75.64	2.65	12.33	2.60	

12－1 续表 continued

单位:亿元 (100 million yuan)

年份 Year	农林牧渔业总产值 Gross Output Value of Farming, Forestry, Animal Husbandry and Fishery	农业 Farming	#种植业 Planting	林业 Forestry	牧业 Animal Husbandry	渔业 Fishery	农林牧渔服务业 Farming, Forestry, Animal Husbandry and Fishery Service
1976	100.36	80.37	80.12	2.60	14.24	3.15	
1977	99.27	78.83	78.40	2.10	14.72	3.62	
1978	102.22	84.77	83.71	1.81	12.19	3.45	
1979	135.92	113.34	111.33	2.04	16.61	3.93	
1980	160.91	128.81	126.22	4.52	23.43	4.15	
1981	198.50	155.62	151.83	4.91	33.04	4.94	
1982	218.51	171.58	167.98	7.22	34.12	5.59	
1983	259.50	208.75	202.87	8.48	36.21	6.06	
1984	310.11	245.19	236.64	8.60	48.20	8.12	
1985	335.42	248.17	236.62	11.07	62.82	13.36	
1986	361.19	269.51	255.92	12.67	62.84	16.17	
1987	413.18	313.76	299.05	12.11	64.15	23.16	
1988	494.53	331.59	313.98	14.80	108.07	40.07	
1989	547.66	366.24	347.61	14.28	124.71	42.43	
1990	645.75	419.50	397.85	20.45	150.19	55.61	
1991	779.18	491.76	471.53	22.19	186.52	78.71	
1992	815.62	462.58	437.03	23.73	215.73	113.58	
1993	944.99	526.66	511.48	28.24	239.90	150.19	
1994	1282.25	660.13	649.84	36.78	348.78	236.56	
1995	1678.16	931.89	922.96	41.81	433.62	270.84	
1996	1962.12	1090.64	1078.05	49.97	512.60	308.91	
1997	2058.32	1137.19	1107.33	49.86	550.58	320.69	
1998	2174.54	1219.85	1184.65	45.91	583.40	325.38	
1999	2202.95	1254.87	1232.44	44.93	572.95	330.20	
2000	2294.35	1300.44	1280.12	47.62	599.17	347.12	
2001	2453.96	1401.34	1385.22	47.22	654.71	350.69	
2002	2526.05	1420.88	1402.81	48.25	698.44	358.48	
2003	2902.45	1599.32		53.70	831.34	370.04	48.05
2004	3453.91	1891.73		59.49	1022.84	426.09	53.76
2005	3741.81	2033.95		57.57	1125.04	465.52	59.73
2006	4056.58	2221.38		65.48	1160.37	537.67	71.68

注:本表按当年价格计算,2003 年及以后年份系新口径数据,与以前年份不可比。

a) Data in this table are caculated at current prices. Since 2003, the data are calculated according to the new standard, and should not be compared with the data of previous years.

12-2 历年农林牧渔业总产值指数(以1952年为100)

Indices of Farming, Forestry, Animal Husbandry and Fishery over the Years (1952 = 100)

年份 Year	农林牧渔业总产值 Indices of Farming, Forestry, Animal Husbandry and Fishery	农业 Farming	#种植业 Planting	林业 Forestry	牧业 Animal Husbandry	渔业 Fishery	农林牧渔服务业 Farming, Forestry, Animal Husbandry and Fishery Service
1949	57.7	59.1	59.1	56.9	48.0	44.2	
1950	78.8	81.4	80.7	56.9	59.6	68.0	
1951	81.4	82.7	82.8	56.9	69.8	90.5	
1952	100.0	100.0	100.0	100.0	100.0	100.0	
1953	89.9	89.3	88.2	160.8	88.5	102.7	
1954	99.8	100.4	101.0	184.3	88.0	109.5	
1955	108.1	109.9	109.3	256.9	81.3	118.4	
1956	111.3	111.1	117.8	325.5	97.7	122.4	
1957	94.2	92.1	100.8	360.8	91.9	118.4	
1958	107.9	108.5	121.8	543.1	70.0	134.7	
1959	102.7	102.5	115.0	578.4	66.1	149.7	
1960	63.4	64.0	71.9	107.8	41.6	141.5	
1961	61.5	62.1	69.7	58.8	48.6	106.1	
1962	65.5	63.9	71.8	70.6	70.0	114.3	
1963	75.5	71.6	80.4	86.3	101.6	119.7	
1964	80.0	75.2	84.4	119.6	109.7	136.1	
1965	99.8	96.7	108.6	174.5	114.3	142.9	
1966	113.6	106.8	119.9	178.4	163.6	144.2	
1967	113.7	107.1	120.2	194.1	161.1	142.9	
1968	103.3	96.5	108.3	198.0	148.5	151.0	
1969	113.9	109.2	122.6	186.3	137.1	188.4	
1970	123.5	117.7	132.1	264.7	151.2	204.8	
1971	136.9	126.0	141.4	547.1	197.5	191.8	
1972	141.5	129.5	145.4	649.0	198.0	238.1	
1973	147.2	135.9	152.5	654.9	198.2	240.8	
1974	137.5	123.3	138.3	647.1	208.1	262.6	
1975	163.2	151.2	169.6	745.1	216.5	252.4	

12－2 续表 continued

年份 Year	农林牧渔业总产值 Indices of Farming, Forestry, Animal Husbandry and Fishery	农业 Farming	#种植业 Planting	林业 Forestry	牧业 Animal Husbandry	渔业 Fishery	农林牧渔服务业 Farming, Forestry, Animal Husbandry and Fishery Service
1976	166.9	152.6	171.1	692.2	237.8	291.8	
1977	164.8	149.4	167.1	556.9	245.5	334.7	
1978	177.1	160.6	178.2	680.4	253.4	383.7	
1979	193.9	177.1	195.7	637.3	287.2	338.8	
1980	212.1	190.0	209.7	680.4	347.4	375.5	
1981	218.8	198.2	218.1	627.5	352.9	336.1	
1982	239.2	215.3	236.9	1043.1	373.1	383.0	
1983	273.7	253.2	275.9	988.2	386.1	399.3	
1984	326.0	302.4	326.8	1109.8	462.2	449.7	
1985	338.2	306.5	326.8	1427.5	520.9	491.8	
1986	339.2	304.4	321.2	1380.4	539.2	566.0	
1987	366.3	331.7	350.4	1364.7	551.7	681.6	
1988	378.6	324.4	337.3	1325.5	703.9	887.8	
1989	383.5	321.8	333.9	1259.2	768.7	959.7	
1990	404.2	335.6	345.3	1235.3	823.3	1150.7	
1991	452.3	370.2	384.0	1315.6	922.9	1393.5	
1992	455.9	345.4	352.9	1380.1	985.7	1721.0	
1993	510.6	381.0	399.8	1526.4	1080.3	2103.1	
1994	578.0	411.1	436.2	1770.6	1295.3	2523.7	
1995	629.4	441.9	471.1	1839.7	1463.7	2720.5	
1996	675.3	478.1	507.4	2141.6	1551.5	2902.8	
1997	707.0	490.1	506.4	2154.4	1716.0	2975.4	
1998	777.0	589.3	562.1	2068.2	1915.1	3121.2	
1999	819.7	615.2	599.2	2072.3	2045.3	3345.9	
2000	851.7	639.8	625.6	2200.8	2155.7	3362.6	
2001	885.8	666.0	655.6	2064.4	2315.2	3315.5	
2002	895.5	649.4	637.2	1971.5	2472.6	3391.8	
2003	944.8	691.6		2121.3	2613.5	3449.5	111.5
2004	998.7	732.4		2138.3	2772.9	3601.3	108.0
2005	1050.6	761.0		2059.2	2975.3	3842.6	109.2
2006	1105.2	802.1		2279.5	3106.2	3992.5	118.8

注：本表按可比价格计算。从2005年起系按中类缩减的可比价发展速度计算，农林牧渔服务业指数系以上年为100。

a) Data in this table are caculated at constant prices. The data scince 2005 are caculated according to constant prices speed while middle category cut, and the indices in preceding year is concerned as 100.

12－3 农林牧渔业总产值

Gross Output Value of Farming, Forestry, Animal Husbandry and Fishery

单位:亿元 (100 million yuan)

类 别	Category	2005	2006	2006 为 2005% Year of 2005 = 100
农林牧渔业总产值	**Gross Output Value of Farming, Forestry, Animal Husbandry and Fishery**	**3741.81**	**4056.58**	**105.2**
一、农业产值	**Output Value of Farming**	**2033.95**	**2221.38**	**105.4**
1. 谷物及其他作物	Cereal and Other Corps	898.70	975.09	107.5
# 粮食	Grain	642.21	665.15	103.9
油料	Oil	125.36	128.54	98.7
棉花	Cotton	109.63	156.06	139.6
2. 蔬菜园艺作物	Vegetable Gardening Crops	818.30	888.59	103.7
# 蔬菜(含菜用瓜)	Vegetables	788.38	857.78	103.7
3. 水果坚果饮料	Fruit and Nut Beverages	303.59	341.34	103.9
# 水果坚果(含果用瓜)	Fruit and Nut	300.43	337.15	103.7
4. 中药材	Chinese Herbal Medicines	13.36	16.36	99.1
二、林业产值	**Output Value of Forestry**	**57.57**	**65.47**	**110.7**
1. 林木的培育和种植	Trees Cultivation and Planting	19.69	19.35	98.3
2. 竹木采运	Bamboo Logging and Transport	6.01	9.75	151.6
3. 林产品	Forestry Products	31.88	36.37	110.6
三、牧业产值	**Output Value of Animal Husbandry**	**1125.04**	**1160.37**	**4.4**
1. 牲畜饲养	Livestock Feeding	219.25	229.59	3.7
2. 猪的饲养	Pig Feeding	396.23	403.16	3.5
3. 家禽的饲养	Poultry Feeding	451.35	454.52	3.1
# 肉禽	Poultry for Eating	215.02	225.49	5.1
禽蛋	Egg of Poultry	236.33	229.03	99.2
4. 狩猎和捕捉动物	Animal Hunting and Trapping	0.60	0.62	103.5
5. 其他畜牧业	Other Animal Husbandry	57.61	72.48	123.0
四、渔业产值	**Output Value of Fishery**	**465.52**	**537.67**	**103.9**
1. 海水产品	Seawater Aquatic Products	376.14	441.54	103.8
2. 内陆水域水产品	Inland waterways Aquatic Products	89.38	96.13	104.2
五、农林牧渔服务业产值	**Output Value of Farming, Forestry, Animal Husbandry and Fishery Service**	**59.73**	**71.69**	**118.8**

注:本表系新口径,绝对数按当年价格计算,速度按可比价格计算。

a) the data are calculated according to the new standard. Data in value terms are caculated at current prices while the speed are caculated at constant prices.

12-4 历年粮、棉、油产量

Output of Grain, Cotton anf Oil-bearing Crops over the Years

年 份 Year	粮 食 Grain		棉 花 Cotton		油 料 Oil-bearing Crops	
	总产量 (万吨) Gross Output (10000 tons)	单 产 (千克/公顷) Output Per Hectare (kg/hectare)	总产量 (万吨) Gross Output (10000 tons)	单 产 (千克/公顷) Output Per Hectare (kg/hectare)	总产量 (万吨) Gross Output (10000 tons)	单 产 (千克/公顷) Output Per Hectare (kg/hectare)
1949	870.0	795	8.1	180	55.6	1170
1950	1033.5	915	10.3	195	66.0	1320
1951	1023.5	915	12.4	180	73.4	1395
1952	1199.0	1035	16.9	240	84.5	1470
1953	1049.5	900	13.1	210	80.3	1380
1954	1247.0	1050	15.5	255	105.0	1530
1955	1276.0	1110	20.9	285	106.1	1485
1956	1372.5	1215	21.7	270	129.9	1650
1957	1126.0	990	17.4	225	70.0	945
1958	1226.0	1170	21.2	300	78.4	1320
1959	1049.0	1095	16.3	240	44.8	1185
1960	829.5	825	7.8	135	21.8	735
1961	840.5	855	3.1	75	39.7	1290
1962	910.0	915	3.9	105	42.4	1875
1963	992.5	990	8.6	165	51.1	2025
1964	1132.5	1140	12.1	180	64.3	2070
1965	1332.0	1350	19.9	300	67.1	1395
1966	1470.0	1545	20.2	300	97.3	1665
1967	1466.0	1575	21.8	315	82.2	1350
1968	1282.5	1395	22.7	330	69.2	1245
1969	1449.5	1545	23.9	360	47.0	915
1970	1465.0	1575	27.3	390	78.5	1575
1971	1607.5	1710	24.3	375	92.7	1725
1972	1735.0	1815	19.6	330	74.9	1365
1973	1917.0	2025	26.3	405	87.4	1710
1974	1683.0	1815	19.0	300	83.4	1530
1975	2170.5	2355	24.1	390	84.2	1515

12-4 续表 continued

年 份 Year	粮 食 Grain		棉 花 Cotton		油 料 Oil-bearing Crops	
	总产量（万吨）Gross Output (10000 tons)	单 产（千克/公顷）Output Per Hectare (kg/hectare)	总产量（万吨）Gross Output (10000 tons)	单 产（千克/公顷）Output Per Hectare (kg/hectare)	总产量（万吨）Gross Output (10000 tons)	单 产（千克/公顷）Output Per Hectare (kg/hectare)
1976	2241.5	2460	15.8	255	58.5	1065
1977	2099.0	2370	14.9	240	67.7	2025
1978	2288.0	2595	15.4	255	95.9	1785
1979	2472.0	2835	16.7	315	109.1	1800
1980	2384.0	2820	53.7	735	143.0	2160
1981	2312.5	2835	67.5	720	142.1	2010
1982	2375.0	3090	96.0	720	142.5	2190
1983	2700.0	3465	122.5	825	152.0	2460
1984	3040.0	3885	172.5	1005	182.0	2790
1985	3137.7	3930	106.2	915	267.9	2745
1986	3250.0	3840	94.1	930	207.6	2355
1987	3393.7	4125	124.4	1020	234.3	2940
1988	3225.0	3990	113.7	825	197.8	2505
1989	3250.0	4035	102.5	780	150.0	1995
1990	3570.0	4380	102.8	690	212.1	2910
1991	3916.9	4845	135.1	870	233.1	3285
1992	3589.3	4533	67.7	455	166.3	2380
1993	4100.0	4992	41.0	539	268.4	3434
1994	4091.1	5015	55.9	705	338.3	3781
1995	4245.0	5220	47.1	707	315.0	3580
1996	4332.7	5260	37.2	773	309.3	3767
1997	3852.2	4766	35.4	894	240.9	2977
1998	4264.8	5244	41.3	996	335.6	3908
1999	4269.0	5271	39.2	1072	320.5	3614
2000	3837.7	4938	59.0	1085	356.9	3730
2001	3720.6	5201	78.1	1062	377.3	3743
2002	3292.7	4763	72.2	1086	340.4	3458
2003	3435.5	5355	87.7	994	361.8	3572
2004	3516.7	5570	109.8	1036	369.7	3913
2005	3917.4	5837	84.6	1000	363.9	4044
2006	4048.8	5956	102.3	1100	358.2	4116

12－5 1978－2006 年畜牧业生产情况

Production of Animal Husbandry from 1978 to 2006

年份 Year	肉类总产量 （万吨） Output of Meat （10000 tons）	猪存栏 （万头） Stocked Pigs （10000 heads）	牛存栏 （万头） Stocked Cattle （10000 heads）	羊存栏 （万只） Stocked Sheep （10000 heads）	家禽存栏 （万只） Stocked Livestock （10000 heads）
1978	60.80	1992.00	227.60	756.40	6766.00
1979	65.18	2117.60	221.50	925.80	7204.00
1980	90.10	2112.50	217.80	1041.30	7997.00
1981	96.26	1901.10	213.70	1025.60	8075.00
1982	94.98	1726.20	213.60	989.50	9115.00
1983	94.54	1562.70	222.10	901.80	10216.80
1984	104.38	1681.50	232.60	753.90	14688.90
1985	128.62	1812.80	258.00	783.30	16548.20
1986	141.78	1668.90	292.50	985.30	15120.70
1987	141.02	1547.00	344.60	1404.10	16916.30
1988	171.47	1688.60	416.00	1436.40	21582.10
1989	195.63	1604.10	472.40	1491.30	20471.30
1990	221.61	1576.70	511.80	1528.10	23974.60
1991	241.49	1599.40	501.40	1591.20	24136.80
1992	250.67	1602.60	531.90	1655.20	25810.80
1993	286.61	1603.70	603.00	1703.50	27188.70
1994	338.77	1701.50	681.30	1799.80	35118.60
1995	394.42	1718.10	714.10	1866.10	34613.80
1996	405.52	1723.60	740.10	1877.20	37485.00
1997	460.64	2209.70	811.90	2038.60	41833.00
1998	497.90	2485.90	911.80	2322.00	48484.00
1999	524.49	2560.48	977.25	2536.22	53332.00
2000	560.15	2660.34	1008.61	2784.73	58558.00
2001	595.44	2769.41	1006.85	2904.47	61589.23
2002	626.99	2882.96	1018.93	3039.45	65231.51
2003	662.11	2975.21	1040.17	3133.67	67431.01
2004	696.53	3058.19	997.76	3286.77	69690.94
2005	736.93	3070.33	970.52	3260.21	66953.11
2006	762.94	2778.51	818.24	2918.10	63839.62

12－5 续表 continued

年 份 Year	猪出栏 （万头） Slaughtered Pigs （10000 heads）	牛出栏 （万头） Slaughtered Cattle （10000 heads）	羊出栏 （万只） Slaughtered Sheeps （10000 heads）	家禽出栏 （万只） Slaughtered Livestock （10000 heads）	禽蛋产量 （万吨） Output of Poultry Eggs （10000 tons）	奶类产量 （万吨） Output of Milk （10000 tons）
1978	901.20	4.60	142.40		22.50	6.83
1979	1047.50	6.70	228.60		23.67	6.95
1980	1241.60	8.80	377.50		25.62	6.80
1981	1296.80	11.50	460.70		29.47	5.24
1982	1213.20	10.60	521.60		34.30	8.77
1983	1159.20	18.90	616.30		41.07	11.43
1984	1284.00	18.40	519.10		62.28	13.34
1985	1482.60	27.60	558.30	8283.10	72.50	13.26
1986	1681.20	32.30	617.60	9234.50	69.66	15.81
1987	1514.00	49.80	842.10	11397.30	79.14	17.28
1988	1619.60	69.00	1219.00	15904.00	102.97	19.53
1989	1845.40	82.80	1348.40	16701.20	109.43	21.24
1990	1936.20	110.10	1416.40	22769.00	124.25	22.53
1991	1983.50	119.50	1348.70	30792.70	149.14	23.65
1992	2046.00	140.90	1366.10	33467.90	154.30	25.17
1993	2092.90	177.10	1411.00	42837.30	184.07	28.05
1994	2185.70	213.10	1668.20	64716.70	240.75	32.45
1995	2453.00	248.40	2034.10	71286.50	247.15	36.98
1996	2500.90	272.40	2051.80	73508.00	267.30	41.14
1997	2801.10	334.50	2269.30	82549.00	294.30	45.82
1998	3123.20	354.90	2518.90	91299.00	322.00	53.98
1999	3248.13	391.10	2838.80	100246.00	349.06	61.29
2000	3426.78	413.80	3014.91	109168.00	366.22	70.47
2001	3594.69	461.80	3210.88	119102.29	379.04	90.43
2002	3803.18	488.12	3358.58	126352.58	399.40	116.75
2003	4016.16	509.11	3466.05	135818.96	424.69	148.38
2004	4330.24	530.60	3641.44	146834.98	432.87	188.68
2005	4546.88	546.68	3810.92	173684.05	441.83	220.97
2006	4681.63	560.64	3840.39	180868.37	430.52	238.65

12－6 1978－2006 年渔业生产情况

Output of Fishery from 1978 to 2006

单位:吨 (ton)

年 份 Year	水产品 总产量 Total Aquatic Products	海 水 产 品 Seawater Aquatic Products	海洋捕捞 Ocean Fishing	海水养殖 Seawater Cultured
1978	941159	889076	556669	332407
1979	789574	740111	480297	259814
1980	784208	732234	462664	269570
1981	737756	685110	451985	233125
1982	813789	764945	530279	234666
1983	847481	792619	516574	276045
1984	941782	877043	582780	294263
1985	1024494	936278	590494	345784
1986	1139239	1027050	665307	361743
1987	1388134	1261202	796523	464679
1988	1755821	1617429	898900	718529
1989	2019553	1880286	998184	882102
1990	2161755	2002686	1146278	856408
1991	2591164	2385032	1263653	1121379
1992	3288171	3053853	1536937	1516916
1993	4374345	4072679	1726779	2345900
1994	4772976	4313706	1785071	2528635
1995	5234832	4692437	1796112	2896325
1996	5866931	5185635	2588250	2597385
1997	6102938	5359138	2974701	2384437
1998	6505106	5665247	3325599	2339648
1999	6950476	6023034	3325182	2697852
2000	6982259	5951085	3078395	2872690
2001	6860957	5830883	2780226	3050657
2002	6950136	5982623	2720554	3262069
2003	7062244	6041543	2680831	3360712
2004	7181520	6120970	2702130	3418840
2005	7361381	6261128	2680834	3580294
2006	7570062	6420048	2685040	3735008

12－6 续表 continued

年 份 Year	淡水产品产量（吨） Freshwater Aquatic Products (ton)	捕捞量 Fishing Output	养殖量 Breeding Output	水产品养殖面积（万亩） Water Area for Breeding Aquatics (10000 mu)	海 水 Seawater	淡 水 Freshwater
1978	52083	35758	16325	202.30	26.80	175.50
1979	49463	34065	15398	193.29	26.54	166.75
1980	51974	35610	16301	203.21	28.50	174.71
1981	52646	34638	18008	182.24	28.66	153.58
1982	48844	32666	16178	176.15	35.18	140.97
1983	54862	34884	19978	160.05	32.31	127.74
1984	64739	37882	26857	165.10	37.70	127.40
1985	88216	41107	47109	215.14	49.58	165.56
1986	112189	42505	69684	243.14	56.70	186.44
1987	126932	37513	89419	257.65	70.87	186.78
1988	138392	32289	106103	234.90	104.27	180.63
1989	139267	29532	109735	246.73	103.72	143.01
1990	159069	34700	124369	273.52	105.01	168.51
1991	206132	45949	160183	304.04	112.54	191.50
1992	234318	45181	189137	312.30	115.89	196.41
1993	301666	55097	246569	400.16	223.76	176.40
1994	459270	64210	395060	466.56	197.36	269.21
1995	542395	67504	474891	497.39	197.81	299.58
1996	681296	74424	606872	564.55	242.45	322.10
1997	743800	81066	662734	618.91	274.04	344.87
1998	839859	88943	750916	649.80	283.22	366.58
1999	927442	88574	838868	722.79	336.14	386.65
2000	1031174	89916	941258	788.36	420.72	367.64
2001	1030074	88562	941512	829.39	434.99	394.40
2002	967513	78764	888749	802.50	439.16	363.34
2003	1020701	100771	919930	931.01	537.62	393.39
2004	1060550	103500	957050	1000.67	584.35	416.32
2005	1100253	122768	977485	1033.11	611.09	422.02
2006	1150014	128063	1021951	1051.09	630.39	420.70

12-7 农作物播种面积和产量

Sown Area and Output of Farm Crops

类 别	Category	2005 年			2006 年			总产量2006 年比2005 年增减(%) Total Output in 2006 than in 2005 (%)
		播种面积(公顷) Sown Area (hectare)	总产量(吨) Total Output (ton)	单产(千克/公顷) Output per Hectare (kg/hectare)	播种面积(公顷) Sown Area (hectare)	总产量(吨) Total Output (ton)	单产(千克/公顷) Output per Hectare (kg/hectare)	
农作物总播种面积	**Total Sown Area of Crops**	**10736057**			**10727933**			
一、粮食作物合计	**Grain**	**6711733**	**39173785**	**5837**	**6797450**	**40487721**	**5956**	**3.4**
(一)夏收粮食	Summer Harvest Grain	3279927	18010639	5491	3355456	18901321	5633	4.9
1.谷物	Cereals	3279180	18008377	5492	3354868	18899324	5633	4.9
#小麦	of which:Wheat	3278667	18005349	5492	3354520	18897900	5634	5.0
2.夏杂豆	Beans	747	2262	3028	588	1997	3396	-11.7
(二)秋收粮食	Autumn Harvest Grain	3431806	21163146	6167	3441994	21586400	6271	2.0
1.谷物	Cereals	2898900	18493035	6379	2924246	18840852	6443	1.9
(1)稻谷	Rice	119800	958024	7997	125675	1066086	8483	11.3
(2)玉米	Corn	2731440	17354081	6353	2753585	17612805	6396	1.5
(3)谷子	Millet	28713	106784	3719	25542	92976	3640	-12.9
(4)高粱	Chinese Sorghum	13893	49123	3536	14180	50006	3527	1.8
(5)其他谷物	Other Cereals	5054	25023	4951	5264	18979	3605	-24.2
2.豆类合计	Beans	250966	679190	2706	235544	654140	2777	-3.7
#大豆	Soybean	238693	650932	2727	224025	621198	2773	-4.6
3.薯类(按折粮计算)	Tubers	281940	1990921	7062	282204	2091408	7411	5.0
二、油料作物合计	**Oil-bearing Crops**	**899812**	**3638573**	**4044**	**870305**	**3582387**	**4116**	**-1.5**
#花生果	Peanuts	884806	3598959	4068	857900	3550092	4138	-1.4
油菜籽	Rapeseeds	12409	29795	2401	10661	26540	2489	-10.9
芝麻	Sesame	1772	2370	1337	1543	2149	1393	-9.3
三、棉花	**Cotton**	**846260**	**846300**	**1000**	**929753**	**1023100**	**1100**	**20.9**
四、麻类合计	**Fiber Crops**	**683**	**2117**	**3100**	**451**	**1470**	**3259**	**-30.6**
#黄红麻	Jute and Ambary Hemp	575	1752	3047	387	1326	3426	-24.3
苎麻	Ramie	2	1	500				
大麻	Cannabis	69	144	2087	24	46	1917	-68.1
五、甜菜	**Beetroots**	**2**	**8**	**4000**	**12**	**161**	**13417**	**1912.5**
六、烟叶合计	**Tobacco**	**34592**	**75477**	**2182**	**33407**	**85752**	**2567**	**13.6**
#烤烟	Flue-cured Tobacco	33880	73448	2168	32760	83350	2544	13.5
七、药材	**Medical Materials**	**32322**			**32047**			
八、蔬菜(含菜用瓜)	**Vegetable**	**1847690**	**86069793**		**1738186**	**83093182**		**-3.5**
#马铃薯	Potato	122941	4504161		121106	4383560		-2.7
九、瓜类(果用瓜)	**Melon**	**291956**	**13453587**		**267845**	**12545856**		**-6.7**
#西瓜	Watermelon	232742	11308065		212280	10160867		-10.1
十、其它农作物	**Other Farm Crops**	**71007**			**58477**			
#青饲料	Fresh Feed	5244			3898			

12－8 主要农业机械年末拥有量

Major Agricultural Machinery at the Year-end

类　别	单　位	Category	Unit	2005	2006
农用机械总动力	**万千瓦**	**Total Power of Agricultural Machinery**	**10000 kw**	**9199.33**	**9555.28**
一、耕作机械		**Ploughing Machinery**			
大中型农用拖拉机	万台	Large and Medium Agricultural Tractor	10000 units	22.79	25.16
	万千瓦		10000 kw	720.48	806.15
小型农用拖拉机	万台	Mini Agricultural Tractor	10000 units	182.73	183.97
	万千瓦		10000 kw	1538.43	1552.61
大中型拖拉机配套农具	万部	Large and Medium Tractor Towing Farm Machinery	10000 units	41.96	45.91
小型拖拉机配套农具	万部	Mini-tractor Towing Farm Machinery	10000 units	284.17	283.95
二、农用排灌机械		**Agricultural Irrigation and Drainage Machinery**			
柴油机	万台	Diesel Engines	10000 units	177.78	177.56
	万千瓦		10000 kw	1427.81	1431.37
电动机	万台	Electrical Engines	10000 units	91.97	94.63
	万千瓦		10000 kw	634.30	650.05
农用水泵	万台	Agricultural Pump	10000 units	270.33	274.67
喷灌机械	万套	Spray Machinery	10000 sets	32.10	31.62
三、收获机械		**Harvesting Machinery**			
联合收割机	万台	Combined Harvester	10000 units	8.16	9.72
	万千瓦		10000 kw	146.96	189.07
机动割晒机	万台	Motorized Cut-rower	10000 units	18.75	16.27
	万千瓦		10000 kw	2.22	1.62
机动脱粒机	万台	Motorized Thresher	10000 units	66.95	60.90
四、植保机械		**Plant Protection Machinery**			
喷雾机	万部	Sprayer	10000 units	28.91	29.74
	万千瓦		10000 kw	51.17	52.51
五、渔业机械		**Fishery Machinery**			
渔用机动船	万艘	Motorized Fishing Boat	10000 ships	3.81	4.06
	万吨		10000 tons	68.12	39.29
	万千瓦		10000 kw	119.18	133.95
六、农产品加工机械		**Agricultural Products Processing Machinery**			
农产品加工机械动力	万千瓦	Power of Agricultural Products Processing Machinery	10000 kw	917.41	929.84
七、运输机械		**Transport Machinery**			
农用载重汽车	万辆	Agricultural Truck	10000 units	13.09	13.26
	万千瓦		10000 kw	669.02	678.07
农用运输车	万辆	Agricultural Vehicles	10000 units	244.96	252.52
	万千瓦		10000 kw	2690.62	2821.32
八、其他农业机械		**Other Agricultural Machinery**			
推土机	万台	Bulldozer	10000 units	0.92	1.00

12-9 各市农林牧渔业总产值(2006 年)

Gross Output Value of Farming, Forestry, Animal Husbandry and Fishery by Region(2006)

单位:万元 (10000 yuan)

地 区	Region	农林牧渔业总产值 Output Value of Farming, Forestry, Animal Husbandry and Fishery	农业产值 Output Value of Farming	林业产值 Output Value of Forestry	牧业产值 Output Value of Animal Husbandry	渔业产值 Output Value of Fishery	农林牧渔服务业产值 Output Value of Services to Farming, Forestry, Animal Husbandry and Fishery
全省总计	**Total**	**40565839**	**22213793**	**654756**	**11603725**	**5376700**	**716865**
济南市	Jinan	2477193	1479799	64385	848623	28902	55484
青岛市	Qingdao	3396096	1360755	23546	1076254	855131	80410
淄博市	Zibo	1160195	766074	52589	294504	19835	27193
枣庄市	Zaozhuang	1278410	831435	32985	347404	30842	35744
东营市	Dongying	1045593	477566	11371	264438	216534	75684
烟台市	Yantai	3832237	1795414	45611	679950	1238827	72435
潍坊市	Weifang	4230441	2392085	43644	1437142	240827	116743
济宁市	Jining	3680065	1993193	69607	1229986	267302	119977
泰安市	Tai'an	2062840	1236797	64195	622845	76841	62162
威海市	Weihai	2186326	465164	6216	337948	1352551	24447
日照市	Rizhao	1286840	550601	36468	261814	398981	38976
莱芜市	Laiwu	353735	224665	21764	91013	5519	10774
临沂市	Linyi	3233487	2016291	153830	908942	79723	74701
德州市	Dezhou	2661008	1562942	37421	844453	67174	149018
聊城市	Liaocheng	2470609	1638065	34141	710461	45450	42492
滨州市	Binzhou	1803325	1076124	23910	424643	230605	48043
菏泽市	Heze	2983624	1993394	64882	802778	76574	45996

注:本表按当年价格计算。

a) Data in this table are caculated at current prices.

12-10 各市农业产值(2006 年)

Output Value of Farming by Region(2006)

单位:万元 (10000 yuan)

地 区	Region	农业产值 Output Value of Farming	(一)谷物及其他作物 Cereals and Other Crops	粮食作物 Grain	谷物 Cereals	豆类 Beans	薯类 Tubers	油料 Oil-bearing	棉花 Cotton
全省总计	**Total**	**22213793**	**9750930**	**6651477**	**5970067**	**192759**	**488651**	**128542**	**1560621**
济南市	Jinan	1479799	510531	424227	381626	11265	31336	20689	54165
青岛市	Qingdao	1360755	570726	407824	380886	11843	15095	145904	7876
淄博市	Zibo	766074	278271	226966	221591	2761	2614	6221	25318
枣庄市	Zaozhuang	831435	311537	261567	234186	13052	14329	43097	4841
东营市	Dongying	477566	280872	109703	105704	3729	270	1412	166077
烟台市	Yantai	1795414	601422	397144	355980	21801	19363	189118	1045
潍坊市	Weifang	2392085	896829	663706	638480	13525	11701	96586	59827
济宁市	Jining	1993193	939410	616357	572952	24965	18440	103763	196465
泰安市	Tai'an	1236797	558934	409883	369012	13218	27653	73415	28510
威海市	Weihai	465164	206061	133547	115015	7679	10853	71389	
日照市	Rizhao	550601	300486	188500	153867	9805	24828	92871	2139
莱芜市	Laiwu	224665	58841	48905	44116	162	4627	4402	117
临沂市	Linyi	2016291	955111	615494	513550	30885	71059	263999	22114
德州市	Dezhou	1562942	851112	451133	435166	9712	6255	19627	360637
聊城市	Liaocheng	1638065	767046	615987	593742	9665	12580	62671	81254
滨州市	Binzhou	1076124	687382	396026	390128	3455	2443	5428	281510
菏泽市	Heze	1993394	1231416	730367	698220	24339	7808	89020	347964

注:本表按当年价格计算。

a) Data in this table are caculated at current prices.

12-10 续表 continued

单位:万元 (10000 yuan)

地区 Region	麻类 Fiber Crops	糖类 Sugar Crops	烟叶 Tobacco	其他农作物 Other Crops	(二)蔬菜园艺作物 Vegetable Gardening Crops	#蔬菜(含菜用瓜) Vegetable	(三)水果坚果和饮料 Fruits, Nuts and Beverage	#水果坚果(含果用瓜) Fruits and Nuts	(四)中药材 Chinese Herbal Medicines
全省总计 Total	**2079**	**15**	**69121**	**182188**	**8885887**	**8577844**	**3413368**	**3371515**	**163608**
济南市 Jinan			17	11433	812389	802413	155578	155578	1301
青岛市 Qingdao			3408	5714	627087	605784	162896	158398	46
淄博市 Zibo			2690	17076	356529	342061	100000	100000	31274
枣庄市 Zaozhuang			335	1697	457869	452279	61069	61069	960
东营市 Dongying				3680	165843	164513	30851	30851	
烟台市 Yantai			7	14108	309521	293504	881871	881871	2600
潍坊市 Weifang		2	21369	55339	1120053	1047785	359995	357830	15208
济宁市 Jining	200	2	6	22617	859047	828872	180842	180842	13894
泰安市 Tai'an	75		48	47003	566929	518176	104656	104197	6278
威海市 Weihai			206	919	108649	108254	139575	139495	10879
日照市 Rizhao			9490	7486	168952	168573	73367	44018	7796
莱芜市 Laiwu			1273	4144	149395	148107	14688	14688	1741
临沂市 Linyi	12		37464	16028	670743	659356	353490	348979	36947
德州市 Dezhou	15		330	19370	442779	441263	269051	269051	
聊城市 Liaocheng				7134	707563	642735	163389	163389	67
滨州市 Binzhou				4418	187555	174250	201187	201187	
菏泽市 Heze				64065	536421	506714	210205	209461	15352

12-11 各市林业产值(2006年)

Output Value of Forestry by Region(2006)

单位:万元 (10000 yuan)

地区 Region	林业产值 Output Value of Forestry	(一)林木的培育和种植 Cultivation and Planting of Trees	育种育苗 Breeding Nursery	造林 Afforestation	抚育管理 Tending Management	(二)竹木采运 Logging and Transport of Bamboo	#村及村以下 of which: Village Level and below	(三)林产品 Forestry Products
全省总计 Total	**654756**	**193524**	**32437**	**35622**	**125465**	**97533**	**92086**	**363699**
济南市 Jinan	64385	19854	1629	2683	15542	6313	5664	38218
青岛市 Qingdao	23546	10733	1924	4103	4706	3592	1010	9221
淄博市 Zibo	52589	38150	1727	10449	25974	3173	1731	11266
枣庄市 Zaozhuang	32985	10508	450	2195	7863	2232	1460	20245
东营市 Dongying	11371	9955	706	800	8449	1119	694	297
烟台市 Yantai	45611	23099	4922	4506	13671	1925	1535	20587
潍坊市 Weifang	43644	19119	5871	2981	10267	3525	3166	21000
济宁市 Jining	69607	24603	9570	1638	13395	23756	9337	21248
泰安市 Tai'an	64195	22808	5329	5406	12073	5819	4483	35568
威海市 Weihai	6216	2289	434	904	951	156	21	3771
日照市 Rizhao	36468	12943	1525	2145	9273	3021	2967	20504
莱芜市 Laiwu	21764	6740	331	1105	5304	222	60	14802
临沂市 Linyi	153830	15840	1854	2239	11747	15999	11531	121991
德州市 Dezhou	37421	25845	4886	5026	15933	1099		10477
聊城市 Liaocheng	34141	7927	1413	1154	5360	6349	3055	19865
滨州市 Binzhou	23910	11961	2049	2900	7012	1854	1031	10095
菏泽市 Heze	64882	21947	5119	3962	12866	30681	20130	12254

注:本表按当年价格计算。

a) Data in this table are caculated at current prices.

12－12 各市牧业产值(2006年)

Output Value of Animal Husbandry by Region(2006)

单位:万元 (10000 yuan)

地 区	Region	牧业产值 Output Value of Animal Husbandry	(一)牲畜饲养 Stock Breeding	#牛 Cattle	#羊 Sheep	#奶产品 Milk Products	#牛奶 Cow Milk	毛绒产品 Feather and Cashmere Products
全省总计	**Total**	**11603725**	**2295907**	**1191360**	**592571**	**446579**	**410020**	**47140**
济南市	Jinan	848623	199290	102828	46454	42566	42419	5973
青岛市	Qingdao	1076254	213623	96905	21532	94454	79244	208
淄博市	Zibo	294504	44820	17440	7053	18705	18472	888
枣庄市	Zaozhuang	347404	46561	10140	30434	4048	3769	959
东营市	Dongying	264438	79574	34386	27932	14558	14558	1459
烟台市	Yantai	679950	115449	41807	19295	49712	40917	485
潍坊市	Weifang	1437142	98627	36212	21418	39042	36257	863
济宁市	Jining	1229986	150347	35766	90094	19105	17832	3856
泰安市	Tai'an	622845	124148	31181	33749	50482	50482	8076
威海市	Weihai	337948	42310	7136	4536	30636	25033	2
日照市	Rizhao	261814	39667	16457	20210	1121	1113	1611
莱芜市	Laiwu	91013	10345	924	4567	591	591	4263
临沂市	Linyi	908942	113828	43593	52460	13974	12599	1776
德州市	Dezhou	844453	201907	136850	37251	19916	19899	1927
聊城市	Liaocheng	710461	126429	62371	44759	11800	11800	2703
滨州市	Binzhou	424643	121354	74078	20426	20958	20958	2864
菏泽市	Heze	802778	255263	86257	147369	10081	10079	9223

注:本表按当年价格计算。

a) Data in this table are caculated at current prices.

12－12 续表 continued

单位:万元 (10000 yuan)

地 区	Region	(二)猪饲养 Pigs Breeding	(三)家禽饲养 Poultry Breeding	#肉禽 Poultry for Meat	#禽蛋 Egg	(四)狩猎和捕捉动物 Animal Hunting and Trapping	(五)其他畜牧业 Other Animal Husbandry	#蚕茧 Cocoon
全省总计	**Total**	**4031649**	**4545237**	**2254930**	**2290307**	**6178**	**724754**	**179205**
济南市	Jinan	287621	333552	65452	268100	72	28088	2079
青岛市	Qingdao	292255	514969	342703	172266	91	55316	17020
淄博市	Zibo	99259	130789	59742	71047	191	19445	2446
枣庄市	Zaozhuang	108836	146455	91094	55361		45552	3546
东营市	Dongying	67017	113809	49847	63962	129	3909	1441
烟台市	Yantai	225166	313879	143843	170036	2150	23306	3754
潍坊市	Weifang	471953	705637	543671	161966		160925	16128
济宁市	Jining	542586	487487	206726	278364	275	49291	8312
泰安市	Tai'an	247213	205603	103074	102529	224	45657	16498
威海市	Weihai	75584	71500	18773	52727		148554	1990
日照市	Rizhao	97459	87755	31277	56478		36933	16212
莱芜市	Laiwu	46250	32147	15837	16310		2271	631
临沂市	Linyi	399490	267601	136435	129946	8318	119705	15882
德州市	Dezhou	357523	269088	70488	198548		15935	9492
聊城市	Liaocheng	250679	252374	139966	112408	2000	78979	2262
滨州市	Binzhou	113028	174040	93462	80538	41	16180	13714
菏泽市	Heze	276745	228144	56561	171579	718	41908	9137

12－13 各市渔业产值(2006年)

Output Value of Fishery by Region(2006)

单位:万元 (10000 yuan)

地　区	Region	渔业产值 Output Value of Fishery	(一)海水产品 Seawater Aquatic Products	#养殖 Cultured	鱼类 Fish	虾蟹类 Shrimps, Prawns and Crabs	贝类 Shellfish	藻类 Algae	其他 Others
全省总计	**Total**	**5376700**	**4415413**	**2568780**	**1101122**	**772961**	**1401263**	**169799**	**970268**
济南市	Jinan	28902							
青岛市	Qingdao	855131	803293	584037	168565	176655	352701	4840	100532
淄博市	Zibo	19835							
枣庄市	Zaozhuang	30842							
东营市	Dongying	216534	151652	105539	22907	53066	74071		1608
烟台市	Yantai	1238827	1220161	629652	355222	167796	387451	18047	291645
潍坊市	Weifang	240827	186027	64512	93248	43270	42621		6888
济宁市	Jining	267302							
泰安市	Tai'an	76841	8861		5708	2166	482		505
威海市	Weihai	1352551	1323175	686780	498412	107969	327055	134750	254989
日照市	Rizhao	398981	381284	149017	184275	44261	59762	918	92068
莱芜市	Laiwu	5519							
临沂市	Linyi	79723							
德州市	Dezhou	67174							
聊城市	Liaocheng	45450							
滨州市	Binzhou	230605	129916	90385	6010	64500	53981	511	4914
菏泽市	Heze	76574							

注:本表按当年价格计算。

a) Data in this table are caculated at current prices.

12－13　续表　continued

单位:万元 (10000 yuan)

地　区	Region	(二)内陆水域水产品 Aquatic Products from Inland Waterways	#养殖 Cultured	鱼类 Fish	虾蟹类 Shrimp and Crab	贝类 Shellfish	其他 Others	农林牧渔服务业产值 Output Value of Services to Farming, Forestry, Animal Husbandry and Fishery
全省总计	**Total**	**961287**	**854240**	**794036**	**139100**	**6282**	**21781**	**716865**
济南市	Jinan	28902	26775	27394	458	12	1038	55484
青岛市	Qingdao	51838	51838	45733	5933		172	80410
淄博市	Zibo	19835	16845	19671	164			27193
枣庄市	Zaozhuang	30842	26213	28761	1575	89	417	35744
东营市	Dongying	64882	53545	42341	21045	600	896	75684
烟台市	Yantai	18666	17516	15233	2257	1096	80	72435
潍坊市	Weifang	54800	49231	45865	8272	236	427	116743
济宁市	Jining	267302	199605	224070	34104	5605	3523	119977
泰安市	Tai'an	67980	54732	54971	10424	149	2436	62162
威海市	Weihai	29376	29376	25953	3336	41	46	24447
日照市	Rizhao	17697	13381	14232	3065		400	38976
莱芜市	Laiwu	5519	5519	4945	32	542		10774
临沂市	Linyi	79723	72897	76101	2916	22	684	74701
德州市	Dezhou	67174	55181	66202	949		23	149018
聊城市	Liaocheng	45450	42536	44284	952	51	163	42492
滨州市	Binzhou	100689	91297	72399	27013		1207	48043
菏泽市	Heze	76574	72900	72792	2260	23	1499	45996

12－14 各市农林牧渔业中间消耗及增加值(2006 年)

Intermediate Exertion and Added Value of Farming, Forestry, Animal Husbandry and Fishery by Region(2006)

单位:万元 (10000 yuan)

地 区	Region	一、总产值 Gross Output Value	二、中间消耗 Intermediate Exertion	农 业 Farming	林 业 Forestry	牧 业 Animal Husbandry	渔 业 Fishery	农林牧渔服务业 Services to Farming, Forestry, Animal Husbandry and Fishery
全省总计	**Total**	**40565839**	**19176816**	**9603444**	**192849**	**6938125**	**2153187**	**289211**
济南市	Jinan	2477193	1025983	521761	19001	445421	11235	28565
青岛市	Qingdao	3396096	1556645	525437	11882	651360	330964	37002
淄博市	Zibo	1160195	532975	322946	20797	166508	8254	14470
枣庄市	Zaozhuang	1278410	593529	339270	12551	213162	12152	16394
东营市	Dongying	1045593	512880	176820	5799	166594	111315	52352
烟台市	Yantai	3832237	1672094	722124	16014	353160	549706	31090
潍坊市	Weifang	4230441	2112338	977970	12460	940467	122104	59337
济宁市	Jining	3680065	1809431	886695	28791	689970	128847	75128
泰安市	Tai'an	2062840	900022	473304	23569	358125	19651	25373
威海市	Weihai	2186326	1020539	220320	2711	191044	595130	11334
日照市	Rizhao	1286840	547900	201295	10567	134710	183080	18248
莱芜市	Laiwu	353735	158280	75209	8632	63911	2509	8019
临沂市	Linyi	3233487	1446995	744507	48128	592000	29026	33334
德州市	Dezhou	2661008	1253731	663473	22526	449837	17325	100570
聊城市	Liaocheng	2470609	1082217	595002	9640	447875	14136	15564
滨州市	Binzhou	1803325	831184	425566	10498	261601	107241	26278
菏泽市	Heze	2983624	1319208	793391	14784	455309	15983	39741

注:本表按当年价格计算。

a) Data in this table are caculated at current prices.

12－14 续表 1 continued

单位:万元 (10000 yuan)

地 区	Region	(一)中间物质消耗 Intermediate Physical Exertion	农 业 Farming	林 业 Forestry	牧 业 Animal Husbandry	渔 业 Fishery	农林牧渔服务业 Services to Farming, Forestry, Animal Husbandry and Fishery
全省总计	**Total**	**16632519**	**8033420**	**156981**	**6596997**	**1629902**	**215219**
济南市	Jinan	945284	459040	17430	431850	10480	26484
青岛市	Qingdao	1375594	480790	9533	583921	272841	28509
淄博市	Zibo	458686	281695	16118	148306	7155	5412
枣庄市	Zaozhuang	513323	286290	9436	194187	9421	13989
东营市	Dongying	378713	135983	3435	130749	71121	37425
烟台市	Yantai	1462388	614919	13209	340429	462741	31090
潍坊市	Weifang	1959772	885981	10499	906403	107283	49606
济宁市	Jining	1515497	711938	22144	613866	117782	49767
泰安市	Tai'an	833542	431246	21421	343874	13211	23790
威海市	Weihai	691575	161219	1758	166293	351491	10814
日照市	Rizhao	463913	167501	8416	120789	149541	17666
莱芜市	Laiwu	143687	70225	7958	57220	2323	5961
临沂市	Linyi	1319726	660895	38531	567599	25943	26758
德州市	Dezhou	1157291	616718	20538	419892	15561	84582
聊城市	Liaocheng	1033288	564003	7709	437268	11546	12762
滨州市	Binzhou	715625	357845	9143	243494	91879	13264
菏泽市	Heze	1221414	730162	13654	428949	15054	33595

12－14 续表2 continued

单位:万元 (10000 yuan)

地 区	Region	(二)生产服务支出 Production Services Expenditures	农 业 Farming	林 业 Forestry	牧 业 Animal Husbandry	渔 业 Fishery	农林牧渔服务业 Services to Farming, Forestry, Animal Husbandry and Fishery
全省总计	**Total**	**2544297**	**1570024**	**35868**	**341128**	**523285**	**73992**
济南市	Jinan	80699	62721	1571	13571	755	2081
青岛市	Qingdao	181051	44647	2349	67439	58123	8493
淄博市	Zibo	74289	41251	4679	18202	1099	9058
枣庄市	Zaozhuang	80206	52980	3115	18975	2731	2405
东营市	Dongying	134167	40837	2364	35845	40194	14927
烟台市	Yantai	209706	107205	2805	12731	86965	
潍坊市	Weifang	152566	91989	1961	34064	14821	9731
济宁市	Jining	293934	174757	6647	76104	11065	25361
泰安市	Tai'an	66480	42058	2148	14251	6440	1583
威海市	Weihai	328964	59101	953	24751	243639	520
日照市	Rizhao	83987	33794	2151	13921	33539	582
莱芜市	Laiwu	14593	4984	674	6691	186	2058
临沂市	Linyi	127269	83612	9597	24401	3083	6576
德州市	Dezhou	96440	46755	1988	29945	1764	15988
聊城市	Liaocheng	48929	30999	1931	10607	2590	2802
滨州市	Binzhou	115559	67721	1355	18107	15362	13014
菏泽市	Heze	97794	63229	1130	26360	929	6146

12－14 续表3 continued

单位:万元 (10000 yuan)

地 区	Region	(三)增加值 Added Value	农 业 Farming	林 业 Forestry	牧 业 Animal Husbandry	渔 业 Fishery	农林牧渔服务业 Services to Farming, Forestry, Animal Husbandry and Fishery
全省总计	**Total**	**21389023**	**12610349**	**461907**	**4665600**	**3223513**	**427654**
济南市	Jinan	1451210	958038	45384	403202	17667	26919
青岛市	Qingdao	1839451	835318	11664	424894	524167	43408
淄博市	Zibo	627220	443128	31792	127996	11581	12723
枣庄市	Zaozhuang	684881	492165	20434	134242	18690	19350
东营市	Dongying	532713	300746	5572	97844	105219	23332
烟台市	Yantai	2160143	1073290	29597	326790	689121	41345
潍坊市	Weifang	2118103	1414115	31184	496675	118723	57406
济宁市	Jining	1870634	1106498	40816	540016	138455	44849
泰安市	Tai'an	1162818	763493	40626	264720	57190	36789
威海市	Weihai	1165787	244844	3505	146904	757421	13113
日照市	Rizhao	738940	349306	25901	127104	215901	20728
莱芜市	Laiwu	195455	149456	13132	27102	3010	2755
临沂市	Linyi	1786492	1271784	105702	316942	50697	41367
德州市	Dezhou	1407277	899469	14895	394616	49849	48448
聊城市	Liaocheng	1388392	1043063	24501	262586	31314	26928
滨州市	Binzhou	972141	650558	13412	163042	123364	21765
菏泽市	Heze	1664416	1200003	50098	347469	60591	6255

12－15 各市农村基层情况和农业生产条件(2006年)

Basic Conditions of Rural Grass-root Units and Agricultural Production by Region(2006)

地区 Region	一、农村基层组织情况(个) Rural Grass-root Units(unit)			二、农村社会基础设施(个) Rural Infrastructure(unit)			
	乡、镇个数 Number of Township and Town Governments	#镇 Town Governments	村委会个数 Number of Villager's Committees	自来水受益村数 Number of Villages Benefit from Water	通汽车村数 Number of Villages with Automobile Traffic	通电话村数 Number of Villages with Telephone Lines	通电话户数(户) Number of Households with Telephone Lines (household)
全省总计 Total	**1932**	**1190**	**83538**	**59652**	**83219**	**83525**	**13892084**
济南市 Jinan	128	53	4628	3614	4602	4628	730494
青岛市 Qingdao	178	79	5990	5798	5983	5988	1255801
淄博市 Zibo	106	74	3186	2939	3184	3186	668741
枣庄市 Zaozhuang	64	44	2296	1908	2296	2296	425968
东营市 Dongying	43	23	1781	1779	1771	1779	243130
烟台市 Yantai	149	93	6544	5089	6543	6544	1281157
潍坊市 Weifang	190	134	9420	7164	9420	9420	1586413
济宁市 Jining	155	94	6363	4995	6334	6362	1098855
泰安市 Tai'an	86	61	3596	2584	3596	3596	783924
威海市 Weihai	68	50	2620	2490	2616	2619	489562
日照市 Rizhao	54	39	2983	1639	2983	2983	447102
莱芜市 Laiwu	20	14	1036	935	1036	1036	207046
临沂市 Linyi	180	129	7359	4799	7359	7359	1490521
德州市 Dezhou	132	78	8315	4409	8273	8315	785125
聊城市 Liaocheng	134	66	6232	3749	6092	6232	761461
滨州市 Binzhou	85	53	5194	4653	5177	5193	636513
菏泽市 Heze	160	106	5995	1108	5954	5989	1000271

注:本表中"乡镇个数"为全省乡镇级行政区划单位数,全省有276个乡、1190个镇、466个街道办事处。

a) Number of township and town governments refers to number of administrative division units at the level of Township and Town Governments. There are 276 townships ,1190 town governments and 466 street communities in the province.

12－15 续表1 continued

地 区 Region		三、乡村人口、从业人员及主要行业分布(万人) Rural Population, Laborers and Distribution of Major Sectors(10000 persons)						
		乡村户数(万户) Number of Rural Households (10000 households)	乡村人口数 Rural Population	乡村从业人员数 Number of Rural Laborers	(一)按性别分 by Sex		(二)按国民经济行业分 by Sector	
					男 Male	女 Female	农林牧渔业从业人员 Farming, Forestry, Animal Husbandry and Fishery	#农 业 of which: Farming
全省总计	**Total**	**2074.91**	**7038.95**	**3800.32**	**2032.82**	**1767.50**	**2011.82**	**1769.76**
济南市	Jinan	98.47	353.11	190.80	100.62	90.18	81.13	71.92
青岛市	Qingdao	151.10	478.32	264.70	141.27	123.43	102.28	83.40
淄博市	Zibo	88.08	271.59	153.19	82.60	70.59	69.01	60.52
枣庄市	Zaozhuang	76.44	278.18	159.48	84.40	75.08	81.35	69.27
东营市	Dongying	32.33	107.58	54.93	28.94	25.99	32.84	29.56
烟台市	Yantai	168.84	476.71	248.35	134.03	114.32	141.74	120.87
潍坊市	Weifang	200.03	686.73	340.00	182.27	157.73	165.84	147.57
济宁市	Jining	174.26	647.25	358.07	193.48	164.59	181.88	155.40
泰安市	Tai'an	119.65	419.94	225.15	119.45	105.70	99.79	87.29
威海市	Weihai	63.16	158.90	86.57	48.16	38.41	35.85	29.12
日照市	Rizhao	76.62	234.32	129.50	70.88	58.62	76.92	65.15
莱芜市	Laiwu	29.79	89.14	51.53	27.92	23.61	27.30	23.17
临沂市	Linyi	265.26	875.44	496.47	267.32	229.15	283.79	250.13
德州市	Dezhou	118.89	438.25	223.75	119.14	104.61	149.09	134.47
聊城市	Liaocheng	129.50	475.71	267.00	139.32	127.68	168.55	160.08
滨州市	Binzhou	86.29	296.00	165.92	91.21	74.71	95.32	80.23
菏泽市	Heze	196.20	751.78	384.91	201.81	183.10	219.14	201.61

12－15 续表2 continued

地 区	Region	三、乡村人口、从业人员及主要行业分布(万人) Rural Population, Laborers and Distribution of Major Sectors (10000 persons)							
		(二)按国民经济行业分 by Sector							
		工 业 Industry	建筑业 Construction	交通运输、仓储及邮电业 Transport, Storage, Post and Communication Services	信息传输和计算机服务业 Information Transmission and Computer Services	批发与零售业 Wholesale and Retail Trades	住宿和餐饮业 Hotels and Catering Services	其 他 Othes	# 外出合同工、临时工 of which: Contract and Temporary Workers
全省总计	**Total**	**571.32**	**388.11**	**147.61**	**20.86**	**185.59**	**88.41**	**386.60**	**275.84**
济南市	Jinan	29.40	26.14	14.26	1.12	15.13	6.78	16.84	9.73
青岛市	Qingdao	71.46	28.16	11.66	1.46	19.09	6.22	24.37	11.67
淄博市	Zibo	38.81	17.11	7.20	0.77	8.79	3.68	7.82	3.95
枣庄市	Zaozhuang	25.85	17.98	10.05	0.75	8.64	4.22	10.64	7.91
东营市	Dongying	6.68	5.21	2.80	0.38	2.92	1.81	2.29	0.95
烟台市	Yantai	43.81	17.76	6.52	0.61	10.49	5.52	21.90	12.52
潍坊市	Weifang	69.09	35.97	15.46	1.47	17.37	9.58	25.22	16.19
济宁市	Jining	31.46	46.46	16.76	4.84	15.75	8.49	52.43	36.12
泰安市	Tai'an	28.02	31.32	8.53	1.20	9.81	6.25	40.23	33.20
威海市	Weihai	21.05	8.42	3.21	0.51	4.77	2.13	10.63	7.41
日照市	Rizhao	12.81	14.27	3.53	0.86	4.97	2.41	13.73	9.46
莱芜市	Laiwu	6.59	7.17	2.33	0.23	2.61	1.71	3.59	2.67
临沂市	Linyi	72.71	56.38	18.58	1.95	21.52	9.82	31.72	18.67
德州市	Dezhou	20.72	15.77	6.59	2.11	10.19	4.74	14.54	10.69
聊城市	Liaocheng	23.26	16.72	5.62	0.63	10.48	4.99	36.75	32.10
滨州市	Binzhou	24.99	14.34	6.35	0.53	8.26	4.29	11.84	8.01
菏泽市	Heze	44.61	28.93	8.16	1.44	14.80	5.77	62.06	54.59

12-16 各市耕地面积(2006年)

Area of Cultivated Land by Region(2006)

单位:公顷　　　　(hectare)

地　区	Region	一、年初耕地总资源 Cultivated Land Resources at the Year-beginning	二、年内增加 Added in the Year	#新开荒地 New Reclamation	#园地改为耕地 Transformation from Garden	三、年内减少 Reduced in the Year	#国家基建占地 State Infrastructure Covering	#乡村集体占地 Village Collective Covering	#农民个人建房占地 Personal Housing Covering
全省总计	**Total**	**6881529**	**46496**	**18749**	**9245**	**72831**	**20640**	**13675**	**2892**
济南市	Jinan	347882	1368	751	56	4791	3077	429	67
青岛市	Qingdao	422847	5973	1052	1916	13592	2449	1782	102
淄博市	Zibo	161446	4108	665	1066	6871	1099	1529	102
枣庄市	Zaozhuang	231189	6419	733	1786	7897	359	806	504
东营市	Dongying	192665	4573	3488		2283	441	422	56
烟台市	Yantai	440236	2196	580	875	17226	1240	117	20
潍坊市	Weifang	782312	7526	573	1159	9328	925	259	65
济宁市	Jining	544558	5525	2240	913	3914	862	79	129
泰安市	Tai'an	320886	1809	316	593	7095	1940	230	535
威海市	Weihai	180133	328	123	99	1551	520	168	2
日照市	Rizhao	170079	1248	125	666	3505	527	558	326
莱芜市	Laiwu	67635	5859	5859		10636	543	62	23
临沂市	Linyi	759573	4148	412	1542	38168	1569	4210	1657
德州市	Dezhou	542926	2205	474	139	9057	1590	55	64
聊城市	Liaocheng	550784	3116	7		5250	2976	935	161
滨州市	Binzhou	378202	2361	518	567	2786	20	1932	
菏泽市	Heze	691489	3134	832	1868	707	626	3	16

12-16 续表 continued

单位:公顷　　　　(hectare)

地　区	Region	#退耕还林还草占地 Returning Farmland to Forest and Pasture	#耕地改为园地 Transformation to Garden	四、年末耕地总资源 Cultivated Land Resources at the Year-end	常用耕地面积 Common Areas of Cultivated Land	水田 Paddy Field	旱地 Dryland	临时性耕地面积 Temporary Area of Cultivated Land
全省总计	**Total**	**4858**	**5520**	**6855194**	**6326110**	**160132**	**6165978**	**529084**
济南市	Jinan	63	82	344459	322034	12934	309100	22425
青岛市	Qingdao	4193	4380	415228	412853	43	412810	2375
淄博市	Zibo	2180	1775	158683	158187	1728	156459	496
枣庄市	Zaozhuang	465	407	229711	182979	3008	179971	46732
东营市	Dongying	51	5	194955	180215	11306	168909	14740
烟台市	Yantai	1557	7514	425206	403285	60	403225	21921
潍坊市	Weifang	1184	747	780510	671358	9	671349	109152
济宁市	Jining	837	564	546169	521903	55041	466862	24266
泰安市	Tai'an	685	1727	315600	310311	559	309752	5289
威海市	Weihai	49	224	178910	163882		163882	15028
日照市	Rizhao	606	549	167822	163439	10525	152914	4383
莱芜市	Laiwu	38		62858	52647		52647	10211
临沂市	Linyi	4474	5029	725553	624724	55205	569519	100829
德州市	Dezhou	1776	1670	536074	534097	218	533879	1977
聊城市	Liaocheng	7	74	548650	526792	24	526768	21858
滨州市	Binzhou	191	105	377777	371556	1014	370542	6221
菏泽市	Heze			693916	658531	7121	651410	35385

12－17 各市粮食播种面积和产量

Sown Area and Output of Grain by Region

地　区	Region	2005			2006			总产量2006年比2005年增减(%) Total Output in 2006 than in 2005 (%)
		播种面积(公顷) Sown Area (hectare)	总产量(吨) Total Output (ton)	单产(千克/公顷) Output per Hectare (kg/hectare)	播种面积(公顷) Sown Area (hectare)	总产量(吨) Total Output (ton)	单产(千克/公顷) Output per Hectare (kg/hectare)	
全省总计	**Total**	**6711733**	**39173785**	**5837**	**6797450**	**40487721**	**5956**	**3.4**
济南市	Jinan	438513	2601145	5932	443419	2679131	6042	3.0
青岛市	Qingdao	490248	3095744	6315	497858	3039266	6105	-1.8
淄博市	Zibo	209277	1315698	6287	223016	1435105	6435	9.1
枣庄市	Zaozhuang	250959	1596546	6362	263099	1797565	6832	12.6
东营市	Dongying	108889	649412	5964	120528	767314	6366	18.2
烟台市	Yantai	365556	2164046	5920	385959	2346639	6080	8.4
潍坊市	Weifang	710799	4224025	5943	752468	4331772	5757	2.6
济宁市	Jining	524930	3500678	6669	580723	3951352	6804	12.9
泰安市	Tai'an	385801	2527399	6551	411534	2731253	6637	8.1
威海市	Weihai	158661	949740	5986	162271	963428	5937	1.4
日照市	Rizhao	167357	1003686	5997	173038	1051825	6079	4.8
莱芜市	Laiwu	47066	251678	5347	50262	266865	5309	6.0
临沂市	Linyi	703574	3880093	5515	710417	4122868	5803	6.3
德州市	Dezhou	679159	4434685	6530	780453	5274257	6758	18.9
聊城市	Liaocheng	669864	4009754	5986	684706	4238728	6191	5.7
滨州市	Binzhou	377765	2361910	6252	398980	2582523	6473	9.3
菏泽市	Heze	822371	4101114	4987	900706	4791403	5320	16.8

12－18 各市棉花播种面积和产量

Sown Area and Output of Cotton by Region

地　区	Region	2005			2006			总产量2006年比2005年增减(%) Total Output in 2006 than in 2005 (%)
		播种面积(公顷) Sown Area (hectare)	总产量(吨) Total Output (ton)	单产(千克/公顷) Output per Hectare (kg/hectare)	播种面积(公顷) Sown Area (hectare)	总产量(吨) Total Output (ton)	单产(千克/公顷) Output per Hectare (kg/hectare)	
全省总计	**Total**	**846260**	**846300**	**1000**	**929753**	**1023100**	**1100**	**20.9**
济南市	Jinan	30341	35491	1170	31407	37083	1181	4.5
青岛市	Qingdao	3637	4042	1111	3462	3954	1142	-2.2
淄博市	Zibo	17992	20014	1112	17639	18359	1041	-8.3
枣庄市	Zaozhuang	2488	2928	1177	2850	3439	1207	17.5
东营市	Dongying	92527	104388	1128	103456	123551	1194	18.4
烟台市	Yantai	300	585	1950	305	598	1961	2.2
潍坊市	Weifang	41973	48723	1161	39256	46100	1174	-5.4
济宁市	Jining	112412	144692	1287	111684	150011	1343	3.7
泰安市	Tai'an	8302	14764	1778	8400	12366	1472	-16.2
威海市	Weihai							
日照市	Rizhao	1073	1012	943	1131	1032	912	2.0
莱芜市	Laiwu	364	519	1426	693	976	1408	88.1
临沂市	Linyi	8795	11975	1362	10615	14728	1387	23.0
德州市	Dezhou	146260	202010	1381	131619	214292	1628	6.1
聊城市	Liaocheng	69904	80934	1158	69472	84727	1220	4.7
滨州市	Binzhou	128522	151724	1181	137009	174207	1272	14.8
菏泽市	Heze	237303	248708	1048	225555	263265	1167	5.9

12－19 各市油料播种面积和产量

Sown Area and Output of Oil-bearing Crops by Region

地区	Region	2005 播种面积（公顷）Sown Area (hectare)	2005 总产量（吨）Total Output (ton)	2005 单产（千克/公顷）Output per Hectare (kg/hectare)	2006 播种面积（公顷）Sown Area (hectare)	2006 总产量（吨）Total Output (ton)	2006 单产（千克/公顷）Output per Hectare (kg/hectare)	总产量2006年比2005年增减（%）Total Output in 2006 than in 2005 (%)
全省总计	**Total**	**899812**	**3638573**	**4044**	**870305**	**3582387**	**4116**	**-1.5**
济南市	Jinan	16238	57079	3515	16108	57238	3553	0.3
青岛市	Qingdao	102891	507984	4937	101682	471897	4641	-7.1
淄博市	Zibo	4802	14286	2975	4597	13802	3002	-3.4
枣庄市	Zaozhuang	31614	128823	4075	31049	131799	4245	2.3
东营市	Dongying	1888	5765	3053	1742	5656	3247	-1.9
烟台市	Yantai	119617	458614	3834	116848	461167	3947	0.6
潍坊市	Weifang	53551	242734	4533	54355	238779	4393	-1.6
济宁市	Jining	66659	296625	4450	61839	278013	4496	-6.3
泰安市	Tai'an	46372	172979	3730	44694	172766	3866	-0.1
威海市	Weihai	67629	245792	3634	66767	245149	3672	-0.3
日照市	Rizhao	53531	213807	3994	53729	222530	4142	4.1
莱芜市	Laiwu	7035	17397	2473	6505	16183	2488	-7.0
临沂市	Linyi	166988	676375	4050	165210	712049	4310	5.3
德州市	Dezhou	9519	40922	4299	7425	35200	4741	-14.0
聊城市	Liaocheng	50532	202869	4015	46224	190073	4112	-6.3
滨州市	Binzhou	3247	9429	2904	3292	9522	2892	1.0
菏泽市	Heze	97699	347093	3553	88239	320564	3633	-7.6

12－20 各市农业主要产品生产情况（2006年）

Production of Major Agricultural Products by Region (2006)

地区	Region	农作物总播种面积（公顷）Total Sown Area of Farm Crops (hectare)	一、粮食作物合计 Grain Crops 播种面积（公顷）Sown Area (hectare)	总产量（吨）Total Output (ton)	单产（千克/公顷）Output per Hectare (kg/hectare)	（一）夏收粮食 Summer Harvest Grain 播种面积（公顷）Sown Area (hectare)	总产量（吨）Total Output (ton)	单产（千克/公顷）Output per Hectare (kg/hectare)
全省总计	**Total**	**10727933**	**6797450**	**40487721**	**5956**	**3355456**	**18901321**	**5633**
济南市	Jinan	630416	443419	2679131	6042	201787	1169006	5793
青岛市	Qingdao	748581	497858	3039266	6105	254143	1548928	6095
淄博市	Zibo	285284	223016	1435105	6435	106652	645307	6051
枣庄市	Zaozhuang	414793	263099	1797565	6832	139683	903669	6469
东营市	Dongying	269007	120528	767314	6366	52438	327100	6238
烟台市	Yantai	570851	385959	2346639	6080	171613	901466	5253
潍坊市	Weifang	1089797	752468	4331772	5757	367264	2177242	5928
济宁市	Jining	1031582	580723	3951352	6804	310333	1966797	6338
泰安市	Tai'an	613283	411534	2731253	6637	200206	1239200	6190
威海市	Weihai	256902	162271	963428	5937	82815	448466	5415
日照市	Rizhao	263306	173038	1051825	6079	82450	429659	5211
莱芜市	Laiwu	94675	50262	266865	5309	17862	80168	4488
临沂市	Linyi	1070581	710417	4122868	5803	327441	1714301	5235
德州市	Dezhou	1034899	780453	5274257	6758	409406	2645959	6463
聊城市	Liaocheng	999134	684706	4238728	6191	367966	2193004	5960
滨州市	Binzhou	590332	398980	2582523	6473	201222	1229592	6111
菏泽市	Heze	1471297	900706	4791403	5320	636157	3354582	5273

12－20 续表 1 continued

地 区	Region	1.谷 物 Cereals			#小 麦 Wheat			2.夏杂豆 Beans		
		播种面积（公顷）Sown Area (hectare)	总产量（吨）Total Output (ton)	单 产（千克/公顷）Output per Hectare (kg/hectare)	播种面积（公顷）Sown Area (hectare)	总产量（吨）Total Output (ton)	单 产（千克/公顷）Output per Hectare (kg/hectare)	播种面积（公顷）Sown Area (hectare)	总产量（吨）Total Output (ton)	单 产（千克/公顷）Output per Hectare (kg/hectare)
全省总计	**Total**	**3354868**	**18899324**	**5633**	**3354520**	**18897900**	**5634**	**588**	**1997**	**3396**
济南市	Jinan	201787	1169006	5793	201787	1169006	5793			
青岛市	Qingdao	254143	1548928	6095	254143	1548928	6095			
淄博市	Zibo	106652	645307	6051	106652	645307	6051			
枣庄市	Zaozhuang	139683	903669	6469	139680	903663	6470			
东营市	Dongying	52438	327100	6238	52438	327100	6238			
烟台市	Yantai	171423	900985	5256	171423	900985	5256	190	481	2532
潍坊市	Weifang	366881	2175791	5931	366807	2175453	5931	383	1451	3789
济宁市	Jining	310333	1966797	6338	310327	1966760	6338			
泰安市	Tai'an	200205	1239199	6190	200203	1239183	6190	1	1	1000
威海市	Weihai	82815	448466	5415	82815	448466	5415			
日照市	Rizhao	82450	429659	5211	82450	429659	5211			
莱芜市	Laiwu	17862	80168	4488	17862	80168	4488			
临沂市	Linyi	327438	1714290	5235	327189	1713338	5237	3	11	3667
德州市	Dezhou	409396	2645906	6463	409394	2645894	6463	10	53	5300
聊城市	Liaocheng	367966	2193004	5960	367966	2193004	5960			
滨州市	Binzhou	201222	1229592	6111	201208	1229517	6111			
菏泽市	Heze	636157	3354582	5273	636157	3354582	5273			

12－20 续表 2 continued

地 区	Region	（二）秋收粮食 Autumn Harvest Grain			1.谷 物 Cereals			(1)稻 谷 Rice		
		播种面积（公顷）Sown Area (hectare)	总产量（吨）Total Output (ton)	单 产（千克/公顷）Output per Hectare (kg/hectare)	播种面积（公顷）Sown Area (hectare)	总产量（吨）Total Output (ton)	单 产（千克/公顷）Output per Hectare (kg/hectare)	播种面积（公顷）Sown Area (hectare)	总产量（吨）Total Output (ton)	单 产（千克/公顷）Output per Hectare (kg/hectare)
全省总计	**Total**	**3441994**	**21586400**	**6271**	**2924246**	**18840852**	**6443**	**125675**	**1066086**	**8483**
济南市	Jinan	241632	1510125	6250	207920	1341426	6452	10892	82253	7552
青岛市	Qingdao	243715	1490338	6115	217508	1376609	6329	15	90	6000
淄博市	Zibo	116364	789798	6787	107941	761340	7053	542	3713	6851
枣庄市	Zaozhuang	123416	893896	7243	101426	754654	7440	2788	20725	7434
东营市	Dongying	68090	440214	6465	60616	422808	6975	4925	32119	6522
烟台市	Yantai	214346	1445173	6742	175511	1230234	7009	60	280	4667
潍坊市	Weifang	385204	2154530	5593	353876	2008264	5675			
济宁市	Jining	270390	1984555	7340	225349	1766953	7841	39825	393845	9889
泰安市	Tai'an	211328	1492053	7060	167956	1222581	7279	192	1440	7500
威海市	Weihai	79456	514962	6481	61440	420074	6837			
日照市	Rizhao	90588	622166	6868	63372	422026	6660	9068	66763	7362
莱芜市	Laiwu	32400	186697	5762	26504	143728	5423			
临沂市	Linyi	382976	2408567	6289	276459	1787986	6467	48435	396145	8179
德州市	Dezhou	371047	2628298	7083	356015	2552591	7170	215	1609	7484
聊城市	Liaocheng	316740	2045724	6459	296733	1960955	6608	171	1026	6000
滨州市	Binzhou	197758	1352931	6841	191419	1334178	6970	920	7402	8046
菏泽市	Heze	264549	1436821	5431	224591	1316985	5864	7632	61535	8063

12－20 续表3 continued

地 区	Region	(2)玉 米 Corn			(3)谷 子 Millet			(4)高 粱 Chinese Sorghum		
		播种面积(公顷) Sown Area (hectare)	总产量(吨) Total Output (ton)	单 产(千克/公顷) Output per Hectare (kg/hectare)	播种面积(公顷) Sown Area (hectare)	总产量(吨) Total Output (ton)	单 产(千克/公顷) Output per Hectare (kg/hectare)	播种面积(公顷) Sown Area (hectare)	总产量(吨) Total Output (ton)	单 产(千克/公顷) Output per Hectare (kg/hectare)
全省总计	**Total**	**2753585**	**17612805**	**6396**	**25542**	**92976**	**3640**	**14180**	**50006**	**3527**
济 南 市	Jinan	188434	1231231	6534	6739	22875	3394	1426	3431	2406
青 岛 市	Qingdao	216217	1372166	6346	219	675	3082	408	1473	3610
淄 博 市	Zibo	105501	752412	7132	1403	3948	2814	393	989	2517
枣 庄 市	Zaozhuang	97459	728862	7479	661	2684	4061	518	2383	4600
东 营 市	Dongying	54863	387118	7056	19	53	2789	223	967	4336
烟 台 市	Yantai	172904	1222076	7068	1248	3750	3005	596	1934	3245
潍 坊 市	Weifang	348938	1992792	5711	2904	8748	3012	1235	3582	2900
济 宁 市	Jining	184289	1368495	7426	515	2310	4485	592	1938	3274
泰 安 市	Tai'an	167075	1218393	7292	470	1932	4111	200	733	3665
威 海 市	Weihai	61203	419153	6849	67	320	4776	26	89	3423
日 照 市	Rizhao	53335	351384	6588	439	1818	4141	417	1545	3705
莱 芜 市	Laiwu	25963	142115	5474	352	1091	3099	172	485	2820
临 沂 市	Linyi	223707	1377483	6158	1917	6257	3264	1953	6407	3281
德 州 市	Dezhou	351232	2528805	7200	2594	13312	5132	1833	8600	4692
聊 城 市	Liaocheng	290502	1935819	6664	4375	17719	4050	827	3243	3921
滨 州 市	Binzhou	186848	1313827	7032	441	1475	3345	3171	11299	3563
菏 泽 市	Heze	215499	1250682	5804	1180	3869	3279	190	654	3442

12－20 续表4 continued

地 区	Region	(5)其它谷物 Other Cereals			2.豆 类 Beans			#大 豆 Soybean		
		播种面积(公顷) Sown Area (hectare)	总产量(吨) Total Output (ton)	单 产(千克/公顷) Output per Hectare (kg/hectare)	播种面积(公顷) Sown Area (hectare)	总产量(吨) Total Output (ton)	单 产(千克/公顷) Output per Hectare (kg/hectare)	播种面积(公顷) Sown Area (hectare)	总产量(吨) Total Output (ton)	单 产(千克/公顷) Output per Hectare (kg/hectare)
全省总计	**Total**	**5264**	**18979**	**3605**	**235544**	**654140**	**2777**	**224025**	**621198**	**2773**
济 南 市	Jinan	429	1636	3814	12600	34145	2710	11442	31027	2712
青 岛 市	Qingdao	649	2205	3398	17190	44296	2577	17138	44170	2577
淄 博 市	Zibo	102	278	2725	4636	8392	1810	3349	6495	1939
枣 庄 市	Zaozhuang				10805	43389	4016	10356	42287	4083
东 营 市	Dongying	586	2551	4353	7040	14550	2067	6747	14011	2077
烟 台 市	Yantai	703	2194	3121	20384	63986	3139	19753	61405	3109
潍 坊 市	Weifang	799	3142	3932	16408	42942	2617	15811	40384	2554
济 宁 市	Jining	128	365	2852	27048	70627	2611	26459	69176	2614
泰 安 市	Tai'an	19	83	4368	14114	49463	3505	13911	48795	3508
威 海 市	Weihai	144	512	3556	8728	23152	2653	8686	23043	2653
日 照 市	Rizhao	113	516	4566	5282	22793	4315	5243	22695	4329
莱 芜 市	Laiwu	17	37	2176	287	675	2352	287	675	2352
临 沂 市	Linyi	447	1694	3790	32418	86833	2679	30825	82546	2678
德 州 市	Dezhou	141	265	1879	11255	33809	3004	10629	31635	2976
聊 城 市	Liaocheng	858	3148	3669	14784	38312	2591	13479	35487	2633
滨 州 市	Binzhou	39	175	4487	4543	10201	2245	4085	9813	2402
菏 泽 市	Heze	90	245	2722	31061	77681	2501	30157	75519	2504

12－20 续表5 continued

地 区	Region	3.薯类(按折粮薯类计算) Tubers			二、油 料 Oil-bearing Crops			#花 生 果 Peanuts		
		播种面积(公顷) Sown Area (hectare)	总产量(吨) Total Output (ton)	单 产(千克/公顷) Output per Hectare (kg/hectare)	播种面积(公顷) Sown Area (hectare)	总产量(吨) Total Output (ton)	单 产(千克/公顷) Output per Hectare (kg/hectare)	播种面积(公顷) Sown Area (hectare)	总产量(吨) Total Output (ton)	单 产(千克/公顷) Output per Hectare (kg/hectare)
全省总计	**Total**	**282204**	**2091408**	**7411**	**870305**	**3582387**	**4116**	**857900**	**3550092**	**4138**
济 南 市	Jinan	21112	134554	6373	16108	57238	3553	14609	53774	3681
青 岛 市	Qingdao	9017	69433	7700	101682	471897	4641	101647	471853	4642
淄 博 市	Zibo	3787	20066	5299	4597	13802	3002	4569	13780	3016
枣 庄 市	Zaozhuang	11185	95853	8570	31049	131799	4245	29980	129591	4323
东 营 市	Dongying	434	2856	6581	1742	5656	3247	1666	5543	3327
烟 台 市	Yantai	18451	150953	8181	116848	461167	3947	116839	461153	3947
潍 坊 市	Weifang	14920	103324	6925	54355	238779	4393	53809	237694	4417
济 宁 市	Jining	17993	146975	8168	61839	278013	4496	61285	276895	4518
泰 安 市	Tai'an	29258	220009	7520	44694	172766	3866	44504	172247	3870
威 海 市	Weihai	9288	71736	7724	66767	245149	3672	66767	245149	3672
日 照 市	Rizhao	21934	177347	8085	53729	222530	4142	53729	222530	4142
莱 芜 市	Laiwu	5609	42294	7540	6505	16183	2488	6499	16175	2489
临 沂 市	Linyi	74099	533748	7203	165210	712049	4310	164949	711259	4312
德 州 市	Dezhou	3777	41898	11093	7425	35200	4741	6405	28838	4502
聊 城 市	Liaocheng	5223	46457	8895	46224	190073	4112	43164	183218	4245
滨 州 市	Binzhou	1796	8552	4762	3292	9522	2892	3118	9310	2986
菏 泽 市	Heze	8897	42155	4738	88239	320564	3633	84361	311083	3688

12－20 续表6 continued

地 区	Region	#油菜籽 Rapeseeds			#芝 麻 Sesame			三、棉 花 Cotton		
		播种面积(公顷) Sown Area (hectare)	总产量(吨) Total Output (ton)	单 产(千克/公顷) Output per Hectare (kg/hectare)	播种面积(公顷) Sown Area (hectare)	总产量(吨) Total Output (ton)	单 产(千克/公顷) Output per Hectare (kg/hectare)	播种面积(公顷) Sown Area (hectare)	总产量(吨) Total Output (ton)	单 产(千克/公顷) Output per Hectare (kg/hectare)
全省总计	**Total**	**10661**	**26540**	**2489**	**1543**	**2149**	**1393**	**929753**	**1023100**	**1100**
济 南 市	Jinan	1088	2343	2153	410	499	1217	31407	37083	1181
青 岛 市	Qingdao				18	24	1333	3462	3954	1142
淄 博 市	Zibo				28	22	786	17639	18359	1041
枣 庄 市	Zaozhuang	663	1629	2457	406	579	1426	2850	3439	1207
东 营 市	Dongying				22	18	818	103456	123551	1194
烟 台 市	Yantai				9	14	1556	305	598	1961
潍 坊 市	Weifang	537	1065	1983	9	20	2222	39256	46100	1174
济 宁 市	Jining	279	493	1767	274	400	1460	111684	150011	1343
泰 安 市	Tai'an	162	451	2784	28	36	1286	8400	12366	1472
威 海 市	Weihai									
日 照 市	Rizhao							1131	1032	912
莱 芜 市	Laiwu				6	8	1333	693	976	1408
临 沂 市	Linyi	202	517	2559	59	105	1780	10615	14728	1387
德 州 市	Dezhou	894	5075	5677	97	179	1845	131619	214292	1628
聊 城 市	Liaocheng	3047	6267	2057	13	20	1538	69472	84727	1220
滨 州 市	Binzhou	107	84	785	18	20	1111	137009	174207	1272
菏 泽 市	Heze	3682	8616	2340	146	205	1404	225555	263265	1167

12－20 续表7 continued

地区	Region	四、麻类 Fiber Crops 播种面积（公顷）Sown Area (hectare)	总产量（吨）Total Output (ton)	单产（千克/公顷）Output per Hectare (kg/hectare)	#黄红麻 Jute and Ambary Hemp 播种面积（公顷）Sown Area (hectare)	总产量（吨）Total Output (ton)	单产（千克/公顷）Output per Hectare (kg/hectare)	五、甜菜 Beetroots 播种面积（公顷）Sown Area (hectare)	总产量（吨）Total Output (ton)	单产（千克/公顷）Output per Hectare (kg/hectare)
全省总计	**Total**	**451**	**1470**	**3259**	**387**	**1326**	**3426**	**12**	**161**	**13417**
济南市	Jinan									
青岛市	Qingdao							2	24	12000
淄博市	Zibo									
枣庄市	Zaozhuang									
东营市	Dongying									
烟台市	Yantai									
潍坊市	Weifang							4	53	13250
济宁市	Jining	234	837	3577	233	832	3571	4	75	18750
泰安市	Tai'an	65	143	2200	2	4	2000			
威海市	Weihai									
日照市	Rizhao									
莱芜市	Laiwu									
临沂市	Linyi	24	53	2208	24	53	2208			
德州市	Dezhou	128	437	3414	128	437	3414	2	9	4500
聊城市	Liaocheng									
滨州市	Binzhou									
菏泽市	Heze									

12－20 续表8 continued

地区	Region	六、烟叶 播种面积（公顷）Sown Area (hectare)	总产量（吨）Total Output (ton)	单产（千克/公顷）Output per Hectare (kg/hectare)	#烤烟 播种面积（公顷）Sown Area (hectare)	总产量（吨）Total Output (ton)	单产（千克/公顷）Output per Hectare (kg/hectare)	七、药材播种面积（公顷）Sown Area of Medical Materials (hectare)
全省总计	**Total**	**33407**	**85752**	**2567**	**32760**	**83350**	**2544**	**32047**
济南市	Jinan	4						491
青岛市	Qingdao	1614	4662	2888	1614	4662	2888	5
淄博市	Zibo	1986	4239	2134	1986	4239	2134	5012
枣庄市	Zaozhuang	150	413	2753				260
东营市	Dongying							
烟台市	Yantai	2	9	4500				251
潍坊市	Weifang	9999	26130	2613	9982	26087	2613	2045
济宁市	Jining	4	14	3500				2768
泰安市	Tai'an	15	96	6400	15	96	6400	378
威海市	Weihai	53	330	6226				2111
日照市	Rizhao	4574	11099	2427	4574	11099	2427	3382
莱芜市	Laiwu	766	1551	2025	766	1551	2025	271
临沂市	Linyi	14237	37204	2613	13823	35616	2577	9181
德州市	Dezhou	3	5	1667				
聊城市	Liaocheng							5
滨州市	Binzhou							100
菏泽市	Heze							5787

12－20 续表 9 continued

地 区	Region	八、蔬菜(含菜用瓜) Vegetable		#马铃薯 Potato		九、瓜 类 Melon	
		播种面积（公顷）Sown Area (hectare)	总产量（吨）Total Output (ton)	播种面积（公顷）Sown Area (hectare)	总产量（吨）Total Output (ton)	播种面积（公顷）Sown Area (hectare)	总产量（吨）Total Output (ton)
全省总计	**Total**	**1738186**	**83093182**	**121106**	**4383560**	**267845**	**12545856**
济 南 市	Jinan	121968	7104258	4212	218692	15527	947168
青 岛 市	Qingdao	131083	6051239	20319	753438	10721	555697
淄 博 市	Zibo	28287	1923753	1110	36076	4296	191136
枣 庄 市	Zaozhuang	109802	5460928	30844	1043796	7413	358506
东 营 市	Dongying	35062	2124262			3072	130829
烟 台 市	Yantai	56769	2754669	4258	132442	9730	434139
潍 坊 市	Weifang	182091	9589947	11635	434068	39520	1844800
济 宁 市	Jining	237215	9104880	12780	458817	29511	1285480
泰 安 市	Tai'an	137065	7074585	14578	610675	4852	218232
威 海 市	Weihai	20982	1072071	3071	101590	3130	150329
日 照 市	Rizhao	23065	1246995	982	27718	2759	153834
莱 芜 市	Laiwu	35825	1364031	3034	98356	264	11927
临 沂 市	Linyi	136899	6004651	11709	394221	18297	1145862
德 州 市	Dezhou	98758	4887585	14	550	15221	742858
聊 城 市	Liaocheng	167558	8266282	1337	33303	28685	1401050
滨 州 市	Binzhou	40816	2199172	656	20352	8683	337636
菏 泽 市	Heze	174941	6863874	567	19466	66164	2636373

12－20 续表 10 continued

地 区	Region	#西 瓜 Watermelon		#甜 瓜 Muskmelon		十、其它农作物播种面积（公顷）Sown Area of Other Farm Crops (hectare)	#青饲料播种面积 Fresh Feed
		播种面积（公顷）Sown Area (hectare)	总产量（吨）Total Output (ton)	播种面积（公顷）Sown Area (hectare)	总产量（吨）Total Output (ton)		
全省总计	**Total**	**212280**	**10160867**	**39189**	**1495103**	**58477**	**3898**
济 南 市	Jinan	12777	814846	944	37966	1492	13
青 岛 市	Qingdao	7117	416121	2114	87519	2154	182
淄 博 市	Zibo	4111	186851	87	2410	451	31
枣 庄 市	Zaozhuang	6018	308154	958	41225	170	
东 营 市	Dongying	2422	112832	503	13215	5147	777
烟 台 市	Yantai	5342	281536	1395	45868	987	16
潍 坊 市	Weifang	26214	1307611	8385	332973	10059	72
济 宁 市	Jining	21473	749288	7789	258131	7600	24
泰 安 市	Tai'an	4176	193194	508	20462	6280	4
威 海 市	Weihai	1835	104293	418	15085	1588	199
日 照 市	Rizhao	2282	128130	17	613	1628	
莱 芜 市	Laiwu	213	11365	47	481	89	
临 沂 市	Linyi	14645	1000037	1437	74619	5701	155
德 州 市	Dezhou	14083	702766	1087	37653	1290	749
聊 城 市	Liaocheng	23412	1122232	5234	278228	2484	673
滨 州 市	Binzhou	7838	321665	548	15968	1452	363
菏 泽 市	Heze	58278	2397499	7718	232687	9905	640

12－21 各市茶叶、水果生产情况（2006 年）

Production of Tea and Fruits by Region（2006）

单位：吨 (ton)

地　区	Region	茶叶产量 Output of Tea	水果产量 Output of Fruits	苹果 Apple	梨 Pear	葡萄 Grape
全省总计	**Total**	**7958**	**12588158**	**6930492**	**1103481**	**845487**
济南市	Jinan		439055	250209	29291	32942
青岛市	Qingdao	1720	827755	520416	59012	104002
淄博市	Zibo		550561	308043	2976	69796
枣庄市	Zaozhuang		219230	70563	16367	7368
东营市	Dongying		95980	47798	4982	7472
烟台市	Yantai		3609160	2895424	251153	254275
潍坊市	Weifang	113	1064042	471650	77300	80863
济宁市	Jining	6	235348	83807	21914	49734
泰安市	Tai'an	36	554213	211551	17274	17547
威海市	Weihai	16	690455	591417	49022	16922
日照市	Rizhao	4749	190787	148450	3903	4111
莱芜市	Laiwu		100891	29759	1856	2006
临沂市	Linyi	1194	1619079	438359	98124	90938
德州市	Dezhou		573617	174098	54580	37684
聊城市	Liaocheng		390758	213598	95546	33216
滨州市	Binzhou		862837	150425	200191	8494
菏泽市	Heze	124	564390	324925	119990	28117

12－21　续表 1　continued

单位：吨 (ton)

地　区	Region	桃 Peach	杏 Apricot	红枣 Jujube	柿子 Persimmon	山楂 Hawthorn	其它 Others
全省总计	**Total**	**2156308**	**137687**	**852446**	**138087**	**161823**	**262347**
济南市	Jinan	43719	21045	20495	24545	11163	5646
青岛市	Qingdao	104076	3059	7813	6803	8796	13778
淄博市	Zibo	148490	2557	2006	5539	4743	6411
枣庄市	Zaozhuang	68685	1679	7773	7006	2252	37537
东营市	Dongying	4276	501	30949			2
烟台市	Yantai	90106	14133	2148	9557	2595	89769
潍坊市	Weifang	299833	7851	13249	37009	50919	25368
济宁市	Jining	52423	5426	9313	1558	3415	7758
泰安市	Tai'an	207007	24366	20611	7901	19759	28197
威海市	Weihai	23838	415	417	403	138	7883
日照市	Rizhao	28476	631	230	1177	683	3126
莱芜市	Laiwu	40382	1468	838	11312	10961	2309
临沂市	Linyi	845134	27642	21201	22801	43685	31195
德州市	Dezhou	40195	4906	261223	45	445	441
聊城市	Liaocheng	26766	9201	9775	406	1178	1072
滨州市	Binzhou	50583	9299	441267	858	961	759
菏泽市	Heze	82319	3508	3138	1167	130	1096

12－21 续表2 continued

单位:公顷 (hectare)

地 区	Region	年末实有果园面积 Orchard Area at the Year-end	# 苹果园 Apple	# 梨园 Pear	# 葡萄园 Grape	# 桃园 Peach	年末实有桑园面积 Mulberry Field Area at the Year-end
全省总计	**Total**	**694492**	**311080**	**59566**	**42330**	**114293**	**69436**
济南市	Jinan	37510	20425	2210	2725	3978	899
青岛市	Qingdao	45220	24901	3934	4740	6680	4391
淄博市	Zibo	28849	13135	403	4078	7858	1331
枣庄市	Zaozhuang	18790	4540	2277	658	4164	1299
东营市	Dongying	16661	4007	1322	707	724	1508
烟台市	Yantai	146806	106060	11680	11228	5059	1086
潍坊市	Weifang	49248	15909	2781	2520	14011	7429
济宁市	Jining	30794	7689	3416	4692	5209	11616
泰安市	Tai'an	42283	11664	689	1043	9333	8212
威海市	Weihai	29175	23299	2182	1358	1106	1180
日照市	Rizhao	10742	4774	206	213	1503	7159
莱芜市	Laiwu	12865	3934	517	283	5492	1358
临沂市	Linyi	77143	16873	4528	2773	41138	5121
德州市	Dezhou	29521	6179	1767	1270	981	2323
聊城市	Liaocheng	48657	24152	10876	1917	3681	1235
滨州市	Binzhou	48929	9850	7367	583	1361	6138
菏泽市	Heze	21299	13689	3411	1542	2015	7151

12－22 各市林业生产情况(2006年)

Production of Forestry by Region(2006)

地 区	Region	按主要林种用途分(公顷) by Purpose of Major Forest Types(hectare)					主要林产品产量(吨) Output of Major Forestry Products(ton)		农村集体、农民采伐木材消耗蓄积量(立方米) Volume of Timber Consumption Cut by Rural Collective and Households (cu. m)
		用材林 Forest for Timber	# 速生丰产林 Fast-Growing and High-yield Forest	经济林 Economic Forest	防护林 Protection Forest	薪炭林 Forest for Fuel	核桃 Walnut	板栗 Chestnut	
全省总计	**Total**	**40421**	**24379**	**34252**	**59193**	**7**	**28618**	**230322**	**1343087**
济南市	Jinan	1554	795	2293	6048		13587	5779	102652
青岛市	Qingdao	2070	1236	2196	8989	7	519	15181	81133
淄博市	Zibo	901	487	853	4932		205	3080	24034
枣庄市	Zaozhuang	1075	455	2001	4734		288	6426	48417
东营市	Dongying	156	48	1427	2435				5767
烟台市	Yantai	450	36	1744	3907		556	8200	14825
潍坊市	Weifang	3474	2805	1396	3565		224	23446	33175
济宁市	Jining	4126	4064	3816	2844		1667	12080	160949
泰安市	Tai'an	3591	1916	2544	3738		7788	34272	58732
威海市	Weihai	242	189	1368	4217		8	3544	215
日照市	Rizhao	1835		700	1474		1	12390	5589
莱芜市	Laiwu	221	47	377	852		465	5360	9040
临沂市	Linyi	5596	3543	4864	2187		3275	100561	244418
德州市	Dezhou	1717	1515	1748	2222				122296
聊城市	Liaocheng	3758	2264	1944	2003		3		106896
滨州市	Binzhou	2452	251	2704	2108		11	3	5580
菏泽市	Heze	7203	4728	2276	2938		21		319369

12－22 续表1 continued

单位:公顷 (hectare)

地 区	Region	营林情况 Forestation 当年人工造林面积 Forested Area in the Year	迹地更新面积 Update Area	零星植树(万株) Surrounding Tree Planting (10000 trees)	当年育苗面积 Nursery Garden Area in the Year	幼林抚育作业面积(公顷次) Laid out Area of Young Trees (hectare. time)	成林抚育面积 Laid out Area of Grown-up Trees
全省总计	**Total**	**134423**	**3654**	**20039**	**29249**	**1205660**	**818860**
济南市	Jinan	10125	381	1655	1215	80133	43471
青岛市	Qingdao	13271	420	513	1961	44183	49917
淄博市	Zibo	6687	278	607	1003	48566	61156
枣庄市	Zaozhuang	7810	60	884	404	81436	45409
东营市	Dongying	4017		212	597	49785	28280
烟台市	Yantai	6131	266	506	727	32788	49249
潍坊市	Weifang	8619		1246	2107	57620	57326
济宁市	Jining	10786	305	1902	6382	130568	71234
泰安市	Tai'an	9951	353	853	5367	95733	48595
威海市	Weihai	5827		369	543	5338	8432
日照市	Rizhao	4009	193	851	767	103230	36112
莱芜市	Laiwu	1451		321	341	27834	36947
临沂市	Linyi	12666	780	3414	2031	108669	97160
德州市	Dezhou	5687		2046	1076	87767	73923
聊城市	Liaocheng	7705	3	1357	870	76490	35597
滨州市	Binzhou	7264	160	500	993	28296	22250
菏泽市	Heze	12417	455	2806	2865	147225	53801

12－23 各市畜牧业生产情况(2006年)

Production of Animal Husbandry by Region(2006)

地 区	Region	大牲畜年末存栏(万头) Stocked Large Livestock at Year-end (10000 heads)	#牛 Cattle	猪年末存栏(万头) Stocked Pigs at Year-end (10000 heads)	羊年末存栏(万只) Stocked Sheep and Goats at Year-end (10000 units)	山羊 Goats	绵羊 Sheep	家禽年末存栏(万只) Stocked Poultry at Year-end (10000 units)	兔年末存栏(万只) Stocked Hare at Year-end (10000 units)
全省总计	**Total**	865.66	818.24	2778.51	2918.10	2308.26	609.84	63839.62	4557.21
济南市	Jinan	117.39	111.42	225.18	198.14	131.78	66.36	4272.96	519.73
青岛市	Qingdao	74.38	73.84	192.75	81.56	75.33	6.22	6809.56	229.03
淄博市	Zibo	11.82	11.56	43.20	35.58	32.62	2.96	1069.21	77.61
枣庄市	Zaozhuang	13.51	9.69	88.24	128.07	122.88	5.18	2285.56	595.68
东营市	Dongying	25.71	23.44	44.52	103.90	51.53	52.37	1491.21	48.79
烟台市	Yantai	38.08	37.65	174.42	63.16	50.73	12.43	4745.47	221.85
潍坊市	Weifang	43.48	41.21	287.03	92.91	68.27	24.64	10317.68	287.93
济宁市	Jining	31.20	29.72	237.61	269.10	168.56	100.55	6244.18	628.74
泰安市	Tai'an	26.26	25.51	130.89	140.98	94.86	46.12	2340.07	208.21
威海市	Weihai	9.96	9.94	64.18	17.15	16.79	0.36	1369.72	207.41
日照市	Rizhao	12.67	12.29	95.36	104.41	98.87	5.54	1824.57	138.63
莱芜市	Laiwu	1.74	1.74	39.26	38.31	32.43	5.88	607.05	64.29
临沂市	Linyi	35.68	34.55	284.44	207.42	191.54	15.89	4975.32	791.17
德州市	Dezhou	166.10	155.17	242.56	185.78	131.86	53.92	4031.61	130.57
聊城市	Liaocheng	58.36	50.72	141.55	141.42	98.99	42.43	4103.81	96.33
滨州市	Binzhou	71.49	65.41	83.05	76.97	35.01	41.96	2859.83	64.31
菏泽市	Heze	73.53	70.10	304.27	833.24	706.21	127.03	4502.31	246.93

12－23 续表1 continued

地 区	Region	牛 当年出栏 (万头) Slaughtered Cattle in the Year (10000 heads)	猪 当年出栏 (万头) Slaughtered Pigs in the Year (10000 heads)	羊 当年出栏 (万只) Slaughtered Sheep and Goats in the Year (10000 units)	家禽 当年出栏 (万只) Slaughtered Poultry in the Year (10000 units)	兔 当年出栏 (万只) Slaughtered Hare in the Year (10000 units)
全省总计	**Total**	560.64	4681.63	3840.39	180868.37	6833.18
济南市	Jinan	54.12	359.07	245.74	6396.27	690.74
青岛市	Qingdao	46.40	409.25	98.85	25077.16	365.37
淄博市	Zibo	11.07	110.67	42.01	3105.52	200.60
枣庄市	Zaozhuang	4.95	130.07	184.56	7324.12	544.67
东营市	Dongying	26.77	108.97	177.65	4919.04	114.90
烟台市	Yantai	15.35	249.00	58.80	13120.47	63.00
潍坊市	Weifang	32.02	668.09	137.69	40049.80	589.96
济宁市	Jining	30.15	621.30	529.21	15691.15	1536.02
泰安市	Tai'an	19.42	296.76	239.91	8480.96	399.55
威海市	Weihai	3.00	113.45	15.41	1696.91	28.95
日照市	Rizhao	10.02	140.63	122.53	2946.00	191.02
莱芜市	Laiwu	0.82	54.22	33.30	1406.96	33.49
临沂市	Linyi	23.98	547.23	287.53	12326.64	648.36
德州市	Dezhou	85.10	448.82	185.12	9661.30	222.80
聊城市	Liaocheng	43.01	299.87	259.93	14504.54	133.66
滨州市	Binzhou	44.31	171.77	134.28	8193.92	139.57
菏泽市	Heze	52.14	436.12	998.73	6032.59	130.55

12－23 续表2 continued

单位:吨 (ton)

地 区	Region	肉类总产量 Output of Meat	#牛肉 Beef	#猪肉 Pork	#羊肉 Mutton	#禽肉 Poultry Meat	#兔肉 Rabbit	奶类产量 Output of Milk	#牛奶 Cow Milk
全省总计	**Total**	7629380	810831	3806847	366394	2548047	77502	2386491	2158000
济南市	Jinan	429510	73482	248451	27151	72439	6885	268329	267467
青岛市	Qingdao	842578	63570	298753	11565	458859	9135	572926	463889
淄博市	Zibo	151218	16027	84166	4781	43441	2654	91803	90963
枣庄市	Zaozhuang	239480	7429	96638	14886	110302	9014	23763	21602
东营市	Dongying	214607	37180	81873	20463	71478	1991	90557	90557
烟台市	Yantai	438269	25852	191204	8180	212059	876	240221	188643
潍坊市	Weifang	1196528	46439	502126	16637	622242	7672	235823	215959
济宁市	Jining	753522	41225	452106	48275	187441	23644	91603	83499
泰安市	Tai'an	411140	26732	230086	26468	121358	5767	285044	285044
威海市	Weihai	110417	4201	83377	1537	20870	431	229898	187973
日照市	Rizhao	161150	13660	98621	12184	34470	2074	5952	5952
莱芜市	Laiwu	58584	1122	39781	3292	14006	384	3082	3082
临沂市	Linyi	626770	31424	396963	28190	160243	8652	69822	61681
德州市	Dezhou	591705	119139	336617	16965	113329	3777	127981	127429
聊城市	Liaocheng	497941	62592	218094	25233	185325	1887	46458	46348
滨州市	Binzhou	320556	66880	127341	14222	107687	1834	108180	108180
菏泽市	Heze	558083	73875	324149	83047	73213	1826	49747	49731

12－23 续表3 continued

单位:吨 (ton)

地区	Region	羊毛产量 Output of Wool	山羊毛 Goat Wool	绵羊毛 Sheep Wool	禽蛋产量 Poultry Eggs	#鸡蛋 Hens' Eggs	蚕茧产量 Output of Cocoon	#桑蚕茧 Cocoon	#柞蚕茧 Oak Cocoon
全省总计	**Total**	23905	5868	18037	4305188	3954369	70831	69699	615
济南市	Jinan	2890	1088	1802	496424	472922	850	850	-
青岛市	Qingdao	176	17	159	368510	357747	7601	7601	
淄博市	Zibo	255	98	158	97880	94060	1629	1619	
枣庄市	Zaozhuang	517	351	166	115279	98225	2572	2572	
东营市	Dongying	1406	157	1249	124750	108145	1068	1068	
烟台市	Yantai	423	12	412	327155	314872	1896	1782	114
潍坊市	Weifang	634	57	578	288533	260202	9100	9100	
济宁市	Jining	4895	737	4158	477655	410438	6160	5654	
泰安市	Tai'an	4861	1658	3203	210750	199908	8084	8084	
威海市	Weihai	1	1	1	105791	101654	1483	1148	335
日照市	Rizhao	47	10	36	117971	115354	8240	8074	166
莱芜市	Laiwu	329	166	163	32320	30394	504	504	
临沂市	Linyi	664	263	401	235098	215327	7046	7046	
德州市	Dezhou	870	136	735	330000	258102	2940	2940	
聊城市	Liaocheng	1548	70	1478	232775	217504	1293	1293	
滨州市	Binzhou	1008	105	903	157003	147363	4806	4806	
菏泽市	Heze	3380	943	2437	337293	302153	5559	5559	

12－24 各市水产品产量和养殖面积(2006年)

Output and Breeding Area of Aquatic Products by Region (2006)

地区	Region	水产品总产量(吨) Total Aquatic Products (ton)	海水产品 Seawater Aquatic products	海洋捕捞 Ocean Fishing	海水养殖 Seawater Cultured	内陆水域水产品 Inland waterways Aquatic Products
全省总计	**Total**	**7570062**	**6420048**	**2685040**	**3735008**	**1150014**
济南市	Jinan	36649				36649
青岛市	Qingdao	1250041	1188533	388051	800482	61508
淄博市	Zibo	28002				28002
枣庄市	Zaozhuang	43581				43581
东营市	Dongying	450010	348483	116474	232009	101527
烟台市	Yantai	2032641	2005313	946766	1058547	27328
潍坊市	Weifang	644211	579294	482603	96691	64917
济宁市	Jining	309189				309189
泰安市	Tai'an	78626	5333	5333		73293
威海市	Weihai	2600010	2562693	1156393	1406300	37317
日照市	Rizhao	679285	649056	421948	227108	30229
莱芜市	Laiwu	8036				8036
临沂市	Linyi	110084				110084
德州市	Dezhou	100676				100676
聊城市	Liaocheng	70318				70318
滨州市	Binzhou	375352	224853	89072	135781	150499
菏泽市	Heze	110451				110451

12－24 续表 continued

地　区	Region	内陆捕捞 Landlocked Fishing	内陆养殖 Landlocked Cultured	水产品养殖面积（公顷） Breeding Area of Aquatic Products (hectare)	海水养殖 Seawater Cultured	内陆养殖 Landlocked Cultured
全省总计	**Total**	**128063**	**1021951**	**700726**	**420258**	**280468**
济南市	Jinan	2345	34304	7653		7653
青岛市	Qingdao		61508	61966	45602	16364
淄博市	Zibo	1010	26992	6882		6882
枣庄市	Zaozhuang	3437	40144	7476		7476
东营市	Dongying	12408	89119	94487	66083	28404
烟台市	Yantai	2000	25328	132196	122470	9726
潍坊市	Weifang	9433	55484	86408	64466	21942
济宁市	Jining	55616	253573	47222		47222
泰安市	Tai'an	12227	61066	14401		14401
威海市	Weihai		37317	64691	58363	6328
日照市	Rizhao	1150	29079	20787	11541	9246
莱芜市	Laiwu	954	7082	2311		2311
临沂市	Linyi	6616	103468	29789		29789
德州市	Dezhou	1471	99205	16924		16924
聊城市	Liaocheng	4658	65660	13092		13092
滨州市	Binzhou	12940	137559	73707	51733	21974
菏泽市	Heze	5798	104653	20734		20734

12－25 各市主要农业机械年末拥有量(2006 年)

Number of Major Agricultural Machinery at the Year-end by Region(2006)

地　区	Region	农业机械总动力（千瓦） Total Power of Agricultural Machinery (kw)	# 农产品加工机械动力 Power of Agricultural Products Processing Machinery	# 排灌机械动力 Power of Irrigation and Drainage Machinery		农用拖拉机 Agricultural Tractor		农用汽车 Agricultural Truck	
				（台） (unit)	（千瓦） (kw)	（混合台） (mixed unit)	（千瓦） (kw)	（辆） (unit)	（千瓦） (kw)
全省总计	**Total**	**95552848**	**9298402**	**2721815**	**20814251**	**2091299**	**23587615**	**132561**	**6780672**
济南市	Jinan	4296175	504527	134897	1122503	58075	834272	6697	341380
青岛市	Qingdao	6506517	762536	192010	1160777	171155	1890402	11098	415865
淄博市	Zibo	3080147	300994	118406	777758	27698	504359	12502	691805
枣庄市	Zaozhuang	2089592	305073	38267	307856	36712	555932	3746	274632
东营市	Dongying	1967114	100401	39749	285051	51129	669516	2475	175900
烟台市	Yantai	7185199	943692	161291	1164916	226227	1879717	13196	766232
潍坊市	Weifang	9423880	1128218	308102	2011141	119480	1623519	24138	1032185
济宁市	Jining	7142889	894374	176973	1536548	95574	1501767	9053	514047
泰安市	Tai'an	3613294	454785	146059	1101819	50754	780578	5101	255700
威海市	Weihai	3780556	403163	28887	220616	200591	1502364	6055	271981
日照市	Rizhao	2737138	282146	22210	127876	195121	1337232	1740	99406
莱芜市	Laiwu	824716	155491	21528	159947	14517	187723	2775	111338
临沂市	Linyi	7337935	661716	142662	1087786	340401	2981229	9827	704551
德州市	Dezhou	10022606	514849	360027	3052175	207057	2795197	5322	246523
聊城市	Liaocheng	9461766	725304	429852	3577956	89378	1311727	2387	110243
滨州市	Binzhou	4980627	370346	189174	1415819	84131	1202203	12535	472833
菏泽市	Heze	11102697	790787	211721	1703707	123299	2029878	3914	296051

12-26 各市农村电气化和农业化学化情况(2006年)

Rural Electrification and Agriculture Chemicals by Region(2006)

单位:吨 (ton)

地区	Region	农用化肥施用量(实物量) Consumption of Chemical Fertilizer (physical volume)	氮肥 Nitrogenous Fertilizer	磷肥 Phosphate Fertilizer	钾肥 Potash Fertilizer	复合肥 Compound Fertilizer
全省总计	**Total**	**15087505**	**6714892**	**2823580**	**1216183**	**4332850**
济南市	Jinan	827938	417492	211679	48813	149954
青岛市	Qingdao	946924	354202	123939	78464	390319
淄博市	Zibo	378949	180379	79321	24276	94973
枣庄市	Zaozhuang	653815	300291	101486	42968	209070
东营市	Dongying	361940	157610	102610	19273	82447
烟台市	Yantai	1137866	454304	190709	121147	371706
潍坊市	Weifang	1650888	585659	212208	128329	724692
济宁市	Jining	1279794	501607	224415	112414	441358
泰安市	Tai'an	722096	313603	134245	79221	195027
威海市	Weihai	416268	202112	66541	39257	108358
日照市	Rizhao	425187	184197	47988	36151	156851
莱芜市	Laiwu	137284	67554	20828	12925	35977
临沂市	Linyi	1483134	719659	185160	151775	426540
德州市	Dezhou	1241830	663687	275619	62538	239986
聊城市	Liaocheng	1063223	501143	262918	83613	215549
滨州市	Binzhou	835369	454558	144110	47173	189528
菏泽市	Heze	1525000	656835	439804	127846	300515

12-26 续表1 continued

单位:吨 (ton)

地区	Region	农用化肥施用量(折纯量) Consumption of Chemical Fertilizer (convert to pure volume)	氮肥 Nitrogenous Fertilizer	磷肥 Phosphate Fertilizer	钾肥 Potash Fertilizer	复合肥 Compound Fertilizer
全省总计	**Total**	**4898150**	**1935824**	**584290**	**482073**	**1895963**
济南市	Jinan	212408	96220	40296	16513	59379
青岛市	Qingdao	326424	99741	20654	30863	175166
淄博市	Zibo	109371	46770	12091	8795	41715
枣庄市	Zaozhuang	216119	92504	22827	15035	85753
东营市	Dongying	130403	57770	23335	9713	39585
烟台市	Yantai	403574	156952	43238	50061	153323
潍坊市	Weifang	608616	176204	47137	55122	330153
济宁市	Jining	461828	176014	45198	50054	190562
泰安市	Tai'an	225409	74970	29713	28279	92447
威海市	Weihai	129484	55443	19539	14710	39792
日照市	Rizhao	159996	58455	16070	16733	68738
莱芜市	Laiwu	38648	13206	3089	6360	15993
临沂市	Linyi	437397	172845	36737	46183	181632
德州市	Dezhou	399640	178799	67384	43488	109969
聊城市	Liaocheng	335413	167516	48703	30360	88834
滨州市	Binzhou	233628	88771	30307	19522	95028
菏泽市	Heze	469792	223644	77972	40282	127894

12-26 续表2 continued

地区	Region	农村用电量（万千瓦时）Electricity Consumption in Rural Area (10000 kwh)	农用塑料薄膜使用量（吨）Plastic Film Consumption (ton)	#地膜使用量 Film Consumption	地膜覆盖面积（公顷）Film Coverage (hectare)	农用柴油量（吨）Diesel Consumption (ton)	农药施用量（吨）Pesticides Consumption (ton)
全省总计	**Total**	**3761664.66**	**343524**	**144740**	**2379297**	**1924571**	**171324**
济南市	Jinan	232673.03	17788	5362	95641	48786	3102
青岛市	Qingdao	413761.69	18766	11398	157817	256422	8289
淄博市	Zibo	502196.00	10480	3227	28492	25630	6365
枣庄市	Zaozhuang	216215.00	10197	3921	29614	14638	3117
东营市	Dongying	42063.20	10846	6385	116787	37420	4523
烟台市	Yantai	547344.86	15204	9553	150271	240337	19838
潍坊市	Weifang	515025.71	81126	18074	195174	224200	19572
济宁市	Jining	150067.46	20040	11379	148019	133819	15048
泰安市	Tai'an	91269.49	12254	6888	59946	60205	8062
威海市	Weihai	194411.50	4331	2944	35114	337254	9627
日照市	Rizhao	76062.60	11369	7230	68163	113036	8718
莱芜市	Laiwu	57084.40	2207	1751	26300	12839	1551
临沂市	Linyi	265030.84	39159	15109	226277	110148	16634
德州市	Dezhou	79569.64	20143	11156	588903	74802	11619
聊城市	Liaocheng	108763.43	30179	7867	96300	81212	16029
滨州市	Binzhou	84556.21	13487	7646	130007	56230	7780
菏泽市	Heze	185569.60	25948	14850	226472	97593	11450

12-27 各市灌溉面积(2006年)

Irrigated Area by Region(2006)

单位:千公顷 (1000 hectares)

地区	Region	有效灌溉面积 Effective Irrigated Area	#当年实灌 Irrigated in the Year	林地灌溉面积 Irrigated Area of Forest Lands	果园灌溉面积 Irrigated Area of Orchard	旱涝保收面积 Area Ensuring Harvest Whether Drought or Flood	机电排灌面积 Area under Motorized Irrigation and Drainage	纯排面积 Single Drainaged Area
全省总计	**Total**	**4818.16**	**4130.26**	**128.46**	**367.77**	**3568.73**	**4399.61**	**40.41**
济南市	Jinan	244.33	218.13	3.61	9.60	178.83	227.31	0.97
青岛市	Qingdao	303.07	251.98	9.63	30.28	234.21	275.30	2.23
淄博市	Zibo	126.93	117.39	4.63	19.28	105.70	121.08	
枣庄市	Zaozhuang	148.91	126.12	1.35	8.84	126.41	140.68	2.03
东营市	Dongying	153.60	132.02	5.91	6.48	90.56	140.60	0.20
烟台市	Yantai	270.57	215.42	3.87	78.48	217.31	236.19	0.05
潍坊市	Weifang	516.63	430.08	16.38	39.16	405.48	475.72	1.37
济宁市	Jining	436.52	403.17	8.52	11.18	353.59	448.57	25.78
泰安市	Tai'an	240.95	216.11	7.03	15.36	166.51	214.73	3.36
威海市	Weihai	150.86	66.76	1.01	21.19	94.39	89.39	
日照市	Rizhao	116.06	93.42	4.99	14.70	71.28	71.53	
莱芜市	Laiwu	41.74	36.98	0.87	4.20	25.21	35.85	
临沂市	Linyi	363.17	249.66	9.64	35.36	224.15	255.92	1.56
德州市	Dezhou	437.50	392.55	28.18	21.76	300.73	429.23	2.02
聊城市	Liaocheng	489.79	477.05	9.87	11.61	404.42	488.97	
滨州市	Binzhou	283.62	270.51	9.62	25.54	208.13	277.35	0.84
菏泽市	Heze	493.91	432.91	3.35	14.75	361.82	471.19	

主要统计指标解释

农林牧渔业总产值 指以货币表现的农、林、牧、渔业全部产品和对农林牧渔业生产活动进行的各种支持性服务活动的价值总量，它反映一定时期内农林牧渔业生产总规模和总成果。1957 年以前的农林牧渔业总产值中包括了厩肥和农民自给性手工业(如农民自制衣服、鞋、袜，自己从事粮食初步加工等)。1958 年及以后，林业中增加了村及村以下竹木采伐产值；牧业中取消了厩肥产值；副业中取消了农民自给性手工业产值，增加了村及村以下办的工业产值； 渔业中增加了海洋捕捞水产品产值。1980 年及以后，在副业中增加了农民家庭兼营工业商品部分的产值。从 1984 年起村及村以下工业产值划归工业。从 1993 年起取消副业，将野生动物的捕猎划入牧业，野生植物采集和农民家庭兼营商品性工业划归农业。从 2003 年起，执行新的国民经济行业分类标准，农林牧渔业总产值中包括了农林牧渔服务业产值。林业中增加了森林采运业产值。农业中取消了家庭兼营商品性工业产值，将野生林产品的采集划归林业。第一次农业普查以后，由于畜牧业产品年报数据与普查数据之间存在一定的差距，国家统计局农调总队对畜牧业年报数据与普查数据进行衔接，对畜牧业产值进行相应调整。

农林牧渔业总产值的计算方法通常是按农、林、牧、渔业产品及其副产品的产量分别乘以各自单位产品价格求得；少数生产周期较长，当年没有产品或产品产量不易统计的，则采用间接方法匡算其产值；然后将四业产品产值相加即为农林牧渔业总产值。

粮食产量 指全社会的产量。包括国有经济经营的、集体统一经营的和农民家庭经营的粮食产量，还包括工矿企业办的农场和其他生产单位的产量。粮食除包括稻谷、小麦、玉米、高粱、谷子及其他杂粮外，还包括薯类和豆类。其产量计算方法，豆类按去豆荚后的干豆计算；薯类(包括甘薯，不包括芋头和木薯)1963 年以前按每 4 公斤鲜薯折 1 公斤粮食计算，从 1964 年开始改为按 5 公斤鲜薯折 1 公斤粮食计算。作为蔬菜的薯类(如马铃薯等)按鲜品计算，并且不作粮食统计。其他粮食一律按脱粒后的原粮计算。1989 年以前全国粮食产量数据主要靠全面报表取得，1989 年开始使用抽样调查数据。

棉花产量 指全社会的产量。包括春播棉和夏播棉。产量按皮棉计算。不包括木棉。

油料产量 指全部油料作物的生产量。包括花生、油菜籽、芝麻、向日葵籽、胡麻籽(亚麻籽)和其他油料。不包括大豆、木本油料和野生油料。花生以带壳干花生计算。

水产品产量 指人工养殖的水产品和天然生长的水产品的捕捞量。包括海水的鱼类、虾蟹类、贝类和藻类以及内陆水域的鱼类、虾蟹类和贝类，不包括淡水生植物。水产品产量是通过各级水产和统计部门逐级上报取得数据。1995 年及以前，贝类中牡蛎按鲜肉计算；蚶、蛤、蛙按 5 斤鲜品折 1 斤计算。1996 年以后则统一按鲜品计算。

猪、牛、羊肉产量 指当年出栏并已屠宰、除去头蹄下水后带骨肉(即胴体重)的重量。包括全社会范围内的产量。1996 年前为各级逐级上报数据。1996 年第一次农业普查以后，由于畜牧业产品年报数据与普查数据之间存在一定的差距，国家统计局农调总队对畜牧业年报数据与普查数据进行衔接。1999 年以后，国家统计局开展了猪、牛、羊、禽等主要畜禽品种的抽样调查，并用抽样数据作为国家定案数据使用。未开展抽样调查的品种，仍使用各级统计部门逐级上报数据。

期初(末)畜禽存栏头(只)数 指报告期初(末)农村各种合作经济组织和国营农场、农民个人、机关、团体、学校、工矿企业、部队等单位以及城镇居民饲养的大牲畜、猪、羊、家禽等畜禽的存栏数。数据上报方式及数据调整情况同猪、牛、羊肉产量。

常用耕地 是指耕地总资源中专门种植农作物并经常进行耕种、能够正常收获的土地。包括当年实际耕种的熟地；弃耕、休闲不满三年，随时可以复耕的地；开荒利用三年以上的土地。在统计口径上包括南方小于 1 米、北方小于 2 米宽的沟、渠、路和田埂。不包括临时种植农作物的坡度在 25 度以上的陡坡地；在河套、湖畔、库区临时开发的成片或零星土地；也不包括已列为国家和省(区、市)退耕计划但临时耕种的土地。常用耕地是国家需要重点保护的耕地，是反映我国农业综合生产能力的一个重要指标。

农作物播种面积 指实际播种或移植有农作物的面积。凡是实际种植有农作物的面积，不论种植在耕地上还是种植在非耕地上，均包括在农作物播种面积中。在播种季节基本结束后，因遭灾而重新改种和补种的农作物面积，也包括在内。它是反映我国耕地面积利用情况的一个重要指标。目前，农作物播种面积主要包括粮食、棉花、油料、糖料、麻类、烟叶、蔬菜和瓜类、药材和其他农作物九大类。

有效灌溉面积 指具有一定的水源，地块比较平整，灌溉工程或设备已经配套，在一般年景下，当年能够进行正常灌溉的耕地面积。在一般情况下，有效灌溉面积应等于灌溉工程或设备已经配备，能够进行正常灌溉的水田和水浇地面积之和。它是反映我国耕地抗旱能力的一个重要指标。

农用化肥施用量 指本年内实际用于农业生产的化肥数量，包括氮肥、磷肥、钾肥和复合肥。化肥施用量要求按折纯量计算数量。折纯量是指把氮肥、磷肥、钾肥分别按含氮、含五氧化二磷、含氧化钾的百分之百成份进行折算后的数量。复合肥按其所含主要成分折算。公式为：

折纯量＝实物量×某种化肥有效成份含量的百分比

农业机械总动力 指主要用于农、林、牧、渔业的各种动力机械的动力总和。包括耕作机械、排灌机械、收获机械、农用运输机械、植物保护机械、牧业机械、林业机械、渔业机械和其他农业机械〔内燃机按引擎马力折成瓦(特)计算、电动机按功率折成瓦(特)计算〕。不包括专门用于乡、镇、村、组办工业、基本建设、非农业运输、科学试验和教学等非农业生产方面用的动力机械与作业机械。这个指标的统计数据主要来源于农机部门。

乡村从业人员 指乡村人口中劳动年龄在 16 周岁以上实际参加生产经营活动并取得实物或货币收入的人员，包括劳动年龄内经常参加劳动的人员，也包括超过劳动年龄但经常参加劳动的人员，但不包括户口在家的在外学生、现役军人和丧失劳动能力的人，也不包括待业人员和家务劳动者。从业人员按从事主业时间最长(时间相同按收入)分为农林牧渔业从业人员、工业从业人员、建筑业从业人员、交通运输业、仓储及邮电通信业从业人员、批零贸易业、餐饮业从业人员、其他非农行业从业人员。

Explanatory Notes on Main Statistical Indicators

Gross Output Value of Farming, Forestry, Animal Husbandry and Fishery refers to the total value of products of farming, forestry, animal husbandry and fishery, and total value of services rendered to support farming, forestry, animal husbandry and fishery activities. It reflects the total scale and results of agricultural production during a given period. Prior to 1957, Chinas gross agricultural output value included barnyard manure and handicraft products for self-consumption (clothes, shoes, stockings, and initial grain processing undertaken by peasants). Since 1958, cutting and felling of bamboo and trees by villages and other cooperative organizations under villages have been included in forestry; value of barnyard manure has been excluded from animal husbandry; self consumed handicrafts has been excluded from sideline occupations, while the output value of industries run by villages and cooperative organizations under village had been included in sideline occupations and the output value of fish catches by motor fishing boats has been added to fishery. Since 1980, the value of handicraft products made for sale by individuals in households had been added to sideline occupations. Since 1984, industries run by villages and under villages have been included in the sector of industry. Since 1993, the subdivision of sideline occupations has been canceled, and the hunting of wild animals has been classified into animal husbandry, and the gathering of wild plants and commodity industry run by rural household have been included in farming. A new industrial classification of economic activities was introduced in 2003. Under the new classification, value of services to farming, forestry, animal husbandry and fishery is included in the gross output value of agriculture, value of wood felling and transport is included in forestry, value of industrial output by rural households is not included in agriculture, and the collection of wild forest products is taken from agriculture and included in the forestry. The first agriculture census of China revealed some discrepancy between the production of animal products from the annual reports and that from the census. Efforts were made by the Rural Socio-economic Survey Organization of NBS to adjust the output value of animal husbandry to make the figures from the annual reports consistent with the census data.

Gross output value of agriculture is obtained by first multiplying the output of each product or by product by its price, resulting in the output value of each single item. For a small number of products, annual output of which is not available or difficult to get due to the long production (growing) process involved, the output value is estimated through an indirect approach. The sum of output value of all products of farming, forestry, animal husbandry and fishery is then equal to the gross output value of agriculture.

Grain Output refers to the total output in the whole country including grains produced by state farms, collective units, rural households, as well as by farms affiliated to industrial and mining enterprises and other production units. Grain includes rice, wheat, corn, sorghum, millet and other miscellaneous grains as well as tubers and bean. Output of beans refers to dry beans without pods. The output of tubers (sweet potatoes, not including taros and cassava) was converted into that of grain at the ratio 4:1, i. e. 4 kilograms of fresh tubers was equivalent to 1 kilogram of grain up to 1963. Since 1964 the ratio for conversion has been 5: 1. Tubers supplied as vegetables (such as potatoes) are calculated as fresh vegetables and their output is not included in the output of grain. Output of all other grains refers to husked grain. Data on grain production before 1989 were obtained through Comprehensive Statistical Reporting System. Since 1989, data from sample surveys are used.

Cotton Output refers to the cotton production in the whole country including cotton sown in spring and in autumn. Output is measured as the weight of ginned cotton. Ceiba is not included.

Output of Oil-bearing Crops refers to the total production of oil-bearing crops of various kinds, including peanuts, (dry, in shell) rapeseeds, sesame, sunflower seeds, flax seeds, and other oil-bearing crops. Soybeans, oil-bearing woody plants, and wild oil-bearing crops are not included.

Output of Aquatic Products refers to catches of both artificially cultured and naturally grown aquatic products, including fish, shrimps, crabs and shellfish in sea and inland water as well as seaweed. Freshwater plants are not included. Data on output of aquatic products are reported by aquatic product and statistical agencies level by level. Before 1995, among the shellfish, the oyster was counted as fresh meat; 5 kilograms of ark shell, clams and frogs are equivalent to 1 kilogram of fresh aquatic products; they are all counted as fresh aquatic products since 1996.

Output of Pork, Beef, and Mutton refers to the meat of slaughtered hogs, cattle, sheep and goats with head, feet, and offal taken away. Data refers to the production of the whole country. The first agriculture census of China in 1996 revealed some discrepancy between the production of animal products from the annual reports and that from the census. Efforts were made by the Rural Socio-economic Survey Organization of NBS to adjust the output value of animal husbandry to make the figures from the annual reports consistent with the census data. Since 1999, NBS conducted sample survey for the major animal husbandry products, such as hogs, cattle, sheep and goats and fowls, and the data from sample surveys are used as national finalized data. Those products, which are not covered by the sample survey, are still reported by statistical agencies level by level.

Number of Livestock or Poultry in Stock at Beginning (or End) refers to the total number of large animals, pigs, sheep, fowls, etc. raised by rural cooperative organizations, state farms, rural individuals, government agencies, schools, industrial and mining enterprises, army, and urban residents at the beginning (or end) of the reference period. Data reporting system and data adjustment are the same as that in the output of pork, beef and mutton.

Regularly Cultivated Land refers to farmland among the total land resources, which is exclusively used for farming and is under regular cultivation with harvest in normal years. Included are currently cultivated land, land that has been abandoned or put in idle for less than 3 years and could be re-used for cultivation at any time, and new-claimed land that has been put into cultivation for more than 3 years. According to statistical coverage, it includes the gouges, dykes, roads and ridges of field with 1 meter wide in Southern areas and 2 meters wide in Northern areas. Excluded under this category are steep slope land over 25 degrees under temporary cultivation, land (large or small plots) that is claimed along river bends, lake sides or banks of reservoirs, as well as land that has been designated under the "Green for Grain" programme of the state and provincial governments but is still temporarily under cultivation. The regularly cultivated land is the key protection land of the nation, an important indicator reflecting the comprehensive productivity of agriculture of China.

Sown Area of Crops refers to area of land sown or transplanted with crops regardless of being in cultivated area or non-cultivated area. Area of land re-sown due to natural disasters is also included. This is an important indicator that can reflect the utilization condition of the cultivated land in China. At present, the sown area of crops mainly include the following 9 categories of crops: grain, cotton, oil-bearing crops, sugar crops, fiber crops, Tobacco, Vegetables and melons, medicinal materials and other farm crops.

Irrigated Area refers to areas that are effectively irrigated, i. e. level land, which has water source and complete sets of irrigation facilities to lift and move adequate water for irrigation purpose under normal conditions. Under normal conditions, irrigated area is the sum of watered fields and irrigated fields where irrigation systems or equipment have been installed for regular irrigation purpose. This important indicator reflects drought resistance capacity of the cultivated land in China.

Consumption of Chemical Fertilizers in Agriculture refers to the quantity of chemical fertilizers applied in agriculture in the year, including nitrogenous fertilizer, phosphate fertilizer, potash fertilizer, and compound fertilizer. The consumption of chemical fertilizers is required in calculation to convert the gross weight into weight containing 100% effective component (e. g. 100% nitrogen content in nitrogenous fertilizer, 100% phosphorous pent oxide contents in phosphate fertilizer, 100% potassium oxide contents in potash fertilizer). Compound fertilizer is converted with its major component. The formula is :

Volume of effective component = physical quantity × effective component of certain chemical fertilizer (%)

Total Power of Farm Machinery refers to total mechanical power of machinery used in farming, forestry, animal husbandry, and fishery, including ploughing, irrigation and drainage, harvesting, transport, plant protection, stock breeding, forestry and fishery. The power of internal combustion engines is required to convert horsepower into watts and the power of electric motors is required to be converted into watts. Machinery employed for non-agricultural purposes, such as the machines used in township run and village-run industry, construction, non-agricultural transport, scientific experiments and teaching, is excluded. Data are mainly from agricultural machinery agencies.

Rural Employed Persons refer to rural labor forces aged over 16 years old who are engaged in real production and management activities and receive payment in kind or wages, including those covered within the age frame and regularly participating in production activities, and those who are out of the range of age frame and also participating in production activities regularly. Excluding students studying in other places with their permanent residence registered in local areas, servicemen and persons incapable of working; also excluding those who are waiting for jobs and those engaged in household work. Persons employed are classified as persons engaged in agriculture, forestry, animal husbandry or fishery activities; persons engaged in industrial activities; persons engaged in construction activities; persons engaged in transport, storage and telecommunications activities; persons engaged in whole sales and retail sales trade and catering activities; and persons engaged in other non-agriculture activities, depending upon the longest period of employment in major activities (or using income indicator when period of employment is the same).

第13篇

工 业

INDUSTRY

为经济社会发展服务是统计工作第一要务

诚信鲁统 之 服务理念

人人都是人才

人人都能闪光

诚信鲁统 之 人才理念

简要说明

一、本篇资料的主要内容

本篇资料反映了全省工业生产和基本效益情况，主要包括历年工业总产值及指数、规模以上工业、国有控股工业、国有工业、集体工业、外商投资和港澳台投资工业、大中型工业企业、非公有工业、高新技术产业的主要经济指标、相关的财务分析指标和主要工业产品产量等方面的内容。

二、本篇资料的来源

本篇资料来源于工业统计年报，由山东省统计局工业处整理提供。

Brief Introduction

I. Content

Data in this chapter show the basic condition of industry in Shandong, mainly including the gross industrial output value and indices, the output of major industrial products and major economic and relevant financial indicators of industrial enterprises. Industrial enterprises include enterprises above designated size, state share-holding enterprises, state-owned enterprises, collective-owned enterprises, foreign funded enterprises, enterprises with funds from Hong Kong, Macao and Taiwan, large and medium sized enterprises, private enterprises and high-tech enterprises.

II. Source of Data

Data in this chapter are based on the annual report of industrial statistics and are prepared and provide by the Division of Industry and Transport Statistics of Shandong Provincial Bureau of Statistics.

13 -1 历年工业总产值

Gross Industrial Output Value over the Years

年份 Year	工业总产值（亿元）Gross Industrial Output Value (100 millioon yuan)	#国有经济 State-owned	#集体经济 Collective -owned	轻工业总产值 Light Industry	重工业总产值 Heavy Industry	占全部工业总产值的比重（%）As Percentage of Gross Industrial Output Value(%)			
						国有经济 State-owned	集体经济 Collective-owned	轻工业 Light Industry	重工业 Heavy Industry
1949	9.15	3.42	0.01	8.25	0.90	37.38	0.11	90.16	9.84
1950	13.07	5.05	0.27	11.74	1.33	38.64	2.07	89.82	10.18
1951	16.27	6.20	0.65	14.40	1.87	38.11	4.00	88.51	11.49
1952	20.08	9.07	0.88	17.84	2.24	45.17	4.38	88.84	11.16
1953	25.41	11.81	1.15	22.34	3.07	46.48	4.53	87.92	12.08
1954	29.35	14.16	1.71	25.30	4.05	48.25	5.83	86.20	13.80
1955	30.10	14.81	2.31	25.36	4.74	49.20	7.67	84.25	15.75
1956	39.64	17.57	3.02	32.39	7.25	44.32	7.62	81.71	18.29
1957	43.31	15.83	2.36	35.34	7.97	36.55	5.45	81.60	18.40
1958	69.57	51.80	9.34	47.36	22.21	74.46	13.43	68.08	31.92
1959	92.98	71.55	11.95	63.11	29.87	76.95	12.85	67.87	32.13
1960	97.91	87.57	9.10	49.10	48.81	89.44	9.29	50.15	49.85
1961	55.04	40.80	8.71	33.72	21.32	74.13	15.82	61.26	38.74
1962	45.70	33.99	6.27	31.22	14.48	74.38	13.72	68.32	31.68
1963	49.10	37.34	5.83	34.32	14.78	76.05	11.87	69.90	30.10
1964	58.61	45.55	7.04	40.18	18.43	77.72	12.01	68.55	31.45
1965	71.38	55.79	8.95	48.21	23.17	78.16	12.54	67.54	32.46
1966	88.64	69.07	12.03	57.67	30.97	77.92	13.57	65.06	34.94
1967	96.60	74.85	13.74	63.98	32.62	77.48	14.22	66.23	33.77
1968	103.85	79.73	14.76	66.68	37.17	76.77	14.21	64.21	35.79
1969	105.79	81.56	15.53	72.74	33.05	77.10	14.68	68.76	31.24
1970	141.22	109.22	21.37	81.88	59.34	77.34	15.13	57.98	42.02
1971	147.91	115.13	24.64	78.84	69.07	77.84	16.66	53.30	46.70
1972	153.92	117.98	27.49	79.81	74.11	76.65	17.86	51.85	48.15
1973	162.94	122.51	30.44	84.06	78.88	75.19	18.68	51.59	48.41
1974	119.99	84.75	24.05	66.74	53.25	70.63	20.04	55.62	44.38
1975	189.78	138.41	38.39	96.65	93.13	72.93	20.23	50.93	49.07
1976	220.00	157.01	52.12	107.03	112.97	71.37	23.69	48.65	51.35
1977	262.24	178.85	70.70	127.92	134.32	68.20	26.96	48.78	51.22
1978	296.82	200.74	78.60	144.28	152.54	67.63	26.48	48.61	51.39
1979	314.34	217.62	78.52	157.52	156.82	69.23	24.98	50.11	49.89
1980	340.32	229.89	90.46	183.81	156.51	67.55	26.58	54.01	45.99
1981	358.37	238.57	96.69	212.33	146.04	66.57	26.98	59.25	40.75
1982	393.21	261.91	100.28	233.57	159.64	66.61	25.50	59.40	40.60
1983	441.85	292.55	110.46	261.04	180.81	66.21	25.00	59.08	40.92
1984	534.91	318.30	164.80	317.58	217.33	59.51	30.81	59.37	40.63
1985	682.78	397.07	205.53	370.41	312.37	58.15	30.10	54.25	45.75
1986	784.33	415.12	234.86	419.38	364.95	52.93	29.94	53.47	46.53
1987	1032.88	521.66	302.57	533.38	499.50	50.51	29.29	51.64	48.36
1988	1455.24	662.48	441.05	751.70	703.54	45.52	30.31	51.65	48.35
1989	1920.94	833.86	575.95	982.99	937.95	43.41	29.98	51.17	48.83
1990	2200.85	911.88	650.38	1118.76	1082.09	41.43	29.55	50.83	49.17
1991	2599.17	1038.69	764.67	1326.78	1272.39	39.96	29.42	51.05	48.95
1992	3115.45	1301.39	993.81	1536.64	1578.81	41.77	31.90	49.32	50.68
1993	4713.48	1678.89	1285.42	2125.93	2587.55	35.62	27.27	45.10	54.90
1994	7023.23	2012.72	1812.72	3367.58	3655.65	28.66	25.81	47.95	52.05
1995	8906.60	2600.54	1840.75	4403.84	4502.76	29.20	20.67	49.44	50.56
1996	9126.63	2423.77	2380.09	4540.14	4586.49	26.56	26.08	49.75	50.25
1997	9984.12	2513.03	2512.01	4926.50	5057.61	25.17	25.16	49.34	50.66
1998	10579.17	2177.73	2206.64	5110.02	5469.15	20.59	20.86	48.30	51.70
1999	11195.46	2058.49	2218.99	5373.71	5821.75	18.39	19.82	48.00	52.00
2000	12509.53	2474.49	2393.99	5964.70	6544.83	19.78	19.14	47.68	52.32
2001	13277.37	1223.49	2078.33	6437.42	6839.96	9.21	15.65	48.48	51.52
2002	15588.53	1377.03	2348.82	7630.45	7958.08	8.83	15.07	48.95	51.05
2003	19891.54	1484.04	2526.39	9049.49	10842.05	7.46	12.70	45.49	54.51
2004	26295.24	2087.28	2819.30	11382.95	14912.29	7.94	10.72	43.29	56.71
2005	35387.43	1982.94	2264.87	13124.13	22263.30	5.60	6.40	37.09	62.91
2006	43900.21	2307.84	2469.67	15638.85	28261.36	5.26	5.63	35.62	64.38

注：本表按当年价格计算，1996 年后数字为新规定。1998 年及以后集体工业为规模以上集体工业。

a) Data in this table are caculated at current prices. Since 1996, the data are caculated according to new regulations. Since 1998, the collective-owned industry refers to collective-owned industry above designated size.

13－2 历年工业总产值指数(以1952年为100)

Indice of Gross Industrial Output Value over the Years(1952＝100)

年份 Year	工业总产值指数 Indice of Gross Industrial Output Value	#国有单位 State-owned	#集体单位 Collective-owned	按轻重工业分 Grouped by Light & Heavy Industries	
				轻工业 Light Industry	重工业 Heavy Industry
1949	45.20	37.40	1.30	46.20	39.90
1950	64.70	55.30	29.90	65.60	59.20
1951	80.50	67.90	72.70	80.00	82.60
1952	100.00	100.00	100.00	100.00	100.00
1953	126.80	130.40	131.20	125.00	136.60
1954	147.40	157.30	194.80	141.40	180.30
1955	151.60	165.00	264.90	141.00	210.40
1956	216.30	212.10	375.30	190.30	339.40
1957	236.00	224.70	344.20	206.00	370.00
1958	369.60	609.10	1129.90	264.40	987.30
1959	488.40	831.90	1428.60	348.70	1314.60
1960	514.40	1018.40	1088.30	265.90	2104.70
1961	273.10	448.10	984.40	174.40	877.50
1962	214.90	353.90	671.40	154.40	570.40
1963	243.20	394.30	633.80	172.50	591.50
1964	285.40	490.90	780.50	206.00	752.60
1965	366.70	633.50	1045.40	260.20	995.80
1966	454.20	783.60	1403.90	310.00	1325.40
1967	495.20	849.20	1602.60	344.60	1399.10
1968	532.70	905.30	1723.40	358.20	1589.70
1969	542.20	925.50	1813.00	348.60	1261.00
1970	723.40	1238.60	2494.80	435.60	2514.10
1971	815.80	1405.70	3094.80	449.20	3134.30
1972	888.80	1507.80	3614.30	476.10	3519.70
1973	940.90	1566.00	4002.60	501.40	3746.00
1974	708.90	1108.30	3235.10	407.40	2587.80
1975	1122.40	1812.00	5168.80	590.40	4529.60
1976	1304.70	2061.00	7037.70	655.50	5508.50
1977	1560.10	2352.40	9564.90	785.10	6563.40
1978	1766.40	2644.20	10646.80	886.70	7464.30
1979	1850.00	2834.60	10522.10	957.50	7589.30
1980	2001.20	2992.20	12111.70	1116.60	7571.80
1981	2091.40	3081.70	12845.40	1280.80	7014.10
1982	2269.70	3309.10	13571.40	1393.60	7583.10
1983	2524.20	3652.80	14849.30	1541.50	8500.00
1984	2887.80	3651.00	21459.70	1772.20	9655.90
1985	3530.60	4267.70	26046.70	1979.70	13293.40
1986	4110.20	4592.00	29223.40	2271.50	15740.80
1987	5089.90	5247.00	36481.80	2716.50	20260.60
1988	6803.90	6289.40	49739.00	3718.20	26390.70
1989	8029.90	6845.80	59622.00	4368.60	31314.30
1990	9081.80	7221.10	67151.90	4910.30	35635.70
1991	10630.20	7880.30	79849.30	5814.80	41232.50
1992	13203.80	9169.60	104332.30	6983.60	52983.80
1993	17410.50	10252.60	152395.20	8422.20	75660.90
1994	22325.50	10611.40	201009.30	11471.00	90112.10
1995	27482.70	12230.20	219100.80	14563.60	110026.90
1996	31954.10	12946.90	272154.00	17820.00	121491.70
1997	35820.60	13736.40	294951.40	19946.00	136423.00
1998	39954.30	12309.50	267429.80	21672.00	156345.40
1999	44702.40	12274.70	267143.40	23594.60	173193.00
2000	52713.10	13031.40	314292.30	28303.20	200740.00
2001	58288.70	7085.80	269624.90	31681.30	218566.70
2002	66406.70	8105.50	289070.90	36715.10	267094.80
2003	80723.90	8209.30	305837.00	41983.70	346635.60
2004	105142.90	9409.00	366085.20	54702.70	451415.20
2005	143609.40	10969.10	274178.20	60887.40	711789.00
2006	174082.50	12474.50	292134.70	71800.20	871484.80

注:本表按可比价格计算,1996年后为新规定。1998年及以后集体工业指数为规模以上集体工业指数。

a) Data in this table are caculated at current prices. Since 1996, the data are caculated according to new regulations. Since 1998, the index of collective-owned industry refers to index of collective-owned industry above designated size.

13－3 2001－2006年规模以上工业增加值

Added Value of Industry Enterprises above Designated Size from 2001 to 2006

单位:万元 (10000 yuan)

类　别	Category	2001		2002		2003	
		工业增加值 Added Value of Industry Enterprises	比上年增长(%) Groth Rate	工业增加值 Added Value of Industry Enterprises	比上年增长(%) Groth Rate	工业增加值 Added Value of Industry Enterprises	比上年增长(%) Groth Rate
全省总计	**Total**	**29007317**	**14.75**	**35005366**	**17.31**	**47010978**	**22.67**
在总计中:轻工业	of which:Light Industry	11687071	14.33	14118612	16.79	17641336	19.15
重工业	Heavy Industry	17320247	15.16	20886754	18.40	29369642	25.71
在总计中:国有企业	of which:State-owned Enterprises	4129480	13.62	4386484	15.62	4592483	14.80
集体企业	Collective-owned Enterprises	5297119	14.68	6243391	15.18	6734039	19.46
股份合作企业	Cooperative Enterprises	801832	15.87	996421	17.60	1076962	20.09
外商及港澳台商投资企业	Enterprises with Funds from Foreign,Hong Kong,Macao and Taiwan	4317515	16.03	5233652	16.43	7300069	25.27
在总计中:国有控股企业	of which:State-holding Enterprises	13425706	12.30	14779394	17.73	17991811	18.08
在总计中:农村工业	of which:Industry in Rural Area	4557847	17.61	5645094	21.60	6228451	30.68
在总计中:大中型工业企业	of which:Large and Medium-sized Enterprises	19734938	12.80	22396948	15.72	32250631	17.85

注:本表绝对数按当年价格计算,增幅按可比价计算。

a) Data in this table are calculated at current prices. Indices are calculated at constant prices.

13－3 续表 continued

单位:万元 (10000 yuan)

类　别	Category	2004		2005		2006	
		工业增加值 Added Value of Industry Enterprises	比上年增长(%) Groth Rate	工业增加值 Added Value of Industry Enterprises	比上年增长(%) Groth Rate	工业增加值 Added Value of Industry Enterprises	比上年增长(%) Groth Rate
全省总计	**Total**	**67234690**	**26.50**	**93752662**	**28.40**	**114938739**	**23.60**
在总计中:轻工业	of which:Light Industry	23463586	26.98	32471200	30.81	39074692	21.93
重工业	Heavy Industry	43771104	26.27	61281462	27.98	75864047	24.53
在总计中:国有企业	of which:State-owned Enterprises	5411963	15.85	6344052	14.44	6083432	15.42
集体企业	Collective-owned Enterprises	5455796	17.81	6055791	15.92	6404275	14.49
股份合作企业	Cooperative Enterprises	1384566	17.55	1353322	32.02	1366705	17.56
外商及港澳台商投资企业	Enterprises with Funds from Foreign,Hong Kong,Macao and Taiwan	11117423	28.98	16251489	32.67	21492621	27.22
在总计中:国有控股企业	of which:State-holding Enterprises	20621593	15.92	27078634	14.88	30383934	11.61
在总计中:农村工业	of which:Industry in Rural Area	3454002	36.41	4780020	35.52	4837912	
在总计中:大中型工业企业	of which:Large and Medium-sized Enterprises	40879913	18.07	59024482	20.43	62256198	14.40

13－4 规模以上工业企业主要经济指标

单位:万元

类 别	Category	企业单位数(个) Number of Industial Enterprises (unit)	#亏损企业 Loss Enterprises
1995		27392	5593
1996		27245	3618
1997		23494	3963
1998		11402	2035
1999		11391	1767
2000		11679	1444
2001		12268	1672
2002		13468	1759
2003		16177	1885
2004		23915	3407
2005		27540	2390
2006		31936	2529
一、按登记注册类型分	**by Status of Registration**		
内资企业	Domestic Funded Enterprises	26709	1710
国有企业	State-owned Enterprises	746	212
中央企业	Central Enterprises	71	12
地方企业	Local Enterprises	675	200
集体企业	Collective-owned Enterprises	1301	69
股份合作企业	Cooperative Enterprises	369	42
联营企业	Joint Ownership Enterprises	62	5
国有联营企业	State Joint Ownership Enterprises	10	1
集体联营企业	Collective Joint Ownership Enterprises	30	2
国有与集体联营企业	Joint State-collective Enterprises	5	
其他联营企业	Other Joint Ownership Enterprises	17	2
有限责任公司	Limited Liability Corporations	4919	561
国有独资公司	State Sole funded Corporations	54	10
其他有限责任公司	Other Limited Liability Corporations	4865	551
股份有限公司	Share-holding Corporations Limited	851	88
私营企业	Private Enterprises	18249	722
私营独资企业	Private-funded Enterprises	5696	101
私营合作企业	Private Partnership Enterprises	510	19
私营有限责任公司	Private Limited Liability Corporations	11113	559
私营股份有限公司	Private Share-holding Corporations Ltd.	930	43
其他企业	Other Enterprises	212	11
港、澳、台商投资企业	Enterprises with Funds from Hong Kong, Macao and Taiwan	1131	150
合资经营企业(港或澳、台资)	Joint-ventures Enterprises	653	77
合作经营企业(港或澳、台资)	Cooperative Enterprises	31	4
港澳台商独资经营企业	Enterprises with Sole Investment	422	66
港澳台商投资股份有限公司	Share-holding Corporations Ltd. With Funds from Hong Kong, Macao and Taiwan	25	3
外商投资企业	Foreign Funded Enterprises	4096	669
中外合资经营企业	Joint-venture Enterprises	1519	189
中外合作经营企业	Cooperation Enterprises	109	16
外资企业	Enterprises with Sole Foreign Funds	2378	450
外商投资股份有限公司	Share-holding Corporations Ltd. With Foreign Investment	90	14
二、在总计中:亏损企业	**of which:Loss Enterprises**	**2529**	**2529**
在总计中:国有控股企业	of which:State-holding Enterprises	1360	357
在总计中:农村工业	of which:Industry in Rural Area	1550	44
按轻重工业分	**by Light & Heavy Industry**		
轻工业	Light Industry	14504	1252
重工业	Heavy Industry	17432	1277
按企业规模分	**by Enterprise Size**		
大型企业	Large-sized Enterprises	326	17
中型企业	Medium-sized Enterprises	2927	303
小型企业	Small-sized Enterprises	28683	2209

注:2003 年及以前,主营业务收入、主营业务税金及附加、营业费用分别为产品销售收入、产品销售税金及附加、产品销售费用。

Main Economic Indicators of Industrial Enterprises above Designated Size

(10000 yuan)

工业总产值 Gross Industrial Output Value	工业销售产值 Industrial Output Value of Products Sold	#出口交货值 Export Delivery Value	工业增加值 Added Value of Industry	资产合计 Total Assets	产成品 Finished Products	流动资产年平均余额 Annual Average Balance of Working Capitals	固定资产净值年平均余额 Annual Average Balance of Net Value of Fixed Assets
47844553			13605166	59192786	4649476	23941421	22041291
57411305	55285817		17254374	68748898	4998475	26944968	26962970
62823996	60702763		18632020	79496991	5764588	33725508	30395800
63983861	61802682		18883556	82405505	5696137	33943685	32769856
69445186	67331157		20987326	88232453	5876704	35969715	35588345
83115250	81333731		25493478	97019617	5828823	38953991	39837025
93773726	91686051		29007317	105219953	6362129	42865444	42135407
114975327	112416603		35005366	119048719	6598734	48110953	46802238
153795446	150617682	20455625	47010978	144616035	7407029	58577265	55559493
225218944	220390333	29112157	67234690	185873748	9317070	76760058	70552540
305228616	299821716	34900993	93752662	221312416	11733123	94374934	83096180
387800991	381725527	45088074	114938739	264753536	13044729	112015984	101857165
315710303	310587060	22633286	93446118	214849567	10409514	89679462	83125164
23078362	22921402	582201	6083432	27104824	521067	9139735	11828055
9756744	9757989	36484	1767490	11117393	89525	2793862	4981476
15927833	15769628	545718	6922157	15987431	431541	6345874	6846579
24696719	24360541	1860766	6404275	12968855	717295	6401453	4281756
4969452	4888251	909214	1366705	2857100	187223	1415004	916437
5288623	5261860	490589	1930845	4149666	238180	1758239	1735943
4496788	4517146	465651	1644427	3862564	223732	1638860	1614522
549578	533008	21088	207537	187050	7306	77007	77274
52807	38128	522	20909	13731	3760	8745	3062
189451	173577	3329	57973	86321	3382	33627	41085
115081763	113258164	9750335	36912132	98835182	4486208	40490743	38042305
24221435	23885553	1879716	12172919	28852009	877962	10895946	12382300
90860328	89372611	7870619	24739214	69983173	3608246	29594798	25660005
36597076	35985796	2754159	10065077	24591025	1254381	10480377	9241854
104377169	102325668	6167730	30233319	43387864	2955230	19558812	16746236
27358096	26820639	1264063	7783212	9380240	595395	3972890	4053663
2763719	2721463	161081	783278	824596	65903	360988	370795
67189212	65741876	4386737	19763272	30037963	2088508	13822254	11093219
7066142	7041691	355850	1903558	3145066	205425	1402679	1228560
1621140	1585380	118292	450332	955051	49930	435100	332579
13177875	12810555	3185392	3769066	9259492	597083	4377305	3433292
8186288	7871476	1829179	2277063	5455887	368896	2691881	1908415
281638	280896	65751	86925	205300	15568	90455	86201
3949632	3901918	1172819	1113493	3068108	182101	1401598	1206305
760317	756264	117643	291585	530197	30519	193371	232370
58912813	58327913	19269396	17723555	40644477	2038132	17959217	15298710
25357969	24999688	7355102	7186323	16573502	967788	8440008	5361943
1264439	1237725	360960	431194	2337425	59732	464487	1666793
27412467	27115071	10530742	8548268	13587591	834562	6865930	4931011
4877938	4975428	1022592	1557770	8145958	176051	2188793	3338963
18706765	**18267824**	**2594132**	**4394000**	**21250018**	**1183202**	**9064233**	**8030660**
92291515	91593439	5307039	30383934	100154308	3002772	35011142	43339200
17539997	17229670	1184828	4837912	7777523	425529	3073873	3276644
138148840	135984562	24405180	39074692	84441416	5238008	38997880	29902535
249652151	245740965	20682894	75864047	180312120	7806722	73018104	71954631
121387760	120268267	13887282	31670446	118731233	4216120	46143542	46352329
105938136	103729835	16235849	30585752	77518340	4179224	35033967	28730127
160475095	157727425	14964943	52682542	68503964	4649385	30838474	26774709

a) Before 2003, revenue from principal business, taxes and other charges on principal business and cost of business refer to revenue from products sold, taxes and other charges on products sold and cost of products sold.

13－4 续表1

单位:万元

类别	Category	企业单位数（个）Number of Industial Enterprises (unit)	#亏损企业 Loss Enterprises
三、按行业大类分	by Sector		
采矿业	**Mining**	**927**	**37**
煤炭开采和洗选业	Mining and Washing of Coal	289	12
石油和天然气开采业	Extraction of Petroleum and Natural Gas	15	1
黑色金属矿采选业	Mining of Ferrous Metal Ores	134	8
有色金属矿采选业	Mining of Non-ferrous Metal Ores	110	4
非金属矿采选业	Mining and Processing of Nonmetal Ores	377	12
其他采矿业	Mining of Other Ores	2	
制造业	**Manufacturing**	**30474**	**2320**
农副食品加工业	Processing of Food from Agricultural Products	3446	211
食品制造业	Manufacture of Foods	945	62
饮料制造业	Manufacture of Beverage	408	36
烟草制品业	Manufacture of Tobacco	12	1
纺织业	Manufacture of Textile	3052	220
纺织服装、鞋、帽制造业	Manufacture of Textile Wearing Apparel, Footware, and Caps	1087	116
皮革、毛皮、羽毛(绒)及其制品业	Manufacture of Leather, Fur, Feather & Its Products	481	61
木材加工及木、竹、藤、棕、草制品业	Processing of Timbers, Manufacture of Wood, Bamboo, Rattan, Palm, and Straw Products	877	51
家具制造业	Manufacture of Furniture	423	44
造纸及纸制品业	Manufacture of Paper and Paper Products	847	72
印刷业和记录媒介的复制	Printing, Reproduction of Recording Media	327	32
文教体育用品制造业	Manufacture of Articles for Culture, Education and Sport Activity	315	37
石油加工、炼焦及核燃料加工业	Processing of Petroleum, Coking, Processing of Nucleus Fuel	237	23
化学原料及化学制品制造业	Manufacture of Chemical Raw Material and Chemical Products	2721	153
医药制造业	Manufacture of Medicines	512	70
化学纤维制造业	Manufacture of Chemical Fiber	75	10
橡胶制品业	Manufacture of Rubber	477	20
塑料制品业	Manufacture of Plastic	1148	93
非金属矿物制品业	Manufacture of Non-metallic Mineral Products	2982	164
黑色金属冶炼及压延加工业	Manufacture and Processing of Ferrous Metals	452	48
有色金属冶炼及压延加工业	Manufacture & Processing of Non-ferrous Metals	294	36
金属制品业	Manufacture of Metal Products	1291	92
通用设备制造业	Manufacture of General Purpose Machinery	2845	178
专用设备制造业	Manufacture of Special Purpose Machinery	1340	97
交通运输设备制造业	Manufacture of Transport Equipment	1003	100
电气机械及器材制造业	Manufacture of Electrical Machinery & Equipment	1168	113
通信设备、计算机及其他电子设备制造业	Manufacture of Communication Equipment, Computer and Other Electronic Equipment	590	85
仪器仪表及文化、办公用机械制造业	Manufacture of Measuring Instrument and Machinery for Cultural Activity & Office Work	257	26
工艺品及其他制造业	Manufacture of Artwork, Other Manufacture	842	69
废弃资源和废旧材料回收加工业	Recycling and Disposal of Waste	20	
电力、燃气及水的生产和供应业	**Production and Supply of Electric Power and Heat Power**	**535**	**172**
电力、热力的生产和供应业	Production and Supply of Electric Power and Heat Power	350	90
燃气生产和供应业	Production and Supply of Gas	42	14
水的生产和供应业	Production and Supply of Water	143	68

continued

(10000 yuan)

工　业 总产值 Gross Industrial Output Value	工　业 销售产值 Industrial Output Value of Products Sold	#出　口 交货值 Export Delivery Value	工　业 增加值 Added Value of Industry	资产合计 Total Assets	产成品 Finished Products	流动资产 年平均余额 Annual Average Balance of Working Capitals	固定资产净值 年平均余额 Annual Average Balance of Net Value of Fixed Assets
27798089	**27485626**	**719418**	**15282299**	**28792597**	**573179**	**9670477**	**13717392**
12091508	11862286	496202	6262535	17050843	331296	7149124	6485959
9493112	9494262	769	7034269	7056555	67197	720478	5642326
1424041	1391024	13304	504142	1567097	58823	698115	460699
2418202	2404404	76352	768986	1895793	37301	628581	660009
2367880	2330338	132792	710874	1221751	78561	473899	468254
3347	3313		1493	558		281	145
343243630	**337511145**	**44341145**	**95397986**	**207342511**	**12424541**	**96959958**	**72705039**
35748490	35327644	5642115	9632659	16295176	1330339	8150506	5531280
8818925	8609776	1526675	2539408	5471639	247490	2377222	2054102
5046204	5176641	360197	1579888	4016343	284326	2089183	1158090
1381060	1371333	1390	910245	1800874	4393	958684	285878
28592210	28155294	4947921	8065222	18366767	1001590	7547774	7540928
6655336	6476458	2327411	2093185	3592171	264849	1755626	1108524
4413578	4321950	1684151	1309014	1810137	163940	970417	530663
4176856	4059046	765716	1078121	1749441	123654	727436	729248
1924932	1894975	522929	536650	1072315	74086	503487	403926
11186956	11028527	572384	3151868	10404598	513243	3735049	4632370
1248910	1225844	20167	400968	889185	40870	368600	383867
2182193	2147612	954549	595994	987941	72254	548247	276861
18125678	17966573	57203	3878871	7735986	456820	3346957	2777770
34558218	33891648	1915368	9553391	22766303	1013181	9100717	9295935
6324422	6194568	646806	2001846	5180840	277055	2375805	1722847
1171982	1123454	68690	329512	1640854	68957	604425	661020
7726296	7569862	1681108	2060868	4549655	321939	2088309	1548246
5880818	5761434	763092	1754283	2747856	209077	1372914	955653
21950804	21572820	1461983	6479782	13993573	824243	5698347	6272870
22458883	22190150	1679192	6078073	17135938	972462	7539795	6739979
10527315	10415194	436340	2889731	7239485	265022	2947098	2961081
8459025	8139960	1215624	2563399	4650070	314674	2334441	1606324
21821782	21291954	1798069	6458819	12375087	852398	6579541	3589355
13567930	13373220	996182	3585926	6972886	581073	3849479	1800563
16672533	16326980	2083652	3909370	12898535	691971	7246827	2972059
20921201	20548333	2489372	5670607	11688977	793254	6950357	2545873
14945898	14758392	5589011	4194204	6036805	473463	3487492	1578084
2235764	2157068	325855	753127	1265802	70050	671184	356670
4412840	4328611	1800782	1308589	1967807	116385	1023201	674026
106590	105824	7209	34365	39464	1483	10840	10947
16759273	**16728756**	**27511**	**4258454**	**28618428**	**47010**	**5385549**	**15434734**
15929060	15912989	1469	3971369	25932859	32628	4514224	14199242
469188	470246	26042	140429	1030220	11855	285376	492934
361025	345521		146656	1655349	2527	585949	742559

13－4 续表2

单位:万元

类别	Category	负债合计 Total Liabilities	主营业务收入 Revenue from Principal Business
1995		39652229	44066585
1996		45483978	51023886
1997		52552789	56898920
1998		53019069	59232502
1999		55906200	65669913
2000		60677134	80613925
2001		63422782	90888177
2002		71042729	110385253
2003		85861030	149322101
2004		110649305	218097900
2005		129169987	300238710
2006		152945606	381160618
一、按登记注册类型分	**by Status of Registration**		
内资企业	Domestic Funded Enterprises	126113138	310704277
国有企业	State-owned Enterprises	17375838	23656937
中央企业	Central Enterprises	6499186	10400244
地方企业	Local Enterprises	10876652	13256693
集体企业	Collective-owned Enterprises	6745119	24069197
股份合作企业	Cooperative Enterprises	1610270	4804870
联营企业	Joint Ownership Enterprises	2980535	5216224
国有联营企业	State Joint Ownership Enterprises	2820395	4512795
集体联营企业	Collective Joint Ownership Enterprises	107626	478827
国有与集体联营企业	Joint State-collective Enterprises	9979	35516
其他联营企业	Other Joint Ownership Enterprises	42535	189087
有限责任公司	Limited Liability Corporations	61587760	114297890
国有独资公司	State Sole funded Corporations	16468835	23760225
其他有限责任公司	Other Limited Liability Corporations	45118924	90537666
股份有限公司	Share-holding Corporations Limited	13903839	36341071
私营企业	Private Enterprises	21304776	100783401
私营独资企业	Private-funded Enterprises	3599594	26548152
私营合作企业	Private Partnership Enterprises	353248	2656838
私营有限责任公司	Private Limited Liability Corporations	15765247	64747947
私营股份有限公司	Private Share-holding Corporations Ltd.	1586688	6830464
其他企业	Other Enterprises	605002	1534687
港、澳、台商投资企业	Enterprises with Funds from Hong Kong, Macao and Taiwan	5125629	12800997
合资经营企业(港或澳、台资)	Joint-ventures Enterprises	3052904	7979572
合作经营企业(港或澳、台资)	Cooperative Enterprises	111036	282636
港澳台商独资经营企业	Enterprises with Sole Investment	1606249	3983531
港澳台商投资股份有限公司	Share-holding Corporations Ltd. With Funds from Hong Kong, Macao and Taiwan	355440	555257
外商投资企业	Foreign Funded Enterprises	21706839	57655344
中外合资经营企业	Joint-venture Enterprises	9444770	24493372
中外合作经营企业	Cooperation Enterprises	1465608	1570898
外资企业	Enterprises with Sole Foreign Funds	6828502	25780438
外商投资股份有限公司	Share-holding Corporations Ltd. With Foreign Investment	3967959	5810636
二、在总计中:亏损企业	**of which:Loss Enterprises**	**15880634**	**18266546**
在总计中:国有控股企业	of which:State-holding Enterprises	60927702	95306527
在总计中:农村工业	of which:Industry in Rural Area	3619295	17044891
按轻重工业分	**by Light & Heavy Industry**		
轻工业	Light Industry	46663640	135659417
重工业	Heavy Industry	106281966	245501201
按企业规模分	**by Enterprise Size**		
大型企业	Large-sized Enterprises	69772132	132361511
中型企业	Medium-sized Enterprises	47363184	102638799
小型企业	Small-sized Enterprises	35810290	146160307

continued

(10000 yuan)

# 主营业务税金及附加 Taxes and Other Charges on Principal Business	营业费用 Cost of Business	管理费用 Cost of Management	利润总额 Total Profits	亏损企业亏损总额 Losses of Loss Enterprises	利税总额 Total Profits and Taxes	本年应交增值税 Value-added Tax Payable	全部从业人员年平均人数（人） Annual Average Empolyed Persons (person)
877180	1133298	3249495	1581912	564303	4342562	1877189	6486633
953402	1422435	3558396	2067990	540171	5259584	2238192	6445631
961178	1856415	3721162	2191242	643886	5573742	2421321	6338666
878741	1856449	3544678	2352546	612781	5759226	2527939	5477622
892677	2193698	3706989	2807713	553840	6491681	2791292	5347200
979126	2655084	4361840	5440003	413877	10025880	3606752	5223652
1065092	3057361	4674791	5609071	460741	10510808	3837726	5230823
1238379	3520233	5545515	6218859	458789	11619227	4161988	5563693
1537247	4375115	6625794	9202699	480295	16057373	5317427	5954189
2084286	5799204	9356350	14078571	1059788	23533842	7370985	6901536
2806248	7274800	10179479	21646981	711535	34529239	10076010	7382292
3904132	8525325	11812749	26325786	975994	42707592	12477674	7881051
3598905	6535819	9656044	21942283	740858	36224474	10683285	6273321
673855	276963	1308489	1088603	116777	2858286	1095828	480364
549185	79202	316427	371238	15999	1432530	512108	97000
124671	197761	992062	717366	100778	1425756	583720	383364
158430	794781	641432	1490168	91489	2296192	647594	395011
27482	68802	126425	269482	5766	425508	128545	107572
40170	95303	175242	261887	1198	495022	192965	36123
27935	69846	157408	222319	972	426220	175966	22821
10687	19169	10823	28442	79	51342	12213	8986
700	2414	2434	1851		4189	1638	1376
848	3874	4577	9275	147	13272	3149	2940
1494126	2412641	4193372	9956766	355327	16122646	4671754	2352455
835278	666317	1660059	5227310	29199	7806823	1744235	473789
658848	1746324	2533313	4729456	326127	8315823	2927520	1878666
350869	737654	1029352	2297666	101776	3632985	984450	529219
845749	2120248	2134505	6483278	65880	10246490	2917463	2338141
244908	555180	547485	1826865	7721	2882718	810945	594541
25332	49126	57756	175449	940	286086	85305	63943
520242	1362537	1382647	4062001	50803	6398405	1816162	1530286
55268	153406	146616	418963	6417	679281	205051	149371
8224	29428	47228	94434	2646	147344	44686	34436
49909	309256	357296	781898	48334	1161538	329731	308810
29688	198582	207871	516236	34885	760959	215035	175946
942	10003	10050	15271	966	25451	9238	11141
18847	91047	124997	233770	11197	345492	92875	112284
432	9624	14378	16621	1286	29636	12583	9439
255317	1680250	1799410	3591604	186802	5311580	1464658	1298920
132670	878426	661473	1481672	71516	2233259	618918	436849
5402	12889	50387	122450	5079	205108	77255	28022
81873	559657	845444	1353799	96475	1903335	467663	753404
35372	229279	242105	633683	13731	969878	300823	80645
205846	**402645**	**985341**	**-975994**	**975994**	**-408306**	**361842**	**655177**
2063986	1904728	4562370	8889270	380727	15419255	4465998	1485997
116174	368843	276188	1286357	4143	1835057	432527	330536
1441915	3943779	3782313	7267445	403492	12585434	3876074	3622378
2462216	4581546	8030437	19048341	572502	30112157	8601600	4258673
2002314	3017191	4865950	11437453	340530	18777891	5338124	2007076
761571	2398846	3174590	5916031	301842	9681006	3003404	2328538
1140247	3109288	3772209	8962301	333622	14238695	4136147	3545437

13-4 续表3

单位:万元

类别	Category	负债合计 Total Liabilities	主营业务收入 Revenue from Principal Business
三、按行业大类分	by Sector		
采矿业	**Mining**	**15395026**	**26826490**
煤炭开采和洗选业	Mining and Washing of Coal	11018329	11817457
石油和天然气开采业	Extraction of Petroleum and Natural Gas	2123380	8907136
黑色金属矿采选业	Mining of Ferrous Metal Ores	825711	1386873
有色金属矿采选业	Mining of Non-ferrous Metal Ores	832460	2379439
非金属矿采选业	Mining and Processing of Nonmetal Ores	594949	2332272
其他采矿业	Mining of Other Ores	197	3313
制造业	**Manufacturing**	**119512520**	**336982834**
农副食品加工业	Processing of Food from Agricultural Products	8705914	34505111
食品制造业	Manufacture of Foods	2737542	8481822
饮料制造业	Manufacture of Beverage	2107991	5193041
烟草制品业	Manufacture of Tobacco	806852	1359191
纺织业	Manufacture of Textile	10747466	28549638
纺织服装、鞋、帽制造业	Manufacture of Textile Wearing Apparel, Footware, and Caps	2000924	6248706
皮革、毛皮、羽毛(绒)及其制品业	Manufacture of Leather, Fur, Feather & Its Products	1007259	4220879
木材加工及木、竹、藤、棕、草制品业	Processing of Timbers, Manufacture of Wood, Bamboo, Rattan, Palm, and Straw Products	893916	4059371
家具制造业	Manufacture of Furniture	576710	1917639
造纸及纸制品业	Manufacture of Paper and Paper Products	6111970	11561355
印刷业和记录媒介的复制	Printing, Reproduction of Recording Media	493430	1195477
文教体育用品制造业	Manufacture of Articles for Culture, Education and Sport Activity	564388	2102249
石油加工、炼焦及核燃料加工业	Processing of Petroleum, Coking, Processing of Nucleus Fuel	4996840	18063666
化学原料及化学制品制造业	Manufacture of Chemical Raw Material and Chemical Products	12979331	33977170
医药制造业	Manufacture of Medicines	2624188	6041809
化学纤维制造业	Manufacture of Chemical Fiber	1057641	1140304
橡胶制品业	Manufacture of Rubber	2764913	7425807
塑料制品业	Manufacture of Plastic	1434118	5632700
非金属矿物制品业	Manufacture of Non-metallic Mineral Products	7829239	21182881
黑色金属冶炼及压延加工业	Manufacture and Processing of Ferrous Metals	11723093	23946716
有色金属冶炼及压延加工业	Manufacture & Processing of Non-ferrous Metals	3798031	10386284
金属制品业	Manufacture of Metal Products	2547111	8083521
通用设备制造业	Manufacture of General Purpose Machinery	7003643	20813875
专用设备制造业	Manufacture of Special Purpose Machinery	3989625	13228643
交通运输设备制造业	Manufacture of Transport Equipment	8262800	16593424
电气机械及器材制造业	Manufacture of Electrical Machinery & Equipment	6718138	20055189
通信设备、计算机及其他电子设备制造业	Manufacture of Communication Equipment, Computer and Other Electronic Equipment	3221450	14526383
仪器仪表及文化、办公用机械制造业	Manufacture of Measuring Instrument and Machinery for Cultural Activity & Office Work	760956	2076071
工艺品及其他制造业	Manufacture of Artwork, Other Manufacture	1029860	4309411
废弃资源和废旧材料回收加工业	Recycling and Disposal of Waste	17181	104503
电力、燃气及水的生产和供应业	**Production and Supply of Electric Power and Heat Power**	**18038061**	**17351294**
电力、热力的生产和供应业	Production and Supply of Electric Power and Heat Power	16627480	16450054
燃气生产和供应业	Production and Supply of Gas	468872	553685
水的生产和供应业	Production and Supply of Water	941710	347555

continued

(10000 yuan)

# 主营业务税金及附加 Taxes and Other Charges on Principal Business	营业费用 Cost of Business	管理费用 Cost of Management	利润总额 Total Profits	亏损企业亏损总额 Losses of Loss Enterprises	利税总额 Total Profits and Taxes	本年应交增值税 Value-added Tax Payable	全部从业人员年平均人数（人） Annual Average Empolyed Persons (person)
990501	**472751**	**2089337**	**6584057**	**9618**	**9671848**	**2097290**	**755186**
183537	289685	1464093	1553087	3294	2582638	846015	525861
741197	14321	331183	4435301	822	6259920	1083422	66237
16827	13673	80227	136544	2730	215417	62046	35912
13488	70320	116601	284606	1274	317534	19440	53167
35130	84549	97209	173883	1499	295200	86186	73925
323	204	24	636		1139	181	84
2821434	**7980238**	**9137156**	**18855644**	**870367**	**31104563**	**9427485**	**6890397**
183071	679062	629981	1699900	37216	2460863	577893	663871
61745	298349	234600	592753	11143	925265	270767	200068
232919	366979	187461	408317	23174	857705	216469	107200
514061	51752	123211	108764	2338	769448	146624	12816
141796	415303	642816	1532331	39707	2576834	902706	1028126
43585	139887	221714	353610	13476	576318	179124	346428
24688	71859	108661	175884	16874	294623	94050	167936
32037	88225	65981	245494	8431	380158	102627	113544
16202	48822	49018	118212	3196	200882	66468	64873
47136	281844	282193	735925	23064	1179771	396710	219315
8356	27649	59031	76197	6187	130860	46308	42232
11780	47617	76071	112096	5542	176388	52513	90223
317496	108735	242062	363060	143333	1088557	408001	75724
209595	748147	954978	2423573	64847	3584968	951801	490407
29520	413945	289768	492491	31622	767215	245204	129405
7402	17152	38228	－19251	59183	25214	37062	32125
46458	154235	195381	412237	5090	625468	166774	143330
39693	127419	126918	356591	9985	541473	145189	133281
163153	558342	587371	1383657	67342	2331067	784257	562983
110376	333119	563449	1180643	17895	2070593	779575	198509
32524	101614	195635	897655	22124	1222022	291843	98962
56785	155393	225584	492592	22362	786032	236655	195454
146620	536987	722824	1369421	43403	2218365	702324	491325
60326	336178	379230	780364	19351	1124718	284028	287527
117931	351607	613243	777455	42013	1293252	397866	283133
87413	755163	633848	914806	100666	1488423	486204	269206
37939	624571	466526	508796	21882	823629	276895	211492
11781	51647	86172	126380	2091	187598	49437	47411
28644	87293	133989	227297	6834	384046	128105	182310
402	1344	1214	8396		12807	4009	1181
92197	**72337**	**586256**	**886085**	**96008**	**1931181**	**952899**	**235468**
85703	40720	483927	856338	77971	1851888	909847	188724
3592	20845	34736	28953	7439	59033	26489	13698
2902	10773	67593	794	10599	20259	16563	33046

13－5 规模以上国有控股工业企业主要经济指标

单位:万元

类　　别	Category	企业单位数(个) Number of Industial Enterprises (unit)	#亏损企业 Loss Enterprises
1996		5478	1243
1997		4352	1181
1998		3272	1009
1999		3049	786
2000		2774	596
2001		2403	569
2002		2082	498
2003		1961	471
2004		1496	492
2005		1394	370
2006		1360	357
在总计中:	**of which:**		
亏损企业	Loss Enterprises	357	357
一、按隶属关系分	**by Type of Ownership**		
中央企业	Central Enterprises	112	19
地方企业	Local Enterprises	1248	338
二、按轻重工业分	**by Light & Heavy Industry**		
轻工业	Light Industry	450	159
重工业	Heavy Industry	910	198
三、按企业规模分	**by Enterprise Size**		
大型企业	Large-sized Enterprises	126	11
中型企业	Medium-sized Enterprises	457	97
小型企业	Small-sized Enterprises	777	249

注:1. 1997 年及以前为乡及乡以上独立核算国有控股工业数据。2. 2003 年及以前,主营业务收入、主营业务税金及附加、营业费用分别为产品销售收入、产品销售税金及附加、产品销售费用。

Main Economic Indicators of State-holding Industrial Enterprises above Designated Size

(10000 yuan)

工 业 总 产 值 Gross Industrial Output Value	工 业 销售产值 Industrial Output Value of Products Sold	#出 口 交货值 Export Delivery Value	工 业 增 加 值 Added Value of Industry	资产合计 Total Assets	产成品 Finished Products	流动资产 年平均余额 Annual Average Balance of Working Capitals	固定资产净值 年平均余额 Annual Average Balance of Net Value of Fixed Assets
28880601	28125562		9838696	46663169	2501671	16443562	19828771
28220834	27473512		9628608	49527778	2687882	19033284	19906966
26957289	26268189		9246566	52675723	2722662	19888668	21568218
28716110	28189134		10174604	55961178	2784840	20520063	23686902
34865374	34582037		12625615	61171986	2648035	21559936	26865483
36451434	36075026		13425706	63133220	2596606	22619070	27560219
42011174	41427624		14779394	66635177	2450859	23463473	28577367
51487207	50844736	3517105	17991811	74887872	2695640	26726934	31848291
61113296	60064712	3613516	20621593	77434607	2467721	27344202	32361321
74010339	73313626	4044683	27078634	83290508	2852847	30467518	34492399
92291515	91593439	5307039	30383934	100154308	3002772	35011142	43339200
8500313	8457479	321368	1706484	8684359	374797	3135012	3727469
27409646	27411589	171099	8618262	26780669	296677	5215671	15245069
64881869	64181851	5135940	21765673	73373638	2706095	29795471	28094131
12486549	12414975	1943736	3712592	13327504	674710	6230102	4518367
79804966	79178465	3363303	26671343	86826804	2328061	28781040	38820833
61293863	60959433	4389264	15613601	71212482	2034241	25052005	29821889
18424734	18163271	747996	5559454	21746172	725685	7651535	9849898
12572918	12470735	169779	9210879	7195654	242846	2307602	3667413

a) Before 1997, the data are from state-holding industrial enterprises at and above county level with independent accounting system. b) Before 2003, revenue from principal business, taxes and other charges on principal business and cost of business refer to revenue from products sold, taxes and other charges on products sold and cost of products sold.

13－5 续表1

单位:万元

类别	Category	企业单位数（个）Number of Industial Enterprises (unit)	#亏损企业 Loss Enterprises
三、按行业大类分	by Sector		
采矿业	**Mining**	**112**	**12**
煤炭开采和洗选业	Mining and Washing of Coal	57	6
石油和天然气开采业	Extraction of Petroleum and Natural Gas	8	1
黑色金属矿采选业	Mining of Ferrous Metal Ores	10	2
有色金属矿采选业	Mining of Non-ferrous Metal Ores	19	2
非金属矿采选业	Mining and Processing of Nonmetal Ores	18	1
其他采矿业	Mining of Other Ores		
制造业	**Manufacturing**	**889**	**216**
农副食品加工业	Processing of Food from Agricultural Products	78	24
食品制造业	Manufacture of Foods	22	1
饮料制造业	Manufacture of Beverage	42	13
烟草制品业	Manufacture of Tobacco	10	1
纺织业	Manufacture of Textile	41	13
纺织服装、鞋、帽制造业	Manufacture of Textile Wearing Apparel, Footware, and Caps	9	1
皮革、毛皮、羽毛(绒)及其制品业	Manufacture of Leather, Fur, Feather & Its Products	3	1
木材加工及木、竹、藤、棕、草制品业	Processing of Timbers, Manufacture of Wood, Bamboo, Rattan, Palm, and Straw Products	6	3
家具制造业	Manufacture of Furniture	4	1
造纸及纸制品业	Manufacture of Paper and Paper Products	21	7
印刷业和记录媒介的复制	Printing, Reproduction of Recording Media	28	7
文教体育用品制造业	Manufacture of Articles for Culture, Education and Sport Activity	4	1
石油加工、炼焦及核燃料加工业	Processing of Petroleum, Coking, Processing of Nucleus Fuel	21	4
化学原料及化学制品制造业	Manufacture of Chemical Raw Material and Chemical Products	102	14
医药制造业	Manufacture of Medicines	30	13
化学纤维制造业	Manufacture of Chemical Fiber	5	1
橡胶制品业	Manufacture of Rubber	9	1
塑料制品业	Manufacture of Plastic	12	5
非金属矿物制品业	Manufacture of Non-metallic Mineral Products	82	18
黑色金属冶炼及压延加工业	Manufacture and Processing of Ferrous Metals	15	3
有色金属冶炼及压延加工业	Manufacture & Processing of Non-ferrous Metals	13	3
金属制品业	Manufacture of Metal Products	25	13
通用设备制造业	Manufacture of General Purpose Machinery	93	18
专用设备制造业	Manufacture of Special Purpose Machinery	49	19
交通运输设备制造业	Manufacture of Transport Equipment	81	17
电气机械及器材制造业	Manufacture of Electrical Machinery & Equipment	42	8
通信设备、计算机及其他电子设备制造业	Manufacture of Communication Equipment, Computer and Other Electronic Equipment	22	2
仪器仪表及文化、办公用机械制造业	Manufacture of Measuring Instrument and Machinery for Cultural Activity & Office Work	10	1
工艺品及其他制造业	Manufacture of Artwork, Other Manufacture	10	3
废弃资源和废旧材料回收加工业	Recycling and Disposal of Waste		
电力、燃气及水的生产和供应业	**Production and Supply of Electric Power and Heat Power**	**359**	**129**
电力、热力的生产和供应业	Production and Supply of Electric Power and Heat Power	226	54
燃气生产和供应业	Production and Supply of Gas	17	11
水的生产和供应业	Production and Supply of Water	116	64

continued

(10000 yuan)

工业总产值 Gross Industrial Output Value	工业销售产值 Industrial Output Value of Products Sold	#出口交货值 Export Delivery Value	工业增加值 Added Value of Industry	资产合计 Total Assets	产成品 Finished Products	流动资产年平均余额 Annual Average Balance of Working Capitals	固定资产净值年平均余额 Annual Average Balance of Net Value of Fixed Assets
20419282	**20201010**	**586556**	**12761319**	**24499590**	**425014**	**7931500**	**12190209**
9415936	9212005	494250	5208422	15670136	304725	6466079	6051069
9427197	9427241		6997683	6966297	65995	681463	5597268
367529	365985	13304	171655	520013	17569	249236	147252
992692	979654	29560	306645	1106052	18304	430883	299866
215929	216125	49443	76914	237093	18422	103839	94754
57295398	**56832124**	**4693063**	**14458620**	**50400046**	**2547390**	**22519650**	**17735633**
1229823	1213073	51839	193821	696191	45034	331262	244456
365478	350079	162297	104477	400148	30155	189259	104127
1120339	1276795	49822	384642	1603212	60009	881147	377361
1366379	1357478	1390	901459	1768290	3072	949039	271547
1531767	1536579	450012	424424	1602623	127265	714427	541080
81472	81999	60524	30376	102011	19460	62536	20748
29667	30053	9936	12141	12258	3699	8693	2294
36321	37795		6535	94836	1975	25348	38184
29618	29546	1252	4988	11717	1487	5498	4501
1766049	1765878	274683	493474	2521792	101242	884379	1270627
106449	104853		38523	188012	8761	69855	91385
90244	90073	19802	30312	69021	4567	42199	11497
11850149	11762850	32498	2268117	4731941	283046	1887771	1846208
7324406	7319520	408718	1966993	8189062	242436	2589945	3919040
919412	914489	135864	321850	1179158	53791	502317	430103
222619	215781	4637	46304	334221	7795	109866	153154
399707	399644	124055	59013	642445	42114	342681	147259
60035	57904	12598	14751	71344	3638	30410	36944
1128736	1125784	210647	325893	1967056	99638	846759	740341
11139907	11103514	987506	2984760	9894837	499699	3977081	4179078
1663084	1667687	145375	392532	1319651	43046	521213	577595
204976	196318	9222	110274	115506	12651	62298	35091
2048957	1963278	162263	650715	2854285	168727	1521808	655124
1888036	1853887	64736	399514	954705	82342	474905	280254
5827702	5728476	460357	1137578	6649759	309603	3908771	1273320
682375	657549	1892	178006	772895	86168	522729	126361
4048123	3868737	837281	933994	1499021	196859	964580	324687
104132	93467	4359	34995	125507	8149	73984	22877
29438	29039	9498	8163	28544	962	18893	10390
14576836	**14560305**	**27420**	**3163995**	**25254671**	**30368**	**4559992**	**13413359**
14107968	14098057	1469	2999843	23204146	25995	3860660	12461829
198325	201441	25951	52539	666343	3294	154901	329329
270543	260808		111613	1384182	1079	544432	622201

13－5　续表2

单位:万元

类　　别	Category	负债合计 Total Liabilities	主营业务收　入 Revenue from Principal Business
1996		30398766	29217185
1997		32036024	29047678
1998		33392509	28458107
1999		35181030	30965917
2000		38067876	37970654
2001		37483411	40271259
2002		39713021	44943840
2003		44344094	56629328
2004		46536736	63587181
2005		50122726	77742855
2006		60927702	95306527
在总计中:	**of which:**		
亏损企业	Loss Enterprises	6679471	8500350
一、按隶属关系分	**by Type of Ownership**		
中央企业	Central Enterprises	13039314	30766615
地方企业	Local Enterprises	47888388	64539912
二、按轻重工业分	**by Light & Heavy Industry**		
轻工业	Light Industry	7359758	13709029
重工业	Heavy Industry	53567944	81597498
三、按企业规模分	**by Enterprise Size**		
大型企业	Large-sized Enterprises	41425811	72265028
中型企业	Medium-sized Enterprises	14513394	18346494
小型企业	Small-sized Enterprises	4988497	4695005

continued

(10000 yuan)

# 主营业务税金及附加 Taxes and Other Charges on Principal Business	营业费用 Cost of Business	管理费用 Cost of Management	利润总额 Total Profits	亏损企业亏损总额 Losses of Loss Enterprises	利税总额 Total Profits and Taxes	本年应交增值税 Value-added Tax Payable	全部从业人员年平均人数（人） Annual Average Empolyed Persons (person)
803381	707510	2372100	887898	322660	3282655	1591377	3355262
776102	751900	2158108	843059	332227	3151438	1532278	2025287
667126	831611	2123686	779737	380070	3013838	1566975	2847698
660786	972660	2176570	951851	365374	3298141	1685504	2679816
701911	1100187	2583426	3038705	255271	5946153	2205537	2447147
759947	1296629	2641532	2826951	278147	5747731	2160883	2210739
831106	1371031	3099209	2667128	262877	5675976	2177741	2046430
993791	1580906	3586621	3976276	252046	7618829	2648762	2012836
1098150	1559258	4272468	5083589	573420	9232606	3050867	1664496
1266031	1744348	4268502	7470903	299658	12199176	3462241	1490223
2063986	1904728	4562370	8889270	380727	15419255	4465998	1485997
172356	101150	363494	-380727	380727	-39693	168679	171958
1478593	157500	908823	5115190	157064	8495868	1902085	214003
585393	1747228	3653547	3764081	223663	6913386	2563913	1271994
630380	800577	658841	568102	57792	1779139	580657	279154
1433606	1104151	3903529	8311169	322935	13630116	3885341	1206843
1792779	1461762	3342581	7633969	172756	12958535	3531788	969014
246442	330968	956926	1084694	135762	2071638	740503	384093
24765	111999	262863	170608	72209	389081	193708	132890

13－5 续表3

单位:万元

类　　别	Category	负债合计 Total Liabilities	主营业务收入 Revenue from Principal Business
三、按行业大类分	by Sector		
采矿业	**Mining**	**13365846**	**19475466**
煤炭开采和洗选业	Mining and Washing of Coal	10304312	9180720
石油和天然气开采业	Extraction of Petroleum and Natural Gas	2067745	8841663
黑色金属矿采选业	Mining of Ferrous Metal Ores	295976	360452
有色金属矿采选业	Mining of Non-ferrous Metal Ores	529665	873939
非金属矿采选业	Mining and Processing of Nonmetal Ores	168148	218692
其他采矿业	Mining of Other Ores		
制造业	**Manufacturing**	**31608083**	**60307840**
农副食品加工业	Processing of Food from Agricultural Products	548027	1259704
食品制造业	Manufacture of Foods	198729	357979
饮料制造业	Manufacture of Beverage	733765	1301479
烟草制品业	Manufacture of Tobacco	793940	1349174
纺织业	Manufacture of Textile	927583	1705477
纺织服装、鞋、帽制造业	Manufacture of Textile Wearing Apparel, Footware, and Caps	76193	77233
皮革、毛皮、羽毛(绒)及其制品业	Manufacture of Leather, Fur, Feather & Its Products	9632	26087
木材加工及木、竹、藤、棕、草制品业	Processing of Timbers, Manufacture of Wood, Bamboo, Rattan, Palm, and Straw Products	108287	37312
家具制造业	Manufacture of Furniture	7326	27263
造纸及纸制品业	Manufacture of Paper and Paper Products	1521682	2388124
印刷业和记录媒介的复制	Printing, Reproduction of Recording Media	116243	107114
文教体育用品制造业	Manufacture of Articles for Culture, Education and Sport Activity	60406	88017
石油加工、炼焦及核燃料加工业	Processing of Petroleum, Coking, Processing of Nucleus Fuel	3090836	11857023
化学原料及化学制品制造业	Manufacture of Chemical Raw Material and Chemical Products	4654614	7517926
医药制造业	Manufacture of Medicines	550793	897097
化学纤维制造业	Manufacture of Chemical Fiber	231760	224360
橡胶制品业	Manufacture of Rubber	416187	543833
塑料制品业	Manufacture of Plastic	37836	58252
非金属矿物制品业	Manufacture of Non-metallic Mineral Products	1348812	1196947
黑色金属冶炼及压延加工业	Manufacture and Processing of Ferrous Metals	7147957	12666188
有色金属冶炼及压延加工业	Manufacture & Processing of Non-ferrous Metals	762172	1682355
金属制品业	Manufacture of Metal Products	92210	197833
通用设备制造业	Manufacture of General Purpose Machinery	1723787	1907021
专用设备制造业	Manufacture of Special Purpose Machinery	638672	1873546
交通运输设备制造业	Manufacture of Transport Equipment	4470409	5888091
电气机械及器材制造业	Manufacture of Electrical Machinery & Equipment	519435	651621
通信设备、计算机及其他电子设备制造业	Manufacture of Communication Equipment, Computer and Other Electronic Equipment	700089	4296357
仪器仪表及文化、办公用机械制造业	Manufacture of Measuring Instrument and Machinery for Cultural Activity & Office Work	103605	94249
工艺品及其他制造业	Manufacture of Artwork, Other Manufacture	17095	30180
废弃资源和废旧材料回收加工业	Recycling and Disposal of Waste		
电力、燃气及水的生产和供应业	**Production and Supply of Electric Power and Heat Power**	**15953774**	**15523221**
电力、热力的生产和供应业	Production and Supply of Electric Power and Heat Power	14880900	15038548
燃气生产和供应业	Production and Supply of Gas	292135	220085
水的生产和供应业	Production and Supply of Water	780739	264588

continued

(10000 yuan)

# 主营业务税金及附加 Taxes and Other Charges on Principal Business	营业费用 Cost of Business	管理费用 Cost of Management	利润总额 Total Profits	亏损企业亏损总额 Losses of Loss Enterprises	利税总额 Total Profits and Taxes	本年应交增值税 Value-added Tax Payable	全部从业人员年平均人数（人） Annual Average Empolyed Persons (person)
899422	**285443**	**1802249**	**5764239**	**4748**	**8471561**	**1807901**	**540861**
152072	247308	1351634	1226890	2855	2070740	691778	428862
739066	11196	325308	4428266	822	6247416	1080083	64632
3507	6243	45420	32397	311	57829	21925	12668
1329	6429	64161	62619	661	67321	3373	24367
3448	14267	15726	14067	100	28256	10741	10332
1081300	**1561864**	**2250076**	**2450161**	**298850**	**5356505**	**1825044**	**746884**
1227	20633	24137	24097	4776	31158	5834	17619
648	7779	10130	20376	9	25305	4280	6794
79207	194670	76761	120658	14043	287845	87981	30454
513900	50576	121765	102619	2338	761665	145146	11089
6187	24759	61249	48230	5337	120223	65806	72949
76	1864	7609	-148	1653	1627	1700	6882
44	608	1338	370	269	872	458	1057
163	2006	1664	1908	1453	4153	2082	1332
11	725	562	230	17	466	225	486
3685	80565	60050	137571	967	223074	81818	28593
655	2383	17777	2565	1966	9653	6432	8209
192	2947	5715	168	481	1709	1349	4009
248580	35961	150198	10181	139248	394370	135609	39914
36618	150121	337783	616095	32270	907542	254830	99008
4774	85519	68174	48062	10239	97248	44412	26377
1048	2665	11777	8544	924	19326	9734	7047
1942	14622	15254	7255	48	20155	10958	14375
43	1294	2916	-504	1407	1058	1519	1812
7209	44150	63101	47721	12667	101991	47061	36517
73462	199805	414071	530594	2443	1050237	446180	81542
7362	13853	98342	167496	15204	241668	66810	22323
1402	2429	7816	1538	2683	6389	3448	4566
13141	59984	150763	139857	19646	248663	95666	61083
4624	34307	60299	64504	7711	88606	19478	49926
61283	129162	251491	224162	16803	418046	132602	74873
2464	29692	45974	38914	2023	65930	24552	13275
10824	363526	170079	80050	1575	213735	122861	18938
250	4667	10428	6287	292	11815	5278	3868
280	596	2855	763	359	1978	935	1967
83265	**57422**	**510046**	**674870**	**77130**	**1591189**	**833054**	**198252**
79429	32826	427224	684824	60120	1573426	809173	159460
1612	16099	22490	-2232	6861	9480	10100	8997
2224	8497	60332	-7722	10148	8282	13781	29795

13－6 规模以上集体工业企业主要经济指标

单位:万元

类　　别	Category	企业单位数（个）Number of Industial Enterprises (unit)	#亏损企业 Loss Enterprises
1995		18993	3133
1996		18348	1587
1997		15964	1795
1998		4817	427
1999		4375	383
2000		3942	259
2001		2824	191
2002		2477	169
2003		2136	122
2004		1597	131
2005		1456	83
2006		1301	69
在总计中:	**of which:**		
亏损企业	Loss Enterprises	69	69
在总计中:	of which:		
农村工业	Industry in Rural Area	489	10
一、按轻重工业分	**by Light & Heavy Industry**		
轻工业	Light Industry	416	24
重工业	Heavy Industry	885	45
二、按企业规模分	**by Enterprise Size**		
大型企业	Large-sized Enterprises	15	1
中型企业	Medium-sized Enterprises	177	10
小型企业	Small-sized Enterprises	1109	58

注:1.1997年及以前为乡及乡以上独立核算国有控股工业数据。2.2003年及以前,主营业务收入、主营业务税金及附加、营业费用分别为产品销售收入、产品销售税金及附加、产品销售费用。

Main Economic Indicators of Collective-owned Industrial Enterprises above Designated Size

(10000 yuan)

工　　业 总 产 值 Gross Industrial Output Value	工　　业 销售产值 Industrial Output Value of Products Sold	#出　口 交货值 Export Delivery Value	工　　业 增 加 值 Added Value of Industry	资产合计 Total Assets	产成品 Finished Products	流动资产 年平均余额 Annual Average Balance of Working Capitals	固定资产净值 年平均余额 Annual Average Balance of Net Value of Fixed Assets
17833187			4148379	15272046	2147545	7676151	4548132
23113935	22099779		6092847	17696800	2046193	8697398	5475771
24530868	23533407		6275247	18978347	2178997	10052524	5932147
22066380	21144843		5694779	15503459	1715156	7779477	5393517
22189927	21339470		5825557	15769470	1625083	7984452	5386456
23939904	23202441		6274807	15862337	1473412	8086175	5381912
20783295	20229521		5297119	12985086	1227882	6602203	4148165
23488160	22903589		6243391	13652937	1112754	6719538	4332508
25263944	24688845	2179665	6734039	14540953	1029781	6940128	4487529
20851666	20419063	1856972	5455796	9798505	711638	5107171	2734671
22648744	22358034	1817304	6055791	11146641	810644	5794018	2998322
24696719	24360541	1860766	6404275	12968855	717295	6401453	4281756
410494	413740	29396	63652	1236423	69096	901230	147820
9082252	8924045	173644	2468404	4242676	185223	1522717	1919535
10538117	10428067	1529990	2360541	5795798	367795	3351848	1251244
14158602	13932474	330776	4043735	7173057	349500	3049605	3030513
7987458	7907843	1338933	1720266	7098836	307335	3360032	2310305
7378898	7269934	297046	2020237	3154633	196656	1650026	1028431
9330363	9182764	224787	2663772	2715387	213305	1391396	943020

a) Before 1997, the data are from state-holding industrial enterprises at and above county level with independent accounting system. b) Before 2003, revenue from principal business, taxes and other charges on principal business and cost of business refer to revenue from products sold, taxes and other charges on products sold and cost of products sold.

13－6 续表1

单位:万元

类别	Category	企业单位数(个) Number of Industial Enterprises (unit)	#亏损企业 Loss Enterprises
三、按行业大类分	**by Sector**		
采矿业	**Mining**	**207**	**3**
煤炭开采和洗选业	Mining and Washing of Coal	81	1
石油和天然气开采业	Extraction of Petroleum and Natural Gas		
黑色金属矿采选业	Mining of Ferrous Metal Ores	9	
有色金属矿采选业	Mining of Non-ferrous Metal Ores	53	
非金属矿采选业	Mining and Processing of Nonmetal Ores	63	2
其他采矿业	Mining of Other Ores	1	
制造业	**Manufacturing**	**1082**	**63**
农副食品加工业	Processing of Food from Agricultural Products	127	1
食品制造业	Manufacture of Foods	18	1
饮料制造业	Manufacture of Beverage	17	1
烟草制品业	Manufacture of Tobacco		
纺织业	Manufacture of Textile	61	7
纺织服装、鞋、帽制造业	Manufacture of Textile Wearing Apparel, Footware, and Caps	13	1
皮革、毛皮、羽毛(绒)及其制品业	Manufacture of Leather, Fur, Feather & Its Products	7	1
木材加工及木、竹、藤、棕、草制品业	Processing of Timbers, Manufacture of Wood, Bamboo, Rattan, Palm, and Straw Products	7	1
家具制造业	Manufacture of Furniture	2	
造纸及纸制品业	Manufacture of Paper and Paper Products	62	3
印刷业和记录媒介的复制	Printing, Reproduction of Recording Media	12	1
文教体育用品制造业	Manufacture of Articles for Culture, Education and Sport Activity	4	1
石油加工、炼焦及核燃料加工业	Processing of Petroleum, Coking, Processing of Nucleus Fuel	7	
化学原料及化学制品制造业	Manufacture of Chemical Raw Material and Chemical Products	121	11
医药制造业	Manufacture of Medicines	13	
化学纤维制造业	Manufacture of Chemical Fiber	2	
橡胶制品业	Manufacture of Rubber	15	
塑料制品业	Manufacture of Plastic	42	5
非金属矿物制品业	Manufacture of Non-metallic Mineral Products	175	8
黑色金属冶炼及压延加工业	Manufacture and Processing of Ferrous Metals	15	3
有色金属冶炼及压延加工业	Manufacture & Processing of Non-ferrous Metals	15	
金属制品业	Manufacture of Metal Products	54	2
通用设备制造业	Manufacture of General Purpose Machinery	124	7
专用设备制造业	Manufacture of Special Purpose Machinery	39	1
交通运输设备制造业	Manufacture of Transport Equipment	38	4
电气机械及器材制造业	Manufacture of Electrical Machinery & Equipment	57	3
通信设备、计算机及其他电子设备制造业	Manufacture of Communication Equipment, Computer and Other Electronic Equipment	6	
仪器仪表及文化、办公用机械制造业	Manufacture of Measuring Instrument and Machinery for Cultural Activity & Office Work	12	
工艺品及其他制造业	Manufacture of Artwork, Other Manufacture	17	1
废弃资源和废旧材料回收加工业	Recycling and Disposal of Waste		
电力、燃气及水的生产和供应业	**Production and Supply of Electric Power and Heat Power**	**12**	**3**
电力、热力的生产和供应业	Production and Supply of Electric Power and Heat Power	8	3
燃气生产和供应业	Production and Supply of Gas		
水的生产和供应业	Production and Supply of Water	4	

continued

(10000 yuan)

工业总产值 Gross Industrial Output Value	工业销售产值 Industrial Output Value of Products Sold	#出口交货值 Export Delivery Value	工业增加值 Added Value of Industry	资产合计 Total Assets	产成品 Finished Products	流动资产年平均余额 Annual Average Balance of Working Capitals	固定资产净值年平均余额 Annual Average Balance of Net Value of Fixed Assets
2273690	**2253838**	**54322**	**787996**	**990889**	**30181**	**428686**	**392797**
822968	813392		364198	393279	6205	215543	133506
58307	56472		22103	30130	843	22643	4463
967323	965074	46792	274151	429312	14310	121062	198434
422493	416302	7530	126662	137961	8823	69285	56383
2599	2599		883	206		153	10
22368803	**22052845**	**1806444**	**5602143**	**11825002**	**687024**	**5927343**	**3818595**
1822299	1800979	118447	444576	483747	55945	229857	187012
320978	312072	16086	73668	124772	7338	53282	51249
317216	302289	4106	108665	213241	21879	96168	65454
1645026	1620458	93460	376676	1013872	42474	516407	272088
309940	293590	85070	74297	195866	6045	115560	58216
62440	61619	25391	10440	24396	2812	17861	5231
212499	180356	23208	52075	116114	8321	52306	45557
9414	9429	333	3189	1650	104	681	396
476595	468877	5169	134676	156398	17180	81393	58631
46553	45392		11778	20932	1614	6734	13820
31508	31240	15592	7115	7765	1238	5583	1373
96221	95136	81	29320	23380	1228	8776	6480
1823067	1795028	2241	493055	610765	41938	355485	192624
140435	141047	10800	40614	79765	8159	39377	31654
11920	11730		3646	6954	242	3186	3241
696090	691040	98075	172637	173920	5651	65815	78632
374005	365253	13853	107487	166223	12758	96406	33634
2014894	1976918	25428	594496	757318	64235	393696	271135
661503	660292	16158	171946	714304	47669	187919	447530
1695878	1694235		454848	2166411	35287	593002	1157010
594948	580323	11939	190292	197036	18170	109911	53288
1513914	1477592	88509	411477	499711	38217	300008	163788
548250	539280	11869	130833	125748	10429	74538	44340
432237	420810	1749	98221	188451	7888	118785	43002
6066600	6042226	1115924	1246474	3630294	224421	2337407	494175
79210	77901	28	38853	25800	827	17701	2552
204400	197005		74802	64833	2077	32485	24932
160766	160729	22928	45989	35339	2877	17015	11552
54226	**53858**		**14136**	**152965**	**91**	**45424**	**70365**
40626	40280		10475	100733		35993	34071
13600	13577		3661	52231	91	9432	36293

13－6 续表 2

单位：万元

类　　别	Category	负债合计 Total Liabilities	主营业务收　入 Revenue from Principal Business
1995		11466442	14834699
1996		12696579	17803639
1997		13613598	18905616
1998		10241396	18025045
1999		10095629	18667450
2000		9876400	20919356
2001		7954456	18029939
2002		8179807	20575616
2003		8225459	22380103
2004		5531086	19477223
2005		5893625	22120521
2006		6745119	24069197
在总计中：	**of which：**		
亏损企业	Loss Enterprises	1134876	454115
在总计中：	of which：		
农村工业	Industry in Rural Area	1819700	8941595
一、按轻重工业分	**by Light & Heavy Industry**		
轻工业	Light Industry	3294117	10355365
重工业	Heavy Industry	3451003	13713832
二、按企业规模分	**by Enterprise Size**		
大型企业	Large-sized Enterprises	3629212	8014537
中型企业	Medium-sized Enterprises	1647695	7055155
小型企业	Small-sized Enterprises	1468212	8999505

continued

(10000 yuan)

#主营业务税金及附加 Taxes and Other Charges on Principal Business	营业费用 Cost of Business	管理费用 Cost of Management	利润总额 Total Profits	亏损企业亏损总额 Losses of Loss Enterprises	利税总额 Total Profits and Taxes	本年应交增值税 Value-added Tax Payable	全部从业人员年平均人数（人） Annual Average Empolyed Persons (person)
147418	386056	929164	696245	142920	1330975	481715	2681973
162191	492829	970045	987812	85582	1726729	576726	2679139
149959	605745	967184	986322	120150	1734121	597839	2506332
126876	595784	759796	1026038	58195	1696312	543399	1566174
129917	685387	750584	1066417	41105	1767954	571620	1408344
146802	816676	787222	1235014	28851	2008676	626860	1261337
107599	716928	628196	1002809	15710	1605984	495792	937712
116970	654223	615845	1133494	19614	1821625	571161	852362
132809	712676	664336	1310425	14501	2031481	588247	771130
129920	625207	611239	1109189	17392	1732492	493383	476143
152968	703056	579955	1351603	10311	2119765	615194	430466
158430	794781	641432	1490168	91489	2296192	647594	395011
2404	21855	99203	-91489	91489	-78919	10166	16806
55836	213278	124007	790094	682	1049634	203704	136784
62126	523149	392348	370884	85003	681800	248790	147897
96304	271633	249084	1119283	6486	1614392	398804	247114
29908	486863	312867	314666	83880	532523	187949	80046
56869	109659	142469	530291	3953	767234	180074	144453
71653	198259	186096	645211	3656	996434	279571	170512

13－6 续表3

单位:万元

类　　别	Category	负债合计 Total Liabilities	主营业务收　入 Revenue from Principal Business
三、按行业大类分	**by Sector**		
采矿业	**Mining**	**525902**	**2281163**
煤炭开采和洗选业	Mining and Washing of Coal	233050	788547
石油和天然气开采业	Extraction of Petroleum and Natural Gas		
黑色金属矿采选业	Mining of Ferrous Metal Ores	21729	53741
有色金属矿采选业	Mining of Non-ferrous Metal Ores	203118	1027617
非金属矿采选业	Mining and Processing of Nonmetal Ores	67934	408660
其他采矿业	Mining of Other Ores	72	2599
制造业	**Manufacturing**	**6113077**	**21725419**
农副食品加工业	Processing of Food from Agricultural Products	226302	1670145
食品制造业	Manufacture of Foods	63204	303548
饮料制造业	Manufacture of Beverage	131141	307213
烟草制品业	Manufacture of Tobacco		
纺织业	Manufacture of Textile	559485	1639431
纺织服装、鞋、帽制造业	Manufacture of Textile Wearing Apparel, Footware, and Caps	105800	299501
皮革、毛皮、羽毛(绒)及其制品业	Manufacture of Leather, Fur, Feather & Its Products	13050	67377
木材加工及木、竹、藤、棕、草制品业	Processing of Timbers, Manufacture of Wood, Bamboo, Rattan, Palm, and Straw Products	62173	196432
家具制造业	Manufacture of Furniture	1201	9195
造纸及纸制品业	Manufacture of Paper and Paper Products	96537	473542
印刷业和记录媒介的复制	Printing, Reproduction of Recording Media	5903	44320
文教体育用品制造业	Manufacture of Articles for Culture, Education and Sport Activity	5615	30829
石油加工、炼焦及核燃料加工业	Processing of Petroleum, Coking, Processing of Nucleus Fuel	6167	92453
化学原料及化学制品制造业	Manufacture of Chemical Raw Material and Chemical Products	363230	1775728
医药制造业	Manufacture of Medicines	40243	129858
化学纤维制造业	Manufacture of Chemical Fiber	2239	11736
橡胶制品业	Manufacture of Rubber	106755	708940
塑料制品业	Manufacture of Plastic	105378	339018
非金属矿物制品业	Manufacture of Non-metallic Mineral Products	349416	1923679
黑色金属冶炼及压延加工业	Manufacture and Processing of Ferrous Metals	277738	660217
有色金属冶炼及压延加工业	Manufacture & Processing of Non-ferrous Metals	864926	1668905
金属制品业	Manufacture of Metal Products	103647	585928
通用设备制造业	Manufacture of General Purpose Machinery	285945	1362094
专用设备制造业	Manufacture of Special Purpose Machinery	49883	526792
交通运输设备制造业	Manufacture of Transport Equipment	79934	424680
电气机械及器材制造业	Manufacture of Electrical Machinery & Equipment	2122725	6063671
通信设备、计算机及其他电子设备制造业	Manufacture of Communication Equipment, Computer and Other Electronic Equipment	12757	61069
仪器仪表及文化、办公用机械制造业	Manufacture of Measuring Instrument and Machinery for Cultural Activity & Office Work	56514	200280
工艺品及其他制造业	Manufacture of Artwork, Other Manufacture	15173	148840
废弃资源和废旧材料回收加工业	Recycling and Disposal of Waste		
电力、燃气及水的生产和供应业	**Production and Supply of Electric Power and Heat Power**	**106139**	**62615**
电力、热力的生产和供应业	Production and Supply of Electric Power and Heat Power	75654	49181
燃气生产和供应业	Production and Supply of Gas		
水的生产和供应业	Production and Supply of Water	30486	13434

continued

(10000 yuan)

# 主营业务税金及附加 Taxes and Other Charges on Principal Business	营业费用 Cost of Business	管理费用 Cost of Management	利润总额 Total Profits	亏损企业亏损总额 Losses of Loss Enterprises	利税总额 Total Profits and Taxes	本年应交增值税 Value-added Tax Payable	全部从业人员年平均人数（人） Annual Average Empolyed Persons (person)
26401	**78226**	**65517**	**253935**	**498**	**367484**	**87148**	**70770**
12007	13088	29642	95122	183	163913	56784	37491
749	347	2183	7407		12040	3885	1616
8644	55929	24432	119227		136299	8428	15977
4791	8756	9259	31566	315	54226	17869	15618
210	106		614		1005	181	68
131179	**715924**	**571955**	**1230827**	**90195**	**1920396**	**558390**	**322131**
18348	30467	41992	91378	50	133670	23944	30848
3533	7758	12407	18586	60	29797	7678	6968
8106	19298	7457	17770	4	38424	12547	5096
6017	15905	30104	92825	462	140158	41315	37599
1871	3427	8939	15251	41	27381	10258	11375
1102	3736	907	2830	171	5310	1378	1884
1102	1820	3009	16135	3	23637	6400	3871
350	305	307	611		1319	357	430
2424	6675	8261	26945	92	43372	14004	11967
615	1124	2561	3159	13	5601	1827	1236
161	481	316	676	32	2334	1498	450
2212	1000	3081	6808		14631	5612	535
10800	32840	41776	123431	1836	174604	40373	20585
1927	6488	6886	7031		14156	5198	3565
39	180	196	699		1139	401	654
1242	4118	5004	52902		69782	15638	5487
868	4719	6458	23513	624	32010	7630	6563
16360	26366	27528	148333	1899	227314	62621	43939
3198	5223	7915	28305	171	54488	22986	7586
7565	42277	16358	197212		230955	26178	26073
3872	6509	10316	42448	58	76186	29866	11388
9551	25186	23169	93236	379	148617	45830	26287
4189	6738	9473	47545	71	65422	13688	8720
3705	8761	11988	29698	202	42825	9423	10749
18897	445519	277889	122790	84006	280031	138344	29651
753	2655	1962	2171		5918	2995	1562
1131	3755	1954	8349		14437	4956	2751
1242	2597	3744	10191	23	16879	5446	4312
851	**631**	**3960**	**5406**	**796**	**8312**	**2056**	**2110**
717	1	2682	2062	796	4557	1779	1562
134	630	1278	3344		3755	277	548

13－7 规模以上外商投资和港澳台商投资工业企业主要经济指标

单位:万元

类　　别	Category	企　业 单位数 (个) Number of Industial Enterprises (unit)	#亏　损 企　业 Loss Enterprises
1995		3799	1339
1996		2903	849
1997		2605	939
1998		1587	454
1999		1625	404
2000		1740	373
2001		2020	484
2002		2385	541
2003		2925	665
2004		4315	1059
2005		4684	773
2006		5227	819
在总计中:	of which:		
亏损企业	Loss Enterprises	819	819
在总计中:	of which:		
港、澳、台商投资企业	Enterprises with Funds from Hong Kong, Macao and Taiwan	1131	150
合资经营企业(港或澳、台资)	Joint-ventures Enterprises	653	77
合作经营企业(港或澳、台资)	Cooperative Enterprises	31	4
港澳台商独资经营企业	Enterprises with Sole Investment	422	66
港澳台商投资股份有限公司	Share-holding Corporations Ltd. \ = with Funds from Hong Kong, Macao and Taiwan	25	3
外商投资企业	Foreign Funded Enterprises	4096	669
中外合资经营企业	Joint-venture Enterprises	1519	189
中外合作经营企业	Cooperation Enterprises	109	16
外资企业	Enterprises with Sole Foreign Funds	2378	450
外商投资股份有限公司	Share-holding Corporations Ltd. with Foreign Investment	90	14
在总计中:	of which:		
国有控股企业	State-holding Enterprises	110	26
在总计中:	of which:		
农村工业	Industry in Rural Area	108	2
一、按轻重工业分	**by Light & Heavy Industry**		
轻工业	Light Industry	3092	485
重工业	Heavy Industry	2135	334
二、按企业规模分	**by Enterprise Size**		
大型企业	Large-sized Enterprises	51	3
中型企业	Medium-sized Enterprises	722	86
小型企业	Small-sized Enterprises	4454	730

注:2003年及以前,主营业务收入、主营业务税金及附加、营业费用分别为产品销售收入、产品销售税金及附加、产品销售费用。

Main Economic Indicators of Industrial Enterprises with Foreign, Hong Kong, Macao and Taiwan Funds

(10000 yuan)

工业总产值 Gross Industrial Output Value	工业销售产值 Industrial Output Value of Products Sold	#出口交货值 Export Delivery Value	工业增加值 Added Value of Industry	资产合计 Total Assets	产成品 Finished Products	流动资产年平均余额 Annual Average Balance of Working Capitals	固定资产净值年平均余额 Annual Average Balance of Net Value of Fixed Assets
7274306			1741571	9120968			
6770710	6398892		1722286	7934021	579141	3078039	3210588
8819121	8463177		2236637	10291794	832744	4213648	4417064
8835322	8543079		2192632	9794237	730725	4039995	4312492
9860114	9503397		2622497	10374625	747230	4403141	4469533
11733444	11407902		3248882	11450417	766490	5149741	4763392
14570101	14184782		4317515	13978219	885669	6218800	5561049
17707902	17224508		5233651	16056232	965904	7330202	6278224
24832436	24336050	9283568	7300069	22387343	1189967	9810521	9084614
37836423	36920480	13536351	11117424	30386016	1636652	13195818	12040507
54014093	53031835	16756713	16251488	38447493	2063357	16996280	15011741
72090688	71138467	22454787	21492621	49903969	2635215	22336522	18732001
4629035	4364800	1820443	1271567	4704749	260920	1984795	1844186
13177875	12810555	3185392	3769066	9259492	597083	4377305	3433292
8186288	7871476	1829179	2277063	5455887	368896	2691881	1908415
281638	280896	65751	86925	205300	15568	90455	86201
3949632	3901918	1172819	1113493	3068108	182101	1401598	1206305
760317	756264	117643	291585	530197	30519	193371	232370
58912813	58327913	19269396	17723555	40644477	2038132	17959217	15298710
25357969	24999688	7355102	7186323	16573502	967788	8440008	5361943
1264439	1237725	360960	431194	2337425	59732	464487	1666793
27412467	27115071	10530742	8548268	13587591	834562	6865930	4931011
4877938	4975428	1022592	1557770	8145958	176051	2188793	3338963
5857903	5974676	612133	1715590	10691747	223924	2737292	5062398
1291676	1267902	467181	373070	651749	47893	247721	212424
34031941	33727213	11373439	9983546	22345487	1377654	10988609	7759046
38058748	37411255	11081348	11509075	27558482	1257562	11347913	10972956
14330012	14363663	3400323	3701690	13544612	578279	5196792	4847878
27484044	26855992	9967183	7920779	19716822	1001066	9371042	7476757
30276633	29918812	9087281	9870152	16642535	1055870	7768688	6407366

a) Before 2003, revenue from principal business, taxes and other charges on principal business and cost of business refer to revenue from products sold, taxes and other charges on products sold and cost of products sold.

13－7 续表1

单位:万元

类别	Category	企业单位数(个) Number of Industial Enterprises (unit)	#亏损企业 Loss Enterprises
三、按行业大类分	**by Sector**		
采矿业	**Mining**	**23**	**5**
煤炭开采和洗选业	Mining and Washing of Coal	1	1
石油和天然气开采业	Extraction of Petroleum and Natural Gas	1	1
黑色金属矿采选业	Mining of Ferrous Metal Ores	2	
有色金属矿采选业	Mining of Non-ferrous Metal Ores	1	
非金属矿采选业	Mining and Processing of Nonmetal Ores	18	3
其他采矿业	Mining of Other Ores		
制造业	**Manufacturing**	**5154**	**804**
农副食品加工业	Processing of Food from Agricultural Products	675	69
食品制造业	Manufacture of Foods	225	33
饮料制造业	Manufacture of Beverage	48	7
烟草制品业	Manufacture of Tobacco		
纺织业	Manufacture of Textile	429	74
纺织服装、鞋、帽制造业	Manufacture of Textile Wearing Apparel, Footware, and Caps	424	78
皮革、毛皮、羽毛(绒)及其制品业	Manufacture of Leather, Fur, Feather & Its Products	243	49
木材加工及木、竹、藤、棕、草制品业	Processing of Timbers, Manufacture of Wood, Bamboo, Rattan, Palm, and Straw Products	101	16
家具制造业	Manufacture of Furniture	92	21
造纸及纸制品业	Manufacture of Paper and Paper Products	103	21
印刷业和记录媒介的复制	Printing, Reproduction of Recording Media	29	6
文教体育用品制造业	Manufacture of Articles for Culture, Education and Sport Activity	145	26
石油加工、炼焦及核燃料加工业	Processing of Petroleum, Coking, Processing of Nucleus Fuel	11	3
化学原料及化学制品制造业	Manufacture of Chemical Raw Material and Chemical Products	289	26
医药制造业	Manufacture of Medicines	78	13
化学纤维制造业	Manufacture of Chemical Fiber	17	3
橡胶制品业	Manufacture of Rubber	64	9
塑料制品业	Manufacture of Plastic	194	25
非金属矿物制品业	Manufacture of Non-metallic Mineral Products	236	25
黑色金属冶炼及压延加工业	Manufacture and Processing of Ferrous Metals	31	9
有色金属冶炼及压延加工业	Manufacture & Processing of Non-ferrous Metals	37	11
金属制品业	Manufacture of Metal Products	173	30
通用设备制造业	Manufacture of General Purpose Machinery	273	36
专用设备制造业	Manufacture of Special Purpose Machinery	136	22
交通运输设备制造业	Manufacture of Transport Equipment	163	35
电气机械及器材制造业	Manufacture of Electrical Machinery & Equipment	240	40
通信设备、计算机及其他电子设备制造业	Manufacture of Communication Equipment, Computer and Other Electronic Equipment	359	66
仪器仪表及文化、办公用机械制造业	Manufacture of Measuring Instrument and Machinery for Cultural Activity & Office Work	72	11
工艺品及其他制造业	Manufacture of Artwork, Other Manufacture	267	40
废弃资源和废旧材料回收加工业	Recycling and Disposal of Waste		
电力、燃气及水的生产和供应业	**Production and Supply of Electric Power and Heat Power**	**50**	**10**
电力、热力的生产和供应业	Production and Supply of Electric Power and Heat Power	27	4
燃气生产和供应业	Production and Supply of Gas	18	5
水的生产和供应业	Production and Supply of Water	5	1

continued

(10000 yuan)

工业总产值 Gross Industrial Output Value	工业销售产值 Industrial Output Value of Products Sold	#出口交货值 Export Delivery Value	工业增加值 Added Value of Industry	资产合计 Total Assets	产成品 Finished Products	流动资产年平均余额 Annual Average Balance of Working Capitals	固定资产净值年平均余额 Annual Average Balance of Net Value of Fixed Assets
115267	**112297**	**30729**	**36736**	**110215**	**4603**	**30416**	**63065**
3639	3313		1235	9636	111	7398	2137
12617	12617		4679	59652		6713	41461
9180	8736		2973	1859	9	1017	806
1574	1546		548	920		550	350
88258	86085	30729	27300	38149	4483	14738	18311
70057508	**69113256**	**22424059**	**20567999**	**43896821**	**2629378**	**21710983**	**15303293**
11013295	10888075	2766651	2903890	5323491	465827	2936858	1811400
2614861	2543801	695091	810237	1662578	63315	743630	622711
1506236	1721536	232957	554361	1937977	118144	1087899	450683
3984784	3913597	1708608	1193134	2981975	155671	1267767	1147370
2380232	2357300	1239867	811177	1333279	62693	707267	382297
2560642	2529068	1447273	790844	1013455	77158	562734	309677
413411	413272	246784	124469	211296	17180	97033	74528
477293	477273	194381	119420	292808	24051	162854	95769
2471027	2438075	366255	712909	3578264	135673	1218026	1707390
231885	231701	12482	77728	219860	7189	104517	77360
919253	910259	589516	268912	411736	29160	260199	108092
214264	207796	2689	34865	212263	5675	122659	58409
4852233	4665575	831993	1316340	4402319	166773	1633251	1925678
1408506	1357756	309703	437900	1306454	69781	625307	381138
133242	133173	39874	32619	150631	9590	81039	44226
1128827	1094989	408004	316099	665717	68491	374894	238501
1247443	1209706	436161	434130	678242	49058	345119	272280
2577844	2520143	571901	750296	2189311	114820	761821	1133557
1240282	1216615	81007	348834	579898	63240	318136	154279
1624537	1609959	182967	452961	659538	33816	367584	176061
1838999	1672829	775399	532644	1370820	90997	673995	500227
3096369	3058274	868958	984985	2277185	111680	1211791	732122
2494340	2473616	542120	692597	1569936	149020	1009178	340178
3239229	3175769	1053793	904043	2432732	90417	1253428	810378
4658859	4586104	1061007	1393443	1970714	167330	1224724	460899
9116124	9166356	4662536	2698479	3257590	210535	1909096	888270
1112689	1073444	289456	389353	567710	30165	278668	198851
1500801	1467196	806629	481331	639045	41931	371512	200962
1917913	**1912914**		**887887**	**5896933**	**1234**	**595123**	**3365643**
1757007	1756973		832109	5440515	63	491324	3149756
142473	141174		45693	341077	1171	84212	173932
18434	14767		10085	115340		19586	41956

13－7 续表2

单位:万元

类　　别	Category	负债合计 Total Liabilities	主营业务收入 Revenue from Principal Business
1995		5004216	6473774
1996		4683069	5638990
1997		6499043	7487124
1998		6259372	7736435
1999		6550373	8826211
2000		6974187	10608335
2001		7975312	12695597
2002		9002705	15655508
2003		12602882	23176116
2004		16498501	35828528
2005		21083916	52377071
2006		26832468	70456341
在总计中:	of which:		
亏损企业	Loss Enterprises	3041188	4312694
在总计中:	of which:		
港、澳、台商投资企业	Enterprises with Funds from Hong Kong, Macao and Taiwan	5125629	12800997
合资经营企业(港或澳、台资)	Joint-ventures Enterprises	3052904	7979572
合作经营企业(港或澳、台资)	Cooperative Enterprises	111036	282636
港澳台商独资经营企业	Enterprises with Sole Investment	1606249	3983531
港澳台商投资股份有限公司	Share-holding Corporations Ltd. with Funds from Hong Kong, Macao and Taiwan	355440	555257
外商投资企业	Foreign Funded Enterprises	21706839	57655344
中外合资经营企业	Joint-venture Enterprises	9444770	24493372
中外合作经营企业	Cooperation Enterprises	1465608	1570898
外资企业	Enterprises with Sole Foreign Funds	6828502	25780438
外商投资股份有限公司	Share-holding Corporations Ltd. with Foreign Investment	3967959	5810636
在总计中:	of which:		
国有控股企业	State-holding Enterprises	5648871	7318497
在总计中:	of which:		
农村工业	Industry in Rural Area	348347	1243134
一、按轻重工业分	**by Light & Heavy Industry**		
轻工业	Light Industry	11618728	33696296
重工业	Heavy Industry	15213741	36760045
二、按企业规模分	**by Enterprise Size**		
大型企业	Large-sized Enterprises	7120535	15809985
中型企业	Medium-sized Enterprises	11096139	26383796
小型企业	Small-sized Enterprises	8615794	28262560

continued

(10000 yuan)

#主营业务税金及附加 Taxes and Other Charges on Principal Business	营业费用 Cost of Business	管理费用 Cost of Management	利润总额 Total Profits	亏损企业亏损总额 Losses of Loss Enterprises	利税总额 Total Profits and Taxes	本年应交增值税 Value-added Tax Payable	全部从业人员年平均人数（人） Annual Average Empolyed Persons (person)
			291432	163049	597114	205768	502328
47258	221770	314606	203513	158080	417505	166735	521234
48181	272460	428463	230198	209937	488340	209961	597273
47686	278082	398945	271543	177281	555943	236714	499412
44995	331812	436676	413809	141768	743539	284735	534524
45189	397752	511820	607409	123586	1068901	416302	570940
42749	500409	587803	747735	133568	1381549	591069	677208
52771	656697	715305	946420	121496	1585217	586026	782462
77214	844733	893503	1437357	173975	2218336	703765	942482
142675	1155656	1409829	2388875	238522	3616446	1084896	1268481
256875	1404591	1578402	3498964	215791	5220808	1464969	1485932
305226	1989506	2156705	4373503	235135	6473118	1794389	1607730
8143	157661	264306	-235135	235135	-173098	53894	222292
49909	309256	357296	781898	48334	1161538	329731	308810
29688	198582	207871	516236	34885	760959	215035	175946
942	10003	10050	15271	966	25451	9238	11141
18847	91047	124997	233770	11197	345492	92875	112284
432	9624	14378	16621	1286	29636	12583	9439
255317	1680250	1799410	3591604	186802	5311580	1464658	1298920
132670	878426	661473	1481672	71516	2233259	618918	436849
5402	12889	50387	122450	5079	205108	77255	28022
81873	559657	845444	1353799	96475	1903335	467663	753404
35372	229279	242105	633683	13731	969878	300823	80645
99204	298848	295597	605252	19508	1117018	412562	80905
5043	27311	24285	106641	67	135358	23674	26441
184601	1128387	1031213	2019977	115191	3053399	848822	999605
120626	861119	1125492	2353526	119945	3419719	945567	608125
109459	499572	443024	1066618	3523	1658449	482372	263027
76189	848026	747576	1559964	101740	2308402	672250	576144
119578	641908	966106	1746921	129873	2506267	639767	768559

13－7 续表3

单位:万元

类　　别	Category	负债合计 Total Liabilities	主营业务收　入 Revenue from Principal Business
三、按行业大类分	by Sector		
采矿业	**Mining**	**34559**	**104331**
煤炭开采和洗选业	Mining and Washing of Coal	1740	3116
石油和天然气开采业	Extraction of Petroleum and Natural Gas	18690	12618
黑色金属矿采选业	Mining of Ferrous Metal Ores	893	8736
有色金属矿采选业	Mining of Non-ferrous Metal Ores	450	1725
非金属矿采选业	Mining and Processing of Nonmetal Ores	12786	78136
其他采矿业	Mining of Other Ores		
制造业	**Manufacturing**	**23760520**	**68072253**
农副食品加工业	Processing of Food from Agricultural Products	2792686	10651523
食品制造业	Manufacture of Foods	779632	2465143
饮料制造业	Manufacture of Beverage	802766	1817193
烟草制品业	Manufacture of Tobacco		
纺织业	Manufacture of Textile	1495238	3903052
纺织服装、鞋、帽制造业	Manufacture of Textile Wearing Apparel, Footware, and Caps	652012	2252139
皮革、毛皮、羽毛(绒)及其制品业	Manufacture of Leather, Fur, Feather & Its Products	654124	2470445
木材加工及木、竹、藤、棕、草制品业	Processing of Timbers, Manufacture of Wood, Bamboo, Rattan, Palm, and Straw Products	112956	404071
家具制造业	Manufacture of Furniture	184214	473880
造纸及纸制品业	Manufacture of Paper and Paper Products	2119446	3039034
印刷业和记录媒介的复制	Printing, Reproduction of Recording Media	118355	224885
文教体育用品制造业	Manufacture of Articles for Culture, Education and Sport Activity	231095	882669
石油加工、炼焦及核燃料加工业	Processing of Petroleum, Coking, Processing of Nucleus Fuel	128784	204186
化学原料及化学制品制造业	Manufacture of Chemical Raw Material and Chemical Products	2606025	4697690
医药制造业	Manufacture of Medicines	662871	1315623
化学纤维制造业	Manufacture of Chemical Fiber	72936	140612
橡胶制品业	Manufacture of Rubber	424230	987143
塑料制品业	Manufacture of Plastic	357085	1168966
非金属矿物制品业	Manufacture of Non-metallic Mineral Products	1199943	2646753
黑色金属冶炼及压延加工业	Manufacture and Processing of Ferrous Metals	361576	1115499
有色金属冶炼及压延加工业	Manufacture & Processing of Non-ferrous Metals	417180	1616775
金属制品业	Manufacture of Metal Products	764171	1742118
通用设备制造业	Manufacture of General Purpose Machinery	1062697	2971024
专用设备制造业	Manufacture of Special Purpose Machinery	897843	2424268
交通运输设备制造业	Manufacture of Transport Equipment	1455195	3210173
电气机械及器材制造业	Manufacture of Electrical Machinery & Equipment	1013797	4274601
通信设备、计算机及其他电子设备制造业	Manufacture of Communication Equipment, Computer and Other Electronic Equipment	1766634	8512724
仪器仪表及文化、办公用机械制造业	Manufacture of Measuring Instrument and Machinery for Cultural Activity & Office Work	311880	1052140
工艺品及其他制造业	Manufacture of Artwork, Other Manufacture	315151	1407926
废弃资源和废旧材料回收加工业	Recycling and Disposal of Waste		
电力、燃气及水的生产和供应业	**Production and Supply of Electric Power and Heat Power**	**3037389**	**2279758**
电力、热力的生产和供应业	Production and Supply of Electric Power and Heat Power	2776478	2077664
燃气生产和供应业	Production and Supply of Gas	185585	188734
水的生产和供应业	Production and Supply of Water	75325	13360

continued

(10000 yuan)

#主营业务税金及附加 Taxes and Other Charges on Principal Business	营业费用 Cost of Business	管理费用 Cost of Management	利润总额 Total Profits	亏损企业亏损总额 Losses of Loss Enterprises	利税总额 Total Profits and Taxes	本年应交增值税 Value-added Tax Payable	全部从业人员年平均人数（人） Annual Average Empolyed Persons (person)
1264	**7113**	**8788**	**5795**	**1289**	**10823**	**3763**	**4253**
		84	-105	105	-80	25	77
	2938	3267	-822	822	-125	697	823
49	11	315	1178		1297	69	107
	91	6	207		207		60
1215	4073	5116	5337	363	9524	2972	3186
294481	**1974329**	**2017273**	**4000289**	**228983**	**5869646**	**1574876**	**1582076**
36422	203245	190396	551082	21062	729997	142493	201708
11991	126791	74137	237046	6003	325568	76531	45357
72766	239746	79481	202959	7037	372312	96587	22241
13826	62758	137295	203961	16085	330997	113210	154842
9319	45730	99847	120522	8951	186123	56283	158178
11367	35480	69861	85813	14662	145372	48192	122636
2204	9936	9156	14904	3831	28800	11692	12042
1340	9784	13315	25764	2157	38570	11466	19703
4864	100849	79300	167056	7158	282219	110300	44105
634	9116	11711	22262	990	33228	10332	6536
3121	21535	41076	41878	3975	59368	14368	49060
216	6896	5102	6734	1013	14856	7907	2442
14786	157462	144613	416743	7931	561578	130049	60497
907	162215	85288	143917	11159	211614	66791	22902
1290	4520	8068	4970	682	9380	3120	4323
4501	31639	32262	43242	1524	66004	18260	28185
3467	22869	30044	61934	4183	91599	26199	31546
7005	72741	91005	160874	13860	252842	84963	58682
527	8592	13172	33409	7782	46614	12678	7738
816	5439	11119	74135	3052	88619	13668	8327
2464	33861	53809	115481	14264	160454	42509	41079
4752	91151	125413	231629	14666	332541	96160	56252
5262	107026	65737	180378	5891	225471	39831	32329
49490	62748	125106	164184	23422	319864	106191	59785
6669	67875	94508	226513	6117	313060	79879	76373
17066	221784	232150	320379	17129	447898	110453	155055
1901	21190	35061	69423	1102	86714	15390	17845
5510	31355	59242	73099	3298	107985	29376	82308
9481	**8064**	**130644**	**367419**	**4863**	**592649**	**215749**	**21401**
8834	608	113614	354233	3767	572193	209127	16743
595	7449	14216	12757	820	19286	5934	3443
52	7	2814	429	276	1170	688	1215

13－8 国有工业企业主要经济指标

单位:万元

类　　别	Category	企　业 单位数 （个） Number of Industial Enterprises (unit)	#亏　损 企　业 Loss Enterprises
1995		4853	1255
1996		4855	1068
1997		3877	1074
1998		2820	914
1999		2437	658
2000		2114	486
2001		1592	400
2002		1387	349
2003		1151	309
2004		972	332
2005		842	243
2006		746	212
在总计中：	of which：		
亏损企业	Loss Enterprises	212	212
在总计中：	of which：		
中央企业	Central Enterprises	71	12
地方企业	Local Enterprises	675	200
一、按轻重工业分	**by Light & Heavy Industry**		
轻工业	Light Industry	266	108
重工业	Heavy Industry	480	104
二、按企业规模分	**by Enterprise Size**		
大型企业	Large-sized Enterprises	40	3
中型企业	Medium-sized Enterprises	247	49
小型企业	Small-sized Enterprises	459	160

注:2003 年及以前,主营业务收入、主营业务税金及附加、主营业务利润、营业费用分别为产品销售收入、产品销售税金及附加、产品销售利润、产品销售费用。

Main Economic Indicators of State-owned Industrial Enterprises

(10000 yuan)

工　业 总产值 Gross Industrial Output Value	工　业 销售产值 Industrial Output Value of Products Sold	#出　口 交货值 Export Delivery Value	工　业 增加值 Added Value of Industry	资产合计 Total Assets	产成品 Finished Products	流动资产 年平均余额 Annual Average Balance of Working Capitals	固定资产净值 年平均余额 Annual Average Balance of Net Value of Fixed Assets
22076885			7531689	34364845	1772168	12200035	14180364
23716279	23091039		8197063	39263025	1981870	13309700	17159171
24654055	24039775		8539463	44327146	2252654	16632160	18276685
21777337	21217008		7733120	44238808	2123081	16333639	18855507
20584859	20289862		7586727	40373852	1933588	14674928	17252037
24744936	24607993		9306256	42208919	1617992	14019235	19245575
12234932	12037423		4129480	27531520	921428	9429088	11637665
13770330	13600891		4386484	27580401	813504	9294926	11563565
14840375	14566769	749626	4592483	28068618	732614	9725574	11768793
19715003	19142465	817147	5411963	27013217	607810	8782685	12164842
19829441	19639882	687504	6344052	24493249	561662	8482461	10266814
23078362	22921402	582201	6083432	27104824	521067	9139735	11828055
1719840	1706610	153287	356177	3281035	101110	1115712	1432922
9756743	7151774	36484	1767489	11117393	89525	2793862	4981476
13321619	15769628	545718	4315943	15987431	431541	6345874	6846579
2477145	2424093	204290	774574	3970057	111313	1939836	1103935
20601217	20497309	377911	5308858	23134767	409754	7199899	10724120
13485059	13447622	245691	3657755	15321000	157875	4625468	6366482
8095082	8001534	298076	2346696	9180394	260797	3533693	4278771
1498221	1472245	38434	78981	2603429	102395	980575	1182802

a) Before 2003, revenue from principal business, taxes and other charges on principal business, profits from principal business and cost of business refer to revenue from products sold, taxes and other charges on products sold, profits from products sold and cost of products sold.

13－8 续表 1

单位：万元

类别	Category	企业单位数（个） Number of Industial Enterprises (unit)	#亏损企业 Loss Enterprises
三、按行业大类分	by Sector		
采矿业	**Mining**	**63**	**8**
煤炭开采和洗选业	Mining and Washing of Coal	34	4
石油和天然气开采业	Extraction of Petroleum and Natural Gas		
黑色金属矿采选业	Mining of Ferrous Metal Ores	7	2
有色金属矿采选业	Mining of Non-ferrous Metal Ores	10	1
非金属矿采选业	Mining and Processing of Nonmetal Ores	12	1
其他采矿业	Mining of Other Ores		
制造业	**Manufacturing**	**403**	**108**
农副食品加工业	Processing of Food from Agricultural Products	57	16
食品制造业	Manufacture of Foods	12	1
饮料制造业	Manufacture of Beverage	19	5
烟草制品业	Manufacture of Tobacco	8	1
纺织业	Manufacture of Textile	8	5
纺织服装、鞋、帽制造业	Manufacture of Textile Wearing Apparel, Footware, and Caps	3	1
皮革、毛皮、羽毛(绒)及其制品业	Manufacture of Leather, Fur, Feather & Its Products		
木材加工及木、竹、藤、棕、草制品业	Processing of Timbers, Manufacture of Wood, Bamboo, Rattan, Palm, and Straw Products	3	3
家具制造业	Manufacture of Furniture	2	1
造纸及纸制品业	Manufacture of Paper and Paper Products	7	3
印刷业和记录媒介的复制	Printing, Reproduction of Recording Media	22	6
文教体育用品制造业	Manufacture of Articles for Culture, Education and Sport Activity		
石油加工、炼焦及核燃料加工业	Processing of Petroleum, Coking, Processing of Nucleus Fuel	8	2
化学原料及化学制品制造业	Manufacture of Chemical Raw Material and Chemical Products	32	4
医药制造业	Manufacture of Medicines	5	5
化学纤维制造业	Manufacture of Chemical Fiber	3	1
橡胶制品业	Manufacture of Rubber	3	
塑料制品业	Manufacture of Plastic	3	2
非金属矿物制品业	Manufacture of Non-metallic Mineral Products	33	10
黑色金属冶炼及压延加工业	Manufacture and Processing of Ferrous Metals	4	1
有色金属冶炼及压延加工业	Manufacture & Processing of Non-ferrous Metals	6	2
金属制品业	Manufacture of Metal Products	11	7
通用设备制造业	Manufacture of General Purpose Machinery	49	7
专用设备制造业	Manufacture of Special Purpose Machinery	31	13
交通运输设备制造业	Manufacture of Transport Equipment	44	7
电气机械及器材制造业	Manufacture of Electrical Machinery & Equipment	18	3
通信设备、计算机及其他电子设备制造业	Manufacture of Communication Equipment, Computer and Other Electronic Equipment	5	1
仪器仪表及文化、办公用机械制造业	Manufacture of Measuring Instrument and Machinery for Cultural Activity & Office Work	4	
工艺品及其他制造业	Manufacture of Artwork, Other Manufacture	3	1
废弃资源和废旧材料回收加工业	Recycling and Disposal of Waste		
电力、燃气及水的生产和供应业	**Production and Supply of Electric Power and Heat Power**	**280**	**96**
电力、热力的生产和供应业	Production and Supply of Electric Power and Heat Power	162	29
燃气生产和供应业	Production and Supply of Gas	10	8
水的生产和供应业	Production and Supply of Water	108	59

continued

(10000 yuan)

工业总产值 Gross Industrial Output Value	工业销售产值 Industrial Output Value of Products Sold	#出口交货值 Export Delivery Value	工业增加值 Added Value of Industry	资产合计 Total Assets	产成品 Finished Products	流动资产年平均余额 Annual Average Balance of Working Capitals	固定资产净值年平均余额 Annual Average Balance of Net Value of Fixed Assets
3475826	**3426925**	**64393**	**1904126**	**4647350**	**67045**	**1888782**	**1782673**
2852841	2806556	8625	1635164	3757669	35248	1516421	1472925
315416	315401	13304	158409	472428	16402	236951	118471
127811	125724		47952	216571	3893	50144	111245
179757	179244	42465	62600	200681	11501	85266	80032
8112476	**8017423**	**516339**	**1991509**	**8849868**	**432080**	**4619973**	**2537914**
578353	569195	30789	54087	332921	26812	183481	110854
295114	285336	150772	85015	317489	19263	162338	80971
176929	168514	286	54824	278978	12782	147745	75098
865529	862216	26	403222	1757476	2885	946974	263717
35386	35596	4270	8883	19072	2786	10430	4640
7639	7517	619	2222	10327	2868	7075	2584
11378	11983		1507	66640	754	16668	22957
25858	25858		3997	4491	463	2591	1886
56313	54322	1483	13822	66656	8914	39009	22100
66919	65228		30750	126216	7956	48238	56194
792491	782204		196523	375204	13711	185237	120038
905952	909931	13521	243548	999189	40261	329237	584362
13297	13482		3958	25048	3605	11301	11012
25661	24155		4579	42437	2664	16782	15420
21580	21586		5778	11336	1672	6321	3698
8597	7189	1201	2499	4466	1158	3505	689
219070	210150		66531	273538	11901	108844	126356
431134	434498	24400	70996	406066	31826	245317	78595
730812	749545	118206	116008	698885	34922	305725	255580
34434	31953	2809	12501	38446	7178	24145	8874
666360	660656	56521	192201	969748	48378	512156	222480
232464	219693	14108	63811	341970	40477	195984	98576
1563826	1545026	88296	260712	1205926	55707	792272	273910
293520	268712	286	76542	370493	44228	263197	66911
15122	13468	1479	6444	31545	2428	19464	10726
32317	32712	4359	9094	70597	6482	34685	17595
6426	6700	2910	1457	4707		1254	2092
11490060	**11477054**	**1469**	**2187798**	**13607606**	**21942**	**2630981**	**7507468**
11286254	11282533	1469	2112914	12762582	19228	2360768	7080258
42286	42733		7719	135204	2314	40894	61776
161521	151788		67165	709820	400	229320	365434

13－8 续表2

单位:万元

类别	Category	负债合计 Total Liabilities	主营业务收入 Revenue from Principal Business
1995		22781760	22106770
1996		25670942	24253809
1997		28943899	25736028
1998		28167124	23946800
1999		25356990	23050722
2000		26686324	27821717
2001		17653620	16006815
2002		17777286	17815410
2003		18009322	19793599
2004		17664902	20631866
2005		16133478	20149674
2006		17375838	23656937
在总计中:	of which:		
亏损企业	Loss Enterprises	2830466	1751132
在总计中:	of which:		
中央企业	Central Enterprises	6499186	10400244
地方企业	Local Enterprises	10876652	13256693
一、按轻重工业分	**by Light & Heavy Industry**		
轻工业	Light Industry	2260213	2954924
重工业	Heavy Industry	15115625	20702013
二、按企业规模分	**by Enterprise Size**		
大型企业	Large-sized Enterprises	9076381	13871528
中型企业	Medium-sized Enterprises	6326100	8106192
小型企业	Small-sized Enterprises	1973357	1679217

continued

(10000 yuan)

#主营业务税金及附加 Taxes and Other Charges on Principal Business	营业费用 Cost of Business	管理费用 Cost of Management	利润总额 Total Profits	亏损企业亏损总额 Losses of Loss Enterprises	利税总额 Total Profits and Taxes	本年应交增值税 Value-added Tax Payable	全部从业人员年平均人数（人） Annual Average Empolyed Persons (person)
616975	491645	1877882	522894	278999	2292711	1152192	3046674
673447	555239	2026565	590386	288270	2610716	1346884	2913776
675266	629351	1919824	640942	295150	2717119	1400911	1745514
590800	643101	1792405	535787	333760	2467528	1340941	2466876
466612	594305	1542118	531073	308774	2223106	1225421	1988920
492552	547576	1754897	2554426	194180	4711091	1664113	1652934
294059	351126	1044379	520439	149112	1542737	728243	984032
343306	329434	1073754	610973	131676	1748879	794695	883357
385228	339400	1135605	724762	126296	1944990	835000	769190
234423	259600	1345339	508887	358415	1679671	936360	668702
215660	233128	1153373	767749	130004	1827104	843695	536010
673855	276963	1308489	1098603	116777	2868286	1095828	480364
12154	35134	152366	-116777	116777	-27833	76791	80559
549185	79202	316427	371238	15999	1432530	512108	97000
124671	197761	992062	727366	100778	1435756	583720	383364
533016	103615	230582	130557	30297	843359	179787	88448
140839	173348	1077907	968046	86480	2024927	916041	391916
592137	115917	659943	707416	3999	1996170	696616	204666
71714	114937	522966	379486	74822	791389	340189	198268
10004	46109	125581	11701	37957	80728	59023	77430

13－8　续表3

单位：万元

类　　别	Category	负债合计 Total Liabilities	主营业务收入 Revenue from Principal Business
三、按行业大类分	**by Sector**		
采矿业	**Mining**	**2817145**	**3380093**
煤炭开采和洗选业	Mining and Washing of Coal	2276467	2780382
石油和天然气开采业	Extraction of Petroleum and Natural Gas		
黑色金属矿采选业	Mining of Ferrous Metal Ores	275653	309940
有色金属矿采选业	Mining of Non-ferrous Metal Ores	122896	108112
非金属矿采选业	Mining and Processing of Nonmetal Ores	142128	181660
其他采矿业	Mining of Other Ores		
制造业	**Manufacturing**	**5851743**	**8545638**
农副食品加工业	Processing of Food from Agricultural Products	274467	621854
食品制造业	Manufacture of Foods	147506	285013
饮料制造业	Manufacture of Beverage	244523	156288
烟草制品业	Manufacture of Tobacco	790801	1345930
纺织业	Manufacture of Textile	25892	36302
纺织服装、鞋、帽制造业	Manufacture of Textile Wearing Apparel, Footware, and Caps	8691	7075
皮革、毛皮、羽毛(绒)及其制品业	Manufacture of Leather, Fur, Feather & Its Products		
木材加工及木、竹、藤、棕、草制品业	Processing of Timbers, Manufacture of Wood, Bamboo, Rattan, Palm, and Straw Products	87996	11889
家具制造业	Manufacture of Furniture	2892	22361
造纸及纸制品业	Manufacture of Paper and Paper Products	53323	56656
印刷业和记录媒介的复制	Printing, Reproduction of Recording Media	82923	67475
文教体育用品制造业	Manufacture of Articles for Culture, Education and Sport Activity		
石油加工、炼焦及核燃料加工业	Processing of Petroleum, Coking, Processing of Nucleus Fuel	258411	774667
化学原料及化学制品制造业	Manufacture of Chemical Raw Material and Chemical Products	584557	955043
医药制造业	Manufacture of Medicines	16936	12425
化学纤维制造业	Manufacture of Chemical Fiber	42354	26265
橡胶制品业	Manufacture of Rubber	8956	21579
塑料制品业	Manufacture of Plastic	3339	7551
非金属矿物制品业	Manufacture of Non-metallic Mineral Products	205859	213843
黑色金属冶炼及压延加工业	Manufacture and Processing of Ferrous Metals	313977	428377
有色金属冶炼及压延加工业	Manufacture & Processing of Non-ferrous Metals	618977	749887
金属制品业	Manufacture of Metal Products	33693	31225
通用设备制造业	Manufacture of General Purpose Machinery	569468	644952
专用设备制造业	Manufacture of Special Purpose Machinery	260792	230973
交通运输设备制造业	Manufacture of Transport Equipment	853774	1499089
电气机械及器材制造业	Manufacture of Electrical Machinery & Equipment	254031	285574
通信设备、计算机及其他电子设备制造业	Manufacture of Communication Equipment, Computer and Other Electronic Equipment	39143	12555
仪器仪表及文化、办公用机械制造业	Manufacture of Measuring Instrument and Machinery for Cultural Activity & Office Work	63945	33493
工艺品及其他制造业	Manufacture of Artwork, Other Manufacture	4517	7298
废弃资源和废旧材料回收加工业	Recycling and Disposal of Waste		
电力、燃气及水的生产和供应业	**Production and Supply of Electric Power and Heat Power**	**8706949**	**11731205**
电力、热力的生产和供应业	Production and Supply of Electric Power and Heat Power	8241895	11524675
燃气生产和供应业	Production and Supply of Gas	76509	52433
水的生产和供应业	Production and Supply of Water	388545	154097

continued

(10000 yuan)

# 主营业务税金及附加 Taxes and Other Charges on Principal Business	营业费用 Cost of Business	管理费用 Cost of Management	利润总额 Total Profits.	亏损企业亏损总额 Losses of Loss Enterprises	利税总额 Total Profits and Taxes	本年应交增值税 Value-added Tax Payable	全部从业人员年平均人数（人） Annual Average Empolyed Persons (person)
53442	**49632**	**463927**	**481513**	**2745**	**782217**	**247263**	**137436**
46993	33582	385490	417561	2331	683081	218527	107604
3212	5650	42955	27861	311	51071	19998	11535
427	1271	23263	24100	3	25210	683	10374
2811	9129	12220	11990	100	22855	8054	7923
573298	**190923**	**538190**	**298332**	**63545**	**1216080**	**344450**	**195919**
397	9338	9975	18633	2305	21444	2415	11854
465	3969	4649	16398	9	20253	3390	4894
14795	21178	13198	-639	8980	19859	5703	12616
513869	50410	120975	102609	2338	761276	144799	10988
77	416	1452	26	719	939	836	2689
3	162	2172	-1609	1653	-1563	43	765
86	681	1133	-1453	1453	-585	783	997
3	230	209	-1	17	126	124	205
186	1304	1526	-4	389	1959	1776	2895
579	1336	13673	783	1783	6245	4884	6608
14445	2008	11830	12663	1767	38853	11745	5065
7969	12504	67531	32044	1213	80787	40774	25273
77	1073	2187	-1756	1756	-1207	473	1851
126	215	1290	-903	924	112	889	499
52	839	1599	484	1227	691	1360	
5	393	487	-111	284	38	144	333
1881	7453	13253	5780	7292	19929	12268	10746
5280	5713	14194	7155	1563	26503	14067	6282
2230	7170	62528	-1535	15191	19796	19101	12478
212	734	2602	-184	523	881	853	1929
3718	17756	51123	59681	2149	95646	32247	24902
1399	15633	25565	-763	5334	9349	8713	15147
3743	19396	80360	28269	4035	54373	22362	25460
1459	8683	26228	23159	281	37564	12947	5475
108	834	3560	-597	1537	650	1139	893
109	1348	4506	174		1321	1039	2828
28	150	388	29	52	304	246	887
47115	**36408**	**306371**	**318759**	**50487**	**869989**	**504116**	**147009**
45205	30486	251218	328458	38702	867211	493548	119144
351	1806	8640	-3009	3029	-697	1962	4168
1559	4116	46514	-6690	8756	3475	8606	23697

13－9 规模以上高新技术产业主要经济指标(2006 年)

单位:万元

类别	Category	企业单位数(个) Number of Industial Enterprises (unit)	#亏损企业 Loss Enterprises
总计	**Total**	**5989**	**521**
食品及饲料添加剂制造	Manufacture of Food and Feed Additives	223	12
核燃料加工	Processing of Nuclear Fuel		
合成材料制造	Manufacture of Synthetic Materials	337	33
化学试剂和助剂制造	Manufacture of Chemical Reagents and Additives	549	26
专项化学用品制造	Manufacture of Special Chemicals	517	17
信息化学品制造	Manufacture of Information Chemicals	34	1
医药制造业	Manufacture of Medicines	512	70
防水建筑材料制造	Manufacture of Waterproof Materials	140	7
技术玻璃制品制造	Manufacture of Technical Glass Products	82	9
光学玻璃制造	Manufacture of Optical Glass	10	2
玻璃仪器制造	Manufacture of Glass Equipment	28	1
玻璃纤维及制品制造	Manufacture of Glass Fiber and Related Products	178	2
特种陶瓷制品制造	Manufacture of Special Ceramic Products	58	7
稀有稀土金属冶炼	Smelting of Rare Earth Metals	19	2
贵金属压延加工	Calendering and Processing of Precious Metals	27	4
稀有稀土金属压延加工	Calendering and Processing of Rare Earth Metals	30	2
气体压缩机械制造	Manufacture of Gas Compression Machinery	40	2
液压和气压动力机械及元件制造	Manufacture of Hydraulic and Pneumatic Power Machinery and Components	245	18
气体,液体分离及纯净设备制造	Manufacture of Gas, Liquid Separation and Pure Equipment	57	2
制冷,空调设备制造	Manufacture of Refrigeration, Air－conditioning	95	15
金属密封件制造	Manufacture of Metal Seal Equipment	140	5
锻件及粉末冶金制品制造	Manufacture of Forging and Powder Metallurgy Products	375	19
电子工业专用设备制造	Manufacture of Electronics Industry Special Equipment	57	8
医疗诊断,监护及治疗设备制造	Manufacture of Medical Diagnosis, Monitoring and Treatment Equipment	11	
口腔科用设备及器具制造	Manufacture of Equipment and Apparatus for Oral Health Care	3	
实验室及医用消毒设备和器具的制造	Manufacture of Equipment and Apparatus for Laboratory and Medical Sterilization	3	
医疗,外科及兽医用器械制造	Manufacture of Equipment for Medical Care, Surgical and Animal Health	15	1
机械治疗及病房护理设备制造	Manufacture of Equipment for Mechanical Treatment and Ward Care	8	1
假肢、人工器官及植(介)入器械制造	Manufacture of Artificial Limbs, Artificial Organs and Medical Planted Instruments	1	1
其他医疗设备及器械制造	Manufacture of Other Medical Equipments and Instruments	3	2
汽车整车制造	Manufacture of Complete Automobiles	25	9
改装汽车制造	Manufacture of Modified Cars	96	12
金属船舶制造	Manufacture of Metal Ship	54	4
船用配套设备制造	Manufacture of Marine Equipment	16	1
航空航天器制造	Manufacture of Aerospace Vehicles	6	2
电器机械及器材制造业	Manufacture of Electrical Machinery & Equipment	1168	113
通信设备,计算机及其他电子设备制造业	Manufacture of Communication Equipment, Computer and Other Electronic Equipment	590	85
通用仪器仪表制造	Manufacture of General Purpose Instrument and Meter	160	17
专用仪器仪表制造	Manufacture of Professional Instrument and Meter	38	3
光学仪器制造	Manufature of Optical Instruments	6	1
复印和胶印设备制造	Manufacture of Copy and Offset Machine	7	1
计算器及货币专用设备制造	Manufature and Repairing of Other Instrument and Meter	1	
其他仪器仪表的制造及修理	Manufature of Currency Calculator and Special Equipment	14	1
核力发电	Nuclear Electric Power Generation		
其他能源发电	Generation with Other Energy	11	3

Main Economic Indicators of High and New-tech Industry above Designated Size(2006)

(10000 yuan)

工　业 总 产 值 Gross Industrial Output Value	工　业 销售产值 Industrial Output Value of Products Sold	#出　口 交货值 Export Delivery Value	工　业 增 加 值 Added Value of Industry	资产合计 Total Assets	产成品 Finished Products	流动资产 年平均余额 Annual Average Balance of Working Capitals	固定资产净值 年平均余额 Annual Average Balance of Net Value of Fixed Assets
94002382	**92220615**	**13409675**	**26112847**	**57751168**	**3294318**	**29581814**	**17296312**
2629468	2578077	388875	763795	1748641	50314	778397	591552
7256098	7186930	528907	1997032	5267605	195019	1924244	2529107
8355215	8228388	357618	2205298	3875547	227291	1848616	1528062
5692562	5505982	451981	1723698	3686585	132089	1441037	1481727
260744	231064	9324	84294	198782	21053	96319	72242
6324422	6194568	646806	2001846	5180840	277055	2375805	1722847
759302	745830	3929	215987	593573	48968	299156	211584
838503	824813	107196	254718	432693	23795	183233	197052
297198	306546	11688	91947	102699	7838	26250	61932
254325	249926	13810	101212	325597	12835	148218	111089
873921	867127	137467	284670	830351	59191	290875	357193
714182	692495	198422	208119	494046	31982	240441	166816
396567	394187	31294	81711	329022	24511	166277	103757
1145772	1119087	31987	285532	526114	24575	224515	156232
871218	873220	149662	166616	427079	24398	205331	129893
812498	809624	60051	211334	760498	16807	556189	105728
1680492	1596359	156642	554416	1045650	85593	544999	296056
321901	312130	387	96694	191351	18995	110559	42036
1747700	1729721	413374	537788	1304651	103313	686431	309566
1287804	1263663	123001	423886	593737	33807	290532	225149
3614654	3498032	259197	1098817	1732518	117892	909424	571379
595488	575167	168219	209860	478117	16157	268217	118236
101037	95250	5230	26844	151817	12692	83838	34840
21903	21595		6474	4383	91	2425	1106
8865	8993		2011	1711	181	1485	185
213817	202500	136652	61308	53272	3806	32090	18437
63624	62745	2014	17888	22917	177	13213	5339
979	979		-255	2878	27	1541	1135
4346	4346	2114	817	3032	4	2690	305
5013906	4910148	219712	975197	5341910	307960	3100371	894996
2715282	2659714	145825	486838	1666627	85763	1070092	280561
1050732	1034746	287998	313166	1131393	5386	560952	347389
82565	78953	14218	27114	202724	1318	36214	30011
24156	23438	4002	7951	37885	2312	17150	15992
20921201	20548333	2489372	5670607	11688977	793254	6950357	2545873
14945898	14758392	5589011	4194204	6036805	473463	3487492	1578084
1607285	1556642	187739	549732	826070	40235	440563	254313
207054	194237	39003	71968	131599	4276	66301	31203
53154	51824	21904	16618	34845	501	10344	13167
52035	49444	14650	15127	29789	5953	15972	8600
23509	20017		1348	34302		24913	31
69771	64572	396	30676	43358	1802	24435	7332
91230	90812		37950	179181	1644	24312	138183

13-9 续表

单位:万元

类别	Category	负债合计 Total Liabilities	主营业务收入 Revenue from Principal Business
总计	**Total**	**32684285**	**91047176**
食品及饲料添加剂制造	Manufacture of Food and Feed Additives	855615	2543606
核燃料加工	Processing of Nuclear Fuel		
合成材料制造	Manufacture of Synthetic Materials	2718289	7228142
化学试剂和助剂制造	Manufacture of Chemical Reagents and Additives	2051067	8234574
专项化学用品制造	Manufacture of Special Chemicals	2135221	5404064
信息化学品制造	Manufacture of Information Chemicals	100127	243251
医药制造业	Manufacture of Medicines	2624188	6041809
防水建筑材料制造	Manufacture of Waterproof Materials	419109	719431
技术玻璃制品制造	Manufacture of Technical Glass Products	219031	806190
光学玻璃制造	Manufacture of Optical Glass	65954	228189
玻璃仪器制造	Manufacture of Glass Equipment	193452	225689
玻璃纤维及制品制造	Manufacture of Glass Fiber and Related Products	377215	926321
特种陶瓷制品制造	Manufacture of Special Ceramic Products	244601	672787
稀有稀土金属冶炼	Smelting of Rare Earth Metals	220237	391707
贵金属压延加工	Calendering and Processing of Precious Metals	295689	1061757
稀有稀土金属压延加工	Calendering and Processing of Rare Earth Metals	265747	825579
气体压缩机械制造	Manufacture of Gas Compression Machinery	528920	881474
液压和气压动力机械及元件制造	Manufacture of Hydraulic and Pneumatic Power Machinery and Components	643265	1546121
气体,液体分离及纯净设备制造	Manufacture of Gas,Liquid Separation and Pure Equipment	127947	304822
制冷,空调设备制造	Manufacture of Refrigeration, Air-conditioning	780373	1619589
金属密封件制造	Manufacture of Metal Seal Equipment	320038	1262843
锻件及粉末冶金制品制造	Manufacture of Forging and Powder Metallurgy Products	979564	3414037
电子工业专用设备制造	Manufacture of Electronics Industry Special Equipment	152465	574071
医疗诊断,监护及治疗设备制造	Manufacture of Medical Diagnosis,Monitoring and Treatment Equipment	88109	94353
口腔科用设备及器具制造	Manufacture of Equipment and Apparatus for Oral Health Care	1783	17551
实验室及医用消毒设备和器具的制造	Manufacture of Equipment and Apparatus for Laboratory and Medical Sterilization	591	8690
医疗,外科及兽医用器械制造	Manufacture of Equipment for Medical Care, Surgical and Animal Health	31153	209829
机械治疗及病房护理设备制造	Manufacture of Equipment for Mechanical Treatment and Ward Care	15097	66585
假肢、人工器官及植(介)入器械制造	Manufacture of Artificial Limbs ,Artificial Organs and Medical Planted Instruments	931	1443
其他医疗设备及器械制造	Manufacture of Other Medical Equipments and Instruments	1994	4321
汽车整车制造	Manufacture of Complete Automobiles	3585596	5283575
改装汽车制造	Manufacture of Modified Cars	1064689	2638936
金属船舶制造	Manufacture of Metal Ship	730774	932074
船用配套设备制造	Manufacture of Marine Equipment	125650	81682
航空航天器制造	Manufacture of Aerospace Vehicles	12382	30735
电器机械及器材制造业	Manufacture of Electrical Machinery & Equipment	6718138	20055189
通信设备,计算机及其他电子设备制造业	Manufacture of Communication Equipment, Computer and Other Electronic Equipment	3221450	14526383
通用仪器仪表制造	Manufacture of General Purpose Instrument and Meter	485184	1489352
专用仪器仪表制造	Manufacture of Professional Instrument and Meter	78621	194941
光学仪器制造	Manufature of Optical Instruments	14408	46331
复印和胶印设备制造	Manufature of Copy and Offset Machine	19383	46036
计算器及货币专用设备制造	Manufature and Repairing of Other Instrument and Meter	31276	20017
其他仪器仪表的制造及修理	Manufature of Currency Calculator and Special Equipment	25119	64572
核力发电	Nuclear Electric Power Generation		
其他能源发电	Generation with Other Energy	113846	78529

continued

(10000 yuan)

# 主营业务税金及附加 Taxes and Other Charges on Principal Business	营业费用 Cost of Business	管理费用 Cost of Management	利润总额 Total Profits	亏损企业亏损总额 Losses of Loss Enterprises	利税总额 Total Profits and Taxes	本年应交增值税 Value-added Tax Payable	全部从业人员年平均人数（人） Annual Average Empolyed Persons (person)
501128	**2937414**	**2957371**	**5146898**	**293271**	**8132547**	**2484521**	**1370270**
19162	65878	50324	150289	3847	253440	83989	39733
37203	168517	244787	581662	34093	847553	228688	79094
60646	145097	184803	574529	2288	844427	209253	90433
40396	112223	161814	378107	3426	610781	192278	82526
2685	7341	9723	23342	24	34318	8291	4523
29520	413945	289768	492491	31622	767215	245204	129405
6687	21702	26075	7456	23292	33141	18998	17414
7301	24165	16361	48557	2960	82121	26263	15847
94	7702	3729	1235	7064	4132	2803	2264
2157	11700	10164	24279	2211	38685	12249	10315
11101	28882	31134	63774	412	110600	35725	26971
3631	26003	27528	58914	495	78474	15928	15584
715	7000	6989	23912	4255	35589	10962	5267
2674	6468	29575	69098	1136	93184	21412	9618
3602	6850	9673	48899	1217	63859	11358	5367
4251	24060	31392	73899	496	112778	34628	13787
15626	49338	88294	93893	9766	160003	50484	42901
1310	14431	14946	20687	303	33215	11218	7818
8387	62595	63385	56860	6877	122658	57411	30480
6236	26924	35160	75345	463	116383	34802	25262
19691	57946	67694	238722	3407	373185	114772	67029
4563	6432	15026	52437	261	78460	21460	11102
553	9815	7681	5151		10265	4561	4002
43	22	215	1699		2151	409	158
32	130	864	811		1005	162	134
376	2253	2108	14456	88	24642	9810	5877
445	3491	4674	3956	296	5906	1505	785
99		543	-14	14	85		160
82	425	344	-255	354	-49	124	457
58132	144506	216261	260585	17302	461862	143145	40999
11533	43884	79021	100872	2923	162877	50471	39383
6660	4600	46329	49090	2758	66777	11027	20135
342	2435	4526	3231	1980	6051	2478	2824
52	3281	5821	1922	1768	2778	804	1223
87413	755163	633848	914806	100666	1488423	486204	269206
37939	624571	466526	508796	21882	823629	276895	211492
5419	32638	47810	90535	1405	127184	31231	28972
844	8129	8720	17727	325	25580	7010	5067
493	350	4570	1423	185	2948	1032	1572
310	1966	4537	1480	74	2743	953	1558
4	234	307	1463		1472	4	101
1720	3281	2228	5008	18	11631	4903	2041
1001	1046	2096	5771	1322	10390	3618	1384

13－10 规模以上非公有工业主要经济指标

单位：万元

类别	Category	企业单位数（个）Number of Industial Enterprises (unit)	#亏损企业 Loss Enterprises
2002		8377	1047
2003		11584	1247
2004		20324	2726
2005		24092	1871
2006		28015	1920
在总计中：	of which:		
亏损企业	Loss Enterprises	1920	1920
在总计中：	of which:		
农村工业	Industry in Rural Area	957	30
一、按轻重工业分	**by Light & Heavy Industry**		
轻工业	Light Industry	13114	979
重工业	Heavy Industry	14901	941
二、按企业规模分	**by Enterprise Size**		
大型企业	Large-sized Enterprises	150	5
中型企业	Medium-sized Enterprises	2010	168
小型企业	Small-sized Enterprises	25855	1747

注：2003 年及以前，主营业务收入、主营业务税金及附加、营业费用分别为产品销售收入、产品销售税金及附加、产品销售费用。

Main Economic Indicators of Non-public Industrial Enterprises above Designated Size

(10000 yuan)

工业总产值 Gross Industrial Output Value	工业销售产值 Industrial Output Value of Products Sold	#出口交货值 Export Delivery Value	工业增加值 Added Value of Industry	资产合计 Total Assets	产成品 Finished Products	流动资产年平均余额 Annual Average Balance of Working Capitals	固定资产净值年平均余额 Annual Average Balance of Net Value of Fixed Assets
45461718	44155651		12868357	35949602	2814383	16729064	12760819
73393784	71515263	14474997	21258907	52877008	3521911	23879407	18379772
138152594	135022277	22988004	39718803	95685397	5954466	42876737	34492541
200549717	196288717	28331918	58478140	122189852	7796259	55761512	44012262
243089184	238524116	33703704	70288347	132257499	8023085	61749264	47266989
8950878	8567022	2116615	2428223	10011437	648388	4481037	3624778
5802122	5679763	435106	1635593	2393142	167858	1065851	890877
105489070	103671925	19018969	30407103	59259143	3697414	26621791	21914413
137600114	134852192	14684735	39881243	72998356	4325671	35127473	25352576
41787518	41282754	6183733	11469502	31842904	1380693	13999912	11159410
70257893	68644044	13874381	20170384	45966021	2778405	22488614	15441533
131043772	128597318	13645591	38648461	54448574	3863987	25260738	20666047

a) Before 2003, revenue from principal business, taxes and other charges on principal business and cost of business refer to revenue from products sold, taxes and other charges on products sold and cost of products sold.

13－10 续表1

单位:万元

类　　别	Category	企业单位数(个) Number of Industial Enterprises (unit)	#亏损企业 Loss Enterprises
三、按行业大类分	**by Sector**		
采矿业	**Mining**	**556**	**19**
煤炭开采和洗选业	Mining and Washing of Coal	135	3
石油和天然气开采业	Extraction of Petroleum and Natural Gas	7	
黑色金属矿采选业	Mining of Ferrous Metal Ores	114	6
有色金属矿采选业	Mining of Non-ferrous Metal Ores	13	1
非金属矿采选业	Mining and Processing of Nonmetal Ores	286	9
其他采矿业	Mining of Other Ores	1	
制造业	**Manufacturing**	**27338**	**1875**
农副食品加工业	Processing of Food from Agricultural Products	3109	167
食品制造业	Manufacture of Foods	858	55
饮料制造业	Manufacture of Beverage	319	19
烟草制品业	Manufacture of Tobacco	2	
纺织业	Manufacture of Textile	2861	176
纺织服装、鞋、帽制造业	Manufacture of Textile Wearing Apparel, Footware, and Caps	1032	106
皮革、毛皮、羽毛(绒)及其制品业	Manufacture of Leather, Fur, Feather & Its Products	456	55
木材加工及木、竹、藤、棕、草制品业	Processing of Timbers, Manufacture of Wood, Bamboo, Rattan, Palm, and Straw Products	852	46
家具制造业	Manufacture of Furniture	406	43
造纸及纸制品业	Manufacture of Paper and Paper Products	725	57
印刷业和记录媒介的复制	Printing, Reproduction of Recording Media	277	22
文教体育用品制造业	Manufacture of Articles for Culture, Education and Sport Activity	297	34
石油加工、炼焦及核燃料加工业	Processing of Petroleum, Coking, Processing of Nucleus Fuel	196	18
化学原料及化学制品制造业	Manufacture of Chemical Raw Material and Chemical Products	2393	119
医药制造业	Manufacture of Medicines	442	51
化学纤维制造业	Manufacture of Chemical Fiber	65	9
橡胶制品业	Manufacture of Rubber	436	19
塑料制品业	Manufacture of Plastic	1058	75
非金属矿物制品业	Manufacture of Non-metallic Mineral Products	2609	124
黑色金属冶炼及压延加工业	Manufacture and Processing of Ferrous Metals	400	35
有色金属冶炼及压延加工业	Manufacture & Processing of Non-ferrous Metals	255	31
金属制品业	Manufacture of Metal Products	1162	71
通用设备制造业	Manufacture of General Purpose Machinery	2533	140
专用设备制造业	Manufacture of Special Purpose Machinery	1196	71
交通运输设备制造业	Manufacture of Transport Equipment	828	69
电气机械及器材制造业	Manufacture of Electrical Machinery & Equipment	997	94
通信设备、计算机及其他电子设备制造业	Manufacture of Communication Equipment, Computer and Other Electronic Equipment	543	82
仪器仪表及文化、办公用机械制造业	Manufacture of Measuring Instrument and Machinery for Cultural Activity & Office Work	221	23
工艺品及其他制造业	Manufacture of Artwork, Other Manufacture	791	64
废弃资源和废旧材料回收加工业	Recycling and Disposal of Waste	19	
电力、燃气及水的生产和供应业	**Production and Supply of Electric Power and Heat Power**	**121**	**26**
电力、热力的生产和供应业	Production and Supply of Electric Power and Heat Power	79	19
燃气生产和供应业	Production and Supply of Gas	21	3
水的生产和供应业	Production and Supply of Water	21	4

continued

(10000 yuan)

工　业 总产值 Gross Industrial Output Value	工　业 销售产值 Industrial Output Value of Products Sold	#出　口 交货值 Export Delivery Value	工　业 增加值 Added Value of Industry	资产合计 Total Assets	产成品 Finished Products	流动资产 年平均余额 Annual Average Balance of Working Capitals	固定资产净值 年平均余额 Annual Average Balance of Net Value of Fixed Assets
4098652	**4029027**	**78464**	**1308553**	**2255513**	**102853**	**923775**	**779074**
1487499	1475488	1952	491707	523981	18887	240179	182808
65916	67021	769	36586	90259	1202	39015	45057
756537	727367		242270	778096	30645	325200	232569
184212	187989		63772	57133	2269	27100	17925
1603740	1570449	75743	473608	805693	49850	292155	300581
748	714		610	353		128	134
237364911	**232879987**	**33625149**	**68075882**	**127734926**	**7905332**	**60290044**	**45105063**
29620188	29270217	4861001	8187859	13513063	1120512	6871432	4453837
7415910	7231207	1125423	2175824	4493142	185624	1944882	1751166
2608679	2552068	60699	854732	1639110	114012	719545	608929
14681	13855		8786	32584	1321	9645	14332
23959482	23620299	4182014	6856127	14570841	738872	5801215	6302876
5998467	5842084	2073240	1907873	3211326	231347	1534500	1001466
4054143	3986728	1545557	1190915	1705004	145943	891362	505293
3802740	3711310	738182	982085	1494256	108247	634361	628878
1814476	1787276	502475	507641	1029082	68561	477015	392231
7796600	7666673	251369	2239524	6776791	305551	2438908	2828789
1045372	1025449	20167	335651	621765	28105	266045	256124
2007204	1975626	912531	545114	894148	63552	489802	258715
5655628	5578246	19955	1424077	2631013	150787	1268889	813169
22630508	22045584	1336746	6360483	12447295	644819	5500766	4571097
4773918	4660680	479060	1478166	3625963	196028	1714413	1133350
863714	824109	64053	258972	1262072	60417	460130	496020
4718818	4602650	880521	1372508	2687578	204799	1276223	926532
5220416	5109355	704120	1573767	2357490	176277	1148332	839583
17108165	16812921	1074722	5010938	9371564	558156	3798762	4396195
8186751	7994118	275012	2211340	4525258	312142	2433743	1382131
5821133	5733217	211540	1720363	2986478	117393	1415074	1040099
7234707	6949244	1128703	2139238	4009757	256537	1968128	1429243
17066952	16686837	1410846	5013747	8248726	575265	4345844	2547158
10489533	10350916	764141	2884753	5493912	459643	3062154	1384823
8506241	8333861	1148577	2133724	4728367	267482	2516088	1349077
12550622	12268977	1212510	3758066	6369735	393623	3457710	1748432
10588199	10578327	4697745	3161740	4345819	263446	2417154	1188250
1781583	1720039	311536	586791	983286	56006	515612	283485
3924429	3843322	1625497	1160927	1640429	99386	901750	562918
105653	104792	7209	34152	39073	1482	10559	10869
1625621	**1615103**	**92**	**903911**	**2267060**	**14900**	**535445**	**1382852**
1374464	1370866		825351	1829965	4981	425232	1209600
188173	186405	92	51620	223784	8561	79117	93711
62984	57832		26941	213311	1358	31096	79541

13－10 续表2

单位:万元

类别	Category	负债合计 Total Liabilities	主营业务收入 Revenue from Principal Business
2002		21313899	41315596
2003		31712472	67129307
2004		56824804	130437492
2005		70425050	192709468
2006		73382178	235060091
在总计中:	of which:		
亏损企业	Loss Enterprises	6998915	8496355
在总计中:	of which:		
农村工业	Industry in Rural Area	1186932	5536409
一、按轻重工业分	**by Light & Heavy Industry**		
轻工业	Light Industry	32346427	102240349
重工业	Heavy Industry	41035751	132819742
二、按企业规模分	**by Enterprise Size**		
大型企业	Large-sized Enterprises	19593121	42059799
中型企业	Medium-sized Enterprises	26979447	67887806
小型企业	Small-sized Enterprises	26809609	125112485

continued

(10000 yuan)

#主营业务税金及附加 Taxes and Other Charges on Principal Business	营业费用 Cost of Business	管理费用 Cost of Management	利润总额 Total Profits	亏损企业亏损总额 Losses of Loss Enterprises	利税总额 Total Profits and Taxes	本年应交增值税 Value-added Tax Payable	全部从业人员年平均人数(人) Annual Average Empolyed Persons (person)
265544	1406356	1694016	2220200	171370	3776911	1291168	2478177
391312	1989872	2256070	3746152	208135	6123624	1986160	3020689
827335	3514626	4298966	7637171	461794	12172233	3707727	4610483
1329910	4679003	5123287	12365312	389101	19492812	5797590	5269529
1511572	5209981	5788106	13992516	453323	22082783	6578696	5444440
29320	260954	468466	-453323	453323	-261301	162702	420600
46002	92521	101034	313296	2861	515401	156103	139051
656776	2394482	2489929	5815623	238389	9276272	2803873	2956589
854796	2815498	3298177	8176893	214934	12806512	3774822	2487851
133330	843169	886979	2552091	83894	3992587	1307166	777292
384821	1754393	1777512	3767992	143946	5925009	1772197	1572506
993421	2612419	3123615	7672433	225484	12165187	3499333	3094642

13－10 续表3

单位：万元

类别	Category	负债合计 Total Liabilities	主营业务收入 Revenue from Principal Business
三、按行业大类分	**by Sector**		
采矿业	**Mining**	**1069162**	**4040359**
煤炭开采和洗选业	Mining and Washing of Coal	252780	1478809
石油和天然气开采业	Extraction of Petroleum and Natural Gas	55635	65474
黑色金属矿采选业	Mining of Ferrous Metal Ores	400156	733555
有色金属矿采选业	Mining of Non-ferrous Metal Ores	27427	189007
非金属矿采选业	Mining and Processing of Nonmetal Ores	333041	1572801
其他采矿业	Mining of Other Ores	125	714
制造业	**Manufacturing**	**71048596**	**229748053**
农副食品加工业	Processing of Food from Agricultural Products	7109843	28718755
食品制造业	Manufacture of Foods	2219207	7098539
饮料制造业	Manufacture of Beverage	910060	2517815
烟草制品业	Manufacture of Tobacco	12912	10017
纺织业	Manufacture of Textile	8421943	23793114
纺织服装、鞋、帽制造业	Manufacture of Textile Wearing Apparel, Footware, and Caps	1760617	5643934
皮革、毛皮、羽毛(绒)及其制品业	Manufacture of Leather, Fur, Feather & Its Products	946965	3885773
木材加工及木、竹、藤、棕、草制品业	Processing of Timbers, Manufacture of Wood, Bamboo, Rattan, Palm, and Straw Products	702181	3708871
家具制造业	Manufacture of Furniture	546921	1811391
造纸及纸制品业	Manufacture of Paper and Paper Products	3881194	7572031
印刷业和记录媒介的复制	Printing, Reproduction of Recording Media	337198	994614
文教体育用品制造业	Manufacture of Articles for Culture, Education and Sport Activity	486828	1930208
石油加工、炼焦及核燃料加工业	Processing of Petroleum, Coking, Processing of Nucleus Fuel	1661502	5600015
化学原料及化学制品制造业	Manufacture of Chemical Raw Material and Chemical Products	6967065	21972321
医药制造业	Manufacture of Medicines	1844836	4565538
化学纤维制造业	Manufacture of Chemical Fiber	814851	829498
橡胶制品业	Manufacture of Rubber	1588317	4489147
塑料制品业	Manufacture of Plastic	1184820	5009458
非金属矿物制品业	Manufacture of Non-metallic Mineral Products	4856798	16487692
黑色金属冶炼及压延加工业	Manufacture and Processing of Ferrous Metals	3061791	8139463
有色金属冶炼及压延加工业	Manufacture & Processing of Non-ferrous Metals	1845050	5738780
金属制品业	Manufacture of Metal Products	2130789	6896117
通用设备制造业	Manufacture of General Purpose Machinery	4513426	16412062
专用设备制造业	Manufacture of Special Purpose Machinery	3030373	10183500
交通运输设备制造业	Manufacture of Transport Equipment	2897151	8503494
电气机械及器材制造业	Manufacture of Electrical Machinery & Equipment	3490186	11765155
通信设备、计算机及其他电子设备制造业	Manufacture of Communication Equipment, Computer and Other Electronic Equipment	2395908	9937359
仪器仪表及文化、办公用机械制造业	Manufacture of Measuring Instrument and Machinery for Cultural Activity & Office Work	549907	1650253
工艺品及其他制造业	Manufacture of Artwork, Other Manufacture	863037	3779721
废弃资源和废旧材料回收加工业	Recycling and Disposal of Waste	16920	103421
电力、燃气及水的生产和供应业	**Production and Supply of Electric Power and Heat Power**	**1264420**	**1271678**
电力、热力的生产和供应业	Production and Supply of Electric Power and Heat Power	1002110	967182
燃气生产和供应业	Production and Supply of Gas	133361	247485
水的生产和供应业	Production and Supply of Water	128950	57011

continued

(10000 yuan)

#主营业务税金及附加 Taxes and Other Charges on Principal Business	营业费用 Cost of Business	管理费用 Cost of Management	利润总额 Total Profits	亏损企业亏损总额 Losses of Loss Enterprises	利税总额 Total Profits and Taxes	本年应交增值税 Value-added Tax Payable	全部从业人员年平均人数（人） Annual Average Empolyed Persons (person)
54739	**95306**	**159064**	**362276**	**3653**	**579158**	**162143**	**100841**
13555	24621	41936	134054	122	212943	65334	30783
2131	3125	5875	7035		12504	3339	1605
12128	6364	31230	79382	2420	123919	32409	17675
1228	3503	13791	24264	28	30555	5063	3814
25584	57595	66208	117519	1084	199102	55999	46948
113	98	24	22		135		16
1451837	**5103461**	**5575371**	**13444171**	**440589**	**21221233**	**6325225**	**5318064**
145219	561622	497976	1461633	30492	2104511	497659	557953
55036	252029	183944	522381	10348	814326	236909	153936
104293	119728	83042	166055	8157	363815	93468	61688
161	1176	1446	6144		7783	1478	1727
114798	350815	510072	1315199	27644	2186261	756263	862015
40621	132390	199401	332089	11211	534335	161626	317242
20537	65052	102256	161511	15384	266761	84713	160012
30607	83169	59990	217980	6922	341350	92762	106798
15106	46500	46380	113384	3180	192256	63766	62187
37533	168610	186621	509064	20353	804236	257639	155707
6868	22825	34583	68382	3677	110871	35622	30821
11128	42904	69368	108346	4968	168552	49079	81937
63198	67077	77743	319758	4079	631814	248858	30246
151132	502337	502546	1513322	25232	2255348	590895	333413
20961	306943	199179	399259	19715	599235	179015	91278
5843	13751	25255	-33616	58258	-1242	26531	23314
33502	101587	108052	267794	5043	404502	103206	108120
38104	115643	110648	316110	6033	484930	130716	120058
128326	424867	434232	1048213	50269	1774159	597619	429862
30783	86190	105227	355121	11282	600596	214692	78362
14253	32798	66407	389730	6736	580358	176376	42887
48614	137912	181605	432871	16642	676826	195341	165987
115260	408600	496660	1055091	22352	1696353	526002	370724
50072	285999	292342	630645	10178	909781	229064	210431
45223	147740	248603	386550	21205	615241	183468	166678
61965	255366	277480	663064	12984	1020822	295794	204733
26207	254548	285494	414929	20233	590220	149084	183815
9966	38014	67696	104180	1598	147982	33835	36400
26121	75927	119918	190593	6417	326478	109764	168622
399	1344	1205	8392		12775	3983	1111
4996	**11214**	**53671**	**186069**	**9080**	**282392**	**91328**	**25535**
3246	6599	39341	163128	8053	245494	79120	19151
1408	3087	8468	18795	577	30655	10452	3860
342	1527	5862	4146	451	6244	1756	2524

13－11 规模以上工业企业主要财务分析指标

类　　别	Category	资金利税率（%）Ratio of Profits and Taxes to Funds	产值利税率（%）Ratio of Profits and Taxes to Output Value
1995		9.44	9.08
1996		9.76	9.16
1997		8.69	8.87
1998		8.63	9.00
1999		9.07	9.35
2000		12.72	12.06
2001		12.37	11.21
2002		12.24	10.11
2003		14.07	10.44
2004		15.98	10.45
2005		19.46	11.31
2006		19.97	11.01
一、按登记注册类型分	**by Status of Registration**		
内资企业	Domestic Funded Enterprises	20.96	11.47
国有企业	State-owned Enterprises	13.63	12.39
中央企业	Central Enterprises	18.42	14.68
地方企业	Local Enterprises	10.81	8.95
集体企业	Collective-owned Enterprises	21.49	9.30
股份合作企业	Cooperative Enterprises	18.25	8.56
联营企业	Joint Ownership Enterprises	14.17	9.36
国有联营企业	State Joint Ownership Enterprises	13.10	9.48
集体联营企业	Collective Joint Ownership Enterprises	33.28	9.34
国有与集体联营企业	Joint State-collective Enterprises	35.48	7.93
其他联营企业	Other Joint Ownership Enterprises	17.76	7.01
有限责任公司	Limited Liability Corporations	20.53	14.01
国有独资公司	State Sole funded Corporations	33.54	32.23
其他有限责任公司	Other Limited Liability Corporations	15.05	9.15
股份有限公司	Share-holding Corporations Limited	18.42	9.93
私营企业	Private Enterprises	28.22	9.82
私营独资企业	Private-funded Enterprises	35.91	10.54
私营合作企业	Private Partnership Enterprises	39.09	10.35
私营有限责任公司	Private Limited Liability Corporations	25.68	9.52
私营股份有限公司	Private Share-holding Corporations Ltd.	25.82	9.61
其他企业	Other Enterprises	19.19	9.09
港、澳、台商投资企业	Enterprises with Funds from Hong Kong, Macao and Taiwan	14.87	8.81
合资经营企业（港或澳、台资）	Joint-ventures Enterprises	16.54	9.30
合作经营企业（港或澳、台资）	Cooperative Enterprises	14.41	9.04
港澳台商独资经营企业	Enterprises with Sole Investment	13.25	8.75
港澳台商投资股份有限公司	Share-holding Corporations Ltd. With Funds from Hong Kong, Macao and Taiwan	6.96	3.90
外商投资企业	Foreign Funded Enterprises	15.97	9.02
中外合资经营企业	Joint-venture Enterprises	16.18	8.81
中外合作经营企业	Cooperation Enterprises	9.62	16.22
外资企业	Enterprises with Sole Foreign Funds	16.13	6.94
外商投资股份有限公司	Share-holding Corporations Ltd. with Foreign Investment	17.55	19.88
二、在总计中：亏损企业	**of which：Loss Enterprises**	**－2.39**	**－2.18**
在总计中：国有控股企业	of which：State-holding Enterprises	19.68	16.71
在总计中：农村工业	of which：Industry in Rural Area	28.90	10.46
在总计中：轻工业	of which：Light Industry	18.27	9.11
重工业	Heavy Industry	20.77	12.06
在总计中：大型企业	of which：Large-sized Enterprises	20.30	15.47
中型企业	Medium-sized Enterprises	15.18	9.14
小型企业	Small-sized Enterprises	24.71	8.87

Main Financial Indicators of Industrial Enterprises above Designated Size

销售产值利税率(%) Ratio of Profits and Taxes to Output Value of Sales	资产负债率(%) Assets-Liability Ratio	流动资产周转率(次) Ratio of Turnover Working Capitals (time)	成本费用利润率(%) Ratio of Profits to Cost	全员劳动生产率(元/人) Overall Labor Productivity (yuan/person)	产品销售率(%) Proportion of Products Sold
	66.99	1.84	3.75	20974	
9.51	66.16	1.89	4.49	26769	96.30
9.18	66.11	1.69	4.06	29394	96.62
9.32	64.34	1.75	4.18	34474	96.59
9.64	63.36	1.83	4.53	39249	96.96
12.33	62.54	2.07	7.31	48803	97.86
11.46	60.28	2.12	6.61	55455	97.77
10.34	59.68	2.43	6.02	62918	97.77
10.66	59.37	2.55	6.62	78954	97.93
10.68	59.53	3.22	6.96	97420	97.86
11.52	58.37	3.53	7.91	126997	98.23
11.19	57.77	3.40	7.58	145842	98.43
11.66	58.70	3.46	7.77	148958	98.38
12.47	64.11	2.59	4.95	126642	99.32
14.68	58.46	3.72	3.92	182215	100.01
9.04	68.03	2.09	5.73	180564	99.01
9.43	52.01	3.76	6.70	162129	98.64
8.70	56.36	3.40	6.02	127050	98.37
9.41	71.83	2.97	5.33	534520	99.49
9.44	73.02	2.75	5.21	720576	100.45
9.63	57.54	6.22	6.50	230956	96.98
10.99	72.67	4.06	5.63	151955	72.20
7.65	49.28	5.62	5.27	197187	91.62
14.24	62.31	2.82	9.77	156909	98.42
32.68	57.08	2.18	29.92	256927	98.61
9.30	64.47	3.06	5.60	131685	98.36
10.10	56.54	3.47	6.83	190187	98.33
10.01	49.10	5.15	7.07	129305	98.03
10.75	38.37	6.68	7.63	130911	98.04
10.51	42.84	7.36	7.34	122496	98.47
9.73	52.48	4.68	6.87	129148	97.85
9.65	50.45	4.87	6.71	127438	99.65
9.29	63.35	3.53	6.68	130774	97.79
9.07	55.36	2.92	6.59	122051	97.21
9.67	55.96	2.96	7.01	129418	96.15
9.06	54.08	3.12	5.73	78023	99.74
8.85	52.35	2.84	6.32	99168	98.79
3.92	67.04	2.87	3.09	308915	99.47
9.11	53.41	3.21	6.75	136448	99.01
8.93	56.99	2.90	6.53	164504	98.59
16.57	62.70	3.38	8.59	153877	97.89
7.02	50.26	3.75	5.68	113462	98.92
19.49	48.71	2.65	12.08	193164	102.00
-2.24	**74.73**	**2.02**	**-5.15**	**67066**	**97.65**
16.83	60.83	2.72	10.51	204468	99.24
10.65	46.54	5.55	8.32	146366	98.23
9.26	55.26	3.48	5.80	107870	98.43
12.25	58.94	3.36	8.58	178140	98.43
15.61	58.76	2.87	9.65	157794	99.08
9.33	61.10	2.93	6.21	131352	97.92
9.03	52.27	4.74	6.71	148593	98.29

13－11 续表

类　　别	Category	资金利税率 (%) Ratio of Profits and Taxes to Funds	产值利税率 (%) Ratio of Profits and Taxes to Output Value
三、按行业大类分	**by Sector**		
采矿业	**Mining**	**41.35**	**34.79**
煤炭开采和洗选业	Mining and Washing of Coal	18.94	21.36
石油和天然气开采业	Extraction of Petroleum and Natural Gas	98.38	65.94
黑色金属矿采选业	Mining of Ferrous Metal Ores	18.59	15.13
有色金属矿采选业	Mining of Non-ferrous Metal Ores	24.64	13.13
非金属矿采选业	Mining and Processing of Nonmetal Ores	31.33	12.47
其他采矿业	Mining of Other Ores	267.37	34.03
制造业	**Manufacturing**	**18.33**	**9.06**
农副食品加工业	Processing of Food from Agricultural Products	17.99	6.88
食品制造业	Manufacture of Foods	20.88	10.49
饮料制造业	Manufacture of Beverage	26.41	17.00
烟草制品业	Manufacture of Tobacco	61.82	55.71
纺织业	Manufacture of Textile	17.08	9.01
纺织服装、鞋、帽制造业	Manufacture of Textile Wearing Apparel, Footware, and Caps	20.12	8.66
皮革、毛皮、羽毛(绒)及其制品业	Manufacture of Leather, Fur, Feather & Its Products	19.63	6.68
木材加工及木、竹、藤、棕、草制品业	Processing of Timbers, Manufacture of Wood, Bamboo, Rattan, Palm, and Straw Products	26.10	9.10
家具制造业	Manufacture of Furniture	22.14	10.44
造纸及纸制品业	Manufacture of Paper and Paper Products	14.10	10.55
印刷业和记录媒介的复制	Printing, Reproduction of Recording Media	17.39	10.48
文教体育用品制造业	Manufacture of Articles for Culture, Education and Sport Activity	21.38	8.08
石油加工、炼焦及核燃料加工业	Processing of Petroleum, Coking, Processing of Nucleus Fuel	17.77	6.01
化学原料及化学制品制造业	Manufacture of Chemical Raw Material and Chemical Products	19.49	10.37
医药制造业	Manufacture of Medicines	18.72	12.13
化学纤维制造业	Manufacture of Chemical Fiber	1.99	2.15
橡胶制品业	Manufacture of Rubber	17.20	8.10
塑料制品业	Manufacture of Plastic	23.25	9.21
非金属矿物制品业	Manufacture of Non-metallic Mineral Products	19.47	10.62
黑色金属冶炼及压延加工业	Manufacture and Processing of Ferrous Metals	14.50	9.22
有色金属冶炼及压延加工业	Manufacture & Processing of Non-ferrous Metals	20.68	11.61
金属制品业	Manufacture of Metal Products	19.95	9.29
通用设备制造业	Manufacture of General Purpose Machinery	21.82	10.17
专用设备制造业	Manufacture of Special Purpose Machinery	19.91	8.29
交通运输设备制造业	Manufacture of Transport Equipment	12.66	7.76
电气机械及器材制造业	Manufacture of Electrical Machinery & Equipment	15.67	7.11
通信设备、计算机及其他电子设备制造业	Manufacture of Communication Equipment, Computer and Other Electronic Equipment	16.26	5.51
仪器仪表及文化、办公用机械制造业	Manufacture of Measuring Instrument and Machinery for Cultural Activity & Office Work	18.25	8.39
工艺品及其他制造业	Manufacture of Artwork, Other Manufacture	22.63	8.70
废弃资源和废旧材料回收加工业	Recycling and Disposal of Waste	58.78	12.02
电力、燃气及水的生产和供应业	**Production and Supply of Electric Power and Heat Power**	**9.28**	**11.52**
电力、热力的生产和供应业	Production and Supply of Electric Power and Heat Power	9.90	11.63
燃气生产和供应业	Production and Supply of Gas	7.58	12.58
水的生产和供应业	Production and Supply of Water	1.52	5.61

continued

销售产值利税率（%）Ratio of Profits and Taxes to Output Value of Sales	资产负债率（%）Assets-Liability Ratio	流动资产周转率（次）Ratio of Turnover Working Capitals (time)	成本费用利润率（%）Ratio of Profits to Cost	全员劳动生产率（元/人）Overall Labor Productivity (yuan/person)	产品销售率（%）Proportion of Products Sold
35.19	**53.47**	**2.77**	**34.95**	**202365**	**98.88**
21.77	64.62	1.65	15.73	119091	98.10
65.93	30.09	12.36	124.55	1061985	100.01
15.49	52.69	1.99	11.19	140383	97.68
13.21	43.91	3.79	13.67	144636	99.43
12.67	48.70	4.92	8.30	96162	98.41
34.38	35.30	11.79	27.09	177738	98.98
9.22	**57.64**	**3.48**	**6.04**	**138451**	**98.33**
6.97	53.43	4.23	5.30	145098	98.82
10.75	50.03	3.57	7.73	126927	97.63
16.57	52.49	2.49	9.02	147378	102.58
56.11	44.80	1.42	15.08	710241	99.30
9.15	58.52	3.78	5.75	78446	98.47
8.90	55.70	3.56	6.13	60422	97.31
6.82	55.65	4.35	4.49	77947	97.92
9.37	51.10	5.58	6.59	94952	97.18
10.60	53.78	3.81	6.76	82723	98.44
10.70	58.74	3.10	6.88	143714	98.58
10.68	55.49	3.24	6.96	94944	98.15
8.21	57.13	3.83	5.79	66058	98.42
6.06	64.59	5.40	2.08	512238	99.12
10.58	57.01	3.73	7.83	194805	98.07
12.39	50.65	2.54	9.06	154696	97.95
2.24	64.46	1.89	-1.68	102572	95.86
8.26	60.77	3.56	5.99	143785	97.98
9.40	52.19	4.10	6.96	131623	97.97
10.81	55.95	3.72	7.12	115097	98.28
9.33	68.41	3.18	5.21	306186	98.80
11.73	52.46	3.52	9.75	292004	98.93
9.66	54.78	3.46	6.61	131151	96.23
10.42	56.59	3.16	7.19	131457	97.57
8.41	57.22	3.44	6.37	124716	98.56
7.92	64.06	2.29	4.98	138075	97.93
7.24	57.47	2.89	4.84	210642	98.22
5.58	53.36	4.17	3.66	198315	98.75
8.70	60.12	3.09	6.58	158851	96.48
8.87	52.34	4.21	5.67	71778	98.09
12.10	43.54	9.64	8.88	290982	99.28
11.54	**63.03**	**3.22**	**5.36**	**180851**	**99.82**
11.64	64.12	3.64	5.48	210433	99.90
12.55	45.51	1.94	5.34	102518	100.23
5.86	56.89	0.59	0.22	44379	95.71

13－12 国有控股工业企业主要财务分析指标

类　　别	Category	资金利税率 (%) Ratio of Profits and Taxes to Funds	产值利税率 (%) Ratio of Profits and Taxes to Output Value
1996		9.05	11.37
1997		8.09	11.17
1998		7.27	11.18
1999		7.46	11.49
2000		12.28	17.05
2001		11.45	15.77
2002		10.91	13.51
2003		13.01	14.80
2004		15.46	15.11
2005		18.78	16.48
2006		19.68	16.71
在总计中：	of which:		
亏损企业	Loss Enterprises	-0.58	-0.47
在总计中：	of which:		
中央企业	Central Enterprises	41.52	31.00
地方企业	Local Enterprises	11.94	10.66
一、按轻重工业分	**by Light & Heavy Industry**		
轻工业	Light Industry	16.55	14.25
重工业	Heavy Industry	20.16	17.08
二、按企业规模分	**by Enterprise Size**		
大型企业	Large-sized Enterprises	23.62	21.14
中型企业	Medium-sized Enterprises	11.84	11.24
小型企业	Small-sized Enterprises	6.51	3.09

Main Financial Indicators of State-holding Industrial Enterprises

销售产值利税率 (%) Ratio of Profits and Taxes to Output Value of Sales	资产负债率 (%) Assets-Liability Ratio	流动资产周转率 (次) Ratio of Turnover Working Capitals (time)	成本费用利润率 (%) Ratio of Profits to Cost	全员劳动生产率 (元/人) Overall Labor Productivity (yuan/person)	产品销售率 (%) Proportion of Products Sold
11.67	65.15	1.78	3.37	29323	97.39
11.47	64.68	1.53	3.16	47541	97.35
11.47	63.39	1.43	2.85	32470	97.44
11.7	62.87	1.51	3.24	37967	98.16
17.19	62.23	1.76	8.85	51593	99.19
15.93	59.37	1.78	7.65	60729	98.97
13.7	59.60	1.95	6.39	72220	98.61
14.98	59.21	2.12	7.71	89385	98.75
15.37	60.10	2.35	8.82	123891	98.28
16.64	60.18	2.52	10.83	181709	99.06
16.83	60.83	2.72	10.51	204468	99.24
-0.47	76.91	2.71	-4.36	99238	99.50
30.99	48.69	5.90	21.09	402717	100.01
10.77	65.27	2.17	6.24	171115	98.92
14.33	55.22	2.20	4.53	132994	99.43
17.21	61.70	2.84	11.53	221001	99.21
21.26	58.17	2.88	12.13	161129	99.45
11.41	66.74	2.40	6.31	144742	98.58
3.12	69.33	2.03	3.79	693121	99.19

13－12 续表

类别	Category	资金利税率（%）Ratio of Profits and Taxes to Funds	产值利税率（%）Ratio of Profits and Taxes to Output Value
三、按行业大类分	**by Sector**		
采矿业	**Mining**	**42.10**	**41.49**
煤炭开采和洗选业	Mining and Washing of Coal	16.54	21.99
石油和天然气开采业	Extraction of Petroleum and Natural Gas	99.50	66.27
黑色金属矿采选业	Mining of Ferrous Metal Ores	14.59	15.73
有色金属矿采选业	Mining of Non-ferrous Metal Ores	9.21	6.78
非金属矿采选业	Mining and Processing of Nonmetal Ores	14.23	13.09
其他采矿业	Mining of Other Ores		
制造业	**Manufacturing**	**13.31**	**9.35**
农副食品加工业	Processing of Food from Agricultural Products	5.41	2.53
食品制造业	Manufacture of Foods	8.63	6.92
饮料制造业	Manufacture of Beverage	22.87	25.69
烟草制品业	Manufacture of Tobacco	62.40	55.74
纺织业	Manufacture of Textile	9.58	7.85
纺织服装、鞋、帽制造业	Manufacture of Textile Wearing Apparel, Footware, and Caps	1.95	2.00
皮革、毛皮、羽毛(绒)及其制品业	Manufacture of Leather, Fur, Feather & Its Products	7.94	2.94
木材加工及木、竹、藤、棕、草制品业	Processing of Timbers, Manufacture of Wood, Bamboo, Rattan, Palm, and Straw Products	6.54	11.43
家具制造业	Manufacture of Furniture	4.66	1.57
造纸及纸制品业	Manufacture of Paper and Paper Products	10.35	12.63
印刷业和记录媒介的复制	Printing, Reproduction of Recording Media	5.99	9.07
文教体育用品制造业	Manufacture of Articles for Culture, Education and Sport Activity	3.18	1.89
石油加工、炼焦及核燃料加工业	Processing of Petroleum, Coking, Processing of Nucleus Fuel	10.56	3.33
化学原料及化学制品制造业	Manufacture of Chemical Raw Material and Chemical Products	13.94	12.39
医药制造业	Manufacture of Medicines	10.43	10.58
化学纤维制造业	Manufacture of Chemical Fiber	7.35	8.68
橡胶制品业	Manufacture of Rubber	4.11	5.04
塑料制品业	Manufacture of Plastic	1.57	1.76
非金属矿物制品业	Manufacture of Non-metallic Mineral Products	6.43	9.04
黑色金属冶炼及压延加工业	Manufacture and Processing of Ferrous Metals	12.88	9.43
有色金属冶炼及压延加工业	Manufacture & Processing of Non-ferrous Metals	21.99	14.53
金属制品业	Manufacture of Metal Products	6.56	3.12
通用设备制造业	Manufacture of General Purpose Machinery	11.42	12.14
专用设备制造业	Manufacture of Special Purpose Machinery	11.73	4.69
交通运输设备制造业	Manufacture of Transport Equipment	8.07	7.17
电气机械及器材制造业	Manufacture of Electrical Machinery & Equipment	10.16	9.66
通信设备、计算机及其他电子设备制造业	Manufacture of Communication Equipment, Computer and Other Electronic Equipment	16.58	5.28
仪器仪表及文化、办公用机械制造业	Manufacture of Measuring Instrument and Machinery for Cultural Activity & Office Work	12.20	11.35
工艺品及其他制造业	Manufacture of Artwork, Other Manufacture	6.75	6.72
废弃资源和废旧材料回收加工业	Recycling and Disposal of Waste		
电力、燃气及水的生产和供应业	**Production and Supply of Electric Power and Heat Power**	**8.85**	**10.92**
电力、热力的生产和供应业	Production and Supply of Electric Power and Heat Power	9.64	11.15
燃气生产和供应业	Production and Supply of Gas	1.96	4.78
水的生产和供应业	Production and Supply of Water	0.71	3.06

continued

销售产值利税率（%）Ratio of Profits and Taxes to Output Value of Sales	资产负债率（%）Assets-Liability Ratio	流动资产周转率（次）Ratio of Turnover Working Capitals (time)	成本费用利润率（%）Ratio of Profits to Cost	全员劳动生产率（元/人）Overall Labor Productivity (yuan/person)	产品销售率（%）Proportion of Products Sold
41.94	**54.56**	**2.46**	**45.70**	**235945**	**98.93**
22.48	65.76	1.42	15.81	121448	97.83
66.27	29.68	12.97	126.30	1082696	100.00
15.80	56.92	1.45	10.04	135503	99.58
6.87	47.89	2.03	7.62	125844	98.69
13.07	70.92	2.11	6.91	74443	100.09
9.43	**62.71**	**2.68**	**4.29**	**193586**	**99.19**
2.57	78.72	3.80	1.99	110007	98.64
7.23	49.66	1.89	6.02	153778	95.79
22.54	45.77	1.48	11.02	126303	113.97
56.11	44.90	1.42	14.35	812931	99.35
7.82	57.88	2.39	2.91	58181	100.31
1.98	74.69	1.24	-0.19	44138	100.65
2.90	78.58	3.00	1.42	114863	101.30
10.99	114.18	1.47	5.17	49062	104.06
1.58	62.52	4.96	0.87	102634	99.76
12.63	60.34	2.70	6.04	172586	99.99
9.21	61.83	1.53	2.38	46928	98.50
1.90	87.52	2.09	0.19	75610	99.81
3.35	65.32	6.28	0.09	568251	99.26
12.40	56.84	2.90	9.06	198670	99.93
10.63	46.71	1.79	5.69	122019	99.46
8.96	69.34	2.04	3.91	65707	96.93
5.04	64.78	1.59	1.35	41053	99.98
1.83	53.03	1.92	-0.86	81407	96.45
9.06	68.57	1.41	4.14	89244	99.74
9.46	72.24	3.18	4.38	366040	99.67
14.49	57.76	3.23	11.01	175842	100.28
3.25	79.83	3.18	0.80	241511	95.78
12.67	60.39	1.25	7.76	106530	95.82
4.78	66.90	3.95	3.60	80021	98.19
7.30	67.23	1.51	3.96	151934	98.30
10.03	67.21	1.25	6.38	134091	96.36
5.52	46.70	4.45	1.90	493185	95.57
12.64	82.55	1.27	6.98	90473	89.76
6.81	59.89	1.60	2.61	41500	98.64
10.93	**63.17**	**3.40**	**4.52**	**159595**	**99.89**
11.16	64.13	3.90	4.76	188125	99.93
4.71	43.84	1.42	-0.94	58396	101.57
3.18	56.40	0.49	-2.67	37460	96.40

13－13 国有工业企业主要财务分析指标

类　　别	Category	资金利税率 (％) Ratio of Profits and Taxes to Funds	产值利税率 (％) Ratio of Profits and Taxes to Output Value
1995		8.69	10.39
1996		8.57	11.01
1997		7.78	11.02
1998		7.01	11.33
1999		6.96	10.80
2000		14.16	19.04
2001		7.32	12.61
2002		8.38	12.70
2003		9.05	13.11
2004		8.02	8.52
2005		9.74	9.21
2006		13.68	12.43
在总计中：	of which：		
亏损企业	Loss Enterprises	－1.09	－1.62
在总计中：	of which：		
中央企业	Central Enterprises	18.42	20.03
地方企业	Local Enterprises	10.88	9.01
一、按轻重工业分	**by Light & Heavy Industry**		
轻工业	Light Industry	27.71	34.05
重工业	Heavy Industry	11.30	9.83
二、按企业规模分	**by Enterprise Size**		
大型企业	Large-sized Enterprises	18.16	32.83
中型企业	Medium-sized Enterprises	10.13	9.78
小型企业	Small-sized Enterprises	3.73	0.91

Main Financial Indicators of State-owned Industrial Enterprises

销售产值利税率 (%) Ratio of Profits and Taxes to Output Value of Sales	资产负债率 (%) Assets-Liability Ratio	流动资产周转率 (次) Ratio of Turnover Working Capitals (time)	成本费用利润率 (%) Ratio of Profits to Cost	全员劳动生产率 (元/人) Overall Labor Productivity (yuan/person)	产品销售率 (%) Proportion of Products Sold
	66.29	1.81	2.46	24721	
11.31	65.38	1.82	2.69	28132	97.36
11.30	65.30	1.55	2.72	48922	97.51
11.63	63.67	1.47	2.32	31347	97.43
10.96	62.81	1.57	2.40	38144	98.57
19.14	63.22	1.98	10.21	56301	99.45
12.82	64.12	1.70	3.37	41965	98.39
12.86	64.46	1.90	3.57	49657	98.77
13.35	64.16	2.04	3.83	59705	98.16
8.77	65.39	2.23	2.55	80932	97.10
9.30	65.87	2.05	4.01	118357	99.04
12.51	64.11	2.59	4.99	126642	99.32
-1.63	86.27	1.57	-6.26	44213	99.23
20.03	58.46	3.72	3.92	182215	100.02
9.10	68.03	2.09	5.81	112581	99.01
34.79	56.93	1.52	5.74	87574	97.86
9.88	65.34	2.88	4.91	135459	99.50
33.04	59.24	3.00	5.59	178718	99.38
9.89	68.91	2.29	4.94	118360	98.84
0.91	75.80	1.71	0.70	10200	99.71

13－13 续表

类　　别	Category	资金利税率（%）Ratio of Profits and Taxes to Funds	产值利税率（%）Ratio of Profits and Taxes to Output Value
三、按行业大类分	**by Sector**		
采矿业	**Mining**	**21.31**	**22.50**
煤炭开采和洗选业	Mining and Washing of Coal	22.85	23.94
石油和天然气开采业	Extraction of Petroleum and Natural Gas		
黑色金属矿采选业	Mining of Ferrous Metal Ores	14.37	16.19
有色金属矿采选业	Mining of Non-ferrous Metal Ores	15.62	19.72
非金属矿采选业	Mining and Processing of Nonmetal Ores	13.83	12.71
其他采矿业	Mining of Other Ores		
制造业	**Manufacturing**	**16.99**	**14.99**
农副食品加工业	Processing of Food from Agricultural Products	7.29	3.71
食品制造业	Manufacture of Foods	8.32	6.86
饮料制造业	Manufacture of Beverage	8.91	11.22
烟草制品业	Manufacture of Tobacco	62.88	87.95
纺织业	Manufacture of Textile	6.23	2.65
纺织服装、鞋、帽制造业	Manufacture of Textile Wearing Apparel, Footware, and Caps	－16.18	－20.46
皮革、毛皮、羽毛(绒)及其制品业	Manufacture of Leather, Fur, Feather & Its Products		
木材加工及木、竹、藤、棕、草制品业	Processing of Timbers, Manufacture of Wood, Bamboo, Rattan, Palm, and Straw Products	－1.48	－5.14
家具制造业	Manufacture of Furniture	2.81	0.49
造纸及纸制品业	Manufacture of Paper and Paper Products	3.21	3.48
印刷业和记录媒介的复制	Printing, Reproduction of Recording Media	5.98	9.33
文教体育用品制造业	Manufacture of Articles for Culture, Education and Sport Activity		
石油加工、炼焦及核燃料加工业	Processing of Petroleum, Coking, Processing of Nucleus Fuel	12.73	4.90
化学原料及化学制品制造业	Manufacture of Chemical Raw Material and Chemical Products	8.84	8.92
医药制造业	Manufacture of Medicines	－5.41	－9.08
化学纤维制造业	Manufacture of Chemical Fiber	0.35	0.44
橡胶制品业	Manufacture of Rubber	12.25	5.69
塑料制品业	Manufacture of Plastic	0.91	0.44
非金属矿物制品业	Manufacture of Non-metallic Mineral Products	8.47	9.10
黑色金属冶炼及压延加工业	Manufacture and Processing of Ferrous Metals	8.18	6.15
有色金属冶炼及压延加工业	Manufacture & Processing of Non-ferrous Metals	3.53	2.71
金属制品业	Manufacture of Metal Products	2.67	2.56
通用设备制造业	Manufacture of General Purpose Machinery	13.02	14.35
专用设备制造业	Manufacture of Special Purpose Machinery	3.17	4.02
交通运输设备制造业	Manufacture of Transport Equipment	5.10	3.48
电气机械及器材制造业	Manufacture of Electrical Machinery & Equipment	11.38	12.80
通信设备、计算机及其他电子设备制造业	Manufacture of Communication Equipment, Computer and Other Electronic Equipment	2.15	4.30
仪器仪表及文化、办公用机械制造业	Manufacture of Measuring Instrument and Machinery for Cultural Activity & Office Work	2.53	4.09
工艺品及其他制造业	Manufacture of Artwork, Other Manufacture	9.09	4.73
废弃资源和废旧材料回收加工业	Recycling and Disposal of Waste		
电力、燃气及水的生产和供应业	**Production and Supply of Electric Power and Heat Power**	**8.58**	**7.57**
电力、热力的生产和供应业	Production and Supply of Electric Power and Heat Power	9.19	7.68
燃气生产和供应业	Production and Supply of Gas	－0.68	－1.65
水的生产和供应业	Production and Supply of Water	0.58	2.15

continued

销售产值 利税率 (%) Ratio of Profits and Taxes to Output Value of Sales	资产负债率 (%) Assets-Liability Ratio	流动资产 周转率 (次) Ratio of Turnover Working Capitals (time)	成本费用 利润率 (%) Ratio of Profits to Cost	全员劳动 生产率 (元/人) Overall Labor Productivity (yuan/person)	产品销售率 (%) Proportion of Products Sold
22.83	**60.62**	**1.79**	**16.57**	**138546**	**98.59**
24.34	60.58	1.83	17.63	151961	98.38
16.19	58.35	1.31	10.06	137329	100.00
20.05	56.75	2.16	26.33	46223	98.37
12.75	70.82	2.13	7.07	79010	99.71
15.17	**66.12**	**1.85**	**3.87**	**101650**	**98.83**
3.77	82.44	3.39	3.12	45628	98.42
7.10	46.46	1.76	6.09	173713	96.69
11.78	87.65	1.06	-0.47	43456	95.24
88.29	45.00	1.42	14.42	366966	99.62
2.64	135.76	3.48	0.07	33035	100.59
-20.79	84.16	1.00	-17.34	29046	98.40
-4.88	132.05	0.71	-10.67	15115	105.32
0.49	64.40	8.63	0.00	194976	100.00
3.61	80.00	1.45	-0.01	47744	96.46
9.57	65.70	1.40	1.13	46535	97.47
4.97	68.87	4.18	1.68	388002	98.70
8.88	58.50	2.90	3.54	96367	100.44
-8.95	67.61	1.10	-12.50	21383	101.39
0.46	99.80	1.57	-3.44	91764	94.13
5.68	79.00	3.41	2.45	42485	100.03
0.53	74.76	2.15	-1.47	75045	83.62
9.48	75.26	1.96	2.79	61912	95.93
6.10	77.32	1.75	1.67	113015	100.78
2.64	88.57	2.45	-0.20	92970	102.56
2.76	87.64	1.29	-0.57	64806	92.79
14.48	58.72	1.26	9.69	77183	99.14
4.26	76.26	1.18	-0.34	42128	94.51
3.52	70.80	1.89	1.91	102401	98.80
13.98	68.57	1.09	8.90	139803	91.55
4.83	124.09	0.65	-4.43	72161	89.06
4.04	90.58	0.97	0.52	32157	101.22
4.54	95.96	5.82	0.41	16426	104.26
7.58	**63.99**	**4.46**	**2.80**	**148821**	**99.89**
7.69	64.58	4.88	2.94	177341	99.97
-1.63	56.59	1.28	-5.23	18520	101.06
2.29	54.74	0.67	-4.04	28343	93.97

13－14 各市规模以上工业企业主要经济指标(2006 年)

Main Economic Indicators of Industrial Enterprises above Designated Size by Region(2006)

单位:万元 (10000 yuan)

地区	Region	企业单位数(个) Number of Industial Enterprises (unit)	大型企业 Large-sized Enterprises	中型企业 Medium-sized Enterprises	小型企业 Small-sized Enterprises	亏损企业数(个) Number of Loss Enterprises (unit)	工业总产值(万元) Gross Industrial Output Value (10000 yuan)	内资企业 Domestic Funded Enterprises
全省总计	**Total**	**31936**	**326**	**2927**	**28683**	**2529**	**387800991**	**315710303**
济南市	Jinan	1752	18	159	1575	267	26192494	23746189
青岛市	Qingdao	4567	50	468	4049	769	51846820	34685991
淄博市	Zibo	2559	25	271	2263	161	35625149	32398501
枣庄市	Zaozhuang	1086	7	76	1003	33	13346779	12364268
东营市	Dongying	580	15	73	492	22	24646693	23003827
烟台市	Yantai	3073	33	301	2739	207	51960256	34808373
潍坊市	Weifang	4119	28	325	3766	137	34046982	28185673
济宁市	Jining	1999	27	162	1810	142	18274756	15579342
泰安市	Taian	1168	17	144	1007	68	14944778	14295274
威海市	Weihai	1762	25	255	1482	104	31662034	20878148
日照市	Rizhao	725	5	83	637	78	7163311	5803131
莱芜市	Laiwu	238	7	29	202	64	6468459	6169183
临沂市	Linyi	2542	19	170	2353	195	18704258	14432477
德州市	Dezhou	2320	14	161	2145	28	15485588	14484908
聊城市	Liaocheng	1268	17	105	1146	87	14323026	13538168
滨州市	Binzhou	1106	14	75	1017	109	16689159	15517866
菏泽市	Heze	1068	2	70	996	58	6420448	5818985

13－14 续表1 continued

单位:万元 (10000 yuan)

地区	Region	国有工业 State-owned Enterprises	集体工业 Collective-owned Enterprises	股份合作企业 Cooperative Enterprises	联营企业 Joint Ownership Enterprises	有限责任公司 Limited Liability Corporations	股份有限公司 Share-holding Corporations Limited
全省总计	**Total**	**23078362**	**24696719**	**4969452**	**5288623**	**115081763**	**36597076**
济南市	Jinan	1937348	1249381	147071	4604560	7564586	2460781
青岛市	Qingdao	3318059	5584278	909898	3560	12523859	3880800
淄博市	Zibo	3424082	2444076	460460	99768	5561183	10259148
枣庄市	Zaozhuang	811321	658034	3562		3472236	249773
东营市	Dongying	395890	610770	33314		15182030	3779328
烟台市	Yantai	3336148	6783935	425933	30610	7478464	1654020
潍坊市	Weifang	1493638	1348072	252919	9027	9071536	4061129
济宁市	Jining	1550758	357719	314541	1275	6221817	1775182
泰安市	Taian	1417329	903195	78267	22712	5860636	717214
威海市	Weihai	448142	3441141	1710483	140888	6939574	2293133
日照市	Rizhao	276956	154827	168239		3725643	407920
莱芜市	Laiwu	341655	32069	45841		4891178	351747
临沂市	Linyi	1211728	399193	87273	492	4196792	2061954
德州市	Dezhou	1029451	339658	144481	366864	3353401	223879
聊城市	Liaocheng	830339	271167	120105	921	6717600	802547
滨州市	Binzhou	703448	71170	42578	4456	10199629	1215839
菏泽市	Heze	552073	48035	24489	3491	2121599	402681

13－14 续表2 continued

单位:万元 (10000 yuan)

地区	Region	私营企业 Private Enterprises	其他企业 Other Enterprises	港澳台商投资企业 Enterprises with Funds from Hong Kong, Macao and Taiwan	外商投资企业 Foreign Funded Enterprises	工业销售产值(当年价) Industrial Output Value of Products Sold (current prices)	#出口交货值 Export Delivery Value
全省总计	**Total**	**104377169**	**1621140**	**13177875**	**58912813**	**381725527**	**45088074**
济南市	Jinan	5709219	73245	910139	1536166	25607017	1471282
青岛市	Qingdao	8448719	16817	2261264	14899566	50759810	13390445
淄博市	Zibo	9730127	419656	786610	2440039	34991699	2150761
枣庄市	Zaozhuang	7162122	7220	312469	670042	13243522	504247
东营市	Dongying	2954200	48295	281556	1361310	24400728	608741
烟台市	Yantai	14941508	157756	3400487	13751395	51280588	7431601
潍坊市	Weifang	11851469	97885	1412931	4448379	33329575	4025962
济宁市	Jining	5239313	118737	279066	2416349	18074937	1478398
泰安市	Taian	5155650	140271	162413	487091	14705880	781601
威海市	Weihai	5650673	254116	763490	10020397	31254492	6590678
日照市	Rizhao	1055767	13779	122742	1237438	7054617	1346228
莱芜市	Laiwu	500492	6202	218774	80503	6313049	740907
临沂市	Linyi	6407535	67511	763063	3508719	18247030	1431589
德州市	Dezhou	8925697	101476	313584	687096	15288160	651032
聊城市	Liaocheng	4707819	87669	128147	656711	14233610	633233
滨州市	Binzhou	3270240	10506	782988	388306	16601006	1386093
菏泽市	Heze	2666619		278155	323308	6339808	465276

13－14 续表3 continued

单位:万元 (10000 yuan)

地区	Region	工业增加值(当年价) Added Value of Industry (current prices)	资产合计 Total Assets	产成品 Finished Products	流动资产年平均余额 Annual Average Balance of Working Capitals	固定资产净值年平均余额 Annual Average Balance of Net Value of Fixed Assets	负债合计 Total Liabilities
全省总计	**Total**	**114938739**	**264753536**	**13044729**	**112015984**	**101857165**	**152945606**
济南市	Jinan	8389604	19069643	1136348	9267002	6283908	12389924
青岛市	Qingdao	14968074	34588398	1732423	17868448	10044214	20643034
淄博市	Zibo	10204866	23006806	1175214	10377709	9065385	13130863
枣庄市	Zaozhuang	3928606	6971313	234214	2462393	3432142	4400511
东营市	Dongying	11535225	15768261	530163	4649422	8902601	7488455
烟台市	Yantai	15172583	25830261	1666032	11704228	9424091	13805993
潍坊市	Weifang	8819509	22993671	1370297	9296565	8370552	13688497
济宁市	Jining	6583452	18834358	736078	6856416	7824730	10791093
泰安市	Taian	4786044	10750399	434217	5071852	3742924	6951477
威海市	Weihai	7741995	14604037	942217	8093544	4635448	7534247
日照市	Rizhao	1964891	5148808	304660	2157913	2089968	3450451
莱芜市	Laiwu	1737864	6416159	371783	2385450	2839706	4489131
临沂市	Linyi	5410320	11759616	854799	5446837	4433128	7034094
德州市	Dezhou	4598460	11906259	493399	4313733	5510823	5546753
聊城市	Liaocheng	4105051	9395814	358245	3910344	3473166	5519045
滨州市	Binzhou	4525743	12390094	438643	4933554	4662809	7804733
菏泽市	Heze	1798246	3661742	260275	1436251	1594230	2201503

13－14 续表4 continued

单位:万元 (10000 yuan)

地区	Region	主营业务收入 Revenue from Principal Business	#主营业务税金及附加 Taxes and Other Charges on Principal Business	营业费用 Cost of Business	管理费用 Cost of Management
全省总计	**Total**	**381160618**	**3904132**	**8525325**	**11812749**
济南市	Jinan	24031127	232950	756366	1056858
青岛市	Qingdao	49890736	377616	1702474	1934371
淄博市	Zibo	34483439	276160	617887	1046556
枣庄市	Zaozhuang	12295678	122601	232622	510726
东营市	Dongying	23523676	839682	225930	595779
烟台市	Yantai	50488973	229756	1069328	1173318
潍坊市	Weifang	33913986	174913	750806	894180
济宁市	Jining	17587045	197209	555792	1037905
泰安市	Taian	13565465	196631	357647	623734
威海市	Weihai	28325180	165857	554369	821573
日照市	Rizhao	6896051	22632	131327	158770
莱芜市	Laiwu	7168517	48016	157028	254737
临沂市	Linyi	18102855	105766	455083	519967
德州市	Dezhou	15232789	160828	344787	322930
聊城市	Liaocheng	13948341	82065	225131	267104
滨州市	Binzhou	16496450	87462	204701	260300
菏泽市	Heze	6068350	44705	131248	139677

13－14 续表5 continued

单位:万元 (10000 yuan)

地区	Region	利润总额 Total Profits	亏损企业亏损总额 Losses of Loss Enterprises	利税总额 Total Profits and Taxes	本年应交增值税 Value-added Tax Payable	全部从业人员年平均人数(人) Annual Average Empolyed Persons (person)
全省总计	**Total**	**26325786**	**975994**	**42707592**	**12477674**	**7881051**
济南市	Jinan	1200368	106732	2377310	943992	386291
青岛市	Qingdao	1834855	400180	3775890	1563418	1181911
淄博市	Zibo	1899824	165056	3382185	1206201	630912
枣庄市	Zaozhuang	936753	12585	1718673	659319	344552
东营市	Dongying	5438807	6923	7716119	1437630	208952
烟台市	Yantai	3876595	72612	5197918	1091567	753096
潍坊市	Weifang	1730238	18782	2752245	847094	779643
济宁市	Jining	1672024	38949	2669794	800561	556861
泰安市	Taian	879835	30745	1619617	543151	409000
威海市	Weihai	1381201	20023	2060845	513786	577233
日照市	Rizhao	407839	17868	603227	172756	150746
莱芜市	Laiwu	350242	10322	678986	280729	117531
临沂市	Linyi	1016742	35087	1594329	471821	515132
德州市	Dezhou	1109989	5105	1971115	700298	432411
聊城市	Liaocheng	923703	10168	1449986	444218	285789
滨州市	Binzhou	908561	18702	1588198	592176	341547
菏泽市	Heze	212887	6157	416195	158604	189878

13－15 各市国有控股工业企业主要经济指标(2006年)

Main Economic Indicators of State-holding Industrial Enterprises by Region(2006)

单位:万元 (10000 yuan)

地区	Region	企业单位数(个) Number of Industial Enterprises (unit)	#亏损企业 Number of Loss Enterprises (unit)	工业总产值 Gross Industrial Output Value	工业销售产值 Industrial Output Value of Products Sold	#出口交货值 Export Delivery Value	工业增加值 Added Value of Industry
全省总计	**Total**	**1360**	**357**	**92291515**	**91593439**	**5307039**	**30383934**
济南市	Jinan	177	61	13148647	13002621	892155	4598507
青岛市	Qingdao	178	52	12130763	12054560	1194676	3350019
淄博市	Zibo	95	32	11485203	11494565	264109	3825927
枣庄市	Zaozhuang	49	8	3026183	3014680	42440	1675276
东营市	Dongying	39	6	13021487	12978398	34909	7702971
烟台市	Yantai	133	37	7532708	7445766	576436	2610641
潍坊市	Weifang	74	8	4491694	4413512	407867	1718811
济宁市	Jining	145	40	6473724	6392108	623278	3366413
泰安市	Taian	71	17	3917877	3843668	174621	1756229
威海市	Weihai	58	12	1402180	1389274	285210	415375
日照市	Rizhao	29	14	731136	729288	6369	329953
莱芜市	Laiwu	16	5	4175014	4127256	518554	1442025
临沂市	Linyi	74	24	1520752	1503145	20265	817381
德州市	Dezhou	76	8	2257651	2231347	47974	872926
聊城市	Liaocheng	61	10	3813578	3798809	109231	1039292
滨州市	Binzhou	45	9	1722093	1743692	107276	592832
菏泽市	Heze	36	14	1440826	1430753	1669	535423

13－15 续表1 continued

单位:万元 (10000 yuan)

地区	Region	资产合计 Total Assets	产成品 Finished Products	流动资产年平均余额 Annual Average Balance of Working Capitals	固定资产净值年平均余额 Annual Average Balance of Net Value of Fixed Assets	负债合计 Total Liabilities
全省总计	**Total**	**100154308**	**3002772**	**35011142**	**43339200**	**60927702**
济南市	Jinan	12284541	675991	6070015	3765066	8625308
青岛市	Qingdao	10420416	419236	4828916	3300984	6847421
淄博市	Zibo	7884825	267853	2997354	3718729	4275534
枣庄市	Zaozhuang	3767428	72539	1271628	1812098	2763084
东营市	Dongying	8716513	197263	1467074	6176498	3285659
烟台市	Yantai	7027292	229776	2955751	2701856	3933512
潍坊市	Weifang	5655405	147327	1770825	2287064	3459417
济宁市	Jining	10929643	267419	3694777	4638078	6636770
泰安市	Taian	5113607	146072	2656445	1564402	3730471
威海市	Weihai	1864829	62653	717434	901046	1141730
日照市	Rizhao	750053	8573	153428	536895	553270
莱芜市	Laiwu	4348030	230420	1295174	2160344	2990414
临沂市	Linyi	1660403	46873	574701	837565	1197339
德州市	Dezhou	2473027	46754	850866	1105137	1683567
聊城市	Liaocheng	2972691	85841	1151488	1172158	1852658
滨州市	Binzhou	1639420	58814	491541	676430	1137022
菏泽市	Heze	988288	33645	279405	457508	738726

13－15 续表 2 continued

单位:万元 (10000 yuan)

地 区	Region	主营业务收入 Revenue from Principal Business	#主营业务税金及附加 Taxes and Other Charges on Principal Business	营业费用 Cost of Business	管理费用 Cost of Management
全省总计	**Total**	**95306527**	**2063986**	**1904728**	**4562370**
济南市	Jinan	11974401	127162	292888	546921
青岛市	Qingdao	11620358	90178	469311	462597
淄博市	Zibo	10788135	153790	137865	458828
枣庄市	Zaozhuang	2296094	32474	50640	317243
东营市	Dongying	12261306	759394	36377	357125
烟台市	Yantai	6939291	77915	157561	393126
潍坊市	Weifang	4417796	32665	111365	161151
济宁市	Jining	6243810	99136	194243	704750
泰安市	Taian	3184010	38218	86400	323014
威海市	Weihai	1426093	6040	22649	59179
日照市	Rizhao	555009	3730	4034	20151
莱芜市	Laiwu	4862695	38466	118806	197070
临沂市	Linyi	1214782	12627	28945	147290
德州市	Dezhou	2051842	16941	32468	66187
聊城市	Liaocheng	3546519	16026	68202	89240
滨州市	Binzhou	1598363	8563	26581	30328
菏泽市	Heze	1184068	11378	13593	33907

13－15 续表 3 continued

单位:万元 (10000 yuan)

地 区	Region	利润总额 Total Profits	亏损企业亏损总额 Losses of Loss Enterprises	利税总额 Total Profits and Taxes	本年应交增值税 Value-added Tax Payable	全部从业人员年平均人数(人) Annual Average Empolyed Persons (person)
全省总计	**Total**	**8889270**	**380727**	**15419255**	**4465998**	**1485997**
济南市	Jinan	419436	58165	923385	376788	131468
青岛市	Qingdao	135137	134881	552994	327679	133227
淄博市	Zibo	427116	82437	923550	342644	125694
枣庄市	Zaozhuang	236582	4300	456933	187877	106958
东营市	Dongying	4497846	4022	6395409	1138170	79950
烟台市	Yantai	450795	24138	775042	246332	108273
潍坊市	Weifang	279921	1770	468419	155834	68375
济宁市	Jining	826683	24759	1368713	442893	232722
泰安市	Taian	175454	18803	361743	148071	161329
威海市	Weihai	78715	2539	140353	55598	32830
日照市	Rizhao	17265	6692	42070	21076	7043
莱芜市	Laiwu	247697	2785	469776	183614	55200
临沂市	Linyi	67254	8807	147687	67806	46793
德州市	Dezhou	115532	1709	229924	97450	52679
聊城市	Liaocheng	204833	1205	298078	77219	63019
滨州市	Binzhou	127885	999	168178	31730	15921
菏泽市	Heze	35797	2719	80873	33698	16822

13－16 各市规模以上外商和港澳台投资工业主要经济指标(2006 年)

Main Economic Indicators of Industry with Foreign, Hong Kong, Macao and Taiwan Funds by Region(2006)

单位:万元 (10000 yuan)

地区	Region	企业单位数(个) Number of Industial Enterprises (unit)	#亏损企业 Number of Loss Enterprises (unit)	工业总产值 Gross Industrial Output Value	工业销售产值 Industrial Output Value of Products Sold	#出口交货值 Export Delivery Value	工业增加值 Added Value of Industry
全省总计	**Total**	**5227**	**819**	**72090688**	**71138467**	**22454787**	**21492621**
济南市	Jinan	209	53	2446305	2387978	387526	732414
青岛市	Qingdao	1952	498	17160830	16938446	7994901	5543570
淄博市	Zibo	194	22	3226649	3148307	836632	921207
枣庄市	Zaozhuang	53	2	982511	972809	175572	297497
东营市	Dongying	36	3	1642866	1618480	112083	604526
烟台市	Yantai	997	79	17151883	16936214	4711355	5268789
潍坊市	Weifang	457	28	5861310	5792199	1645474	1533332
济宁市	Jining	92	16	2695415	2711290	521561	884126
泰安市	Taian	61	9	649504	622878	198922	192896
威海市	Weihai	606	45	10783887	10680439	4255695	2761078
日照市	Rizhao	90	9	1360180	1331430	414644	309442
莱芜市	Laiwu	19	6	299276	294334	51080	77169
临沂市	Linyi	221	23	4271781	4178131	537130	1159149
德州市	Dezhou	57	3	1000680	996832	102940	425762
聊城市	Liaocheng	52	8	784858	773518	200757	281007
滨州市	Binzhou	65	11	1171293	1161701	175891	303326
菏泽市	Heze	64	4	601463	593481	132625	166591

13－16 续表 1 continued

单位:万元 (10000 yuan)

地区	Region	资产合计 Total Assets	产成品 Finished Products	流动资产年平均余额 Annual Average Balance of Working Capitals	固定资产净值年平均余额 Annual Average Balance of Net Value of Fixed Assets	负债合计 Total Liabilities
全省总计	**Total**	**49903969**	**2635215**	**22336522**	**18732001**	**26832468**
济南市	Jinan	2218274	122667	930573	972683	1140957
青岛市	Qingdao	12154280	580674	6237754	3829706	6663115
淄博市	Zibo	2804657	128125	1200803	1081345	1574201
枣庄市	Zaozhuang	823314	23799	243627	526758	556876
东营市	Dongying	761767	66865	479006	203133	465053
烟台市	Yantai	7804716	602592	4173741	2485247	4120093
潍坊市	Weifang	5607318	290693	2272527	2299613	3219810
济宁市	Jining	2147480	76924	848636	875280	953911
泰安市	Taian	429533	26932	227114	142687	216037
威海市	Weihai	4713029	271461	2684744	1497832	2339980
日照市	Rizhao	956404	48991	375029	449317	620087
莱芜市	Laiwu	136027	8210	53952	51333	86237
临沂市	Linyi	2549831	226152	1302625	915305	1369907
德州市	Dezhou	1095688	25559	292647	689532	316004
聊城市	Liaocheng	493961	13734	193056	183532	296290
滨州市	Binzhou	699221	41931	363859	220755	410186
菏泽市	Heze	431039	79908	229550	130437	257295

13－16 续表 2 continued

单位:万元 (10000 yuan)

地 区	Region	主营业务收入 Revenue from Principal Business	#主营业务税金及附加 Taxes and Other Charges on Principal Business	营业费用 Cost of Business	管理费用 Cost of Management
全省总计	**Total**	**70456341**	**305226**	**1989506**	**2156705**
济南市	Jinan	2453551	13411	129277	132061
青岛市	Qingdao	16505521	92062	548069	679354
淄博市	Zibo	3126193	5786	85225	116660
枣庄市	Zaozhuang	746483	2439	20339	23420
东营市	Dongying	1658573	1740	14995	14894
烟台市	Yantai	16648117	93873	442096	351362
潍坊市	Weifang	6528956	13267	168826	172584
济宁市	Jining	2342079	7583	84129	71872
泰安市	Taian	619453	4333	31645	22510
威海市	Weihai	9583878	42344	227122	293570
日照市	Rizhao	1332336	506	25462	28148
莱芜市	Laiwu	121197	10	7561	4277
临沂市	Linyi	4176836	10100	153345	93674
德州市	Dezhou	1004907	2518	10248	28225
聊城市	Liaocheng	570592	4310	9613	15743
滨州市	Binzhou	1117932	1074	13940	16305
菏泽市	Heze	611536	1214	17617	18874

13－16 续表 3 continued

单位:万元 (10000 yuan)

地 区	Region	利润总额 Total Profits	亏损企业亏损总额 Losses of Loss Enterprises	利税总额 Total Profits and Taxes	本年应交增值税 Value-added Tax Payable	全部从业人员年平均人数(人) Annual Average Empolyed Persons (person)
全省总计	**Total**	**4373503**	**235135**	**6473118**	**1794389**	**1607730**
济南市	Jinan	167454	21126	282060	101195	52690
青岛市	Qingdao	737276	137115	1240312	410974	591709
淄博市	Zibo	241102	8578	348520	101632	68369
枣庄市	Zaozhuang	46867	2876	108720	59414	21415
东营市	Dongying	110142	997	146283	34401	10865
烟台市	Yantai	1226846	28443	1655182	334464	237222
潍坊市	Weifang	382312	3274	557663	162084	136910
济宁市	Jining	202860	6432	328514	118072	44826
泰安市	Taian	47993	1879	76656	24329	19752
威海市	Weihai	433541	8671	619440	143555	202935
日照市	Rizhao	37808	2215	58985	20672	23907
莱芜市	Laiwu	3858	3951	24598	20730	5408
临沂市	Linyi	256249	5201	356332	89983	98606
德州市	Dezhou	166445	249	236981	68018	22943
聊城市	Liaocheng	32698	1606	51677	14669	17708
滨州市	Binzhou	35357	2093	59747	23316	31583
菏泽市	Heze	32787	432	47138	13138	20828

13－17 各市规模以上高新技术产业主要经济指标(2006年)

Main Economic Indicators of High and New-tech Industrial Enterprises above Designated Size by Region(2006)

单位:万元　　(10000 yuan)

地区	Region	企业单位数(个) Number of Industial Enterprises (unit)	#亏损企业 Number of Loss Enterprises (unit)	工业总产值 Gross Industrial Output Value	工业销售产值 Industrial Output Value of Products Sold	#出口交货值 Export Delivery Value	工业增加值 Added Value of Industry
全省总计	**Total**	**5989**	**521**	**94002382**	**92220615**	**13409675**	**26112847**
济南市	Jinan	532	87	7954695	7707937	448755	2245010
青岛市	Qingdao	956	189	20459888	19972147	5218501	5156329
淄博市	Zibo	510	26	8629977	8523690	603922	2410055
枣庄市	Zaozhuang	207	3	1922014	1896386	46360	462261
东营市	Dongying	156	5	4133368	4063950	140218	1379436
烟台市	Yantai	670	40	17363719	17076755	2554072	5142382
潍坊市	Weifang	721	15	7257654	7089723	527326	1854380
济宁市	Jining	408	30	3311613	3233038	331182	968422
泰安市	Taian	274	18	3482930	3417777	210956	1011163
威海市	Weihai	357	35	8658625	8590131	2663064	2283770
日照市	Rizhao	55	5	570828	556573	76569	165327
莱芜市	Laiwu	50	15	175388	170118	7315	42082
临沂市	Linyi	180	18	2017601	1956110	87735	552203
德州市	Dezhou	472	4	3453547	3419027	230871	1109102
聊城市	Liaocheng	176	11	2164986	2147940	72552	608447
滨州市	Binzhou	134	9	1346472	1320093	97846	399662
菏泽市	Heze	131	11	1099078	1079221	92433	322817

13－17 续表1 continued

单位:万元　　(10000 yuan)

地区	Region	资产合计 Total Assets	产成品 Finished Products	流动资产年平均余额 Annual Average Balance of Working Capitals	固定资产净值年平均余额 Annual Average Balance of Net Value of Fixed Assets	负债合计 Total Liabilities
全省总计	**Total**	**57751168**	**3294318**	**29581814**	**17296312**	**32684285**
济南市	Jinan	7072113	475818	4156740	1408697	4442489
青岛市	Qingdao	14601755	793280	8132305	3378937	8748796
淄博市	Zibo	5027375	244520	2298314	2156758	2263296
枣庄市	Zaozhuang	544522	28421	200108	278741	261803
东营市	Dongying	2569328	130189	1335172	897601	1507191
烟台市	Yantai	7076663	439882	3378882	2443981	3901367
潍坊市	Weifang	4269708	289334	1958138	1311273	2534321
济宁市	Jining	2647772	176352	1100264	1110285	1449040
泰安市	Taian	2031252	106249	960731	638245	1285014
威海市	Weihai	3433539	177177	2078471	873595	1729920
日照市	Rizhao	400181	26624	209665	94559	251473
莱芜市	Laiwu	158194	19930	81097	47402	81306
临沂市	Linyi	1676142	89908	781604	566664	1035353
德州市	Dezhou	2406257	113684	1004995	964660	912604
聊城市	Liaocheng	1626544	86613	821052	409765	890469
滨州市	Binzhou	1417569	45107	701167	480381	901139
菏泽市	Heze	792255	51231	383108	234767	488706

13－17 续表 2 continued

单位:万元 (10000 yuan)

地区	Region	主营业务收入 Revenue from Principal Business	#主营业务税金及附加 Taxes and Other Charges on Principal Business	营业费用 Cost of Business	管理费用 Cost of Management
全省总计	**Total**	**91047176**	**501128**	**2937414**	**2957371**
济南市	Jinan	7650102	45183	339902	376159
青岛市	Qingdao	20428440	101416	993031	840636
淄博市	Zibo	8544214	46381	183823	259667
枣庄市	Zaozhuang	1843097	15728	31198	39386
东营市	Dongying	3922076	21406	70561	75559
烟台市	Yantai	16773775	73260	298404	353388
潍坊市	Weifang	7249292	41010	175734	247191
济宁市	Jining	3247147	18891	114955	109009
泰安市	Taian	3163944	48545	92008	122512
威海市	Weihai	7688511	28202	237937	225505
日照市	Rizhao	565227	1729	18299	19032
莱芜市	Laiwu	165584	1054	6714	7430
临沂市	Linyi	1971636	10353	121757	79710
德州市	Dezhou	3352785	27036	92503	71728
聊城市	Liaocheng	2129650	10721	83583	58991
滨州市	Binzhou	1300474	5555	30598	39709
菏泽市	Heze	1051222	4657	46408	31761

13－17 续表 3 continued

单位:万元 (10000 yuan)

地区	Region	利润总额 Total Profits	亏损企业亏损总额 Losses of Loss Enterprises	利税总额 Total Profits and Taxes	本年应交增值税 Value-added Tax Payable	全部从业人员年平均人数（人） Annual Average Empolyed Persons (person)
全省总计	**Total**	**5146898**	**293271**	**8132547**	**2484521**	**1370270**
济南市	Jinan	419121	33454	704294	239990	109409
青岛市	Qingdao	612169	194348	1246388	532803	285432
淄博市	Zibo	613025	5876	967008	307602	128927
枣庄市	Zaozhuang	126632	949	216407	74047	33511
东营市	Dongying	365053	1529	496821	110362	37787
烟台市	Yantai	1123482	14854	1515762	319020	160047
潍坊市	Weifang	374851	1254	595891	180029	113734
济宁市	Jining	234777	13319	355813	102145	89149
泰安市	Taian	226704	2188	386120	110871	59006
威海市	Weihai	352670	11299	491898	111026	136480
日照市	Rizhao	26033	1963	37423	9660	11178
莱芜市	Laiwu	4225	2140	10723	5444	6044
临沂市	Linyi	145367	6581	245440	89720	44515
德州市	Dezhou	226804	133	404186	150346	75525
聊城市	Liaocheng	148952	1583	232688	73015	36108
滨州市	Binzhou	87221	756	126755	33979	20575
菏泽市	Heze	59812	1047	98931	34462	22843

13－18 各市规模以上非公有工业主要经济指标(2006 年)

Main Economic Indicators of Non-public Industrial Enterprises above Designated Size by Region(2006)

单位:万元 (10000 yuan)

地　　区	Region	企业单位数(个) Number of Industial Enterprises (unit)	#亏损企业 Number of Loss Enterprises (unit)	工业总产值 Gross Industrial Output Value	工业销售产值 Industrial Output Value of Products Sold	#出口交货值 Export Delivery Value	工业增加值 Added Value of Industry
全省总计	**Total**	**28015**	**1920**	**243089184**	**238524116**	**33703704**	**70288347**
济南市	Jinan	1390	179	10938899	10571943	538835	3465104
青岛市	Qingdao	4212	676	33416703	32435186	10868813	11086015
淄博市	Zibo	2117	101	18782242	18282706	1488866	5356334
枣庄市	Zaozhuang	946	19	9367559	9275042	447214	2297054
东营市	Dongying	480	12	9332750	9189967	355512	3091589
烟台市	Yantai	2202	118	27954840	27563387	4578128	8521988
潍坊市	Weifang	3915	119	26921745	26393589	3472383	6930503
济宁市	Jining	1705	78	10671777	10583809	825158	3369042
泰安市	Taian	977	47	9316260	9176989	565150	2627101
威海市	Weihai	1464	81	22825777	22522735	5328947	5763213
日照市	Rizhao	648	57	4879187	4778452	856964	1296336
莱芜市	Laiwu	195	54	2073643	1973141	222353	562443
临沂市	Linyi	2388	158	15751601	15330015	1367423	4194471
德州市	Dezhou	2197	13	12342669	12188990	572360	3695051
聊城市	Liaocheng	1140	69	8958439	8887465	487580	2707440
滨州市	Binzhou	1027	97	14719640	14605561	1270228	3991811
菏泽市	Heze	1012	42	4835452	4765140	457791	1332852

13－18 续表 1 continued

单位:万元 (10000 yuan)

地　　区	Region	资产合计 Total Assets	产成品 Finished Products	流动资产年平均余额 Annual Average Balance of Working Capitals	固定资产净值年平均余额 Annual Average Balance of Net Value of Fixed Assets	负债合计 Total Liabilities
全省总计	**Total**	**132257499**	**8023085**	**61749264**	**47266989**	**73382178**
济南市	Jinan	5552965	362399	2653161	2005144	2978459
青岛市	Qingdao	19783761	1064932	10270903	6108098	11193977
淄博市	Zibo	11610987	723954	5743963	4007264	6715062
枣庄市	Zaozhuang	2716328	152484	1000242	1421015	1332392
东营市	Dongying	5592336	226840	2364067	2253232	3218739
烟台市	Yantai	9841405	840684	5118132	3146446	5283017
潍坊市	Weifang	15067765	1069092	6591901	5216380	9025183
济宁市	Jining	6820150	401659	2701032	2803645	3416945
泰安市	Taian	4609654	262047	1979078	1787713	2604954
威海市	Weihai	9854981	648157	5805774	2707003	4936748
日照市	Rizhao	3024016	195157	1329705	1135907	1983942
莱芜市	Laiwu	1777007	129542	952927	557248	1334639
临沂市	Linyi	8890484	752868	4348005	3072401	5163820
德州市	Dezhou	8635542	411947	3150462	4038960	3267018
聊城市	Liaocheng	5397759	212577	2302237	1999317	3029907
滨州市	Binzhou	10568456	353700	4350986	3928874	6541654
菏泽市	Heze	2513903	215049	1086690	1078343	1355721

13－18　续表 2　continued

单位:万元　　(10000 yuan)

地　　区	Region	主营业务收入 Revenue from Principal Business	#主营业务税金及附加 Taxes and Other Charges on Principal Business	营业费用 Cost of Business	管理费用 Cost of Management
全省总计	**Total**	**235060091**	**1511572**	**5209981**	**5788106**
济南市	Jinan	10101426	87841	406090	419523
青岛市	Qingdao	31919843	258891	781620	1139966
淄博市	Zibo	18506630	97973	385873	463414
枣庄市	Zaozhuang	9051595	77446	160166	165612
东营市	Dongying	9061794	58516	155564	180155
烟台市	Yantai	27113102	68606	525259	475041
潍坊市	Weifang	26979826	127306	570776	630762
济宁市	Jining	10254415	90675	339016	291975
泰安市	Taian	8745527	129746	228403	237866
威海市	Weihai	20462478	107416	423748	571787
日照市	Rizhao	4803552	12144	99656	113216
莱芜市	Laiwu	2099121	8114	32517	46308
临沂市	Linyi	15402756	87651	397174	342519
德州市	Dezhou	12315661	134139	286310	236334
聊城市	Liaocheng	8852827	54090	131292	149454
滨州市	Binzhou	14646807	78198	172174	223885
菏泽市	Heze	4742731	32820	114343	100290

13－18　续表 3　continued

单位:万元　　(10000 yuan)

地　　区	Region	利润总额 Total Profits	亏损企业亏损总额 Losses of Loss Enterprises	利税总额 Total Profits and Taxes	本年应交增值税 Value-added Tax Payable	全部从业人员年平均人数（人） Annual Average Empolyed Persons (person)
全省总计	**Total**	**13992516**	**453323**	**22082783**	**6578696**	**5444440**
济南市	Jinan	648322	38388	1096307	360145	196090
青岛市	Qingdao	1593819	177372	2826926	974216	990779
淄博市	Zibo	1125198	76612	1861185	638014	395274
枣庄市	Zaozhuang	607376	7384	1071306	386484	193134
东营市	Dongying	763415	1435	1043234	221303	96286
烟台市	Yantai	2012580	29579	2597491	516306	391775
潍坊市	Weifang	1284958	14939	1985461	573198	650969
济宁市	Jining	765043	11405	1120920	265202	268849
泰安市	Taian	546467	10751	978074	301862	194081
威海市	Weihai	987963	16371	1424040	328662	437706
日照市	Rizhao	177118	10208	275437	86175	125459
莱芜市	Laiwu	82079	5295	156883	66690	53232
临沂市	Linyi	867009	23318	1286738	332077	426584
德州市	Dezhou	957657	1809	1645883	554086	354352
聊城市	Liaocheng	623868	8763	985872	307914	188965
滨州市	Binzhou	774240	16942	1402845	550407	317131
菏泽市	Heze	175406	2751	324181	115955	163774

13－19 各市规模以上工业主要财务分析指标（2006 年）

Main Financial Indicators of Industrial Enterprises above Designated Size by Region(2006)

地　区	Region	资金利税率（%） Ratio of Profits and Taxes to Funds	产值利税率（%） Ratio of Profits and Taxes to Output Value	销售产值利税率（%） Ratio of Profits and Taxes to Output Value of Sales	资产负债率（%） Assets-Liability Ratio	流动资产周转率（次） Ratio of Turnover Working Capitals (time)	成本费用利润率（%） Ratio of Profits to Cost	全员劳动生产率（元/人） Overall Labor Productivity (yuan/person)	产品销售率（%） Proportion of Products Sold
全省总计	**Total**	**19.97**	**11.01**	**11.19**	**57.77**	**3.40**	**7.58**	**145842**	**98.43**
济南市	Jinan	15.29	9.08	9.28	64.97	2.59	5.29	217184	97.76
青岛市	Qingdao	13.53	7.28	7.44	59.68	2.79	3.92	126643	97.90
淄博市	Zibo	17.40	9.49	9.67	57.07	3.32	5.95	161748	98.22
枣庄市	Zaozhuang	29.16	12.88	12.98	63.12	4.99	8.90	114021	99.23
东营市	Dongying	56.94	31.31	31.62	47.49	5.06	32.09	552051	99.00
烟台市	Yantai	24.60	10.00	10.14	53.45	4.31	8.35	201469	98.69
潍坊市	Weifang	15.58	8.08	8.26	59.53	3.65	5.45	113122	97.89
济宁市	Jining	18.19	14.61	14.77	57.29	2.57	10.67	118224	98.91
泰安市	Taian	18.37	10.84	11.01	64.66	2.67	7.04	117018	98.40
威海市	Weihai	16.19	6.51	6.59	51.59	3.50	5.22	134123	98.71
日照市	Rizhao	14.20	8.42	8.55	67.01	3.20	6.29	130344	98.48
莱芜市	Laiwu	12.99	10.50	10.76	69.97	3.01	5.14	147864	97.60
临沂市	Linyi	16.14	8.52	8.74	59.82	3.32	6.05	105028	97.56
德州市	Dezhou	20.06	12.73	12.89	46.59	3.53	8.29	106345	98.73
聊城市	Liaocheng	19.64	10.12	10.19	58.74	3.57	7.28	143639	99.38
滨州市	Binzhou	16.55	9.52	9.57	62.99	3.34	5.85	132507	99.47
菏泽市	Heze	13.73	6.48	6.56	60.12	4.23	3.65	94705	98.74

13－20 各市国有控股工业主要财务分析指标（2006 年）

Main Financial Indicators of State-holding Industrial Enterprises by Region(2006)

地　区	Region	资金利税率（%） Ratio of Profits and Taxes to Funds	产值利税率（%） Ratio of Profits and Taxes to Output Value	销售产值利税率（%） Ratio of Profits and Taxes to Output Value of Sales	资产负债率（%） Assets-Liability Ratio	流动资产周转率（次） Ratio of Turnover Working Capitals (time)	成本费用利润率（%） Ratio of Profits to Cost	全员劳动生产率（元/人） Overall Labor Productivity (yuan/person)	产品销售率（%） Proportion of Products Sold
全省总计	**Total**	**19.68**	**16.71**	**16.83**	**60.83**	**2.72**	**10.51**	**204468**	**99.24**
济南市	Jinan	9.39	7.02	7.10	70.21	1.97	3.61	349781	98.89
青岛市	Qingdao	6.80	4.56	4.59	65.71	2.41	1.19	251452	99.37
淄博市	Zibo	13.75	8.04	8.03	54.22	3.60	4.16	304384	100.08
枣庄市	Zaozhuang	14.82	15.10	15.16	73.34	1.81	12.43	156629	99.62
东营市	Dongying	83.67	49.11	49.28	37.69	8.36	65.99	963474	99.67
烟台市	Yantai	13.70	10.29	10.41	55.97	2.35	6.98	241117	98.85
潍坊市	Weifang	11.54	10.43	10.61	61.17	2.49	6.71	251380	98.26
济宁市	Jining	16.43	21.14	21.41	60.72	1.69	15.54	144654	98.74
泰安市	Taian	8.57	9.23	9.41	72.95	1.20	5.85	108860	98.11
威海市	Weihai	8.67	10.01	10.10	61.22	1.99	5.85	126523	99.08
日照市	Rizhao	6.09	5.75	5.77	73.76	3.62	3.22	468484	99.75
莱芜市	Laiwu	13.59	11.25	11.38	68.78	3.75	5.38	261236	98.86
临沂市	Linyi	10.46	9.71	9.83	72.11	2.11	5.83	174680	98.84
德州市	Dezhou	11.75	10.18	10.30	68.08	2.41	6.07	165707	98.83
聊城市	Liaocheng	12.83	7.82	7.85	62.32	3.08	6.15	164917	99.61
滨州市	Binzhou	14.40	9.77	9.64	69.36	3.25	8.77	372359	101.25
菏泽市	Heze	10.97	5.61	5.65	74.75	4.24	3.14	318287	99.30

13-21 规模以上工业主要产品产量(2006年)

Output of Major Industrial Products above Designated Size(2006)

名　　称	单位	Item	Unit	生产量 Output
原　煤	万吨	Coal	10000 tons	14058.85
洗　煤	万吨	Washed Coal	10000 tons	5097.33
天然原油	万吨	Crude Oil	10000 tons	2755.07
天然气	亿立方米	Natural Gas	100 million cu. m	8.55
铁矿石原矿量	万吨	Ironstone in Original Iron Ores	10000 tons	1645.24
铜选矿产品含铜量	万吨	Copper Content of Copper Dressing Products	10000 tons	0.86
硫铁矿石(折含硫35%)	万吨	Pyrite Ore(converted into 35% sulphur)	10001 tons	5.03
原　盐	万吨	Salt	10002 tons	1726.10
发电量	亿千瓦小时	Electricity	100 million kwh	2314.37
火　电	亿千瓦小时	Thermal Power	100 million kwh	2309.22
水　电	亿千瓦小时	Hydro Power	100 million kwh	0.01
大　米	万吨	Rice	10000 tons	11.98
小麦粉	万吨	Wheat Flour	10000 tons	1301.78
精制食用植物油	万吨	Refined Edible Vegetable Oil	10000 tons	420.62
鲜冷藏冻肉	万吨	Frozen, Fresh Meat	10000 tons	213.97
配混合饲料	万吨	Mixed Feed	10000 tons	913.64
糖　果	万吨	Candy	10000 tons	1.63
糕　点	万吨	Pastry	10000 tons	15.44
饼　干	万吨	Biscuits	10000 tons	34.41
速冻米面食品	万吨	Quick-frozen Food	10000 tons	1.73
方便面	万吨	Instant Noodles	10000 tons	32.89
乳制品	万吨	Milk Products	10000 tons	104.27
液体乳	万吨	Liquid Milk	10000 tons	87.63
罐　头	万吨	Canned Food	10000 tons	36.18
味　精	万吨	Monosodium Glutamate	10000 tons	46.45
酱　油	万吨	Soy Sauce	10000 tons	30.47
发酵酒精(折96度,商品量)	万千升	Fermenting Alcohol	10000 kiloliter	56.60
饮料酒	万千升	Liquor	10000 kiloliter	474.08
白酒(折65度,商品量)	万千升	White Spirit	10000 kiloliter	80.21
啤　酒	万千升	Beer	10000 kiloliter	365.17
葡萄酒	万千升	Wine	10000 kiloliter	22.96
软饮料	万吨	Soft Drinks	10000 tons	253.55
碳酸饮料	万吨	Carbonated Drinks	10000 tons	36.57
果汁及果汁饮料	吨	Juice and Juice Beverage	ton	774948
瓶(罐)装饮用水	万吨	Bottled Drinking Water	10000 tons	108.45
冷冻饮品	万吨	Frozen Drinks	10000 tons	9.24
精制茶	万吨	Refined Tea	10000 tons	0.23
卷　烟	亿支	Cigarettes	100 million pieces	1201.99
化纤浆粕	万吨	Fiber Pulp	10000 tons	26.40
化学纤维	万吨	Chemical Fiber	10000 tons	82.18
粘胶纤维	万吨	Viscose Fiber	10000 tons	15.95
合成纤维	万吨	Synthetic Fiber	10000 tons	64.87
锦纶纤维	万吨	Nylon Fiber	10000 tons	8.81
涤纶纤维	万吨	Polyester Fiber	10000 tons	26.90
腈纶纤维	万吨	Acrylic Fiber	10000 tons	8.12
丙纶纤维	万吨	Polypropylene Fiber	10000 tons	2.41
纱	万吨	Yarn	10000 tons	476.66
布	亿米	Cloth	100 million m	104.32
棉　布	亿米	Cotton Cloth	100 million m	74.57
棉混纺布(混纺交织布)	亿米	Cotton Blended Cloth	100 million m	15.39
化学纤维布(纯化纤布)	亿米	Chemical Fiber Cloth	100 million m	14.36
印染布	亿米	Printed Fabric	100 million m	41.32
帘子布	吨	Cord Fabric	ton	82759
绒线(毛线)	万吨	Knitting Wool	10000 tons	7.44
毛机织物(呢绒)	万米	Wool Fabric	10000 m	3705.56
麻袋(混合数)	万条	Gunnysack	10000 pieces	228.70
苎麻布及亚麻布	万米	Ramie and Flax Cloth	10000 m	977.20
丝	吨	Silk	ton	6637

13－21 续表1 continued

名称	单位	Item	Unit	生产量 Output
丝织品	万米	Silk Products	10000 m	2990.69
针棉织品折用纱线量	万吨	Knitwear(convert to yarn)	10000 tons	20.95
非织造布	万吨	Wovens	10000 tons	4.64
服　装	万件	Garments	10000 pieces	211570.87
梭织服装	万件	Woven Garments	10000 pieces	58703.58
西服及西服套装	万件	Suits	10000 pieces	5586.11
衬　衫	万件	Shirts	10000 pieces	5072.51
儿童服装	万件	Children's Clothing	10000 pieces	761.13
羽绒服	万件	Down Wear	10000 pieces	2314.64
针织服装	万件	Knitted Clothing	10000 pieces	152867.29
轻　革	万平方米	Leather	10000 sq. m	6918.86
皮　鞋	万双	Shoes	10000 pairs	11698.45
皮革服装	万件	Leather Apparel	10000 pieces	966.19
天然皮革手提包(袋)、背包	万个	Natural Leather Handbags	10000 units	5058.91
毛皮服装	万件	Fur Apparel	10001 units	20.78
人造板	万立方米	Manmade Plates	10000 cu. m	1328.69
胶合板	万立方米	Plywood	10000 cu. m	412.10
纤维板	万立方米	Fiberboard	10000 cu. m	207.45
刨花板	万立方米	Flakeboard	10000 cu. m	41.48
人造板表面装饰板(人造板二次加工装饰板)	万平方米	Secondary Processing Decorative Plates	10000 cu. m	181.21
实木地板(木地板)	万平方米	Solid Wood Floor	10000 cu. m	34.86
复合地板	万平方米	Engineered Floor	10000 cu. m	549.64
家　具	万件	Furniture	10000 units	3934.89
木质家具	万件	Wood Furniture	10000 units	2833.01
软体家具(包括床垫、沙发)	万件	Soft Furniture	10000 units	122.76
金属家具	万件	Metal Furniture	10000 units	692.11
纸　浆	万吨	Paper Pulp	10000 tons	523.65
机制纸及纸板	万吨	Machine-made Paper and Paperboards	10000 tons	1382.25
新闻纸	万吨	Newsprint	10000 tons	155.04
书写印刷纸	万吨	Writing Printing Paper	10000 tons	102.95
箱纸板	万吨	Cardboard	10000 tons	165.05
纸制品	万吨	Paper Products	10000 tons	175.72
瓦楞纸箱(纸箱)	万吨	Corrugated Box	10000 tons	125.43
本　册	亿本	Notebooks	100 million units	1.05
木杆铅笔	亿支	Wood Pencils	100 million pieces	25.07
原油加工量	万吨	Processed Crude Oil	10000 tons	3722.60
汽　油	万吨	Gasoline	10000 tons	500.33
煤　油	万吨	Kerosene	10000 tons	31.71
柴　油	万吨	Diesel Oil	10000 tons	1040.80
润滑油	万吨	Lubricant	10000 tons	39.36
燃料油	万吨	Fuel	10000 tons	434.14
石油沥青	万吨	Asphalt	10000 tons	352.37
液化石油气	万吨	Liquid Petrol Gas	10000 tons	177.23
焦　炭	万吨	Coke	10000 tons	2057.81
机械化焦炉生产的焦炭	万吨	Machine-made Coke	10000 tons	1402.68
煤气生产量(煤气)	亿立方米	Gas	100 million cu. m	289.56
硫酸(折100%)	万吨	Sulfuric	10000 tons	515.59
浓硝酸(折100%)	万吨	Concentrated Nitric Acid	10000 tons	50.32
盐酸(含量31%以上)	万吨	Hydrochloric Acid(content of more than 31%)	10000 tons	114.20
氢氧化钠(烧碱)(折100%)	万吨	Caustic	10000 tons	304.24
离子膜法烧碱	万吨	Ionic Membrane Caustic	10000 tons	72.50
碳酸钠(纯碱)	万吨	Soda Ash	10000 tons	275.74
碳化钙(电石)(折300升/千克)	万吨	Calcium carbide(convert to 300 L/kg)	10000 tons	5.55
合成氨	万吨	Synthetic Ammonia	10000 tons	727.66
农用氮、磷、钾化学肥料总计(折纯)	万吨	Chemical Fertilizer	10000 tons	804.92
氮　肥(折含N 100%)	万吨	Nitrogen Fertilizer	10000 tons	645.26
尿　素	万吨	Urea	10000 tons	383.75
磷肥(折合P2O5 100%)	万吨	Phosphate Fertilizer	10000 tons	153.35

13－21 续表2 continued

名　　称	单 位	Item	Unit	生产量 Output
磷酸铵肥	万吨	Ammonium Phosphate Fertilizer	10000 tons	65.71
化学农药原药(折有效成分100%)	万吨	Chemical Pesticide	10000 tons	19.23
杀虫剂原药	万吨	Insecticides Pesticide	10000 tons	7.14
杀菌剂原药	吨	Fungicides Pesticide	ton	12320
除草剂原药	吨	Herbicide Pesticide	ton	56423
乙　烯	万吨	Ethylene	10000 tons	85.41
纯　苯	万吨	Benzene	10000 tons	25.73
精甲醇	万吨	Extracted Methanol	10000 tons	106.59
冰醋酸	万吨	Acetic Acid	10000 tons	4.21
涂料(油漆)	万吨	Paint	10000 tons	33.60
建筑涂料	万吨	Architectural Coatings	10000 tons	12.58
油　墨	万吨	Printing Ink	10000 tons	0.18
颜　料	万吨	Pigment	10000 tons	8.05
染　料	万吨	Dye	10000 tons	7.09
初级形态的塑料(塑料树脂及共聚物)	万吨	Primary Plastic	10000 tons	222.52
聚氯乙烯树脂	万吨	PVC Colophony	10000 tons	107.27
聚乙烯树酯	万吨	Polyethylene Colophony	10000 tons	48.82
聚丙烯树酯	万吨	Polypropylene Colophony	10000 tons	36.53
合成橡胶	万吨	Synthetic Rubber	10000 tons	21.35
顺丁橡胶	万吨	Butadiene Rubber	10000 tons	4.80
合成纤维单体	万吨	Synthetic Fiber Monomer	10000 tons	4.32
合成纤维聚合物	万吨	Synthetic Fiber Polymers	10000 tons	9.02
聚　脂	万吨	Polyester	10000 tons	5.25
环保药剂与材料	万吨	Environmental Pharmacy and Metarials	10000 tons	0.29
肥(香)皂	万吨	Soap	10000 tons	0.41
合成洗涤剂	万吨	Synthetic Detergents	10000 tons	25.62
合成洗衣粉	万吨	Synthetic Detergent Powder	10000 tons	21.05
香精及其他香料混合物(香精)	万吨	Flavor	10000 tons	0.47
牙膏(折65克标准支)	亿支	Toothpaste(convert to 65g toothpaste)	100 million pieces	0.26
火柴(折50支标准盒)	万件	Match(convert to 50g match)	10000 units	203.06
化学药品原药(化学原料药)	万吨	Chemical Medicines	10000 tons	20.75
中成药	万吨	Traditional Chemical Medicine	10000 tons	6.20
橡胶轮胎外胎(轮胎外胎)	万条	Tires	10000 tires	14532.26
子午线轮胎外胎	万条	Radial Tires	10000 tires	3502.86
橡胶靴鞋(胶鞋)	万双	Rubber Shoes	10000 pairs	11166.59
塑料制品	万吨	Plastic Articles	10000 tons	228.78
塑料薄膜	万吨	Plastic Film	10000 tons	35.09
农用薄膜	万吨	Agricultural Film	10000 tons	24.15
塑料板、片及类似型材(塑料型材含板片材)	万吨	Plastic Plates	10000 tons	27.26
塑料制管子及其附件	万吨	Plastic Pipes	10000 tons	23.40
塑料编织袋	万吨	Bags of PP or PE Strip	10000 tons	71.66
塑料人造革(人造革)	万吨	Leatherette	10000 tons	0.72
塑料合成革(合成革)	吨	Synthetic Leather	ton	2153
泡沫塑料	万吨	Foam	10000 tons	10.65
塑料包装箱及容器	万吨	Plastic Packaging Boxes and Containers	10000 tons	6.15
日用塑料制品	万吨	Plastic Products for Daily Use	10000 tons	18.46
水泥熟料	万吨	Cement Chamotte	10000 tons	8987.28
窑外分解窑熟料(预分解窑熟料)	万吨	Precalciner Kiln Clinker	10000 tons	1562.74
水　泥	万吨	Cement	10000 tons	16575.92
水泥排水管	千米	Cement Drain Pipes	1000 m	3005.05
水泥压力管	千米	Cement Pressure Pipes	1000 m	363.97
水泥电杆	万根	Electricity Poles	10000 units	18.28
商品混凝土	万立方米	Concrete	10000 cu. m	933.31
水泥混凝土桩(水泥预制管桩)	万米	Cement Concrete Pile	10000 m	84.07
砖(折标准砖)	亿块	Brick	100 million units	115.71
瓦	亿片	Tile	100 million units	32.27
天然大理石建筑板材(大理石板材)	万平方米	Natural Marble Building Block	10000 sq. m	232.42
天然花岗石建筑板材(花岗石板材)	万平方米	Natural Granite Building Block	10000 sq. m	5736.73

13－21 续表3 continued

名称	单位	Item	Unit	生产量 Output
石膏板	万平方米	Gypsum Board	10000 sq. m	41849.16
平板玻璃	万重量箱	Plate Glass	10000 weight boxes	5214.63
中空玻璃	万平方米	Hollow Glass	10000 sq. m	120.11
钢化玻璃	万平方米	Tempered Glass	10000 sq. m	693.36
夹层玻璃	万平方米	Tempered Glass	10000 sq. m	33.15
日用玻璃制品	万吨	Glass Products for Daily Use	10000 tons	248.10
玻璃保温容器	万个	Glass Proof Container	10000 units	2982.40
瓷质砖	万平方米	Porcelain Tile	10000 sq. m	78397.43
炻瓷砖	万平方米	Vitrified Tile	10000 sq. m	7487.59
细炻砖	万平方米	Fine Stoneware Tile	10000 sq. m	4227.85
炻质砖	万平方米	Stoneware Tile	10000 sq. m	2627.06
陶质砖	万平方米	Ceramic Tile	10000 sq. m	18448.83
卫生陶瓷	亿件	Ceramic Sanitary Ware	100 million units	0.02
日用陶瓷	亿件	Ceramics for Daily Use	100 million units	17.08
耐火材料制品	万吨	Fire-resistant Products	10000 tons	224.32
石墨及碳素制品	万吨	Graphite and Carbon Products	10000 tons	175.59
玻璃纤维纱	万吨	Glass Fiber Yarn	10000 tons	37.73
生　铁	万吨	Pig Iron	10000 tons	4328.53
粗　钢	万吨	Crude Steel	10000 tons	3714.87
钢　材	万吨	Rolled Steel	10000 tons	4088.37
大型型钢	万吨	Rolled-steel, Large	10000 tons	343.26
中小型型钢	万吨	Rolled-steel, Medium and Small	10000 tons	156.06
棒　材	万吨	Steel Bar	10000 tons	556.58
钢　筋	万吨	Corrugated Steel Bar	10000 tons	923.16
盘条(线材)	万吨	Wire Rod	10000 tons	543.17
特厚板	万吨	Heavy Steel Plate	10000 tons	21.55
厚钢板	万吨	Thick Steel Plate	10000 tons	158.55
中　板	万吨	Medium Steel Plate	10000 tons	192.26
冷轧薄板	万吨	Non-hot-roll Thin Steel Plate	10000 tons	135.61
中厚宽钢带	万吨	Medium Wide Steel Belt	10000 tons	337.93
冷轧薄宽钢带	万吨	Non-hot-roll Thin Wide Steel Belt	10000 tons	0.75
热轧窄钢带	万吨	Hot-roll Narrow Steel Belt	10000 tons	181.97
冷轧窄钢带	万吨	Non-hot-roll Narrow Steel Belt	10000 tons	48.80
镀层板(带)	万吨	Plated Plate(Belt)	10000 tons	72.33
镀锌板(带)	万吨	Galvanized Plate(Belt)	10000 tons	72.33
涂层板(带)	万吨	Coated Plate(Belt)	10000 tons	5.63
无缝钢管	万吨	Seamless Steel Pipe	10000 tons	131.80
焊接钢管	万吨	Welded Steel Pipe	10000 tons	123.52
其它钢材	万吨	Other Rolled Steel	10000 tons	40.82
铁合金	万吨	Ferroalloy	10000 tons	24.44
十种有色金属	万吨	Ten Kinds of Nonferrous Metals	10000 tons	119.43
精炼铜(铜)	万吨	Refined Copper	10000 tons	21.29
原铝(电解铝)	万吨	Electrolyzed Aluminum	10000 tons	93.22
黄　金	千克	Gold	kg	93643
白　银	千克	Silver	kg	145378
氧化铝	万吨	Aluminum Oxide	10000 tons	313.64
铝合金	万吨	Aluminum Alloy	10000 tons	13.22
铜材(铜加工材)	万吨	Rolled Copper	10000 tons	24.55
铝材	万吨	Rolled Aluminum	10000 tons	53.59
金属集装箱	万立方米	Metal Containers	10000 cu. m	926.02
金属切削工具	万件	Metal-cutting Tools	10000 units	1643.01
模　具	万套	Mold	10000 units	175.37
手工工具	亿把	Hand Tools	100 million units	3.29
电动手提式工具(电动工具)	万台	Portable Electric Tools	10000 units	125.67
搪瓷制品	万吨	Enamelware Products	10000 tons	12.56
日用不锈钢制品	吨	Stainless Steel Products for Daily Use	ton	14552
锁　具	万把	Locksmith	10000 units	21027.61
燃气灶具	万个	Gas Cookers	10000 unit	18.91

13-21 续表4 continued

名 称	单 位	Item	Unit	生产量 Output
工业锅炉	蒸发量吨	Industrial Boilers	evaporation ton	24323.30
电站锅炉	蒸发量吨	Utility Boilers	evaporation ton	65520.00
内燃机	万千瓦	Internal Combustion Engines	10000 kw	4589.12
电站汽轮机	万千瓦	Turbine Power Plant	10000 kw	276.98
金属切削机床	万台	Metal-cutting Machine Tools	10000 units	11.37
数控机床	台	CNC Machine Tools	unit	7391
金属成形机床(锻压设备)	万吨	Metal Forming Machine	10000 tons	1.24
数控金属成形机床(数控锻压设备)	吨	CNC Metal Forming Machine	ton	477
铸造机械	台	Casting Machinery	unit	9002
起重设备	万吨	Lifting Equipment	10000 tons	36.27
叉 车	台	Forklifts	unit	3484
输送机械	万米	Conveyer	10000 m	14.81
泵(液体泵)	万台	Pumps	10000 units	112.09
风 机	万台	Fans	10000 units	26.02
气体压缩机	台	Gas Compressor	unit	4459
制冷空调设备	台(套)	Air-conditioning Refrigeration	unit	46028
减速机	万台	Reducer	10000 units	12.07
分离机械	万台	Separation Machinery	10000 units	0.17
滚动轴承(轴承)	亿套	Rolling Bearings	100 million units	6.32
阀 门	万吨	Valves	10000 tons	6.69
液压元件	万件	Hydraulic Components	10000 units	219.28
气动元件	万件	Pneumatic Components	10000 units	1601.90
粉末冶金制品	万吨	Sintered Metal Products	10000 tons	17.28
采矿设备(矿山设备)	万吨	Mining Equipment	10000 tons	15.30
粮食加工机械	万台	Grain Processing Machinery	10000 units	13.14
饲料加工机械	台	Feed Processing Machinery	unit	697
棉花加工设备	台	Cotton Processing Machinery	unit	14229
造纸机械	台	Paper Machinery	unit	15772
印刷机	吨	Printing Presses	ton	3386
塑料加工设备	吨	Plastic Processing Equipment	ton	17792
水泥专用设备(水泥设备)	吨	Cement Special Equipment	ton	46146
金属冶炼设备(冶炼设备)	吨	Metal Smelting Equipment	ton	19978
金属轧制设备	吨	Metal Rolling Equipment	ton	1578
包装专用设备(包装机械)	台	Packaging Special Equipment	unit	8918
大中型拖拉机	台	Large and Medium Tractors	unit	54569
小型拖拉机	万台	Small Tractors	10000 units	83.57
收获机械	台	Harvesting Machinery	unit	117780
场上作业机械	万台	Operating Machinery	10000 units	1.60
农业运输机械	万辆	Agricultural Transport Machinery	10000 units	144.69
铲土运输机械	台	Shoveling Transport Machinery	unit	59180
压实机械	台	Compacting Machinery	unit	3608
混凝土机械	台	Concrete Machinery	unit	10932
环境保护专用设备	台(套)	Special Equipment for Environmental Protection	unit	32569
水质污染防治设备	台(套)	Water Pollution Control Equipment	unit	576
固体废弃物处理设备	台(套)	Solid Waste Disposal Equipment	unit	233
大气污染防治设备	台(套)	Air Pollution Control Equipment	unit	30947
机 车	万辆	Locomotives	10000 units	4.00
铁路客车	辆	Railway Passenger Coaches	unit	403
铁路货车	辆	Railway Freight Wagons	unit	2910
汽 车	万辆	Motor Vehicles	10000 units	49.58
载货汽车	万辆	Trucks	10000 units	38.31
公路客车	万辆	Buses	10000 units	0.02
轿 车	万辆	Cars	10000 units	10.67
排气量1.0~1.6升(含1.6升)	万辆	Displacement 1.0-1.6 Liters (containing 1.6 liters)	10000 units	10.67
改装汽车	万辆	Modified Cars	10000 units	9.70
摩托车	万辆	Motorcycles	10000 units	113.59
两轮自行车(自行车)	万辆	bicycles	10000 units	47.23
民用钢质船舶	万总吨	Civil Steel Vessels	10000 tons	126.07

13-21 续表 5 continued

名称	单位	Item	Unit	生产量 Output
发电设备	万千瓦	Power Generating Equipment	10000 kw	750.10
汽轮发电机	万千瓦	Steam Turbogenerator	10000 kw	714.68
交流电动机	万千瓦	AC Motors	10000 kw	2491.77
变压器	万千伏安	Transformers	10000 KVA pm	10440.38
高压开关板	面	High Voltage Switch Plate	unit	16428
低压开关板	面	Low Voltage Switch Plate	unit	31772
电力电缆	万千米	Power Cable	10000 km	70.95
通信及电子网络用电缆	万对千米	Cable for Communications and Electronic Network	10000 couples · km	401.91
光缆(光纤通讯电缆)	万芯千米	Fire Optic Cable	10000 cores · km	32.31
钢芯铝绞线	吨	Aluminum Conductor Steel Reinforced	ton	93925
绝缘制品	吨	Insulation Products	ton	34614
蓄电池	万千伏安时	Electric Accumulators	10000 KVA pm	733.99
原电池及原电池组(折 R20 标准只)	亿只	Primary Cells and Batteries	100 million units	27.36
灯具及照明装置	万套(台、个)	Lamps and Lighting Fixtures	10000 units	853.35
电光源(灯泡)	万只	Light Bulbs	10000 units	24519.40
家用洗衣机	万台	Household Washing Machines	10000 units	420.08
家用电冰箱	万台	Household Refrigerators	10000 units	1074.18
冷柜(含冷冻箱、冷藏箱、展示柜)	万台	Freezers	10000 units	259.32
家用电风扇	万台	Electric Fans	10000 units	71.27
房间空气调节器	万台	Air Conditioners	10000 units	553.59
吸排油烟机	万台	Vacuum Cleaners	10000 units	19.87
电热水器	万台	Electric Water Heater	10000 units	129.65
微波炉	万台	Microwave Ovens	10000 units	92.93
电饭锅	万个	Electric Cookers	10000 units	28.21
家用洗碗机	万台	Household Dishwashers	10000 units	19.93
电焊机	台	Welders	unit	15617
光通信设备	台	Optical Communication Equipment	unit	17937
程控交换机	万线	Program-controlled Switchboards	10000 lines	218.16
数字程控交换机	万线	Digital Program-controlled Switchboards	10000 lines	218.16
电话单机	万台	Telephone Sets	10000 units	138.68
传真机	万台	Fax Machines	10000 units	767.42
移动通信手持机(手机)	万台	Mobile Telephones	10000 units	2142.58
电子计算机	台	Computers	unit	60238
微型电子计算机	万台	Micro-Computers	10000 units	104.28
显示器	万台	Display	10000 units	74.90
打印机	万台	Printers	10000 units	350.95
半导体分立器件	亿只	Discrete Semiconductor Devices	100 million units	108.96
集成电路	万块	Integrated Circuit	10000 units	51.87
彩色电视机	万台	Color Television Sets	10000 units	1059.21
收录放音组合机(录放音机)	万台	Audio Recorders	10000 units	4.04
组合音响	万台	Hi-Fi Stereo Component Players	10000 units	5.76
自动化仪表及系统	万台(套)	Automation Instruments and System	10000 sets	56.59
电工仪器仪表	万台	Electric Instruments	10000 units	41.36
光学仪器	万台	Optical Equipment	10000 units	6.36
分析仪器及装置(成分分析仪器)	台	Analytical Instruments and Devices	unit	5828
试验机	万台	Testing Machine	10000 units	1.20
汽车仪器仪表	万台	Automobile Instruments	10000 units	2.33
环境监测仪器仪表	万台	Environmental Monitoring Instruments	10000 units	0.15
复印机械	万台	Copying Machines	10000 units	0.03
钟	万台	Clocks	10000 units	762.83
表	万台	Watches	10000 units	438.06
眼镜成镜(眼镜)	万副	Glasses	10000 pairs	1.55

主要统计指标解释

工　业　指从事自然资源的开采，对采掘品和农产品进行加工和再加工的物质生产部门。具体包括：(1)对自然资源的开采，如采矿、晒盐等(但不包括禽兽捕猎和水产捕捞)；(2)对农副产品的加工、再加工，如粮油加工、食品加工、缫丝、纺织、制革等；(3)对采掘品的加工、再加工，如炼铁、炼钢、化工生产、石油加工、机器制造、木材加工等，以及电力、自来水、煤气的生产和供应等；(4)对工业品的修理、翻新，如机器设备的修理、交通运输工具(如汽车)的修理等。

工业统计调查单位为独立核算法人工业企业。

独立核算法人工业企业指从事工业生产经营活动的单位。独立核算法人工业企业应同时具备以下条件：①依法成立，有自己的名称、组织机构和场所，能够承担民事责任；②独立拥有和使用资产，承担负债，有权与其他单位签订合同；③独立核算盈亏，并能够编制资产负债表。

本年鉴中涉及的企业登记注册类型：

国有及国有控股企业　指国有企业加上国有控股企业。国有企业(即原全民所有制工业或国营工业)指企业全部资产归国家所有，并按《中华人民共和国企业法人登记管理条例》规定登记注册的非公司制的经济组织。包括国有企业、国有独资公司和国有联营企业。1957年以前的公私合营和私营工业，后均改造为国营工业，1992年改为国有工业，这部分工业的资料不单独分列时，均包括在国有企业内。国有控股企业是对混合所有制经济的企业进行的“国有控股”分类。它是指这些企业的全部资产中国有资产(股份)相对其他所有者中的任何一个所有者占资(股)最多的企业。该分组反映了国有经济控股情况。

集体企业　指企业资产归集体所有，并按《中华人民共和国企业法人登记管理条例》规定登记注册的经济组织。是社会主义公有制经济的组成部分。包括城乡所有使用集体投资举办的企业，以及部分个人通过集资自愿放弃所有权并依法经工商行政管理机关认定为集体所有制的企业。

股份合作企业　指以合作制为基础，由企业职工共同出资入股，吸收一定比例的社会资产投资组建，实行自主经营，自负盈亏，共同劳动，民主管理，按劳分配与按股分红相结合的一种集体经济组织。

联营企业　指两个及两个以上相同或不同所有制性质的企业法人或事业单位法人，按自愿、平等、互利的原则，共同投资组成的经济组织。联营企业包括：

国有联营企业指国有企业与国有企业间的联营；

集体联营企业指集体企业与集体企业间的联营；

国有与集体联营企业指国有企业与集体企业间的联营。

有限责任公司　指根据《中华人民共和国公司登记管理条例》规定登记注册，由两个以上，五十个以下的股东共同出资，每个股东以其所认缴的出资额对公司承担有限责任，公司以其全部资产对其债务承担责任的经济组织。

有限责任公司包括国有独资公司以及其他有限责任公司。

股份有限公司　指根据《中华人民共和国企业法人登记管理条例》规定登记注册，其全部注册资本由等额股份构成并通过发行股票筹集资本，股东以其认购的股份对公司承担有限责任，公司以其全部资产对其债务承担责任的经济组织。

私营企业　指由自然人投资设立或由自然人控股，以雇佣劳动为基础的营利性经济组织。包括按照《公司法》、《合伙企业法》、《私营企业暂行条例》规定登记注册的私营有限责任公司、私营股份有限公司、私营合伙企业和私营独资企业。

港、澳、台商投资企业　指企业注册登记类型中的港、澳、台资合资、合作、独资经营企业和股份有限公司之和。

外商投资企业　指企业注册登记类型中的中外合资、合作经营企业、外资企业和外商投资股份有限公司之和。

“三资”企业系指港、澳、台商投资企业和外资企业的简称。

轻工业　指主要提供生活消费品和制作手工工具的工业。按其所使用的原料不同，可分为两大类：(1)以农产品为原料的轻工业，是指直接或间接以农产品为基本原料的轻工业。主要包括食品制造、饮料制造、烟草加工、纺织、缝纫、皮革和毛皮制作、造纸以及印刷等工业；(2)以非农产品为原料的轻工业，是指以工业品为原料的轻工业。主要包括文教体育用品、化学药品制造、合成纤维制造、日用化学制品、日用玻璃制品、日用金属制品、手工工具制造、医疗器械制造、文化和办公用机械制造等工业。

重工业　指为国民经济各部门提供物质技术基础的主要生产资料的工业。按其生产性质和产品用途，可以分为下列三类：(1)采掘(伐)工业，是指对自然资源的开采，包括石油开采、煤炭开采、金属矿开采、非金属矿开采等工业；(2)原材料工业，指向国民经济各部门提供基本材料、动力和燃料的工业。包括金属冶炼及加工、炼焦及焦炭、化学、化工原料、水泥、人造板以及电力、石油和煤炭加工等工业；(3)加工工业，是指对工业原材料进行再加工制造的工业。包括装备国民经济各部门的机械设备制造工业、金属结构、水泥制品等工业，以及为农业提供的生产资料如化肥、农药等工业。

根据上述划分原则，修理业中以重工业产品为修理作业对象的划为重工业，反之划为轻工业。

工业总产值

(1)定义：

工业总产值是以货币形式表现的，工业企业在一定时期内生产的工业最终产品或提供工业性劳务活动的总价值量。它反映一定时间内工业生产的总规模和总水平。

(2)计算原则：

工业生产的原则，即凡是企业在报告期生产的经检验合格的产品，不管是否在报告期销售，均包括在内。

最终产品的原则，即凡是计入工业总产值的产品，必须是本企业生产的经检验合格的，不需要再进行任何加工的最终产品。如果企业有中间产品(半成品)对外销售，则对外销售的中间产品应视为企业的最终产品。

工厂法原则，即工业总产值是以工业企业作为基本计算(核算)单位，即按企业的最终产品计算工业总产值。按这种方法计算的工业总产值，不允许同一产品价值在企业内部重复计算，不能把企业内部各个车间(分厂)生产的成果相加，但允许企业间的重复计算。

(3)内容及计算方法：

1995年全国工业普查对工业总产值(原规定)的内容及计算原则和方法做了某些修订,修订后的工业总产值(新规定)包括三项内容:即本期生产成品价值、对外加工费收入、在制品半成品期末期初差额价值三部分。

本期生产成品价值:指企业本期生产,并在报告期内不再进行加工,经检验、包装入库的全部工业成品(半成品)价值合计,包括企业生产的自制设备及提供给本企业在建工程、其他非工业部门和福利部门等单位使用的成品价值。本期生产成品价值为按自备原材料生产的产品的数量乘以本期不含增值税(销项税额)的产品实际销售平均单价计算;会计核算中按成本价格转帐的自制设备和自产自用的成品,按成本价格计算生产成品价值。生产成品价值中不包括用定货者来料加工的成品(半成品)价值。

对外加工费收入:指企业在报告期内完成的对外承接的工业品加工(包括用定货者来料加工产品)的加工费收入和对外工业修理作业所取得的加工费收入。对外加工费收入按不含增值税(销项税额)的价格计算,可根据会计"产品销售收入"科目的有关资料取得。

对于本企业对内非工业部门提供的加工修理、设备安装的劳务收入,如果企业会计核算基础较好,能取得这部分资料,而且这部分价值所占比重较大,应包括在对外加工费收入中。

自制半成品在制品期末期初差额价值:指企业报告期在制品期末减期初的差额价值,本指标一般可以从会计核算资料中取得。如果会计产品成本核算中不计算半成品、在制品的成本,则总产值中也不包括这部分价值,反之则包括。

(4)工业总产值统计范围变化和计算方法修订情况:

1984年以前工业总产值不包括村办工业,村办工业总产值划归农业。1984年以后工业总产值包括村办工业。

1995年工业普查对工业总产值计算方法做了修订,即从1995年始按新修订(新规定)方法计算工业总产值。新规定与原规定的区别如下:

全价与加工费的计算原则不同:新规定为凡自备原材料,不论其生产繁简程度如何,一律按全价计算工业总产值;凡来料加工,允许按加工费计算工业总产值。原规定则视生产加工的繁简程度不同,规定哪些行业按全价,哪些行业按加工费计算工业总产值。

自制半成品、在产品期末期初差额价值的计算原则不同:新规定要求,凡会计产品成本核算时计算了成本的差额价值,总产值中就应包括,否则可不包括;原规定则按生产周期六个月的界限区分,凡生产周期六个月以上的企业,总产值计算中应包括这部分差额价值,否则可不包括。

计算价格不同:新规定按不含增值税(销项税额)的价格计算;原规定则按含增值税(销项税额)的价格计算。

工业增加值 指工业企业在报告期内以货币表现的工业生产活动的最终成果。

工业增加值有两种计算方法:一是生产法,即工业总产出减去工业中间投入加上应交增值税;二是收入法,即从收入的角度出发,根据生产要素在生产过程中应得到的收入份额计算,具体构成项目有固定资产折旧、劳动者报酬、生产税净额、营业盈余,这种方法也称要素分配法。本年鉴中的工业增加值是以生产法计算的。

生产法工业增加值的计算方法为:

工业增加值=工业总产出-工业中间投入+应交增值税

(1)工业总产出:指工业企业在一定时期内工业生产活动的总成果。工业总产出包括:成品生产价值,对外加工费收入,自制半成品、在产品期末期初差额价值。1995年后用新规定计算的工业总产值代替。

(2)工业中间投入:指工业企业在工业生产活动中消耗的外购物质产品和对外支付的服务费用。服务费用包括支付给物质生产部门(工业、农业、批发零售贸易业、建筑业、运输邮电业)的服务费用和支付给非物质生产部门(如保险、金融、文化教育、科学研究、医疗卫生、行政管理等)的服务费用。工业中间投入的确定须遵循以下原则:必须从外部购入的,并已计入工业总产出的产品和服务价值;必须是本期投入生产,并一次性消耗掉(包括本期摊销的低值易耗品等)的产品和服务价值。

工业中间投入包括直接材料费用、制造费用中的工业中间投入、管理费用中的工业中间投入、销售费用中的工业中间投入和利息支出五部分。

资产总计 指企业拥有或控制的能以货币计量的经济资源,包括各种财产、债权和其他权利。资产按流动性分为流动资产、长期投资、固定资产、无形资产、递延资产和其他资产。该指标根据企业会计"资产负债表"中"资产总计"项目的期末数增列。

流动资产 指企业可以在一年内或者超过一年的一个生产周期内变现或者耗用的资产,包括现金及各种存款、短期投资,应收及预付款项、存货等。

流动资产平均余额 指企业在报告期内全部流动资产的平均余额。

固定资产原价 指企业在建造、购置、安装、改建、扩建、技术改造某项固定资产时所支出的全部货币总额。它一般包括买价、包装费、运杂费和安装费等。

固定资产净值年平均余额 指固定资产净值在报告期内余额的平均数。计算公式为:

$$固定资产净值年平均余额=\frac{1至12月各月月初、月末固定资产净值之和}{24}$$

该指标根据"资产负债表"中"固定资产原价"、"累计折旧"指标的期初、期末数计算填列。

固定资产净值指固定资产原价减去历年已提折旧额后的净额。计算公式为:

固定资产净值=固定资产原价-累计折旧

负债合计 指企业所承担的能以货币计量,将以资产或劳务偿付的债务,偿还形式包括货币、资产或提供劳务。负债一般按偿还期长短分为流动负债和长期负债。根据会计"资产负债表"中"负债合计"的年末数填列。

所有者权益 指企业投资人对企业净资产的所有权。企业净资产等于企业全部资产减去全部负债后的余额,包括企业投资人对企业的最初投入的实际到位的资产及资本公积金、盈余公积金和未分配利润。所有者权益合计数小于零,表示企业资不抵债。

主营业务收入 指会计"利润表"中对应指标的本年累计数。未执行2001年《企业会计制度》的企业,用"产品销售收入"的本期累计数代替。

主营业务成本 指会计"利润表"中对应指标的本年累计数。未执行2001年《企业会计制度》的企业,用"产品销售成本"的本期累计数代替。

主营业务税金及附加 指会计"利润表"中对应指标的本年累计数。未执行2001年《企业会计制度》的企业,用"产品销售税金及附加" 的本期累计数代替。

利润总额 指企业生产经营活动的最终成果,是企业在一定时期内实现的盈亏相抵后的利润总额(亏损以"-"号表示),它等于营业利润加上补贴收入加上投资收益加上营业外净收入再加上以前年度损益调整。

本年应交增值税 指企业在报告期内应交纳的增值税额。它等于本年销项税额加上出口退税加上进项税额转出数减去本年进项税额。小规模纳税企业直接按全年计税销售额乘以征收率计算取得。

从业人员平均人数 是指报告期内每天拥有的从业人员人数。其计算公式为:

$$季平均人数=\frac{季内各月平均人数之和}{3}$$

$$月平均人数=\frac{报告月内每天实有人数之和}{报告月日历日数}$$

$$年平均人数=\frac{年内各月平均人数之和}{12}$$

总资产贡献率 反映企业全部资产的获利能力,是企业经营业绩和管理水平的集中体现,是评价和考核企业盈利能力的核心指标。计算公式为:

$$总资产贡献率(\%)=\frac{利润总额+税金总额+利息支出}{平均资金总额}\times100\%$$

公式中:税金总额为产品销售税金及附加与应交增值税之和;平均资产总额为期初期末资产之和的算术平均值。

资产负债率 该指标既反映企业经营风险的大小,也反映企业利用债权人提供的资金从事经营活动的能力。计算公式为:

$$资产负债率(\%)=\frac{负债总额}{资产总额}\times100\%$$

资产与负债均为报告期期末数。

流动资产周转次数 指一定时期内流动资产完成的周转次数,反映投入工业企业流动资金的周转速度。计算公式为:

$$流动资产周转资转=\frac{产品销售收入}{全部流动资产平均余额}$$

公式中:全部流动资产平均余额为期初和期末的流动资产之和的算术平均值。

成本费用利润率 反映企业投入的生产成本及费用的经济效益,同时也反映企业降低成本所取得的经济效益。计算公式为:

$$成本费用利润(\%)=\frac{利润总额}{成本费用总额}\times100\%$$

公式中:成本费用总额为产品销售成本、销售费用、管理费用、财务费用之和。

全员劳动生产率 该指标反映企业的生产效率和劳动投入的经济效益。计算公式为:

$$全员劳动生产率(元/人)=\frac{工业增加值}{全部从业人员平均人数}$$

产品销售率 该指标反映工业产品已实现销售的程度,是分析工业产销衔接情况,研究工业产品满足社会需求的指标。计算公式为:

$$产品销售率(\%)=\frac{工业销售产值}{工业总产值(现价)}\times100\%$$

Explanatory Notes on Main Statistical Indicators

Industry refers to the material production sector which is engaged in extraction of natural resources and processing and reprocessing of minerals and agricultural products, including (1) extraction of natural resources, such as mining, salt production (but not including hunting and fishing); (2) processing and reprocessing of farm and sideline produces, such as rice husking, flour milling, wine making, oil pressing, silk reeling, spinning and weaving, and leather making; (3) manufacture of industrial products, such as steel making, iron smelting, chemicals manufacturing, petroleum processing, machine building, timber processing; water and gas production and electricity generation and supply; (4) repairing of industrial products such as the repairing of machinery and means of transport (including cars).

Units of industrial statistics survey corporate industrial enterprises with independent accounting system.

Corporate industrial enterprises with independent accounting system refer to enterprises engaging in industrial production activities, which meet the following requirements: (1) They are established legally, having their own names, organizations, location, able to take civil liability; (2) They possess and use their assets independently, assume liabilities, and are entitled to sign contracts with other units; (3) They are financially independent and compile their own balance sheets.

Enterprises covered in the industrial statistics in the Yearbook include following categories by their registration:

State-owned and State-holding Enterprises refer to state-owned enterprises plus state-holding enterprises. State-owned enterprises (originally known as state-run enterprises with ownership by the whole society) are non-corporate economic entities registered in accordance with the *Regulation of the People's Republic of China on the Management of Registration of Legal Enterprises*, where all assets are owned by the state. Included in this category are state-owned enterprises, state-funded corporations and state-owned joint-operation enterprises. Joint state-private industries and private industries, which existed before 1957, were transformed into state-run industries since 1957, and into state-owned industries after 1992. Statistics on those enterprises are included in the state-owned industries instead of grouping them separately. State-holding enterprises is a sub-classification of enterprises with mixed ownership, referring to enterprises where the percentage of state assets (or shares by the state) is larger than any other single share holder of the same enterprise. This sub-classification illustrates the control of the state over a particular industry.

Collective-owned Enterprises refer to economic entities registered in accordance with the *Regulation of the People's Republic of China on the Management of Registration of Legal Enterprises*, where assets are owned by collectively. Collective enterprises constitute an integral part of the socialist economy with public ownership. They include urban and rural enterprises invested by collectives, and some enterprises registered in industrial and commercial administration agency as collective units where funds are pulled together by individuals who voluntarily give up their right of ownership.

Share-holding Cooperative Enterprises refer to economic units set up on cooperative basis, with funding partly from members of the enterprise and partly from outside investment, where the operation and management is decided by the members who also participate in the production, and the distribution of income is based both on work (labour input) and on shares (capital input).

Joint-operation enterprises refer to economic units that are established by joint investment by two or more corporate enterprises or institutions of the same or different types of ownership on voluntary, equal and mutual-beneficial basis. They include:

a) state-owned joint-operation enterprises (joint operation between state-owned enterprises);

b) collective joint-operation enterprises (joint operation between collective enterprises; and

c) state-collective joint-operation enterprises (joint operation between state and collective enterprises).

Limited Liability Corporations refer to economic units registered in accordance with the *Regulation of the People's Republic of China on the Management of Registration of Corporations*, with capitals from 2 to 49 investors, each investor bears limited liability to the corporation depending on his/her holding of shares, and the corporation bears liability to its debt to the maximum of its total assets.

Share-holding Corporations Ltd. refer to economic units registered in accordance with the *Regulation of the People's Republic of China on the Management of Registration of Corporate Enterprises*, with total registered capitals divided into equal shares and raised through issuing stocks. Each investor bears limited liability to the corporation depending on the holding of shares, and the corporation bears liability to its debt to the maximum of its total assets.

Private Enterprises refer to economic units invested or controlled (by holding the majority of the shares) by natural persons who hire labours for profit-making activities. Included in this category are private limited liability corporations, private share-holding corporations Ltd., private partnership enterprises and private sole investment enterprises registered in accordance with the *Corporation Law*, *Partnership Enterprise Law and Tentative Regulation on Private Enterprises.*

Enterprises with Funds from Hong Kong, Macao and Taiwan refers to all industrial enterprises registered as the joint-venture, cooperative, sole (exclusive) investment industrial enterprises and limited liability corporations with funds from Hong Kong, Macao and Taiwan.

Foreign Funded Enterprises refers to all industrial enterprises registered as the joint-venture, cooperative, sole (exclusive) investment industrial enterprises and limited liability corporations with foreign funds.

Enterprises with Hong Kong, Macao, Taiwan and foreign fund refer to all the enterprises with funds from Hong Kong Macao and Taiwan and foreign funded enterprises.

Light Industry refers to the industry that produces consumer goods and hand tools. It consists of two categories, depending on the materials used:

(1) Industries using farm products as raw materials. These are branches of light industry which directly or indirectly use farm products as basic raw materials, including the manufacture of food and beverages, tobacco processing, textile, clothing, fur and leather manufacturing, paper making, printing, etc.

(2) Industries using non farm products as raw materials. These are branches of light industry which use manufactured goods as raw materials, including the manufacture of cultural, educational articles and sports goods, chemicals, synthetic fiber, chemical products for daily use, glass products for daily use, metal products for daily use, hand tools, medical apparatus and instruments, and the manufacture of cultural and clerical machinery.

Heavy Industry refers to the industry which produces capital goods, and provides various sectors of the national economy with necessary material and technical basis. It consists of the following three branches according to the purpose of production or the use of products:

(1) Mining, quarrying and logging industry refers to the industry that extracts natural resources, including extraction of petroleum, coal, metal and non-metal ores.

(2) Raw materials industry refers to the industry that provides various sectors of the national economy with raw materials, fuels and power. It includes smelting and processing of metals, coking and coke chemistry, chemical materials and building materials such as cement, plywood, and power, petroleum refining and coal dressing.

(3) Manufacturing industry refers to the industry that processes raw materials. It includes machine-building industry which equips sectors of the national economy, industries of metal structure and cement products, industries producing means of agricultural production, such as chemical fertilizers and pesticides.

According to the above principle of classification, the repairing trades, which are engaged primarily in repairing products of heavy industry are classified into heavy industry while these engaged in repairing products of light industry are classified into light industry.

Gross Industrial Output Value

(1) Definition: Gross industrial output value is the total volume of final industrial products produced and industrial services provided during a given period. It reflects the total achievements and overall scale of industrial production during a given period.

(2) Principles for calculation:

Statistics on industrial production follow the principle that all products produced by the enterprises and accepted during the reference period are to be included no matter whether they are sold or not during the reference period.

Determination of final products follow the principle that all products that are included in the calculation of grow industrial output value are the final products of the enterprise which have been accepted through quality check and require no further processing. If an enterprise has intermediate (semi-finished) products to sell, these intermediate products are considered as the final products of the enterprise.

Gross industrial output value is calculated following the principle of factory approach, i. e. industrial enterprise is used as the basic accounting unit in calculating the gross industrial output value. By this approach, value of the same product is not to be double counted, and the output value of different workshops (branch factories) should not be added. However, this approach does not exclude the possibility of double counting between enterprises.

(3) Content and calculation method: The old definition of gross industrial output value was modified during the national industrial census in 1995. The revised (new) definition of gross industrial output value consists of 3 components: value of the finished products during the reference period, income from external processing, and value of change in semi-finished products at the end and at the beginning of the reference period.

Value of the finished products during the reference period: refers to the value of all finished (semi-finished) industrial products that are produced during the reference period without the need for further processing, checked for acceptance, packed and put into the warehouse of the enterprise, including the value of own-produced equipment and the value of products provided to the projects under construction of the enterprise, and to other non-industrial or welfare units. Value of finished products during the reference period is calculated by the quantity of products produced using own materials multiplied by the average unit prices at which products are sold (excluding value-added tax). Own-produced equipment and products produced for own use are value at cost prices as in the case of enterprise accounting. Value of finished products does not include the value of finished products (semi-finished products) that are produced using the materials from the clients who make the orders.

Income from external processing: refers to income from contracted external processing of industrial products (including processing of industrial products using materials from the clients), and the income from industrial repairing work provided to other units. Income from external processing is calculated using information from the item "products sales income" in the enterprise accounting at the prices excluding value-added tax.

For income from services such as processing, repairing and installation of equipment provided to non-industrial units within the enterprise, if the accounting work of the enterprise is good enough to separate it from other records, and the share of such services is significant, it should also be included in the income from external processing.

Value of change in semi-finished products at the end and at the beginning of the reference period: refers to the value of change in semi-finished products at the end and at the beginning of the reference period, which generally can be obtained from accounting records of enterprises. If the enterprise accounting excludes the cost of semi-finished products, then it should not be included in the gross industrial output value, and vice versa.

(4) Changes in the coverage and method of calculation of gross industrial output value

Prior to 1984, the value of rural industry run by villages was classified into agriculture instead of industry. Since 1984, it has been included in the gross industrial output value. Method of calculation for the gross industrial output value was modified in the industrial census in

1995. The difference in the new method as compared with the old one is outlined below:

Principle in using full value vs. processing fee: The new method stipulates that all products produced using own materials are to be calculated with full value in reporting the gross industrial output value irrespective of sophistication of production, and for external processing, it allows calculation using processing fee. In the old method, however, the use of full value or processing fee was determined by the degree of sophistication of production in different branches of industries.

Principle in determining the value of change in semi-finished products: The new method requires that value of the change in semi-finished products should be included in the gross industrial output value if it is included in the accounting record of the enterprise, otherwise it should not be included. By the old method, it is determined by the type of enterprises in terms of production cycle. If the production cycle is over 6 months, the value of change in semi-finished products is included in the gross industrial output value, otherwise it is excluded.

Difference in prices: The new method uses prices excluding value-added tax in the calculation of gross industrial output value, while the old method used prices including value-added tax.

Value-added of Industry refers to the final results of industrial production of industrial enterprises in money terms during the reference period.

Industrial value-added can be calculated by two approaches: the production approach, i. e. gross industrial output value minus intermediate input plus value-added tax, and the income approach, i. e. income for various factors used in the course of production, including depreciation of fixed assets, remuneration of labourers, net of production tax, and operating surplus. Value-added of industry in the Yearbook is calculated by production approach as following:

Value-added of industry = gross industrial output industrial intermediate input + value-added tax

(1) Gross industrial output: refers to the total achievements of industrial production during a given period. Gross industrial output includes value of finished products, income from external processing, and value of change in semi-finished products at the end and at the beginning of the reference period. Since 1995, it was substituted by the gross industrial output value by new method.

(2) Industrial intermediate input: refers to purchased goods and paid services consumed during the industrial production of enterprises. Fees paid for services include fees paid for the services provided by material production sectors (industry, agriculture, wholesale and retail trade, construction, transport, post and telecommunications) and by non-material production sectors (insurance, banking, culture, education, scientific research, health and medical care, public administration, etc.). The determination of industrial intermediate input follows the principle that the goods and services must be purchased from outside and included in the gross industrial output, and that the goods and services are inputted into production and consumed (include low-value consumables) during the reference period.

Industrial intermediate input includes 5 components, namely direct consumption of materials, industrial intermediate input in manufacturing cost, industrial intermediate input in management cost, industrial intermediate input in marketing cost and expenditure on interest.

Total Assets refer to all economic resources, in monetary terms, that is owned or controlled by enterprises, including properties, creditors equity and other economic rights of all forms. Classified by the degree of equitability, total assets include circulating assets, long-term investment, fixed assets, intangible assets and deferred assets, and other assets. Data on this indicator can be obtained by the year-end figures of total assets in the *Assets and Liability Table* of accounting records of enterprises.

Working Capitals refer to capitals that an enterprise can cash or use during one year or one production cycle that may exceeds one year, including cash and savings deposits of various forms, short-term investment, money receivable and prepaid money, inventories, etc.

Annual Average Value of Working Capitals refers to the average value of all working capitals of the enterprise during the reference period.

Original Value of Fixed Assets refers to the total value, in monetary terms, that an enterprise spent on fixed assets, through construction, purchase, installation, transformation, expansion or technical upgrading. Generally, it covers cost of purchase, packing, transportation and installation, etc.

Annual Average of Net Value of Fixed Assets refer to average of the net value of fixed assets during the reference period, calculated with the following formula:

Annual Average of Net Value of Fixed Assets = sum of net value of fixed assets at the beginning and at the end of each month from January to December/24.

Information on this indicator can be obtained from the beginning and ending figures of the original value of fixed assets and cumulative depreciation from the Assets and Liability Table of enterprises.

Net value of fixed assets refers to the original value of fixed assets minus depreciation over the years, i. e. :

Net value of fixed assets = original value of fixed assets cumulative depreciation

Total Liabilities refer to payable liabilities of enterprises that have to repay in terms of money, assets or labour services. In terms of payment, it can be divided into liquid liabilities and long-term liabilities. Data on this item is obtained from the ending figures on total liabilities from the Assets and Liability Table from the enterprises.

Owner's Equity refers to the ownership of net assets of enterprise by its investors. The net assets equal the total assets minus total liabilities of the enterprise, including the actual assets invested into the enterprise by investors, accumulation of capitals and operating surplus and non-distributed profits. The enterprise's assets is less than its liabilities if the sum of owner's equity is smaller than zero.

Revenue from Principal Business refers to the annual accumulation of corresponding item in the "profit table" of the accountant. For enterprises that do not follow the *2001 Enterprise Accounting Standards*, the year-end accumulation of revenue from the sales of products is used as a substitute.

Cost of Principal Business refers to the annual accumulation of corresponding item in the "profit table" of the accountant. For enterprises that do not follow the *2001 Enterprise Accounting Standards*, the year-end accumulation of cost for the sales of products is used as a substitute.

Tax and Extra Charges from Principal Business refer to the annual accumulation of corresponding item in the "profit table" of the accountant. For enterprises that do not follow the *2001 Enterprise Accounting Standards*, the year-end accumulation of tax and extra charges from the sales of products is used as a substitute.

Total Profits refer to the final achievements of production and operation of the enterprises, represented by the total profits after deducting losses (loss is expressed by the negative figure). It is the sum of profits from operation, income from subsidies, investment earnings, net income from activities other than operation, and adjustment of profits and losses of previous years.

Value-added Tax Payable refers to the amount of the value-added tax which should be paid by the enterprises during the reference period. It is the sum of tax on sales, export rebate, and transferred tax on purchases of the current year, minus the tax on purchases of the current year. Value-added tax payable of small-size enterprises is determined by the taxable sales of the year multiplied by the tax rate.

Average Annual Number of Employed Persons Employed persons refer to all those who are employed in enterprises and receive remunerations therefrom, including currently working employees, retirees who are re-employed, teachers of local-run schools, as well as foreigners, staff from Hong Kong, Macao and Taiwan, part-time employees and persons with second job who are employed by the enterprise, and employees of other units temporarily working in the enterprises, but excluding former employees who left the enterprise with their employment records still kept by the enterprises.

Average number of employed persons refers to the number of employees everyday during the reference period, calculated with the following formula:

Monthly average number = sum of actual employees everyday in reference month/number of calendar dates in reference month

Quarterly average number = sum of monthly average number in reference quarter/3

Annual average number = sum of monthly average number in reference year/12

Ratio of Profits, Taxes and Interests to Average Assets reflects the profit-making capability of all assets of the enterprise and is a key indicator manifesting the performance and management and evaluating the profit-making potential of the enterprise. It is calculated as follows:

Ratio of Profits, Taxes and Interests to Average Assets (%) = [(total profits + total taxes + interest payment)/average assets] × 100%

In the above formula, total taxes is the sum of tax and extra charges on the sales of products and value-added tax payable; and average assets is the arithmetic mean of the sum of beginning assets and ending assets.

Ratio of Debts to Assets reflect both the operation risk and the capability of the enterprise in making use of the capital from the creditors. It is calculated as follows:

Ratio of Debts to Assets (%) = (total debts/total assets) × 100%

Both assets and debts are figures at the end of the reference period.

Turnover of Working Capitals refers to the number of times of turnover of working capital in a given period of time, which reflects the speed of the turnover of working capital of industrial enterprises, and is calculated as follows:

Turnover of Working Capital = (sales revenue of products)/(average balance of total working capital)

In the above formula, average balance of total working capital refers to the arithmetic mean of the sum of working capital at the beginning and at the end of the reference period.

Ratio of Profits to Total Industrial Costs refers to the ratio of profits realized in a given period to the total costs in the same period, which reflects the economic efficiency of input cost and is calculated as follows:

Ratio of Profits to Total Industrial Cost (%) = (total profits/ total costs) × 100%

Total costs in the above formula is the sum of cost of products sold, marketing cost, management cost and financial cost.

Overall Labour Productivity is an indicator reflecting the production efficiency of an enterprise and the economic efficiency of its labour input, calculated by the formula:

Overall Labour Productivity (yuan/person) = industrial value-added/ average of all persons engaged

Sales Ratio of Products is an indicator reflecting the actual sale of industrial products, analyzing the production-selling and supply-demand relations. It is calculated as:

Sales Ratio of Products (%) = value of industrial sales/gross industrial output value (current prices) * 100%

第14篇

建筑业

CONSTRUCTION

简要说明

一、本篇资料的主要内容

本篇资料反映了全省建筑业基本情况，主要包括主要年份建筑业总产值及从业人员、建筑企业生产指标、财务指标等方面的内容。

二、本篇资料的来源

本篇资料来源于建筑业统计年报，由山东省统计局投资处整理提供。

Brief Introduction

I. Content

Data in this chapter show the basic conditions of the construction industry in Shandong Province, mainly including the gross output value of construction, number of employed persons, major production indices and financial indicators.

II. Source of Data

Data in this chapter are based on the annual report of construction industry and are prepared and provided by the Division of Investment and Construction Statistics of Shandong Provincial Bureau of Statistics.

14-1 主要年份建筑业总产值

Gross Output Value of Construction Enterprises

单位:亿元 (100 million yuan)

年 份 Year	总 计 Total	# 国有经济 State-owned Construction Enterprises	中 央 Central	地 方 Local	# 集体经济 Collective Owned Construction Enterprises	# 城 镇 Township
1957	1.32	1.32	0.67	0.65		
1962	1.20	0.99	0.44	0.55	0.21	0.21
1965	2.51	1.66	0.53	1.13	0.85	0.85
1970	3.02	1.76	0.76	1.00	1.26	1.26
1975	7.24	4.66	2.27	2.39	2.58	2.58
1978	11.34	7.62	2.54	5.08	3.72	3.72
1979	11.96	8.14	2.62	5.52	3.82	3.82
1980	14.26	9.76	4.01	5.75	4.50	4.50
1981	13.42	9.41	4.98	4.43	4.01	4.01
1982	14.50	9.46	4.41	5.05	5.04	5.04
1983	15.89	10.45	4.56	5.89	5.44	5.44
1984	23.07	16.25	8.62	7.63	6.82	6.82
1985	31.21	22.05	12.21	9.84	9.16	9.16
1986	34.71	24.44	14.87	9.57	10.27	10.27
1987	40.91	28.67	17.51	11.16	12.24	12.24
1988	49.38	33.34	20.04	13.30	16.04	16.04
1989	55.24	37.94	22.36	15.71	17.30	17.30
1990	58.89	40.60	24.27	16.33	18.29	18.29
1991	71.40	47.77	27.40	20.38	32.63	32.63
1992	98.66	61.86	32.81	29.05	36.81	36.81
1993	141.14	93.32	46.57	46.75	46.71	46.71
1994	206.42	133.92	78.70	55.22	65.13	65.13
1995	257.95	163.73	92.25	71.48	82.08	82.08
1996	593.90	198.27	101.45	96.82	363.92	100.44
1997	652.59	228.26	112.47	115.79	387.09	120.19
1998	702.64	279.97	104.79	135.25	328.63	102.06
1999	770.80	248.19	113.14	135.05	326.12	113.55
2000	820.52	249.48	120.37	129.11	310.30	110.27
2001	986.49	246.45	94.37	152.08	286.76	189.22
2002	1153.24	254.86	86.30	168.56	274.99	186.23
2003	1485.89	331.17	126.80	204.37	294.14	201.40
2004	1969.01	657.70	302.85	354.85	263.02	
2005	2509.17	782.56	365.49	417.07	320.29	
2006	2791.81	799.34	370.15	429.19	309.72	

注:1.1995 年前不含县以下集体施工企业。2.从2004 年开始国有经济变为国有控股。

a) Data in this table don't include the data of enterprises of collective owned ones under county level.

b) Since 2004, state-owned enterprises have become State-controlled ones.

14-2 主要年份建筑业企业从业人数

Employed Persons in Construction Enterprises

单位:万人　　　　(10 000 persons)

年　份 Year	总　计 Total	# 国有经济 State-owned Construction Enterprises	中　央 Central	地　方 Local	# 集体经济 Collective Owned Construction Enterprises	# 城　镇 Township
1957	4.21	4.21	2.14	2.07		
1962	6.48	4.91	2.13	2.78	1.56	1.56
1965	7.35	4.77	1.52	3.25	2.59	2.59
1970	10.31	5.76	2.66	3.10	4.52	4.52
1975	18.81	11.33	5.36	5.97	7.47	7.47
1978	25.20	16.21	5.40	10.81	9.07	9.07
1979	26.00	16.96	6.24	10.72	8.88	8.88
1980	26.91	18.07	8.91	9.16	9.00	9.00
1981	28.55	19.20	11.07	8.20	9.11	9.11
1982	27.36	17.52	9.00	8.71	9.51	9.51
1983	27.88	18.02	6.42	11.55	9.71	9.71
1984	33.93	22.26	9.37	12.93	11.56	11.56
1985	40.53	26.89	13.13	13.67	13.47	13.47
1986	38.57	24.69	15.17	9.67	13.88	13.88
1987	39.34	24.50	14.97	9.62	14.93	14.93
1988	40.48	24.88	14.74	10.08	15.73	15.73
1989	38.90	22.86	13.63	10.83	14.54	14.54
1990	38.15	21.83	11.65	10.18	14.87	14.87
1991	39.72	23.83	12.51	11.32	15.89	15.89
1992	45.10	23.44	11.66	11.78	19.85	19.85
1993	52.78	29.57	11.87	17.70	22.94	22.94
1994	66.22	37.17	20.10	17.07	27.36	27.36
1995	66.84	35.32	14.91	20.40	29.13	29.13
1996	188.02	40.96	14.82	26.14	138.19	38.19
1997	175.78	40.49	14.39	26.10	126.15	40.15
1998	169.11	38.59	11.28	27.30	100.52	31.99
1999	164.95	33.56	10.86	22.70	92.07	26.96
2000	171.94	31.80	10.27	21.53	85.33	25.60
2001	181.07	29.15	8.15	21.00	71.17	50.65
2002	183.56	23.08	4.57	18.50	61.28	39.98
2003	210.11	29.43	8.50	20.93	54.59	34.83
2004	238.91	53.85	16.50	37.35	43.98	
2005	249.81	48.93	16.21	32.72	45.07	
2006	282.30	59.04	27.76	31.28	42.53	

注:1. 1995 年前不含县以下集体施工企业。2. 从 2004 年开始国有经济变为国有控股。

a) Data in this table don't include the data of enterprises of collective owned ones under county level.

b) Since 2004, state-owned enterprises have become State-controlled ones.

14-3 建筑业企业生产指标(2006年)

Main Production Indicators of Construction Enterprises(2006)

类别	Category	企业个数(个) Number of Enterprises (unit)	建筑业总产值(万元) Gross Output Value (10 000 yuan)	竣工产值(万元) Value of Projects Completed (10 000 yuan)	签定合同额(万元) Value of Contracts (10 000 yuan)	#上年结转 Carryover of Last Year
总计	**Total**	**5521**	**279181232**	**19013462**	**38277548**	**11684102**
#国有及国有控股企业	State-owned and State-controlled Enterprises	620	79934113	5171452	12860946	5070365
一、按登记注册类型分	**Grouped by Registration Status**					
内资企业	DomesticFunded	5457	277889223	18920553	38136057	11655034
国有企业	State-owned	474	52417770	3541228	8897130	3695418
集体企业	Collective-owned	791	30971509	2278968	4013531	1156356
股份合作企业	Stock-holding Cooperation	108	4140643	271739	458392	144520
联营企业	Joint-owned	14	308207	27013	39330	6556
国有联营企业	State-owned	1				
集体联营企业	Collective-owned	8	240935	21153	32142	5629
国有与集体联营企业	State-and-collective owned	3	47162	3849	4871	170
其他联营企业	Others	2	20110	2011	2317	757
有限责任公司	Company with Limited Liabilition	1650	114446248	7524047	15045880	4436822
国有独资公司	State-owned	8	3086680	177428	354594	116238
其他有限责任公司	Others	1642	111359568	7346620	14691286	4320584
股份有限公司	Stock-holding Company limited	353	24074293	1629512	3336187	864188
私营企业	Private-owned	2033	49100582	3446396	6009652	1324707
私营独资企业	Solely Owned	109	2399002	210194	281778	32970
私营合伙企业	Joint Owned	25	751343	64699	85812	9802
私营有限责任公司	Company with Limited Liabilition	1746	42077816	2888283	5159335	1174551
私营股份有限公司	Stock-holding Company limited	153	3872421	283220	482727	107385
其他企业	Others	34	2429971	201649	335955	26468
港、澳、台商投资企业	Funded from Hong Kong, Macao and Taiwan	31	524017	34692	66097	13215
合资经营企业(港或澳、台资)	Joint Ventures	22	478030	33782	60719	12398
合作经营企业(港或澳、台资)	Cooperative Joint Venture	1	19407		2600	600
港、澳、台商独资经营企业	Solely Owned	8	26580	910	2778	218
港、澳、台商投资股份有限公司	Share-holding Company Limited					
外商投资企业	Foreign Funded	33	767992	58218	75395	15853
中外合资经营企业	Chinese-foreign Joint Venture	25	617096	45896	60313	10857
中外合作经营企业	Chinese-foreign Cooperative Joint Venture	3	69931	6308	8129	2126
外资企业	Solely Owned	5	80965	6015	6953	2870
外商投资股份有限公司	Share-holding Company Limited					
二、按国民经济行业分	**by Sector**					
房屋和土木工程建筑业	Building and Civil Engineering Construction	3524	238230076	15985644	33306254	10358268
房屋工程建筑	Building	2771	174184816	11722719	23465016	6604483

14－3 续表1 continued

类　别	Category	企业个数（个）Number of Enterprises (unit)	建筑业总产值（万元）Gross Output Value (10 000 yuan)	竣工产值（万元）Value of Projects Completed (10 000 yuan)	签定合同额（万元）Value of Contracts (10 000 yuan)	#上年结转 Carryover of Last Year
土木工程建筑	Civil Engineering	753	64045260	4262924	9841238	3753785
铁路道路隧道和桥梁工程	Railway, Tunnel and Bridges	316	37041605	2317909	5780934	2283428
水利和港口工程建筑	Irrigation and Harbor Projects	152	12429596	817181	1883481	544328
工矿工程建筑	Mine Construction	43	7205944	557689	1299220	699135
架线和管道工程建筑	Line and Pipeline Construction	137	5377652	405502	652876	193955
其他土木工程建筑	Others	105	1990463	164644	224727	32938
建筑安装业	Construction Installation	804	28780324	2212876	3661962	1128632
建筑装饰业	Construction Decoration	841	6997158	474269	734609	112448
其它建筑业	Others	352	5173674	340673	574723	84755
工程准备	Preparation	97	1499621	80084	156595	18566
提供工程设备服务	Service	35	626838	56328	65696	9249
其它未列明的建筑活动	Others	220	3047215	204262	352432	56940
三、按隶属关系分	**by Ownership**					
中　央	Central	75	37268909	2297129	6913421	3260190
地　方	Local	5446	241912323	16716333	31364128	8423912
省(自治区、直辖市)	Provincial	141	13750349	906918	2163079	704658
地(区、市、州、盟)	Region	565	52220323	3160415	6793846	2329847
县(区、市、旗)及县以下	County	4740	175941651	12649000	22407203	5389407
四、按企业资质等级分	**by Qualification Criteria**					
施工总承包	Construction Contract	3386	247026206	16596943	34653483	11049844
特　级	Special Grade	12	24363758	1638052	4323642	1486288
一　级	First Grade	163	86533773	5217476	13567314	5558891
二　级	Second Grade	800	63624588	4536167	8056378	2141989
三级及以下	Third Grade and below	2411	72504087	5205248	8706149	1862676
专业承包	Professional Contract	2135	32155026	2416520	3624066	634259
一　级	First Grade	103	6527498	451973	802244	205857
二　级	Second Grade	568	11436153	916879	1237984	199405
三级及以下	Third Grade and below	1464	14191375	1047668	1583837	228996
五、按营业状态分	**by Business Status**					
营　业	Open	5456	278468746	18948479	38151288	11650825
停业(歇业)	Close	46	439176	38794	92262	32264
筹　建	Prepared to Start	3	10290	1029	1002	
当年关闭	Closed in Current Year	5	105672	9765	11768	276
当年破产	Bankruptcy	2	106873	11743	15963	107
其　它	Others	9	50475	3653	5265	630
六、按控股情况分	**by Share Holding**					
国有控股	State-controlled	620	79934113	5171452	12860946	5070365
集体控股	Collective-controlled	1303	60211147	4340487	7717874	2297530
私人控股	Private-controlled	3531	137357471	9383716	17497238	4269878
港澳台商控股	Controlled by Investors from Hong Kong, Macao and Taiwan	34	910509	59589	126096	30476
外商控股	Foreign-controlled	33	767992	58218	75395	15853

14-3 续表2 continued

类别	Category	房屋建筑施工面积（平方米）Floor Space of Buildings under Construction (sq. m)	房屋建筑竣工面积（平方米）Floor Space of Buildings Completed (sq. m)	#住宅 Residential	年末从业人员（人）Staff Employed (peerson)
总计	**Total**	**293016571**	**135383486**	**78302640**	**2607065**
#国有及国有控股企业	State-owned and State-controlled Enterprises	39270796	11941932	5181534	431441
一、按登记注册类型分	**Grouped by Registration Status**				
内资企业	DomesticFunded	292089603	134881277	78235528	2598068
国有企业	State-owned	26850773	7662653	3519839	282410
集体企业	Collective-owned	44921087	24423168	14464221	406932
股份合作企业	Stock-holding Cooperation	4435626	2440552	1581739	56970
联营企业	Joint-owned	428020	287440	169481	4274
国有联营企业	State-owned				4
集体联营企业	Collective-owned	428020	287440	169481	3430
国有与集体联营企业	State-and-collective owned				736
其他联营企业	Others				104
有限责任公司	Company with Limited Liabilition	124025926	53603974	29856754	973355
国有独资公司	State-owned	2559573	879959	405128	14504
其他有限责任公司	Others	121466353	52724015	29451626	958851
股份有限公司	Stock-holding Company limited	27640405	13766455	8111818	235639
私营企业	Private-owned	60961252	31411615	19618390	605992
私营独资企业	Solely Owned	3030582	1786875	1285640	28002
私营合伙企业	Joint Owned	751570	459265	339194	7471
私营有限责任公司	Company with Limited Liabilition	52187026	26546788	16472821	508448
私营股份有限公司	Stock-holding Company limited	4992074	2618687	1520735	62071
其他企业	Others	2826514	1285420	913286	32496
港、澳、台商投资企业	Funded from Hong Kong, Macao and Taiwan	107013	50513	11400	2963
合资经营企业(港或澳、台资)	Joint Ventures	107013	50513	11400	2632
合作经营企业(港或澳、台资)	Cooperative Joint Venture				109
港、澳、台商独资经营企业	Solely Owned				222
港、澳、台商投资股份有限公司	Share-holding Company Limited				
外商投资企业	Foreign Funded	819955	451696	55712	6034
中外合资经营企业	Chinese-foreign Joint Venture	787055	423526	47542	5101
中外合作经营企业	Chinese-foreign Cooperative Joint Venture	32900	28170	8170	489
外资企业	Solely Owned				444
外商投资股份有限公司	Share-holding Company Limited				

14-3 续表3 continued

类　别	Category	房屋建筑施工面积(平方米) Floor Space (sq. m)	房屋建筑竣工面积(平方米) Floor Space Completed (sq. m)	#住　宅 Builings	年末从业人员(人) Employed persons
二、按国民经济行业分	**by Sector**				
房屋和土木工程建筑业	Building and Civil Engineering Construction	280155239	129145568	75900093	2280931
房屋工程建筑	Building	272984538	126277678	75217868	1952167
土木工程建筑	Civil Engineering	7170701	2867890	682225	328764
铁路道路隧道和桥梁工程	Railway, Tunnel and Bridges	3172058	1117913	268298	173560
水利和港口工程建筑	Irrigation and Harbor Projects	1562113	659723	247171	59325
工矿工程建筑	Mine Construction	1745200	815003	137841	35043
架线和管道工程建筑	Line and Pipeline Construction	290052	96005	16582	42095
其他土木工程建筑	Others	401278	179246	12333	18741
建筑安装业	Construction Installation	11570455	5538972	2335547	221486
建筑装饰业	Construction Decoration	15000	15000		67579
其它建筑业	Others	1275877	683946	67000	37069
工程准备	Preparation	33071	6026		12500
提供工程设备服务	Service	88098	40111		2939
其它未列明的建筑活动	Others	1154708	637809	67000	21630
三、按隶属关系分	**by Ownership**				
中　央	Central	11305861	3368588	754937	161436
地　方	Local	281710710	132014898	77547703	2445629
省(自治区、直辖市)	Provincial	6052961	2372009	1075540	76388
地(区、市、州、盟)	Region	57409879	18793619	9216737	359406
县(区、市、旗)及县以下	County	218247870	110849270	67255426	2009835
四、按企业资质等级分	**by Qualification Criteria**				
施工总承包	Construction Contract	281250535	128934944	75970705	2306766
特　级	Special Grade	29616600	10530522	5147869	167169
一　级	First Grade	69752603	25811676	12577618	512824
二　级	Second Grade	83930195	40025853	25014862	719935
三级及以下	Third Grade and below	97951137	52566893	33230356	906838
专业承包	Professional Contract	11766036	6448542	2331935	300299
一　级	First Grade	1375829	866407	135683	34223
二　级	Second Grade	4524523	2720541	794439	115105
三级及以下	Third Grade and below	5865684	2861594	1401813	150971
五、按营业状态分	**by Business Status**				
营　业	Open	292256530	134937905	77883140	2600097
停业(歇业)	Close	387134	209078	192553	4010
筹　建	Prepared to Start	1650			32
当年关闭	Closed in Current Year	214128	114588	107288	1526
当年破产	Bankruptcy	146787	111573	111573	387
其　它	Others	10342	10342	8086	1013
六、按控股情况分	**by Share Holding**				
国有控股	State-controlled	39270796	11941932	5181534	431441
集体控股	Collective-controlled	76353285	39633055	23233410	702101
私人控股	Private-controlled	175640558	83085967	49619811	1456961
港澳台商控股	Controlled by Investors from Hong Kong, Macao and Taiwan	931977	270836	212173	10528
外商控股	Foreign-controlled	819955	451696	55712	6034

14－4 建筑业主要财务指标(2006 年)

Financial Indicators of Construction Enterprises(2006)

单位:万元 (10 000 yuan)

类　别	Category	年初存货 Inventory at Beginning of This year	流动资产 Liqid Assets	固定资产 Fixed Assets	在建工程 Project under Construction	资产合计 Total Assets	流动负债 Liquid Liabilities
总　计	**Total**	**3754471**	**19924119**	**5010848**	**505250**	**26697142**	**16854505**
# 国有及国有控股企业	State-owned and State-controlled Enterprises	1183836	6314986	1361407	127027	8150105	6029262
一、按登记注册类型分	**Grouped by Registration Status**						
内资企业	Domestic Funded	3731098	19752213	4943758	501860	26444314	16725589
国有企业	State-owned	698123	3873408	925179	81330	5058590	3709619
集体企业	Collective-owned	392550	1935747	530969	51654	2637007	1600377
股份合作企业	Stock-holding Cooperation	102197	295883	105363	8707	434018	245142
联营企业	Joint-owned	2607	15457	11191	260	28698	11543
国有联营企业	State-owned		771			876	322
集体联营企业	Collective-owned	1233	9095	5815	260	16304	7348
国有与集体联营企业	State-and-collective owned	79	3033	4247		783	1790
其他联营企业	Others	1296	2558	1128		3687	2084
有限责任公司	Company with Limited Liabilition	1627414	8626634	1818019	213858	11295103	7496406
国有独资公司	State-owned	21806	249917	47436	361	322038	228134
其他有限责任公司	Others	1605608	8376717	1770583	213498	10973065	7268272
股份有限公司	Stock-holding Company limited	235366	1578072	424237	36499	2130400	1277228
私营企业	Private-owned	653437	3217357	1040038	107910	4552196	2273024
私营独资企业	Solely Owned	17521	108735	45686	5143	163381	82896
私营合伙企业	Joint Owned	4889	28653	11135	714	40423	19764
私营有限责任公司	Company with Limited Liabilition	578341	2824412	903318	94264	3987771	1973618
私营股份有限公司	Stock-holding Company limited	52687	255558	79898	7790	360620	196746
其他企业	Others	19403	209654	88763	1641	308304	112250
港、澳、台商投资企业	Funded from Hong Kong,Macao and Taiwan	6867	61327	25831	1111	92537	47923
合资经营企业(港或澳、台资)	Joint Ventures	5683	54742	24601	897	84668	44599
合作经营企业(港或澳、台资)	Cooperative Joint Venture	75	1408	28		1435	953
港、澳、台商独资经营企业	Solely Owned	1110	5177	1202	213	6435	2371
港、澳、台商投资股份有限公司	Share-holding Company Limited						
外商投资企业	Foreign Funded	16507	110579	41259	2280	160291	80993
中外合资经营企业	Chinese-foreign Joint Venture	12497	87453	31582	1957	126871	63132
中外合作经营企业	Chinese-foreign Cooperative Joint Venture	1446	7519	3498		11018	4095
外资企业	Solely Owned	2563	15607	6179	323	22402	13766
外商投资股份有限公司	Share-holding Company Limited						

14-4 续表1 continued

单位:万元 (10 000 yuan)

类别	Category	年初存货 Inventory at Beginning of This year	流动资产 Liqid Assets	固定资产 Fixed Assets	在建工程 Project under Construction	资产合计 Total Assets	流动负债 Liquid Liabilities
二、按国民经济行业分	**by Sector**						
房屋和土木工程	Building and Civil Engineering	3102570	16826499	4113499	407251	22428253	14302014
建筑业	Construction						
房屋工程建筑	Building	2144139	11809267	2789681	329968	15615564	9817991
土木工程建筑	Civil Engineering	958430	5017232	1323818	77283	6812690	4484023
铁路道路隧道和桥梁工程	Railway, Tunnel and Bridges	610134	2828223	697331	36538	3785542	2533682
水利和港口工程建筑	Irrigation and Harbor Projects	78170	777035	345365	18835	1212045	688772
工矿工程建筑	Mine Construction	149153	642389	110063	9431	800266	609948
架线和管道工程建筑	Line and Pipeline Construction	102864	671895	116377	10102	857074	578249
其他土木工程建筑	Others	18109	97691	54682	2378	157763	73373
建筑安装业	Construction Installation	478618	2007095	568725	63279	2765887	1730511
建筑装饰业	Construction Decoration	112787	619546	174594	25320	840282	449542
其它建筑业	Others	60496	470978	154030	9399	662720	372439
工程准备	Preparation	13687	129468	42018	1969	181456	101037
提供工程设备服务	Service	5939	52927	15398	119	69896	42306
其它未列明的建筑活动	Others	40870	288583	96614	7311	411368	229096
三、按隶属关系分	**by Owner ship**						
中央	Central	690722	2652342	464878	36132	3289235	2583748
地方	Local	3063749	17271776	4545970	469118	23407907	14270758
省(自治区、直辖市)	Provincial	190835	1438726	244216	31537	1813463	1248258
地(区、市、州、盟)	Region	654371	4823669	785801	83412	6036380	4503477
县(区、市、旗)及县以下	County	2218543	11009382	3515954	354170	15558065	8519023
四、按企业资质等级分	**by Qualification Criteria**						
施工总承包	Construction Contract	3255407	17096825	4175612	435065	22729073	14646012
特级	Special Grade	315151	2127949	246837	23930	2633607	1959333
一级	First Grade	1149827	6446108	1272100	124984	8236823	6026388
二级	Second Grade	937946	4346818	1331926	142895	6076315	3456881
三级及以下	Third Grade and below	852483	4175949	1324749	143257	5782330	3203409
专业承包	Professional Contract	499065	2827294	835236	70185	3968069	2208493
一级	First Grade	68964	405912	108658	5216	550066	327598
二级	Second Grade	192857	1118326	313697	25526	1558367	890022
三级及以下	Third Grade and below	237244	1303057	412880	39443	1859637	990874
五、按营业状态分	**by Business Status**						
营业	Open	3731923	19816413	4988420	500505	26564416	16770705
停业(歇业)	Close	19893	74325	17962	4564	93351	65159
筹建	Prepared to Start	101	706	174		980	751
当年关闭	Closed in Current Year	1672	10257	1516		12388	8589
当年破产	Bankruptcy	194	3147	620		3768	1975
其它	Others	689	19271	2156	181	22240	7328
六、按控股情况分	**by Share Holding**						
国有控股	State-controlled	1183836	6314986	1361407	127027	8150105	6029262
集体控股	Collective-controlled	836180	4345158	1012529	90352	5740659	3651259
私人控股	Private-controlled	1707210	9063999	2567820	284076	12521089	7020417
港澳台商控股	Controlled by Investors from Hong Kong, Macao and Taiwan	10739	89397	27833	1516	124998	72575
外商控股	Foreign-controlled	16507	110579	41259	2280	160291	80993

14－4 续表2 continued

单位:万元 (10 000 yuan)

类 别	Category	长期负债 Long-term Liabilities	负债合计 Total Liabilities	所有者权益 Creditors' Equity	工程结算收入 Revenue of Project Settled Accounts	工程结算成本 Cost of Project Settled Accounts
总 计	**Total**	**873047**	**17727552**	**8969590**	**25060678**	**21699887**
#国有及国有控股企业	State-owned and State-controlled Enterprises	381195	6410456	1739648	7805883	6906007
一、按登记注册类型分	**Grouped by Registration Status**					
内资企业	Domestic Funded	858531	17584120	8860194	24931882	21595736
国有企业	State-owned	147949	3857568	1201022	5049829	4464098
集体企业	Collective-owned	56869	1657246	979761	2562919	2166066
股份合作企业	Stock-holding Cooperation	68561	313703	120315	314886	271202
联营企业	Joint-owned	1050	12593	16105	26860	22760
国有联营企业	State-owned		322	554	1	
集体联营企业	Collective-owned	1050	8398	7906	21143	17966
国有与集体联营企业	State-and-collective owned		1790	6042	4412	3771
其他联营企业	Others		2084	1603	1303	1023
有限责任公司	Company with Limited Liabilition	395927	7892332	3402771	10197306	8888773
国有独资公司	State-owned	41300	269434	52604	267908	231193
其他有限责任公司	Others	354626	7622898	3350167	9929398	8657580
股份有限公司	Stock-holding Company limited	39958	1317187	813213	2318802	2003873
私营企业	Private-owned	120462	2393486	2158710	4283688	3629443
私营独资企业	Solely Owned	5637	88534	74847	171985	142861
私营合伙企业	Joint Owned	628	20392	20031	56060	44078
私营有限责任公司	Company with Limited Liabilition	105769	2079388	1908384	3722957	3159996
私营股份有限公司	Stock-holding Company limited	8427	205172	155448	332686	282508
其他企业	Others	27756	140006	168298	177591	149522
港、澳、台商投资企业	Funded from Hong Kong,Macao and Taiwan	742	48665	43872	57453	46722
合资经营企业(港或澳、台资)	Joint Ventures	742	45341	39327	53044	43610
合作经营企业(港或澳、台资)	Cooperative Joint Venture		953	483	1941	1341
港、澳、台商独资经营企业	Solely Owned		2371	4063	2468	1771
港、澳、台商投资股份有限公司	Share-holding Company Limited					
外商投资企业	Foreign Funded	13775	94767	65524	71343	57429
中外合资经营企业	Chinese-foreign Joint Venture	13715	76847	50025	54699	46072
中外合作经营企业	Chinese-foreign Cooperative Joint Venture	60	4155	6863	7003	5630
外资企业	Solely Owned		13766	8636	9642	5727
外商投资股份有限公司	Share-holding Company Limited					

14－4　续表3　continued

单位:万元　　　　(10 000 yuan)

类　　别	Category	长期负债 Long-term Liabilities	负债合计 Total Liabilities	所有者权益 Creditors' Equity	工程结算收入 Revenue of Project Settled Accounts	工程结算成本 Cost of Project Settled Accounts
二、按国民经济行业分	**by Sector**					
房屋和土木工程建筑业	Building and Civil Engineering Construction	769312	15071326	7356928	21258774	18517402
房屋工程建筑	Building	454367	10272358	5343206	15041313	13092615
土木工程建筑	Civil Engineering	314945	4798968	2013721	6217462	5424787
铁路道路隧道和桥梁工程	Railway, Tunnel and Bridges	209639	2743321	1042221	3650399	3221983
水利和港口工程建筑	Irrigation and Harbor Projects	63033	751805	460240	1133125	986524
工矿工程建筑	Mine Construction	14268	624216	176049	718313	637021
架线和管道工程建筑	Line and Pipeline Construction	17006	595255	261819	535529	429098
其他土木工程建筑	Others	10998	84371	73391	180096	150162
建筑安装业	Construction Installation	66009	1796519	969368	2677436	2270945
建筑装饰业	Construction Decoration	20445	469987	370295	630678	507310
其它建筑业	Others	17281	389720	273000	493790	404230
工程准备	Preparation	1806	102842	78614	140046	114575
提供工程设备服务	Service	1788	44093	25803	62246	52578
其它未列明的建筑活动	Others	13688	242784	168584	291498	237076
三、按隶属关系分	**by Ownership**					
中　央	Central	132525	2716273	572963	3871786	3493779
地　方	Local	740522	15011280	8396628	21188892	18206108
省(自治区、直辖市)	Provincial	136626	1384884	428579	1327683	1147182
地(区、市、州、盟)	Region	163454	4666931	1369449	4778183	4261238
县(区、市、旗)及县以下	County	440442	8959465	6598600	15083026	12797688
四、按企业资质等级分	**by Qualification Criteria**					
施工总承包	Construction Contract	745777	15391789	7337285	21974508	19197412
特　级	Special Grade	132158	2091492	542115	2536248	2305697
一　级	First Grade	326157	6352545	1884277	7995278	7122978
二　级	Second Grade	140548	3597429	2478885	5509166	4745204
三级及以下	Third Grade and below	146914	3350323	2432007	5933815	5023533
专业承包	Professional Contract	127270	2335763	1632306	3086171	2502475
一　级	First Grade	17295	344893	205173	607667	515427
二　级	Second Grade	33369	923390	634976	1125167	899600
三级及以下	Third Grade and below	76606	1067480	792157	1353337	1087448
五、按营业状态分	**by Business Status**					
营　业	Open	860321	17631026	8933390	24998210	21645929
停业(歇业)	Close	1681	66839	26512	38346	33214
筹　建	Prepared to Start	0	751	229	1716	1029
当年关闭	Closed in Current Year	0	8589	3800	12249	10861
当年破产	Bankruptcy	326	2301	1466	5691	5121
其　它	Others	10719	18046	4193	4467	3733
六、按控股情况分	**by Share Holding**					
国有控股	State-controlled	381195	6410456	1739648	7805883	6906007
集体控股	Collective-controlled	186152	3837410	1903249	5116401	4377591
私人控股	Private-controlled	291184	7311601	5209488	11974006	10280721
港澳台商控股	Controlled by Investors from Hong Kong, Macao and Taiwan	742	73317	51681	93045	78139
外商控股	Foreign-controlled	13775	94767	65524	71343	57429

14－4　续表 4　continued

单位:万元　　　　(10 000 yuan)

类　别	Category	工程结算利润 Profits of Project Settled Accounts	经营费用 Operation Expenses	管理费用 Management Expenses	财务费用 Financial Expenses	利润总额 Total Profits
总　计	**Total**	**2290473**	**237975**	**1121738**	**185860**	**1034415**
# 国有及国有控股企业	State-owned and State-controlled Enterprises	589833	70588	377754	53795	169743
一、按登记注册类型分	**Grouped by Registration Status**					
内资企业	Domestic Funded	2271004	236077	1112458	184771	1025980
国有企业	State-owned	391353	39399	242412	29829	115214
集体企业	Collective-owned	283425	24637	121478	15573	137391
股份合作企业	Stock-holding Cooperation	28337	5185	15675	3836	8559
联营企业	Joint-owned	2979	252	1223	181	1453
国有联营企业	State-owned	1		34		
集体联营企业	Collective-owned	2280	199	788	181	1312
国有与集体联营企业	State-and-collective owned	513	3	280	－1	33
其他联营企业	Others	186	50	121	2	108
有限责任公司	Company with Limited Liabilition	871821	94239	420643	77831	422084
国有独资公司	State-owned	27710	138	18971	5388	5304
其他有限责任公司	Others	844112	94101	401672	72443	416780
股份有限公司	Stock-holding Company limited	213775	21128	118209	14523	90409
私营企业	Private-owned	457323	49765	185490	39659	238601
私营独资企业	Solely Owned	18689	3808	5436	1611	11323
私营合伙企业	Joint Owned	8422	1055	2297	689	4308
私营有限责任公司	Company with Limited Liabilition	394826	41488	162064	33886	207243
私营股份有限公司	Stock-holding Company limited	35387	3413	15693	3473	15728
其他企业	Others	21992	1474	7329	3341	12270
港、澳、台商投资企业	Funded from Hong Kong, Macao and Taiwan	8716	615	3890	628	4318
合资经营企业(港或澳、台资)	Joint Ventures	7606	582	3390	625	3732
合作经营企业(港或澳、台资)	Cooperative Joint Venture	520	4	176	1	343
港、澳、台商独资经营企业	Solely Owned	590	29	325	1	244
港、澳、台商投资股份有限公司	Share-holding Company Limited					
外商投资企业	Foreign Funded	10753	1283	5389	461	4118
中外合资经营企业	Chinese-foreign Joint Venture	6609	439	3517	182	2358
中外合作经营企业	Chinese-foreign Cooperative Joint Venture	883	264	309	76	496
外资企业	Solely Owned	3261	580	1564	204	1263
外商投资股份有限公司	Share-holding Company Limited					

14－4 续表5 continued

单位:万元 (10 000 yuan)

类别	Category	工程结算利润 Profits of Project Settled Accounts	经营费用 Operation Expenses	管理费用 Management Expenses	财务费用 Financial Expenses	利润总额 Total Profits
二、按国民经济行业分	**by Sector**					
房屋和土木工程建筑业	Building and Civil Engineering Construction	1838854	186327	871509	157113	865129
房屋工程建筑	Building	1305499	118765	565134	108229	651947
土木工程建筑	Civil Engineering	533355	67562	306375	48884	213181
铁路道路隧道和桥梁工程	Railway, Tunnel and Bridges	273625	45696	147223	35129	99845
水利和港口工程建筑	Irrigation and Harbor Projects	99081	6947	48910	7763	51211
工矿工程建筑	Mine Construction	55842	3204	48134	2194	10701
架线和管道工程建筑	Line and Pipeline Construction	82626	9039	51461	2529	43526
其他土木工程建筑	Others	22182	2676	10647	1268	7898
建筑安装业	Construction Installation	297527	26109	159481	19237	108514
建筑装饰业	Construction Decoration	85833	18645	55375	4988	32774
其它建筑业	Others	68259	6895	35372	4521	27998
工程准备	Preparation	18019	1987	10058	881	7400
提供工程设备服务	Service	8030	600	2968	507	4271
其它未列明的建筑活动	Others	42210	4307	22346	3133	16326
三、按隶属关系分	**by Ownership**					
中央	Central	237180	23688	169556	25760	54354
地方	Local	2053293	214287	952182	160099	980061
省(自治区、直辖市)	Provincial	123749	17688	94255	12059	29433
地(区、市、州、盟)	Region	320596	37293	202877	28894	125178
县(区、市、旗)及县以下	County	1608948	159306	655050	119146	825450
四、按企业资质等级分	**by Qualification Criteria**					
施工总承包	Construction Contract	1865898	167653	894910	162590	844649
特级	Special Grade	139657	9055	80148	15410	56553
一级	First Grade	556752	45504	324784	63149	198272
二级	Second Grade	529173	45496	236939	41055	257713
三级及以下	Third Grade and below	640317	67599	253039	42976	332111
专业承包	Professional Contract	424575	70322	226828	23270	189766
一级	First Grade	62024	13038	47783	4016	25535
二级	Second Grade	168436	21291	87241	9930	76155
三级及以下	Third Grade and below	194115	35993	91805	9324	88075
五、按营业状态分	**by Business Status**					
营业	Open	2283930	237498	1119699	185405	1032129
停业(歇业)	Close	3993	286	871	420	1661
筹建	Prepared to Start	595	13	89		33
当年关闭	Closed in Current Year	956	48	728	2	-10
当年破产	Bankruptcy	527	15	17	7	546
其它	Others	472	115	334	26	55
六、按控股情况分	**by Share Holding**					
国有控股	State-controlled	589833	70588	377754	53795	169743
集体控股	Collective-controlled	506557	49683	228705	34046	245519
私人控股	Private-controlled	1172108	115326	503901	96810	610350
港澳台商控股	Controlled by Investors from Hong Kong, Macao and Taiwan	11221	1096	5990	748	4685
外商控股	Foreign-controlled	10753	1283	5389	461	4118

14-5 各市建筑业主要生产指标(2006年)

Main Production Indicators of Construction Enterprises by City(2006)

地 区 Region		企业个数(个) Number of Enterprises (unit)	建筑业合同(万元) Value of Construction Contracts (10 000 yuan)	#上年结转合同额 Carryove of Last Year	建筑业总产值(万元) Gross Output Value of Construction (10 000 yuan)	竣工产值(万元) Value of Construction Completed (10 000 yuan)	房屋建筑施工面积(平方米) Floor Space under Construction (sq. m)	房屋建筑竣工面积(平方米) Floor Space Completed (sq. m)	#住宅 Builings	年末从业人员 Employed Persons
全省总计	**Total**	**5521**	**27918123**	**19013462**	**38277548**	**11684102**	**293016571**	**135383486**	**78302640**	**2607065**
济南市	Jinan	696	4746055	3046790	7821633	3134610	34836718	11378452	5548537	316386
青岛市	Qingdao	582	4054119	2194429	5807863	2004727	44487066	14143029	7430906	360462
淄博市	Zibo	442	2637905	1968858	3634093	1066559	34049075	16807666	10483018	263758
枣庄市	Zaozhuang	224	776602	618378	1360428	394362	10814796	4628023	2753973	117257
东营市	Dongying	191	1514930	1190680	1653185	271050	7735702	4832198	2818916	95657
烟台市	Yantai	782	2431889	1726818	3205840	683192	26113241	13180525	7316646	205772
潍坊市	Weifang	420	2309895	1650463	3082128	1187438	26974102	12444381	6546308	210867
济宁市	Jining	277	1243897	713076	1603614	419324	12453908	7190235	4545789	154146
泰安市	Tai'an	325	2298914	1716150	2684881	438596	20541416	13656400	9222543	225378
威海市	Weihai	351	946477	592614	1138100	220815	13604014	6098338	3312458	104643
日照市	Rizhao	205	773970	467691	853445	332426	6150184	3447845	2315650	70667
莱芜市	Laiwu	102	328747	256535	368331	59536	4533112	3210288	2038250	49983
临沂市	Linyi	263	1344279	999953	1707952	464107	18291440	8633841	5438835	158903
德州市	Dezhou	188	606351	476360	936093	372666	6615597	3509395	2238418	68302
聊城市	Liaocheng	150	460939	283817	621679	230339	7198328	3125428	1818470	48102
滨州市	Binzhou	186	805250	558722	977197	238852	9001008	3500269	1829833	61845
菏泽市	Heze	137	637905	552128	821087	165504	9616864	5597173	2644090	94937

14-6 各市建筑业主要财务指标(2006年)

Financial Indicators of Construction Enterprises by City(2006)

单位:万元 (10 000 yuan)

地 区	Region	流动资产 Liquid Assets	固定资产 Fixed Assets	在建工程 Projects under Construction	资产合计 Total Assets	流动负债 Liquid Liabilities	长期负债 Long-term Liabilities	负债合计 Total Liabilities
全省总计	**Total**	**3754471**	**19924119**	**5010848**	**505250**	**26697142**	**16854505**	**873047**
济南市	Jinan	761928	4078632	590414	55123	5088604	3699222	252887
青岛市	Qingdao	565585	3117847	622593	68441	3991341	2577840	149085
淄博市	Zibo	216868	1562679	501894	32769	2167512	1309969	34136
枣庄市	Zaozhuang	99752	527212	183963	14073	733743	435507	24962
东营市	Dongying	200568	1295629	319900	36658	1685495	1127514	17871
烟台市	Yantai	380929	1910466	576008	60605	2646580	1492370	82478
潍坊市	Weifang	312430	1467439	428310	58951	2051481	1234993	53108
济宁市	Jining	186266	868813	203256	12685	1187419	723547	34865
泰安市	Tai'an	153422	832880	310090	16603	1242673	684661	32957
威海市	Weihai	163305	740533	194068	39749	980433	639294	16856
日照市	Rizhao	107069	536464	135997	20853	741569	472793	19076
莱芜市	Laiwu	52518	221783	74971	13810	310551	181389	3380
临沂市	Linyi	291319	1225317	267081	22381	1607110	971216	92809
德州市	Dezhou	121219	423612	139653	8596	603404	348699	19256
聊城市	Liaocheng	57650	391137	135819	16201	552937	376298	6903
滨州市	Binzhou	40750	454896	161879	13171	649069	364530	24903
菏泽市	Heze	42892	268779	164954	14580	457223	214663	7516

14－6 续表 continued

单位:万元 (10 000 yuan)

地 区	Region	所有者权益 Owners' Equity	#实收资本 Paid-in Capitals	工程结算收入 Revenue of Project Settled Accounts	工程结算成本 Cost of Project Settled Accounts	工程结算利润 Profits of Project Settled Accounts	管理费用 Management Expenses	财务费用 Financial Expenses	利润总额 Total Profits
全省总计	**Total**	**8969590**	**6441615**	**25060678**	**21699887**	**2290473**	**1121738**	**185860**	**1034415**
济南市	Jinan	1136495	850848	4511387	3977696	346365	247335	32895	95173
青岛市	Qingdao	1264417	946968	3694196	3262665	255842	158123	18971	108394
淄博市	Zibo	823406	603488	2744484	2466547	179358	98215	16013	70149
枣庄市	Zaozhuang	273274	204690	711690	603178	66806	34088	4932	28689
东营市	Dongying	540110	297209	1430447	1205230	158852	52921	21377	90156
烟台市	Yantai	1071732	794813	2327788	1934777	293417	102211	19056	173207
潍坊市	Weifang	763379	518752	1976624	1723009	178977	75596	12819	94538
济宁市	Jining	429007	322821	1111514	966920	98857	57015	8191	30324
泰安市	Tai'an	525055	386707	1568920	1299402	199549	88114	8947	108118
威海市	Weihai	324283	219837	794789	646461	114134	47137	6173	58744
日照市	Rizhao	249700	205493	574611	492933	46066	21929	4919	21558
莱芜市	Laiwu	125781	98477	308867	261774	32745	15068	2947	14420
临沂市	Linyi	543085	321798	1143751	1000412	98556	48283	12433	41676
德州市	Dezhou	235449	146141	478691	407587	51661	14712	5172	29029
聊城市	Liaocheng	169737	128221	426333	371667	38528	23047	4865	10922
滨州市	Binzhou	259636	185048	685435	578631	86160	20216	3535	39030
菏泽市	Heze	235044	210306	571154	501000	44602	17729	2615	20290

主要统计指标解释

建筑业统计单位　指从事房屋、构筑物建造和设备安装活动的法人企业。建筑业法人企业应具有建筑业资质并能够独立核算，同时其应具备以下条件：①依法成立，有自己的名称、组织机构和场所，能够承担民事责任；②独立拥有和使用资产，承担负债，有权与其他单位签订合同；③独立核算盈亏，能够编制资产负债表。

建筑业总产值　是以货币形式表现的建筑业企业在一定时期内生产的建筑业产品和提供的服务的总和。建筑业总产值包括：

⑴建筑工程产值：指列入建筑工程预算内的各种工程价值。

⑵安装工程产值：指设备安装工程价值，不包括被安装设备本身的价值。

⑶其他产值：建筑业总产值中除建筑工程、安装工程以外的产值。包括房屋构筑物修理产值、非标准设备制造产值、总包企业向分包企业收取的管理费以及不能明确划分的施工活动所完成的产值。

a. 房屋构筑物修理产值：指房屋和构筑物修理所完成的产值，但不包括被修理房屋、构筑物本身价值和生产设备的修理产值。

b. 非标准设备制造产值：指加工制造没有定型的非标准生产设备的加工费和原材料价值（如化工厂、炼油厂用的各种罐、槽，矿井生产统一使用的各种漏斗、三角槽、阀门等）以及附属加工厂为本企业承建工程制作的非标准设备的价值。

建筑业增加值　指建筑业企业在报告期内以货币形式表现的建筑业生产经营活动的最终成果。

从2004年第一次全国经济普查开始，建筑业现价增加值按生产法和分配法（收入法）两种方法计算，以收入法的计算结果为准，即从收入的角度出发，根据生产要素在生产过程中应得的收入份额计算。具体计算方法：经济普查年度建筑业增加值按照《经济普查年度GDP核算方案》计算，非经济普查年度建筑业增加值按照《非经济普查年度GDP核算方案》计算。

房屋建筑施工面积　指在报告期内施过工的全部房屋建筑面积，包括本期新开工的房屋面积、上期施工跨入本期继续施工的房屋面积、上期停缓建在本期恢复施工的房屋面积、本期竣工的房屋面积及本期施工后又停缓建的房屋面积。

房屋建筑竣工面积　指在报告期内房屋建筑按照设计要求全部完工，达到了使用条件，经验收鉴定合格，正式移交使用单位的房屋建筑面积。

Explanatory Notes on Main Statistical Indicators

Statistical Unit in Construction refers to corporate enterprise engaged in the construction of buildings and structures and in the installation of equipment. A corporate construction enterprise should have qualification certificates with independent accounting system, and should meet the following 3 requirements: a) being set up in line with relevant legal basis, having its full name, organization and location, and capable of taking civil liabilities; b) independently possessing and using its assets and assuming its liabilities, and entitled to sign contracts with other institutions; and c) making independent accounts of its profits and losses, and capable of compiling its own balance sheet.

Gross Output Value of Construction refers to total of construction products and services, expressed in money terms, produced or rendered by construction and installation enterprises during a given period of time. It includes:

(1) Output value of construction projects, that is the value of projects covered by the project budgets;

(2) Output value of installation projects, that is the value of the installation of equipment, (excluding the value of the equipment to be installed);

(3) Output value of others, that is the output value of construction industry excluding that of construction projects and installation projects. It includes: output value of repair of buildings and structures; output value of non-standard equipment manufacturing; overhead expenses received by contracted enterprises to the sub-contracted enterprises and the completed output value of construction activities that have no clear definition.

a. Output value of repair of buildings and structures, that is the value created through the repairs of buildings or structures, but does not include the value of buildings or structures being repaired and the value of the repair of production equipment;

b. Output value of manufactured non-standard equipment, that is the value of non-standard production equipment including raw materials and manufacturing cost made for the construction project (i. e., chemical plant; kettles or tanks used by refineries; various fillers, triangle tanks, valves used by mines), and the output value of equipment manufactured by subsidiary workshops.

Value-added of Construction refers to the final result of the activities of production and management of construction industry in monetary terms in the reference period.

Starting from the 2004 economic census, value-added of construction is calculated by both production approach and income approach, with the income approach as the final approach, where the calculation is based on the share of production factor in the production process. Specifically, value-added of construction for census years is calculated in accordance with the *Programme of Compilation of GDP and National Accounts for the Year of Economic Census*, and value-added of construction for other years is calculated in accordance with the *Programme of Compilation of GDP and National Accounts for the Non Economic Census Years*.

Floor Space of Buildings Under Construction refers to floor space of buildings under construction during the reference period, including newly started buildings, buildings started earlier and continued during the reference period, and buildings suspended earlier but restarted during the reference period, buildings completed during the reference period, and buildings under construction and then suspended during the reference period.

Floor Space of Buildings Completed refers to the floor space of buildings that are completed in the reference period in accordance with the requirements of the design, up to the standard for putting them into use, and have been checked and accepted by concerned departments as qualified ones.

第15篇

交通运输邮电通讯业

TRANSPORT, POST AND TELECOMMUNICATION SERVICES

为经济社会发展服务是统计工作第一要务

诚信鲁统 之 服务理念

相互支撑
相互关爱
诚信鲁统 之 团队理念

简要说明

一、本篇资料的主要内容

本篇资料反映了全省交通运输业和邮电通讯业发展的基本状况，主要包括交通设施基本情况、客货运量及周转量、交通运输企业主要技术经济指标、沿海主要港口货物吞吐量、邮政和电信基本情况、地方交通和营业性运输车辆、民用汽车拥有量等方面的内容。

二、本篇资料的来源

本篇资料中，交通运输资料分别来源于济南铁路局、山东省地方铁路局、邯济铁路有限公司、山东省交通厅、山东省民航安监办、山东省公安厅交警总队，邮电通信业资料来源于山东省通信管理局和省邮政局。

本篇资料由山东省统计局工业处整理提供。

Brief Introduction

I. Content

Data in this chapter cover mainly the basic conditions of the development of transport, post and telecommunications in Shandong Province, including the basic conditions of transport, the freight traffic and passenger traffic accomplished by various means, major financial indices of related enterprises, cargo handled at principal sea ports, the possession of the transport equipment and the basic conditions of post and telecommunication services.

II. Source of Data

Data in this chapter are provided by Jinan Railway Board, Shandong Local Railway Board, Hanji Railway Co., Ltd, Shandong Communications Department, Shandong Aviation Administration of Work Security, and Traffic Police General Brigade of Shandong Public Security Department. Data on post and telecommunication services are provided by Shandong Communication Administration and Shandong Post Bureau.

Data in this chapter are prepared and compiled by the Division of Industry and Transport Statistics of Shandong Provincial Bureau of Statistics.

15－1 历年运输线路长度

Length of Transport Routes over the Years

单位:公里 (km)

年份 Year	铁路通车里程 Length of Railways in operation	公路通车里程 Length of Highways in Operation	#晴雨通车 in Operation Regardless of Weather	内河通航里程 Length of Navigabe Inland Waterways	#通机动船 in Operation for Motor Vessels
1949	887	3152	65	1082	
1950	953	6402	103	1117	
1951	954	7396	120	1117	
1952	954	7669	170	1459	409
1953	956	8333	170	1459	409
1954	956	8507	476	1459	409
1955	956	9070	667	1459	409
1956	1139	10669	1489	1696	900
1957	1154	13425	2115	1642	1063
1958	1136	19734	4996	2120	1380
1959	1135	21980	5504	2638	1491
1960	1168	20780	6526	2365	1521
1961	1168	20143	5773	2379	1433
1962	1168	15766	4189	2179	1353
1963	1168	16915	3985	2151	1337
1964	1168	18032	4509	2117	1289
1965	1208	22176	5669	1827	1310
1966	1261	23273	7241	1815	1321
1967	1266	24209	7889	1815	1321
1968	1276	25511	8501	1815	1321
1969	1276	27471	11356	1815	1321
1970	1276	29159	12666	1821	1629
1971	1276	29903	14137	1876	1717
1972	1276	30369	16773	1876	1764
1973	1276	30769	18543	1876	1764
1974	1276	31050	19364	1876	1764
1975	1275	31712	20212	1876	1764
1976	1386	32978	21645	2118	1802
1977	1386	33629	23636	2343	1811
1978	1385	34244	25289	2403	1880
1979	1388	35139	26106	1972	1953
1980	1411	35311	26544	1970	1736
1981	1582	35292	27284	1849	1712
1982	1565	35504	27875	1859	1722
1983	1565	35722	28480	1859	1722
1984	1569	35935	29427	1859	1725
1985	1572	36327	30250	1840	1706
1986	2041	37005	31286	1840	1706
1987	2042	37530	32468	1840	1706
1988	2042	38759	34057	1840	1706
1989	2042	39783	35557	1840	1706
1990	2041	40772	37015	1840	1706
1991	2042	41937	39081	1891	1780
1992	2048	43134	40612	1891	1780
1993	2048	46033	43992	1891	1780
1994	2048	50225	48385	1891	1780
1995	2048	54243	52702	1891	1780
1996	2620	57271	55882	1891	1780
1997	2721	59260	58028	1414	1302
1998	2658	64145	63142	1414	1302
1999	2672	67847	67055	1476	
2000	2672	70686	70038	1476	
2001	2709	71128	70701	1476	
2002	2709	74029	73665	1476	
2003	3236	76266	75948	1012	
2004	3348	77768	77483	1012	
2005	3402	80132	79854	1012	
2006	3405	204911	203363	1012	

注:2006年按照交通部规定将村道纳入公路统计里程。

a) According to the regulations issued by Ministry of Communications, the length of highways includes that of village-level highways in 2006.

15 - 2 历年旅客运量及周转量

Passenger Traffic and Passenger-kilometers over the Years

年份 Year	客运量（万人）Passenger Traffic (10000 Persons)	铁路 Railways	公路 Highways	水路 Waterways	周转量（百万人公里）Passenger-Kilometers (million Passenger-km)	铁路 Railways	公路 Highways	水路 Waterways
1949	928	846	82		1368	1287	81	
1950	1005	888	117		1534	1434	100	
1951	1166	995	171		1661	1534	127	
1952	1196	938	251	7	1553	1365	180	8
1953	1654	1217	428	9	2127	1806	311	10
1954	1766	1202	550	14	2287	1889	389	9
1955	1775	1086	678	11	2229	1786	438	5
1956	2300	1368	919	13	2864	2335	523	6
1957	3019	1872	1128	19	3002	2427	565	10
1958	3694	2399	1270	25	3406	2702	694	10
1959	4916	3361	1500	55	3934	3090	832	12
1960	5911	4480	1385	46	4717	3887	807	23
1961	7793	6400	1321	72	7230	6476	809	35
1962	7590	5923	1599	68	7664	6690	933	41
1963	3837	2360	1433	44	4084	3304	659	21
1964	4509	2864	1607	38	3639	2845	779	15
1965	4566	2457	2077	32	3664	2699	953	12
1966	5065	2225	2812	28	4126	2914	1200	12
1967	5308	2442	2831	35	4641	3420	1203	18
1968	5933	2580	3319	34	5421	3933	1470	18
1969	5915	2538	3343	34	5813	4323	1473	17
1970	5725	2454	3240	31			1445	14
1971	5819	2550	3239	30			1542	13
1972	6595	2948	3612	35			1727	15
1973	6926	2992	3900	34	6305	4403	1888	14
1974	6802	3156	3613	33	6354	4498	1843	13
1975	7084	3202	3844	38	6676	4708	1953	15
1976	7614	3233	4239	52	6996	4791	2189	16
1977	8679	3522	5103	54	7702	5127	2560	15
1978	9431	3467	5897	67	8448	5535	2895	18
1979	10857	3431	7338	88	9373	5950	3403	19
1980	12208	3586	8532	90	10624	6769	3839	16
1981	12682	3600	8994	88	11365	7272	4077	16
1982	13109	3695	9322	92	12283	7788	4477	18
1983	14839	3792	10942	102	14237	8954	5264	19
1984	17309	4071	13125	113	17058	10615	6423	20
1985	19772	4073	15565	134	20357	12433	7901	23
1986	26459	4005	22311	143	24671	13895	10752	24
1987	25209	4212	20811	186	27316	15608	11680	28
1988	29035	4447	24297	291	32412	17974	14402	36
1989	30718	3905	26419	344	32286	16552	15693	41
1990	29798	3303	26136	359	30138	14830	15255	53
1991	31940	3286	28240	405	32620	15873	16598	96
1992	33920	3244	30145	486	35164	17043	18002	119
1993	33634	3346	29693	595	34068	17785	16114	169
1994	34592	3587	30253	627	35627	18273	17126	222
1995	36425	3414	32317	694	35097	17418	17449	230
1996	39199	2854	35611	734	35344	15317	19696	331
1997	43218	3071	39234	913	40060	17277	22347	436
1998	50904	3223	46467	868	45229	18327	24599	483
1999	59350	3670	54817	863	51828	20568	28846	414
2000	66128	3840	61466	822	54873	22180	32358	335
2001	70497	3723	65787	987	59432	23373	35573	486
2002	74626	3566	69948	1112	64294	24644	39173	477
2003	75492	3324	71053	1115	61769	22024	39223	522
2004	89388	3857	84290	1241	74799	26696	47545	558
2005	98485	3952	93178	1355	82778	28268	53910	600
2006	109472	4757	103298	1417	93014	32223	60128	663

15－3 历年货物运量及周转量

Freight Traffic and Ton-kilometers over the Years

年份 Year	货运量（万吨）Freight Traffic (10000 tons)	铁路 Railways	公路 Highways	水路 Waterways	周转量（百万吨公里）Freight Ton-Kilometers (million ton-km)	铁路 Railways	公路 Highways	水路 Waterways
1949	547	381	166	0.2	1245	1178	66	1
1950	838	585	211	42	2775	2641	79	55
1951	918	623	233	62	3097	2897	117	80
1952	1802	640	1029	133	3711	3346	154	211
1953	2653	790	1692	171	5014	4523	219	272
1954	2787	918	1643	226	5646	5133	226	287
1955	3305	895	2013	397	4919	4359	246	344
1956	4551	1237	2942	372	3739	5957	325	457
1957	4558	1238	2973	347	6923	6190	327	406
1958	7908	2042	5400	466	11487	10241	676	569
1959	13778	3318	9821	639	15201	13160	1293	748
1960	14135	3833	9677	625	16153	14087	1405	661
1961	6632	2458	3840	334	10591	9601	578	412
1962	4500	1801	2419	280	8106	7309	421	376
1963	5133	2015	2777	341	8933	8052	482	399
1964	6056	2358	3335	363	9839	8811	564	464
1965	7544	2821	4339	385	11929	10721	750	458
1966	8481	3312	4805	364	16791	15493	855	443
1967	8262	3079	4823	360	15352	14008	927	417
1968	8307	3252	4728	327	16941	15624	926	391
1969	7656	2809	4487	360	16453	14998	988	467
1970	10081	3911	5693	477	19167	17346	1186	635
1971	11565	4227	6803	535			1423	688
1972	13334	4645	8100	589			1695	762
1973	14105	4641	8870	594	21963	19240	1900	823
1974	10578	3017	7107	454	17580	15256	1689	635
1975	14598	4214	9781	603	22198	18947	2374	877
1976	17320	4904	11732	684	24062	20096	2942	1024
1977	21484	5365	15255	864	27326	22293	3865	1168
1978	22964	5940	16128	896	31005	25746	4060	1199
1979	22536	5951	15748	837	31586	26540	3634	1113
1980	22086	5687	15629	770	31329	26087	4005	1237
1981	20496	5306	14427	763	31941	26332	4093	1516
1982	21641	5415	15413	813	35160	28400	4937	1823
1983	23726	5655	17216	855	38996	30966	5787	2243
1984	25310	6035	18389	886	41974	33250	6505	2219
1985	27371	6403	20105	863	48431	37342	8139	2468
1986	32299	6789	24619	893	57599	44618	10287	2694
1987	36012	7072	28008	932	64533	49069	12231	3234
1988	39866	7322	31670	874	72723	53851	15325	3547
1989	43098	7934	34331	833	78996	58657	16612	3727
1990	41443	8012	32654	777	77845	58546	15705	3594
1991	44145	8372	34587	1186	81402	59694	16660	5047
1992	47676	8609	37684	1381	87617	62750	18931	5936
1993	51250	9023	40820	1407	92257	63127	20444	8687
1994	57187	9259	46485	1443	101437	66744	23069	11625
1995	66546	9256	55669	1621	112655	69857	26397	16401
1996	70664	10226	58270	2168	122849	71385	30559	20895
1997	72780	10368	60340	2072	126093	73323	31915	20855
1998	76813	10224	64716	1867	118753	65877	34322	18513
1999	80212	10553	67696	1956	127304	73588	35350	18330
2000	92483	11253	76778	4452	403315	79964	40575	282776
2001	99464	12426	81574	5464	467545	84815	41143	341587
2002	107454	13624	89714	4116	304075	92525	46009	165541
2003	117712	17167	95900	4645	342906	107157	50987	184762
2004	132036	17862	106887	7287	478309	111109	59606	307594
2005	147999	18338	120455	9206	558286	121908	71182	365196
2006	167511	19126	136750	11635	665521	151159	84510	429852

15－4 沿海主要港口货物吞吐量

Volume of Freight Handled in Major Coastal Ports

单位:千吨 (1000 tons)

港口名称	Seaport	1980	1990	1995	2000	2001	2005	2006
总　计	**Total**	**28283**	**54449**	**105940**	**160249**	**192980**	**384010**	**470060**
青岛港	Qingdao	17080	30340	51030	86607	103981	186785	224150
烟台港	Yantai	5060	6680	13610	19639	19950	45060	60760
日照港	Rizhao		9250	14520	26738	29330	84208	110070
东风港	Dongfeng	130	144	232	290	250		
海庙港	Haimiao		91	160		250		
龙口港	Longkou	2380	4112	8142	5948	6620	16025	20530
长岛港	Changdao	76	125	1699	1433	1530	1944	
蓬莱港	Penglai	229	194	3885	5252	5290	6951	4000
威海港	Weihai	612	1001	3787	6583	7270	15317	18030
俚岛港	Lidao	249	114	114	190	190		
石岛港	Shidao	501	381	463	410	430	3878	5090
张家埠港	Zhangjiabu	494	196	111	100	90	94	70
乳山港	Rushan	282	68	52	30	30	216	180
凤城港	Fengcheng	15	9	53		30	133	180
青岛小港	Smart Port in Qingdao	537	338	625		249		
石臼地方港	Shijiu Local Port	453	54					
岚山港	Lanshan	102	361	1605	4467	5730		
烟台地方港	Yantai Local Port		118	4689		7670		
羊口港	Yangkou		581	512	251	150	275	520
下营港	Xiaying		102	184	40			
蛃江港	Lijiang		60	206	190	230	739	790
潍北港	Weibei		70	70	730	1410	3850	5510
牟平港	Muping		60	187	290	350	752	850

15-5 交通运输企业主要技术经济指标

Major Technical and Economic Indicators of Transportation Enterprises

类别	单位	Category	Unit	2000	2005	2006
铁路运输		**Railway Transport**				
货车周转时间	天	Turning Around Time of Freight Locomotives	day	2.2	1.9	1.9
货车周转距离	公里	Turning Around Length of Freight Locomotives	km	481	413	406
货车中转距离	公里	Transfer Length of Freight Locomotives	km	143	169	170
平均一日装车数	车	Daily Loading Coach	coach	6000	7508	7642
平均一日卸车数	车	Daily Unloading Coach	coach	7302	9795	10088
货车净载重	吨	Static Load of Freight Locomotives	ton	58.6	60.2	60.8
货运机车日产量	万总重吨公里	Average Daily Ton-kilometers of Freight Locomotives	10000 tonkm	133.6	116.5	119.9
内燃机车每万吨公里耗油	公斤	Oil Consumption of Diesel Locomotives per 10000 Ton-km	kg	21.5	20.5	20.6
公路汽车运输		**Motor Transport**				
货运汽车每百吨公里耗汽油	公升	Gasoline Consumption of Freight Cars per 100 Ton-km	L	6.6	7.1	7.4
货运汽车每百吨公里耗柴油	公升	Diesel Consumption of Freight Cars per 100 Ton-km	L	4.8	5.0	6.3
客运汽车每百车公里耗汽油	公升	Gasoline Consumption of Passenger Cars per 100 person-km	L	8.8	19.5	20.1
客运汽车每百车公里耗柴油	公升	Diesel Consumption of Passenger Cars per 100 person-km	L	7.3	12.6	22.0
沿海水运船舶		**Coastal Waterways Transport**				
全部船舶净载重量	万吨	Static Load of Vessels	10000 tons	386.0	672.9	859.0
沿海船舶燃料消耗	公斤/千吨公里	Fuel Consumption of Vessels	kg/1000 Ton-km	56.8	9.6	14.8
码头舶位	个	Berths in Ports	unit	275.0	325	356
最大靠船能力	吨	Maximum Capacity on Berths	ton	200000	200000	300000
年综合通过能力	万吨	Integrated Capacity	10000 tons	15248	24945	27852
旅客吞吐量	万人	Passenger Handled	10000 persons	800	890	988

15－6 邮电业务基本情况

Basic Conditions of Post and Telecommunication Services

类　别	单　位	Category	Unit	2000	2001	2005	2006
邮电业务总量	亿元	Business Volume of Post and Telecommunication Services	100 million yuan	260.7	259.2	720.1	980.1
函　件	万件	Letters	10000 pcs	32878	31400	24075	44356
特快专递	万件	Express Mail Services	10000 pcs	575	673	1447	1579
报刊期发数	万份	Issue of Newspapers and Magazines	10000 copies	1701	1324	823	703
电　报	万份	Telegraph	10000 copies	178	138		
传　真	万份	Fax	10000 copies	42.5	36.2		
长途电话	万次	Long-distance Calls	10000 times	96010	101682	274985	391917
年末移动电话用户	万户	Number of Mobile Telephone Subscribers at Year-end	10000 subscribers	501	775	2316	2951
年末农村电话用户	万户	Number of Rural Telephone Subscribers at Year-end	10000 subscribers	559	827	1276	1257
邮政所	处	Post Offices	unit	3011	3040	3025	3043
邮路总长度	公里	Length of Postal Routes	km	169500	159300	173393	169627
长话电路	路	Lines of Long-distance Calls	line	222000	108000	290996	462662
国际互联网用户	万户	Number of Internet Subscribers	10000 subscribers	129	229	988	1126

15－7 1978－2006 年邮政基本情况

Basic Conditions of Post Services from 1978 to 2006

年　份 Year	邮政局总计（处）Post &Telecommunication offices (unit)	# 设在农村 in Rural Area	邮路总长度（万公里）Length of Postal Routes (10000 km)	函　件（万件）Letters (10000 pcs)	报刊期发数（万份）Issue of Newspapers and Magazines (10000 copies)
1978	2349	2048		15532	542
1979	2348	2042	22.6	16336	613
1980	2363	2057	22.5	17324	775
1981	2363	2052	22.8	17540	859
1982	2371	2050	4.2	17340	946
1983	2384	2048	4.2	17434	1131
1984	2415	2060	4.4	18958	1572
1985	2516	2153	4.7	21930	2017
1986	2531	2174	5.0	23745	1743
1987	2540	2176	5.2	26940	1888
1988	2576	2196	5.3	28884	1777
1989	2608	2210	5.3	30043	1176
1990	2647	2233	5.8	29486	1047
1991	2672	2247	5.7	28001	1174
1992	2699	2267	6.7	28266	1326
1993	3259	2492	8.5	32966	1247
1994	4180		9.7	35920	982
1995	4080	3400	10.5	38789	1180
1996	3727	3013	13.4	35112	1020
1997	5397		15.1	32859	996
1998	5382		15.1	33114	1147
1999	4414	3497	18.5	35138	1568
2000	3011	2255	17.0	32878	1701
2001	3040	2225	15.9	31400	1324
2002	3012	2193	16.5	51496	972
2003	3007	2166	15.7	58220	1152
2004	3009	2118	16.2	50087	716
2005	3025	2118	17.3	24075	823
2006	3043	2105	17.0	44356	703

15-8 1978-2006年电信业务总量

Business Volume of Telecommunication Services from 1978 to 2006

年份 Year	电信业务总量（万元）Business Volume of Telecommunication Services (10000 Yuan)	电报（万份）Telegraph (10000 copies)	长话电路（路）Lines of Long-distance Calls(line)	长途电话（万次）Long-distance Calls(10000 times)	市内电话（万户）Local Telephones (10000 subscribers)	农村电话（万户）Rural Telephones (10000 subscribers)
1978	10058	588	1082	1308	6.3	3.8
1979	10515	632	1177	1428	7.1	4.3
1980	11030	711	1282	1525	7.5	4.4
1981	11291	789	1415	1532	8.0	4.5
1982	11629	805	1532	1649	8.5	4.6
1983	12529	917	1653	1789	9.4	4.8
1984	13751	908	1929	1963	10.7	5.1
1985	16186	1132	2190	2325	12.1	5.2
1986	17735	1203	2638	2569	13.4	5.5
1987	20719	1519	3341	2984	15.2	5.9
1988	27124	1918	4392	3987	18.5	6.4
1989	32153	1812	5694	4693	22.3	6.9
1990	39401	1634	7436	5800	26.5	7.3
1991	103322	1651	12675	8724	32.9	8.1
1992	156134	1673	18422	16978	45.8	9.5
1993	274917	1412	32615	32273	69.6	12.8
1994	404027	987	47589	52719	84.8	19.2
1995	537135	667	40634	55755	165.8	46.1
1996	697719	458	54179	61409	227.0	80.0
1997	957400	324	67834	79719	283.5	128.6
1998	1338886	226	98760	97077	346.7	179.6
1999	1411800	202	163381	96553	413.8	283.8
2000	1865000	178	222500	96010	547.0	559.0
2001	2300200	138	108000	101682	661.0	827.0
2002	2759820		135000	99470	790.0	950.0
2003	3325632		268530	149245	1008.0	1085.0
2004	4846250		510000	121275	1314.0	1198.0
2005	6754670		290996	274985	1410.9	1275.7
2006	9286877		462662	391917	1380.5	1256.7

15－9 各市公路情况(2006 年)

Basic Conditions of Highways by Region (2006)

单位:公里 (km)

地　区	Region	公路里程 Length of Highways	等级公路里　程 Expressway and Class I to IV Highways	二级及二级以上公路合计 Second Class and above	高速公路里　程 Length of Expressway	晴雨通车里　程 Length of Highways Regardless of Weather	通公路的行政村占总行政村的(%) Administrative Villages Having Highways in the Proportion of the Total Administrative Villages	公路密度(公里/百平方公里) Road Density (km/100 sq. km)
全省总计	**Total**	**204911.2**	**199076.5**	**32998.2**	**3280.4**	**203362.7**	**99.6**	**130.8**
济 南 市	Jinan	9833.1	9515.5	1601.0	194.0	9306.4	100.0	119.9
青 岛 市	Qingdao	13913.8	13836.2	3565.1	524.5	13913.8	100.0	130.0
淄 博 市	Zibo	9695.7	9160.9	1671.9	147.9	9161.8	100.0	161.6
枣 庄 市	Zaozhuang	5641.0	5390.8	1203.8	115.2	5484.8	100.0	122.6
东 营 市	Dongying	7328.4	7296.5	1001.5	144.9	7328.4	100.0	92.8
烟 台 市	Yantai	13141.8	13141.8	3381.1	425.2	13141.8	100.0	95.2
潍 坊 市	Weifang	19740.0	19433.4	3434.9	204.5	19740.0	100.0	124.2
济 宁 市	Jining	13575.3	13085.8	2066.0	182.6	13575.3	100.0	126.9
泰 安 市	Tai'an	12585.8	12150.4	1928.5	208.4	12412.5	100.0	161.4
威 海 市	Weihai	6521.8	6501.8	1477.4	36.4	6521.8	100.0	118.6
日 照 市	Rizhao	6015.4	5413.1	1324.6	139.6	6015.4	100.0	113.5
莱 芜 市	Laiwu	3187.5	3161.0	469.2	97.2	3187.5	100.0	138.6
临 沂 市	Linyi	20022.3	18870.8	3174.4	282.0	20022.3	100.0	116.4
德 州 市	Dezhou	20335.7	19793.5	1664.4	208.2	20335.7	100.0	195.5
聊 城 市	Liaocheng	12788.3	12560.6	1623.9	134.7	12788.3	100.0	147.0
滨 州 市	Binzhou	13066.4	12435.1	1700.6	69.0	13066.4	93.0	137.5
菏 泽 市	Heze	17518.9	17329.3	1709.9	166.1	17360.5	100.0	143.6

注:2006 年按照交通部规定将村道纳入公路统计里程

a) According to the regulations issued by Ministry of Communications, the length of highways includes that of village-level highways in 2006.

15－10 各市地方交通旅客运输量(2006 年)

Passenger Transport Volume of Local Traffic by Region(2006)

地　区	Region	客运量(万人) Passenger Traffic (10000 persons)	营业性 in Operation	#出租车 Taxe	非营业性 out of Operation	周转量(百万人公里) Passenger-Kilometers (million passenger-km)	营业性 in Operation	#出租车 Taxe	非营业性 out of Operation
全省总计	**Total**	**140493**	**138749**	**37196**	**1744**	**64568**	**63975**	**4440**	**593**
济 南 市	Jinan	12323	12323	6782		6501	6501	756	
青 岛 市	Qingdao	22332	22332	4580		7373	7373	1643	
淄 博 市	Zibo	21990	21990	2423		4474	4474	223	
枣 庄 市	Zaozhuang	7696	7696	2591		3118	3118	323	
东 营 市	Dongying	2883	1139	286	1744	1979	1385	86	593
烟 台 市	Yantai	16049	16049	6907		6343	6343	365	
潍 坊 市	Weifang	6924	6924	1900		4454	4454	160	
济 宁 市	Jining	6856	6856	2087		3500	3500	314	
泰 安 市	Tai'an	4608	4608	651		2805	2805	80	
威 海 市	Weihai	5456	5456	1129		3338	3338	44	
日 照 市	Rizhao	5445	5445	1445		2958	2958	138	
莱 芜 市	Laiwu	2168	2168	777		683	683	25	
临 沂 市	Linyi	9510	9510	3430		5814	5814	157	
德 州 市	Dezhou	5445	5445	1566		2053	2053	63	
聊 城 市	Liaocheng	3165	3165	223		2281	2281	36	
滨 州 市	Binzhou	3029	3029			2441	2441		
菏 泽 市	Heze	4614	4614	418		4454	4454	28	

15－11 各市地方交通公路货物运输量(2006年)

Freight Transport Volume of Local Traffic by Region(2006)

地区	Region	货运量(万吨) Freight Traffic (10000 tons)	营业性 in Operation	非营业性 out of Operation	周转量(百万吨公里) Freight Ton-Kilometers (million ton-km)	营业性 in Operation	非营业性 out of Operation
全省总计	**Total**	**136750**	**134622**	**2128**	**84510**	**81610**	**2899**
济南市	Jinan	8784	8784		5643	5643	
青岛市	Qingdao	32047	32047		9154	9154	
淄博市	Zibo	5864	5864		3735	3735	
枣庄市	Zaozhuang	5268	5268		3695	3695	
东营市	Dongying	6134	4006	2128	7617	4718	2899
烟台市	Yantai	13744	13744		10831	10831	
潍坊市	Weifang	9016	9016		5620	5620	
济宁市	Jining	13996	13996		5440	5440	
泰安市	Tai'an	6083	6083		3221	3221	
威海市	Weihai	5534	5534		4566	4566	
日照市	Rizhao	2950	2950		1630	1630	
莱芜市	Laiwu	2116	2116		1121	1121	
临沂市	Linyi	10904	10904		8921	8921	
德州市	Dezhou	4568	4568		4721	4721	
聊城市	Liaocheng	1891	1891		3046	3046	
滨州市	Binzhou	4432	4432		2513	2513	
菏泽市	Heze	3419	3419		3034	3034	

15－12 各市营业性运输车辆(2006年)

Transport Vehicles in Operation by Region(2006)

单位:辆 (Unit)

地区	Region	汽车 Vehicles	客车 Passenger Vehicles	货车 Trucks	其它机动车 Other Motor Vehicles
全省总计	**Total**	**588722**	**105956**	**482766**	**278737**
济南市	Jinan	56662	12031	44631	16807
青岛市	Qingdao	85487	13485	72002	23230
淄博市	Zibo	44162	9442	34720	9955
枣庄市	Zaozhuang	15008	2276	12732	12244
东营市	Dongying	32282	4925	27357	15270
烟台市	Yantai	55465	11794	43671	17185
潍坊市	Weifang	45192	7357	37835	32099
济宁市	Jining	42682	7005	35677	28283
泰安市	Tai'an	23476	3747	19729	15825
威海市	Weihai	37941	3021	34920	3867
日照市	Rizhao	18179	2315	15864	7630
莱芜市	Laiwu	12991	2274	10717	2454
临沂市	Linyi	48040	8142	39898	42403
德州市	Dezhou	22273	5409	16864	9867
聊城市	Liaocheng	19081	4853	14228	6159
滨州市	Binzhou	14347	3197	11150	25738
菏泽市	Heze	15454	4683	10771	9721

15-13 各市邮电业务基本情况(2006年)

Basic Conditions of Post and Telecommunication Services by Region(2006)

地　区	Region	邮电业务总量(亿元) Business Volume of Post and Telecommunication Services (100 million yuan)	邮政业务总量(亿元) Business Volume of Post Services (100 million yuan)	电信业务总量(亿元) Business Volume of Telecommunication Services (100 million yuan)	函件(万件) Letters (10000 pcs)	固定电话用户数(万户) Number of Fixed Telephone Subscribers (10000 subscribers)	#住宅电话 Residential Telephone
全省总计	**Total**	**980.04**	**51.35**	**928.69**	**44355.90**	**2640.25**	**2348.74**
济南市	Jinan	104.94	4.35	100.59	5832.90	244.80	196.30
青岛市	Qingdao	156.68	6.70	149.98	7658.60	334.44	287.66
淄博市	Zibo	62.66	3.35	59.31	2757.10	143.96	122.10
枣庄市	Zaozhuang	28.94	1.15	27.79	849.50	81.64	72.47
东营市	Dongying	41.25	1.61	39.63	951.10	74.31	63.87
烟台市	Yantai	85.98	5.58	80.40	3795.20	244.55	216.31
潍坊市	Weifang	89.95	4.73	85.22	3462.20	273.50	252.95
济宁市	Jining	62.21	3.13	59.09	3224.80	173.16	158.46
泰安市	Tai'an	41.50	2.33	39.17	2157.60	132.77	120.33
威海市	Weihai	43.32	3.40	39.92	1363.70	121.01	108.00
日照市	Rizhao	24.22	1.24	22.98	929.60	65.58	57.88
莱芜市	Laiwu	10.80	0.83	9.97	396.60	39.01	35.44
临沂市	Linyi	74.05	1.65	72.39	2887.40	219.60	202.06
德州市	Dezhou	37.79	2.76	35.04	2689.10	123.68	113.18
聊城市	Liaocheng	38.55	3.06	35.49	3472.10	110.26	101.05
滨州市	Binzhou	36.90	3.25	33.66	397.90	110.64	101.79
菏泽市	Heze	40.29	2.24	38.04	1530.50	147.34	138.89

15－14 各市民用车辆拥有量(2006 年)

Possession of Civil Vehicles by Region (2006)

单位:辆 (unit)

分组	Category	全省总计 Total	济南市 Jinan	青岛市 Qingdao	淄博市 Zibo	枣庄市 Zaozhuang	东营市 Dongying	烟台市 Yantai	潍坊市 Weifang	济宁市 Jining
一、汽　车	**Vehicles**	**4828437**	**402315**	**541712**	**246699**	**135637**	**191561**	**428492**	**528149**	**302293**
1. 载客汽车	Passenger Vehicles	2135760	245501	343977	136411	59305	93116	221566	210141	95519
#大　型	Large	53401	7844	10712	3338	1525	2436	4575	3019	3067
中　型	Medium	85146	7693	14711	5541	2637	2252	10239	6425	4763
小　型	Small	1655809	197622	250620	112801	42390	79504	172295	165520	73938
微　型	Mini	341404	32342	67934	14731	12753	8924	34457	35177	13751
2. 载货汽车	Trucks	764353	73767	94641	65848	25486	28830	69524	95862	49748
#重　型	Heavy	97260	8271	10492	6618	5517	4733	10703	8465	7631
中　型	Light-heavy	135400	9775	15322	11145	5031	3057	10459	15889	13944
轻　型	Light	489371	49985	64609	44869	13838	19657	47503	68144	24656
微　型	Mini.	42322	5736	4218	3216	1100	1383	859	3364	3517
3. 其它汽车	Other Vehicles	1928324	83047	103094	44440	50846	69615	137402	222146	157026
二、摩托车	**Motorcycles**	**9557585**	**577669**	**708659**	**604015**	**406964**	**211702**	**885324**	**1285507**	**594876**
1. 普　通	Common	8762161	465504	603374	557195	369077	189483	812885	1213413	550323
2. 轻　便	Light	795424	112165	105285	46820	37887	22219	72439	72094	44553
三、拖拉机	**Tractors**	**2968**	**2**		**224**	**5**	**277**	**132**	**1**	**462**
四、挂　车	**Trailers**	**104778**	**3736**	**10432**	**7504**	**4454**	**3699**	**4900**	**5005**	**16055**
五、其它类型车	**Other Types**	**547**	**161**	**240**	**1**	**2**	**2**	**85**	**1**	**5**

注:按照公安部的规定自 2004 年下半年将“农用运输车”归属在“汽车”中“其它汽车”统计。

Note: Agricultural vehicles are included in the category of other vehicles since the second half of 2004 according to the regulations of Ministry of Public Security.

15－14 续表 continued

单位:辆 (unit)

分组	Category	泰安市 Tai'an	威海市 Weihai	日照市 Rizhao	莱芜市 Laiwu	临沂市 Linyi	德州市 Dezhou	聊城市 Liaocheng	滨州市 Binzhou	菏泽市 Heze
一、汽 车	**Vehicles**	**156470**	**178352**	**107733**	**67834**	**379040**	**245456**	**368274**	**212774**	**267956**
1. 载客汽车	Passenger Vehicles	73587	96716	53521	34313	177322	67748	63221	59621	52153
#大 型	Large	2307	2003	1489	755	3002	1388	1638	1449	2092
中 型	Medium	3229	4800	1494	1146	6442	2766	2770	1927	3620
小 型	Small	58060	79235	42811	26835	127436	50532	46238	49208	37072
微 型	Mini	9991	10678	7727	5577	40442	13062	12575	7037	9369
2. 载货汽车	Trucks	30472	41796	19813	14563	60010	20644	18820	19135	20853
#重 型	Heavy	3196	3200	5386	2413	8273	3226	2025	1971	3405
中 型	Light-heavy	6062	5852	3589	2042	15182	2868	3920	3026	6360
轻 型	Light	19502	30138	8474	9411	29635	12954	11672	13497	10076
微 型	Mini	1712	2606	2364	697	6920	1596	1203	641	1012
3. 其它汽车	Other Vehicles	52411	39840	34399	18958	141708	157064	286233	134018	194950
二、摩托车	**Motorcycles**	**483197**	**374875**	**349932**	**220267**	**921614**	**469461**	**625808**	**415103**	**412523**
1. 普 通	Common	413807	360046	318355	196977	851919	450582	599394	400420	401843
2. 轻 便	Light	69390	14829	31577	23290	69695	18879	26414	14683	10680
三、拖拉机	**Tractors**	**48**				**99**	**1373**	**279**	**23**	**43**
四、挂 车	**Trailers**	**4472**	**1610**	**5652**	**1645**	**10951**	**8285**	**5793**	**3738**	**6844**
五、其它类型车	**Other Types**	**3**	**25**				**15**		**1**	**5**

主要统计指标解释

铁路营业里程　又称营业长度(包括正式营业和临时营业里程),指办理客货运输业务的铁路正线总长度。凡是全线或部分建成双线及以上的线路,以第一线的实际长度计算;复线、站线、段管线、岔线和特殊用途线以及不计算运费的联络线都不计算营业里程。该指标可以反映铁路运输业基础设施的发展水平,也是计算客货周转量、运输密度和机车车辆运用效率等指标的基础资料。

铁路电气化里程　指在全部铁路营业里程中已安装了供电线路及设备,可以供电力机车牵引列车运行的区段的总里程。

铁路自动、半自动闭塞里程　指装有列车自动或人工完成闭塞状态的铁路设备里程。为保证列车安全运行,在一个区间、同一时间内,一般只允许一列列车运行,这种保证列车在这个区间安全间隔运行的技术方法称为"闭塞"。自动或半自动闭塞里程占铁路营业里程的比重是反映铁路现代化的重要标志之一。

公路里程　指在一定时期内实际达到《公路工程[WTBZ]技术标准 JTJ01－88》规定的等级公路,并经公路主管部门正式验收交付使用的公路里程数。包括大中城市的郊区公路以及通过小城镇街道部分的公路里程和桥梁、渡口的长度,不包括大中城市的街道、厂矿、林区生产用道和农业生产用道的里程。两条或多条公路共同经由同一路段,只计算一次,不得重复计算里程长度。该指标可以反映公路建设的发展规模,也是计算运输网密度等指标的基础资料。

内河航道里程　也称内河通航里程,指在一定时期内,能通航运输船舶及排筏的天然河流、湖泊水库、运河及通航渠道的长度。包括全年季节性通航累计三个月以上的航道,不包括仅供零散流放竹、木排的河道。该指标可以反映内河水运网的规模、水平和发展情况。

民用航空航线里程　指民航运输定期班机飞行的航线长度的总和。航线长度按机场之间的距离计算,通常有两种计算方法:一是将每条航线长度相加称为重复计算航线里程;一是将两线或两条以上航线经过同一区段里程,只计算一次航线长度称为不重复计算航线里程。一般常用的是后者,该指标可以确切反映民航运输网的规模,是表明民航事业为国民经济服务和方便人民生活程度的主要指标。

输油(气)管道长度　也称输油(气)里程,指油品(或天然气)的实际输送距离,一般按输油(气)管道的单线长度计算。若包括复线和备用线长度则称为输油(气)管道延展长度,是指管道铺设的实际长度。我们通常使用的是不包括复线的"输油(气)管道里程",该指标可以反映管道运输的发展规模和水平。

货(客)运量　指在一定时期内,各种运输工具实际运送的货物(旅客)数量。该指标是反映运输业为国民经济和人民生活服务的数量指标,也是制定和检查运输生产计划、研究运输发展规模和速度的重要指标。货运按吨计算,客运按人计算。货物不论运输距离长短、货物类别,均按实际重量统计。旅客不论行程远近或票价多少,均按一人一次客运量统计;半价票、小孩票也按一人统计。

货(客)运密度　指在一定时期内某种运输方式在营运线路的某一区段平均每公里线路通过的货物(旅客)运输周转量。计算公式为:

$$货(客)运密度=\frac{货物(旅客)周转量}{营业线路长度}$$

该指标可以反映交通运输线路上的货物(旅客)运输量运输繁忙程度,是平衡运输线路运输能力和通过能力,规划线路建设及改造、配备技术设备,研究运输网布局的重要依据。

货物(旅客)周转量　指在一定时期内,由各种运输工具运送的货物(旅客)数量与其相应运输距离的乘积之总和。该指标可以反映运输业生产的总成果,也是编制和检查运输生产计划,计算运输效率、劳动生产率以及核算运输单位成本的主要基础资料。计算货物周转量通常按发出站与到达站之间的最短距离,也就是计费距离计算。计算公式为:

$$货物(旅客)周转量=\sum(货物(旅客)运输量\times运输距离)$$

铁路货车平均静载重　指铁路货车在始发站静止状态下平均每车装载的货物重量,用以分析货车完成装车时车辆载重力的利用情况。计算公式为:

$$货车平均静载量=\frac{货物发送吨数}{装车数}$$

静载重的多少取决于运送货物的性质、种类、车辆的类型和装载技术的高低。根据货车的平均标记载重与静载重进行对比,可以反映货车载重能力的利用程度。计算公式为:

$$货车载重力利用率(\%)=\frac{货车平均静载重}{货车平均标记载重}\times100\%$$

铁路货运机车日产量　指在一定时期内,平均每台货运机车在一昼夜内所完成的总重吨公里数,包括载运货物的重量和车辆本身的自重。该指标从时间和牵引能力两方面反映了机车运用效率。计算公式为:

$$货运机车平均日产量=\frac{货运总重吨公里数}{货运机车台日数}$$

沿海主要港口货物吞吐量　指经水运进出沿海主要港区范围,并经过装卸的货物数量,包括邮件及办理托运手续的行李、包裹以及补给运输船舶的燃、物料和淡水。货物吞吐量按货物流向分为进口、出口吞吐量,按货物交流性质分为外贸货物吞吐量和国内贸易货物吞吐量。货物吞吐量的货类构成及其流向,是衡量港口生产能力大小的重要指标。

民用汽车拥有量　指报告期末,在公安交通管理部门按照《机动车注册登记工作规范》,已注册登记领有民用车辆牌照的全部汽车数量。汽车拥有量统计的主要分类:根据汽车结构分为载客汽车、载货汽车及其他汽车;根据汽车所有者不同分为个人(私人)汽车、单位汽车;根据汽车的使用性质分为营运汽车、非营运汽车;根据汽车大小规格不同载客汽车分为大型、中型、小型和微型,载货汽车分为重型、中型、轻型和微型。

邮电业务总量　指以价值量形式表现的邮电通信企业为社会提供各类邮电通信服务的总数量。邮电业务量按专业分类包括函件、包件、汇票、报刊发行、邮政快件、特快专递、邮政储蓄、集邮、公众电报、用户电报、传真、长途电话、出租电路、无线寻呼、移动电话、分组交换数据通信、出租代维等。计算方法为各类产品乘以相应的平均单价(不变价)之和,再加上出租电路和设备、代用户维护电话交换机和线路等的服务收入。该指标综合反映了一定时期邮电业务发展的

总成果,是研究邮电业务量构成和发展趋势的重要指标。计算公式为:

邮电业务总量 = ∑(各类邮电业务量 × 不变单价)

+ 出租代维及其他业务收入

= 邮政业务总量 + 电信业务总量

无线寻呼用户 无线寻呼是指电话用户通过无线寻呼中心,在规定范围内向携带小型寻呼机的用户发出声音、数字或文字显示信息。在寻呼台办理登记手续携带小型寻呼机的用户,称为无线寻呼用户。

移动电话用户 指通过移动电话交换机进入移动电话网、占用移动电话号码的各类电话用户。包括签约用户和智能网预付费用户。一个移动电话号码统计为一户。

互联网上网人数 指平均每周使用互联网至少 1 小时的中国公民人数。

本地电话用户 指接入本地电信运营商固定电话网上的电话用户。包括:住宅用户、单位用户、公用电话用户等。按电话用户位置又分为市内电话用户和农村电话用户。1997 年以前,"市内电话用户"是指接入县城及县以上城市的电话网上的电话用户;"农村电话用户"是指接入县邮电局农话台及县以下农村电话交换点,以县城为中心(除市话用户外)联通县、乡(镇)、行政村、村民小组的用户。从1997 年起,电话用户数分组调整为以用户所在区域划分为"城市电话用户"和"乡村电话用户",与过去的按市内电话和农村电话划分方法不同。而电话用户总数、电话机总部数统计范围不变。

城市电话用户 指直辖市、省辖市、地级市、县级市的市区、市郊区及县城(包括县人民政府所在地的县城关区或行政建制相当于县人民政府所在地的镇)范围内接入局用交换机的电话用户数,包括分布在农村地区的独立工矿区、林区、驻军等电话用户数。

农村电话用户 指按行政区划属于城市范围以外的乡(镇)、村的电话用户数。

住宅电话用户 指安装在居民住宅或农民家里并按照住宅电话用户登记注册和收费的电话用户。包括私人付费、单位付费和按规定免费安装的住宅电话用户。

长途电话交换机容量 指用于接入长途电话网的电话交换机设备的额定容量,包括国际电话交换机容量。

局用交换机容量 指安装在电信运营企业内用于接续本地固定电话的电话交换机容量,包括现用和备用的人工或自动交换机的全部容量。不包括用户交换机容量。

移动电话交换机容量 指移动电话交换机根据一定话务模型和交换机处理能力计算出来的最大同时服务用户的数量。

Explanatory Notes on Main Statistical Indicators

Length of Railways in Operation refers to the total length of the trunk line under passenger and freight transportation (including both full operation and temporary operation). The calculation is based on the actual length of the first line even if this line has a full or partial double track or more tracks, excluding double tracks, station sidings, tracks under the charge of stations, branch lines, special-purpose lines and the non-payable connecting lines. The length of railways in operation is an important indicator to show the development of the infrastructure for the railway transport, and also the essential data to calculate volume of passenger freight transport, traffic density and utilization efficiency of the locomotives and carriages.

Length of Electrified Railways refers to the length of the section of railways in operation in which the power supply lines and other equipment are installed for the running of electrified locomotives. The proportion of the length of electrified railways to the total length of railways in operation is an important indicator to show the modernization of railways.

Automatic-blocking and Semi-automatic-blocking Length of Railways refer to length of railways installed with equipment to perform automatic or manual blocking of trains. Blocking is a spacing technique by which a section of the railway only allows one train to pass at a time in the aim of ensuring the traffic safety. the proportion of automatic/semi-automatic blocking length to the total length of railways in operation is an important indicator to show the modernization of railways.

Length of Highways refers to the length of highways which are built in conformity with the grades specified by the highway engineering standard formulated by the Ministry of Communications, and have been formally checked and accepted by the departments of highways and put into use. The length of highways includes that of the suburb highways at large and medium-sized cities, highways passing through streets at small cities and towns, and also the length of bridges and ferries. It does not include the length of streets in big and medium-sized cities and highways built for the production purpose at factories, mines, forest areas and agricultural areas. If two or more highways go the same section of the way, the length of the section is only calculated for once and no duplication is allowed. The length of highways is an important indicator to show the development of the highway construction and to provide essential information to calculate the transport network density.

Length of Navigable Inland Waterways it is an indicator reflecting the size and development of inland water network, it refers to the length of the natural rivers, lakes, reservoirs, canals, and ditches open to navigation during a given period, which enables the transport by ships and rafts. It includes the channels open to navigation for over an accumulative 3 months in a year, yet this does not include the river courses, which are only used to float odd logs and bamboo rafts. This indicator can reflect the scale, level and development situation of the inland waterway network.

Length of Civil Aviation Routes refers to the length of all routes for regular civil aviation flights. There are usually two ways to calculate the distance between airports connected by the route length: One is to put the length of all air routes together, called duplicated calculation of the length of the routes; the other is not to allow the duplication in calculation when two or more routes passing the same section of aviation routes. The latter is usually used, as it can precisely show the size of the civil aviation network and indicate the extent of civil aviation serving the national economy and the people.

Length of Oil (Gas) Pipelines used as an indicator to show the development, scale and level of the pipeline transportation, it refers to the actual transport distance of oil (or gas) products, and is in general calculated in the length of single pipeline. If the length of the double pipelines and alternate pipeline are included, it is called the extension length of the oil (gas) pipelines, which indicates the actual length of the pipelines built, excluding double pipelines.

Freight (Passenger) Traffic refers to the volume of freight (passenger) transported with various means. Freight transport is calculated in tons and passenger traffic is calculated in the number of persons. Despite the type of freight and traveling distance, the freight transport is calculated in the actual weight of the goods: and despite the traveling distance and ticket price, the passenger traffic is calculated by the principle that one person can be counted only once in one travel. The passengers who travel with a half price ticket or a child ticket is also calculated as one person. The freight (passenger) traffic provides a quantitative measure to show how the transport industry serves the national economy and people, and is also an important indicator for planning the transport industry and for studying the development scale and speed of the transport industry.

Freight (Passenger) Traffic Density refers to the freight (passenger) traffic volume carried by a particular means of transportation during a given period through one kilometer of a specific section of transportation route. The formula is as follows:

Freight (Passenger) traffic density = [freight ton-kilometers (passenger-kilometers)]/(length of route in operation)

Freight (passenger) traffic density reflects the degree of business of freight (passenger) traffic on transportation routes, and therefore provides important information for balancing transport capability, planning construction and upgrading of transport routes and studying the distribution of transport network.

Freight Ton-kilometers (Passenger-kilometers) refer to the sum of the products of the volume of transported cargo (passengers) multiplying by the transport distance. It is an important indicator to reflect the achievement of transportation industry. Normally, the shortest distance between the departure station and the destination station (i. e., the payable distance) is the basis to calculate the freight ton-kilometers. This is an important indicator to show the total results of the transport industry, to prepare and examine the transport plan and to measure the efficiency, the labour productivity and the unit cost of transport.

The formula is as follows:

Freight ton-kilometers (passenger-kilometers) = Σ {freight (passenger) traffic × distance of transportation}

Static Load of Freight Cars refers to the average cargo weight as loaded by each freight car under the static condition at the departure station. It is used to show the utilization extent of the loading capacity of the freight cars. The formula is:

Static load (ton) of freight car = (tonnage of goods dispatched)/(number of freight cars loaded)

The static load of freight cars is determined by the nature and type of goods loaded, the type of vehicles, and the technique of loading. The difference between the average marked load and the static load of freight cars reflects the utilization of loading capacity of freight cars. For its calculation the following formula is applied:

Utilization rate of capacity of freight cars (%) = [(Average static load)/(Average marked load)]100%

Average Daily Haul of Freight Locomotives refers to the average total ton-kilometers accomplished by each freight transport locomotive over day and night during a given period of time. It includes both the weight of the goods carried and the dead weight of the train itself. It is a comprehensive indicator reflecting the locomotive efficiency in terms of both time and the pulling force.

Average daily haul of freight transport locomotive (ton-kilometer) = (Total ton/kilometers of freight) / (Daily number of freight transport locomotive)

Volume of Freight Handled in Major Coastal Ports refers to the volume of cargo passing in and out the harbor area of the major coastal ports and having been loaded and unloaded. The volume includes that of the postal matters, registered luggage and fuels, materials and fresh water as supplies of the ships. The volume of freight handled may be classified by direction of flow as freight for import and freight for export, or by nature of cargo as freight for domestic trade and freight for foreign trade. As an important indicator, the volume of freight handled by type of cargo and by main flow direction reflects the production capacity of ports.

Possession of Civil Motor Vehicles refer to the total numbers of vehicles that are registered and received vehicles license tags according to the *Work Standard for Motor Vehicles Registration* formulated by transport management office under department of public security at the end of reference period. They are divided into following categories according to the structure of motor vehicles: passenger vehicles, trucks and others; and private vehicles and vehicles for units use according to ownerships; working vehicles and non-working vehicles according to kind of usage; large passenger vehicles, medium passenger vehicles, small passenger vehicles and mini passenger vehicle, heavy trucks, light-heavy trucks, light trucks and mini trucks according to sizes of vehicles.

Business Volume of Post and Telecommunications refers to the total amount of post and telecommunication services, expressed in value terms, provided by the post and telecommunications departments for the society. Post and telecommunication services can be classified as letters, parcels, remittance, issue of newspapers and magazines, fast mail service, express mail service, savings deposits, stamps for collection, public and individual telegraph service, facsimiles, long-distance telephone service, leasing of telephone lines, urban paging service, mobile telephone service, data transfer and transmission, etc. The accounting approach is to multiply the service products of all types with their average unit price (constant price) to get sum of business value, plus income from other services such as leasing of telephone lines and equipment, maintenance of telephone switchboards and lines on behalf of customers. This indicator reflects the overall results of post and telecommunications service during a given period, and is important to study the composition of business service and the development of post and telecommunications service.

The formula is as follows:

Business volume of post and telecommunications = $\sum$ (Transaction of post and telecommunication service x constant price) + Income from leasing, maintenance and other services = business volume of postal service + business volume of telecommunications service

Subscribers of Wireless Paging Services Wireless paging service refers the service by which telephone users send audio, digital or character signals to persons carrying small-size pagers within the designated areas through wireless paging centers. The page carriers who have registered in paging centers are counted as paging subscribers.

Mobile Telephone Subscribers refer to the persons who own mobile telephone numbers and are connected with the mobile telephone communication network through the mobile telephone switchboards, including contracted subscribers and pre-paid subscribers for intelligent network. One mobile telephone is taken as a subscriber.

Internet Users refer to the number of Chinese citizens who use Internet at least for one hour each week.

Local Telephone Subscribers refer to subscribers that are connected to the local telecommunication service provider through fix line network, including household subscribers, institutional subscribers and public telephones. They are also classified as city subscribers and rural subscribers according to locations. Before 1997, city subscribers referred to those connected to city telephone networks in county towns and cities, while village subscribers referred to those connected to village telephone stations at and below counties. Since 1997, the classification of telephone subscribers was modified on the basis of physical location of the subscribers as urban telephone subscribers and rural telephone subscribers, which is different from the previous classification of categorizing local telephones and rural telephones, while the definition of total subscribers and total number of telephones remain unchanged.

Urban Telephone Subscribers refer to number of telephone subscribers, located at municipalities, cities under the jurisdiction of province, cities at prefecture level, downtown and suburb of city at county level town and county towns (including country towns where county government located, and towns of county level according to the administrative organizational system), that are connected to the public line telephone network, including rural mineral area, forest area, military area.

Rural Telephone Subscribers refer to telephone subscribers, located at counties (towns) and villages outside the range of cities according to administrative jurisdiction.

Household Telephone Subscribers refer to telephone sets installed in the dwelling units of urban or rural residents, and registered as residence subscribers for payment, including 3 types of payment for the service: private payment, public payment and free service.

Capacity of Long Distance Telephone Exchanges refers to the rated capacity of telephone exchanges to connect long distance telephone network, including capacity of international telephone exchanges.

Capacity of Office Telephone Exchanges refers to the capacity (measured in gate) of telephone exchanges installed in the offices of telecommunication service providers for communication between fixed telephones. It includes the capacity of both manual and automatic exchanges in use and for stand-by purpose, excluding the capacity of subscribers exchanges.

Capacity of Mobile Telephone Exchanges refers to the capacity of the maximum services provided to subscribers at one time basing on a certain model and transacting capacity of the mobile telephone exchanges.

第16篇

批发和零售、住宿和餐饮业

WHOLESALE, RETAIL, HOTELS AND CATERING SERVICES

诚信永远　服务无限

诚信鲁统之核心理念

科学、准确、及时

是统计数据的生命

诚信鲁统之质量理念

简要说明

一、本篇资料的主要内容

本篇资料反映了全省国内市场发展情况、批发和零售业、住宿和餐饮业经营情况和效益情况等，主要包括批发和零售业商品流转情况及财务状况、住宿和餐饮业经营情况及财务状况、社会消费品零售总额等内容。

二、本篇资料的来源

本篇资料中除特别注明外，其余均来自2006年限额以上批发和零售业、住宿和餐饮业年报资料和2006年定期报表统计资料。

本篇资料由山东省统计局贸易处整理提供。

Brief Introduction

I. Content

Data in this chapter show the development of Shandong's domestic market, wholesale and retail trade, hotels and catering services, mainly including the circulation of commodities in the wholesale and retail trade, the total retail sales of consumer goods and the financial indices of related businesses.

II. Source of Data

Except the data noted, all data in this chapter are based on the annual report of wholesale, retail, hotels and catering services and periodic statistical statements of 2006.

Data in this chapter are prepared and compiled by the Division of Trade and External Economic Relations Statistics of Shandong Provincial Bureau of Statistics.

16－1 主要年份社会消费品零售总额

Retail Sale of Consumer Goods of Major Years

单位:亿元 (100 million yuan)

年份 Year	社会消费品零售总额 Retail Sale of Consumer Goods	按所在地分 By Location			按行业分 By Sector				
		市 City	县 County	县以下 Under County Level	批发和零售业 Wholesale and Retail Trades	住宿和餐饮业 Hotels and Catering Services	制造业 Manufacturing	农业生产者 Agricultural Producers	其他行业 Other Sectors
1949	6.23				3.92	0.63	1.68		
1952	19.01				13.23	1.92	3.21	0.53	0.12
1957	26.00				21.86	1.08	2.19	0.51	0.45
1962	30.49				25.39	1.37	1.98	1.60	0.15
1965	33.85				29.92	1.83	1.35	0.60	0.15
1970	40.94				36.53	1.37	1.87	0.95	0.22
1975	60.32				51.98	2.72	2.85	1.54	1.22
1978	79.73	23.39	21.14	35.19	68.40	3.65	4.57	2.34	0.77
1979	92.22	27.46	23.10	41.66	78.38	4.25	6.09	2.64	0.86
1980	114.01	32.36	27.78	53.86	94.61	5.03	10.00	3.38	0.99
1981	131.47	35.84	34.40	61.23	107.10	5.82	13.42	3.53	1.60
1982	141.48	41.63	34.22	65.64	112.90	7.64	14.12	4.82	2.00
1983	162.14	47.85	37.49	76.80	127.67	9.83	16.93	5.16	2.55
1984	189.08	66.58	37.98	84.52	147.25	11.23	20.57	6.16	3.87
1985	227.03	84.16	46.50	96.38	173.62	13.86	25.27	8.94	5.34
1986	261.64	96.22	54.18	111.25	194.85	15.48	31.38	12.32	7.61
1987	300.69	119.11	58.69	122.89	217.34	18.16	41.14	14.91	9.14
1988	392.37	164.12	73.40	154.85	287.09	22.88	49.85	20.50	12.05
1989	430.74	199.91	72.75	158.09	315.80	23.93	49.86	26.34	14.81
1990	460.13	218.97	79.19	161.96	338.02	25.07	50.24	30.41	16.38
1991	536.03	263.90	86.76	185.36	392.19	60.67	59.41	35.48	18.28
1992	653.23	336.37	99.77	217.08	471.87	37.56	77.87	44.17	21.76
1993	884.71	481.28	124.74	278.69	617.53	53.08	125.63	68.12	20.35
1994	1210.08	670.38	171.83	367.87	813.17	87.13	142.79	113.75	53.24
1995	1583.96	921.86	177.40	484.70	1024.82	129.88	194.83	158.40	76.03
1996	1916.51	1134.57	195.48	586.46	1226.57	168.65	243.40	176.32	101.57
1997	2237.83	1378.50	219.31	640.02	1425.50	194.69	279.73	232.73	105.18
1998	2564.54	1572.06	246.20	746.28	1600.27	238.50	328.26	271.84	125.67
1999	2872.82	1763.91	275.79	833.12	1807.00	281.54	344.74	304.52	135.02
2000	3264.05	2017.18	313.35	933.52	2075.94	339.46	359.05	332.93	156.67
2001	3634.60	2253.45	352.56	1028.59	2340.68	399.81	363.46	356.19	174.46
2002	4078.02	2577.31	379.26	1121.45	2691.49	477.13	358.87	362.94	187.59
2003	4644.86	2977.36	469.13	1198.37	3836.66	585.25			222.95
2004	5290.50	3320.64	588.76	1381.10	4444.04	661.06			185.40
2005	6126.39	3865.35	682.98	1578.06	5139.87	771.40			215.12
2006	7122.55	4534.00	788.37	1800.17	6000.10	887.17			235.28

16－2 限额以上批发和零售业商品购进、销售、库存总额(2006 年)

单位:万元

指标名称	Indicator	单位数(个) Number of Units (unit)	法人单位 Corporate Unit	产业单位 Economic Active Unit
总　计	**Total**	**4437**	**3824**	**613**
一、批发业	**Wholesale Trade**	**1775**	**1524**	**251**
1. 按登记注册类型分	by Status of Registration			
内　资	Domestic Funded Enterprises	1748	1506	242
国　有	State-owned	293	190	103
集　体	Collective-owned	82	76	6
股份合作	Cooperative	23	21	2
联营企业	Joint Ownership	4	3	1
国有联营	State Joint Ownership	3	3	
集体联营	Collective Joint Ownership			
国有与集体联营	Joint State-collective			
其他联营	Other Joint Ownership	1		1
有限责任公司	Limited Liability Corporations	478	445	33
国有独资公司	State Sole Funded Corporations	9	6	3
其他有限责任公司	Other Limited Liability Corporations	469	439	30
股份有限公司	Share-holding Corporations Ltd.	126	71	55
私营企业	Private Enterprises	725	687	38
私营独资	Private-funded Enterprises	71	67	4
私营合伙	Private Partnership Enterprises	8	8	
私营有限责任公司	Private Limited Liability Corporations	604	570	34
私营股份有限公司	Private Share-holding Corporations Ltd.	42	42	
其　他	Others	17	13	4
港澳台商投资企业	Enterprises with Funds from Hong Kong, Macao and Taiwan	8	3	5
与港澳台商合资经营	Joint-venture	3	1	2
与港澳台商合作经营	Cooperative			
港澳台商独资	Sole Investment	3	2	1
港澳台商独资股份有限公司	Share-holding Corporations Ltd. with Sole Investment	2		2
外商投资企业	Foreign Funded Enterprises	19	15	4
中外合资经营	Joint-venture	8	7	1
中外合作经营	Cooperative	2	1	1
外资企业	Sole Foreign Investment	7	6	1
外商投资股份有限公司	Share-holding Corporations Ltd. with Foreign Investment	2	1	1
2. 按国民经济行业分	by Sector			
农畜产品批发业	Wholesale of Farm Produce and Livestock Products	122	116	6
食品、饮料及烟草制品批发业	Wholesale of Food, Beverages and Tobaccos	278	159	119
米、面制品及食用油批发业	Wholesale of Rice, Flour and Edible Oil	23	19	4
烟草制品批发业	Whole of Tobaccos	100	19	81
纺织、服装及日用品批发业	Wholesale of Textiles, Garments and Daily Consumer Articles	97	89	8
服装批发业	Wholesale of Garments	24	22	2
文化、体育用品及器材批发业	Wholesale of Culture, Sports Appliances and Equipments	21	18	3
医药及医疗器材批发业	Wholesale of Medicines and Medical Appliances	77	76	1
矿产品、建材及化工产品批发业	Wholesale of Mineral Products, Building Materials and Chemical Products	833	748	85
煤炭及制品批发业	Wholesale of Coal and Related Products	140	137	3
石油及制品批发业	Wholesale of Petrolem and Related Products	181	115	66
金属及金属矿批发业	Wholesale of Metal Materials	219	217	2
建材批发业	Wholesale of Building Materials	107	100	7
化肥批发业	Wholesale of Chemical Fertilizer	73	70	3
机械设备、五金交电及电子产品批发业	Wholesale of Machinery, Hardware and Electronic Equipment	265	238	27
汽车、摩托车及零配件批发业	Wholesale of Motor Vehicles, Motorcycles and Parts	86	82	4
家用电器批发业	Wholesale of Household Electrical Appliances	28	20	8
计算机、软件及辅助设备批发业	Wholesale of Computer, Software and Assistant Appliances	16	15	1
贸易经纪与代理	Trade Broker and Agency	6	6	
其他批发业	Other Wholesale not Classified Elsewhere	76	74	2

Total Purchases, Sales and Inventory of Enterprises above Designated Size of Wholesale and Retail Trades (2006)

(10000 yuan)

法人属产业单位（个） Number of Economic Active Units at Corporation (unit)	年末从业人数（人） Persons Employed at Year-end (person)	购进总额 Total Purchases Value	#进口 Import	销售总额 Total Sale Value				年末库存总额 Inventory (year-end)
				合计 Total	批发 Wholesale	#出口 Export	零售 Retail	
9409	**526038**	**61194893**	**3182902**	**58324224**	**37843675**	**4455982**	**20480549**	**4522879**
2447	**202214**	**44272816**	**3098752**	**39492703**	**35239372**	**4447065**	**4253331**	**2672233**
2429	199730	43419292	3097952	38534445	34287791	4393247	4246653	2639225
418	44867	14978889	615180	8614441	7998185	1346916	616256	591964
153	8638	2249265	582267	2322761	2247531	739441	75231	112070
40	4142	494441	9590	563494	410711	18309	152784	28536
3	638	32398		35020	31906		3114	5296
3	118	25398		27020	25506		1514	296
	520	7000		8000	6400		1600	5000
671	50648	12038287	1541337	12843982	11692379	1629838	1151603	988542
21	1283	733235	639774	338908	338111	242783	797	78872
650	49365	11305052	901563	12505074	11354267	1387055	1150807	909671
283	18032	5466501	116345	5594526	4256447	214466	1338079	355078
848	68464	6984691	231920	7452192	6631790	437452	820402	457631
67	36723	295801	658	327277	273444	4786	53833	15632
8	113	41685		45350	41814		3536	2297
730	28390	6206881	231262	6643397	5951485	432665	691912	411379
43	3238	440324		436169	365047		71122	28323
13	4301	1174821	1313	1108029	1018844	6826	89184	100108
3	409	80084		100813	96570		4243	3162
1	90	45295		46667	42424		4243	2446
2	138	16548		18870	18870			472
	181	18241		35276	35276			244
15	2075	773440	800	857445	855010	53818	2435	29846
7	682	97657	800	149974	147539	51771	2435	9122
1	255	13589		22507	22507			2226
6	656	257758		183423	183423	2047		9926
1	482	404436		501542	501542			8572
237	14949	1168355	109244	1249017	1185542	104239	63476	263646
405	51581	6693032	174266	7972939	7331864	147795	641075	483989
36	2181	446889	45243	405855	397541	1209	8314	92362
79	26634	3614454	80601	4659727	4581522	24197	78206	203931
105	10268	3194479	762733	2861124	2776410	1178409	84714	216917
37	5604	2153643	657504	1739690	1669129	609177	70562	163408
25	2761	558103	2711	657573	596913	3424	60660	104499
215	11808	1687140	35702	1716589	1310037	69531	406552	160846
1063	51561	23531576	1060632	17204491	14657146	1006351	2547345	858927
137	5483	896820	11743	1375247	1259150	406094	116097	57255
329	20725	15252425	422900	7884275	5966228	42113	1918047	291811
218	7992	3375457	229722	3672579	3503480	364927	169099	197144
100	4316	1038736	107314	1139402	873623	45804	265779	82883
149	9014	1198827	52046	1255194	1225823	15927	29371	115292
273	17846	6226579	875271	6388712	6056469	1828478	332243	381145
82	3931	820540	13443	924481	717871	15799	206610	58577
20	5438	1693827	185353	1679296	1661640	718754	17656	97595
17	588	165026		182848	153024		29824	9032
6	206	56890	20654	55934	55934	20588		7123
118	41234	1156662	57539	1386324	1269059	88250	117266	195141

16－2 续表

单位:万元

指标名称	Indicator	单位数（个）Number of Units (unit)	法人单位 Corporate Unit	产业单位 Economic Active Unit
二、零售业	**Retail Trade**	**2662**	**2300**	**362**
1.按登记注册类型分	by Status of Registration			
内　资	Domestic Funded Enterprises	2615	2274	341
国　有	State-owned	291	261	30
集　体	Collective-owned	228	199	29
股份合作	Cooperative	60	53	7
联营企业	Joint Ownership	15	11	4
国有联营	State Joint Ownership	2	1	1
集体联营	Collective Joint Ownership	3	2	1
国有与集体联营	Joint State-collective	4	4	
其他联营	Other Joint Ownership	6	4	2
有限责任公司	Limited Liability Corporations	673	597	76
国有独资公司	State Sole Funded Corporations	3	3	
其他有限责任公司	Other Limited Liability Corporations	670	594	76
股份有限公司	Share-holding Corporations Ltd.	216	140	76
私营企业	Private Enterprises	1063	976	87
私营独资	Private-funded Enterprises	296	245	51
私营合伙	Private Partnership Enterprises	28	25	3
私营有限责任公司	Private Limited Liability Corporations	665	638	27
私营股份有限公司	Private Share-holding Corporations Ltd.	74	68	6
其　他	Others	69	37	32
港澳台商投资企业	Enterprises with Funds from Hong Kong, Macao and Taiwan	11	4	7
与港澳台商合资经营	Joint-venture	4	1	3
与港澳台商合作经营	Cooperative			
港澳台商独资	Sole Investment	7	3	4
港澳台商独资股份有限公司	Share-holding Corporations Ltd. with Sole Investment			
外商投资企业	Foreign Funded Enterprises	36	22	14
中外合资经营	Joint-venture	20	13	7
中外合作经营	Cooperative	11	5	6
外资企业	Sole Foreign Investment	4	3	1
外商投资股份有限公司	Share-holding Corporations Ltd. With Foreign Investment	1	1	
2.按国民经济行业分	by Sector			
综合零售业	Integrated Retail	807	669	138
百货零售业	Retail of General Merchandise	451	392	59
超级市场零售业	Retail of Supermarkets	292	218	74
食品、饮料及烟草制品专门零售业	Retail of Food, Beverages and Tobaccos	101	83	18
纺织、服装及日用品专门零售业	Special Retail of Textiles, Garments and Daily Consumer Articles	137	99	38
服装零售业	Retail of Garments	90	66	24
文化、体育用品及器材专门零售业	Retail of Culture, Sports Appliances and Equipments	154	145	9
体育用品零售业	Retail of Sports Goods	1	1	
图书零售业	Retail of Books	118	116	2
医药及医疗器材专门零售业	Retail of Medicines and Medical Appliances	143	134	9
药品零售业	Retail of Medicines	139	130	9
汽车、摩托车、燃料及零配件专门零售业	Retail of Motor Vehicles, Motorcycles, Fuel and Parts	733	654	79
汽车零售业	Retail of Motor Vehicles	472	446	26
机动车燃料零售业	Retail of Fuel of Motor Vehicles	152	110	42
家用电器及电子产品专门零售业	Special Retail of Household Electric Appliances and Electronic Products	347	305	42
家用电器零售业	Retail of Household Electric Appliances	254	217	37
计算机、软件及辅助设备零售业	Retail of Computer, Software and Assistant Appliances	45	45	
通讯设备零售业	Retail of Communication Equipments	39	36	3
五金、家具及室内装修材料专门零售业	Special Retail of Hardware, Furniture and Decoration Materials	140	120	20
无店铺及其他零售业	Non-shop and Other Retails	100	91	9
邮购及电子销售业	Distribution of Post and E-commerce	1	1	

continued

(10000 yuan)

法人属产业单位（个）Number of Economic Active Units at Corporation (unit)	年末从业人数（人）Persons Employed at Year-end (person)	购进总额 Total Purchases Value	#进口 Import	销售总额 Total Sale Value 合计 Total	批发 Wholesale	#出口 Export	零售 Retail	年末库存总额 Inventory (year-end)
6962	**323824**	**16922078**	**84150**	**18831521**	**2604304**	**8917**	**16227217**	**1850646**
5725	312440	16079863	84150	17884775	2377055	8917	15507719	1797076
973	35415	1309925	2865	1500205	269317	193	1230888	136736
649	27756	647116	966	708998	77136		631862	79556
303	12371	880632		1065205	143951	652	921255	60832
27	4078	277136		299403	134443		164961	26372
1	53	23517		24817	20107		4710	1450
2	2314	29238		38236	13000		25236	10020
20	1526	209311		220076	101205		118871	13658
4	185	15071		16274	130		16144	1244
1952	101157	4859695	280	5243137	439177	1500	4803960	651144
3	450	3494		3442			3442	551
1949	100707	4856201	280	5239695	439177	1500	4800518	650593
614	61503	4323548	2523	4943192	950883	6291	3992309	394276
1170	66400	3675010	77517	3996777	358085	281	3638692	435236
250	13325	378589	1372	422510	26905		395605	48747
25	1185	59479		66953	542		66411	7638
817	47400	3043143	76145	3285691	310170	281	2975522	344561
78	4490	193800		221622	20467		201155	34289
37	3760	106801		127857	4064		123793	12924
7	1856	85938		98570			98570	8785
4	260	24860		29296			29296	1483
3	1596	61078		69274			69274	7302
1230	9528	756278		848176	227248		620928	44785
1220	5935	286644		337709	620		337088	25997
6	2674	448716		485336	226628		258708	15693
3	626	14871		18638			18638	2052
1	293	6047		6494			6494	1044
2026	195850	7719662	830	9023791	1120060	5850	7903731	797477
1074	126479	5429236	58	6420443	591227	5657	5829216	578746
669	63619	2155737	772	2450650	487004	193	1963646	204875
157	11746	347671		372495	48381	1286	324114	46940
123	14837	358646	775	395017	13057		381960	45917
70	10475	202117	495	223871	9824		214047	29712
331	10786	433860	2010	439870	88044	281	351826	104144
1	12	1665		1347	758		590	1080
290	8460	376358	2010	374271	80734		293537	82903
1615	18109	391310	1134	477733	85363		392370	68574
1551	17859	385181	854	470543	84268		386276	68089
862	33789	5219818	78444	5789095	986366		4802730	463235
591	21785	3668304	76429	3906676	398937		3507739	408669
152	8972	1372908	2015	1681692	550014		1131677	31291
391	24162	1728821	951	1562705	176212		1386494	194109
280	20253	1463436	951	1261298	146995		1114303	149351
48	1843	122786		134039	17775		116263	32179
56	1869	118831		139461	10905		128557	10809
1328	9411	353969	5	378545	25139		353406	103802
129	5134	368321		392270	61682	1500	330588	26448
1	21	121		1245	440		805	43

16－3 星级住宿业和限额以上餐饮业经营情况(2006 年)

Business of Star-ranking Hotels and Catering Services above Designated Size(2006)

单位:万元 (10000 yuan)

指标名称	Indicator	限额以上单位数(个) Number of Units above Designated Size (unit)	法人单位 Corporate Unit	产业单位 Economic Active Unit	限上法人属产业活动单位(个) Number of Economic Active Units at Corporation above Designated Size (unit)	从业人数(人) Employed Persons (person)
总　计	**Total**	**2193**	**1796**	**397**	**1987**	**216686**
一、住宿业	**Hotels**	**549**	**493**	**56**	**504**	**85909**
1. 按登记注册类型分	by Status of Registration					
内　资	Domestic Funded Enterprises	507	453	54	464	75995
国　有	State-owned	190	166	24	170	33048
集　体	Collective-owned	53	44	9	44	6696
股份合作	Cooperative	9	9		9	1000
联营企业	Joint Ownership	1	1		1	30
国有联营	State Joint Ownership					
集体联营	Collective Joint Ownership	1	1		1	30
国有与集体联营	Joint State-collective					
其他联营	Other Joint Ownership					
有限责任公司	Limited Liability Corporations	107	97	10	100	18519
国有独资公司	State Sole Funded Corporations	6	2	4	2	1363
其他有限责任公司	Other Limited Liability Corporations	101	95	6	98	17156
股份有限公司	Share-holding Corporations Ltd.	23	17	6	17	3624
私营企业	Private Enterprises	115	111	4	115	12089
私营独资	Private-funded Enterprises	30	29	1	29	2118
私营合伙	Private Partnership Enterprises	4	4		4	142
私营有限责任公司	Private Limited Liability Corporations	76	73	3	75	9232
私营股份有限公司	Private Share-holding Corporations Ltd.	5	5		7	597
其　他	Others	9	8	1	8	989
港澳台商投资企业	Enterprises with Funds from Hong Kong, Macao and Taiwan	23	23		23	5031
与港澳台商合资经营	Joint-venture	17	17		17	3594
与港澳台商合作经营	Cooperative	3	3		3	1227
港澳台商独资	Sole Investment	3	3		3	210
港澳台商独资股份有限公司	Share-holding Corporations Ltd. with Sole Investment					
外商投资企业	Foreign Funded Enterprises	19	17	2	17	4883
中外合资经营	Joint-venture	11	10	1	10	2688
中外合作经营	Cooperative	1	1		1	358
外资企业	Sole Foreign Investment	7	6	1	6	1837
外商投资股份有限公司	Share-holding Corporations Ltd. With Foreign Investment					
2. 按国民经济行业分	by Sector					
旅游饭店	Tourist Hotels	504	453	51	464	82498
一般旅馆	General Hotels	42	37	5	37	3242
其他住宿服务	Other Accommodation Services	3	3		3	169

16－3　续表 1　continued

单位:万元　　(10000 yuan)

指标名称	Indicator	限额以上单位数（个） Number of Units above Designated Size (unit)	法人单位 Corporate Unit	产业单位 Economic Active Unit	限上法人属产业活动单位（个） Number of Economic Active Units at Corporation above Designated Size (unit)	从业人数（人） Employed Persons (person)
二、餐饮业	**Catering Services**	**1644**	**1303**	**341**	**1483**	**130777**
1.按登记注册类型分	by Status of Registration					
内　资	Domestic Funded Enterprises	1579	1265	314	1338	116647
国　有	State-owned	185	160	25	166	20203
集　体	Collective-owned	80	61	19	62	5436
股份合作	Cooperative	13	12	1	19	1679
联营企业	Joint Ownership	10	7	3	7	573
国有联营	State Joint Ownership	2	1	1	1	88
集体联营	Collective Joint Ownership	5	3	2	3	264
国有与集体联营	Joint State-collective					
其他联营	Other Joint Ownership	3	3		3	221
有限责任公司	Limited Liability Corporations	214	180	34	199	20977
国有独资公司	State Sole Funded Corporations	1	1		1	70
其他有限责任公司	Other Limited Liability Corporations	213	179	34	198	20907
股份有限公司	Share-holding Corporations Ltd.	51	49	2	54	7261
私营企业	Private Enterprises	895	730	165	763	54711
私营独资	Private-funded Enterprises	479	372	107	375	22189
私营合伙	Private Partnership Enterprises	31	24	7	24	1307
私营有限责任公司	Private Limited Liability Corporations	341	297	44	322	27990
私营股份有限公司	Private Share-holding Corporations Ltd.	44	37	7	42	3225
其　他	Others	131	66	65	68	5807
港澳台商投资企业	Enterprises with Funds from Hong Kong, Macao and Taiwan	15	15		16	1661
与港澳台商合资经营	Joint-venture	7	7		7	1024
与港澳台商合作经营	Cooperative					
港澳台商独资	Sole Investment	8	8		9	637
港澳台商独资股份有限公司	Share-holding Corporations Ltd. with Sole Investment					
外商投资企业	Foreign Funded Enterprises	50	23	27	129	12469
中外合资经营	Joint-venture	14	9	5	9	1101
中外合作经营	Cooperative	5	3	2	21	1314
外资企业	Sole Foreign Investment	26	10	16	98	9673
外商投资股份有限公司	Share-holding Corporations Ltd. with Foreign Investment	5	1	4	1	381
2.按国民经济行业分	by Sector					
旅游饭店	Tourist Hotels	1565	1263	302	1336	117648
一般旅馆	General Hotels	70	32	38	132	12110
其他住宿服务	Other Accommodation Services	3	3		10	628
其他餐饮服务业	Other Catering Services	6	5	1	5	391

16－3 续表2 continued

单位:万元 (10000 yuan)

指标名称	Indicator	营业额 Business Revenue	客房收入 Revenue from Hotel Rooms	餐费收入 Revenue from Meals	商品销售收入 Revenue from Commodities	其他收入 Other Revenue
总　计	**Total**	**2058122**	**468128**	**1363645**	**148389**	**77961**
一、住宿业	**Hotels**	**840542**	**348102**	**386981**	**45182**	**60277**
1.按登记注册类型分	by Status of Registration					
内　资	Domestic Funded Enterprises	697150	275969	341766	42081	37334
国　有	State-owned	307307	128071	143972	15887	19377
集　体	Collective-owned	49819	16271	29426	2926	1196
股份合作	Cooperative	11473	3071	6383	443	1577
联营企业	Joint Ownership	1018	73	773	161	11
国有联营	State Joint Ownership					
集体联营	Collective Joint Ownership	1018	73	773	161	11
国有与集体联营	Joint State-collective					
其他联营	Other Joint Ownership					
有限责任公司	Limited Liability Corporations	178618	73520	82785	12966	9347
国有独资公司	State Sole Funded Corporations	14624	6976	5986	798	864
其他有限责任公司	Other Limited Liability Corporations	163994	66544	76800	12169	8482
股份有限公司	Share-holding Corporations Ltd.	31840	10802	17791	1549	1698
私营企业	Private Enterprises	110275	41890	57015	7664	3706
私营独资	Private-funded Enterprises	26048	9879	11999	3318	852
私营合伙	Private Partnership Enterprises	772	320	451		
私营有限责任公司	Private Limited Liability Corporations	78147	29935	41748	4060	2405
私营股份有限公司	Private Share-holding Corporations Ltd.	5308	1757	2817	287	448
其　他	Others	6799	2270	3619	485	424
港澳台商投资企业	Enterprises with Funds from Hong Kong, Macao and Taiwan	63939	33405	21501	1681	7352
与港澳台商合资经营	Joint-venture	35986	18311	12943	1258	3475
与港澳台商合作经营	Cooperative	24788	13433	7400	199	3756
港澳台商独资	Sole Investment	3165	1662	1157	224	122
港澳台商独资股份有限公司	Share-holding Corporations Ltd. with Sole Investment					
外商投资企业	Foreign Funded Enterprises	79453	38729	23715	1420	15590
中外合资经营	Joint-venture	42068	19146	8770	1000	13152
中外合作经营	Cooperative	5695	1914	2687	331	763
外资企业	Sole Foreign Investment	31691	17668	12257	89	1675
外商投资股份有限公司	Share-holding Corporations Ltd. With Foreign Investment					
2.按国民经济行业分	by Sector					
旅游饭店	Tourist Hotels	805150	335035	369661	41750	58704
一般旅馆	General Hotels	33428	12394	16201	3261	1572
其他住宿服务	Other Accommodation Services	1964	674	1119	171	

16－3 续表3 continued

单位:万元 (10000 yuan)

指标名称	Indicator	营业额 Business Revenue	客房收入 Revenue from Hotel Rooms	餐费收入 Revenue from Meals	商品销售收入 Revenue from Commodities	其他收入 Other Revenue
二、餐饮业	**Catering Services**	**1217581**	**120025**	**976664**	**103208**	**17684**
1. 按登记注册类型分	by Status of Registration					
内 资	Domestic Funded Enterprises	1055521	113990	826594	98775	16163
国 有	State-owned	150605	38694	94543	13381	3987
集 体	Collective-owned	41393	6695	30342	3498	858
股份合作	Cooperative	22226	1651	16486	3840	249
联营企业	Joint Ownership	5037	313	4217	497	10
国有联营	State Joint Ownership	974	104	870		
集体联营	Collective Joint Ownership	2246	209	1858	170	10
国有与集体联营	Joint State-collective					
其他联营	Other Joint Ownership	1816		1489	327	
有限责任公司	Limited Liability Corporations	187046	26234	143058	15021	2733
国有独资公司	State Sole Funded Corporations	293	64	174	53	3
其他有限责任公司	Other Limited Liability Corporations	186753	26171	142884	14968	2730
股份有限公司	Share-holding Corporations Ltd.	69004	11585	44190	11303	1925
私营企业	Private Enterprises	522488	25739	445581	45455	5713
私营独资	Private-funded Enterprises	211962	8673	183612	18557	1121
私营合伙	Private Partnership Enterprises	14176	1430	11402	1316	28
私营有限责任公司	Private Limited Liability Corporations	262850	13110	220685	24530	4525
私营股份有限公司	Private Share-holding Corporations Ltd.	33499	2526	29882	1052	39
其 他	Others	57723	3078	48177	5780	689
港澳台商投资企业	Enterprises with Funds from Hong Kong, Macao and Taiwan	22585	2830	15333	3258	1164
与港澳台商合资经营	Joint-venture	14654	1800	9329	2444	1081
与港澳台商合作经营	Cooperative					
港澳台商独资	Sole Investment	7931	1030	6004	814	83
港澳台商独资股份有限公司	Share-holding Corporations Ltd. with Sole Investment					
外商投资企业	Foreign Funded Enterprises	139474	3205	134738	1176	356
中外合资经营	Joint-venture	9170	1026	7437	529	179
中外合作经营	Cooperative	11987		11987		
外资企业	Sole Foreign Investment	113068	1727	110693	498	150
外商投资股份有限公司	Share-holding Corporations Ltd. with Foreign Investment	5249	452	4621	149	27
2. 按国民经济行业分	by Sector					
正餐服务业	Tourist Hotels	1073918	119056	834937	102500	17426
快餐服务业	General Hotels	136481	593	135094	708	85
饮料及冷饮服务业	Other Accommodation Services	4432		4432		
其他餐饮服务业	Other Catering Services	2751	377	2202		173

16－4 亿元以上商品交易市场成交情况(2006年)

Basic Statistics on Commodity Exchange Markets of Turnover above 100 Million Yuan(2006)

类　别	Classification	摊位数(个) Number of Booths (unit)	全年成交额(万元) Turnover (10000 yuan)
合　计	**Total**	**266684**	**33361177**
1. 食品、饮料、烟酒类	Food, Beverages, Tobacco and Liquor	144796	9931008
(1)粮油类	Grain and Oil	114161	8668213
(2)饮料类	Beverages	5220	533633
(3)烟酒类	Tobacco and Liquor	7415	729162
2. 服装、鞋帽、针、纺织品类	Clothing, Shoes, Hats and Textiles	59015	4716890
(1)服装类	Clothing	54586	2528998
(2)鞋帽类	Shoes and Hats	24221	806867
(3)针、纺织品类	Knitwear and Textiles	16208	1381025
3. 化妆品类	Cosmetics	3023	147827
4. 金银珠宝类	Gold, Silver and Jewelry	592	86432
5. 日用品类	Articles for Daily Use	17397	1430493
# 洗涤用品类	Washing Articles	3376	258776
儿童玩具类	Children Toys	1262	117346
6. 五金电料类	Hardware & Electrical Materials	7465	735108
7. 体育、娱乐用品类	Sports & Recreational Articles	1275	98043
8. 书报杂志类	Newspapers and Magazines	581	30199
9. 电子出版物及音像制品类	E-journals and Video Products	736	57768
10. 家用电器和音像器材类	Household Appliances and Video Appliance	2319	519914
11. 中西药材类	Traditional Chinese and Western Medicines	518	90766
# 西药类	Western Medicines	147	41761
中草药及中成药品类	Traditional Chinese Medicines	356	48382
12. 文化办公用品类	Cultural and Offices Appliances	4273	800548
13. 家具类	Furniture	3592	583772
14. 通讯器材类	Communication Appliances	458	39865
15. 煤炭及制品类	Coal and Related Products	91	15519
16. 木材及制品类	Wood and Wooden Products	2513	1197244
17. 石油及制品类	Petroleum and Related Products	36	3584
18. 化工材料及制品类	Chemical Materials and Related Products	1369	1567473
# 化肥类	Fertilizers	226	72797
19. 金属材料类	Metal Materials	7029	3509155
20. 建筑及装潢材料类	Building and Decoration Materials	13784	2798151
21. 机电产品及设备类	Mechanical & Electrical Products	2426	755874
# 农机类	Agricultural Machineries	347	247551
22. 汽车类	Automobiles	2647	913221
23. 种子饲料类	Seeds and Feedstuff	289	82858
24. 棉麻类	Cotton and Hemp	938	1758917
25. 其他类	Others	7522	1490548

16-5 亿元以上商品交易市场分市场类型情况(2006年)

Classification of Commodity Transaction Markets of Turnover above 100 Million Yuan (2006)

类 别	Classification	市场数量(个) Number of Markets (unit)	营业面积(平方米) Operating Area (sq. m)	摊位数(个) Number of Booths (unit)	成交额(万元) Turnover (10000 yuan)
总 计	**Total**	**446**	**23638638**	**266684**	**33361177**
一、综合市场	**Comprehensive Markets**	**77**	**4202529**	**77326**	**5140840**
工业品综合市场	Industrial Products Comprehensive Markets	35	2940963	40634	3115853
农产品综合市场	Farmer Produces Comprehensive Markets	42	1261566	36692	2024987
二、专业市场	**Special Markets**	**332**	**15649416**	**171350**	**24815525**
纺织品服装鞋帽市场	Textile, Garments, Footgear, and Hats Markets	60	1874728	41226	3685228
食品饮料烟酒市场	Food, Beverages, Tobacco, and Liquor Markets	27	789237	11730	1534546
药材药品及医疗器材市场	Medicinal Materials, Medicine and Medical Instruments Markets	1	5000	280	46000
家具市场	Furniture Markets	12	336900	2732	472149
小商品市场	Merchandise Markets	20	347117	5700	1035625
文化音像书报杂志市场	Culture, Video Books, Newspapers and Magazines Markets	4	101788	1991	252071
旧货市场	Second Hand Markets	2	53976	314	25129
机动车市场	Motor Vehicle Markets	23	755339	2797	903354
金属材料市场	Metal Materials Markets	22	2371984	6819	3552207
煤炭市场	Coal and Charcoal Markets				
木材市场	Wood Markets	10	1444875	2087	1142675
建筑装饰材料市场	Building and Decoration Materials Markets	35	2209862	11881	2440820
粮油市场	Grain and Oil Markets	10	394827	2616	567832
干鲜果品市场	Dried and Fresh Melons and Fruits Markets	18	587074	19182	1084008
水产品市场	Aquatic Products Markets	17	511374	20030	2056738
蔬菜市场	Vegetables Markets	36	1846915	26952	2389156
肉食禽蛋市场	Meat, Poultry and Eggs Markets	9	335775	4547	261400
土畜产品市场	Local and Livestock Products Markets	9	876870	2739	1956197
农业生产资料市场	Agricultural Productions Markets	7	161408	2087	383297
计算机市场	Computer Markets	3	82000	951	392839
通讯器材市场	Communication Appliances				
花卉市场	Flower Markets				
五金电料市场	Hardware and Electrical Material Markets	7	562367	4689	634254
三、其他市场	**Others Markets**	**37**	**3786693**	**18008**	**3404812**
其他市场	Others Markets	37	3786693	18008	3404812

16-6 限额以上连锁批发和零售业、住宿和餐饮业经营情况(2006年)

Business of Wholesale and Retail Trade, Hotels and Catering Services above Designated Size of Chain Stores(2006)

指标名称	单位	Indicator	Unit	合计 Total	直营店 Under Direct Management	加盟店 Through License Arrangement
一、门店总数	个	Number of Stores	unit	8336	5054	3282
二、营业面积	平方米	Operational Area	sq. m	7019599	6166443	853156
三、从业人数	人	Employed Person	person	126264	90235	36029
四、经营住宿业床位数	个	Number of Beds	unit	5906	5906	
五、经营餐饮业餐位数	个	Number of Dining-seat	unit	125737	117334	8403
六、商品购进总额	万元	Total Purchases	10000 yuan	11449022	10279677	1169345
#统一配送商品购进额	万元	Centralized Purchases and Delivery	10000 yuan	9177349	8616981	560368
#自有配送中心配送商品购进额	万元	Self Centralized Purchases and Delivery	10000 yuan	8700520	8147420	553100
非自有配送中心配送商品购进额	万元	Non-self Centralized Purchases and Delivery	10000 yuan	476830	469562	7268
七、商品销售额	万元	Sale Value	10000 yuan	12551564	11260570	1290993
#零售额	万元	Retail Sale	10000 yuan	6687244	5457317	1229927
八、营业收入	万元	Business Revenue	10000 yuan	188986	167884	21102
#客房收入	万元	Revenue from Hotel Rooms	10000 yuan	19830	19830	
餐费收入	万元	Revenue from Meals	10000 yuan	156763	138441	18323
商品销售收入	万元	Revenue from Commodities	10000 yuan	10534	7754	2780

16-7 限额以上连锁批发和零售业、住宿和餐饮业门店及配送中心在各地分布情况(2006年)

Distribution of Stores and Distribution Centers of Wholesale and Retail Trade, Hotels and Catering Services above Designated Size of Chain Stores(2006)

单位:个 (Unit)

地区	Region	门店 Stores			配送中心 Distribution Centers		
		合计 Total	直营店 Under Direct Management	加盟店 Trough License Arrangement	合计 Total	自有 Under Direct Management	非自有 Through License Arrangement
总计	**Total**	**8336**	**5054**	**3282**	**410**	**138**	**272**
北京	Beijing	2	1	1			
天津	Tianjin	5		5	2	2	
河北	Hebei	26		26			
山西	Shanxi	13	2	11			
内蒙古	Inner Mongolia	2		2			
辽宁	Liaoning	51	15	36			
吉林	Jilin	1		1			
黑龙江	Heilongjiang	11		11			
江苏	Jiangsu	1		1			
福建	Fujian	1		1			
山东	Shandong	8213	5035	3178	408	136	272
河南	Henan	6		6			
广东	Guangdong	1		1			
陕西	Shanxi	2	1	1			
甘肃	Gansu	1		1			

16－8 限额以上批发和零售业企业财务状况(2006 年)

单位:万元

指标名称	Indicator	企业数(个) Number of Enterprises (unit)	#亏损企业数 Deficient Enterprises
总　计	**Total**	**3824**	**660**
一、批发业	**Wholesale Trade**	**1524**	**261**
#国有及国有控股	State-owned and State-holding	309	49
1. 按登记注册类型分	by Status of Registration		
内　资	Domestic Funded Enterprises	1506	257
国　有	State-owned	190	31
集　体	Collective-owned	76	15
股份合作	Cooperative	21	3
联营企业	Joint Ownership	3	1
国有联营	State Joint Ownership	3	1
集体联营	Collective Joint Ownership		
国有与集体联营	Joint State-collective		
其他联营	Other Joint Ownership		
有限责任公司	Limited Liability Corporations	445	92
国有独资公司	State Sole Funded Corporations	6	1
其他有限责任公司	Other Limited Liability Corporations	439	91
股份有限公司	Share-holding Corporations Ltd.	71	9
私营企业	Private Enterprises	687	105
私营独资	Private-funded Enterprises	67	3
私营合伙	Private Partnership Enterprises	8	1
私营有限责任公司	Private Limited Liability Corporations	570	99
私营股份有限公司	Private Share-holding Corporations Ltd.	42	2
其　他	Others	13	1
港澳台商投资企业	Enterprises with Funds from Hong Kong, Macao and Taiwan	3	1
与港澳台商合资经营	Joint-venture	1	1
与港澳台商合作经营	Cooperative		
港澳台商独资	Sole Investment	2	
港澳台商独资股份有限公司	Share-holding Corporations Ltd. with Sole Investment		
外商投资企业	Foreign Funded Enterprises	15	3
中外合资经营	Joint-venture	7	2
中外合作经营	Cooperative	1	
外资企业	Sole Foreign Investment	6	1
外商投资股份有限公司	Share-holding Corporations Ltd. with Foreign Investment	1	
2. 按国民经济行业分	by Sector		
农畜产品批发业	Wholesale of Farm Produce and Livestock Products	116	22
食品、饮料及烟草制品批发业	Wholesale of Food, Beverages and Tobaccos	159	14
米、面制品及食用油批发业	Wholesale of Rice, Flour and Edible Oil	19	3
烟草制品批发业	Whole of Tobaccos	19	
纺织、服装及日用品批发业	Wholesale of Textiles, Garments and Daily Consumer Articles	89	17
服装批发业	Wholesale of Garments	22	5
文化、体育用品及器材批发业	Wholesale of Culture, Sports Appliances and Equipments	18	
医药及医疗器材批发业	Wholesale of Medicines and Medical Appliances	76	23
矿产品、建材及化工产品批发业	Wholesale of Mineral Products, Building Materials and Chemical Products	748	121
煤炭及制品批发业	Wholesale of Coal and Related Products	137	23
石油及制品批发业	Wholesale of Petrolem and Related Products	115	16
金属及金属矿批发业	Wholesale of Metal Materials	217	39
建材批发业	Wholesale of Building Materials	100	14
化肥批发业	Wholesale of Chemical Fertilizer	70	13
机械设备、五金交电及电子产品批发业	Wholesale of Machinery, Hardware and Electronic Equipment	238	52
汽车、摩托车及零配件批发业	Wholesale of Motor Vehicles, Motorcycles and Parts	82	20
家用电器批发业	Wholesale of Household Electrical Appliances	20	4
计算机、软件及辅助设备批发业	Wholesale of Computer, Software and Assistant Appliances	15	4
贸易经纪与代理	Trade Broker and Agency	6	1
其他批发业	Other Wholesale not Classified Elsewhere	74	11

Financial Indicators of Enterprises above Designated Size of Wholesale and Retail Trades(2006)

(10000 yuan)

年末资产负债 Assets and Liabilities at Year-end					
流动资产合计 Total Working Capitals	固定资产原价 Original Value of Fixed Assets	本年折旧 Depreciation in the Year	资产合计 Total Assests	负债合计 Total Liabilities	所有者权益合计 Total Owners' Equities
15602735	**4890948**	**270695**	**22555715**	**16978150**	**5577564**
10125967	**2116565**	**111760**	**13864611**	**10133415**	**3731197**
4223662	1049441	48898	5560238	4027119	1533120
10001024	2065339	111077	13698178	9992083	3706096
1978937	619942	25303	2700591	2011210	689381
751856	88724	3189	870767	809212	61555
105287	28479	500	144238	113693	30545
5859	1308	97	6243	6294	-51
5859	1308	97	6243	6294	-51
4243935	610954	37864	5227669	4110644	1117025
278781	29094	867	315271	281833	33438
3965154	581860	36997	4912398	3828811	1083588
800547	335902	17604	1248640	758088	490551
2077118	295962	26144	2666865	1972555	694311
45425	19665	2890	67172	33804	33368
5007	1116	71	7331	3846	3486
1849278	248462	22181	2372784	1778958	593826
177408	26720	1003	219578	155947	63631
37486	84067	377	833165	210386	622779
11359	1505	36	12815	17365	-4550
3839	6	1	3868	13726	-9858
7520	1499	35	8947	3639	5308
113584	49722	647	153618	123968	29651
28164	46758	560	65690	34186	31504
1559	24	1	1584	1547	38
83458	2894	78	85923	87814	-1891
403	45	8	421	421	
921832	157619	5619	1225480	1024382	201098
1254785	519532	24095	1839807	962814	876992
160634	54658	1008	227610	201708	25902
511760	288847	15126	828738	104839	723899
702137	178991	5670	1645740	908569	737171
378020	132827	1539	1250670	575383	675287
163361	39777	1885	235529	191265	44264
594921	78105	3954	692178	672668	19510
3555120	818442	47993	4792321	3448820	1343501
357100	60215	5417	488641	371522	117119
712119	491106	25146	1256147	705586	550561
1203610	116434	9831	1410143	1126680	283463
391053	41957	2283	523230	334464	188765
472271	56680	2047	576855	485765	91090
2528280	174796	10604	2905831	2556093	349738
233988	48431	3808	287638	226473	61165
521227	5985	428	585706	550036	35671
65157	1501	305	68094	61360	6733
18170	428	44	19289	17568	1721
387361	148876	11896	508438	351236	157203

16－8 续表1

单位:万元

指标名称	Indicator	企业数(个) Number of Enterprises (unit)	#亏损企业数 Deficient Enterprises
二、零售业	**Retail Trade**	**2300**	**399**
#国有及国有控股	State-owned and State-holding	346	46
1.按登记注册类型分	by Status of Registration		
内　资	Domestic Funded Enterprises	2274	391
国　有	State-owned	261	29
集　体	Collective-owned	199	21
股份合作	Cooperative	53	8
联营企业	Joint Ownership	11	1
国有联营	State Joint Ownership	1	
集体联营	Collective Joint Ownership	2	
国有与集体联营	Joint State-collective	4	1
其他联营	Other Joint Ownership	4	
有限责任公司	Limited Liability Corporations	597	137
国有独资公司	State Sole Funded Corporations	3	1
其他有限责任公司	Other Limited Liability Corporations	594	136
股份有限公司	Share-holding Corporations Ltd.	140	25
私营企业	Private Enterprises	976	166
私营独资	Private-funded Enterprises	245	12
私营合伙	Private Partnership Enterprises	25	1
私营有限责任公司	Private Limited Liability Corporations	638	144
私营股份有限公司	Private Share-holding Corporations Ltd.	68	9
其　他	Others	37	4
港澳台商投资企业	Enterprises with Funds from Hong Kong,Macao and Taiwan	4	2
与港澳台商合资经营	Joint-venture	1	1
与港澳台商合作经营	Cooperative		
港澳台商独资	Sole Investment	3	1
港澳台商独资股份有限公司	Share-holding Corporations Ltd. with Sole Investment		
外商投资企业	Foreign Funded Enterprises	22	6
中外合资经营	Joint-venture	13	4
中外合作经营	Cooperative	5	
外资企业	Sole Foreign Investment	3	1
外商投资股份有限公司	Share-holding Corporations Ltd. With Foreign Investment	1	1
2.按国民经济行业分	by Sector		
综合零售业	Integrated Retail	669	78
百货零售业	Retail of General Merchandise	392	47
超级市场零售业	Retail of Supermarkets	218	28
食品、饮料及烟草制品专门零售业	Retail of Food, Beverages and Tobaccos	83	9
纺织、服装及日用品专门零售业	Special Retail of Textiles, Garments and Daily Consumer Articles	99	11
服装零售业	Retail of Garments	66	9
文化、体育用品及器材专门零售业	Retail of Culture, Sports Appliances and Equipments	145	5
体育用品零售业	Retail of Sports Goods	1	
图书零售业	Retail of Books	116	2
医药及医疗器材专门零售业	Retail of Medicines and Medical Appliances	134	45
药品零售业	Retail of Medicines	130	44
汽车、摩托车、燃料及零配件专门零售业	Retail of Motor Vehicles, Motorcycles, Fuel and Parts	654	176
汽车零售业	Retail of Motor Vehicles	446	153
机动车燃料零售业	Retail of Fuel of Motor Vehicles	110	15
家用电器及电子产品专门零售业	Special Retail of Household Electric Appliances and Electronic Products	305	45
家用电器零售业	Retail of Household Electric Appliances	217	34
计算机、软件及辅助设备零售业	Retail of Computer, Software and Assistant Appliances	45	8
通讯设备零售业	Retail of Communication Equipments	36	3
五金、家具及室内装修材料专门零售业	Special Retail of Hardware, Furniture and Decoration Materials	120	12
无店铺及其他零售业	Non-shop and Other Retails	91	18
邮购及电子销售业	Distribution of Post and E-commerce	1	

continued

(10000 yuan)

年末资产负债 Assets and Liabilities at Year-end					
流动资产合计 Total Working Capitals	固定资产原价 Original Value of Fixed Assets	本年折旧 Depreciation in the Year	资产合计 Total Assests	负债合计 Total Liabilities	所有者权益合计 Total Owners' Equities
5476768	**2774383**	**158935**	**8691103**	**6844736**	**1846368**
1078451	780190	33009	1901213	1451219	449995
5211628	2591504	145348	8261879	6562128	1699751
316386	346924	10264	669913	607570	62343
254305	115624	3939	386035	327112	58923
157331	162221	13716	319773	255645	64127
202549	52336	2495	293645	183809	109836
11072	51	5	11089	30	11059
8546	18268	953	24739	14337	10402
182554	33434	1501	256976	168900	88075
377	583	36	842	541	300
1358065	712259	46535	2170939	1778021	392918
1472	508	29	3104	3967	-863
1356593	711751	46506	2167834	1774054	393781
1685820	820962	46410	2664476	2101778	562698
1213568	349506	20770	1693256	1257760	435496
108535	57183	3112	176360	103345	73015
13264	8678	553	25515	17741	7775
1039058	263634	15934	1389463	1058319	331143
52711	20010	1170	101918	78356	23563
23605	31673	1219	63842	50433	13410
26574	6561	561	41035	14713	26322
1372	230	15	1794	1886	-92
25203	6331	546	39241	12826	26414
238566	176318	13026	388190	267895	120295
123869	113664	7436	231292	143608	87684
103893	51366	3059	135964	97962	38002
7669	7891	2147	15575	18640	-3065
3136	3397	384	5359	7686	-2327
2361483	1789778	105852	4296082	3460535	835547
1747394	1426602	82599	3320437	2692625	627812
568129	336840	22558	900309	700849	199460
135350	77369	5305	210318	159874	50444
76342	55627	3199	140883	98094	42789
46396	38039	1669	89504	55377	34127
155681	155265	6552	311211	198405	112806
1191	19	1	1194	1238	-44
128926	145051	6150	270021	172809	97213
188974	71303	3505	275535	266720	8815
186765	69251	3428	270510	262098	8412
1780878	386383	22578	2334573	1794336	540237
1494662	247015	16715	1908017	1590892	317125
230137	119713	5140	348280	145281	202999
566477	99059	5455	741516	598631	142885
496077	82789	4401	651915	530969	120946
22334	5845	306	29272	18791	10481
42525	7687	541	52900	44343	8556
97491	83166	4140	191940	148985	42955
114094	56433	2350	189046	119155	69891
90	132	12	209	28	181

16－8 续表2

单位:万元

指标名称	Indicator	损益及分配 Losses, Profits and Distribution 营业收入合计 Business Revenue	# 主营业务收入 Revenue from Principal Business
总　计	**Total**	**46738544**	**46379659**
一、批发业	**Wholesale Trade**	**30715136**	**30564129**
#国有及国有控股	State-owned and State-holding	12765248	12712840
1. 按登记注册类型分	by Status of Registration		
内　资	Domestic Funded Enterprises	30309943	30159092
国　有	State-owned	5996177	5953882
集　体	Collective-owned	2047540	2036237
股份合作	Cooperative	468965	468223
联营企业	Joint Ownership	23961	23961
国有联营	State Joint Ownership	23961	23961
集体联营	Collective Joint Ownership		
国有与集体联营	Joint State-collective		
其他联营	Other Joint Ownership		
有限责任公司	Limited Liability Corporations	10973026	10957922
国有独资公司	State Sole Funded Corporations	262192	261262
其他有限责任公司	Other Limited Liability Corporations	10710834	10696660
股份有限公司	Share-holding Corporations Ltd.	3096364	3095345
私营企业	Private Enterprises	6617500	6537112
私营独资	Private-funded Enterprises	278929	277242
私营合伙	Private Partnership Enterprises	43880	43880
私营有限责任公司	Private Limited Liability Corporations	5928753	5850133
私营股份有限公司	Private Share-holding Corporations Ltd.	365938	365857
其　他	Others	1086411	1086411
港澳台商投资企业	Enterprises with Funds from Hong Kong, Macao and Taiwan	21365	21209
与港澳台商合资经营	Joint-venture	12106	12106
与港澳台商合作经营	Cooperative		
港澳台商独资	Sole Investment	9258	9103
港澳台商独资股份有限公司	Share-holding Corporations Ltd. with Sole Investment		
外商投资企业	Foreign Funded Enterprises	383828	383828
中外合资经营	Joint-venture	154188	154188
中外合作经营	Cooperative	7610	7610
外资企业	Sole Foreign Investment	219423	219423
外商投资股份有限公司	Share-holding Corporations Ltd. with Foreign Investment	2607	2607
2. 按国民经济行业分	by Sector		
农畜产品批发业	Wholesale of Farm Produce and Livestock Products	1126951	1124155
食品、饮料及烟草制品批发业	Wholesale of Food, Beverages and Tobaccos	4791011	4775794
米、面制品及食用油批发业	Wholesale of Rice, Flour and Edible Oil	216827	215475
烟草制品批发业	Whole of Tobaccos	2403649	2400057
纺织、服装及日用品批发业	Wholesale of Textiles, Garments and Daily Consumer Articles	2576730	2509408
服装批发业	Wholesale of Garments	1570996	1503891
文化、体育用品及器材批发业	Wholesale of Culture, Sports Appliances and Equipments	377342	363767
医药及医疗器材批发业	Wholesale of Medicines and Medical Appliances	1478215	1474793
矿产品、建材及化工产品批发业	Wholesale of Mineral Products, Building Materials and Chemical Products	13343636	13329548
煤炭及制品批发业	Wholesale of Coal and Related Products	1299622	1296631
石油及制品批发业	Wholesale of Petrolem and Related Products	4880028	4877745
金属及金属矿批发业	Wholesale of Metal Materials	3295745	3289592
建材批发业	Wholesale of Building Materials	984475	984040
化肥批发业	Wholesale of Chemical Fertilizer	1167291	1166939
机械设备、五金交电及电子产品批发业	Wholesale of Machinery, Hardware and Electronic Equipment	5609629	5577316
汽车、摩托车及零配件批发业	Wholesale of Motor Vehicles, Motorcycles and Parts	805930	800966
家用电器批发业	Wholesale of Household Electrical Appliances	1515552	1515276
计算机、软件及辅助设备批发业	Wholesale of Computer, Software and Assistant Appliances	143761	143384
贸易经纪与代理	Trade Broker and Agency	55010	55010
其他批发业	Other Wholesale not Classified Elsewhere	1356613	1354338

continued

(10000 yuan)

损益及分配 Losses, Profits and Distribution					
主营业务成本 Cost of Principal Business	主营业务税金及附加 Taxes and Other Charges on Principal Business	主营业务利润 Profits from Principal Business	营业费用 Expenses on Business	管理费用 Expenses on Management	财务费用 Expenses on Finance
42468371	**132390**	**3465676**	**1595226**	**1182110**	**312621**
28140494	**76713**	**2129626**	**908261**	**566434**	**197234**
11481402	22793	1127082	422092	316602	36252
27772117	73510	2096930	888267	559380	196277
5264551	13260	636384	177690	188373	19507
1968455	2458	64064	28591	26182	73462
449934	644	16016	10179	4717	793
22688	21	1251	99	1100	-21
22688	21	1251	99	1100	-21
10131651	35869	724730	342044	211089	56597
243309	263	16170	9373	5126	3148
9888342	35606	708560	332671	205963	53449
2915935	2676	175452	80546	32296	9818
6136590	18190	357375	148575	92297	35899
258328	2095	15486	5914	3670	994
41247	300	1641	619	447	146
5496620	14434	320828	132491	83404	32489
340395	1362	19419	9550	4776	2271
882313	392	121659	100544	3326	223
18465	270	2414	1838	316	43
12000	90	16	883		
6465	180	2398	954	316	43
349912	2932	30282	18156	6739	914
141107	201	12881	8557	1317	351
6040	4	866	443	547	
200302	2727	16392	9055	4843	563
2464	143	101	32		
1047675	2196	70934	30981	25784	16028
3848228	18821	834492	279343	224990	67759
198791	537	13389	4155	6270	3330
1822605	10799	505293	110949	142682	-2883
2220856	1900	197682	141708	34273	13824
1279481	501	143632	110690	17874	4053
334273	463	28981	11381	12320	454
1410673	1491	59852	30803	27705	6221
12660042	20231	613723	262122	138965	61253
1206354	5822	80350	45327	21203	9430
4621808	4155	246139	109144	44052	11234
3164270	5346	109536	43229	29327	15981
924700	1841	53743	19534	12509	6138
1119222	1544	40330	19725	13036	7173
5298867	8478	261201	129674	88639	24018
751873	1855	42174	18935	11049	2726
1444904	2069	67806	51636	18299	3556
139861	246	3056	1951	1039	-36
51889	35	2474	1684	311	81
1267991	23097	60290	20565	13447	7597

16－8　续表3

单位:万元

指标名称	Indicator	损益及分配 Losses, Profits and Distribution 营业收入合计 Business Revenue	#主营业务收入 Revenue from Principal Business
二、零售业	**Retail Trade**	**16023408**	**15815530**
#国有及国有控股	State-owned and State-holding	2648973	2620389
1. 按登记注册类型分	by Status of Registration		
内　资	Domestic Funded Enterprises	15364901	15166996
国　有	State-owned	768462	749212
集　体	Collective-owned	581171	580116
股份合作	Cooperative	955074	954275
联营企业	Joint Ownership	1113022	1113021
国有联营	State Joint Ownership	16967	16967
集体联营	Collective Joint Ownership	34724	34724
国有与集体联营	Joint State-collective	1058183	1058183
其他联营	Other Joint Ownership	3148	3147
有限责任公司	Limited Liability Corporations	4301742	4236110
国有独资公司	State Sole Funded Corporations	2496	2496
其他有限责任公司	Other Limited Liability Corporations	4299246	4233615
股份有限公司	Share-holding Corporations Ltd.	4082734	3993510
私营企业	Private Enterprises	3467132	3447650
私营独资	Private-funded Enterprises	341459	340968
私营合伙	Private Partnership Enterprises	60597	60547
私营有限责任公司	Private Limited Liability Corporations	2860632	2844018
私营股份有限公司	Private Share-holding Corporations Ltd.	204444	202117
其　他	Others	95565	93103
港澳台商投资企业	Enterprises with Funds from Hong Kong, Macao and Taiwan	42286	35056
与港澳台商合资经营	Joint-venture	10506	10506
与港澳台商合作经营	Cooperative		
港澳台商独资	Sole Investment	31780	24550
港澳台商独资股份有限公司	Share-holding Corporations Ltd. with Sole Investment		
外商投资企业	Foreign Funded Enterprises	616221	613478
中外合资经营	Joint-venture	274189	272930
中外合作经营	Cooperative	318820	318505
外资企业	Sole Foreign Investment	17488	16319
外商投资股份有限公司	Share-holding Corporations Ltd. with Foreign Investment	5724	5724
2. 按国民经济行业分	by Sector		
综合零售业	Integrated Retail	7522387	7371397
百货零售业	Retail of General Merchandise	5137537	5009052
超级市场零售业	Retail of Supermarkets	2257536	2235040
食品、饮料及烟草制品专门零售业	Retail of Food, Beverages and Tobaccos	303637	302288
纺织、服装及日用品专门零售业	Special Retail of Textiles, Garments and Daily Consumer Articles	273442	271704
服装零售业	Retail of Garments	158294	157316
文化、体育用品及器材专门零售业	Retail of Culture, Sports Appliances and Equipments	374779	357667
体育用品零售业	Retail of Sports Goods	1152	1152
图书零售业	Retail of Books	321795	305110
医药及医疗器材专门零售业	Retail of Medicines and Medical Appliances	406055	405002
药品零售业	Retail of Medicines	399748	398695
汽车、摩托车、燃料及零配件专门零售业	Retail of Motor Vehicles, Motorcycles, Fuel and Parts	4470067	4452148
汽车零售业	Retail of Motor Vehicles	3509294	3494464
机动车燃料零售业	Retail of Fuel of Motor Vehicles	794097	791542
家用电器及电子产品专门零售业	Special Retail of Household Electric Appliances and Electronic Products	2119334	2107630
家用电器零售业	Retail of Household Electric Appliances	1874861	1864284
计算机、软件及辅助设备零售业	Retail of Computer, Software and Assistant Appliances	108052	107431
通讯设备零售业	Retail of Communication Equipments	122368	121861
五金、家具及室内装修材料专门零售业	Special Retail of Hardware, Furniture and Decoration Materials	276224	274771
无店铺及其他零售业	Non-shop and Other Retails	277484	272924
邮购及电子销售业	Distribution of Post and E-commerce	290	290

continued

(10000 yuan)

损益及分配 Losses, Profits and Distribution					
主营业务成本 Cost of Principal Business	主营业务税金及附加 Taxes and Other Charges on Principal Business	主营业务利润 Profits from Principal Business	营业费用 Expenses on Business	管理费用 Expenses on Management	财务费用 Expenses on Finance
14327876	**55677**	**1336050**	**686966**	**615675**	**115387**
2279440	9645	324056	164751	130839	18802
13749535	54695	1269769	629036	578947	114365
622896	3852	118625	61670	64737	4383
518883	4677	51847	25642	20229	4142
877813	1481	73808	35614	40410	3380
1083337	464	29220	15646	7036	3332
16474	9	484		472	-15
30992	125	3607	3118	402	-42
1033136	287	24760	12417	6076	3364
2735	43	369	111	85	24
3819601	13284	364920	209185	171121	32587
2223	4	268	35	172	18
3817378	13280	364652	209151	170950	32569
3603465	10894	356452	149532	169792	37298
3144458	18892	263033	127354	99688	27976
292636	6071	40650	11182	9324	3551
53265	602	6053	1857	1727	274
2615971	9936	199612	100970	83082	22598
182586	2283	16719	13346	5556	1553
79082	1152	11864	4393	5934	1268
31227	71	3758	5148	1279	180
8873		1634	1262	658	-1
22354	71	2124	3886	621	181
547115	911	62523	52782	35450	843
225936	484	46488	25129	23868	96
301928	358	16166	19199	10390	370
14114	53	-702	7198	1151	374
5137	16	571	1257	41	2
6569461	30336	709261	389877	363283	52756
4453779	19455	494169	237382	256013	46184
2005388	10031	199736	145673	100915	5323
250249	2482	48644	15055	18105	2120
226488	2061	40304	23685	13810	2501
132177	1669	20852	10181	9624	1502
280107	1811	75117	26478	44323	1012
951	4	197	132	28	1
236274	1040	67372	22660	41536	491
358896	1327	40491	22569	23075	3219
353848	1309	39524	22306	22686	3104
4177024	7037	256422	106262	94502	37723
3295310	4388	184809	81533	81074	33517
730903	1413	58671	19177	9800	3007
1990918	4390	105638	69902	36133	9170
1764739	3623	89626	60916	29838	8109
99619	277	7477	3329	2842	595
113930	372	7229	5307	3102	373
230914	3956	34738	20725	11094	3424
243818	2278	25436	12414	11349	3463
210	3	77	61	3	

16－8 续表4

单位:万元

指标名称	Indicator	损益及分配 Losses, Profits and Distribution	
		营业利润 Profits from Business	利润总额 Total Profits
总　计	**Total**	**1114315**	**1145362**
一、批发业	**Wholesale Trade**	**851033**	**866013**
#国有及国有控股	State-owned and State-holding	477827	480591
1. 按登记注册类型分	by Status of Registration		
内　资	Domestic Funded Enterprises	844502	859267
国　有	State-owned	316873	326908
集　体	Collective-owned	3282	10557
股份合作	Cooperative	4110	4010
联营企业	Joint Ownership	175	175
国有联营	State Joint Ownership	175	175
集体联营	Collective Joint Ownership		
国有与集体联营	Joint State-collective		
其他联营	Other Joint Ownership		
有限责任公司	Limited Liability Corporations	234513	241578
国有独资公司	State Sole Funded Corporations	3266	1079
其他有限责任公司	Other Limited Liability Corporations	231247	240499
股份有限公司	Share-holding Corporations Ltd.	61427	54852
私营企业	Private Enterprises	124435	121502
私营独资	Private-funded Enterprises	7525	7219
私营合伙	Private Partnership Enterprises	1855	1855
私营有限责任公司	Private Limited Liability Corporations	106045	103049
私营股份有限公司	Private Share-holding Corporations Ltd.	9010	9380
其　他	Others	99687	99686
港澳台商投资企业	Enterprises with Funds from Hong Kong, Macao and Taiwan	543	543
与港澳台商合资经营	Joint-venture	-1033	-1033
与港澳台商合作经营	Cooperative		
港澳台商独资	Sole Investment	1576	1576
港澳台商独资股份有限公司	Share-holding Corporations Ltd. with Sole Investment		
外商投资企业	Foreign Funded Enterprises	5988	6203
中外合资经营	Joint-venture	3400	3377
中外合作经营	Cooperative	576	576
外资企业	Sole Foreign Investment	2001	2239
外商投资股份有限公司	Share-holding Corporations Ltd. with Foreign Investment	10	10
2. 按国民经济行业分	by Sector		
农畜产品批发业	Wholesale of Farm Produce and Livestock Products	12441	19138
食品、饮料及烟草制品批发业	Wholesale of Food, Beverages and Tobaccos	426962	423930
米、面制品及食用油批发业	Wholesale of Rice, Flour and Edible Oil	5647	4271
烟草制品批发业	Whole of Tobaccos	319690	319720
纺织、服装及日用品批发业	Wholesale of Textiles, Garments and Daily Consumer Articles	100966	101078
服装批发业	Wholesale of Garments	94310	93823
文化、体育用品及器材批发业	Wholesale of Culture, Sports Appliances and Equipments	6629	6082
医药及医疗器材批发业	Wholesale of Medicines and Medical Appliances	4116	11205
矿产品、建材及化工产品批发业	Wholesale of Mineral Products, Building Materials and Chemical Products	227486	225691
煤炭及制品批发业	Wholesale of Coal and Related Products	20741	21915
石油及制品批发业	Wholesale of Petrolem and Related Products	97856	93933
金属及金属矿批发业	Wholesale of Metal Materials	39176	39864
建材批发业	Wholesale of Building Materials	23095	22370
化肥批发业	Wholesale of Chemical Fertilizer	7941	9436
机械设备、五金交电及电子产品批发业	Wholesale of Machinery, Hardware and Electronic Equipment	45257	51376
汽车、摩托车及零配件批发业	Wholesale of Motor Vehicles, Motorcycles and Parts	16966	16671
家用电器批发业	Wholesale of Household Electrical Appliances	-4308	2325
计算机、软件及辅助设备批发业	Wholesale of Computer, Software and Assistant Appliances	359	189
贸易经纪与代理	Trade Broker and Agency	1284	1224
其他批发业	Other Wholesale not Classified Elsewhere	25892	26289

continued

(10000 yuan)

损益及分配 Losses, Profits and Distribution			工资、福利、增值税 Wages, Welfare and Value Added Tax		
应交所得税 Income Tax Payable	劳动、失业保险费 Charges on Labor and Unemployment Insurance	住房公积金和住房补贴 Housing Accumulation Fund and Housing Subsidies	本年应付工资总额 Total Wages Payable	本年应付福利费总额 Total Welfare Payable	本年应交增值税 Value Added Tax Payable
253395	**81534**	**46781**	**538394**	**91663**	**505814**
185617	**45245**	**33654**	**246670**	**42964**	**291273**
141089	34693	28390	143223	26716	200289
184357	44992	33576	241847	42690	287479
103223	21901	18392	90845	17666	131609
1368	1719	1360	9924	1754	6317
727	612	19	2818	394	1381
42	10	32	408	40	326
42	10	32	408	40	326
49837	15182	11497	84419	13170	84839
291	414	219	1999	291	10
49546	14768	11278	82420	12879	84829
9537	2461	743	12450	2457	23058
16648	3070	1510	38079	7081	37939
1282	123	12	2390	387	2046
122	10		135	26	103
13951	2623	1485	32764	6141	34169
1293	313	14	2791	527	1621
2975	38	23	2905	129	2008
497	27	10	203	26	347
			77	15	1
497	27	10	126	11	346
763	226	69	4620	248	3448
53	82	18	1107	145	492
	3	0	139	19	130
710	121	44	3268	69	2802
	20	7	106	15	25
2164	1564	958	12294	1954	4045
120566	24052	23332	104833	18013	132966
748	416	93	2463	314	488
101684	19579	21695	72292	12916	99960
3215	2113	1436	15333	1931	4530
1762	1206	932	8430	790	713
1722	1406	408	7016	4165	3441
3280	2398	531	12818	2009	5446
35490	7795	4794	53649	8793	109129
5542	1162	657	8291	1265	9521
15637	3546	1690	18009	3099	67898
8457	788	589	11812	1930	12615
3140	330	58	4212	769	6355
647	1103	1582	5194	855	4095
13526	5241	2001	31091	4536	24640
3184	536	103	5189	786	5974
785	2177	1023	8916	1124	3259
21	87	21	872	140	147
324	10		243	94	496
5331	665	194	9393	1468	6580

16－8 续表 5

单位:万元

指标名称	Indicator	损益及分配 Losses, Profits and Distribution 营业利润 Profits from Business	利润总额 Total Profits
二、零售业	**Retail Trade**	**263282**	**279349**
#国有及国有控股	State-owned and State-holding	81722	83445
1.按登记注册类型分	by Status of Registration		
内　资	Domestic Funded Enterprises	244747	255457
国　有	State-owned	15364	17886
集　体	Collective-owned	15294	15072
股份合作	Cooperative	12041	12221
联营企业	Joint Ownership	7259	7263
国有联营	State Joint Ownership	29	29
集体联营	Collective Joint Ownership	307	307
国有与集体联营	Joint State-collective	6743	6747
其他联营	Other Joint Ownership	181	181
有限责任公司	Limited Liability Corporations	55920	55132
国有独资公司	State Sole Funded Corporations	60	58
其他有限责任公司	Other Limited Liability Corporations	55860	55074
股份有限公司	Share-holding Corporations Ltd.	81143	84977
私营企业	Private Enterprises	54029	58955
私营独资	Private-funded Enterprises	20307	20398
私营合伙	Private Partnership Enterprises	2863	2863
私营有限责任公司	Private Limited Liability Corporations	29054	31228
私营股份有限公司	Private Share-holding Corporations Ltd.	1805	4467
其　他	Others	3697	3951
港澳台商投资企业	Enterprises with Funds from Hong Kong, Macao and Taiwan	-362	6651
与港澳台商合资经营	Joint-venture	-18	-18
与港澳台商合作经营	Cooperative		
港澳台商独资	Sole Investment	-344	6669
港澳台商独资股份有限公司	Share-holding Corporations Ltd. with Sole Investment		
外商投资企业	Foreign Funded Enterprises	18897	17240
中外合资经营	Joint-venture	12972	11329
中外合作经营	Cooperative	8373	8348
外资企业	Sole Foreign Investment	-1765	-1765
外商投资股份有限公司	Share-holding Corporations Ltd. With Foreign Investment	-683	-671
2.按国民经济行业分	by Sector		
综合零售业	Integrated Retail	142628	156722
百货零售业	Retail of General Merchandise	106952	112045
超级市场零售业	Retail of Supermarkets	32494	41510
食品、饮料及烟草制品专门零售业	Retail of Food, Beverages and Tobaccos	17613	18902
纺织、服装及日用品专门零售业	Special Retail of Textiles, Garments and Daily Consumer Articles	9635	8720
服装零售业	Retail of Garments	6992	5531
文化、体育用品及器材专门零售业	Retail of Culture, Sports Appliances and Equipments	10341	9875
体育用品零售业	Retail of Sports Goods	35	12
图书零售业	Retail of Books	8433	8136
医药及医疗器材专门零售业	Retail of Medicines and Medical Appliances	-258	94
药品零售业	Retail of Medicines	-760	-407
汽车、摩托车、燃料及零配件专门零售业	Retail of Motor Vehicles, Motorcycles, Fuel and Parts	44317	43728
汽车零售业	Retail of Motor Vehicles	11346	12461
机动车燃料零售业	Retail of Fuel of Motor Vehicles	28711	26880
家用电器及电子产品专门零售业	Special Retail of Household Electric Appliances and Electronic Products	16789	19623
家用电器零售业	Retail of Household Electric Appliances	13215	15331
计算机、软件及辅助设备零售业	Retail of Computer, Software and Assistant Appliances	1479	1910
通讯设备零售业	Retail of Communication Equipments	1572	1859
五金、家具及室内装修材料专门零售业	Special Retail of Hardware, Furniture and Decoration Materials	14098	13239
无店铺及其他零售业	Non-shop and Other Retails	8121	8446
邮购及电子销售业	Distribution of Post and E-commerce	13	13

continued

(10000 yuan)

损益及分配 Losses, Profits and Distribution			工资、福利、增值税 Wages, Welfare and Value Added Tax		
应交所得税 Income Tax Payable	劳动、失业保险费 Charges on Labor and Unemployment Insurance	住房公积金和住房补贴 Housing Accumulation Fund and Housing Subsidies	本年应付工资总额 Total Wages Payable	本年应付福利费总额 Total Welfare Payable	本年应交增值税 Value Added Tax Payable
67777	**36289**	**13127**	**291724**	**48699**	**214541**
21703	10421	7666	66666	11547	46158
57820	34714	12239	279571	47824	203100
5028	6247	5339	38932	5955	15606
1813	3252	234	17312	3870	8091
3219	2181	791	19786	2916	10914
1999	881	246	5282	541	1779
13	33	31	103	4	65
4	4		3072	238	252
1973	844	215	2049	292	1403
10			57	8	60
12969	9564	2758	87398	14724	76834
33			117	19	45
12936	9564	2758	87281	14704	76789
22698	8352	2085	51336	9408	54833
9511	3768	700	57369	9909	34316
2636	290	13	9486	1941	4770
347	17	4	902	135	1058
6090	3064	639	43119	7113	23962
438	397	44	3862	720	4526
584	468	87	2156	502	727
2646	18	28	867	48	518
	11	5	95		328
2646	7	23	772	48	191
7312	1558	861	11287	827	10923
4583	1200	623	6405	363	7799
2728	209	202	3772	275	2755
	149	36	850	154	195
			260	35	174
42909	19971	4203	156269	26899	106142
30304	13446	3535	106551	18620	81474
12428	6274	634	46620	7642	22539
5852	2452	675	10888	1839	5575
692	591	78	11348	1811	3501
393	446	55	7618	1128	2560
3199	4575	3908	22042	3240	12295
6	1		19	3	37
2916	4391	3877	19974	2888	11351
380	2472	1342	15954	2832	5986
380	2451	1316	15711	2795	5908
6858	2708	1140	36945	6396	30764
4484	2156	636	27447	4783	23534
1932	468	492	6825	1148	5102
4311	2132	536	22155	3294	43621
3771	1898	490	17782	2627	41843
169	111	44	1986	280	671
256	117	0	2190	347	917
2158	776	374	8879	1330	3742
1419	612	871	7247	1058	2915
			6	1	

16-9 限额以上餐饮企业财务状况(2006年)

Financial Indicators of Enterprises above Designated Size of Catering Services(2006)

单位:万元 (10000 yuan)

指标名称	Indicator	企业数(个) Number of Enterprises (unit)	#亏损企业数 Deficient Enterprises	年末资产负债 Assets and Liabilities at Year-end 流动资产合计 Total Working Capitals	固定资产原价 Original Value of Fixed Assets	本年折旧 Depreciation in the Year	资产合计 Total Assests	负债合计 Total Liabilities	所有者权益合计 Total Owners' Equities
总　计	**Total**	**1303**	**211**	**461253**	**754702**	**40881**	**1297882**	**901808**	**396074**
#国有及国有控股	State-owned and State-holding	183	41	94901	235644	10998	332153	185510	146643
1.按登记注册类型分	by Status of Registration								
内资	Domestic Funded Enterprises	1265	195	429118	659397	32855	1180864	811111	369753
国有	State-owned	160	37	69279	204527	8633	266024	146409	119615
集体	Collective-owned	61	15	12307	33896	1611	43949	33159	10790
股份合作	Cooperative	12		2904	7520	426	17497	11513	5984
联营企业	Joint Ownership	7	1	5021	3731	92	8427	8452	-25
国有联营	State Joint Ownership	1		93	1448	42	1190	706	484
集体联营	Collective Joint Ownership	3		4618	1757	22	6358	7062	-705
国有与集体联营	Joint State-collective								
其他联营	Other Joint Ownership	3	1	311	526	28	879	684	195
有限责任公司	Limited Liability Corporations	180	43	74345	120624	7271	212252	156521	55731
国有独资公司	State Sole Funded Corporations	1		130	78	4	184	51	133
其他有限责任公司	Other Limited Liability Corporations	179	43	74215	120547	7268	212068	156470	55597
股份有限公司	Share-holding Corporations Ltd.	49	9	46371	60235	3427	129763	97864	31900
私营企业	Private Enterprises	730	83	198497	215364	10832	466172	329572	136600
私营独资	Private-funded Enterprises	372	18	46594	71084	3213	126328	75383	50945
私营合伙	Private Partnership Enterprises	24		3445	2962	236	7518	4117	3401
私营有限责任公司	Private Limited Liability Corporations	297	59	134850	107565	6115	280076	216554	63522
私营股份有限公司	Private Share-holding Corporations Ltd.	37	6	13607	33753	1267	52250	33518	18733
其他	Others	66	7	20394	13499	564	36781	27623	9158
港澳台商投资企业	Enterprises with Funds from Hong Kong, Macao and Taiwan	15	6	13548	30008	1118	42840	41451	1389
与港澳台商合资经营	Joint-venture	7	2	11705	15885	393	28291	30805	-2514
与港澳台商合作经营	Cooperative								
港澳台商独资	Sole Investment	8	4	1843	14123	725	14549	10646	3903
港澳台商独资股份有限公司	Share-holding Corporations Ltd. With Sole Investment								
外商投资企业	Foreign Funded Enterprises	23	10	18587	65298	6908	74178	49246	24932
中外合资经营	Joint-venture	9	5	5074	6610	659	11860	10950	910
中外合作经营	Cooperative	3	1	2201	6968	1966	11401	12431	-1030
外资企业	Sole Foreign Investment	10	3	10259	48627	4247	46161	22264	23897
外商投资股份有限公司	Share-holding Corporations Ltd. with Foreign Investment	1	1	1053	3093	36	4756	3601	1155
2.按国民经济行业分	by Sector								
正餐服务业	Tourist Hotels	1263	208	446617	703701	36849	1236972	866944	370029
快餐服务业	General Hotels	32	1	12923	47109	2392	54300	26707	27593
饮料及冷饮服务业	Other Accommodation Services	3	1	778	3202	1590	4162	6759	-2597
其他餐饮服务业	Other Catering Services	5	1	935	691	50	2448	1399	1049

16－9 续表1 continued

单位:万元 (10000 yuan)

指标名称	Indicator	损益及分配 Losses, Profits and Distribution							
		营业收入合计 Business Revenue	#主营业务收入 Revenue from Principal Business	主营业务成本 Cost of Principal Business	主营业务税金及附加 Taxes and Other Charges on Principal Business	主营业务利润 Profits from Principal Business	营业费用 Charges on Business	管理费用 Charges on Managemen	财务费用 Charges on Finance
总计	**Total**	**1052321**	**1044390**	**564031**	**47348**	**393580**	**221484**	**111405**	**18020**
#国有及国有控股	State-owned and State-holding	170618	167723	84953	7457	67230	40796	27600	2379
1.按登记注册类型分	by Status of Registration								
内资	Domestic Funded Enterprises	925670	917927	514358	40958	323705	179098	98153	15913
国有	State-owned	132299	129498	66308	5726	51650	30745	21343	1601
集体	Collective-owned	32016	31865	18626	1232	10939	6117	3199	389
股份合作	Cooperative	20750	20750	11675	911	7487	2664	1106	203
联营企业	Joint Ownership	3538	3452	1798	222	1421	861	1115	86
国有联营	State Joint Ownership	272	272	11	10	251	92	39	38
集体联营	Collective Joint Ownership	1506	1420	805	146	469	494	785	4
国有与集体联营	Joint State-collective								
其他联营	Other Joint Ownership	1760	1760	982	66	702	275	291	44
有限责任公司	Limited Liability Corporations	164056	162785	87310	7628	59890	38534	21073	2773
国有独资公司	State Sole Funded Corporations	293	293	140	22	131	100	15	…
其他有限责任公司	Other Limited Liability Corporations	163763	162492	87170	7606	59759	38434	21058	2773
股份有限公司	Share-holding Corporations Ltd.	71717	71554	33802	3334	32145	16010	11588	1969
私营企业	Private Enterprises	469141	465890	275210	20486	149468	78607	36353	8260
私营独资	Private-funded Enterprises	176126	174553	109158	7028	49008	19647	11216	2880
私营合伙	Private Partnership Enterprises	12372	12331	6407	427	4569	2258	1177	151
私营有限责任公司	Private Limited Liability Corporations	249026	247712	143066	11793	84050	51224	20983	4777
私营股份有限公司	Private Share-holding Corporations Ltd.	31617	31295	16579	1237	11841	5478	2978	453
其他	Others	32154	32131	19629	1419	10705	5559	2377	631
港澳台商投资企业	Enterprises with Funds from Hong Kong, Macao and Taiwan	19804	19654	9433	1024	9171	4985	3661	1277
与港澳台商合资经营	Joint-venture	12245	12102	5984	628	5464	2888	2087	710
与港澳台商合作经营	Cooperative								
港澳台商独资	Sole Investment	7559	7552	3448	396	3707	2097	1574	567
港澳台商独资股份有限公司	Share-holding Corporations Ltd. With Sole Investment								
外商投资企业	Foreign Funded Enterprises	106848	106810	40241	5367	60704	37402	9590	830
中外合资经营	Joint-venture	5583	5583	2711	290	2200	1583	1143	208
中外合作经营	Cooperative	17692	17692	7319	875	9497	8544	697	281
外资企业	Sole Foreign Investment	81585	81585	28832	4100	48538	27111	7571	141
外商投资股份有限公司	Share-holding Corporations Ltd. with Foreign Investment	1988	1950	1378	102	469	165	180	201
2.按国民经济行业分	by Sector								
正餐服务业	Tourist Hotels	945113	937741	524349	42171	334002	185072	102866	17462
快餐服务业	General Hotels	97499	96941	35371	4723	54649	32448	7955	295
饮料及冷饮服务业	Other Accommodation Services	6861	6861	2887	343	3618	3497	314	263
其他餐饮服务业	Other Catering Services	2848	2848	1425	110	1311	467	270	

16-9 续表2 continued

单位:万元 (10000 yuan)

指标名称	Indicator	损益及分配 Losses, Profits and Distribution					工资、福利费 Wages and Welfare	
		营业利润 Profits from Business	利润总额 Total Profits	应交所得税 Income Tax Payable	劳动、失业保险费 Charges on Labor and Unemployment Insurance	住房公积金和住房补贴 Housing Accumulation Fund and Housing Subsidies	本年应付工资总额 Total Wages Payable	本年应付福利费总额 Total Welfare Payable
总计	**Total**	**80667**	**80594**	**13420**	**4958**	**1606**	**116991**	**19409**
#国有及国有控股	State-owned and State-holding	8182	8164	957	1786	808	24452	4019
1. 按登记注册类型分	by Status of Registration							
内资	Domestic Funded Enterprises	67155	67563	8863	4745	1534	105124	17882
国有	State-owned	6887	6800	647	1366	723	20163	3307
集体	Collective-owned	1913	1667	230	182	27	4363	635
股份合作	Cooperative	4188	4138	350	54	7	1649	212
联营企业	Joint Ownership	681	681	14	9	2	503	89
国有联营	State Joint Ownership	83	83		3	2	52	8
集体联营	Collective Joint Ownership	507	507	2			239	51
国有与集体联营	Joint State-collective							
其他联营	Other Joint Ownership	92	92	12	6		212	30
有限责任公司	Limited Liability Corporations	5078	5041	1174	1008	187	19114	3464
国有独资公司	State Sole Funded Corporations	17	17				60	10
其他有限责任公司	Other Limited Liability Corporations	5061	5024	1174	1008	187	19054	3454
股份有限公司	Share-holding Corporations Ltd.	3521	3799	1190	639	374	7550	1851
私营企业	Private Enterprises	42507	43061	5054	1452	214	48407	7754
私营独资	Private-funded Enterprises	22065	21847	2077	455	34	17060	2910
私营合伙	Private Partnership Enterprises	1775	1775	231	32	6	1079	236
私营有限责任公司	Private Limited Liability Corporations	13986	14652	2585	942	154	27243	3892
私营股份有限公司	Private Share-holding Corporations Ltd.	4681	4787	161	23	20	3025	716
其他	Others	2380	2375	205	35		3375	569
港澳台商投资企业	Enterprises with Funds from Hong Kong, Macao and Taiwan	-463	-468	223	70	12	2388	509
与港澳台商合资经营	Joint-venture	27	22	177	51	5	1755	345
与港澳台商合作经营	Cooperative							
港澳台商独资	Sole Investment	-491	-491	47	19	7	632	165
港澳台商独资股份有限公司	Share-holding Corporations Ltd. With Sole Investment							
外商投资企业	Foreign Funded Enterprises	13976	13500	4333	144	60	9479	1018
中外合资经营	Joint-venture	-111	-114	14	37	1	1146	175
中外合作经营	Cooperative	95	66	45	47	59	1346	238
外资企业	Sole Foreign Investment	14065	13586	4267	59		6748	571
外商投资股份有限公司	Share-holding Corporations Ltd. with Foreign Investment	-73	-38	6			240	34
2. 按国民经济行业分	by Sector							
正餐服务业	Tourist Hotels	64758	65055	9152	4899	1562	108134	18360
快餐服务业	General Hotels	15731	15361	4258	24	5	7950	954
饮料及冷饮服务业	Other Accommodation Services	-395	-395		22	39	577	56
其他餐饮服务业	Other Catering Services	574	574	10	13		330	39

16-10 各市社会消费品零售总额(2006年)

Retail Sale of Consumer Goods by Region(2006)

单位:万元 (10000 yuan)

地 区	Region	社会消费品零售总额 Retail Sale of Consumer Goods	按所在地分 By Location			按行业分 By Sector		
			市 City	县 County	县以下 Under County Level	批发和零售业 Wholesale and Retail Trades	住宿和餐饮业 Hotels and Catering Services	其他行业 Other Sectors
全省总计	**Total**	**71225463**	**45340038**	**7883684**	**18001741**	**60000964**	**8871714**	**2352785**
济南市	Jinan	9393436	7988193	397987	1007256	7571831	1402233	419372
青岛市	Qingdao	10066708	7848620		2218088	8377710	1429382	259616
淄博市	Zibo	4998126	4001504	407452	589170	4073619	768576	155931
枣庄市	Zaozhuang	2044219	1294643		749576	1617518	343242	83459
东营市	Dongying	1735253	1292051	202298	240904	1358303	287924	89026
烟台市	Yantai	6979595	5008163	39752	1931680	5928440	827410	223745
潍坊市	Weifang	5736374	3367498	304282	2064594	4892499	550896	292979
济宁市	Jining	4996049	2921478	875637	1198934	4242723	560319	193007
泰安市	Tai'an	3182087	1840228	247220	1094639	2738276	365492	78319
威海市	Weihai	3312068	2407841		904227	2738152	468885	105031
日照市	Rizhao	1450617	892921	274608	283088	1247125	154404	49088
莱芜市	Laiwu	945046	945046			803427	96450	45169
临沂市	Linyi	5547080	2510090	1599794	1437196	4952064	475193	119823
德州市	Dezhou	3282617	1319647	830730	1132240	2900911	307400	74306
聊城市	Liaocheng	2717967	704655	992772	1020540	2132601	442061	143305
滨州市	Binzhou	2085748	511160	775741	798847	1748421	306906	30421
菏泽市	Heze	2752473	479753	995231	1277489	2330167	346670	75636

16－11 各市限额以上批发和零售业商品购进、销售、库存总额(2006年)

Total Purchases, Sales and Inventory of Enterprises above Designated Size of Wholesale and Retail Trades by Region(2006)

地　区	Region	限额以上单位(个) Number of Units above Designated Size (unit)	法人单位 Corporation Unit	产业单位 Economic Active Unit	限上法人属产业单位(个) Number of Economic Active Units at Corporation above Designated Size (unit)	年末从业人数(人) Persons Employed at Year-end (person)	购进总额(万元) Total Purchases Value	#进口 Import
全省总计	**Total**	**4437**	**3824**	**613**	**9409**	**526038**	**61194893**	**3182902**
济南市	Jinan	356	319	37	643	48573	8212592	298701
青岛市	Qingdao	643	564	79	2198	61744	13616725	2347034
淄博市	Zibo	308	266	42	588	43094	4164422	28064
枣庄市	Zaozhuang	81	64	17	143	9340	642043	34
东营市	Dongying	86	72	14	150	9419	938550	32081
烟台市	Yantai	515	434	81	929	79915	5485635	72936
潍坊市	Weifang	401	310	91	877	49324	5620334	123236
济宁市	Jining	511	417	94	490	45851	2780014	15942
泰安市	Tai'an	152	126	26	219	24269	948640	
威海市	Weihai	158	146	12	548	20434	1726272	636
日照市	Rizhao	105	99	6	378	12502	9051190	119196
莱芜市	Laiwu	98	96	2	210	6118	1121162	
临沂市	Linyi	316	271	45	716	38964	2514682	76130
德州市	Dezhou	242	242		287	26699	1526940	
聊城市	Liaocheng	129	100	29	307	13660	985978	54246
滨州市	Binzhou	156	128	28	361	15649	943172	
菏泽市	Heze	180	170	10	365	20483	916542	14668

16－11 续表 continued

单位:万元 (10000 yuan)

地 区	Region	销售总额 Total Sale Value				年末库存总额 Inventory (year-end)
		合计 Total	批发 Wholesale	#出口 Export	零售 Retail	
全省总计	**Total**	**58324224**	**37843675**	**4455982**	**20480549**	**4522879**
济南市	Jinan	8837375	5902706	46117	2934669	858636
青岛市	Qingdao	14549543	10630160	3357233	3919383	955206
淄博市	Zibo	4671989	3151583	21699	1520406	458882
枣庄市	Zaozhuang	707812	454134	39	253677	100170
东营市	Dongying	1023358	564554	21853	458804	56886
烟台市	Yantai	6158077	4484785	158619	1673291	427328
潍坊市	Weifang	5705743	3683993	344496	2021751	328910
济宁市	Jining	3294458	1731383	101044	1563074	332692
泰安市	Tai'an	1177050	573404		603646	91076
威海市	Weihai	1746776	403036	13917	1343740	108709
日照市	Rizhao	1557856	1101071	319334	456785	97708
莱芜市	Laiwu	1156027	933707	4336	222320	81686
临沂市	Linyi	3017283	1616103	10136	1401180	272760
德州市	Dezhou	1489557	767174	25091	722383	149073
聊城市	Liaocheng	1063013	742244	32068	320769	53330
滨州市	Binzhou	1132872	517992		614880	54755
菏泽市	Heze	1035436	585645		449791	95072

16-12 各市星级住宿业和限额以上餐饮业经营情况(2006年)

Business of Star-ranking Catering Services above Designated Size(2006)

地区	Region	限额以上单位(个) Number of Units above Designated Size (unit)	法人单位 Corporation Unit	产业单位 Economic Active Unit	限上法人属产业活动单位(个) Number of Economic Active Units at Corporation (unit)	从业人数(人) Persons Employed (person)	营业额(万元) Business Revenue (10000 yuan)	客房收入 Revenue from Hotel Rooms	餐费收入 Revenue from Meals	商品销售收入 Revenue from Commodities	其他收入 Other Revenue
全省总计	**Total**	**2193**	**1796**	**397**	**1987**	**216686**	**2058122**	**468128**	**1363645**	**148389**	**77961**
济南市	Jinan	253	185	68	202	36636	337730	83397	223764	14518	16052
青岛市	Qingdao	302	271	31	385	40427	493601	128009	300974	35538	29080
淄博市	Zibo	295	228	67	239	19258	165470	23463	126104	12591	3312
枣庄市	Zaozhuang	39	35	4	35	4409	21945	4926	13210	2535	1274
东营市	Dongying	44	35	9	40	7430	65231	13917	37960	9463	3890
烟台市	Yantai	260	213	47	221	18696	212649	49595	151823	6756	4475
潍坊市	Weifang	106	86	20	103	12995	107166	24365	73408	5698	3696
济宁市	Jining	165	110	55	110	12425	95083	17868	69279	6236	1700
泰安市	Tai'an	125	88	37	88	10260	77326	17921	53366	4666	1372
威海市	Weihai	113	103	10	103	11815	133795	30273	87472	12303	3747
日照市	Rizhao	46	42	4	42	4042	29271	9212	18050	1610	399
莱芜市	Laiwu	19	16	3	20	1959	15446	2889	11435	875	246
临沂市	Linyi	94	79	15	79	9512	79090	19343	48476	9010	2262
德州市	Dezhou	121	121		123	8506	73201	12496	52047	5011	3647
聊城市	Liaocheng	48	40	8	41	5692	37642	7951	23157	4902	1631
滨州市	Binzhou	60	43	17	54	6147	50316	9786	33282	6693	556
菏泽市	Heze	103	101	2	102	6477	63164	12717	39838	9986	622

16－13 各市亿元以上商品交易市场情况(2006年)

Basic Statistics on Commodity Exchange Markets of Turnover above 100 Million Yuan by Region(2006)

地　区	Region	市场数量(个) Number of Markets (unit)	营业面积(平方米) Operational Area (sq. m)	摊位数(个) Number of Booths (unit)	成交额(万元) Turnover (10000 yuan)
全省总计	**Total**	**446**	**23638638**	**266684**	**33361177**
济南市	Jinan	39	1770401	28848	2231916
青岛市	Qingdao	50	2545357	38392	5311349
淄博市	Zibo	16	2310200	7775	3868008
枣庄市	Zaozhuang	18	430016	12047	547890
东营市	Dongying	11	405590	7412	315327
烟台市	Yantai	25	1477012	22028	1496554
潍坊市	Weifang	29	2093178	15675	1650172
济宁市	Jining	25	856428	8024	651405
泰安市	Tai'an	10	384935	6283	927816
威海市	Weihai	12	190733	5021	185165
日照市	Rizhao	8	381000	11775	762236
莱芜市	Laiwu	1	8000	40	38000
临沂市	Linyi	47	1877908	22026	4286916
德州市	Dezhou	104	4951387	40620	7483569
聊城市	Liaocheng	14	2210501	14312	1449653
滨州市	Binzhou	12	849672	14298	1456150
菏泽市	Heze	25	896320	12108	699051

16－14 各市限额以上批发和零售业财务状况(2006 年)

Financial Indicators of Enterprises above Designated Size of Wholesale and Retail Trades by Region(2006)

单位:万元 (10000 yuan)

地 区	Region	企业数(个) Number of Enterprises (unit)	#亏损企业数 Deficient Enterprises	流动资产合计 Total Working Capitals	固定资产原价 Original Value of Fixed Assets	本年折旧 Depreciation in the Year	资产合计 Total Assests	负债合计 Total Liabilities	所有者权益合计 Total Owners' Equities
全省总计	**Total**	**3824**	**660**	**15602735**	**4890948**	**270695**	**22555715**	**16978150**	**5577564**
济南市	Jinan	319	34	3455052	722768	36854	4618708	3839724	778985
青岛市	Qingdao	564	162	4188779	939090	54579	5388500	4626525	761974
淄博市	Zibo	266	53	760652	516874	27149	1923376	1000663	922713
枣庄市	Zaozhuang	64	12	115388	52313	2008	168379	107612	60767
东营市	Dongying	72	11	183136	115310	9142	314591	211865	102725
烟台市	Yantai	434	75	1537751	476896	29901	2283236	1550993	732243
潍坊市	Weifang	310	62	1151219	380700	16108	1622027	1259652	362375
济宁市	Jining	417	45	802199	272510	10738	1130664	836251	294412
泰安市	Tai'an	126	15	266447	145023	5699	459581	288341	171240
威海市	Weihai	146	13	467276	255968	13054	738630	454819	283810
日照市	Rizhao	99	27	436180	131290	6384	638428	505150	133277
莱芜市	Laiwu	96	34	391051	54096	3519	471054	463414	7639
临沂市	Linyi	271	55	896961	290981	17451	1247954	799898	448056
德州市	Dezhou	242	10	364925	254297	23736	637260	421293	215967
聊城市	Liaocheng	100	31	141070	100059	5709	247448	173443	74005
滨州市	Binzhou	128	12	202146	106363	4526	334166	210681	123486
菏泽市	Heze	170	9	242507	76409	4138	331715	227827	103888

16－14 续表1 continued

单位:万元 (10000 yuan)

地 区	Region	营业收入合计 Business Revenue	#主营业务收入 Revenue from Principal Business	主营业务成本 Cost of Principal Business	主营业务税金及附加 Taxes and Other Charges on Principal Business	主营业务利润 Profits from Principal Business	营业费用 Expenses on Business	管理费用 Expenseson Management	财务费用 Expenses on Finance
全省总计	**Total**	**46738544**	**46379659**	**42468371**	**132390**	**3465676**	**1595226**	**1182110**	**312621**
济南市	Jinan	7920466	7857563	7350135	11991	480201	269219	162719	48536
青岛市	Qingdao	10866652	10785058	10095522	16390	622163	301939	271772	55269
淄博市	Zibo	4088930	4086059	3619370	31184	351291	160298	72766	15730
枣庄市	Zaozhuang	359792	358529	311724	1017	40654	9643	17311	1147
东营市	Dongying	591276	553272	482368	2964	67682	21525	27172	4037
烟台市	Yantai	4776256	4686143	4186777	10740	469447	229758	113602	23229
潍坊市	Weifang	4452175	4440504	4127100	7208	260883	129108	98518	81533
济宁市	Jining	2177240	2159777	1937143	14876	190696	76432	67218	12009
泰安市	Tai'an	987102	983889	882293	4210	87157	29563	27558	5719
威海市	Weihai	1648395	1639643	1486237	5547	144169	60730	61063	6533
日照市	Rizhao	1445798	1441817	1339470	2053	92459	39010	39380	12719
莱芜市	Laiwu	1023504	1020586	977653	831	40301	18175	17001	5783
临沂市	Linyi	2447861	2442476	2193829	6993	216072	93158	74416	20193
德州市	Dezhou	1418459	1411990	1261801	6912	133877	61409	42856	10795
聊城市	Liaocheng	757880	756167	696647	1214	54022	25439	20222	2425
滨州市	Binzhou	1078682	1072545	926965	1996	139079	40958	38942	3115
菏泽市	Heze	698076	683640	593338	6265	75523	28864	29594	3850

16－14 续表 2 continued

单位:万元 (10000 yuan)

地 区	Region	营业利润 Profits from Business	利润总额 Total Profits	应交所得税 Income Tax Payable	劳动、失业保险费 Charges on Labor and Unemployment Insurance	住房公积金和住房补贴 Housing Accumulation Fund and Housing Subsidies	本年应付工资总额 Total Wages Payable	本年应付福利费总额 Total Welfare Payable	本年应交增值税 Value Added Tax Payable
全省总计	**Total**	**1114315**	**1145362**	**253395**	**81534**	**46781**	**538394**	**91663**	**505814**
济南市	Jinan	105733	103339	29200	12460	4384	71894	14512	80962
青岛市	Qingdao	131532	150840	58381	18559	10391	100432	13814	79722
淄博市	Zibo	198842	198810	13091	5527	2163	39752	6338	27213
枣庄市	Zaozhuang	21522	20612	7312	583	963	6026	1682	6869
东营市	Dongying	23449	23212	7662	1340	2393	12498	2210	11620
烟台市	Yantai	140944	136446	35554	9804	4730	54648	8562	69615
潍坊市	Weifang	76404	82290	17275	7387	5765	40122	7087	36148
济宁市	Jining	70584	82556	16774	4781	2642	33207	5693	20855
泰安市	Tai'an	40692	37169	8701	2745	1938	18197	4420	11545
威海市	Weihai	42374	41792	10290	3195	1201	33822	4736	24900
日照市	Rizhao	28253	28211	6071	1983	1473	13819	2803	9609
莱芜市	Laiwu	4605	4243	2504	844	660	7650	1330	4999
临沂市	Linyi	72170	73632	14368	4421	3121	37511	6789	37916
德州市	Dezhou	52642	54288	7006	2078	789	21774	4728	20204
聊城市	Liaocheng	12163	11769	3525	1297	1370	14279	1776	7593
滨州市	Binzhou	64506	66636	7263	1972	931	15327	2068	44835
菏泽市	Heze	27898	29514	8418	2556	1868	17439	3114	11212

16－15 各市限额以上餐饮业财务状况(2006 年)

Financial Indicators of Enterprises above Designated Size of Catering Services by Region(2006)

单位:万元 (10000 yuan)

地 区	Region	企业数(个) Number of Enterprises (unit)	#亏损企业数 Deficient Enterprises	流动资产合计 Total Working Capitals	固定资产原价 Original Value of Fixed Assets	本年折旧 Depreciation in the Year	资产合计 Total Assests	负债合计 Total Liabilities	所有者权益合计 Total Owners' Equities
全省总计	**Total**	**1303**	**211**	**461253**	**754702**	**40881**	**1297882**	**901808**	**396074**
济南市	Jinan	130	25	78054	91508	5990	201978	151415	50563
青岛市	Qingdao	177	44	87647	104864	7434	198028	129069	68958
淄博市	Zibo	194	23	29242	47100	2819	76771	56939	19831
枣庄市	Zaozhuang	27	5	6032	20774	301	27946	23147	4798
东营市	Dongying	24	7	29680	45565	2411	89380	70144	19236
烟台市	Yantai	153	22	29476	89744	8813	106032	73198	32835
潍坊市	Weifang	70	23	42405	57829	2462	105441	71621	33820
济宁市	Jining	84	19	11897	29238	991	44371	29050	15322
泰安市	Tai'an	39	5	9711	27632	1230	42701	34313	8388
威海市	Weihai	62	2	62722	83835	1889	152165	111379	40786
日照市	Rizhao	25	3	4823	16343	500	25072	18370	6703
莱芜市	Laiwu	12	4	4408	9102	234	13188	6767	6421
临沂市	Linyi	43	4	13819	29537	1941	42616	25203	17413
德州市	Dezhou	114	8	26160	45642	1207	81916	40207	41710
聊城市	Liaocheng	28	12	5158	19391	695	25126	18791	6336
滨州市	Binzhou	32	4	9179	12995	673	30881	24911	5970
菏泽市	Heze	89	1	10842	23603	1292	34270	17285	16986

16－15　续表1　continued

单位:万元　　　　(10000 yuan)

地　区	Region	营业收入合计 Business Revenue	#主营业务收入 Revenue from Principal Business	主营业务成本 Cost of Principal Business	主营业务税金及附加 Taxes and Other Charges on Principal Business	主营业务利润 Profits from Principal Business	营业费用 Expenses on Business	管理费用 Expenses on Management	财务费用 Expenses on Finance
全省总计	**Total**	**1052321**	**1044390**	**564031**	**47348**	**393580**	**221484**	**111405**	**18020**
济南市	Jinan	159172	158581	79205	8619	66858	42645	18817	3631
青岛市	Qingdao	253553	253309	124119	12626	108799	64085	24034	2385
淄博市	Zibo	87241	86889	47103	3711	35681	15097	6790	1429
枣庄市	Zaozhuang	14867	14328	8438	656	4739	3413	1333	268
东营市	Dongying	51203	51156	24180	2659	24268	13030	8665	1527
烟台市	Yantai	94912	93813	55514	3897	32836	14757	10286	1191
潍坊市	Weifang	60065	58677	33495	2294	17288	11409	8371	1387
济宁市	Jining	40070	39475	25340	1820	10964	8831	2858	501
泰安市	Tai'an	26790	26537	14093	1103	7644	5586	3875	155
威海市	Weihai	65325	64429	43333	2262	16645	10559	5855	1055
日照市	Rizhao	13456	12695	8507	574	3353	1211	1425	354
莱芜市	Laiwu	9902	9901	6613	399	2249	1415	1531	74
临沂市	Linyi	30762	30700	14015	1348	14133	7276	4454	522
德州市	Dezhou	61549	61466	38048	1830	16684	6268	3719	1296
聊城市	Liaocheng	17035	17033	10865	822	4999	2950	2976	446
滨州市	Binzhou	22237	21988	13290	786	7026	3322	1785	349
菏泽市	Heze	44182	43412	17875	1944	19416	9630	4631	1450

16－15 续表 2 continued

单位:万元 (10000 yuan)

地 区	Region	营业利润 Profits from Business	利润总额 Total Profits	应交所得税 Income Tax Payable	劳动、失业保险费 Charges on Labor and Unemployment Insurance	住房公积金和住房补贴 Housing Accumulation Fund and Housing Subsidies	本年应付工资总额 Total Wages Payable	本年应付福利费总额 Total Welfare Payable
全省总计	**Total**	**80667**	**80594**	**13420**	**4958**	**1606**	**116991**	**19409**
济南市	Jinan	8624	7996	736	737	313	22097	3259
青岛市	Qingdao	23102	22638	6977	1175	169	23881	2716
淄博市	Zibo	12416	12416	328	220	84	11343	2191
枣庄市	Zaozhuang	1094	1015	185	72		2006	532
东营市	Dongying	1193	1190	980	402	379	5290	888
烟台市	Yantai	8066	7594	1014	777	76	9422	1497
潍坊市	Weifang	88	109	282	468	80	7902	1661
济宁市	Jining	1176	2816	233	251	167	4549	1077
泰安市	Tai'an	1236	1239	193	105	2	2897	493
威海市	Weihai	2707	2707	567	290	137	5687	989
日照市	Rizhao	473	473	173	50	32	1522	217
莱芜市	Laiwu	－71	－71	45	17	1	1367	297
临沂市	Linyi	4209	4208	106	96	72	3368	500
德州市	Dezhou	7869	7869	731	119	4	6355	1432
聊城市	Liaocheng	－652	－653	95	96	91	2293	290
滨州市	Binzhou	2764	2706	88	78		3066	589
菏泽市	Heze	6374	6343	688	5		3950	784

主要统计指标解释

社会消费品零售总额 指批发和零售业、餐饮业、新闻出版业、邮政业和其他服务业等，售予城乡居民用于生活消费的商品和社会集团用于公共消费的商品之总量。社会消费品零售总额包括：

一、批发和零售业企业（单位）：

1. 售予城乡居民的各种生活消费品；

2. 售予入境旅游的外国人、华侨、港澳台同胞的各类商品；

3. 售予行政事业单位、社会团体、军队和武警等机构的商品，以及以零售方式售予各类企业的商品。具体包括：用于非生产和社会交往的办公用品，如通讯设备、计算器具和设备、电讯网络设备、文印设备、音像视听器材和设备、纸张、本册、文具及装订文印材料、家具、日用电器、针纺织品、清洁卫生用品、文体用品、奖品、纪念品、礼品等；供内部人员乘坐的交通工具和燃料；用于办公设施修缮的各类配件、材料、工具等；用于取暖和防暑降温的设备、燃料、材料及食品等；专用于教学的用品和设备；非营利医疗机构的中、西药品、中药材和医疗设备器材；非专用的劳动保护用品；不对外营业的内部食堂用的餐具、炊具、设备、清洁卫生工具和食品、燃料等；军队、武警用于其人员生活的衣着品和个人用品；其他各类非生产性设备和用品。

二、餐饮业出售的主食、菜肴、烟酒饮料和其他商品。

三、新闻出版业、邮政业售予城乡居民、企事业单位、军队和武警等机构的书报杂志、音像制品、邮品等。

四、其他服务业出售的食品、烟酒饮料、服装鞋帽、日常生活用品、医药保健用品、艺术品、工艺美术品、玩具、殡葬用品以及其他消费品。

批发零售业商品购、销、存总额 指各种登记注册类型的批发、零售业企业（单位）以本企业（单位）为总体的，从国内、国外市场购进的商品总量，销售和出口的商品总量、库存商品总量等情况。该指标可以反映商品流转过程中商品的购进、销售、库存之间的比例关系和存在的问题。

商品购进总额 指从本企业（单位）以外的单位和个人购进（包括从境外直接进口）作为转卖或加工后转卖的商品总额。它反映批发零售贸易业从国内、国外市场上购进商品的总量。商品购进总额包括：(1)从工农业生产者购进的商品；(2)从出版社、报社的出版发行部门购进的图书、杂志和报纸；(3)从各种登记注册类型的批发零售贸易企业（单位）购进的商品；(4)从其他单位购进的商品，如从机关、团体、企业等单位购进的剩余物资，从餐饮业、服务业购进的商品，从海关、市场管理部门购进的缉私和没收的商品，从居民手中收购的废旧商品等；(5)从国（境）外直接进口的商品。不包括企业（单位）为自身经营用和未通过买卖行为而收入的商品以及销售退回、商品升溢等。

商品销售总额 指对本企业（单位）以外的单位和个人出售（包括对境外直接出口）的商品总额。它反映批发零售贸易业在国内市场上销售商品以及出口商品的总量。商品销售总额包括：(1)售给城乡居民和社会集团消费用的商品；(2)售给工业、农业、建筑业、运输邮电业、批发零售贸易业、餐饮业、服务业等作为生产、经营使用的商品；(3)售给批发零售贸易业作为转卖或加工后转卖的商品；(4)对国（境）外直接出口的商品。不包括出售本企业（单位）自用的废旧包装用品、未通过买卖行为付出的商品、经本单位介绍，由买卖双方直接结算，本单位只收取手续费的业务、购货退出的商品以及商品损耗和损失等。

批发零售业库存 指报告期末各种登记注册类型的批发零售贸易企业（单位）已取得所有权的商品。它反映批发零售贸易企业（单位）的商品库存情况和对市场商品供应的保证程度。期末库存包括：(1)存放在批发零售贸易业经营单位（如门市部、批发站、经营处）仓库、货场、货柜和货架中的商品；(2)挑选、整理、包装中的商品；(3)已记入购进而尚未运到本单位的商品，即发货单或银行承兑凭证已到而货未到的部分；(4)寄放他处的商品，如因购货方拒绝承付而暂时存放在购货方的商品和已办完加工成品收回手续而未提回的商品；(5)委托其他单位代销（未作销售或调出）尚未售出的商品；(6)代其他单位购进尚未交付的商品。不包括所有权不属于本单位的商品、拨付除批发零售贸易业以外的其他行业所属独立核算加工厂等加工生产尚未收回成品的商品、代国家物资储备部门保管的商品等。

库存总额采用的计算价格是：农副产品采购单位按购进价计算；批发单位按进货价计算；零售单位按核算价格计算，即按什么价格核算就按什么价格计算。

住宿餐饮业营业额 指住宿和餐饮业法人企业、产业活动单位在经营活动中因提供服务或销售商品等取得的收入，包括客房收入、餐费收入、商品销售收入和其他收入。客房收入指住宿和餐饮业法人企业、产业活动单位在经营活动中因提供住宿服务取得的客房收入。餐费收入指住宿和餐饮业法人企业、产业活动单位因为顾客提供就餐服务取得的收入，包括经烹饪、调制加工后出售的各种食品，如主食、炒菜、凉拌菜等的收入。商品销售收入指住宿和餐饮业法人企业、产业活动单位伴随服务而出售商品所取得的收入。其他收入指营业收入中除客房收入、餐费收入、商品销售收入以外的其他收入，包括娱乐、健身和商务服务等。

亿元商品交易市场成交额 指年成交额达到亿元以上，经工商部门批准、专门从事商品批发、零售业务活动的市场。其市场所有摊位成交总额称为商品交易市场成交额。

连锁企业（或称连锁店、连锁公司） 指在核心企业或总店的领导下，由分散的、经营同类商品或服务的企业或活动单位，采取共同方针，实行集中采购和分散销售的有机结合，通过规范化经营，实现规模效益的经济联合组织形式。一般连锁店应由若干个分店组成。其经营特征：(1)经营同类商品；(2)使用统一商号；(3)统一采购配送，采购与销售相分离（部分商品可根据物流合理和保质保鲜原则，由供应商直接送货到门店，其余均由总部统一配送）。

连锁门店包括下列三种形式：

直营连锁：也叫正规连锁。连锁门店均由总部独资或控股开设，在总部的直接领导下统一经营。总部采取纵深似的管理方式，直接下令掌管所有的零售门店，零售门店也必须完全接受总部指挥。他是大型垄断商业资本通过吞并、兼并或独资、控股等途径，发展壮大自身实力和规模的一种形式。

特许连锁：各连锁门店（被特许人）通过合同形式，取得使用总部（特许人）商标、商号、经营技术和销售总部开发的商品的特许权，各加盟连锁门店为独立法人，在总部指导下统一经营。

自由连锁：也称自愿连锁。连锁公司的门店均为独立法人，各自的资产所有权关系不变，在公司总部的指导下共同经营。各成员店使用共同的店名，与总部订阅有关购、销、宣传等方面的合同，并按合同开展经营活动。在合同规定的范围之外，各成员店可以自由活动。根据自愿原则，各成员店可自由加入连锁体系，也可自由退出。

特许连锁加上自由连锁等于加盟连锁。

Explanatory Notes on Main Statistical Indicators

Total Retail Sales of Consumer Goods refer to the sum of retail sales of commodities sold by wholesale, retail, catering, publishing, post and telecommunications and other service industries to urban and rural households for private consumption and to social institutions for public consumption. Retail sales of consumer goods include:

1) Sales by wholesale and retail units:

a) of consumer goods sold to urban and rural households

b) of commodities sold to foreigners, overseas Chinese and Chinese compatriots from Hong Kong, Macao and Taiwan visiting in China

c) of commodities sold to government agencies, institutions, social organizations, military and armed police units, and commodities sold to enterprises in the form of retail sales. More specifically, they include: office facilities and articles for non-production purposes such as communications equipment, computing equipment and instruments, TV and network equipment, printing and copying equipment, audio-visual equipment and instruments, paper, notebooks, stationeries, furniture, electric appliances, knitwear, sanitation and cleaning articles, cultural and sport articles, articles for prizes, souvenirs, etc.; transport vehicles and fuels for employees; materials, spare parts and tools for the maintenance of office facilities; equipment, fuels, materials and food for winter heating or summer cooling purposes; articles and equipment for teaching purpose; Chinese and western medicines and medical equipment and facilities purchased by non profit-making medical institutes; non-specialized work safety articles; cooking utensils, tableware, equipment, cleaning articles, food and fuels purchased by internal cafeterias; clothes and personal articles purchased by military or armed police units for their officials and soldiers; and other equipment and articles for non-production purposes.

2) Sales of stable food, cooked dishes, beverages, tobaccos and other articles by catering units.

3) Sales of books, newspapers, magazines, audio-visual products and post products by publishing, post and telecommunications departments to urban and rural households and to enterprises, institutions, military and armed police units.

4) Sales of food, beverages, tobaccos, clothing, hats, footwear, articles for daily use, medicines, medical and health articles, work of art, handicrafts, toys, funeral articles and other articles by other service industries.

Purchase, Sales and Stock of Commodities by Wholesale and Retail Trades refer to the total volume of commodities purchased, total volume of sales and exports, and the stock of commodities by wholesale and retail enterprises (establishments) of different status of registration from domestic and overseas markets. This indictor reflects the relationship among purchase, sales and stock of commodities in the circulation of goods and reveals the existing problems.

Total Purchases of Commodities refer to the total value of purchases of commodities by the enterprises (establishments) from other establishments or individuals (including direct import from abroad) for the purpose of re-selling, either with or without further processing of the commodities purchased. This indicator is used to show the total value of purchases of commodities by wholesale and retail establishments from domestic and overseas markets. The total purchases include: (1) agricultural and industrial products purchased from producers; (2) books, magazines and newspapers purchased from distribution departments of the publishers; (3) commodities purchased from wholesale and retail establishments of different status of registration; (4) commodities purchased from other units, such as surplus materials purchased from government agencies, enterprises or institutions, commodities purchased from catering and service establishments, confiscated goods purchased from customs authorities or market management agencies, second-hand goods and wastes purchased from residents; and (5) commodities directly imported from abroad. Excluded are commodities purchased by enterprises (establishments) for use in their own business operation, commodities obtained without buying or selling procedures, rejected commodities, etc.

Total Sales of Commodities refer to value of commodities sold by the establishments to other establishments and individuals (including direct export). This indicator is used to show the total value of sales of commodities at domestic markets and export. The total sales include: (1) commodities sold to urban and rural residents and social groups for their consumption; (2) commodities sold to establishments in industry, agriculture, construction, transportation, post and telecommunications, wholesale and retail trades, catering trade and public utility for their production and operation; (3) commodities sold to wholesale and retail establishments for re selling, with or without further processing; and (4) commodities for direct export to other countries. Excluded are selling of waste packaging materials used by the establishments (units) themselves, commodities transferred without buying or selling procedures, commission income from brokerage in transactions whose settlement is directly handled by buyers and sellers, rejected commodities in the purchase, loss in commodities, etc.

Commodity Stock of Wholesale and Retail Enterprises refers to total commodities possessed by wholesale and retail enterprises (units) of various types of registration status at the end of the reference period, which reflects the commodity stock level of various wholesale and retail enterprises and the potential for market supply. It includes: (1) commodities located in storage, garages, counters, and shelves of operating units (such as sale stores, wholesale centers, and operating offices) of wholesale and retail enterprises; (2) commodities in the process of selecting, sorting, and packing; (3) commodities not arrived but recorded as purchase in the account, i. e. commodities not arrived but payment receipts for the commodities from the sellers or the banks arrived; (4) commodities deposited in other places rather than places mentioned above, for instance: commodities in the hold of purchasers temporarily due to the refusal of payment and commodities not taken back after going through the formalities; (5) commodities entrusted to other units to sell but not sold yet; (6) commodities purchased for other units but not delivered yet. Commodities not included as stock are those not owned by the enterprises (units), those allocated to financially independent factories rather than wholesale and retail enterprises for processing but not taken back yet, and finally those put in stock by wholesale and retail enterprises on behalf of the state material reserves units.

For the calculation of the value of commodities stock, the value is calculated at purchasing prices in agricultural goods purchasing units and wholesale units, and at the accounting prices in retail units.

Business Revenue of Hotels and Catering Services: refer to revenue received from providing services or selling commodities by corporate enterprises and establishments engaged in hotel and catering services, including income from hotel rooms, from catering services, from selling of commodities and from other services. Income from hotel rooms refers to income of corporate enterprises and establishments by providing lodging services. Income from catering services refers to income of corporate enterprises and establishments by providing catering services, including selling of cooked or prepared foods such as stable food, cooked dishes or cold dishes. Income from selling of commodities refers to income of corporate enterprises and establishments by selling commodities that accompany the services they provide. Income from other activities refers to income received other than income from hotel rooms, catering services or selling of commodities, such as income from providing recreation, fitness or business services.

Volume of Transaction at Large Commodity Markets (with transaction value over 100 million yuan) refers to markets approved by the industrial and commercial administration departments, which specialize in wholesale and retail of commodities with an annual transaction of over 100 million yuan. The sum of sales of all sellers in the markets makes up the transaction value of the markets.

Chain Enterprises(also called chain stores or chain corporations) refer to a form of joint economic entities under which scattered enterprises or establishments engaged in providing homogeneous commodities or services, with the central leadership of core enterprise or headquarters and guided by common policies, conduct centralized purchase and distributed selling of commodities, in order to gain better efficiency through standardized operation. Consisting of a number of branch stores, the chain stores have in general following features: 1) homogeneous commodities, 2) unique name of stores, 3) centralized purchase and delivery which is separated from distributed selling operation (most commodities are delivered from the headquarters except some items which, from logistics, quality or freshness considerations, might be delivered by the suppliers directly).

Chain stores have 3 categories:

a) Chain stores under direct management: These are formal chain stores invested or controlled by the headquarters. They operate under the direct and unified management from the headquarters. Adopting a direct management approach, the headquarters give orders and control all retail stores, which follow completely the directives from the headquarters. Large monopolized commercial companies develop and expand their business through purchasing, merging, direct investment and controlling of shares.

b) Chain stores through special permit: Through contracts, chain stores (or their owners) obtain licenses from the headquarters to use designated trade marks, names, operation know-how, and to sell the commodity developed by the headquarters. Under this arrangement, each store in the chain is an independent legal entity and operates under the guidance from the headquarters.

c) Chain stores through voluntary arrangement: Under this arrangement, all stores operate together under the guidance of the headquarters, while maintaining their status of independent legal entities with full ownership of their assets. They use the same store name, sign contracts with the headquarters concerning purchase, sale, publicity, etc. and operate under the contract. They are free to engage in other activities which are not bounded in the contract. They could join or leave the chain on voluntary basis.

Chain stores through special permit and those through voluntary arrangement make up chain stores through license arrangement.

第17篇

对外经济贸易、旅游和开发区

FOREIGN TRADE, TOURISM AND DEVELOPMENT ZONE

简要说明

一、本篇资料的主要内容

本篇资料反映了全省外经外贸、旅游和开发区的基本情况，主要包括进出口、利用外资、境外投资、对外承包工程和劳务合作、人民币外汇牌价、旅游业基本情况、经济开发区和高新技术开发区等方面的内容。

二、本篇资料的来源

1. 进、出口数据来源于海关统计，进出口商品价值，出口按离岸价(FOB)、进口按到岸价(CIF)统计。

2. 利用外资、对外承包工程和劳务合作、境外投资等资料来源于省外经贸厅。

3. 历年人民币对主要外币的年平均汇价资料来源于国家外汇管理局，是根据当年国家外汇管理局提供的每日汇价进行加权平均计算而得出的当年年平均汇价。

4. 旅游资料来源于省旅游局。

5. 开发区资料来源于山东省统计局开发区统计年报。

本篇资料由山东省统计局贸易处整理提供。

Brief Introduction

I. Content

Data in this chapter show the basic conditions of foreign trade, tourism and development zones, mainly including imports and exports, utilization of foreign capitals, overseas direct investments, contracted projects, labor services cooperation, exchange rate of RMB to other currencies, tourism and economic development zone, etc.

II. Source of Data

(1) Data on foreign trade are based on the statements made by the Administration of Customs. Exports are calculated at FOB, imports at CIF.

(2) Data on utilization of foreign capitals, contracted projects and labor services cooperation are provided by Shandong Department Foreign Trade and Economic Cooperation.

(3) Average exchange rates of RMB yuan to other currencies over the years come from the State Administration of Exchange Control. The annual average exchange rate is calculated as the weighted mean of the daily exchange rates provided by the State Administration of Exchange Control.

(4) Data on tourism are provided by Shandong Tourism Administration.

(5) Data on economic development zones are based on the annual reports of economic development zones, which are provide by Shandong Provincial Bureau of Statistics.

Data in this chapter are prepared and compiled by the Division of Trade and External Economic Relations Statistics of Shandong Provincial Bureau of Statistics.

17－1 1984－2006年海关进出口情况

Basic Statistics on Imports and Exports from 1984 to 2006 (Customs Statistics)

单位:万美元 (10000 USD)

年份 Year	出口总值 Total Value of Exports	一般贸易 General Trade	来料加工装配贸易 Processing and Assembling Trade with Sent Materials	进料加工贸易 Processing Trade with Imported Materials	其他贸易 Other Trades	进口总值 Total Value of Imports
1984	207786					144226
1985	234652					179796
1986	191926					190914
1987	289938	264633	2566	19232	3507	65356
1988	309773	261451	3796	40458	4068	263588
1989	327015	266337	6274	49047	5357	289496
1990	341719	274898	8660	53152	5009	86803
1991	375230	293951	13681	63430	4168	107970
1992	433752	330729	18598	79452	4973	344388
1993	420360	292058	23834	96748	7720	308226
1994	587011	371013	40640	168470	6888	375916
1995	816101	460278	77503	270177	8143	578906
1996	918298	449683	130565	331035	6339	698096
1997	1085888	483895	185156	410664	6173	667743
1998	1034705	458607	172262	396013	7823	627035
1999	1157909	541405	218625	394880	2999	669185
2000	1552905	746563	293008	507050	6284	946093
2001	1812899	913253	310013	579125	10508	1083414
2002	2111511	1089063	341530	669958	10960	1282664
2003	2657285	1400709	392861	845249	18466	1808467
2004	3587286	1799792	483369	1252126	51999	2490850
2005	4625113	2310122	594991	1668351	51649	3063763
2006	5864717	3013461	655916	2083042	112298	3664100

17－2 1998－2006年进出口主要分类情况

Imports and Exports by Category from 1998 to 2006

单位：亿美元 (100 million USD)

类别	Category	2000	2001	2005	2006
一、进出口总值	**Total Value of Imports and Exports**	**249.9**	**289.5**	**768.9**	**952.9**
出口额	Exports	155.3	181.3	462.3	586.5
进口额	Imports	94.6	108.3	306.4	366.4
二、出口商品构成(%)	**Structure of Exported Goods(%)**				
初级产品	Primary Goods	21.7	23.7	16.8	15.1
工业制成品	Manufactured Goods	78.3	76.3	83.2	84.9
三、进口商品构成(%)	**Structure of Imported Goods(%)**				
初级产品	Primary Goods	26.9	26.8	38.3	42.0
工业制成品	Manufactured Goods	73.1	73.2	61.7	58.0
四、纺织服装进出口总值	**Total Value of Imports and Exports of Textile Apparel**	**58.4**	**63.3**	**121.3**	**138.1**
出口额	Exports	47.1	51.7	106.2	122.8
进口额	Imports	11.3	11.6	15.1	15.3
五、农(副)产品进出口总值	**Total Value of Imports and Exports of Agricultural Products(By-products)**	**57.3**	**68.9**	**119.2**	**141.0**
出口额	Exports	35.3	44.7	69.1	80.9
进口额	Imports	22.0	24.2	50.1	60.1
六、机电产品进出口总值	**Total Value of Imports and Exports of Mechanical and Electrical Products**	**61.3**	**78.5**	**240.3**	**306.0**
出口额	Exports	31.3	38.0	135.7	185.3
进口额	Imports	30.0	40.5	104.6	120.7
七、高新技术产品进出口总值	**Total Value of Imports and Exports of High and New-tech Products**	**17.2**	**23.8**	**85.0**	**112.5**
出口额	Exports	6.5	7.8	42.5	64.8
进口额	Imports	10.7	16.0	42.6	47.6
八、外商投资企业进出口总值	**Total Value of Imports and Exports of**	**139.3**	**162.7**	**413.9**	**513.9**
出口额	Exports	79.3	92.4	238.1	307.8
进口额	Imports	60.0	70.3	175.8	206.0
九、一般贸易进出口总值	**Total Value of Imports and Exports under General Trades**	**105.1**	**126.9**	**358.6**	**457.9**
出口额	Exports	74.7	91.3	231.0	301.3
进口额	Imports	30.4	35.6	127.5	156.5
十、加工贸易进出口总值	**Total Value of Imports and Exports under Processing Trades**	**131.3**	**144.8**	**360.9**	**430.6**
出口额	Exports	80.0	88.9	226.3	273.9
进口额	Imports	51.3	55.9	134.6	156.7
来料加工贸易进出口总值	**Total Value of Imports and Exports under Processing Trades with Sent Materials**	49.4	52.6	99.0	108.0
出口额	Exports	29.3	31.0	59.5	65.6
进口额	Imports	20.1	21.6	39.5	42.4
进料加工贸易进出口总值	**Total Value of Imports and Exports under ProcessingTrades with Imported Materials**	81.9	92.2	261.9	322.7
出口额	Exports	50.7	57.9	166.8	208.3
进口额	Imports	31.2	34.3	95.1	114.4

注：农副产品2004年以后为农产品数据。

a) Data of agricultural by-products in 2004 and 2005 refers to agricultural products.

17－3 海关进出口商品总值(按国别、地区分)

Total Value of Import and Export Commodities (Customs Statistics, by Countries or Regions)

单位:万美元 (10000 USD)

国别(地区)	Country(Region)	进出口总值 Total Value of Imports and Exports	出口总值 Total Value of Exports	进口总值 Total Value of Imports
合　计	**Total**	**9528817**	**5864717**	**3664100**
亚　洲	Asia	5158383	2956007	2202376
东　盟	ASEAN	758761	373231	385530
香　港	Hong kong	311842	258193	53648
日　本	Japan	1279338	932929	346409
韩　国	Repulic of Korea	1910220	873361	1036859
台　湾	Taiwan	193524	76730	116793
马来西亚	Malaysia	176893	72859	104034
印度尼西亚	Indonesia	166199	71495	94704
新加坡	Singapore	133686	67923	65763
印　度	India	211933	84618	127314
泰　国	Thailand	156794	65414	91380
非　洲	**Africa**	**313237**	**227346**	**85891**
南　非	South Africa	68491	36751	31740
欧　洲	**Europe**	**1649418**	**1116836**	**532582**
欧　盟	EU	1303382	975625	327757
英　国	United Kingdom	169396	145649	23747
德　国	Germany	306812	180061	126750
法　国	France	86513	66375	20137
意大利	Italy	138789	106810	31978
荷　兰	Netherlands	157600	132635	24965
西班牙	Spain	83739	72763	10976
瑞　典	Sweden	32199	19248	12950
瑞　士	Switzerland	21598	10558	11040
俄罗斯	Russia	256012	80340	175672
比利时	Belgium	109123	90486	18636
南美洲	**South America**	**472935**	**229519**	**243416**
阿根廷	Argentina	21996	12114	9882
巴　西	Brazil	199739	36440	163299
智　利	Chile	53974	19019	34954
墨西哥	Mexico	57060	46416	10644
巴拿马	Panama	23150	23150	
北美洲	**North America**	**1655072**	**1236042**	**419030**
美　国	United States	1487497	1133980	353516
加拿大	Canada	165219	100813	64405
大洋州	**Oceanic**	**279771**	**98969**	**180802**
澳大利亚	Australia	239845	78408	161436
新西兰	New Zealand	24029	11098	12931

注:进口国别指原产国,出口国别指最终消费国。

a) The importing country refers to country of origin and the exporting country refers to country of final consumption.

17－4 海关进出口商品分类金额(2006年)

Imports and Exports Value by Category of Commodities(2006)

单位:万美元 (10000 USD)

商品类别	Category	出口 Export	进口 Import
总　计	**Total**	**5864717**	**3664100**
一、活动物;动物产品	**Live Animals & Animal Products**		
活动物	Live Animals	367	1517
肉及食用杂碎	Meat and Edible Haslets	11226	1289
鱼,甲壳,软体及水生无脊椎动物	Fish; Shellfish; Molluscs and Other Aquatic Invertebrates	217662	186585
乳蛋品;天然蜂蜜;其他食用动物产品	Dairy Products; Eggs; Natural Honey and Other Edible Animal Products	3758	2127
其他动物产品	Other Animal Products	4008	2315
二、植物产品	**Plant Products**		
活植物;鳞茎、根及类似品;插花	Live Plants; Bulbs, Roots, etc; Flower	497	129
食用蔬菜、根及块茎	Edible Vegetables; Roots and Stem Tubers	133597	40376
食用水果及坚果;属水果的果皮	Edible Fruits and Nuts; Fruit Peels	42929	4606
咖啡、茶、马黛茶及调味香料	Coffee; Tea and Spices	17942	253
谷　物	Cereals	145	6937
制粉产品;麦芽;淀粉;菊粉;面筋	Milling Products; Malt; Starch; Inulin and Gluten	5081	1787
子仁果实;工业药用植物;稻草饲料	Seeds and Fruits; Plants for Industrial and Medicinal Use; Straws and Forage	30051	98288
虫胶;树胶、树脂及其他植物液、汁	Lac; Rubber; Resin and Other Plant Juices	229	157
编结用植物材料;其他植物产品	Plaiting Plant Materials; Other Plant Products	253	1841
三、动植物油脂、蜡及分解产品;食用油	**Animal and Vegetable Oils; Fats and Wax; Edible Oils and Fats**	**8173**	**17289**
四、食品饮料酒醋;烟草及代用品	**Food; Beverages; Liquor and Vinegar; Tobacco and Tobacco Substitutes**		
肉鱼甲壳软体动物及无脊椎动物制品	Meat; Fish and Shellfish Products Mollusks and Other Aquatic Products	152246	2200
糖及糖食	Sugar and Sugar Products	3662	11150
可可及可可制品	Cocoa and Cocoa Products	676	410
谷物、粮食粉、淀粉、乳制品;糕点	Cereals; Grain; Starches or Milk and Pastry Products	22912	951
蔬菜、水果、坚果其他植物制品	Products of Vegetables; Fruits and Nuts	98674	1076
杂项食品	Miscellaneous Food	12607	3667
饮料、酒、醋	Beverages; Liquor and Vinegar	12000	2129
食品工业残渣废料;动物饲料	Waste Residues of Food Industry and Animal Feed	10286	2324
烟草及烟草代用品的制品	Tobacco; Products of Tobacco & Tobacco Substitutes	1613	111
五、矿产品	**Minerals**		
盐硫磺泥土及石料;石膏石灰及水泥	Salt; Sulphur; Clay and Rock; Plaster Stone; Lime and Cement	45065	11824
矿砂、矿渣及矿灰	Ore; Slag and Mortar	151	381818
矿物燃料、油、蜡及蒸馏产品;沥青物质	Mineral Fuels; Lubricants; Asphalt; Mineral Wax	74580	199822
六、化学工业及其相关工业产品	**Chemicals and Related Products**		
无机化学品;有机及无机化合物	Inorganic Chemicals; Organic and Inorganic Compounds	49896	38352
有机化学品	Organic Chemicals	158616	74263
药　品	Medicinal and Pharmaceutical Products	14986	999
肥　料	Fertilizers	9149	4532
鞣料制品及颜料油灰油墨等	Tannic Products; Coloring Materials; Ink and Printing Ink	23136	20821

17－4 续表1 continued

单位:万美元 (10000 USD)

商品类别	Category	出口 Export	进口 Import
精油及香膏;芳香料制品及化妆品	Essential Oils and Perfumed Materials; Cosmetics	1703	595
肥皂洗涤润滑剂;蜡制品及熟石膏	Soap and Detergent; Gypsum Products and Wax	8504	7135
蛋白类物质;改性淀粉;胶;酶	Protein-like Substances; Modified Starch; Gel and Enzymes	17176	8533
炸药火柴烟火制品;易燃材料制品	Explosives and Matches Products; Inflammable Material Products	1048	242
照相及电影用品	Photographic and Film Supplies	69	1635
杂项化学产品	Miscellaneous Chemical Products	25365	36045
七、塑料及其制品;橡胶及其制品	**Plastics and Related Products; Rubber and Related Products**		
塑料及其制品	Plastics and Related Products	134530	239652
橡胶及其制品	Rubber and Related Products	193061	187310
八、皮及皮制品;旅行用品;动物肠线	**Leather and Leather Products; Travel Articles; Animal Casing**		
生皮(毛皮除外)及皮革	Skin(except fur) and Leather	40276	70765
皮革制品;旅行用品;动物肠线制品	Leather Products; Travel Articles; Animal Casing	114972	4346
毛皮、人造毛皮及制品	Furs; Artificial Furs and Related Products	7364	971
九、木及软木制品、编结材料制品	**Wood and Wooden Products; Plaited Products**		
木及木制品;木炭	Wood and Wooden Products; Charcoal	90755	34824
软木及软木制品	Cork and Related Products	46	727
稻草针茅篮筐及柳条等编结品	Straws, Baskets and Wickerwork	35508	88
十、木浆及纤维状纤维素浆;废纸纸板及制品	**Paper Pulp and Cellulose Pulp; Paper and Waste Paper; Paperboard and Related Products**		
木浆及纤维状纤维素浆;废纸或纸板	Paper Pulp and Cellulose Pulp; Waste Paper and Paperboard	3577	118801
纸及纸板;纸浆、纸或纸板制品	Paper and Paperboard; Articles of Paper Pulp or Paper and Paperboard Products	64933	21651
书籍、报纸刷图及其他印刷品;手稿设计图纸	Books, Newspaper and Other Prints; Manuscript, Design Drawings	1435	1266
十一、纺织原料及纺织制品	**Textile Materials and Products**		
蚕　丝	Natural Silk	11897	969
羊毛动物细粗毛;马毛纱线及其机织物	Wool; Wool Yarn and Woolen Woven Fabrics	10285	8774
棉　花	Cotton	209559	192814
其他植物纺织纤维;纸纱线及其机织物	Other Textile Fiber; Yarn and Related Woven Fabrics	2134	2751
化学纤维长丝	Chemical Fiber; Continuous Filament	20692	26066
化学纤维短纤	Chemical Fiber; Staple Fiber	71020	27967
絮胎毡呢及无纺织物;特种纱线线绳索缆	Wadding; Felt and Adhesive-Bond Fabrics; Special Yarn; Thread; Rope; Cable and Related Products	11638	8026
地毯及纺织材料的其他铺地制品	Carpets and Related Products	22103	831
特种机,簇绒织物;花边装饰毯,带,刺绣品	Special Woven Fabrics; Lace; Embroidery	15486	13635
浸渍涂布包覆或层压纺织物;工业用纺织品	Coated Textiles; Textile Products for Industrial Use	8775	22135
针织物及钩编织物	Knitwear and Crocheted Fabrics	7303	39935
针织或钩编的服装及衣着附件	Knitted or Crocheted Garments & Clothing Accessories	317884	1729
非针织或非钩编的服装及衣着附件	Garments Not Knitted or Crocheted	235320	2318
其他纺织品;成套物品;旧衣旧纺织品	Other Textile Products; Secondhand Garments	216397	1007
十二、鞋帽伞杖鞭及零件;羽毛人发制品	**Footwear; Headgear; Umbrellas; Canes; Whips; Feather and Wigs and Related Products**		
鞋靴,护腿和类似品及零件	Footwear; Headgear; Umbrellas; Canes; Whips;	105760	12472
帽类及其零件	Headgear And Accessories	15354	223
雨伞阳伞手杖鞭子马鞭及零件	Umbrellas; Canes; Whips and Accessories	492	2
已加工羽毛羽绒及制品;人造花	Processed Feathers and Related Products; Artificial Flowers	32737	3601

17－4 续表2 continued

单位:万美元 (10000 USD)

商品类别	Category	出口 Export	进口 Import
十三、石料膏泥棉云母及制品;陶瓷玻璃	**Gypsum; Cement; Asbestos; Mica; Ceramic Glass**		
石料膏泥棉云母及类似材料制品	Gypsum; Cement; Asbestos; Mica and Related Products	33118	6102
陶瓷产品	Ceramics	34206	1768
玻璃及其制品	Glass and Glassware	62719	4205
十四、珍珠宝石贵金属及制品;仿首饰	**Pearls and Precious Stones; Precious Metal and Related Products; Artificial Jewelry**	67846	24096
十五、贱金属及制品	**Base Metals and Related Products**		
钢　铁	Iron and Steel	238683	108599
钢铁制品	Iron and Steel Products	202792	30596
铜及其制品	Copper and Related Products	24632	36279
镍及其制品	Nickel and Related Products	20	1478
铝及其制品	Aluminum and Related Products	77368	36903
铅及其制品	Lead and Related Products	135	255
锌及其制品	Zinc and Related Products	425	1093
锡及其制品	Tin and Related Products	112	2567
其他贱金属,金属陶瓷及制品	Other Base Metals and Related Products	1447	744
贱金属工具器具利口器餐匙餐叉及零件	Tools and Apparatus of Base Metals; Spoon and Accessories	36618	7207
贱金属杂项制品	Miscellaneous Products of Base Metals; and Accessories	18265	8872
十六、机械、电气设备、电视机及音响设备	**Machinery; Electric Equipment; TV Sets and Audio**		
核反应堆;锅炉机器机械器具及零件	Nuclear Reactor; Boiler and Accessories	546742	472061
电机电气设备及零件;声像设备	Electric Equipment and Accessories; Audio-visual Equipment	666266	507059
十七、车辆,航空器,船舶及运输设备	**Locomotives; Vehicles; Aircraft; Ship and Related Transportation Equipment**		
铁道及电车道,交通讯号设备零附件	Rail Locomotives; Tramcars and Accessories	105792	2731
车辆及其零附件,铁电车道车辆除外	Vehicles and Related Parts and Accessories	176069	35601
航空器,航天器及其零件	Aircraft; Spacecraft and Parts Thereof	797	9809
船舶及浮动结构体	Ships and Related Products	32282	182
十八、照相计量医疗精密仪器及设备,零附件	**Photographic, Measuring and Mwdical Instruments and Equipment; Related Parts and Accessories**		
照相计量医疗精密仪器及设备,零附件	Photographic, Measuring and Mwdical Instruments and Equipment; Related Parts and Accessories	38526	112309
钟表及其零件	Clocks and Accessories	3652	309
乐器及其零件附件	Musical Instruments; Related Parts and Accessories	8599	1419
十九、武器弹药及其零件、附件	**Weapons and Ammunition; Related Parts and Accessories**		25
二十、杂项制品	**Miscellaneous Products**		
家具垫子照明装置发光品活动房屋	Furniture and Lighting Fixtures	139381	3110
玩具游戏品,运动用品及零附件	Toys, Games, Sporting Goods and Accessories	107800	13704
杂项制品	Miscellaneous Products	17717	7482
二十一、艺术品,收藏品及古物	**Works of Art, Collectibles and Antiques**	175	12
二十二、特殊交易品及未分类商品	**Special Transactions Goods and Products Not Otherwise Classified**		

17-5 进口商品结构(按国际贸易标准划分,2006年)

Structure of Imported Commodities(by Standards of International Trade,2006)

单位:万美元 (10000 USD)

商品类别	Category	进口额 Imports	比 重 (%) Proportion
总　值	**Total**	**3664100**	**100.0**
一、初级产品	**Primary Goods**	**1536790**	**42.0**
食品及活动物	Food and Live Animals	264683	7.2
饮料及烟类	Beverages and Tobacco	2127	0.1
非食用原料(燃料除外)	Non-edible Raw Materials	1052735	28.7
矿物燃料、润滑油及有关原料	Mineral Fuels,Lubricants and Related Materials	199822	5.5
动植物油、脂及蜡	Animal and Vegetable Oils,Fats and Waxes	17424	0.5
二、工业制品	**Manufactured Goods**	**2127311**	**58.0**
化学成品及有关产品	Chemicals and Related Products	370277	10.1
按原料分类的制成品	Products Classified by Raw Materials	516904	14.1
机械及运输设备	Machinery and Transport Equipment	1036582	28.3
杂项制品	Miscellaneous Products	203548	5.6
未分类的商品	Products Not Otherwise Classified		

17-6 出口商品结构(按国际贸易标准划分,2006年)

Structure of Exported Commodities(by Standards of International Trade,2006)

单位:万美元 (10000 USD)

商品类别	Category	出口额 Export	比 重 (%) Proportion
总　值	**Total**	**5864717**	**100.0**
一、初级产品	**Primary Goods**	**885926**	**15.1**
食品及活动物	Food and Live Animals	736753	12.6
饮料及烟类	Beverages and Tobacco	5064	0.1
非食用原料(燃料除外)	Non-edible Raw Materials	61437	1
矿物燃料、润滑油及有关原料	Mineral Fuels,Lubricants and Related Materials	74580	1.3
动植物油、脂及蜡	Animal and Vegetable Oils,Fats and Waxes	8091	0.1
二、工业制品	**Manufactured Goods**	**4978792**	**84.9**
化学成品及有关产品	Chemicals and Related Products	357326	6.1
按原料分类的制成品	Products Classified by Raw Materials	1777850	30.3
机械及运输设备	Machinery and Transport Equipment	1531714	26.1
杂项制品	Miscellaneous Products	1311902	22.4
未分类的商品	Products Not Otherwise Classified		

17－7 1979－2006 年利用外资情况

Statistics on Utilization of Foreign Capital from 1979 to 2006

单位:万美元 (10000 USD)

年　份 Year	合同项目个数(个) Number of Contracted Projects	#外商直接投资 Foreign Direct Investments	合同外资金额 Total Amount of Contracted Foreign Capital	#外商直接投资 Foreign Direct Investments	实际利用外资金额 Total Amount of Foreign Capital Actually Utilized	#外商直接投资 Foreign Direct Investments
1979	49		1278		1276	
1980	46		1254		1245	
1981	40	1	1296	10	1296	10
1982	60		1348		1327	
1983	51		2010		1831	
1984	100	16	15283	10470	1642	40
1985	232	32	10994	4925	6375	559
1986	109	37	13377	5927	11743	1939
1987	151	53	30520	3890	10219	2381
1988	458	203	59553	26020	14231	3908
1989	485	240	55272	17855	31498	13132
1990	674	366	55164	23283	31123	15084
1991	1187	801	102358	65481	46789	17950
1992	4651	4109	471994	391961	137684	97335
1993	8012	7229	754863	705116	226068	184319
1994	4747	3650	624570	526217	340137	253566
1995	5035	2709	532980	462521	326698	260719
1996	2223	2175	633894	539797	339426	259041
1997	1681	1597	454145	328037	358447	250044
1998	1434	1366	367072	221866	361036	222262
1999	1745	1717	421333	311087	374464	246878
2000	2733	2728	561066	507435	381243	297119
2001	3058	3047	715880	672040	424886	362093
2002	4072	4065	1186072	1130680	652124	558603
2002 增幅%　Growth Rate in 2002(%)	33.2	33.4	64.2	68.2	47.8	54.3
2003	5305	5305	1989296	1341413	1125985	709371
2003 增幅%　Growth Rate in 2003(%)	30.5	30.5	72.1	86.7	73.2	48.9
2004	5890	5890	2144647	2028958	982105	870064
2004 增幅%　Growth Rate in 2004(%)	11.1	11.1	53.7	51.3	32.4	22.7
2005	6415	6415	2884398	2749510	1101441	897072
2005 增幅%　Growth Rate in 2005(%)	8.9	8.9	34.5	35.5	12.2	3.1
2006	4030	4030	1645089	1624175	1020966	1000069
2006 增幅%　Growth Rate in 2006(%)	-37.2	-37.2		-40.9		11.5

注:2003 年实际利用外资金额是全口径数据包括对外借款,合同外资个数和合同外资金额不包括对外借款部分。2004 年起实行新的外商投资统计制度取消对外借款部分,外商直接投资数据为商务部反馈数。2006 年其他投资数改为部门数据,无去年同期数,故没有增幅。

a) In 2003, data of total amount of foreign capital actually utilized are including foreign loads. And Data of projects for contracted foreign capital and total amount of contracted foreign capital are excluding foreign loads. Since 2004, foreign loads is canceled according to the new statistical regulations on foreign investments. Data of foreign direct investments come from the Ministry of Commerce.

17-8 外商直接投资基本情况

Basic Statistics on Foreign Direct Investments

单位:万美元 (10000 USD)

类别	Category	合同项目个数(个) Number of Contracted Projects(unit)			合同外商投资金额 Total Amount of Contracted Foreign Capital		
		1979-2006	比重(%) Proportion	2006	1979-2006	比重(%) Proportion	2006
外商直接投资	**Foreign Direct Investments**	**54754**	**100.0**	**4030**	**13346676**	**100.0**	**1624175**
中外合资企业	Sino-foreign Joint-ventures enterprises	24250	44.3	1053	3561829	26.7	220224
中外合作企业	Sino-foreign Cooperative Operation enterprises	2145	3.9	81	911283	6.8	51706
外资企业	Foreign Investment Enterprises	28310	51.7	2893	8763990	65.7	1347566
外商投资股份制	Foreign Investment Share Enterprises	45	0.1	3	102327	0.8	4679
合作开发	Cooperative Development	4	…		7247	0.1	
其它	Others						

17-8 续表 continued

单位:万美元 (10000 USD)

类别	Category	实际使用外商投资金额 Total Amount of Foreign Capital Actually Utilized		
		1979-2006	比重(%) Proportion	2006
外商直接投资	**Foreign Direct Investments**	**6525468**	**100.0**	**1000069**
中外合资企业	Sino-foreign Joint-ventures enterprises	2216016	34.0	171938
中外合作企业	Sino-foreign Cooperative Operation enterprises	395506	6.1	28137
外资企业	Foreign Investment Enterprises	3826069	58.6	781957
外商投资股份制	Foreign Investment Share Enterprises	73116	1.1	18037
合作开发	Cooperative Development	14761	0.2	
其它	Others			

17－9 分行业外商直接投资(2006 年)

单位:万美元

类　　别	Category	项目个数 Number of Projects		
		个数 Unit	比　重 (%) Proportion	比上年增　长 (%) Growth Rate
总　　计	**Total**	**4030**	**100.0**	**-37.2**
第一产业	**Primary Industry**	**55**	**1.4**	**-66.5**
农、林、牧、渔业	Agriculture, Forestry, Animal Husbandry and Fishing	55	1.4	-66.5
#农业	Farming	21	0.5	-58.8
第二产业	**Secondary Industry**	**3281**	**81.4**	**-41.1**
采矿业	Mining	9	0.2	-70.0
#石油和天然气开采业	Extraction of Petroleum and Natural Gas			
制造业	Manufacturing	3212	79.7	-40.9
#纺织业	Manufacture of Texile	75	1.9	-46.0
化学原料及化学制品制造业	Manufacture of Raw Chemical Materials and Chemical Products	164	4.1	-34.4
医药制造业	Manufacture of Medicines	36	0.9	-28.0
通用设备制造业	Manufacture of Special Purpose Machinery	219	5.4	-40.2
专用设备制造业	Manufacture of General Purpose Machinery	200	5.0	-32.4
通信设备、计算机及其他电子设备制造业	Manufacture of Communication Equipment, Computers and Other Electronic Equipment	243	6.0	-47.7
电力、燃气及水的生产和供应业	Production and Supply of Electricity, Gas and Water	28	0.7	-17.7
建筑业	Construction	32	0.8	-51.5
第三产业	**Tertiary Industry**	**694**	**17.2**	**1.5**
交通运输、仓储和邮政业	Transport, Storage and Post	29	0.7	-6.5
信息传输、计算机服务和软件业	Information Transmission, Computer Services and Software	32	0.8	-3.0
批发和零售业	Wholesale and Retail Trade	177	4.4	21.2
住宿和餐饮业	Hotels and Catering Services	119	3.0	-7.0
#旅游饭店	Tourist Restaurant	6	0.1	-53.9
金融业	Financial Intermediation	1	…	
房地产业	Real Estate	156	3.9	-4.9
#房地产开发经营	Real Estate Exploitation Management	135	3.3	-8.8
租赁和商务服务业	Leasing and Business Services	107	2.7	30.5
科学研究、技术服务和地质勘查业	Scientific Research, Technical Service and Geologic Prospecting	23	0.6	21.1
水利、环境和公共设施管理业	Management of Water Conservancy, Environment and Public Facilities	9	0.2	-25.0
居民服务和其他服务业	Services to Households and Other Services	14	0.3	-46.2
教　育	Education			
卫生、社会保障和社会福利业	Health, Social Security and Social Welfare			
文化、体育和娱乐业	Culture, Sports and Entertainment	27	0.7	-27.0

Foreign Direct Investment by Sector (2006)

(10000 USD)

合同外资金额 Total Amount of Contracted Foreign Capital			实际使用外资金额 Total Amount of Foreign Capital Actually Utilized		
金额 Value	比重 (%) Proportion	比上年 增长 (%) Growth Rate	金额 Value	比重 (%) Proportion	比上年 增长 (%) Growth Rate
1624175	**100.0**	**-40.9**	**1000069**	**100.0**	**11.5**
16597	**1.0**	**-79.2**	**23587**	**2.4**	**-12.6**
16597	1.0	-79.2	23587	2.4	-12.6
6624	0.4	-71.3	5913	0.6	-50.7
1304662	**80.3**	**-44.9**	**843611**	**84.4**	**6.8**
2792	0.2	-87.5	12074	1.2	292.9
20	…	-85.0	118	0.0	7.6
1275414	78.5	-44.3	802234	80.2	4.8
9946	0.6	-87.7	34222	3.4	-10.8
68681	4.2	-27.9	48262	4.8	29.9
21243	1.3	2.6	11825	1.2	-1.2
92196	5.7	-46.0	46491	4.6	-3.1
80098	4.9	-37.9	38610	3.9	13.4
110118	6.8	-53.1	100954	10.1	35.9
18879	1.2	5.2	10831	1.1	-3.2
7577	0.5	-80.5	18472	1.8	92.7
302916	**18.7**	**0.3**	**132871**	**13.3**	**65.1**
27409	1.7	16.4	11219	1.1	33.3
7730	0.5	38.8	4384	0.4	23.0
21617	1.3	13.6	7865	0.8	-3.7
29534	1.8	14.3	5326	0.5	-39.5
4535	0.3	-13.8	342	…	-81.6
20	…				
149607	9.2	-5.4	68392	6.8	110.1
139930	8.6	-5.1	60993	6.1	94.4
15868	1.0	-36.6	14244	1.4	98.0
7884	0.5	3.3	11071	1.1	328.7
1893	0.1	-82.1	1634	0.2	-30.6
24421	1.5	210.4	874	0.1	51.9
-4	…	-101.1	12	…	-94.4
-60	…	-116.4	26	…	295.8
16997	1.0	-6.2	7825	0.8	29.5

17－10 外商直接投资(2006年)

Foreign Direct Investment(2006)

单位:万美元 (10000 USD)

国家(地区)	Country(Region)	合同项目个数(个) Number of Contracted Projects (unit)	合同外商投资金额 Total Amount of Contracted Foreign Capital	实际使用外商投资金额 Total Amount of Foreign Capital Actually Utilized
总　计	**Total**	**4030**	**1624175**	**1000069**
#香　港	Hong Kong	742	406809	207913
澳　门	Macao	12	11394	2554
台　湾	Taiwan	251	106300	57906
泰　国	Thailand	8	4776	2015
菲律宾	Philippines	9	2797	547
马来西亚	Malaysia	23	8711	6128
日　本	Japan	312	105639	70275
新加坡	Singapore	83	44895	26099
阿联酋	United Arab Emirates	10	1652	221
韩　国	Republic of Korea	1755	484242	371372
匈牙利	Hungary	5	3265	265
德　国	Germany	35	20093	10497
法　国	France	33	13448	4273
意大利	Italy	27	3060	3112
荷　兰	Netherlands	14	10281	4565
英　国	United Kingkom	29	8163	7523
瑞　典	Sweden	4	－49	446
瑞　士	Switzerlan	3	193	492
维尔京群岛	Virgin Islands	111	123589	59933
加拿大	Canada	81	27666	17675
美　国	United States	276	114712	76690
澳大利亚	Australia	66	21638	7845

17－11 1982－2006年对外承包工程和劳务合作情况

Basic Statistics on Contracted Projects and Labor Cooperation from 1982 to 2006

年份 Year	合同个数（个）Number of Contracts (unit)	合同金额（万美元）Contracted Value (10000 USD)	营业额（万美元）Turnover (10000 USD)	年末在外人数（人）Number of Persons outside the Country at Year－end (person)	派出人数（人）Number of Persons Sent out (person)
1982	1	421	421		
1983	1	1286	40	408	
1984	1	451	664	783	
1985	4	645	852	1147	
1986	26	1099	876	1597	
1987	33	802	999	1239	
1988	34	502	987	865	
1989	69	1389	1000	1179	
1990	91	3377	1712	1462	
1991	123	5952	3017	2326	
1992	192	8747	3882	3571	
1993	299	20250	6959	7254	
1994	411	31882	12222	10288	
1995	672	38604	18274	16217	
1996	880	52005	28933	23355	
1997	966	57654	36315	26626	
1998	1296	73703	46508	29121	
1999	1116	67729	63615	30979	
2000	1250	61601	45229	35028	
2001	1580	104622	55913	36489	
2002	1380	134098	83133	43554	
2003	1322	124243	99213	52077	
2004	1879	146590	151568	62705	
2005	2171	164091	174518	71610	37797
2006	2513	392134	232293	83974	41369

注:2003年统计口径有所调整。

a) The caliber has been adjusted in 2003.

17-12 对外承包工程、劳务合作和设计咨询情况

Contracted Projects, Labour Cooperation and Design Consultation with Foreign Countries or Regions

项　目	Item	单　位	Unit	2005	2006
一、合同个数	**Number of Contracts**	**个**	**unit**	**2171**	**2513**
承包工程	Contracted Projects	个	unit	188	183
劳务合作	Labor Cooperation	个	unit	1876	2210
设计咨询	Design Consultation	个	unit	107	120
二、合同金额	**Contracted Value**	**万美元**	**10000 USD**	**164091**	**392134**
承包工程	Contracted Projects	万美元	10000 USD	81750	293591
劳务合作	Labor Cooperation	万美元	10000 USD	74847	84192
设计咨询	Design Consultation	万美元	10000 USD	7494	14351
三、营业额	**Turnover**	**万美元**	**10000 USD**	**174518**	**232293**
承包工程	Contracted Projects	万美元	10000 USD	111612	150851
劳务合作	Labor Cooperation	万美元	10000 USD	58463	69465
设计咨询	Design Consultation	万美元	10000 USD	4443	11977
四、年末在国外人数	**Number of Persons outside the Country at year-end**	**人**	**person**	**71610**	**83974**
承包工程	Contracted Projects	人	person	11532	15022
劳务合作	Labor Cooperation	人	person	60053	68934
设计咨询	Design Consultation	人	person	25	18
五、派出人数	**Number of Persons Sent out**	**人**	**person**	**37797**	**41369**
承包工程	Contracted Projects	人	person	7823	9028
劳务合作	Labor Cooperation	人	person	29909	32227
设计咨询	Design Consultation	人	person	65	114

17－13 1978－2006年人民币对主要外币年平均汇价(中间价)

Average Exchange Rate of RMB Yuan Against Main Convertible Currencies from 1978 to 2006(Middle Rate)

单位:人民币元 (RMB yuan)

年份 Year	100美元 100 US Dollars	100日元 100 Japanese Yen	100港元 100 Hong Kong Dollars	100英镑 100 Pounds	100马克(德国) 100 DM	100法郎(法国) 100 Francs	100欧元 100Euros
1978	168.36	0.8058	36.16	322.53	83.80	37.33	
1979	155.49	0.7131	31.35	329.26	84.84	36.56	
1980	149.84	0.6635	30.15	347.73	82.67	35.56	
1981	170.51	0.7735	30.41	344.73	75.63	31.51	
1982	189.26	0.7607	31.15	331.11	77.94	28.86	
1983	197.57	0.8318	27.36	299.60	77.61	26.08	
1984	232.70	0.978	29.71	308.56	81.56	26.56	
1985	293.67	1.2457	37.57	381.89	100.99	33.06	
1986	345.28	2.0694	44.22	506.40	161.84	50.02	
1987	372.21	2.5799	47.74	609.85	207.24	61.95	
1988	372.21	2.9082	47.70	663.02	212.15	62.64	
1989	376.59	2.736	48.28	617.85	200.93	59.23	
1990	478.38	3.3233	61.39	854.46	297.16	88.22	
1991	532.27	3.9602	68.45	940.48	321.68	94.63	
1992	551.49	4.3608	71.24	974.14	354.16	104.43	
1993	576.19	5.202	74.41	866.04	348.77	101.90	
1994	861.87	8.437	111.53	1319.96	531.90	155.54	
1995	835.07	8.9225	107.96	1320.43	583.29	134.01	
1996	831.42	7.6352	107.51				
1997	828.98	6.86	107.09	1358.83		142.38	
1998	827.91	6.3488	106.88				
1999	827.96	8.072	106.53				
2000	827.72	7.3877	106.08				
2001	827.70	6.8075	106.08				
2002	827.70	6.6237	106.07				800.58
2003	827.70	7.1466	106.24				936.13
2004	827.68	7.6552	106.23				1029.00
2005	819.17	7.4484	105.30				1019.53
2006	797.18	6.8570	102.62				1001.90

17-14 旅 游 业 情 况

Tourism

类　别	Category	单位	Unit	2005	2006
旅行社总数	**Total Number of Travel Agencies**	**个**	**unit**	**1487**	**1657**
国际旅行社	International Travel Agencies	个	unit	76	90
国内旅行社	Domestic Travel Agencies	个	unit	1411	1567
旅行社职工人数	Number of Staff and Workers of Travel Agencies	人	person	15705	18438
国际旅行社	International Travel Agencies	人	person	13249	15075
国内旅行社	Domestic Travel Agencies	人	person	2456	3363
旅游饭店总数	Total Number of Tourist Hotels	个	unit	685	712
接待入境游客	Number of International Tourists Arrival to China	人次	person-time	1551056	1931342
外国人	Foreigners	人次	person-time	1247842	1560436
港澳台侨胞	Hong Kong, Macao and Taiwan Compatriots	人次	person-time	303214	370906
#港澳同胞	Compatriots from Hong Kong and Macao	人次	person-time	160654	202978
台湾同胞	Compatriots from Taiwan	人次	person-time	142560	167928
旅行社外联入境游客	Number of International Tourists Outreached by Travel Agencies	人	person	261515	322569
旅行社接待入境游客	Number of International Tourists Recepted by Travel Agencies	人	person	398521	429245
国内旅游人数	Number of Domestic Tourists	万人次	10000 person-time	14097	16775
旅游总收入	Total Tourism Earnings	亿元	100 million yuan	1038.70	1295.66
入境旅游收入	International Tourism Earnings	万美元	10000 USD	78023.10	101405.20
国内旅游收入	Domestic Tourism Earnings	亿元	100 million yuan	974.59	1214.82

17-15 1995-2006 年国内旅游情况

Demestic Tourism from 1995 to 2006

年　份 Year	总人次 (万人次) Domestic Tourists (10000 person-time)	总花费 (亿元) Total Expenditure (100 million yuan)	人均花费 (元) Per Capita Expenditure (yuan)
1995	4655	157.68	338.7
1996	5151	187.43	363.9
1997	5488	213.02	388.2
1998	5844	245.83	420.7
1999	6429	285.17	443.6
2000	7007	386.49	551.6
2001	8086	462.64	572.2
2002	9573	571.53	595.8
2003	8918	542.78	608.6
2004	11479	767.65	653.4
2005	14097	974.59	691.3
2006	16775	1214.82	724.2

17－16 接待外国旅游人数(按国别分)

Number of Foreigner Tourists(by Country)

单位:人 (person)

国别	Region	1990	1995	2000	2001	2005	2006
总计	**Total**	**68855**	**304280**	**480090**	**592413**	**1247842**	**1560436**
亚洲	Asia	38268	220757	377862	480304	1030169	1281818
印度	India	777		2762	3592	6759	8679
印度尼西亚	Indonesia		3378	6319	7393	6881	7768
日本	Japan	26535	81071	132619	166995	278170	343681
马来西亚	Malaysia		5581	10700	14332	22534	28200
蒙古	Mongolia			851	460	1155	1869
菲律宾	Philippines	414	14015	14906	15354	16327	14561
新加坡	Singapore	1544	9275	16182	15440	25509	35372
韩国	Republic of Korea	7657	98568	183567	243889	640056	809953
泰国	Thailand	1123	1781	2545	3486	7281	6979
非洲	Africa			1501	1333	3819	4232
欧洲	Europe	11641	36510	47999	55447	109671	143061
英国	United Kingdom	1660	4515	6812	7868	17295	26096
德国	Germany	4256	8207	9065	10004	22459	29337
法国	France	1786	3669	6137	6310	13794	18331
意大利	Italy	1647	2333	3805	3453	9004	10351
荷兰	Netherlands	292	1436	1750	2152	3008	4017
瑞典	Sweden	219	877	1573	1754	3162	3526
瑞士	Switzerland	309	843	1053	1431	2435	3039
俄罗斯	Russia	896	10566	8926	11542	19484	27661
北美洲	America	12757	29012	40786	44635	73303	95883
加拿大	Canada	3269	4900	7008	8438	13513	16186
美国	United States	9433	23273	31994	33636	54510	74378
大洋洲	Oceanic	951	3853	8009	7821	15393	21088
澳大利亚	Australia	800	3046	5956	5598	10643	15633
新西兰	New Zealand	151	519	1183	1406	2369	3589
其他	Others	5238	14148	3933	2873	15487	14354

17－17 接待入境游客人数(按性别、年龄和来鲁目的分)

Number of Foreigner Tourists(by Sex/Age/Purpose)

单位:%　　　　(%)

指　　标	Indicator	2005	2006
总　　计	**Total**	**100.0**	**100.0**
按性别分	by Sex	100.0	100.0
男	Male	77.9	73.5
女	Female	22.1	26.5
按年龄分	by Age	100.0	100.0
(04年以后分组：14岁以下)	(groups after 2004:14 and under)	1.4	1.5
20岁以下(04年：15～24岁)	20 and under(groups after 2004:15－24)	6.1	8.1
21至30岁(04年：25～44岁)	21－30(groups after 2004:25－44)	54.4	51.4
31至50岁(04年：45～64岁)	31－50(groups after 2004:45－64)	32.7	32.9
50岁以上(04年：65岁以上)	50 and over(groups after 2004:65 and over)	5.4	6.0
按来鲁目的分	by Purpose of Coming to Shandong	100.0	100.0
从事经济商务活动	Business	56.9	50.3
从事文化学术交流	Cultural and Academic Exchanges	5.7	5.6
探亲访友	Visiting relatives and Friends	3.0	2.7
旅游观光	Sightseeing	32.0	39.3
其　　它	Others	2.3	2.2

17－18 入境旅游外汇收入及构成

Foreign Exchange Earnings and Its Composition

单位:万美元　　　　(10000 USD)

类　　别	Category	2001		2005		2006	
		数额 Value	比重 (%) Proportion	数额 Value	比重 (%) Proportion	数额 Value	比重 (%) Proportion
总　　计	**Total**	**38240.7**	**100.0**	**78023.1**	**100.0**	**101405.2**	**100.0**
长途交通	Long Distance Transportation	11637.1	30.4	26231.4	33.6	31952.8	31.5
#民　航	Civil Aviation	8800.0	23.0	19778.9	25.4	26061.1	25.7
铁　路	Railway	502.7	1.3	741.2	1.0	882.2	0.9
汽　车	Highway	1066.0	2.8	1888.2	2.4	2058.5	2.0
轮　船	Waterway	1268.4	3.3	3823.1	4.9	2961.0	2.9
游　览	Visiting	1905.2	5.0	4619.0	5.9	10029.0	9.9
住　宿	Accommodation	4992.7	13.1	8801.0	11.3	11763.0	11.6
餐　饮	Food and Beverage	3648.7	9.5	7076.7	9.1	8132.7	8.0
购　物	Shopping	7652.4	20.0	15035.1	19.3	17979.1	17.7
娱　乐	Entertainment	2448.2	6.4	4501.9	5.8	7828.5	7.7
邮电通讯	Post and Communication Services	1489.3	3.9	3495.4	4.5	4167.8	4.1
市内交通	Local Transportation	814.7	2.1	2286.1	2.9	2525.0	2.5
其他服务	Other Services	3652.3	9.6	5976.6	7.7	7027.4	6.9

17-19 境外投资情况

Overseas Investment

类 别	Category	境外投资项目 Overseas Investment Projects				协议投资总额(万美元)累计 Accumulative Total of Agreement Investmemts(10000 USD)					
		本年新增 Newly Added in th e Year	去年同期 Same Period Last Year	同比% over the Same Period Last Year %	累计 Accumulative Total	合计 Total		中方 Chinese Investor		外方 Foreign Investor	
						2006	累计 Accumulative Total	2006	累计 Accumulative Total	2006	累计 Accumulative Total
总 计	**Total**	**188**	**157**	**19.8**	**1278**	**55838**	**204767**	**40099**	**148799**	**15739**	**55967**
贸易性企业	Trade Enterprises	69	57	21.1	485	6006	24207	5722	20309	284	3898
非贸易性企业	Non-trade Enterprises	74	51	45.1	459	49509	177607	34054	124636	15455	52972
# 加工贸易企业	Processing Trade Enterprises	28	19	47.4	169	33873	85359	23795	64002	10078	21357
资源开发企业	Resource Development Enterprises	9	16	-43.8	61	5284	31451	5047	29275	237	2176
常设机构	Permanent Establishment	45	49	-10.2	334	323	3149	323	2942		207

17-20 省级及省级以上开发区主要经济指标(2006年)

Main Economic Indicators of Economic Development Areas at Provincial-level and above(2006)

类 别	Category	单位	Unit	经济开发区 Economic Development Areas			高新技术开发区 High-tech Development Areas		
				合计 Total	国家级 National	省级 Provincial	合计 Total	国家级 National	省级 Provincial
批准入区项目	Number of Approved Projects	个	unit	9306	1575	7731	4816	1245	3571
#高新技术项目	High and New-tech Projects	个	unit	916	124	792	1005	496	509
# 利用外资项目	Foreign-funded Projects	个	unit	1896	491	1405	820	220	600
#利用外资千万美元以上	over 10 Million USD	个	unit	345	85	260	98	37	61
合同引进项目总投资	Total Investment of Contracted Projects	万元	10000 yuan	58365628	6487387	51878241	20197743	11249889	8947854
#合同利用外资额	Amount of Contracted Foreign Capital	万美元	10000 USD	1556247	199924	1356323	402281	188237	214044
实际利用外资额	Amount of Foreign Capital Actually Utilized	万美元	10000 USD	566964	151425	415539	139241	69756	69485
注册企业数	Number of Registered Enterprises	个	unit	40454	17208	23246	17474	10391	7083
#高新技术企业	High and New-tech Enterprises	个	unit	1591	276	1315	1182	662	520
#内资企业	Domestic Enterprises	个	unit	34534	14800	19734	15896	9731	6165
港澳台商投资企业	Enterprises Funded by Entrepreneurs from Hong Kong, Macao & Taiwan	个	unit	1391	543	848	311	106	205
外商投资企业	Foreign-funded Enterprises	个	unit	4529	1865	2664	1267	554	713
注册企业资本合计	Total Capital of Registered Enterprises	万元	10000 yuan	34574645	15089299	19485346	7398137	4367462	3030675
地方财政一般预算内收入	Budgetary Revenue of Local Government	万元	10000 yuan	2967170	742155	2225015	752806	384359	368447
#各项税收	Taxes	万元	10000 yuan	2284802	473547	1811255	598172	303770	294402

17－20 续表1 continued

类别	Category	单位	Unit	经济开发区 Economic Development Areas 合计 Total	国家级 National	省级 Provincial	高新技术开发区 High-tech Development Areas 合计 Total	国家级 National	省级 Provincial
技工贸总收入	Revenue from Technology, Industry and Trade	万元	10000 yuan				45120064	24205904	20914160
规模以上工业企业单位数	Number of Industrial Enterprises above Designated Size	个	unit	8601	933	7668	2368	1052	1316
#内资企业	Domestic Enterprises	个	unit	5953	333	5620	1558	714	844
港、澳、台商投资企业	Enterprises Funded by Entrepreneurs from Hong Kong, Macao & Taiwan	个	unit	641	95	546	224	109	115
外商投资企业	Foreign-funded Enterprises	个	unit	2007	505	1502	586	229	357
规模以上工业企业总产值	Gross Output Value of Industrial Enterprises	万元	10000 yuan	113271343	21870671	91400672	40710461	25215892	15494569
#高新技术企业	High and New-tech Enterprises	万元	10000 yuan	33972067	12177699	21794368	22809649	17079046	5730603
规模以上工业企业增加值	Added Value of Industrial Enterprises	万元	10000 yuan	33543257	6522597	27020660	11850753	6927726	4923027
#高新技术企业	High and New-tech Enterprises	万元	10000 yuan	10616940	3801878	6815062	5700931	3913227	1787704
规模以上工业企业主营业务收入	Prime Operating Revenue of Industrial Enterprises above Designated Size	万元	10000 yuan	110011535	21350259	88661276	41877656	24151882	17725774
规模以上工业企业利润总额	Income before Taxes of Industrial Enterprises above Designated Size	万元	10000 yuan	7030423	1411618	5618805	1927699	979627	948072
规模以上工业企业利税总额	Total Profits and Taxes of Industrial Enterprises above Designated Size	万元	10000 yuan	10567682	1872008	8695674	3893937	2452440	1441497
全社会固定资产投资总额	Investment in Fixed Assets	万元	10000 yuan	40445742	5434682	35011060	8480917	3604979	4875938
进口额	Imports	万美元	10000 USD	1995698	1145858	849840	466352	345506	120846
出口额	Exports	万美元	10000 USD	2520044	1005986	1514058	913657	589786	323871

17－21 各市海关进口总值

Import Value by Region(Customs Statistics)

单位:万美元 (10000 USD)

地区	Region	2000	2001	2002	2003	2004	2005	2006
全省总计	**Total**	**946093**	**1083414**	**1282664**	**1808467**	**2490850**	**3063763**	**3664100**
济南市	Jinan	86827	90746	79755	118009	167373	198370	194981
青岛市	Qingdao	526331	591404	635426	826713	1120615	1360157	1564991
淄博市	Zibo	26301	33796	57243	92098	121363	111835	125152
枣庄市	Zaozhuang	4233	4990	4367	6232	9836	5843	5835
东营市	Dongying	6843	17822	22316	39192	45052	62810	75915
烟台市	Yantai	117324	125921	190784	256152	349886	499666	627777
潍坊市	Weifang	37827	40172	56140	61663	91657	98977	132758
济宁市	Jining	15959	20241	27733	47313	61967	70406	84526
泰安市	Taian	6897	10352	7415	11320	15077	19984	29779
威海市	Weihai	67860	78037	100346	150278	214514	281329	350417
日照市	Rizhao	9990	14615	25081	51036	76094	122377	207675
莱芜市	Laiwu	4615	7560	8701	10468	28392	39251	24947
临沂市	Linyi	13933	20567	19860	35693	45354	52039	60074
德州市	Dezhou	7244	7431	9683	16832	13671	18292	19524
聊城市	Liaocheng	5028	4527	5439	15337	16007	17787	38464
滨州市	Binzhou	8630	14237	31112	68146	100135	100308	112008
菏泽市	Heze	249	996	1264	1984	13857	4334	9277

17-22 各市海关出口总值

Export Value by Region (Customs Statistics)

单位:万美元　(10000 USD)

地区	Region	2000	2001	2002	2003	2004	2005	2006
全省总计	Total	1552905	1812899	2111511	2657285	3587286	4625113	5864717
济南市	Jinan	57108	59397	69510	83545	137305	177843	243949
青岛市	Qingdao	826891	950161	1057141	1239199	1578166	1942323	2343252
淄博市	Zibo	49930	58316	74985	100922	145057	201683	250877
枣庄市	Zaozhuang	9492	11713	14062	18222	25535	31357	41570
东营市	Dongying	7487	18177	29596	44376	60561	85448	112083
烟台市	Yantai	196621	215727	256907	332856	449505	648308	879873
潍坊市	Weifang	99413	113423	128244	163858	212712	295085	385846
济宁市	Jining	21467	25435	35657	53291	82475	116360	149937
泰安市	Taian	13652	17604	22749	31017	45014	54476	68753
威海市	Weihai	129519	159315	192182	252865	344939	473400	601076
日照市	Rizhao	45724	62190	67252	78050	108198	132341	183819
莱芜市	Laiwu	16868	15408	16672	19533	43478	66029	97379
临沂市	Linyi	22541	32361	46811	78368	112872	127688	167805
德州市	Dezhou	12600	16670	24301	38628	45473	55209	63221
聊城市	Liaocheng	9145	12628	14039	23252	36391	46001	61079
滨州市	Binzhou	27958	34104	45815	70076	90392	124096	158264
菏泽市	Heze	6489	10272	15587	29226	69213	47465	55936

17-23 各市外商投资企业进口总值

Import Value of Foreign-funded Enterprises by Region

单位:万美元　(10000 USD)

地区	Region	2000	2001	2002	2003	2004	2005	2006
济南市	Jinan	20911	28252	25541	27124	28447	64166	40199
青岛市	Qingdao	358883	408619	435812	512184	637739	765464	830236
淄博市	Zibo	18857	23570	38317	48087	67157	55656	51241
枣庄市	Zaozhuang	3326	4202	3433	4997	8116	4407	4098
东营市	Dongying	3408	10072	3725	6877	6798	5119	8333
烟台市	Yantai	86491	97825	148974	211005	287946	426616	546095
潍坊市	Weifang	23830	27055	41101	34611	52474	56398	83177
济宁市	Jining	11641	15232	22726	40551	53051	63631	75733
泰安市	Taian	1860	2520	2515	2347	2746	2921	4144
威海市	Weihai	50478	57534	75547	102959	155028	213080	269072
日照市	Rizhao	5375	5819	14033	26623	33534	43823	64940
莱芜市	Laiwu	377	224	1573	1062	667	1224	919
临沂市	Linyi	5939	7760	8696	15417	16529	15493	22697
德州市	Dezhou	3193	2502	4049	3981	5224	7078	7159
聊城市	Liaocheng	1371	2158	1112	2244	3835	7034	20724
滨州市	Binzhou	3753	9134	14423	17789	21726	24800	26102
菏泽市	Heze	113	451	705	1194	2061	1497	5581

17－24 各市外商投资企业出口总值

Export Value of Foreign-funded Enterprises by Region

单位:万美元 (10000 USD)

地　区	Region	2000	2001	2002	2003	2004	2005	2006
济南市	Jinan	17404	20332	21531	25309	35248	41785	57178
青岛市	Qingdao	443829	503624	582236	695504	891797	1072594	1303468
淄博市	Zibo	18493	25138	40873	55387	82400	105493	133306
枣庄市	Zaozhuang	2850	2815	3543	3706	3851	6885	12715
东营市	Dongying	1037	5418	2031	3372	4810	7118	9269
烟台市	Yantai	136296	151170	182362	232463	302858	461920	648726
潍坊市	Weifang	44170	51508	61030	73436	92484	132678	173010
济宁市	Jining	7654	7542	9961	14339	36221	51804	65988
泰安市	Taian	6056	7017	7350	8562	11484	14106	18375
威海市	Weihai	77825	97901	118106	161454	229884	313405	410699
日照市	Rizhao	10969	14907	19258	26895	43798	57602	100713
莱芜市	Laiwu	763	782	2378	3139	5235	7370	10127
临沂市	Linyi	10773	14855	23389	39761	52847	51720	61720
德州市	Dezhou	5249	6406	6867	8129	11136	14710	16122
聊城市	Liaocheng	2980	3816	5312	7941	12020	17416	20205
滨州市	Binzhou	4316	5872	6774	7727	9497	12927	21777
菏泽市	Heze	2131	4713	6168	10195	15291	11242	14706

17－25 各市外商直接投资

Foreign Direct Investment by Region

单位:亿美元 (100 million yuan)

地　区	Region	项目数(个) Number of Projects(unit)			合同外资 Amount of Contracted Foreign Capital			实际使用外资 Amount of Foreign Capital Actually Utilized		
		累计 Accumulative Total	比重(%) Proportion	本年 This Year	累计 Accumulative Total	比重(%) Proportion	本年 This Year	累计 Accumulative Total	比重(%) Proportion	本年 This Year
全省总计	**Total**	**54754**	**100.0**	**4030**	**1334.67**	**100.0**	**162.42**	**652.54**	**100.0**	**100.01**
济南市	Jinan	3102	5.7	149	61.15	4.6	6.58	28.20	4.3	4.03
青岛市	Qingdao	19104	34.9	1391	467.72	35.0	25.70	242.90	37.2	36.63
淄博市	Zibo	2405	4.4	113	48.05	3.6	4.08	25.92	4.0	3.70
枣庄市	Zaozhuang	716	1.3	48	14.06	1.1	2.99	7.37	1.1	1.03
东营市	Dongying	703	1.3	40	15.07	1.1	1.90	8.90	1.4	1.39
烟台市	Yantai	9683	17.7	1086	298.80	22.4	76.68	126.45	19.4	20.89
潍坊市	Weifang	3972	7.3	219	82.72	6.2	7.17	44.77	6.9	5.62
济宁市	Jining	1405	2.6	79	46.71	3.5	5.24	16.49	2.5	3.14
泰安市	Taian	953	1.7	64	16.80	1.3	2.27	7.16	1.1	0.75
威海市	Weihai	6050	11.1	428	144.02	10.8	10.91	71.49	11.0	13.05
日照市	Rizhao	939	1.7	52	20.12	1.5	3.79	10.90	1.7	1.36
莱芜市	Laiwu	353	0.6	38	9.41	0.7	1.20	4.87	0.8	1.06
临沂市	Linyi	1488	2.7	136	22.62	1.7	5.25	12.29	1.9	3.35
德州市	Dezhou	983	1.8	50	22.88	1.7	1.23	12.90	2.0	1.00
聊城市	Liaocheng	553	1.0	30	11.45	0.9	1.61	6.12	0.9	0.69
滨州市	Binzhou	657	1.2	53	16.60	1.2	3.46	7.96	1.2	1.59
菏泽市	Heze	849	1.6	54	16.27	1.2	2.30	7.00	1.1	0.71
省直	Provincial Subordinate	839	1.5		20.21	1.5		10.85	1.7	

17－26 各市境外投资情况

Overseas Investment by Region

单位:万美元 (10000 USD)

地区	Region	本年 This Year 企业数（个） Number of Enterprises (unit)	协议投资额 Agreement Investmemts	中方投资额 Contracted Chinese Investments	累计 Accumulative Total 协议投资额 Agreement Investmemts
全省总计	**Total**	**188**	**55838**	**40099**	**204767**
济南市	Jinan	18	17756	8786	34452
青岛市	Qingdao	64	4036	3115	66275
淄博市	Zibo	10	12526	7766	17221
枣庄市	Zaozhuang	2	208	125	1879
东营市	Dongying	4	455	323	2066
烟台市	Yantai	16	2317	2281	9450
潍坊市	Weifang	12	551	502	6017
济宁市	Jining	10	3646	3646	19923
泰安市	Taian	5	1641	1125	6383
威海市	Weihai	6	130	130	5444
日照市	Rizhao	5	260	260	1572
莱芜市	Laiwu	4	611	442	4021
临沂市	Linyi	20	9780	9780	21496
德州市	Dezhou	2	267	163	3151
聊城市	Liaocheng	3	1400	1400	3548
滨州市	Binzhou	4	236	236	1311
菏泽市	Heze	3	19	19	557

17－27 各市接待入境游客人数

Number of Foreigner Tourists by Region

单位:人次 (person-time)

地区	Region	2004	#外国人 Foreigner	2005	#外国人 Foreigner	2006	#外国人 Foreigner
全省总计	**Total**	**1193101**	**961697**	**1551056**	**1247842**	**1931342**	**1560436**
济南市	Jinan	106643	58039	120164	69762	135940	82134
青岛市	Qingdao	522498	458358	684407	596177	854462	751403
淄博市	Zibo	29945	22528	45129	35210	52385	36469
枣庄市	Zaozhuang	2602	1265	3706	1841	5839	3081
东营市	Dongying	1802	1724	1251	1182	4692	2630
烟台市	Yantai	149109	129473	185124	154819	239690	196756
潍坊市	Weifang	30848	19453	35840	24587	43052	33178
济宁市	Jining	78193	55069	104031	63681	127326	75794
泰安市	Taian	80888	39850	97905	48662	125971	65789
威海市	Weihai	121739	113582	168350	159171	204866	194172
日照市	Rizhao	47178	46895	59536	59357	75665	75498
莱芜市	Laiwu	774	696	939	890	1101	959
临沂市	Linyi	11319	8205	15100	9958	20466	14140
德州市	Dezhou	1258	1092	15989	12036	18108	9850
聊城市	Liaocheng	5351	2889	7860	5378	12904	10329
滨州市	Binzhou	1025	907	3800	3510	5886	5693
菏泽市	Heze	1929	1672	1925	1621	2989	2561

17－28 各市入境旅游(外汇)收入

Foreign Exchange Earnings by Region

单位:万美元　　(10000 USD)

地　区	Region	2000	2001	2002	2003	2004	2005	2006
全省总计	**Total**	**31512.8**	**38240.7**	**47248.5**	**37013.4**	**56655.0**	**78023.1**	**101405.2**
济南市	Jinan	3151.9	3374.3	3606.3	2395.9	3697.6	4175.3	5317.9
青岛市	Qingdao	14213.0	17751.0	23974.9	18060.6	29181.8	41493.1	54262.0
淄博市	Zibo	407.3	388.9	500.9	469.8	678.2	981.7	1169.7
枣庄市	Zaozhuang	39.3	74.4	66.5	58.4	85.4	113.2	166.4
东营市	Dongying	39.2	95.7	164.9	226.4	124.5	76.9	240.2
烟台市	Yantai	6096.5	7876.1	8978.7	7559.5	10478.5	13206.5	16590.0
潍坊市	Weifang	657.4	831.3	916.1	638.8	903.1	1055.4	1292.6
济宁市	Jining	947.4	1217.9	1244.3	729.4	1492.0	2602.9	3403.4
泰安市	Taian	1118.0	2020.4	2199.3	1455.3	2909.8	3739.9	5200.1
威海市	Weihai	4202.5	3734.1	4537.5	4204.1	5096.9	7086.2	8929.2
日照市	Rizhao	202.2	309.8	344.2	500.8	1008.0	1907.9	2653.6
莱芜市	Laiwu	14.7	16.9	29.9	46.0	61.0	25.0	90.0
临沂市	Linyi	213.3	272.6	300.8	414.4	527.6	648.0	1046.3
德州市	Dezhou	15.1	21.2	28.5	8.2	43.3	445.5	474.9
聊城市	Liaocheng	152.8	204.1	296.0	189.4	281.2	342.1	329.1
滨州市	Binzhou	13.6	12.9	10.2	19.3	45.3	85.2	166.6
菏泽市	Heze	28.8	39.2	49.6	37.2	40.8	38.2	73.1

17－29 各市接待外国旅游人数(按国别分)(2006年)

Number of Foreigner Tourists by Region(by Country,2006)

单位:人次 (person-time)

地区	Region	合计 Total	#韩国 Republic of Korea	日本 Japan	马来西亚 Malaysia	新加坡 Singapore	菲律宾 Philippines	印尼 Indonesia	泰国 Thailand	印度 India	美国 United States
全省总计	**Total**	**1560436**	**809953**	**343681**	**28200**	**35372**	**14561**	**7768**	**6979**	**8679**	**74378**
济南市	Jinan	82134	18223	17069	5010	5605	313	1204	1411	1083	9348
青岛市	Qingdao	751403	373712	221542	9540	8332	1865	2464	2330	3429	32256
淄博市	Zibo	36469	19393	5259	2593	1744	135	107	360	526	1758
枣庄市	Zaozhuang	3081	932	609	72	133	26	19	21	13	290
东营市	Dongying	2630	408	465	32	122	17	17	12	36	253
烟台市	Yantai	196756	113712	28008	1829	3304	4320	1136	536	1112	5541
潍坊市	Weifang	33178	12399	9481	808	1289	815	344	207	214	2037
济宁市	Jining	75794	23649	17366	1944	8724	1039	1147	1051	354	5455
泰安市	Taian	65789	17056	13683	4909	3719	121	217	362	220	11644
威海市	Weihai	194172	156805	20123	197	891	613	133	144	231	2898
日照市	Rizhao	75498	61960	218	76	14	4916	232	180	1003	88
莱芜市	Laiwu	959	238	214	3	6	0	7	8	9	66
临沂市	Linyi	14140	3969	3611	394	350	187	292	211	195	470
德州市	Dezhou	9850	4153	1742	82	572	55	55	25	125	576
聊城市	Liaocheng	10329	2307	2324	567	406	102	347	51	64	1051
滨州市	Binzhou	5693	742	974	98	20	27	23	29	30	382
菏泽市	Heze	2561	295	993	46	141	10	24	41	35	265

17－29 续表 continued

单位:人次 (person-time)

地区	Region	加拿大 Canada	德国 Germany	俄罗斯 Russia	英国 United Kingdom	法国 France	意大利 Italy	瑞典 Sweden	荷兰 Netherlands	澳大利亚 Australia	新西兰 New Zealand
全省总计	**Total**	**16186**	**29337**	**27661**	**26096**	**18331**	**10351**	**3526**	**4017**	**15633**	**3589**
济南市	Jinan	2881	3422	1184	1953	1930	977	365	436	2463	584
青岛市	Qingdao	5727	14440	17457	10047	7377	4022	1591	2155	7165	1112
淄博市	Zibo	307	642	186	369	292	453	75	132	361	66
枣庄市	Zaozhuang	60	191	97	91	75	93	72	5	107	3
东营市	Dongying	103	172	13	253	189	124	56	13	84	49
烟台市	Yantai	1409	2942	1764	3794	2287	1715	487	554	1636	541
潍坊市	Weifang	497	704	511	481	380	286	128	114	350	80
济宁市	Jining	1465	919	268	3813	2351	660	279	162	890	336
泰安市	Taian	2700	2178	390	2276	1574	431	68	137	1107	411
威海市	Weihai	344	940	4680	1056	550	439	108	176	496	89
日照市	Rizhao	26	18	337	66	10	12	61	3	57	16
莱芜市	Laiwu	7	151	4	64	65	11	10	3	9	0
临沂市	Linyi	191	256	414	320	325	137	67	59	230	106
德州市	Dezhou	163	214	54	630	324	123	44	13	199	100
聊城市	Liaocheng	209	314	207	543	429	236	46	19	275	61
滨州市	Binzhou	55	1755	35	241	109	550	11	17	142	29
菏泽市	Heze	42	79	60	99	64	82	58	19	62	6

17－30 各市旅游饭店个数(按规模分)(2006年底)

Number of Tourist Hotels by Region(by Size,End of 2006)

单位:个 (unit)

地　　区	Region	旅游饭店个数 Number of Hotels Concerning Foreign Affairs	客房总数200间以上 Rooms over 200	客房总数100－199间 Rooms Between 100－199	客房总数50－99间 Rooms Between 50－99	客房总数49间以下 Rooms under 49
全省总计	**Total**	**712**	**84**	**223**	**276**	**129**
济南市	Jinan	83	16	28	28	11
青岛市	Qingdao	131	24	48	40	19
淄博市	Zibo	38	6	9	16	7
枣庄市	Zaozhuang	12	1	4	7	
东营市	Dongying	22	3	5	11	3
烟台市	Yantai	115	11	32	43	29
潍坊市	Weifang	30	5	12	11	2
济宁市	Jining	29	1	8	12	8
泰安市	Taian	63	3	19	22	19
威海市	Weihai	78	5	21	37	15
日照市	Rizhao	21	1	5	8	7
莱芜市	Laiwu	9	2	1	4	2
临沂市	Linyi	38	3	14	17	4
德州市	Dezhou	4	1	2	1	
聊城市	Liaocheng	14	1	7	5	1
滨州市	Binzhou	12	1	5	5	1
菏泽市	Heze	13		3	9	1

17－31 各市旅游饭店个数(按经济类型分)(2006年底)

Number of Tourist Hotels by Region(by Economic Type,End of 2006)

单位:个 (unit)

地　　区	Region	旅游饭店个数 Number of Hotels Concerning Foreign Affairs	国有 State-owned	集体 Collective-owned	私营 Private	联营 Joint Ownership	股份制 Share-holding	外商投资 Foreign-funded	港澳台投资 Funds from Hong Kong,Macao and Taiwan
全省总计	**Total**	**712**	**341**	**50**	**61**	**11**	**194**	**25**	**8**
济南市	Jinan	83	48	7	6	1	18	1	
青岛市	Qingdao	131	59	5	15	3	36	8	2
淄博市	Zibo	38	15	3	7	1	10	2	
枣庄市	Zaozhuang	12	9	1			2		
东营市	Dongying	22	4	2			14		2
烟台市	Yantai	115	66	12	7	1	21	4	1
潍坊市	Weifang	30	6	2	1		16	3	1
济宁市	Jining	29	22	2			5		
泰安市	Taian	63	37	4	5		9	1	1
威海市	Weihai	78	35	2	7	2	26	4	
日照市	Rizhao	21	10	1	3	3	3		
莱芜市	Laiwu	9	3		1		4		
临沂市	Linyi	38	9	5	7		16		1
德州市	Dezhou	4	1	1			2		
聊城市	Liaocheng	14	7	1	1		3	1	
滨州市	Binzhou	12	3	2			5	1	
菏泽市	Heze	13	7		1		4		

17－32 境外投资情况(按国别、地区分,2006年)

Overseas Investment(by Country/Region,2006)

单位:万美元 (10000 USD)

国别、地区	Country/Region	项目数(个) Number of Projects(unit)		协议投资总额 Agreement Investmemts		中方协议投资额 Contracted Chinese Investments	
		本年 This Year	累计 Accumulative Total	本年 This Year	累计 Accumulative Total	本年 This Year	累计 Accumulative Total
总　计	**Total**	**188**	**1278**	**55838**	**204767**	**40099**	**148799**
亚洲小计	Subtotal of Asia	121	544	37215	113940	28047	76920
阿富汗	Afghanistan		1		5		5
阿联酋	UAE	10	32	153	886	153	686
澳　门	Macao		1		70		35
巴基斯坦	Pakistan	4	15	1018	5015	396	3904
朝　鲜	Korea DPR	3	5	240	551	130	300
东帝汶	East Timor		1		10		10
菲律宾	Philippine	2	9	50	248	50	115
沙特阿拉伯	Saudi-Arabia Kazakhstan Korea Cambodia and Laos Malaysia		1				
哈萨克斯坦	Kazakhstan	2	6	304	708	170	563
韩　国	Republic of Korea	25	93	467	2721	423	2063
柬埔寨	Cambodia	1	18	1440	10878	1440	9918
老　挝	Laos		1		15		9
马来西亚	Malaysia	3	17	9957	11257	5315	6170
蒙　古	Mongolia	5	17	4068	6638	3936	6442
孟加拉	Bangladesh	2	9	2307	3333	2307	3109
卡塔尔	Qatar		1				
缅　甸	Myanmar		6		172		133
日　本	Japan	15	70	103	1951	103	1415
斯里兰卡	Sri Lanka		6		1712		1706
泰　国	Thailand	3	13	4671	5338	4671	4919
乌兹别克斯坦	Uzbekistan		5		165		91
香　港	Hong Kong	31	118	6614	45329	5151	25323
新加坡	Singapore	1	32	20	1330	20	860
也　门	Yemen		1		20		20
伊　朗	Iran		6		2022		1207
印　度	India		5		1288		433
印度尼西亚	Indonesia	5	20	408	1995	230	1518
约　旦	Jordan		4		1286		418
越　南	Vietnam	8	30	5358	8998	3515	5548
土库曼斯坦	Turkmenistan		1				
科威特	Kuwait	1	1	39	39	39	39
非洲小计	Subtotal of Africa		9		770		547
埃　及	Egypt		6		462		239
贝　宁	Benin		1		10		10
博茨瓦纳	Botswana		2		298		298

17－32 续表 1 continued

单位:万美元 (10000 USD)

国别、地区	Country/Region	项目数(个) Number of Projects(unit) 本年 This Year	累计 Accumulative Total	协议投资总额 Agreement Investmemts 本年 This Year	累计 Accumulative Total	中方协议投资额 Contracted Chinese Investments 本年 This Year	累计 Accumulative Total
赤道几内亚	Eq. Guinea		1		98		98
多哥	Togo		1		5		5
佛得角	Cape Verde		1		30		30
冈比亚	Gambia		1		282		140
加纳	Ghana		11		580		499
加蓬	Gabon		2		254		18
津巴布韦	Zimbabwe		1		377		202
喀麦隆	Cameroon		1		20		20
肯尼亚	Kenya	1	7	1528	2016	1049	1427
莱索托	Lesotho		1		10		10
马达加斯加	Madagascar		2		309		304
毛里塔尼亚	Mauritania		3		58		25
摩洛哥	Morocco		6		465		177
莫桑比克	Mozambique		2		1204		880
纳米比亚	Namibia	1	3	75	224	75	224
南非	South Africa	2	16	550	3941	550	3565
尼日利亚	Nigeria	2	17	5690	9627	2325	3781
苏丹	Sudan	1	7		2410		2410
坦桑尼亚	Tanzania		5		140		122
突尼斯	Tunisia		2		128		68
乌干达	Uganda		3		41		41
赞比亚	Zambia		5		1155		725
阿尔及利亚	Algeria	1	4	30	65	30	65
几内亚	Guinea	2	12	410	6005	410	5999
刚果(布)	Congo	1	1	5	5	5	5
毛里求斯	Mauritius	1	1	1	1	1	1
埃塞俄比亚	Ethiopia	1	1	1605	1605	1605	1605
安哥拉	Angola	1	1	15	15	15	15
欧洲小计	Subtotal of Europe	15	243	796	13605	711	10237
阿塞拜疆	Azerbaijan		1		3		3
白俄罗斯	Belorussia		1		10		10
保加利亚	Bulgaria		2		302		152
比利时	Belgium		4		62		29
波兰	Poland	1	9	5	63	5	60
德国	Germany	3	34	96	933	96	870
俄罗斯	Russia	5	102	314	6371	229	5227
法国	France		4		305		135
荷兰	Netherlands	1	5	25	39	25	38
吉尔吉斯	Kyrgyzstan		2		65		65
捷克	Czech		3		258		258

17－32 续表 2 continued

单位:万美元 (10000 USD)

国 别、地 区	Country/Region	项目数(个) Number of Projects(unit)		协议投资总额 Agreement Investmemts		中方协议投资额 Contracted Chinese Investments	
		本 年 This Year	累 计 Accumulative Total	本 年 This Year	累 计 Accumulative Total	本 年 This Year	累 计 Accumulative Total
拉托维亚	Latvia		3		965		568
立陶宛	Lithuania		1		150		41
罗马尼亚	Romania		18		242		239
葡萄牙	Portugal		2		125		85
瑞 士	Switzerland		1		116		116
土耳其	Turkey		4		49		32
乌克兰	Ukraine		7		345		135
西班牙	Spain	1	6	40	519	40	328
匈牙利	Hungary		9		178		151
亚美尼亚	Armenia		1		100		50
意大利	Italy	1	13	190	2030	190	1304
英 国	United Kingdom	2	10	125	372	125	342
瑞 典	Sweden	1	1	2	2	2	2
拉丁美洲小计	Subtotal of Latin America	13	68	4907	10629	2458	7323
安提瓜和巴布达	Antigua and Barbuda		1		65		33
巴巴多斯	Barbados		1		20		20
巴拿马	Panama		16		236		216
巴 西	Brazil	1	10		1544	100	993
玻利维亚	Bolivia		1		298		298
厄瓜多尔	Ecuador	1	3	3	21	3	21
圭亚那	Guyana		4		1088		1052
秘 鲁	Peru		3		32		32
苏里南	Surinam		3		175		134
阿根廷	Argentina		7		209		134
委内瑞拉	Venezuela	3	4	4855	6595	2305	4046
英属维尔京群岛	Virgin Is.(E)	8	15	50	346	50	346
乌拉圭		1	1	4	4	4	4
北美小计	Subtotal of North America	17	201	1497	24689	1492	13295
加拿大	Canada	3	40	340	3257	340	2930
美 国	United States	14	157	1157	20605	1152	9684
墨西哥	Mexico		4		828		681
大洋洲小计	Subtotal of Oceanic	7	61	1509	19457	1323	17831
澳大利亚	Australia	7	44	1509	16897	1323	15337
巴布亚新几内亚	Papua New Guinea		7		1961		1773
斐 济	Fiji		1		145		145
新西兰	New Zealand		5		140		100
南 太	South Pacific		2		210		371
所罗门	Solomon		2		104		104

17－33 各经济开发区主要经济指标(2006 年)

开发区名称	Development Area	批准入区项目(个) Number of Approved Projects (unit)	#高新技术项目 High and New-tech Projects
国家级	**National**		
济南出口加工区	Jinan Export Processing zone	13	
青岛经济技术开发区	Qingdao Economic and Technological Development zone	651	20
青岛保税区	Qingdao Bonded zone	414	
青岛出口加工区	Qingdao Export Processing zone	13	
烟台出口加工区	Yantai Export Processing zone	24	
烟台经济技术开发区	Yantai Economic and Technological Development zone	353	99
威海经济技术开发区	Weihai Economic and Technological Development zone	104	5
威海出口加工区	Weihai Export Processing zone	3	
省　级	**Provincial**		
济南市	Jinan		
济南槐荫工业园区	Jinan Huaiyin Industry Park	62	8
济南化工产业园区	Jinan Chemical Industry Park	12	
济南临港经济开发区	Jinan Lingang Seaport Economic Development Zone	136	14
济南经济开发区	Jinan Economic Development Zone	16	2
平阴工业园区	Pingyin Industry Park	72	2
济北经济开发区	Jibei Economic Development Zone	40	16
商河经济开发区	Shanghe Economic Development Zone	10	
明水经济开发区	Mingshui Economic Development Zone	44	18
青岛市	Qingdao		
青岛环海经济开发区	Qingdao Seaside Economic Development Zone	20	
青岛城阳工业园区	Qingdao Chengyang Industry Park	10	2
胶州经济开发区	Jiaozhou Economic Development Zone	269	31
即墨经济开发区	Jimo Economic Development Zone	169	21
平度经济开发区	Pingdu Economic Development Zone	48	
胶南经济开发区	Jiaonan Economic Development Zone	37	2
青岛临港经济开发区	Qingdao Lingang Economic Development Zone	106	6
莱西经济开发区	Laixi Economic Development Zone	68	2
淄博市	Zibo		
淄川经济开发区	Zichuan Economic Development Zone	26	3
张店经济开发区	Zhangdian Economic Development Zone	25	8
博山经济开发区	Boshan Economic Development Zone	42	1
齐鲁化学工业园区	Qilu Chemical Industry Park	28	
临淄经济开发区	Linzi Economic Development Zone	15	3
周村经济开发区	Zhoucun Economic Development Zone	84	38

Main Indicators of the Economic Development Areas(2006)

#利用外资 项目 Foreign-funded Projects	#利用外资千万美元以上 over 10 Million USD	合同引进项目总投资（万元） Total Investment of Contracted Projects (10000 yuan)	#合同利用外资额（万美元） Amount of Contracted Foreign Capital (10000 USD)	实际利用外资额（万美元） Amount of Foreign Capital Actually Utilized (10000 USD)	注册企业数（个） Number of Registered Enterprises (unit)	#外商投资企业 Foreign-funded Enterprises	#高新技术企业 High and New-tech Enterprises
3		77460	213	13	15	9	
214	31	4340478	62167	82300	8935	703	128
71	1	106008	3039		400	76	1
13	4	68831	8825	5066	13	10	
18	1	30092	3040	970	93	70	
105	34	1692964	107512	44502	6974	719	127
64	13	147944	12118	13852	736	236	20
3	1	23610	3010	4722	42	42	
4		80910	234	123	401	13	14
3					9	3	
4	1	562020	35419	1942	61	4	12
1		520000	360	272	22	1	6
9	1	82000	2900	184	63	1	2
12	9	346660	6535	4010	292	6	34
1		31200	3000	311	25	2	1
10	9	1197150	5737	4678	498	73	43
9	2	205645	6861	681	10	8	
10					80	40	
103	14	1003510	63706	29493	770	401	68
47	8	883600	11869	18018	169	30	21
21	5	198243	10053	7521	48	17	0
17	7	6560	1260	750	37	16	2
31	24	27300	11000	5200	106	25	6
14		218906	1227	7766	457	150	14
6	3	386323	37811	2646	310	15	7
2		23277	1878	1317	110	11	11
5	1	308000	2532	300	401	12	19
5	2	79246		486	774	14	
6					291	5	2
10		279740	1745	387	281	16	21

17-33 续表1

开发区名称	Development Area	批准入区项目（个）Number of Approved Projects (unit)	#高新技术项目 High and New-tech Projects
桓台东岳氟硅材料产业园区	Huantai Dongyue International Fluorine-silicon Material Industry Zone	31	16
桓台经济开发区	Huantai Economic Development Zone	30	1
高青经济开发区	Gaoqing Economic Development Zone	9	1
沂源经济开发区	Yiyuan Economic Development Zone	17	6
枣庄市	Zaozhuang		
枣庄经济开发区	Zaozhuang Economic Development Zone	13	3
薛城经济开发区	Xuecheng Economic Development Zone	15	4
峄城经济开发区	Yicheng Economic Development Zone	18	3
台儿庄经济开发区	Taierzhuong Economic Development Zone	19	
山亭经济开发区	Shantieng Economic Development Zone	8	4
滕州经济开发区	Tengzhou Economic Development Zone	13	5
东营市	Dongying		
东营胜利工业园区	Dongying Shengli Industry Park	98	15
河口经济开发区	Hekou Economic Development Zone	19	6
垦利经济开发区	Kenli Economic Development Zone	37	3
利津经济开发区	Lijin Economic Development Zone	15	2
广饶经济开发区	Guangrao Economic Development Zone	33	18
烟台市	Yantai		
牟平经济开发区	Muping Economic Development Zone	37	
莱山经济开发区	Laishan Economic Development Zone	219	3
龙口经济开发区	Longkou Economic Development Zone	62	
龙口高新产业园区	Longkou Hi-Tech Industrial Park	19	2
莱阳经济开发区	Laiyang Economic Development Zone	76	8
莱州工业园区	Laizhou Hi-Tech Industrial Park	9	2
莱州经济开发区	Laizhou Economic Development Zone	120	15
蓬莱经济开发区	Penglai Economic Development Zone	86	6
招远经济开发区	Zhaoyuan Economic Development Zone	77	15
栖霞经济开发区	Qixia Economic Development Zone	88	1
海阳经济开发区	Haiyang Economic Development Zone	68	8
潍坊市	Weifang		
潍城经济开发区	Weicheng Economic Development Zone	42	7
寒亭经济开发区	Hantieng Economic Development Zone	34	1
潍坊经济开发区	Weifang Economic Development Zone	31	3
潍坊城南工业园区	Weifang Chengnan Industry Park	5	2
临朐经济开发区	Linqu Economic Development Zone	58	16

continued

#利用外资项目 Foreign-funded Projects	#利用外资千万美元以上 over 10 Million USD	合同引进项目总投资（万元）Total Investment of Contracted Projects（10000 yuan）	#合同利用外资额（万美元）Amount of Contracted Foreign Capital（10000 USD）	实际利用外资额（万美元）Amount of Foreign Capital Actually Utilized（10000 USD）	注册企业数（个）Number of Registered Enterprises（unit）	#外商投资企业 Foreign-funded Enterprises	#高新技术企业 High and New-tech Enterprises
5	3	65000	5730	3289	22	5	6
11	2	481305	8700	6050	270	20	17
1	1	18400	3000	861	31	2	3
2	1	226809	1150	251	42	0	8
6	1	187023	4800	1634	116	17	16
3	1	114927	3618	543	72	9	11
3	1	186000		1156	16	1	2
2		117300	470	170	57	3	3
4	4	323733	3714	1021	46	1	4
5		178798	2233	1400			
10	3	229800	2400	970	98	6	15
1		68500	140	15	9	1	6
3	1	416337	6983	1265	228	6	9
1		72500	300	300	62	4	5
11	1	676767	3721	676	150	28	26
29		198353	18960	8859	321	147	5
64	3	658683	547	7803	211	56	3
38	11	880000	510878	18300	62	32	
9	1	91500	3900	2460	49	13	4
31	2	612376	1559	7810	36	10	2
3	1	252200	9500	1195	250	5	6
26	6	998198	21869	8261	552	38	13
27	6	788849	26744	15691	414	85	20
30	5	791215	31134	15726	428	62	26
18	3	605618	1718	749	451	43	8
24	2	586974	17770	11873	489	42	28
5	3	500000	50000	2800	247	15	23
12	2	406400	8890	6500	120	9	5
5		277840	699	657	509	31	7
2		82000	2050	1990	87	18	8
13		499340	11000	7200	415	46	11

17－33 续表2

开发区名称	Development Area	批准入区项目（个）Number of Approved Projects (unit)	#高新技术项目 High and New-tech Projects
昌乐经济开发区	Changle Economic Development Zone	18	2
青州经济开发区	Qingzhou Economic Development Zone	35	10
诸城经济开发区	Zhucheng Economic Development Zone	80	17
寿光经济开发区	Shouguang Economic Development Zone	12	1
滨海经济开发区	Binhai Economic Development Zone	95	2
安丘经济开发区	Anqiu Economic Development Zone	26	6
高密经济开发区	Gaomi Economic Development Zone	82	
昌邑经济开发区	Changyi Economic Development Zone	36	5
济宁市	Jining		
济宁经济开发区	Jining Economic Development Zone	9	1
任城经济开发区	Rencheng Economic Development Zone	8	4
鱼台经济开发区	Yutai Economic Development Zone	9	2
金乡经济开发区	Jinxiang Economic Development Zone	7	
嘉祥经济开发区	Jiaxang Economic Development Zone	77	12
汶上经济开发区	Wenshang Economic Development Zone	46	2
泗水经济开发区	Shishui Economic Development Zone	11	
梁山经济开发区	Liangshan Economic Development Zone	41	2
曲阜经济开发区	Qufu Economic Development Zone	18	7
兖州经济开发区	Yanzhou Economic Development Zone	58	5
兖州工业园区	Yanahou Industry Park	20	1
邹城经济开发区	Zoucheng Economic Development Zone	29	4
邹城工业园区	Zoucheng Industry Park	8	
泰安市	Taian		
泰山工业园区	Taishan Industry Park	34	25
岱岳工业园区	Daiyue Industry Park	149	10
宁阳工业园区	Ningyang Industry Park	39	2
东平工业园区	Dongping Industry Park	70	12
威海市	Weihai		
文登经济开发区	Wendeng Economic Development Zone	175	7
文登工业园区	Wendeng Industry Park	20	2
荣成经济技术开发区	Rongcheng	72	8
荣成工业园区	Rongcheng Industry Park	35	1
乳山经济开发区	Rushan Economic Development Zone	146	5

continued

# 利用外资项目 Foreign-funded Projects	# 利用外资千万美元以上 over 10 Million USD	合同引进项目总投资（万元） Total Investment of Contracted Projects (10000 yuan)	# 合同利用外资额（万美元） Amount of Contracted Foreign Capital (10000 USD)	实际利用外资额（万美元） Amount of Foreign Capital Actually Utilized (10000 USD)	注册企业数（个） Number of Registered Enterprises (unit)	# 外商投资企业 Foreign-funded Enterprises	# 高新技术企业 High and New-tech Enterprises
3	1	246283	6410	3890	15	1	2
3	3	205500	1100	1100	35	2	10
15	3	705000	15100	6700	198	38	28
3		122500	1600	3812	237	35	10
5		556737	2938	1615	386	14	7
12	1	460700	21030		265	34	8
12		470680		4279	64	7	4
6	1	656049	6380	2498	113	21	5
1		72000	850	100	113	2	5
1		56803	485	180	12	1	12
1	1	22000	1050	100	20	1	3
		52800			28	2	
26		500747	2268	373	97	17	21
2		93000	250	90	46	1	2
1		60336	67	42	36	2	1
5		183335	2415	13375	21	4	1
5	1	558544	1720	1040	157	5	8
12	5	122280	5210	1153	57	3	5
3	3	341200	5583	3136	20	3	2
4		555252	3380	7152	25	2	7
		138250			19		2
4	3	159000	1200	800	28	3	20
		27100		1058	149		10
5	1	56200	830	87	40	2	2
3		386400	3500	2600	70	3	12
58	5	919203	24898	19879	653	85	11
10		300000	5100	1500	284	85	26
45	11	950000	17658	12750	548	115	21
10	2	196200	11628	5260	35	7	1
33	7	793146	18620	17123	146	28	5

17－33 续表3

开发区名称	Development Area	批准入区项目（个） Number of Approved Projects (unit)	#高新技术项目 High and New-tech Projects
日照市	Rizhao		
日照经济开发区	Rizhao Economic Development Zone	290	2
日照高新技术产业园区	Rizhao Hi-Tech Industrial Park	88	12
岚山经济开发区	Lanshan	80	
五莲工业园区	Wulian Industry Park	36	
莒县工业园区	Juxian Industry Park	17	1
莱芜市	Laiwu		
莱芜工业园区	Laiwu Industry Park	34	3
莱芜钢城经济开发区	Laiwu Gangcheng Economic Development Zone	226	1
临沂市	Linyi		
临沂工业园区	Linyi Industry Park	40	3
临沂经济开发区	Linyi Economic Development Zone	156	9
临沂河东工业园区	Linyi Hedong Industry Park	52	1
沂南经济开发区	Yinan Economic Development Zone	20	
郯城经济开发区	Tancheng Economic Development Zone	23	4
沂水经济开发区	Yishui Economic Development Zone	25	3
苍山经济开发区	Changshan Economic Development Zone	14	
费县经济开发区	Feixian Economic Development Zone	94	6
平邑经济开发区	Pinyi Economic Development Zone	17	1
莒南经济开发区	Junan Economic Development Zone	12	
蒙阴经济开发区	Mengyen Economic Development Zone	7	
临沭经济开发区	Lienshu Economic Development Zone	8	3
德州市	Dezhou		
德州运河经济开发区	Deznou Yunhe Economic Development Zone	28	12
德州经济开发区	Dezhou Economic Development Zone	155	30
陵县经济开发区	Lingxian Economic Development Zone	71	13
宁津经济开发区	Ningjin Economic Development Zone	23	4
庆云经济开发区	Qinyuen Economic Development Zone	47	12
临邑经济开发区	Linyi Economic Development Zone	52	
齐河经济开发区	Qihe Economic Development Zone	293	22
平原经济开发区	Pingyuan Economic Development Zone	15	2
夏津经济开发区	Xiajin Economic Development Zone	19	1
武城经济开发区	Wucheng Economic Development Zone	30	6
乐陵经济开发区	Laoling Economic Development Zone	42	29

continued

#利用外资项目 Foreign-funded Projects	#利用外资千万美元以上 over 10 Million USD	合同引进项目总投资（万元） Total Investment of Contracted Projects (10000 yuan)	#合同利用外资额（万美元） Amount of Contracted Foreign Capital (10000 USD)	实际利用外资额（万美元） Amount of Foreign Capital Actually Utilized (10000 USD)	注册企业数（个） Number of Registered Enterprises (unit)	#外商投资企业 Foreign-funded Enterprises	#高新技术企业 High and New-tech Enterprises
18	6	3700000	12420	11500	1095	55	12
25	3	396000	3800	1100	88	21	12
4	2	32368	4046	1925	80		
1		65225	400	389	28	1	
2		23600	15000	600	92	3	3
2		218600	4000	700	22		3
5		32680	622	461	226	5	1
		4000	200	102	30		
37	10	1638159	26105	4007	439	14	9
3		460000	1500	77	18	1	1
2		203230	2811	413	25	4	
1	1	63720	1500	1500	34		5
2	2	43080	5200	3700	20	2	3
6	1	114336	8767	1145	95	9	3
6		159800	800	460	94	2	6
2		52000	1800	300	47	4	4
2		41000	400	320	52	3	1
2		49000	1210	535	43	2	
3		93180	40	40	26	8	5
8	2	582560	14250	1812	186	32	39
82	8	802640	26640	8990	822	33	96
5	1	5301677	1527	871	239	30	17
7	1	79000	800	200	110	19	8
2		245600	523	150	159	29	36
		517867		300	52		27
23	2	454000	35	180	293	23	22
3	1	148884	11275	1200	108	4	9
2		256932	293	40	95	12	3
5		334500	18000	3413	88	4	6
15		221736	3658	690	37	17	26

17－33 续表4

开发区名称	Development Area	批准入区项目（个） Number of Approved Projects (unit)	#高新技术项目 High and New-tech Projects
聊城市	Liaocheng		
聊城嘉明经济开发区	Liaocheng Jiaming	37	9
聊城经济开发区	Liaocheng Economic Development Zone	169	12
阳谷工业园区	Yangu Industry Park	77	15
莘县工业园区	Shenxian Industry Park	110	6
茌平经济技术开发区	Chiping Economic Development Zone	188	10
东阿工业园区	Donge Industry Park	7	
冠县鲁西新世纪工业园	Guanxian Luxi New Century Industrial Park	13	1
鲁西科技产业园	Luxi Industrial Park	17	3
临清工业园区	Linqing Economic Development Zone		
滨州市	Binzhou		
滨州经济开发区	Binzhou Economic Development Zone	94	11
滨城区北城经济开发区	Bincheng Beicheng Economic Development Zone	32	2
惠民经济开发区	Huimin Economic Development Zone	42	
阳信经济开发区	Yiangxin Economic Development Zone	16	2
无棣工业园区	Wudi Industry Park	15	
沾化经济开发区	Zhanhua Economic Development Zone	32	5
博兴经济开发区	Boxing Economic Development Zone	32	
邹平经济开发区	Zouping Economic Development Zone	16	2
菏泽市	Heze		
菏泽经济开发区	Heze Economic Development Zone	86	
菏泽牡丹工业园区	Heze Mudan Industry Park	38	10
曹县工业园区	Caoxian Industry Park	46	
单县工业园区	Shanxian Industry Park	85	5
成武工业园区	Chengwu Industry Park	61	3
巨野工业园区	Juye Industry Park	51	2
郓城工业园区	Yuncheng Industry Park	110	3
鄄城工业园区	Juancheng Industry Park	40	3
定陶工业园区	Dingtao Industry Park	81	
东明工业园区	Dongming Industry Park	12	

continued

#利用外资项目 Foreign-funded Projects	#利用外资千万美元以上 over 10 Million USD	合同引进项目总投资(万元) Total Investment of Contracted Projects (10000 yuan)	#合同利用外资额(万美元) Amount of Contracted Foreign Capital (10000 USD)	实际利用外资额(万美元) Amount of Foreign Capital Actually Utilized (10000 USD)	注册企业数(个) Number of Registered Enterprises (unit)	#外商投资企业 Foreign-funded Enterprises	#高新技术企业 High and New-tech Enterprises
5	2	159675	7000	186	82	5	9
7		199970		2300	286	8	9
		196400	2400		80	3	15
5		350000	15000	3100	98	4	6
8		980	620	484	188	40	10
1					5	1	
2	2	118700	1350	1310	58	2	1
2	1	276700	3051	2251	152	18	13
10	3	2243649	6042	695	473	16	9
		252000	32	32	84	5	6
3		272200	20	242	27	1	
8	1	20280	1542	1258	52	11	4
5		247000	2535	1277	36	8	2
6	3				32	2	5
5	2	17880	985	632	191	2	
5	2	399200	4500	10820	75	10	10
12		716777		870	1151	29	4
3	2	34800	3050	3050	28	3	10
3		470000	6000	325	45	2	1
3		328500	2300		72	2	3
2		360000		11	42	4	2
3	2	276180		3650	38	3	1
6	1	456096	1700	74	77	1	3
1	1	145600	1000	600	48	3	1
3					71	3	
					20		

17－33 续表5

开发区名称	Development Area	注册企业资本合计（万元） Total Capital of Registered Enterprises (10000 yuan)	全社会固定资产投资（万元） Total Investment in Fixed Assets (10000 yuan)
国家级	National		
济南出口加工区	Jinan Export Processing zone	11219	11571
青岛经济技术开发区	Qingdao Economic and Technological Development zone	5854509	1978924
青岛保税区	Qingdao Bonded zone	93237	57633
青岛出口加工区	Qingdao Export Processing zone	63995	75000
烟台出口加工区	Yantai Export Processing zone	103641	30165
烟台经济技术开发区	Yantai Economic and Technological Development zone	7590970	2691075
威海经济技术开发区	Weihai Economic and Technological Development zone	1219728	575174
威海出口加工区	Weihai Export Processing zone	152000	15140
省　级	Provincial		
济南市	Jinan		
济南槐荫工业园区	Jinan Huaiyin Industry Park	32687	60501
济南化工产业园区	Jinan Chemical Industry Park	120355	6341
济南临港经济开发区	Jinan Lingang　Seaport Economic Development Zone	195470	501609
济南经济开发区	Jinan Economic Development Zone	47322	240156
平阴工业园区	Pingyin Industry Park	41400	135000
济北经济开发区	Jibei Economic Development Zone	926000	273516
商河经济开发区	Shanghe Economic Development Zone	19840	27310
明水经济开发区	Mingshui Economic Development Zone	150000	561969
青岛市	Qingdao		
青岛环海经济开发区	Qingdao Seaside Economic Development Zone	7683	24000
青岛城阳工业园区	Qingdao Chengyang Industry Park	66915	332399
胶州经济开发区	Jiaozhou Economic Development Zone	1289406	792767
即墨经济开发区	Jimo Economic Development Zone	241800	321020
平度经济开发区	Pingdu Economic Development Zone	86071	325169
胶南经济开发区	Jiaonan Economic Development Zone	74756	127500
青岛临港经济开发区	Qingdao Lingang Economic Development Zone	261008	206420
莱西经济开发区	Laixi Economic Development Zone	254247	152899
淄博市	Zibo		
淄川经济开发区	Zichuan Economic Development Zone	62243	254483
张店经济开发区	Zhangdian Economic Development Zone	112750	93841
博山经济开发区	Boshan Economic Development Zone	398276	267123
齐鲁化学工业园区	Qilu Chemical Industry Park	841700	457389
临淄经济开发区	Linzi Economic Development Zone	222471	72144
周村经济开发区	Zhoucun Economic Development Zone	139819	266818

continued

工　业 增加值 （万元） Added Value of Industrial Enterprises （10000 yuan）	规模以上 工业主营 业务收入 （万元） Business Revenue of Industrial Enterprises above Designated Size （10000 yuan）	规模以上 工业利润 总　额 （万元） Income before Taxes of Industrial Enterprises above Designated Size （10000 yuan）	规模以上 工业利税 总　额 （万元） Total Profits and Taxes of Industrial Enterprises above Designated Size （10000 yuan）	地方财政 一般预算内 收　入 （万元） Budgetary Revenue of Local Government （10000 yuan）	# 各项税收 Taxes	进口额 （万美元） Imports （10000 USD）	出口额 （万美元） Exports （10000 USD）
4421	26201	309	441			1926	2796
3053100	9888753	668017	883704	304573	280467	340500	381600
148698	455222	45192	72287	29774	29401	154086	74522.0
48000	162000	15296	19000	5962	3704	13586	23192
25266	76000	261	782			11500	13900
2800043	8763051	552072	701044	344319	115046	411035	372156
643200	1823650	124892	188626	57527	44929	181812	102254
50832	155382	5579	6124			31413	35566
37978	134406	4893	8755	2314	2314		63
1142	4329	580	609	12	11		
	625100			37756		707	4615
169000	586000		21787	6199	5199	302	6788
92000	268000	19500	32500	5341	5293		2900
277068	442669	36201	61045	26897	26800	3100	3092
8013	24850	6330	6823	800	600		2460
566086	1258721	39178	99453	74984	60275		11188
350055	260153	16	18			7917	15251
324890	626818	11724	26798	15668	12248	74646	56489
813952	1092178	245699	298603	29593	27248	70498	104705
277476	801846	47330	57043	23460	15472	20967	28158
145478	496042	17466	25985	10921	10821	8527	25464
171036	818645	32573	60922	14571	14571	1534	5320
202000	791000	3800	19872	16800	14200	3650	7100
151708	320309	17883	30429	8696	8696	6059	19463
160267	896770	48140	95815	10681	10681	5989	26723
188179	343531	21717	40764			4129	6877
371541	1019351	84309	115926	11865	11865	4869	9183
2164126	8466850	220492	312549	353164	353164		11920
417402	1410723	90912	118121	11305	9611	3214	9752
232108	664798	57598	75380	5860	4925	7588	21087

17－33 续表6

开发区名称	Development Area	注册企业资本合计（万元） Total Capital of Registered Enterprises (10000 yuan)	全社会固定资产投资（万元） Total Investment in Fixed Assets (10000 yuan)
桓台东岳氟硅材料产业园区	Huantai Dongyue International Fluorine-silicon Material Industry Zone	59003	332380
桓台经济开发区	Huantai Economic Development Zone	428967	430458
高青经济开发区	Gaoqing Economic Development Zone	109627	66118
沂源经济开发区	Yiyuan Economic Development Zone	32300	92320
枣庄市	Zaozhuang		
枣庄经济开发区	Zaozhuang Economic Development Zone	25067	137172
薛城经济开发区	Xuecheng Economic Development Zone	27903	92038
峄城经济开发区	Yicheng Economic Development Zone		
台儿庄经济开发区	Taierzhuong Economic Development Zone	27901	114110
山亭经济开发区	Shantieng Economic Development Zone	43870	106925
滕州经济开发区	Tengzhou Economic Development Zone		194340
东营市	Dongying		
东营胜利工业园区	Dongying Shengli Industry Park	93000	161000
河口经济开发区	Hekou Economic Development Zone	68500	120200
垦利经济开发区	Kenli Economic Development Zone	110478	206570
利津经济开发区	Lijin Economic Development Zone	31000	58000
广饶经济开发区	Guangrao Economic Development Zone	213267	227316
烟台市	Yantai		
牟平经济开发区	Muping Economic Development Zone	276077	216782
烟台莱山经济开发区	Laishan Economic Development Zone	135713	474461
龙口经济开发区	Longkou Economic Development Zone	75158	720000
龙口高新产业园区	Longkou Hi-Tech Industrial Park	75000	49650
莱阳经济开发区	Laiyang Economic Development Zone	6060	3788850
莱州工业园区	Laizhou Hi-Tech Industrial Park		181600
莱州经济开发区	Laizhou Economic Development Zone	55125	507470
蓬莱经济开发区	Penglai Economic Development Zone	736750	556560
招远经济开发区	Zhaoyuan Economic Development Zone	170791	560867
栖霞经济开发区	Qixia Economic Development Zone	179392	128264
海阳经济开发区	Haiyang Economic Development Zone	1001455	339536
潍坊市	Weifang		
潍城经济开发区	Weicheng Economic Development Zone	98520	543200
寒亭经济开发区	Hantieng Economic Development Zone	161200	281000
潍坊经济开发区	Weifang Economic Development Zone	117701	272319
潍坊城南工业园区	Weifang Chengnan Industry Park	82000	238000
临朐经济开发区	Linqu Economic Development Zone	59140	495556

continued

工　业 增加值 (万元) Added Value of Industrial Enterprises (10000 yuan)	规模以上 工业主营 业务收入 (万元) Business Revenue of Industrial Enterprises above Designated Size (10000 yuan)	规模以上 工业利润 总　额 (万元) Income before Taxes of Industrial Enterprises above Designated Size (10000 yuan)	规模以上 工业利税 总　额 (万元) Total Profits and Taxes of Industrial Enterprises above Designated Size (10000 yuan)	地方财政 一般预算内 收　入 (万元) Budgetary Revenue of Local Government (10000 yuan)	#各项税收 Taxes	进口额 (万美元) Imports (10000 USD)	出口额 (万美元) Exports (10000 USD)
133270	429476	27943	44665	5397	2192	6500	14315
207045	1207000	27468	51637	25712	24169	6882	20010
63126	215104	5941	19714	6388	6388	2834	4555
56317	213800	20036	24487	5170	4451	288	1621
101063	339340	27147	34893	11066	7746	776	8200
88735	310682	14247	26528	3382	2882	10	649
58360	136000	8250	14787			49	3887
295000	293000	15095	15095	5715	5368	314	2600
38000	202604	7075	11714			2300	3000
236062	834549			19768	18953	105	5654
46782	119673	7224	9289	1524	59	410	6114
25200	74088	5334	8890	3505	3005		2000
233037	764975	53548	70377	8098	8096	2504	3043
220000	38113	106	308	5144	5139	8473	4547
413815	1358460	122261	161054	40061	38791	16760	18399
159679	471149	48903	54676	4042	3637	9677	21280
114238	338698	24590	37028	11277	8571	16578	27360
1200500	2985000	179100	310550	44412	42212	38000	49000
98600	399000	21660	22970	1640	1310	830	4210
316951	1312427	63743	119430	19747	16785	3520	31519
	408560	37516	49472	5396	3653	84	1015
147802	1065115	93759	133314	25491	21272	9580	17500
737415	2198205	230811	289687	20764	17462	10343	26538
878030	2678600	163140	191715	27376	25614	23436	39860
76416	252913	16996	29801	17456	15831	3004	9836
202031	132395	8295	13271	11351	9343	9855	29415
65209	687735	21380	33192	5372	4234		110
339600	815000	32000	41200	5245	5230	5480	12600
90568	307938	12127	21200	7373	7123	262	4845
192000	905000			9200	7000	1800	4500
260496	83550	28146	36055	7874	5019	3914	9417

17－33 续表7

开发区名称	Development Area	注册企业资本合计（万元）Total Capital of Registered Enterprises (10000 yuan)	全社会固定资产投资（万元）Total Investment in Fixed Assets (10000 yuan)
昌乐经济开发区	Changle Economic Development Zone	246283	362174
青州经济开发区	Qingzhou Economic Development Zone	46516	112545
诸城经济开发区	Zhucheng Economic Development Zone	139530	561000
寿光经济开发区	Shouguang Economic Development Zone	145000	216360
潍坊滨海经济开发区	Binhai Economic Development Zone	26500	415751
安丘经济开发区	Anqiu Economic Development Zone	384350	510060
高密经济开发区	Gaomi Economic Development Zone	82320	334360
昌邑经济开发区	Changyi Economic Development Zone	295000	368451
济宁市	Jining		
济宁经济开发区	Jining Economic Development Zone	15700	25280
任城经济开发区	Rencheng Economic Development Zone	57900	41500
鱼台经济开发区	Yutai Economic Development Zone	9700	8200
金乡经济开发区	Jinxiang Economic Development Zone	22500	46000
嘉祥经济开发区	Jiaxang Economic Development Zone	62386	128788
汶上经济开发区	Wenshang Economic Development Zone	53400	82800
泗水经济开发区	Shishui Economic Development Zone		60139
梁山经济开发区	Liangshan Economic Development Zone	10500	106807
曲阜经济开发区	Qufu Economic Development Zone	39870	136480
兖州经济开发区	Yanzhou Economic Development Zone		78132
兖州工业园区	Yanahou Industry Park	1021674	276012
邹城经济开发区	Zoucheng Economic Development Zone		290118
邹城工业园区	Zoucheng Industry Park	66162	26560
泰安市	Taian		
泰山工业园区	Taishan Industry Park	41000	73000
岱岳工业园区	Daiyue Industry Park	18000	340659
宁阳工业园区	Ningyang Industry Park	32000	43172
东平工业园区	Dongping Industry Park	310000	134400
威海市	Weihai		
文登经济开发区	Wendeng Economic Development Zone	90000	919203
文登工业园区	Wendeng Industry Park		150000
荣成经济技术开发区	Rongcheng	109600	964000
荣成工业园区	Rongcheng Industry Park	81600	208700
乳山经济开发区	Rushan Economic Development Zone	180618	1161028

continued

工　业 增加值 （万元） Added Value of Industrial Enterprises （10000 yuan）	规模以上工业主营业务收入 （万元） Business Revenue of Industrial Enterprises above Designated Size （10000 yuan）	规模以上工业利润总　额 （万元） Income before Taxes of Industrial Enterprises above Designated Size （10000 yuan）	规模以上工业利税总　额 （万元） Total Profits and Taxes of Industrial Enterprises above Designated Size （10000 yuan）	地方财政一般预算内收　入 （万元） Budgetary Revenue of Local Government （10000 yuan）	#各项税收 Taxes	进口额 （万美元） Imports （10000 USD）	出口额 （万美元） Exports （10000 USD）
80160	525120	23326	40923	11860	5832	1683	4442
364500	235000	10526	16406	9044	7582	360	2945
470706	2071087	98170	147461	31896	24387	16806	49508
364600	1131000	73491	123000	24470	24008	3697	20670
343810	1219938	107261	166294	38715	38510	2456	17072
254883	750863			5020	4660	4060	25090
229780	907630	54460	97490	35260	29320	14000	46000
204771	976227	52294	74706	28600	22412	1475	14823
48350	127900	5130	8260	5320	5320	30	3610
106034	178269			7938	6593	325	3698
12000	40981	1100	2000	1120	1120		560
7185	13316	798	2129	283	193		1100
34428	135766	12621	17786	8051	5165	374	3404
18044	56700	10206	15073	2130	2130		550
1729	15967	145	1166				99
99717	490050	21650	219800	6054	4667	55	1606
212722	417488	3542	32000	5600	4268	960	6360
166713	589072	38027	55005	8150	8150	145	3175
362963	1064121	79118	189795	23520	19552	43393	9674
324136	1023239			15676	15676	4900	18330
	161372	24270	39770	3427	3427	720	1500
45600	136000			6900	5265	62	350
10160	78300	1290	3639	1071	1071		67
118000	50678	4950	6120	2440	680	680	1079
195340	369620	25967	37823	12035	11856	840	1470
635467	1661352	74336	117096	25721		19740	61050
270549	1076027	94893	121372	5160		9908	17071
500000	1900000	180000	240000	38300	14000	36565	49028
57000	136700	8530	12110	2024	2024	2055	1678
1089770	748755	7420	13256	88869	64337	17880	35042

17－33 续表 8

开发区名称	Development Area	注册企业资本合计（万元） Total Capital of Registered Enterprises (10000 yuan)	全社会固定资产投资（万元） Total Investment in Fixed Assets (10000 yuan)
日照市	Rizhao		
日照经济开发区	Rizhao Economic Development Zone	690109	289098
日照高新技术产业园区	Rizhao Hi-Tech Industrial Park		5800
岚山经济开发区	Lanshan	56325	358685
五莲工业园区	Wuulian Industry Park	55000	126650
莒县工业园区	Juxian Industry Park	36000	153500
莱芜市	Laiwu		
莱芜工业园区	Laiwu Industry Park	19793	79000
莱芜钢城经济开发区	Laiwu Gangcheng Economic Development Zone	33800	20110
临沂市	Linyi		
临沂工业园区	Linyi Industry Park	18800	69000
临沂经济开发区	Linyi Economic Development Zone	281513	400619
临沂河东工业园区	Linyi Hedong Industry Park	22000	64820
沂南经济开发区	Yinan Economic Development Zone	23902	23923
郯城经济开发区	Tancheng Economic Development Zone	25500	65780
沂水经济开发区	Yishui Economic Development Zone	56653	164000
苍山经济开发区	Changshan Economic Development Zone	92621	56227
费县经济开发区	Feixian Economic Development Zone	63300	88690
平邑经济开发区	Pinyi Economic Development Zone	196800	62600
莒南经济开发区	Junan Economic Development Zone	9520	26495
蒙阴经济开发区	Mengyen Economic Development Zone	18025	24850
临沭经济开发区	Lienshu Economic Development Zone	39764	76716
德州市	Dezhou		
德州运河经济开发区	Deznou Yunhe Economic Development Zone	93050	319861
德州经济开发区	Dezhou Economic Development Zone	391938	311993
陵县经济开发区	Lingxian Economic Development Zone	108500	225000
宁津经济开发区	Ningjin Economic Development Zone		69500
庆云经济开发区	Qinyuen Economic Development Zone		500000
临邑经济开发区	Linyi Economic Development Zone	874881	372567
齐河经济开发区	Qihe Economic Development Zone	152720	429200
平原经济开发区	Pingyuan Economic Development Zone	119444	201117
夏津经济开发区	Xiajin Economic Development Zone	59380	173874
武城经济开发区	Wucheng Economic Development Zone	125000	350000
乐陵经济开发区	Laoling Economic Development Zone	49500	184780

continued

工　业 增加值 （万元） Added Value of Industrial Enterprises (10000 yuan)	规模以上工业主营业务收入 （万元） Business Revenue of Industrial Enterprises above Designated Size (10000 yuan)	规模以上工业利润总　额 （万元） Income before Taxes of Industrial Enterprises above Designated Size (10000 yuan)	规模以上工业利税总　额 （万元） Total Profits and Taxes of Industrial Enterprises above Designated Size (10000 yuan)	地方财政一般预算内收　入 （万元） Budgetary Revenue of Local Government (10000 yuan)	#各项税收 Taxes	进口额 （万美元） Imports (10000 USD)	出口额 （万美元） Exports (10000 USD)
435900	1677873	46633	76715	30634	24715	58543	18653
				9580		1500	15030
388085	1599416	71708	223269	18938	16852	57259	51266
10917	41488	1263	2699	1200	1000	312	500
268890	228000	16000	21000	5710	5318	1755	3227
29000	108000	9800	11800	2528	2521		4000
66100	181935	14860	20236	1479	1479	76	116
27000	158000	5200	13440	9600	3800	300	600
182390	528393	19582	28035	62204	9976	818	3345
10000	35000	1740	2160	420	420	419	311
11166	29079	1866	2545			16	451
101098	286562	17193	37907	12428	12428	1871	1418
22586	73963	3840	7822	4702	3982	2410	3506
130332	264733	18926	24310	3300	1855	123	3842
153334	441481	32241	39368	5131	4374	1936	9945
12480	36780	3600	5000	5377	3200	20	260
35180	110657	365	4125	1531	1169	20	3869
43248	136000	1356	5186	4335	3830	520	1260
130205	461753	22878	30196	3722	3722	5882	2208
296592	1015364	141383	216432	16789	13719	1724	14265
352200	1150054	63980	83622	18910	14406	7151	25023
390573	290760	32060	55370	18160	879	642	2100
33650	96750	14500	19350	8500	8050	320	3150
69433	221400	6500	13100	8009	5870	27	1478
	732678	667078	741998	41578	41578	80	958
365815	1106300	79560	140305	46894	42667	1370	1976
123458	737459	58996	125368	14110	13834	668	991
192713	150206	4506	15021	7880	6550	55	432
191230	486340	50420	56800	10320	9510	3018	3394
291120	609095	33500	59360	12248	9931	1042	4885

17-33 续表9

开发区名称	Development Area	注册企业资本合计（万元）Total Capital of Registered Enterprises (10000 yuan)	全社会固定资产投资（万元）Total Investment in Fixed Assets (10000 yuan)
聊城市	Liaocheng		
聊城嘉明经济开发区	Liaocheng Jiaming	27537	69827
聊城经济开发区	Liaocheng Economic Development Zone	33230	181614
阳谷工业园区	Yangu Industry Park	36800	101400
莘县工业园区	Shenxian Industry Park	48800	290000
茌平经济技术开发区	Chiping Economic Development Zone	106600	597800
东阿工业园区	Donge Industry Park	2874	
冠县鲁西新世纪工业园	Guanxian Luxi New Century Industrial Park		87650
聊城市鲁西科技产业园	Liaocheng Luxi Industrial Park	155700	195830
临清工业园区	Linqing Economic Development Zone		
滨州市	Binzhou		
滨州经济开发区	Binzhou Economic Development Zone	207542	203650
滨城区北城经济开发区	Bincheng Beicheng Economic Development Zone	78650	76900
惠民经济开发区	Huimin Economic Development Zone	91002	78902
阳信经济开发区	Yiangxin Economic Development Zone	122772	69380
无棣工业园区	Wudi Industry Park	34951	178000
沾化经济开发区	Zhanhua Economic Development Zone	55100	86000
博兴经济开发区	Boxing Economic Development Zone	144842	120598
邹平经济开发区	Zouping Economic Development Zone	277218	268576
菏泽市	Heze		
菏泽经济开发区	Heze Economic Development Zone	243101	324800
菏泽牡丹工业园区	Heze Mudan Industry Park	16400	149700
曹县工业园区	Caoxian Industry Park	27600	126393
单县工业园区	Shanxian Industry Park	16300	96338
成武工业园区	Chengwu Industry Park	91281	123800
巨野工业园区	Juye Industry Park	53240	127146
郓城工业园区	Yuncheng Industry Park	59300	241103
鄄城工业园区	Juancheng Industry Park	6270	126869
定陶工业园区	Dingtao Industry Park	110000	321564
东明工业园区	Dongming Industry Park	43105	97650

continued

工业增加值（万元）Added Value of Industrial Enterprises (10000 yuan)	规模以上工业主营业务收入（万元）Business Revenue of Industrial Enterprises above Designated Size (10000 yuan)	规模以上工业利润总额（万元）Income before Taxes of Industrial Enterprises above Designated Size (10000 yuan)	规模以上工业利税总额（万元）Total Profits and Taxes of Industrial Enterprises above Designated Size (10000 yuan)	地方财政一般预算内收入（万元）Budgetary Revenue of Local Government (10000 yuan)	# 各项税收 Taxes	进口额（万美元）Imports (10000 USD)	出口额（万美元）Exports (10000 USD)
69689	286952	8360	14912	11595	8190	96	2175
198330	352108	24573	36865	7827	2955	4030	10361
212000	876000	67360	75020	13960	7660	670	4920
52000	136000		43900	3650	3650	780	900
696959	1690672	142312	254513	165375	158148	13428	2798
42800	140040	10625	13909				300
159200	486000	38000	63540	7640		140	1400
339235	1486000	157260	234920			8350	2176
226182	473444	22840	47295	14404	13682	1500	5000
14556	383921	14655	29549	6115	6115		15366
7442	91751	990	2780	1746	1268	519	324
72763	135514	3997	7543	2600	2200	2759	9217
92436	277952	8350	14935	2993	2993	1806	3083
127800	288255	3463	6137				1
80099	287694	17618	21738	11801	9194	9362	5179
1157736	4218405	216427	386470	36167	32144	59040	73392
142549	513266	15419	41061	16547	14646	4398	5500
287690	186800			17018	5017	424	2260
43443	163318	17534	24591	7102	7057	119	6157
58286	235568	8685	16918	6329	5866	110	3122
43850	164900	4947	9894	1796	1776	511	680
51372	180462	3956	10858	3755	1065		5032
87453	408790	8160	13265	5100	5100	344	1678
20538	100615	8247	9865	4240	3245		2733
570000	340526	900	3900	3500	3000		
100996	541028	28890	42081	1051	915	144	597

17－34 各高新技术产业开发区主要经济指标(2006 年)

开发区名称	Development Area	批准入区项目(个) Number of Approved Projects (unit)	#高新技术项目 High and New-tech Projects
国家级	National		
济　南	Jinan	401	150
青岛(崂山部分)	Qingdao(Laoshan)	294	
淄　博	Zibo	108	15
潍　坊	Weifang	337	279
威　海	Weihai	105	52
省　级	Provincial		
青岛市	Qingdao		
即　墨	Jimo	66	15
枣庄市	Zaozhuang		
枣　庄	Zaozhuang	70	45
东营市	Dongying		
东　营	Dongying	70	23
烟台市	Yantai		
APEC 中国烟台(芝罘)科技工业园	China Yantai Zhifu APEC S&T Industry Park	43	2
烟台卧龙经济园区(芝罘)	Yantai Zhifu Wolong Industry Park	18	1
烟台(福山)	Yantai(Fushan)	480	
烟台(莱山)	Yantai(Laishan)	488	6
烟台高新区 APEC 产业区(莱山)	Laishan APEC Industry Park of Yantai Hi-tech Development Zone	175	3
潍坊市	Weifang		
潍坊凤凰山	Weihai Phoenix Mountain	17	2
济宁市	Jining		
济　宁	Jining	862	5
泰安市	Taian		
泰　安	Taian	500	217
新　泰	Xintai	367	105
肥　城	Feicheng	157	25
莱芜市	Laiwu		
莱　芜	Laiwu	79	19
临沂市	Linyi		
临　沂	Linyi	112	26
德州市	Dezhou		
禹　城	Yucheng	67	15

Main Indicators of the High and New-tech Development Areas(2006)

#利用外资 项 目 Foreign-funded Projects	#利用外资千万美元以上 over 10 Million USD	合同引进项目总投资（万元） Total Investment of Contracted Projects (10000 yuan)	#合同利用外资额（万美元） Amount of Contracted Foreign Capital (10000 USD)	实际利用外资额（万美元） Amount of Foreign Capital Actually Utilized (10000 USD)	注册企业数（个） Number of Registered Enterprises (unit)	#外商投资企业 Foreign-funded Enterprises	#高新技术企业 High and New-tech Enterprises
45	1	1548945	8217	4227	2940	37	261
56	11	730820	22240	14300	1350	7	199
41	13	930022	19345	7790	2992	193	95
38	9	7359554	121585	23439	303	17	26
40	3	680548	16850	20000	2806	300	81
22	12	256213	21700	6998	57	23	24
12		893600	28780	2890	188	5	
25	2	574272	3530	3965	326	43	12
9	1	62840	5355	2822	209	38	13
9		76738	4707	1750	18	6	2
11	9	1486160			516	227	21
159	8	1463742	69255	19507	469	123	6
71	5	585496	22691	3657	173	46	3
1	1	127500	2000		256	14	13
138	7	412797	16358	7073	2188	66	119
72	10	488476	15204	9228	809	31	123
23		510000	3370	2100	334	21	96
11		298500	6500	1120	151	11	25
12	4	612275	10270	3460	990	21	19
23	2	460600	3724	4615	268	22	23
2		638645	600	300	131	16	21

17 - 34 续表

开 发 区 名 称	Development Area	注册企业资本合计（万元）Total Capital of Registered Enterprises (10000 yuan)	全社会固定资产投资（万元）Total Investment in Fixed Assets (10000 yuan)
国家级	National		
济　南	Jinan	1325961	486120
青岛(崂山部分)	Qingdao(Laoshan)	657254	1111507
淄　博	Zibo	1315855	650000
潍　坊	Weifang	170026	777237
威　海	Weihai	898366	580115
省　级	Provincial		
青岛市	Qingdao		28030
即　墨	Jimo	256213	28030
枣庄市	Zaozhuang		
枣　庄	Zaozhuang	75000	582560
东营市	Dongying		
东　营	Dongying	56884	437355
烟台市	Yantai		
APEC 中国烟台(芝罘)科技工业园	China Yantai Zhifu APEC S&T Industry Park	111462	112385
烟台卧龙经济园区(芝罘)	Yantai Zhifu Wolong Industry Park	12103	132269
烟台(福山)	Yantai(Fushan)		
烟台(莱山)	Yantai(Laishan)	295029	1143280
烟台高新区 APEC 产业区(莱山)	Laishan APEC Industry Park of Yantai Hi-tech Development Zone	118012	184410
潍坊市	Weifang		
潍坊凤凰山	Weihai Phoenix Mountain	112168	83210
济宁市	Jining		
济　宁	Jining	895495	895972
泰安市	Taian		
泰　安	Taian	437000	127467
新　泰	Xintai	163000	195000
肥　城	Feicheng	60200	180700
莱芜市	Laiwu		
莱　芜	Laiwu	88650	182100
临沂市	Linyi		
临　沂	Linyi	153459	151200
德州市	Dezhou		
禹　城	Yucheng	196000	440000

continued

工业增加值（万元） Added Value of Industrial Enterprises (10000 yuan)	规模以上工业主营业务收入（万元） Business Revenue of Industrial Enterprises above Designated Size (10000 yuan)	规模以上工业利润总额（万元） Income before Taxes of Industrial Enterprises above Designated Size (10000 yuan)	规模以上工业利税总额（万元） Total Profits and Taxes of Industrial Enterprises above Designated Size (10000 yuan)	地方财政一般预算内收入（万元） Budgetary Revenue of Local Government (10000 yuan)	#各项税收 Taxes	进口额（万美元） Imports (10000 USD)	出口额（万美元） Exports (10000 USD)
1561645	5698350	93732	585095	35406	33618	39512	42443
1209400	4001649	185000	377836	145981	108543	150251	191474
1690000	5092250	152769	458303	68328	51722	50100	89100
430326	4626103	309126	599156	70318	61641	3452	33548
1440000	4733530	239000	432050	64326	48246	102191	233221
66109	201180	12071	12071			22712	33000
66109	201180	12071	12071			22712	33000
322515	865450	70567	125651	24278	16995	1258	4085
685000	1873544	115890	146310	19300	18056	10478	32214
99709	2955081	21326	22180	4137	3862	2606	6166
57274	163061	11842	13002	678	658	3800	7100
221325	581245	32311	58000	15512		19611	36800
380794	1254438	94576	137139	75385	57296	25681	53016
38079	166840	12767	18513	4821	3664	4145	9628
208271	904794	39545	45707	2459	1635	2351	9007
1626487	5551788	299903	458205	107787	92697	15126	69643
309523	929123	51051	93492	26761	17983	3712	16322
364016	523000	35943	60145	32645	29484	2136	7640
215000	286000	14300	22800	5880	5680	1500	6500
159480	471000	33000	42000	10940	10180	4530	13570
216000	67850	46980	108670	15820	14600	600	12180
478324	931380	56000	77612	22044	21612	600	7000

主要统计指标解释

进出口总额 指实际进出我国国境的货物总金额。包括对外贸易实际进出口货物,来料加工装配进出口货物,国家间、联合国及国际组织无偿援助物资和赠送品,华侨、港澳台同胞和外籍华人捐赠品,租赁期满归承租人所有的租赁货物,进料加工进出口货物,边境地方贸易及边境地区小额贸易进出口货物(边民互市贸易除外),中外合资企业、中外合作经营企业、外商独资经营企业进出口货物和公用物品,到、离岸价格在规定限额以上的进出口货样和广告品(无商业价值、无使用价值和免费提供出口的除外),从保税仓库提取在中国境内销售的进口货物,以及其他进出口货物。该指标可以观察一个国家在对外贸易方面的总规模。我国规定出口货物按离岸价格统计,进口货物按到岸价格统计。

商品经营单位所在地进、出口额 指所在地海关注册登记的有进出口经营权的企业实际进、出口额。

商品目的地进口额和商品货源地出口额 目的地进口额指进口货物的消费、使用或最终抵运地的实际进口额;货源地出口额指出口货物的产地或原始发货地的实际出口额。

利用外资 指我国各级政府、部门、企业和其他经济组织通过对外借款、吸收外商直接投资以及用其他方式筹措的境外现汇、设备、技术等。

对外借款 指通过对外正式签订借款协议,从境外筹措的资金,包括外国政府贷款、国际金融组织贷款、外国银行商业贷款、出口信贷以及对外发行债券等。1996年及以前还包括对外发行股票。该指标是我国利用外资的重要部分。

外商直接投资 指外国企业和经济组织或个人(包括华侨、港澳台胞以及我国在境外注册的企业)按我国有关政策、法规,用现汇、实物、技术等在我国境内开办外商独资企业、与我国境内的企业或经济组织共同举办中外合资经营企业、合作经营企业或合作开发资源的投资(包括外商投资收益的再投资),以及经政府有关部门批准的项目投资总额内企业从境外借入的资金。

外商其他投资 指除对外借款和外商直接投资以外的各种利用外资的形式。包括企业在境内外股票市场公开发行的以外币计价的股票(目前主要是在香港证券市场发行的H股和在境内证券市场发行的B股)发行价总额,国际租赁进口设备的应付款,补偿贸易中外商提供的进口设备、技术、物料的价款,加工装配贸易中外商提供的进口设备、物料的价款。

对外直接投资 指我国国内投资者以现金、实物、无形资产等方式在国外及港澳台地区设立、购买国(境)外企业,并以控制该企业的经营管理权为核心的经济活动。

对外承包工程 指各对外承包公司以招标议标承包方式承揽的下列业务:(1)承包国外工程建设项目;(2)承包我国对外经援项目;(3)承包我国驻外机构的工程建设项目;(4)承包我国境内利用外资进行建设的工程项目;(5)与外国承包公司合营或联合承包工程项目时我国公司分包部分;(6)对外承包兼营的房屋开发业务。对外承包工程的营业额是以货币表现的本期内完成的对外承包工程的工作量,包括以前年度签订的合同和本年度新签订的合同在报告期内完成的工作量。

对外劳务合作 指以收取工资的形式向业主或承包商提供技术和劳动服务的活动。我国对外承包公司在境外开办的合营企业,中国公司同时又提供劳务的,其劳务部分也纳入劳务合作统计。劳务合作营业额按报告期内向雇主提交的结算数(包括工资、加班费和奖金等)统计。

对外设计咨询 指以服务成果向业主收费的技术服务项目。包括承担地形地貌测绘,地质资源勘探与普查,建设区域规划,提供设计文件、图纸、生产工艺技术资料和工程技术经济咨询,工程项目的可行性考察、研究和评估,进行技术指导和培训人员等;也包括承担国(境)内利用外资建设工程项目中的设计咨询项目内收取外币部分。

旅游者人数

(1)入境国际旅游者人数:指来中国参观、访问、旅行、探亲、访友、休养、考察、参加会议和从事经济、科技、文化、教育、宗教等活动的外国人、华侨、港澳同胞和台湾同胞的人数。不包括外国在我国的常驻机构,如使领馆、通讯社、企业办事处的工作人员;来我国常住的外国专家、留学生以及在岸逗留不过夜人员。

(2)出境居民人数:指大陆居民因公务活动或私人事务短期出境的人数。公务活动出境居民人数包括在国际交通工具上的中国服务员工,因私出境居民人数不包括在国际交通工具上的中国服务员工。

(3)国内旅游者人数:指我国大陆居民和在我国常住1年以上的外国人、华侨、港澳台同胞离开常住地在境内其他地方的旅游设施内至少停留一夜,最长不超过6个月的人数。

国际旅游(外汇)收入 指入境旅游的外国人、华侨、港澳同胞和台湾同胞在中国大陆旅游过程中发生的一切旅游支出,其对于国家来说就是国际旅游(外汇)收入。

国际旅行社 指经营对外招徕并接待外国人、华侨、港澳同胞和台湾同胞来中国、归国或回内地旅游业务的旅行社。

国内旅行社 指负责经营招徕、组团、接待国内旅客的旅游业务,以及不对外招徕,负责经营接待国际旅行社或其它涉外部门组织的外国人、华侨、港澳同胞和台湾同胞来中国、归国或回内地的旅游业务的旅行社。

星级饭店 指已评定星级的饭店。

Explanatory Notes on Main Statistical Indicators

Total Imports and Exports at Customs refer to the real value of the commodities imported into and exported from the boundary of China. They include the actual imports and exports through foreign trade, imported and exported goods under the processing and assembling trades and materials, supplies and gifts as aid given gratis between governments and by the United Nations and other international organizations, and contributions donated by overseas Chinese, compatriots in Hong Kong and Macao and Chinese with foreign citizenship, leasing commodities owned by tenant at the expiration of leasing period, the imported and exported commodities processed with imported materials, commodities trading in border areas (excluding mutual exchange goods), the imported and exported commodities and articles for public use of the Sino-foreign joint ventures, cooperative enterprises and ventures exclusively with foreign own investment. Also included are import or export of samples and advertising goods for whose CIF or FOB value are beyond the permitted ceiling (excluding goods of no trading or use value and free commodities for export), imported goods sold in China from bonded warehouses and other imported or exported goods. The indicator of the total imports and exports at customs can be used to observe the total size of external trade in a country. In accordance with the stipulation of the Chinese government, imports are calculated at CIF, while exports are calculated at FOB.

Import Export Value by Location of China's Foreign Trade Managing Units refers to actual value of imports and exports carried out by corporations which have been registered by the local customhouse and are vested with right to run import export business.

Import Value of Commodities by the Places of their Destination and Export Value of Commodities by the Places of their Origin in China: The former indicator refers to the value of import commodities of the places of their consumption, utilization or the places of their final destination. The latter indicator refers to the value of export commodities of the places of their origin or the places of the commodities dispatched.

Utilization of Foreign Capitals refers to remittance, equipment and technology financed from abroad, by loans, foreign direct investment and other forms undertaken by the Chinese governments at all levels, by various departments, enterprises and other economic units.

Foreign Borrowings refer to funds borrowed from abroad through formal signing of borrowing agreements with foreign institutions, including loans of foreign governments, loans of international financial institutions, commercial loans of foreign banks, export credit, and funds raised by Chinese bonds (and shares before 1996) issued abroad. It is an important part of China's utilization of foreign capitals.

Foreign Direct Investment refers to the investments inside China by foreign enterprises and economic organizations or individuals (including overseas Chinese, compatriots from Hong Kong, Macao and Taiwan, and Chinese enterprises registered abroad), following the relevant policies and laws of China, for the establishment of ventures exclusively with foreign own investment, Sino-foreign joint ventures and cooperative enterprises or for co-operative exploration of resources with enterprises or economic organizations in China. It includes the re investment of the foreign entrepreneurs with the profits gained from the investment and the funds that enterprises borrow from abroad in the total investment of projects which are approved by the relevant department of the government.

Overseas Direct Investment refers to enterprises set up or bought by domestic investors in foreign countries and in Hong Kong, Macao and Taiwan, and the economic activities centering on operation and management of those enterprises are under the control of domestic investors. The statistical scope covers various corporation type enterprises and non-corporation type enterprises receiving direct investment from domestic investment entities.

Other Investment by Foreign Entrepreneurs refers to all forms of utilization of foreign capitals other than foreign borrowings and foreign direct investment. It includes the total value of stock shares in foreign currencies issued by enterprises at domestic or foreign stock exchanges (now mainly consisting of H shares issued at Hong Kong Security Market and B shares issued at domestic security markets), rent payable for the imported equipment through international leasing arrangement, cost of imported equipment, technology and materials provided by foreign counterparts in compensation trade and processing and assembly trade.

Contracted Projects with Foreign Countries refer to projects undertaken by Chinese contractors (project contracting companies) through bidding process. They include: (1) overseas civil engineering construction projects financed by foreign investors; (2) overseas projects financed by the Chinese government through its foreign aid programs; (3) construction projects of Chinese diplomatic missions, trade offices and other institutions stationed abroad; (4) construction projects in China financed by foreign investment; (5) sub-contracted projects to be taken by Chinese contractors through a joint umbrella project with foreign contractor(s); (6) housing development projects. The business income from international contracted projects is the work volume of contracted projects completed during the reference period, expressed in monetary terms, including completed work on projects signed in previous years.

Service Cooperation with Foreign Countries refers to the activities of providing technology and labour services to employers or contractors in the forms of receiving salaries and wages. Labour services providing by contractual joint ventures of Chinese international contracting corporations should be included in the statistics of service co-operation with foreign countries. The business income of labour service cooperation is the income in the form of wages and salaries, overtime pay, bonuses and other remuneration received from the employers during the reference period.

Overseas Design and Consultation Service refers to projects with charges for technical services from overseas operators. It includes geographic and topographic mapping, geological resource prospecting and survey, planning of construction areas, provision of design documents, blueprints, materials on production process and techniques, as well as engineering, technical and economic consultation, and feasibility study, research and evaluation of projects. Also included under this category are the above-mentioned services of foreign-financed projects in China that are paid in foreign currencies.

Number of Tourists

(1) International tourists refer to foreigners, overseas Chinese, Chinese compatriots from Hong Kong, Macao and Taiwan coming to China for sight-seeing, visits, tours, family reunions, vacations, study tours, conferences and other activities of a business, scientific and technological, cultural, educational and religious nature. It does not include representatives and employees of resident institutions of foreign countries in China such as embassies, consulates, news agencies and offices of foreign companies and organizations, nor does it include long-term foreign experts or students residing in China, or persons in transition without spending a night in China.

(2) Chinese residents going abroad refer to Chinese residents going abroad for short terms for either public business or private purposes. Chinese employees working on international transport carriers are included in those going abroad for public business purpose, not in those for private purpose.

(3) Domestic tourists refer to residents of the mainland of China who stay for one night at least but no more than 6 months at tourist facilities in other places than their permanent residence within the territory of the mainland China, including foreigners, overseas Chinese and Chinese compatriots from Hong Kong, Macao and Taiwan who have resided in China for over one year.

Foreign Exchange Earnings from International Tourism refer to the total expenditures of foreigners, overseas Chinese, Chinese compatriots from Hong Kong, Macao and Taiwan during their stay in the mainland of China, which are earnings of foreign exchange from international tourism from the point of view from China.

International Travel Agencies refer to travel agencies engaged in the promotion, solicitation, organization and reception of tours to the mainland of China by foreigners, overseas Chinese, Chinese compatriots from Hong Kong, Macao and Taiwan.

Domestic Travel Agencies refer to travel agencies engaged in the promotion, solicitation, organization and reception of domestic tourists, and in the reception of foreigners, overseas Chinese, Chinese compatriots from Hong Kong, Macao and Taiwan organized by international travel agencies or other departments concerned, without their own promotion and solicitation programmes.

Star-Hotels refer to hotels rated with stars.

第18篇

教育、科技、文化

EDUCATION, TECHNOLOGY AND CULTURE

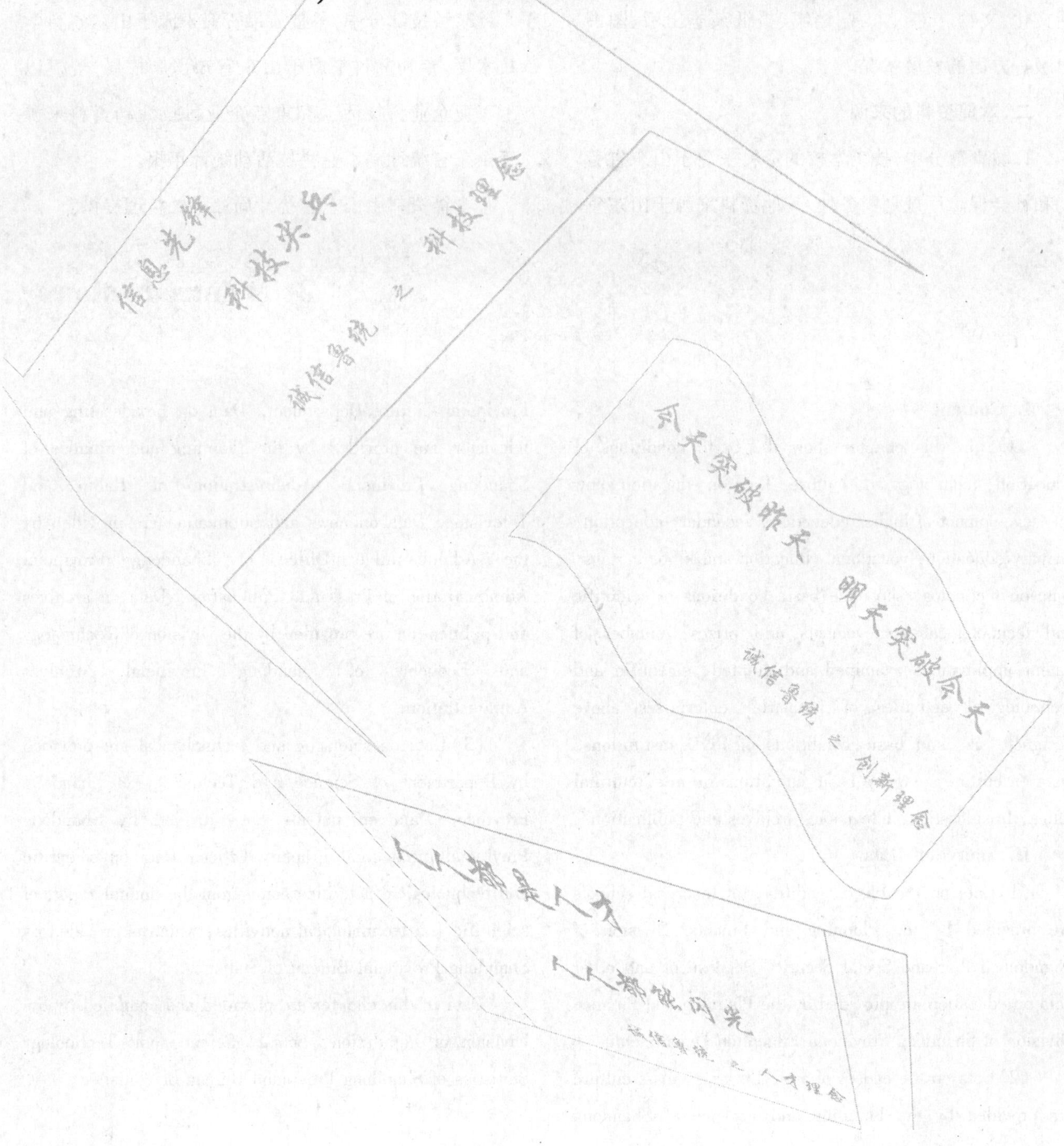

简要说明

一、本篇资料的主要内容

本篇资料反映了全省教育、科技和文化事业基本情况。教育部分主要包括高等教育、中等教育、初等教育、成人高等教育、职业教育、幼儿园等方面基本情况;科技部分主要包括科技成果、专利、规模以上工业科技活动和重点企业科技活动情况;文化部分主要包括文化、文物、广播、电视、档案、报纸杂志出版、图书出版等方面的发展状况。

二、本篇资料的来源

1. 教育部分中,技工学校的资料来源于山东省劳动和社会保障厅规划财务处,其他资料来源于山东省教育厅发展规划处。

2. 文化部分中,艺术事业、图书馆事业、群众文化事业的资料来源于山东省文化厅计划财务处,广播电视资料来源于山东省广播电视局计划财务处,新闻出版有关资料来源于山东省新闻出版局办公室,档案馆有关资料来源于山东省档案局法规经济科技处。

3. 科技部分中,科技成果资料来源于山东省科学技术厅,专利资料来源于山东省知识产权局,规模以上工业企业科技活动和重点企业科技活动资料来源于山东省统计局工业科技活动统计年报。

本篇资料由山东省统计局社科处整理提供。

Brief Introduction

I. Content

Data in this chapter show the basic conditions of education, technology and culture. Data on education show the development of higher education, secondary education, primary education, vocational education and kindergartens. Data on technology show the basic conditions of scientific and technological achievements and prizes, number of patent applications examined and granted, scientific and technological activities of industrial enterprises above designate size and basic conditions of R&D institutions. Data on culture show the basic conditions on arts, cultural relics, broadcasting, television, archives and publication.

II. Source of Data

(1) Data on the basic conditions of technical schools are provided by the Planning and Finance Division of Shandong Labor and Social Security Department and other data on education are provided by the Planning and Finance Division of Shandong Provincial Education Department.

(2) Data on the causes of arts, libraries, mass culture are provided by the Planning and Finance of Shandong Provincial Culture Department. Data on broadcasting and television are provided by the Planning and Finance of Shandong Provincial Administration of Radio and Television. Data on news and publication are provided by the Administrative Office of Shandong Provincial Administration of Press and Publication. Data on archives and publication are provided by the Division of Technology and Economy of Shandong Provincial Archives Administration.

(3) Data on scientific and technological are provided by Department of Science and Technology of Shandong Province. Data on patents are provided by Shandong Provincial Intellectual Property Office. Data on scientific and technological activities come from the annual report of scientific and technological activities, which is provided by Shandong Provincial Bureau of Statistics.

Data in this chapter are provided and compiled by the Division of Population, Social, Science and Technology Statistics of Shandong Provincial Bureau of Statistics.

18－1 各级各类学校基本情况

Basic Statistics on Education Institutions

项　目	Item	学校数（所）Number of Schools (unit)	毕业生数（人）Graduates (person)	招生数（人）New Enrollment (person)	在校学生数（人）Total Enrollment (person)	教职工数（人）Teachers and Staff (person)	#专任教师 Full-time Teachers
一、高等教育	**Higher Education**						
（一）研究生	Postgraduates	31	9415	15009	41708		9863
（二）普通高等教育	Regular Institutions of Higher Education	109	268384	445034	1338122	121167	74676
本科院校	Universities with Full Undergraduate Courses	40	164461	216155	760983	73794	44276
专科院校	Colleges with Specialized Courses	69	73090	180750	432292	42936	27715
其他机构	Other Institutions		30833	48219	144847	4437	2685
（三）成人高等教育	Adult Institutions of Higher Education	24	34999	95858	295189	12775	7516
二、中等职业教育	**Secondary Education**						
（一）中等职业学校	Vocational Secondary Education	769	379869	425392	1142881	79641	53446
普通中等专业学校	Regular Specialized Secondary Schools	130	79902	90432	264456	20563	12634
成人中等专业学校	Adult Specialized Secondary Schools	207	39208	53463	121604	10930	7100
职业高中学校	Vocational Senior Secondary Schools	432	200582	239567	623616	45406	31765
其他机构(教学点)	Other Institutions		60177	41930	133202	2742	1947
（二）技工学校	Technical Schools	197	98239	148625	357648	22309	16211
（三）职业技术培训机构	Vocational and Technical Training Institutions	13536	2784115		2268933	37909	21785
三、基础教育	**Fundamental Education**						
（一）普通中学	High Schools	4175	1966994	1646048	5540440	462298	372370
初　中	Junior Secondary Schools	3388	1344839	1023237	3608673		260512
高　中	Senior Secondary Schools	787	622155	622811	1931767		111858
（二）职业初中	Vocational Junior High Schools	1	120		204	49	37
（三）小学	Primary Schools	14611	1016943	1071757	6230225	415117	381673
（四）特殊教育学校	Special Enducation	140	1860	2240	17209	5445	3936
（五）幼儿园	Pre-school Education	15829	669347	850055	1599942	95447	67135
（六）成人基础教育	Adult Fundamental Education						
成人中学	Adult Hgih Schools	19	1340		693	212	175
成人小学	Adult Primary Schools	1072	26225		22880	915	523

注：1. 2005 年普通高等教育统计口径为：含 104 所普通高校、部分成人高校举办的高职班和电大普通专科班。

2. 自 2001 年起成人高等学历教育统计口径调整为：不含电大普通专科班及高职。

a) Data of 2005 include the data of vocational and TV education classes held by enduction institutions

b) Since 2001 , adult higher education excludes regular vocational education of TV and vocational higher education.

18 - 2 历年普通高等教育基本情况

Basic Statistics on Higher Education

年份 Year	学校数（所）Number of Schools (unit)	招生数（人）New Enrollment (person)	毕业生数（人）Graduates (person)	在校学生数（人）Total Enrollment (person)	教职工数（人）Teachers and Staff (person)	#专任教师 Full-time Teachers
1949	7	1405	70	3969	1908	484
1950	7	1861	424	5406	2090	650
1951	7	2915	569	5679	2624	935
1952	7	2777	1703	6753	3684	1024
1953	6	2758	1931	7363	3542	1165
1954	6	2976	1759	8509	3262	1366
1955	7	3280	1825	8915	3397	1471
1956	7	5765	1775	11574	3900	1701
1957	7	3122	1686	12532	4518	2114
1958	35	10004	2249	19557	7938	3212
1959	35	9957	2409	26493	7799	3177
1960	63	12074	5821	34744	11746	4809
1961	40	6206	5567	33461	13534	5300
1962	26	3496	7148	26001	10144	4318
1963	18	4472	6180	23807	8882	4093
1964	16	5144	6806	22435	9187	4001
1965	16	5621	6102	22164	9156	3898
1966	15		293	21919	9314	3996
1967	15		5288	16631	9200	4006
1968	15	92	6992	9731	9392	4094
1969	16		2756	9254	10564	4774
1970	16		9162		10185	4526
1971	19	8953		8953	12527	5618
1972	19	6479		14259	12945	5168
1973	19	5982	4098	17291	13609	5166

注:2005 年普通高等教育含 104 所普通高校、部分成人高校举办的高职班和电大普通专科班。

a) Data of 2005 includes those of vocationl courses and regular vocational secondary courses held by eduction institutions.

18－2 续表 continued

年 份 Year	学校数（所）Number of Schools (unit)	招生数（人）New Enrollment (person)	毕业生数（人）Graduates (person)	在校学生数（人）Total Enrollment (person)	教职工数（人）Teachers and Staff (person)	#专任教师 Full-time Teachers
1974	19	5470	5461	16375	13731	5432
1975	21	7366	6033	17582	13858	5601
1976	22	8896	6072	21340	15035	5941
1977	27	13192	7203	25735	17712	7028
1978	34	19712	7015	38390	20202	7855
1979	35	12856	5364	44771	23544	9478
1980	35	14402	7684	51427	26130	10347
1981	37	14160	6311	59645	27512	10379
1982	37	15765	23993	51794	30381	12065
1983	41	19827	16806	55276	31535	12943
1984	47	24862	13563	66429	33591	13919
1985	49	32745	16159	83567	36383	14974
1986	49	30211	21183	92422	39009	15951
1987	50	32972	29428	95891	41620	16716
1988	50	35714	30869	101281	43990	17585
1989	51	34308	31766	103928	46037	18162
1990	49	35023	33104	105822	46704	18377
1991	49	36067	34500	107093	46839	17825
1992	51	57878	34994	130188	47483	18059
1993	51	57918	33935	151758	48156	18405
1994	49	55036	50457	156639	49537	19460
1995	49	55611	52083	160398	50829	19932
1996	49	56544	47835	169184	51490	20079
1997	48	56950	50141	175920	50374	20414
1998	49	62994	51477	187473	50261	20581
1999	52	82410	49612	213679	49624	21252
2000	58	124817	49687	303826	54910	24764
2001	65	183553	69583	449360	64362	30902
2002	75	218719	94697	583601	72408	37412
2003	85	273894	117253	761417	84391	45457
2004	97	327452	166959	946124	93653	53847
2005	104	400573	224611	1171284	109920	64636
2006	109	445034	268384	1338122	121167	74676

18－3 历年中等专业教育基本情况

Basic Statistics on Vocational Secondary Education

年 份 Year	学校数（所） Number of Schools (unit)	招生数（人） New Enrollment (person)	毕业生数（人） Graduates (person)	在校学生数（人） Total Enrollment (person)	教职工数（人） Teachers and Staff (person)	#专任教师 Full-time Teachers
1949	34	4784	1778	13738	1207	441
1950	48	7734	4292	14206	1663	709
1951	80	11179	4855	21918	3372	1307
1952	171	33756	5223	50175	6845	2744
1953	76	8478	23488	33516	4916	1812
1954	69	9478	9812	32458	4509	1807
1955	58	7738	11553	25336	3707	1477
1956	90	30047	9403	45706	6522	2573
1957	86	7972	12089	40738	6112	2742
1958	394	106779	15584	129494	8704	4537
1959	487	58777	21286	110617	11394	4955
1960	474	79722	32699	143184	15798	7893
1961	198	10395	22687	65735	12433	6008
1962	85	585	16909	23599	6072	2797
1963	79	9685	13814	18942	5883	3312
1964	94	15282	6751	27420	6086	2769
1965	275	35768	2242	72974	9197	4850
1966	158	2831	3403	50097	9128	4310
1967	160	2810	11544	41288	9159	4388
1968	155	11861	28731	24411	9461	4328
1969	128	2107	10537	15956	8410	3942
1970	126	2648	12356	6238	8121	3997
1971	135	18497	11758	12823	7776	5403
1972	140	9746	1313	11581	8756	3773
1973	122	16377	1980	25717	8366	3771

18－3 续表 continued

年 份 Year	学校数 （所） Number of Schools （unit）	招生数 （人） New Enrollment （person）	毕业生数 （人） Graduates （person）	在校学生数 （人） Total Enrollment （person）	教职工数 （人） Teachers and Staff （person）	#专任教师 Full-time Teachers
1974	129	18963	9440	34035	10175	4434
1975	144	21442	15786	40798	11378	5038
1976	178	23328	19908	44345	13296	5522
1977	176	23195	29665	33142	14004	5649
1978	189	25961	9006	49466	14814	6158
1979	195	26574	2882	75484	16080	6792
1980	203	28137	35212	68593	17617	7898
1981	165	27797	32661	63864	18563	8115
1982	174	29235	26782	66640	20482	9204
1983	179	31570	21413	77601	21503	9775
1984	188	33597	27166	84125	22539	10184
1985	208	45163	30024	100176	24511	11333
1986	227	44130	31422	114039	27320	12807
1987	214	40120	36247	103128	26820	12846
1988	225	44606	33551	114168	28985	14522
1989	230	48407	28370	134515	29314	14719
1990	236	48634	35423	148504	31634	16000
1991	240	52092	45259	155092	31842	15617
1992	234	55353	52088	158309	32857	15972
1993	241	77875	51360	185062	34354	16769
1994	243	89643	50801	222551	35066	17526
1995	244	95442	58680	258801	36084	18211
1996	255	105468	78496	289827	38030	19898
1997	252	112348	90545	311161	38458	20291
1998	254	114956	99483	327031	39160	20949
1999	251	122331	106740	344062	39274	21311
2000	243	93493	103629	333184	37241	20409
2001	200	92215	110827	310508	28002	15607
2002	165	115941	111333	314135	27005	15369
2003	154	94625	64046	256655	23630	13761
2004	145	87889	65953	260276	21621	12771
2005	134	86044	75076	257161	20406	12193
2006	130	90432	79902	264456	20563	12634

18 - 4 历年普通中学基本情况

Basic Statistics on Senior and Junior Secondary Education

年份 Year	学校数（所） Number of Schools (unit)	招生数（万人） New Enrollment (10 000 persons)	毕业生数（万人） Graduates (10 000 persons)	在校学生数（万人） Total Enrollment (10 000 persons)	教职工数（人） Teachers and Staff (person)	#专任教师 Full-time Teachers
1949	66	1.08	0.34	3.89	3431	1585
1950	70	1.95	0.66	4.03	3728	1841
1951	112	2.47	0.73	5.50	4507	2232
1952	189	6.12	0.99	10.44	10170	4507
1953	192	4.06	1.82	12.51	12151	5206
1954	211	6.84	2.25	16.83	14666	6621
1955	218	6.74	5.08	17.51	14778	6756
1956	332	9.94	3.75	22.83	17606	8824
1957	1004	17.64	6.20	33.99	24369	14054
1958	3784	34.39	6.19	57.98	32762	20140
1959	3316	31.92	8.55	65.13	38072	23089
1960	2770	27.60	9.98	72.11	49335	28743
1961	1331	14.71	15.26	52.16	43679	24642
1962	1247	15.04	12.77	43.21	37062	21542
1963	1403	18.39	12.94	43.79	39691	24381
1964	2316	23.90	10.80	53.51	42781	26747
1965	6166	34.06	11.67	80.74	53914	37339
1966	4002	14.27	9.95	65.39	47995	33716
1967	3848	14.22	12.99	63.74	48224	33926
1968	6957	54.15	34.31	81.68	59827	41922
1969	13033	96.11	28.13	143.28	97723	79912
1970	13938	103.39	58.50	188.13	122751	100261
1971	12252	146.85	94.53	256.03	124547	116284
1972	11495	139.73	113.47	289.35	187231	155412
1973	12239	121.90	135.22	261.11	177864	144292

18－4 续表 continued

年　份 Year	学校数（所） Number of Schools (unit)	招生数（万人） New Enrollment (10 000 persons)	毕业生数（万人） Graduates (10 000 persons)	在校学生数（万人） Total Enrollment (10 000 persons)	教职工数（人） Teachers and Staff (person)	#专任教师 Full-time Teachers
1974	12419	131.27	126.88	252.21	177829	142047
1975	14621	172.20	113.98	305.11	200906	161092
1976	19822	263.31	127.48	437.85	275864	228657
1977	20171	260.62	161.35	522.33	330445	277784
1978	17361	210.68	218.75	478.22	318128	264663
1979	16322	176.14	192.39	418.22	304551	246035
1980	14646	144.10	107.90	407.91	309538	247920
1981	12974	125.17	117.55	361.45	296240	233102
1982	11160	119.41	106.37	328.57	271664	212707
1983	9971	112.21	86.35	315.39	256926	200957
1984	9175	115.88	85.31	334.42	257968	201521
1985	9038	123.80	96.87	356.32	268321	209202
1986	8259	125.02	105.22	376.19	283726	220304
1987	7877	125.52	116.95	379.54	297083	232958
1988	7474	125.17	120.41	373.53	307364	241845
1989	6997	123.30	118.61	363.74	315494	245260
1990	6699	125.60	115.14	367.30	324027	249459
1991	6310	129.17	115.30	372.98	329927	253428
1992	5897	132.87	115.58	382.49	335020	258308
1993	5640	139.14	115.88	395.28	337259	260896
1994	5429	154.67	116.82	427.15	345640	268514
1995	5073	167.06	118.14	470.46	358301	279301
1996	4820	169.69	122.97	512.22	375463	294849
1997	4693	178.19	141.95	541.38	392365	310926
1998	4635	201.28	159.91	571.54	404824	322785
1999	4586	222.20	164.88	620.43	414538	333884
2000	4575	234.18	167.96	678.60	430754	350353
2001	4684	220.94	188.59	702.18	451014	359665
2002	4648	201.65	205.62	689.17	461898	369664
2003	4606	192.94	222.82	654.34	468627	374811
2004	4569	192.32	213.80	628.34	473687	379100
2005	4404	179.71	207.29	592.49	470584	377133
2006	4175	164.60	196.70	554.04	462298	372370

18－5 历年技工学校基本情况

Basic Statistics on Technical Schools

年份 Year	学校数（所） Number of Schools (unit)	招生数（人） New Enrollment (person)	毕业生数（人） Graduates (person)	在校学生数（人） Total Enrollment (person)	教职工数（人） Teachers and Staff (person)	#专任教师 Full-time Teachers
1953	1	150		150	25	15
1954	2	250		500	149	51
1955	2	452	150	802	206	72
1956	3	775	350	1227	351	127
1957	6	1525	452	2300	614	213
1958	44	9362	775	10887	1255	413
1959	52	9500	1525	18862	1800	620
1960	145	20290	6100	33052	2750	830
1961	16	2178	812	2996	2052	682
1962	19	1274	906	5188	2078	688
1963	21	2890	918	7163	2168	690
1964	28	4498	2687	8781	2019	920
1965	18	2336	1381	6662	1214	503
1966	16	62	115	3836	979	264
1967	16		1063	2773	1005	262
1968	14	633	2444	962	847	207
1969	9	510	452	452	604	141
1970	6		452		639	106
1971	2	380		380	189	85
1972	2			380	189	85
1973	15	1992	320	2052	1018	192
1974	19	2649	54	4702	1080	257
1975	26	3407	1700	5652	1751	345
1976	26	3144	1704	5841	2204	435
1977	29	6083	5421	6414	3189	735
1978	64	13669	301	19651	7042	1563
1979	72	11673	4950	26632	7055	1951
1980	94	15698	9854	32208	8974	2978

18－5 续表 continued

年 份 Year	学校数（所） Number of Schools (unit)	招生数（人） New Enrollment (person)	毕业生数（人） Graduates (person)	在校学生数（人） Total Enrollment (person)	教职工数（人） Teachers and Staff (person)	#专任教师 Full-time Teachers
1981	100	9323	11190	29605	9749	3474
1982	103	9379	12857	25953	10154	3474
1983	106	10698	11562	24343	10560	3508
1984	119	12851	8624	28302	11215	3732
1985	134	16748	9219	35163	14142	3423
1986	163	22069	10035	47114	19968	3928
1987	206	28114	11281	63839	22647	5390
1988	236	40381	16036	87832	26382	5996
1989	256	40821	22402	105330	27843	7088
1990	266	42429	28654	118605	19084	10084
1991	279	44081	39679	122591	33739	11210
1992	290	46436	39628	128557	37579	12233
1993	302	55920	42320	142660	37222	12853
1994	306	67812	45358	165989	39351	13424
1995	312	70251	65457	169023	38891	13948
1996	312	77595	62981	185253	37747	13778
1997	305	74054	65310	192675	35160	14059
1998	305	55668	59292	188493	33806	14035
1999	302	50896	71460	161531	28871	14531
2000	279	48008	66546	137718	24484	14066
2001	278	53283	55769	132122	23152	16060
2002	249	83186	49634	165386	22190	13072
2003	244	105896	46247	212811	20684	13371
2004	249	121444	58834	274432	21370	14607
2005	229	138505	78091	325924	22049	15058
2006	197	148625	98239	357648	22309	16211

18－6 历年小学基本情况

Basic Statistics on Primary Schools

年 份 Year	学校数（所） Number of Schools (unit)	招生数（万人） New Enrollment (10 000 persons)	毕业生数（万人） Graduates (10 000 persons)	在校学生数（万人） Total Enrollment (10 000 persons)	教职工数（人） Teachers and Staff (person)	#专任教师 Full-time Teachers
1949	27476	64.85	5.92	193.00	47640	45710
1950	37649	73.09	8.32	237.79	66439	46108
1951	45481	85.14	10.67	341.88	87932	84992
1952	55096	138.44	15.52	453.75	130791	122107
1953	53476	45.09	28.28	425.81	132259	123224
1954	52172	91.94	29.72	432.60	133588	124298
1955	52171	91.05	19.65	432.74	135050	126975
1956	52299	133.10	35.49	501.57	146511	139354
1957	52337	90.99	43.32	490.88	153512	146366
1958	64817	306.00	54.30	708.80	187148	181812
1959	76675	223.99	42.25	763.82	208941	202828
1960	67256	195.19	55.25	722.88	211598	204973
1961	61259	120.27	38.94	551.58	200310	196000
1962	58670	125.37	40.61	487.56	185043	180870
1963	61258	141.11	33.12	524.60	197427	192509
1964	108658	297.43	42.40	748.14	261782	256587
1965	143202	289.83	44.92	966.72	322560	316441
1966	76222	171.14	88.24	774.64	261927	248105
1967	77680	151.12	92.09	793.38	270433	256623
1968	77108	163.30	124.64	791.73	280930	268784
1969	76584	179.99	128.53	799.50	319014	285271
1970	79041	206.71	138.66	813.58	331613	296931
1971	81870	326.20	125.73	898.25	392417	390689
1972	82158	284.62	123.09	951.06	350695	340726
1973	83615	251.02	106.48	1004.20	374535	363243
1974	82910	232.79	105.79	1054.00	390151	376961
1975	82327	240.58	143.75	1091.22	401530	390571

18－6 续表 continued

年 份 Year	学校数（所） Number of Schools (unit)	招生数（万人） New Enrollment (10 000 persons)	毕业生数（万人） Graduates (10 000 persons)	在校学生数（万人） Total Enrollment (10 000 persons)	教职工数（人） Teachers and Staff (person)	#专任教师 Full-time Teachers
1976	78698	215.88	208.06	1059.68	403562	391905
1977	78137	220.55	198.87	1035.87	399653	388337
1978	79375	234.57	181.42	1041.84	395247	384540
1979	78828	219.38	164.83	1040.06	407704	393271
1980	78796	211.68	155.64	1041.70	418828	402739
1981	78829	197.06	154.84	1017.62	417223	400449
1982	77893	190.23	159.74	978.73	414849	395455
1983	76610	184.50	160.87	946.26	414753	393013
1984	74314	176.38	160.80	927.50	410443	387448
1985	71062	167.67	164.07	894.06	405550	379751
1986	65447	161.76	158.81	870.41	412879	384564
1987	64095	152.42	158.86	844.87	421864	394296
1988	63006	156.57	154.47	830.01	432249	404509
1989	62321	162.45	149.77	823.19	439419	408468
1990	61845	158.09	144.84	818.21	446395	414653
1991	59976	156.99	143.85	815.15	447368	414924
1992	56885	163.94	141.97	826.21	450396	416662
1993	54009	185.75	145.75	853.57	448575	415928
1994	50824	206.15	153.03	895.54	448601	414912
1995	47068	205.33	154.07	940.36	456568	422989
1996	40458	194.37	152.29	971.86	463651	429345
1997	37377	183.70	155.59	990.19	468548	434671
1998	34480	146.34	173.92	951.34	467987	435156
1999	29453	116.04	191.40	870.72	451063	418828
2000	26017	104.48	195.12	774.88	440161	408200
2001	21342	101.36	176.17	699.19	422905	390374
2002	19590	107.26	144.10	662.59	414600	383816
2003	18303	107.86	128.24	642.78	410968	380066
2004	16943	110.17	124.69	627.80	410264	378793
2005	15871	104.27	113.31	615.37	410394	377729
2006	14611	107.18	101.69	623.02	415117	381673

18－7 1985－2006 年成人高等教育基本情况

Basic Statistics on Adult Education from 1985 to 2006

年 份 Year	学校数（所） Number of Schools（unit）	招生数（人） New Enrollment（person）	毕业生数（人） Graduates（person）	在校学生数（人） Total Enrollment（person）	教职工数（人） Teachers and Staff（person）	#专任教师 Full-time Teachers
1985	53	41358	14543	85909	7918	3677
1986	55	38305	18626	119123	9514	4417
1987	58	30789	30352	110258	8900	3847
1988	53	43784	35680	101606	10179	4137
1989	53	43386	30687	115753	11552	4754
1990	53	32580	29317	114764	12745	5164
1991	54	26409	40382	104560	12669	4926
1992	51	49078	41748	105427	12883	5017
1993	53	71210	31104	149282	12648	5257
1994	53	81379	30786	196381	13048	5872
1995	53	61032	55764	198934	13159	6037
1996	53	59850	65204	194454	13308	6495
1997	53	65775	74017	185029	14096	6925
1998	46	73618	61603	198780	13023	6557
1999	40	87117	61611	221161	14335	7131
2000	40	82423	70810	219977	14090	7084
2001	34	103165	57373	255775	13911	6841
2002	29	111023	69723	316605	11797	6182
2003	27	128242	79518	373086	9877	5300
2004	24	132313	107645	268112	11056	6247
2005	24	108707	118379	258521	11481	6683
2006	24	95858	34999	295189	12775	7516

注：自 2001 年起成人高等学历教育统计口径调整为不含电大普通专科班及高职。

a) After 2001, adult higher education exclude regular specialized courses and vocational education.

18－8 研究生教育基本情况

Basic Statistics on Postgraduate Education

项 目	单位	Item	Unit	2000	2005	2006
一、培养单位数	个	**Institutions Providing Postgraduate Programs**	**unit**	**26**	**31**	**31**
高等学校	个	Regular Institutions of Higher Education	unit	23	26	26
科研单位	个	Research Institutions	unit	3	5	5
二、招生数	人	**Enrollment**	**person**	**3850**	**14186**	**15009**
攻读博士学位	人	Appliants for Doctor's Degree	person	527	1666	1688
高等学校	人	Regular Institutions of Higher Education	person	494	1586	1614
科研单位	人	Research Institutions	person	33	80	74
攻读硕士学位	人	Appliants for Master's Degree	person	3323	12520	13321
高等学校	人	Regular Institutions of Higher Education	person	3236	12296	13099
科研单位	人	Research Institutions	person	87	224	222
三、在校生数	人	**Total Enrollment**	**person**	**8522**	**36818**	**41708**
攻读博士学位	人	Appliants for Doctor's Degree	person	1306	5236	5734
高等学校	人	Regular Institutions of Higher Education	person	1209	4997	5499
科研单位	人	Research Institutions	person	97	239	235
攻读硕士学位	人	Appliants for Master's Degree	person	7216	31582	35974
高等学校	人	Regular Institutions of Higher Education	person	7022	30999	35325
科研单位	人	Research Institutions	person	194	583	649
四、毕业生数	人	**Graduates**	**person**	**1690**	**6644**	**9415**
攻读博士学位	人	Appliants for Doctor's Degree	person	186	777	1132
高等学校	人	Regular Institutions of Higher Education	person	169	718	1056
科研单位	人	Research Institutions	person	17	59	76
攻读硕士学位	人	Appliants for Master's Degree	person	1504	5867	8283
高等学校	人	Regular Institutions of Higher Education	person	1454	5754	8155
科研单位	人	Research Institutions	person	50	113	128

18－9 1978－2006年重要科技成果数量

Major Achievements in Science and Technology from 1978 to 2006

单位:项 (unit)

年 份 Year	成 果 数 量 Number of Achievements	#农 业 Agriculture	#工 业 Industry	国际领先 先进水平 Advanced Internationally	国内领先 先进水平 Advanced nationally	省内领先 先进水平 Advanced on Provincial Level
1978	652	116	443	19	283	350
1979	456	90	261	21	149	286
1980	657	195	396	25	210	422
1981	704	169	485	29	201	474
1982	732	153	516	35	298	399
1983	977	209	660	26	378	573
1984	997	196	730	21	420	556
1985	1196	277	758	41	566	589
1986	1337	183	933	75	634	628
1987	1525	264	964	92	838	595
1988	1786	300	1104	118	1045	623
1989	1957	325	1220	135	1081	741
1990	2112	375	1246	150	1148	814
1991	2488	541	1405	175	1503	810
1992	2668	57	1265	327	1538	803
1993	2858	605	1418	372	1745	741
1994	3113	696	1487	416	2131	566
1995	3251	702	1524	466	2272	513
1996	3388	709	1599	471	2353	564
1997	3507	737	1517	456	2678	373
1998	3558	614	1515	724	2516	318
1999	3688	557	1270	744	2737	207
2000	3728	575	1289	599	2861	182
2001	3112	494	1138	506	2439	167
2002	3018	452	1117	486	2371	161
2003	2896	433	1071	466	2276	154
2004	3028	454	1120	485	2392	151
2005	2408	320	539	534	1741	133
2006	2313	338	630	448	1742	123

18－10 科技成果数量

Number of Achievements in Science and Technology

单位:项 (unit)

类　别	Category	2000	2001	2005	2006
一、国家级科技成果奖励成果	**National Scientific and Techinical Award**	**21**	**19**	**17**	**32**
国家发明奖	National Invention Award	5	1	3	4
国家自然科学奖	State Natural Science Award			1	
国家科技进步奖	The State Scientific and Technological Progress Award	16	18	13	28
国际合作奖	International Cooperation Award				
二、省级重要科技成果	**Important Scientific and Technical Award**	**3728**	**3112**	**2408**	**2313**
三、省科学技术奖	**Provincial Science and Technology Award**			**494**	**498**
自然科学奖	Natural Science Award			17	20
技术发明奖	Technological Invention Award			12	18
科技进步奖	Scientific and Technological Progress Award			465	460

注:国家自然科学奖每两年评一次。

a) State Natural Science Award is issued every other year.

18－11 1985－2006 年专利情况

Basic Statistics on Patents Granted from 1985 to 2006

年 份 Year	申请量 (件) Patents Rreceived (unit)	授权量 (件) Patents Granted (unit)	实施量 (件) Patents Put into Practice (unit)	创产值 (亿元) Profits from the Patents (100 million yuan)	创外汇 (万美元) Profit Earned from Overseas (10 000 USD)	许 可 合同数 (份) Authorization Contracts (unit)	交易额 (万元) Sale of Products (10 000 yuan)	创利税 (亿元) Taxes (100 million yuan)
1985	436	8						
1986	933	118	107	1.62		38	70.4	0.25
1987	1286	450	295	0.55		295	276	0.13
1988	1804	815	226	3.04		226	582	0.77
1989	1745	1040	252	3.88	1141	75	193.5	0.97
1990	2553	1273	591	6.37	1600	322	755	1.47
1991	3348	1569	995	11.50	5864	354	1779	1.58
1992	4445	2108	1605	37.42	12000	442	4740	4.10
1993	4691	4019	2108	58.23	42100	969	5801	8.80
1994	5092	2647	2248	69.89	35500	503	4293	10.48
1995	4624	2861	2098	97.33	23700	418	3844	14.97
1996	6125	2630	1959	191.68	22500	455	4148	30.66
1997	6523	2907	2313	212.59	28800	486	7997	34.89
1998	7597	4127	2482	233.75	42300	510	8136	39.07
1999	8589	6536	2834	249.90	27000	642	9116	40.95
2000	10019	6962	2936	298.61	27900	648	9252	52.28
2001	11168	6724	6429	214.77	22457	584	12336	41.23
2002	12855	7293	7715	251.43	27875	786	28667	37.96
2003	15794	9067						
2004	18388	9733						
2005	28835	10743						
2006	38284	15937						

18－12 规模以上工业企业科技活动人员情况（2006年）

Basic Statistics on Scientific and Technical Personnel of Industrial Enterprises above Designated Size(2006)

单位：人 (person)

类 别	Category	科技活动人员合计 Scientific and Technical Personnel	#科学家和工程师 Scientists and Engineers	#R&D人员 R&D Personnel
2000		178947	101434	63123
2001				
2002		158826	97428	68203
2003		164578	105628	76705
2004		170441	95074	71675
2005		188366	109410	77717
2006		204346	122481	83283
一、按地区分	**by Region**			
济南市	Jinan	24075	15512	11849
青岛市	Qingdao	34719	22033	17779
淄博市	Zibo	23517	12240	9129
枣庄市	Zaozhuang	3792	1893	1727
东营市	Dongying	12297	8475	4759
烟台市	Yantai	15870	11254	5594
潍坊市	Weifang	17104	8129	4377
济宁市	Jining	12712	6867	5415
泰安市	Tai'an	14649	8612	4769
威海市	Weihai	10654	6364	4424
日照市	Rizhao	1189	478	765
莱芜市	Laiwu	6059	4377	1062
临沂市	Linyi	7485	3755	2975
德州市	Dezhou	5484	2525	1330
聊城市	Liaocheng	6019	4277	3783
滨州市	Binzhou	5762	3793	2466
菏泽市	Heze	2959	1897	1080

18－12 续表 continued

单位:人 person

类别	Category	科技活动人员合计 Scientific and Technical Personnel	#科学家和工程师 Scientists and Engineers	# R&D 人员 R&D Personnel
二、按工业行业大类分	by Sectors			
煤炭开采和洗选业	Mining and Washing of Coal	13494	8506	7447
石油和天然气开采业	Extraction of Petroleum and Natural Gas	7062	5017	2839
黑色金属矿采选业	Mining and Dressing of Ferrous Metal Ores	1185	695	210
有色金属矿采选业	Mining and Dressing of Nonferrous Metals Ores	759	576	112
非金属矿采选业	Mining and Dressing of Nonmetal Ores	91	48	64
农副食品加工业	Processing of Farm and Sideline Food	6092	3893	1931
食品制造业	Manufacture of Food	2808	1699	1378
饮料制造业	Manufacture of Beverage	1798	1199	921
烟草制品业	Tobacco Products	332	226	140
纺织业	Textile Industry	13035	5633	4975
纺织服装、鞋、帽制造业	Manufacture of Textile Garments, Footwear and Headgear	2825	1618	1472
皮革、毛皮、羽毛(绒)及其制品业	Feather, Furs, Down and Related Products	1804	357	10
木材加工及木、竹、藤、棕、草制品业	Timber Processing, Bamboo, Cane, Palm Fiber & Straw Products	184	129	35
家具制造业	Manufacture of Furniture	248	35	14
造纸及纸制品业	Papermaking and Paper Products	6508	2922	2183
印刷业和记录媒介的复制	Printing and Record Medium Reproduction	277	205	70
文教体育用品制造业	Manufacture of Cultural, Educational and Sports Goods	967	414	184
石油加工、炼焦及核燃料加工业	Petroleum Refining, Coking and Nuclear Fuel Processing	4490	2178	813
化学原料及化学制品制造业	Manufacture of Raw Chemical Materials and Chemical Products	20361	11532	7220
医药制造业	Manufacture of Medicines	8095	4824	3203
化学纤维制造业	Manufacture of Chemical Fibers	1213	388	703
橡胶制品业	Rubber Products	4571	2234	1793
塑料制品业	Plastic Products	1044	584	257
非金属矿物制品业	Nonmetal Mineral Products	8269	4241	2477
黑色金属冶炼及压延加工业	Smelting and Pressing of Ferrous Metals	10205	7638	3683
有色金属冶炼及压延加工业	Smelting and Pressing of Nonferrous Metals	6386	4113	4102
金属制品业	Metal Products	1989	1147	547
通用设备制造业	Manufacture of General Purpose Equipment	17189	9728	5904
专用设备制造业	Manufacture of Special Purpose Equipment	11433	6907	5508
交通运输设备制造业	Manufacture of Transport Equipment	15077	9426	6215
电气机械及器材制造业	Manufacture of Electrical Machinery and Equipment	16188	11651	7981
通信设备、计算机及其他电子设备制造业	Manufacture of Communication Equipment, Computers and Other Electronic Equipment	11260	8057	6625
仪器仪表及文化、办公用机械制造业	Manufacture of Instruments, Meters and Machinery for Cultural and Office Use	2687	1936	1027
工艺品及其他制造业	Handicraft and Other Manufactures	324	141	112
废弃资源和废旧材料回收加工业	Recycling and Disposal of Waste	37		
电力、热力的生产和供应业	Production and Supply of Electric Power, Heat Power and Water	3768	2500	1107
燃气生产和供应业	Production and Supply of Gas	189	25	5
水的生产和供应业	Production and Supply of Tap Water	102	59	16

18－13 规模以上工业企业科技活动经费筹集情况

Scientific and Technological Activity Funds of Industrial Enterprises above Set Scale

单位:万元 (10 000 yuan)

类　别	Category	科技活动经费筹集总额 Funding for S&T Activities	#企业资金 Self-raised Funds by Enterprises	#金融机构贷款 Loans from Finance Institutions	#政府资金 Government Appropriation Funds
	2000	1328796	1083388	175378	32718
	2001				
	2002	1560730	1335282	167125	31477
	2003	1843855	1627980	167643	25702
	2004	2432157	2134536	197531	42592
	2005	2987860	2647524	258886	59313
	2006	3705696	3346273	249224	85848
一、按地区分	**by Region**				
济南市	Jinan	533827	500861	18604	14021
青岛市	Qingdao	864709	795759	48095	19361
淄博市	Zibo	262204	233824	17980	8589
枣庄市	Zaozhuang	66338	60488	2018	2294
东营市	Dongying	235369	204257	22735	5897
烟台市	Yantai	328595	310531	12320	2570
潍坊市	Weifang	246447	238377	4081	3003
济宁市	Jining	161970	143313	9700	5936
泰安市	Tai'an	140682	108618	22003	8990
威海市	Weihai	230435	210236	15484	2398
日照市	Rizhao	6622	6433		189
莱芜市	Laiwu	178141	176111	60	1315
临沂市	Linyi	90683	72920	13699	2492
德州市	Dezhou	46555	35975	8183	589
聊城市	Liaocheng	124095	95040	24150	4003
滨州市	Binzhou	130496	103577	22627	3925
菏泽市	Heze	58529	49953	7485	279

18-13 续表 continued

单位:万元 (10 000 yuan)

类别	Category	科技活动经费筹集总额 Funding for S&T Activities	#企业资金 Self-raised Funds by Enterprises	#金融机构贷款 Loans from Finance Institutions	#政府资金 Government Appropriation Funds
二、按工业行业大类分	**by Sectors**				
煤炭开采和洗选业	Mining and Washing of Coal	228727	202552	12400	13770
石油和天然气开采业	Extraction of Petroleum and Natural Gas	56721	51227	600	2802
黑色金属矿采选业	Mining and Dressing of Ferrous Metal Ores	1183	1183		
有色金属矿采选业	Mining and Dressing of Nonferrous Metals Ores	3536	2479	1057	1
非金属矿采选业	Mining and Dressing of Nonmetal Ores	175	175		
农副食品加工业	Processing of Farm and Sideline Food	113452	100365	11041	1879
食品制造业	Manufacture of Food	34466	29629	2908	252
饮料制造业	Manufacture of Beverage	40870	38000	1697	707
烟草制品业	Tobacco Products	13968	13627		320
纺织业	Textile Industry	129408	117619	6793	3542
纺织服装、鞋、帽制造业	Manufacture of Textile Garments, Footwear and Headgear	34720	32611	1606	429
皮革、毛皮、羽毛(绒)及其制品业	Feather, Furs, Down and Related Products	11549	11181	258	110
木材加工及木、竹、藤、棕、草制品业	Timber Processing, Bamboo, Cane, Palm Fiber & Straw Products	7489	3034	4435	13
家具制造业	Manufacture of Furniture	502	496		5
造纸及纸制品业	Papermaking and Paper Products	168706	141564	24200	2634
印刷业和记录媒介的复制	Printing and Record Medium Reproduction	2762	2662		100
文教体育用品制造业	Manufacture of Cultural, Educational and Sports Goods	7387	6320	1000	5
石油加工、炼焦及核燃料加工业	Petroleum Refining, Coking and Nuclear Fuel Processing	120054	106096	12658	578
化学原料及化学制品制造业	Manufacture of Raw Chemical Materials and Chemical Products	335446	273103	45594	15010
医药制造业	Manufacture of Medicines	105513	92285	5762	2338
化学纤维制造业	Manufacture of Chemical Fibers	22181	22151		10
橡胶制品业	Rubber Products	122846	116023	6540	262
塑料制品业	Plastic Products	8369	8066	200	52
非金属矿物制品业	Nonmetal Mineral Products	107083	89676	12096	3187
黑色金属冶炼及压延加工业	Smelting and Pressing of Ferrous Metals	407891	401805	4416	1670
有色金属冶炼及压延加工业	Smelting and Pressing of Nonferrous Metals	94595	93398	700	132
金属制品业	Metal Products	25393	22073	3058	185
通用设备制造业	Manufacture of General Purpose Equipment	157165	141328	9475	3860
专用设备制造业	Manufacture of Special Purpose Equipment	126909	116830	6785	2624
交通运输设备制造业	Manufacture of Transport Equipment	288087	263064	12391	12297
电气机械及器材制造业	Manufacture of Electrical Machinery and Equipment	516013	485006	22737	6184
通信设备、计算机及其他电子设备制造业	Manufacture of Communication Equipment, Computers and Other Electronic Equipment	342590	296891	35058	9791
仪器仪表及文化、办公用机械制造业	Manufacture of Instruments, Meters and Machinery for Cultural and Office Use	18721	17803	36	877
工艺品及其他制造业	Handicraft and Other Manufactures	1434	1264	60	80
废弃资源和废旧材料回收加工业	Recycling and Disposal of Waste	500	300	50	50
电力、热力的生产和供应业	Production and Supply of Electric Power, Heat Power and Water	47843	43016	3612	28
燃气生产和供应业	Production and Supply of Gas	860	821		34
水的生产和供应业	Production and Supply of Tap Water	583	553		30

18 - 14 规模以上工业企业科技活动经费支出情况

Expenditures of Industrial Enterprises above Set Scale on Scientific and Technological Activities

单位:万元　　　　(10 000 yuan)

类　　别	Category	科技活动经费内部支出 Intramural Expenditure	# R&D 经费 Intramural Expenditure on R&D	# 新产品开发经费 Expenditure on New Product Development
	2000	1148108	416627	651978
	2001			
	2002	1589490	733356	706959
	2003	1802583	872745	680442
	2004	2436014	1185773	928990
	2005	3135018	1611441	1714693
	2006	3902908	1955191	2035083
一、按地区分	**by Region**			
济南市	Jinan	557146	344760	244029
青岛市	Qingdao	882050	560117	547024
淄博市	Zibo	265328	141229	118754
枣庄市	Zaozhuang	76597	44001	22332
东营市	Dongying	225467	83768	139418
烟台市	Yantai	375905	187318	261112
潍坊市	Weifang	279176	76374	171109
济宁市	Jining	182292	79302	59776
泰安市	Tai'an	144695	58127	56194
威海市	Weihai	239473	153178	170831
日照市	Rizhao	11793	5107	3659
莱芜市	Laiwu	171446	32722	30357
临沂市	Linyi	95780	40321	42671
德州市	Dezhou	42860	13340	22869
聊城市	Liaocheng	130310	66368	66293
滨州市	Binzhou	160896	61161	65099
菏泽市	Heze	61695	7997	13557

18－14 续表 Continued

单位:万元 (10 000 yuan)

类　　别	Category	科技活动经费内部支出 Intramural Expenditure	# R&D 经费 Intramural Expenditure on R&D	# 新产品开发经费 Expenditure on New Product Development
二、按工业行业大类分	**by Sectors**			
煤炭开采和洗选业	Mining and Washing of Coal	242034	135676	57012
石油和天然气开采业	Extraction of Petroleum and Natural Gas	50214	25929	7830
黑色金属矿采选业	Mining and Dressing of Ferrous Metal Ores	1484	1033	182
有色金属矿采选业	Mining and Dressing of Nonferrous Metals Ores	5667	1286	2417
非金属矿采选业	Mining and Dressing of Nonmetal Ores	249	147	133
农副食品加工业	Processing of Farm and Sideline Food	121299	37405	72444
食品制造业	Manufacture of Food	39153	24768	19295
饮料制造业	Manufacture of Beverage	48271	27871	30444
烟草制品业	Tobacco Products	14907	2782	1401
纺织业	Textile Industry	150793	65253	82648
纺织服装、鞋、帽制造业	Manufacture of Textile Garments, Footwear and Headgear	40505	11433	29633
皮革、毛皮、羽毛(绒)及其制品业	Feather, Furs, Down and Related Products	19505	125	3646
木材加工及木、竹、藤、棕、草制品业	Timber Processing, Bamboo, Cane, Palm Fiber & Straw Products	8811	1781	6254
家具制造业	Manufacture of Furniture	824	27	26
造纸及纸制品业	Papermaking and Paper Products	172895	55616	100497
印刷业和记录媒介的复制	Printing and Record Medium Reproduction	5042	664	1827
文教体育用品制造业	Manufacture of Cultural, Educational and Sports Goods	7134	2058	5670
石油加工、炼焦及核燃料加工业	Petroleum Refining, Coking and Nuclear Fuel Processing	118276	46208	63086
化学原料及化学制品制造业	Manufacture of Raw Chemical Materials and Chemical Products	354053	130939	172558
医药制造业	Manufacture of Medicines	111204	48151	62828
化学纤维制造业	Manufacture of Chemical Fibers	23934	21035	11262
橡胶制品业	Rubber Products	128383	70535	101596
塑料制品业	Plastic Products	14881	5152	5205
非金属矿物制品业	Nonmetal Mineral Products	110009	43793	59770
黑色金属冶炼及压延加工业	Smelting and Pressing of Ferrous Metals	389806	181772	68213
有色金属冶炼及压延加工业	Smelting and Pressing of Nonferrous Metals	123205	97539	61926
金属制品业	Metal Products	26927	8357	17365
通用设备制造业	Manufacture of General Purpose Equipment	178380	66057	103453
专用设备制造业	Manufacture of Special Purpose Equipment	132683	70770	89060
交通运输设备制造业	Manufacture of Transport Equipment	322871	154379	183793
电气机械及器材制造业	Manufacture of Electrical Machinery and Equipment	523539	331228	283980
通信设备、计算机及其他电子设备制造业	Manufacture of Communication Equipment, Computers and Other Electronic Equipment	345035	267097	306292
仪器仪表及文化、办公用机械制造业	Manufacture of Instruments, Meters and Machinery for Cultural and Office Use	19861	10298	15808
工艺品及其他制造业	Handicraft and Other Manufactures	1561	648	1129
废弃资源和废旧材料回收加工业	Recycling and Disposal of Waste	20		
电力、热力的生产和供应业	Production and Supply of Electric Power, Heat Power and Water	48296	7302	6205
燃气生产和供应业	Production and Supply of Gas	858	37	44
水的生产和供应业	Production and Supply of Tap Water	342	45	150

18－15 重点企业基本情况(2006年)

Basic Statistics on Key Enterprises(2006)

地区	Region	企业数(个) Number of Enterprises (unit)	年末从业人员(人) Employed Personnel (person)	主营业务收入(万元) Business Income (10 000 yuan)	#新产品销售收入 Sale Revenue of New Products	技术中心是独立法人 Research Center as Independent Entity 企业数(个) Number of Enterprises (unit)	年末从业人员(人) Employed Personnel at Year-end (person)	主营业务收入(万元) Business Income (10 000 yuan)	#新产品 New Products
全省总计	**Total**	**47**	**619638**	**49372170**	**21970062**	**3**	**36667**	**2819671**	**1373642**
济南市	Jinan	8	82427	8828321	4320361	2	18341	2233071	1142111
青岛市	Qingdao	10	127437	17229283	12524926	1	18326	586600	231531
淄博市	Zibo	2	7624	223739	127363				
东营市	Dongying	2	158484	9128403	321113				
烟台市	Yantai	5	11682	1089246	778372				
潍坊市	Weifang	4	43941	4570587	1390351				
济宁市	Jining	3	118396	3255690	455917				
泰安市	Tai'an	2	6838	387367	141525				
威海市	Weihai	4	19855	1481626	621466				
临沂市	Linyi	2	7426	436137	132533				
聊城市	Liaocheng	2	28362	1523112	829055				
滨州市	Binzhou	2	6430	1118608	237580				
菏泽市	Heze	1	736	100051	89500				

18－16 重点企业科技活动人员情况(2006年)

Scientific and Technical Personnel of Key Industrial Enterprises(2006)

单位:人 (person)

地区	Region	科技活动人员 Scientific and Technical Personnel	#科学家和工程师 Scientists and Engineers	#研究与试验发展人员 Research and Experimental Development staff	独立法人技术中心 Research Center as Independent Entity 科技活动人员 Scientific and Technical Personnel	#科学家和工程师 Scientists and Engineers	#研究与试验发展人员 Research and Experimental Development staff
全省总计	**Total**	**57088**	**37173**	**35119**	**4364**	**2300**	**1681**
济南市	Jinan	12191	9001	7292	2775	1717	832
青岛市	Qingdao	15067	11080	10731	1589	583	849
淄博市	Zibo	663	590	351			
东营市	Dongying	7512	4154	3114			
烟台市	Yantai	2339	1606	1405			
潍坊市	Weifang	4691	1402	2072			
济宁市	Jining	5422	4553	4833			
泰安市	Tai'an	1129	438	462			
威海市	Weihai	2505	1598	1105			
临沂市	Linyi	828	563	628			
聊城市	Liaocheng	2612	1316	2209			
滨州市	Binzhou	1917	780	765			
菏泽市	Heze	212	92	152			

18－17 重点企业科技活动经费支出情况(2006 年)

Expenditures on Scientific and Technological Activities of Key Interprises(2006)

单位:万元 (10 000 yuan)

地 区	Region	科技活动经费内部支出 Intramural Expenditure on R&D	# R&D 经费 Expenditure on R&D	# 新产品开发经费 Expenditure on New Product Development	独立法人技术中心 Research Center as Independent Entity 科技活动经费内部支出 Intramural Expenditure on R&D	# R&D 经费 Expenditure on R&D	# 新产品开发经费 Expenditure on New Product Development
全省总计	**Total**	**2016753**	**1325139**	**1162333**	**145998**	**90433**	**54482**
济南市	Jinan	420281	268617	151884	107906	74974	33727
青岛市	Qingdao	945306	642227	706056	38092	15459	20755
淄博市	Zibo	15827	14110	15241			
东营市	Dongying	108261	56472	53208			
烟台市	Yantai	68498	54617	39564			
潍坊市	Weifang	186450	94468	57401			
济宁市	Jining	82281	59928	19092			
泰安市	Tai'an	13738	6120	7818			
威海市	Weihai	66158	58940	57690			
临沂市	Linyi	20309	18082	10320			
聊城市	Liaocheng	45673	39734	33050			
滨州市	Binzhou	38027	6486	6258			
菏泽市	Heze	5944	5340	4750			

18－18 重点企业专利情况(2006 年)

Patents of Key Enterprises(2006)

单位:件 (unit)

地 区	Region	专利申请数 Applications for Patents	# 发明专利申请 Inventions	独立法人技术中心 Research Center as Independent Entity 专利申请数 Applications for Patents	# 发明专利申请 Inventions
全省总计	**Total**	**2604**	**813**	**140**	**6**
济南市	Jinan	286	49	130	5
青岛市	Qingdao	1493	510	10	1
淄博市	Zibo	86	23		
东营市	Dongying	225	34		
烟台市	Yantai	32	18		
潍坊市	Weifang	87	10		
济宁市	Jining	46	9		
泰安市	Tai'an	20	4		
威海市	Weihai	44	12		
临沂市	Linyi	165	131		
聊城市	Liaocheng	86	4		
滨州市	Binzhou	20	4		
菏泽市	Heze	14	5		

18－19 主要年份文化、文物事业基本情况

Number of Institutions for Culture and Cultural Relics

年份 Year	文化(艺术)馆 Cultural Centre		文化站 Cultural Station		艺术表演团体 Art Performance Troups	
	机构数(个) Number (unit)	人数(人) Personnel (person)	机构数(个) Number (unit)	人数(人) Personnel (person)	机构数(个) Number (unit)	人数(人) Personnel (person)
1949	39				46	
1952	166		139		113	
1957	134		283		175	
1962	130		500		180	
1965	141	1261	6	10	176	9923
1970	137	1601			154	9599
1975	151	1891	887	944	157	12709
1976	150	1979	1644	1803	157	13396
1977	155	2110	1988	2185	156	13557
1978	155	2151	2103	2196	155	13219
1979	155	2138	2104	2163	155	12896
1980	155	2251	2117	2197	156	12562
1981	156	2420	2099	2218	157	11930
1982	155	2490	2107	2268	157	11280
1983	155	2609	2102	2172	157	10584
1984	154	2590	2132	2204	159	9922
1985	157	2818	2198	2230	158	9317
1986	159	2940	2276	2292	149	9177
1987	157	2849	2345	2410	139	7751
1988	159	3043	2423	2787	127	7344
1989	159	3140	2452	2643	123	6992
1990	159	3127	2482	2666	119	6703
1991	156	3100	2504	2783	120	6640
1992	156	3129	2481	2798	120	6657
1993	157	3145	2454	2862	119	6430
1994	157	3197	2387	2882	118	6448
1995	158	3265	2363	3117	118	6170
1996	159	3237	2466	3286	118	6090
1997	158	3264	2482	3177	118	6148
1998	158	3252	2494	3339	118	6170
1999	158	3194	2493	3293	117	6077
2000	159	3055	2422	3304	118	5943
2001	159	2975	1912	2943	121	5990
2002	156	2935	1866	3019	121	6030
2003	157	2968	1792	3022	120	5988
2004	159	3136	1783	3190	118	5995
2005	158	2982	1768	3166	117	6066
2006	158	3058	1857	3330	118	6250

18－19 续表 continued

年份 Year	剧场(院) Theaters		图书馆 Libraries		博物馆 Museums	
	机构数（个） Number (unit)	人数（人） Personnel (person)	机构数（个） Number (unit)	人数（人） Personnel (person)	机构数（个） Number (unit)	人数（人） Personnel (person)
1949	5		3			
1952	15		3			
1957	44		40			
1962	129		84			
1965	128	755	27	257	7	183
1970	83	600	12	193	5	155
1975	81	592	43	436	8	211
1976	71	577	62	564	9	237
1977	76	658	66	621	9	246
1978	75	661	80	737	10	298
1979	77	705	88	876	10	310
1980	71	627	88	924	10	317
1981	72	649	89	1004	9	268
1982	71	667	89	1075	15	338
1983	61	660	89	1131	17	364
1984	65	678	92	1240	19	380
1985	62	705	99	1338	23	488
1986	123	2193	101	1486	30	527
1987	119	2310	105	1613	36	763
1988	116	2388	111	1780	40	876
1989	118	2413	113	1796	40	979
1990	117	2516	115	1876	41	1021
1991	121	2736	118	1956	45	1141
1992	120	2772	122	2055	45	1215
1993	119	2837	126	2178	52	1329
1994	118	2878	126	2256	54	1418
1995	115	2783	130	2318	56	1462
1996	111	2727	131	2359	54	1522
1997	107	2652	131	2471	54	1562
1998	107	2577	131	2536	56	1422
1999	107	2544	133	2555	57	1663
2000	105	2473	133	2506	59	1633
2001	105	2444	136	2503	66	1611
2002	104	2434	140	2559	70	1566
2003	104	2353	140	2573	73	1634
2004	95	2088	142	2633	72	1684
2005	94	1881	145	2690	75	1723
2006	95	2098	143	2624	76	1770

18－20 广播电视基本情况

Basic Statistics on Radio and Television Stations

项　目	单位	Item	unit	2000	2005	2006
职工人数	人	Number of Staff	person	24256	31591	33043
广播电台	座	Number of Broadcasting Stations	set	18	18	18
电视台	座	Number of TV Stations	set	18	18	18
广播人口覆盖率	%	Listener Rating	%	93.50	96.47	96.19
电视人口覆盖率	%	Viewer Rating	%	91.00	95.07	96.32

注：自1998年起数据采用国家广电总局年报制度新口径。

a) Since 1998, data have been based on new statistical method made by State Administration of Radio, Film and Television

18－21 文化、文物机构人员情况(2006年)

Number of Institution and Personnel in Culture and Culture Relics(2006)

项　目	Item	机构数(个) Number of Institutions	人员数(人) Number of Employed Persons
总　计	**Total**	**2787**	**25931**
一、艺术业	**Arts**	**264**	**8765**
1. 艺术表演团体	Arts Performance Troupes	118	6250
2. 艺术表演场所	Arts Centers	95	2098
3. 艺术创作机构	Art Creation Institutions	46	330
4. 其他艺术	Others	5	87
二、图书馆业	**Public Libraries**	**143**	**2624**
三、群众文化服务业	**Mass Culture**	**2015**	**6388**
1. 艺术馆、文化馆	Cultural and Art Centers	158	3058
2. 文化站	Cultural Stations	1857	3330
四、艺术教育业	**Culture Education**	**6**	**616**
五、文艺科研	**Art Research**	**6**	**90**
六、文物业	**Cultural Relics**	**187**	**4647**
1. 文物保护管理机构	Agency of Relics Preservation	97	2517
2. 文物科研机构	Scientific and Research Historical Relics Agency	5	78
3. 博物馆	Museums	76	1770
4. 文物商店	Cultural Relics Agencies	9	222

18－22 档案馆基本情况(2006年)

Statistics on Archive Institution(2006)

项目	单位	Item	Unit	总计 Total	国家综合档案馆 National Comprehensive Archive	省级 Provincial Level	市地级 City Level	县级 County Level
档案馆	个	Number of Institutions	unit	204	163	1	17	145
现有专职人数	人	Number of Personnel	person	2352	1678	67	347	1264
档案馆面积	平方米	Floor Space of Archives Institution	sq. m	303032	229047	10380	53484	165183
馆藏档案		Number of Archives						
全宗	个	Whole Volume	unit	18064	17903	306	3103	14494
案卷	卷	Files	volume	11123164	7969296	702000	2030993	5236303
建国前档案		Before 1949						
案卷	卷	Files	volume	730951	721050	460612	251290	9148
建国后档案		After 1949						
案卷	卷	Files	volume	10392213	7248246	241388	1779703	5227155
馆藏资料	册	Number of Material Stored	volume	2518991	2280883	83765	429305	1767813
档案资料利用情况		Use of Archiver						
利用档案	卷次	Number of Archives Used	volume-times	625260	399762	14472	76704	308586
利用资料	册次	Number of Material Used	vomume-times	70032	56070	18	20150	35902
利用档案人次	人次	Number of Persons Using Material	person-times	207406	103357	2871	24667	75819
开放案卷	卷	Opening Archives	volume	2810003	1627331	510548	270710	846073
开放档案目录(案卷级)	万条	Catalog of Opening Archives (Files)	unit	114.66	108.1	26.72	28.04	53.38

18－22 续表 continued

项 目	单位	Item	Unit	国家专门档案馆 National Special Archives	部门档案馆 Department Archives	大型企业档案馆 Enterprise Archive Institution	文化事业单位档案馆 Culture Archive Institution	科技事业单位档案馆 Science and Technology Archive Institution
档案馆	个	Number of Institutions	unit	18	3	11	4	5
现有专职人数	人	Number of Personnel	person	364	23	209	39	39
档案馆面积	平方米	Floor Space of Archives Institution	sq. m	34434	5044	24829	6123	3555
馆藏档案		Number of Archives						
全 宗	个	Whole Volume	unit		2	120	29	10
案 卷	卷	Files	volume	1346900	255247	1167576	228189	155956
建国前档案		Before 1949						
案 卷	卷	Files	volume	4187	40	5078	460	136
建国后档案		After 1949						
案 卷	卷	Files	volume	1342713	255207	1162498	227729	155820
馆藏资料	册	Number of Material Stored	volume	23957	44847	156501	9558	3245
档案资料利用情况		Use of Archives						
利用档案	卷次	Number of Archives Used	volume-times	42978	16615	134900	15025	15980
利用资料	册次	Number of Material Used	vomume-times	1082	585	11391	584	320
利用档案人次	人次	Number of Persons Using Material	person-times	36700	9030	43224	8581	6514
开放案卷	卷	Opening Archives	volume	1060421		90376	6484	25391
开放档案目录（案卷级）	万条	Catalog of Opening Archives (Files)	unit	5.90			0.62	

18－23 报纸、杂志出版情况（2006 年）

Number of Newspaper and Magazine Publication (2006)

类　别	Item	种　数 （种） Number of Publications (kind)	平均期印数 （万份） Average Printed Copies (10 000 Copies)	总印数 （万份） Total Printed Copies (10 000 Copies)
报纸类总计	**Newspaper**	**133**	**1285.9**	**364842.4**
1. 综合报	Synthetical Newspaper	68	922.4	322060.2
2. 专业报	Special Newspaper	65	363.6	42782.2
省级报纸合计	Provincial-level Newspaper	49	799.7	250929.7
1. 综合报	Synthetical Newspaper	20	648.2	228352.0
2. 专业报	Special Newspaper	29	151.5	22577.8
市地级报纸合计	City-level Newspaper	82	480	112181.7
1. 综合报	Synthetical Newspaper	46	269	91977.3
2. 专业报	Special Newspaper	36	212	20204.4
县(市)级报纸合计	County-level Newspaper	2	5.5	1731.0
1. 综合报	Synthetical Newspaper	2	5.5	1731.0
2. 专业报	Special Newspaper			
期刊类总计	**Magazine**	**262**	**416**	**8780**
1. 综　合	Synthesis	64	195	4216
2. 哲学社会科学	Philosophy and Social Science	43	27	549
3. 自然科学技术	Natural Science and Technology	119	75	1583
4. 文化教育	Culture and Education	19	19	331
5. 文学艺术	Literature and Arts	11	23	391
6. 画　刊	Pictorial	1	1	12
7. 少　儿	Children's Books	5	76	1698

18－24 图书出版情况(2006 年)
Statistics on Book Publication (2006)

类　别	Category	种数(种) Number of Publications (kind)		总印数(万册) Printed Copies (10 000 copies)	总印张(千印张) Printed Sheets (1000 sheets)
		合　计 Total	新　出 Newly-published		
图书总计	**Total**	**6363**	**2895**	**28124**	**2784242**
一、使用《中国标准书号》部分合计	**Publications with "China International Standard Book Number"**	**6363**	**2895**	**28124**	**2781384**
A. 马克思主义、列宁主义、毛泽东思想	Marxism-Leninism, Mao Zedong Thought	6	1	7	931
B. 哲学	Philosophy	70	50	36	4464
C. 社会科学总论	General Social Sciences	52	35	52	4621
D. 政治、法律	Politics and Law	152	115	176	25315
E. 军事	Military Affairs	20	17	26	2810
F. 经济	Economics	169	124	71	11885
G. 文化、科学、教育、体育	Culture, Science, Education and Sports	3669	1170	25130	2437246
H. 语言、文字	Languages	172	68	136	18847
I. 文学	Literature	298	232	168	19503
J. 艺术	Arts	276	195	833	30300
K. 历史、地理	History and Geography	293	206	171	19789
N. 自然科学总论	General Natural Sciences	284	150	826	60332
O. 数理科学、化学	Mathematics and Chemistry	77	22	32	4983
P. 天文学、地理科学	Astronomy and Geology	45	21	11	1976
Q. 生物科学	Biology	14	9	4	798
R. 医药、卫生	Medicine and Health Care	246	148	157	61666
S. 农业科学	Agricultural Science	95	89	33	2595
T. 工业技术	Industrial Technology	367	205	222	69168
U. 交通运输	Transportation	21	10	11	1317
V. 航空、航天	Aeronautics and Aerospace	3	3	1	125
X. 环境科学	Environmental Science	9	7	3	449
Z. 综合性图书	General Books	25	18	18	2266
二、不使用《中国标准书号》部分	**Publications without "China International Standard Book Number"**				**2858**

18－25 各市中等职业学校基本情况(2006 年)

Basic Statistics on Secondary Professional Schools (2006)

地　区	Region	学校数 (所) Schools (unit)	招生数 (人) New Enrollment (person)	毕业生数 (人) Graduates (person)	在校学生数 (人) Total Enrollment (person)	专任教师数 (人) Full-time Teachers (person)
全省总计	**Total**	**769**	**425392**	**379869**	**1142881**	**53446**
济 南 市	Jinan	77	28479	35451	86903	4269
青 岛 市	Qingdao	82	55064	45928	163570	7360
淄 博 市	Zibo	41	21276	19601	57331	2813
枣 庄 市	Zaozhuang	25	21843	14009	57449	2153
东 营 市	Dongying	9	7394	4986	18321	1038
烟 台 市	Yantai	73	36071	37088	107171	5420
潍 坊 市	Weifang	61	38787	43364	113990	5694
济 宁 市	Jining	65	38104	30360	97878	4038
泰 安 市	Tai'an	28	26668	20278	69907	2520
威 海 市	Weihai	40	10255	12182	32602	1969
日 照 市	Rizhao	18	8844	8291	23360	1327
莱 芜 市	Laiwu	15	3759	3622	11416	540
临 沂 市	Linyi	68	36147	30207	82385	3996
德 州 市	Dezhou	39	25281	18670	62609	2964
聊 城 市	Liaocheng	33	14653	19427	41627	2283
滨 州 市	Binzhou	12	16833	12670	33420	1260
菏 泽 市	Heze	83	35934	23735	82942	3802

18－26 各市普通中学情况(2006 年)

Basic Statistics on Secondary Schools (2006)

地　区	Region	普通高中 Senior Secondary Schools					普通初中 Junior Secondary Schools				
		学校数 (所) Schools (unit)	毕业生数 (人) New Enrollment (person)	招生数 (人) Graduates (person)	在校学生数 (人) Total Enrollment (person)	专任教师数 (人) Full-time Teachers (person)	学校数 (所) Schools (unit)	毕业生数 (人) New Enrollment (person)	招生数 (人) Graduates (person)	在校学生数 (人) Total Enrollment (person)	专任教师数 (人) Full-time Teachers (person)
全省总计	**Total**	**787**	**622155**	**622811**	**1931767**	**111858**	**3388**	**1344839**	**1023237**	**3608673**	**260512**
济南市	Jinan	42	34657	34675	104490	6693	192	67406	56664	186429	14980
青岛市	Qingdao	66	46459	43025	134037	8958	250	97474	77810	231155	20216
淄博市	Zibo	50	30494	29660	88775	5603	177	49960	51507	181659	14241
枣庄市	Zaozhuang	36	27195	26826	80649	4257	139	60064	60718	196142	10908
东营市	Dongying	27	14239	16885	47880	3233	78	28437	19536	69562	6952
烟台市	Yantai	67	44749	42678	129078	8279	280	92271	73898	285294	24055
潍坊市	Weifang	68	67333	63090	195711	12567	361	132581	86101	289675	25495
济宁市	Jining	69	53606	55132	171944	9030	304	138027	98418	334934	21408
泰安市	Tai'an	41	38925	36837	120377	6814	165	73301	29415	146749	13526
威海市	Weihai	23	17050	16706	50104	3781	86	33608	29747	111889	8954
日照市	Rizhao	25	22472	20009	60479	3705	110	39177	15706	100688	7856
莱芜市	Laiwu	9	8785	9161	28012	1641	50	16737	11580	47847	4204
临沂市	Linyi	85	69218	68766	222281	12692	317	152966	101525	401227	26994
德州市	Dezhou	30	28484	34778	100371	5596	214	86509	58694	223753	15115
聊城市	Liaocheng	53	34164	35831	118411	5900	176	71812	73357	243406	13867
滨州市	Binzhou	22	21579	24204	72608	4299	144	54367	36944	141010	9677
菏泽市	Heze	74	62746	64548	206560	8810	345	150142	141617	417254	22064

18－27 各市小学基本情况(2006 年)

Basic Statistics on Primary Schools (2006)

地　区	Region	学校数(所) Schools (unit)	毕业生数(人) New Enrollment (Person)	招生数(人) Graduates (person)	在校学生数(人) Total Enrollment (person)	专任教师数(人) Full-time Teachers (person)
全省总计	**Total**	**14611**	**1016943**	**1071757**	**6230225**	**381673**
济南市	Jinan	705	56681	63870	387280	24823
青岛市	Qingdao	991	76058	75180	483892	32188
淄博市	Zibo	413	50336	47045	256763	15996
枣庄市	Zaozhuang	750	59590	44224	292526	17920
东营市	Dongying	219	17595	23538	135058	7634
烟台市	Yantai	877	72413	50945	312638	22528
潍坊市	Weifang	1454	83154	90364	603736	37387
济宁市	Jining	1363	97672	99752	552580	32436
泰安市	Tai'an	675	28939	63455	307245	21112
威海市	Weihai	173	29165	20316	121855	8381
日照市	Rizhao	498	15726	31854	191458	10534
莱芜市	Laiwu	210	11508	14331	80766	5808
临沂市	Linyi	1858	101525	119464	733970	38749
德州市	Dezhou	994	57903	72663	345511	25376
聊城市	Liaocheng	1003	75432	65296	356567	21715
滨州市	Binzhou	586	37329	46510	255784	15197
菏泽市	Heze	1842	145917	142950	812596	43889

18－28 各市中小学教职工情况(2006 年)

Basic Statistics on Teachers and Staff of Primary Schools by City (2006)

单位:人 (person)

地　区	City	普通中学教职工 Teachers and Staff of Secondary Schools	#专任教师 Full-time Teachers	小学教职工 Teachers and Staff of Primary Schools	#专任教师 Full-time Teachers	普通中学学校数(所) Number of Secondary Schools (unit)
全省总计	**Total**	**462298**	**372370**	**415117**	**381673**	**4175**
济南市	Jinan	27256	21673	27185	24823	234
青岛市	Qingdao	36161	29174	35031	32188	316
淄博市	Zibo	24332	19844	17488	15996	227
枣庄市	Zaozhuang	19208	15165	19346	17920	175
东营市	Dongying	12246	10185	8215	7634	105
烟台市	Yantai	38141	32334	24191	22528	347
潍坊市	Weifang	46306	38062	39977	37387	429
济宁市	Jining	38954	30438	35518	32436	373
泰安市	Tai'an	25707	20340	22780	21112	206
威海市	Weihai	15675	12735	9473	8381	109
日照市	Rizhao	14678	11561	11687	10534	135
莱芜市	Laiwu	7625	5845	7229	5808	59
临沂市	Linyi	51433	39686	43759	38749	402
德州市	Dezhou	24058	20711	26880	25376	244
聊城市	Liaocheng	24948	19767	23437	21715	229
滨州市	Binzhou	17329	13976	16633	15197	166
菏泽市	Heze	38241	30874	46288	43889	419

18－29 各市普通中学专任教师学历情况(2006年)

Basic Statistics on Teachers and Staff of Regular Secondary Schools by City (2006)

单位:人 (person)

地 区	City	普通高中专任教师 Full-time Teachers of Senior Secondary Schools	#本科及以上 With Undergraduate Education or Higher	#专 科 With Specialized Education	普通初中专任教师 Full-time Teachers of Junior Secondary Schools	#本科及以上 With Undergraduate Education or Over	#专 科 With Specialized Education
全省总计	**Total**	**111858**	**99694**	**12027**	**260512**	**120332**	**133029**
济南市	Jinan	6693	6434	253	14980	9603	4882
青岛市	Qingdao	8958	8544	402	20216	11992	7397
淄博市	Zibo	5603	5187	397	14241	8387	5404
枣庄市	Zaozhuang	4257	3399	555	10908	4794	5959
东营市	Dongying	3233	3142	90	6952	3819	3101
烟台市	Yantai	8279	7822	442	24055	13180	10171
潍坊市	Weifang	12567	10803	1746	25495	10533	14070
济宁市	Jining	9030	8033	990	21408	8198	12715
泰安市	Tai'an	6814	5980	828	13526	6227	6843
威海市	Weihai	3781	3563	205	8954	5769	2959
日照市	Rizhao	3705	3400	304	7856	4414	3278
莱芜市	Laiwu	1641	1482	158	4204	2205	1919
临沂市	Linyi	12692	10701	1971	26994	13303	13422
德州市	Dezhou	5596	4861	726	15115	3926	10458
聊城市	Liaocheng	5900	4939	957	13867	5068	8425
滨州市	Binzhou	4299	4063	235	9677	3594	5953
菏泽市	Heze	8810	7041	1768	22064	5310	16073

18－30 各市小学升学、辍学和幼儿园情况(2006年)

Basic Statistics on Enrollment and Dropout Rate and on Kindergartens (2006)

单位:% (%)

地 区	Region	学龄儿童入学率 Enrollment Rate of School-age Children	小学 Primary Schools		幼儿园数(所) Number of Kindergartens (unit)	入园(班)儿童数(人) Number of Children Enrolled (person)	专任教师数(人) Full-time Teachers (person)
			升学率 Enrollment Rate	辍学率 Drop-out Rate			
全省总计	**Total**	**99.96**	**100.62**	**-0.34**	**15829**	**850055**	**67135**
济南市	Jinan	100.00	99.97	-0.31	1308	55947	6127
青岛市	Qingdao	100.00	102.30	-1.02	2260	46607	9275
淄博市	Zibo	99.98	102.33	-0.46	841	35965	4904
枣庄市	Zaozhuang	100.00	101.89	-0.05	653	44309	2050
东营市	Dongying	100.00	111.03	0.12	488	18406	3007
烟台市	Yantai	99.98	102.05	-0.76	1536	34915	6339
潍坊市	Weifang	100.00	103.54	-0.63	2360	71465	7517
济宁市	Jining	99.99	100.76	0.08	655	87102	3642
泰安市	Tai'an	100.00	101.64	0.15	1043	62526	4551
威海市	Weihai	100.00	102.00	-1.23	403	12696	2651
日照市	Rizhao	100.00	99.87	0.47	970	33135	2940
莱芜市	Laiwu	100.00	100.63	-0.33	596	11830	1921
临沂市	Linyi	100.00	100.00	1.01	1315	94960	4612
德州市	Dezhou	99.94	101.37	-4.30	354	58512	2183
聊城市	Liaocheng	99.79	97.25	-0.08	482	62327	2015
滨州市	Binzhou	99.93	98.97	0.40	463	33341	2416
菏泽市	Heze	99.84	97.05	-0.23	102	86012	985

注:小学毕业升学率含升入职业初中的学生。

a) Enrollment of secondary schools includes the number of students enrolled in vocational secondary schools.

18－31 各市文化、文物事业基本情况(2006年)

Basic Statistics on Culture and Cultural Relics (2006)

地区	City	公共图书馆数(个) Public Libraries (unit)	公共图书馆藏书量(万册) Total Collections (10 000 volumes)	艺术表演团体(个) Performance Troupes (unit)	艺术表演场所(个) Art Performance Places (unit)	群众艺术馆(个) Mass Art Centers (unit)	文化馆(个) Cultural Centers (unit)	文化站(个) Cultural Stations (unit)	文物、文化事业费(万元) Total Expenditures (10 000 yuan)	博物馆(个) Museums (unit)
全省总计	**Total**	**143**	**2846.0**	**118**	**95**	**18**	**140**	**1857**	**89152.7**	**76**
济南市	Jinan	7	189.0	8	8	1	10	128	6391.2	6
青岛市	Qingdao	13	352.0	12	9	1	12	163	14572.7	8
淄博市	Zibo	9	164.0	3	5	1	8	105	6192.1	7
枣庄市	Zaozhuang	7	94.0	3	5	1	6	62	2465.9	6
东营市	Dongying	6	204.0	5		1	6	45	2602.0	2
烟台市	Yantai	14	294.0	10	8	1	12	110	7754.1	7
潍坊市	Weifang	12	189.0	9	2	1	13	188	4423.4	8
济宁市	Jining	11	117.0	12	10	1	12	154	5450.9	6
泰安市	Tai'an	7	115.0	3	7	1	6	86	4162.8	3
威海市	Weihai	4	81.0	3	2	1	4	65	2710.2	4
日照市	Rizhao	4	30.0	1	2	1	3	51	1433.2	3
莱芜市	Laiwu	1	15.0	1	1	1		19	741.9	
临沂市	Linyi	10	151.0	6	6	1	12	180	3640.0	6
德州市	Dezhou	12	72.0	10	10	1	11	132	1994.4	
聊城市	Liaocheng	8	58.0	7	6	1	9	129	3581.9	3
滨州市	Binzhou	8	96.0	7	2	1	7	83	2532.0	
菏泽市	Heze	9	62.0	11	9	1	9	157	2429.1	5

主要统计指标解释

普通高等学校　指按照国家规定的设置标准和审批程序批准举办的，通过全国普通高等学校统一招生考试，招收高中毕业生为主要培养对象，实施高等教育的全日制大学、独立设置的学院和高等专科学校、高等职业学校和其他机构。

大学、独立设置的学院主要实施本科层次以上教育，高等专科学校、高等职业学校实施专科层次教育，其他机构是承担国家普通招生计划任务不计校数的机构。包括普通高等学校分校和批准筹建的普通高等学校等。

成人高等学校　指按照国家规定的设置标准和审批程序批准举办的，通过全国成人高等学校统一招生考试，招收具有高中毕业或同等学历的在职从业人员为主要培养对象，利用函授、业余、脱产等多种形式对其实施高等学历教育的学校。包括职工高等学校、农民高等学校、管理干部学院、教育学院、独立函授学院、广播电视大学、其他机构等。其他机构是承担国家成人招生计划任务不计校数的机构。

小学学龄儿童净入学率　指调查范围内已入小学学习的学龄儿童占校内外学龄儿童总数(包括弱智儿童，不包括盲聋哑儿童)的比重。计算公式为：

$$小学学龄儿童净入学率=\frac{已入学的小学学龄儿童数}{校内外小学学龄儿童总数}\times 100\%$$

国家财政性教育经费　包括国家财政预算内教育经费，各级政府征收用于教育的税费，企业办学校教育经费，校办产业、勤工俭学和社会服务收入用于教育的经费。

财政预算内教育经费　指中央、地方各级财政或上级主管部门在年度内安排，并计划拨到教育部门和其他部门主办的各级各类学校、教育事业单位，列入国家预算支出科目的教育经费，包括教育事业拨款、科研经费拨款、基建拨款和其他经费拨款。

科技活动　指在自然科学、农业科学、医药科学、工程与技术科学、人文与社会科学领域(简称科学技术领域)中，与科技知识的产生、发展、传播和应用密切相关的有组织的活动。可分为研究与试验发展(R&D)、研究与试验发展成果应用及相关的科技服务三类活动。该定义是联合国教科文组织考虑成员国特别是发展中国家开展科技统计工作的需要，而对科技活动所作的统计界定。

科技活动人员　指直接从事科技活动、以及专门从事科技活动管理和为科技活动提供直接服务，累计的实际工作时间占全年制度工作时间10%及以上的人员。(1)直接从事科技活动的人员包括：在独立核算的科学研究与技术开发机构、高等学校、各类企业及其他事业单位内设的研究室、实验室、技术开发中心及中试车间(基地)等机构中从事科技活动的研究人员、工程技术人员、技术工人及其它人员；虽不在上述机构工作，但编入科技活动项目(课题)组的人员；科技信息与文献机构中的专业技术人员；从事论文设计的研究生等。(2)专门从事科技活动管理和为科技活动提供直接服务的人员，包括：独立核算的科学研究与技术开发机构、科技信息与文献机构、高等学校、各类企业及其他事业单位主管科技工作的负责人，专门从事科技活动的计划、行政、人事、财务、物资供应、设备维护、图书资料管理等工作的各类人员，但不包括保卫、医疗保健人员、司机、食堂人员、茶炉工、水暖工、清洁工等为科技活动提供间接服务的人员。该指标用来反映投入科技活动人力的规模。

科学家与工程师　指科技活动人员中具有高、中级技术职称(职务)的人员和不具有高、中级技术职称(职务)的大学本科及以上学历人员。该指标用来反映投入科技活动人力的素质。

研究与试验发展(R&D)　指在科学技术领域，为增加知识总量，以及运用这些知识去创造新的应用进行的系统的创造性的活动，包括基础研究、应用研究、试验发展三类活动。国际上通常采用R&D活动的规模和强度指标反映一国的科技实力和核心竞争力。

基础研究　指为了获得关于现象和可观察事实的基本原理的新知识(揭示客观事物的本质、运动规律，获得新发现、新学说)而进行的实验性或理论性研究，它不以任何专门或特定的应用或使用为目的。其成果以科学论文和科学著作为主要形式。用来反映知识的原始创新能力。

应用研究　指为获得新知识而进行的创造性研究，主要针对某一特定的目的或目标。应用研究是为了确定基础研究成果可能的用途，或是为达到预定的目标探索应采取的新方法(原理性)或新途径。其成果形式以科学论文、专著、原理性模型或发明专利为主。用来反映对基础研究成果应用途径的探索。

试验发展　指利用从基础研究、应用研究和实际经验所获得的现有知识，为产生新的产品、材料和装置，建立新的工艺、系统和服务，以及对已产生和建立的上述各项作实质性的改进而进行的系统性工作。其成果形式主要是专利、专有技术、具有新产品基本特征的产品原型或具有新装置基本特征的原始样机等。在社会科学领域，试验发展是指把通过基础研究、应用研究获得的知识转变成可以实施的计划(包括为进行检验和评估实施示范项目)的过程。人文科学领域没有对应的试验发展活动。主要反映将科研成果转化为技术和产品的能力，是科技推动经济社会发展的物化成果。

研究与试验发展人员　指参与研究与试验发展项目研究、管理和辅助工作的人员，包括项目(课题)组人员，企业科技行政管理人员和直接为项目(课题)活动提供服务的辅助人员。反映投入从事拥有自主知识产权的研究开发活动的人力规模。

研究与试验发展人员全时当量　指全时人员数加非全时人员按工作量折算为全时人员数的总和。例如：有两个全时人员和三个非全时人员(工作时间分别为20%、30%和70%)，则全时当量为2+0.2+0.3+0.7=3.2人年。为国际上比较科技人力投入而制定的可比指标。

专业技术人员　指从事专业技术工作和专业技术管理工作的人员，即企事业单位中已经聘任专业技术职务从事专业技术工作和专业技术管理工作的人员，以及未聘任专业技术职务，现在专业技术岗位上工作的人员。包括工程技术人员，农业技术人员，科学研究人员，卫生技术人员，教学人员，经济人员，会计人员，统计人员，翻译人员，图书资料、档案、文博人员，新闻出版人员，律师、公证人员，广播电视播音人员，工艺美术人员，体育人员，艺术人员及企业政治思想工作人员，共十七个专业技术职务类别。用来反映科技人力资源情况。

科技活动经费筹集 指从各种渠道筹集到的计划用于科技活动的经费,包括政府资金、企业资金、事业单位资金、金融机构贷款、国外资金和其他资金等。反映各社会经济主体对促进科技进步所做的努力。

政府资金 指从各级政府部门获得的计划用于科技活动的经费,包括科学事业费、科技三项费、科研基建费、科学基金、教育等部门事业费中计划用于科技活动的经费以及政府部门预算外资金中计划用于科技活动的经费等。

企业资金 指从自有资金中提取或接受其他企业委托的,科研院所和高校等事业单位接受企业委托获得的,计划用于科研和技术开发的经费。不包括来自政府、金融机构及国外的计划用于科技活动的资金。

金融机构贷款 指从各类金融机构获得的用于科技活动的贷款。

科技活动经费内部支出 指报告年内用于科技活动的实际支出,包括劳务费、科研业务费、科研管理费,非基建投资购建的固定资产、科研基建支出以及其他用于科技活动的支出。不包括生产性活动支出、归还贷款支出及转拨外单位支出。反映科技投入实际完成情况。

劳务费 指以货币或实物形式直接或间接支付给从事科技活动人员的劳动报酬及各种费用。包括各种形式的工资、津贴、奖金、福利、离退休人员费用、人民助学金等。反映改善科技人员待遇情况。

固定资产购建费 指报告年内使用非基建投资购建的固定资产和用于科研基建投资的实际支出额,即固定资产实际支出和科研基建投资实际完成额之和。固定资产是指长期使用而不改变原有实物形态的主要物资设备、图书资料、实验材料和标本以及其他设备和家具、房屋、建筑物。反映用于改善科研条件和科研手段方面的投入情况。

新产品 指采用新技术原理、新设计构思研制、生产的全新产品,或在结构、材质、工艺等某一方面比原有产品有明显改进,从而显著提高了产品性能或扩大了使用功能的产品。既包括政府有关部门认定并在有效期内的新产品,也包括企业自行研制开发,未经政府有关部门认定,从投产之日起一年之内的新产品。用来反映科技产出及对经济增长的直接贡献。

专　利 是专利权的简称,是对发明人的发明创造经审查合格后,由专利局依据专利法授予发明人和设计人对该项发明创造享有的专有权。包括发明、实用新型和外观设计。反映拥有自主知识产权的科技和设计成果情况。

发　明 指对产品、方法或者其改进所提出的新的技术方案。是国际通行的反映拥有自主知识产权技术的核心指标。

实用新型 指对产品的形状、构造或者其结合所提出的适于实用的新的技术方案。反映具有一定技术含量的技术成果情况。

外观设计 指对产品的形状、图案、色彩或者其结合所作出的富有美感并适于工业上应用的新设计。反映拥有自主知识产权的外观设计成果情况。

文化事业机构 指从事专业文化工作和为专业文化工作服务的独立建制的单位。不包括这些单位另外举办独立核算的其他机构和各部门的业余文化组织。该指标主要反映文化事业机构发展规模水平。

艺术表演团体 指从事戏曲、音乐、舞蹈、杂技等专业艺术表演,有独立帐户的单位,不包括半工半艺、半农半艺和民间职业剧团。该指标主要反映全国专业艺术表演团体发展规模水平。

艺术表演观众人数(人次) 指售票、包场演出或民族地区免费演出的艺术表演观众人次数,不包括彩排审查和内部观摩演出的观看人次数。该指标主要反映全国观看专业艺术表演团体演出的效益规模。

Explanatory Notes on Main Statistical Indicators

Regular Institutions of Higher Learning refer to educational establishments set up according to the government evaluation and approval procedures, enrolling graduates from senior secondary schools and providing higher education courses and training for senior professionals. They include full-time universities, colleges, high professional schools, high professional vocational schools and others.

Universities and colleges are mainly providing undergraduate courses; those high professional schools and high professional vocational schools are mainly providing professional trainings; and others refer to educational establishments, which are responsible for enrolling students but not covered in the total number of schools, including: branch schools of universities and colleges, and universities and colleges that have been proved and prepared to construct.

Institutions of Higher Learning for Adults refer to educational establishments, set up in line with relevant rules approved by the government, enrolling staff and workers with senior secondary school or equivalent education, and providing higher education courses in many forms of correspondence, spare time, or full time for adults. Professionals thus trained receive a qualification equivalent to graduates studying regular courses at regular universities, colleges and professional colleges. Institutions of higher learning for adults include schools of high education for staff and workers, schools of high education for peasants, colleges for management cadres, pedagogical colleges, independent correspondence colleges, Radio and TV universities and other educational establishments. Other educational establishments are responsible for enrolling adult students but not covered in the number of schools.

Enrollment Rate of Primary School Age Children refers to the proportion of school age children enrolled at schools to the total number of school age children both in and outside schools (including retarded children, but excluding blind, deaf and mute children). The formula is:

Enrollment Rate of Primary School-age Children = (Total Primary School-age Children at Schools)/(Total Primary School age Children Both at and Outside Schools) ×100%

Government Appropriation for Education refers to state budgetary fund for education, taxes and fees collected by governments at all levels that are used for education purpose, education fund for enterprise-run schools, income from school-run enterprises, work-study programme and social services that are used for education purpose.

Budgetary Fund for Education refers to education fund that is planned to allocate to various schools and education institutions by central and local financial departments at various levels within the reference year, which is within the state budgetary expenditure, including: appropriate funds for education, science and research, capital construction and others.

Scientific and Technological Activities (S&T Activities) refer to organized activities which are closely related with the creation, development, dissemination and application of the scientific and technical knowledge in the fields of natural sciences, agricultural science, medical science, engineering and technological science, humanities and social sciences (referred to as scientific and technological fields). S&T activities can be classified in to 3 categories: research and development (R&D) activities, application of R&D results, and related S&T services. This statistical definition is made by UNICHIEF for scientific and technological activities to meet the need of carrying out statistical work in this field for its member countries in particular those developing countries.

Personnel Engaged in S&T Activities refer to personnel directly engaged in S&T activities, in the management of S&T activities, and in providing direct service to S&T activities, who spend over 10% of the total working hours in a year in S&T activities. (1) Personnel directly engaged in S&T activities include researchers, engineers, technicians and other related personnel engaged in S&T activities in independent-accounting R&D institutions, institutions of higher learning, and in research institutes, laboratories, technology development centers and central experiment workshops under enterprises and institutions. Also included are people working in S&T research project teams, professional and technical personnel working in S&T information archiving institutes, and graduate students working on the design of their thesis. (2) Personnel engaged in the management of S&T activities and in providing direct service to S&T activities include senior management people responsible for S&T activities in independent-accounting R&D institutions, S&T information archiving institutes, institutions of higher learning, and in enterprises and institutions where S&T activities are undertaken. Also included are people responsible for the planning, administration, personnel management, financial management, logistics supply, equipment maintenance, information and library management that are related with S&T activities. People providing indirect services are excluded, such as security, medical service, drivers, plumbers, cleaners and those providing catering and related service. This indicator reflects the size of personnel engaged in S&T activities.

Scientists and Engineers refer to persons engaged in S&T activities who have obtained titles of senior and middle level professional positions, and those without such position but have completed university or higher education. This indicator reflects the quality of personnel engaged in S&T activities.

Research and Development (R&D) refers to systematic and creative activities in the field of science and technology aiming at increasing the knowledge and using the knowledge for new application. R&D includes 3 categories of activities: basic research, applied research and experiments and development. The scale and intensity of R&D are widely used internationally to reflect the strength of S&T and the core competitiveness of a country in the world.

Basic Research refers to empirical or theoretical research aiming at obtaining new knowledge on the fundamental principles of phenomena of observable facts to reveal the nature and law of movement of objects and to acquire new discoveries or new theories. Basic research takes no specific or designated application as the aim of the research. Results of basic research are mainly released or disseminated in the form of scientific papers or monographs. This indicator reflects the original innovation capacity of knowledge.

Applied Research refers to creative research aiming at obtaining new knowledge on a specific objective or target. Purpose of the applied research is to identify the possible use of results from basic research, or to explore new (fundamental) methods or new approaches. Results of applied research are expressed in the form of scientific papers, monographs, fundamental models or invention patents. This indicator reflects the exploration of ways to apply the results of basic research.

Experiments and Development refer to systematic activities aiming at using the knowledge from basic and applied researches or from practical experience to develop new products, materials and equipment, to establish new production process, systems and services, or to make substantial improvement on the existing products, process or services. Results of experiment and development activities are embodied in patents, exclusive technology, and monotype of new products or equipment. In social sciences, experiment and development activities refer to the process of converting the knowledge from basic or applied researches into feasible programmes (including conduct of demonstration projects for assessment and evaluation). There are no experiment and development activities in the science of humanities. This indicator reflects the capability of transferring the results of S&T into technique and products, which is the materialized measurement of S&T pushing forward the economic and social development.

R&D Personnel refer to persons engaged in research, management and supporting activities of R&D, including persons in the project teams, persons engaged in the management of S&T activities of enterprises and supporting staff providing direct service to the research projects. This indicator reflects the size of personnel engaged in R&D activities with independent intellectual property.

Full-time Equivalent of R&D Personnel refers to the sum of the full-time persons and the full-time equivalent of part-time persons converted by workload. For instance, if there are 2 full-time persons and 3 part-time workers (20%, 30% and 70% of working hours respectively on R&D activities), the full-time equivalent is $2 + 0.2 + 0.3 + 0.7 = 3.2$ person-years. This is an internationally comparable indicator of input of personnel in S&T activities.

Professional and Technical Personnel refer to persons engaged in professional and technical work or in the management of professional and technical activities, i. e., people with professional or technical positions who are engaged in professional and technical work or in the management of professional and technical activities, and people without professional or technical positions but are working on professional or technical posts. They include professionals and technicians working in 17 categories of technical occupations including engineering, agriculture, scientific researches, medical service, teaching, economic research and application, accounting, statistics, translation, libraries, archives, cultural and museum service, journalism and publication, lawyers, notarization service, radio and television broadcasting, handicraft and fine arts, sports, performing art, and political workers in enterprises. This indicator reflects the condition of human resources in S&T.

Funding for S&T Activities refers to funds obtained from various sources for S&T activities, including government funds, self-raised funds by enterprises, self-raised funds by institutions, loans from financial institutions, foreign funds and other funds. This indicator reflects the efforts made by various social economic entities in promoting the development of S&T.

Government Funds refer to funds obtained from government agencies at all levels to be used for S&T activities, including fund for scientific undertakings, 3 kinds of fund for S&T activities, fund for capital construction for scientific researches, science fund, funds from education expenditures by education departments for S&T activities, and extra-budget fund from government agencies for S&T activities.

Self-raised Funds by Enterprises refers to self-raised funds by enterprises from their own expenditure or from other enterprises and funds received by universities or research institutions from enterprises for scientific research or technical development projects. Excluded in this category are funds from government agencies, financial institutions or from foreign institutions.

Loans from Financial Institutions refer to loans from various financial institutions for S&T activities.

Internal Expenditures on S&T activities refer to the actual expenditures on S&T activities during the reference year, including service fees, expenditure on research activities, expenditure on research management, purchase or construction of fixed assets not included in the investment for capital construction, expenditure on capital construction for scientific researches, and other expenditures on S&T activities. Not included are expenditure on production activities, repayment of loans and transfer expenditure. This indicator reflects the real accomplishment of input in S&T.

Service Fees refer to direct or indirect payment, in cash or in kind, made to personnel engaged in S&T activities as remuneration and other fees. They include, in various forms, salaries, subsidies, bonus, benefits, retirement pension, stipend, etc. This indicator reflects the improvement of treatment toward S&T personnel.

Purchase or Construction of Fixed Assets refers to the fixed assets purchased or constructed using funds other than the investment in capital construction, and the actual expenditure on capital construction for scientific researches. In other words, it is the sum of the actual expenditure on fixed assets and the accomplished investment in capital construction for scientific researches. Fixed assets refer to main materials and equipment, literatures and documents in libraries, materials for experiments, specimen, instruments, furniture, buildings and constructions that can be used for a long time without changing the form and shape of those articles or constructions. This indictor reflects the input in improving the condition of S&T and the means of scientific research.

New Products refer to new products produced with new technology and new design, or products that represent noticeable improvement in terms of structure, material, or production process so as to improve significantly the character or function of the older versions. They include new products certified by relevant government agencies within the period of certification, as well as new products designed and produced by enterprises within a year without certification by government agencies. This indictor reflects the direct contribution of S&T output to economic growth.

Patent is an abbreviation for the patent right and refers to the exclusive right of ownership by the inventors or designers for the creation or inventions, given from the patent offices after due process of assessment and approval in accordance with the Patent Law. Patents are granted for inventions, utility models and designs. This indicator reflects the achievements of S&T and design with independent intellectual property.

Inventions refer to the new technical proposals to the products or methods or their modifications. This is universal core indicator reflecting the technologies with independent intellectual property.

Utility Models refer to the practical and new technical proposals on the shape and structure of the product or the combination of both. This indicator reflects the condition of technological results with certain technical content.

Designs refer to the aesthetics and industrially applicable new designs for the shape, pattern and color of the product, or their combinations. This indicator reflects the appearance design achievements with independent intellectual property.

Cultural Institutions refer to units, which have their own organizational system and independent accounting system and specialize in or serve cultural development. They exclude other establishments run by these cultural institutions and amateur cultural groups established by various departments. This indicator reflects the development of cultural units.

Art Troupe refers to the troupe which is engaged in drama, opera, music, dance, acrobatics or other art performance, opens independent accounts with banks and has self-supporting accounting system; excluding the troupes which are engaged partly in industrial or agricultural activities, partly in art performance and the professional troupes organized by the people. This indicator reflects the development of national professional art troupes.

Number of Audience at Art Performance refers to the number of attendants at commercial shows, completely booked shows or free shows given in minority national areas, and does not include the number of spectators at rehearsals for examination and internal shows for study.

第19篇

卫生、体育、民政、司法测绘、标准计量

HEALTH, SPORTS, LEGAL AND JUDICIAL AFFAIRS, SIRVEYING AND MAPPING, STANDARD MEASURING AND CIVIL AFFAIRS

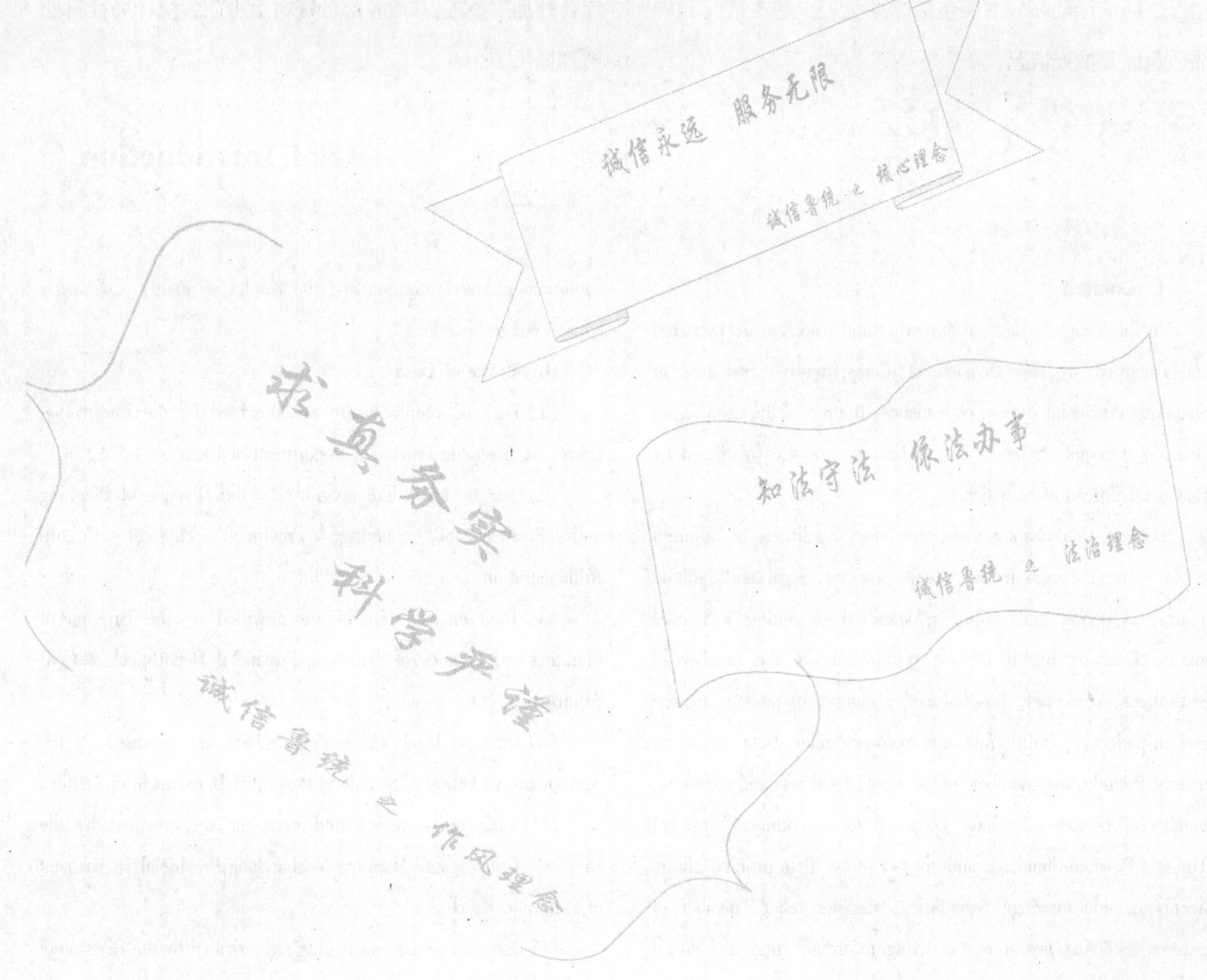

简要说明

一、本篇资料的主要内容

本篇资料反映了全省卫生、体育、民政、司法、测绘和标准计量等社会事业基本情况。卫生部分主要包括卫生机构及其人员、床位数、县及县以上医院诊疗人次数、入院人数、治愈率、死亡率及好转率等基本情况。体育部分主要包括运动员、教练员、裁判员发展人数，体育锻炼达标人数及各市举办运动会情况。民政部分主要包括婚姻登记、救灾、城镇居民最低生活保障、社会福利事业基本情况。司法部分主要包括律师工作和公证事业基本情况。测绘部分主要包括测绘系统的持证单位及其人员和生产活动情况。标准计量部分主要包括标准化工作基本情况和产品质量监督抽查情况。

二、本篇资料的来源

1. 卫生部分的资料来源于山东省卫生厅信息中心。

2. 体育部分的资料来源于山东省体育局财务经济处。

3. 民政部分的资料来源于山东省民政厅计划财务处。

4. 司法部分的资料来源于山东省司法厅办公室。

5. 测绘部分的资料来源于山东省国土资源厅测绘管理处。

6. 标准计量部分的资料来源于山东省质量技术监督局计划财务处。

本篇资料中，测绘和标准计量部分由山东省统计局综合处加工整理，其他各部分资料由山东省统计局社科处整理提供。

Brief Introduction

I. Content

In this chapter, data on surveying and mapping are prepared and compiled by the Division of Comprehensive Statistics of Shandong Provincial Bureau of Statistics, the rest of the data by the Division of Social, Science and Technology Statistics of Shandong Provincial Bureau of Statistics.

Data in this chapter show the basic conditions of different causes. These causes include health, sports, legal and judicial affairs, surveying and mapping, standard measuring and civil affairs. Data on health include the number of the number of institutions, personnel, hospital beds, number of patients treated and in-patients, fatality rate and recovery rate. Data on sports mainly include the number of athletes, coaches and referees, number of persons who have come up to the National Physical Training Program Standards and sports events. Data on civil affairs mainly include marriage registration, disaster relief, number of persons receiving lowest cost-of-living in urban areas and social welfare. Data on legal and judicial affairs include the number of lawyers and notarization. Data on standard measuring show the basic conditions of standardization and the results of quality supervision carried out in Shandong.

II. Source of Data

(1) Data on public health are provided by the Information Center of Shandong Provincial Department of Health.

(2) Data on sports are provided by the Division of Planning and Finance of Shandong Provincial Physical Culture Administration.

(3) Data on civil affairs are provided by the Division of Planning and Finance of Shandong Provincial Department of Civil Affairs.

(4) Data on legal and judicial affairs are provided by the Administrative Office of Shandong Provincial Department of Justice.

(5) Data on surveying and mapping are provided by the Division of Survey and Mapping of Shandong Provincial Department of Land and Resources.

(6) Data on standard measuring are provided by the Division of Planning and Finance of Shandong Provincial Administration of Quality and Technical Supervision.

19－1 历年卫生事业基本情况

Basic Statistics on Health Institutions

年 份 Year	卫生机构数（个） Number of Health Institutions (unit)	#医 院、卫生院 Hospitals and Township Hospitals	卫生机构床位数（万张） Number of Beds (10 000 sets)	#医 院、卫生院 Hospitals and Township Hospitals	卫生技术人员数（万人） Medical Technical Personnel (10 000 persons)	#医 生 Doctors
1949	288	112	0.3	0.3	2.6	1.8
1950	652	165	1.4	0.5	3.1	1.9
1951	871	198	1.2	0.6	3.4	1.9
1952	1879	223	1.8	0.9	3.9	2.0
1953	2487	220	1.8	0.9	4.2	2.2
1954	3985	221	2.1	1.1	5.5	2.6
1955	4620	221	2.1	1.1	6.0	2.9
1956	10038	218	2.2	1.3	7.1	3.3
1957	10235	232	2.4	1.5	7.3	3.3
1958	16707	5334	5.2	4.2	8.4	3.6
1959	21980	10009	7.5	6.3	7.7	3.4
1960	24442	8841	8.9	6.7	8.2	3.6
1961	21475	2039	6.3	4.9	9.4	
1962	19460	349	4.9	3.4	9.0	4.3
1963	17640	448	4.9	3.5	9.0	
1964	16789	456	5.0	3.6	8.9	
1965	16336	502	5.4	3.8	8.9	4.4
1966	17259	1948	5.8	4.7	8.9	
1967	18294	2105	6.2	5.1	9.2	
1968	13289	2099	6.0	5.1	8.6	
1969	8285	2093	5.7	5.1	8.0	
1970	6173	2155	6.2	5.7	7.9	3.7
1971	5973	2259	6.9	6.3	8.2	
1972	6253	2291	7.5	7.0	9.0	3.8
1973	6619	2304	8.0	7.4	10.8	4.6
1974	6799	2307	8.5	7.8	11.3	4.9
1975	7092	2336	9.3	8.6	12.4	5.0
1976	7438	2402	10.2	9.4	13.6	5.2
1977	8003	2420	11.1	10.3	14.4	5.5

19－1 续表 continued

年 份 Year	卫生机构数（个） Number of Health Institutions (unit)	#医 院、卫生院 Hospitals and Township Hospitals	卫生机构床位数（万张） Number of Beds (10 000 sets)	#医 院、卫生院 Hospitals and Township Hospitals	卫生技术人员数（万人） Medical Technical Personnel (10 000 persons)	#医 生 Doctors
1978	8389	2453	12.0	11.1	15.0	5.7
1979	8731	2541	12.5	11.6	16.1	6.2
1980	8908	2552	12.7	11.7	16.9	6.2
1981	9448	2565	12.9	11.8	17.9	6.9
1982	9830	2583	13.2	12.0	18.7	7.3
1983	9965	2597	13.5	12.2	19.3	7.6
1984	9972	2626	14.1	12.8	19.8	7.7
1985	10304	2623	14.7	13.4	20.5	8.0
1986	10399	2659	15.3	13.9	21.3	8.3
1987	10634	2690	16.2	14.7	22.1	8.7
1988	10475	2767	16.8	15.2	22.8	9.2
1989	10707	2975	17.2	15.5	23.4	10.4
1990	11040	3037	17.7	16.0	24.1	10.7
1991	11141	3066	18.2	16.5	24.1	10.5
1992	10865	3097	18.7	17.1	24.7	10.6
1993	10881	3096	19.5	17.7	25.8	11.1
1994	10654	3134	19.9	18.1	26.4	11.5
1995	10463	3104	20.0	18.2	27.1	11.9
1996	11968	3139	20.0	18.7	28.7	12.8
1997	10993	3151	20.7	19.4	29.4	13.0
1998	11008	3170	20.8	19.6	30.1	13.3
1999	14611	3151	21.3	20.1	30.8	13.9
2000	17118	3150	21.5	20.3	31.5	14.5
2001	17348	3000	21.8	20.7	31.8	14.9
2002	17500	2980	22.1	21.0	32.2	15.4
2003	16025	2929	21.8	20.8	31.1	13.4
2004	16574	2891	23.2	21.6	32.3	13.9
2005	16788	2922	25.1	23.5	32.5	14.1
2006	17016	2942	25.9	24.3	33.7	14.6

19－2 县及县以上医院工作状况

Basic Statistics on Hospitals above County Level

项 目	单 位	Item	Unit	2000	2005	2006
机构数	个	Number of Medical Units	unit	859	1137	1170
诊疗人次数	万人次	Number of Patients Treated	10 000 person-times	9537	8496	8976
#门诊急诊人次数	万人次	Out-Patients and Emergency Patients	10 000 person-times	7552	7938	8497
#死亡人数	人	Casualties	person	7440	11923	14021
观察室收容病人数	万人次	Number of Inpatients	10 000 person-times	278	235	216
#死亡人数	人	Casualties	person	4487	7411	3941
健康检查人数	万人	Number of People Having Physical Checkup	10 000 person	245	402	497
本年入院人数	人	Hospital Admissions	person	2981545	4162627	4584064
本年出院人数	人	Number of People Discharged from Hospitals	person	2988362	4179104	4556271
1.治 愈	人	Recovered	person	1712713	2260118	3875128
2.好 转	人	Improved	person	688236	1402750	1820049
3.未 愈	人	Unrecovered	person	69941	110368	138953
4.死 亡	人	Dead	person	27359	39502	44191
本年住院病人手术人次数	万人次	Number of Operations on Inpatients	10 000 person-times	82	113	128
年底实有病床数	张	Beds Owned by Hospitals at the Year-end	set	140505	179496	258917
实际开放总床日数	万床日	Total Number of Beds Used at Midnight	10 000 bed-days	4889	5956	6164
平均每日开放病床数	张	Average Number of Beds Used Every Day	set	133941	163167	168887
实际占用总床日数	万床日	Total Number of Beds Occupied	10 000 bed-days	3440	4338	4664
出院者占用总床日数	万床日	Total Number of Beds for Patients Discharged	11 000 bed-days	3295	4038	4387
治愈率	%	Care Rate	%	68.6	62.9	61.55
好转率	%	Improvement Rate	%	27.6	33.6	34.92
病死率	%	Death Rate	%	1.1	1.0	0.93
病床周转次数	次	Turnover of Beds	time	22.3	25.6	26.98
病床工作日	日	Days of Beds in Use	day	256.8	265.9	276.14
病床使用率	%	Utilization Rate of Beds	%	70.4	72.8	75.65
出院者平均在院日数	日	Average Hospitalization Period	day	11.0	9.7	9.63

19－3 各市卫生事业基本情况(2006 年)

Statistics on Healthtaking by City (2006)

地区	Region	卫生机构数(个) Number of Health Institutions (unit)	#医院 Hospitals	#卫生防疫站数 Sanitation Stations	#妇幼保健站数 Maternity and Child Care Center	床位数(张) Beds (set)	#医院 Hospitals	卫生技术人员(人) Medical Technical Personnel (person)	#医生 Doctors	#注册护士 Nurses
全省总计	**Total**	**17016**	**1170**	**178**	**150**	**259467**	**184960**	**336669**	**146391**	**103843**
济南市	Jinan	1379	162	13	12	27695	21298	35156	15350	11968
青岛市	Qingdao	2835	140	20	10	28976	22713	34367	15454	10715
淄博市	Zibo	1278	72	11	9	15482	11208	21439	9715	6883
枣庄市	Zaozhuang	639	70	7	7	10529	8053	15225	6892	5434
东营市	Dongying	789	38	7	6	8187	6063	10976	4443	3530
烟台市	Yantai	1590	106	14	13	19513	14588	25392	11095	7337
潍坊市	Weifang	1738	85	15	14	24176	16019	29780	13226	9855
济宁市	Jining	1181	107	15	13	20549	14770	28528	11662	9441
泰安市	Tai'an	764	75	10	7	15053	10616	20299	8945	6510
威海市	Weihai	771	28	6	4	11682	8177	13422	6254	4100
日照市	Rizhao	356	25	5	5	6494	4304	7490	3490	2115
莱芜市	Laiwu	327	19	3	3	4047	3085	5799	2660	1734
临沂市	Linyi	1241	78	13	13	21835	14297	23230	9923	6546
德州市	Dezhou	648	27	12	8	9872	6622	15961	7167	3620
聊城市	Liaocheng	344	49	9	9	12427	8381	15688	6322	4523
滨州市	Binzhou	691	28	8	7	8274	6171	11319	4806	3364
菏泽市	Heze	445	61	10	10	14676	8595	22598	8987	6168

注:1. 医院中不包括卫生院。
2. 本表内数字包括诊所、卫生保健所、医务室的机构、人员数。
3. 妇幼保健机构包括妇幼保健院、所、站。

a) Number of hospitals exclude the township hospitals.
b) Data in this table include the number of clinics, health care centers, medical staff.
c) Maternity and child care centers include centers on different level.

19－4 等级运动员、教练员、裁判员发展人数

Basic Statistics on Athletes, Coaches and Referees

单位:人 (person)

项目	Item	2000	2001	2005	2006
等级运动员	**Number of Athletes and Referees in Grades**	**6173**	**9277**	**4286**	**4596**
国际运动健将	International Master of Sportsmen	4	2	1	1
运动健将	Master of Sportsmen	34	45	80	20
一级	First Grade Sportsmen	160	158	335	583
二级	Second Grade Sportsmen	1689	2748	3870	3992
三级	Third Grade Sportsmen	3301	4729		
少年级	Junior Grade sportsmen	985	1595		
聘任教练员	**Employeed Referees**	**1965**	**1985**	**1726**	**268**
高级职称	Senior Title	295	327	272	124
中级职称	Intermediate Title	526	526	773	96
初级职称	Junior Title	1144	1132	681	48
等级裁判员	**Number of Referees in Grades**	**5284**	**5025**	**1941**	**1949**
国际级	International Referees				
国家级	National Referees	37	22		13
一级	First Grade Referees	43	549	409	269
二级	Second Grade Referees	2427	1186	1532	1667
三级	Third Grade Referees	2777	3268		

19－5 各市举办运动会及《达标》情况(2006 年)

Basic Statistics on Mass Sports(2006)

地　区	Region	举办综合运动会次数（次）Number of Comprehensiv Sports Meets Held (unit)	举办单项比赛次数（次）Number of Individual Competition Held (unit)	达到《国家体育锻炼标准》的人数（人）Number of Persons Who Have Come Up to the State Physical Training Standards (person)
全省总计	**Total**	**303**	**1561**	**13456370**
济南市	Jinan	8	30	1500000
青岛市	Qingdao	66	119	1313299
淄博市	Zibo	35	125	564554
枣庄市	Zaozhuang	1	45	950397
东营市	Dongying	1	34	198750
烟台市	Yantai	25	151	865139
潍坊市	Weifang	24	217	2088893
济宁市	Jining	23	109	1131889
泰安市	Tai'an		32	1163978
威海市	Weihai	18	173	276336
日照市	Rizhao	9	49	580222
莱芜市	Laiwu	4	4	152269
临沂市	Linyi	25	95	337244
德州市	Dezhou	16	84	1148800
聊城市	Liaocheng	6	24	280000
滨州市	Binzhou	18	141	460000
菏泽市	Heze	23	80	444600

19－6 民政事业基本情况

Basic Statistics on Civil Affairs

项　目	单位	Item	Unit	2000	2005	2006
一、救灾工作情况		**Calamity Relief**				
救灾支出	万元	Expenditures on Calamity Relief	10000 yuan	12804	17354	17570
#生活救济费	万元	Expenditure on Victims'Life	10000 yuan	11874	15856	16740
二、城镇居民最低生活保障情况		**Social Relief**				
城镇低保人数	人	Number of Urban and Rural Households Receiving Income Relief	person	164445	632832	622486
城镇保障资金	万元	Expenditures on Income Relief by Urban and Rural Residents	10000 yuan	11133	53388	62068
三、社会福利事业情况		**Social Welfare Institutions**				
单位数	个	Number of Institutions	unit	3694	1915	1960
床位数	张	Number of Beds	set	112040	123207	223422
收养人数	人	Number of People Adopted	person	96580	95435	197785
四、社会福利企业情况		**Social Welfare Enterprises**				
单位数	个	Number of Social Welfare Enterprises	unit	2876	1881	1842
职工数	人	Number of Employees	person	120096	85393	93304
# 残疾职工	人	Physically-challenged	person	57574	43906	43425
利润额	万元	Profits	10000 yuan	36689	62457	153980

19－7 婚姻登记情况

Basic Statistics on Marriages and Divorces

项　目	单位	Item	Unit	2000	2005	2006
一、国内登记结婚		**Domestic Marriage Registration**				
准予登记结婚	对	Registered Marriage	couple	675602	631641	739135
#恢复结婚	对	Resuming of Marriage	couple	1807	5800	5683
初婚人数	人	First Marriage	person	1266917	1149459	1350170
再婚人数	人	Number of Remarriage	person	84287	113823	128100
男　性	人	Male	person	37671	54999	60730
女　性	人	Female	person	46616	58824	67370
二、涉外登记结婚		**Marriage Registration Concerning Foreigners**				
准予登记结婚	对	Registered Marriage	couple	755	970	1067
准予登记结婚人数	人	Number of Persons Registered	person	1510	1940	2134
国内公民	人	Domestic Citizens	person	746	966	1067
男　性	人	Male	person	38	860	134
女　性	人	Female	person	708	106	933
港澳居民	人	Compatriots in Hong Kong and Macao	person	65	58	59
台湾居民	人	Compatriots in Taiwan	person	357	274	273
华　侨	人	Overseas Chinese	person	82	77	68
外籍华人	人	Foreign Citizens of Chinese Origion	person			
外国人	人	Foreigners	person	260	549	667
三、离婚登记		**Divorce Registration**				
法院受理离婚案件	件	Divorce Case Handled	unit	74919	72945	74292
准予登记离婚总数	对	Number of Registered Divorce	couple	61085	99426	121631
民政部门办理离婚	对	Divorces Handled through Civil Administration Departments	couple	14768	56127	77386
# 涉外婚姻	对	Divorces Concerning Foreigners	couple	6	17	48
法院调解离婚	对	Divorces through Law Court Mediation	couple	29571	30334	31155
法院判决离婚	对	Divorces through Law Court Judgment	couple	16746	12965	13090

19－8 律师、公证工作基本情况

Basic Statistics on Lawyers and Notarization

项目	单位	Item	Unit	2000	2001	2005	2006
律师工作		**Lawyers**					
律师事务所	个	Number of Law Offices	unit	519	532	674	712
国资所	个	State-owned	unit	286	54	44	44
合作所	个	Cooperative	unit	78	236	283	293
合伙所	个	Partnership	unit	150	237	342	370
个人发起所	个	Initiated by Individual	unit	5	5	5	5
执业律师	人	Number of Lawyers	person	5418	5753	7688	8545
专职律师	人	Full-time Lawyers	person	4847	5298	7329	7747
兼职律师	人	Part-time Lawyers	person	478	455	359	381
特邀律师	人	Guest Lawyers	person	93			
公证工作		**Notarization**					
公证处	个	Number of Notary Offices	unit	165	164	160	160
公证员	人	Notaries	person	907	929	847	860
公证员助理	人	Assistant Notaries	person	118	135	311	277
办理各类公证事项	件	Number of Notarized Affairs	unit	1233354	590085	460458	455717

19-9 分系统测绘持证单位个数和人员情况(2006年)

Basic Statistics on Qualified Surveying and Mapping Departments and Staff by Sector (2006)

系统名称 Sector	持证单位数(个) Departments with Certificate (unit)	甲级 First-class	乙级 Second-class	丙级 Third-class	丁级 Fourth-class	测绘职工数(人) Employed Staff (person)	具有专业技术职务任职资格人数		
							高级 Senior Title	中级 Intermediate Title	初级 Junior Title
合计 Total	**650**	**15**	**63**	**137**	**435**	**10424**	**1159**	**2615**	**4034**
测绘 Surveying and Mapping	3	2	1			522	58	175	209
建设 Construction	253	4	15	44	190	2039	232	763	1268
地矿 Mining	13	2	4	5	2	296	43	84	139
水电 Hydropower	42	1	10	15	16	839	179	278	332
交通 Communication	21		3	12	6	613	129	190	235
煤炭 Coal	15	1	4	1	9	451	52	86	129
冶金 Metallurgy	8	1	1	2	4	100	6	20	46
石油 Oil	7	1	4	1	1	438	48	92	136
有色 Non-Ferrous Metal									
铁道 Railway	4		2	1	1	226	18	43	51
国土 Land	111		11	19	81	1355	122	362	590
地震 Earthquake	2		1		1	15	1	1	
核工业 Nuclear Industry	1		1			25	2	9	7
教育科研 Education and Research	7	1		4	2	203	99	56	46
海洋 Ocean	4	1		3		196	65	38	63
化工 Chemical Industry	3		1	1	1	80	14	21	20
建材 Building Material									
其他 Others	156		5	29	121	3026	91	397	763

19－10 各市测绘持证单位个数和人员情况(2006 年)

Basic Statistics on Qualified Surveying and Mapping Departments and Staff by City(2006)

地　区	Region	持证单位数(个) Departments with Certificate (unit)	甲级 First-class	乙级 Second-class	丙级 Third-class	丁级 Fourth-class	测绘职工数(人) Employed Staff (person)	具有专业技术职务任职资格人数 高级 Senior Title	中级 Intermediate Title	初级 Junior Title
全省总计	**Total**	**650**	**15**	**63**	**137**	**435**	**10424**	**1159**	**2615**	**4034**
济南市	Jinan	80	8	18	20	34	2196	323	566	797
青岛市	Qingdao	82	3	8	16	55	1680	262	359	593
淄博市	Zibo	43	1	3	8	31	794	46	166	305
枣庄市	Zaozhuang	30		2	7	21	452	53	114	144
东营市	Dongying	30	1	5	8	16	642	63	134	176
烟台市	Yantai	52		6	11	35	570	64	155	226
潍坊市	Weifang	48	1	2	78	38	597	40	145	270
济宁市	Jining	46		3	12	31	288	32	79	157
泰安市	Tai'an	27	1	3	4	19	389	51	97	185
威海市	Weihai	28		1	9	18	403	29	125	136
日照市	Rizhao	15		2	5	8	169	21	48	100
莱芜市	Laiwu	17		1	5	11	222	24	81	97
临沂市	Linyi	39		3	4	32	624	35	162	268
德州市	Dezhou	39		2	4	33	431	20	111	144
聊城市	Liaocheng	29		2	9	18	320	33	92	166
滨州市	Binzhou	19		2	2	15	201	26	79	92
菏泽市	Heze	26		1	5	20	446	37	102	208

19－11 测绘系统生产产值(2006 年)

Output Value of Surveying and Mapping Departments by Sector(2006)

单位:万元 (10 000 yuan)

系统名称	Sector	合计 Total	大地测量 Geodesy	摄影测量与遥感 Photogrammetry and Remote Sensing	工程测量 Engineering Surveying	地籍测量 Cadastral Survey	房产测量 Property Measurement	行政区域界线测量 Measurement of Regional Administrative Boundaries	地理信息系统工程 Geographic Information System	地图编制 Mapping	海洋测绘 Ocean Mapping
合　计	**Total**	**69850**	**2212**	**1065**	**28560**	**12208**	**9411**	**1452**	**2262**	**494**	**2363**
测　绘	Surveying and Mapping	6657									
建　设	Construction	25791	847	925	13469	2104	7141	486	515	215	
地　矿	Mining	2607	277		660	720	60	78	264	58	
水　电	Hydropower	2977	205	24	2263	103	95	37	20		230
交　通	Communication	1499	20		937						542
煤　炭	Coal	2208	41		1526	491	2	3	140		
冶　金	Metallurgy	390	2		375	2		11			
石　油	Oil	2365	100		1625	40					600
有　色	Non-Ferrous Metal	40			40						
铁　道	Railway	735			735						
国　土	Land	9575	386	5	1911	5589	340	537	492	70	85
地　震	Earthquake	37			37						
核工业	Nuclear Industry	86			86						
教育科研	Education and Research	456	20		126	65	11	3	4		228
海　洋	Ocean	764						15	61	10	678
化　工	Chemical Industry	332	69		149	108	1	4			
建　材	Building Material										
其　他	Others	13332	246	111	4623	2985	1761	277	767	140	

19 - 12 各市测绘生产产值(2006 年)

Output Value of Surveying and Mapping Departments by City(2006)

单位:万元 (10 000 yuan)

地　区	Region	合　计 Total	大地测量 Geodesy	摄影测量与遥感 Photogram-metry and Remote Sensing	工程测量 Engineering Surveying	地籍测量 Cadastral Survey	房产测量 Property Measurement	行政区域界线测量 Measurement of Regional Administrative Boundaries	地理信息系统工程 Geographic Information System	地图编制 Mapping	海洋测绘 Ocean Mapping
全省总计	**Total**	**69850**	**2212**	**1065**	**28560**	**12208**	**9411**	**1452**	**2262**	**494**	**2363**
济南市	Jinan	16912	422	868	4607	1096	1091	77	465	146	30
青岛市	Qingdao	13488	146	144	7270	2113	1721	448	514	140	992
淄博市	Zibo	3937	31		1468	1410	95	117	100	121	
枣庄市	Zaozhuang	1444	21		681	303	376	23	10	27	
东营市	Dongying	3714	374		1920	340	110				800
烟台市	Yantai	3250	10		1249	852	405	128	151	60	395
潍坊市	Weifang	5309	408		1635	995	962	108	436		
济宁市	Jining	3443	515	8	1430	700	430		360		
泰安市	Tai'an	2237	43		618	928	372	2	41		
威海市	Weihai	3786	46	45	1483	568	867	212	103		86
日照市	Rizhao	2339			1648	323	120	50	30		60
莱芜市	Laiwu	948	31		561	182	76	18			
临沂市	Linyi	3286	43		1086	980	1026		52		
德州市	Dezhou	1945	88		969	307	507				
聊城市	Liaocheng	1710			741	514	301	154			
滨州市	Binzhou	1223	25		281	501	416				
菏泽市	Heze	1599	10		915	96	535	15			

19－13 测绘系统持证单位生产情况(2006 年)

Major Indicators of Surveying and Mapping Departments(2006)

系统名称 Sector	大地测量 Geodesic Results			地形图测绘 Mapping				专题制图(含图集) Maps of Special Subject		地形图数字化 Maps Digitalized	
	GPS 测量(点) GPS Survey (point)	导线测量(公里) Traverse Survey (km)	水准测量(公里) Level Survey (km)	1:2 千及以上比例尺 Scale 1:2000 and above		1:5 千－1:1 万比例尺 Scale 1:5000 －1:10000					
				(幅) Map	(平方公里) sq. km	(幅) Map	(平方公里) sq. km	(册) Volume	(幅) Map	(幅) Map	(兆) Mega Byte
合　计 Total	**22010**	**17229**	**36685**	**52423**	**11259**	**1675**	**30277**	**17**	**3563**	**31541**	**41084**
测　绘 Surveying and Mapping	815		3305	2707	677	943	21528	7	74	361	943
建　设 Construction	3741	3619	4693	12519	3225	64	355		103	8040	10788
地　矿 Mining of Ores	1938	1790	7327	8129	762	204	5041		468	2045	3159
水　电 Water and Power	2442	2671	7406	1362	643	47	1675		1423	305	882
交　通 Communication	318	732	1105	561	5	21	21			15	18
煤　炭 Coal	500	1166	742	152	65	6	60		20	65	200
冶　金 Metal Processing	4234	2427	4869	11331	3114	321	1129		830	12231	6835
石　油 Oil	1280	150	1138	739	219			10		200	150
有　色 Non-Ferrous Metal		20	30	100	20						
铁　道 Railway	800	643	743	250	160	2	40			200	2200
国　土 Land	1345	2501	3076	6788	952	37	125		503	3840	4416
地　震 Earthquake	153		152	576	556						
核工业 Nuclear Industry	15		26	4	1						
教育科研 Education and Research	80	25	108	285	45	1	15			50	30
海　洋 Ocean	250			66	51	16	91		6		
化　工 Chemical Industry	27	122	224	866	81						
建　材 Building Material	220	100	300	130	45	5	150		110	140	350
其　他 Ohers	3852	1263	1441	5858	639	8	46		26	4049	11113

19－14 各市测绘持证单位生产情况(2006 年)

Major Indicators of Surveying and Mapping Departments by City(2006)

地区	Region	大地测量 Geodesic Results			地形图测绘 Mapping				专题制图(含图集) Maps of Special Subject		地形图数字化 Maps Digitalized	
		GPS 测量(点) GPS Survey (point)	导线测量(公里) Traverse Survey (km)	水准测量(公里) Level Survey (km)	1:2 千及以上比例尺 Scale 1:2000 and above (幅) Map	(平方公里) sq. km	1:5 千－1:1 万比例尺 Scale 1:5000－1:10000 (幅) Map	(平方公里) sq. km	(册) Volume	(幅) Map	(幅) Map	(兆) Mega Byte
全省总计	**Total**	**22010**	**17229**	**36685**	**52423**	**11259**	**1675**	**30277**	**17**	**3563**	**31541**	**41084**
济南市	Jinan	9649	6511	17514	23557	5323	1507	28672	7	1915	17536	22955
青岛市	Qingdao	2926	829	1038	7440	1647	40	116		81	2917	5980
淄博市	Zibo	1888	1347	815	1917	282	5	31		20		
枣庄市	Zaozhuang	195	206	284	713	73				503	688	538
东营市	Dongying	1840	290	1730	1940	438			10		200	150
烟台市	Yantai	1136	112	650	1176	318	2	9		26	221	118
潍坊市	Weifang	325		648	2428	395	8	54			879	879
济宁市	Jining	640	3580	4360	6480	800	28	300			7560	8100
泰安市	Tai'an	755	767	443	861	129	5	10			50	30
威海市	Weihai	239	152	342	1678	560				1	164	253
日照市	Rizhao	336	25	177	314	204	2	22		10		
莱芜市	Laiwu	426	384	180	283	41	8	6			971	977
临沂市	Linyi	593	477	2714	760	224	31	12		20	47	20
德州市	Dezhou	196	1037	3065	847	169	4	25			219	63
聊城市	Liaocheng	353	472	853	46	160	22	703		207	42	42
滨州市	Binzhou	233	560	976	647	325					47	980
菏泽市	Heze	280	480	897	1336	171	13	317		780		

19－15 标准化工作情况（2006 年）

Statistics on Standardization（2006）

地　区	Region	本年度企业备案（个）Number of Enterprises Registered in This Year (unit)	本年末累计企业备案（个）Cumulative Number of Enterprises Registered at Year End (unit)	本年度采标情况（项）Standards Adopted in This Year (case) 采标数 Number of Standards Adopted in This Year	本年度采标情况（项）Standards Adopted in This Year (case) 采用 ISO 标准 ISO Standard 等同 Unchanged	采用 ISO 标准 ISO Standard 修改 Changed	本年度采标情况（项）Standards Adopted in This Year (case) 采用 IEC 标准 IEC Standard 等同 Unchanged	采用 IEC 标准 IEC Standard 修改 Changed	采用国外先进标准 Advanced Foreign Standard 等同 Unchanged	采用国外先进标准 Advanced Foreign Standard 修改 Changed	本年末累计采标（项）Cumulative Number of Standards Adopted at the Year End (unit)
全省总计	**Total**	**10200**	**90534**	**404**	**9**	**81**	**18**	**30**	**7**	**259**	**8229**
济南市	Jinan	654	8280	15		6	2		1	6	1590
青岛市	Qingdao	1158	7569	85	2	8	4	17		54	1820
淄博市	Zibo	901	5867	31	2	14		4		11	1120
枣庄市	Zaozhuang	239	2897	8	1			1		6	8
东营市	Dongying	310	3563	23		2		3	4	14	87
烟台市	Yantai	698	8276	45		7	1			37	1063
潍坊市	Weifang	982	11060	52	3	5	4	1	1	38	858
济宁市	Jining	411	3459	2		1				1	43
泰安市	Tai'an	309	2919	36		13	1	3		19	286
威海市	Weihai	505	4635	5						5	249
日照市	Rizhao	117	1216	7					1	6	127
莱芜市	Laiwu	47	707	3						3	35
临沂市	Linyi	326	3806	33		11	6	1		15	338
德州市	Dezhou	350	4325	39		10				29	344
聊城市	Liaocheng	197	2005	6		1				5	96
滨州市	Binzhou	149	1756	11		1				10	154
菏泽市	Heze	345	1779	3	1	2					11

19－16 产品质量监督抽查情况(2006 年)

Results of Sampling Checks on Product Quality(2006)

类　别	Category	监督检验企业数(个) Number of Enterprises Supervised and Checked (unit)	不合格企业数(个) Number of Enterprises with Products Unqalified (unit)	不合格企业比例(%) Proportion of Enterprises with Products Unqalified	检验批次(批次) Number of Batch-time Checked (unit)	合格批次(批次) Number of Batch-time Qualified (unit)	批次合格率(%) Rate of Batch-time Qualified
总　计	**Total**	**14967**	**1106**	**7.39**	**26775**	**24227**	**90.48**
一、农用产品	**Agriculture Products**						
农用化肥	Chemical Fertilizers	591	87	14.72	1101	989	89.83
化学农药	Chemical Pesticides	115	12	10.43	278	263	94.60
饲　料	Forages	237	48	20.25	461	407	88.29
农　膜	Agriculture Films	192	16	8.33	305	290	95.08
二、加工食品和饮料	**Food and Beverage**						
调味品	Seasoning	391			622	565	90.84
白　酒	White Spirit	277			28	19	67.86
啤　酒	Beer	51			209	196	93.78
食用植物油	Edible Vegetable Oil	392			613	565	92.17
糕点、糖果	Cake	91			366	259	70.77
桶装饮用水	Packed Drinkable water	49			49	34	69.39
肉制品	Meat	291			563	508	90.23
饮　料	Beverage	576			1028	752	73.15
酱腌菜产品	Pickled vegetables	37			64	54	84.38
茶　叶	Tea	122			169	157	92.90
米、面	Rice and Flour	1668			2690	2072	77.03
炒　货	Drid Food	20			42	31	73.81
三、家用电器	**Household Electric Appliances**						
厨房电器具	Electric Cooking Utensils	140	5	3.57	201	196	97.51
电热器具	Electric Heating Appliances	112	6	5.36	204	198	97.06
四、轻工产品	**Light Industry Products**						
纸制品	Paoer	1289	183	14.20	2395	2176	90.86
家　具	Furniture	673	58	8.61	1158	1081	94.73
眼镜(架、片)	Spectacles (Glass and Frame)	885	78	7.88	1150	1002	94.00
玻璃制品	Glass Products	235	24	10.21	416	389	93.51
合成洗涤剂	Chemical Detergent	86	6	6.98	194	187	96.39
橡胶、塑料制品	Plastics Products	1614	147	9.11	3237	3048	94.16
五、纺织、鞋类商品	**Texile and Shoes**						
布(印染、色织、坯布)	Cloth	335	41	3.07	731	690	94.39
针织品	Knit Goods	258	24	9.30	496	472	95.16
鞋	Shoes	287	28	9.76	476	448	94.12
服　装	Clothing	304	53	17.43	571	518	90.72
地　毯	Carpet	16			32	32	100.00
六、化工产品	**Chemical Products**						
涂料、油漆	Paint	485	11	2.27	1009	997	98.81
七、建材商品	**Building Raw Materials**						
水　泥	Cement	409	32	7.82	685	663	97.79
石　材	Stone	367	21	5.72	708	687	97.03
装饰材料	Decoration Material	816	89	10.91	1532	1443	94.19
铝合金建筑型材	Alumina Material	87	7	8.05	136	129	94.85
八、机电产品	**Mechanical and Electrical Products**						
阀类、泵	Valves	412	30	7.28	754	712	94.43
低压电器及元件	Low-voltage Electric Elements	421	6	1.43	838	832	99.28
电动机、柴油机	Motors and Diesel Engines	200	25	12.50	385	360	93.51
九、冶金商品、金属制品	**Metallurgical and Metal Products**						
线　材	Wire Rod	96	8	8.33	213	205	96.24
型　材	Section Steel	312	52	16.67	615	563	91.54
十、能源产品	**Energy**						
焦　碳	Coke	8	1	12.50	16	15	93.80
汽油、柴油	Gas and Diesel Oil	20	8	40.00	35	22	62.86

主要统计指标解释

卫生机构 包括医疗机构、疾病预防控制中心(防疫站)、采供血机构、卫生监督及监测(检验)机构、医学科研和在职培训机构、健康教育所等。

医疗机构 包括医院、社区卫生服务中心(站)、疗养院、卫生院、门诊部、诊所(卫生所、医务室)、妇幼保健院(所、站)、专科疾病防治院(所、站)、急救中心(站)和临床检验中心。医疗机构分为非赢利性医疗机构和赢利性医疗机构。

医 院 包括综合医院、中医医院、中西医结合医院、民族医院、各类专科医院和护理院。

卫生技术人员 指卫生机构中医生、护理人员、药剂人员、检验人员等卫生技术人员。

医 生 指在医疗、预防保健机构工作且取得《执业医师证书》的执业医师和执业助理医师。

卫生服务总费用 反映全国当年用于医疗卫生保健服务所消耗的资金总额,用筹资来源法测算。政府预算卫生支出指各级政府用于卫生事业的财政预算拨款。社会卫生支出指政府预算外的卫生资金投入,主要表现为社会医疗保险。其中包括如企事业单位和乡村集体经济单位举办医疗卫生机构设施建设费,企业职工医疗卫生费,行政事业单位负担的职工公费医疗超支部分等。居民个人卫生支出指城乡居民用自己可支配的经济收入支付的各项医疗卫生费用和医疗保险费用。

粗离婚率 指当年离婚对数占年平均人口的比重,计算公式为:

$$粗离婚率 = \frac{当年离婚对数}{年平均人口数} \times 1000‰$$

律 师 指依法取得律师执业证书,担任法律顾问,民事(刑事、行政)案件代理人、刑事案件辩护人、办理非诉讼业务,解答法律询问,代写法律事务文书等,为社会提供法律服务的人员。

公证人员 指在公证处工作的人员总称,包括公证处主任、副主任、公证员、公证员助理(助理公证员)和其他从事辅助性工作的人员。

公证文书 指公证处根据当事人申请,依照事实和法律,按照法定程序制作的,具有法律效力的司法证明文书。根据公证书用途和使用地,公证书分为国内公证书、国内经济公证书、涉外民事公证书、涉外经济公证书四类。

调解员 指在人民调解委员会担负调解民间纠纷工作的人员,包括调解委员会的委员和调解小组的调解员。该指标主要反映从事人民调解工作的人员数量。

调解民间纠纷 指调解委员会按照法律规定,根据自愿原则,用说服教育的方法调解民间发生的有关民事权利和义务争执的件数,包括调解成功数和调解未成功数。该指标主要反映人民调解委员会的工作量。

受理劳动争议案件数 指劳动争议仲裁委员会根据国家有关规定,对劳动争议当事人的申请予以审查,符合受理条件而正式立案、准备处理的劳动争议案件数。

Explanatory Notes on Main Statistical Indicators

Health Care Institutions include: medical institutions, disease prevention and control centers (epidemic prevention stations), blood gathering and supplying institutions, health supervision and inspection (check up) institutions, medicinal scientific research and on-job training institutions, health education and so on.

Medical Organizations include: hospitals, health service centers (stations) of communities, nursing homes, health centers, clinics, clinics (health stations and infirmaries), maternity and child care agencies (centers and stations), special disease prevention and curing agencies (centers and stations), first aid centers (stations) and clinical inspection centers. Medical organizations are grouped by two types: profit-making and non-profit-making medical organizations.

Hospitals include: polyclinics, traditional Chinese medical hospitals, hospitals integrated with traditional Chinese therapeutics and western therapeutics, ethical hospitals, various specialties hospitals and nursing hospitals.

Medical Technical Personnel refers to doctors, assistant nurses, pharmacists, and laboratory technicians working in medical institutions.

Doctors refer to certified physicians and certified assistant physicians with certifications working in medical and health care and prevention agencies.

Total Cost of Health Services reflects the total expenditures on medical and health care services for the whole country, calculated on basis of sources of funding. Health expenditure from government budget refers to budgetary allocation for health undertakings by governments at all levels. Social health expenditure refers to non-government budgetary capital input, mainly the health insurance. It includes expenditure on health institutions run by enterprises and rural collective entities, expenditure on medical and health care of employees of enterprises, and excessive health expenditure of government employees that could be covered by the government health care system. Health expenditure on individuals refers to expenditure on health service and health insurance paid by residents from their disposable income.

Crude Divorce Rate refers to proportion of divorced people to the annual average population for the reference year, the formula is:

Crude Divorce rate = number of couples divorced for the reference year/annual average population x 1000 per thousand

Lawyers are certified legal workers according to law, and who are employed by legal counseling firms to act as legal advisers, agents in criminal or civil lawsuits, or defenders in criminal lawsuits, or to handle non-litigious legal affairs, to advise on matters of law or to write legal papers for others, and provide service to the public.

Mediation of Civil Disputes refers to number of cases made by mediation committees in mediating in civil disputes concerning civil rights and duties through persuasion and education in accordance with the provisions of law on a voluntary basis, so as to solve disputes by helping the parties involved come to an agreement and understanding, including those unsuccessful ones. This indicator reflects the workload of the mediation committees.

Number of Labour Dispute Cases Accepted refers to the number of cases of labour dispute submitted that, after being reviewed by the labour dispute arbitration committees in line with the relevant national regulations, are accepted and registered for treatment.

第20篇

环境保护

ENVIRONMENT PROTECTION

简要说明

一、本篇资料的主要内容

本篇资料主要反映了全省环境保护事业发展状况，主要包括工业废水、废气、固体废物等工业污染物排放及处理情况和工业污染治理项目建设情况。

二、本篇资料的来源

本篇资料来源于山东省环境保护局规划与财务处，由山东省统计局社科处整理提供。

Brief Introduction

I. Content

Data in this chapter reflect the development in environment protection, mainly including treatment and discharge of industrial waste water, solid waste and waste gas, construction of projects for pollution treatment.

II. Source of Data

Data in this chapter are provided by the Division of Planning and Finance of Shandong Provincial Environmental Protection Administration. and are compiled by the Division of Social, Science and Technology Statistics of Shandong Provincial Bureau of Statistics.

20－1 1981－2006年主要污染物排放及处理情况

Discharge and Treatment of Major Pollutants from 1981 to 2006

单位:万吨 (10 000 tons)

年份 Year	废水排放量 Volume of Waste Water Discharged	#工业 Industry	二氧化硫排放量 Volume of Sulphur Dioxide Discharged	烟尘排放量 Volume of Soot Discharged	工业固体废物产生量 Volume of Industrial Solid Waste	工业固体废物综合利用量 Volume of Industrial Solid Waste Utilized
1981	104790	87673	119	77	2522	639
1982	105942	82641	120	97	2615	723
1983	110938	88168	122	85	2559	716
1984	129033	106275	142	117	2743	760
1985	131898	105375	160	120	2748	765
1986	127277	98913	171	129	2860	847
1987	132770	93811	173	116	2848	894
1988	144346	97136	191	128	3325	968
1989	137165	91360	189	130	3610	1117
1990	136573	87631	193	121	3880	1337
1991	137051	88728	204	121	3837	2169
1992	137721	86412	226	125	3941	2410
1993	142322	86350	228	135	4201	2353
1994	147979	87316	225	130	4263	2871
1995	158681	96214	232	130	4484	2899
1996	204200	101018			4652	2824
1997	246100	130918	247	108	5131	3448
1998	234048	117069	226	92	5109	3777
1999	224100	107975	183	71	5166	3877
2000	229000	110324	180	67	5407	4173
2001	235271	115233	172	65	6215	5224
2002	230709	106668	169	62	6559	5704
2003	245782	115933	184	62	6786	6054
2004	264014	128706	182	52	7922	7191
2005	280377	139071	200	62	9175	8683
2006	302637	144365	196	58	11011	10397

20－2 各市主要污染物排放情况(2006年)

Dicharge of Major Pollutants by Region (2006)

地　区	Region	废水排放量(万吨) Volume of Waste Water Discharged (ton)	工业 Industry	生活 Daily Life	化学需氧量排放量(吨) Volume of COD Discharged (ton)	工业 Industry	生活 Daily Life	氨氮排放量(吨) Volume of Ammonia Nitrogen Discharged (ton)	工业 Industry	生活 Daily Life
全省总计	**Total**	**302637**	**144365**	**158272**	**758101**	**336291**	**421810**	**83235**	**25010**	**58225**
济南市	Jinan	23633	4949	18684	57738	7616	50121	6922	307	6616
青岛市	Qingdao	31330	9521	21808	57058	13203	43855	7484	749	6735
淄博市	Zibo	23141	13362	9779	42897	25681	17216	7120	3704	3416
枣庄市	Zaozhuang	19202	12509	6693	45903	20103	25800	4714	1947	2767
东营市	Dongying	12843	8953	3891	38112	22432	15680	4042	1989	2053
烟台市	Yantai	19715	7066	12649	52041	17056	34986	4899	892	4007
潍坊市	Weifang	27444	12744	14700	49818	29246	20572	6577	1445	5132
济宁市	Jining	21721	10660	11062	45642	14071	31571	7685	2727	4958
泰安市	Tai 'an	12888	3562	9325	29895	5340	24556	2973	364	2608
威海市	Weihai	8119	2851	5267	17508	4959	12549	2003	253	1750
日照市	Rizhao	10630	6764	3866	28375	17861	10515	2035	525	1510
莱芜市	Laiwu	4507	1393	3114	11828	2512	9316	1071	3	1068
临沂市	Linyi	15711	6263	9448	39340	8766	30574	4563	807	3756
德州市	Dezhou	25545	17050	8495	85546	58126	27420	7245	3528	3717
聊城市	Liaocheng	18742	11572	7170	56937	37054	19883	4730	2120	2610
滨州市	Binzhou	15631	10401	5230	57949	43864	14085	4689	3070	1619
菏泽市	Heze	11835	4745	7089	41514	8404	33110	4486	581	3904

20－2　续表　continued

地　区	Region	二氧化硫排放量(吨) Volume of Sulphur Dioxide Discharged (ton)	工业 Industry	生活 Daily Life	烟尘排放量(吨) Volume of Soot Discharged (ton)	工业 Industry	生活 Daily Life	工业粉尘排放量(吨) Volume of Industrial Dust Discharged (ton)
全省总计	**Total**	**1961833**	**1686820**	**275013**	**1961833**	**418010**	**166185**	**323177**
济南市	Jinan	94859	77833	17026	94859	22032	8489	27925
青岛市	Qingdao	146537	117978	28559	146537	30447	12205	4458
淄博市	Zibo	232101	213895	18206	232101	70531	5199	26861
枣庄市	Zaozhuang	109651	92107	17544	109651	18325	4870	79746
东营市	Dongying	123357	110346	13011	123357	18186	3013	2800
烟台市	Yantai	109059	99049	10010	109059	15000	1962	44628
潍坊市	Weifang	136426	109961	26465	136426	21998	9659	33516
济宁市	Jining	143249	125091	18158	143249	29642	8767	32058
泰安市	Tai 'an	92235	76752	15483	92235	23288	10236	7714
威海市	Weihai	56023	49372	6651	56023	10793	5668	5486
日照市	Rizhao	71826	56331	15495	71826	3374	43297	8633
莱芜市	Laiwu	80548	72164	8384	80548	26024	2320	14841
临沂市	Linyi	101258	78188	23070	101258	19476	12180	6644
德州市	Dezhou	161279	151179	10100	161279	39040	11110	20053
聊城市	Liaocheng	91538	79148	12390	91538	17722	12510	3865
滨州市	Binzhou	134162	126198	7964	134162	30629	7464	1475
菏泽市	Heze	77723	51226	26497	77723	21503	7236	2473

20－3 各市工业污染治理项目建设情况(2006年)

Construction of Projects Dealing With Industrial Wastes by Region(2006)

地区 Region	本年施工项目总数(个) Number of Projects under Construction of the Year (unit)	施工项目本年完成投资额(万元) Investment in Projects Completed of the Year (10 000 yuan)	废水治理项目 Projects for Waste Water Treatment	废气治理项目 Projects for Waste GAs Treatment	固体废物治理项目 Projects for Solid Waste Treatment	噪声治理项目 Projects for Noise Pollution Treatment	电磁辐射治理项目 Projects for EMF Treatment	放射性治理项目 Projects for Waste Water Treatment	污染搬迁治理项目 Projects for Removal of Pollution Sources	其他治理项目 Others	本年竣工项目数(个) Projects Completed of the Year
全省总计 Total	**1199**	**596643**	**244305**	**240340**	**20173**	**1434**		**5**	**54756**	**35630**	**1091**
济南市 Jinan	105	50593	26323	9384	370	431				14085	103
青岛市 Qingdao	71	17904	4321	10982	1690	56		5		850	69
淄博市 Zibo	144	32651	21222	11154	50	223			2		131
枣庄市 Zaozhuang	64	19848	12740	6663	35					410	54
东营市 Dongying	62	52860	20212	17659	4241	286				10463	56
烟台市 Yantai	140	56598	5731	23390	11287	3			12069	4118	135
潍坊市 Weifang	123	95973	32494	20538		58			40085	2798	112
济宁市 Jining	110	91249	33222	55767	5	154				2102	84
泰安市 Tai'an	68	42739	18556	23128	200	175				681	64
威海市 Weihai	24	11242	2623	6099	8				2500	12	24
日照市 Rizhao	7	6609	6239	350						20	3
莱芜市 Laiwu	21	16143	666	15417						60	19
临沂市 Linyi	54	12452	9643	2371	428					10	46
德州市 Dezhou	52	50100	22068	27942	90						50
聊城市 Liaocheng	34	8660	4094	2865	1700	1					32
滨州市 Binzhou	16	9046	8127	775		44			100		14
菏泽市 Heze	104	21978	16026	5857	68	5				22	95

20－4 各市工业废水污染物排放及处理情况(2006年)

Discharge and Treatment of Industrial Waste Gas by Region (2006)

地 区 Region	工业废水排放量(万吨) Total Volume of Industrial Waste Water Discharged (10 000 ton)	工业废水排放达标量(万吨) Industrial Waste Water Meeting Discharge Standards (10 000 ton)	废水治理设施数(套) Number of Facilities for Treatment of Waste Water (set)	废水治理设施运行费用(万元) Annual Expenditure for Operation (10 000 yuan)	化学需氧量去除量(吨) COD Removed from Waste water (ton)	氨氮去除量(吨) Ammonia Nitrogen Removed from Waste Water (ton)	化学需氧量排放量(吨) COD Discharge from Waste water (ton)	氨氮排放量(吨) Ammonia Nitrogen Discharge from Waste Water (ton)
全省总计 Total	**144365**	**141540**	**6350**	**367524**	**1685380**	**116057**	**336291**	**25010**
济南市 Jinan	4949	4922	239	16575	15518	61719	7616	307
青岛市 Qingdao	9521	9401	470	35475	97757	5061	13203	749
淄博市 Zibo	13362	12781	574	41212	131368	2934	25681	3704
枣庄市 Zaozhuang	12509	11900	137	10981	56000	4709	20103	1947
东营市 Dongying	8953	8863	222	28118	155410	2091	22432	1989
烟台市 Yantai	7066	6896	499	18617	91002	269	17056	892
潍坊市 Weifang	12744	12595	412	27732	140645	4267	29246	1445
济宁市 Jining	10660	10629	329	23454	115046	15859	14071	2727
泰安市 Tai'an	3562	3509	227	10276	20277	567	5340	364
威海市 Weihai	2851	2823	148	13080	12641	397	4959	253
日照市 Rizhao	6764	6764	59	4973	125738	347	17861	525
莱芜市 Laiwu	1393	1380	91	9816	20857	127	2512	3
临沂市 Linyi	6263	6222	318	21784	191973	2653	8766	807
德州市 Dezhou	17050	17050	2187	57016	264709	8507	58126	3528
聊城市 Liaocheng	11572	11310	144	34120	131378	1203	37054	2120
滨州市 Binzhou	10401	9797	149	6941	81038	4932	43864	3070
菏泽市 Heze	4745	4700	145	7355	34023	416	8404	581

20-5 各市工业废气污染物排放及处理情况(2006年)

Production, Treatment and Utilization of Industrial Waste Gas by Region (2006)

地 区	Region	废气排放量(亿标立方米) Total Volume of Waste Gas Emission (100 million cu. m)	废气治理设施数(套) Number of Facilities for Treatment of Waste Gas (set)	废气治理设施运行费用(万元) Annual Expenditure for Operation (10 000 yuan)	二氧化硫去除量(吨) Volume of Sulphur Dioxide Removed (ton)	二氧化硫排放量(吨) Volume of Sulphur Dioxide Discharged (ton)	烟尘去除量(吨) Volume of Soot Removed (ton)	烟尘排放量(吨) Volume of Soot Discharged (ton)	粉尘去除量(吨) Volume of Dust Removed (ton)	粉尘排放量(吨) Volume of Dust Discharged (ton)
全省总计	**Total**	**25751**	**10478**	**1294345**	**1469037**	**1686820**	**22453053**	**418010**	**4638135**	**323177**
济南市	Jinan	2462	821	76972	73708	77833	1041131	22032	810197	27925
青岛市	Qingdao	1804	750	23079	362930	117978	1454936	30447	222958	4458
淄博市	Zibo	2621	1164	52583	229066	213895	1704118	70531	573371	26861
枣庄市	Zaozhuang	2028	1012	89575	60281	92107	954276	18325	960084	79746
东营市	Dongying	623	205	13674	51249	110346	1148066	18186	17901	2800
烟台市	Yantai	1907	1014	16530	122942	99049	1535849	15000	92521	44628
潍坊市	Weifang	1665	899	18872	110776	109961	811401	21998	140618	33516
济宁市	Jining	2421	872	23050	81089	125091	3481499	29642	364845	32058
泰安市	Tai'an	1401	627	14767	95799	76752	887283	23288	285904	7714
威海市	Weihai	356	200	811133	1588	49372	117549	10793	18400	5486
日照市	Rizhao	556	147	5179	90080	56331	644383	3374	276192	8633
莱芜市	Laiwu	2027	409	25882	8371	72164	1060303	26024	507101	14841
临沂市	Linyi	1534	1054	30900	79604	78188	2978336	19476	142540	6644
德州市	Dezhou	1226	502	10247	22218	151179	1809903	39040	105119	20053
聊城市	Liaocheng	1998	207	65842	40085	79148	1168718	17722	95607	3865
滨州市	Binzhou	824	262	11143	26283	126198	1086106	30629	11284	1475
菏泽市	Heze	298	333	4919	12967	51226	569197	21503	13494	2473

20-6 各市工业固体废物排放及处理利用情况(2006年)

Discharge, Treatment and Vtilization of Industrial Solid Wastes by Region(2006)

地 区	Region	固体废物产生量(万吨) Total Volume of Industrial Solid Waste Produced (10 000 tons)	固体废物综合利用量(万吨) Total Volume of Industrial Solid Waste Utilized (10 000 tons)	#综合利用往年贮存量 Utilized Wastes Produced in Previous Years	固体废物贮存量(万吨) Volume of Industrial Wastes in Stocks (10 000 tons)	固体废物处置量(万吨) Volume of Industrial Solid Waste Treated (10 000 tons)	#处置往年贮存量 Treated Wastes Produced in Previous Years	固体废物排放量(万吨) Volume of Industrial Solid Waste Discharged (10 000 tons)
全省总计	**Total**	**11010.7**	**10397.0**	**293.2**	**577.8**	**342.8**	**13.4**	**0.5**
济南市	Jinan	1003.5	947.9	8.0	56.2	7.4	…	0.1
青岛市	Qingdao	602.3	631.6	48.9	13.1	19.5	13.1	0.1
淄博市	Zibo	996.3	835.9	19.8	135.8	44.0		0.3
枣庄市	Zaozhuang	496.2	585.0	110.6	19.4	2.4		
东营市	Dongying	163.5	148.5		9.8	5.4	0.3	…
烟台市	Yantai	1363.9	1202.6		63.7	97.6		
潍坊市	Weifang	492.0	449.1	0.6	43.5	…		
济宁市	Jining	1333.5	1245.7	25.7	79.9	33.7		
泰安市	Tai'an	683.6	702.4	66.5	47.4	0.3		
威海市	Weihai	144.5	130.6	0.1	13.9	0.2		
日照市	Rizhao	845.8	830.9			14.9		
莱芜市	Laiwu	962.4	786.4	12.8	76.1	113.1		
临沂市	Linyi	453.3	447.5	0.3	6.0	0.1		
德州市	Dezhou	411.3	398.4		12.9	…		
聊城市	Liaocheng	519.0	519.0			…		
滨州市	Binzhou	437.2	433.0			4.2		
菏泽市	Heze	102.4	102.4					

20－7 重点调查企业工业废水污染物排放及处理情况(2006年)

Production, Treatment and Utilization of Industrial Waste Water by Sector (2006)

行业名称	Sector	工业废水排放量(万吨) Total Volume of Industrial Waste Water Discharged (10 000 ton)	工业废水排放达标量(万吨) Industrial Waste Water Meeting Discharge Standards (10 000 ton)	废水治理设施数(套) Number of Facilities for Treatment of Waste Water(set)	废水治理设施运行费用(万元) Annual Expenditure for Operation (10 000 yuan)
化学原料及化学制品制造业	Manufacture of Raw Chemical Materials and Chemical Products	17401	17114	752	59866
农　业	Farming	4	4	1	60
印刷业和记录媒介的复制	Printing, Reproduction of Recording Media	23	23	3	15
造纸及纸制品业	Manufacture of Paper and Paper Products	45163	44897	381	67470
家具制造业	Manufacture of Furniture	46	45	1	20
烟草制品业	Manufacture of Tobacco	65	40	3	115
饮料制造业	Manufacture of Beverages	4890	4873	146	7996
食品制造业	Manufacture of Foods	4912	4843	155	21777
农副食品加工业	Processing of Food from Agricultural Products	7817	7583	475	12188
通用设备制造业	Manufacture of General Purpose Machinery	448	444	72	660
金属制品业	Manufacture of Metal Products	678	677	120	2624
有色金属冶炼及压延加工业	Smelting and Pressing of Non-ferrous Metals	1137	1136	39	2437
黑色金属冶炼及压延加工业	Smelting and Pressing of Ferrous Metals	2490	2477	156	18631
橡胶制品业	Manufacture of Rubber	609	603	34	2143
医药制造业	Manufacture of Medicines	2626	2578	109	8155
塑料制品业	Manufacture of Plastics	57	55	4	44
石油加工、炼焦及核燃料加工业	Processing of Petroleum, Coking, Processingof Nuclear Fuel	5609	5161	132	23773
木材加工及木、竹、藤、棕、草制品业	Processing of Timber, Manufacture of Wood, Bamboo, Rattan, Palm, and Straw Products	1008	987	23	237
皮革、毛皮、羽毛(绒)及其制品业	Manufacture of Leather, Fur, Feather and Related Products	1233	1185	2084	38634
纺织服装、鞋、帽制造业	Manufacture of Textile Wearing Apparel, Footware, and Caps	513	501	29	1260
纺织业	Manufacture of Textile	12089	11833	409	37648
非金属矿采选业	Mining and Processing of Nonmetal Ores	108	108	24	338
有色金属矿采选业	Mining and Processing of Non-Ferrous Metal Ores	679	679	71	5995
黑色金属矿采选业	Mining and Processing of Ferrous Metal Ores	492	492	22	1877
石油和天然气开采业	Extraction of Petroleum and Natural Gas	3308	3306	84	19372
煤炭开采和洗选业	Mining and Washing of Coal	6401	6391	172	7805
渔　业	Fishery	34	34	3	20
畜牧业	Animal Husbandry	11		1	1
化学纤维制造业	Manufacture of Chemical Fiber	2775	2764	31	7060

20－7 续表 1 continued

行业名称	Sector	工业废水排放量（万吨）Total Volume of Industrial Waste Water Discharged (10 000 ton)	工业废水排放达标量（万吨）Industrial Waste Water Meeting Discharge Standards (10 000 ton)	废水治理设施数（套）Number of Facilities for Treatment of Waste Water(set)	废水治理设施运行费用(万元) Annual Expenditure for Operation (10 000 yuan)
仓储业	Storage	6	6	2	14
居民服务业	Resident Services				
地质勘查业	Geological Prospecting	1	1		
商务服务业	Business Services				
航空运输业	Air Transport	4	4		
铁路运输业	Railway Transport	53	45	3	49
其他建筑业	Other Transport				
建筑装饰业	Architectural Decoration				
电力、热力的生产和供应业	Production and Supply of Electric Power and Heat Power	567	562	27	1756
废弃资源和废旧材料回收加工业	Recycling and Disposal of Waste	3	3		
工艺品及其他制造业	Manufacture of Artwork and Other Manufacturing	163	162	34	392
仪器仪表及文化、办公用机械制造业	Manufacture of Measuring Instruments and Machinery for Cultural Activity and Office Work	745	745	6	260
火力发电	Production and Supply of Firepower	5965	5944	214	8662
文教体育用品制造业	Manufacture of Articles For Culture, Education and Sport Activity	20	20	2	14
餐饮业	Catering Services	2	2		
教　育	Education	200	200	1	60
装卸搬运和其他运输服务业	Loading, Unloading, Portage and Other Transport Services	20	20	2	20
管道运输业	Transport via Pipeline				
建筑安装业	Architectural Installlation	…	…		
房屋和土木工程建筑业	Constuction of Building and Civil Engineering	1	1		
水的生产和供应业	Production and Supply of Water	77	77	14	122
燃气生产和供应业	Production and Supply of Gas	70	70	3	257
通信设备、计算机及其他电子设备制造业	Manufacture of Communication Equipment, Computers and Other Electronic Equipment	458	424	33	1593
电气机械及器材制造业	Manufacture of Electrical Machinery and Equipment	348	347	26	982
交通运输设备制造业	Manufacture of Transport Equipment	586	583	54	1278
专用设备制造业	Manufacture of Special Purpose Machinery	779	772	45	723
水泥制造	Manufacture of Cement	310	308	33	438
非金属矿物制品业	Manufacture of Non-metallic Mineral Products	1122	1109	307	2556
社会保障业	Social Security	2	2	1	5

20－7 续表 2 continued

行业名称	Sector	化学需氧量去除量（吨） COD Removed from Waste Water (ton)	氨氮去除量（吨） Ammonia Nitrogen Removed from Waste Water (ton)	化学需氧量排放量（吨） COD Discharge from Waste Water (ton)	氨氮排放量（吨） Ammonia Nitrogen Discharge from Waste Water (ton)
化学原料及化学制品制造业	Manufacture of Raw Chemical Materials and Chemical Products	143427	26531	24778	7166
农　业	Farming			6	1
印刷业和记录媒介的复制	Printing, Reproduction of Recording Media	16	…	26	2
造纸及纸制品业	Manufacture of Paper and Paper Products	803938	6742	147073	6018
家具制造业	Manufacture of Furniture	43		40	1
烟草制品业	Manufacture of Tobacco	198	4	173	14
饮料制造业	Manufacture of Beverages	196667	2612	9659	677
食品制造业	Manufacture of Foods	127545	11031	11508	2058
农副食品加工业	Processing of Food from Agricultural Products	115596	2990	18764	1438
通用设备制造业	Manufacture of General Purpose Machinery	535	5	595	22
金属制品业	Manufacture of Metal Products	424	11	744	35
有色金属冶炼及压延加工业	Smelting and Pressing of Non-ferrous Metals	1808	114	1548	73
黑色金属冶炼及压延加工业	Smelting and Pressing of Ferrous Metals	8472	58272	3061	91
橡胶制品业	Manufacture of Rubber	487	1	753	30
医药制造业	Manufacture of Medicines	30395	1032	4776	586
塑料制品业	Manufacture of Plastics	73	…	93	3
石油加工、炼焦及核燃料加工业	Processing of Petroleum, Coking, Processingof Nuclear Fuel	56195	2006	7884	1883
木材加工及木、竹、藤、棕、草制品业	Processing of Timber, Manufacture of Wood, Bamboo, Rattan, Palm, and Straw Products	514	60	3413	87
皮革、毛皮、羽毛(绒)及其制品业	Manufacture of Leather, Fur, Feather and Related Products	17625	598	3221	272
纺织服装、鞋、帽制造业	Manufacture of Textile Wearing Apparel, Footware, and Caps	1650	34	839	29
纺织业	Manufacture of Textile	87497	1441	25708	1168
非金属矿采选业	Mining and Processing of Nonmetal Ores	265		79	…
有色金属矿采选业	Mining and Processing of Non-Ferrous Metal Ores	1698		278	4
黑色金属矿采选业	Mining and Processing of Ferrous Metal Ores	252		341	…
石油和天然气开采业	Extraction of Petroleum and Natural Gas	19144	1139	6197	687
煤炭开采和洗选业	Mining and Washing of Coal	7819	125	4209	176
渔　业	Fishery	314	41	111	16
畜牧业	Animal Husbandry			79	1
化学纤维制造业	Manufacture of Chemical Fiber	45896	265	6830	376

20－7 续表 3 continued

行业名称	Sector	化学需氧量去除量（吨）COD Removed from Waste Water (ton)	氨 氮 去除量（吨）Ammonia Nitrogen Removed from Waste Water (ton)	化学需氧量排放量（吨）COD Discharge from Waste Water (ton)	氨 氮 排放量（吨）Ammonia Nitrogen Discharge from Waste Water (ton)
仓储业	Storage	7		2	1
居民服务业	Resident Services				
地质勘查业	Geological Prospecting			1	
商务服务业	Business Services			…	…
航空运输业	Air Transport			4	…
铁路运输业	Railway Transport	79	2	36	3
其他建筑业	Other Transport	…		…	
建筑装饰业	Architectural Decoration			…	…
电力、热力的生产和供应业	Production and Supply of Electric Power and Heat Power	1621	57	778	45
废弃资源和废旧材料回收加工业	Recycling and Disposal of Waste			3	1
工艺品及其他制造业	Manufacture of Artwork and Other Manufacturing	332	5	229	47
仪器仪表及文化、办公用机械制造业	Manufacture of Measuring Instruments and Machinery for Cultural Activity and Office Work	215		2117	4
火力发电	Production and Supply of Firepower	3113	25	4697	270
文教体育用品制造业	Manufacture of Articles For Culture, Education and Sport Activity	2		21	
餐饮业	Catering Services			12	1
教　育	Education			221	20
装卸搬运和其他运输服务业	Loading, Unloading, Portage and Other Transport Services			24	7
管道运输业	Transport via Pipeline				
建筑安装业	Architectural Installlation				
房屋和土木工程建筑业	Constuction of Building and Civil Engineering			2	…
水的生产和供应业	Production and Supply of Water	4		76	5
燃气生产和供应业	Production and Supply of Gas			128	35
通信设备、计算机及其他电子设备制造业	Manufacture of Communication Equipment, Computers and Other Electronic Equipment	1056	7	1076	26
电气机械及器材制造业	Manufacture of Electrical Machinery and Equipment	330	20	634	25
交通运输设备制造业	Manufacture of Transport Equipment	2096	733	939	29
专用设备制造业	Manufacture of Special Purpose Machinery	5067	80	1162	56
水泥制造	Manufacture of Cement	125		269	18
非金属矿物制品业	Manufacture of Non-metallic Mineral Products	2822	72	1464	87
社会保障业	Social Security			5	

20－8 重点调查企业工业废气污染物排放及处理情况(2006年)

Production, Treatment and Utilization of Industrial Waste Gas by Sector (2006)

行业名称	Sector	废气排放量(亿标立方米) Total Volume of Waste Gas Emission (100 million cu. m)	废气治理设施数(套) Number of Facilities for Treatment of Waste Gas (set)	废气治理设施运行费用(万元) Annual Expenditure for Operation (10 000 yuan)	二氧化硫去除量(吨) Volume of Sulphur Dioxide Removed (ton)
化学原料及化学制品制造业	Manufacture of Raw Chemical Materials and Chemical Products	17050787	982	34068	102518
农 业	Farming	684	1	25	
印刷业和记录媒介的复制	Printing, Reproduction of Recording Media	10145	12	18	55
造纸及纸制品业	Manufacture of Paper and Paper Products	7377745	322	11561	45999
家具制造业	Manufacture of Furniture	6604	6	93	13
烟草制品业	Manufacture of Tobacco	17544	11	228	73
饮料制造业	Manufacture of Beverages	689530	168	1492	4450
食品制造业	Manufacture of Foods	1233460	201	2548	12097
农副食品加工业	Processing of Food from Agricultural Products	2058411	543	6640	10103
通用设备制造业	Manufacture of General Purpose Machinery	1333652	259	1101	705
金属制品业	Manufacture of Metal Products	510274	427	1234	1564
有色金属冶炼及压延加工业	Smelting and Pressing of Non-ferrous Metals	3334540	183	12094	70069
黑色金属冶炼及压延加工业	Smelting and Pressing of Ferrous Metals	43856915	825	99889	31539
橡胶制品业	Manufacture of Rubber	1032983	138	2982	7794
医药制造业	Manufacture of Medicines	288903	120	832	2783
塑料制品业	Manufacture of Plastics	69546	25	107	199
石油加工、炼焦及核燃料加工业	Processing of Petroleum, Coking, Processingof Nuclear Fuel	10063515	192	15925	69044
木材加工及木、竹、藤、棕、草制品业	Processing of Timber, Manufacture of Wood, Bamboo, Rattan, Palm, and Straw Products	168865	56	285	321
皮革、毛皮、羽毛(绒)及其制品业	Manufacture of Leather, Fur, Feather and Related Products	98865	49	241	653
纺织服装、鞋、帽制造业	Manufacture of Textile Wearing Apparel, Footware, and Caps	61178	39	196	345
纺织业	Manufacture of Textile	5846087	492	3939	8952
非金属矿采选业	Mining and Processing of Nonmetal Ores	131397	27	175	218
有色金属矿采选业	Mining and Processing of Non-Ferrous Metal Ores	1726014	193	9105	16744
黑色金属矿采选业	Mining and Processing of Ferrous Metal Ores	98858	33	573	79
石油和天然气开采业	Extraction of Petroleum and Natural Gas	628172	77	386	183
煤炭开采和洗选业	Mining and Washing of Coal	1451726	274	2304	34695
渔 业	Fishery				
畜牧业	Animal Husbandry	160			6
化学纤维制造业	Manufacture of Chemical Fiber	3470410	65	368	5889

20－8 续表1 continued

行业名称	Sector	废气排放量（亿标立方米）Total Volume of Waste Gas Emission (100 million cu. m)	废气治理设施数（套）Number of Facilities for Treatment of Waste Gas (set)	废气治理设施运行费用（万元）Annual Expenditure for Operation (10 000 yuan)	二氧化硫去除量（吨）Volume of Sulphur Dioxide Removed (ton)
仓储业	Storage	3053	4	5	1
居民服务业	Resident Services	49000	25	100	140
地质勘查业	Geological Prospecting	316	2	1	1
商务服务业	Business Services				
航空运输业	Air Transport	3300	1	1	24
铁路运输业	Railway Transport	6000	8	10	15
其他建筑业	Other Transport	1259			
建筑装饰业	Architectural Decoration				
电力、热力的生产和供应业	Production and Supply of Electric Power and Heat Power	5345992	262	21572	31249
废弃资源和废旧材料回收加工业	Recycling and Disposal of Waste	16000	1	3	18
工艺品及其他制造业	Manufacture of Artwork and Other Manufacturing	46635	48	247	181
仪器仪表及文化、办公用机械制造业	Manufacture of Measuring Instruments and Machinery for Cultural Activity and Office Work	635092	21	62	14
火力发电	Production and Supply of Firepower	95190924	860	941297	955912
文教体育用品制造业	Manufacture of Articles For Culture, Education and Sport Activity	1663	4	4	
餐饮业	Catering Services				
教　育	Education	15000	7	500	80
装卸搬运和其他运输服务业	Loading, Unloading, Portage and Other Transport Services	2600	7	40	15
管道运输业	Transport via Pipeline	2833			
建筑安装业	Architectural Installlation	600	1	1	
房屋和土木工程建筑业	Constuction of Building and Civil Engineering	470	2	1	
水的生产和供应业	Production and Supply of Water	167459	16	97	1117
燃气生产和供应业	Production and Supply of Gas	279367	21	331	2157
通信设备、计算机及其他电子设备制造业	Manufacture of Communication Equipment, Computers and Other Electronic Equipment	108353	9	140	344
电气机械及器材制造业	Manufacture of Electrical Machinery and Equipment	796604	108	860	223
交通运输设备制造业	Manufacture of Transport Equipment	333423	107	598	910
专用设备制造业	Manufacture of Special Purpose Machinery	1133979	117	387	8110
水泥制造	Manufacture of Cement	42632684	2360	114064	34415
非金属矿物制品业	Manufacture of Non-metallic Mineral Products	50425506	3164	119497	42391
社会保障业	Social Security	3600	1	26	

20－8 续表2 continued

行业名称	Sector	二氧化硫排放量（吨）Volume of Sulphur Dioxide Discharged (ton)	烟尘去除量（吨）Volume of Soot Removed (ton)	烟尘排放量（吨）Volume of Soot Discharged (ton)	粉尘去除量（吨）Volume of Dust Removed (ton)	粉尘排放量（吨）Volume of Dust Discharged (ton)
化学原料及化学制品制造业	Manufacture of Raw Chemical Materials andChemical Products	95737	604044	28334	32667	2841
农　业	Farming	12		4		
印刷业和记录媒介的复制	Printing, Reproduction of Recording Media	135	784	37		
造纸及纸制品业	Manufacture of Paper and Paper Products	46418	614745	17917	16	1982
家具制造业	Manufacture of Furniture	182	180	27		
烟草制品业	Manufacture of Tobacco	103	351	40		1
饮料制造业	Manufacture of Beverages	6631	26505	2674		
食品制造业	Manufacture of Foods	9276	95760	3238		
农副食品加工业	Processing of Food from Agricultural Products	27341	109981	6768	104	34
通用设备制造业	Manufacture of General Purpose Machinery	5544	12595	3272	19884	2146
金属制品业	Manufacture of Metal Products	2268	8057	1252	1622	194
有色金属冶炼及压延加工业	Smelting and Pressing of Non-ferrous Metals	10636	13131	1177	126198	1822
黑色金属冶炼及压延加工业	Smelting and Pressing of Ferrous Metals	64155	534875	31656	1149149	36146
橡胶制品业	Manufacture of Rubber	11389	273928	2050	16	4
医药制造业	Manufacture of Medicines	2485	7246	1179	…	551
塑料制品业	Manufacture of Plastics	749	2391	172		
石油加工、炼焦及核燃料加工业	Processing of Petroleum, Coking, Processingof Nuclear Fuel	37590	169998	15670	30240	6461
木材加工及木、竹、藤、棕、草制品业	Processing of Timber, Manufacture of Wood, Bamboo, Rattan, Palm, and Straw Products	3202	4887	1344	3164	1683
皮革、毛皮、羽毛(绒)及其制品业	Manufacture of Leather, Fur, Feather and Related Products	1919	4254	460	295	8
纺织服装、鞋、帽制造业	Manufacture of Textile Wearing Apparel, Footware, and Caps	674	2151	217		
纺织业	Manufacture of Textile	58327	559774	12774	601	37
非金属矿采选业	Mining and Processing of Nonmetal Ores	1600	3083	1611	561	2615
有色金属矿采选业	Mining and Processing of Non-Ferrous Metal Ores	11147	8116	6697	285601	2013
黑色金属矿采选业	Mining and Processing of Ferrous Metal Ores	274	2588	277	1661	79
石油和天然气开采业	Extraction of Petroleum and Natural Gas	4382	5489	449	65	1
煤炭开采和洗选业	Mining and Washing of Coal	8280	123398	4501	1189	641
渔　业	Fishery					
畜牧业	Animal Husbandry	6		2		
化学纤维制造业	Manufacture of Chemical Fiber	5000	28927	1158		

20-8 续表3 continued

行业名称	Sector	二氧化硫排放量（吨）Volume of Sulphur Dioxide Discharged (ton)	烟尘去除量（吨）Volume of Soot Removed (ton)	烟尘排放量（吨）Volume of Soot Discharged (ton)	粉尘去除量（吨）Volume of Dust Removed (ton)	粉尘排放量（吨）Volume of Dust Discharged (ton)
仓储业	Storage	21	131	5		
居民服务业	Resident Services	333	1200	96		
地质勘查业	Geological Prospecting	2	10	1		
商务服务业	Business Services					
航空运输业	Air Transport	18	70	3		
铁路运输业	Railway Transport	30	235	5		
其他建筑业	Other Transport	169	81	49		
建筑装饰业	Architectural Decoration					
电力、热力的生产和供应业	Production and Supply of Electric Power and Heat Power	69980	209975	14136		
废弃资源和废旧材料回收加工业	Recycling and Disposal of Waste	240	110	70		
工艺品及其他制造业	Manufacture of Artwork and Other Manufacturing	549	1055	247	2	1
仪器仪表及文化、办公用机械制造业	Manufacture of Measuring Instruments and Machinery for Cultural Activity and Office Work	10168	31663	2643	51	6
火力发电	Production and Supply of Firepower	955940	18856167	179408		
文教体育用品制造业	Manufacture of Articles For Culture, Education and Sport Activity	25	9	64		
餐饮业	Catering Services					
教　育	Education	160	500	67		
装卸搬运和其他运输服务业	Loading, Unloading, Portage and Other Transport Services	22	98	7		
管道运输业	Transport via Pipeline	34		215	12	
建筑安装业	Architectural Installlation	6	12	3		
房屋和土木工程建筑业	Constuction of Building and Civil Engineering	2			6	…
水的生产和供应业	Production and Supply of Water	2628	1647	115		
燃气生产和供应业	Production and Supply of Gas	1546	443	570	17	2
通信设备、计算机及其他电子设备制造业	Manufacture of Communication Equipment, Computers and Other Electronic Equipment	188	630	35	11	…
电气机械及器材制造业	Manufacture of Electrical Machinery and Equipment	605	2536	265	737	352
交通运输设备制造业	Manufacture of Transport Equipment	1149	13334	246	232	18
专用设备制造业	Manufacture of Special Purpose Machinery	4270	49092	1376	17846	121
水泥制造	Manufacture of Cement	53346	12127	2930	2911240	225381
非金属矿物制品业	Manufacture of Non-metallic Mineral Products	101650	63597	48822	2966188	242849
社会保障业	Social Security	20	32	5		

20－9 重点调查企业工业固体废物排放及处理利用情况(2006年)

Production, Treatment and Utilization of Industrial Solid Wastes by Sector (2006)

行业名称	Sector	固体废物产生量(万吨) Volume of Industrial Solid Wastes Produced (10 000 tons)	固体废物综合利用量(万吨) Volume of Industrial Solid Wastes Utilized (10 000 tons)	#综合利用往年贮存量 Utilized Wastes Produced in Previous Years
化学原料及化学制品制造业	Manufacture of Raw Chemical Materials and Chemical Products	936.62	853.52	8.60
农　业	Farming	0.02	0.02	
印刷业和记录媒介的复制	Printing, Reproduction of Recording Media	0.33	0.32	
造纸及纸制品业	Manufacture of Paper and Paper Products	232.48	196.57	
家具制造业	Manufacture of Furniture	0.40	0.40	
烟草制品业	Manufacture of Tobacco	0.18	0.18	
饮料制造业	Manufacture of Beverages	104.94	92.03	
食品制造业	Manufacture of Foods	66.72	66.62	
农副食品加工业	Processing of Food from Agricultural Products	74.62	74.44	
通用设备制造业	Manufacture of General Purpose Machinery	16.60	16.27	0.12
金属制品业	Manufacture of Metal Products	9.16	7.81	
有色金属冶炼及压延加工业	Smelting and Pressing of Non-ferrous Metals	295.05	289.53	…
黑色金属冶炼及压延加工业	Smelting and Pressing of Ferrous Metals	1868.49	1800.88	40.88
橡胶制品业	Manufacture of Rubber	24.88	24.83	
医药制造业	Manufacture of Medicines	16.38	16.12	…
塑料制品业	Manufacture of Plastics	1.88	1.88	
石油加工、炼焦及核燃料加工业	Processing of Petroleum, Coking, Processingof Nuclear Fuel	76.24	70.65	
木材加工及木、竹、藤、棕、草制品业	Processing of Timber, Manufacture of Wood, Bamboo, Rattan, Palm, and Straw Products	4.57	4.57	
皮革、毛皮、羽毛(绒)及其制品业	Manufacture of Leather, Fur, Feather and Related Products	6.20	3.29	
纺织服装、鞋、帽制造业	Manufacture of Textile Wearing Apparel, Footware, and Caps	1.57	1.50	…
纺织业	Manufacture of Textile	105.43	105.15	
非金属矿采选业	Mining and Processing of Nonmetal Ores	11.14	11.09	
有色金属矿采选业	Mining and Processing of Non-Ferrous Metal Ores	1150.38	902.63	
黑色金属矿采选业	Mining and Processing of Ferrous Metal Ores	261.41	164.91	
石油和天然气开采业	Extraction of Petroleum and Natural Gas	31.07	26.04	
煤炭开采和洗选业	Mining and Washing of Coal	1508.66	1602.02	193.69
渔　业	Fishery			
畜牧业	Animal Husbandry	0.03	0.03	
化学纤维制造业	Manufacture of Chemical Fiber	29.82	29.82	

20-9 续表1 continued

行业名称	Sector	固体废物产生量（万吨） Volume of Industrial Solid Wastes Produced (10 000 tons)	固体废物综合利用量（万吨） Volume of Industrial Solid Wastes Utilized (10 000 tons)	#综合利用往年贮存量 Utilized Wastes Produced in Previous Years
仓储业	Storage	0.08	0.08	
居民服务业	Resident Services	1.25	1.25	
地质勘查业	Geological Prospecting	0.01	0.01	
商务服务业	Business Services			
航空运输业	Air Transport	0.11	0.11	
铁路运输业	Railway Transport	0.11	0.11	
其他建筑业	Other Transport			
建筑装饰业	Architectural Decoration			
电力、热力的生产和供应业	Production and Supply of Electric Power and Heat Power	164.55	149.03	
废弃资源和废旧材料回收加工业	Recycling and Disposal of Waste			
工艺品及其他制造业	Manufacture of Artwork and Other Manufacturing	0.81	0.75	
仪器仪表及文化、办公用机械制造业	Manufacture of Measuring Instruments and Machinery for Cultural Activity and Office Work	15.94	15.93	
火力发电	Production and Supply of Firepower	2764.57	2641.60	26.17
文教体育用品制造业	Manufacture of Articles For Culture, Education and Sport Activity	0.02	0.02	
餐饮业	Catering Services			
教　育	Education	0.58	0.58	
装卸搬运和其他运输服务业	Loading, Unloading, Portage and Other Transport Services	0.07	0.07	
管道运输业	Transport via Pipeline			
建筑安装业	Architectural Installlation	0.01	0.01	
房屋和土木工程建筑业	Constuction of Building and Civil Engineering			
水的生产和供应业	Production and Supply of Water	1.67	1.67	
燃气生产和供应业	Production and Supply of Gas	1.94	1.94	
通信设备、计算机及其他电子设备制造业	Manufacture of Communication Equipment, Computers and Other Electronic Equipment	1.38	0.65	
电气机械及器材制造业	Manufacture of Electrical Machinery and Equipment	2.15	1.87	
交通运输设备制造业	Manufacture of Transport Equipment	6.02	5.82	
专用设备制造业	Manufacture of Special Purpose Machinery	29.28	28.96	
水泥制造	Manufacture of Cement	620.51	631.34	10.84
非金属矿物制品业	Manufacture of Non-metallic Mineral Products	689.39	712.62	23.75
社会保障业	Social Security	0.12	0.12	

20－9 续表2 continued

行业名称	Sector	固体废物贮存量（万吨）Volume of Indusrial Solid Wastes in Stocks (10000 tons)	#处置往年贮存量 Treated Wastes Produced in Previous Years	固体废物排放量（万吨）Volume of Indusrial Solid Wastes Discharged (10000 ton)
化学原料及化学制品制造业	Manufacture of Raw Chemical Materials and Chemical Products	88.27	13.13	0.10
农　业	Farming			
印刷业和记录媒介的复制	Printing, Reproduction of Recording Media			
造纸及纸制品业	Manufacture of Paper and Paper Products			
家具制造业	Manufacture of Furniture			
烟草制品业	Manufacture of Tobacco			
饮料制造业	Manufacture of Beverages			
食品制造业	Manufacture of Foods			
农副食品加工业	Processing of Food from Agricultural Products	0.02		
通用设备制造业	Manufacture of General Purpose Machinery	0.12	…	…
金属制品业	Manufacture of Metal Products	0.07		
有色金属冶炼及压延加工业	Smelting and Pressing of Non-ferrous Metals	5.00		
黑色金属冶炼及压延加工业	Smelting and Pressing of Ferrous Metals	3.90		
橡胶制品业	Manufacture of Rubber			
医药制造业	Manufacture of Medicines	…		0.01
塑料制品业	Manufacture of Plastics			
石油加工、炼焦及核燃料加工业	Processing of Petroleum, Coking, Processingof Nuclear Fuel	0.17		
木材加工及木、竹、藤、棕、草制品业	Processing of Timber, Manufacture of Wood, Bamboo, Rattan, Palm, and Straw Products			
皮革、毛皮、羽毛(绒)及其制品业	Manufacture of Leather, Fur, Feather and Related Products			
纺织服装、鞋、帽制造业	Manufacture of Textile Wearing Apparel, Footware, and Caps	…		0.01
纺织业	Manufacture of Textile	…		
非金属矿采选业	Mining and Processing of Nonmetal Ores			
有色金属矿采选业	Mining and Processing of Non-Ferrous Metal Ores	172.57		
黑色金属矿采选业	Mining and Processing of Ferrous Metal Ores	54.00		
石油和天然气开采业	Extraction of Petroleum and Natural Gas	…	0.27	…
煤炭开采和洗选业	Mining and Washing of Coal	99.68		
渔　业	Fishery			
畜牧业	Animal Husbandry			
化学纤维制造业	Manufacture of Chemical Fiber			

20－9 续表 3 continued

行业名称	Sector	固体废物贮存量（万吨）Volume of Indusrial Solid Wastes in Stocks (10000 tons)	#处置往年贮存量 Treated Wastes Produced in Previous Years	固体废物排放量（万吨）Volume of Indusrial Solid Wastes Discharged (10000 ton)
仓储业	Storage			
居民服务业	Resident Services			
地质勘查业	Geological Prospecting			
商务服务业	Business Services			
航空运输业	Air Transport			
铁路运输业	Railway Transport			
其他建筑业	Other Transport			
建筑装饰业	Architectural Decoration			
电力、热力的生产和供应业	Production and Supply of Electric Power and Heat Power	14.77		
废弃资源和废旧材料回收加工业	Recycling and Disposal of Waste			
工艺品及其他制造业	Manufacture of Artwork and Other Manufacturing			
仪器仪表及文化、办公用机械制造业	Manufacture of Measuring Instruments and Machinery for Cultural Activity and Office Work			
火力发电	Production and Supply of Firepower	125.61		0.05
文教体育用品制造业	Manufacture of Articles For Culture, Education and Sport Activity			
餐饮业	Catering Services			
教　育	Education			
装卸搬运和其他运输服务业	Loading, Unloading, Portage and Other Transport Services			
管道运输业	Transport via Pipeline			
建筑安装业	Architectural Installlation			
房屋和土木工程建筑业	Constuction of Building and Civil Engineering			
水的生产和供应业	Production and Supply of Water			
燃气生产和供应业	Production and Supply of Gas			
通信设备、计算机及其他电子设备制造业	Manufacture of Communication Equipment, Computers and Other Electronic Equipment	0.01		0.02
电气机械及器材制造业	Manufacture of Electrical Machinery and Equipment	…		
交通运输设备制造业	Manufacture of Transport Equipment	…	…	0.05
专用设备制造业	Manufacture of Special Purpose Machinery	…		…
水泥制造	Manufacture of Cement			
非金属矿物制品业	Manufacture of Non-metallic Mineral Products	0.10		0.18
社会保障业	Social Security			

主要统计指标解释

工业废水排放达标量 指报告期内废水中各项污染物指标都达到国家或地方排放标准的外排工业废水量，包括未经处理外排达标的，经废水处理设施处理后达标排放的，以及经污水处理厂处理后达标排放的。

工业废水排放达标率 指工业废水排放达标量占工业废水排放量的百分率，计算公式为：

$$工业废水排放达标率 = \frac{工业废水排放达标量}{工业废水排放量} \times 100\%$$

城镇生活污水排放量 指城镇居民每年排放的生活污水。用人均系数法测算。测算公式为：

城镇生活污水排放量＝城镇生活污水排放系数×市镇非农业人口×365

城镇生活污水中化学需氧量（COD）产生量 指城镇居民每年排放的生活污水中的COD的产生量。用人均系数法测算。测算公式为：

城镇生活污水中COD产生量＝城镇生活污水中COD产生系数×市镇非农业人口×365

化学需氧量（COD） 测量有机和无机物质化学分解所消耗氧的质量浓度的水污染指数。

工业废气排放量 指报告期内企业厂区内燃料燃烧和生产工艺过程中产生的各种排入大气的含有污染物的气体的总量，以标准状态（273K，101325Pa）计算。测算公式为：

工业废气排放量＝燃料燃烧过程中废气排放量＋生产工艺过程中废气排放量

生活及其他 SO_2 排放量 以生活及其他煤炭消费量和其含硫量为基础，根据以下公式计算：

生活及其他 SO_2 排放量＝生活及其他煤炭消费量×含硫量×0.8×2

工业 SO_2 排放量 指报告期内企业在燃料燃烧和生产工艺过程中排入大气的 SO_2 总量，计算公式为：

工业 SO_2 排放量＝燃料燃烧过程中 SO_2 排放量＋生产工艺过程中 SO_2 排放量

工业烟尘排放量 指企业厂区内燃料燃烧过程中产生的烟气中夹带的颗粒物排放量。

生活及其他烟尘排放量 指除工业生产活动以外的所有社会、经济活动及公共设施的经营活动中燃烧所排放的烟尘纯重量。以生活及其他煤炭消费量为基础进行测算。

工业粉尘排放量 指企业在生产工艺过程中排放的能在空气中悬浮一定时间的固体颗粒物排放量。如钢铁企业的耐火材料粉尘、焦化企业的筛焦系统粉尘、烧结机的粉尘、石灰窑的粉尘、建材企业的水泥粉尘等。不包括电厂排入大气的烟尘。

工业固体废物产生量 指报告期内企业在生产过程中产生的固体状、半固体状和高浓度液体状废弃物的总量，包括危险废物、冶炼废渣、粉煤灰、炉渣、煤矸石、尾矿、放射性废物和其他废物等；不包括矿山开采的剥离废石和掘进废石（煤矸石和呈酸性或碱性的废石除外）。酸性或碱性废石指采掘的废石其流经水、雨淋水的pH值小于4或pH值大于10.5者。

危险废物 指列入国家危险废物名录或根据国家规定的危险废物鉴别标准和鉴别方法认定的，具有爆炸性、易燃性、易氧化性、毒性、腐蚀性、易传染疾病等危险特性之一的废物。

工业固体废物综合利用量 指报告期内企业通过回收、加工、循环、交换等方式，从固体废物中提取或者使其转化为可以利用的资源、能源和其他原材料的固体废物量（包括当年利用往年的工业固体废物贮存量），如用作农业肥料、生产建筑材料、筑路等。综合利用量由原产生固体废物的单位统计。

工业固体废物综合利用率 指工业固体废物综合利用量占工业固体废物产生量（包括综合利用往年贮存量）的百分率。计算公式为：

$$工业固体废物综合利用率 = \frac{工业固体废物综合利用量}{工业固体废物产生量+综合利用往年贮存量} \times 100\%$$

工业固体废物贮存量 指报告期内企业以综合利用或处置为目的，将固体废物暂时贮存或堆存在专设的贮存设施或专设的集中堆存场所内的数量。专设的固体废物贮存场所或贮存设施必须有防扩散、防流失、防渗漏、防止污染大气、水体的措施。

工业固体废物处置量 指报告期内企业将固体废物焚烧或者最终置于符合环境保护规定要求的场所，并不再回取的工业固体废物量（包括当年处置往年的工业固体废物贮存量）。处置方式有填埋（其中危险废物应安全填埋）、焚烧、专业贮存场（库）封场处理、深层灌注、回填矿井及海洋处置（经海洋管理部门同意投海处置）等。

工业固体废物排放量 指报告期内企业将所产生的固体废物排到固体废物污染防治设施、场所以外的数量，不包括矿山开采的剥离废石和掘进废石（煤矸石和呈酸性或碱性的废石除外）。

“三废”综合利用产品产值 指报告期内利用“三废”作为主要原料生产的产品价值（现行价）；已经销售或准备销售的应计算产品价值，留作生产自用的不应计算产品价值。

生活垃圾清运量 指报告期内收集和运送到垃圾处理厂（场）的生活垃圾数量。生活垃圾指城市日常生活或为城市日常生活提供服务的活动中产生的固体废物以及法律行政规定的视为城市生活垃圾的固体废物。包括：居民生活垃圾、商业垃圾、集市贸易市场垃圾、街道清扫垃圾、公共场所垃圾和机关、学校、厂矿等单位的生活垃圾。

生活垃圾无害化处理率 指报告期生活垃圾无害化处理量与生活垃圾产生量比率。在统计上，由于生活垃圾产生量不易取得，可用清运量代替。计算公式为：

$$生活垃圾无害化处理率 = \frac{生活垃圾无害化处理量}{生活垃圾产生量} \times 100\%$$

Explanatory Notes on Main Statistical Indicators

Duplicated Measurement Between Surface Water and Groundwater refers to mutual exchange between surface water and groundwater, i. e. run-off of rivers includes some depletion with groundwater while groundwater includes some replenishment with surface water.

Water Supply refers to gross water supply by supply systems from sources to consumers, including losses during distribution.

Surface Water Supply refers to withdrawals by surface water supply system, broken down with storage, flow, pumping and transfer. Supply from storage projects includes withdrawals from reservoirs; supply from flow includes withdrawals from rivers and lakes with natural flows no matter if there are locks or not; supply from pumping projects includes withdrawals from rivers or lakes with pumping stations; and supply from transfer refers to water supplies transferred from first-level regions of water resources or independent river drainage areas to others, and should not be covered under supplies of storage, flow and pumping.

Groundwater Supply refers to withdrawals from supplying wells, broken down with shallow layer freshwater, deep layer freshwater and slightly brackish water. Groundwater supply for urban areas includes water mining by both waterworks and own wells of enterprises.

Other Water Supply Sources include supplies by waste-water treatment, rain collection, seawater desalinization and other water projects.

Water Use refers to gross water use distributed to users, including loss during transportation, broken down with use by agriculture, industry, living consumption and biological protection.

Water Use by Agriculture includes uses of water by irrigation of farming fields and by forestry, animal husbandry and fishing. Water use by forestry, animal husbandry and fishing includes irrigation of forestry and orchards, irrigation of grassland and replenishment of fishing pools.

Water Use by Industry refers to new withdrawals of water, excluding reuse of water within enterprises.

Water Use by Living Consumption includes use of water for living consumption in both urban and rural areas. Urban water use by living consumption is composed of household use and public use (including services, commerce, restaurants, cargo transportation, posts, telecommunication and construction). Rural water use by living consumption includes both households and animals.

Water Use by Biological Protection includes replenishment of rivers and lakes and use for urban environment.

Waste Water Discharged by Industry refers to the volume of waste water discharged by industrial enterprises through all their outlets, including waste water from production process, directly cooled water, groundwater from mining wells which does not meet discharge standards and sewage from households mixed with waste water produced by industrial activities, but excluding indirectly cooled water discharged (It should be included if the discharge is not separated with waste water).

Waste Water Directly Discharged into Sea refers to the volume of waste water directly discharged into sea through outlets of enterprises situated by sea without going through municipal sewerage networks or any other intermediates or being affected by any other water bodies.

Industrial Waste Water Meeting Discharge Standards refers to volume of industrial waste water discharge which, with or without treatment, reaches national or local standards with regard to all pollutants.

Ratio of Industrial Waste Water Meeting Discharge Standards refers to percentage of industrial waste water meeting discharge standards over total industrial waste water discharge. It is calculated as:

Ratio of industrial waste water meeting discharge standards = industrial waste water meeting discharge standards / total industrial waste water discharge

Urban Non-industrial Waste Water Discharge refers to annual discharge of non-industrial waste water by urban households. It is estimated by per capita coefficient using the formula:

Urban non-industrial waste water discharge = urban non-industrial waste water discharge coefficient × urban non-agricultural population × 365

Volume of Chemical Oxygen Demand (COD) Generated by Urban Non-industrial Waster Water refers to chemical oxygen demand generated through the annual discharge of non-industrial waste water by urban households. It is estimated as:

Volume of chemical oxygen demand (cod) generated by urban non-industrial waster water = Coefficient of COD generated through urban non-industrial waste water × urban non-agricultural population × 365

Chemical Oxygen Demand (COD) refers to index of water pollution measuring the mass concentration of oxygen consumed by the chemical breakdown of organic and inorganic matter.

Industrial Waste Air Emission refers to discharge into atmosphere of waste air containing pollutants generated from fuel burning and production process in enterprises within a given period of time. It is calculated at standard status (273K, 101325Pa) as:

Industrial waste air emission = emission through fuel burning + emission through production process

SO_2 Emission through Non-industrial and Other Activities is calculated on the basis of consumption of coal by households and other activities and the sulphur content of coal with the following formula:

SO_2 emission through non-industrial and other activities = consumption of coal by households and other activities × sulphur content × 0.8 × 2

SO_2 Emission through Industrial Activities refers to volume of sulphur dioxide emission from fuel burning and production process by enterprises during a given period of time. It is calculated as:

SO_2 emission through industrial activities = SO_2 emission from fuel burning + SO_2 emission from production process

Industrial Soot Emission refers to volume of soot in smoke emitted in process of fuel burning in premises of enterprises.

Soot Emission by Consumption and Others refers to net volume of soot emitted by fuel burning from all social and economic activities and operation of public facilities other than industrial activities. It is calculated on the basis of coal consumption by households and others.

Industrial Dust Emission refers to volume of dust emitted by production process of enterprises and suspended in the air for a given period of time, including dust from refractory material of iron and steel works, dust from coke-screening systems and sintering machines of coke plants, dust from lime kilns and dust from cement production in building material enterprises, but excluding soot and dust emitted from power plants.

Industrial Solid Wastes Produced refers to total volume of solid, semi-solid and high concentration liquid residues produced by industrial enterprises from production process in a given period of time, including hazardous wastes, slag, coal ash, gangue, tailings, radioactive residues and other wastes, but excluding stones stripped or dug out in mining (gangue and acid or alkaline stones not included). A stone is acid or alkaline depending on the pH value of the water below 4 or above 10.5 when the stone is in, or soaked by, the water.

Hazardous Wastes refers to those included in the national hazardous wastes catalogue or specified as any one of the following properties in the national hazardous wastes identification standards: explosive, ignitable, oxidizable, toxic, corrosive or liable to cause infectious diseases or lead to other dangers.

Industrial Solid Wastes Utilized refers to volume of solid wastes from which useful materials can be extracted or which can be converted into usable resources, energy or other materials by means of reclamation, processing, recycling and exchange (including utilizing in the year the stocks of industrial solid wastes of the previous year). Examples of such utilizations include fertilizers, building materials and road materials. The information shall be collected by the producing units of the wastes.

Ratio of Industrial Solid Wastes Utilized refers to the percentage of industrial solid wastes utilized over industrial solid wastes produced (including stocks of the previous years). It is calculated as:

Ratio of industrial solid wastes utilized = volume of industrial solid wastes utilized / (industrial solid wastes produced + stock of previous years) × 100%

Stocks of Industrial Solid Wastes refers to volume of solid wastes placed in special facilities or special sites for purposes of utilization or disposal. The sites or facilities should take measures against dispersion, loss, seepage, and air and water contamination.

Industrial Solid Wastes Disposed refers to quantity of industrial solid wastes which are burnt or placed ultimately in the sites meeting the requirements for environmental protection and not salvaged or recycled (including disposition in the year of those wastes of previous years). The disposition includes landfill (Safe landfills should be conducted for hazardous wastes), incineration, containment spaces, deep underground disposal, backfill in mining pits and disposal at sea.

Industrial Solid Wastes Discharged refers to volume of industrial solid wastes discharged by producing enterprises to disposal facilities or to other sites. The wastes exclude stones stripped or dug from mining (gangue and acid or alkaline waste stones not included).

Output Value of Products Made from Waste Gas, Waste Water and Solid Wastes refers current value of products with waste gas, waste water and solid wastes as main materials of production. Products sold and ready to sell shall be included while those produced for own use shall not be included.

Consumption Wastes Transported refers to volume of consumption wastes collected and transported to disposal factories or sites. Consumption wastes are solid wastes produced from urban households or from service activities for urban households, and solid wastes regarded by laws and regulations as urban consumption wastes, including those from households, commercial activities, markets, cleaning of streets, public sites, offices, schools, factories, mining units and other sources.

Ratio of Consumption Wastes Treated refers to consumption wastes treated over that produced. In practical statistics, as it is difficult to estimate, the volume of consumption wastes produced is replaced with that transported. It is calculated as:

Ratio of consumption wastes treated = consumption wastes treated / consumption wastes produced × 100%

第21篇

县、市、区主要经济指标

MAIN INDICATORS OF COUNTIES (CITIES AND DISTRICTS AT COUNTY LEVEL)

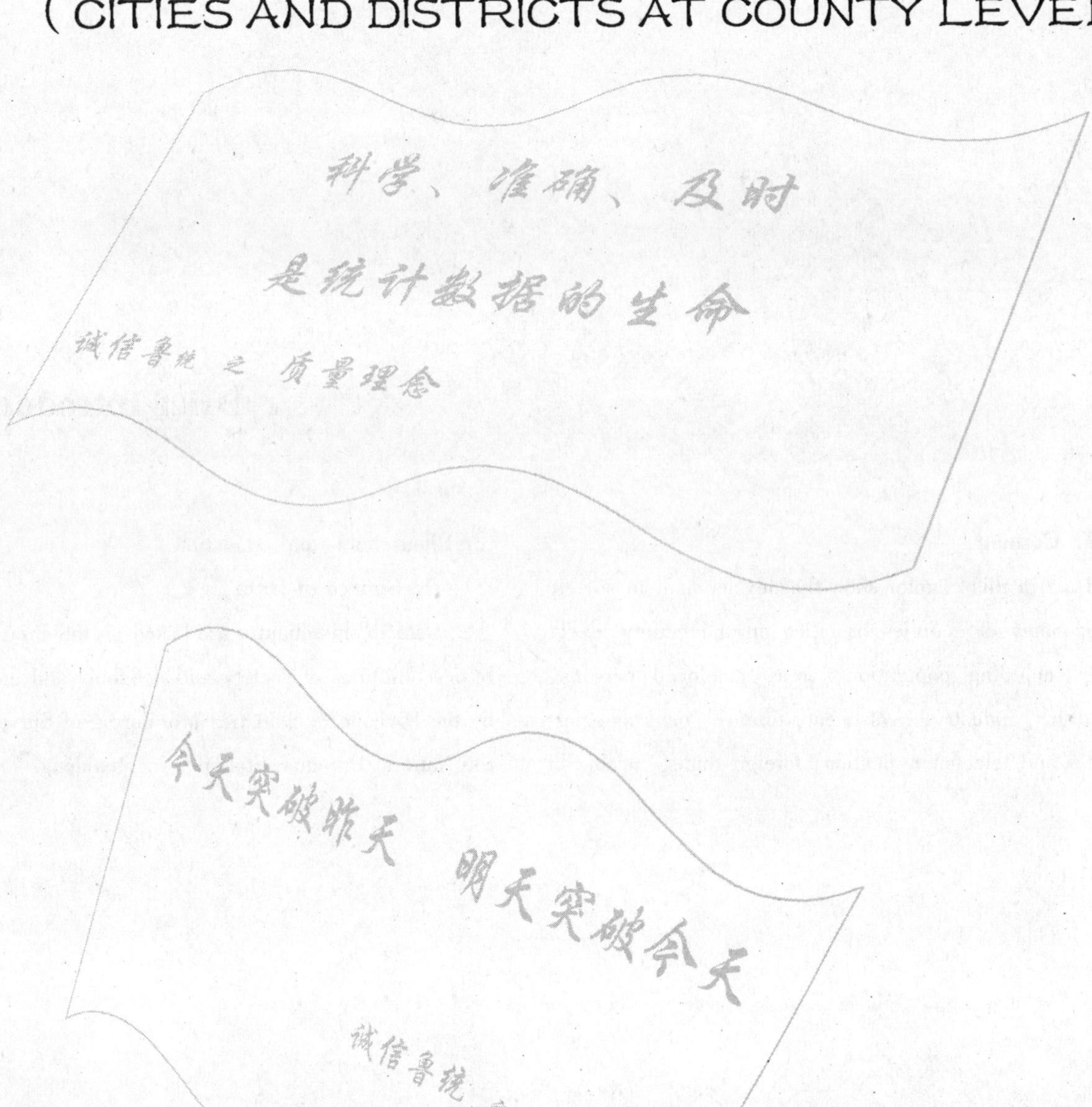

简要说明

一、本篇资料的主要内容

本篇资料反映了全省各县(市、区)经济社会事业发展基本情况,主要包括人口、土地面积、从业人员、农业、工业、投资、财政、金融、邮政电信、出口、农民收入和教育等方面的内容。

二、本篇资料的来源

本篇资料来源于县(市)社会经济基本情况统计年报,由国家统计局山东调查总队统计监测处整理提供。

Brief Introduction

I. Content

Data in this chapter show the development in society and economy of counties or cities on the county level, mainly including population, area, employed persons, agriculture, industry, investment, finance, banking, post services and telecommunication, foreign trade, income of rural households and education.

II. Source of Data

Data in this chapter are based on the annul reports of basic conditions of society and economy and are provided by the Division of Statistics Monitoring of Survey office of the National Bureaual Statisfics in Shandong.

21－1 各县(市、区)主要经济指标(2006 年)

Major Economic Indicators of Counties(Cities and Districts at County Level,2006)

地　区	Region	年末总人口(万人) Total Population at Year-end (10 000 person)	行政区域土地面积(平方公里) Area of Local land (sq. km)	年末单位从业人员数(人) Total Employed Persons at Year-end in units (person)	乡村从业人员数(人) Employed Persons at Year-end in Country (person)	地方财政预算内收入(万元) Local Financial Budgetary Revenue (10 000 yuan)	地方财政预算内支出(万元) Local Financial Expenditure (10 000 yuan)	年末金融机构各项存款余额(万元) Deposit Balance of Financial Institution at Year-end (10 000 yuan)
济南市	**Jinan**							
历下区	Lixia	58.8	101	228861	17674	105636	73789	5865396
市中区	Shizhong	56.9	280	144246	71000	92023	66798	1860561
槐荫区	Huaiyin	36.7	152	85153	49200	39417	56939	3466781
天桥区	Tianqiao	50.4	249	132414	76000	51092	62316	1346633
历城区	Licheng	86.3	1299	161539	307500	116718	148022	1686767
长清县	Changqing	56.3	1178	91715	215000	29126	57936	603001
平阴县	Pingyin	36.7	827	48175	148800	26009	54551	407130
济阳县	Jiyang	53.6	1076	38770	267900	32026	61303	302603
商河县	Shanghe	60.7	1163	57097	269100	22725	53203	283198
章丘市	Zhangqiu	99.9	1855	98111	471042	138174	188601	1256479
青岛市	**Qingdao**							
市南区	Shinan	52.4	30	156830		152007	114978	
市北区	Shibei	47.5	29	44009	1204	82022	95552	
四方区	Sifang	39.1	35	50970		44660	51062	
黄岛区	Huangdao	31.6	273	161186	87592	61574	74657	2301182
崂山区	Laoshan	21.9	389	51508	105456	145981	159027	3203747
李沧区	Licang	29.5	98	56193		72283	82221	
城阳区	Chengyang	49.0	553	185142	207637	86246	137686	1986463
胶州市	Jiaozhou	77.8	1313	147764	328000	110830	143895	1257469
即墨市	Jimo	110.0	1780	146038	562000	119677	157088	1731630
平度市	Pingdu	135.7	3176	81229	670573	93180	138797	1256069
胶南市	Jiaonan	81.7	1802	171561	343452	154035	193574	1072228
莱西市	Laixi	72.4	1522	97532	341845	73409	105471	912961
淄博市	**Zibo**							
淄川区	Zichuan	67.3	999	68959	258479	72730	89119	1611185
张店区	Zhangdian	71.0	360	225639	124067	102378	99387	4496010
博山区	Boshan	46.5	682	44261	141367	51316	62759	1016638
临淄区	Linzi	59.9	668	79538	223147	120019	140151	2320168
周村区	Zhoucun	31.9	263	52733	86794	50107	55817	976059
桓台县	Huantai	49.5	499	53594	230888	71145	103374	1042793
高青县	Gaoqing	36.3	831	44676	178666	28068	45048	369924
沂源县	Yiyuan	55.8	1636	58942	288474	41607	69923	530046
枣庄市	**Zaozhuang**							
市中区	Shizhong	50.3	374	74967	102500	54510	69262	1575302
薛城区	Xuecheng	47.4	508	56784	180300	39216	60230	712908
峄城区	Yicheng	36.6	635	23923	176100	14012	31625	174799
台儿庄区	Taierzhuang	30.2	533	19919	153200	20220	36691	194137

21－1 续表1 continued

地 区	Region	年末总人口（万人） Total Population at Year-end (10 000 person)	行政区域土地面积（平方公里） Area of Local land (sq. km)	年末单位从业人员数（人） Total Employed Persons at Year-end in units (person)	乡村从业人员数（人） Employed Persons at Year-end in Country (person)	地方财政预算内收入（万元） Local Financial Budgetary Revenue (10 000 yuan)	地方财政预算内支出（万元） Local Financial Expenditure (10 000 yuan)	年末金融机构各项存款余额（万元） Deposit Balance of Financial Institution at Year-end (10 000 yuan)
山亭区	Shanting	48.9	1019	17129	240700	10090	31812	157511
滕州市	Tengzhou	158.7	1494	161405	742000	122166	169502	1382340
东营市	**Dongying**							
东营区	Dongying	61.1	1155	42845	64300	81088	91427	4844864
河口区	Hekou	21.0	2139	20039	42200	36129	46273	880267
垦利县	Kenli	22.3	2204	22807	63600	38078	55578	751232
利津县	Lijin	29.5	1287	16556	149700	20703	48083	314721
广饶县	Guangrao	48.7	1138	27328	229500	69742	103822	1109097
烟台市	**Yantai**							
芝罘区	Zhifu	69.5	169	168587	42200	71041	88533	5854967
福山区	Fushan	41.3	707	174129	131298	48001	56600	1880438
牟平区	Mouping	47.1	1588	42547	192394	41590	64059	1058666
莱山区	Laishan	21.0	258	109100	66900	48750	52416	753831
长岛县	Changdao	4.3	56	5095	12800	5040	14659	149658
龙口市	Longkou	63.0	893	75473	250500	160016	177379	2131716
莱阳市	Laiyang	87.1	1732	73767	374500	65369	80366	1020416
莱州市	Laizhou	86.0	1878	85618	372420	105307	124011	1875017
蓬莱市	Penglai	44.5	1129	50141	211900	86206	106573	1127534
招远市	Zhaoyuan	56.3	1433	78574	206100	96880	117320	1400161
栖霞市	Qixia	62.8	2016	40478	273289	25496	56242	669423
海阳市	Haiyang	66.6	1887	45473	319824	53280	73747	817305
潍坊市	**Weifang**							
潍城区	Weicheng	37.0	272	40834	85400	44036	37427	662533
寒亭区	Hanting	35.3	872	29777	166600	46399	50042	380922
坊子区	Fangzi	24.4	346	45953	103500	30338	39279	303857
奎文区	Kuiwen	35.3	77	72527	33300	68800	48126	713408
临朐县	Linqu	85.0	1834	55581	410786	21623	52588	693492
昌乐县	Changle	59.5	1101	44636	236900	42019	62330	556760
青州市	Qingzhou	89.8	1569	66891	297100	64578	96937	1397430
诸城市	Zhucheng	107.0	2183	108818	432700	121168	145116	1290195
寿光市	Shouguan	107.4	2180	92775	432649	126600	153153	2065648
安丘市	Anqiu	104.8	1928	69087	480400	34160	66068	844920
高密市	Gaomi	86.6	1603	88913	372800	71368	92897	860000
昌邑市	Changyi	67.9	1812	35313	301014	60467	78496	1087392
济宁市	**Jining**							
市中区	Shizhong	40.6	39	101460		23666	30068	637550
任城区	Rencheng	65.9	881	20067	333472	52096	66356	824186
微山县	Weishan	69.9	1780	36869	362116	60066	75001	657285
鱼台县	Yutai	45.6	654	24382	220625	14532	38850	271928

21－1 续表2 continued

地 区	Region	年末总人口（万人）Total Population at Year-end (10 000 person)	行政区域土地面积（平方公里）Area of Local land (sq. km)	年末单位从业人员数（人）Total Employed Persons at Year-end in units (person)	乡村从业人员数（人）Employed Persons at Year-end in Country (person)	地方财政预算内收入（万元）Local Financial Budgetary Revenue (10 000 yuan)	地方财政预算内支出（万元）Local Financial Expenditure (10 000 yuan)	年末金融机构各项存款余额（万元）Deposit Balance of Financial Institution at Year-end (10 000 yuan)
金乡县	Jinxiang	61.4	887	24771	301400	13626	40901	481794
嘉祥县	Jiaxiang	79.8	973	34159	416492	25506	58316	464225
汶上县	Wenshang	74.2	877	29008	387476	20018	55600	399800
泗水县	Sishui	60.3	1070	20500	273600	15369	37321	282979
梁山县	Liangshan	73.5	963	35519	324400	14065	44650	508799
曲阜市	Qufu	64.2	896	50320	287550	65892	85697	688545
兖州市	Yanzhou	60.9	648	42282	237900	108783	129873	975122
邹城市	Zoucheng	113.2	1619	164097	416466	154566	173220	1912576
泰安市	**Taian**							
泰山区	Taishan	63.4	376	128953	85368	48860	58513	2887663
岱岳区	Daiyue	97.5	1750	35995	479100	26026	53081	559738
宁阳县	Ningyang	80.7	1124	54017	353547	36006	71594	548086
东平县	Dongping	77.6	1340	40611	356400	31158	70904	447248
新泰市	Xintai	136.2	1933	140987	593250	131212	218000	1583573
肥城市	Feicheng	96.3	1277	93370	361100	103153	138395	1473472
威海市	**Weihai**							
环翠区	Huancui	62.0	731	200723	101500	127581	95259	4431316
文登市	Wendeng	64.1	1645	67234	302400	150007	177061	1329216
荣成市	Rongcheng	66.4	1392	69369	198900	182158	231674	1833092
乳山市	Rushan	57.4	1668	48328	262900	88869	108278	949469
日照市	**Rizhao**							
东港区	Donggang	68.7	1030	91525	257300	68588	42868	682700
岚山区	Lanshan	41.7	759	36001	200772	39470	30043	363100
五莲县	Wulian	51.0	1443	50198	236300	18541	45057	542859
莒 县	Juxian	110.1	1952	50783	556218	21993	64777	683100
莱芜市	**Laiwu**							
莱城区	Laicheng	95.7	1734	87968	384321	37920	77902	3176440
钢城区	Gangcheng	29.1	512	51310	112000	35938	48155	959400
临沂市	**Linyi**							
兰山区	Lanshan	90.0	657	147859	256600	80541	100035	4030900
罗庄区	Luozhuang	42.8	371	64564	182250	32308	45348	929733
河东区	Hedong	61.6	728	21939	280400	18733	47162	621429
沂南县	Yinan	91.0	1774	34611	488804	20530	59264	519484
郯城县	Tancheng	98.6	1307	30787	533449	35200	67130	507192
沂水县	Yishui	110.9	2435	46329	572668	44268	89236	764491
苍山县	Cangshan	118.9	1800	34814	613509	22619	70265	550854
费 县	Feixian	93.2	1898	34636	503600	30013	67441	485600
平邑县	Pingyi	99.3	1825	49771	525400	28860	64962	461224
莒南县	Junan	99.3	1752	37197	375000	30021	70844	584178
蒙阴县	Mengyin	53.2	1602	33156	257203	13975	39369	330265
临沭县	Linshu	63.8	1038	36336	345735	23000	49029	425790

21－1 续表3 continued

地 区	Region	年末总人口（万人）Total Population at Year-end (10 000 person)	行政区域土地面积（平方公里）Area of Local land (sq. km)	年末单位从业人员数（人）Total Employed Persons at Year-end in units (person)	乡村从业人员数（人）Employed Persons at Year-end in Country (person)	地方财政预算内收入（万元）Local Financial Budgetary Revenue (10 000 yuan)	地方财政预算内支出（万元）Local Financial Expenditure (10 000 yuan)	年末金融机构各项存款余额（万元）Deposit Balance of Financial Institution at Year-end (10 000 yuan)
德州市	**Dezhou**							
德城区	Decheng	59.2	353	108615	115200	53861	75444	2726946
陵　县	Lingxian	56.9	1213	27336	230871	18669	43279	353246
宁津县	Ningjin	46.1	833	18743	172400	17561	39600	497686
庆云县	Qingyun	30.2	502	13389	122458	8009	23468	153352
临邑县	Linyi	53.0	1016	26646	228200	50014	70164	433437
齐河县	Qihe	61.5	1555	36881	263500	48989	71601	402682
平原县	Pingyuan	45.1	1047	27978	204400	27059	55235	436684
夏津县	Xiajin	49.9	872	18058	232267	15678	38983	333111
武城县	Wucheng	37.5	748	30041	164400	15809	34055	355169
乐陵市	Leling	67.1	1172	28533	276500	16260	41328	413988
禹城市	Yucheng	51.4	990	32509	227300	31265	56720	394787
聊城市	**Liaocheng**							
东昌府区	Dongchangfu	103.6	1254	107888	370100	33039	67673	2038800
阳谷县	Yanggu	76.0	1065	46226	399237	16246	46886	609903
莘　县	Shenxian	97.5	1416	33110	526531	15479	53725	465139
茌平县	Chiping	57.8	1120	49730	279000	50066	88969	607036
东阿县	Donge	42.0	799	31436	201960	16471	39923	383876
冠　县	Guanxian	74.5	1161	38950	360208	12939	43589	429708
高唐县	Gaotang	47.9	949	60385	202700	50467	74448	509339
临清市	Linqing	73.2	960	44069	330300	36055	61867	780350
滨州市	**Binzhou**							
滨城区	Bincheng	63.1	1041	123200	181900	105428	74595	1567400
惠民县	Huimin	63.1	1357	33300	309100	10068	43476	334279
阳信县	Yangxin	44.1	793	19600	189900	9521	32454	220315
无棣县	Wudi	44.2	1998	27400	225400	48008	72199	405849
沾化县	Zhanhua	38.7	2114	15000	186800	22128	46525	298069
博兴县	Boxing	48.1	901	30400	221400	57059	75353	787697
邹平县	Zouping	72.0	1250	185000	344700	140187	170310	1147202
菏泽市	**Heze**							
牡丹区	Mudan	145.5	1415	117380	504506	38798	85825	1625308
曹　县	Caoxian	149.7	1969	43076	671700	27007	75528	477159
单　县	Shanxian	118.8	1702	37810	556800	26216	73848	436101
成武县	Chengwu	64.7	949	32567	272018	17966	46269	294258
巨野县	Juye	95.5	1303	41141	405362	22224	62024	460314
郓城县	Yuncheng	111.3	1643	37566	503024	36007	80471	625375
鄄城县	Juancheng	80.9	1041	28233	383075	17300	52885	343326
定陶县	Dingtao	63.3	846	32610	298508	14561	42856	275230
东明县	Dongming	75.5	1370	33805	253829	31096	65449	427849

21－1　续表4　continued

地　区	Region	城乡居民储蓄存款余额（万元）Urban and Rural Household Savings Deposits (10 000 yuan)	年末金融机构各项贷款余额（万元）Loans Balance of Financial Institution at Year-end (10 000 yuan)	粮　食总产量（吨）Output of Grain (ton)	油料产量（吨）Output of Oil-bearing Crops (ton)	水果产量（吨）Output of Fruits (ton)	肉　类总产量（吨）Output of Meat (ton)	奶类产量（吨）Output of Milk (ton)	蔬菜产量（吨）Output of Vegetables (ton)
济南市	**Jinan**								
历下区	Lixia	1596798	6398867	4500		62	144	147	2372
市中区	Shizhong	470368	1915979	40212	328	8695	9779	21328	15135
槐荫区	Huaiyin	898774	3714285	31461		2944	2558	16491	89108
天桥区	Tianqiao	854016	919274	60204	939	1952	11586	2875	71100
历城区	Licheng	1197914	801599	248438	3777	118455	57959	108705	900883
长清县	Changqing	458785	353102	338039	14612	43890	44068	21970	891084
平阴县	Pingyin	269635	185889	226126	9642	101950	53832	1893	588535
济阳县	Jiyang	223976	183173	473320	19599	56670	62887	16826	1690608
商河县	Shanghe	206028	132065	638686	700	47917	83751	10239	1200407
章丘市	Zhangqiu	916322	1391874	618145	7641	56520	102241	66297	1653645
青岛市	**Qingdao**								
市南区	Shinan								
市北区	Shibei								
四方区	Sifang								
黄岛区	Huangdao	788865	2450653	10458	4005	2553	1315	762	10689
崂山区	Laoshan	1189196	2286634	2076	795	8217	6457	4012	15099
李沧区	Licang					431	1708	386	3548
城阳区	Chengyang	971959	1823696	3523	137	12465	6821	17450	96335
胶州市	Jiaozhou	896618	622172	368877	34839	67642	94841	56665	1146620
即墨市	Jimo	1284942	983461	458593	88246	25308	124469	63887	695247
平度市	Pingdu	1055013	613035	1323421	154642	296633	283375	33694	2282593
胶南市	Jiaonan	756808	715117	304278	97783	216338	115544	93818	657709
莱西市	Laixi	727864	555285	568040	91450	195320	208166	301880	1143399
淄博市	**Zibo**								
淄川区	Zichuan	1076504	708800	98975	1226	6032	5871	1319	36261
张店区	Zhangdian	2140868	3628104	98786	866	2454	7004	5998	15792
博山区	Boshan	713544	833229	34794	507	18465	17138	1683	162750
临淄区	Linzi	1508342	1158466	335812	8	7969	27504	12525	1041985
周村区	Zhoucun	644148	666130	70865	569	8609	6839	4708	288059
桓台县	Huantai	598200	1058880	397428	348	2028	16459	8073	318892
高青县	Gaoqing	234897	263524	345153	1031	27603	33299	45765	174739
沂源县	Yiyuan	350316	350791	53293	9230	477401	37104	11731	278304
枣庄市	**Zaozhuang**								
市中区	Shizhong	802410	1049327	70756	13928	8441	12962	9592	219509
薛城区	Xuecheng	456737	333918	210890	16686	11692	28733	1363	430799
峄城区	Yicheng	120326	148473	232662	16042	29665	16087	984	1176536
台儿庄区	Taierzhuang	127061	164678	294316	3249	10500	21011	2597	715795

21－1 续表5 continued

地 区	Region	城乡居民储蓄存款余额（万元）Urban and Rural Household Savings Deposits (10 000 yuan)	年末金融机构各项贷款余额（万元）Loans Balance of Financial Institution at Year-end (10 000 yuan)	粮食总产量（吨）Output of Grain (ton)	油料产量（吨）Output of Oil-bearing Crops (ton)	水果产量（吨）Output of Fruits (ton)	肉类总产量（吨）Output of Meat (ton)	奶类产量（吨）Output of Milk (ton)	蔬菜产量（吨）Output of Vegetables (ton)
山亭区	Shanting	122731	124004	163729	25418	99600	22845	4513	177406
滕州市	Tengzhou	976478	1050660	825212	56483	59332	137842	4715	2740883
东营市	**Dongying**								
东营区	Dongying	2361509	2140197	64788	531	5581	47021	7629	366057
河口区	Hekou	690204	267177	23225	2329	28163	16479	2604	9067
垦利县	Kenli	462300	690272	67189	818	10989	22950	17432	48948
利津县	Lijin	191018	287622	121317	1951	29368	51609	4015	401473
广饶县	Guangrao	555787	1778821	477760	27	20479	72859	57077	1288217
烟台市	**Yantai**								
芝罘区	Zhifu	2720636	6096366		187	5222	563	4978	35347
福山区	Fushan	856258	1167754	33411	12080	83047	14945	8592	116980
牟平区	Mouping	756767	540114	162682	36330	397362	92048	16117	128941
莱山区	Laishan	339714	395021	18655	2519	15209	3936	3288	70430
长岛县	Changdao	109235	42431	440		785	250	91	
龙口市	Longkou	1470011	2245276	130016	9333	401089	43866	44167	212921
莱阳市	Laiyang	759974	613435	402431	85128	246835	67492	95836	959351
莱州市	Laizhou	1376853	572524	553045	57200	257085	71248	31854	334978
蓬莱市	Penglai	802884	808661	151832	51200	552347	38163	10730	128400
招远市	Zhaoyuan	910162	708900	277904	67901	265881	35512	4401	38946
栖霞市	Qixia	560120	263823	266126	61289	1143650	35938	2388	215002
海阳市	Haiyang	513552	265502	350057	78000	240648	34534	17780	513373
潍坊市	**Weifang**								
潍城区	Weicheng	383000	438300	90078	289	22838	14616	7531	45254
寒亭区	Hanting	310743	284184	252754	269	99857	24592	11060	220460
坊子区	Fangzi	216827	174724	129448	3801	4491	13528	4248	46143
奎文区	Kuiwen	392102	544562	7996	115	369	881	1327	13283
临朐县	Linqu	561902	347052	298557	10347	231625	110995	98270	228874
昌乐县	Changle	425471	472276	280396	35755	62965	104494	34441	690014
青州市	Qingzhou	1106363	675802	403442	30	104934	69073	11883	1108664
诸城市	Zhucheng	898653	1242206	708204	63424	75262	334133	12424	893535
寿光市	Shouguan	1458919	1585236	546899	83	112269	123971	7580	3490237
安丘市	Anqiu	650676	553042	436834	38552	112106	71265	1641	1530043
高密市	Gaomi	641376	720830	636038	69378	103892	190751	38180	665159
昌邑市	Changyi	817439	675471	495423	16583	124654	133362	1939	655947
济宁市	**Jining**								
市中区	Shizhong	407750	316268						
任城区	Rencheng	555165	503956	444010	7822	24300	38340	8707	918047
微山县	Weishan	373790	209360	323725	3391	1915	46503	145	343680
鱼台县	Yutai	213151	139139	292928		6233	27636	973	88042

21-1 续表6 continued

地 区	Region	城乡居民储蓄存款余额（万元）Urban and Rural Household Savings Deposits (10 000 yuan)	年末金融机构各项贷款余额（万元）Loans Balance of Financial Institution at Year-end (10 000 yuan)	粮食总产量（吨）Output of Grain (ton)	油料产量（吨）Output of Oil-bearing Crops (ton)	水果产量（吨）Output of Fruits (ton)	肉类总产量（吨）Output of Meat (ton)	奶类产量（吨）Output of Milk (ton)	蔬菜产量（吨）Output of Vegetables (ton)
金乡县	Jinxiang	402904	208584	77093	399	19000	54978	7661	1858190
嘉祥县	Jiaxiang	394520	302037	420507	7127	11626	59000	5000	1215422
汶上县	Wenshang	322900	163700	408977	36091	20218	86409	17440	794859
泗水县	Sishui	237402	143307	199302	61255	49612	72376	1207	638716
梁山县	Liangshan	420778	215270	453940	34547	39539	65834	17697	791548
曲阜市	Qufu	466923	323857	382228	11583	21833	102066	12580	278186
兖州市	Yanzhou	678003	670896	373432	30047	6837	110994	8743	833076
邹城市	Zoucheng	1117600	2200358	565150	67477	34235	89366	11145	552724
泰安市	**Taian**								
泰山区	Taishan	1567826	924507	57678	98	10446	6138	72879	138595
岱岳区	Daiyue	446762	352576	508511	25796	244573	58183	69854	2502326
宁阳县	Ningyang	395263	363526	548352	75185	42398	72593	33448	1030616
东平县	Dongping	367837	294997	593309	14721	27725	38734	8254	419816
新泰市	Xintai	1169832	1752585	464082	50594	94968	159140	70667	1057896
肥城市	Feicheng	888518	1281340	559321	6372	134103	76352	29943	1925336
威海市	**Weihai**								
环翠区	Huancui	2139701	3165827	66760	19185	63347	8437	21346	80864
文登市	Wendeng	1062354	659513	366221	70319	124159	46403	133643	212970
荣成市	Rongcheng	1341912	1236597	260676	80995	148668	29110	49722	375585
乳山市	Rushan	720295	576776	269771	74650	354281	26467	25187	402652
日照市	**Rizhao**								
东港区	Donggang	396700	589000	164487	42026	44402	20802	1203	54677
岚山区	Lanshan	193600	433800	171097	51906	35460	21359	518	133309
五莲县	Wulian	368248	232119	206846	43681	61136	39356	350	262929
莒 县	Juxian	496900	389600	488550	80804	36878	74800	3000	776700
莱芜市	**Laiwu**								
莱城区	Laicheng	1174385	1708237	214724	9480	52816	44551	2828	1094085
钢城区	Gangcheng	396100	1166900	37665	5822	46316	11744	141	232927
临沂市	**Linyi**								
兰山区	Lanshan	2036713	3621100	151143	10326	30388	32363	4541	57730
罗庄区	Luozhuang	476581	1070005	96944	3231	2100	17950	29632	59290
河东区	Hedong	466740	539060	257620	13239	16316	33336	4348	267083
沂南县	Yinan	421867	249397	392685	69990	58669	95835	3530	745472
郯城县	Tancheng	440838	324740	656499	26483	25784	47512	1775	856815
沂水县	Yishui	618454	371839	410853	74449	303858	69942	7735	549963
苍山县	Cangshan	438601	288266	584251	58699	87690	39209	3654	2053295
费 县	Feixian	394000	519300	380160	102597	210282	67548	3005	600369
平邑县	Pingyi	356355	314528	319705	64714	145926	64957	4795	451603
莒南县	Junan	485798	387473	386550	131792	165880	98099	951	122000
蒙阴县	Mengyin	274205	199665	184496	33721	556822	23055	248	115864
临沭县	Linshu	301066	306218	300691	122808	15363	52112	5519	125167

21-1 续表 7 continued

地 区	Region	城乡居民储蓄存款余额（万元）Urban and Rural Household Savings Deposits (10 000 yuan)	年末金融机构各项贷款余额（万元）Loans Balance of Financial Institution at Year-end (10 000 yuan)	粮食总产量（吨）Output of Grain (ton)	油料产量（吨）Output of Oil-bearing Crops (ton)	水果产量（吨）Output of Fruits (ton)	肉类总产量（吨）Output of Meat (ton)	奶类产量（吨）Output of Milk (ton)	蔬菜产量（吨）Output of Vegetables (ton)
德州市	**Dezhou**								
德城区	Decheng	1321264	2053681	213951	510	26496	33385	10949	1011981
陵 县	Lingxian	272865	394038	664667	200	51888	67546	18270	234922
宁津县	Ningjin	386627	327640	395200	1947	30115	40195	10068	485100
庆云县	Qingyun	114912	129347	242267	31	32558	14251	270	86243
临邑县	Linyi	344802	333151	620027	429	19218	75817	15120	569095
齐河县	Qihe	299069	349374	861526	10492	29726	81869	12000	607433
平原县	Pingyuan	339301	437353	483619	8466	22633	62039	11922	707400
夏津县	Xiajin	261674	308137	227205	10504	50322	25377	19697	194535
武城县	Wucheng	286768	315564	260349	1368	2827	17793	5313	172549
乐陵市	Leling	340203	366237	607496	603	293948	65290	2820	243377
禹城市	Yucheng	261466	403066	697918	650	13886	83261	31700	574950
聊城市	**Liaocheng**								
东昌府区	Dongchangfu	1251300	1730500	654106	11354	21842	58955	12000	1154556
阳谷县	Yanggu	510597	478527	543555	32117	30900	112674	17900	1498012
莘 县	Shenxian	412655	306419	655262	49449	31000	118363	580	2073940
茌平县	Chiping	352296	595925	578600	14687	70001	59940	4086	1024215
东阿县	Donge	262735	243794	416764	651	16452	27114	2700	337136
冠 县	Guanxian	341300	325875	500082	56549	158900	59662	1792	883013
高唐县	Gaotang	309807	478304	441461	20366	30146	44371	4800	779263
临清市	Linqing	589048	652201	448898	4900	31517	16860	2600	516147
滨州市	**Binzhou**								
滨城区	Bincheng	797295	1183286	252937	118	52811	19459	8397	445268
惠民县	Huimin	256024	215492	470419	7242	121521	46283	6000	805071
阳信县	Yangxin	157933	124608	407071	9	205500	60541	750	181302
无棣县	Wudi	267232	486739	286866	237	160310	52875	588	11313
沾化县	Zhanhua	205661	256667	156000	570	272851	30193	1500	74056
博兴县	Boxing	463228	576351	402880	318	10383	50121	5633	318228
邹平县	Zouping	584135	1690048	606350	1028	39461	61083	85312	363934
菏泽市	**Heze**								
牡丹区	Mudan	1019768	1277113	643374	15324	50077	70553	3282	627561
曹 县	Caoxian	387611	305183	853369	39757	29378	79725	34362	194498
单 县	Shanxian	374154	303183	586985	50038	225054	112124	3638	1537360
成武县	Chengwu	247077	241679	413488	657	23960	51238	266	761635
巨野县	Juye	363085	503510	336694	13507	76659	40182	2917	756678
郓城县	Yuncheng	523056	528837	662907	75752	70652	71467	1090	1266293
鄄城县	Juancheng	285416	210862	442315	65180	38522	38525	729	471966
定陶县	Dingtao	223458	258794	385407	9803	20730	63024	3273	835708
东明县	Dongming	289312	345944	466864	50546	29358	31245	190	412175

21－1 续表 8 continued

地 区	Region	规模以上工业企业(万元) State-owned and Non-state-owned Industrial Enterprises above Designated Size(10 000 yuan)				邮 政 业务总量 (万元) Business Volume of Post (10 000 yuan)	电 信 业务总量 (万元) Business Volume of Telecom-munication (10 000 yuan)	社会消费品零售额 (万元) Total Retail Sales of Consumer Goods (10 000 yuan)
		工 业 总产值 Gross Industrial Output Value	主 营 业务收入 Revenue from Principal Business	利润总额 Total Profits	利税总额 Total Profits and Taxes			
济南市	**Jinan**							
历下区	Lixia	2317831	2267711	12268	85669	26136	30865	2263010
市中区	Shizhong	2165238	2294303	96015	164395	4315	5933	1353273
槐荫区	Huaiyin	967924	897095	29990	61250	183	3838	1255394
天桥区	Tianqiao	844160	777645	1606	25378	32322	54799	953968
历城区	Licheng	7155868	7109474	382686	910386	4845	12057	1226869
长清县	Changqing	2239454	2109277	121003	228371	1749	6000	445323
平阴县	Pingyin	1562436	1402466	108110	184511	1913	4880	289628
济阳县	Jiyang	1615610	1540269	108605	182994	1528	10019	304243
商河县	Shanghe	414054	372545	17269	35438	1662	10150	259846
章丘市	Zhangqiu	3786849	3364718	249280	431449	5713	16637	992904
青岛市	**Qingdao**							
市南区	Shinan	1212366	1236393	33	39593			1442714
市北区	Shibei	1022937	961849	63157	276892			1263907
四方区	Sifang	1712714	1823574	72463	147369			627626
黄岛区	Huangdao	10232551	9888753	439561	655248	3601	43560	519154
崂山区	Laoshan	4008603	4001649	185000	377835	2575		443223
李沧区	Licang	5129943	5495804	－10979	128247			862001
城阳区	Chengyang	6850985	6279686	221067	305550	4521	54000	531938
胶州市	Jiaozhou	5762063	5527533	234624	670032	6097	81801	873629
即墨市	Jimo	5807891	5219948	377808	656190	6532	52237	1055180
平度市	Pingdu	3769129	3625481	247820	380081	6120	62086	974460
胶南市	Jiaonan	5316248	4814623	227593	418494	4813	36474	769124
莱西市	Laixi	3425650	3183531	132528	228816	4600	30000	703752
淄博市	**Zibo**							
淄川区	Zichuan	5626268	5417763	379901	644597	4373	30270	791326
张店区	Zhangdian	7508183	6753275	464905	823529	7433	84999	1477120
博山区	Boshan	2367671	2267021	109430	227356	3773	13300	541011
临淄区	Linzi	11518534	11642178	475638	865145	7897	36468	710127
周村区	Zhoucun	2576224	2600006	147554	242971	2716	23455	473897
桓台县	Huantai	4132746	3954660	237449	382783	3392	18180	504500
高青县	Gaoqing	700057	733600	22262	57915	1347	9523	127060
沂源县	Yiyuan	1150501	1061607	106095	167124	2567	13820	373123
枣庄市	**Zaozhuang**							
市中区	Shizhong	2567702	2395385	149628	296432	2878	107709	312907
薛城区	Xuecheng	2273152	2089460	81735	203050	1144	57852	252828
峄城区	Yicheng	1011556	1021566	90551	151993	976	27586	161377
台儿庄区	Taierzhuang	1261078	1200491	91110	147352	911	23084	168460

21－1 续表9 continued

地 区	Region	规模以上工业企业（万元）State-owned and Non-state-owned Industrial Enterprises above Designated Size（10 000 yuan）				邮政业务总量（万元）Business Volume of Post（10 000 yuan）	电信业务总量（万元）Business Volume of Telecommunication（10 000 yuan）	社会消费品零售额（万元）Total Retail Sales of Consumer Goods（10 000 yuan）
		工业总产值 Gross Industrial Output Value	主营业务收入 Revenue from Principal Business	利润总额 Total Profits	利税总额 Total Profits and Taxes			
山亭区	Shanting	424562	417186	29708	49016	977	26350	187934
滕州市	Tengzhou	5686546	5641642	358715	726713	4649	159763	960713
东营市	**Dongying**							
东营区	Dongying	1782242	1646203	117513	179465	7230	177344	1132266
河口区	Hekou	985313	959297	60869	105289	2033	1808	119141
垦利县	Kenli	2921510	2915437	296189	388040	1514	3325	87087
利津县	Lijin	1838562	1826928	68718	131899	1029	2336	131359
广饶县	Guangrao	5254830	5148020	374952	543231	2194	21187	224756
烟台市	**Yantai**							
芝罘区	Zhifu	4224249	3767649	282188	446099	9942	97634	1827582
福山区	Fushan	9037742	8489499	417696	641755	4466	26356	517628
牟平区	Mouping	2382128	2370323	158441	208051	3504	7335	385992
莱山区	Laishan	1251629	1384526	111806	154370	6612	6908	252471
长岛县	Changdao	64775	66464	1478	3160	1207	1967	66304
龙口市	Longkou	10057587	9877835	812440	1088344	4975	30400	796007
莱阳市	Laiyang	4097457	4257303	296519	372053	4193	42188	706931
莱州市	Laizhou	5233197	5242186	478605	634184	5650	38477	827441
蓬莱市	Penglai	5559880	5448384	585256	689588	4063	21675	432110
招远市	Zhaoyuan	6135255	6226292	543213	658188	4400	33640	485548
栖霞市	Qixia	1299800	1278409	69821	98330	4368	15927	425594
海阳市	Haiyang	1452913	1274174	90630	154121	2712	9528	441333
潍坊市	**Weifang**							
潍城区	Weicheng	2208885	1625264	54314	97094	2568	58062	445539
寒亭区	Hanting	1285852	1262156	75852	136432	1574	15340	186225
坊子区	Fangzi	1247424	1270496	55837	77814	1725	15018	144958
奎文区	Kuiwen	1512615	1484541	48134	92147	5632	53210	311266
临朐县	Linqu	1304674	1264443	35072	66406	2962	31200	360849
昌乐县	Changle	1257769	1270658	40018	71326	1956	27210	340860
青州市	Qingzhou	3577657	3504720	165789	355958	5804	40186	617069
诸城市	Zhucheng	5742351	5811953	268425	414117	4171	47474	622028
寿光市	Shouguan	5656111	6387838	447459	683134	9040	52100	691723
安丘市	Anqiu	1612962	1586287	60476	107976	3406	41250	480998
高密市	Gaomi	3466869	3567022	187898	292106	3003	40500	511816
昌邑市	Changyi	3447493	3363539	149221	236694	5715	30728	471212
济宁市	**Jining**							
市中区	Shizhong	950747	1103096	16437	58161	5721	91411	843893
任城区	Rencheng	1729314	1695105	129508	204396	6259	6780	284868
微山县	Weishan	1162817	1187326	190000	308147	2230	12641	275580
鱼台县	Yutai	466400	469573	37708	54080	1229	7708	209353

21－1 续表10 continued

地 区	Region	规模以上工业企业(万元) State-owned and Non-state-owned Industrial Enterprises above Designated Size(10 000 yuan) 工业总产值 Gross Industrial Output Value	主营业务收入 Revenue from Principal Business	利润总额 Total Profits	利税总额 Total Profits and Taxes	邮政业务总量(万元) Business Volume of Post (10 000 yuan)	电信业务总量(万元) Business Volume of Telecommunication (10 000 yuan)	社会消费品零售额(万元) Total Retail Sales of Consumer Goods (10 000 yuan)
金乡县	Jinxiang	619944	575805	27256	46929	2430	14579	245102
嘉祥县	Jiaxiang	1041448	1043558	52444	100664	1897	14079	259844
汶上县	Wenshang	569897	595823	51911	85542	1622	9353	240360
泗水县	Sishui	656644	640417	53033	77466	1560	4264	216840
梁山县	Liangshan	969700	1048874	82212	117749	1600	15035	244533
曲阜市	Qufu	1075939	1070789	82836	143049	2642	14926	489508
兖州市	Yanzhou	2765736	2714668	317032	421026	3739	15719	538171
邹城市	Zoucheng	4830360	4934169	491342	828842	3962	21841	754871
泰安市	**Taian**							
泰山区	Taishan	9437396	2188944	112890	208230	6200	79004	680865
岱岳区	Daiyue	650331	677170	32392	61870	2367	6369	441545
宁阳县	Ningyang	1165206	1115814	85424	148060	2686	14294	378954
东平县	Dongping	1126247	1121278	68156	100720	1750	9300	275060
新泰市	Xintai	5104165	4813334	387394	688151	4367	70907	726502
肥城市	Feicheng	4522658	3778257	194893	421244	4562	32897	679161
威海市	**Weihai**							
环翠区	Huancui	7061095	6425767	353859	547261	11840	84905	1198517
文登市	Wendeng	8941753	8202190	400918	580855	8378	51667	805506
荣成市	Rongcheng	10989526	9231159	437667	648717	9336	41658	839506
乳山市	Rushan	4669661	4466064	188757	284011	4455	38545	468539
日照市	**Rizhao**							
东港区	Donggang	1038513	836899	27311	65087	9400	54000	622000
岚山区	Lanshan	1771290	1775295	224118	287673	868	9746	192391
五莲县	Wulian	1392744	1373583	55932	78486	3075	11425	193755
莒 县	Juxian	1209128	1186192	50447	83827	4462	17723	368296
莱芜市	**Laiwu**							
莱城区	Laicheng	2640000	2170300	97900	200691	8314	43460	726900
钢城区	Gangcheng	3695700	4813361	243981	457077	1829	10942	218800
临沂市	**Linyi**							
兰山区	Lanshan	4818121	4694021	300057	380192	4637	117909	1667142
罗庄区	Luozhuang	3227893	3318301	187165	308886	654	20100	235383
河东区	Hedong	554922	524963	21473	34779	1021	16682	189496
沂南县	Yinan	500671	491933	19230	33678	3130	17030	283238
郯城县	Tancheng	1261777	1275718	94052	157378	2284	20979	420467
沂水县	Yishui	1318232	1290026	51246	99110	3677	22937	445867
苍山县	Cangshan	691990	678463	42045	73376	3155	13156	420380
费 县	Feixian	1310803	1304355	85094	122149	2948	16080	338028
平邑县	Pingyi	1132868	1068712	61376	102946	2189	19311	397911
莒南县	Junan	922598	885622	51270	75594	2817	17299	425000
蒙阴县	Mengyin	672567	657243	27150	47566	1578	10846	254482
临沭县	Linshu	1111437	1071565	36008	61289	2427	18723	218354

21-1 续表11 continued

地区	Region	规模以上工业企业(万元) State-owned and Non-state-owned Industrial Enterprises above Designated Size(10 000 yuan)				邮政业务总量(万元) Business Volume of Post (10 000 yuan)	电信业务总量(万元) Business Volume of Telecommunication (10 000 yuan)	社会消费品零售额(万元) Total Retail Sales of Consumer Goods (10 000 yuan)
		工业总产值 Gross Industrial Output Value	主营业务收入 Revenue from Principal Business	利润总额 Total Profits	利税总额 Total Profits and Taxes			
德州市	**Dezhou**							
德城区	Decheng	3834650	3639218	313114	510221	5532	6641	535761
陵县	Lingxian	1150888	1140303	73917	145174	2354	8500	256400
宁津县	Ningjin	1145772	1138328	75768	139498	2294	9860	264100
庆云县	Qingyun	560340	582310	44184	66869	1508	4250	205231
临邑县	Linyi	1472996	1467676	108279	196500	2286	11230	303892
齐河县	Qihe	1374724	1368185	92380	178540	2017	13067	259164
平原县	Pingyuan	1173036	1161868	87999	128779	2264	12640	243431
夏津县	Xiajin	1114566	1107510	67940	125493	2193	10058	218664
武城县	Wucheng	1130814	1122517	72255	166148	2499	6900	223146
乐陵市	Leling	1174968	1145456	79612	137253	2450	4749	274663
禹城市	Yucheng	1352833	1359418	94543	176577	1817	7900	287291
聊城市	**Liaocheng**							
东昌府区	Dongchangfu	1901904	1597441	76953	129011	8777	26575	607757
阳谷县	Yanggu	1521648	1496640	103745	146231	4000	12015	319295
莘县	Shenxian	1071347	1068514	61770	101452	4146	12990	388531
茌平县	Chiping	2146246	2100850	193197	322459	2555	12006	251260
东阿县	Donge	940269	928649	89351	135614	2284	3873	183730
冠县	Guanxian	1105750	1102800	55535	105786	3378	9726	277683
高唐县	Gaotang	3114048	3145674	177865	226200	1835	13193	281662
临清市	Linqing	2521814	2507920	165284	270025	3844	18083	408049
滨州市	**Binzhou**							
滨城区	Bincheng	3391647	3209914	192686	421530	6876	36175	584067
惠民县	Huimin	710822	679632	20680	44590	1852	7751	253017
阳信县	Yangxin	543918	463071	6392	17078	855	10021	139149
无棣县	Wudi	1603349	1632250	145476	169730	1773	8518	208899
沾化县	Zhanhua	770961	749986	19289	38512	1193	9042	187838
博兴县	Boxing	1906408	1877760	75781	120418	302	612	260554
邹平县	Zouping	7762055	7883837	448597	776139	3655	36241	452224
菏泽市	**Heze**							
牡丹区	Mudan	1395888	1120436	38733	76675	7982	82288	638189
曹县	Caoxian	861116	844214	25771	65987	2065	28093	379565
单县	Shanxian	585623	550574	23892	49317	1946	23099	338938
成武县	Chengwu	557365	488065	21733	41040	1340	13521	184800
巨野县	Juye	642163	651293	20495	35928	2020	19749	270521
郓城县	Yuncheng	754301	760169	24006	47162	2334	26545	319239
鄄城县	Juancheng	317675	291429	5375	14830	1495	14280	228189
定陶县	Dingtao	327170	336986	16951	24409	1307	13613	181354
东明县	Dongming	1096591	1098614	38272	65911	1931	15059	211678

21－1 续表12 continued

地　区	Region	出口总额（万美元）Total Exports (USD 10 000)	城镇固定资产投资完成额（万元）Investment of Construction in Urban Area (10 000 yuan)	普通中学专任教师数（人）Full-time Teachers in Secondary Schools (person)	小学专任教师数（人）Full-time Teachers in Primary Schools (person)	普通中学在校学生数（人）Total Enrollment in Secondary Schools (person)	小学在校学生数（人）Total Enrollment in Primary Schools (person)	农民人均纯收入（元）Per Captita Net Income of Rural Residents (yuan)
济南市	**Jinan**							
历下区	Lixia	29634	526557	2408	2199	20423	37125	7018
市中区	Shizhong	30913	498730	2834	2063	36240	34145	6133
槐荫区	Huaiyin	12112	272326	1015	1623	8810	21947	6277
天桥区	Tianqiao	33009	591024	1344	1847	13569	29529	5933
历城区	Licheng	78634	1664016	2529	3149	34030	48504	6040
长清县	Changqing	8512	1145526	2023	2231	24085	39038	5725
平阴县	Pingyin	16019	327857	1634	1653	21863	23174	4725
济阳县	Jiyang	3492	473584	1682	2629	27118	32234	4703
商河县	Shanghe	3731	167006	1740	2521	26285	38422	4412
章丘市	Zhangqiu	49261	1646270	4377	4932	77222	54725	6564
青岛市	**Qingdao**							
市南区	Shinan	322905	664127	829	1677	12505	26810	
市北区	Shibei	58513	676917	650	1716	8421	21262	
四方区	Sifang	47101	445437	528	1433	8654	19361	
黄岛区	Huangdao	381600	2012632	1305	1318	13802	23306	7363
崂山区	Laoshan	191474	1111507	977	915	10330	12524	7599
李沧区	Licang	106189	679602	880	1331	13447	21391	
城阳区	Chengyang	421243	1662462	2134	2079	22046	35265	6806
胶州市	Jiaozhou	228220	1679715	3238	3943	41581	59024	6544
即墨市	Jimo	206431	1811357	4705	5094	66572	69037	6478
平度市	Pingdu	60994	1314630	5454	5803	67072	93913	6250
胶南市	Jiaonan	125500	1638499	4094	4031	42874	56766	6470
莱西市	Laixi	90486	1301924	3448	2877	30817	38815	6259
淄博市	**Zibo**							
淄川区	Zichuan	37461	834061	3437	2884	44376	41124	5951
张店区	Zhangdian	70713	1266186	2984	2634	44709	46146	7003
博山区	Boshan	26223	582949	2180	1557	27939	23653	5669
临淄区	Linzi	38160	859033	3544	2397	41766	37111	6371
周村区	Zhoucun	29617	688318	1540	1265	19899	19996	6265
桓台县	Huantai	30938	754571	2242	1685	30968	30161	6202
高青县	Gaoqing	7221	156587	1270	1248	17204	22102	4303
沂源县	Yiyuan	10524	155419	2647	2326	43573	36470	4281
枣庄市	**Zaozhuang**							
市中区	Shizhong	12695	347396	2320	2260	39535	39172	5413
薛城区	Xuecheng	2618	421179	2161	2591	39415	40815	4920
峄城区	Yicheng	4028	110118	1397	1548	21819	27753	4609
台儿庄区	Taierzhuang	2552	86660	1138	1358	21162	21200	4303

21－1 续表 13 continued

地　区	Region	出口总额（万美元）Total Exports (USD 10 000)	城镇固定资产投资完成额（万元）Investment of Construction in Urban Area (10 000 yuan)	普通中学专任教师数（人）Full-time Teachers in Secondary Schools (person)	小学专任教师数（人）Full-time Teachers in Primary Schools (person)	普通中学在校学生数（人）Total Enrollment in Secondary Schools (person)	小学在校学生数（人）Total Enrollment in Primary Schools (person)	农民人均纯收入（元）Per Captita Net Income of Rural Residents (yuan)
山亭区	Shanting	2561	99830	1641	2868	32077	40994	3646
滕州市	Tengzhou	17116	623511	6508	7295	122783	122592	5097
东营市	**Dongying**							
东营区	Dongying	20016	1210007	786	806	7545	15666	5193
河口区	Hekou	3209	570987	1088	876	8579	18164	5006
垦利县	Kenli	15273	473122	972	816	12772	14182	5001
利津县	Lijin	8807	244520	1542	1125	18565	21085	4931
广饶县	Guangrao	38731	666292	3124	2356	33948	30222	5380
烟台市	**Yantai**							
芝罘区	Zhifu	54042	1481476	2743	1803	34192	40452	7050
福山区	Fushan	350442	3290331	2016	1590	23974	20558	6652
牟平区	Mouping	43853	307108	2565	1883	30254	20333	6235
莱山区	Laishan	53016	949010	657	500	8677	7875	6575
长岛县	Changdao	3007	41263	229	178	2495	2631	7052
龙口市	Longkou	64090	1823290	4209	2203	44603	37571	6941
莱阳市	Laiyang	51099	522276	4371	3137	53295	34516	5815
莱州市	Laizhou	54570	1215092	3694	2274	59740	39731	6320
蓬莱市	Penglai	32730	957558	1927	1367	25385	22247	6569
招远市	Zhaoyuan	60844	966357	2962	1908	38713	28899	6475
栖霞市	Qixia	16674	167508	3212	2312	43815	28167	4866
海阳市	Haiyang	32971	425579	2930	2660	41890	29081	5368
潍坊市	**Weifang**							
潍城区	Weicheng	11498	344566	1205	1671	14754	26662	5929
寒亭区	Hanting	9251	410877	1354	1500	14901	22712	5932
坊子区	Fangzi	15049	196111	1144	1049	13161	15901	5671
奎文区	Kuiwen	13435	350227	1688	1661	26203	34486	5921
临朐县	Linqu	8625	427276	3917	4057	44529	47668	4546
昌乐县	Changle	13390	201998	3134	2896	41099	36478	5022
青州市	Qingzhou	11771	618035	3787	4114	48752	67201	5183
诸城市	Zhucheng	50154	915328	4980	5090	67193	85115	6060
寿光市	Shouguan	74127	1194277	7230	5033	90381	93349	6017
安丘市	Anqiu	26114	511338	5489	4442	76117	65348	4651
高密市	Gaomi	48801	511266	3804	3807	44239	61176	5422
昌邑市	Changyi	20264	346658	2462	2970	32136	51760	5784
济宁市	**Jining**							
市中区	Shizhong	6500	395000	2265	1432	37760	30453	
任城区	Rencheng	8400	371814	2174	2017	32123	33069	4952
微山县	Weishan	2740	186771	2476	3012	49631	50764	4455
鱼台县	Yutai	2607	114671	1788	1983	24388	33190	4550

21－1 续表 14 continued

地 区	Region	出口总额（万美元）Total Exports (USD 10 000)	城镇固定资产投资完成额（万元）Investment of Construction in Urban Area (10 000 yuan)	普通中学专任教师数（人）Full-time Teachers in Secondary Schools (person)	小学专任教师数（人）Full-time Teachers in Primary Schools (person)	普通中学在校学生数（人）Total Enrollment in Secondary Schools (person)	小学在校学生数（人）Total Enrollment in Primary Schools (person)	农民人均纯收入（元）Per Captita Net Income of Rural Residents (yuan)
金乡县	Jinxiang	18635	91907	2521	2199	33583	42676	4769
嘉祥县	Jiaxiang	5423	163892	3718	3740	63017	97618	4255
汶上县	Wenshang	2524	160000	2260	2942	48753	68000	4266
泗水县	Sishui	11092	86556	1921	2425	27584	34528	4057
梁山县	Liangshan	2560	176902	2428	3232	50841	35663	4052
曲阜市	Qufu	7014	262540	2796	2595	27460	37367	4800
兖州市	Yanzhou	11026	736959	2461	1886	28422	30343	6058
邹城市	Zoucheng	22563	2265350	4564	5637	95893	69101	5198
泰安市	**Taian**							
泰山区	Taishan	48906	446032	2756	1851	36386	36898	5104
岱岳区	Daiyue	8493	425070	2898	3801	39091	57775	4330
宁阳县	Ningyang	5329	473011	2941	2917	41649	37209	4048
东平县	Dongping	2042	342173	2924	3005	37009	41432	3596
新泰市	Xintai	69662	987800	4858	5020	99048	60033	5469
肥城市	Feicheng	63516	1034338	4390	4518	68837	33898	5251
威海市	**Weihai**							
环翠区	Huancui	402673	2277815	2750	1853	41029	38521	7366
文登市	Wendeng	71108	1116000	4898	3645	54215	52714	6786
荣成市	Rongcheng	90686	1507559	5165	3080	58005	58524	7376
乳山市	Rushan	36610	839747	2852	2003	35744	21189	6035
日照市	**Rizhao**							
东港区	Donggang	49000	710861	2425	2235	32523	41916	4609
岚山区	Lanshan	60644	342329	1687	1326	19605	27402	5001
五莲县	Wulian	8430	58955	2020	1901	30660	34996	4480
莒 县	Juxian	12828	253505	4316	4201	60973	69012	4505
莱芜市	**Laiwu**							
莱城区	Laicheng	27710	810005	4787	4750	62929	62698	5174
钢城区	Gangcheng	2830	206831	1058	1058	12930	18264	5310
临沂市	**Linyi**							
兰山区	Lanshan	43799	1126124	5425	3655	60828	84229	4995
罗庄区	Luozhuang	20116	376382	2130	1902	28983	31429	4218
河东区	Hedong	12200	523585	2248	2132	33804	43198	4026
沂南县	Yinan	4180	137836	4207	3684	53689	67596	3960
郯城县	Tancheng	5239	238421	3461	3458	64415	73649	4126
沂水县	Yishui	14671	326990	5280	4054	61601	61533	4015
苍山县	Cangshan	5002	193100	4152	4184	71946	74817	3980
费 县	Feixian	12473	331668	4027	3208	56016	57958	3955
平邑县	Pingyi	5679	144876	3232	3716	59641	74183	4017
莒南县	Junan	18749	279794	3404	3740	72170	79067	3982
蒙阴县	Mengyin	3672	97612	2125	2111	27507	38797	4021
临沭县	Linshu	11679	207707	2510	2426	38363	49341	4014

21－1 续表 15 continued

地 区	Region	出口总额（万美元）Total Exports (USD 10 000)	城镇固定资产投资完成额（万元）Investment of Construction in Urban Area (10 000 yuan)	普通中学专任教师数（人）Full-time Teachers in Secondary Schools (person)	小学专任教师数（人）Full-time Teachers in Primary Schools (person)	普通中学在校学生数（人）Total Enrollment in Secondary Schools (person)	小学在校学生数（人）Total Enrollment in Primary Schools (person)	农民人均纯收入（元）Per Captita Net Income of Rural Residents (yuan)
德州市	**Dezhou**							
德城区	Decheng	32427	764095	2454	2171	30359	40126	4639
陵 县	Lingxian	2014	438868	1649	2592	30190	34396	4243
宁津县	Ningjin	3628	351492	1993	1868	29183	27339	4410
庆云县	Qingyun	1680	306031	1529	1304	23030	18957	4148
临邑县	Linyi	4371	453479	1925	2938	28406	30908	4290
齐河县	Qihe	1906	334691	2387	2696	28534	36455	4403
平原县	Pingyuan	1201	391572	1027	2577	35182	29525	4251
夏津县	Xiajin	613	381477	1771	2491	23084	28820	4162
武城县	Wucheng	1394	363973	1639	1571	25919	25126	4218
乐陵市	Leling	5312	392683	2396	3029	42797	43087	4191
禹城市	Yucheng	8675	456695	2069	2139	28107	30772	4313
聊城市	**Liaocheng**							
东昌府区	Dongchangfu	2369	298847	3054	3618	36289	63063	3814
阳谷县	Yanggu	6474	260224	2868	3271	51071	54204	3817
莘 县	Shenxian	2496	103704	3292	3911	72223	76706	3878
茌平县	Chiping	3382	404757	2260	2287	37845	29018	4042
东阿县	Donge	1421	269687	1463	1565	27329	24057	3896
冠 县	Guanxian	1820	163407	2240	2376	24759	37366	3840
高唐县	Gaotang	9806	343146	2558	2536	23827	23925	4331
临清市	Linqing	20120	298847	2318	2555	40462	43945	3951
滨州市	**Binzhou**							
滨城区	Bincheng	41596	897000	2642	2619	36527	39742	4418
惠民县	Huimin	706	461000	1753	2398	32550	38075	4114
阳信县	Yangxin	10310	416000	1535	1733	23577	28748	3780
无棣县	Wudi	2669	721000	1827	1889	24332	26796	4058
沾化县	Zhanhua	673	604000	1509	1575	26331	21321	4226
博兴县	Boxing	8632	750000	1906	2251	25718	41020	4665
邹平县	Zouping	93678	1110000	2804	2732	44583	60082	5226
菏泽市	**Heze**							
牡丹区	Mudan	15111	790616	5182	6871	95477	127760	3540
曹 县	Caoxian	17965	320816	3923	6943	100596	138782	3404
单 县	Shanxian	3264	316927	3895	4970	77518	98803	3444
成武县	Chengwu	821	182949	2929	3847	45334	51767	3549
巨野县	Juye	6363	386845	3096	4357	62553	82704	3515
郓城县	Yuncheng	3602	319857	4354	6673	81942	124802	3504
鄄城县	Juancheng	4303	260555	2461	3771	62507	67765	3403
定陶县	Dingtao	2300	206556	2412	3069	48370	48181	3512
东明县	Dongming	2208	294612	2622	3388	49517	72032	3520

附录1

全国各省市主要经济指标

MAIN ECONOMIC INDICATORS OF THE WHOLE COUNTRY BY REGION

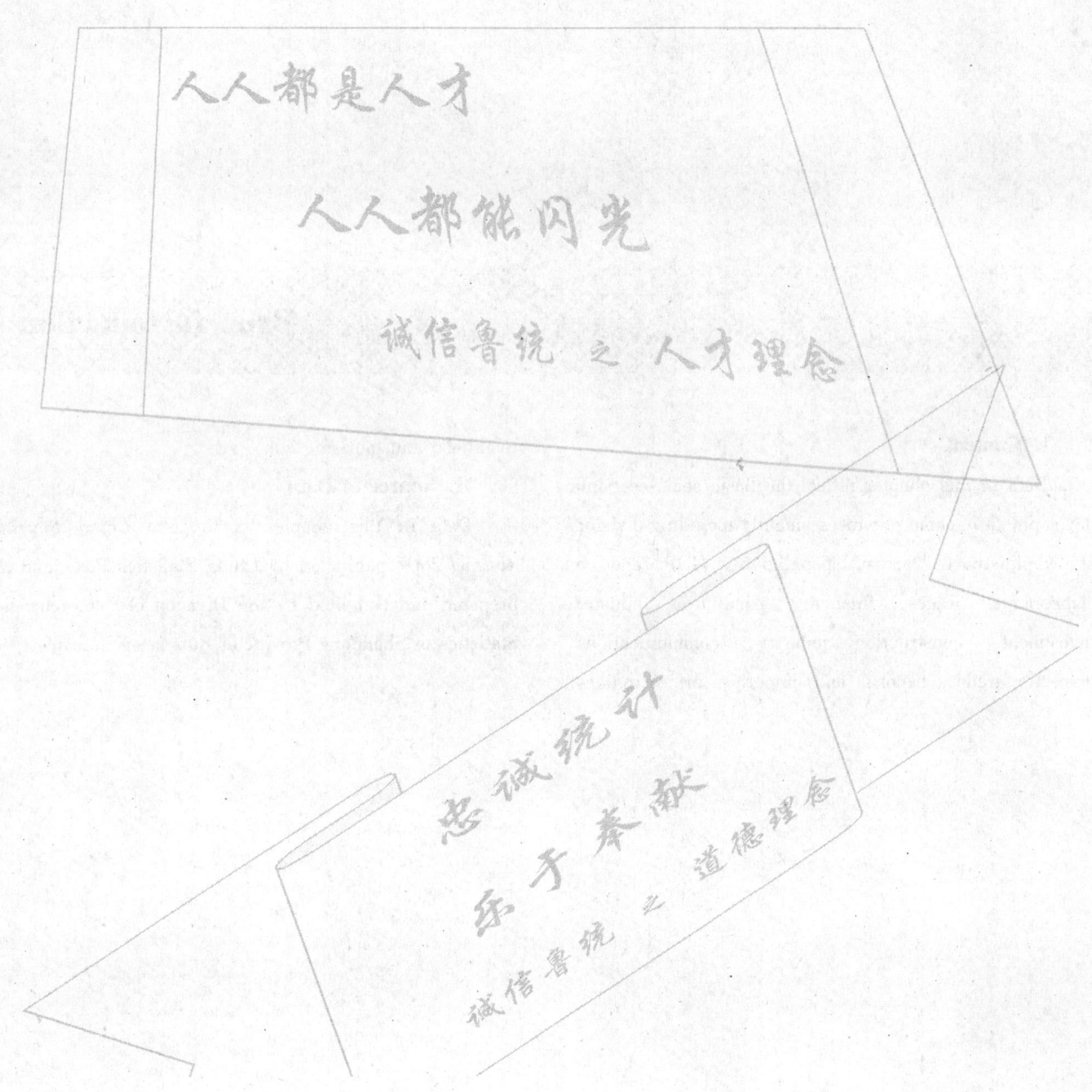

简要说明

一、本篇资料的主要内容

本篇资料反映了全国各省、自治区、直辖市经济社会发展基本情况，主要包括行政区划、人口、国内生产总值及其构成、劳动工资、财政、农业、工业、投资、建筑业、交通运输、国内贸易、进出口、价格指数、居民生活和国际旅游等方面的资料。

二、本篇资料的来源

本篇资料来源于中国统计出版社出版的《中国统计摘要2007》，由山东省统计局综合处整理。

Brief Introduction

I. Content

Data in this chapter reflect the basic socio-economic development of some provinces, mainly including divisions of administrative areas, population, GDP and its components, wages, finance, agriculture, industry, investment, construction industry, communications, domestic trade, exports and imports, price indices, livelihood and tourism, etc.

II. Source of Data

Data in this chapter come from *China Statistics Abstract 2007* published by China Statistics Press and are prepared and compiled by the Division of Comprehensive Statistics of Shandong Provincial Bureau of Statistics.

附录1－1 各地区行政区划(2006年底)

Divisions of Administrative Areas by Region(Year-end of 2006)

单位:个 (unit)

省级区划名称	Provinces, Autonomous Regions and Municipalities	地级区划数 Number of Regions at Prefecture Level	#地级市 Cities at Prefecture Level	县级区划数 Number of Regions at County Level	#县级市 Cities at County Level	#市辖区 Districts under the Jurisdiction of Cities	#县 Counties	#自治县 Autonomous Counties
全国	**National Total**	**333**	**283**	**2860**	**369**	**856**	**1463**	**117**
北京市	Beijing			18		16	2	
天津市	Tianjin			18		15	3	
河北省	Hebei	11	11	172	22	36	108	6
山西省	Shanxi	11	11	119	11	23	85	
内蒙古自治区	Inner Mongolia	12	9	101	11	21	17	
辽宁省	Liaoning	14	14	100	17	56	19	8
吉林省	Jilin	9	8	60	20	20	17	3
黑龙江省	Heilongjiang	13	12	128	18	64	45	1
上海市	Shanghai			19		18	1	
江苏省	Jiangsu	13	13	106	27	54	25	
浙江省	Zhejiang	11	11	90	22	32	35	1
安徽省	Anhui	17	17	105	5	44	56	
福建省	Fujian	9	9	85	14	26	45	
江西省	Jiangxi	11	11	99	10	19	70	
山东省	**Shandong**	**17**	**17**	**140**	**31**	**49**	**60**	
河南省	Henan	17	17	159	21	50	88	
湖北省	Hubei	13	12	102	24	38	37	2
湖南省	Hunan	14	13	122	16	34	65	7
广东省	Guangdong	21	21	121	23	54	41	3
广西壮族自治区	Guangxi	14	14	109	7	34	56	12
海南省	Hainan	2	2	20	6	4	4	6
重庆市	Chongqing			40		19	17	4
四川省	Sichuan	21	18	181	14	43	120	4
贵州省	Guizhou	9	4	88	9	10	56	11
云南省	Yunnan	16	8	129	9	12	79	29
西藏自治区	Tibet	7	1	73	1	1	71	
陕西省	Shanxi	10	10	107	3	24	80	
甘肃省	Gansu	14	12	86	4	17	58	7
青海省	Qinghai	8	1	43	2	4	30	7
宁夏回族自治区	Ningxia	5	5	21	2	8	11	
新疆维吾尔自治区	Xinjiang	14	2	99	20	11	62	6
香港特别行政区	Hong Kong Special Administrative Region							
澳门特别行政区	Macao Special Administrative Region							
台湾省	Taiwan							

注:本表资料由民政部提供。

a) Data in this table are provided by the Ministry of Civil Affairs.

附录 1－1 续表 continued

单位：个 (unit)

省级区划名称	Provinces, Autonomous Regions and Municipalities	乡镇级区划数 Number of Regions at Township Level	街道办事处 Street Communities	镇数 Number of Towns	乡数 Number of Townships	村民(居民)委员会 Committees	村民委员会 Villagers Committees	居民委员会 Residents Committees
全国	**National Total**	**41040**	**6355**	**19369**	**15306**	**705153**	**624428**	**80725**
北京市	Beijing	314	131	142	41	6482	3957	2525
天津市	Tianjin	242	104	118	20	5347	3825	1522
河北省	Hebei	2233	270	946	1016	52240	49115	3125
山西省	Shanxi	1389	193	561	635	30015	28172	1843
内蒙古自治区	Inner Mongolia	861	220	457	184	13530	11219	2311
辽宁省	Liaoning	1522	555	595	372	15773	11768	4005
吉林省	Jilin	887	264	425	198	11092	9211	1881
黑龙江省	Heilongjiang	1270	363	470	437	11840	9055	2785
上海市	Shanghai	213	104	106	3	5275	1862	3413
江苏省	Jiangsu	1388	285	994	109	22684	17303	5381
浙江省	Zhejiang	1519	304	754	461	36668	32931	3737
安徽省	Anhui	1625	242	924	459	22868	20019	2849
福建省	Fujian	1104	173	591	340	16530	14485	2045
江西省	Jiangxi	1526	131	767	628	20685	17571	3114
山东省	**Shandong**	**1932**	**466**	**1190**	**276**	**86778**	**81283**	**5495**
河南省	Henan	2355	460	832	1063	51669	48362	3307
湖北省	Hubei	1219	277	732	210	29373	25828	3545
湖南省	Hunan	2407	231	1091	1085	48770	44270	4500
广东省	Guangdong	1579	431	1137	11	25455	19505	5950
广西壮族自治区	Guangxi	1230	104	700	426	16012	14363	1649
海南省	Hainan	220	18	181	21	2985	2543	442
重庆市	Chongqing	1022	121	595	306	11709	9722	1987
四川省	Sichuan	4660	249	1821	2590	55255	50047	5208
贵州省	Guizhou	1543	94	691	758	21277	19669	1608
云南省	Yunnan	1368	56	583	729	13660	12882	778
西藏自治区	Tibet	691	9	140	542	5904	5746	158
陕西省	Shanxi	1745	159	908	678	29153	27537	1616
甘肃省	Gansu	1342	122	460	760	17995	16823	1172
青海省	Qinghai	396	30	135	231	4530	4163	367
宁夏回族自治区	Ningxia	229	42	94	93	2829	2376	453
新疆维吾尔自治区	Xinjiang	1009	147	229	624	10770	8816	1954
香港特别行政区	Hong Kong Special AdministrativeRegion							
澳门特别行政区	Macao Special AdministrativeRegion							
台湾省	Taiwan							

附录1-2 地区生产总值

Gross Domestic Product

单位:亿元 (100 million yuan)

地区	Region	2000	2001	2002	2003	2004	2005	2006
北京	Beijing	3161.00	3710.52	4330.40	5023.77	6060.28	6886.31	7720.33
天津	Tianjin	1701.88	1919.09	2150.76	2578.03	3110.97	3697.62	4337.73
河北	Hebei	5043.96	5516.76	6018.28	6921.29	8477.63	10096.11	11613.70
山西	Shanxi	1845.72	2029.53	2324.80	2855.23	3571.37	4179.52	4746.50
内蒙古	Inner Mongolia	1539.12	1713.81	1940.94	2388.38	3041.07	3895.55	4790.00
辽宁	Liaoning	4669.10	5033.08	5458.22	6002.54	6672.01	8009.01	9257.05
吉林	Jilin	1951.51	2120.35	2348.54	2662.08	3122.01	3620.27	4249.23
黑龙江	Heilongjiang	3151.40	3390.13	3637.20	4057.40	4750.60	5511.50	6216.80
上海	Shanghai	4771.17	5210.12	5741.03	6694.23	8072.83	9154.18	10296.97
江苏	Jiangsu	8553.69	9456.84	10606.85	12442.87	15003.60	18305.66	21548.36
浙江	Zhejiang	6141.03	6898.34	8003.67	9705.02	11648.70	13437.85	15648.93
安徽	Anhui	2902.09	3246.71	3519.72	3923.10	4759.32	5375.12	6141.91
福建	Fujian	3764.54	4072.85	4467.55	4983.67	5763.35	6568.93	7501.63
江西	Jiangxi	2003.07	2175.68	2450.48	2807.41	3456.70	4056.76	4618.77
山东	**Shandong**	**8337.47**	**9195.04**	**10275.50**	**12078.15**	**15021.84**	**18516.87**	**22077.36**
河南	Henan	5052.99	5533.01	6035.48	6867.70	8553.79	10587.42	12464.09
湖北	Hubei	3545.39	3880.53	4212.82	4757.45	5633.24	6520.14	7497.17
湖南	Hunan	3551.49	3831.90	4151.54	4659.99	5641.94	6511.34	7493.17
广东	Guangdong	10741.25	12039.25	13502.42	15844.64	18864.62	22366.54	25968.55
广西	Guangxi	2080.04	2279.34	2523.73	2821.11	3433.50	4075.75	4801.98
海南	Hainan	526.82	558.41	621.97	693.20	798.90	894.57	1052.43
重庆	Chongqing	1603.16	1765.68	1990.01	2272.82	2692.81	3070.49	3486.20
四川	Sichuan	3928.20	4293.49	4725.01	5333.09	6379.63	7385.11	8637.81
贵州	Guizhou	1029.92	1133.27	1243.43	1426.34	1677.80	1979.06	2267.43
云南	Yunnan	2011.19	2138.31	2312.82	2556.02	3081.91	3472.89	4001.87
西藏	Tibet	123.48	146.04	166.56	189.09	220.34	251.21	290.05
陕西	Shanxi	1804.00	2010.62	2253.39	2587.72	3175.58	3675.66	4383.91
甘肃	Gansu	1052.88	1125.37	1232.03	1399.83	1688.49	1933.98	2275.00
青海	Qinghai	263.68	300.13	340.65	390.20	466.10	543.32	641.05
宁夏	Ningxia	295.02	337.44	377.16	445.36	537.11	606.10	706.98
新疆	Xinjiang	1363.56	1491.60	1612.65	1886.35	2209.09	2604.19	3018.98

注:本表按当年价格计算。

a) Data in this table are calculated at current prices.

附录 1 - 3 地区生产总值、增长速度和人均地区生产总值(2006 年)

Gross Domestic Product, Growth Rate and Per Capita GDP(2006)

地区	Region	地区生产总值（亿元） Gross Domestic Product (100 million yuan)	第一产业 Primary Industry	第二产业 Secondary Industry	工业 Industry	建筑业 Construction	第三产业 Tertiary Industry	# 交通运输仓储邮电通信业 Transport, Storage and Postal Services	地区生产总值比上年增长(%) Growth Rate	人均地区生产总值（元/人） Per Capita GDP (yuan/person)
北京	Beijing	7720.33	98.04	2217.17	1848.45	368.72	5405.12	448.39	12.0	49505
天津	Tianjin	4337.73	118.97	2485.83	2290.81	195.02	1732.93	256.97	14.4	40961
河北	Hebei	11613.70	1605.40	6071.25	5453.40	617.85	3937.00	861.08	13.2	16894
山西	Shanxi	4746.50	276.56	2742.50	2482.69	259.81	1727.44	383.38	11.8	14106
内蒙古	Inner Mongolia	4790.00	641.72	2329.51	1978.16	351.30	1818.77	447.35	18.0	20047
辽宁	Liaoning	9257.05	976.44	4720.76	4167.57	553.19	3559.85	587.36	13.8	21802
吉林	Jilin	4249.23	686.00	1886.59	1628.49	258.10	1676.64	238.41	15.0	15625
黑龙江	Heilongjiang	6216.80	734.00	3397.40	3081.87	315.53	2085.40	370.77	12.0	16268
上海	Shanghai	10296.97	93.81	4997.81	4641.58	356.23	5205.35	683.61	12.0	57310
江苏	Jiangsu	21548.36	1544.90	12186.46	11047.52	1139.00	7817.00	900.76	14.9	28685
浙江	Zhejiang	15648.93	922.98	8437.71	7537.86	899.80	6288.24	631.32	13.6	31684
安徽	Anhui	6141.91	1027.20	2655.96	2200.50	455.46	2458.70	404.16	12.9	10044
福建	Fujian	7501.63	885.23	3736.08	3306.09	429.99	2880.32	521.29	13.4	21152
江西	Jiangxi	4618.77	786.26	2319.01	1806.10	512.86	1513.50	307.54	12.3	10679
山东	**Shandong**	**22077.36**	**2138.90**	**12751.20**	**11555.99**	**1195.21**	**7187.26**		**14.8**	**23794**
河南	Henan	12464.09	2049.42	6762.40	6070.93	691.47	3652.27	737.88	14.1	13279
湖北	Hubei	7497.17	1140.41	3363.76	2929.19	434.57	2993.00	425.80	12.1	13150
湖南	Hunan	7493.17	1331.31	3123.46	2667.80	455.66	3038.40	424.46	12.1	11830
广东	Guangdong	25968.55	1571.36	13430.62	12500.22	930.40	10966.57	1197.39	14.1	28077
广西	Guangxi	4801.98	1031.93	1882.30	1595.90	286.40	1887.82	256.04	13.5	10240
海南	Hainan	1052.43	344.20	287.79	217.55	70.24	420.44	73.61	12.5	12650
重庆	Chongqing	3486.20	428.54	1500.07	1234.12	265.95	1557.59	256.31	12.2	12437
四川	Sichuan	8637.81	1603.48	3775.19	3144.72	630.47	3259.14	451.19	13.3	10546
贵州	Guizhou	2267.43	392.94	981.96	857.17	124.79	892.53	130.80	11.5	5750
云南	Yunnan	4001.87	751.15	1710.19	1406.95	303.24	1540.53	179.09	11.9	8961
西藏	Tibet	290.05	51.10	80.03	21.60	58.38	158.99	11.42	13.4	10396
陕西	Shanxi	4383.91	488.48	2318.17	1970.79	347.38	1577.20	275.81	12.7	11762
甘肃	Gansu	2275.00	333.23	1048.19	873.13	175.06	893.58	169.58	11.4	8749
青海	Qinghai	641.05	69.60	330.82	265.00	65.82	240.70	35.17	12.2	11753
宁夏	Ningxia	706.98	79.18	347.54	288.32	59.22	280.26	50.13	12.5	11784
新疆	Xinjiang	3018.98	533.20	1437.90	1218.73	219.17	1047.88	168.84	11.0	14871

注:本表绝对数按当年价格计算,增长速度按可比价格计算。

a) Absolute figure are calculated at current prices, growth rate at constant prices.

附录 1－4 地区生产总值构成

Composition of Gross Domestic Product by Region

地区	Region	地区生产总值 Gross Domestic Income	第一产业 Primary Industry	第二产业 Secondary Industry	工业 Industry	建筑业 Construction	第三产业 Teritary Industry	# 交通运输仓储邮电通信业 Transport, Post and Telecommunication Services	# 批发和零售 Wholesale Retail Sales
北京	Beijing	100.0	1.3	28.7	23.9	4.8	70.0	5.8	9.4
天津	Tianjin	100.0	2.7	57.3	52.8	4.5	40.0	5.9	11.2
河北	Hebei	100.0	13.8	52.3	47.0	5.3	33.9	7.4	5.8
山西	Shanxi	100.0	5.8	57.8	52.3	5.5	36.4	8.1	6.2
内蒙古	Inner Mongolia	100.0	13.4	48.6	41.3	7.3	38.0	9.3	8.0
辽宁	Liaoning	100.0	10.5	51.0	45.0	6.0	38.5	6.3	10.3
吉林	Jilin	100.0	16.1	44.4	38.3	6.1	39.5	5.6	9.3
黑龙江	Heilongjiang	100.0	11.8	54.7	49.6	5.1	33.5	6.0	7.4
上海	Shanghai	100.0	0.9	48.5	45.1	3.4	50.6	6.6	8.9
江苏	Jiangsu	100.0	7.2	56.5	51.2	5.3	36.3	4.2	9.8
浙江	Zhejiang	100.0	5.9	53.9	48.2	5.7	40.2	4.0	9.2
安徽	Anhui	100.0	16.7	43.3	35.9	7.4	40.0	6.6	7.3
福建	Fujian	100.0	11.8	49.8	44.1	5.7	38.4	6.9	8.8
江西	Jiangxi	100.0	17.0	50.2	39.1	11.1	32.8	6.7	7.1
山东	**Shandong**	**100.0**	**9.7**	**57.7**	**52.3**	**5.4**	**32.6**		
河南	Henan	100.0	16.4	54.3	48.7	5.6	29.3	5.9	5.5
湖北	Hubei	100.0	15.2	44.9	39.1	5.8	39.9	5.7	8.7
湖南	Hunan	100.0	17.8	41.7	35.6	6.1	40.5	5.7	7.8
广东	Guangdong	100.0	6.1	51.7	48.1	3.6	42.2	4.6	9.7
广西	Guangxi	100.0	21.5	39.2	33.2	6.0	39.3	5.3	9.1
海南	Hainan	100.0	32.7	27.4	20.7	6.7	39.9	7.0	9.9
重庆	Chongqing	100.0	12.3	43.0	35.4	7.6	44.7	7.4	9.0
四川	Sichuan	100.0	18.6	43.7	36.4	7.3	37.7	5.2	6.2
贵州	Guizhou	100.0	17.3	43.3	37.8	5.5	39.4	5.8	6.5
云南	Yunnan	100.0	18.8	42.7	35.1	7.6	38.5	4.5	7.7
西藏	Tibet	100.0	17.6	27.6	7.5	20.1	54.8	3.9	8.2
陕西	Shanxi	100.0	11.1	52.9	45.0	7.9	36.0	6.3	7.5
甘肃	Gansu	100.0	14.6	46.1	38.4	7.7	39.3	7.5	6.4
青海	Qinghai	100.0	10.9	51.6	41.3	10.3	37.5	5.5	6.1
宁夏	Ningxia	100.0	11.2	49.2	40.8	8.4	39.6	7.1	6.2
新疆	Xinjiang	100.0	17.7	47.6	40.4	7.2	34.7	5.6	5.4

注：本表按当年价格计算。

a) Data in this table are calculated at current prices.

附录1-5 年底总人口

Basic Statistics on National Population by Region

单位:万人 (10 000 persons)

地　区	Region	2000	2001	2002	2003	2004	2005	2006
全　国	**Total**	**126743**	**127627**	**128453**	**129227**	**129988**	**130756**	**131448**
北　京	Beijing	1357	1383	1423	1456	1493	1538	1581
天　津	Tianjin	1001	1004	1007	1011	1024	1043	1075
河　北	Hebei	6674	6699	6735	6769	6809	6851	6898
山　西	Shanxi	3248	3272	3294	3314	3335	3355	3375
内蒙古	Inner Mongolia	2372	2377	2379	2380	2384	2386	2397
辽　宁	Liaoning	4184	4194	4203	4210	4217	4221	4271
吉　林	Jilin	2682	2691	2699	2704	2709	2716	2723
黑龙江	Heilongjiang	3807	3811	3813	3815	3817	3820	3823
上　海	Shanghai	1641	1614	1625	1711	1742	1778	1815
江　苏	Jiangsu	7327	7355	7381	7406	7433	7475	7550
浙　江	Zhejiang	4596	4613	4647	4680	4720	4898	4980
安　徽	Anhui	6286	6328	6338	6410	6461	6120	6110
福　建	Fujian	3410	3440	3466	3488	3511	3535	3558
江　西	Jiangxi	4149	4186	4222	4254	4284	4311	4339
山　东	**Shandong**	**8997**	**9041**	**9082**	**9125**	**9180**	**9248**	**9309**
河　南	Henan	9488	9555	9613	9667	9717	9380	9392
湖　北	Hubei	5960	5975	5988	6002	6016	5710	5693
湖　南	Hunan	6562	6596	6629	6663	6698	6326	6342
广　东	Guangdong	7707	7783	7859	7954	8304	9194	9304
广　西	Guangxi	4750	4788	4822	4857	4889	4660	4719
海　南	Hainan	789	796	803	811	818	828	836
重　庆	Chongqing	3092	3097	3107	3130	3122	2798	2808
四　川	Sichuan	8602	8640	8673	8700	8725	8212	8169
贵　州	Guizhou	3756	3799	3837	3870	3904	3730	3757
云　南	Yunnan	4241	4287	4333	4376	4415	4450	4483
西　藏	Tibet	258	263	267	270	274	277	281
陕　西	Shanxi	3644	3659	3674	3690	3705	3720	3735
甘　肃	Gansu	2557	2575	2593	2603	2619	2594	2606
青　海	Qinghai	517	523	529	534	539	543	548
宁　夏	Ningxia	554	563	572	580	588	596	604
新　疆	Xinjiang	1849	1876	1905	1934	1963	2010	2050

注:全国总计包括中国人民解放军现役军人数,但不包括香港、澳门特别行政区和台湾省数据;分省数据中未包括中国人民解放军现役军人数。

a) The military personnel were included in the national total population, but excluded in the regional total population. The national total population excluded the population of Hong Kong, Macao and Taiwan.

附录1-6 人口出生率、死亡率、自然增长率(2006年)

Birth Rate, Death Rate and Natural Growth Rate by Region(2006)

地 区	Region	年底总人口(万人) Total Population (year-end) 10 000 persons	出生率(‰) Birth Rate (‰)	死亡率(‰) Death Rate (‰)	自然增长率(‰) Natural Growth Rate (‰)
全国总计	**Total**	**131448**	**12.09**	**6.81**	**5.28**
北 京	Beijing	1581	6.26	4.97	1.29
天 津	Tianjin	1075	7.67	6.07	1.60
河 北	Hebei	6898	12.82	6.59	6.23
山 西	Shanxi	3375	11.48	5.73	5.75
内蒙古	Inner Mongolia	2397	9.87	5.91	3.96
辽 宁	Liaoning	4271	6.40	5.30	1.10
吉 林	Jilin	2723	7.67	5.00	2.67
黑龙江	Heilongjiang	3823	7.57	5.18	2.39
上 海	Shanghai	1815	7.47	5.89	1.58
江 苏	Jiangsu	7550	9.36	7.08	2.28
浙 江	Zhejiang	4980	10.29	5.42	4.87
安 徽	Anhui	6110	12.60	6.30	6.30
福 建	Fujian	3558	12.00	5.75	6.25
江 西	Jiangxi	4339	13.80	6.01	7.79
山 东	**Shandong**	**9309**	**11.60**	**6.10**	**5.50**
河 南	Henan	9392	11.59	6.27	5.32
湖 北	Hubei	5693	9.08	5.95	3.13
湖 南	Hunan	6342	11.92	6.73	5.19
广 东	Guangdong	9304	11.78	4.49	7.29
广 西	Guangxi	4719	14.44	6.10	8.34
海 南	Hainan	836	14.59	5.73	8.86
重 庆	Chongqing	2808	9.90	6.50	3.40
四 川	Sichuan	8169	9.14	6.28	2.86
贵 州	Guizhou	3757	13.97	6.71	7.26
云 南	Yunnan	4483	13.20	6.30	6.90
西 藏	Tibet	281	17.40	5.70	11.70
陕 西	Shanxi	3735	10.19	6.15	4.04
甘 肃	Gansu	2606	12.86	6.62	6.24
青 海	Qinghai	548	15.24	6.27	8.97
宁 夏	Ningxia	604	15.53	4.84	10.69
新 疆	Xinjiang	2050	15.79	5.03	10.76

注:1. 全国数据根据抽样误差和调查误差进行了修正。

2. 全国数据为31个省、自治区、直辖市和中国人民解放军现役军人数据,不包括香港、澳门特别行政区和台湾省的数据。分省数据中未包括中国人民解放军现役军人数。

a) The national total population was adjuste according to the sampling error and investigation error.

b) The military personnel were included in the national total population, but excluded in the regional total population. The national total population excluded the population of Hong Kong, Macao and Taiwan.

附录1－7 职工平均工资(2006年)

Average Wage of Staff and Workers(2006)

单位:元　　　　　　　　　　　　　　　　　　　　　　　　　　　　　　(yuan)

地　区	Region	平均工资 Average Wage	#国有单位 State-owned	#城镇集体单位 Collective-owned	#股份合作 Cooperative Units	#联营 Joint Ownership Corporation	#有限责任公司 Limited Liability Corporations	#股份有限公司 Share-Holding Corporations Ltd.	#港澳台商投资 Units with Funds froml Hong Kong, Macao & Taiwan	#外商投资 Foreign Funded Units
全国总计	**Total**	**21001**	**22112**	**13014**	**15323**	**20116**	**19509**	**25023**	**19045**	**24784**
北　京	Beijing	40117	43298	17781	14595	20166	31375	59135	48587	58330
天　津	Tianjin	28682	31240	19125	34925	33137	28061	38064	24000	26773
河　北	Hebei	16590	17152	10337	13049	24391	17915	16341	17314	17341
山　西	Shanxi	18300	18719	12162	10236	16431	20726	16318	14571	17669
内蒙古	Inner Mongolia	18469	19386	12469	11234	12240	17477	18259	14201	18937
辽　宁	Liaoning	19624	20681	10888	13261	11843	19056	25312	18959	19556
吉　林	Jilin	16583	17118	9787	9657	9731	15333	21004	13341	21875
黑龙江	Heilongjiang	16505	16374	9182	16285	14133	14116	24941	63747	18076
上　海	Shanghai	41188	44097	25318	23702	34200	37987	48991	26558	42773
江　苏	Jiangsu	23782	28722	15550	16363	17308	20773	26071	17691	22233
浙　江	Zhejiang	27820	42962	22360	19312	32933	19968	27583	19216	20152
安　徽	Anhui	17949	17755	11869	12566	12200	21200	21760	12990	18943
福　建	Fujian	19318	23926	15695	17573	20841	16980	23306	15563	17085
江　西	Jiangxi	15590	16491	10102	12122	14556	14805	17809	10925	13655
山　东	**Shandong**	**19228**	**22804**	**13132**	**13784**	**27882**	**15809**	**17854**	**15387**	**17346**
河　南	Henan	16981	17886	12483	13311	12404	17207	17613	17758	18016
湖　北	Hubei	16048	18064	10416	10873	14286	14973	15265	12428	23280
湖　南	Hunan	17850	18862	12883	14531	17799	16134	19232	15951	17400
广　东	Guangdong	26186	31352	14520	17426	25035	28243	39601	18465	24973
广　西	Guangxi	18064	18972	12428	11126	13451	16823	18053	12825	22328
海　南	Hainan	15890	15398	9580	21224	15415	17453	27424	13582	19503
重　庆	Chongqing	19215	21402	13522	14507	16349	15455	22307	16190	21487
四　川	Sichuan	17852	20230	12726	13558	14971	13337	16778	16803	20596
贵　州	Guizhou	16815	17638	12873	14988	12111	14422	19597	13172	15392
云　南	Yunnan	18711	20017	12193	12892	15012	16639	20228	15005	19928
西　藏	Tibet	31518	32355	11125	23000	17494	28311	19258		
陕　西	Shanxi	16918	17139	9086	19808	14698	18537	19352	14706	17410
甘　肃	Gansu	17246	18108	11514	9885	6260	14116	22632	16712	20646
青　海	Qinghai	22679	24984	11322	15358	6805	14232	21498	17113	11406
宁　夏	Ningxia	21239	21370	19427	13803	16307	23003	16745	16390	21989
新　疆	Xinjiang	17819	17704	14209	21615	16199	16777	25700	16830	17963

附录1－8 固定资产投资

Total Investment in Fixed Assets in the Whole Country

单位:亿元　　(100 million yuan)

地　区	Region	2000	2001	2002	2003	2004	2005	2006
全国总计	**Total**	**32917.7**	**37213.5**	**43499.9**	**55566.6**	**70477.4**	**88773.6**	**109869.8**
北　京	Beijing	1280.5	1513.3	1796.1	2169.3	2528.2	2827.2	3371.5
天　津	Tianjin	610.9	705.0	807.5	1039.4	1245.7	1495.1	1819.1
河　北	Hebei	1816.8	1912.5	2020.4	2478.0	3218.8	4139.7	5499.4
山　西	Shanxi	548.2	663.6	813.4	1100.9	1443.9	1826.6	2259.3
内蒙古	Inner Mongolia	423.6	503.6	707.9	1174.7	1788.0	2643.6	3363.1
辽　宁	Liaoning	1267.7	1421.2	1605.6	2076.4	2979.6	4200.4	5689.0
吉　林	Jilin	603.5	701.7	834.2	969.0	1169.1	1741.1	2595.3
黑龙江	Heilongjiang	832.6	963.6	1046.2	1166.2	1430.8	1737.3	2235.8
上　海	Shanghai	1869.4	2004.6	2213.7	2499.1	3050.3	3509.7	3900.0
江　苏	Jiangsu	2570.0	2823.2	3450.1	5233.0	6557.1	8165.4	9763.6
浙　江	Zhejiang	2350.0	2834.9	3477.5	4740.3	5781.3	6520.1	7592.7
安　徽	Anhui	804.0	893.4	1074.5	1418.7	1935.2	2525.1	3544.7
福　建	Fujian	1112.2	1172.9	1253.1	1496.4	1892.9	2316.7	3068.4
江　西	Jiangxi	516.1	631.8	889.0	1303.2	1713.2	2176.6	2683.2
山　东	**Shandong**	**2542.7**	**2807.8**	**3509.3**	**5328.4**	**7629.0**	**10541.9**	**11136.1**
河　南	Henan	1377.7	1544.1	1725.9	2263.0	3099.4	4311.6	5907.7
湖　北	Hubei	1339.2	1486.6	1605.1	1809.5	2264.8	2676.6	3344.8
湖　南	Hunan	1012.2	1174.3	1348.0	1590.3	2072.6	2629.1	3165.5
广　东	Guangdong	3145.1	3484.4	3850.8	4813.2	5870.0	6977.9	7978.2
广　西	Guangxi	583.3	655.6	750.3	921.3	1236.5	1661.2	2198.2
海　南	Hainan	198.9	213.3	225.4	280.0	317.0	367.2	418.8
重　庆	Chongqing	572.6	697.0	899.3	1161.5	1537.0	1933.2	2405.3
四　川	Sichuan	1418.0	1617.5	1902.7	2336.3	2818.4	3585.2	4416.1
贵　州	Guizhou	397.0	536.0	633.0	748.1	865.2	998.3	1193.3
云　南	Yunnan	684.0	738.5	814.6	1000.1	1291.5	1777.6	2128.3
西　藏	Tibet	64.1	83.3	106.6	134.0	162.4	181.4	224.2
陕　西	Shanxi	653.7	773.4	915.3	1200.7	1508.9	1882.2	2480.6
甘　肃	Gansu	395.4	460.4	526.2	619.8	733.9	870.4	1024.9
青　海	Qinghai	151.1	196.4	232.4	255.6	289.2	329.8	408.5
宁　夏	Ningxia	157.5	191.1	227.0	318.0	376.2	443.3	508.7
新　疆	Xinjiang	610.4	706.0	800.1	973.4	1147.1	1339.1	1565.0

注:由于有不分地区项目,因此各地区相加不等于总计。

a) Some data are not classified by Region, so the subentry figures do not add up to the total.

附录 1-9 城镇规模以上固定资产投资

Investment above Designated Size in Urban Area

单位:亿元 (100 million yuan)

地区	Region	2000	2001	2002	2003	2004	2005	2006
全国总计	**Total**	**26221.9**	**30001.2**	**35488.8**	**45811.7**	**59028.2**	**75095.1**	**93472.36**
北京	Beijing	1196.3	1419.6	1693.6	1999.9	2333.0	2595.4	3086.29
天津	Tianjin	541.4	627.1	715.5	931.7	1128.7	1364.0	1678.98
河北	Hebei	1193.8	1260.5	1353.9	1772.8	2442.0	3307.8	4430.61
山西	Shanxi	482.0	587.8	727.8	998.8	1315.2	1666.5	2059.24
内蒙古	Inner Mongolia	358.6	434.0	635.4	1097.1	1707.5	2555.3	3264.8
辽宁	Liaoning	1067.1	1203.8	1364.0	1771.2	2580.3	3666.5	4977.15
吉林	Jilin	531.0	628.7	750.7	872.9	1059.4	1581.3	2366.05
黑龙江	Heilongjiang	774.3	888.7	958.7	1069.5	1317.0	1581.2	2040.41
上海	Shanghai	1697.7	1805.5	2012.3	2245.5	2863.0	3198.6	3497.48
江苏	Jiangsu	1813.5	1999.1	2515.3	4011.6	5008.2	6218.9	7473.69
浙江	Zhejiang	1631.2	2018.9	2429.3	3198.5	3998.8	4784.7	5428.03
安徽	Anhui	626.2	712.5	864.5	1184.5	1613.0	2126.7	3057.86
福建	Fujian	892.9	968.5	1030.6	1229.3	1594.5	1958.3	2730.11
江西	Jiangxi	376.2	482.5	714.6	1099.1	1477.9	1902.7	2377.41
山东	**Shandong**	**1706.1**	**1971.6**	**2581.8**	**4163.9**	**5418.5**	**7275.1**	**8714.86**
河南	Henan	943.1	1056.9	1195.9	1677.2	2434.9	3461.2	4843.76
湖北	Hubei	1108.6	1236.2	1376.2	1573.7	2005.1	2387.4	3039.87
湖南	Hunan	709.8	842.0	988.3	1235.3	1679.4	2204.0	2718.44
广东	Guangdong	2680.3	2965.0	3287.3	4145.1	5029.4	5890.1	6552.58
广西	Guangxi	469.8	541.5	627.7	791.3	1094.6	1480.9	1947.27
海南	Hainan	170.6	183.0	202.7	246.2	291.0	339.2	396.73
重庆	Chongqing	481.9	602.9	795.1	1040.6	1400.6	1777.1	2251.95
四川	Sichuan	1079.3	1247.4	1481.2	1835.1	2322.9	2991.8	3927.59
贵州	Guizhou	326.7	463.1	555.8	667.9	780.2	899.3	1048.67
云南	Yunnan	559.7	600.1	664.8	839.2	1113.0	1592.3	1924.06
西藏	Tibet	64.1	83.3	106.6	134.0	162.4	181.4	196.42
陕西	Shanxi	552.2	662.8	795.4	1071.0	1378.5	1740.9	2285.67
甘肃	Gansu	342.2	401.8	465.5	553.7	660.8	786.0	925.92
青海	Qinghai	138.2	181.8	215.4	236.9	272.7	310.8	384.61
宁夏	Ningxia	129.0	156.2	183.5	263.1	316.8	382.0	448.73
新疆	Xinjiang	556.9	647.0	734.5	892.6	1046.4	1210.0	1415.11

注:由于有不分地区项目,因此各地区相加不等于总计。

a) Some data are not classified by Region, so the subentry figures do not add up to the total.

附录1-10 房地产开发企业（单位）房屋施工、竣工面积和商品房销售面积

Floor Space of Buildings for Real Estate Development

单位：万平方米 (10 000 sq. m)

地区	Region	房屋施工面积 Floor Space of Builings under Construction		房屋竣工面积 Floor Space of Builings Completed		商品房销售面积 Floor Space of Builings Sold	
		2005	2006	2005	2006	2005	2006
全国总计	**Total**	**166053.3**	**194090.2**	**53417.0**	**53019.4**	**55486.2**	**60628.1**
北京	Beijing	10748.5	10483.5	3770.9	3193.9	3123.4	2607.6
天津	Tianjin	3470.6	4142.6	1479.2	1520.2	1408.4	1458.6
河北	Hebei	3821.0	4625.6	1129.9	1172.7	1408.7	1707.6
山西	Shanxi	2266.5	3054.8	667.3	661.1	688.7	767.6
内蒙古	Inner Mongolia	2111.3	3598.0	897.1	1301.7	1078.8	1414.3
辽宁	Liaoning	7058.9	8621.3	2443.9	2845.1	2564.5	3006.1
吉林	Jilin	1890.0	2810.5	622.8	664.8	830.9	956.8
黑龙江	Heilongjiang	2630.5	3106.5	1305.0	1398.1	1242.8	1482.7
上海	Shanghai	10462.4	10938.8	3095.7	3274.3	3158.9	3025.4
江苏	Jiangsu	15619.3	18680.2	5500.1	5370.3	5135.5	5928.9
浙江	Zhejiang	15651.7	16931.9	4130.8	3717.5	3305.8	3495.1
安徽	Anhui	5306.9	7062.4	1816.9	2067.2	1907.2	2307.8
福建	Fujian	6107.7	6992.7	1576.2	1408.3	1913.8	2021.7
江西	Jiangxi	4508.2	4557.1	1561.5	1492.3	1650.1	1683.2
山东	**Shandong**	**10670.9**	**12182.5**	**3600.4**	**3383.2**	**3754.9**	**3797.2**
河南	Henan	4903.0	7009.2	1370.9	1677.5	1724.8	2439.9
湖北	Hubei	4804.4	5504.1	1627.0	1817.7	1708.0	2038.5
湖南	Hunan	5050.4	6341.0	1741.1	1706.2	1842.2	2021.6
广东	Guangdong	15110.0	17049.4	4385.2	3992.5	5038.9	5106.4
广西	Guangxi	4082.8	4711.8	1330.7	1130.5	1438.4	1502.0
海南	Hainan	921.1	1004.9	187.1	106.6	249.4	195.2
重庆	Chongqing	7487.4	9244.0	2209.8	2224.8	2017.7	2239.5
四川	Sichuan	8277.7	10621.3	2769.9	3023.5	3402.5	4022.8
贵州	Guizhou	2784.9	3230.6	711.6	534.8	862.6	831.7
云南	Yunnan	2807.0	3220.7	857.5	856.6	1431.9	1561.7
西藏	Tibet	43.4	69.2	26.5	18.1	25.9	34.1
陕西	Shanxi	3175.7	3559.2	757.2	792.1	892.0	1115.2
甘肃	Gansu	1438.0	1590.2	454.9	420.3	493.2	515.5
青海	Qinghai	422.9	446.7	104.1	127.7	121.0	113.5
宁夏	Ningxia	1049.4	1140.5	568.1	524.2	377.9	379.9
新疆	Xinjiang	1371.1	1559.1	717.4	595.6	687.2	849.9

附录1-11 房地产开发企业(单位)投资和商品房销售额

Investment and Total Sale of Commercial Buildings of Enterprises for Real Estate Development

单位:亿元 (100 million yuan)

地 区	Region	房地产开发投资额 Investment for Real Estate		商品房销售额 Total Sale of Commercial Buildings		#住 宅 Residential	
		2005	2006	2005	2006	2005	2006
全国总计	**Total**	**15909.2**	**19382.5**	**17576.1**	**20509.7**	**14563.8**	**17038.0**
北 京	Beijing	1525.0	1719.9	2120.2	2159.0	1740.0	1626.3
天 津	Tianjin	327.5	402.3	571.1	696.3	504.1	619.5
河 北	Hebei	391.5	480.0	262.3	358.6	235.0	321.4
山 西	Shanxi	178.0	208.6	152.2	153.3	116.3	130.0
内蒙古	Inner Mongolia	162.1	325.0	178.3	257.0	128.7	202.3
辽 宁	Liaoning	874.3	1142.2	717.4	923.9	620.6	788.7
吉 林	Jilin	195.7	310.5	156.9	194.1	131.0	169.9
黑龙江	Heilongjiang	267.6	321.3	260.9	325.5	196.3	264.3
上 海	Shanghai	1246.9	1275.6	2161.3	2177.1	1906.0	1841.0
江 苏	Jiangsu	1545.2	1901.0	1724.9	2127.7	1422.8	1756.2
浙 江	Zhejiang	1456.5	1572.8	1414.9	1678.4	1122.2	1357.9
安 徽	Anhui	459.4	637.5	423.4	535.9	348.1	438.6
福 建	Fujian	540.4	787.4	605.1	807.5	481.9	637.3
江 西	Jiangxi	301.1	343.6	252.2	291.4	194.3	250.8
山 东	**Shandong**	**977.7**	**1185.2**	**910.7**	**1059.3**	**784.2**	**917.2**
河 南	Henan	388.5	582.0	322.0	483.6	255.4	401.2
湖 北	Hubei	448.0	564.8	386.6	521.0	335.2	463.9
湖 南	Hunan	457.0	556.1	299.3	389.9	226.4	300.4
广 东	Guangdong	1591.9	1834.3	2238.7	2490.6	1886.4	2135.7
广 西	Guangxi	286.8	370.0	289.6	329.9	239.8	270.7
海 南	Hainan	70.8	89.3	72.9	70.9	66.5	66.5
重 庆	Chongqing	517.7	629.6	430.8	505.7	340.7	418.7
四 川	Sichuan	701.4	919.5	661.9	896.3	511.2	762.3
贵 州	Guizhou	154.1	187.6	138.6	150.2	101.3	122.8
云 南	Yunnan	246.9	314.6	310.0	366.3	259.1	298.7
西 藏	Tibet	6.0	7.4	4.4	7.4	3.6	3.2
陕 西	Shanxi	299.0	394.8	183.7	274.7	164.0	243.5
甘 肃	Gansu	86.6	97.7	95.5	91.7	76.5	82.2
青 海	Qinghai	29.1	31.2	22.2	22.4	18.2	19.8
宁 夏	Ningxia	74.8	76.9	84.5	78.4	56.3	63.0
新 疆	Xinjiang	101.7	120.4	123.5	156.7	91.5	130.0

附录 1－12 地方财政收入

Final Statement of Government Revenue by Region

单位:亿元 (100 million yuan)

地区	Region	2000	2001	2002	2003	2004	2005	2006
地方总计	**Total**	**6406.1**	**7803.3**	**8515.0**	**9850.0**	**11693.4**	**14884.2**	**18303.6**
北京	Beijing	345.0	454.2	534.0	592.4	744.5	919.2	1117.2
天津	Tianjin	133.6	163.6	171.8	204.5	246.2	331.9	417.0
河北	Hebei	248.8	283.5	302.3	335.8	407.8	515.7	620.5
山西	Shanxi	114.5	132.8	150.8	186.1	256.4	368.3	583.4
内蒙古	Inner Mongolia	95.0	99.4	112.9	138.7	196.8	277.5	343.4
辽宁	Liaoning	295.6	370.4	399.7	447.0	529.6	675.3	817.7
吉林	Jilin	103.8	121.1	131.5	154.0	166.3	207.2	245.2
黑龙江	Heilongjiang	185.3	213.6	231.9	248.9	289.4	318.2	386.8
上海	Shanghai	485.4	609.5	709.0	886.2	1106.2	1417.4	1576.1
江苏	Jiangsu	448.3	572.1	643.7	798.1	980.5	1322.7	1656.7
浙江	Zhejiang	342.8	500.7	566.9	706.6	806.0	1066.6	1298.2
安徽	Anhui	178.7	192.2	200.2	220.7	274.6	334.0	428.0
福建	Fujian	234.1	274.3	272.9	304.7	333.5	432.6	541.2
江西	Jiangxi	111.6	132.0	140.5	168.2	205.8	252.9	305.5
山东	**Shandong**	**463.7**	**573.2**	**610.2**	**713.8**	**828.3**	**1073.1**	**1356.3**
河南	Henan	246.5	267.7	296.7	338.1	428.8	537.7	679.2
湖北	Hubei	214.3	231.9	243.4	259.7	310.5	375.5	476.1
湖南	Hunan	177.0	205.4	231.1	268.6	320.6	395.3	477.9
广东	Guangdong	910.6	1160.5	1201.6	1315.5	1418.5	1807.2	2179.5
广西	Guangxi	147.1	178.7	186.7	203.7	237.8	283.0	342.6
海南	Hainan	39.2	43.8	46.2	51.3	57.0	68.7	81.8
重庆	Chongqing	87.2	106.1	126.1	161.6	200.6	256.8	317.7
四川	Sichuan	233.9	271.1	291.9	336.6	385.8	479.7	607.6
贵州	Guizhou	85.2	99.7	108.3	124.6	149.3	182.5	226.8
云南	Yunnan	180.7	191.3	206.8	229.0	263.4	312.6	380.0
西藏	Tibet	5.4	6.1	7.3	8.2	10.0	12.0	14.6
陕西	Shanxi	115.0	135.8	150.3	177.3	215.0	275.3	362.5
甘肃	Gansu	61.3	69.9	76.2	87.7	104.2	123.5	141.2
青海	Qinghai	16.6	19.8	21.1	24.0	27.0	33.8	42.2
宁夏	Ningxia	20.8	27.6	26.5	30.0	37.5	47.7	61.4
新疆	Xinjiang	79.1	95.1	116.5	128.2	155.7	180.3	219.5

注:1. 本表及以下各地区表中,2006 年数据为月度执行情况汇总数,以前各年数据为各地区财政决算数。

2. 本表数据为地方财政本级收入,不含财政部调整数据。

a) In this table and the following ones, data in 2006 are the sum of revenue in every month. Data in other years are the final accounting of revenue and expenditure of local government.

b) Data in this table are the revenue of local governments and data adjusted by The Ministry of Finance are excluded.

附录 1－12 续表 1 continued

单位:万元 (10 000 yuan)

地 区	Region	收入合计 Total Revenue	增值税 Value-added Tax	营业税 Operation Tax	企业所得税 Enterprises' Income Tax	企业所得税退税 Return for Income Tax	个人所得税 Individual Income Tax	资源税 Resources Tax	固定资产投资方向调节税 Tax on the Adjustment of the Investment in the Fixed Assets	城市维护建设税 Tax onCity Maintenance and construction
地方总计	**Total**	**183035800**	**31963804**	**49681725**	**21824991**	**－18221**	**9815402**	**2071078**	**7427**	**9334307**
北 京	Beijing	11171514	1177984	4609912	2138573		1022754	3052	15	451704
天 津	Tianjin	4170479	806681	1159176	534939	－2976	212141	5004	128	192174
河 北	Hebei	6205340	1405500	1336099	663664		293536	175241	159	334231
山 西	Shanxi	5833752	1188365	744806	527204		156988	203968	1	256610
内 蒙 古	Inner Mongolia	3433774	594813	888508	272831	－1	120836	127755	747	180537
辽 宁	Liaoning	8176718	1244029	2053699	739961	－1018	356348	187420	3455	438653
吉 林	Jilin	2452045	429738	596923	178791		117041	23888	21	143760
黑 龙 江	Heilongjiang	3868440	1031951	732253	237909	－123	160201	145207	4	316421
上 海	Shanghai	15760742	2702130	5586744	2714672	－8393	1310730			529671
江 苏	Jiangsu	16566820	3294346	4318092	2208691		817307	38816	3	849160
浙 江	Zhejiang	12982044	2486339	3868717	2042473	－166	809783	46468	700	770924
安 徽	Anhui	4280265	691811	1025791	410851	－1043	139687	60493		234844
福 建	Fujian	5411707	878301	1576820	712277		334377	31764	72	231489
江 西	Jiangxi	3055214	411759	755107	246651		123580	34562		134563
山 东	**Shandong**	**13562526**	**2428345**	**2717252**	**1482753**		**458361**	**261376**	**1566**	**784298**
河 南	Henan	6791715	1058397	1433424	702140	－846	240540	165884		350236
湖 北	Hubei	4760823	778051	1152962	475696	－96	195529	42462	45	301641
湖 南	Hunan	4779274	692813	1158144	300567	－1117	202224	20639		297009
广 东	Guangdong	21794608	3979834	6617029	2974640		1569193	41807	113	775903
广 西	Guangxi	3425788	469098	810494	234998	－210	147318	25328	－1	151663
海 南	Hainan	818139	104951	287308	57109		39644	8568		37559
重 庆	Chongqing	3177165	387112	858695	171603	－123	122390	37745		155131
四 川	Sichuan	6075850	847362	1786426	543877	－146	268400	53103	45	332305
贵 州	Guizhou	2268157	381878	557303	214095	－800	110417	30665	20	154212
云 南	Yunnan	3799702	675019	894891	413009		144562	46110	10	343424
西 藏	Tibet	145607	15065	51077	8747		4466	2985		4984
陕 西	Shanxi	3624805	730518	879989	341000	－639	132886	114459	60	245048
甘 肃	Gansu	1412152	314071	372674	106902	－293	57884	31202	161	109908
青 海	Qinghai	422437	97547	112690	36066		14567	19422	5	26563
宁 夏	Ningxia	613570	110274	188223	32246	－229	24599	6143		35841
新 疆	Xinjiang	2194628	549722	550497	100056	－2	107113	79542	98	163841

附录 1－12 续表 2 continued

单位:万元 (10 000 yuan)

地区	Region	房产税 Tax on Real Estates	印花税 Stamp Tax	城镇土地使用税 Tax on the Use of Urban Land	土地增值税 Land Value Added Tax	车船使用和牌照税 Tax on the Use of Vehicles and Ships	屠宰税 Slaughter Tax	农业税 Agriculture Tax	农业特产税 Tax on Special Agriculture Products
地方总计	**Total**	**5148467**	**2025522**	**1768092**	**2314724**	**499738**	**5**	**1314**	**35163**
北京	Beijing	432935	135456	40022	56692	35137			
天津	Tianjin	126191	49909	11000	35894	11601			
河北	Hebei	130461	67192	53728	36379	11205		18	
山西	Shanxi	77599	39577	50608	4241	3271			
内蒙古	Inner Mongolia	92741	45670	83743	34780	13084		89	1250
辽宁	Liaoning	298039	96161	168347	115401	22323	3	1	988
吉林	Jilin	87345	21888	24757	15182	6347			4347
黑龙江	Heilongjiang	111264	26317	34560	8803	14500		930	2077
上海	Shanghai	426773	269076	25815	356819	17269			
江苏	Jiangsu	488665	200771	85749	329167	28692			
浙江	Zhejiang	399495	175063	105653	202541	30605			6
安徽	Anhui	84251	36685	56021	46022	15629			
福建	Fujian	185839	71446	56743	105348	14918			1884
江西	Jiangxi	52297	22722	29043	40464	7814			611
山东	**Shandong**	**387000**	**123031**	**359719**	**220164**	**64233**		**2**	**1035**
河南	Henan	140178	57905	94996	45893	11635			3661
湖北	Hubei	117286	53469	51164	36389	12977		1	269
湖南	Hunan	100861	40159	34439	10536	8867			4233
广东	Guangdong	718371	251669	112419	304612	94759	2		910
广西	Guangxi	81064	17670	36407	76474	6575		23	162
海南	Hainan	35106	7799	9811	27888	3209		59	31
重庆	Chongqing	65549	31553	44602	43845	6381		82	897
四川	Sichuan	150411	58536	64538	87681	12206			3913
贵州	Guizhou	51224	12534	20407	14304	3312		5	2598
云南	Yunnan	85165	33853	34647	20286	18011		30	3258
西藏	Tibet		893		243				
陕西	Shanxi	78862	31387	37729	22470	11493			2921
甘肃	Gansu	46368	16895	15438	1829	2650		32	102
青海	Qinghai	9576	3771	903	401	458			
宁夏	Ningxia	14050	6946	7779	2477	1160			
新疆	Xinjiang	73501	19519	17305	11499	9417		42	10

附录1－12 续表3 continued

单位:万元 (10 000 yuan)

地区 Region	耕地占用税 Tax on the Occupancy of Cultivated Land	契税 Contract Tax	国有资产经营收益 State-owned Assets Profit	国有企业计划亏损补贴 Planning Subsidies to Loss-Suffering State－owned Enterprises	行政性收费收入 Income from Administrative Fees	罚没收入 Penalty and Confiscatory Income	海域场地矿区使用费收入 Income from Use of Sea Area, Field and Diggings	专项收入 Expert Project Income	其他收入 Other Income
地方总计 Total	**1711174**	**8676745**	**5004654**	**－1490711**	**13202703**	**7063144**	**110398**	**9518845**	**2765310**
北京 Beijing	15204	648741	23342	－484220	228257	207840	10618	354845	62651
天津 Tianjin	4932	279686		－25000	535075	89009	10609	109381	24925
河北 Hebei	39003	173577	163490	－8752	431923	382850	12391	423728	79717
山西 Shanxi	12442	38885	38155	－24026	277500	218823	4	1969464	49267
内蒙古 Inner Mongolia	71987	76906	188849	－9329	277816	133562		184955	51645
辽宁 Liaoning	52882	483166	409094	－30021	811395	298216	16939	344990	66247
吉林 Jilin	44825	93339	146214	－54049	275928	130750	426	122859	41725
黑龙江 Heilongjiang	11168	180069	194578	－16954	223867	132767		285213	35458
上海 Shanghai	36059	831259		－48385	363982	202582		330676	113263
江苏 Jiangsu	177468	1054359	439059	－99838	1027043	614309	1560	615232	78169
浙江 Zhejiang	121797	781402	7777	－432896	383911	590772	3260	527201	60219
安徽 Anhui	81660	238502	75667	－30908	645101	184195		228934	56072
福建 Fujian	38836	252772	77356	－2702	345432	231640	11223	170931	84941
江西 Jiangxi	37454	185275	120448	－1995	383546	237567		133501	100245
山东 Shandong	**396537**	**661374**	**584076**	**－44610**	**1332044**	**557499**	**20375**	**608806**	**157290**
河南 Henan	108989	269748	429601	－10400	798994	385932	401	368617	135790
湖北 Hubei	33905	214948	139022	－21705	611654	273018	573	197765	93798
湖南 Hunan	97905	229795	213597	－38180	554936	332835		252462	266550
广东 Guangdong	68404	987319	358976	－9014	1259042	662477	9982	629308	386853
广西 Guangxi	40024	149983	371691	－7003	354119	217527	6420	140641	95323
海南 Hainan	7212	31279	37109		53849	28758	4878	23694	12318
重庆 Chongqing	43001	173331	149408	－10050	595151	95370	581	156487	48424
四川 Sichuan	83916	329330	244234	－25215	579537	240033		314933	100425
贵州 Guizhou	23140	47078	69034	－3747	167703	121475		139163	152137
云南 Yunnan	27269	77860	80930	－17479	206878	196072		262609	253288
西藏 Tibet	26		3016	－2922	13094	7003		4262	32668
陕西 Shanxi	26681	72257	342806	－17848	150076	115421	158	251484	55587
甘肃 Gansu	3286	27458	22626	－13423	100674	52726		113194	29788
青海 Qinghai	2351	6872	3626	－40	23713	10394		37407	16145
宁夏 Ningxia	829	18945	38794		40288	25628		50935	8642
新疆 Xinjiang	1982	61230	32079		150175	86094		165168	15740

附录1－13 地方财政支出(2006年)

Final Statement of Government Expenditure by Region(2006)

单位:万元　　　　(10 000 yuan)

地区	Region	支出合计 Total Expenditure	基本建设 Expenditure for Capital Construction	企业挖潜改造资金 Expenditure for Innovation Enterprises	地质勘探费 Expenditure for Geological Prospecting	科技三项费用 Expenditure for Science and Technology Promotion	流动资金 Expenditure for Circulating Funds	农业支出 Expenditure for Agriculture	林业支出 Expenditure for Forestry
地方总计	**Total**	**304313277**	**29068577**	**9515068**	**1038708**	**3608616**	**9346**	**10686465**	**5492981**
北京	Beijing	12968389	993036	516313	13994	112209		411092	129011
天津	Tianjin	5431219	832874	346945	16862	149692		111385	12118
河北	Hebei	11803590	689620	193756	35817	88627		373173	220479
山西	Shanxi	9155698	547333	16511	25223	55715	651	275830	186381
内蒙古	Inner Mongolia	8121330	1253030	240095	16811	45414		296661	493934
辽宁	Liaoning	14227471	1372691	384943	37903	291249		486949	141349
吉林	Jilin	7183588	590955	107318	49891	56101		277006	217391
黑龙江	Heilongjiang	9685255	555760	345387	19478	86529		366294	360440
上海	Shanghai	17955660	3955840	2502021	2057	42634		282709	32418
江苏	Jiangsu	20132502	1818912	717206	34818	392960		832939	68648
浙江	Zhejiang	14718593	1001210	552198	34615	415202		702724	100619
安徽	Anhui	9402329	976248	322134	51503	51699		339334	121724
福建	Fujian	7286973	555755	226137	16820	96134	521	238183	60232
江西	Jiangxi	6964361	488715	166598	72051	31732		338817	146137
山东	**Shandong**	**18334400**	**821963**	**748249**	**35346**	**276583**	**4031**	**775289**	**104300**
河南	Henan	14400878	1192268	447541	29551	116451		452756	152696
湖北	Hubei	10470041	511554	136444	19892	99706	22	389588	169540
湖南	Hunan	10645177	726660	159927	78701	104357		480973	253858
广东	Guangdong	25533399	2726869	279731	35159	625003	181	519633	161326
广西	Guangxi	7295172	621530	150485	35361	44712		269032	166075
海南	Hainan	1745366	187708	4294	3611	10212		64049	30176
重庆	Chongqing	5942543	746977	129649	7903	61033		161974	178900
四川	Sichuan	13473951	1150322	341384	63637	83336	3640	539819	455624
贵州	Guizhou	6106411	419335	57401	41184	43847		288866	225013
云南	Yunnan	8935821	860634	119060	32432	63474	300	388096	310574
西藏	Tibet	2001969	585771	2775	16392	5483		77578	38970
陕西	Shanxi	8241805	723240	152544	61405	65049		350518	349275
甘肃	Gansu	5285946	590842	39495	58365	31430		188778	266498
青海	Qinghai	2146628	363827	19957	21036	8896		72663	75625
宁夏	Ningxia	1932089	389413	40952	14941	10802		90216	101141
新疆	Xinjiang	6784723	817685	47618	55949	42345		243541	162509

附录 1－13　续表 1　continued

单位:万元　(10 000 yuan)

地　区	Region	农林水利气象事业费 Expenditure for Operating Expenses of Agriculture, Forestry, Water Conservancy and Meteorology	工业交通等部门事业费 Expenditure for Operating Expenses of Departments of Industry & Transportation	流通部门部门事业费 Expenditure for Operating Expenses of Department of Commerce	文体广播事业费 Expenditure for Operating Expenses of Department of Culture, Sport & Broadcasting	教育支出 Expenditure for Operating Expenses of Department of Education	科学支出 Expenditure for Operating Expenses of Department of Science	医疗卫生支出 Expenditure for Public Health	其他部门的事业费 Expenditure for Operating Expenses of Other Department
地方总计	**Total**	**3492331**	**3959261**	**501949**	**7582603**	**44851837**	**1674690**	**12959969**	**13501415**
北　京	Beijing	69011	94307	2831	310411	1751755	193238	870575	482759
天　津	Tianjin	37282	25362	296	135239	815828	33063	237784	120826
河　北	Hebei	112672	178105	19678	288068	1895526	39768	502031	677001
山　西	Shanxi	79532	123334	15505	215506	1208708	24942	354622	346967
内蒙古	Inner Mongolia	86112	85474	6255	185601	950332	21354	282462	446523
辽　宁	Liaoning	128944	205116	22445	261475	1668888	53972	437296	679320
吉　林	Jilin	49172	103120	22227	180830	912752	32480	269189	350324
黑龙江	Heilongjiang	81197	143477	38591	215968	1337055	38465	363780	486682
上　海	Shanghai	102352	80987	2216	288995	2054600	202682	614972	717225
江　苏	Jiangsu	323395	294151	14232	491323	2982252	106015	895249	771372
浙　江	Zhejiang	215355	300444	19324	459771	2690418	128065	835322	980591
安　徽	Anhui	93839	175693	14450	216137	1520858	33438	347649	277282
福　建	Fujian	93403	146366	14857	239887	1362444	52315	340692	367726
江　西	Jiangxi	80586	115521	18297	181927	1037596	26554	288172	372952
山　东	**Shandong**	**204167**	**194739**	**31599**	**519674**	**2922839**	**90544**	**733206**	**844126**
河　南	Henan	154633	177726	18626	440976	2331485	55507	614162	627552
湖　北	Hubei	145389	140620	39021	241675	1454723	29183	449741	419127
湖　南	Hunan	108391	153518	37588	259685	1422621	30522	346152	521401
广　东	Guangdong	476107	246149	43538	592184	3926235	171660	1035579	1387583
广　西	Guangxi	97241	63952	11653	206279	1354638	50309	334041	396135
海　南	Hainan	24193	9581	1471	40185	278479	6676	76109	94043
重　庆	Chongqing	45599	40091	6723	121402	786380	13548	197870	142150
四　川	Sichuan	136040	241539	26706	339499	1818699	59908	574949	472605
贵　州	Guizhou	101637	75918	12763	203300	1119194	32000	300375	216673
云　南	Yunnan	139898	137284	27049	238808	1503948	47653	571204	372659
西　藏	Tibet	15488	42306	836	42490	205964	3521	80941	7612
陕　西	Shanxi	117470	191891	24045	237238	1280080	28305	288357	407515
甘　肃	Gansu	72478	53276	3790	161751	874820	23387	232159	174081
青　海	Qinghai	20779	27826	566	49009	243755	5787	115786	63497
宁　夏	Ningxia	21500	26927	2672	44353	246179	8698	70085	63103
新　疆	Xinjiang	58469	64461	2099	172957	892786	31131	299458	214003

附录 1－13　续表 2　continued

单位:万元　　　　　　　　　　　　　　　　　　　　　　　　　　　　　　(10 000 yuan)

地　区	Region	抚恤和社会福利救济 Expenditure for Pensions and Relief Funds for Scocial Welfare	行政事业单位离退休支出 Expenditure for Retired Persons in Administrative Department	社会保障补助支出 Expenditure on Subsidies to Social Security Program	国防支出 Expenditure for National Defense	行政管理费 Expenditure for Government Administration	外交外事支出 Expenditure for Foreign Affairs	武装警察部队支出 Expenditure for Armed Police Troops	公检法司支出 Expenditure for Public Security Agency, Procuratorial Agency and Court of Justice
地方总计	**Total**	**9020710**	**12208017**	**18826993**	**320386**	**28947597**	**136124**	**526459**	**20755269**
北　京	Beijing	382210	590651	374205	2943	839533	3172	2626	1015621
天　津	Tianjin	109808	12286	515659	3115	319670	6263	3905	389768
河　北	Hebei	353444	553083	828572	11645	1129634	9223	5888	778060
山　西	Shanxi	243473	426034	680089	8930	826868	1827	9730	494477
内蒙古	Inner Mongolia	198760	492834	401224	6700	821707	3699	21253	395100
辽　宁	Liaoning	515158	620144	2024175	24390	1095417	17894	15546	914260
吉　林	Jilin	292802	423857	818202	6484	567059	3555	21118	431382
黑龙江	Heilongjiang	402902	257340	1349257	19494	865111	2678	26384	585064
上　海	Shanghai	271621	93483	1006739	5847	807473	11117		1001909
江　苏	Jiangsu	485623	545418	838542	18306	2318910	6778	36207	1578049
浙　江	Zhejiang	371232	93136	361897	15025	1608880	8906	39908	1317280
安　徽	Anhui	330804	462768	650938	9005	933113	6078	8624	525970
福　建	Fujian	219975	417831	116918	20312	590591	2745	24730	542511
江　西	Jiangxi	283328	221838	486189	7504	586446	1407	8482	465571
山　东	**Shandong**	**494988**	**759925**	**675428**	**13885**	**1929519**	**4905**	**18251**	**1168852**
河　南	Henan	497072	773414	828252	7394	1466931	1704		851139
湖　北	Hubei	444851	320087	1069869	3012	1112894	2696	24483	800146
湖　南	Hunan	424118	504250	1025543	14098	1058309	3393	14965	684229
广　东	Guangdong	524351	1147878	492191	27224	2563287	5835	104206	2578450
广　西	Guangxi	182096	287412	319890	15260	737856	10942	11316	535696
海　南	Hainan	58206	65377	138928	2420	170519	1645	6943	119658
重　庆	Chongqing	214810	351927	527904	5946	617006	661	17774	389346
四　川	Sichuan	516313	659142	894102	23176	1602024	3989	27330	856554
贵　州	Guizhou	185470	37129	276238	5622	745898	2087	4502	410117
云　南	Yunnan	251795	740211	341539	19229	952075	3754	29817	616507
西　藏	Tibet	38854	20589	49724	1882	322954	323	5749	88234
陕　西	Shanxi	257912	301327	697609	4735	785192	1929	8156	418755
甘　肃	Gansu	159762	275364	425362	5895	534555	2830	4968	238827
青　海	Qinghai	63679	188475	176788	1818	199185	1262	3028	101905
宁　夏	Ningxia	52366	74117	112041	1959	129959	1748	6272	97586
新　疆	Xinjiang	192927	490690	322979	7131	709022	1079	14298	364246

附录 1－13 续表 3 continued

单位:万元 (10 000 yuan)

地区	Region	城市维护费 Expenditure for City Maintenance	政策性补贴支出 Expenditure for Price Subsidies	支援不发达地区支出 Expenditure for Supporting Undeveloped Areas	海域开发建设和场地使用费支出 Expenditure for Developing Land and Sea Area	车辆税费支出 Expenditure for Vehicle Tax	债务利息支出 Expenditure for Interest of Debts	专项支出 Expenditure for Special Items	其他支出 Other Expenditures
地方总计	**Total**	**15374481**	**8373047**	**2159214**	**55881**	**2113280**	**360352**	**8473589**	**28718062**
北京	Beijing	759902	77333		586	5950		351724	2611391
天津	Tianjin	668999	46433	4550	10709	1005	9000	104697	349796
河北	Hebei	576929	525182	64394	9081	79380	605	413531	1150618
山西	Shanxi	337371	143663	58825	20	88363	192	1893109	465967
内蒙古	Inner Mongolia	545077	235350	73359	50	45833	7959	195482	266885
辽宁	Liaoning	941709	365017	54218	4297	40812	146927	298215	976752
吉林	Jilin	295594	583563	45758	59	80977	36428	96566	261428
黑龙江	Heilongjiang	362839	589142	53065	150	153540	6075	246910	326201
上海	Shanghai	1047647	36660			3056		316171	2472229
江苏	Jiangsu	1739125	451891	20582	814	34536	8617	560113	1745519
浙江	Zhejiang	843596	162968	48601	621	42532		448691	919462
安徽	Anhui	274345	434996	62130	115	138468	2920	230546	789521
福建	Fujian	234827	130347	44189	5384	70862	6649	154016	893614
江西	Jiangxi	342484	251580	64868	64	122178	51	126374	630342
山东	**Shandong**	**1470287**	**657001**	**20787**	**10695**	**37399**	**6434**	**562013**	**2197376**
河南	Henan	488613	843679	97612	122	125132	21317	363663	1222904
湖北	Hubei	323245	524908	73445	296	116873	4562	166901	1235548
湖南	Hunan	440988	395987	82532	89	122895	3237	208549	977641
广东	Guangdong	1207928	238510	184332	8328	48439	4934	557804	3612765
广西	Guangxi	271391	111021	101394	2925	62910	12168	105209	726243
海南	Hainan	61549	42310	35960	915	17368	1287	22898	168596
重庆	Chongqing	485258	88339	52483		70546	5097	128609	346638
四川	Sichuan	389344	292761	126113	67	133726	45419	252996	1343188
贵州	Guizhou	147201	58999	168396	68	72738	15436	107775	731229
云南	Yunnan	280649	83572	193809	187	62974	3550	142633	400447
西藏	Tibet	5347	20912	33971		71477		7276	208550
陕西	Shanxi	330826	123653	120099	22	64680	890	110862	738226
甘肃	Gansu	145813	101860	107131	61	60874	2365	110008	339121
青海	Qinghai	27710	17845	48052	36	46613	8233	39010	133980
宁夏	Ningxia	81276	32994	43867	60	25529		42132	99201
新疆	Xinjiang	246612	704571	74692	60	65615		109106	376684

附录1－14 居民消费价格分类指数(2006年)

Consumer Price Indices by Category and Region(2006)

(上年＝100) (preceding year＝100)

地区	Region	居民消费价格指数 General Index	食品 Food	烟酒及用品 Tobacco, Liquor and Articles	衣着 Clothing	家庭设备用品及服务 Household Facilities, Articles and Services	医疗保健和个人用品 Health Care and Personal Articles	交通和通信 Transportation and Communication	娱乐教育文化 Recreation, Education and Culture	居住 Residence
全国	**Total**	**101.5**	**102.3**	**100.6**	**99.4**	**101.2**	**101.1**	**99.9**	**99.5**	**104.6**
北京	Beijing	100.9	102.8	99.9	99.7	101.2	101.1	99.3	98.7	101.4
天津	Tianjin	101.5	102.7	103.0	97.5	100.5	101.4	98.9	99.0	104.4
河北	Hebei	101.7	103.2	100.6	99.9	99.7	100.3	100.5	100.0	104.5
山西	Shanxi	102.0	103.0	102.3	99.4	101.8	104.0	100.3	99.8	104.4
内蒙古	Inner Mongolia	101.5	102.6	101.9	100.1	100.3	99.5	101.1	100.8	103.9
辽宁	Liaoning	101.2	102.4	100.2	100.0	100.2	101.0	99.3	98.7	104.2
吉林	Jilin	101.4	102.4	99.6	99.6	99.9	100.0	97.8	101.1	105.5
黑龙江	Heilongjiang	101.9	103.0	100.6	101.9	101.0	100.4	100.9	99.4	104.9
上海	Shanghai	101.2	102.5	100.2	106.4	102.7	101.1	97.3	98.2	102.9
江苏	Jiangsu	101.6	102.6	99.9	100.9	101.4	101.5	99.6	99.3	104.5
浙江	Zhejiang	101.1	101.9	99.5	97.8	101.8	101.7	100.3	98.0	104.8
安徽	Anhui	101.2	101.6	100.6	99.8	101.0	100.5	99.8	100.8	103.8
福建	Fujian	100.8	102.0	100.6	97.3	100.9	99.7	99.3	97.2	105.5
江西	Jiangxi	101.2	101.1	100.3	99.7	101.5	101.6	99.0	99.6	105.6
山东	**Shandong**	**101.0**	**102.1**	**100.8**	**97.6**	**101.1**	**100.8**	**98.7**	**100.0**	**104.4**
河南	Henan	101.3	101.7	100.7	98.7	101.2	100.1	99.6	100.1	105.4
湖北	Hubei	101.6	102.0	101.0	99.3	100.7	103.8	100.1	99.4	104.9
湖南	Hunan	101.4	101.4	101.2	99.9	102.7	100.8	100.9	100.2	104.7
广东	Guangdong	101.8	102.4	101.1	99.3	101.7	100.4	100.5	100.0	104.6
广西	Guangxi	101.3	101.9	98.8	97.6	100.9	105.6	99.1	99.1	104.4
海南	Hainan	101.5	102.3	100.5	95.8	101.1	98.8	101.2	99.0	107.7
重庆	Chongqing	102.4	103.1	100.3	98.2	100.3	100.8	98.7	104.3	106.0
四川	Sichuan	102.3	102.9	101.4	101.5	102.5	101.2	101.7	100.6	104.4
贵州	Guizhou	101.7	103.4	99.0	97.5	101.0	100.1	100.5	101.6	103.9
云南	Yunnan	101.9	102.4	101.6	97.0	100.2	105.3	100.2	99.2	107.1
西藏	Tibet	102.0	102.9	100.3	99.7	98.6	100.8	104.0	104.8	103.6
陕西	Shanxi	101.5	102.9	102.0	103.1	101.6	100.8	100.2	96.1	104.3
甘肃	Gansu	101.3	103.7	99.2	94.7	100.5	102.8	100.3	98.1	105.2
青海	Qinghai	101.6	102.9	101.7	99.4	99.4	103.5	99.3	98.3	104.3
宁夏	Ningxia	101.9	103.9	100.7	101.7	100.6	100.0	100.3	98.0	105.2
新疆	Xinjiang	101.3	102.4	100.5	98.0	99.3	100.0	100.5	99.8	105.7

附录1－15 城镇居民人均可支配收入

Per Capita Disposable Income of Urban Households

单位:元 (yuan)

地 区	Region	2000	2001	2002	2003	2004	2005	2006
全国总计	**Total**	**6280.0**	**6859.6**	**7702.8**	**8472.2**	**9421.6**	**10493.0**	**11759.5**
北 京	Beijing	10349.7	11577.8	12463.9	13882.6	15637.8	17653.0	19977.5
天 津	Tianjin	8140.5	8958.7	9337.6	10312.9	11467.2	12638.6	14283.1
河 北	Hebei	5661.2	5984.8	6679.7	7239.1	7951.3	9107.1	10304.6
山 西	Shanxi	4724.1	5391.1	6234.4	7005.0	7902.9	8913.9	10027.7
内蒙古	Inner Mongolia	5129.1	5535.9	6051.0	7012.9	8123.0	9136.8	10358.0
辽 宁	Liaoning	5357.8	5797.0	6524.5	7240.6	8007.6	9107.6	10369.6
吉 林	Jilin	4810.0	5340.5	6260.2	7005.2	7840.6	8690.6	9775.1
黑龙江	Heilongjiang	4912.9	5425.9	6100.6	6678.9	7470.7	8272.5	9182.3
上 海	Shanghai	11718.0	12883.5	13249.8	14867.5	16682.8	18645.0	20667.9
江 苏	Jiangsu	6800.2	7375.1	8177.6	9262.5	10481.9	12318.6	14084.3
浙 江	Zhejiang	9279.2	10464.7	11715.6	13179.5	14546.4	16293.8	18265.1
安 徽	Anhui	5293.6	5668.8	6032.4	6778.0	7511.4	8470.7	9771.1
福 建	Fujian	7432.3	8313.1	9189.4	9999.5	11175.4	12321.3	13753.3
江 西	Jiangxi	5103.6	5506.0	6335.6	6901.4	7559.6	8619.7	9551.1
山 东	**Shandong**	**6490.0**	**7101.1**	**7614.4**	**8399.9**	**9437.8**	**10744.8**	**12192.2**
河 南	Henan	4766.3	5267.4	6245.4	6926.1	7704.9	8668.0	9810.3
湖 北	Hubei	5524.5	5856.0	6788.5	7322.0	8022.8	8785.9	9802.7
湖 南	Hunan	6218.7	6780.6	6958.6	7674.2	8617.5	9524.0	10504.7
广 东	Guangdong	9761.6	10415.2	11137.2	12380.4	13627.7	14770.0	16015.6
广 西	Guangxi	5834.4	6665.7	7315.3	7785.0	8690.0	9286.7	9898.8
海 南	Hainan	5358.3	5838.8	6822.7	7259.3	7735.8	8123.9	9395.1
重 庆	Chongqing	6276.0	6721.1	7238.0	8093.7	9221.0	10243.5	11569.7
四 川	Sichuan	5894.3	6360.5	6610.8	7041.9	7709.9	8386.0	9350.1
贵 州	Guizhou	5122.2	5451.9	5944.1	6569.2	7322.1	8151.1	9116.6
云 南	Yunnan	6324.6	6797.7	7240.6	7643.6	8870.9	9265.9	10069.9
西 藏	Tibet	7426.3	7869.2	8079.1	8765.5	9106.1	9431.2	8941.1
陕 西	Shanxi	5124.2	5483.7	6330.8	6806.4	7492.5	8272.0	9267.7
甘 肃	Gansu	4916.3	5382.9	6151.4	6657.2	7376.7	8086.8	8920.6
青 海	Qinghai	5170.0	5853.7	6170.5	6745.3	7319.7	8057.9	9000.4
宁 夏	Ningxia	4912.4	5544.2	6067.4	6530.5	7217.9	8093.6	9177.3
新 疆	Xinjiang	5644.9	6395.0	6899.6	7173.5	7503.4	7990.2	8871.3

注:本表绝对数按当年价格计算。

a) Absolute figures in this table are calculated at current prices.

附录 1－16 城镇居民人均收支情况(2006 年)

Per Capita Income and Expenditure of Urban Households(2006)

单位:元 (yuan)

地区	Region	总收入 Total Income	# 可支配收入 Disposable Income	总支出 Total Expenditure	消费性支出 Living Expenditure	非消费性支出 Non-living Expenditure	恩格尔系数(%) Engel's Coefficient (%)
全国总计	**Total**	**12719.2**	**11759.5**	**11881.8**	**8696.6**	**3185.2**	**35.8**
北京	Beijing	22417.2	19977.5	20239.7	14825.4	5414.3	30.8
天津	Tianjin	15476.0	14283.1	15900.3	10548.1	5352.2	34.9
河北	Hebei	10887.2	10304.6	9972.6	7343.5	2629.1	33.9
山西	Shanxi	10793.9	10027.7	10206.4	7170.9	3035.5	31.4
内蒙古	Inner Mongolia	10811.9	10358.0	9883.7	7666.6	2217.1	30.3
辽宁	Liaoning	11230.0	10369.6	10910.6	7987.5	2923.1	38.8
吉林	Jilin	10245.3	9775.1	9535.2	7352.6	2182.5	33.4
黑龙江	Heilongjiang	9721.9	9182.3	8850.8	6655.4	2195.4	33.3
上海	Shanghai	22808.6	20667.9	21108.9	14761.8	6347.2	35.6
江苏	Jiangsu	15248.7	14084.3	13793.0	9628.6	4164.5	36.0
浙江	Zhejiang	19954.0	18265.1	18984.4	13348.5	5635.9	32.9
安徽	Anhui	10574.5	9771.1	10449.7	7294.7	3154.9	42.4
福建	Fujian	15102.4	13753.3	14319.4	9807.7	4511.7	39.3
江西	Jiangxi	10014.6	9551.1	8719.2	6645.5	2073.7	39.7
山东	**Shandong**	**13222.9**	**12192.2**	**11717.5**	**8468.4**	**3249.1**	**32.0**
河南	Henan	10339.2	9810.3	8722.5	6685.2	2037.3	33.1
湖北	Hubei	10533.3	9802.7	9839.7	7397.3	2442.4	38.8
湖南	Hunan	11146.1	10504.7	11123.5	8169.3	2954.2	34.9
广东	Guangdong	17725.6	16015.6	16675.5	12432.2	4243.3	36.2
广西	Guangxi	10624.3	9898.8	9277.7	6792.0	2485.7	42.1
海南	Hainan	10081.7	9395.1	9066.0	7126.8	1939.2	43.5
重庆	Chongqing	12548.9	11569.7	12157.1	9398.7	2758.4	36.3
四川	Sichuan	10117.0	9350.1	10063.9	7524.8	2539.1	37.7
贵州	Guizhou	9439.3	9116.6	8654.8	6848.4	1806.4	38.7
云南	Yunnan	10848.1	10069.9	9839.4	7379.8	2459.6	42.0
西藏	Tibet	9540.9	8941.1	7741.1	6192.6	1548.6	50.2
陕西	Shanxi	9938.2	9267.7	10022.4	7553.3	2469.1	34.3
甘肃	Gansu	9586.5	8920.6	9205.0	6974.2	2230.8	34.5
青海	Qinghai	9803.1	9000.4	8787.7	6530.1	2257.6	36.2
宁夏	Ningxia	10002.0	9177.3	10582.1	7205.6	3376.6	33.9
新疆	Xinjiang	9689.1	8871.3	8583.8	6730.0	1853.8	35.5

附录1－17 农村居民人均纯收入

Per Capita Net Income of Rural Households

单位:元　　　　(yuan)

地　区	Region	2000	2001	2002	2003	2004	2005	2006
全国总计	**Total**	**2253.4**	**2366.4**	**2475.6**	**2622.2**	**2936.4**	**3254.9**	**3587.0**
北　京	Beijing	4604.6	5025.5	5398.5	5601.6	6170.3	7346.3	8275.5
天　津	Tianjin	3622.4	3947.7	4278.7	4566.0	5019.5	5579.9	6227.9
河　北	Hebei	2478.9	2603.6	2685.2	2853.4	3171.1	3481.6	3801.8
山　西	Shanxi	1905.6	1956.0	2149.8	2299.2	2589.6	2890.7	3180.9
内蒙古	Inner Mongolia	2038.2	1973.4	2086.0	2267.7	2606.4	2988.9	3341.9
辽　宁	Liaoning	2355.6	2557.9	2751.3	2934.4	3307.1	3690.2	4090.4
吉　林	Jilin	2022.5	2182.2	2301.0	2530.4	2999.6	3264.0	3641.1
黑龙江	Heilongjiang	2148.2	2280.3	2405.2	2508.9	3005.2	3221.3	3552.4
上　海	Shanghai	5596.4	5870.9	6223.6	6653.9	7066.3	8247.8	9138.7
江　苏	Jiangsu	3595.1	3784.7	3979.8	4239.3	4753.9	5276.3	5813.2
浙　江	Zhejiang	4253.7	4582.3	4940.4	5389.0	5944.1	6660.0	7334.8
安　徽	Anhui	1934.6	2020.0	2117.6	2127.5	2499.3	2641.0	2969.1
福　建	Fujian	3230.5	3380.7	3538.8	3733.9	4089.4	4450.4	4834.8
江　西	Jiangxi	2135.3	2231.6	2306.5	2457.5	2786.8	3128.9	3459.5
山　东	**Shandong**	**2659.2**	**2804.5**	**2954.0**	**3150.5**	**3507.4**	**3930.5**	**4368.3**
河　南	Henan	1985.8	2097.9	2215.7	2235.7	2553.2	2870.6	3261.0
湖　北	Hubei	2268.6	2352.2	2444.1	2566.8	2890.0	3099.2	3419.4
湖　南	Hunan	2197.2	2299.5	2397.9	2532.9	2837.8	3117.7	3389.6
广　东	Guangdong	3654.5	3769.8	3911.9	4054.6	4365.9	4690.5	5079.8
广　西	Guangxi	1864.5	1944.3	2012.6	2094.5	2305.2	2494.7	2770.5
海　南	Hainan	2182.3	2226.5	2423.2	2588.1	2817.6	3004.0	3255.5
重　庆	Chongqing	1892.4	1971.2	2097.6	2214.6	2510.4	2809.3	2873.8
四　川	Sichuan	1903.6	1987.0	2107.6	2229.9	2518.9	2802.8	3002.4
贵　州	Guizhou	1374.2	1411.7	1489.9	1564.7	1721.6	1877.0	1984.6
云　南	Yunnan	1478.6	1533.7	1608.6	1697.1	1864.2	2041.8	2250.5
西　藏	Tibet	1330.8	1404.0	1462.3	1690.8	1861.3	2077.9	2435.0
陕　西	Shanxi	1443.9	1490.8	1596.3	1675.7	1866.5	2052.6	2260.2
甘　肃	Gansu	1428.7	1508.6	1590.3	1673.1	1852.2	1979.9	2134.1
青　海	Qinghai	1490.5	1557.3	1668.9	1794.1	1957.7	2151.5	2358.4
宁　夏	Ningxia	1724.3	1823.1	1917.4	2043.3	2320.1	2508.9	2760.1
新　疆	Xinjiang	1618.1	1710.4	1863.3	2106.2	2244.9	2482.2	2737.3

注:本表按当年价格计算。

a) Figures in this table are calculated at current prices.

附录 1－18 农村居民家庭人均收支情况(2006 年)

Per Capita Income and Expenditure of Urban Households(2006)

单位:元 (yuan)

地　区	Region	总收入 Total Income	# 纯收入 Net Income	# 现金收入 Cash Income	总支出 Total Expenditure	# 生活消费 Consumption Expenditure	# 现金支出 Cash Consumption Expenditure	恩格尔系数(%) Engel's Coefficient (%)
全国总计	**Total**	**5025.1**	**3587.0**	**4301.9**	**4485.4**	**2829.0**	**3931.8**	**43.0**
北　京	Beijing	9821.3	8275.5	9643.9	7626.1	5724.5	7555.1	32.8
天　津	Tianjin	8586.2	6227.9	8105.8	5812.4	3341.1	5697.5	36.3
河　北	Hebei	5426.8	3801.8	4729.1	4251.4	2495.3	3913.4	36.7
山　西	Shanxi	3992.9	3180.9	3419.8	3231.0	2253.2	2958.1	38.5
内蒙古	Inner Mongolia	5802.5	3341.9	4674.5	5491.5	2772.0	4656.6	39.0
辽　宁	Liaoning	6521.4	4090.4	5783.5	5959.4	3066.9	5446.9	37.9
吉　林	Jilin	5734.1	3641.1	4712.9	5209.5	2700.7	4754.5	40.1
黑龙江	Heilongjiang	6238.7	3552.4	5577.8	6070.3	2618.2	5634.1	35.3
上　海	Shanghai	9817.5	9138.7	9592.5	9344.1	8006.0	9137.1	37.8
江　苏	Jiangsu	7267.4	5813.2	6544.2	5933.8	4135.2	5397.2	41.8
浙　江	Zhejiang	9453.9	7334.8	9093.2	8790.0	6057.2	8523.7	36.6
安　徽	Anhui	4130.1	2969.1	3530.0	3762.6	2420.9	3324.6	43.2
福　建	Fujian	5982.0	4834.8	5471.8	4910.2	3591.4	4508.7	45.2
江　西	Jiangxi	4555.9	3459.5	3807.7	3975.8	2676.6	3350.6	49.0
山　东	**Shandong**	**6188.5**	**4368.3**	**5636.4**	**5090.5**	**3143.8**	**4712.0**	**37.9**
河　南	Henan	4459.4	3261.0	3536.6	3637.7	2229.3	3211.2	40.9
湖　北	Hubei	4580.8	3419.4	3793.2	3999.5	2732.5	3267.1	46.8
湖　南	Hunan	4737.0	3389.6	3930.3	4503.1	3013.3	3765.5	48.6
广　东	Guangdong	6292.7	5079.8	5726.7	5205.3	3886.0	4693.1	48.6
广　西	Guangxi	3996.2	2770.5	3252.5	3740.5	2413.9	3121.1	49.5
海　南	Hainan	4507.1	3255.5	3912.5	3495.2	2232.2	2953.4	53.4
重　庆	Chongqing	3814.2	2873.8	2834.5	3294.0	2205.2	2407.2	52.2
四　川	Sichuan	4342.8	3002.4	3367.0	3882.5	2395.0	2941.6	50.8
贵　州	Guizhou	2799.4	1984.6	2097.1	2629.5	1627.1	1948.9	51.5
云　南	Yunnan	3593.6	2250.5	2664.8	3686.9	2195.6	2763.5	48.8
西　藏	Tibet	3158.1	2435.0	2229.1	2713.7	2002.2	1927.9	48.2
陕　西	Shanxi	3337.6	2260.2	2833.0	3486.3	2181.0	3119.2	39.0
甘　肃	Gansu	3105.8	2134.1	2401.7	2957.1	1855.5	2327.0	46.7
青　海	Qinghai	3208.5	2358.4	2592.6	3170.8	2178.9	2495.2	43.1
宁　夏	Ningxia	4565.4	2760.1	3728.6	4358.6	2247.0	3643.8	41.4
新　疆	Xinjiang	5166.2	2737.3	4465.3	4758.2	2032.4	4317.6	39.9

附录1-19 农林牧渔业总产值和指数(2006年)

Gross Output Value and Indices of Farming, Forestry, Animal Husbandry and Fishery(2006)

地区	Region	农林牧渔业总产值(亿元) Gross Output Value (100 million yuan)	#农业 Farming	#林业 Forestry	#牧业 Animal Husbandry	#渔业 Fishery	农林牧渔业总产值比上年增长(%) Growth Rate
全国总计	**Total**	**42424.4**	**21549.1**	**1602.0**	**13640.2**	**4433.0**	**5.4**
北京	Beijing	270.0	109.3	14.8	123.6	9.8	1.2
天津	Tianjin	271.0	105.4	2.0	104.2	38.7	3.5
河北	Hebei	2771.8	1394.7	44.3	1136.8	86.9	5.5
山西	Shanxi	512.4	304.0	15.3	150.4	3.5	5.7
内蒙古	Inner Mongolia	1085.9	532.4	41.8	487.3	8.3	6.8
辽宁	Liaoning	1841.3	715.1	52.3	654.6	366.4	7.0
吉林	Jilin	1155.5	597.0	44.3	483.5	17.0	7.5
黑龙江	Heilongjiang	1387.7	787.4	68.0	480.7	30.1	6.4
上海	Shanghai	237.0	120.0	10.4	46.3	55.3	0.7
江苏	Jiangsu	2707.1	1389.6	54.2	571.4	552.2	4.9
浙江	Zhejiang	1514.6	712.5	86.0	287.3	403.5	3.5
安徽	Anhui	1779.9	905.6	88.4	540.4	191.1	6.5
福建	Fujian	1496.4	628.7	105.8	279.7	463.4	3.0
江西	Jiangxi	1228.3	556.9	104.6	368.2	178.7	6.1
山东	**Shandong**	**4056.6**	**2221.4**	**65.5**	**1160.4**	**537.7**	**5.2**
河南	Henan	3589.7	1996.2	94.9	1299.1	44.0	7.4
湖北	Hubei	1871.0	1018.8	40.5	523.8	259.8	4.9
湖南	Hunan	2131.9	1023.5	112.5	808.3	150.5	4.9
广东	Guangdong	2678.3	1261.1	67.6	656.8	570.4	4.0
广西	Guangxi	1648.1	829.4	79.7	564.5	153.6	7.3
海南	Hainan	543.9	214.6	70.5	99.3	148.3	9.4
重庆	Chongqing	637.2	341.0	22.3	240.3	21.9	-3.9
四川	Sichuan	2602.1	1075.1	76.7	1317.4	87.2	3.7
贵州	Guizhou	610.6	354.6	25.8	207.6	12.4	4.8
云南	Yunnan	1209.8	630.2	142.6	362.9	26.3	8.4
西藏	Tibet	70.0	31.8	2.8	33.0	0.2	0.8
陕西	Shanxi	818.7	531.6	28.9	221.9	5.6	7.3
甘肃	Gansu	561.4	395.4	15.0	135.6	1.2	4.6
青海	Qinghai	100.6	38.1	2.0	56.3	0.1	3.7
宁夏	Ningxia	152.2	89.2	5.0	49.4	4.4	6.8
新疆	Xinjiang	883.5	638.6	17.2	189.1	4.7	7.5

注:本表绝对数按当年价格计算,增长速度按可比价格计算。

Absolute figures in this table are calculated at current prices while growth rate at constant prices.

附录1－20 主要农产品产量(2006年)

Output of Major Agriculture Products(2006)

单位:万吨 (10 000 tons)

地 区	Region	粮 食 Grain	油 料 Oil Crops	棉 花 Cotton	水 果 Fruits	肉 类 Meat	#猪 肉 Pork	#牛 肉 Beef	#羊 肉 Mutton	奶 类 Milk	水产品 Aquatic Products
全国总计	**Total**	**49747.9**	**3059.4**	**674.6**	**17261.2**	**8051.4**	**5197.2**	**750.0**	**469.7**	**3302.5**	**5250.0**
北 京	Beijing	109.2	2.2	0.2	114.8	59.2	29.3	3.6	3.0	62.0	
天 津	Tianjin	143.5	1.2	10.9	67.0	59.5	37.2	6.2	2.8	68.3	
河 北	Hebei	2702.8	150.3	62.8	1453.1	595.5	352.2	90.0	35.4	417.0	
山 西	Shanxi	1073.3	19.2	11.8	353.7	72.5	51.1	7.2	7.7	83.4	
内蒙古	Inner Mongolia	1704.9	116.8	0.2	220.5	255.1	95.6	38.2	81.0	877.5	
辽 宁	Liaoning	1725.0	38.1	0.2	478.4	359.8	195.7	44.4	7.6	97.4	
吉 林	Jilin	2720.0	58.4	0.3	223.8	268.3	114.2	53.0	4.3	35.0	
黑龙江	Heilongjiang	3346.4	63.1		413.8	177.8	101.7	32.3	12.0	464.6	
上 海	Shanghai	111.3	5.3	0.2	108.3	28.6	16.3		0.6	22.1	
江 苏	Jiangsu	3041.4	218.2	38.1	628.5	351.4	218.7	5.4	18.0	59.8	
浙 江	Zhejiang	884.0	47.4	2.4	650.0	170.0	129.9	1.3	3.6	25.5	
安 徽	Anhui	2860.7	261.6	40.8	733.6	353.8	226.7	34.4	17.6	12.8	
福 建	Fujian	701.5	26.9		570.8	168.3	136.0	2.9	2.3	17.4	
江 西	Jiangxi	1854.5	78.0	9.5	356.9	249.1	185.3	10.7	1.7	13.9	
山 东	**Shandong**	**4048.8**	**358.2**	**102.3**	**2513.4**	**762.9**	**380.7**	**81.1**	**36.6**	**238.6**	**757.0**
河 南	Henan	5010.0	480.0	83.0	2005.6	736.5	470.3	109.3	51.2	154.1	
湖 北	Hubei	2210.1	279.8	44.9	625.2	326.9	254.0	16.1	6.5	13.9	
湖 南	Hunan	2706.2	149.4	24.8	607.5	539.7	449.6	18.5	13.0	7.3	
广 东	Guangdong	1387.6	77.6		1001.1	392.8	259.5	7.3	0.7	12.5	
广 西	Guangxi	1463.2	64.2	0.1	812.0	266.4	197.4	18.5	4.1	6.3	
海 南	Hainan	185.6	9.0		247.2	62.1	40.1	3.1	1.4	0.1	
重 庆	Chongqing	910.5	40.3		145.7	177.1	142.1	6.3	4.0	8.3	
四 川	Sichuan	2893.4	217.3	1.6	535.3	690.8	541.3	29.6	21.0	62.5	
贵 州	Guizhou	1122.8	89.5	0.1	109.2	175.0	140.8	13.8	6.0	4.1	
云 南	Yunnan	1542.2	39.0		201.9	322.0	260.6	24.2	11.4	38.7	
西 藏	Tibet	92.4	5.5		0.9	22.7	1.2	13.5	8.1	27.6	
陕 西	Shanxi	1087.0	44.4	8.7	1053.2	104.1	67.7	12.7	10.2	157.4	
甘 肃	Gansu	808.1	49.0	12.8	332.8	89.3	53.6	14.6	14.4	36.4	
青 海	Qinghai	88.3	26.5		2.4	27.2	9.1	7.7	9.6	25.6	
宁 夏	Ningxia	310.9	10.4		114.2	26.7	10.5	6.2	7.2	64.7	
新 疆	Xinjiang	902.2	32.8	218.9	580.4	157.0	28.8	38.0	67.0	187.8	

注:水果产量含果用瓜。

a) Data of output of fruits include yield of melon and fruit.

附录 1－21 主要工业产品产量(2006 年)

Output of Major Industrial Products(2006)

地区	Region	原煤(万吨) Coal (10 000 tons)	原油(万吨) Crude Petroleum Oil (10 000 tons)	发电量(亿千瓦小时) Electricity (100 million kwh)	生铁(万吨) Pig Iron (10 000 tons)	粗钢(万吨) Crude Steel (10 000 tons)	钢材(万吨) Steel (10 000 tons)	水泥(万吨) Cement (10 000 tons)
全国总计	**Total**	**238174.0**	**18367.6**	**28344.0**	**40416.7**	**42266.0**	**47339.6**	**123500.0**
北京	Beijing	658.4		198.7	782.1	817.0	1042.6	1226.6
天津	Tianjin		1943.1	359.2	1131.5	1285.3	2082.9	607.3
河北	Hebei	8364.7	610.8	1451.7	8250.1	9096.3	8467.1	8492.7
山西	Shanxi	58141.9		1467.4	3151.9	1938.5	1663.3	2171.0
内蒙古	Inner Mongolia	30802.3		1416.4	1079.7	861.1	808.5	2061.3
辽宁	Liaoning	7367.3	1226.5	1013.4	3746.3	3798.4	3986.9	3208.2
吉林	Jilin	2932.2	571.4	441.8	425.6	533.6	579.2	2525.0
黑龙江	Heilongjiang	10282.4	4340.5	632.0	257.1	315.2	293.7	1456.3
上海	Shanghai		21.5	711.0	1639.1	1902.8	2129.8	818.3
江苏	Jiangsu	3047.5	188.5	2216.4	3346.5	4202.3	5816.3	10880.8
浙江	Zhejiang	18.3		1661.6	232.9	457.8	1143.6	9947.1
安徽	Anhui	8331.9		728.7	1179.2	1293.8	1317.1	4405.5
福建	Fujian	1932.8		904.3	421.7	465.5	842.6	3343.9
江西	Jiangxi	2783.4		403.5	949.6	1163.0	1235.8	4206.3
山东	**Shandong**	**14058.9**	**2755.1**	**2314.4**	**4328.5**	**3714.9**	**4088.4**	**16575.9**
河南	Henan	19532.2	492.1	1590.3	1460.8	1740.8	1773.0	7413.6
湖北	Hubei	1115.6	79.7	1296.4	1578.8	1658.0	1689.7	5108.7
湖南	Hunan	5847.9		701.2	1094.6	1191.8	1151.4	4375.5
广东	Guangdong		1337.8	2358.4	589.4	902.7	1786.6	8851.1
广西	Guangxi	680.5	3.4	475.4	563.0	622.1	697.5	3545.0
海南	Hainan		11.1	94.9	13.3	0.2	14.2	577.5
重庆	Chongqing	4059.2		275.4	300.2	321.9	382.9	2533.8
四川	Sichuan	8600.0	18.0	1063.0	1307.9	1225.9	1316.4	4900.2
贵州	Guizhou	11816.6		974.7	343.5	332.5	256.6	1799.4
云南	Yunnan	7339.1		692.0	892.4	634.6	578.0	3179.1
西藏	Tibet			15.2				166.7
陕西	Shanxi	18407.6	1988.9	577.3	395.3	388.6	499.8	2375.4
甘肃	Gansu	3822.8	81.7	526.3	545.2	545.3	534.8	1387.4
青海	Qinghai	628.3	223.0	277.2	49.7	79.6	76.7	371.3
宁夏	Ningxia	3273.0		388.4	39.3		21.8	699.1
新疆	Xinjiang	4318.5	2474.7	331.1	321.6	388.7	408.7	1201.7

附录 1 -21 续表 continued

地 区	Region	布 (亿米) Cloth (100 million m)	家 用 电冰箱 (万台) Home Refrigerators (10 000 sets)	农 用 化 肥 (万吨) Chemical Fertilizes (10 000 tons)	汽 车 (万辆) Motor Vehicles (10 000 sets)	程 控 交换机 (万线) Program-Controlled Switchboards (10 000 lines)	移 动 电话机 (万部) Cell Phones (10 000 units)	微型电子 计 算 机 (万部) Micro-computers (10 000 units)
全国总计	**Total**	**550.0**	**3530.9**	**5592.8**	**727.9**	**7404.6**	**48013.8**	**9336.4**
北 京	Beijing	0.1		4.6	68.4	4765.5	14068.0	735.6
天 津	Tianjin	2.8	9.3	16.3	41.2	4.2	10129.7	3.2
河 北	Hebei	28.2		210.5	26.8	11.0		
山 西	Shanxi	2.5		313.6				0.6
内 蒙 古	Inner Mongolia	1.4		76.1	0.9		203.9	
辽 宁	Liaoning	5.0	94.3	75.9	29.1	21.9	180.0	0.1
吉 林	Jilin	0.8		18.7	63.3			
黑 龙 江	Heilongjiang	1.2		51.1	24.4			3.4
上 海	Shanghai	1.0	101.1	3.0	68.2	553.5	1131.7	2670.1
江 苏	Jiangsu	65.0	408.8	254.7	27.5	11.9	6552.6	3932.1
浙 江	Zhejiang	97.5	390.6	55.5	17.8	149.8	4921.6	153.6
安 徽	Anhui	6.0	627.4	210.1	49.0			
福 建	Fujian	19.5		64.8	7.3	1.0	1358.8	445.7
江 西	Jiangxi	3.4	30.5	55.8	23.4	2.7		0.6
山 东	**Shandong**	**104.3**	**1074.2**	**804.9**	**49.6**	**218.2**	**2142.6**	**104.3**
河 南	Henan	18.8	266.8	440.9	5.5			0.4
湖 北	Hubei	25.5	42.4	459.6	54.7	0.1	504.4	
湖 南	Hunan	5.0	36.6	259.2	3.7	1.3		
广 东	Guangdong	28.5	336.0	29.4	55.5	1630.1	6716.1	1282.0
广 西	Guangxi	0.5		94.5	51.8		21.8	0.7
海 南	Hainan			64.3	8.4			
重 庆	Chongqing	3.5		127.7	52.1		45.7	
四 川	Sichuan	7.8		372.4	7.0			
贵 州	Guizhou	0.5	102.2	338.8	0.1		37.0	
云 南	Yunnan	0.1		301.7	3.8	0.7		
西 藏	Tibet							
陕 西	Shanxi	7.8	20.8	107.8	10.8	32.7		4.1
甘 肃	Gansu	0.1		85.3				
青 海	Qinghai			205.1				
宁 夏	Ningxia			77.9				
新 疆	Xinjiang	1.0		130.7	0.1			

附录1-22 规模以上工业主要经济指标(2006年)

Main Indicators on Economic Efficiency of Industrial Enterprises above Designated Size(2006)

单位:亿元 (100 million yuan)

地区	Region	主营业务收入 Revenue from Principal Business	#主营业务成本 Cost of Principal Business	#主营业务税金及附加 Taxes and Other Charges on Princpal Business	#营业费用 Cost of Business	税金总额 Total Taxes	利润总额 Total Profits
全国总计	**Total**	**308424.2**	**261975.0**	**3658.2**	**8483.4**	**13652.7**	**18783.6**
北京	Beijing	8649.6	7544.9	62.9	306.9	289.2	407.9
天津	Tianjin	8782.7	7405.8	99.0	249.0	313.9	690.9
河北	Hebei	13011.6	11145.9	112.9	281.3	577.3	888.1
山西	Shanxi	5684.5	4472.8	70.0	266.9	440.1	367.1
内蒙古	Inner Mongolia	4080.4	3258.4	53.7	146.9	255.5	332.5
辽宁	Liaoning	13756.4	12006.9	159.3	282.9	560.9	434.3
吉林	Jilin	4309.3	3505.1	89.2	118.5	244.3	201.0
黑龙江	Heilongjiang	5685.9	3876.9	89.9	128.1	457.3	1275.9
上海	Shanghai	19030.9	16318.4	190.9	612.2	679.9	1086.7
江苏	Jiangsu	41030.2	36411.3	240.7	974.7	1255.3	1901.8
浙江	Zhejiang	27125.4	23711.6	212.3	651.7	946.1	1324.6
安徽	Anhui	5813.7	4974.5	104.1	195.0	321.0	230.9
福建	Fujian	9288.5	8041.8	93.1	286.1	319.0	446.6
江西	Jiangxi	4054.2	3433.3	61.5	102.6	219.9	198.1
山东	**Shandong**	**38116.1**	**33018.1**	**390.4**	**878.9**	**1638.2**	**2632.6**
河南	Henan	13711.3	11371.5	206.7	376.0	767.3	1145.3
湖北	Hubei	7198.9	5990.0	170.5	216.4	453.6	408.9
湖南	Hunan	5742.5	4686.9	194.4	188.3	425.2	264.8
广东	Guangdong	42427.4	36591.9	273.2	1292.7	1236.3	1958.3
广西	Guangxi	3119.6	2600.9	47.8	96.3	191.7	188.1
海南	Hainan	573.4	456.4	11.7	23.1	34.9	41.5
重庆	Chongqing	3177.4	2655.6	48.9	122.0	162.0	154.7
四川	Sichuan	7674.3	6323.5	110.3	273.6	400.9	430.7
贵州	Guizhou	1886.6	1466.0	70.9	70.8	178.8	117.4
云南	Yunnan	3278.0	2436.5	279.2	89.6	486.0	300.2
西藏	Tibet	27.6	19.2	0.5	2.3	3.3	3.9
陕西	Shanxi	4259.8	3235.1	86.4	115.3	317.1	513.6
甘肃	Gansu	2440.2	2032.6	50.8	50.0	155.1	107.4
青海	Qinghai	633.8	445.5	8.9	10.4	49.0	120.3
宁夏	Ningxia	827.0	716.6	8.8	21.2	42.3	25.3
新疆	Xinjiang	2712.8	1821.1	54.8	53.8	220.1	583.0

注:规模以上工业是指全部国有及年产品销售收入500万元以上的企业。(下表同)

a) Industrial enterprises above designated size are those with annual sales income over 5 million yuan.

附录1-22 续表 continued

单位:亿元 (100 million yuan)

地区	Region	亏损企业亏损总额 Lossed Value of Loss-suffering Enterprises	应收帐款净额 Net Value of Accounts Receivable	产成品 Finished Product	资产合计 Total Assets	负债合计 Total Liabilities	全部从业人员平均人数(万人) Average Number of Employed Persons (10 000 persons)
全国总计	**Total**	**2125.3**	**31699.0**	**14523.8**	**285941.1**	**165181.7**	**7205.4**
北京	Beijing	100.1	1105.8	412.2	13797.6	5375.2	114.6
天津	Tianjin	89.0	959.7	311.8	7307.9	4259.7	122.7
河北	Hebei	105.2	781.6	641.0	11133.3	6831.6	298.2
山西	Shanxi	38.1	549.4	425.6	8621.6	5824.5	211.7
内蒙古	Inner Mongolia	14.9	323.1	197.9	5438.7	3309.2	90.3
辽宁	Liaoning	250.0	1389.5	741.8	13920.4	8066.6	300.6
吉林	Jilin	71.8	456.1	232.1	5045.7	2919.1	101.5
黑龙江	Heilongjiang	67.5	414.3	258.5	5526.6	3143.4	133.8
上海	Shanghai	209.8	2684.4	677.0	17609.4	8812.4	263.0
江苏	Jiangsu	148.4	4958.0	1527.6	30438.0	18472.6	774.5
浙江	Zhejiang	77.0	3446.6	1488.8	23491.7	14127.4	697.5
安徽	Anhui	37.8	549.0	294.1	6299.4	3919.4	160.5
福建	Fujian	49.2	1107.6	463.3	7959.0	4291.5	308.1
江西	Jiangxi	32.7	277.2	177.1	3495.6	2195.1	114.5
山东	**Shandong**	**97.6**	**2013.6**	**1304.5**	**26475.4**	**15294.6**	**788.1**
河南	Henan	57.2	877.0	414.5	10910.4	6584.6	362.0
湖北	Hubei	53.7	637.2	409.6	9826.8	5409.3	193.5
湖南	Hunan	30.3	416.9	271.4	5356.8	3248.7	172.4
广东	Guangdong	241.8	5875.0	2208.7	33635.1	19332.0	1153.9
广西	Guangxi	25.1	266.0	215.7	3510.5	2146.6	92.9
海南	Hainan	10.1	73.3	39.8	923.0	561.6	10.7
重庆	Chongqing	17.9	358.1	180.5	3646.4	2139.3	96.8
四川	Sichuan	39.0	773.9	508.5	9033.8	5624.7	229.8
贵州	Guizhou	25.8	217.0	119.6	3012.9	1982.0	67.2
云南	Yunnan	30.5	286.7	196.5	4646.7	2606.6	69.4
西藏	Tibet	0.4	6.5	2.7	109.7	28.7	2.0
陕西	Shanxi	54.3	455.4	280.6	5976.4	3580.2	120.9
甘肃	Gansu	73.2	174.6	133.3	3086.8	1755.7	67.2
青海	Qinghai	5.8	55.7	41.3	1385.4	923.0	14.9
宁夏	Ningxia	16.3	85.0	64.8	1286.6	773.1	24.7
新疆	Xinjiang	63.3	124.9	139.5	3257.4	1766.9	44.8

附录1-23 规模以上工业主要经济效益指标(2006年)

Main Indicators on Economic Efficiency of Industrial Enterprises above Designated Size(2006)

地区	Region	总资产贡献率(%) Ratio of Total Assets to Industrial Output Value (%)	资本保值增值率(%) Value-insured and Appreciaton Rate of Total Assets (%)	资产负债率(%) Assets-Liability Ratio (%)	流动资产周转次数(次) Number of Times of Annual of Turnover Circulating Funds (time)	成本费用利润率(%) Ratio of Profits to Industrial Cost (%)	产品销售率(%) Sales Rate (%)
全国总计	**Total**	**13.5**	**116.5**	**57.8**	**2.5**	**6.6**	**98.1**
北京	Beijing	5.8	105.8	39.0	2.0	4.9	98.7
天津	Tianjin	15.5	115.3	58.3	2.4	8.6	99.2
河北	Hebei	15.6	120.6	61.4	2.8	7.4	98.2
山西	Shanxi	11.8	126.5	67.6	1.8	7.0	97.7
内蒙古	Inner Mongolia	13.9	124.2	60.9	2.4	9.2	97.7
辽宁	Liaoning	8.7	120.0	58.0	2.2	3.3	98.1
吉林	Jilin	10.5	113.4	57.9	2.3	5.1	96.3
黑龙江	Heilongjiang	32.7	112.2	56.9	2.4	29.6	98.2
上海	Shanghai	11.4	109.6	50.0	2.2	6.1	99.1
江苏	Jiangsu	12.4	118.7	60.7	2.7	4.9	98.5
浙江	Zhejiang	12.1	117.6	60.1	2.2	5.1	97.9
安徽	Anhui	10.6	118.2	62.2	2.4	4.2	98.4
福建	Fujian	11.7	115.8	53.9	2.4	5.1	96.9
江西	Jiangxi	14.6	117.4	62.8	2.8	5.3	98.5
山东	**Shandong**	**19.3**	**122.1**	**57.8**	**3.4**	**7.6**	**98.4**
河南	Henan	21.0	122.7	60.4	3.1	9.3	98.5
湖北	Hubei	10.4	115.2	55.1	2.1	6.1	98.0
湖南	Hunan	15.3	116.5	60.7	2.9	5.1	99.7
广东	Guangdong	11.4	113.3	57.5	2.5	4.9	97.3
广西	Guangxi	13.1	118.5	61.2	2.3	6.5	96.3
海南	Hainan	10.6	129.8	60.9	1.8	8.0	96.8
重庆	Chongqing	10.6	121.0	58.7	2.0	5.2	98.4
四川	Sichuan	11.3	114.4	62.3	2.1	6.1	97.9
贵州	Guizhou	11.9	114.6	65.8	1.8	7.0	96.6
云南	Yunnan	19.7	112.4	56.1	1.6	10.9	98.0
西藏	Tibet	7.3	107.0	26.1	0.9	15.8	92.0
陕西	Shanxi	16.3	130.6	59.9	1.8	14.1	98.1
甘肃	Gansu	10.1	117.3	56.9	2.2	4.8	97.8
青海	Qinghai	15.3	130.8	66.6	1.6	23.8	96.4
宁夏	Ningxia	7.2	125.1	60.1	1.7	3.2	97.0
新疆	Xinjiang	27.5	115.7	54.2	2.7	29.0	98.8

附录1－24 建筑业总产值和房屋建筑面积

Output Value of Construction and Floor Space of Buildings

地　区	Region	总产值(亿元) Total Output Value		施工面积(万平方米) Floor Space of Buildings Under Construction		竣工面积(万平方米) Floor Space of Buildings Completed	
		2005	2006	2005	2006	2005	2006
全国总计	**Total**	**34552.1**	**40975.5**	**352744.7**	**399605.8**	**159406.2**	**164122.5**
北　京	Beijing	1894.0	2161.4	15417.6	16159.7	4862.4	4764.4
天　津	Tianjin	754.4	924.3	3940.6	4271.1	1484.4	1606.9
河　北	Hebei	1285.3	1439.3	11261.4	12177.4	5744.2	5417.7
山　西	Shanxi	849.2	892.0	4048.5	4267.7	1638.5	1382.4
内蒙古	Inner Mongolia	381.3	474.1	2958.9	3509.0	1623.4	1704.1
辽　宁	Liaoning	1481.7	1768.0	10224.9	12074.5	5111.1	5455.5
吉　林	Jilin	485.6	685.0	3165.9	3719.2	1744.7	1746.3
黑龙江	Heilongjiang	572.9	699.3	4467.7	4844.5	2249.7	2379.3
上　海	Shanghai	1889.2	2107.6	14138.0	14462.5	5643.3	5122.8
江　苏	Jiangsu	4368.9	5154.5	52242.2	60617.2	25391.9	28139.0
浙　江	Zhejiang	4718.7	5590.9	59883.7	69315.6	24637.1	27004.3
安　徽	Anhui	963.5	1139.1	9873.7	11705.4	5081.3	5116.1
福　建	Fujian	874.0	1158.2	10268.3	13712.4	4191.4	1296.9
江　西	Jiangxi	566.0	662.3	7281.2	7799.6	4030.5	4342.5
山　东	**Shandong**	**2509.1**	**2791.8**	**25449.9**	**29301.7**	**11883.1**	**13538.3**
河　南	Henan	1066.1	1495.6	10813.2	14010.9	4787.1	6526.2
湖　北	Hubei	1349.3	1702.0	12091.2	13034.6	6896.9	5233.2
湖　南	Hunan	1219.3	1475.1	13774.9	15488.0	6846.0	7225.0
广　东	Guangdong	2199.6	2536.8	26886.0	28759.5	10027.9	10529.3
广　西	Guangxi	425.2	514.1	5518.1	6119.3	2209.7	2338.7
海　南	Hainan	59.7	64.6	692.4	685.9	205.1	278.5
重　庆	Chongqing	783.6	885.2	10722.6	10824.4	5155.2	5174.6
四　川	Sichuan	1469.0	1780.1	17924.4	21564.1	8692.2	9135.5
贵　州	Guizhou	271.2	291.2	3152.8	3335.5	1149.5	987.6
云　南	Yunnan	539.4	652.1	4591.2	5081.2	2470.1	2698.3
西　藏	Tibet	40.6	53.9	151.3	183.2	114.4	108.0
陕　西	Shanxi	658.5	895.4	4563.9	5173.8	1892.9	2130.9
甘　肃	Gansu	313.4	344.3	3008.5	3058.7	1455.2	1352.3
青　海	Qinghai	90.9	105.7	407.5	361.9	194.0	161.2
宁　夏	Ningxia	113.0	130.8	1056.6	1258.8	564.0	531.7
新　疆	Xinjiang	359.3	404.0	2767.6	3044.4	1429.4	1270.1

附录1－25 建筑业主要效益指标(2006年)

Main Economic Indicators on Construction Enterprises(2006)

地区	Region	企业个数(个) Number of Enterprises (unit)	计算劳动生产率的平均人数(万人) Average Number of Employed Persons (10 000 persons)	按建筑业总产值计算的劳动生产率(元/人) Labor Productivity in Terms of Total Output Value (yuan/person)	人均竣工产值(元/人) Per Capita Output Value of Buildings Completed (yuan/person)	人均施工面积(平方米/人) Per Capita Floor Space of Buildings Under Construction (sq. m/person)	人均竣工面积(平方米/人) Per Capita Floor Space of Buildings Completed (sq. m/person)
全国总计	**Total**	**56717**	**3151.6**	**130015**	**82660**	**126.8**	**52.1**
北京	Beijing	2622	127.0	170179	93716	127.2	37.5
天津	Tianjin	1012	38.2	241644	141566	111.7	42.0
河北	Hebei	1841	121.4	118588	65076	100.3	44.6
山西	Shanxi	1255	59.2	150718	58075	72.1	23.4
内蒙古	Inner Mongolia	648	97.0	48868	31539	36.2	17.6
辽宁	Liaoning	3056	141.1	125306	74754	85.6	38.7
吉林	Jilin	769	52.0	131831	64221	71.6	33.6
黑龙江	Heilongjiang	1650	63.3	110432	78030	76.5	37.6
上海	Shanghai	2195	106.5	197919	130551	135.8	48.1
江苏	Jiangsu	5350	367.0	140465	105695	165.2	76.7
浙江	Zhejiang	4107	363.5	153801	106042	190.7	74.3
安徽	Anhui	1930	104.4	109108	65030	112.1	49.0
福建	Fujian	1721	75.8	152898	100897	181.0	17.1
江西	Jiangxi	1128	62.0	106800	73384	125.8	70.0
山东	**Shandong**	**5521**	**286.0**	**97513**	**61081**	**101.4**	**45.3**
河南	Henan	2335	135.6	110254	67808	103.3	48.1
湖北	Hubei	2056	108.4	157001	82225	120.2	48.3
湖南	Hunan	1788	116.9	126201	77836	132.5	61.8
广东	Guangdong	4130	168.1	150876	112798	171.0	62.6
广西	Guangxi	894	40.4	127412	82024	151.7	58.0
海南	Hainan	113	7.2	89503	51553	95.0	38.6
重庆	Chongqing	2048	85.4	103672	63517	126.8	60.6
四川	Sichuan	3379	178.6	99682	58862	120.8	51.2
贵州	Guizhou	563	26.5	109925	51547	125.9	37.3
云南	Yunnan	1617	62.3	104739	62717	81.6	43.3
西藏	Tibet	153	4.3	126708	91160	43.0	25.4
陕西	Shanxi	768	54.0	165951	90875	95.9	39.5
甘肃	Gansu	802	45.9	74997	46897	66.6	29.5
青海	Qinghai	353	9.3	113448	45244	38.8	17.3
宁夏	Ningxia	471	14.9	87516	75860	84.3	35.6
新疆	Xinjiang	709	29.6	136673	75325	103.0	43.0

附录1-26 客运量和旅客周转量(2006年)

Passenger Traffic and Passenger-Kilometers(2006)

地区	Region	客运量(万人) Passenger Traffic (10 000 persons)	#铁路 Railways	#公路 Highways	#水运 Waterways	旅客周转量(亿人公里) Passenger-Kilometers (100 million passenger-km)	#铁路 Railways	#公路 Highways	#水运 Waterways
全国总计	**Total**	**2024158**	**125656**	**1860487**	**22047**	**19198**	**6622**	**10131**	**74**
北京	Beijing	8751	6269	2482		168	89	79	
天津	Tianjin	5443	1632	3807	4	133	97	36	
河北	Hebei	83955	6024	77931		1069	552	516	
山西	Shanxi	42240	3760	38416	64	300	110	190	
内蒙古	Inner Mongolia	35307	3490	31817		322	122	199	
辽宁	Liaoning	63942	9911	53317	714	658	413	237	9
吉林	Jilin	28903	4590	24198	115	263	163	100	
黑龙江	Heilongjiang	60200	8924	51023	253	476	195	281	
上海	Shanghai	8505	4458	2784	1263	143	51	87	5
江苏	Jiangsu	161297	7545	153725	27	1331	268	1063	
浙江	Zhejiang	175090	6857	165441	2792	929	241	681	7
安徽	Anhui	78938	4000	74668	270	864	332	531	1
福建	Fujian	58883	2022	55713	1148	432	95	335	1
江西	Jiangxi	42996	4172	38454	370	645	429	215	1
山东	**Shandong**	**109470**	**4757**	**103298**	**1417**	**930**	**322**	**601**	**7**
河南	Henan	107915	6465	101345	105	1094	601	493	1
湖北	Hubei	73930	3889	69335	706	698	318	375	5
湖南	Hunan	118466	5758	112135	573	1074	560	512	1
广东	Guangdong	186996	9356	175567	2073	1573	348	1213	12
广西	Guangxi	55705	2073	52609	1023	608	133	471	3
海南	Hainan	31571	23	30044	1504	100	1	97	2
重庆	Chongqing	61128	1528	58179	1421	270	46	213	12
四川	Sichuan	194712	5776	184852	4084	741	207	531	3
贵州	Guizhou	69270	2536	65786	948	350	161	187	2
云南	Yunnan	43387	1982	40861	544	313	64	248	1
西藏	Tibet	483	38	445		22	3	19	
陕西	Shanxi	43331	4370	38606	355	518	295	222	1
甘肃	Gansu	19083	1519	17319	245	347	234	113.0009	
青海	Qinghai	5243	353	4861	29	51	25	26.2333	
宁夏	Ningxia	7548	357	7191		67	24	43.16	
新疆	Xinjiang	25504	1226	24278		338	120	218.4558	

附录1－27 货运量和货物周转量(2006年)

Freight Traffic and Freight Ton－kilometers(2006)

地　区	Region	货运量(万吨) Total (10 000 tons)	#铁　路 Railways	#公　路 Highways	#水　运 Waterways	货物周转量(亿吨公里) Total (100 million ton-km)	#铁　路 Railways	#公　路 Highways	#水　运 Waterways
全国总计	**Total**	**2037050**	**288285**	**1466347**	**248703**	**88835**	**21954**	**9754**	**55486**
北　京	Beijing	33008	2055	30953		653	565	89	
天　津	Tianjin	41939	8410	20290	13239	12241	453	76	11712
河　北	Hebei	90830	14789	73263	2778	5557	2756	749	2051
山　西	Shanxi	144021	65449	78513	59	1734	1331	403	
内蒙古	Inner Mongolia	80383	21405	58978		1714	1329	384	
辽　宁	Liaoning	105966	16306	82142	7518	4044	1208	475	2362
吉　林	Jilin	35224	6170	28965	89	612	505	106	
黑龙江	Heilongjiang	65846	16068	48389	1389	1211	937	252	21
上　海	Shanghai	72381	1234	33799	37348	13830	55	80	13695
江　苏	Jiangsu	123003	5822	84319	32862	3548	491	542	2515
浙　江	Zhejiang	140892	4028	89342	47522	4364	301	431	3632
安　徽	Anhui	74141	11095	54717	8329	1703	913	464	326
福　建	Fujian	44856	4209	29806	10841	1900	199	266	1435
江　西	Jiangxi	37517	6090	27477	3950	952	642	224	86
山　东	**Shandong**	**167511**	**19126**	**136750**	**11635**	**6655**	**1512**	**845**	**4299**
河　南	Henan	86559	15145	69898	1516	2438	1834	539	66
湖　北	Hubei	49304	5701	35361	8242	1489	785	266	438
湖　南	Hunan	85602	6251	72457	6894	1743	914	592	237
广　东	Guangdong	132389	7425	97461	27503	4045	337	743	2965
广　西	Guangxi	42994	6920	30525	5549	1221	728	287	206
海　南	Hainan	14161	693	7981	5487	657	6	67	584
重　庆	Chongqing	43009	2204	36254	4551	825	119	173	533
四　川	Sichuan	75071	8185	63719	3167	969	613	311	44
贵　州	Guizhou	24709	6826	17284	599	681	558	114	9
云　南	Yunnan	66192	5331	60614	247	694	281	409	4
西　藏	Tibet	348	2	346		38	2	37	
陕　西	Shanxi	44216	8288	35811	117	1082	853	229	
甘　肃	Gansu	28502	4624	23826	52	1043	896	146	
青　海	Qinghai	7271	1407	5864		144	93	51	
宁　夏	Ningxia	9358	3329	6029		278	206	72	
新　疆	Xinjiang	31163	5949	25214		893	561	332	

附录1－28 社会消费品零售总额

Total Retail Sale of Consumer Goods

单位:亿元 (100 million yuan)

地区	Region	2000	2001	2002	2003	2004	2005	2006
全国总计	**Total**	**39105.7**	**43055.4**	**48135.9**	**52516.3**	**59501.0**	**67176.6**	**76410.0**
北京	Beijing	1443.3	1593.5	1673.3	1916.7	2626.6	2902.8	3275.2
天津	Tianjin	736.6	832.7	831.8	922.3	1044.8	1190.1	1356.8
河北	Hebei	1613.9	1778.3	1968.3	2177.9	2576.4	2952.9	3397.4
山西	Shanxi	629.1	679.9	641.4	729.3	1219.1	1401.2	1613.4
内蒙古	Inner Mongolia	484.0	537.3	599.0	726.8	1160.7	1375.7	1595.3
辽宁	Liaoning	1847.6	2034.9	2074.9	2330.8	2642.8	2999.0	3434.6
吉林	Jilin	810.9	909.1	1008.1	1110.3	1286.9	1460.8	1675.8
黑龙江	Heilongjiang	1094.0	1198.9	1250.4	1376.5	1557.3	1760.1	1997.7
上海	Shanghai	1722.3	1861.3	2035.2	2220.6	2656.9	2973.0	3360.4
江苏	Jiangsu	2604.1	2869.0	3138.1	3566.5	4892.2	5699.9	6623.2
浙江	Zhejiang	2298.8	2555.5	2847.7	3157.1	4055.5	4631.7	5325.3
安徽	Anhui	1054.3	1142.8	1212.4	1331.2	1557.4	1765.0	2029.4
福建	Fujian	1372.8	1499.5	1538.7	1740.4	2062.0	2345.8	2704.2
江西	Jiangxi	704.9	763.3	826.3	923.2	1074.5	1236.2	1428.0
山东	**Shandong**	**3264.1**	**3634.6**	**4078.0**	**4644.9**	**5290.5**	**6126.4**	**7122.5**
河南	Henan	1786.7	1979.8	2189.8	2426.4	2938.3	3358.4	3880.5
湖北	Hubei	1789.4	1975.2	2129.4	2358.7	2619.5	2964.6	3412.0
湖南	Hunan	1364.7	1511.1	1638.6	1816.3	2149.6	2459.1	2834.2
广东	Guangdong	4071.9	4515.3	5013.6	5606.0	6852.0	7882.6	9118.1
广西	Guangxi	859.2	935.9	764.5	857.7	1222.2	1397.0	1600.8
海南	Hainan	172.5	187.5	172.8	191.6	236.8	268.6	308.3
重庆	Chongqing	643.4	699.3	763.1	835.5	1068.3	1215.8	1403.6
四川	Sichuan	1523.7	1680.4	1850.1	2091.1	2615.2	2981.4	3421.6
贵州	Guizhou	343.7	378.0	416.2	458.8	535.3	606.9	689.8
云南	Yunnan	583.2	655.4	711.3	782.5	915.3	1034.4	1188.9
西藏	Tibet	42.9	49.0	53.4	58.3	63.2	73.1	89.7
陕西	Shanxi	607.6	665.1	728.2	853.2	1162.8	1322.4	1522.0
甘肃	Gansu	362.7	395.4	433.5	474.6	560.6	632.8	717.5
青海	Qinghai	82.1	90.4	92.1	102.7	141.2	160.5	180.1
宁夏	Ningxia	90.2	98.9	104.9	120.8	153.5	174.3	199.0
新疆	Xinjiang	374.5	406.3	378.9	421.2	563.4	637.8	727.6

附录1－28 续表 continued

单位:亿元 (100 million yuan)

地区	Region	社会消费品零售总额(亿元) Total Retail Sales of Consumer Goods	市 City	县 County	县以下 Under County Level	批发和零售业 Wholesale and Retail Trade	住宿和餐饮业 Hotels and Catering Services	其他 Others	社会消费品零售总额比上年增长(%) Growth Rate (%)
全国总计	**Total**	**76410.0**	**51542.6**	**8477.9**	**16389.5**	**64325.5**	**10345.5**	**1739.0**	**13.7**
北京	Beijing	3275.2	2831.4	26.2	417.7	2865.6	362.4	47.3	12.8
天津	Tianjin	1356.8	1275.4	44.3	37.1	1143.0	210.0	3.8	14.0
河北	Hebei	3397.4	1612.1	680.1	1105.2	2913.1	419.4	64.9	15.1
山西	Shanxi	1613.4	1038.6	307.8	267.1	1358.2	191.3	63.9	15.2
内蒙古	Inner Mongolia	1595.3	1080.6	326.3	188.4	1263.8	284.3	47.2	16.0
辽宁	Liaoning	3434.6	2872.5	163.9	398.2	2870.3	513.0	51.4	14.5
吉林	Jilin	1675.8	1304.1	127.5	244.3	1440.1	230.1	5.7	14.7
黑龙江	Heilongjiang	1997.7	1524.7	237.8	235.2	1718.6	241.2	37.9	13.5
上海	Shanghai	3360.4	2938.7	23.9	397.8	2896.3	452.2	12.0	13.0
江苏	Jiangsu	6623.2	4822.9	413.5	1386.8	5815.8	746.5	60.9	16.2
浙江	Zhejiang	5325.3	3519.0	519.4	1286.9	4658.8	609.9	56.7	15.0
安徽	Anhui	2029.4	1106.2	406.3	516.9	1719.5	283.8	26.1	15.0
福建	Fujian	2704.2	1743.2	306.2	654.8	2324.3	329.7	50.2	15.3
江西	Jiangxi	1428.0	748.9	312.6	366.5	1262.7	149.1	16.2	15.5
山东	**Shandong**	**7122.5**	**4534.0**	**788.4**	**1800.2**	**6000.1**	**887.2**	**235.3**	**16.3**
河南	Henan	3880.5	2119.9	753.6	1007.0	3221.6	588.7	70.2	15.5
湖北	Hubei	3412.0	2395.6	321.0	695.4	2783.2	455.7	173.1	15.1
湖南	Hunan	2834.2	1630.3	480.3	723.5	2386.6	404.3	43.3	15.3
广东	Guangdong	9118.1	6472.5	383.3	2262.3	7642.3	1321.1	154.6	15.7
广西	Guangxi	1600.8	943.8	280.1	376.9	1380.2	192.3	28.4	14.6
海南	Hainan	308.3	221.1	22.5	64.7	241.1	55.3	11.8	14.8
重庆	Chongqing	1403.6	833.8	187.2	382.5	1196.4	194.3	12.9	15.4
四川	Sichuan	3421.6	1651.3	604.4	1166.0	2676.9	625.5	119.2	14.8
贵州	Guizhou	689.8	411.5	130.7	147.6	601.7	76.1	12.0	13.7
云南	Yunnan	1188.9	651.1	275.4	262.4	949.8	178.7	60.4	14.9
西藏	Tibet	89.7	43.8	35.6	10.3	71.6	15.8	2.3	22.7
陕西	Shanxi	1522.0	992.8	272.2	257.0	1326.7	165.5	29.8	15.1
甘肃	Gansu	717.5	462.5	114.5	140.5	579.0	116.0	22.4	13.4
青海	Qinghai	180.1	122.8	37.7	19.6	146.0	30.3	3.9	12.2
宁夏	Ningxia	199.0	148.4	25.5	25.1	162.9	32.8	3.3	14.1
新疆	Xinjiang	727.6	509.2	106.9	111.5	577.8	110.7	39.1	14.1

附录1-29 货物进出口总额(按经营单位所在地分)

Total Volume of Imports and Exports (by Location of Foreign Tade Managing Units)

单位:亿美元 (100 million USD)

地区	Region	2000	2001	2002	2003	2004	2005	2006
全国总计	**Total**	**4742.9**	**5096.5**	**6207.7**	**8509.9**	**11545.5**	**14219.1**	**17606.9**
北京	Beijing	496.2	515.0	525.1	684.6	945.8	1255.1	1581.7
天津	Tianjin	171.5	181.7	228.1	293.6	420.3	532.8	644.8
河北	Hebei	52.4	57.3	66.7	89.8	135.3	160.7	185.3
山西	Shanxi	17.6	19.4	23.1	30.8	53.8	55.5	66.3
内蒙古	Inner Mongolia	26.2	20.3	24.4	28.3	37.2	48.8	59.6
辽宁	Liaoning	190.3	197.9	217.4	265.6	344.1	410.1	483.9
吉林	Jilin	25.7	32.1	37.0	61.7	67.9	65.3	79.1
黑龙江	Heilongjiang	29.9	33.8	43.5	53.3	67.9	95.7	128.6
上海	Shanghai	547.1	608.8	726.3	1123.5	1600.1	1863.4	2275.3
江苏	Jiangsu	456.4	513.5	702.9	1136.2	1708.5	2279.2	2840.0
浙江	Zhejiang	278.3	328.0	419.6	614.2	852.0	1073.9	1391.5
安徽	Anhui	33.5	36.2	41.8	59.4	72.1	91.2	122.6
福建	Fujian	212.2	226.2	284.0	353.3	475.3	544.1	626.6
江西	Jiangxi	16.2	15.3	16.9	25.3	35.3	40.6	61.9
山东	**Shandong**	**249.9**	**289.5**	**339.4**	**446.4**	**607.8**	**768.9**	**902.9**
河南	Henan	22.8	27.8	32.0	47.1	66.2	77.2	98.6
湖北	Hubei	32.2	35.8	39.5	51.1	67.7	90.5	117.6
湖南	Hunan	25.1	27.6	28.8	37.3	54.4	60.0	73.5
广东	Guangdong	1701.0	1764.9	2211.0	2836.5	3571.3	4279.6	5272.2
广西	Guangxi	20.3	18.0	24.3	31.9	42.8	51.8	66.7
海南	Hainan	12.9	17.5	18.7	22.8	34.0	25.4	28.5
重庆	Chongqing	17.9	18.3	17.9	25.9	38.6	42.9	54.7
四川	Sichuan	25.5	31.0	44.7	56.4	68.7	79.0	110.2
贵州	Guizhou	6.6	6.5	6.9	9.8	15.1	14.0	16.2
云南	Yunnan	18.1	19.9	22.3	26.7	37.4	47.4	62.3
西藏	Tibet	1.3	0.9	1.3	1.6	2.0	2.1	3.3
陕西	Shanxi	21.4	20.6	22.3	27.8	36.4	45.8	53.6
甘肃	Gansu	5.7	7.8	8.8	13.3	17.6	26.3	38.2
青海	Qinghai	1.6	2.0	2.0	3.4	5.8	4.1	6.5
宁夏	Ningxia	4.4	5.3	4.4	6.5	9.1	9.7	14.4
新疆	Xinjiang	22.6	17.7	26.9	47.7	56.3	79.4	91.0

附录 1－29　续表 1 continued

（by Destination and Origion of Goods in China）

单位：亿美元　　（按境内目的地、货源地分）　　（100 million USD）

地　区	Region	2000	2001	2002	2003	2004	2005	2006
全国总计	**Total**	**4742.9**	**5096.5**	**6207.7**	**8509.9**	**11545.5**	**14219.1**	**17606.9**
北　京	Beijing	242.4	276.1	267.0	313.2	428.2	534.9	705.8
天　津	Tianjin	171.6	182.6	228.5	300.4	432.4	546.3	673.1
河　北	Hebei	54.9	58.1	68.3	96.9	152.8	193.3	234.9
山　西	Shanxi	27.9	32.7	36.0	51.8	90.7	90.9	96.7
内蒙古	Inner Mongolia	23.9	21.9	26.7	32.3	43.7	53.0	61.1
辽　宁	Liaoning	200.7	210.2	234.3	298.6	399.3	470.4	524.2
吉　林	Jilin	29.9	35.0	40.8	67.7	74.9	73.6	87.0
黑龙江	Heilongjiang	39.9	41.0	46.9	62.1	71.8	104.7	140.7
上　海	Shanghai	547.0	606.9	722.5	1105.3	1568.0	1815.0	2212.4
江　苏	Jiangsu	491.9	544.8	744.9	1212.9	1795.4	2384.8	2990.6
浙　江	Zhejiang	315.2	369.1	463.5	663.3	946.6	1238.1	1600.8
安　徽	Anhui	36.9	36.4	42.1	56.7	69.9	92.6	122.6
福　建	Fujian	229.6	243.8	303.3	385.7	498.5	568.0	648.9
江　西	Jiangxi	20.5	18.0	20.0	29.6	48.2	49.6	72.5
山　东	**Shandong**	**282.5**	**323.3**	**373.7**	**494.2**	**694.2**	**891.2**	**1106.4**
河　南	Henan	31.2	34.2	37.3	55.9	73.6	90.7	110.4
湖　北	Hubei	38.9	41.6	45.3	58.1	75.6	99.9	121.1
湖　南	Hunan	29.9	29.2	32.7	47.0	60.8	69.6	79.8
广　东	Guangdong	1754.9	1800.0	2254.5	2893.5	3633.5	4391.8	5418.4
广　西	Guangxi	22.8	20.8	26.1	32.2	48.3	57.6	76.1
海　南	Hainan	10.9	16.3	17.9	19.1	29.0	21.2	33.9
重　庆	Chongqing	18.5	21.4	20.2	25.6	37.3	42.3	53.1
四　川	Sichuan	27.8	33.6	44.6	57.8	66.9	76.7	106.7
贵　州	Guizhou	8.6	8.7	9.8	15.5	23.7	20.4	22.1
云　南	Yunnan	18.8	21.5	23.3	27.2	37.3	50.0	63.8
西　藏	Tibet	1.5	1.1	1.3	1.5	1.7	1.3	2.3
陕　西	Shanxi	23.9	26.5	27.8	35.6	45.6	61.5	69.2
甘　肃	Gansu	6.9	9.1	10.4	12.9	19.6	29.9	44.4
青　海	Qinghai	2.3	2.5	2.3	3.4	6.5	4.9	9.4
宁　夏	Ningxia	5.3	6.3	4.9	7.4	11.3	11.8	16.1
新　疆	Xinjiang	25.9	23.7	30.8	48.6	60.2	83.0	102.1

附录1－29　续表2　continued

单位:亿美元　　　　(100 million USD)

地　区	Region	按经营单位所在地分 by Location of Foreign Tade Managing Units		按境内目的地、货源地分 by Destination and Origion of Goods	
		出口额 Exports	进口额 Imports	出口额 Exports	进口额 Imports
全国总计	**Total**	**9690.7**	**7916.1**	**9690.7**	**7916.1**
北　京	Beijing	379.8	1201.9	249.5	456.3
天　津	Tianjin	335.0	309.8	327.0	346.1
河　北	Hebei	128.4	56.9	152.0	82.8
山　西	Shanxi	41.4	24.9	65.7	30.9
内蒙古	Inner Mongolia	21.4	38.2	26.9	34.2
辽　宁	Liaoning	283.2	200.7	283.7	240.5
吉　林	Jilin	30.0	49.2	31.2	55.8
黑龙江	Heilongjiang	84.4	44.2	70.1	70.6
上　海	Shanghai	1135.9	1139.4	1084.8	1127.6
江　苏	Jiangsu	1604.2	1235.8	1629.9	1360.7
浙　江	Zhejiang	1009.0	382.5	1076.0	524.8
安　徽	Anhui	68.4	54.2	66.1	56.6
福　建	Fujian	412.6	214.0	417.3	231.7
江　西	Jiangxi	37.5	24.4	39.5	33.0
山　东	**Shandong**	**586.5**	**366.4**	**603.4**	**502.9**
河　南	Henan	67.0	31.6	72.6	37.9
湖　北	Hubei	62.6	55.0	59.0	62.1
湖　南	Hunan	50.9	22.6	51.8	28.0
广　东	Guangdong	3019.5	2252.6	3054.7	2363.7
广　西	Guangxi	35.9	30.7	38.3	37.8
海　南	Hainan	13.8	14.7	11.0	23.0
重　庆	Chongqing	33.5	21.2	30.9	22.2
四　川	Sichuan	66.2	44.0	56.8	50.0
贵　州	Guizhou	10.4	5.8	13.5	8.6
云　南	Yunnan	33.9	28.4	30.6	33.2
西　藏	Tibet	2.2	1.1	2.1	0.2
陕　西	Shánxi	36.3	17.3	43.9	25.3
甘　肃	Gansu	15.1	23.1	16.1	28.3
青　海	Qinghai	5.3	1.2	5.1	4.3
宁　夏	Ningxia	9.4	4.9	11.0	5.2
新　疆	Xinjiang	71.4	19.6	70.1	32.0

附录1－30 外商投资企业进出口总额

Volume of Import and Export of Foreign－funded Enterprises

单位：万美元 (USD 10 000)

地 区	Region	2005 进出口总额 Total	2005 出口额 Exports	2005 进口额 Imports	2006 进出口总额 Total	2006 出口额 Exports	2006 进口额 Imports
全国总计	**Total**	**83163864**	**44418252**	**38745612**	**103644355**	**56382779**	**47261576**
北 京	Beijing	2704807	1191406	1513401	3895177	1664549	2230627
天 津	Tianjin	4275954	2199307	2076646	5266325	2680464	2585861
河 北	Hebei	556490	345288	211202	698235	450861	247374
山 西	Shanxi	90359	51959	38401	112064	66772	45292
内蒙古	Inner Mongolia	82847	41522	41325	67556	39977	27579
辽 宁	Liaoning	2427281	1332795	1094486	2722901	1499650	1223251
吉 林	Jilin	283386	67967	215420	378395	85824	292571
黑龙江	Heilongjiang	87354	47491	39863	104190	64230	39960
上 海	Shanghai	12543267	6157921	6385346	15347363	7594624	7752739
江 苏	Jiangsu	18474464	9422831	9051633	23101760	12361846	10739914
浙 江	Zhejiang	4238315	2726245	1512071	5727109	3795287	1931823
安 徽	Anhui	280560	150275	130284	412620	209957	202663
福 建	Fujian	3577290	2175419	1401871	4000090	2460320	1539769
江 西	Jiangxi	155379	64278	91100	296368	122151	174217
山 东	**Shandong**	**4133889**	**2377119**	**1756770**	**5133527**	**3075157**	**2058370**
河 南	Henan	149707	84137	65570	183779	110124	73655
湖 北	Hubei	319445	129213	190232	466045	202847	263198
湖 南	Hunan	128086	64381	63704	133752	72072	61679
广 东	Guangdong	27866744	15467100	12399644	34523910	19392164	15131746
广 西	Guangxi	178976	63503	115473	220081	81224	138857
海 南	Hainan	93324	39861	53464	112173	47752	64421
重 庆	Chongqing	156092	35886	120206	204656	48352	156304
四 川	Sichuan	149056	68302	80754	289924	117025	172899
贵 州	Guizhou	26798	15210	11588	19308	12412	6896
云 南	Yunnan	39961	24183	15778	48572	30148	18424
西 藏	Tibet	339	181	158	246	25	221
陕 西	Shanxi	82341	32022	50319	93795	47732	46063
甘 肃	Gansu	23118	19028	4090	23720	20567	3153
青 海	Qinghai	4942	1335	3607	4617	1148	3470
宁 夏	Ningxia	23038	11088	11950	37857	13257	24600
新 疆	Xinjiang	18618	13677	4942	18242	14260	3982

附录1－31 国际旅游接待情况

Basic Statistics on Tourism

地区	Region	2005 旅游人数（万人次）Number of Tourists (10 000 person-times)	2005 #外国人 Foreigner Toutists	2005 旅游外汇收入（亿美元）Tourism Earnings (100 million USD)	2006 旅游人数（万人次）Number of Tourists (10 000 person-times)	2006 #外国人 Foreigner Toutists	2006 旅游外汇收入（亿美元）Tourism Earnings (100 million USD)
北　京	Beijing	362.9	311.6	36.19	390.3	338.3	40.26
天　津	Tianjin	74.0	67.5	5.09	88.1	81.2	6.26
河　北	Hebei	62.7	57.4	2.09	72.5	65.4	2.43
山　西	Shanxi	42.2	25.4	1.16	57.4	33.0	1.64
内蒙古	Inner Mongolia	100.2	99.6	3.52	123.2	122.3	4.04
辽　宁	Liaoning	130.2	111.1	7.38	161.3	137.3	9.34
吉　林	Jilin	37.3	30.7	1.20	43.5	35.4	1.37
黑龙江	Heilongjiang	82.2	76.4	3.40	106.4	99.5	4.92
上　海	Shanghai	444.5	379.9	35.56	464.6	399.8	39.04
江　苏	Jiangsu	378.3	262.2	22.60	445.2	314.9	27.87
浙　江	Zhejiang	348.1	232.9	17.16	426.8	281.4	21.33
安　徽	Anhui	63.3	41.1	1.86	80.4	52.6	2.27
福　建	Fujian	197.4	72.4	13.05	229.7	79.0	14.71
江　西	Jiangxi	37.3	13.6	1.04	49.7	18.4	1.40
山　东	**Shandong**	**155.1**	**124.8**	**7.80**	**193.1**	**156.0**	**10.14**
河　南	Henan	60.1	34.7	2.16	75.7	45.4	2.74
湖　北	Hubei	82.6	62.7	2.76	105.6	85.7	3.20
湖　南	Hunan	72.0	60.9	3.90	97.1	73.1	5.03
广　东	Guangdong	1897.0	476.5	64.57	2089.7	534.7	75.33
广　西	Guangxi	147.7	88.7	3.59	170.8	104.7	4.23
海　南	Hainan	43.2	26.9	1.28	61.7	46.6	2.29
重　庆	Chongqing	52.4	41.8	2.64	60.3	48.8	3.09
四　川	Sichuan	106.3	68.3	3.16	140.2	85.8	3.95
贵　州	Guizhou	27.6	9.3	1.01	32.1	10.7	1.15
云　南	Yunnan	150.3	99.7	5.28	181.0	111.2	6.58
西　藏	Tibet	12.1	11.1	0.44	15.5	13.6	0.61
陕　西	Shanxi	92.8	74.6	4.46	106.1	83.2	5.11
甘　肃	Gansu	28.9	17.2	0.59	30.3	18.5	0.63
青　海	Qinghai	3.5	1.5	0.11	4.2	2.8	0.13
宁　夏	Ningxia	0.8	0.7	0.02	0.9	0.8	0.02
新　疆	Xinjiang	33.1	29.0	1.00	36.2	31.3	1.28

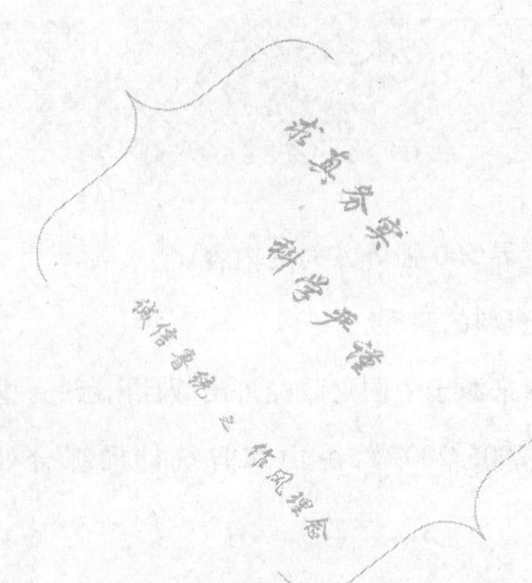

附录2

国际统计资料

INTERNATIONAL STATISTICAL DATA

诚信鲁统

『诚信』代表统计工作最根本的品质，是统计工作的生命线。统计数据要真实可信；『鲁统』代表山东统计，既有地域的概念，又体现出行业的特征。同时，『诚信鲁统』还是省政府建设『诚信山东』的重要组成部分。

简要说明

一、本篇资料的主要内容

本篇资料反映了近年来世界主要国家经济社会事业发展基本情况，主要包括人口、土地面积、国内生产总值及其增长、农业、工业、国际贸易、直接投资、国际旅游、国际储备、外债、医疗卫生、互联网用户、人文发展指数和世界500强等方面的内容。

二、本篇资料的来源

本篇资料来源于中国财政经济出版社出版的《国际统计年鉴 2006/2007》，由山东省统计局综合处整理。

Brief Introduction

I. Content

Data in this chapter show the social and economic indicators of other countries, mainly including population, territory, GDP, agriculture, industry, international trade, direct investment, international tourism, international reserve, international debts, public health, internet users, indicators on development of population and culture, and TOP500 of international companies, etc.

II. Source of Data

Data in this chapter come from *International Statistical Yearbook 2007* published by China Financial & Economic Publishing House and are prepared and compiled by the Division of Comprehensive Statistics of Shandong Provincial Bureau of Statistics.

附录2-1 中国主要指标居世界的位次

Ranking Position of China in Major Indicators

资料来源：联合国粮农组织数据库；联合国统计司数据库；世界银行数据库；国际货币基金组织数据库；联合国开发计划署《人文发展报告》2006年。

Data sources: FAO Database; UNSD Database; World Bank Database; IMF Database; UNDP *Human Development Report 2006*.

指　标	Indicator	1978	1980	1990	2000	2003	2004	2005
国土面积	Area of Territory	4	4	4	4	4	4	4
人　口	Population	1	1	1	1	1	1	1
出生时的预期寿命①	Life Expectancy at Birth ①	75(169)②	77(173)	83(186)	88(190)	86(190)	87(213)	
国内生产总值(美元)	Gross Domestic Product (USD)	10	11	11	6	7	7	4
人均国民总收入(美元)①	GNI per Papita(USD)①	175(188)	177(188)	178(200)	141(207)	134(207)	132(208)	128(208)
进出口贸易总额(美元)	Foreign Trade Total (USD)	27	25	16	8	4	3	3
出口额	Exports	28	28	14	7	4	3	3
进口额	Imports	27	22	17	9	3	3	3
外商直接投资(美元)	Foreign Direct Investment Inflows (USD)		60	12	9	2	2	3
外汇储备(美元)	Foreign Exchange Reserves(USD)	40	37	7	2	2	2	2
人文发展指数①	Human Development Index①			79(160)	96(173)	85(177)	81(177)	

注：①括号中所列为排序资料的国家和地区数。②1977年数。

Note: ①The number in the parentheses indicates the number of countries or territories the order based on. ②Data refers to 1977.

附录2－2 中国农业主要产品产量居世界的位次

Ranking Position of China in Output of Major Agricultural Products

国外资料来源：联合国粮农组织数据库。
Sources: United Nations FAO Database.

项　目	Item	1978	1980	1985	1990	2000	2003	2004	2005
谷　物	Cereals	2	1	2	1	1	1	1	1
肉　类①	Meat①	3	3	2	1	1	1	1	1
籽　棉	Seed Cotton	3	2	1	1	1	1	1	1
大　豆	Soybeans	3	3	3	3	4	4	4	4
花　生	Groundnuts in Shell	2	2	2	2	1	1	1	1
油菜籽	Rapeseeds	2	2	1	1	1	1	1	1
甘　蔗	Sugar Cane	9	9	4	4	3	3	3	3
茶　叶	Tea	2	2	2	2	2	2	2	1
水　果 （不包括瓜类）	Fruit (excluding Melons)		10	8	4	1	1	1	1

注：①1990年以前为猪、牛、羊肉产量的位次。
Note: ①Data refers to pork, beef and mutton prior to 1990.

附录2－3 中国工业主要产品产量居世界的位次

Ranking Position of China in Output of Major Industrial Products

国外资料来源：联合国数据库、《工业产品统计年鉴》；联合国粮农组织数据库。
Sources: United Nations Database, *Industrial Commodity Statistics Yearbook*; FAO Database.

项　目	Item	1978	1980	1985	1990	2000	2002	2003	2004
钢	Crude Steel	5	5	4	4	1	1	1	1
煤	Coal	3	3	2	1	1	1	1	1
原　油	Crude Petroleum	8	6	6	5	5	5	5	6
发电量	Electricity	7	6	5	4	2	2	2	2
水　泥	Cement	4	4	1	1	1	1	1	1
化　肥	Fertilizer	3	3	3	3	1	1	1	1
化学纤维	Chemical Fibre	7	5	4	2	2			
棉　布	Woven Cotton Fabrics	1	1	1	1	2	1	1	1
糖	Sugar	8	10	6	6	4	3		
电视机	Television Set	8	5	3	1	1	1	1	

附录2-4 国土面积与人口密度(2005年)

Area of Territory and Population Density(2005)

资料来源:联合国粮农组织数据库。
Sources: FAO Database.

国家和地区	Country or Area	国土面积(万平方公里) Area of Territory (10 000 sq. km)	年中人口(万人) Mid-year Population (10 000 persons)	人口密度(人/平方公里) Population Density (persons/sq. km) (2004)
世界总计	**World**	**13427.9①**	**643778.0**	**49**
亚　洲	**Asia**	**3187.8**	**387054.0**	
中　国	China	960.0	130756②	139
日　本	Japan	37.8	12795.6	351
印　度③	India③	328.7	109458.3	363
印度尼西亚	Indonesia	190.5	22055.8	120
菲律宾	Philippines	30.0	8305.4	274
泰　国	Thailand	51.3	6423.3	125
马来西亚	Malaysia	33.0	2534.7	76
新加坡	Singapore	0.1	435.1	6329
巴基斯坦	Pakistan	79.6	15577.2	197
缅　甸	Myanmar	67.7	5051.9	76
孟加拉国	Bangladesh	14.4	14182.2	1069
土耳其	Turkey	78.4	7263.6	93
蒙　古	Mongolia	156.7	255.4	2
朝　鲜	Korea, Dem. People's Rep.	12.1	2248.8	186
韩　国	Korea, Rep.	9.9	4829.4	487
越　南	Viet Nam	33.2	8296.6	252
非　洲	**Africa**	**3031.0**	**86918.0**	
埃　及	Egypt	100.1	7403.3	73
尼日利亚	Nigeria	92.4	13153.0	141
南　非	South Africa	121.9	4519.2	37
欧　洲	**Europe**	**2300.0**	**72556.0**	
德　国	Germany	35.7	8248.5	236
英　国	United Kingdom	24.4	6020.3	247
法　国	France	55.2	6074.3	110
意大利	Italy	30.1	5747.1	196
捷克共和国	Czech Republic	7.9	1019.6	132
波　兰	Poland	31.3	3816.5	125
罗马尼亚	Romania	23.8	2163.2	94
保加利亚	Bulgaria	11.1	774.1	70
俄罗斯联邦	Russian Federation	1709.8	14315.1	9
北美洲	**North America**	**2273.9**	**51254.0**	
美　国	United States	962.9	29649.7	32
加拿大	Canada	998.5	3227.1	4
墨西哥	Mexico	195.8	10308.9	54
南美洲	**South America**	**1783.4**	**36718.0**	
巴　西	Brazil	851.5	18640.5	22
阿根廷	Argentina	278.0	3874.7	14
委内瑞拉	Venezuela	91.2	2657.7	30
大洋洲	**Oceania**	**856.4**	**3262.0**	
澳大利亚	Australia	774.1	2032.1	3
新西兰	New Zealand	27.1	411.0	15

注:①不包括南极洲。如包括南极洲的世界陆地面积为14950万平方公里。②中国为年底人口数。③不包括查谟、克什米尔和锡金等地区。
Note: ①Excluding the Antarctic Continent. If included, land area of World is 149.50 million sq. km. ②Date of China refers to the population of the year-end. ③Excluding Jammu, Kashmir and Sikkim.

附录 2 - 5 森林消失和淡水资源

Deforestation and Freshwater

资料来源：世界银行《世界发展指标》2006 年。
Source: World Bank *World Development Indicators* 2006.

国家和地区	Country or Area	1990 - 2005 年年均森林消失量① Average Annual Deforestation		2004 年人均淡水资源总量(立方米) Total Freshwater Resource Per Capita (cu. m)	1987 - 2002 年度淡水抽取量占水资源总量百分比(%) Annual Freshwater Withdrawals as Percentage of Total Resources(%)	1987 - 2002 年淡水抽取量的利用(%) Freshwater Withdrawals in 1987 - 2002(%)		
		面积 万平方公里 (10 000 sq. km)	比率(%) Rate(%)			用于农业 for Agriculture	用于工业 for Industry	生活用水 for Domestic
世界总计	**World**	**8348**	**0.1**	**6872**	**9.0**	**70**	**20**	**10**
高收入国家	**High Income**	**-714**	**-0.1**	**9703**	**10.4**	**43**	**43**	**15**
中等收入国家	**Middle Income**	**4228**	**0.1**	**8611**	**6.4**	**71**	**19**	**10**
低收入国家	**Low Income**	**4834**	**0.5**	**3456**	**15.5**	**88**	**5**	**6**
中　国②	China②	-2677	-1.7	2170	22.4	68	26	7
孟加拉国	Bangladesh	1	0.1	754	75.6	96	1	3
印　度	India	-251	-0.4	1167	51.2	87	6	8
印度尼西亚	Indonesia	1872	1.6	13043	2.9	91	1	8
以色列	Israel	-1	-0.7	110	273.3	62	7	31
日　本	Japan	6		3366	20.6	63	18	20
韩　国	Korea, Rep.	7	0.1	1349	28.7	48	16	36
马来西亚	Malaysia	99	0.4	23298	1.6	62	21	17
蒙　古	Mongolia	83	0.7	13839	1.3	52	27	21
巴基斯坦	Pakistan	42	1.7	345	323.3	96	2	2
菲律宾	Philippines	228	2.2	5869	6.0	74	9	17
斯里兰卡	Sri Lanka	28	1.2	2575	25.2	95	3	2
泰　国	Thailand	96	0.6	3297	41.5	95	3	3
土耳其	Turkey	-33	-0.3	3165	16.5	74	11	15
尼日利亚	Nigeria	410	2.4	1717	3.6	69	10	21
南　非	South Africa			984	27.9	63	6	31
加拿大	Canada			89134	1.6	12	69	20
墨西哥	Mexico	319	0.5	3940	19.1	77	6	17
美　国	United States	-296	-0.1	9535	17.1	41	46	13
阿根廷	Argentina	149	0.4	7193	10.6	74	10	17
巴　西	Brazil	2822	0.5	29460	1.1	62	18	20
委内瑞拉	Venezuela	288	0.6	27652	1.2	47	7	46
白俄罗斯	Belarus	-35	-0.5	3786	7.5	30	47	23
保加利亚	Bulgaria	-20	-0.6	2706	50.0	19	78	3
法　国	France	-68	-0.5	2956	22.4	10	75	16
德　国	Germany	-22	-0.2	1297	44.0	20	68	12
意大利	Italy	-106	-1.3	3170	24.3	45	37	18
荷　兰	Netherlands	-1	-0.4	676	72.2	34	60	6
波　兰	Poland	-21	-0.2	1404	30.2	8	79	13
罗马尼亚	Romania			1951	54.8	57	34	9
俄罗斯联邦	Russian Federation	11		29981	1.8	18	64	19
西班牙	Spain	-296	-2.2	2605	32.0	68	19	13
乌克兰	Ukraine	-20	-0.2	1119	70.7	53	35	12
英　国	United Kingdom	-16	-0.6	2422	6.6	3	75	22
澳大利亚	Australia	282	0.2	24464	4.9	75	10	15
新西兰	New Zealand	-39	-0.5	80522	0.6	42	10	48

注：①负值表示森林面积的增长。②世界银行统计数据。

Notes: ①The negative represents the forest area increased. ②Data from World Bank.

附录2－6 能源消费

Commercial Energy Use

资料来源：世界银行数据库。
Source：World Bank Database.

国家和地区	Country or Area	消费总量(万吨标准油当量) Commercial Energy Use (10 000 tons of standard oil equivalent)		人均消费量(千克标准油当量) Commercial Energy Use per Capita (kg of standard oil equivalent)	
		2000	2003	2000	2003
世　界	**World**	**993088**	**1054371**	**1691**	**1734**
高收入国家	**High Income**	**528206**	**537773**	**5424**	**5410**
中等收入国家	**Middle Income**	**368886**	**412944**	**1253**	**1365**
低收入国家	**Low Income**	**101068**	**109237**	**489**	**501**
中　国①	China①	114045	140938	903	1094
中国香港	Hong Kong, China	1545	1651	2319	2428
孟加拉国	Bangladesh	1871	2168	145	159
印　度	India	51689	55339	509	520
印度尼西亚	Indonesia	14339	16155	695	753
伊　朗	Iran	11865	13644	1864	2055
以色列	Israel	1923	2064	3057	3086
日　本	Japan	52857	51710	4166	4053
朝　鲜	Korea, Dem People's Rep.	1975	1994	903	896
韩　国	Korea, Rep.	19089	20530	4061	4291
马来西亚	Malaysia	4882	5666	2123	2318
缅　甸	Myanmar	1266	1367	265	276
巴基斯坦	Pakistan	6395	6931	463	467
菲律宾	Philippines	4242	4212	560	525
新加坡	Singapore	2236	2243	5566	5359
斯里兰卡	Sri Lanka	808	811	418	421
泰　国	Thailand	7457	8876	1214	1406
土耳其	Turkey	7751	7895	1150	1117
越　南	Viet Nam	3745	4426	477	544
埃　及	Egypt	4635	5236	689	735
尼日利亚	Nigeria	9045	9779	769	777
南　非	South Africa	10912	11857	2480	2587
加拿大	Canada	25194	26064	8188	8240
墨西哥	Mexico	15037	15994	1535	1583
美　国	United States	230417	228079	8164	7843
阿根廷	Argentina	6194	5985	1679	1575
巴　西	Brazil	18506	19325	1064	1065
委内瑞拉	Venezuela	5672	5423	2333	2112
白俄罗斯	Belarus	2433	2580	2432	2613
保加利亚	Bulgaria	1879	1951	2331	2494
捷　克	Czech Republic	4040	4412	3932	4324
法　国	France	25747	27129	4372	4519
德　国	Germany	34361	34712	4180	4205
意大利	Italy	17280	18103	2995	3140
荷　兰	Netherlands	7577	8083	4758	4982
波　兰	Poland	8942	9367	2314	2452
罗马尼亚	Romania	3628	3901	1616	1794
俄罗斯联邦	Russian Federation	61398	63972	4197	4424
西班牙	Spain	12467	13610	3078	3240
乌克兰	Ukraine	13000	13256	2644	2772
英　国	United Kingdom	23296	23195	3899	3893
澳大利亚	Australia	10977	11265	5731	5668
新西兰	New Zealand	1743	1737	4519	4333

附录2-6 续表 continued

国家和地区	Country or Area	单位国内生产总值所产生的二氧化碳（千克/2000年价格，美元） Industrial CO_2 Emissions (kg per GDP 2000 USD)		人均二氧化碳排放量（吨） CO_2 Emissions per Capita (tons)	
		2000	2002	2000	2002
世　界	**World**	**0.5**	**0.5**	**3.8**	**3.9**
高收入国家	**High Income**	**0.5**	**0.5**	**12.7**	**12.8**
中等收入国家	**Middle Income**	**0.6**	**0.6**	**3.0**	**3.3**
低收入国家	**Low Income**	**0.4**	**0.4**	**0.8**	**0.8**
中　国①	China①	0.6	0.6	2.2	2.7
中国香港	Hong Kong, China	0.2	0.2	5.3	5.2
孟加拉国	Bangladesh	0.2	0.2	0.2	0.3
印　度	India	0.5	0.5	1.1	1.2
印度尼西亚	Indonesia	0.4	0.5	1.1	1.4
伊　朗	Iran	1.0	0.9	5.6	5.5
以色列	Israel	0.4	0.5	10.3	10.6
日　本	Japan	0.4	0.4	9.3	9.4
朝　鲜	Korea, Dem People's Rep.	0.6	0.5	7.8	6.4
韩　国	Korea, Rep.	0.6	0.5	9.1	9.4
马来西亚	Malaysia	0.7	0.7	5.8	6.3
缅　甸	Myanmar	1.9	2.0	3.1	3.4
巴基斯坦	Pakistan	0.4	0.4	0.8	0.7
菲律宾	Philippines	0.3	0.2	1.0	0.9
新加坡	Singapore	0.6	0.6	14.1	13.7
斯里兰卡	Sri Lanka	0.1	0.1	0.5	0.5
泰　国	Thailand	0.5	0.6	3.3	3.7
土耳其	Turkey	0.5	0.5	3.3	2.9
越　南	Viet Nam	0.4	0.4	0.7	0.8
埃　及	Egypt	0.5	0.6	1.9	2.1
尼日利亚	Nigeria	0.5	0.5	0.4	0.4
南　非	South Africa	0.8	0.8	7.4	7.6
加拿大	Canada	0.6	0.6	16.0	16.5
墨西哥	Mexico	0.4	0.4	3.9	3.8
美　国	United States	0.6	0.6	20.7	20.2
阿根廷	Argentina	0.3	0.3	3.7	3.5
巴　西	Brazil	0.2	0.2	1.8	1.8
委内瑞拉	Venezuela	1.2	0.8	6.6	4.3
白俄罗斯	Belarus	1.2	1.1	5.9	6.0
保加利亚	Bulgaria	0.9	0.8	5.3	5.3
捷　克	Czech Republic	0.8	0.7	11.6	11.2
法　国	France	0.2	0.2	6.0	6.2
德　国	Germany	0.4	0.4	10.2	10.3
意大利	Italy	0.3	0.3	7.4	7.5
荷　兰	Netherlands	0.3	0.3	8.8	9.3
波　兰	Poland	0.7	0.7	7.8	7.7
罗马尼亚	Romania	0.7	0.6	3.8	4.0
俄罗斯联邦	Russian Federation	1.4	1.3	9.9	9.8
西班牙	Spain	1.7	1.3	7.0	6.4
乌克兰	Ukraine	0.3	0.3	6.9	7.4
英　国	United Kingdom	0.4	0.3	9.5	9.2
澳大利亚	Australia	0.7	0.7	18.2	18.1
新西兰	New Zealand	0.4	0.4	8.6	8.6

注：①世界银行统计数据。

Note: ①Data from World Bank.

附录2－7 国内生产总值(美元)

Gross Domestic Product (USD)

资料来源:世界银行世界发展指标数据库。
Source: World Bank World Development Indicators Database.
单位:亿美元 (USD 100 million)

国家和地区	Country or Area	1990	2000	2002	2003	2004	2005
世界总计	**World**	**217482**	**317755**	**328207**	**368746**	**413658**	**443849**
低收入国家	**Low Income**	**5968**	**8373**	**9256**	**10547**	**12163**	**13914**
最不发达国家	**Least Developed Countries**	**1574**	**1821**	**1985**	**2252**	**2610**	**2984**
重债穷国	**Heavily Indebted Poor Countries**	**1363**	**1382**	**1510**	**1722**	**1975**	**2223**
中等收入国家	**Middle Income**	**32580**	**52147**	**54016**	**61043**	**72272**	**85351**
中下等收入国家	**Lower Middle Income**	**16373**	**29471**	**31601**	**35379**	**41296**	**48695**
中上等收入国家	**Upper Middle Income**	**16200**	**22675**	**22420**	**25667**	**30974**	**36654**
中、低收入国家	**Low and Middle Income**	**38550**	**60524**	**63266**	**71581**	**84429**	**99264**
东亚和太平洋	**East Asia and Pacific**	**6658**	**17184**	**20272**	**22904**	**26535**	**30326**
欧洲和中亚	**Europe and Central Asia**	**11079**	**9593**	**11473**	**14143**	**17959**	**21909**
拉丁美洲和加勒比	**Latin America and Caribbean**	**11009**	**19845**	**17030**	**17690**	**20311**	**24556**
中东和北非	**Middle East and North Africa**	**2772**	**4476**	**4394**	**4842**	**5500**	**6326**
南亚	**South Asia**	**4019**	**6071**	**6524**	**7649**	**8817**	**9958**
撒哈拉以南非洲	**Sub-Saharan Africa**	**3063**	**3368**	**3584**	**4353**	**5291**	**6152**
高收入国家	**High Income**	**178935**	**257248**	**264964**	**297192**	**329277**	**344662**
非经合组织成员国	**Non-OECD Countries**	**5963**	**11627**	**11375**	**12179**	**13584**	**15282**
经合组织成员国	**OECD Countries**	**172934**	**245637**	**253569**	**284933**	**315615**	**329524**
欧 元 区	**Euro Area**	**55833**	**61296**	**67527**	**83155**	**95009**	**98130**
中 国①	China①	3546	11985	14538	16410	19317	22289
中国香港	Hong Kong, China	769	1688	1637	1585	1658	1777
中国澳门	Macao, China	33	62	68			
阿 富 汗	Afghanistan			40	46	60	72
阿尔巴尼亚	Albania	21	37	45	56	75	84
阿尔及利亚	Algeria	620	535	559	680	850	1023
安 哥 拉	Angola	103	91	108	138	196	280
安提瓜和巴布达	Antigua and Barbuda	4	7	7	8	9	9
阿 根 廷	Argentina	1414	2842	1020	1296	1530	1833
亚美尼亚	Armenia	23	19	24	28	36	49
澳大利亚	Australia	3105	3875	4119	5274	6373	7007
奥 地 利	Austria	1650	1938	2080	2552	2923	3045
阿塞拜疆	Azerbaijan	89	53	62	73	87	126
巴 哈 马	Bahamas	31	50	54	55		
巴 林	Bahrain	42	80	84	97	110	130
孟加拉国	Bangladesh	301	454	476	519	566	600
巴巴多斯	Barbados	17	26	26	27	28	30
白俄罗斯	Belarus	174	127	146	178	231	296
比 利 时	Belgium	1972	2284	2457	3042	3523	3647
伯 利 兹	Belize	4	8	9	10	10	11
贝 宁	Benin	18	23	28	36	40	43
不 丹	Bhutan	3	4	5	6	7	8
玻利维亚	Bolivia	49	84	79	81	87	93
波 黑	Bosnia and Herzegovina		45	56	71	86	94
博茨瓦纳	Botswana	38	53	54	77	90	94
巴 西	Brazil	4620	6017	4608	5057	6040	7941
保加利亚	Bulgaria	207	126	156	199	243	266
布基纳法索	Burkina Faso	31	26	32	42	48	52
布 隆 迪	Burundi	11	7	6	6	7	8

附录 2-7 续表 1 continued

单位:亿美元 (USD 100 million)

国家和地区	Country or Area	1990	2000	2002	2003	2004	2005
柬埔寨	Cambodia	11	37	41	43	49	54
喀麦隆	Cameroon	112	101	109	137	158	170
加拿大	Canada	5742	7145	7267	8565	9780	11152
佛得角	Cape Verde	3	5	6	8	9	10
中非	Central African Republic	15	10	10	12	13	14
乍得	Chad	17	14	20	27	43	55
智利	Chile	316	758	673	737	950	1153
哥伦比亚	Colombia	403	838	812	794	968	1223
科摩罗	Comoros	3	2	2	3	4	4
刚果(金)	Congo, Dem. Rep.	93	43	55	57	65	70
刚果(布)	Congo	28	32	30	36	43	51
哥斯达黎加	Costa Rica	57	159	168	175	185	194
科特迪瓦	Cote d'Ivoire	108	104	115	137	155	161
克罗地亚	Croatia	248	184	228	288	343	374
塞浦路斯	Cyprus	56	91	105	132	154	
捷克	Czech Republic	349	557	738	906	1077	1223
丹麦	Denmark	1334	1582	1711	2111	2414	2544
吉布提	Djibouti	4	6	6	6	7	7
多米尼克	Dominica	2	3	3	3	3	3
多米尼加	Dominican Republic	71	198	216	163	185	283
厄瓜多尔	Ecuador	104	159	249	287	330	362
埃及	Egypt	431	1022	879	829	788	893
萨尔瓦多	El Salvador	48	131	143	150	158	170
赤道几内亚	Equatorial Guinea	1	13	21	29	32	32
厄立特里亚	Eritrea		6	6	7	9	10
爱沙尼亚	Estonia	50	55	70	92	112	131
埃塞俄比亚	Ethiopia	121	78	73	79	97	112
斐济	Fiji	13	17	18	22	26	28
芬兰	Finland	1370	1199	1320	1618	1859	1932
法国②	France②	12393	13280	14573	17891	20466	21102
加蓬	Gabon	60	49	50	61	72	81
冈比亚	Gambia, The	3	4	4	4	4	5
格鲁吉亚	Georgia	77	31	34	40	51	64
德国	Germany	17074	19002	20222	24434	27406	27819
加纳	Ghana	59	50	62	76	89	107
希腊	Greece	841	1121	1333	1732	2052	2137
格林纳达	Grenada	2	4	4	4	4	5
危地马拉	Guatemala	77	193	233	249	274	317
几内亚	Guinea	28	31	32	36	38	27
几内亚比绍	Guinea-Bissau	2	2	2	2	3	3
圭亚那	Guyana	4	7	7	7	8	8
海地	Haiti	29	37	34	29	38	42
洪都拉斯	Honduras	30	60	65	69	74	80
匈牙利	Hungary	331	470	656	831	1007	1092
冰岛	Iceland	62	84	84	104	122	150
印度	India	3169	4613	5061	6007	6947	7855
印度尼西亚	Indonesia	1144	1650	2001	2374	2543	2872
伊朗	Iran	1204	1011	1178	1396	1634	1963
伊拉克	Iraq		259	190	126		
爱尔兰	Ireland	473	950	1205	1521	1816	1964
曼群岛	Isle of Man		16	19	23		

附录2－7 续表2 continued

单位:亿美元 (USD 100 million)

国家和地区	Country or Area	1990	2000	2002	2003	2004	2005
以色列	Israel	525	1155	1042	1103	1169	1234
意大利	Italy	11024	10748	11863	14683	16778	17230
牙买加	Jamaica	46	80	86	82	89	97
日本	Japan	30397	47461	39708	42911	46228	45059
约旦	Jordan	40	85	96	102	115	129
哈萨克斯坦	Kazakhstan	269	183	246	308	432	561
肯尼亚	Kenya	86	127	132	150	161	180
基里巴斯	Kiribati	…	…	1	1	1	1
韩国	Korea, Rep.	2638	5117	5469	6081	6797	7876
科威特	Kuwait	184	377	381	462	557	747
吉尔吉斯斯坦	Kyrgyzstan	27	14	16	19	22	24
老挝	Laos	9	17	18	21	25	29
拉脱维亚	Latvia	74	78	93	112	137	158
黎巴嫩	Lebanon	28	167	185	200	219	222
莱索托	Lesotho	6	9	7	11	14	15
利比里亚	Liberia	4	6	6	4	5	5
利比亚	Libya	289	345	192	232	302	388
立陶宛	Lithuania	105	115	141	185	225	255
卢森堡	Luxembourg	111	196	215	270	319	338
马其顿	Macedonia	45	36	38	46	54	58
马达加斯加	Madagascar	31	39	44	55	44	50
马拉维	Malawi	19	17	19	18	19	21
马来西亚	Malaysia	440	903	953	1040	1183	1301
马尔代夫	Maldives	2	6	6	7	8	8
马里	Mali	24	24	33	44	49	51
马耳他	Malta	23	39	42	49	53	56
马绍尔群岛	Marshall Islands	1	1	1	1	1	1
毛里塔尼亚	Mauritania	10	11	11	13	15	19
毛里求斯	Mauritius	24	45	46	52	60	64
墨西哥	Mexico	2627	5814	6491	6391	6835	7684
密克罗尼西亚联邦	Micronesia, Fed.	1	2	2	2	2	2
摩尔多瓦	Moldova	36	13	17	20	26	29
蒙古	Mongolia		9	11	13	16	19
摩洛哥	Morocco	258	333	361	438	500	517
莫桑比克	Mozambique	25	38	41	48	59	66
纳米比亚	Namibia	24	34	31	45	57	61
尼泊尔	Nepal	36	55	55	59	67	73
荷兰	Netherlands	2948	3706	4189	5127	5790	5948
新西兰	New Zealand	436	521	600	800	989	1090
尼加拉瓜	Nicaragua	10	39	40	41	45	49
尼日尔	Niger	25	18	22	27	31	34
尼日利亚	Nigeria	285	421	467	583	721	990
挪威	Norway	1161	1669	1903	2206	2501	2839
阿曼	Oman	117	199	203	216	243	
巴基斯坦	Pakistan	400	733	715	823	961	1107
帕劳	Palau	1	1	1	1	1	1
巴拿马	Panama	53	116	123	129	142	155
巴布亚新几内亚	Papua New Guinea	32	34	30	36	42	47
巴拉圭	Paraguay	53	77	55	60	74	82
秘鲁	Peru	263	531	566	608	687	784
菲律宾	Philippines	443	754	763	805	901	983

附录2－7　续表3　continued

单位:亿美元　　　　(USD 100 million)

国家和地区	Country or Area	1990	2000	2002	2003	2004	2005
波　　兰	Poland	590	1713	1980	2165	2524	2992
葡 萄 牙	Portugal	715	1065	1209	1473	1677	1731
卡 塔 尔	Qatar	74	178	197	237	285	
罗马尼亚	Romania	383	371	458	595	755	986
俄罗斯联邦	Russian Federation	5168	2597	3455	4315	5904	7637
卢 旺 达	Rwanda	26	18	17	17	18	21
萨 摩 亚	Samoa	1	2	3	3	4	4
圣多美和普林西比	Sao Tome and Principe	1	…	1	1	1	1
沙特阿拉伯	Saudi Arabia	1168	1884	1886	2146	2503	3098
塞内加尔	Senegal	57	44	50	64	76	83
塞尔维亚和黑山	Serbia and Montenegro		86	155	207	244	271
塞 舌 尔	Seychelles	4	6	7	7	7	7
塞拉利昂	Sierra Leone	6	6	9	10	11	12
新 加 坡	Singapore	369	915	883	924	1075	1168
斯洛伐克	Slovak	155	202	242	327	411	464
斯洛文尼亚	Slovenia	174	193	223	281	325	340
所罗门群岛	Solomon Islands	2	3	2	2	3	3
南　　非	South Africa	1120	1329	1109	1662	2147	2402
西 班 牙	Spain	5265	5807	6861	8810	10399	11237
斯里兰卡	Sri Lanka	80	163	165	182	201	235
圣基茨和尼维斯	St. Kitts and Nevis	2	3	4	4	4	5
圣卢西亚	St. Lucia	4	7	7	7	8	8
圣文森特和格林纳丁斯	St. Vincent and the Grenadines	2	3	4	4	4	4
苏　　丹	Sudan	132	124	151	177	216	277
苏 里 南	Suriname	4	9	10	10	11	13
斯威士兰	Swaziland	9	14	12	19	25	27
瑞　　典	Sweden	2402	2396	2416	3016	3464	3541
瑞　　士	Switzerland	2358	2460	2766	3218	3575	3659
叙 利 亚	Syrian Arab Republic	123	180	203	220	250	263
塔吉克斯坦	Tajikistan	26	10	12	16	21	23
坦桑尼亚③	Tanzania③	43	91	98	103	113	121
泰　　国	Thailand	853	1227	1269	1429	1617	1766
东 帝 汶	Timor-Leste		3	3	3	3	3
多　　哥	Togo	16	13	15	18	21	22
汤　　加	Tonga	1	2	1	2	2	2
特立尼达和多巴哥	Trinidad and Tobago	51	82	90	108	123	148
突 尼 斯	Tunisia	123	195	210	250	281	287
土 耳 其	Turkey	1506	1993	1839	2404	3028	3633
土库曼斯坦	Turkmenistan	32	29	45	58	62	68
乌 干 达	Uganda	43	59	58	63	68	87
乌 克 兰	Ukraine	815	313	424	501	649	817
阿 联 酋	United Arab Emirates	337	706	750	885	1042	
英　　国	United Kingdom	9895	14383	15650	17978	21244	21926
美　　国	United States	57572	97648	104348	109513	117118	124551
乌 拉 圭	Uruguay	93	207	123	112	132	168
乌兹别克斯坦	Uzbekistan	134	138	97	101	120	137
瓦努阿图	Vanuatu	2	2	2	3	3	3
委内瑞拉	Venezuela	470	1171	929	834	1101	1389
越　　南	Viet Nam	65	312	351	397	452	524
约旦河西岸和加沙地带	West Bank and Gaza		46	34	35		
也　　门	Yemen	48	94	99	113	129	145
赞 比 亚	Zambia	33	32	37	43	54	73
津巴布韦	Zimbabwe	88	74	309	79	47	34

注:①世界银行统计数据。②包括法属圭亚那、瓜德罗普、马提尼克和留尼汪。③仅指坦桑尼亚大陆。

Note:①Data from World Bank. ②Including French Guiana, Guadeloupe Martinique and Réunion. ③Data refers to the mainland of Tanzania.

附录2－8 人均国民总收入(美元)

GNI Per Capita（USD）

资料来源：世界银行世界发展指标数据库。
Source：World Bank World Development Indicators Database.
单位：美元 （USD）

国家和地区	Country or Area	1990	2000	2002	2003	2004	2005
世界总计	**World**	**4075**	**5244**	**5158**	**5559**	**6338**	**6987**
低收入国家	**Low Income**	**356**	**383**	**394**	**439**	**507**	**580**
最不发达国家	**Least Developed Countries**	**309**	**270**	**273**	**295**	**336**	**378**
重债穷国	**Heavily Indebted Poor Countries**	**348**	**278**	**271**	**293**	**336**	**379**
中等收入国家	**Middle Income**	**1170**	**1723**	**1770**	**1938**	**2265**	**2640**
下中等收入国家	**Lower Middle Income**	**762**	**1242**	**1308**	**1436**	**1666**	**1918**
上中等收入国家	**Upper Middle Income**	**2732**	**3673**	**3661**	**3995**	**4731**	**5625**
中、低收入国家	**Low & Middle Income**	**848**	**1158**	**1183**	**1295**	**1507**	**1746**
东亚和太平洋	**East Asia & Pacific**	**425**	**906**	**1059**	**1206**	**1417**	**1627**
欧洲和中亚	**Europe & Central Asia**		**2056**	**2192**	**2592**	**3307**	**4113**
拉丁美洲和加勒比	**Latin America & Caribbean**	**2239**	**3679**	**3284**	**3278**	**3584**	**4008**
中东和北非	**Middle East & North Africa**	**1347**	**1665**	**1712**	**1819**	**1995**	**2241**
南亚	**South Asia**	**380**	**444**	**458**	**513**	**598**	**684**
撒哈拉以南非洲	**Sub-Saharan Africa**	**596**	**486**	**467**	**513**	**607**	**745**
高收入国家	**High Income**	**19617**	**26528**	**26130**	**28195**	**32132**	**35131**
非经合组织成员国	**Non-OECD Countries**	**9150**	**14368**	**14109**	**14740**	**16341**	**17656**
经合组织成员国	**OECD Countries**	**20394**	**27564**	**27184**	**29389**	**33547**	**36715**
欧元区	**Euro Area**	**17747**	**22034**	**20524**	**23118**	**27921**	**31914**
中国①	China①	320	930	1100	1270	1500	1740
中国香港	Hong Kong，China	12500	26980	24680	25590	27130	27670
阿尔巴尼亚	Albania	680	1180	1400	1660	2090	2580
阿尔及利亚	Algeria	2420	1570	1710	1930	2270	2730
安哥拉	Angola	730	430	610	690	930	1350
安提瓜和巴布达	Antigua and Barbuda	5640	8140	8630	9220	10130	10920
阿根廷	Argentina	3190	7470	4050	3670	3580	4470
亚美尼亚	Armenia		660	800	950	1140	1470
澳大利亚	Australia	17710	20060	19660	22090	27070	32220
奥地利	Austria	20180	26010	24070	26920	32280	36980
阿塞拜疆	Azerbaijan		610	720	820	930	1240
巴哈马	Bahamas	11770	15380	15800			
巴林	Bahrain	7260	10390	11350	12630	14370	
孟加拉国	Bangladesh	300	390	380	400	440	470
白俄罗斯	Belarus		1380	1370	1610	2150	2760
比利时	Belgium	18520	24900	23070	25870	31280	35700
伯利兹	Belize	2210	3100	3160	3370	3460	3500
贝宁	Benin	330	340	330	380	450	510
不丹	Bhutan	500	540	610	670	770	870
玻利维亚	Bolivia	740	1000	930	920	960	1010
波黑	Bosnia and Herzegovina		1290	1370	1610	2050	2440
博茨瓦纳	Botswana	2450	2870	2700	3500	4380	5180
巴西	Brazil	2770	3590	2790	2680	3000	3460
保加利亚	Bulgaria	2260	1600	1790	2120	2760	3450
布基纳法索	Burkina Faso	350	250	250	290	350	400
布隆迪	Burundi	210	120	100	90	90	100
柬埔寨	Cambodia		280	290	310	350	380
喀麦隆	Cameroon	960		640	720	890	1010
加拿大	Canada	19840	21810	22660	24560	28310	32600
佛得角	Cape Verde	940	1280	1210	1400	1740	1870
中非	Central African Republic	460	270	250	260	310	350
乍得	Chad	260	180	200	220	330	400
智利	Chile	2250	4850	4330	4320	4930	5870
哥伦比亚	Colombia	1190	2060	1840	1840	2010	2290
科摩罗	Comoros	550	400	400	460	560	640
刚果(金)	Congo，Dem. Rep.	220	80	90	100	110	120
刚果(布)	Congo	880	520	620	640	750	950
哥斯达黎加	Costa Rica	1770	3700	3920	4120	4470	4590
科特迪瓦	Cote d'Ivoire	730	650	570	630	760	840
克罗地亚	Croatia		4500	4620	5370	6820	8060
塞浦路斯	Cyprus	8120	11720	11660	13420	16510	
捷克	Czech Republic		5690	5880	7160	9170	10710
丹麦	Denmark	23430	31460	29660	33620	40750	47390

附录 2－8　续表 1　continued

单位:美元　　　　(USD)

国家和地区	Country or Area	1990	2000	2002	2003	2004	2005
吉布提	Djibouti		780	790	880	960	1020
多米尼克	Dominica	2260	3300	3190	3380	3670	3790
多米尼加	Dominican Republic	880	2170	2400	2100	2110	2370
厄瓜多尔	Ecuador	890	1340	1560	1930	2360	2630
埃及	Egypt	760	1460	1390	1310	1250	1250
萨尔瓦多	El Salvador	930	2000	2080	2190	2330	2450
厄立特里亚	Eritrea		180	170	170	190	220
爱沙尼亚	Estonia	3190	4070	4540	5480	7080	9100
埃塞俄比亚	Ethiopia	240	130	120	110	130	160
斐济	Fiji		2160	2120	2360	2870	3280
芬兰	Finland	24760	24920	23990	26970	32880	37460
法国②	France②	20160	24470	22510	25220	30370	34810
加蓬	Gabon	4780	3090	2990	3340	4080	5010
冈比亚	Gambia	310	320	270	270	270	290
格鲁吉亚	Georgia		700	730	860	1060	1350
德国	Germany	20560	25510	23030	25700	30690	34580
加纳	Ghana	380	330	270	310	380	450
希腊	Greece	7770	11290	11250	13340	16730	19670
格林纳达	Grenada	2310	3650	3300	3730	3770	3920
危地马拉	Guatemala	950	1740	1790	1960	2190	2400
几内亚	Guinea	430	400	360	380	410	370
几内亚比绍	Guinea-Bissau	220	160	130	130	160	180
圭亚那	Guyana	380	870	880	910	1020	1010
海地	Haiti	390	490	430	400	410	450
洪都拉斯	Honduras	710	860	920	970	1040	1190
匈牙利	Hungary	2880	4600	5170	6430	8370	10030
冰岛	Iceland	23430	29960	27420	30430	37920	46320
印度	India	390	450	470	530	630	720
印度尼西亚	Indonesia	620	590	830	940	1130	1280
伊朗	Iran	2590	1670	1790	2020	2330	2770
爱尔兰	Ireland	11960	22990	23290	27430	34310	40150
以色列	Israel	10860	17090	16050	16330	17360	18620
意大利	Italy	17420	20160	19110	21630	26280	30010
牙买加	Jamaica	1790	2940	2940	3090	3300	3400
日本	Japan	26960	35140	33640	33860	37050	38980
约旦	Jordan	1390	1810	1900	2010	2260	2500
哈萨克斯坦	Kazakhstan		1270	1520	1800	2300	2930
肯尼亚	Kenya	380	430	400	430	480	530
基里巴斯	Kiribati	720	1030	930	1060	1210	1390
韩国	Korea, Rep.	6000	9790	10680	12060	14040	15830
科威特	Kuwait		16790	17590	19870	24040	
吉尔吉斯斯坦	Kyrgyzstan		280	290	340	400	440
老挝	Laos	200	280	320	340	400	440
拉脱维亚	Latvia	2790	3240	3850	4450	5460	6760
黎巴嫩	Lebanon	1340	5060	4970	5240	6040	6180
莱索托	Lesotho	640	630	540	590	740	960
利比里亚	Liberia		130	140	100	120	130
利比亚	Libya				4620	4560	5530
立陶宛	Lithuania		3180	3760	4590	5840	7050
卢森堡	Luxembourg	29640	43560	42150	46150	56380	65630
马其顿	Macedonia		1850	1730	1990	2440	2830
马达加斯加	Madagascar	230	240	220	280	290	290
马拉维	Malawi	180	150	140	150	160	160
马来西亚	Malaysia	2420	3430	3600	3940	4520	4960
马尔代夫	Maldives		2010	2020	2150	2400	2390
马里	Mali	260	220	220	270	330	380
马耳他	Malta	6780	9590	9970	10650	12100	13590
马绍尔群岛	Marshall Islands		2540	2720	2880	2810	2930
毛里塔尼亚	Mauritania	540	460	450	460	530	560
毛里求斯	Mauritius	2300	3740	3820	4080	4640	5260
墨西哥	Mexico	2830	5110	6010	6370	6930	7310
密克罗尼西亚联邦	Micronesia, Fed. States		2170	2110	2280	2300	2300
摩尔多瓦	Moldova		370	460	570	720	880
蒙古	Mongolia		400	420	480	600	690
摩洛哥	Morocco	1030	1220	1220	1370	1570	1730
莫桑比克	Mozambique	170	210	210	230	270	310
纳米比亚	Namibia	1740	1870	1740	1990	2380	2990
尼泊尔	Nepal	200	220	220	220	250	270

附录2－8　续表2　continued

单位:美元 (USD)

国家和地区	Country or Area	1990	2000	2002	2003	2004	2005
荷　兰	Netherlands	18750	25200	23750	26650	32130	36620
新西兰	New Zealand	12840	13680	13540	15650	19550	25960
尼加拉瓜	Nicaragua	330	750	740	770	830	910
尼日尔	Niger	280	160	160	180	210	240
尼日利亚	Nigeria	280	280	320	380	430	560
挪　威	Norway	25670	35660	38870	43140	51810	59590
阿　曼	Oman	5610	6610	7930	8130	9070	
巴基斯坦	Pakistan	420	480	490	520	600	690
帕　劳	Palau				6420	7120	7630
巴拿马	Panama	2210	3740	3820	3900	4310	4630
巴布亚新几内亚	Papua New Guinea	830	650	480	470	550	660
巴拉圭	Paraguay	1190	1460	1120	1070	1140	1280
秘　鲁	Peru	770	2050	2020	2150	2360	2610
菲律宾	Philippines	740	1040	1050	1100	1200	1300
波　兰	Poland		4540	4820	5440	6140	7110
葡萄牙	Portugal	6450	10940	10600	11870	14220	16170
罗马尼亚	Romania	1730	1700	1930	2290	2950	3830
俄罗斯联邦	Russian Federation		1710	2100	2590	3410	4460
卢旺达	Rwanda	360	250	210	200	210	230
萨摩亚	Samoa	1070	1350	1360	1480	1790	2090
圣多美和普林西比	Sao Tome and Principe	420	300	330	360	390	390
沙特阿拉伯	Saudi Arabia	7220	7830	8140	8880	10170	11770
塞内加尔	Senegal	660	450	420	490	600	710
塞尔维亚和黑山	Serbia and Montenegro		1250	1430	1930	2700	3280
塞舌尔	Seychelles	5020	7300	6840	7450	8170	8290
塞拉利昂	Sierra Leone	200	140	190	200	210	220
新加坡	Singapore	11850	23030	20820	21890	24740	27490
斯洛伐克	Slovak	3340	3870	4080	4970	6480	7950
斯洛文尼亚	Slovenia		10760	10370	12000	14820	17350
所罗门群岛	Solomon Islands	740	680	550	540	570	590
索马里	Somalia	140					
南　非	South Africa	3390	3050	2630	2860	3670	4960
西班牙	Spain	12090	15320	15110	17450	21530	25360
斯里兰卡	Sri Lanka	470	810	850	930	1010	1160
圣基茨和尼维斯	St. Kitts and Nevis	3610	6530	6470	6980	7750	8210
圣卢西亚	St. Lucia	2810	4010	3830	4040	4410	4800
圣文森特和格	St. Vincent and the	1710	2730	2820	3040	3400	3590
苏　丹	Sudan	550	310	380	430	520	640
苏里南	Suriname	1510	2070	1900	2060	2270	2540
斯威士兰	Swaziland	1200	1370	1180	1320	1700	2280
瑞　典	Sweden	25750	28650	26190	28950	35840	41060
瑞　士	Switzerland	34230	40110	36340	41900	49600	54930
叙利亚	Syrian Arab Republic	880	910	1080	1160	1270	1380
塔吉克斯坦	Tajikistan		180	180	210	280	330
坦桑尼亚	Tanzania	190	260	290	300	320	340
泰　国	Thailand	1540	1990	1970	2150	2490	2750
东帝汶	Timor-Leste			430	420	540	750
多　哥	Togo	380	270	240	270	310	350
汤　加	Tonga	1230	1630	1430	1510	1830	2190
特立尼达和多巴哥	Trinidad and Tobago	3730	5230	6690	7770	9070	10440
突尼斯	Tunisia	1430	2080	1990	2260	2650	2890
土耳其	Turkey	2270	2980	2510	2800	3750	4710
乌干达	Uganda	320	260	230	230	250	280
乌克兰	Ukraine	1610	700	790	980	1270	1520
阿联酋	United Arab Emirates	21140	19270	20080	21170	23770	
英　国	United Kingdom	16190	24920	25560	28220	33630	37600
美　国	United States	23330	34400	35230	37780	41440	43740
乌拉圭	Uruguay	2870	6150	4370	3750	3890	4360
乌兹别克斯坦	Uzbekistan		620	450	420	450	510
瓦努阿图	Vanuatu	1120	1240	1100	1190	1390	1600
委内瑞拉	Venezuela	2570	4100	3970	3470	4030	4810
越　南	Viet Nam	130	380	430	470	540	620
约旦河西岸和加沙地带	West Bank and Gaza		1750	1110	1120		
也　门	Yemen		410	480	530	570	600
赞比亚	Zambia	420	290	310	350	400	490
津巴布韦	Zimbabwe	850	460	890	920	620	340

注:①世界银行统计数据。②包括法属圭亚那、瓜德罗普、马提尼克和留尼汪。

Note:①Data from World Bank. ②Including French Guiana, Guadeloupe Martinique and Réunion.

附录2-9 按购买力平价法计算的国民经济核算主要指标(2005年)

Main Economic Indicators of National Accounts Based on PPP(2005)

资料来源:世界银行世界发展指标数据库。
Source: World Bank World Development Indicators Database.
单位:美元 (USD)

国家和地区	Country or Area	国内生产总值(亿国际元) GDP (100 million international $)	人均国内生产总值(国际元) GDP per Capita (current international $)	国民总收入(亿国际元) GNI (100 million international $)	人均国民总收入(国际元) GIN per Capita (current international $)
世界总计	**World**	**610066**	**9476**	**606443**	**9420**
低收入国家	**Low Income**	**59270**	**2519**	**58490**	**2486**
最不发达国家	**Least Developed Countries**	**10948**	**1456**	**10729**	**1427**
重债穷国	**Countries**	**7610**	**1373**	**7381**	**1332**
中等收入国家	**Middle Income**	**224545**	**7306**	**221149**	**7195**
下中等收入国家	**Lower Middle Income**	**157627**	**6369**	**156220**	**6313**
上中等收入国家	**Upper Middle Income**	**67376**	**11253**	**65406**	**10924**
中、低收入国家	**Low & Middle Income**	**283717**	**5228**	**279542**	**5151**
东亚和太平洋	**East Asia & Pacific**	**111376**	**5907**	**111495**	**5914**
欧洲和中亚	**Europe & Central Asia**	**44407**	**9389**	**43236**	**9142**
拉丁美洲和加勒比	**Latin America & Caribbean**	**46695**	**8469**	**44724**	**8111**
中东和北非	**Middle East & North Africa**	**18800**	**6155**	**18558**	**6076**
南亚	**South Asia**	**46429**	**3158**	**46184**	**3142**
撒哈拉以南非洲	**Sub-Saharan Africa**	**15328**	**2068**	**14687**	**1981**
高收入国家	**High Income**	**328356**	**32468**	**328928**	**32524**
经合组织成员国	**OECD countries**	**310892**	**33536**	**311692**	**33622**
欧元区	**Euro Area**	**90415**	**29110**	**89941**	**28958**
中国①	China①	85727	6572	86097	6600
中国香港	Hong Kong, China	2115②	31165②	2407	34670
孟加拉国	Bangladesh	2832	1997	2964	2090
印度	India	38156	3486	37873	3460
印度尼西亚	Indonesia	8474	3842	8205	3720
伊朗	Iran	5402	7979	5450	8050
以色列	Israel	1774	25670	1747	25280
日本	Japan	39438	30821	40191	31410
哈萨克斯坦	Kazakhstan	1290	8515	1171	7730
韩国	Korea, Rep.	10561	21868	10552	21850
马来西亚	Malaysia	2748	10843	2616	10320
蒙古	Mongolia	57	2250	56	2190
巴基斯坦	Pakistan	3743	2403	3661	2350
菲律宾	Philippines	4086	4920	4402	5300
新加坡	Singapore	1302	29921	1296	29780
斯里兰卡	Sri Lanka	895	4569	885	4520
泰国	Thailand	5493	8551	5421	8440
土耳其	Turkey	6123	8430	6116	8420
越南	Viet Nam	2540	3062	2497	3010
埃及	Egypt	3298	4455	3287	4440
尼日利亚	Nigeria	1556	1183	1368	1040
南非	South Africa	5580	12347	5477	12120
加拿大	Canada	10612	32886	10398	32220
墨西哥	Mexico	10524	10209	10340	10030
美国	United States	124095	41854	124380	41950
阿根廷	Argentina	5588	14421	5394	13920
巴西	Brazil	16273	8730	15341	8230
委内瑞拉	Venezuela	1736	6531	1712	6440
白俄罗斯	Belarus	771	7883	771	7890
保加利亚	Bulgaria	681	8794	668	8630
捷克	Czech Republic	2174	21317	2054	20140
法国	France	18296	30120	18551	30540
德国	Germany	24175	29309	24094	29210
意大利	Italy	16678	29019	16575	28840
荷兰	Netherlands	5377	32927	5304	32480
波兰	Poland	5336	13980	5149	13490
罗马尼亚	Romania	1992	9208	1934	8940
俄罗斯联邦	Russian Federation	15599	10897	15231	10640
西班牙	Spain	11335	26125	11203	25820
乌克兰	Ukraine	3206	6804	3166	6720
英国	United Kingdom	19268	32005	19680	32690
澳大利亚	Australia	6431	31646	6220	30610
新西兰	New Zealand	925	22511	947	23030

注:①世界银行统计数据。②2004年数据。

Note: ①Data from World Bank. ②Date Refers to 2004.

附录2-10 国内生产总值增长率

Growth Rate of GDP

资料来源：国际货币基金组织世界经济展望数据库。
Source：IMF World Economic Outlook Database.
单位:% (%)

国家和地区	Country or Area	年均增长率 Average Annual Real Growth Rate		1990	2000	2003	2004	2005
		1991-2000	2001-2005					
世　界①	World ①	3.4	4.0	3.0	4.9	4.1	5.3	4.9
发达国家	Advanced Countries	2.8	2.1	3.1	3.9	1.9	3.2	2.6
欧　盟	European Union	2.2	1.8	2.6	3.9	1.4	2.4	1.8
欧元区	Euro Area	2.1②	1.4		3.9	0.8	2.1	1.3
主要发达国家	Major Advanced Countries	2.5	1.9	2.8	3.6	1.8	3.0	2.4
亚洲新兴工业化国家	Newly Industrialized Asian	6.2	4.0	7.3	7.9	3.2	5.9	4.5
其它发达国家③	Other advanced Economies③	4.5	3.2	4.4	5.9	2.5	4.6	3.7
发展中国家	Developing Countries	4.3	6.3	2.8	6.1	6.7	7.7	7.4
非　洲	Africa	2.2	4.7	2.3	3.1	4.6	5.5	5.4
撒哈拉以南非洲	Sub-Sahara Africa	2.2	4.7	2.1	3.4	4.1	5.6	5.8
中东欧	Central and Eastern Europe	1.6	4.3	-1.5	5.1	4.7	6.5	5.4
独联体国家和蒙古	Independent States and Mongolia	-4.4	6.9	1.1	9.0	7.9	8.4	6.5
亚洲发展中国家	Developing Asia	7.6	7.9	5.3	7.0	8.4	8.8	9.0
东盟四国④	ASEAN-4④	4.3	4.7	7.6	5.8	5.5	5.8	5.1
中　东	Middle East	4.0	4.9	8.2	5.3	6.4	5.5	5.7
西半球	Western Hemisphere	3.4	2.5	0.2	3.9	2.2	5.7	4.3
中　国	China	10.4	9.5	3.8	8.4	10.0	10.1	10.2
中国香港	Hong Kong, China	4.5	4.3	4.0	10.0	3.2	8.6	7.3
阿富汗	Afghanistan					15.7	8.0	14.0⑤
阿尔巴尼亚	Albania	1.3	5.4	-10.0	7.3	5.7	5.9⑤	5.5⑤
阿尔及利亚	Algeria	1.6	4.9	1.3	2.2	6.9	5.2	5.3⑤
安哥拉	Angola	1.3	10.3	-3.5	3.0⑤	3.3⑤	11.2⑤	20.6⑤
安提瓜和巴布达	Antigua and Barbuda	3.4	3.6	2.3	3.3	4.3	5.2	5.0
阿根廷	Argentina	4.2	2.0	-1.3	-0.8	8.8	9.0	9.2⑤
亚美尼亚	Armenia	2.8⑥	12.1		6.0	13.9	10.1	13.9
澳大利亚	Australia	3.4	3.1	1.7	3.3	3.1	3.5	2.5⑤
奥地利	Austria	2.6	1.4	4.6	3.4	1.1	2.4	2.0
阿塞拜疆	Azerbaijan	-3.5⑥	11.7		6.2	10.4	10.2	24.3
巴哈马	Bahamas	2.1	1.8	-1.6	1.9	1.4	1.8	2.7⑤
巴　林	Bahrain	4.6	5.9	7.3	5.2	7.2	5.4	6.9⑤
孟加拉国	Bangladesh	4.9	5.5	4.6	5.6	5.8	6.1	6.2
巴巴多斯	Barbados	1.2	1.7	-3.3	2.3	1.9	4.8	3.9
白俄罗斯	Belarus	-0.2⑥	7.4		5.8	7.0	11.4	9.3
比利时	Belgium	2.3	1.5	3.1	3.7	0.9	2.4	1.5⑤
伯利兹	Belize	6.0	5.5	11.2	13.0	9.3	4.6	3.5⑤
贝　宁	Benin	4.5	4.1	9.0	4.9	3.9	3.1	2.9⑤
不　丹	Bhutan	5.2	7.5	2.4	9.5	7.1	7.5⑤	7.4⑤
玻利维亚	Bolivia	3.8	3.0	4.6	2.5	2.9	3.9	4.1
波　黑	Bosnia and Herzegovina		5.0		5.4	4.4	6.2	5.0
博茨瓦纳	Botswana	6.2	5.8	6.8	8.3	6.3	6.0⑤	6.2⑤
巴　西	Brazil	2.7	2.2	-4.2	4.4	0.5	4.9	2.3
文　莱	Brunei Darussalam	2.2	2.1	1.1	2.9	2.9	0.5	0.4
保加利亚	Bulgaria	-4.0	4.9	-9.1	5.4	4.5	5.7	5.5
布基纳法索	Burkina Faso	5.4	6.2	10.1	3.3⑤	7.9⑤	4.0⑤	7.1⑤
布隆迪	Burundi	-1.7	2.2	3.5	-0.9⑤	-1.2⑤	4.8⑤	0.9⑤
柬埔寨	Cambodia	7.1	9.2	1.1	8.4	8.6	10.0	13.4⑤
喀麦隆	Cameroon	1.4	3.8	-6.2	4.2	4.0	3.7	2.6⑤

附录 2－10 续表 1 continued

单位:% (%)

国家和地区	Country or Area	年均增长率 Average Annual Real Growth Rate		1990	2000	2003	2004	2005
		1991－2000	2001－2005					
加拿大	Canada	2.9	2.5	0.2	5.2	1.8	3.3	2.9
佛得角	Cape Verde	6.8	5.3	0.7	7.3	4.7	4.4⑤	5.8⑤
中非	Central African Republic	1.0	－0.9	－3.8	1.8	－7.6	1.3⑤	2.2⑤
乍得	Chad	2.8	15.4	3.2	－0.9	14.7	31.3	12.2⑤
智利	Chile	6.4	4.4	3.7	4.5	3.9	6.2	6.3
哥伦比亚	Colombia	2.7	3.4	4.3	2.9	3.9	4.8	5.1
科摩罗	Comoros	1.1	2.8	5.1	1.4	2.5	－0.2	4.2
刚果(金)	Congo, Dem. Rep. of	－5.6	4.0	－6.6	－6.9	5.8	6.6	6.5
刚果(布)	Congo	1.4	4.1	1.0	7.6	0.8	3.6	7.9⑤
哥斯达黎加	Costa Rica	5.2	4.1	3.6	1.8	6.4	4.1	5.9
科特迪瓦	Cote D' Ivoire	3.3	0.1	－1.1	－3.3	－1.5	1.8	1.9⑤
克罗地亚	Croatia	2.6⑥	4.7		2.9	5.3	3.8	4.3
塞浦路斯	Cyprus	4.2	3.1	7.2	5.0	1.9	3.9	3.7
捷克	Czech Republic	0.2	3.6	－1.2	3.6	3.6	4.2	6.1
丹麦	Denmark	2.6	1.4	1.5	3.5	0.7	1.9	3.2
吉布提	Djibouti	－1.4②	2.8		0.5⑤	3.2⑤	3.0⑤	3.2⑤
多米尼克	Dominica	1.8	－0.6	5.1	1.4	0.1	3.0	3.4⑤
多米尼加	Dominican Republic	5.9	3.5	－5.5	7.8	－1.9	2.0	9.3⑤
厄瓜多尔	Ecuador	2.2	5.1	3.0	2.8	3.6	7.9	4.7
埃及	Egypt	4.4	3.8	2.4	5.4	3.1	4.1	4.9⑤
萨尔瓦多	El Salvador	4.6	2.2	4.8	2.2	2.3	1.8	2.8⑤
赤道几内亚	Equatorial Guinea	29.8	28.2	6.7	14.1	14.1	32.4	6.0⑤
厄立特里亚	Eritrea	5.0⑥	4.2		－13.1	3.0	3.5⑤	4.8⑤
爱沙尼亚	Estonia	4.4⑦	7.6		7.9	6.7	7.8	9.8
埃塞俄比亚	Ethiopia	2.8	5.0	2.6	5.4	－3.1	12.3	8.7⑤
斐济	Fiji	2.5	3.2	5.8	－2.8	3.0	4.1	2.1⑤
芬兰	Finland	2.0	2.5	0.1	5.0	1.8	3.5	2.9⑤
法国	France	1.9	1.4	2.7	4.0	1.1	2.0	1.2
加蓬	Gabon	1.7	1.7	5.1	－1.9	2.4	1.4⑤	2.9⑤
冈比亚	Gambia	4.3	3.9	5.7	6.4	6.9	5.1	5.0⑤
格鲁吉亚	Georgia	5.2⑧	7.3		1.9	11.1	5.9	9.3
德国	Germany	2.1	0.6	5.7	3.1	－0.2	1.2	0.9
加纳	Ghana	4.5	5.1	3.3	3.7	5.2	5.8	5.8⑤
希腊	Greece	2.3	4.4	…	4.5	4.8	4.7	3.7
格林纳达	Grenada	3.9	0.8	5.2	7.0	5.8	－3.0⑤	5.0⑤
危地马拉	Guatemala	4.1	2.5	3.1	3.6	2.1	2.7	3.2
几内亚	Guinea	4.1	3.1	4.3	1.9	1.2	2.7	3.3⑤
几内亚比绍	Guinea-Bissau	0.9	－0.5	4.6⑤	7.5⑤	－0.6⑤	2.2⑤	3.2⑤
圭亚那	Guyana	4.9	0.2	－3.0	－1.3	－0.7	1.6	－3.0⑤
海地	Haiti	…	－0.6	…	1.3	0.2	－2.6	0.4
洪都拉斯	Honduras	3.3	3.5	0.1	5.7	3.5	4.6	4.2
匈牙利	Hungary	0.8	4.2	－3.5	6.0	3.4	5.2	4.1⑤
冰岛	Iceland	2.5	3.9	1.2	4.1	3.0	8.2	5.5
印度	India	5.6	6.4	6.0	5.3	7.2	8.0	8.5
印度尼西亚	Indonesia	4.0	4.7	7.2	5.4	4.8	5.1	5.6
伊朗	Iran	3.7	5.8	19.6	5.1	6.7	5.6	5.4⑤
爱尔兰	Ireland	7.1	5.2	7.7	9.2	4.3	4.3	5.5
以色列	Israel	5.7	2.0	5.7	8.7	1.5	4.8	5.2
意大利	Italy	1.6	0.6	2.1	3.6	…	1.1	…
牙买加	Jamaica	0.5	1.4	4.9	0.7	2.3	0.9	1.4
日本	Japan	1.2	1.4	5.2	2.9	1.8	2.3	2.6

附录 2－10　续表 2　continued

单位:%　　　　　　　　　　　　　　　　　　　　　　　　　　　　　　　　　　　　　　　(%)

国家和地区	Country or Area	年均增长率 Average Annual Real Growth Rate		1990	2000	2003	2004	2005
		1991－2000	2001－2005					
约　　旦	Jordan	4.7	6.2	－0.3	4.3	4.2	8.4	7.2
哈萨克斯坦	Kazakhstan	－2.4⑥	10.3		9.8	9.3	9.6	9.4
肯 尼 亚	Kenya	1.7	3.6	4.1	0.6	2.8	4.6	5.7⑤
基里巴斯	Kiribati	5.4	0.4	2.1	6.9	－1.4	－3.7	0.3⑤
韩　　国	Korea, Rep.	6.1	4.5	9.2	8.5	3.1	4.7	4.0
科 威 特	Kuwait	3.7	6.7	－26.2	4.7	13.4	6.2	8.5⑤
吉尔吉斯斯坦	Kyrgyzstan	－1.8⑥	3.7		5.4	7.0	7.0	－0.6
老　　挝	Laos	6.3	6.2	6.7	5.8	6.1	6.4	7.0⑤
拉脱维亚	Latvia	2.1⑥	8.1		6.9	7.2	8.6	10.2⑤
黎 巴 嫩	Lebanon	7.0	3.8	－13.4	1.2	5.0	6.0	1.0⑤
莱 索 托	Lesotho	3.3	2.8	6.4	1.6	3.2	2.7	1.3⑤
利比里亚	Liberia		2.0		24.0	－33.9	－5.2	9.5
利 比 亚	Libya	2.2	5.0	－20.2	1.1	9.1⑤	4.6⑤	3.5⑤
立 陶 宛	Lithuania	－0.4⑥	7.6		4.7	10.5	7.0	7.5
卢 森 堡	Luxembourg	5.0	3.3	5.3	8.4	2.0	4.2	4.0
马 其 顿	Macedonia	－0.3②	1.4		4.5	2.8	4.1	4.0
马达加斯加	Madagascar	1.7	2.3	3.1	4.7	9.8	5.3	4.6
马 拉 维	Malawi	3.4	1.8	5.7	0.8	3.9	5.1	2.1
马来西亚	Malaysia	7.1	4.5	9.0	8.9	5.5	7.2	5.2
马尔代夫	Maldives	7.5	4.4	－4.0	4.8	8.5	9.5	－5.5
马　　里	Mali	3.6	6.4	16.5	－3.2	7.2	2.4	6.1
马 耳 他	Malta	5.6	－0.4	4.7	9.9	－2.5	－1.5	2.5
毛里塔尼亚	Mauritania	2.9	4.0	－1.2	1.9	5.6	5.2	5.4
毛里求斯	Mauritius	6.0	3.5	4.9	7.1	3.6	4.5	3.4
墨 西 哥	Mexico	3.5	1.9	5.1	6.6	1.4	4.2	3.0
摩尔多瓦	Moldova	－6.3⑥	7.0		2.1	6.6	7.4	7.1
蒙　　古	Mongolia	…	5.5	－2.5	1.1	5.6	10.7	6.2⑤
摩 洛 哥	Morocco	2.3	4.2	4.0	1.0	5.5	4.2	1.7
莫桑比克	Mozambique	5.2	8.9	1.0	1.9	7.9	7.5⑤	7.7⑤
缅　　甸	Myanmar	7.1	12.8	2.8	13.7	13.8	13.6⑤	13.2⑤
纳米比亚	Namibia	4.1	4.4		3.5	3.5	5.9	3.5⑤
尼 泊 尔	Nepal	5.0	2.9	4.6	6.1	3.3	3.8	2.7
荷　　兰	Netherlands	2.9	1.1	4.1	3.5	0.3	2.0	1.5
荷属安的列斯	Netherlands Antilles	1.2	1.0	1.5	－2.0	1.4	1.0	0.7⑤
新 西 兰	New Zealand	2.8	3.6		3.4	3.4	4.4	2.3
尼加拉瓜	Nicaragua	3.5	3.0	－0.1	4.1	2.3	5.1	4.0⑤
尼 日 尔	Niger	1.8	4.3	－1.3	－1.4	5.3	－0.6	7.0⑤
尼日利亚	Nigeria	1.9	5.6	13.8	5.4	10.7	6.0	6.9⑤
挪　　威	Norway	3.7	2.1	2.1	2.8	1.1	3.1	2.3
阿　　曼	Oman	4.6	4.9	8.4	5.5	2.0	5.6	6.7⑤
巴基斯坦	Pakistan	4.0	5.1	4.5	4.3	4.9	7.4	8.0⑤
巴 拿 马	Panama	5.5	4.2	8.1	2.7	4.2	7.6	6.4
巴布亚新几内亚	Papua New Guinea	4.6	1.5	－3.0	－2.5	2.0	2.9	3.1⑤
巴 拉 圭	Paraguay	1.8	2.6	2.9	－3.3	3.8	4.1	2.9
秘　　鲁	Peru	4.0	4.2	－5.1	3.0	3.9	5.2	6.4
菲 律 宾	Philippines	3.0	4.4	3.0	6.0	4.9	6.2	5.0
波　　兰	Poland	3.8	3.0	－7.2	4.2	3.8	5.3	3.4⑤
葡 萄 牙	Portugal	3.0	0.7	7.9	3.9	－1.1	1.2	0.4
卡 塔 尔	Qatar	7.2	7.1	－14.6	9.1	5.9	11.2	6.5⑤
罗马尼亚	Romania	－1.7	5.7	－5.6	2.1	5.2	8.4	4.1
俄罗斯联邦	Russian Federation	－2.3⑥	6.1		10.0	7.3	7.2	6.4

附录2－10 续表3 continued

单位:% (%)

国家和地区	Country or Area	年均增长率 Average Annual Real Growth Rate		1990	2000	2003	2004	2005
		1991－2000	2001－2005					
卢 旺 达	Rwanda	0.1	5.4	0.4	6.0	0.9	4.0	6.0⑤
萨 摩 亚	Samoa	3.1	4.3	-6.4	3.7	1.8	2.8	5.6
圣多美和普林西比	Sao Tome & Principe	1.8	3.9	-2.2	3.0	4.0	3.8⑤	3.8⑤
沙特阿拉伯	Saudi Arabia	2.7	4.0	8.3	4.9	7.7	5.3	6.6⑤
塞内加尔	Senegal	3.1	4.6	-0.7	3.2	6.7	5.6	5.5⑤
塞尔维亚	Serbia		5.5		5.2	2.4	9.3	6.3
塞 舌 尔	Seychelles	4.5	-2.3	7.5	4.3	-6.3	-2.0⑤	-2.2⑤
塞拉利昂	Sierra Leone	-7.6	13.7	1.6	3.8	9.3	7.4	7.2⑤
新 加 坡	Singapore	7.6	3.9	9.2	10.0	2.9	8.7	6.4
斯洛伐克	Slovak	4.3⑦	4.6		2.0	4.2	5.4	6.1
斯洛文尼亚	Slovenia	4.3⑥	3.4		4.1	2.7	4.2	3.9
所罗门群岛	Solomon Islands	2.5	1.6	2.2	-14.3	6.4	8.0	5.0
南 非	South Africa	1.8	3.8	-0.3	4.2	3.0	4.5	4.9
西 班 牙	Spain	2.9	3.1	3.8	5.0	3.0	3.1	3.4
斯里兰卡	Sri Lanka	5.2	3.9	6.2	6.0	6.0	5.4	6.0
圣基茨和尼维斯	St. Kitts And Nevis	4.1	3.7	3.1	4.4	0.6	7.1	6.7⑤
圣卢西亚	St. Lucia	2.1	1.7	9.0	-0.3	3.1	4.0	5.4
圣文森特和格林纳丁斯	St. Vincent & the Grenadines	3.2	3.0	5.2	2.0	2.8	6.8	2.2⑤
苏 丹	Sudan	3.5	6.1	1.0	8.4	4.9	5.2	7.9⑤
苏 里 南	Suriname	0.7	5.1	-1.5	-0.1	5.3	7.8	5.1⑤
斯威士兰	Swaziland	3.0	2.2	8.9	2.6	2.4	2.1	1.9⑤
瑞 典	Sweden	2.1	2.2	1.0	4.3	1.7	3.7	2.7
瑞 士	Switzerland	1.1	1.0	3.8	3.6	-0.3	2.1	1.9
叙 利 亚	Syrian Arab Republic	4.8	2.9	10.4	2.3	1.0	3.1⑤	2.9⑤
塔吉克斯坦	Tajikistan	-4.3⑥	9.4		8.3	10.2	10.6	6.7
坦桑尼亚	Tanzania	2.9	6.5	7.0	5.1	5.7	6.7	6.8
泰 国	Thailand	4.4	5.0	11.6	4.8	7.0	6.2	4.5
东 帝 汶	Timor-Leste		0.9		15.4	-6.2	0.3⑤	2.3⑤
多 哥	Togo	0.8	2.0	5.9	1.0	1.9	3.0	0.8
汤 加	Tonga	1.6	2.5	4.7	5.4	3.2	1.4	2.3
特立尼达和多巴哥	Trinidad and Tobago	4.4	8.6	1.5	6.9	13.9	9.1	7.9⑤
突 尼 斯	Tunisia	4.7	4.5	7.1	4.7	5.6	6.0	4.2⑤
土 耳 其	Turkey	3.6	4.3	9.3	7.4	5.8	8.9	7.4
土库曼斯坦	Turkmenistan	-2.1⑥	15.5		18.6	17.1	14.7	9.6⑤
乌 干 达	Uganda	6.2	5.6	6.5	5.3	4.4	5.7	6.0
乌 克 兰	Ukraine	-7.7⑥	7.7		5.9	9.6	12.1	2.6
阿 联 酋	United Arab Emirates	5.1	6.8	15.3	12.4	11.9	9.7	8.5⑤
英 国	United Kingdom	2.4	2.5	0.7	3.8	2.7	3.3	1.9
美 国	United States	3.3	2.4	1.9	3.7	2.5	3.9	3.2
乌 拉 圭	Uruguay	3.0	0.9	0.3	-1.4	2.2	11.8	6.6
乌兹别克斯坦	Uzbekistan	1.3⑥	5.4		3.8	4.2	7.7	7.0
瓦努阿图	Vanuatu	3.1	0.4	11.6	2.7	2.4	4.0	3.0⑤
委内瑞拉	Venezuela	2.1	2.3	6.5	3.7	-7.7	17.9	9.3⑤
越 南	Viet Nam	7.6	7.5	5.0	6.8	7.3	7.8	8.4
也 门	Yemen	5.8	3.6		4.4	3.1	2.6	3.8
赞 比 亚	Zambia	-0.2	4.8	-0.6	3.6	5.1	5.4⑤	5.1⑤
津巴布韦	Zimbabwe	0.6	-5.6	7.0	-7.3	-10.4	-3.8⑤	-6.5⑤

注:①指国际货币基金组织世界经济展望数据库的174个国家和地区。②为1992至2000年年均增长率。③不包括西方七国和欧元区。④印度尼西亚、马来西亚、菲律宾和泰国。⑤估计数。⑥为1993至2000年年均增长率。⑦为1994至2000年年均增长率。⑧为1995至2000年年均增长率。

Note:①Refers to the 174 countries and areas listed in the IMF World Economic Outlook database. ②Refers to the average annual real growth rate of 1992 to 2000. ③Refers to advanced economies excluding G7 and Euro area. ④Composed of Indonesia, Malysia, Philippines and Thailand. ⑤Estimates data. ⑥Refers to the averageannual real growth rate of 1993 to 2000. ⑦Refers to the average annual real growth rate of 1994 to 2000. ⑧Refers to the average annual real growth rate of 1995 to 2000.

附录2－11 人均国内生产总值增长率

Growth Rate of GDP Per Capita

资料来源：世界银行世界发展指标数据库。
Source: World Bank World Development Indicators Database.
单位：%　　　　　　　　　　　　　　　　　　　　　　　　　　　　　　　　　　（%）

国家和地区	Country or Area	2000	2001	2002	2003	2004	2005
世　　界	**World**	**2.7**	**0.3**	**0.6**	**1.5**	**2.9**	**2.4**
低收入国家	**Low Income**	**1.9**	**2.7**	**1.5**	**5.1**	**5.5**	**5.6**
最不发达国家	**Least Developed Countries**	**1.8**	**2.7**	**2.1**	**2.7**	**3.7**	**3.7**
重债穷国	**Countries**	**0.6**	**1.9**	**0.6**	**1.2**	**2.7**	**2.5**
中等收入国家	**Middle Income**	**4.6**	**2.0**	**2.7**	**4.2**	**6.3**	**5.4**
下中等收入国家	**Lower Middle Income**	**5.0**	**3.8**	**4.8**	**4.9**	**6.6**	**5.9**
上中等收入国家	**Upper Middle Income**	**4.1**	**-0.2**	**0.1**	**3.3**	**6.1**	**5.0**
中、低收入国家	**Low and Middle Income**	**3.9**	**1.8**	**2.3**	**4.0**	**5.9**	**5.2**
东亚和太平洋	**East Asia and Pacific**	**6.6**	**5.7**	**6.9**	**7.9**	**8.1**	**7.8**
欧洲和中亚	**Europe and Central Asia**	**7.0**	**2.0**	**4.7**	**5.8**	**7.1**	**5.9**
拉丁美洲和加勒比	**Latin America and Caribbean**	**2.4**	**-1.1**	**-2.2**	**0.6**	**4.5**	**3.1**
中东和北非	**Middle East and North Africa**	**1.3**	**1.4**	**1.9**	**1.0**	**3.7**	**2.8**
南　　亚	**South Asia**	**2.4**	**2.9**	**1.8**	**5.7**	**6.2**	**6.4**
撒哈拉以南非洲	**Sub－Saharan Africa**	**0.8**	**1.1**	**1.0**	**1.7**	**2.9**	**3.1**
高收入国家	**High Income**	**2.8**	**0.4**	**0.7**	**1.4**	**2.6**	**2.1**
非经合组织成员国	**Non-OECD Countries**	**4.4**	**-1.7**	**0.6**	**2.7**	**4.6**	**3.9**
经合组织成员国	**OECD Countries**	**2.8**	**0.6**	**0.8**	**1.4**	**2.6**	**2.1**
欧 元 区	**Euro Area**	**3.3**	**1.5**	**0.5**	**0.2**	**1.6**	**0.9**
中　　国	China	7.6	7.5	8.4	9.3	9.4	9.2
中国香港	Hong Kong, China	9.2	-0.3	0.9	3.0	7.3	6.3
中国澳门	Macao, China	2.8	0.7	9.2	14.2	27.0	7.2
孟加拉国	Bangladesh	3.9	3.2	2.4	3.3	4.3	3.5
印　　度	India	2.3	3.6	2.0	6.7	7.0	7.1
印度尼西亚	Indonesia	3.5	2.5	3.0	3.3	3.6	4.2
伊　　朗	Iran	3.5	2.0	7.3	3.7	3.8	4.9
以 色 列	Israel	4.9	-2.6	-3.1	-0.1	2.8	3.5
日　　本	Japan	2.2	…	-0.5	1.2	2.5	2.5
哈萨克斯坦	Kazakhstan	10.1	13.7	9.8	8.9	8.8	8.4
韩　　国	Korea, Rep.	7.6	3.1	6.4	2.6	4.2	3.5
马来西亚	Malaysia	6.4	-1.8	2.3	3.4	5.2	3.4
蒙　　古	Mongolia	0.2	0.1	2.8	4.2	9.2	4.6
缅　　甸	Myanmar	8.5	9.9	10.7	12.5	1.9	3.9
巴基斯坦	Pakistan	1.8	-0.6	0.8	2.5	3.9	5.2
菲 律 宾	Philippines	3.9	-0.2	2.5	2.6	4.1	3.3
新 加 坡	Singapore	8.2	-5.0	3.0	2.6	7.3	3.7
斯里兰卡	Sri Lanka	4.3	1.8	2.5	4.7	4.5	4.4
泰　　国	Thailand	3.7	1.2	4.4	6.1	5.3	3.6
土 耳 其	Turkey	5.6	-9.0	6.2	4.2	7.4	6.0
越　　南	Viet Nam	5.4	5.6	5.8	6.2	6.6	7.4
埃　　及	Egypt	3.4	1.5	1.2	1.1	2.2	2.9
尼日利亚	Nigeria	1.8	0.7	-0.7	8.3	3.7	4.7
南　　非	South Africa	1.6	0.9	2.5	1.9	5.2	5.6
加 拿 大	Canada	4.3	0.8	2.5	1.1	1.8	2.0
墨 西 哥	Mexico	5.1	-1.2	-0.2	0.4	3.1	1.9
美　　国	United States	2.5	-0.3	0.8	2.2	3.2	2.5
阿 根 廷	Argentina	-1.8	-5.4	-11.8	7.8	7.9	8.2
巴　　西	Brazil	2.8	-0.1	0.5	-0.8	3.5	0.9
委内瑞拉	Venezuela	1.8	1.5	-10.5	-9.3	15.8	7.5
白俄罗斯	Belarus	6.1	5.1	5.5	7.6	12.0	9.8
保加利亚	Bulgaria	7.3	6.1	5.4	5.1	6.5	5.8
捷　　克	Czech Republic	4.0	3.1	1.7	3.2	4.5	6.2
法　　国	France	3.6	1.5	0.5	0.1	1.7	0.9
德　　国	Germany	3.1	1.0	-0.1	…	1.6	0.9
意 大 利	Italy	2.9	1.7	0.4	0.3	1.4	0.2
荷　　兰	Netherlands	2.7	0.7	-0.1	-1.3	1.1	0.8
波　　兰	Poland	4.2	2.2	1.5	3.9	5.3	3.3
罗马尼亚	Romania	2.2	7.2	6.7	5.5	8.7	4.4
俄罗斯联邦	Russian Federation	10.0	5.3	5.2	7.9	7.7	6.9
西 班 牙	Spain	3.6	2.9	1.4	1.1	1.4	1.7
乌 克 兰	Ukraine	7.0	10.3	6.2	10.3	13.0	3.3
英　　国	United Kingdom	2.1	2.7	2.1	1.7	2.6	1.2
澳大利亚	Australia	0.8	2.5	2.0	2.6	1.8	1.5
新 西 兰	New Zealand	1.7	2.9	3.1	1.8	3.1	0.7

附录 2－12 三次产业对国内生产总值增长的拉动

Contribution of the Three Industries to GDP Growth

资料来源:世界银行世界发展指标数据库。
Source: World Bank World Development Indicators Database.
单位:百分点 (percentage point)

国家和地区	Country or Area	第一产业 Primary		第二产业 Secondary		第三产业 Tertiary	
		2000	2005	2000	2005	2000	2005
中　国①	China①	0.37	0.59	5.12	6.19	2.91	3.12
中国香港	Hong Kong, China		…		-0.06		7.28
孟加拉国	Bangladesh	1.79	0.07	1.52	2.26	2.58	2.88
印　度	India	-0.01	0.43	1.47	2.16	2.52	4.80
印度尼西亚	Indonesia	0.30	0.43	2.68	2.23	1.99	2.71
伊　朗	Iran	0.81	2.19	2.67	2.94	1.54	2.14
日　本	Japan	0.02	-0.12②	1.41	1.86②	0.96	-0.43②
哈萨克斯坦	Kazakhstan	-0.36	0.59	4.73	3.51	4.39	5.45
韩　国	Korea, Rep.	0.06	0.26③	4.12	3.30③	3.03	0.62③
马来西亚	Malaysia	0.55	0.43③	6.04	3.58③	2.15	3.90③
蒙　古	Mongolia	-5.56	1.92	0.06	-0.52	2.88	3.73
缅　甸	Myanmar	5.34		3.09		5.31	
巴基斯坦	Pakistan	1.46	1.61	0.28	2.28	1.98	3.86
菲律宾	Philippines	0.87	0.39	3.09	1.76	2.01	2.98
新加坡	Singapore		…		2.38		3.86
斯里兰卡	Sri Lanka	0.35	0.40	1.85	1.44	3.26	2.58
泰　国	Thailand	0.72	-0.46	2.34	3.50	1.69	1.42
土耳其	Turkey	0.51	0.64	1.67	2.51	3.11	3.06
越　南	Viet Nam	1.10	0.74③	3.46	3.93③	2.23	3.02③
埃　及	Egypt	0.47	0.47	1.64	1.03	3.26	3.08
尼日利亚	Nigeria	1.06	1.70	1.76	1.47	1.33	0.79
南　非	South Africa	0.14	0.13	1.47	1.36	2.40	2.98
加拿大	Canada	-0.04	0.16②	2.42	0.42②	2.92	1.62②
墨西哥	Mexico	0.03	-0.08	1.62	0.39	4.42	2.40
美　国	United States	0.13	0.09②	0.90	0.70②	2.44	2.08②
阿根廷	Argentina	-0.10	-0.09③	-0.88	3.43③	0.34	4.26③
巴　西	Brazil	0.17	0.24	1.47	0.82	2.11	-2.47
委内瑞拉	Venezuela	0.33	-0.01③	1.72	7.98③	1.38	7.43③
白俄罗斯	Belarus	1.05	0.20	2.49	5.44	2.16	2.66
保加利亚	Bulgaria	-1.34	-0.85	2.71	1.91	3.26	3.41
捷　克	Czech Republic	0.27	1.00③	2.13	1.18③	1.57	1.91③
法　国	France	-0.06	0.26③	0.99	0.32③	2.56	1.45③
德　国	Germany	…	0.03③	1.21	0.84③	2.10	0.91③
意大利	Italy	-0.08	0.25③	0.65	0.20③	2.16	0.74③
荷　兰	Netherlands	0.04	0.05③	0.87	0.47③	2.28	0.99③
波　兰	Poland	-0.17	-0.02	1.26	1.19	2.43	1.64
罗马尼亚	Romania	-2.71	0.52	1.94	1.43	2.63	1.89
俄罗斯联邦	Russian Federation	0.71	0.06	4.04	1.41	4.11	4.06
西班牙	Spain	0.11	-0.03③	1.20	0.59③	2.63	2.14③
乌克兰	Ukraine	1.54	0.21	1.04	0.71	1.92	0.03
英　国	United Kingdom	-0.01	0.01③	0.46	0.26③	3.02	2.40③
澳大利亚	Australia	0.15	0.67②	-0.16	0.42②	2.27	2.39②
新西兰	New Zealand	0.28	0.17②	0.23	0.55②	1.71	2.54②

注:①世界银行统计数据。②2003 年数据。③2004 年数据。
Note: ①Data from World Bank. ②Data refers to 2003. ③Data refers to 2004.

附录2-13 人口粗出生率、粗死亡率和自然增长率

Crude Birth Rate, Crude Death Rate and Natural Growth Rate

资料来源:世界银行数据库。
Source: World Bank Database.
单位:‰ (‰)

国家和地区	Country or Area	粗出生率 Crude Birth Rate		粗死亡率 Crude Death Rate		自然增长率 Natural Growth Rate	
		2000	2004	2000	2004	2000	2004
世　界	**World**	**21.4**	**20.4**	**8.9**	**8.8**	**12.5**	**11.6**
中　国	China	14.0	12.3	6.5	6.4	7.6	5.9
中国香港	Hong Kong, China	8.1	7.2	5.1	5.4	3.0	1.8
中国澳门	Macao, China	8.7	7.3	4.3	4.5	4.4	2.7
孟加拉国	Bangladesh	28.5	26.7	8.4	7.7	20.1	19.0
印　度	India	25.8	24.1	8.5	8.3	17.3	15.8
印度尼西亚	Indonesia	21.3	20.3	7.5	7.3	13.8	12.9
伊　朗	Iran	19.0	19.2	5.4	5.2	13.6	14.0
以色列	Israel	21.7	21.3	6.0	5.5	15.7	15.8
日　本	Japan	9.4	9.1	7.7	8.6	1.7	0.4
哈萨克斯坦	Kazakhstan	14.7	15.5	10.1	10.2	4.6	5.3
朝　鲜	Rep.	17.4	15.6	10.5	10.7	6.9	4.9
韩　国	Korea, Rep.	13.4	9.3	5.2	5.1	8.2	4.2
马来西亚	Malaysia	23.9	21.9	4.7	4.7	19.2	17.2
蒙　古	Mongolia	20.4	21.8	6.5	5.9	13.9	15.9
缅　甸	Myanmar	22.1	19.8	10.0	9.6	12.1	10.2
巴基斯坦	Pakistan	29.1	27.2	7.8	7.1	21.3	20.1
菲律宾	Philippines	26.8	24.7	5.2	5.0	21.6	19.7
新加坡	Singapore	11.8	10.1	3.9	4.3	7.9	5.8
斯里兰卡	Sri Lanka	18.4	18.6	6.1	5.8	12.3	12.7
泰　国	Thailand	16.7	15.9	7.0	7.2	9.7	8.6
土耳其	Turkey	22.2	19.1	7.1	6.2	15.1	12.9
越　南	Viet Nam	19.4	18.0	5.8	6.1	13.6	11.9
埃　及	Egypt	26.6	25.8	6.2	5.8	20.4	20.0
尼日利亚	Nigeria	42.8	41.0	19.2	19.0	23.5	22.0
南　非	South Africa	25.8	24.2	16.0	21.8	9.9	2.4
加拿大	Canada	10.9	10.3	7.1	7.3	3.8	3.0
墨西哥	Mexico	21.1	18.8	4.5	4.5	16.6	14.3
美　国	United States	14.7	14.1	8.7	8.3	6.0	5.8
阿根廷	Argentina	18.7	17.8	7.7	7.7	11.0	10.1
巴　西	Brazil	21.0	20.1	6.6	6.6	14.5	13.5
委内瑞拉	Venezuela	23.4	22.3	5.0	5.1	18.4	17.2
白俄罗斯	Belarus	9.4	9.4	13.5	14.6	-4.1	-5.1
保加利亚	Bulgaria	9.0	9.0	14.1	14.2	-5.1	-5.2
捷　克	Czech Republic	8.8	9.6	10.6	10.5	-1.8	-0.9
法　国	France	13.2	12.7	9.1	8.4	4.1	4.3
德　国	Germany	9.3	8.6	10.2	9.9	-0.9	-1.3
意大利	Italy	9.3	9.7	9.7	9.4	-0.4	0.3
荷　兰	Netherlands	13.0	11.9	8.8	8.4	4.2	3.5
波　兰	Poland	9.8	9.3	9.5	9.5	0.3	-0.2
罗马尼亚	Romania	10.4	10.0	11.4	11.9	-1.0	-1.9
俄罗斯联邦	Russian Federation	8.7	10.5	15.4	16.4	-6.7	-5.9
西班牙	Spain	9.9	10.6	9.0	8.7	0.9	1.9
乌克兰	Ukraine	7.8	9.0	15.3	16.0	-7.5	-7.0
英　国	United Kingdom	11.4	12.0	10.2	9.8	1.2	2.2
澳大利亚	Australia	13.0	12.7	6.7	6.6	6.3	6.1
新西兰	New Zealand	14.9	14.4	6.9	6.9	8.0	7.5

附录 2-14 全社会劳动生产率①

Gross Labour Productivity①

资料来源：世界银行世界发展指标数据库、国际劳工组织劳工统计数据库。

Source: World Bank World Development Indicators Database, International Labour Organization LABASTA Database.

单位：美元/人 (USD/person)

国家和地区	Country or Area	1990	2000	2003	2004	2005
中　　国②	China②	344	949	1274	2210	2960
中国香港	Hong Kong, China	28356	52616	49229	50124	52495
孟加拉国	Bangladesh	601	878	1171		
印度尼西亚	Indonesia	1509	1837	2615	2713	3025
以 色 列	Israel	35193	51993	47337	48683	49500
日　　本	Japan	48643	73628	67941	73041	70892
哈萨克斯坦	Kazakhstan			4414	6008	7661
韩　　国	Korea Rep.	14585	24185	27470	30131	34460
马来西亚	Malaysia	6586	9689	10532	11848	12339
蒙　　古	Mongolia		1170	1376	1696	1935
巴基斯坦	Pakistan	1343	1990	2066	2288	2580
菲 律 宾	Philippines	1967	2715	2551	2839	2990
新 加 坡	Singapore			45419	52009	55945
斯里兰卡	Sri Lanka	1347	2589	2628	2746	3053
泰　　国	Thailand	2767	3719	4121	4528	4865
土 耳 其	Turkey	7552	9233	11367	13895	16478
越　　南	Viet Nam		812	963	1068	1215
埃　　及	Egypt	3003	5942	4577		
南　　非	South Africa		11345	14298	18638	
加 拿 大	Canada	43615	48410	54677	61316	68968
墨 西 哥	Mexico		15220	16180	16680	18597
美　　国	United States	48464	72221	79509	84105	87879
阿 根 廷	Argentina	32325	34400	14470	16252	19018
巴　　西	Brazil	7439		6309	7139	
白俄罗斯	Belarus	3372	2868	4108		6797
保加利亚	Bulgaria	5060	4228	6297	7509	8134
捷　　克	Czech Republic		11773	19143	22880	25681
法　　国	France		57089	72638	82792	
德　　国	Germany		51913	67550	76854	76079
意 大 利	Italy	51383	50637	66341		76171
荷　　兰	Netherlands	46375	47929	65482	74400	76407
波　　兰	Poland		11794	15903	18294	21192
罗马尼亚	Romania		3442	6452	8243	10775
俄罗斯联邦	Russian Federation		3991	6495	8775	11203
西 班 牙	Spain	41854	37449	50936	57868	59225
乌 克 兰	Ukraine		1550	2486	3197	3949
英　　国	United Kingdom	36737	51751	64620	75848	77845
澳大利亚	Australia	39624	43294	55757	66138	70368
新 西 兰	New Zealand	29444	29300	41657	49052	52603

注：①全社会劳动生产率等于国内生产总值除以平均就业人数。②世界银行统计数据。

Note: ①Gross labour productivity is equal to GDP divided by average employment. ②Data from World Bank.

附录2－15 货币汇率（年末中间价）

Exchange Rates(Mid-Point Prices in the Year-end)

资料来源：联合国数据库。
Source：United Nations Database.
单位：1美元合本币数　　(local currency unit per US dollar)

国家和地区	Country or Area	1990	2003	2004	2005
中　国	China	4.78	8.28	8.28	8.07
中国香港	Hong Kong, China		7.76	7.77	7.75
孟加拉国	Bangladesh	35.79	58.78	60.74	66.21
印　度	India	18.07	45.61	43.59	45.07
印度尼西亚	Indonesia	1901.00	8465.00	9290.00	9830.00
伊　朗	Iran	65.30	8272.11	8793.00	9091.00
以色列	Israel	2.05	4.38	4.31	4.60
日　本	Japan	134.40	107.10	104.12	117.97
马来西亚	Malaysia	2.70	3.80	3.80	3.78
缅　甸	Myanmar	6.08	6.09	5.74	5.76
韩　国	Korea Rep.	716.40	1192.60	1035.10	1011.60
巴基斯坦	Pakistan	21.90	57.22	59.12	59.83
菲律宾	Philippines	28.00	55.57	56.27	53.07
新加坡	Singapore	1.74	1.70	1.63	1.66
斯里兰卡	Sri Lanka	40.24	96.74	104.61	102.12
泰　国	Thailand	25.29	39.59	39.06	41.03
土耳其	Turkey	2930.10	1.40	1.34	1.35
埃　及	Egypt	2.00	6.15	6.13	5.73
尼日利亚	Nigeria	9.00	136.50	132.35	129.00
南　非	South Africa	2.56	6.64	5.63	6.33
加拿大	Canada	1.16	1.29	1.20	1.16
墨西哥	Mexico	2.95	11.24	11.26	10.78
阿根廷	Argentina	0.56	2.91	2.96	3.01
巴　西	Brazil	64.39	2.89	2.65	2.34
委内瑞拉	Venezuela	50.38	1598.00	1918.00	2147.00
捷　克	Czech Republic	28.00	25.65	22.37	24.59
法　国①	France①	5.13	0.79	0.73	0.85
德　国①	Germany①	1.49	0.79	0.73	0.85
意大利①	Italy①	1130.20	0.79	0.73	0.85
荷　兰①	Netherlands①	1.69	0.79	0.73	0.85
波　兰	Poland	0.95	3.74	2.99	3.26
罗马尼亚	Romania	34.71	3.26	2.91	3.11
俄罗斯联邦	Russian Federation		29.45	27.75	28.78
西班牙①	Spain①	96.91	0.79	0.73	0.85
英　国	United Kingdom	0.52	0.56	0.52	0.58
澳大利亚	Australia	1.29	1.33	1.28	1.36
新西兰	New Zealand	1.70	1.54	1.39	1.47

注：①1999年1月1日欧元启动，此后为1美元兑欧元汇率。
Note：①The Euro was launched on Jan. 1, 1999, data after 1999 refers to the Euro per US dollar.

附录 2－16 主要农产品产量(2005 年)

资料来源:联合国粮农组织数据库。
Source:FAO Database.
单位:万吨

国家和地区	Country or Area	谷物总计 Cereals, Total	稻谷 Rice, Paddy	小麦 Wheat	玉米 Maize	大豆 Soybeans	根茎类作物 Roots and Tubers
世　界	**World**	**223940.0**	**61844.1**	**62956.6**	**70166.6**	**21434.7**	**71333.0**
发达国家	**Developed Countries**	**93947.2**	**2579.3**	**34252.5**	**38959.3**	**9013.6**	**17303.7**
发展中国家	**Developing Countries**	**129992.8**	**59264.7**	**28704.1**	**31207.3**	**12421.1**	**54029.3**
亚　洲	**Asia**	**106725.0**	**55934.9**	**26564.1**	**19134.2**	**2654.7**	**30710.4**
中　国	China	42761.3①	18059.0	9745.0	13937.0	1635.0	18608.1①
孟加拉国	Bangladesh	4158.6	4005.4	97.6	52.6		516.6
印　度	India	23591.3	13051.3	7200.0	1450.0	660.0	3260.0
印度尼西亚	Indonesia	6599.8	5398.5		1201.4	79.7	2257.4
伊　朗	Iran	2151.0	350.0	1450.0	150.0	13.5	420.0
以色列	Israel	34.1		21.4	8.0		61.6
日　本	Japan	1242.6	1134.2	87.7		22.6	418.6
哈萨克斯坦	Kazakhstan	1376.8	30.7	1110.0	51.0	4.5	252.0
朝　鲜	Korea, Dem. People's Rep.	446.1	250.0	17.5	160.0	36.0	243.0
韩　国	Korea, Rep.	677.6	643.5	0.7	6.3	18.3	96.0
马来西亚	Malaysia	229.0	221.5		7.5		50.2
蒙　古	Mongolia	7.5		7.3			8.3
缅　甸	Myanmar	2563.9	2450.0	14.5	82.0	15.0	58.5
巴基斯坦	Pakistan	3297.2	735.1	2159.1	356.0	1.0	246.0
菲律宾	Philippines	1986.5	1461.5		525.0	0.1	244.7
斯里兰卡	Sri Lanka	317.2	312.6		4.0	0.2	33.6
泰　国	Thailand	3149.0	2700.0	0.1	418.0	24.5	1717.4
土耳其	Turkey	3457.0	52.5	2100.0	350.0	3.0	417.0
越　南	Viet Nam	3984.1	3634.1		350.0	24.5	762.0
非　洲	**Africa**	**13050.0**	**1885.1**	**2034.0**	**4739.7**	**113.4**	**18729.1**
埃　及	Egypt	2228.4	620.0	814.1	680.0	4.3	290.4
尼日利亚	Nigeria	2278.3	354.2	7.1	477.9	46.5	7196.6
南　非	South Africa	1470.7	0.3	203.4	1199.6	27.7	197.4
北美洲	**North America**	**45440.4**	**1253.7**	**8584.0**	**31476.5**	**8720.5**	**3058.2**
加拿大	Canada	5036.3		2554.7	839.2	299.9	485.0
墨西哥	Mexico	3124.8	19.2	300.0	2050.0	15.9	189.0
美　国	United States	36651.6	1012.6	5728.0	28226.0	8399.9	1980.7
南美洲	**South America**	**12071.5**	**2402.0**	**2441.2**	**6312.3**	**9687.5**	**5217.8**
阿根廷	Argentina	4099.8	102.7	1600.0	1950.0	3830.0	251.1
巴　西	Brazil	5572.4	1314.1	520.1	3486.0	5270.0	3036.4
委内瑞拉	Venezuela	356.5	95.0		205.0	0.3	104.4
欧　洲	**Europe**	**42574.1**	**334.0**	**20796.6**	**8454.2**	**253.1**	**13245.8**
白俄罗斯	Belarus	608.5		117.5	14.4		818.5
保加利亚	Bulgaria	584.5	2.0	347.8	158.6	0.1	37.5
捷　克	Czech Republic	767.6		414.5	70.3	1.9	101.3
法　国	France	6413.0	10.2	3687.8	1371.2	14.2	664.5
德　国	Germany	4599.5		2369.3	408.3	0.1	1162.4
意大利	Italy	2150.5	141.3	771.7	1051.0	55.3	177.4
荷　兰	Netherlands	190.8		125.3	27.0		683.6
波　兰	Poland	2627.4	…	855.6	191.7		1100.9
罗马尼亚	Romania	1860.5	0.5	702.7	996.5	25.4	398.5
俄罗斯联邦	Russian Federation	7642.0	57.2	4760.8	317.9	58.7	3746.1
西班牙	Spain	1382.3	84.6	382.0	395.1		261.0
乌克兰	Ukraine	3732.1	7.0	1869.0	710.0	31.0	1946.2
英　国	United Kingdom	2105.9		1487.7			581.5
大洋洲	**Oceania**	**4079.0**	**34.4**	**2536.7**	**49.6**	**5.6**	**371.7**
澳大利亚	Australia	3986.0	32.3	2509.0	31.2	5.6	130.6
新西兰	New Zealand	89.4		27.7	17.2		51.6

注:①联合国粮农组织统计数据。

Production of Major Farm Crops(2005)

(10 000 tons)

花生 Groundnuts in Shell	油菜籽 Rapeseed	芝麻 Sesame Seed	纤维植物 Fibre Crops Primary	籽棉 Seed Cotton	麻及麻类纤维 Jute & Jute-like Fibres	甘蔗 Sugar Cane	甜菜 Sugar Beets	茶叶 Tea	水果(不包括瓜类) Fruit excl Melons
3586.5	4716.1	332.6	2878.0	6829.8	325.0	129168.6	24098.4	343.6	50496.7
237.7	2697.9	2.0	862.5	2193.4	7.2	8537.3	20247.2	13.7	12011.7
3348.9	2018.3	330.6	2015.5	4636.3	317.8	120631.3	3851.2	329.9	38485.0
2343.3	1999.7	228.6	1777.9	4214.2	314.0	51895.8	3280.0	284.7	22761.7
1434.2	1305.2	62.5	658.1①	1710.0①	12.3①	8663.8	788.1	94.1①	8245.6①
3.4	19.1	5.0	81.7	4.5	80.1	650.0		5.8	168.2
590.0	640.0	68.0	457.5	750.0	210.0	23232.0		83.1	4703.1
146.9			10.0	3.2	0.4	2930.0		17.1	1377.7
0.3		2.8	12.0	45.0		650.0	485.0	5.2	1314.3
2.6		…	1.8	6.5					145.3
2.1	0.1					135.0	420.0	10.0	351.7
	0.3		11.5	35.0			31.1		25.7
			2.5	3.6					142.0
0.7	0.1	1.8	…					0.2	248.7
0.2						120.0		0.4	131.7
71.5		55.0	8.6	18.0	2.6	637.0		2.5	175.2
7.7	34.7	3.4	212.3	727.9	0.1	4724.4	29.1		575.2
2.7			7.8	0.2		3100.0			1245.3
0.9		0.5				101.5		30.8	84.6
11.4		4.2	8.1	1.4	3.1	4957.2		0.6	813.8
8.0	0.1	2.3	80.1	229.0			1350.0	20.2	1148.1
45.3		2.2	11.2	3.1	1.5	1500.0		11.0	544.1
900.6	6.3	88.0	211.7	511.0	2.2	8650.3	799.0	48.4	6513.8
19.0		3.7	30.5	82.0	0.2	1633.5	343.0		819.6
293.7		7.5	14.1	41.5	0.1	77.6			912.7
8.5			2.5	5.2	0.1	2172.5		1.1	544.7
241.1	916.5	8.6	538.9	1324.1	1.3	13251.8	2580.7	0.1	5808.1
	844.7		3.4				72.0		69.2
7.5	0.1	3.5	14.7	35.0		4519.5			1501.5
218.7	71.7	…	516.4	1287.6		2475.1	2508.7		2605.0
96.2	12.9	7.2	198.0	484.4	2.4	51272.6	282.0	9.4	7262.8
59.3	2.6		16.3	44.8		1930.0		6.4	748.5
29.2	5.9	1.6	152.2	372.7	1.2	42012.1		2.3	3578.8
0.1		2.0	1.3	2.6		880.0	1.7		232.1
0.9	1640.0	0.1	93.3	156.3	5.1	6.2	17156.7	0.1	7471.3
	15.0		5.0				306.5		32.9
0.7	2.2		0.1	0.1			2.5		44.0
	76.9		1.4				349.6		44.7
	448.6		9.1				2930.3		1030.0
	505.2						2528.5		426.3
	0.6	0.1	0.2				860.9		1801.5
	0.9		0.8				575.0		69.5
	143.4		1.1				1097.2		286.8
	15.4		0.2				69.4		209.9
	27.3		11.3		5.1		2141.9	0.1	401.9
…	0.5		12.4	32.9		5.8	667.7		1480.5
	28.0		1.3				1546.8		196.6
	190.2		2.8				850.0		28.1
4.4	140.9		58.2	139.7		4091.8		0.9	679.0
4.0	140.5		57.8	139.7		3748.5			370.1
	0.4		0.3						112.9

Note:①Data from FAO.

附录 2－17 畜产品产量(2005 年)

资料来源:联合国粮农组织数据库。
Source:FAO Ddatabase.
单位:万吨

国家和地区	Country or Area	肉类总产量 Meat, Total	牛肉 Beef and Buffalo Meat	羊肉 Sheep and Goat Meat	猪肉 Pigmeat	禽肉 Poultry Meat
世　界	**World**	**26542.9**	**6335.1**	**1305.9**	**10248.6**	**8143.6**
发达国家	**Developed Countries**	**11008.3**	**2939.4**	**326.4**	**3907.1**	**3687.8**
发展中国家	**Developing Countries**	**15534.5**	**3395.7**	**979.5**	**6341.5**	**4455.8**
亚　洲	**Asia**	**11182**	**1614.4**	**795.6**	**5841.5**	**2755.1**
中　国	China	7743.1	711.5	435.5	5010.6	1464.3
孟加拉国	Bangladesh	44.9	18.4	14		11.6
印　度	India	629.7	298.1	71.4	49.7	196.5
印度尼西亚	Indonesia	247.7	50.5	12.5	59.1	126.8
伊　朗	Iran	168.6	33.2	49.4		84.5
以色列	Israel	57	9	0.8	1.8	45.3
日　本	Japan	302.9	50		124.6	127.3
哈萨克斯坦	Kazakhstan	76.9	34.5	11.8	20.7	4.3
朝　鲜	Korea, Dem. People's Rep.					
韩　国	Korea, Rep.	171.3	21.6	0.3	103.5	45
马来西亚	Malaysia	119.8	2.6	0.1	20.6	96.5
蒙　古	Mongolia	19.5	4.7	10.2		
缅　甸	Myanmar	63.2	13.7	1.2	14.3	34
巴基斯坦	Pakistan	197.3	100	53.6		42.1
菲律宾	Philippines	207.3	25.4	3.6	110	67
新加坡	Singapore	10.5			0.5	8.4
斯里兰卡	Sri Lanka	13.6	3.3	0.2	0.2	10
泰　国	Thailand	189.7	17.7	0.1	68.6	103.6
土耳其	Turkey	164.7	36.9	31.7		95.8
越　南	Viet Nam	274	22.4	0.9	209.9	38.8
非　洲	**Africa**	**1207.9**	**460.2**	**196.5**	**82.5**	**340.9**
埃　及	Egypt	143.6	59	6.1	0.2	66.4
尼日利亚	Nigeria	106.7	28	24.8	20.8	21.1
南　非	South Africa	188.8	64.3	15.9	14	92.5
北美洲	**North America**	**4424.1**	**1277.2**	**10.4**	**1139.5**	**1977.4**
加拿大	Canada	468	153	1.7	233	115.4
墨西哥	Mexico	535.2	156.9	8.7	104.4	251.1
美　国	United States	3956	1124.2	8.7	906.5	1861.9
南美洲	**South America**	**3111.2**	**1344.1**	**33.3**	**437.7**	**1274.6**
阿根廷	Argentina	417.5	302.4	6.1	15	82.8
巴　西	Brazil	1991.9	777.4	11.7	311	889.5
委内瑞拉	Venezuela	121.7	40.5	0.8	12	68.6
欧　洲	**Europe**	**5287.4**	**1139.6**	**143.9**	**2554.3**	**1338.7**
白俄罗斯	Belarus	69.8	24.8	0.2	33.1	11.2
保加利亚	Bulgaria	41.1	2.5	4.3	25	8.8
捷　克	Czech Republic	71.5	8.7	0.1	37.8	23.6
法　国	France	617.9	152.9	13	225.9	197.1
德　国	Germany	688.4	114.5	5.4	427.5	105.4
意大利	Italy	409.9	118.3	6.6	147	100
荷　兰	Netherlands	235	38.8	1.6	169.7	64.6
波　兰	Poland	334.6	30.6	0.2	191.5	109.1
罗马尼亚	Romania	78.1	16.2	7.3	36.5	15.4
俄罗斯联邦	Russian Federation	488.5	191.5	14.1	159.9	113
西班牙	Spain	573.6	71.5	24.8	334	134.1
乌克兰	Ukraine	158	55.6	1.6	51	47
英　国	United Kingdom	334.3	74.7	31	67.9	157.3
大洋洲	**Oceania**	**587**	**285**	**115.1**	**52.4**	**95.5**
澳大利亚	Australia	393.6	214	61.2	38.9	77.4
新西兰	New Zealand	147.5	68.9	53.7	5	15.9

Output of Livestock Products (2005)

(10 000 tons)

蛋类 Eggs Primary	鸡蛋 Hen Eggs	奶类总产量 Milk, Total	牛奶 Cow Milk	羊毛 Wool, Greasy	蜂蜜 Honey	蜂蜡 Beeswax
6457.7	5943.4	62910.2	52966.3	220	137.8	6
1929	1919.7	35492.3	34880.5	115.4	50.1	0.6
4528.6	4023.7	27417.9	18085.7	104.6	87.7	5.4
4073.8	3575.2	20746.6	12209.8	83.2	54.5	2.7
2879.5		2864.8	2753.4	39.3	29.3	
16.1	13.5	226.4	80	0.1		
249.2	249.2	9194	3850	5.1	5.2	2
105.6	87.6	66.4	34.2	2.4		
61	61	598	500	7.5	3.6	
9.2	9.2	126	121.6	0.1	0.3	
246.2	246.2	828.2	828.2	…	0.3	
14.1	13.9	471.3	465	2.9	0.1	
59.8	57	223.8	223.2		2.9	0.4
45.3	44.2	4.5	3.8	…		
…	…	35.9	30	1.5	…	
14.5	13.1	67.7	54.3	…	…	
40.7	40	2947.4	908.2	4.1	0.2	…
54.5	47.3	1.3	1.3			
2.2	2.1					
5.2	5.2	17.4	14.2			
69.4	38.4	90	90		0.4	
83	83	1053.8	950	4.6	7.4	0.3
22.5	22.5	19.6	16.5		1.1	
218.8	218.1	2944.7	2151.9	20.1	15.4	1.4
24	24	470.8	230	0.8	0.8	…
47.6	47.6	43.2	43.2			
34	34	255.2	255.2	4.4	0.2	
570.6	570.6	8838.9	8838.9	1.9	11.5	0.2
37.7	37.7	810	810	0.2	3.3	
207.2	207.2	1005.9	989.8	0.4	5.3	0.3
533	533	8028.7	8028.7	1.7	8.2	0.2
310.4	304.3	4828.2	4806.6	15	13.3	0.8
30	30	810	810	6	8	0.5
162	156	2345.5	2332	1.1	2.5	0.2
14.8	14.8	126.8	126.8		…	…
1004.3	995.7	21507.6	20933.5	26.3	33.3	0.4
17.4	17.2	567.8	567.8	…	0.3	
9.2	9	159.1	135.9	0.7	0.6	…
10.6	10.6	267.2	266.1	…	0.7	…
104.5	104.5	2613.3	2528.2	2.2	1.5	…
79.8	79.8	2762.8	2760	1.5	1.7	
70	70	1160.2	1050	1.1	0.9	…
59.5	59.5	1053.2	1053.2	0.3	…	
52	52	1240.1	1240	0.1	1.3	
40.6	37	606.4	572	1.8	1.9	
206.7	205.4	3086	3060	4.6	5.3	
72.6	72.5	746.5	660	2.2	3.7	0.2
74.3	73.5	1380.3	1348.4	0.3	6.1	
56.8	55.2	1457.7	1457.7	6	0.7	
25	24.7	2471.8	2471.8	73.2	2.9	0.1
18.3	18.3	1014.9	1014.9	50.9	1.6	…
5.3	5.1	1450	1450	22.4	1.2	…

附录 2-18 按行业划分的世界工业生产指数

World Industrial Production Indices by Branches of Industry

资料来源:联合国统计月报数据库。
Source: Database of UN Monthly Bulletin of Statistics.
1995 年=100 (1995=100)

		权数(%) Weight(%)	2002	2003	2004	2005
世　界	**World**					
工　业	Industry	100.0	121.9	126.3	134.3	141.1
采掘业	Minging	7.4	104.4	109.3	110.9	112.7
煤　炭	Coal	0.7	102.2	104.1	106.7	113.1
原油、天然气	Crude Petroleum and Natrual Gas	5.0	100.5	106.4	107.9	109.1
金属矿	Metals Ores	0.7	122.8	126.3	127.3	131.4
制造业	Manufacturing	82.6	123.9	128.3	137.6	145.2
食品、饮料和烟草	Food, Beverages Tobacco	10.3	108.4	109.6	111.6	113.9
纺　织	Texitiles	2.4	89.9	87.0	86.8	84.7
服装、皮革和制鞋	Wearing Apparel, Leather and Footwear	2.7	70.1	66.3	64.9	61.6
木制品	Wood and Wood Products	1.9	102.4	103.0	107.8	108.6
造纸、出版、印刷及录音介质	Paper, Printing, Publishing and Recorded Media	7.1	104.0	102.9	104.8	105.4
化学、石油、塑料和橡胶制品	Chemicals, Petroleum, Plastic and Rubber Products	14.0	120.1	122.6	127.0	129.5
非金属矿制品	Non-Metallic Mineral Products	3.4	103.7	104.3	106.8	108.4
基本金属	Basic Metals	4.7	107.6	110.2	114.5	114.7
金属及机械制造	Fabricated Metal Products and Machinery	11.7	104.5	104.5	111.5	114.4
办公机械、计算机、收音机、电视及其他电子设备	Office, Computing, Radio, TV and Other Electrical Equipment	12.7	213.2	239.1	278.8	318.9
运输设备	Transport Equipment	8.0	129.5	132.9	141.6	148.7
电、煤气和水	Electricity, Gas and Water	10.0	118.5	121.5	124.3	127.7
发达国家	**Developed Countries**					
工　业	Industry	100.0	120.9	124.3	131.3	137.6
采掘业	Minging	4.6	100.7	100.6	99.6	98.6
煤　炭	Coal	0.6	88.9	87.2	86.6	88.5
原油、天然气	Crude Petroleum and Natrual Gas	2.7	101.0	100.9	99.6	96.7
金属矿	Metals Ores	0.4	96.7	95.2	92.6	95.6
制造业	Manufacturing	84.9	122.7	126.5	134.5	141.6
食品、饮料和烟草	Food, Beverages Tobacco	9.5	106.2	106.7	107.3	108.7
纺　织	Texitiles	1.8	84.3	80.5	77.4	74.1
服装、皮革和制鞋	Wearing Apparel, Leather and Footwear	2.4	62.4	57.8	54.2	50.2
木制品	Wood and Wood Products	2.0	103.8	103.8	108.7	109.9
造纸、出版、印刷及录音介质	Paper, Printing, Publishing and Recorded Media	8.1	103.7	102.3	103.8	104.2
化学、石油、塑料和橡胶制品	Chemicals, Petroleum, Plastic and Rubber Products	13.7	118.0	119.3	122.0	123.4
非金属矿制品	Non-Metallic Mineral Products	3.2	99.3	99.0	100.8	101.1
基本金属	Basic Metals	4.7	103.0	103.7	107.0	105.9
金属及机械制造	Fabricated Metal Products and Machinery, n. e. c.	12.7	102.9	102.4	108.3	111.0
办公机械、计算机,收音机电视及其他电子设备	Office, Computing, Radio, TV and Other Electrical Equipment	14.0	209.1	234.0	270.2	308.8
运输设备	Transport Equipment	8.7	125.2	126.8	133.1	137.7
电、煤气和水	Electricity, Gas and Water	10.5	114.5	116.8	119.0	121.6
发展中国家	**Developing Countries**					
工　业	Industry	100.0	126.2	134.2	146.1	154.9
采掘业	Minging	18.3	108.0	118.1	122.1	126.8
煤　炭	Coal	1.2	127.0	135.5	144.2	158.8
石油、天然气	Crude Petroleum and Natrual Gas	14.3	100.0	110.6	114.1	118.4
金属矿	Metals Ores	1.7	149.2	157.8	162.5	167.7
制造业	Manufacturing	73.7	129.3	137.0	151.4	161.5
食品、饮料和烟草	Food, Beverages Tobacco	13.3	114.3	118.1	123.7	128.7
纺　织	Texitiles	4.8	98.5	97.0	101.1	101.2
服装、皮革和制鞋	Wearing Apparel, Leather and Footwear	3.6	91.0	89.3	93.6	92.4
木制品	Wood and Wood Products	1.5	94.6	98.5	103.3	101.6
造纸、出版、印刷及录音介质	Paper, Printing, Publishing and Recorded Media	3.2	106.6	109.5	114.1	117.2
化学、石油、塑料和橡胶制品	Chemicals, Petroleum, Plastic and Rubber Products	15.0	127.6	134.7	145.0	151.9
非金属矿制品	Non-Metallic Mineral Products	4.2	117.1	120.6	124.9	131.0
基本金属	Basic Metals	4.7	125.7	135.6	144.1	149.6
金属及机械制造	Fabricated Metal Products and Machinery, N. E. C.	7.9	115.0	118.4	132.0	136.5
办公机械、计算机、收音机、电视及其他电子设备	Office, Computing, Radio, TV and Other Electrical Equipment	7.3	244.7	278.5	344.9	395.7
运输设备	Transport Equipment	5.2	158.0	173.5	198.4	221.8
电、煤气和水	Electricity, Gas and Water	8.0	139.5	145.9	151.9	159.3

附录2－19 按国家和地区分的工业生产指数

Index of Industrial Production by Country or Area

资料来源：联合国数据库。
Source: UN Database.
1995年＝100 （1995＝100）

国家和地区	Country or Area	2000	2001	2002	2003	2004	2005
世　界	**World**	**123.8**	**121.4**	**121.9**	**126.3**	**134.3**	**141.1**
中　国①	China①	162.5	176.6	194.3	218.9	244.1	272.4
中国香港	Hong Kong, China	85.1	82.4	76.3	71.1	73.4	75.3
孟加拉国②	Bangladesh②	131.5	140.9	147.6	157.2	164.8	168.4
印　度②	India②	131.9	135.4	143.2	153.3	165.6	
以色列	Israel	123.0	117.0	114.7	114.4	122.2	126.8
日　本	Japan	105.5	98.7	97.6	100.6	106.0	107.2
韩　国	Korea, Rep.	154.1	155.0	167.6	176.4	194.5	206.6
马来西亚	Malaysia	148.1	142.0	148.4	162.3	180.6	188.0
巴基斯坦②	Pakistan②	114.2	122.2	133.6	155.1	177.6	
新加坡	Singapore	141.4	126.4	136.8	140.8	159.3	174.1
土耳其	Turkey	121.2	110.7	121.1	131.8	144.5	152.4
南　非	South Africa	104.5	106.7	110.7	111.1	116.3	118.7
加拿大	Canada	125.9	121.2	123.4	124.6	129.4	132.7
墨西哥③	Mexico③	142.0	137.2	137.0	136.7	142.4	144.7
美　国	United States	129.2	124.6	124.7	125.4	130.5	134.9
巴　西	Brazil	109.6	111.3	114.4	114.4	124.0	127.8
保加利亚	Bulgaria	78.2	79.9	83.6	95.4	111.7	119.1
捷　克	Czech Republic	105.7	112.7	114.9	121.2	132.8	141.6
法　国	France	114.9	116.4	114.9	114.5	117.2	117.4
德　国	Germany	114.5	114.7	113.5	114.0	117.3	121.4
意大利	Italy	107.7	107.1	105.3	104.3	104.9	103.1
荷　兰	Netherlands	110.0	110.7	111.7	110.1	112.9	111.6
波　兰	Poland	143.5	144.1	146.1	158.9	179.1	186.4
罗马尼亚	Romania	83.2	90.4	94.3	97.5	101.8	124.9
西班牙	Spain	119.3	117.9	118.0	119.9	122.0	122.2
乌克兰	Ukraine	109.0	123.1	131.2	152.2	170.1	173.7
英　国	United Kingdom	107.2	105.7	103.6	103.3	104.1	102.3
澳大利亚②	Australia②	112.5	116.5	117.9	120.6	120.2	120.8
新西兰②	New Zealand②	104.8	107.3	108.4	115.3	115.5	117.1

注：①工业增加值指数。②财政年度数据。③包括建筑业。
Note: ①Index of industrial value added. ②Data of fiscal year. ③Including construction.

附录2-20 国际互联网用户

Internet Users

资料来源：世界银行数据库。
Sources: World Bank Database.
单位：个/千人 (unit /per 1000 people)

国家和地区	Country or Area	1995	2000	2001	2002	2003	2004
世　界	**World**	**8.01**	**65.22**	**80.27**	**100.02**	**116.60**	**139.97**
高收入国家	**High Income**	**40.46**	**319.16**	**380.03**	**431.84**	**471.38**	**544.90**
中等收入国家	**Middle Income**	**0.71**	**24.67**	**35.83**	**56.10**	**73.82**	**91.19**
低收入国家	**Low Income**	**0.19**	**3.44**	**4.94**	**10.53**	**14.12**	**24.34**
中　国①	China①	0.05	17.82	26.50	46.16	61.70	72.52
中国香港	Hong Kong, China	32.49	278.35	386.82	430.06	472.26	505.58
中国澳门	Macao, China	2.79	135.28	225.58	254.85	264.14	328.08
孟加拉国	Bangladesh	0.01②	0.78	1.41	1.52	1.78	2.15
印　度	India	0.27	5.41	6.78	15.81	17.36	32.42
印度尼西亚	Indonesia	0.26	9.21	20.09	21.24	37.64	66.68
伊　朗	Iran	0.04	9.82	15.57	48.34	72.30	82.08
以色列	Israel	9.02	201.94	279.55	304.60	373.80	470.75
日　本	Japan	15.94	299.52	384.62	448.98	482.86	587.02
哈萨克斯坦	Kazakhstan	0.11	6.72	10.10	16.82	20.12	26.64
韩　国	Korea, Rep.	8.12	405.04	514.85	551.72	610.67	656.79
马来西亚	Malaysia	1.47	216.42	270.16	327.09	354.42	396.80
蒙　古	Mongolia	0.09	12.51	16.52	20.42	57.59	79.53
缅　甸	Myanmar	0.01③	0.15	0.21	0.51	0.57	1.27
巴基斯坦	Pakistan	0.03④	2.17	3.53	6.90	10.78	13.15
菲律宾	Philippines	0.29	20.33	25.89	44.47	49.90	53.91
新加坡	Singapore	28.36	323.57	411.50	503.44	510.14	571.13
斯里兰卡	Sri Lanka	0.06	6.28	8.01	10.52	12.98	14.42
泰　国	Thailand	0.94	37.44	57.02	76.70	110.41	109.46
土耳其	Turkey	0.81	37.08	51.07	61.76	84.85	142.48
越　南	Vietnam	0.04②	2.55	12.70	18.65	43.04	71.44
埃　及	Egypt	0.33	6.69	8.75	27.18	42.09	53.69
尼日利亚	Nigeria	0.09④	0.68	0.96	3.41	5.96	13.75
南　非	South Africa	7.16	54.55	64.49	68.36	72.55	78.36
加拿大	Canada	41.56	421.55	450.42	484.66	556.43	625.50
墨西哥	Mexico	1.03	51.63	74.85	107.64	120.95	137.55
美　国	United States	93.89	439.37	500.57	551.38	555.80	629.99
阿根廷	Argentina	0.86	70.47	97.92	108.92	119.19	133.43
巴　西	Brazil	1.05	28.76	45.36	79.94	99.22	119.62
委内瑞拉	Venezuela	1.22	33.73	46.54	50.53	75.36	88.52
白俄罗斯	Belarus	0.03	18.69	43.15	81.46	140.97	162.86
保加利亚	Bulgaria	1.19	53.35	76.49	80.06	197.51	283.47
捷　克	Czech Republic	14.52	97.34	146.71	254.89	303.89	469.85
法　国	France	16.42	143.64	264.44	314.03	364.83	414.04
德　国	Germany	18.37	301.67	315.79	339.36	399.80	500.06
意大利	Italy	5.24	228.81	270.34	343.21	396.90	501.45
荷　兰	Netherlands	64.68	439.55	492.33	507.77	523.87	614.19
波　兰	Poland	6.48	72.45	99.34	232.27	234.84	235.71
罗马尼亚	Romania	0.75	35.65	45.18	100.90	183.98	207.52
俄罗斯联邦	Russian Federation	1.49	19.82	29.46	41.29	69.16	111.23
西班牙	Spain	3.83	135.46	181.37	190.43	233.05	335.74
乌克兰	Ukraine	0.43	7.12	12.32	18.66	52.29	79.03
英　国	United Kingdom	18.88	264.47	332.77	421.57	577.36	628.06
澳大利亚	Australia	27.67	344.59	396.64	534.60	568.61	646.41
新西兰	New Zealand	49.00	392.71	454.07	484.37	526.29	787.98

注：①世界银行统计数据。②1997年数据。③1999年数据。④1996年数据。
Note: ① Data from World Bank. ②Data refers to 1997. ③Data refers to 1999. ④Data refers to 1996.

附录2－21 货物出口总额

Merchandise Exports

资料来源:世界贸易组织数据库。
Sources: World Trade Organization Database.
单位:亿美元 (100 million USD)

国家和地区	Country or Area	1990	2000	2003	2004	2005
世 界	**World**	**34490**	**64510**	**75720**	**91910**	**103930**
中 国	China	621	2492	4382	5933	7620
中国香港	Hong Kong, China	824	2027	2287	2655	2923
孟加拉国	Bangladesh	17	64	70	83	92
印 度	India	180	424	571	756	898
印度尼西亚	Indonesia	257	654	641	722	863
伊 朗	Iran	193	283	340	444	584
以 色 列	Israel	121	314	318	386	426
日 本	Japan	2876	4792	4718	5657	5958
哈萨克斯坦	Kazakhstan		88	129	201	278
朝 鲜	Korea, Dem.	19	7	11	13	12
韩 国	Korea, Rep.	650	1723	1938	2538	2847
马来西亚	Malaysia	295	982	1047	1265	1409
蒙 古	Mongolia	7	5	6	9	10
缅 甸	Myanmar	3	16	25	24	28
巴基斯坦	Pakistan	56	90	119	134	159
菲 律 宾	Philippines	81	398	370	397	412
新 加 坡	Singapore	527	1378	1599	1986	2296
斯里兰卡	Sri Lanka	19	54	51	58	63
泰 国	Thailand	231	691	803	962	1101
土 耳 其	Turkey	130	278	473	632	733
越 南	Viet Nam	24	144	201	265	322
埃 及	Egypt	35	47	62	77	103
尼日利亚	Nigeria	136	210	226	311	435
南 非	South Africa	235	300	365	460	519
加 拿 大	Canada	1276	2766	2727	3165	3596
墨 西 哥	Mexico	407	1664	1654	1880	2137
美 国	United States	3936	7819	7248	8188	9043
阿 根 廷	Argentina	124	263	296	346	400
巴 西	Brazil	314	551	731	965	1183
委内瑞拉	Venezuela	175	335	272	387	562
白俄罗斯	Belarus		73	99	138	160
保加利亚	Bulgaria	50	48	75	99	117
捷 克	Czech Republic		291	487	690	785
法 国	France	2166	3276	3920	4521	4592
德 国	Germany	4211	5518	7516	9099	9707
意 大 利	Italy	1703	2405	2993	3538	3668
荷 兰	Netherlands	1318	2331	2960	3574	4013
波 兰	Poland	143	317	538	750	889
罗马尼亚	Romania	50	104	176	235	277
俄罗斯联邦	Russian Federation		1056	1359	1832	2453
西 班 牙	Spain	556	1153	1561	1826	1861
乌 克 兰	Ukraine		146	231	327	343
英 国	United Kingdom	1852	2854	3056	3475	3779
澳大利亚	Australia	398	639	703	866	1058
新 西 兰	New Zealand	94	133	165	204	217

附录2-22 货物进口总额

Merchandise Imports

资料来源:世界贸易组织数据库。
Sources: World Trade Organization Database.
单位:亿美元 (USD 100 million)

国家和地区	Country or Area	1990	2000	2003	2004	2005
世　界	**World**	**35500**	**67240**	**78550**	**95450**	**107530**
中　国	China	534	2251	4128	5612	6600
中国香港	Hong Kong, China	847	2140	2332	2729	3006
孟加拉国	Bangladesh	36	89	104	120	139
印　度	India	236	515	712	973	1316
印度尼西亚	Indonesia	218	436	422	550	687
伊　朗	Iran	203	143	277	352	416
以色列	Israel	168	377	363	429	469
日　本	Japan	2354	3795	3829	4545	5161
哈萨克斯坦	Kazakhstan		50	84	128	174
朝　鲜	Korea, Dem.	29	17	20	23	26
韩　国	Korea, Rep.	698	1605	1788	2245	2610
马来西亚	Malaysia	293	820	833	1053	1146
蒙　古	Mongolia	9	6	8	10	11
缅　甸	Myanmar	3	24	21	22	23
巴基斯坦	Pakistan	74	109	130	179	253
菲律宾	Philippines	130	370	395	423	463
新加坡	Singapore	608	1345	1362	1736	2000
斯里兰卡	Sri Lanka	27	72	67	80	90
泰　国	Thailand	330	619	758	944	1182
土耳其	Turkey	223	545	693	975	1164
越　南	Viet Nam	28	156	253	320	369
埃　及	Egypt	124	140	109	128	166
尼日利亚	Nigeria	56	87	109	142	152
南　非	South Africa	184	297	411	571	665
加拿大	Canada	1232	2448	2450	2798	3201
墨西哥	Mexico	435	1827	1785	2061	2317
美　国	United States	5170	12593	13031	15255	17327
阿根廷	Argentina	41	252	138	224	287
巴　西	Brazil	225	586	509	664	776
委内瑞拉	Venezuela	73	162	93	168	249
保加利亚	Belarus		86	116	165	167
白俄罗斯	Bulgaria	51	65	109	145	182
捷　克	Czech Republic		320	517	700	769
法　国	France	2344	3389	3988	4709	4958
德　国	Germany	3557	4972	6046	7157	7741
意大利	Italy	1820	2388	2975	3553	3797
荷　兰	Netherlands	1261	2183	2647	3197	3579
波　兰	Poland	116	490	683	897	1005
罗马尼亚	Romania	76	131	240	327	405
俄罗斯联邦	Russian Fed.		447	761	974	1251
西班牙	Spain	877	1561	2086	2583	2776
乌克兰	Ukraine		140	230	290	361
英　国	United Kingdom	2230	3438	3920	4706	5012
澳大利亚	Australia	420	715	891	1094	1253
新西兰	New Zealand	95	139	186	232	262

附录2-23 货物和服务进出口占国内生产总值比重

Export and Import of Goods and Services as Percentage of GDP

资料来源:世界银行数据库。
Source: World Bank Database.
单位:% (%)

国家和地区	Country or Area	出口 Exports			进口 Imports		
		2000	2003	2004	2000	2003	2004
世　界	**World**	**24.6**	**23.9**		**24.8**	**23.9**	
高收入国家	**High Income**	**23.7**	**22.4**		**24.2**	**22.8**	
中等收入国家	**Middle Income**	**30.2**	**32.1**	**34.7**	**28.7**	**29.7**	**32.3**
低收入国家	**Low Income**	**19.3**	**20.6**	**23.7**	**21.0**	**23.1**	**26.2**
中　国①	China①	23.3	29.6	34.0	20.9	27.4	31.4
中国香港	Hong Kong, China	143.6	171.1	190.2	139.1	161.9	181.3
孟加拉国	Bangladesh	14.5	14.2	15.5	19.9	20.0	20.8
印　度	India	13.2	14.8	19.0	14.1	16.1	21.0
印度尼西亚	Indonesia	41.0	30.8	31.3	30.5	23.1	27.3
伊　朗	Iran	22.8	24.9	31.8	17.5	22.5	30.0
以色列	Israel	39.8	38.7	44.0	45.2	44.4	49.3
日　本	Japan	10.8	11.8		9.4	10.2	
哈萨克斯坦	Kazakhstan	56.6	48.4	52.2	49.1	43.0	43.5
韩　国	Korea, Rep.	40.8	37.9	44.1	37.7	35.6	39.7
马来西亚	Malaysia	124.4	113.4	121.2	104.5	92.5	99.9
蒙　古	Mongolia	56.6	65.5	75.1	71.4	85.1	87.2
巴基斯坦	Pakistan	13.6	16.9	16.0	14.8	16.3	14.9
菲律宾	Philippines	55.4	49.5	50.6	53.5	51.5	50.0
斯里兰卡	Sri Lanka	39.0	35.9	36.4	49.6	42.1	45.5
泰　国	Thailand	66.8	65.6	70.5	58.1	58.8	65.8
土耳其	Turkey	24.0	27.4	28.9	31.5	30.7	34.7
越　南	Vietnam	55.0	59.2	66.4	57.5	67.0	73.6
埃　及	Egypt	15.8	21.6	28.6	22.3	24.2	28.9
尼日利亚	Nigeria	53.3	49.7	54.6	37.5	41.2	37.4
南　非	South Africa	27.9	27.9	26.6	24.9	23.2	22.4
加拿大	Canada	46.1	38.3		40.3	34.4	
墨西哥	Mexico	30.9	27.8	29.6	32.9	29.4	31.6
美　国	United States	11.2	9.6		15.1	14.1	
阿根廷	Argentina	10.9	25.0	25.3	11.5	14.2	18.1
巴　西	Brazil	10.7	16.4	18.0	12.2	12.8	13.4
委内瑞拉	Venezuela	29.7	33.8	36.2	18.1	17.0	20.1
白俄罗斯	Belarus	64.7	65.1	67.9	68.2	69.0	74.2
保加利亚	Bulgaria	55.7	53.6	58.0	61.1	63.0	68.2
捷　克	Czech Republic	64.5	62.2	71.2	67.5	64.4	71.7
法　国	France	28.6	25.7	26.0	27.7	24.6	25.7
德　国	Germany	33.4	35.5	38.0	33.0	31.5	33.1
意大利	Italy	28.3	25.8	26.6	27.3	25.2	25.8
荷　兰	Netherlands	67.5	61.5	65.4	62.2	56.5	60.0
波　兰	Poland	27.1	33.4	37.6	33.5	35.9	39.6
罗马尼亚	Romania	32.9	36.3	35.9	38.5	42.2	45.0
俄罗斯联邦	Russian Federation	44.1	35.2	34.4	24.0	23.8	22.0
西班牙	Spain	29.0	26.3	25.7	32.2	28.6	29.3
乌克兰	Ukraine	62.4	57.8	61.2	57.9	55.2	53.7
英　国	United Kingdom	28.1	25.4	24.7	30.1	28.3	28.0
澳大利亚	Australia	23.0	17.6		22.9	20.6	
新西兰	New Zealand	36.0	29.1		34.3	28.9	

注:①世界银行统计数据。
Note: ①Data from World Bank.

附录2－24 农产品进出口额

Imports and Exports of Agriculture Products

资料来源:联合国粮农组织数据库。
Source:FAO Database.
单位:亿美元 (100 million USD)

国家和地区	Country or Area	进口额 Imports			出口额 Exports		
		2000	2003	2004	2000	2003	2004
世　界	**World**	**4349.0**	**5500.6**	**6348.5**	**4121.6**	**5245.6**	**6049.2**
发达国家	**Developed Countries**	**3024.9**	**3949.1**	**4531.4**	**2912.5**	**3690.5**	**4263.5**
中　国①	China①	153.6	234.6	328.8	130.8	168.8	173.3
中国香港	Hong Kong, China	84.9	80.7	84.0	44.7	35.2	34.6
孟加拉国	Bangladesh	16.8	18.3	19.8	1.0	1.0	1.1
印　度	India	28.8	49.0	51.1	49.5	65.0	70.6
印度尼西亚	Indonesia	40.5	44.1	51.8	49.4	69.9	94.0
伊　朗	Iran, Islamic Rep.	29.2	27.7	31.3	10.3	16.1	14.6
以色列	Israel	18.1	20.1	24.3	9.1	11.8	14.3
日　本	Japan	361.5	369.9	414.8	15.6	17.0	18.7
哈萨克斯坦	Kazakhstan	4.5	6.2	8.3	7.0	7.3	7.0
朝　鲜	Korea, Dem.	4.2	2.9	4.4	0.3	0.2	0.2
韩　国	Korea, Rep.	83.0	96.6	106.2	15.3	19.0	21.3
马来西亚	Malaysia	37.9	43.3	58.4	58.2	95.8	109.2
蒙　古	Mongolia	1.0	1.2	1.7	1.6	0.8	0.7
缅　甸	Myanmar	3.4	3.5	4.2	3.8	4.2	3.8
巴基斯坦	Pakistan	17.9	17.8	22.1	10.7	12.3	12.5
菲律宾	Philippines	25.7	28.9	31.3	15.4	19.5	20.5
新加坡	Singapore	39.9	39.6	43.7	28.1	25.6	30.0
斯里兰卡	Sri Lanka	7.7	8.3	9.3	10.0	10.1	11.4
泰　国	Thailand	26.9	35.3	38.3	72.8	102.8	119.3
土耳其	Turkey	32.3	41.8	46.6	36.2	48.3	59.6
越　南	Viet Nam	14.2	15.2	19.6	23.0	24.9	33.1
埃　及	Egypt	35.3	27.4	30.1	5.2	9.4	13.1
尼日利亚	Nigeria	11.3	20.9	21.6	3.4	6.1	4.9
南　非	South Africa	13.8	18.6	26.5	21.4	29.4	34.2
加拿大	Canada	114.4	142.1	151.9	156.8	176.0	205.7
墨西哥	Mexico	95.6	121.8	134.4	75.7	87.3	98.8
美　国	United States	449.5	534.8	598.7	564.8	623.0	638.9
阿根廷	Argentina	13.4	7.4	8.9	107.8	138.7	158.4
巴　西	Brazil	42.8	36.0	36.0	127.6	209.1	272.2
委内瑞拉	Venezuela	17.1	17.6	22.1	3.4	2.0	2.1
白俄罗斯	Belarus	9.7	10.6	14.5	5.2	8.2	10.8
保加利亚	Bulgaria	4.0	6.4	8.5	4.7	8.0	10.7
捷　克	Czech Republic	17.9	27.6	39.2	12.5	17.4	25.5
法　国	France	232.2	306.6	346.4	333.9	421.3	466.4
德　国	Germany	344.9	455.9	508.2	241.5	328.5	392.4
意大利	Italy	216.1	268.3	316.9	156.0	206.5	244.2
荷　兰	Netherlands	162.2	251.0	287.1	278.8	419.1	478.2
波　兰	Poland	30.5	39.2	54.9	23.9	41.6	66.8
罗马尼亚	Romania	9.5	17.6	21.4	3.6	6.0	7.7
俄罗斯联邦	Russian Federation	72.3	109.9	123.6	10.8	23.4	22.0
西班牙	Spain	105.4	163.2	198.0	140.0	214.4	242.9
乌克兰	Ukraine	9.8	21.1	16.9	17.2	27.2	34.2
英　国	United Kingdom	258.8	350.5	414.1	166.8	171.9	211.8
澳大利亚	Australia	29.9	38.9	44.7	154.6	151.7	208.7
新西兰	New Zealand	11.0	15.4	17.9	59.6	79.5	100.3

注:①粮农组织统计数据。
Note:①Data from FAO Database.

附录 2－25 国际旅游收支

Expenditures and Receipts of International Tourism

资料来源：世界银行数据库。
Sources：World Bank Database.
单位：亿美元 (100 million USD)

国家和地区	Country or Area	国际旅游支出 Expenditures			国际旅游收入 Receipts		
		2000	2003	2004	2000	2003	2004
世　界	**World**	**5488**	**6138**	**7141**	**5773**	**6225**	**7356**
高收入国家	**High Income**	**4628**	**5028**	**5810**	**4442**	**4746**	**5534**
中等收入国家	**Middle Income**	**773**	**997**	**1190**	**1226**	**1354**	**1658**
中　国	China	142①	167①	214①	162	174	257
中国香港	Hong Kong, China				82	90	118
孟加拉国	Bangladesh	5	4			1	
印度尼西亚	Indonesia		44	46		45	52
伊　朗	Iran	7	41	44	7	13	13
以色列	Israel	37	33	37	46	24	28
日　本	Japan	426	365	482	60	115	143
哈萨克斯坦	Kazakhstan	5	8	9	4	6	8
韩　国	Korea, Rep.	79	111	131	85	70	79
马来西亚	Malaysia	25	34		59	68	
蒙　古	Mongolia	1	1	2		2	2
缅　甸	Myanmar				2	1	1
巴基斯坦	Pakistan	6	12	16	6	6	8
菲律宾	Philippines	13	14	16	24	18	24
斯里兰卡	Sri Lanka	4	5	5	4	7	8
泰　国	Thailand	32	35	53	99	105	131
埃　及	Egypt	12	15	15	47	47	63
尼日利亚	Nigeria				2		
南　非	South Africa	27	37	37	33	61	67
加拿大	Canada	151	164	197	130	122	149
墨西哥	Mexico	64	73	80	91	101	116
美　国	United States	913	819	932	1186	989	1128
阿根廷	Argentina	55	30	36	32	23	30
巴　西	Brazil	45	29	38	20	27	34
委内瑞拉	Venezuela	16	13	16	5	4	5
白俄罗斯	Belarus	3	5	6	2	3	4
保加利亚	Bulgaria	8	11	14	14	21	27
捷　克	Czech Republic		22	27		41	50
德　国	Germany	579	726	786	249	301	356
意大利	Italy	182	237	241	287	326	379
荷　兰	Netherlands	136			113		
波　兰	Poland	34	30	42	61	47	65
罗马尼亚	Romania	4	6	7	4	5	6
俄罗斯联邦	Russian Federation		134	165		59	70
西班牙	Spain	73	105	133	338	460	511
乌克兰	Ukraine	6	10	12	6	12	15
英　国	United Kingdom	470	579	688	300	307	372
澳大利亚	Australia	85	101	130	122	145	179

注：①世界银行统计数据。
Note：①Data from World Bank.

附录 2－26 国际旅游人数

Number of Arrivals and Departures of International Tourism

资料来源：世界银行数据库。
Sources: World Bank Database.
单位：万人

(10 000 people)

国家和地区	Country or Area	国外游客到达人数 Number of Arrivals			出国旅游人数 Number of Departures		
		2000	2003	2004	2000	2003	2004
世　界	**World**	**69296**	**70625**	**77592**	**80934**	**81257**	**85427**
高收入国家	**High Income**	**44658**	**44161**	**47010**	**39747**	**39808**	**42924**
中等收入国家	**Middle Income**	**22003**	**23855**	**27561**	**28911**	**29075**	**29473**
低收入国家	**Low Income**	**1536**	**1761**				
中　国	China	3124	3297	4176	1047①	2022①	2885①
中国香港	Hong Kong, China	1305	1553	2181	461	442	500
孟加拉国	Bangladesh	19	24	27	112	141	
印　度	India	264	272		441	535	
印度尼西亚	Indonesia	506	446	532			
伊　朗	Iran	134	154	165	228		
以色列	Israel	241	106	150	353	329	361
日　本	Japan	475	521	613	1781	1329	1683
哈萨克斯坦	Kazakhstan	147	241	307	124	237	391
韩　国	Korea, Rep.	532	475	581	550	708	882
马来西亚	Malaysia	1022	1057	1570	3053	3220	3076
蒙　古	Mongolia	13	20	30			
缅　甸	Myanmar	20	20	24			
巴基斯坦	Pakistan	55	50	64			
菲律宾	Philippines	199	190	229	167	180	
新加坡	Singapore	691	570		444	422	
斯里兰卡	Sri Lanka	40	50	56	52	56	68
泰　国	Thailand	957	1008	1173	190	215	270
土耳其	Turkey	958	1334	1682	528	592	729
埃　及	Egypt	511	574		296	364	
尼日利亚	Nigeria	81					
南　非	South Africa	587	650	667	383		
加拿大	Canada	1962	1753	1909	1918	1773	1959
墨西哥	Mexico	2064	1866	2061	1107	1104	1249
美　国	United States	5123	4121	4608	6132	5625	6177
阿根廷	Argentina	290	299	335	495	308	338
巴　西	Brazil	531	413	479	322	229	
委内瑞拉	Venezuela	46	33	49	95	83	81
保加利亚	Bulgaria	278	404	463	233	340	388
捷　克	Czech Republic	466	507	606	3817	3607	3665
法　国	France	7719	7504	7512	1988	1857	2113
德　国	Germany	1898	1839		7440	7460	
意大利	Italy	4118	3960	3707	2199	2681	2334
荷　兰	Netherlands	1000	918	964	1389	1646	
波　兰	Poland	1740	1372	1429	5667	3873	2722
罗马尼亚	Romania	327			638	649	697
俄罗斯联邦	Russian Federation	2116	2251	2205	1837	2046	2441
西班牙	Spain	4789	5183	5359	410	409	512
乌克兰	Ukraine	643	1251		1342	1479	
英　国	United Kingdom	2520	2471	2775	5683	6142	6419
澳大利亚	Australia	493	474	521	349	338	
新西兰	New Zealand	178	210	233	128	137	173

注：①国内居民出境总人数。

Note: ①Data refer to number of domestic residents outbound.

附录2-27 外商直接投资

Foreign Direct Investment

资料来源:联合国贸易和发展会议数据库。
Source:UNCTAD Database.
单位:亿美元

(100 million USD)

国家和地区	Country or Area	外商直接投资 FDI Inflows			对外直接投资 FDI Outflows		
		2000	2004	2005	2000	2004	2005
世　界	**World**	**14095.68**	**7107.60**	**9162.80**	**12444.65**	**8130.70**	**7787.30**
发达国家	**Developed countries**	**11459.13**	**4109.40**	**5559.30**	**11078.15**	**6857.20**	**6407.30**
发展中国家	**Developing countries**	**2545.93**	**2601.70**	**3206.40**	**1334.64**	**1133.70**	**1229.40**
中　国	China	407.15	606.30	603.25		54.98①	122.61①
中国香港	Hong Kong, China	619.24	340.30	359.00	593.52	457.20	325.60
中国澳门	Macao, China	-0.01	4.98	7.70		-1.16	-0.17
孟加拉国	Bangladesh	5.79	4.60	6.90	0.02	0.06	0.10
印　度	India	35.85	54.70	66.00	5.09	20.20	13.60
印度尼西亚	Indonesia	-45.50	18.96	52.60	1.50	34.10	30.70
伊　朗	Iran	0.39	1.00	0.30	0.20	0.20	0.80
以色列	Israel	50.11	17.50	55.90	33.35	45.40	24.90
日　本	Japan	83.23	78.20	27.80	315.58	309.50	457.80
哈萨克斯坦	Kazakhstan	12.83	41.10	17.40	0.04	-12.80	0.20
朝　鲜	Korea, Dem. people's Rep.	0.05	2.00	1.10	0.06	0.02	
韩　国	Korea, Rep.	86.51	77.30	72.00	49.99	46.60	43.10
马来西亚	Malaysia	37.88	46.20	39.70	20.26	20.60	29.70
蒙　古	Mongolia	0.54	0.90	1.80			
缅　甸	Myanmar	2.08	2.50	3.00			
巴基斯坦	Pakistan	3.05	11.20	21.80	0.11	0.60	0.40
菲律宾	Philippines	22.40	6.90	11.30	1.25	5.80	1.60
新加坡	Singapore	164.84	148.20	200.80	59.15	85.10	55.20
斯里兰卡	Sri Lanka	1.75	2.30	2.70	0.02	0.06	0.40
泰　国	Thailand	33.50	14.10	36.90	-0.22	1.30	2.50
土耳其	Turkey	9.82	28.40	96.80	8.70	8.60	10.80
越　南	Viet Nam	12.89	16.10	20.20			
埃　及	Egypt	12.35	21.60	53.80	0.51	1.60	0.90
尼日利亚	Nigeria	13.10	21.30	34.00	1.69	2.60	2.00
南　非	South Africa	8.88	8.00	63.80	2.71	13.50	0.70
加拿大	Canada	667.91	15.30	338.20	446.75	432.50	340.80
墨西哥	Mexico	175.88	186.70	180.60	3.63	44.30	61.70
美　国	United States	3140.00	1224.10	994.43	1426.26	2224.40	-127.10
阿根廷	Argentina	104.18	42.70	46.60	9.01	4.40	11.60
巴　西	Brazil	327.79	181.50	150.70	22.82	98.10	25.20
委内瑞拉	Venezuela	47.01	15.20	29.60	5.21	-3.50	14.60
白俄罗斯	Belarus	1.19	1.60	3.10		0.01	0.03
保加利亚	Bulgaria	10.02	34.40	22.20	0.03	-2.20	3.20
捷　克	Czech Republic	49.84	49.70	109.90	0.43	10.10	8.60
法　国	France	432.50	313.70	635.80	1774.49	570.10	1156.70
德　国	Germany	1982.76	-151.10	326.60	565.57	18.80	456.30
意大利	Italy	133.75	168.20	199.70	123.16	192.60	396.70
荷　兰	Netherlands	638.54	4.40	436.30	756.35	172.80	1194.50
波　兰	Poland	93.41	128.70	77.20	0.17	7.90	14.60
罗马尼亚	Romania	10.37	65.20	63.90	-0.11	0.70	-0.10
俄罗斯联邦	Russian Federation	27.14	154.40	146.00	31.77	137.80	131.30
西班牙	Spain	395.75	247.60	229.90	582.13	605.30	387.70
乌克兰	Ukraine	5.95	17.20	78.10	0.01	0.04	2.80
英　国	United Kingdom	1187.64	562.10	1645.30	2333.71	948.60	1011.00
澳大利亚	Australia	140.19	423.90	-345.50	31.74	180.00	-409.50
新西兰	New Zealand	38.63	25.80	16.00	7.52	-9.10	-13.00

注:①为非金融类对外直接投资。

Note:①Non-finance overseas direct investment.

附录 2－28 国际储备与黄金储备

Total International Reserves and Gold Reserves

资料来源：国际货币基金组织数据库。
Source: IMF Database.

国家和地区	Country or Area	国际储备（不包括黄金，亿美元）International Reserves Excluding Gold (100 million USD)			黄金储备（万盎司）Gold Reserves (10 000 Fine Troy Ounces)		
		2000	2004	2005	2000	2004	2005
世　界	**World**	**20264.5**	**39680.6**	**42449.3**	**106274.0**	**100710.0**	**98756.2**
发达国家	**Developed Countries**	**8506.2**	**14010.9**	**13345.8**	**79650.8**	**74060.5**	**72377.6**
发展中国家	**Developing Countries**	**11718.7**	**24651.5**	**29083.3**	**15638.4**	**15635.8**	**15437.1**
中　国	China	1682.8①	6145.0①	8215.1①	1267.0	1929.0	1929.0
中国香港	Hong Kong, China	1075.5	1235.4	1242.2	6.7	6.7	6.7
中国澳门	Macao, China	33.2	54.4	66.9			
孟加拉国	Bangladesh	14.9	31.7	27.7	10.9	11.3	11.3
印　度	India	379.0	1265.9	1319.0	1150.2	1150.2	1150.2
印度尼西亚	Indonesia	285.0	349.5	329.8	310.1	310.1	310.0
以色列	Israel	232.8	270.9	280.5			
日　本	Japan	3549.3	8338.9	8341.2	2454.7	2460.2	2460.2
哈萨克斯坦	Kazakhstan	15.9	84.7	60.8	184.0	183.5	192.1
韩　国	Korea, Rep.	961.4	1990.0	2102.8	43.9	45.4	45.8
马来西亚	Malaysia	283.3	658.8	698.4	117.0	117.0	117.0
蒙　古	Mongolia	1.8	2.4	4.3	8.5	3.2	
缅　甸	Myanmar	2.2	6.7	7.7	23.1	23.1	23.1
巴基斯坦	Pakistan	15.1	98.0	100.3	209.1	209.9	209.9
菲律宾	Philippines	130.9	131.2	159.2	722.8	711.9	496.8
新加坡	Singapore	801.4	1122.3	1157.7			
斯里兰卡	Sri Lanka	10.4	21.3	26.5	33.6	16.7	16.7
泰　国	Thailand	320.2	486.6	506.8	236.7	270.0	270.0
土耳其	Turkey	224.9	356.7	505.7	373.9	373.3	373.3
越　南	Viet Nam	34.2	70.4	90.5			
埃　及	Egypt	131.2	142.7	206.1	243.2	243.2	243.2
尼日利亚	Nigeria	99.1	169.6	282.8	590.0	398.4	398.7
南　非	South Africa	60.8	131.4	185.8	68.7	68.7	68.7
加拿大	Canada	321.0	344.3	329.6	118.4	10.9	10.9
墨西哥	Mexico	355.1	641.4	740.4	24.9	13.9	10.8
美　国	United States	566.0	758.9	540.7	26161.1	26158.6	26155.1
阿根廷	Argentina	251.5	188.8	271.7	1.9	177.0	176.0
巴　西	Brazil	324.9	527.4	535.7	189.3	44.5	43.9
委内瑞拉	Venezuela	130.9	183.8	239.1	1024.0	1149.0	1148.0
白俄罗斯	Belarus	3.5	7.5	11.4		20.0	40.0
保加利亚	Bulgaria	31.6	87.8	80.4	128.4	128.1	128.0
捷　克	Czech Republic	130.2	282.6	293.2	44.6	43.8	43.5
法　国	France	370.4	353.1	277.5	9724.5	9598.0	9085.2
德　国	Germany	568.9	488.2	451.3	11151.9	11038.2	11020.7
意大利	Italy	255.7	278.6	255.1	7882.9	7882.9	7882.9
荷　兰	Netherlands	96.4	106.5	89.8	2931.5	2499.6	2234.3
波　兰	Poland	265.6	353.2	408.6	330.6	330.8	330.8
罗马尼亚	Romania	24.7	146.2	198.7	337.4	337.7	337.1
俄罗斯联邦	Russian Federation	242.7	1208.1	1758.6	1235.9	1244.1	1243.8
西班牙	Spain	309.9	123.9	96.8	1682.9	1682.6	1471.7
乌克兰	Ukraine	13.5	93.0	191.1	45.4	51.1	53.4
英　国	United Kingdom	387.8	399.4	384.6	1567.4	1003.9	999.3

注：①国际货币基金组织统计数据。

Note: ①Data from International Monetary Funds.

附录 2－29 主要国家外债及其构成（2004 年）

External Debts by Type（2004）

资料来源：世界银行数据库。
Sources：World Bank Database.
单位：亿美元 (100 million USD)

国家和地区	Country or Area	外债总额 External Debt Total	长期外债 Long-term Debt	私人非担保外债 Private Nonguaranteed Debt	政府及政府担保外债 Public and Publicly Guaranteed Debt	国际货币基金组织贷款 Use of IMF Credit
中等收入国家	**Middle Income**	**23287.8**	**17850.5**	**6378.0**	**1726.1**	**851.6**
低收入国家	**Low Income**	**4269.4**	**3798.7**	**336.8**	**261.3**	**108.9**
中　　国①	China①	2489.3	1313.4	405.3	83.6	
孟加拉国	Bangladesh	203.4	191.7		6.5	2.3
印　　度	India	1227.2	1152.0	265.0	140.4	
印度尼西亚	Indonesia	1406.5	1064.6	335.5	103.5	96.9
伊　　朗	Iran	136.2	101.0	1.2	18.0	
哈萨克斯坦	Kazakhstan	323.1	287.4	255.3	8.8	
马来西亚	Malaysia	521.5	407.1	151.5	52.8	
蒙　　古	Mongolia	15.2	13.1		0.3	0.4
缅　　甸	Myanmar	72.4	56.5		1.1	
巴基斯坦	Pakistan	356.9	325.7	15.4	31.3	18.8
菲 律 宾	Philippines	605.5	547.5	191.8	69.4	7.6
斯里兰卡	Sri Lanka	108.9	100.6	3.0	5.4	2.9
泰　　国	Thailand	513.1	398.2	245.0	48.3	
土 耳 其	Turkey	1615.9	1081.9	399.8	126.7	215.1
越　　南	Vietnam	178.3	154.1			2.8
埃　　及	Egypt	302.9	273.5		18.5	
尼日利亚	Nigeria	358.9	313.0		24.0	
南　　非	South Africa	285.0	205.9	108.0	14.3	
墨 西 哥	Mexico	1386.9	1296.0	524.1	245.8	
阿 根 廷	Argentina	1692.5	1276.6	238.1	20.7	140.9
巴　　西	Brazil	2220.3	1717.3	738.6	204.8	250.3
委内瑞拉	Venezuela	355.7	312.2	53.7	43.5	
白俄罗斯	Belarus	37.2	7.7	0.3	2.2	0.1
保加利亚	Bulgaria	156.6	112.4	38.1	14.4	11.8
捷　　克	Czech Republic	455.6	284.7	164.5	23.6	
波　　兰	Poland	991.9	823.4	457.5	47.5	
罗马尼亚	Romania	300.3	247.6	110.9	21.4	4.4
俄罗斯联邦	Russian Federation	1973.4	1586.2	589.8	112.8	35.6
乌 克 兰	Ukraine	216.5	182.8	75.5	15.6	16.1

注：①世界银行统计数据。
Note：①Data from World Bank.

附录2－30 外债风险指标（2004年）

Risk Indicators on Foreign Debts（2004）

资料来源：世界银行数据库。
Sources：World Bank Database.
单位：%

（%）

国家和地区	Country or Area	政府及政府担保外债占出口比重 PPG Debt Service as % of Exports	债务率 Present Value of Debt as Exports of % Goods and Services	负债率 Present Value of Debt as % of GNI	短期外债比重 Short-term Debt as % of Total External Debt	偿债率 Total Debt Service as % of Exports of Goods and Services	外债本息占GNI比重 Total Debt Service as % of GNI
中等收入国家	**Middle Income**	**6.4**			**19.7**	**15.0**	**6.0**
低收入国家	**Low Income**	**7.0**			**8.5**	**10.1**	**2.9**
中　　国①	China①	1.2	46.5	14.5	47.2	3.5	1.2
孟加拉国	Bangladesh	6.9	123.9	25.7	4.6	5.2	1.1
印　　度	India		94.6	18.4	6.1		2.8
印度尼西亚	Indonesia	11.4	175.3	60.9	17.4	22.1	8.3
伊　　朗	Iran		31.1	9.2	25.8		1.2
哈萨克斯坦	Kazakhstan	3.8	182.1	100.9	11.1	38.0	21.7
马来西亚	Malaysia	3.6	41.9	52.7	21.9		8.2
蒙　　古	Mongolia	2.2	107.9	86.3	11.0	2.9	2.6
缅　　甸	Myanmar	3.3	176.0		22.0	3.8	
巴基斯坦	Pakistan	19.2	155.8	35.3	3.5	21.2	4.6
菲律宾	Philippines	15.0	123.7	73.1	8.3	20.9	12.0
斯里兰卡	Sri Lanka	7.2	110.7	50.4	4.9	8.5	4.0
泰　　国	Thailand	4.1	49.8	35.2	22.4	10.6	7.8
土耳其	Turkey	13.5	221.0	69.5	19.7	35.9	11.3
越　　南	Vietnam	2.1	64.9	39.1			
埃　　及	Egypt	6.8	108.5	32.2	9.7	7.6	2.9
尼日利亚	Nigeria	8.8	139.6	70.7	12.8	8.2	4.0
南　　非	South Africa	2.4	54.4	16.8	27.8	6.4	1.8
墨西哥	Mexico	11.9	76.6	24.0	6.6	22.9	7.6
阿根廷	Argentina	4.8	509.7	159.4	16.2	28.5	8.6
巴　　西	Brazil	18.2	257.8	47.4	11.4	46.8	9.2
委内瑞拉	Venezuela	10.5	124.7	45.2	12.2	16.0	6.2
白俄罗斯	Belarus	1.4	29.9	19.9	79.0	2.1	1.4
保加利亚	Bulgaria	9.4	143.2	82.9	20.7	17.1	10.3
捷　　克	Czech Republic	3.0	70.7	51.0	37.5	10.5	8.1
波　　兰	Poland	4.9	121.4	45.4	17.0	34.6	14.3
罗马尼亚	Romania	7.8	135.8	51.2	16.1	17.2	6.5
俄罗斯联邦	Russian Federation	5.2	119.9	45.7	17.8	9.8	3.7
乌克兰	Ukraine	3.8	70.5	42.3	8.2	10.7	6.7

注：①世界银行统计数据。
Note：①Data from World Bank.

附录2－31 享有卫生设施和清洁饮用水源人口占总人口比重

Percentage of Population with Access to Improved Sanitation Facilities and Water Source

资料来源：世界银行数据库。
Source: World Bank Database.
单位：%　　(%)

国家和地区	Country or Area	享有卫生设施人口占总人口比重 Percentage of Population with Access to Improved Sanitation Facilities			享有清洁饮用水源人口占总人口比重 Percentage of Population with Access to Improved Water Source		
		1990	2000	2004	1990	2000	2004
世　界	**World**	**45**	**54**	**57**	**77**	**82**	**83**
高收入国家	**High Income**	**100**		**100**	**100**	**99**	**100**
中等收入国家	**Middle Income**	**48**	**61**	**62**	**78**	**83**	**84**
低收入国家	**Low Income**	**21**		**38**	**64**	**75**	**75**
中　国①	China ①	23	44	44	70	77	77
孟加拉国	Bangladesh	20	48	39	72	75	74
印　度	India	14	30	33	70	86	86
印度尼西亚	Indonesia	46	52	55	72	78	77
伊　朗	Iran	83	84		92	93	94
以色列	Israel				100	100	100
日　本	Japan	100	100	100	100	100	100
哈萨克斯坦	Kazakhstan	72	72	72	87	86	86
韩　国	Korea, Rep.		36			92	92
马来西亚	Malaysia			94	98	95	99
蒙　古	Mongolia		59	59	63	62	62
缅　甸	Myanmar	24	73	77	57	80	78
巴基斯坦	Pakistan	37	54	59	83	90	91
菲律宾	Philippines	57	73	72	87	85	85
新加坡	Singapore	100		100	100		100
斯里兰卡	Sri Lanka	69	91	91	68	78	79
泰　国	Thailand	80	99	99	95	85	99
土耳其	Turkey	85	83	88	85	93	96
越　南	Viet Nam	36	41	61	65	73	85
埃　及	Egypt	54	68	70	94	98	98
尼日利亚	Nigeria	39	38	44	49	60	48
南　非	South Africa	69	67	65	83	87	88
加拿大	Canada	100	100	100	100	100	100
墨西哥	Mexico	58	77	79	82	91	97
美　国	United States	100	100	100	100	100	100
阿根廷	Argentina	81		91	94		96
巴　西	Brazil	71	75	75	83	89	90
委内瑞拉	Venezuela		68	68		83	83
白俄罗斯	Belarus			84	100	100	100
保加利亚	Bulgaria	99	100	99	99	100	99
捷　克	Czech Republic	99		98	100		100
法　国	France				100		100
德　国	Germany	100		100	100	100	100
荷　兰	Netherlands	100	100	100	100	100	100
罗马尼亚	Romania		51			57	57
俄罗斯联邦	Russian Federation	87	87	87	94	96	97
西班牙	Spain	100		100	100		100
乌克兰	Ukraine	96	99	96	96	98	96
英　国	United Kingdom				100		100
澳大利亚	Australia	100	100	100	100	100	100
新西兰	New Zealand				97		

注：①世界银行统计数据。
Note: ①Data from World Bank.

附录 2－32 医疗支出占国内生产总值比重及人均医疗支出

Health Expenditure as Percentage of GDP and per Capita Health Expenditure

资料来源：世界银行数据库。
Source：World Bank Database.

国家和地区	Country or Area	医疗支出占国内生产总值的比重（%）Health Expenditure as Percentage of GDP（%）			人均医疗支出（现价美元）Health Expenditure per Capita（current USD）		
		2000	2002	2003	1990	2000	2003
世界总计	**World**				**479**	**523**	**587**
高收入国家	**High Income**				**2748**	**3054**	**3449**
中等收入国家	**Middle Income**				**100**	**102**	**115**
低收入国家	**Low Income**				**23**	**26**	**29**
中　　国①	China①	5.1	5.5	5.6	43	54	61
孟加拉国	Bangladesh	3.2	3.3	3.4	12	13	14
印　　度	India	5.0	4.9	4.8	23	23	27
印度尼西亚	Indonesia	2.5	3.2	3.1	18	26	30
伊　　朗	Iran	5.8	5.8	6.5	66	116	131
以 色 列	Israel	8.6	9.3	8.9	1637	1520	1514
日　　本	Japan	7.6	7.9	7.9	2827	2450	2662
哈萨克斯坦	Kazakhstan	4.1	3.5	3.5	50	59	73
韩　　国	Korea, Rep.	4.7	5.3	5.6	513	607	705
马来西亚	Malaysia	3.3	3.7	3.8	130	146	163
蒙　　古	Mongolia	7.0	6.7	6.7	26	29	33
缅　　甸	Myanmar	2.2	2.8	2.8	183	315	394
巴基斯坦	Pakistan	2.8	2.6	2.4	14	13	13
菲 律 宾	Philippines	3.4	3.0	3.2	34	29	31
新 加 坡	Singapore	3.6	4.3	4.5	820	894	964
斯里兰卡	Sri Lanka	3.6	3.6	3.5	29	30	31
泰　　国	Thailand	3.4	3.4	3.3	68	68	76
土 耳 其	Turkey	6.6	7.2	7.6	194	190	257
越　　南	Viet Nam	5.3	5.1	5.4	21	22	26
埃　　及	Egypt	5.4	6.0	5.9	83	79	71
尼日利亚	Nigeria	4.3	5.0	5.0	18	19	22
南　　非	South Africa	8.1	8.4	8.4	236	198	295
加 拿 大	Canada	8.9	9.6	9.9	2071	2225	2669
墨 西 哥	Mexico	5.6	6.0	6.2	323	381	372
美　　国	United States	13.3	14.7	15.2	4588	5324	5711
阿 根 廷	Argentina	8.9	8.6	8.9	689	233	305
巴　　西	Brazil	7.6	7.7	7.6	263	199	212
委内瑞拉	Venezuela	6.2	5.0	4.5	299	183	146
白俄罗斯	Belarus	6.1	6.4	6.4	64	94	116
保加利亚	Bulgaria	6.2	7.9	7.5	97	155	191
捷　　克	Czech Republic	6.6	7.2	7.5	358	517	667
法　　国	France	9.3	9.7	10.1	2070	2339	2981
德　　国	Germany	10.6	10.9	11.1	2404	2637	3204
意 大 利	Italy	8.1	8.4	8.4	1519	1750	2139
荷　　兰	Netherlands	8.3	9.3	9.8	1916	2411	3088
波　　兰	Poland	5.7	6.6	6.5	246	328	354
罗马尼亚	Romania	5.4	5.9	6.1	91	124	159
俄罗斯联邦	Russian Federation	5.8	5.9	5.6	102	141	167
西 班 牙	Spain	7.4	7.6	7.7	1038	1211	1541
乌 克 兰	Ukraine	5.0	5.4	5.7	32	47	60
英　　国	United Kingdom	7.3	7.7	8.0	1756	2031	2428
澳大利亚	Australia	9.0	9.3	9.5	1832	1961	2519
新 西 兰	New Zealand	7.8	8.2	8.1	1054	1255	1618

注：①数据来源于世界银行。
Note：① Data from World Bank.

附录 2-33 每千人口医生数和病床数

Physician and Hospital Bed per 1000 Persons

资料来源:世界银行数据库。
Source: World Bank Database.

国家和地区	Country or Area	每千人口医生数(人) Physicians per 1000 Persons (person)			每千人口床位数(张) Hospital Beds per 1000 Persons(unit)		
		1990	2000	2003	1990	2000	2003
世　界	**World**	**1.4**	**1.6⑥**		**3.7**		
高收入国家	**High Income**	**1.9**	**2.6**	**2.6③**	**6.2**	**6.5**	**6.4③**
中等收入国家	**Middle Income**	**1.6**	**1.7**	**1.5④**	**3.6**	**3.9⑥**	
中　国	China	1.6	1.7	1.5	2.3	2.4	2.3
孟加拉国	Bangladesh	0.2	0.2④		0.3	0.3⑧	
印　度	India	0.5⑤	0.5⑥		0.8⑨		0.9
印度尼西亚	Indonesia	0.1	0.2	0.1	0.7	6.0⑥	
伊　朗	Iran	0.3⑦	1.0⑥		1.4	1.6④	
以色列	Israel	3.2	3.8	3.8	6.2	6.1	6.1
日　本	Japan	1.7	1.9	2.0③	15.6⑦	14.7	14.3
哈萨克斯坦	Kazakhstan	4.0	3.3	3.5	13.7	7.2	7.7
韩　国	Korea, Rep.	0.8	1.3	1.6	3.1	6.1	7.1
马来西亚	Malaysia	0.4	0.7		2.1	1.9④	
蒙　古	Mongolia	2.5	2.5⑧	2.6③	11.5⑨		
缅　甸	Myanmar	0.1	0.3		0.6	0.6	
巴基斯坦	Pakistan	0.5	0.7④		0.6		0.7
菲律宾	Philippines	0.1	0.6	1.2③	1.4	1.0④	
新加坡	Singapore	1.3	1.4④		3.6	2.9④	
斯里兰卡	Sri Lanka	0.1⑦	0.4		2.7	2.2⑧	
泰　国	Thailand	0.2	0.4		1.6	2.2⑧	
土耳其	Turkey	0.9	1.3	1.4	2.4	2.6	2.6
越　南	Vietnam	0.4	0.5④		3.8	2.4④	
埃　及	Egypt	0.8	2.1	0.5	2.1	2.1②	2.2
尼日利亚	Nigeria	0.2⑤	0.3	0.3	1.7		
南　非	South Africa	0.6⑤	0.7④				
加拿大	Canada	2.1	2.1	2.1	6.0	3.8	3.7③
墨西哥	Mexico	1.0	1.6	1.5	1.0	1.1	1.0
美　国	United States	1.8	2.2	2.3③	4.9	3.5	3.3
阿根廷	Argentina	2.7	3.0⑥		4.6	4.1	
巴　西	Brazil	1.4	1.2	2.1④	3.3	3.1①	2.7③
委内瑞拉	Venezuela	1.6	1.9④		2.7	0.8④	
白俄罗斯	Belarus	3.6	4.6	4.6	13.2	12.6	11.3
保加利亚	Bulgaria	3.2	3.4	3.6	9.8	7.4	6.3
捷　克	Czech Republic	2.7	3.4	3.5	11.3	8.8	8.8
法　国	France	3.1	3.3	3.4	9.7	8.1	7.7
德　国	Germany	2.8⑨	3.3	3.4	10.4	9.1	8.9③
意大利	Italy	3.8⑦	4.2	4.1	7.2	4.7	4.4③
荷　兰	Netherlands	2.5	3.2	3.1	5.8	4.8	4.7④
波　兰	Poland	2.1	2.2	2.5	5.7	4.9	5.6③
罗马尼亚	Romania	1.8	1.9	1.9	8.9	7.4	6.6
俄罗斯联邦	Russian Federation	4.1	4.2	4.3	13.1	10.9	10.5
西班牙	Spain	2.5⑩	3.2	3.2	4.6	4.1	3.8
乌克兰	Ukraine	4.3	3.0	3.0	13.0	8.8	8.8
英　国	United Kingdom	1.6	1.9	2.2	5.9	4.2	4.2
澳大利亚	Australia	2.2	2.5	2.5③	9.2⑨	7.8	7.4③
新西兰	New Zealand	1.9	2.2	2.2	8.5	6.2⑥	6.1③

注:①1996 年数据。②1997 年数据。③2002 年数据。④2001 年数据。⑤1992 年数据。⑥1998 年数据。⑦1993 年数据。⑧1999 年数据。⑨1991 年数据。⑩1995 年数据。

Note: ①Data refers to 1996. ②Data refers to 1997. ③Data refers to 2002. ④Data refers to 2001. ⑤Data refers to 1992. ⑥Data refers to 1998. ⑦Data refers to 1993. ⑧Data refers to 1999. ⑨Data refers to 1991. ⑩Data refers to 1995.

附录2－34 人文发展指数（2004年）

资料来源：联合国开发计划署《人文发展报告》2006年。
Source: *UNDP Human Development Report* 2006.

人文发展指数排名 HDI Rank 2004	2003	国家和地区	Country or Area	人文发展指数 Human Development Index(HDI)	出生时的预期寿命（岁） Life Expectancy at Birth (years)	成人识字率（%） Adult literacy Rate (% age 15 and above)	初等、中等和高等教育入学率（%） Combined Primary, Secondary and Tertiary Gross Enrolment Ratio (2003/2004)
		世 界	**World**	**0.741**	**67.3**		**67**
		高收入国家	**High Income**	**0.942**	**78.8**		**94**
		中等收入国家	**Middle Income**	**0.768**	**70.3**	**89.9**	**73**
		低收入国家	**Low Income**	**0.556**	**58.7**	**62.3**	**54**
1	1	挪 威	Norway	0.965	79.6	②	100
2	2	冰 岛	Iceland	0.960	80.9	②	96
3	3	澳大利亚	Australia	0.957	80.5	②	113
4	8	爱尔兰	Ireland	0.956	77.9	②	99
5	6	瑞 典	Sweden	0.951	80.3	②	96
6	5	加拿大	Canada	0.950	80.2	②	93
7	11	日 本	Japan	0.949	82.2	②	85
8	10	美 国	United States	0.948	77.5	②	93
9	7	瑞 士	Switzerland	0.947	80.7	②	86
10	12	荷 兰	Netherlands	0.947	78.5	②	98
11	13	芬 兰	Finland	0.947	78.7	②	100
12	4	卢森堡	Luxembourg	0.945	78.6	②	85
13	9	比利时	Belgium	0.945	79.1	②	95
14	17	奥地利	Austria	0.944	79.2	②	91
15	14	丹 麦	Denmark	0.943	77.3	②	101
16	16	法 国	France	0.942	79.6	②	93
17	18	意大利	Italy	0.940	80.2	98.4	89
18	15	英 国	United Kingdom	0.940	78.5	②	93
19	21	西班牙	Spain	0.938	79.7	98.0	96
20	19	新西兰	New Zealand	0.936	79.3	②	100
21	20	德 国	Germany	0.932	78.9	②	89
22	22	中国香港	Hong Kong, China	0.927	81.8	94.0	77
23	23	以色列	Israel	0.927	80.0	97.1	90
24	24	希 腊	Greece	0.921	78.3	96.0	93
25	25	新加坡	Singapore	0.916	78.9	92.5	87
26	28	韩 国	Korea, Rep.	0.912	77.3	98.0	95
27	26	斯洛文尼亚	Slovenia	0.910	76.6	②	95
28	27	葡萄牙	Portugal	0.904	77.5	92.0	89
29	29	塞浦路斯	Cyprus	0.903	78.7	96.8	79
30	31	捷 克	Czech Republic	0.885	75.7	②	81
31	30	巴巴多斯	Barbados	0.879	75.3	②	89
32	32	马耳他	Malta	0.875	78.6	87.9	81
33	44	科威特	Kuwait	0.871	77.1	93.3	73
34	33	文 莱	Brunei Darussalam	0.871	76.6	92.7	77
35	35	匈牙利	Hungary	0.869	73.0	②	87
36	34	阿根廷	Argentina	0.863	74.6	97.2	89
37	36	波 兰	Poland	0.862	74.6	②	86
38	37	智 利	Chile	0.859	78.1	95.7	81
39	43	巴 林	Bahrain	0.859	74.5	86.5	85
40	38	爱沙尼亚	Estonia	0.858	71.6	99.8	92

Human Development Index(2004)

人均国内生产总值（购买力平价法，美元） GDP per Capita (PPP, USD)	预期寿命指数 Life Expectancy Index	教育指数 Education Index	国内生产总值指数 GDP Index	人文发展指数与人均国内生产总值位次之差① GDP per Capita (PPP, USD) Rank Minus HDI Rank①
8833	**0.71**	**0.77**	**0.75**	
31331	**0.90**	**0.97**	**0.96**	
6756	**0.76**	**0.84**	**0.70**	
2297	**0.56**	**0.58**	**0.52**	
38454	0.91	0.99	0.99	3
33051	0.93	0.98	0.97	3
30331	0.92	0.99	0.95	11
38827	0.88	0.99	1.00	-1
29541	0.92	0.98	0.95	11
31263	0.92	0.97	0.96	4
29251	0.95	0.94	0.95	11
39676	0.88	0.97	1.00	-6
33040	0.93	0.95	0.97	-3
31789	0.89	0.99	0.96	-1
29951	0.89	0.99	0.95	4
69961	0.89	0.94	1.00	-11
31096	0.90	0.98	0.96	-2
32276	0.90	0.96	0.96	-7
31914	0.87	0.99	0.96	-7
29300	0.91	0.97	0.95	1
28180	0.92	0.96	0.94	3
30821	0.89	0.97	0.96	-5
25047	0.91	0.98	0.92	3
23413	0.90	0.99	0.91	5
28303	0.90	0.96	0.94	-2
30822	0.95	0.88	0.96	-10
24382	0.92	0.95	0.92	0
22205	0.89	0.97	0.90	3
28077	0.90	0.91	0.94	-4
20499	0.87	0.98	0.89	5
20939	0.86	0.98	0.89	1
19629	0.87	0.96	0.88	5
22805	0.90	0.91	0.91	-3
19408	0.85	0.93	0.88	4
15720	0.84	0.96	0.84	10
18879	0.89	0.86	0.87	5
19384	0.87	0.87	0.88	2
19210	0.86	0.88	0.88	2
16814	0.80	0.95	0.86	4
13298	0.83	0.95	0.82	10
12974	0.83	0.95	0.81	11
10874	0.89	0.91	0.78	18
20758	0.82	0.86	0.89	-10
14555	0.78	0.97	0.83	4

附录2-34 续表1

人文发展指数排名 HDI Rank 2004	2003	国家和地区	Country or Area	人文发展指数 Human Development Index(HDI)	出生时的预期寿命(岁) Life Expectancy at Birth (years)	成人识字率(%) Adult literacy Rate (% age 15 and above)	初等、中等和高等教育入学率(%) Combined Primary, Secondary and Tertiary Gross Enrolment Ratio (2003/2004)
41	39	立陶宛	Lithuania	0.857	72.5	99.6	92
42	42	斯洛伐克	Slovakia	0.856	74.3	100.0	77
43	46	乌拉圭	Uruguay	0.851	75.6		89
44	45	克罗地亚	Croatia	0.846	75.2	98.1	73
45	48	拉脱维亚	Latvia	0.845	71.8	99.7	90
46	40	卡塔尔	Qatar	0.844	73.0	89.0	76
47	51	塞舌尔	Seychelles	0.842	72.7	91.8	80
48	47	哥斯达黎加	Costa Rica	0.841	78.3	94.9	72
49	41	阿联酋	United Arab Emirates	0.839	78.3		60
50	52	古巴	Cuba	0.826	77.6	99.8	80
51	49	圣基茨和尼维斯	Saint Kitts and Nevis	0.825	70.0	97.8	80
52	50	巴哈马	Bahamas	0.825	70.2		66
53	53	墨西哥	Mexico	0.821	75.3	91.0	75
54	55	保加利亚	Bulgaria	0.816	72.4	98.2	81
55	54	汤加	Tonga	0.815	72.4	98.9	80
56	71	阿曼	Oman	0.810	74.3	81.4	68
57	57	特立尼达和多巴哥	Trinidad and Tobago	0.809	69.8		67
58	56	巴拿马	Panama	0.809	75.0	91.9	80
59	60	安提瓜和巴布达	Antigua and Barbuda	0.808	73.9	85.8	69
60	64	罗马尼亚	Romania	0.805	71.5	97.3	75
61	61	马来西亚	Malaysia	0.805	73.4	88.7	73
62	68	波黑	Bosnia and Herzegovina	0.800	74.3	96.7	67
63	65	毛里求斯	Mauritius	0.800	72.4	84.4	74
64	58	利比亚	Libyan Arab Jamahiriya	0.798	73.8		94
65	62	俄罗斯联邦	Russian Federation	0.797	65.2	99.4	88
66	59	马其顿	Macedonia	0.796	73.9	96.1	70
67	67	白俄罗斯	Belarus	0.794	68.2	99.6	88
68	70	多米尼克	Dominica	0.793	75.6	88.0	83
69	63	巴西	Brazil	0.792	70.8	88.6	86
70	69	哥伦比亚	Colombia	0.790	72.6	92.8	73
71	76	圣卢西亚	Saint Lucia	0.790	72.6	94.8	76
72	75	委内瑞拉	Venezuela	0.784	73.0	93.0	74
73	72	阿尔巴尼亚	Albania	0.784	73.9	98.7	68
74	73	泰国	Thailand	0.784	70.3	92.6	74
75	74	西萨摩亚	Samoa (Western)	0.778	70.5		74
76	77	沙特阿拉伯	Saudi Arabia	0.777	72.0	79.4	59
77	78	乌克兰	Ukraine	0.774	66.1	99.4	85
78	81	黎巴嫩	Lebanon	0.774	72.2		84
79	80	哈萨克斯坦	Kazakhstan	0.774	63.4	99.5	91
80	83	亚美尼亚	Armenia	0.768	71.6	99.4	74
81	85	中国③	China③	0.768	71.9	90.9	70
82	79	秘鲁	Peru	0.767	70.2	87.7	86
83	82	厄瓜多尔	Ecuador	0.765	74.5	91.0	
84	84	菲律宾	Philippines	0.763	70.7	92.6	82
85	66	格林纳达	Grenada	0.762	65.3	96.0	73
86	90	约旦	Jordan	0.760	71.6	89.9	79

continued

人均国内生产总值（购买力平价法，美元） GDP per Capita (PPP, USD)	预期寿命指数 Life Expectancy Index	教育指数 Education Index	国内生产总值指数 GDP Index	人文发展指数与人均国内生产总值位次之差① GDP per Capita (PPP, USD) Rank Minus HDI Rank①
13107	0.79	0.97	0.81	6
14623	0.82	0.92	0.83	1
9421	0.84	0.95	0.76	19
12191	0.84	0.90	0.80	7
11653	0.78	0.96	0.79	9
19844	0.80	0.85	0.88	-14
16652	0.80	0.88	0.85	-7
9481	0.89	0.87	0.76	13
24056	0.89	0.71	0.92	-25
	0.88	0.93	0.67	43
12702	0.75	0.92	0.81	-2
17843	0.75	0.86	0.87	-14
9803	0.84	0.86	0.77	7
8078	0.79	0.92	0.73	12
7870	0.79	0.93	0.73	13
15259	0.82	0.77	0.84	-14
12182	0.75	0.88	0.80	-5
7278	0.83	0.88	0.72	18
12586	0.82	0.80	0.81	-9
8480	0.78	0.90	0.74	3
10276	0.81	0.84	0.77	-4
7032	0.82	0.87	0.71	16
12027	0.79	0.81	0.80	-10
7570	0.81	0.86	0.72	7
9902	0.67	0.95	0.77	-6
6610	0.82	0.87	0.70	16
6970	0.72	0.95	0.71	12
5643	0.84	0.86	0.67	27
8195	0.76	0.88	0.74	-5
7256	0.79	0.86	0.72	7
6324	0.79	0.89	0.69	16
6043	0.80	0.87	0.68	17
4978	0.82	0.88	0.65	26
8090	0.75	0.86	0.73	-9
5613	0.76	0.90	0.67	22
13825	0.78	0.72	0.82	-31
6394	0.69	0.94	0.69	9
5837	0.79	0.86	0.68	13
7440	0.64	0.96	0.72	-5
4101	0.78	0.91	0.62	32
5896	0.78	0.84	0.68	9
5678	0.75	0.87	0.67	12
3963	0.82	0.86	0.61	30
4614	0.76	0.89	0.64	19
8021	0.67	0.88	0.73	-18
4688	0.78	0.86	0.64	16

附录2-34 续表2

人文发展指数排名 HDI Rank		国家和地区	Country or Area	人文发展指数 Human Development Index(HDI)	出生时的预期寿命(岁) Life Expectancy at Birth (years)	成人识字率(%) Adult literacy Rate (% age 15 and above)	初等、中等和高等教育入学率(%) Combined Primary, Secondary and Tertiary Gross Enrolment Ratio (2003/2004)
2004	2003						
87	89	突尼斯	Tunisia	0.760	73.5	74.3	75
88	87	圣文森特和格林纳丁斯	Saint Vincent and the Grenadines	0.759	71.3	88.1	68
89	86	苏里南	Suriname	0.759	69.3	89.6	72
90	92	斐济	Fiji	0.758	68.0		75
91	88	巴拉圭	Paraguay	0.757	71.2		70
92	94	土耳其	Turkey	0.757	68.9	87.4	69
93	93	斯里兰卡	Sri Lanka	0.755	74.3	90.7	63
94	95	多米尼加	Dominican Republic	0.751	67.5	87.0	74
95	91	伯利兹	Belize	0.751	71.8	75.1	81
96	99	伊朗	Iran	0.746	70.7	77.0	72
97	100	格鲁吉亚	Georgia	0.743	70.6	100.0	75
98	96	马尔代夫	Maldives	0.739	67.0	96.3	69
99	101	阿塞拜疆	Azerbaijan	0.736	67.0	98.8	68
100	102	巴勒斯坦	Palestine	0.736	72.7	92.4	81
101	104	萨尔瓦多	El Salvador	0.729	71.1		70
102	103	阿尔及利亚	Algeria	0.728	71.4	69.9	73
103	107	圭亚那	Guyana	0.725	63.6	96.5	76
104	98	牙买加	Jamaica	0.724	70.7	79.9	77
105	97	土库曼斯坦	Turkmenistan	0.724	62.5	98.8	
106	105	佛得角	Cape Verde	0.722	70.7		67
107	106	叙利亚	Syrian Arab Republic	0.716	73.6	79.6	63
108	110	印度尼西亚	Indonesia	0.711	67.2	90.4	68
109	108	越南	Viet Nam	0.709	70.8	90.3	63
110	109	吉尔吉斯斯坦	Kyrgyzstan	0.705	67.1	98.7	78
111	119	埃及	Egypt	0.702	70.2	71.4	76
112	112	尼加拉瓜	Nicaragua	0.698	70.0	76.7	70
113	111	乌兹别克斯坦	Uzbekistan	0.696	66.6		74
114	115	摩尔多瓦	Moldova	0.694	68.1	98.4	70
115	113	玻利维亚	Bolivia	0.692	64.4	86.7	87
116	114	蒙古	Mongolia	0.691	64.5	97.8	77
117	116	洪都拉斯	Honduras	0.683	68.1	80.0	71
118	117	危地马拉	Guatemala	0.673	67.6	69.1	66
119	118	瓦努阿图	Vanuatu	0.670	68.9	74.0	64
120	121	赤道几内亚	Equatorial Guinea	0.653	42.8	87.0	58
121	120	南非	South Africa	0.653	47.0	82.4	77
122	122	塔吉克斯坦	Tajikistan	0.652	63.7	99.5	71
123	124	摩洛哥	Morocco	0.640	70.0	52.3	58
124	123	加蓬	Gabon	0.633	54.0	71.0	72
125	125	纳米比亚	Namibia	0.626	47.2	85.0	67
126	127	印度	India	0.611	63.6	61.0	62
127	126	圣多美和普林西比	São Tomé and Principe	0.607	63.2	83.1	63
128	128	所罗门群岛	Solomon Islands	0.592	62.6	76.6	47
129	130	柬埔寨	Cambodia	0.583	56.5	73.6	60
130	129	缅甸	Myanmar	0.581	60.5	89.9	49
131	129	博茨瓦纳	Botswana	0.570	34.9	81.2	71

continued

人均国内生产总值(购买力平价法,美元) GDP per Capita (PPP,USD)	预期寿命指数 Life Expectancy Index	教育指数 Education Index	国内生产总值指数 GDP Index	人文发展指数与人均国内生产总值位次之差① GDP per Capita (PPP,USD) Rank Minus HDI Rank①
7768	0.81	0.75	0.73	-18
6398	0.77	0.81	0.69	-3
	0.74	0.84	0.70	-5
6066	0.72	0.87	0.69	-2
4813	0.77	0.86	0.65	9
7753	0.73	0.81	0.73	-22
4390	0.82	0.81	0.63	13
7449	0.71	0.83	0.72	-21
6747	0.78	0.77	0.70	-15
7525	0.76	0.75	0.72	-24
2844	0.76	0.91	0.56	23
	0.70	0.87	0.65	3
4153	0.70	0.89	0.62	12
	0.80	0.89	0.53	26
5041	0.77	0.76	0.65	-3
6603	0.77	0.71	0.70	-19
4439	0.64	0.90	0.63	2
4163	0.76	0.79	0.62	6
4584	0.63	0.91	0.64	-1
5727	0.76	0.73	0.68	-14
3610	0.81	0.74	0.60	8
3609	0.70	0.83	0.60	8
2745	0.76	0.81	0.55	12
1935	0.70	0.92	0.49	32
4211	0.75	0.73	0.62	-2
3634	0.75	0.75	0.60	2
1869	0.69	0.91	0.49	32
1729	0.72	0.89	0.48	33
2720	0.66	0.87	0.55	7
2056	0.66	0.91	0.50	18
2876	0.72	0.77	0.56	2
4313	0.71	0.68	0.63	-11
3051	0.73	0.71	0.57	-1
20510	0.30	0.77	0.89	-90
11192	0.37	0.80	0.79	-66
1202	0.65	0.90	0.41	34
4309	0.75	0.54	0.63	-15
6623	0.48	0.71	0.70	-43
7418	0.37	0.79	0.72	-50
3139	0.64	0.61	0.58	-9
1231	0.64	0.76	0.42	28
1814	0.63	0.67	0.48	18
2423	0.52	0.69	0.53	-4
1027	0.59	0.76	0.39	33
9945	0.16	0.78	0.77	-73

附录2-34 续表3

人文发展指数排名 HDI Rank 2004	2003	国家和地区	Country or Area	人文发展指数 Human Development Index(HDI)	出生时的预期寿命(岁) Life Expectancy at Birth (years)	成人识字率(%) Adult literacy Rate (% age 15 and above)	初等、中等和高等教育入学率(%) Combined Primary, Secondary and Tertiary Gross Enrolment Ratio (2003/2004)
132	130	科摩罗	Comoros	0.556	63.7		46
133	131	老挝	Laos	0.553	55.1	68.7	61
134	133	巴基斯坦	Pakistan	0.539	63.4	49.9	38
135	132	不丹	Bhutan	0.538	63.4	47.0	
136	136	加纳	Ghana	0.532	57.0	57.9	47
137	137	孟加拉国	Bangladesh	0.530	63.3		57
138	134	尼泊尔	Nepal	0.527	62.1	48.6	57
139	135	巴布亚新几内亚	Papua New Guinea	0.523	55.7	57.3	41
140	140	刚果	Congo	0.520	52.3		52
141	139	苏丹	Sudan	0.516	56.5	60.9	37
142	138	东帝汶	Timor-Leste	0.512	56.0	58.6	72
143	144	马达加斯加	Madagascar	0.509	55.6	70.7	57
144	146	喀麦隆	Cameroon	0.506	45.7	67.9	62
145	142	乌干达	Uganda	0.502	48.4	66.8	66
146	145	斯威士兰	Swaziland	0.500	31.3	79.6	58
147	141	多哥	Togo	0.495	54.5	53.2	55
148	148	吉布提	Djibouti	0.494	52.9		24
149	147	莱索托	Lesotho	0.494	35.2	82.2	66
150	149	也门	Yemen	0.492	61.1		55
151	143	津巴布韦	Zimbabwe	0.491	36.6		52
152	152	肯尼亚	Kenya	0.491	47.5	73.6	60
153	150	毛里塔尼亚	Mauritania	0.486	53.1	51.2	46
154	151	海地	Haiti	0.482	52.0		
155	153	冈比亚	Gambia	0.479	56.1		50
156	155	塞内加尔	Senegal	0.460	56.0	39.3	38
157	159	厄立特里亚	Eritrea	0.454	54.3		35
158	157	卢旺达	Rwanda	0.450	44.2	64.9	52
159	156	尼日利亚	Nigeria	0.448	43.4		55
160	154	几内亚	Guinea	0.445	53.9	29.5	42
161	158	安哥拉	Angola	0.439	41.0	67.4	26
162	162	坦桑尼亚	Tanzania	0.430	45.9	69.4	48
163	160	贝宁	Benin	0.428	54.3	34.7	49
164	161	科特迪瓦	Côte d'Ivoire	0.421	45.9	48.7	40
165	164	赞比亚	Zambia	0.407	37.7	68.0	54
166	163	马拉维	Malawi	0.400	39.8	64.1	64
167	165	刚果(金)	Congo, Dem. Rep.	0.391	43.5	67.2	27
168	166	莫桑比克	Mozambique	0.390	41.6		49
169	167	布隆迪	Burundi	0.384	44.0	59.3	36
170	168	埃塞俄比亚	Ethiopia	0.371	47.8		36
171	171	乍得	Chad	0.368	43.7	25.7	35
172	169	中非	Central African Republic	0.353	39.1	48.6	30
173	170	几内亚比绍	Guinea-Bissau	0.349	44.8		37
174	173	布基纳法索	Burkina Faso	0.342	47.9	21.8	26
175	172	马里	Mali	0.338	48.1	19.0	35
176	174	塞拉利昂	Sierra Leone	0.335	41.0	35.1	65
177	175	尼日尔	Niger	0.311	44.6	28.7	21

注:①正值表示人文发展指数排序比人均国内生产总值(购买力平价方法计算)排名位次靠前,负值则表示相反。②为计算人文发展指数,此指标值采用99%。③联合国开发计划署统计数据。

continued

人均国内生产总值（购买力平价法，美元） GDP per Capita (PPP, USD)	预期寿命指数 Life Expectancy Index	教育指数 Education Index	国内生产总值指数 GDP Index	人文发展指数与人均国内生产总值位次之差① GDP per Capita (PPP, USD) Rank Minus HDI Rank①
1943	0.64	0.53	0.50	8
1954	0.50	0.66	0.50	5
2225	0.64	0.46	0.52	-6
1969	0.64	0.48	0.50	2
2240	0.53	0.54	0.52	-9
1870	0.64	0.46	0.49	7
1490	0.62	0.51	0.45	13
2543	0.51	0.52	0.54	-15
978	0.46	0.72	0.38	25
1949	0.53	0.53	0.50	-2
	0.52	0.63	0.39	20
857	0.51	0.66	0.36	26
2174	0.34	0.66	0.51	-13
1478	0.39	0.67	0.45	7
5638	0.10	0.72	0.67	-50
1536	0.49	0.54	0.46	3
1993	0.47	0.52	0.50	-13
2619	0.17	0.77	0.54	-26
879	0.60	0.51	0.36	18
2065	0.19	0.77	0.51	-18
1140	0.37	0.69	0.41	7
1940	0.47	0.49	0.49	-12
1892	0.45	0.50	0.49	-11
1991	0.52	0.42	0.50	-19
1713	0.52	0.39	0.47	-8
977	0.49	0.50	0.38	9
1263	0.32	0.61	0.42	-5
1154	0.31	0.63	0.41	-1
2180	0.48	0.34	0.51	-30
2180	0.27	0.53	0.51	-32
674	0.35	0.62	0.32	13
1091	0.49	0.40	0.40	-2
1551	0.35	0.46	0.46	-15
943	0.21	0.63	0.37	2
646	0.25	0.64	0.31	10
705	0.31	0.54	0.33	6
1237	0.28	0.47	0.42	-14
677	0.32	0.52	0.32	5
756	0.38	0.40	0.34	1
2090	0.31	0.29	0.51	-39
1094	0.24	0.42	0.40	-12
722	0.33	0.39	0.33	-1
1169	0.38	0.23	0.41	-17
998	0.39	0.24	0.38	-11
561	0.27	0.45	0.29	1
779	0.33	0.26	0.34	-7

Note: ①Positive figure indicates that the HDI rank is higher than the GDP per capita (PPP USD) rank, a negative the opposite. ②For purpose of Calculating the HDI, a value of 99% was applied. ③Data from UNDP.

附录 2－35 2005 年按国家和地区汇总的世界最大 500 家企业资料

The Data of the Largest 500 Companies in the World Aggregated by Country or Area in 2005

资料来源:美国《财富》杂志 2006 年 7 月 31 日。
Source: United States *Fortune* July 31, 2006.

国家和地区	Country or Area	企业数(家) Number of Companies	营业额(亿美元) Revenues (100 million USD)	利润额(亿美元) Profits (100 million USD)
中　国	China	20	6174.5	424.9
印　度	India	6	1204.0	81.9
日　本	Japan	70	23283.5	1074.3
韩　国	Korea, Rep.	12	4024.3	226.6
马来西亚	Malaysia	1	442.8	115.7
新加坡	Singapore	1	155.7	1.4
沙特阿拉伯	Saudi Arabia	1	208.7	51.1
泰　国	Thailand	1	231.1	21.3
土耳其	Turkey	1	180.8	4.4
中国台湾省	Taiwan, China	3	627.2	22.9
加拿大	Canada	14	2684.8	197.8
墨西哥	Mexico	5	1468.2	-24.0
美　国	United States	170	68168.7	4561.0
巴　西	Brazil	4	1153.9	152.6
比利时	Belgium	4	1333.4	69.0
比利时/荷兰	Belgium/Netherlands	1	1123.5	49.0
丹　麦	Denmark	2	575.5	54.9
芬　兰	Finland	2	588.7	43.4
法　国	France	38	16149.5	977.1
德　国	Germany	35	16499.9	670.6
爱尔兰	Ireland	1	179.5	12.4
意大利	Italy	10	4273.0	339.8
卢森堡	Luxembourg	1	405.2	47.8
荷　兰	Netherlands	14	8216.7	589.3
挪　威	Norway	2	880.7	72.0
俄罗斯联邦	Russian Federation	5	1577.0	313.8
西班牙	Spain	9	2636.4	302.6
瑞　典	Sweden	6	1185.7	111.6
瑞　士	Switzerland	12	4813.9	413.0
英　国	United Kingdom	38	15553.3	847.9
英国/荷兰	United Kingdom/Netherlands	1	495.8	46.8
澳大利亚	Australia	8	1747.8	214.4
合　计	Totals	498	188243.5	12087.1

附录3

2006年山东省统计局工作大事记

CHRONICLE OF EVENTS OF SHANDONG STATISTICAL UNDERTAKING 2006

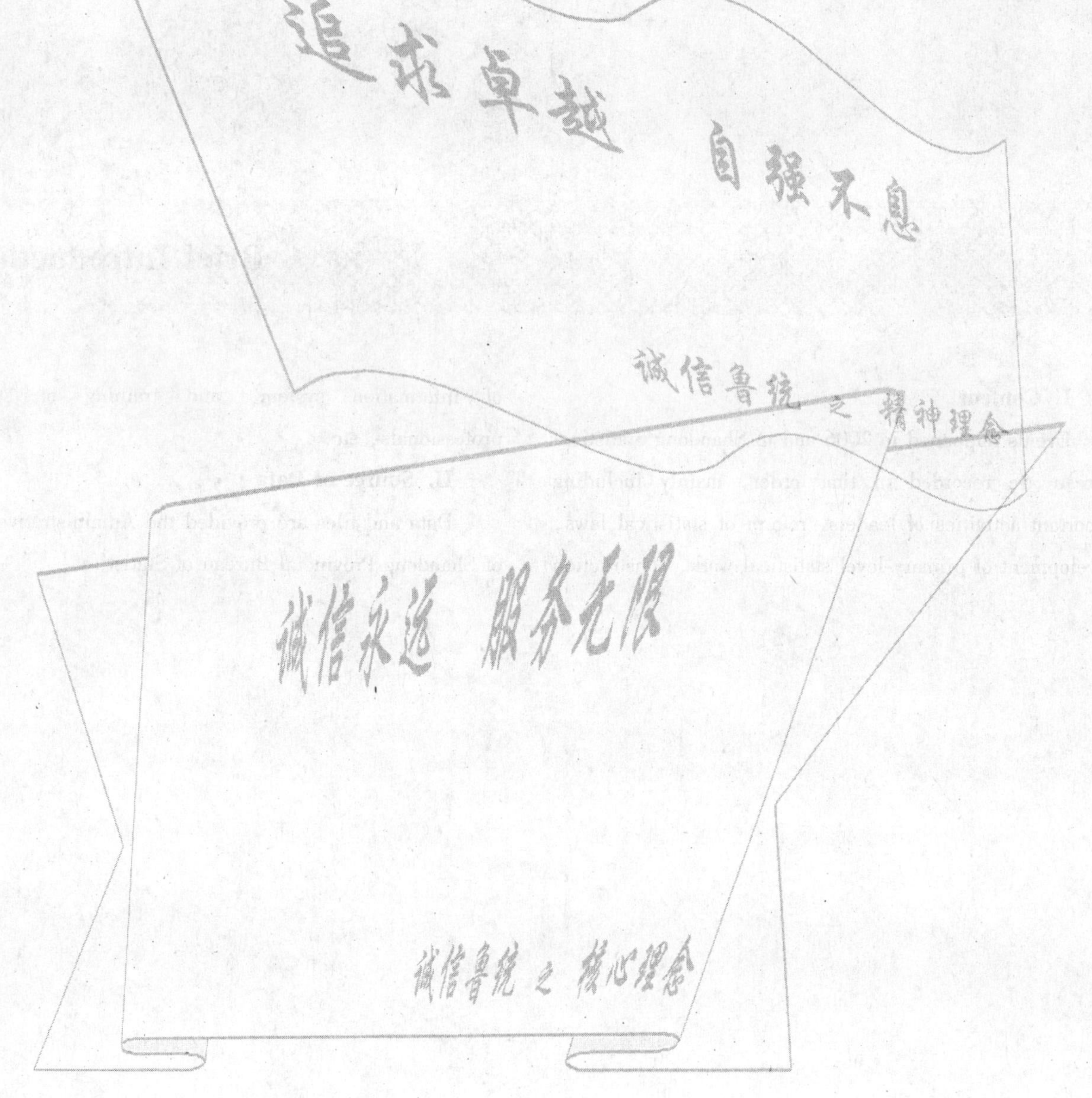

简要说明

一、本篇资料的主要内容

本篇按时间顺序记载了2006年一年来山东省统计局发生的大事要事，包括局领导重要活动、方法制度改革、统计法制建设、统计基层基础建设、统计信息化建设、统计干部队伍建设等方面的内容。

二、本篇资料的来源

本篇资料由山东省统计局办公室整理提供。

Brief Introduction

I. Content

Events happened in 2006 and in Shandong Statistical Bureau are recorded in time order, mainly including important activities of leaders, reform of statistical laws, development of primary-level statistical work, construction of information system, and training of statistics professionals, etc.

II. Source of Data

Data and files are provided the Administrative Office of Shandong Provincial Bureau of Statistics.

2006年山东省统计局工作大事记

1月6日,全省统计工作暨经济普查表彰会议在济南召开。省委常委、常务副省长林廷生到会并作重要讲话。省统计局局长杜昌祚、国家统计局山东调查总队总队长宋志申到会讲话。各市统计局局长及助手,国家属、省属调查队队长,省直有关部门的负责人参加了会议。

1月7日,省委副书记、省长韩寓群听取省统计局局长杜昌祚、国家统计局山东调查总队总队长宋志申关于国家调查队管理体制改革情况的汇报,并作出重要指示。

1月10日,省统计局印发《2006年山东省统计制度方法改革要点》。

1月12日,全省农业普查办公室主任会议在济南召开。省第二次农业普查领导小组副组长、省统计局局长杜昌祚到会讲话。会议由省农业普查办公室主任、省统计局副局长刘兴慧主持。

2月7日,省委常委、常务副省长林廷生听取省统计局局长杜昌祚、国家统计局山东调查总队总队长宋志申关于国家调查队管理体制改革情况汇报,并作出重要指示。

2月14日,省统计局印发《山东省"十一五"期间统计专业技术人员继续教育实施办法》。

2月15日,省统计局下发通知,要求建立单位GDP能耗等相关指标报送制度,并修订能源统计报表制度。

2月17日,省政府办公厅下发文件,决定建立劳动力调查制度。

3月3日,省统计局下发通知,决定在全省实行统计调查报表填报资格审核制度。要求各种合法的政府统计调查表只能由持有《统计从业资格证书》的统计人员填报。

3月8日—10日,省统计局在济南召开全省基本单位名录库维护更新程序培训工作会议。潘振文副局长到会讲话。

3月16日,省统计局召开全省能源统计工作会议。姜玉山副局长到会讲话。

3月22日,国家统计局山东调查总队成立大会暨揭牌仪式在济南南郊宾馆俱乐部礼堂隆重举行。国家统计局顾问李德水与省委副书记、省长韩寓群共同为山东调查总队揭牌。李德水和省委常委、常务副省长林廷生分别作重要讲话。省人大副主任黄可华、省政协副主席王宗廉出席会议。国家统计局办公室主任谢鸿光宣读了关于成立国家统计局山东调查总队的决定,省统计局局长杜昌祚致贺辞,国家统计局山东调查总队总队长宋志申致欢迎词。大会暨揭牌仪式由省政府副秘书长韩金峰主持。

3月26日,省统计局组织开展全国高级统计师资格考评试点统计实务考试。国家统计局人事司副司长刘彦武(司长级)一行巡视考场,并召开座谈会;省人事厅副厅长郑忠德和省纪委的同志参加巡视;省统计局局长杜昌祚、国家统计局山东调查总队总队长宋志申和省统计局纪检组长孙成良等陪同巡视。

3月31日,省政府召开全省第二次农业普查工作会议。贾万志副省长到会并讲话。会议由省政府办公厅副主任高洪波主持。

4月10日,省第二次农业普查领导小组办公室、省委宣传部、省广播电视局联合下发通知,要求认真做好全省第二次农业普查宣传工作。

4月12日,以中宣部副部长欧阳坚为组长的国务院第二次农业普查督查组,到山东督查农业普查工作。省委副书记、省长韩寓群会见了督查组一行。副省长、省第二次农业普查领导小组组长贾万志主持召开农业普查汇报会,省统计局局长、省第二次农业普查领导小组副组长杜昌祚代表省政府进行了汇报。

4月中旬,根据省机构编制委员会办公室(鲁编办[2006]4号)文件精神,省统计局组建了农村统计处和山东省社情民意调查中心两个内设机构。

4月24日,省统计局建立统计执法报表制度。

4月24日,省统计局下发通知,对2001—2005年全省统计法制宣传教育先进单位和先进个人进行通报表彰。

4月下旬,省统计局被省文明委授予"2005年度省级文明机关"荣誉称号。

5月10日，局长办公会决定在全省建立第三产业统计制度。

5月11日，省统计局建立申请听证案件、行政复议案件、行政诉讼案件、强制执行案件、给予党纪政纪处分案件等重大案件报告制度。

5月18日，在全省信息化工作会议上，山东省宏观经济统计数据库系统被省信息化工作领导小组办公室、省信息产业厅评为山东省信息化建设示范工程；山东省统计计算中心被省人事厅、省信息产业厅联合评为全省信息化建设先进集体。

5月18日—19日，省统计局和省建设厅联合召开全省城市化监测工作会议。省建设厅巡视员张俊乾、省统计局助理巡视员左振华到会讲话。

5月22日，省统计局和山东调查总队联合下发通知，决定在全省开展农村统计调查数据质量检查。

5月22日—25日，党组书记、局长杜昌祚带队对济南市进行统计巡查。

6月7日，省统计局印发《2006—2010年教育培训工作规划》和《2006年度教育培训计划》。

6月8日，山东省城市化监测评价协调小组办公室、省统计局和省建设厅联合下发通知，决定在全省开展县及县以下城乡划分和人口抽样调查工作。

6月10日，山东省第二次残疾人抽样调查登记质量互查工作会议在济南召开。李玉妹副省长到会讲话。

6月19日，省委书记张高丽在省统计局和省发改委联合报送的《关于经济社会发展考核指标研究情况的汇报》上作出批示："很好，省发改委、省统计局办了一件大事、实事、好事，这对贯彻落实科学发展观促进经济社会又快又好发展将起到重要作用。请再送一份给我留下学习。

6月29日，省统计局印发《山东省地方统计调查项目管理办法（试行）》和《山东省统计局统计调查项目管理办法》，对统计调查项目进行规范。

6月30日，省经贸委、省统计局和山东调查总队联合召开山东省100强企业和山东省工业100强企业新闻发布会。

7月7日，省统计局印发《山东省园区统计工作管理办法》，对园区统计工作进行规范。

7月23日—25日，省统计局上半年经济形势分析暨统计法制工作会议在滨州市邹平县召开。杜昌祚局长到会讲话。省统计局领导、各处室负责人，各市统计局长、综合科（处）长、法规科（处）长参加会议。国家统计局山东调查总队宋志申总队长、谭杰副总队长应邀到会。

7月25日，王仁元副省长在省统计局报送的《关于我省2005年能源消费最终结果的报告》上作出批示。

7月27日，省统计局与省发改委、经贸委、交通厅、旅游局、文化厅等部门联合召开服务业发展形势座谈会。

8月1日，韩寓群省长听取杜昌祚局长关于能源统计情况汇报。

8月3日，省统计局、经贸委、省政府节约能源办公室联合下发文件，对全省及各市2005年和2006年上半年万元GDP能耗等指标进行通报。

8月4日，国家统计局纪检组长章国荣一行到山东考察指导工作。在听取省统计局局长杜昌祚和山东调查总队总队长宋志申的工作汇报后，章国荣对山东的统计调查工作给予充分肯定和高度评价。

8月8日—9日，杜昌祚局长到德州调研农业普查、社会主义新农村建设和乡镇统计站建设等情况。德州市委书记黄胜，市委副书记、市长吴翠云等分别会见杜昌祚局长一行。

8月14日，王仁元副省长在省统计局报送的《大中型工业企业生产经营状况及全年运行趋势判断调查报告》统计资料上作出批示："调查报告系统全面，定性定量，分析有据，观点鲜明。对认识指导当前工业经济具有很强针对性，操作性。请经贸委参阅。"

8月15日，省统计局召开上半年工作总结会议。杜昌祚局长到会讲话，潘振文副局长主持会议。

8月16日—18日，省统计局与省信息产业厅联合在烟台召开全省电子信息产业统计工作会议。副局长姜玉山、省信息产业厅副厅长张宁波到会讲话。

8月18日，省政府办公厅下发《关于支持国家统计局山东调查队系统管理体制改革工作的通知》（鲁政办发[2006]70号），要求各市、县（市、区）人民政府、省直各部门积极支持改革。

8月22日，省统计局和省委宣传部联合召开全省文化产业统计工作会议。省委宣传部副部长徐向红、省统计局副巡视员左振华到会讲话。这次会议的召开，标志着山东文化产业统计监测工作全面启动。

8月25日，省统计局荣获全国1%人口抽样调查“先进集体”荣誉称号。

8月28—29日，杜昌祚局长陪同河南省统计局局长刘永奇一行到东营考察工作。东营市委书记、市人大常委会主任石军，市委副书记刘曙光，市委常委、组织部长王玉君，市委常委、常务副市长张秀香先后会见考察组一行。

8月31日，省统计局和省发改委联合下发《关于2005年我省服务业重点行业发展情况的通报》（鲁统字［2006］54号）。

9月12日，全省统计系统机关建设工作会议在东营召开。杜昌祚局长作了题为《与时俱进，继往开来，全面开创机关建设工作新局面》的讲话。

9月13—14日，杜昌祚局长到潍坊检查指导工作。潍坊市委书记张传林、市长张新起分别会见杜昌祚局长一行。

9月17日，省统计局开展“百姓心目中的和谐社会”电话调查。这是山东省社情民意调查中心成立后开展的第一次调查。

9月26日—27日，省统计局在新泰市举办“三十强、三十弱”县（市、区）统计局长培训班。局长杜昌祚、纪检组长孙成良到会讲话。泰安市副市长闫新建到会致辞。

9月30日，省政府在潍坊市召开山东省第二次农业普查领导小组（扩大）会议。省农业普查领导小组组长、副省长贾万志到会讲话，并代表省政府与各市政府签订了目标责任书；省农业普查领导小组副组长、省统计局局长杜昌祚汇报了全省农业普查准备工作进展情况和下一阶段工作重点。省政府办公厅副主任高洪波主持会议。

10月16日，省委宣传部和省第二次农业普查领导小组办公室在济南召开全省第二次农业普查宣传工作会议。省委宣传部副部长高玉清，省第二次农业普查领导小组办公室主任、省统计局副局长刘兴慧到会讲话。

10月23日，省政府办公厅下发《关于完善和改进服务业统计工作的通知》（鲁政办发［2006］87号）。

10月23日—25日，省统计局组织开展固定资产投资统计专项执法检查。

11月9日，山东省机构编制委员会批准省统计局增设能源统计处和山东省服务业调查中心。

11月25日，山东省暨济南市依法进行农业普查宣传月活动启动仪式在济南市商河县举行。省政府办公厅副主任高洪波，省农业普查办公室主任、省统计局副局长刘兴慧，济南市副市长赵文朝等参加了启动仪式。

11月下旬，省统计局制定了《山东省服务业统计报表制度》。

12月20日，省政府办公厅印发《关于建立全省1%人口抽样调查制度的通知》（鲁政办字［2006］152号）。

12月20日，全省党内统计、干部人事统计、离退休干部统计工作会议在济南召开。省委常委、组织部长刘伟出席会议并作重要讲话。刘银田副局长参加了会议。

12月20日—21日，山东省1%人口抽样调查总结表彰大会在济南召开。省政府副秘书长韩金峰主持了会议。省1%人口抽样调查领导小组副组长、省统计局局长杜昌祚到会讲话。

12月22日，全省发展改革与统计工作会议在济南召开。省委常委、常务副省长林廷生到会并作了重要讲话。各市分管市长、发展与改委委员会主任、统计局局长、省直各有关部门主要负责人和统计负责人参加了会议。

中国统计出版社最新资料书简目

(仅供参考,以最后出书为准)

中国统计年鉴－2007
中国统计摘要－2007
国际统计年鉴－2007
2007 中国发展报告
中国区域经济统计年鉴－2007
长江和珠江三角洲及港澳特别行政区
统计年鉴－2007
中国社会统计年鉴－2007
中国第三产业统计年鉴－2007
中国城市统计年鉴－2006
中国劳动统计年鉴－2007
中国人口统计年鉴－2007
中国工业经济统计年鉴－2007
中国建筑业统计年鉴－2007
中国城市(镇)生活与价格年鉴－2007
中国商品交易市场统计年鉴－2007
中国连锁餐饮企业统计年鉴－2007
中国连锁零售业统计年鉴－2007
中国能源统计年鉴－2007
全国农产品成本收益资料汇编－2007
中国贸易外经统计年鉴－2007
中国基本单位统计年鉴－2006
中国民政统计年鉴－2007
中国农村统计年鉴－2007
中国农村住户调查年鉴－2007(中文)
中国农村住户调查年鉴－2007(英文)
中国县(市)社会经济调查年鉴－2007
中国农产品价格调查年鉴－2007
中国经济普查年鉴－2004
中国百强县(市)发展年鉴－2007
中国教育经费统计年鉴－2006
中国农村全面建设小康监测报告－2007
中国农村贫困监测报告－2007
中国国内生产总值核算历史资料(1952－2004)
中国高技术产业统计年鉴－2007
中国科学技术协会统计年鉴－2007
工业企业科技活动资料－2007
中国棉花年鉴－2006

2004 年经济普查年鉴系列
2005 年中国 1% 人口抽样调查系列资料

北京统计年鉴－2007
天津统计年鉴－2007
河北经济年鉴－2007
山西统计年鉴－2007
内蒙古统计年鉴－2007
辽宁统计年鉴－2007
吉林统计年鉴－2007

黑龙江统计年鉴－2007
上海统计年鉴－2007
江苏统计年鉴－2007
浙江统计年鉴－2007
安徽统计年鉴－2007
福建统计年鉴－2007
江西统计年鉴－2007
山东统计年鉴－2007
河南统计年鉴－2007
湖北统计年鉴－2007
湖南统计年鉴－2007
广东统计年鉴－2007
广西统计年鉴－2007
海南统计年鉴－2007
重庆统计年鉴－2007
四川统计年鉴－2007
贵州统计年鉴－2007
云南统计年鉴－2007
西藏统计年鉴－2007
陕西统计年鉴－2007
甘肃年鉴－2007
青海统计年鉴－2007
宁夏统计年鉴－2007
新疆统计年鉴－2007
新疆生产建设兵团统计年鉴－2007
石家庄统计年鉴－2007
唐山统计年鉴－2007
邯郸统计年鉴－2007
张家口经济年鉴－2007
呼和浩特经济统计年鉴－2007
包头统计年鉴－2007
沈阳年鉴－2007
大连统计年鉴－2007
长春统计年鉴－2007
吉林市社会经济统计年鉴－2007
四平统计年鉴－2007
延吉统计年鉴－2007
哈尔滨统计年鉴－2007
齐齐哈尔经济统计年鉴－2007
黑龙江垦区统计年鉴－2007
上海浦东新区统计年鉴－2007
南京统计年鉴－2007
苏州统计年鉴－2007
无锡统计年鉴－2007
常州统计年鉴－2007
徐州统计年鉴－2007
南通统计年鉴－2007
盐城统计年鉴－2007
镇江统计年鉴－2007

江阴统计年鉴－2007
杭州统计年鉴－2007
宁波统计年鉴－2007
绍兴统计年鉴－2007
台州统计年鉴－2007
舟山统计年鉴－2007
温州统计年鉴－2007
金华统计年鉴－2007
嘉兴统计年鉴－2007
湖州统计年鉴－2007
安庆统计年鉴－2007
福州统计年鉴－2007
厦门经济特区年鉴－2007
福州经济技术开发区年鉴－2007
南昌经济社会统计年鉴－2007
上饶经济社会统计年鉴－2007
九江经济统计年鉴－2007
济南统计年鉴－2007
青岛统计年鉴－2007
潍坊统计年鉴－2007
郑州统计年鉴－2007
洛阳统计年鉴－2007
三门峡统计年鉴－2007
南阳统计年鉴－2007
武汉统计年鉴－2007
宜昌统计年鉴－2007
十堰统计年鉴－2007
荆州统计年鉴－2007
长沙统计年鉴－2007
广州统计年鉴－2007
东莞统计年鉴－2007
惠州统计年鉴－2007
深圳统计年鉴－2007
南宁统计年鉴－2007
柳州经济统计年鉴－2007
来宾统计年鉴－2007
海口统计年鉴－2007
成都统计年鉴－2007
贵阳统计年鉴－2007
昆明统计年鉴－2007
西安统计年鉴－2007
兰州年鉴－2007
庆阳年鉴－2007
银川统计年鉴－2007
乌鲁木齐统计年鉴－2007
吐鲁番统计年鉴－2007

新疆调查年鉴－2007
内蒙古经济社会调查年鉴－2007

编辑部电话:(010)63376859　63376860　63376867　63376871
欲购以上图书请与中国统计出版社发行部联系。电话:(010)63376907　同楫行书店电话:68783171
通讯地址:北京市西城区三里河月坛南街 57 号　邮政编码:100826